Klaus-Michael Mallmann/Gerhard Paul

Herrschaft und Alltag

Ein Industrierevier im Dritten Reich

Unter Mitarbeit von Hans-Henning Krämer

Widerstand und Verweigerung
im Saarland
1935—1945

Herausgegeben von
Hans-Walter Herrmann

Band 2

Verlag J.H.W. Dietz Nachf.

Die Deutsche Bibliothek — CIP-Einheitsaufnahme

Widerstand und Verweigerung im Saarland 1935—1945
hrsg. von Hans-Walter Herrmann. - Bonn: Dietz

NE: Herrmann, Hans-Walter [Hrsg.]

Bd. 2. Herrschaft und Alltag: ein Industrierevier im Dritten Reich /
Klaus-Michael Mallmann; Gerhard Paul. — 1991

ISBN 3-8012-5011-3

NE: Mallmann, Klaus-Michael

ISBN 3-8012-5011-3

In der Raste 2, D-5300 Bonn 1
Lektorat: Martin Rethmeier
Gestaltung: Alfred Friese, Bochum
Satz: Hüttemann GmbH, Burscheid-Dürscheid
Druck und Verarbeitung: Satz + druck gmbh, Düsseldorf

Printed in Germany 1991

Inhalt

Anhang

Das Gelände des Widerstands

Einleitung

Die Beteiligung an konspirativen Gruppen, die Verteilung illegaler Flugblätter, die Durchführung von Arbeitskämpfen, die Fahnenflucht, der verbotene Umgang mit Kriegsgefangenen — all das waren keine abstrakten Handlungen, sondern Dinge, die sich unter spezifischen Bedingungen, in einem konkreten „Gelände" mit unterschiedlicher, sich verändernder Beschaffenheit vollzogen.[1] Während in unserem ersten Band „Das zersplitterte Nein. Saarländer gegen Hitler"[2] das einzelne widerständige Individuum im Mittelpunkt stand, nähern wir uns in dem hier vorliegenden zweiten Band dem Thema mit den Methoden der Strukturgeschichte und machen jenes gesellschaftliche, ökonomische und politische Terrain zum focussierenden Kern der Betrachtung. Von diesem Gelände des Widerstandes, von den konkreten, für jede konspirative Gruppe und jedes sich dem Nationalsozialismus sperrende Individuum verschiedenen und sich im Laufe der Zeit verändernden Schauplätzen und situativen Kontexten haben Monographien über den Widerstand, selbst wenn es sich um lokal- oder regionalhistorische Darstellungen handelte, gar zu oft abstrahiert.[3] Dabei determinierte es seine Anlässe, Formen und Inhalte, steckte seine Grenzen und Möglichkeiten ab, bildete Widerpart und Resonanzboden.

Gleichwohl wird hier keiner Polarisierung von Herrschaft und Widerstand das Wort geredet, sondern einem Konzept der Aneignung von Herrschaft gefolgt, wie es der Göttinger Historiker Alf Lüdtke programmatisch entwickelt hat[4] — einem Konzept, das diese Polarität überwindet, Herrschaft nicht nur als Aktivum und die ihr unterworfenen Menschen als Passivum sieht, sondern beide als sich wechselseitig beeinflussend, verändernd, aufeinander reagierend begreift. Das Ergebnis dieser Produktion von Verhaltensweisen durch die je unterschiedliche Aneignung der Verhältnisse ist eine breite Palette sich widersprechender, aber auch ergänzender Verhaltensweisen, eine Gemengelage aus Mitmachen, Adaption, Umbiegen, Sich-nutzbar-Machen, Eigen-Sinn und Widerstehen. Forschungsstrategisch ergibt sich hieraus die Notwendigkeit, die Kluft zu überbrücken zwischen einer historistischen Geschichtsschreibung, die menschliche Intentionen und Aktionen aus ihrem sozialen Kontext löst und einer systematischen Sozialwissenschaft, die Menschen zu statistischen Datenkonglomerationen reduziert. In der Lösung dieser Fragen hat das „Bayern-Projekt" des Instituts für Zeitgeschichte theoretische und methodische Meilensteine gesetzt[5], die es auch hier zu beachten gilt. Trotz unserer sehr viel bescheideneren Projektmittel ist es unser erklärtes Ziel, in Anlehnung, aber auch in Auseinandersetzung — kurzum: in fruchtbarer Reibung — mit dem „Bayern-Projekt" in die Dimension einer Sozialgeschichte von Widerstand und Verweigerung vorzustoßen, wie sie Martin Broszat programmatisch formuliert und gefordert hat.[6]

Während Herrschaft der eine, unseren Gegenstand und damit diese Studie strukturierende Pol ist, stellt Alltag die andere Seite dar. Wir sind nicht der

Auffassung, Alltagsgeschichte vermöge nur Veranschaulichung und Exemplifikation übergeordneter nationaler Strukturen und Prozesse unter dem Gesichtspunkt der subjektiven Erfahrung und Betroffenheit zu liefern, sondern billigen dem Alltag eine eigene, spezifische, nicht linear aus gesamtgesellschaftlichen Strukturen abgeleitete Realität und damit Erklärungsrelevanz zu. Unter Alltag verstehen wir die subjektiv-situative Innenseite der Wirklichkeit: die Vielfalt der situativen Rahmenbedingungen von Einstellungs- und Handlungsmustern, die spezifischen Arbeits- und Lebensformen der Menschen, die Formen der Verarbeitung politischer und ökonomischer Prozesse, die subjektive Dimension der Einstellungen, Motivstrukturen, Ressentiments, Hoffnungen und Ängste. Gleichwohl legen wir hier keine Studie über *den* Alltag im Dritten Reich vor, wohl aber über die Auswirkungen von Terror und propagandistischen Versprechungen auf die alltäglichen Lebenszusammenhänge der Menschen wie umgekehrt die Begründung von Herrschaft aus dem Alltag. Durch das Aufspüren der Interdependenzen von Herrschaft und Alltag verlassen wir die ausgetretenen Pfade der traditionellen Institutionen- und Organisationengeschichte wie gleichermaßen die strukturlose Alltagsgeschichtsschreibung der neuen Barfußhistoriker. Wir halten es statt dessen mit Martin Broszat, dem 1989 verstorbenen Direktor des Instituts für Zeitgeschichte, der darauf insistiert hat, daß sich ein neuer Erkenntnisstand über die Organisation und Ausformung von Herrschaftsstrukturen — eine qualitative Sozialgeschichte mithin — nur mehr im Rahmen begrenzter sozialer Einheiten eines Betriebes, Ortsmilieus, Vereins oder einer lokalen Parteigruppe überzeugend realisieren lasse.[7]

Mit unserem zweiten Band beginnen wir, sowohl die gesellschaftlichen und politischen Bedingungen — das Gelände also — von Widerstand und Verweigerung im Dritten Reich, als auch die ihres Scheiterns zu analysieren und damit die rein organisationsgeschichtliche Perspektive hinter uns zu lassen. Darüber hinaus versuchen wir, die Entfaltung des NS-Regimes und die des Widerstandes im Zusammenhang zu sehen, damit deren Wechselwirkung und Interdependenz zum Thema zu machen und so die rein statische Gegenüberstellung und isolierende Betrachtungsweise, die bisher fast allen Studien eigen war, zu überwinden. Bei unserem Buch handelt es sich zwar um die Ergebnisse einer regionalgeschichtlichen Untersuchung eines spezifischen Industriereviers, gleichwohl will es mehr, als nur weiße Flecken auf der Landkarte des NS-Regimes füllen. Bei allem Bemühen um die Aufhellung landesgeschichtlich relevanter Fragen geht es uns vorrangig um einen Beitrag zur Analyse erklärungsbedürftiger Zusammenhänge der NS-Zeit, über die wir trotz einer Flut wissenschaftlicher Literatur noch längst nicht alles wissen. Selbst „große" Themen wie eine Sozialgeschichte des Terrors oder eine umfassende Analyse der Propaganda des Dritten Reiches warten noch auf ihre Bearbeiter. Der regionalhistorische Ansatz ermöglicht es, auf dichter empirischer Grundlage solchen offenen Fragestellungen nachzugehen und den konkreten Kontext von Motivationen und Handlungen im Rahmen überschaubarer Strukturen und Prozesse zu beurteilen. Damit nimmt unser Projekt eine Forderung auf, wie sie u. a. von dem Passauer Politikwissenschaftler Peter Steinbach wiederholt formuliert worden ist: Regionalgeschichtliche Forschung darf sich nicht mehr allein territorialistisch verstehen, sondern muß übergreifende, möglichst sogar durchgängige, spezifische Fragestellungen entwickeln.[8] Gerade weil der wissenschaftliche Ertrag isolierter lokaler und regionaler Studien zum Widerstand in der Summe gering bleibt, falls keine komparatistischen Methoden zugrundegelegt werden, muß es darum gehen, die gewonnenen Erkenntnisse — wo immer dies möglich ist — in Beziehung zu anderen, vergleichbaren Regionen zu setzen, aber auch die bisher für das gesamte Dritte Reich vorliegenden Forschungsresultate zu bestätigen, zu relativieren oder zu verwerfen. Die spezifische Qualität des regionalgeschichtlichen Ansatzes liegt somit nicht im reinen regionalbezogenen Nachvollzug vorliegender Ergebnisse, sondern in der Möglichkeit zu neuen Erkenntnissen.

Bei der geforderten Entwicklung neuer Fragestellungen kann und darf es heute keine Tabus mehr geben, sondern es müssen Mythen und Legenden widerlegt werden, wie sie die NS-Forschung im allgemeinen und die lokal- bzw. regionalhistorische Widerstandsforschung im besonderen prägen. Martin Broszat hat schon vor Jahren für eine „Historisierung" des Nationalsozialismus plädiert[9] und damit auf zentrale Defizite der Geschichtsschreibung über das Dritte Reich verwiesen. Nach Uwe Backes, Eckhard Jesse und Rainer Zitelmann bedeutet „Historisierung" dabei die Ablehnung moralisierender Gesinnungsstatements und manichäistischer Schwarz-Weiß-Bilder, die Überwindung selektiver Verarbeitungsformen historischer Prozesse und vorschneller Etikettierungen sowie das sensible, gleichwohl subjektiv distanzierte Einlassen auf das Objekt der Untersuchung: „Ziel der Analyse muß eine möglichst facettenreiche Darstellung sein, die keine Tabuzonen kennt."[10]

Insbesondere die stark von volkspädagogischen Intentionen geleitete Regionalgeschichtsforschung über das Dritte Reich ist in den vergangenen Jahren weit hinter diesen Forderungen zurückgeblieben. Grobschlächtige Begrifflichkeit, die Ausklammerung von Tabuthemen, die Dämonisierung des Untersuchungsgegenstandes, die vorschnelle Parallelisierung zwischen Metropole und Peripherie sowie die mangelnde Partizipation an neueren Forschungsergebnissen trübten hier vielfach eher den Blick, als daß sie neue Perspektiven öffneten. Vor allem unterlag die regionalhistorische Widerstandsforschung allzu oft der Versuchung, die „eigene" Region zu exkulpieren: Die Nazis kamen fast immer von oben und von außen. Überhaupt scheint die Widerstandsforschung ein vielfach politisch motiviertes Unternehmen der Exkulpation zu sein, in dem die Verantwortung für den NS-Terror fast ausschließlich den hinreichend stigmatisierten Institutionen und Organisationen wie der Gestapo, der SS und den Sondergerichten zugeschoben wird und damit andere Bereiche der Polizei und der Justiz, aber z. B. auch weite Bereiche der allgemeinen Verwaltung entlastet werden. Die Verstrickung dieser Institutionen in den Maßnahmenstaat wie überhaupt die Sozialgeschichte der Denunziationsbereitschaft der deutschen Bevölkerung müssen erst noch geschrieben werden. Etliche Thesen hierzu finden sich in dem hier vorliegenden Band. Auch die feministisch inspirierte Interpretation des Nationalsozialismus als reiner Männerideologie und -herrschaft exkulpierte das scheinbar schwache Geschlecht als ausschließliches Opfer der Geschichte. Auf den weiblichen Denunziationsbeitrag zum Funktionieren der NS-Herrschaft hat erstmals Helga Schubert in ihrem Aufsehen erregenden Buch „Judasfrauen" verwiesen.[11] Schließlich werden fast durchgängig auch die dem Nationalsozialismus oppositionell gegenüberstehenden Milieus aus einer moralischen Opferperspektive heraus exkulpiert und pauschalisierend zum „anderen" Deutschland aufgewertet, als ob es das Scheitern der Arbeiterbewegung vor 1933, die Kollaboration der Kirchen, der alten Eliten und des Konservatismus, die Rekrutierung von V-Leuten und Denunzianten selbst aus kommunistischen, sozialdemokratischen und katholischen Kreisen nie gegeben habe. Die Geschichte der Widerstandsforschung als Geschichte der Exkulpation von Verantwortlichkeit und der Tabuisierung unangenehmer Fragen spiegelt selbst wiederum nur die falsche Polarisierung von Verfolgung und Widerstand wider, ist somit nicht nur volkspädagogisch, sondern zugleich auch wissenschaftsimmanent begründet.

Explizit Entschuldungsfunktionen erfüllten auch die zahlreichen Mythen, die die NS- und Widerstandsforschung seit 1945 produzierte bzw. die sie ungeprüft aus dem Dritten Reich übernahm: die Reduktion des NS-Regimes auf die Terrordimension und die Annahme eines perfekten und allgegenwärtigen Verfolgungsapparates, dem gegenüber jeder Widerstand a priori zum Scheitern verurteilt gewesen sei; die Interpretation, alle Deutschen seien von einem höchst effizienten und mächtigen Propagandaapparat manipuliert und verführt worden, als habe es aktive Folgebereitschaften nicht gegeben; die Verkürzung der Arbeits- und Lebenszusammenhänge ausschließlich auf die Dimension der ökonomischen Ausbeutung und damit lange Zeit zusammenhängend die Vernachlässigung der sozialpolitischen Integrationsbemühungen; schließlich die Anahme eines breiten Dissenses zwischen Machthabern und Bevölkerung, wie er im älteren Begriff der „Volksopposition" bzw. im neueren Begriff der „Resistenz" mitschwingt und damit zusammenhängend das Aufblähen un- und vorpolitischer Verhaltensweisen zu Handlungen politischen Widerstands. Die Dominanz dieser Mythen und Legenden verhinderte bislang eine befriedigende Erklärung, warum Millionen Menschen dem nationalsozialistischen System bis in die letzte Kriegsphase hinein gefolgt sind.

Erst ein tabufreier, um „Historisierung" bemühter, alltags- und sozialgeschichtlich orientierter Forschungsansatz vermag den Mythos zu zerstören, das Dritte Reich sei eine Ausgeburt an Effektivität, hierarchischer Ordnung und „Triumph des Willens" gewesen, das Regime habe lediglich auf Repression und Angst beruht. Er öffnet zugleich die Perspektive für die subjektiven Anteile der Menschen am Funktionieren des NS-Herrschaftssystems.

Bei der folgenden Untersuchung des Geländes von Verweigerung und Widerstand sollen zentrale gesellschaftliche, politische und ökonomische Dimensionen thematisiert werden, die Widerstands- und Verweigerungsverhalten beeinflußten. Der erste Komplex befaßt sich mit den wirtschaftlichen und sozialen Entwicklungen des Dritten Reiches und den spezifischen politischen und strukturellen Voraussetzungen, der Erbschaft des Saarabstimmungskampfes von 1933 bis 1935 sowie der Konfessions- und Sozialstruktur der katholisch-proletarischen Provinz, die Dispositionen wie Barrieren widerständigen Verhaltens begründeten. Das Hauptgewicht liegt hier auf der wirtschaftlichen Entwicklung, die spätestens mit dem Einsetzen des NS-Wirtschaftswunders eigene konsensbildende Kräfte freisetzte. Ein zweiter Komplex beschäftigt sich mit der Integration durch Propaganda und Sozialpolitik, mit der Inszenierung der „Volksgemeinschaft", deren Brüchigkeit und Fassadenhaftigkeit ebenso untersucht wird wie deren Anziehungskraft durch die Ästhetisierung von Politik und die Forcierung eines „sozialistischen“ Images. Jenseits der NS-Mythologisierung von Propaganda als omnipotenter Wunderwaffe stellt sich dabei die Frage nach der realen Wirkung und damit nach der regionalen Loyalitätsbasis des NS-Regimes. Mit der Untersuchung der propagandistischen und sozialpolitischen Integrationsbemühungen des Dritten Reiches im Spiegel einer Region, der Adressaten, Versprechungen und Feindbilder der Propaganda sowie der konkreten sozialpolitischen Integrationsmaßnahmen betreten wir weitgehend Neuland. Das gleiche gilt für den dritten Schwerpunkt dieser Studie: die Analyse der regionalen Institutionen des NS-Maßnahmenstaates, also vor allem der Geheimen Staatspolizei, der politischen Justiz und des Gefängnis- und Lagersystems. Erstmals werden hier im Rahmen einer Regionalstudie deren Organisations- und Personalstrukturen, aber auch deren Arbeits- und Wirkungsweise untersucht. Dabei stellen sich vor allem Fragen nach der realen Macht der Gestapo, nach ihrer gesellschaftlichen Akzeptanz sowie nach der Mitarbeit der Bevölkerung. Der vierte und letzte Komplex schließlich untersucht das Verhalten der nicht-milieugebundenen Bevölkerung und ihre Reaktionen auf die Herrschaftspraxis der Nationalsozialisten, fragt nach deren (Un-)Angepaßtheit, nach dem Ausmaß ihrer Immunität gegenüber dem Nationalsozialismus. Im Zentrum stehen die individuellen und kollektiven Reaktionsmuster der Arbeiterschaft und damit der Versuch, den Grad an Dissens und Verweigerung zu bestimmen und die wechselnden Maßstäbe für Konflikt und Konsens zu definieren. Entfaltet wird ein breites Spektrum von Nonkonformität, das von der Heimtückerede, dem Abhören ausländischer Rundfunksendungen, der Beteiligung an Arbeitskämpfen und Demonstrationen, dem verbotenen Umgang mit Kriegsgefangenen und stigmatisierten Juden über die Fahnenflucht bis hin zur offenen Gehorsamsverweigerung gegen Kriegsende reicht. Im Zentrum unserer Untersuchung steht somit die Auseinandersetzung mit hartnäckigen Mythen und Legenden: der Legende, der Nationalsozialismus habe nur Leid und Terror bedeutet, dem Mythos der allmächtigen Gestapo und einer omnipotenten Propaganda sowie schließlich der Mythologisierung nonkonformen Verhaltens als „Volksopposition“ und „Resistenz“. Nur periphere Berücksichtigung findet in dem vorliegenden Band die Geschichte der Verfolgung der jüdischen Bevölkerung, da diese zu den am besten aufgearbeiteten Kapiteln der saarländischen Geschichte des Dritten Reiches gehört.[12]

Unser Vorhaben war nur möglich auf der Grundlage einer breiten empirischen Quellenbasis, wie sie unseres Wissens nach bislang kein vergleichbares Projekt aufzuweisen vermag. Hierzu zählen vorrangig die vom Saarbrücker Landesarchiv übernommenen Wiedergutmachungsakten des saarländischen Landesentschädigungsamtes, der einzigen Quellenbasis, die einen annähernd vollständigen Überblick über die Vielfalt widerständigen Verhaltens erlaubt. In qualitativer Hinsicht zeichnet sich dieser etwa 20.000 Fälle und ca. 40.000 Akten umfassende Bestand dadurch aus, daß er neben Urteilen, Anklageschriften, Fotos und privaten Dokumenten in erstaunlich hoher Zahl subjektive Schilderungen enthält, die das eigene Handeln reflektieren, nicht dem Zwang des Negierens oder Minimierens wie in Gestapo-Verhören unterliegen und damit Einblicke in Motivationen, familiäre

Einbindungen sowie Strukturen und Formen illegaler Arbeit bieten, wie sie von der Gestapo nie aufgedeckt wurden. Unter Berücksichtigung der datenschutzrechtlichen Bestimmungen konnten wir uns so Verfolgten wie Verfolgern gleichermaßen nähern. Reflektieren die Wiedergutmachungsakten die Perspektive der Verfolgten, so spiegeln die Polizei-, Gefängnis- und Gerichtsakten, wie wir sie in den einschlägigen Beständen des Saarbrücker Landesarchivs, dem ehemaligen Zentralen Parteiarchiv der SED im Institut für Marxismus-Leninismus (jetzt Institut für Geschichte der Arbeiterbewegung) in Berlin, dem Berlin Document Center und dem Bundesarchiv in Koblenz fanden, die Perspektiven, Organisationsmuster und Arbeitsweisen der Verfolgungsbehörden des Maßnahmenstaates wider. Dabei bleibt anzumerken, daß die im ehemaligen Zentralen Parteiarchiv des IML[13] lagernden Restakten des Gestapa, der einzelnen Stapo-Stellen, des Sicherheitsdienstes der SS, des Reichssicherheitshauptamtes, des Volksgerichtshofes und der Oberlandesgerichte die in der ehemaligen Bundesrepublik und in West-Berlin verwahrten Komplementärbestände quantitativ bei weitem in den Schatten stellen. Nimmt man die Personalakten der NSDAP- und SS-Mitglieder im Berlin Document Center und die Entnazifizierungsakten im Saarbrücker Landesarchiv hinzu, dann verfügt unser Projekt damit über eine ungewöhnlich gute Überlieferung bezüglich der Institutionen des Maßnahmenstaates und der politischen Justiz. Über die „Stimmungen" und Reaktionsmuster in der Bevölkerung gaben neben Wehrwirtschaftsinspektion und Treuhänder der Arbeit besonders die Berichte des Saarbrücker Landrates und einzelner Bürgermeister bis in das letzte Kriegsjahr hinein Auskunft. Als eine unverzichtbare Quelle bei der Analyse der propagandistischen Inszenierung des Dritten Reiches erwiesen sich schließlich die beiden NS-Blätter *NSZ-Rheinfront* und *Saarbrücker Zeitung*, die für den Gesamtzeitraum von 1935 bis 1945 systematisch ausgewertet wurden. Auch die Analyse sämtlicher in Frankreich erschienener politischer Exilzeitungen und -zeitschriften erwies sich als lohnend, da die Saarberichterstattung aufgrund der räumlichen Nähe und der informellen Kommunikationskanäle einen Schwerpunkt dieser Publikationen bildete. Einschränkend sei quellenkritisch angefügt, daß sich in den Meldungen der Exilpresse oft mehr Wunschdenken und parteipolitisch eingefärbte Interpretationen als harte Fakten abbildeten. Erstmals konnte im Rahmen unseres Projektes darüber hinaus auch der Bestand des Statistischen Amtes des Saarlandes aus der Zeit des Dritten Reiches herangezogen werden, der wichtiges statistisches Material zur sozialen und wirtschaftlichen Entwicklung lieferte. Insgesamt erwies sich die Quellenlage für unser Vorhaben, das Gelände des Widerstandes und der Verweigerung zu skizzieren, als quantitativ weit umfassender und qualitativ bedeutend aufschlußreicher, als wir dies zu Beginn unseres Forschungsprojektes überhaupt zu hoffen gewagt hätten.

Die hier vorliegende Studie ist das Ergebnis von mehrjährigen gemeinsamen Recherchen und intensiven Diskussionen. Sie ist das Produkt einer gelungenen Kooperation und daher von uns beiden gemeinsam zu verantworten. Gleichwohl verfügt sie über zwei Autoren. Während Klaus-Michael Mallmann das umfangreiche fünfte Kapitel über die Institutionen und Strukturen des regionalen Maßnahmenstaates verfaßte, schrieb Gerhard Paul die Kapitel über die strukturellen Voraussetzungen und Veränderungen, über die ökonomisch-soziale Entwicklung, die regionale Parteiorganisation, die inszenierte Volksgemeinschaft sowie das sechste Kapitel über Dissens und Verweigerung. Stilistische Unterschiede ließen sich, wie der Leser erkennen wird, nicht vermeiden, blieben aber dennoch auf ein Minimum begrenzt.

An dem Zustandekommen dieses Bandes war Herr Dipl.-Pol. Hans-Henning Krämer beteiligt, der das grundlegende Datenmaterial der beiden ersten Kapitel recherchierte und aufbereitete und als einer der wenigen Kenner der Arbeits- und Lebensbedingungen der ausländischen Zivilarbeiter und Kriegsgefangenen erste Ausarbeitungen dazu verfaßte. Für seine Mitarbeit und Hilfe möchten wir uns herzlich bedanken. Die mühevolle Arbeit einer systematischen, nach zahlreichen Themenkreisen aufgegliederten Erfassung der regionalen NS-Zeitungen übernahm Frau Barbara Hoen, die uns damit sehr entlastete. Ihr sei ebenso Dank gesagt wie Herrn Hans-Werner Krick M. A., der die Register dieses Buches erstellte. Dank gebührt all denjenigen Archiven und Bibliotheken in der Bundesrepublik und der ehemaligen DDR, die uns bei der Beschaffung von Archivalien und Literatur behilflich waren. Wie schon bei unserem ersten Band möchten wir einen besonderen Dank für gute Zusammenarbeit dem ehemaligen Leiter des Zentralen Parteiarchivs der SED, Herrn Prof. Dr. Heinz Voßke, sowie seinen Mitarbeitern aussprechen, die uns großzügig die Türen zu wichtigen Quellenbeständen öffneten.

Die Forschungsarbeiten an dem hier vorliegenden Band wurden wiederum von der Stiftung Volkswagenwerk finanziert. Für die unkomplizierte und gute Zusammenarbeit mit ihr möchten wir uns daher ebenfalls herzlich bedanken. Auch diesmal gewährte die Saarland-Sporttoto GmbH unter ihren Direktoren Alfred Holzwarth und Albert Wagner einen großzügigen Druckkostenzuschuß, der dem Preis und der Ausstattung des Buches zugute kam. Ein Dank gilt daher auch ihr sowie unserem Freund Hans-Georg Treib, der unser Forschungsprojekt wie bisher aufmerksam verfolgt und unterstützt hat, wo dies notwendig erschien. Nicht zuletzt bedanken wir uns bei dem Direktor des Saarbrücker Landesarchivs und Leiter unseres Forschungsprojektes, Herrn Prof. Dr. Hans-Walter Herrmann, ohne dessen vielfältige Hilfestellungen, Hinweise und kooperative Art dieses Buch in der vorliegenden Form nicht hätte geschrieben werden können.

Klaus-Michael Mallmann/Gerhard Paul Metz, 15. März 1991

I.
Provinz im Wandel
Strukturelle Voraussetzungen und Veränderungen

1. Erbschaften des Abstimmungskampfes: Von „Vaterlandsverrätern" und Emigranten

Es begann symbolträchtig: Während Hitlers Sturmtruppen am 1. März 1935 das Saargebiet besetzten, verließen seine Gegner still und heimlich das Land. Von nun an kam die Region nicht mehr zur Ruhe. Für viele Menschen an der Saar wurde die Zeit des Dritten Reiches ein Leben auf Koffern und Rucksäcken. Das ständige Kommen und Gehen setzte sich 1936 mit der Wiederbelegung der Saarbrücker Garnison durch die Wehrmacht fort. Im Sommer 1938 folgten den Soldaten Zehntausende von Festungspionieren, Mitgliedern des Reichsarbeitsdienstes und Beschäftigten der Organisation Todt, die aus allen Teilen Deutschlands zum Bau des Westwalls an die Saar gekarrt wurden und das Land entlang der französischen Grenze in den „wilden Westen" des Deutschen Reiches verwandelten. Im Gegenzug verließen seit der Mobilmachung von 1939 Zehntausende von Saarländern ihre Wohnungen und Arbeitsplätze und rückten in Hitlers Krieg ein. Bei den Saarhütten beispielsweise waren 1943 zwei Drittel aller Beschäftigten eingezogen. Zu Kriegsbeginn schließlich mußten im Rahmen der Evakuierung der „roten Zone" dreihunderttausend Saarländer — das waren 35 % der Gesamtbevölkerung — auf ungewisse Zeit ihre Heimat verlassen. Während des Krieges dann nahmen Zehntausende von Fremdarbeitern und Kriegsgefangenen die vakanten Arbeitsplätze ein. Im Sommer 1944 dürften es etwa 70.000 ausländische Zivilarbeiter und Kriegsgefangene gewesen sein, die in den unzähligen Barackenlagern im Saarland lebten. Fast jeder zehnte Bewohner der Region war damit ein Ausländer. Wer sich gegen Kriegsende bei der zweiten Evakuierung der „roten Zone" noch immer nicht den neuen Mobilitätszwängen angepaßt hatte, sondern sich weigerte, seine Heimat zu verlassen, den konnte das im Extremfall den Kopf kosten. Die viel beschworene nationale Volksgemeinschaft glich eher einer hektischen Bahnhofshalle denn einer vertraut-behaglichen Wohnstube. Die „deutsche Mutter" hetzte ihre saarländischen Kinder immer schneller durch die Geschichte.

Die Aufspaltung der Gesellschaft entlang der nationalen Frage

Begonnen hatte alles mit dem 1933 einsetzenden und zwei Jahre währenden Abstimmungskampf um die nationale und politische Zukunft des von Deutschland abgetrennten Saargebietes.[1] Entlang der nationalen Frage polarisierte sich die

Gesellschaft in die majoritäre, klassenübergreifende nationale Volksgemeinschaft der Rückgliederungsanhänger und die Minorität vermeintlicher Volks- und Staatsfeinde, die eine Rückkehr der Saar in das blutbefleckte Zuchthaus-Deutschland ablehnten. Eine bis dato unbekannte Politisierung des Alltagslebens setzte ein, die das ganze politische und soziale Leben in seinen Grundfesten erschütterte. Die Frage nach der nationalen Zukunft und das „Gefühl Deutschland" überlagerten alle anderen sozialen und politischen Probleme und Bedenken, zerstörten persönliche Freundschaften, ließen aus Freunden Feinde werden, spalteten die Gesellschaft in zwei konträre und sich bekämpfende Lager, integrierten antagonistische Klassen zur neuen Volksgemeinschaft und stigmatisierten die Anhänger einer Status Quo-Lösung der Saarfrage als „vaterlandslose Gesellen", „Verräter" und „Separatisten", brachten eine Welle politisch motivierter Gewalt, wie sie das Land noch nicht erlebt hatte, und begannen, die identitätsstiftenden und dominanten Milieus aufzulösen.

Entscheidend geprägt wurde das Saargebiet bis dato durch zwei große soziokulturelle Milieus[2], die aus der sozialen und konfessionellen Gliederung der Region resultierten. Ihr politischer Ausdruck vor 1935 war die Vorherrschaft der katholischen Zentrumspartei und eines starken links-proletarischen Milieus. Das durch eine Vielzahl von Vereinen, durch christliche Gewerkschaftsverbände und den Klerus vernetzte katholische Milieu war von seiner Klassenzusammensetzung zwar eher heterogen organisiert, wurde an der Saar aber zugleich primär durch den Charakter des Katholizismus als Unterschichtenreligion geprägt. Gegen ein Ausbrechen aus diesem sozial, kulturell und weltanschaulich eng strukturierten Milieu standen eine Vielzahl von sozialen, emotionalen und persönlichen Barrieren, die aus der spezifischen „Schlüsselgewalt" des katholischen Pfarrers als entscheidendem opinion-leader im sozialen Nahbereich resultierten und deren Überwindung in der autoritär- und traditionsbestimmten Gesellschaft noch große Mühe kostete. Politischer Ausdruck dieser Dominanz und Verankerung des katholischen Milieus war die Vorherrschaft des Zentrums als stärkster Partei in sämtlichen Wahlen der 20er und beginnenden 30er Jahre. Die wahlpolitische Mobilisierung des katholischen Milieus durch das Zentrum hatte von 35,7 % im Jahre 1922 auf 45,2 % bei der letzten Landesratswahl 1932 kontinuierlich zugenommen. In kleinen ländlichen Gemeinden lag die Ausschöpfungsquote des katholischen Milieus gar bei 60 %. Erst der Saarabstimmungskampf und die Koalition von Zentrum und NSDAP in der Deutschen Front fügten dem Zentrumsturm erste Risse zu, wie die kommunalen Nachwahlen 1933 demonstrierten.[3]

Gegenüber dem klassenübergreifenden katholischen Sozialmilieu war das linksproletarische Milieu von seiner Klassenzusammensetzung eher homogen strukturiert und erst verhältnismäßig spät nach dem Ende des Weltkrieges entstanden. Obwohl seine Mitglieder über keine längere politische Kampftradition verfügten, der politisch-ideologische Bildungsgrad gering war, hatten vulgärmarxistische Bekenntnisse und ein Bewußtsein von Unterprivilegiertsein eine zukunfts- und veränderungsorientierte Interessensidentität begründet, die Kern eines eigenen Milieus wurde. Im Unterschied zum katholischen Sozialmilieu war dieses allerdings über Vereine emotional und sozial viel weniger fundiert. Fast völlig fehlgeschlagen war die Integration der Frauen in das politisch durch KPD und SPD repräsentierte

Tabelle 1:
Die konfessionelle Gliederung des Saarlandes 1939 nach Kreisen (in Prozent)

Kreise	ev. Landes- oder Freikirche	röm.-kath.	Gott-gläubige	Glaubens-lose
Stadtkreis Saarbrücken	40,9	52,9	5,0	0,3
Landkreis Homburg	49,2	49,5	0,9	0,2
Merzig	4,6	94,7	0,5	0,0
Ottweiler	29,7	67,2	2,3	0,5
Saarbrücken	31,0	66,1	2,0	0,3
Saarlouis	4,7	94,2	0,7	0,1
St. Ingbert	14,8	84,1	0,7	0,1
St. Wendel	16,2	82,6	1,1	0,1
Saarland	25,7	71,5	2,0	0,3
Deutsches Reich	53,7	40,3	3,5	1,5

Quelle: Die Bevölkerung des Deutschen Reiches nach der Religionszugehörigkeit, in: Statistik des Deutschen Reiches, Bd. 552, Berlin 1943.

Tabelle 2:
Die politischen Parteien des Saargebietes bei den Landesratswahlen vom 13. März 1932 (absolut und in Prozent)

LANDESRATSWAHL 1932

Kreis	Wahl-beteiligung %	gültige Stimmen	Zentrum		KPD		SPD		NSDAP		DSVP, DNVP, DWP		andere	
			absolut	%	absolut	%	absolut	%	absolut	%	absolut	%	absolut	%
Saarbrücken Stadt	67,73	57.230	16.023	28,00	11.393	19,91	8.018	14,01	5.992	10,47	14.237	24,88	1.567	2,74
Saarbrücken Land	79,36	97.776	35.729	36,54	26.642	27,25	11.882	12,15	5.153	5,27	12.594	12,88	5.776	5,91
Ottweiler	83,45	67.261	27.964	41,58	18.071	26,87	6.106	9,08	3.964	5,89	5.228	7,77	5.928	8,81
Saarlouis	75,93	63.129	33.699	53,38	14.861	23,54	3.411	5,40	3.340	5,29	3.967	6,28	3.851	6,10
Merzig	75,50	16.168	9.743	60,26	2.911	18,00	1.075	6,65	469	2,90	1.233	7,63	737	4,56
St. Wendel	78,72	14.688	9.112	62,04	2.829	19,26	950	6,47	494	3,36	823	5,60	480	3,27
St. Ingbert	79,90	25.619	16.168	63,11	3.973	15,51	2.110	8,24	1.185	4,63	1.688	6,59	495	1,93
Homburg	76,98	20.760	8.177	39,39	3.432	16,53	2.416	11,64	3.858	18,58	1.749	8,42	1.128	5,43
Saargebiet insgesamt	77,33	362.631	156.615	43,19	84.112	23,19	35.968	9,92	24.455	6,74	41.519	11,45	19.962	5,50

Quelle: Paul: Die NSDAP des Saargebietes, S. 199.

links-proletarische Milieu an der Saar. Trotz der Einbindung seiner Mitglieder in eine durch Tradition, Kirche, bürgerliches Vereinswesen geprägte ungleichzeitige Umwelt gelang es Sozialdemokraten und Kommunisten seit 1922, ihren Stimmenanteil von 12,3 % auf 25,1 % (der Wahlberechtigten) im Jahre 1932 zu verdoppeln. Ein Drittel aller gültigen Stimmen des Jahres 1932 fiel auf die beiden Linksparteien, die milieuintern ihre Vorrangstellung tauschten. Während die Sozialdemokratie nach ihren Anfangserfolgen bei den Wahlen zur Nationalversammlung von 1919 bis zur Landesratswahl 1932 auf 9,9 % zurückfiel, wurde die KPD nach einem eher schwachen Start 1932 mit 23,2 % stärkste Linkspartei und zweitstärkste Partei des Saargebietes überhaupt. Deutlicher als noch beim Zentrum gelang es dem Nationalsozialismus, durch seine Besetzung der nationalen Frage während des beginnenden Abstimmungskampfes in die „marxistische Front" einzudringen. Insbesondere die SPD-Anhängerschaft kehrte seit dem Frühjahr 1933 verstärkt ihrer Partei den Rücken und schwenkte — einschließlich eines beachtlichen Teils von Funktionären — ins Lager der nationalsozialistisch dominierten Deutschen Front über.[4]

Hatte die politische Kultur des Saargebietes und die Hegemonie der beiden prägenden Sozialmilieus, die zusammen immerhin 58 % aller Wahlberechtigten bzw. 76 % der Wähler des Jahres 1932 organisierten, einen Aufstieg der NSDAP bis 1932 verhindert, so setzte unmittelbar nach dem Machtantritt Hitlers im Frühjahr 1933 — und damit verspätet — der Aufstieg der bis dato mit 6,7 % politisch marginalen NSDAP des Saargebietes zur Massenpartei ein, die sich hauptsächlich aus dem Lager der Nichtwähler und dem erodierenden bürgerlich-evangelischen Milieu rekrutierte und es bei den kommunalen Nachwahlen vom Frühjahr/Sommer 1933 bereits auf knapp 20 % der Wähler brachte. Von der Zusammensetzung ihrer Wählerschaft war die NSDAP des Saargebietes eine leicht männerdominierte Partei, die ihre besten Wahlergebnisse in den größeren städtischen Gemeinden erzielte, vorrangig von Protestanten und ehemaligen Nichtwählern, vom alten und neuen Mittelstand gewählt wurde, während ihr die Arbeiterschaft noch weitestgehend resistent entgegenstand.[5] Erst die Herrschaftsübernahme der Nationalsozialisten an der Saar veränderte das soziologische Rekrutierungsmuster der NSDAP und machte sie — wie zuvor schon in anderen Reichsteilen — zu einer „Volkspartei mit Mittelstandsbauch" (Jürgen W. Falter). Waren die dominanten soziokulturellen Milieus bislang nach sozialen und konfessionellen Mustern organisiert gewesen, so überlagerte die Frage der nationalen Zukunft des Saargebietes nun die gesellschaftlichen Differenzierungskriterien und spaltete die saarländische Gesellschaft primär entlang der nationalen Frage. Das löste die bisherigen Resistenzbarrieren der katholisch-proletarischen Provinz gegenüber dem Nationalsozialismus tendenziell auf.

Die Propaganda der Deutschen Front forcierte diesen Auflösungsprozeß. Mit seinem Konzept der Entpolitisierung und gleichzeitigen Emotionalisierung der Abstimmungsfrage — treffend formuliert in Wahlkampfparolen wie „Deutsche Mutter — heim zu Dir!", „Zu Deutschland", „Wir starben für Euch und Ihr wollt uns verraten" oder „Nix wie hemm!" — gelang es dem von Hitler eingesetzten Saarbeauftragten der Reichsregierung und heimlichen Führer der Deutschen Front, Josef Bürckel, 90,7 % bzw. 477.119 Abstimmungsberechtigte für die Rückgliederung nach (Hitler-) Deutschland zu mobilisieren, während für die vorläufige Beibehaltung der Völkerbundsherrschaft und damit für den Status Quo mit 46.613 Saarländern nur 8,6 % votierten. Unter dem Eindruck des öffentlichen Bekenntnisses der beiden für das Saargebiet zuständigen Bischöfe von Trier und Speyer hatte sich fast die gesamte Anhängerschaft des mächtigen Zentrums für die Rückgliederung entschieden. Den beiden Linksparteien war es demgegenüber im Höchstfalle gelungen, 30 % ihrer Wähler des Jahres 1932 für die Status-Quo-Lösung zu gewinnen.

Für die überraschend hohe Bereitschaft der Bevölkerung, in den Schoß der deutschen Mutter zurückzukehren, machten die *Deutschland-Berichte* der Sopade in erster Linie die Mobilisierung des Nationalgefühls durch die Deutsche Front verantwortlich, dem — wie es selbstkritisch hieß — in den vergangenen Jahren „von *allen* Parteien kräftig Vorschub geleistet worden" sei. Der glänzende Kampf der Rückgliederungsgegner — so Curt Geyer vom Prager Vorstand der Exil-SPD — habe „nicht einmal in der Arbeiterschaft des Saargebiets eine Explosion des Willens zur Freiheit hervorgerufen". Dies sei eine ernste Warnung „vor jeder Form der Revolutionsromantik, vor illusionären Erwartungen und revolutionären Wunderhoffnungen". Das Ergebnis des Saarkampfes habe gezeigt, „daß die gegenwärtige Apathie der großen Masse gegenüber dem Verlust der Freiheit nicht durch kurzfristigen propagandistischen Vorstoß überwunden werden kann".[6] Neben der Mobilisierung eines emotionalen Nationalismus, der alle sozialen Schichten und Milieus als einigendes ideologisches Band durchzog und dem — wie Geyer zurecht befand — auch die Linke während der Völkerbundszeit kräftig Vorschub geleistet hatte[7], mischte sich in die Abstimmungsentscheidung insbesondere bei den von der großen Krise subjektiv oder objektiv am härtesten Betroffenen auch die Hoffnung auf eine Änderung ihrer wirtschaftlichen und sozialen Lage bei einer Rückkehr nach Deutschland ein. Aber auch Autoritätsängste — wie die Angst, den gesellschaftlichen Autoritäten, den kirchlichen Repräsentanten oder den im Über-Ich verankerten nationalen Normen und Werten der Elterngeneration zu widersprechen — und Realängste vor Benachteiligung, Verfolgung und Terror überlagerten die zweifellos vorhandenen politischen Bedenken, in das neue Deutschland der Zuchthäuser und Konzentrationslager zurückzukehren, und motivierten letztlich zur Stimmabgabe für die Rückgliederung. Unter Umständen war es nur ein kleiner Teil der Abstimmungsberechtigten, die sich bewußt für das Deutschland Hitlers entschieden. Die meisten votierten — wie dies die Sopade-Analyse nahelegte — nicht wegen, sondern trotz Hitler für Deutschland.[8]

Mit der Bekanntgabe des Abstimmungsergebnisses am 15. Januar 1935 entlud sich die angespannte Situation der vergangenen Monate in einem geradezu euphorischen Freudentaumel der Rückgliederungsanhänger: in spontanen Kundgebungen und Demonstrationen im gesamten Saargebiet, in symbolischen Aggressionsakten gegen die Anhänger der Anti-Hitler-Koalition wie Hinrichtungen von Strohpuppen und öffentlichen Beerdigungen des Status Quo, schließlich auch in brachialen Übergriffen auf einzelne Funktionäre der Linksparteien. Die Spaltung der Gesellschaft entlang der nationalen Frage nahm handfeste Formen an. Im Heim der Saarländer war kein Platz für Andersdenkende. „Die Massen gebärdeten sich noch übergeschnappter als die, die ich am 30. Januar 1933 durch die Straßen Berlins hatte ziehen sehen", schrieb ein Emigrant aus Frankfurt später.[9]

Ziel der Aufmärsche waren vielfach die Wohnungen von bekannten politischen Kontrahenten, Gewerkschaftsgebäude und Parteizentralen. Eine der vielen Demonstrationen zog vor das Haus der Arbeiterwohlfahrt in Saarbrücken, wo man den Wortführer der Einheitsfront, den SPD-Vorsitzenden Max Braun, vermutete: „Uniformierte SS- und SA-Leute bildeten die Spitze, dann kamen Hitlerjugend und BdM und dann folgte ein großer unbedeckter Lastwagen, auf dem ein Galgen aufgestellt war ... Neben dem Galgen hielten vier SS-Männer eine lebensgroße Puppe gefesselt zwischen sich, die ein riesiges Schild um den Hals trug mit der Aufschrift ‚Max Braun'."[10] In Dudweiler inszenierte die Meute vor der Wohnung des Mitbegründers der dortigen KPD und späteren Funktionärs der autonomistischen Saarländischen Wirtschaftsvereinigung, Johann Helfgen, angefeuert von einer SA-Musikkapelle, eine Hinrichtung: „Vier Männer der SA trugen eine Tragbahre mit einer ausgestopften männlichen Puppe und ein Mann mit Henkerbeil. Diese stellten die Bahre auf die Straße nieder, unter wildem Gebrüll und Drohungen gegen Helfgen. Die SA-Leute zerrten die Puppe von der Bahre und legten sie mit dem Kopfe auf einen Holzklotz, wonach der Mann mit dem Beil den Kopf abschlug, unter dem Gebrüll der Anhänger. Die Polizei tat nichts, um den Skandal zu hindern."[11] Der Haß der fanatisierten Masse traf auch weniger prominente Rückgliederungsgegner. In Altenwald zog eine Formation des Ordnungsdienstes der Deutschen Front vor die Häuser von etwa zehn „Status-Quolern", zumeist Bergleute wie sie selbst, warfen diesen die Scheiben ein und rissen die Zäune aus den Verankerungen, nachdem sie zuvor das Mobiliar der Grubenschenke zertrümmert hatten. In Völklingen drangen Unbekannte in die Wohnungen von Rückgliederungsgegnern ein und mißhandelten Familienmitglieder. In Mittelbexbach zog der Fackelzug der Deutschen Front am Abend des 15. Januar vor die Wohnungen von Hitler-Gegnern. Aus der Menge heraus hörte man Drohungen: „Separatist, Landesverräter, Status-Quoler, mach Dich nach Frankreich oder wir hängen Dich auf!" Aus Angst vor Übergriffen verbarrikadierten sich in Neunkirchen Sozialdemokraten und Kommunisten im dortigen Volkshaus, während andere die Nacht im Wald verbrachten. Auch ihnen hatte man die Wohnungen demoliert und brennende Fackeln in die Häuser geworfen. Und auch hier hatte die Polizei nicht die geringste Geste gezeigt, um diesen Menschen Schutz zu gewähren. Horden von Kindern liefen Antifaschisten tagsüber auf der Straße nach, beschimpften sie und bewarfen sie mit Unrat. Auch am Arbeitsplatz waren die Unterlegenen nicht sicher. In der Werkstatt der Grube Heinitz kursierten Unterschriftenlisten gegen Antifaschisten, auf denen stand: „Wir wollen mit Landesverrätern nicht mehr zusammenarbeiten!"[12] In kleineren Gemeinden wurden Status Quo-Anhänger unter Vorangehen des Ortsdieners mit der Schelle durch die Straßen geführt und dem öffentlichen Gespött preisgegeben. Das Abstimmungsergebnis hatte den schon vorhandenen Riß durch die saarländische Gesellschaft weiter vertieft. „Als das Abstimmungsergebnis bekannt wurde", erinnerte sich ein Bergmann später, „gingen die Hetze und Schikanen gegen die Freiheitskämpfer los. Sie wurden wie Aussätzige behandelt. Auf der Straße sowie im Betrieb spuckte man gegen uns aus, wenn wir nur in Sicht kamen. Das Volk war von Sinnen. ... Auf der Arbeitsstelle sprach niemand mehr mit uns ... In der Waschkaue war keiner mehr, der einem den Rücken vom Kohlenstaub reinigte, wie das sonst bei

Bergleuten üblich ist."[13] Wie tief der Riß quer durch die Gesellschaft ging, zeigte sich auch darin, daß traditionelle Verhaltensformen der Höflichkeit, des Vertrauens und der Solidarität obsolet wurden. Bekannte Anhänger des Status Quo wurden nicht mehr gegrüßt. Aus Angst vor Repressalien verschlossen Hitlergegner in den Dörfern jetzt nachts ihre Haustüren. Und noch während des Krieges soll „Status-Quolern" der Zutritt zu den schützenden Luftschutzbunkern verwehrt worden sein.

Die saarländische Emigration

Als Emigration nahm die Spaltung der Gesellschaft auch externe Formen an. Die am meisten gefährdetsten Bevölkerungsgruppen und die politisch aktivsten Teile der Anti-Hitler-Koalition verließen aus Angst vor Verfolgung ihre Heimat. Trotz der bis zum 29. Februar 1936 geltenden Schutzgarantien des Römischen Abkommens, die 1934 zwischen Reichsregierung und Völkerbund vereinbart worden waren und einen Minderheitenschutz für die im Saarland verbliebenen Juden und Gegner einer Rückkehr des Saargebiets an Hitlerdeutschland vorsahen[14], löste die Bekanntgabe des Abstimmungsergebnisses unter den Anhängern der Anti-Hitler-Koalition schockartig einen Exodus aus dem Saargebiet aus, zumal man aufgrund der Erfahrungen der vorangegangenen Wochen den Schutzgarantien des Völkerbundes keine große Bedeutung beimaß. „Auf sie bauend hierzubleiben, war ein zu großes Risiko", schrieb der Dudweiler Sozialdemokrat Ernst Kunkel später. Fast der gesamte Funktionärskörper der SPD — und dies war bei den Kommunisten nicht anders — habe daher „vernünftigerweise" die Emigration vorgezogen, dabei bestärkt durch die symbolischen Gewaltakte der Deutschen Front. Besonders den jüngeren Funktionären fiel die Entscheidung zur Emigration nicht sonderlich schwer. Sie hatten die Chance, in Frankreich neu zu beginnen. Auch Abenteuerlust mischte sich ein. Für alle diejenigen aber, die über eine Familie, einen festen Arbeitsplatz oder ein bescheidenes Eigentum verfügten, bedeutete die Emigration den Schritt in eine völlig ungewisse Zukunft. Er wurde daher primär von denen gegangen, die sich existentiell bedroht fühlten und sich ihrer politischen Überzeugung völlig sicher waren.[15]

Exakte Daten über den Gesamtumfang und die Zusammensetzung der saarländischen Emigration nach 1934/35 existieren nicht. Lediglich zu einzelnen Emigrationsphasen liegt genaueres Datenmaterial vor. Völlig im Dunkel bleibt die illegale Abwanderung. Die folgenden Anmerkungen können daher nur Momentaufnahmen von einzelnen Emigrationsphasen sein bzw. Schlaglichter auf Einzelaspekte der Saaremigration werfen. Gleichwohl gestattet das verfügbare Material einigermaßen realistische Schätzungen zur Größenordnung und zur Zusammensetzung der saarländischen Emigration.

In Erwartung der Rückgliederung hatte bereits 1934 eine im Umfang noch bescheidene Emigration saarländischer Juden eingesetzt.[16] Ihr folgte eine erste Welle politischer Emigranten unmittelbar nach der Saarabstimmung. Hals über Kopf verließen noch am 15. Januar 1935 zahlreiche Spitzenfunktionäre der Linksparteien, auf die sich der Haß der Rückgliederungsfront konzentriert hatte, sowie die in der

Tabelle 3:
Übersicht über die Saaremigration 1935 nach den Angaben des Reichskommissars für die Rückgliederung des Saarlandes vom 13. Dezember 1935

Stadt/Landkreis	Emigranten insgesamt	Rück-wanderer	hiervon freiwillig	hiervon abgeschoben	in Frank-reich lebend
Stadtkreis Saarbrücken*	2.383	417	402	15	1.966
Landkreis Saarbrücken**	455	54	54	—	401
LK Saarlouis	871	199	199	—	672
LK Merzig	57	20	19	1	37
LK St. Wendel	127	35	35	—	92
LK Ottweiler*	217	38	38	—	179
LK St. Ingbert	141	34	30	4	107
LK Homburg	101	53	51	2	48
Summe:	4.352	850	828	22	3.502

* Die Angaben für den Stadtkreis Saarbrücken beziehen sich auf den Bezirk der staatlichen Polizeiverwaltung Saarbrücken, der außer der Stadt Saarbrücken auch folgende Bürgermeistereien des Landkreises umfaßte: Gersweiler, Völklingen, Dudweiler, Sulzbach, Friedrichsthal und Bischmisheim (ohne Bliesransbach) sowie die Gemeinde Altenkessel und Teile des Kreises Ottweiler.

** Da der Landkreis Saarbrücken zum großen Teil Bestandteil der Polizeiverwaltung Saarbrücken war, können die hier aufgelisteten Zahlen nicht identisch sein mit den Meldungen der Bürgermeistereien des Landkreises vom März 1935.

Quelle: PAAA,II/Saargebiet, Emigranten 5

Öffentlichkeit am meisten hervorgetretenen Hitlergegner das Saargebiet. Dennoch war es eine Übertreibung, wenn der Lagebericht der Stapo-Stelle Saarbrücken für den Monat März 1935 feststellte, daß das Saarland am Tage der Rückgliederung von allen staatsfeindlichen Elementen gereinigt gewesen sei.[17] Während das französische Generalkonsulat in Saarbrücken noch im Januar 3.679 Einreiseanträge bewilligt hatte, bezifferte das Auswärtige Amt am 7. Februar den Umfang dieser ersten Emigrationswelle auf 3.000 Saarländer.[18] Eine zweite Fluchtwelle ergriff das Land unmittelbar vor der für den 1. März 1935 vorgesehenen offiziellen Rückgabe des Saargebietes und dem Einzug von Gestapo und SS an der Saar, so daß sich der Gesamtumfang der Emigration auf 4.000 bis 4.800 Personen erhöht haben dürfte. Französische Angaben sprachen Anfang März 1935 von 3.200 Saaremigranten und weiteren 800 Reichsemigranten, für die nun die zweite und keineswegs letzte Etappe ihrer Flucht begann.[19] Das mit der Betreuung der Saarflüchtlinge vom Völkerbundsrat beauftragte Nansen-Amt zählte im Mai 3.500 reine Saaremigranten, während Max Waltz im Auftrag der Saarländischen Liga für Menschenrechte dem Flüchtlingskommissar des Völkerbundes in Genf die Zahl von 4.860 Emigranten von der Saar einschließlich der Reichsemigranten übermittelte.[20] Insgesamt dürfte sich der

Umfang der weiteren Saaremigranten im Laufe des Jahres 1935 nur geringfügig erhöht haben. Im Juni hatte das *Journal Officiel* 4.129 unterstützte saarländische Flüchtlinge in Frankreich gezählt, während das Nansen-Amt im Oktober von 4.000 Saarflüchtlingen sprach.[21] Der Wirklichkeit am nächsten dürften die Angaben des Reichskommissars für die Rückgliederung des Saarlandes vom 13. Dezember 1935 gekommen sein, der die gesamte saarländische Emigration auf 4.352 Personen bezifferte.[22]

Etwa jeder fünfte Emigrant war im Laufe des Jahres 1935 freiwillig bereits wieder an die Saar zurückgekehrt, so daß der Gesamtumfang der saarländischen Emigration zum Jahresende bei 3.500 bis 4.000 Personen gelegen haben dürfte, da in der Statistik des Reichskommissariats die illegale Abwanderung nicht erfaßt wurde. Auf das Problem der Reemigranten hatten Gestapo und Emigrationspresse bereits im März 1935 hingewiesen. „In der letzten Woche sind einige Hundert Flüchtlinge aus dem Süden wieder zurückgewandert, aus eigenem Entschluß oder auf Bitten der Angehörigen", meldeten die im lothringischen Forbach erscheinenden *Nachrichten von der Saar* am 18. März 1935 und fügten eine Woche später hinzu: „Besonders junge Kameraden, die gleich nach dem 13. Januar weggegangen sind, kommen zurück, weil das Mädel oder die Eltern ihnen geschrieben haben, es wäre jetzt alles ruhig und es würde ihnen nichts geschehen..."[23] Wegen schlechter Behandlung und mangels jeglicher Ernährungsmöglichkeit habe schon nach verhältnismäßig kurzer Zeit die Rückkehr der politischen Flüchtlinge aus Frankreich eingesetzt, stellte auch die Saarbrücker Stapo-Stelle in ihrem ersten Lagebericht fest.[24]

Unmittelbar vor Ablauf der Schutzgarantien Ende Februar 1936 setzte eine dritte Emigrationsphase ein, die die Gesamtzahl der emigrierten Saarländer — einschließlich der Rückwanderer — auf 4.644 Personen erhöhte.[25] Nach Abzug der Rückwanderer und unter Berücksichtigung der illegalen Abwanderer dürfte die Zahl der tatsächlichen saarländischen Emigranten nun bei etwa 4.000 gelegen haben. Aus der größten Gemeinde des Saarlandes, aus Dudweiler, hatten bis zu diesem Zeitpunkt insgesamt 198 Personen aus Angst vor Repressalien ihre Heimat verlassen. 95 % von ihnen waren noch vor dem 1. März 1935 emigriert, der Rest im Laufe des Jahres 1935 bzw. im Februar 1936. 80 % der Dudweiler Flüchtlinge waren Männer, die meisten von ihnen Arbeiter und ohne feste familiäre Bindungen. Unter den 33 Dudweiler Familien, die den unsicheren Schritt in die Emigration wagten, befanden sich vornehmlich die Familienangehörigen von Grubenbeamten der ehemals französisch verwalteten Bergwerksdirektion und einige jüdische Familien. Mit Ausnahme von sechs Dudweiler Bürgern, die ins nahe Luxemburg emigrierten, war Frankreich für sie alle das erste Zufluchtsland während ihrer Emigrationsodyssee.[26] Ein Schlaglicht auf die Zusammensetzung der saarländischen Emigration wirft auch eine Zusammenstellung des St. Ingberter Bezirksamts vom 29. November 1935. Zwei Drittel der 141 registrierten Flüchtlinge kamen aus der Bezirksstadt selbst, der Rest verteilte sich auf die Gemeinden des Kreises. Die 11 Emigranten aus Hassel waren ebenso wie die 7 Flüchtlinge aus Niederwürzbach ausnahmslos Kommunisten. Aus Eschringen war lediglich ein Sozialdemokrat emigriert, aus Ballweiler nur der katholische Pfarrer. In Ensheim setzten sich die sechs Emigranten ausschließlich aus Angehörigen der katholischen Opposition zusammen. Aus St. Ingbert selbst kamen

48 Kommunisten, 31 Sozialdemokraten und 20 Volksbund-Anhänger samt Angehörigen, die ihre Heimat 1935 verlassen hatten. Wie in den übrigen Kreisen des Saarlandes kehrte auch hier jeder fünfte Emigrant noch im selben Jahr wieder aus Frankreich in seine Gemeinde zurück.[27]

Insgesamt wird man die Zahl der reinen Saaremigranten, einschließlich der illegalen Abwanderer und von schätzungsweise 200 französischen Staatsbürgern saarländischer Herkunft, die nicht gewillt waren, an die Saar zurückzukehren, nach Ablauf des einjährigen Schutzjahres mit 4.000 Personen beziffern dürfen. Damit war zugleich die Phase der primär politisch motivierten Emigration abgeschlossen, nicht jedoch die der religiösen und rassischen. Da bis Mai 1936 von den einst 4.638 Juden des Saargebietes 2.014 das Saarland verlassen hatten, bei der Volkszählung vom 17. Mai 1939 aber nur mehr 557 „Glaubens-" und „Rassenjuden" gezählt wurden, mußten zwischen 1936 und 1939 weitere 2.000 jüdische Bürger dem Saarland den Rücken gekehrt haben, so daß sich bis Kriegsbeginn die Gesamtzahl der Saaremigranten auf 6.000 erhöhte.[28] Das waren weniger als 0,8 % der saarländischen Bevölkerung des Jahres 1935. Gegenüber dem Reichsdurchschnitt lag dieser Prozentsatz gleichwohl markant höher. Im Unterschied zur reichsdeutschen Emigration war die politische Saaremigration weniger eine Intellektuellen- als eine Arbeiteremigration. Unter der Prämisse, daß alle Emigranten von der Saar am 13. Januar 1935 für den Status Quo bzw. zu einem kleinen Teil auch für Frankreich votiert hatten, und der weiteren Annahme, daß es sich hierbei auch um eine größere Zahl nicht abstimmungsberechtigter Personen handelte, bedeutete dies, daß maximal 10 % der Status-Quo-Wähler von 1935 das Saarland verlassen hatten, 90 % aber im Lande geblieben waren und aus der Perspektive des neuen Regimes einen dauernden politischen Unruheherd bildeten.

Entsprechend der reichsdeutschen Emigration insgesamt[29] setzte sich auch die saarländische Emigration somit zu zwei Dritteln bzw. 4.000 Personen aus der Gruppe der rassisch und religiös Verfolgten und zu höchstens einem Drittel aus der Gruppe derjenigen zusammen, die unmittelbar politischen Parteien und Gruppierungen zuzurechnen waren. Schlüsselt man das Lager der politischen Emigration von der Saar weiter auf, so dürfte es sich dominant um etwa 1.200 Kommunisten inklusive Angehörigen, um 400 Funktionäre und Angehörige aus den Reihen der Sozialdemokratie[30] sowie um weitere etwa 400 Personen aus dem Lager des politischen Katholizismus, der saarländischen Autonomiebewegung und um Sonstige gehandelt haben. Bis 1938 waren die 2.000 politischen Emigranten von der Saar in Frankreich damit die landsmannschaftlich stärkste deutsche Emigrantengruppe überhaupt. Saarländische Kommunisten und Sozialdemokraten bildeten dort mit 12 bzw. 8 % nicht nur quantitativ bedeutsame landsmannschaftliche Gruppen innerhalb der kommunistischen und sozialdemokratischen Emigration, sondern konnten qualitativ auch ihre Erfahrungen aus dem Saarkampf geltend machen, was ihnen eine politisch nicht zu unterschätzende Rolle im politischen Exil sicherte. Zentrum des saarländischen Exils war in der Vorkriegszeit Frankreich, in dem schätzungsweise 5.000 Saarländer zunächst Zuflucht gefunden hatten.[31] Demgegenüber spielten andere Exilländer wie die Tschechoslowakei, Großbritannien, Schweden, die Schweiz und die Sowjetunion praktisch kaum eine Rolle. Eine quantitativ wie

Schaubild 1:
Das Saarland in seinen Grenzen von 1935

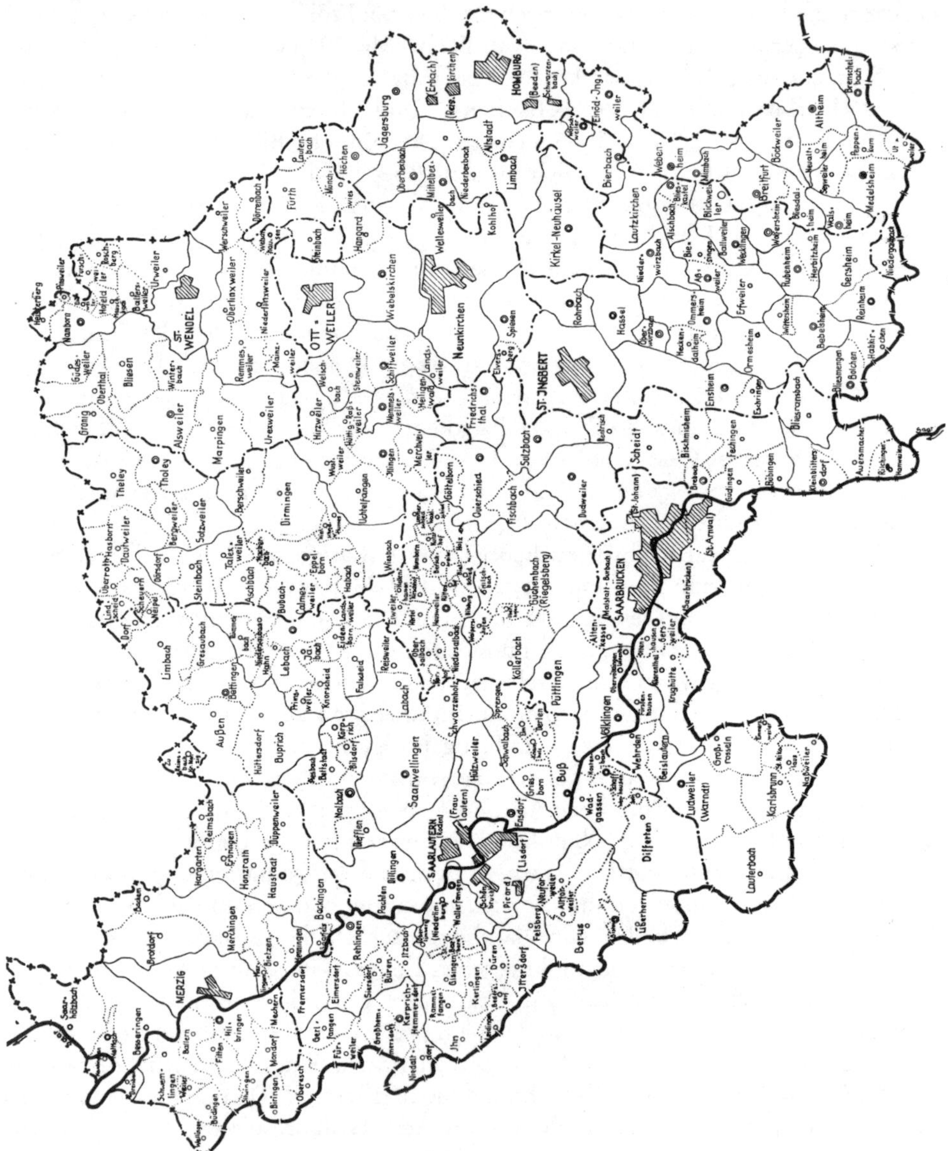

Schaubild 2:
Zuständigkeitsbereich der Behörde des Reichsstatthalters in der Westmark und Chefs der Zivilverwaltung in Lothringen 1941

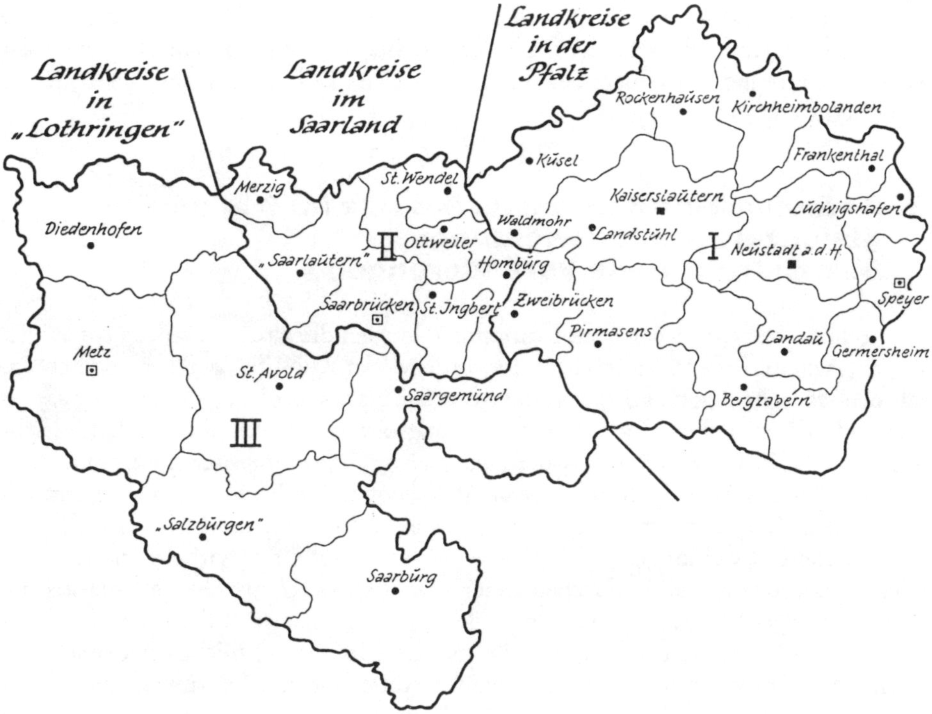

	Fläche	Wohnbevölkerung	davon 1939/40 geräumt	
Saarland	1.925 qkm	842.000	949 qkm	446.000
Pfalz	5.492 qkm	1.050.000	829 qkm	158.000
Lothringen	6.229 qkm	696.000	2.253 qkm	303.000
Westmark insgesamt	13.646 qkm	2.588.000	4.031 qkm	907.000

Quelle: Gemeindeverzeichnis für die Westmark nach dem Gebietsstand von 1941, hrsg. vom Statistischen Amt, Saarbrücken 1941.

qualitativ bedeutende Gruppe aus dem Umkreis des oppositionellen politischen Katholizismus fand unter der Obhut der katholischen Kirche Zuflucht im Nachbarland Luxemburg.[32] Einen Teil der jüdischen Emigration zog es weiter nach Palästina. Aber auch in Südamerika und hier vor allem in Paraguay und in Argentinien fanden emigrierte Saarländer vorübergehend ein neues Zuhause.[33]

Mit dem deutschen Westfeldzug und der Kapitulation Frankreichs gerieten insbesondere die nach Frankreich und Luxemburg emigrierten Saarländer wieder in den Zugriff der Gestapo. Nur eine verhältnismäßig kleine Gruppe von Saaremigranten konnte sich 1940/41 durch Flucht nach England, USA, Palästina und Südamerika der Verhaftung entziehen oder überlebte mit französischer Hilfe bis Kriegsende in der Illegalität. Andere Saarländer fanden angesichts von katastrophalen hygienischen Verhältnissen und ungenügender Ernährung den Tod in den südfranzösischen Internierungslagern.[34]

2. Katholisch-proletarische Provinz im Sog der gleichzeitigen Entwicklung: Sozialstrukturelle Veränderungen

Wer gehofft hatte, mit der Saarabstimmung würden die alten verwaltungsmäßigen Zugehörigkeiten wiederhergestellt und würde wieder Ruhe ins Saarrevier einkehren, sah sich schon bald getäuscht. Vielmehr trat der Nationalsozialismus an der Saar im Gewande einer umfassenden Modernisierungsbewegung auf, die die katholisch-proletarische Provinz in den Sog der gleichzeitigen ökonomischen und politischen Entwicklung riß. War das Saargebiet bis 1935 geographisch wie mental Provinz, ein Ort an dem Ungleichzeitigkeit zu Hause war, so forcierte das Dritte Reich neue strukturelle Entwicklungen, zwang zu verstärkter Mobilität, wirbelte die traditionellen Klassenverhältnisse durcheinander und attackierte zunehmend die bislang identitätsprägenden Milieus. Gleichwohl: was zunächst als Modernisierungsbewegung aussah, erwies sich bei näherer Betrachtung in erster Linie als Anpassung an reichsweite Entwicklungen, als tendenzielle Auflösung des Provinzcharakters der Region. Politisch, sozial und wirtschaftlich befand sich das Saarland wie kaum zuvor in einem permanenten politischen, sozialen und wirtschaftlichen Wandlungsprozeß. Was heute noch galt, konnte schon morgen überlebt sein. Das hinterließ tiefe Spuren in den Menschen, verunsicherte bisher gültige Orientierungsmuster und Verhaltensweisen und zwang zu neuen Identifikationen und Sicherheiten.

Mit der Rückgabe des von Deutschland seit 15 Jahren abgetrennten Saargebietes durch den Völkerbundsrat am 1. März 1935 wurde eine Region Bestandteil des Deutschen Reiches, die als Folge des Weltkrieges 1919/20 künstlich am Reißbrett entstanden war, einst zur preußischen Rheinprovinz und zur bayerischen Pfalz gehört hatte und nun — entgegen manchen Erwartungen und Hoffnungen — unter der neuen Bezeichnung „Saarland“ eine eigenständige politische und verwaltungsmäßige Einheit wurde. Das zerstörte jahrelang gehegte Identifikationsmuster, war zugleich aber auch der Beginn eines regionalistischen Identitätsprozesses, der quer stand zu den zentralistischen Einheitsbestrebungen der Nationalsozialisten. Und doch: die neue Eigenständigkeit währte nur kurz. Bereits mit der Rückgliederung wurde der bisherige NSDAP-Gau Saargebiet — quasi als Vorgriff auf einen neu zu schaffenden Reichsgau — Teil des Gaues Pfalz-Saar (ab 1936 dann Saar-Pfalz), der insgesamt eine Fläche von 7.417 km² umfaßte und in dem 1.890.000 Menschen lebten. Mit Beginn des Krieges folgte der parteipolitischen die verwaltungspolitische Einheit von Saarland und Pfalz. Mit der Annexion des französischen Moseldepartements 1940 und der Bildung des Gaues Westmark schließlich kam es zur grenzüberschreitenden Verwaltungseinheit von Saarland, Pfalz und Lothringen. Der Zuständigkeitsbereich des bisherigen Reichskommissars für das Saarland, der in Personalunion die Geschäfte eines Gauleiters der Saar-Pfalz ausübte, erweiterte sich um 6.229 km² auf eine Fläche von insgesamt 13.646 km², in der zusammen nun 2.588.000 Menschen völlig unterschiedlicher nationaler und landsmannschaftlicher Identität lebten.[35]

Das Saarland selbst besaß die größte Bevölkerungsdichte aller deutschen Flächenländer. Auf einer Fläche von insgesamt 1.924,4 km² lebten 1935 810.987 Einwohner, was einer Bevölkerungsdichte von 422 Einwohnern/km² entsprach. Im industriellen Kern der Region, dem Landkreis Saarbrücken, gar wohnten 629 Menschen auf einem Quadratkilometer. Und noch in dem eher ländlichen Kreis Merzig überschritt die Bevölkerungsdichte mit 203 Einwohner/km² noch deutlich den reichsdeutschen Durchschnittswert von 142. Trotz ihres hohen Verdichtungsgrades hatte die Region weitgehend einen kleinstädtisch-dörflichen Charakter behalten. Zwei Drittel aller Saarländer lebten in den 244 Gemeinden mit weniger als 20.000 Einwohnern, nur ein Drittel in den sechs Gemeinden zwischen 20.000 und 50.000 Einwohnern bzw. in der einzigen Großstadt des Landes, in Saarbrücken.[36] Die sozialen Beziehungen der Menschen waren so noch weitgehend eng und transparent und durch eine Vielzahl von Vereinen und informellen Nachbarschaftsgruppen vernetzt. Das änderte sich mit dem Machtantritt der Nationalsozialisten zunächst nur allmählich, dann aber mit immer schnellerer Geschwindigkeit.

Die politische Zwangsmobilität in Gestalt der Emigration und der Abschiebung wurde sekundiert von Prozessen sozial-räumlicher Mobilität. Die „deutsche Mutter“ entließ ihre saarländischen Kinder schon bald aus ihrer fürsorglichen Umklammerung. Die Parole „Heim ins Reich“ wurde für viele Saarländer bittere Realität. Entgegen der propagandistischen Phrase, die Arbeiter aus ihren städtischen Massenquartieren herauszuholen und mit der „Scholle“ zu verwurzeln, verstärkten sich während des Dritten Reiches die vorhandenen Urbanisierungstendenzen. Insbesondere die bäuerlichen Kleingemeinden litten unter einer z. T. dramatischen Landflucht. Wie das Statistische Amt des Saarlandes beklagte, wurde diese noch durch einen überproportionalen Wanderungsverlust des Saarlandes zugunsten anderer Reichsteile verstärkt. Allein zwischen 1935 und 1937 betrug dieser 3,3 % der Gesamtbevölkerung. Mit den Einberufungen zum Heeres- und zum Arbeitsdienst bzw. der zwangsweisen Versetzung von Arbeitskräften in andere Teile Deutschlands erhöhten sich die Wanderungsverluste der erwerbstätigen männlichen Bevölkerung nach Schätzungen des Amtes auf 10 %. Etwa jeder zehnte Mann, der im Berufsleben stand, hatte damit in den ersten beiden Jahren nach der Rückgliederung Familie und Heimat verlassen.[37]

Tabelle 4:
Einwohnerzahl und Bevölkerungsentwicklung nach Gemeindegrößenklassen 1933—1939

Gemeinden mit einer Bevölkerungszahl von	Zahl der Gemeinden	Wohnbevölkerung 1933 absolut	Wohnbevölkerung 1933 in %	Wohnbevölkerung 1939 absolut	Wohnbevölkerung 1939 in %	Zunahme/ Abnahme 1933-1939 in %	1)	2)
weniger als 2.000	153	117.880	14,5	121.666	14,4	+ 3,2	+ 5,6	— 2,4
2.000—10.000	76	299.239	36,8	310.607	36,9	+ 3,8	+ 5,2	— 1,4
10.000—20.000	6	74.808	9,2	79.620	9,5	+ 6,4	+ 4,3	+ 2,1
20.000—50.000	7	191.244	23,5	197.216	23,4	+ 3,1	+ 4,6	— 1,5
100.000 und mehr	1	129.085	15,9	133.345	15,8	+ 3,3	+ 3,0	+ 0,3
Saarland insgesamt	243	812.256	100	842.454	100	+ 3,7	+ 4,7	— 1,0

1) Geburten- bzw. Sterbefallüberschuß von 1933 bis 1939
2) Wanderungsgewinn bzw. -verlust von 1933 bis 1939

Quelle: Die Bevölkerung des Deutschen Reiches nach den Ergebnissen der Volkszählung 1939, in: Statistik des Deutschen Reiches, Bd. 552, Berlin 1943.

Tabelle 5:
Erwerbstätigkeit der Bevölkerung 1933 und 1939 im Saarland und im Deutschen Reich nach Geschlecht (in % der Gesamtbevölkerung)

Hauptberuflich Erwerbstätige	Deutsches Reich		Saarland	
	1933	1939	1933	1939
männlich	65,7	75,7	64,0	61,4
weiblich	34,2	46,5	15,3	24,0
insgesamt	49,5	60,5	39,7	42,2

Quellen: Statistisches Jahrbuch für das Deutsche Reich, 1934, Internationale Übersichten; Bericht des Statistischen Amtes des Saargebietes, 1933; Die Berufstätigkeit der Bevölkerung in den Reichsteilen, H. 24: Saarland, in: Statistik des Deutschen Reiches, Bd. 557, Berlin 1943; ebd., Bd. 556, 1, Berlin 1942.

Tabelle 6:
Erwerbstätigkeit im Saarland nach Wirtschaftsabteilungen 1933—1939 (in %)

Wirtschaftsabteilungen	männlich		weiblich		insgesamt		Zunahme/ Abnahme
	1933	1939	1933	1939	1933	1939	
Land- u. Forstwirtschaft	17,1	4,6	25,4	38,5	18,6	14,5	— 4,1
Industrie und Handwerk	62,3	68,3	19,7	16,2	54,9	53,0	— 1,9
Handel und Verkehr	14,7	17,0	23,5	21,2	16,2	18,2	+ 2,0
Öffentlicher Dienst u. private Dienstleistungen	5,5	10,0	9,0	10,3	6,0	10,1	+ 4,1
Häusliche Dienste	0,4	0,03	22,4	13,8	4,3	4,1	— 0,2
Zunahme/Abnahme der Erwerbstätigkeit insgesamt		— 12,0		+ 73,0			+ 2,7

Quellen: Die Berufstätigkeit der Bevölkerung in den Reichsteilen, H. 24: Saarland, in: Statistik des Deutschen Reiches, Bd. 557, Berlin 1943; Bericht des Statistischen Amtes des Saargebietes, 1933.

Statt Verwurzelung mit der „Scholle" signalisierten diese Bevölkerungsbewegungen einen erhöhten Mobilitätszwang insbesondere der männlichen Bevölkerung, der die traditionellen sozialen Strukturen von Familie und Nachbarschaft nicht unberührt ließ. Zwischen 1936 und 1938 ging die Zahl der Eheschließungen um fast 12 % zurück. Einen dramatischen Rückgang der Geburtenzahlen im Vierjahreszeitraum zwischen 1936 und 1940 um 21 % registrierte das Statistische Amt.[38] Hierfür dürften gleichermaßen die neuen Mobilitätszwänge als auch die Entscheidung zur proletarischen Kleinfamilie verantwortlich gewesen sein, denn noch immer besaßen Arbeiterfamilien im schwerindustriellen Saarrevier mehr Kinder als anderswo.[39] Zugleich rückten, ob in der Familie oder am Arbeitsplatz, verstärkt Frauen in die ehemaligen Positionen der Männer ein und machten neue soziale Erfahrungen, die die soziale Enge des traditionellen Lebenszusammenhanges aufsprengten.

Das Saarland war eine Arbeiterregion. 55 % der Erwerbstätigen arbeitete in Industrie und Handel, ein Anteil, der nur in Sachsen übertroffen wurde. Wiederum die Hälfte aller in der Industrie Beschäftigten war in der Schwerindustrie tätig. Die etwa 75.000 Erwerbstätigen der Schwerindustrie teilten sich auf in 63 % Bergleute und 37 % Arbeiter der eisenschaffenden Industrie. Mit ihren Angehörigen machte die Arbeiterschaft etwa zwei Drittel der Gesamtbevölkerung der Region aus. Aufgrund einer extrem niedrigen Frauenerwerbstätigkeit 1935 von nur 21,4 % gegenüber 43,2 % im Reichsdurchschnitt lag der Anteil der hauptberuflich Erwerbstätigen mit 39,7 % deutlich unter dem des übrigen Reiches. Von einem Arbeitslohn waren an der Saar daher mehr Familien abhängig als anderswo, zumal auch Formen der Nebenerwerbstätigkeit seit den 20er Jahren kontinuierlich abgenommen hatten und nur mehr etwa jeder siebte Beschäftigte einem Nebenerwerb nachging. Die Fixierung auf Haushalt und Familie und die existentielle Abhängigkeit von ihren Männern war unter den saarländischen Frauen daher deutlich stärker als in vergleichbaren anderen Regionen ausgeprägt.

Aber auch hier sorgte der Nationalsozialismus für Veränderungen. Nicht nur, daß immer mehr Männer das Saarland verließen und damit traditionelle geschlechtsspezifische Lebenszusammenhänge ins Wanken gerieten, auch die Frauenerwerbstätigkeit nahm mit der Rückgliederung deutlich zu und näherte sich langsam den Durchschnittswerten im übrigen Reich an. Zwischen 1933 und 1939 hatte die Quote der Frauenerwerbstätigkeit an der Saar um insgesamt 73 % zugenommen, um während des Krieges weiter rapide anzuwachsen. Während Frauen zunächst primär in den schon traditionellen Bereichen der Frauenarbeit zum Einsatz kamen — in der Land- und Forstwirtschaft erhöhte sich ihr Anteil um 200 %, im Bereich der öffentlichen Dienste um 100 % —, drangen mit Beginn des Weltkrieges Frauen auch zunehmend in die klassischen Männerberufe ein, um 1943 schließlich (inklusive der „Ostarbeiterinnen") 20 % aller Beschäftigten in den saarländischen Eisenwerken zu stellen. Das Dritte Reich löste somit auch im Bereich der geschlechtsspezifischen Zusammensetzung der Erwerbstätigen einen deutlichen Modernisierungsschub mit vermutlich weitreichenden sozialen Folgen wie Doppelverdienertum und bescheidenem Wohlstand, beginnender Auflösung konventioneller Rollenmuster und der Auslieferung der Kinder an staatliche und parteipolitische Erziehungsinstitutionen etc. aus.[40]

Die berufliche Gliederung des Saarlandes unterstrich den proletarischen Charakter der Region. Während 1933 55 % aller Beschäftigten im Bereich von Industrie und Handwerk arbeiteten, waren die Wirtschaftsabteilungen Land- und Forstwirtschaft bzw. Handel und Verkehr mit 18,6 bzw. 16,2 % nur schwach ausgeprägt. Im Bereich der öffentlichen Dienste und der privaten Dienstleistungen arbeiteten 6 % aller Saarländer. Entsprechend der Dominanz der Arbeiterschaft war der alte und der neue Mittelstand an der Saar nur schwach repräsentiert. Auch das änderte sich mit dem Machtantritt durch die Nationalsozialisten. Trotz der forcierten militärischen Aufrüstung wurde die bisherige Dominanz des Sektors Industrie und Handel während der Vorkriegszeit leicht abgebremst. Einen starken Beschäftigungsrückgang um mehr als 12.000 Arbeitskräfte erlebte vor allem die Land- und Forstwirtschaft. Demgegenüber markierte der starke Anstieg im Bereich des tertiären Sektors um insgesamt 15.000 Personen den Wandel hin zur modernen Dienstleistungsgesellschaft und zur Entwicklung eines „neuen Mittelstandes" als Folge der verstärkten Übernahme privater Leistungen durch den Staat. Insgesamt aber vermochte der Nationalsozialismus — trotz intensiver Werbekampagnen seit Verkündung des Vierjahresplanes — vor Kriegsbeginn die Quote der Erwerbstätigkeit an der Saar praktisch kaum zu erhöhen, da immer mehr Beschäftigte durch Wehrmacht, Arbeitsdienst und Parteiorganisationen absorbiert wurden.[41]

Am ehesten noch hielten die konfessionellen Bindungen und hier insbesondere die der katholischen Bevölkerung dem Ansturm der Nationalsozialisten stand, zumindest wenn man das Problem rein quantitativ und statistisch betrachtet. Mit 72,5 % bildeten die Katholiken nach wie vor die bedeutendste Konfessionsgruppe des Saarlandes. Ihnen gegenüber standen 26,5 % Protestanten. Regional war die Konfessionsstruktur recht unterschiedlich ausgeprägt. Die Kreise Merzig und Saarlouis waren zu fast 100 % katholisch, während in den Kreisen St. Ingbert und St. Wendel der Katholikenanteil auf 87,2 % bzw. 84,4 % sank. In den Kreisen Saarbrücken-Land und Ottweiler waren nur mehr zwei Drittel der Einwohner katholisch. In der Großstadt Saarbrücken sowie im Kreis Homburg dominierten die Katholiken nur schwach. Hatten die 4038 Juden des Landes 1932 noch einen Bevölkerungsanteil von 0,52 % ausgemacht, wobei mit 1,38 % die meisten Juden des Saarlandes in Saarbrücken lebten, so war ihr Anteil 1935 bereits auf 0,4 % abgesunken. Im Juni 1935 zählte das Statistische Reichsamt noch 3.117 Juden an der Saar.

Für die Zeit bis 1939 verzeichnete die Region nur eine leichte Verschiebung in der Konfessionsstatistik. Katholiken wie Protestanten verloren im Landesdurchschnitt jeweils etwa einen Prozent-Punkt zugunsten der Gruppe der konfessionell nicht gebundenen „Gottgläubigen". Absolut blieb die katholische Kirche von Kirchenaustritten nach 1935 damit nahezu fast verschont, während die Protestanten — wie im Stadtkreis Saarbrücken — mit bis zu 2,9 Prozentpunkten Einbußen zu verzeichnen hatte. Die beginnende Erosion des evangelischen Milieus korrespondierte deutlich mit der Bevölkerungsdichte, d. h. sie war unter städtisch/großstädtischen Bedingungen wesentlich stärker als auf dem Lande. Wenn „Gottgläubigkeit" zugleich als Indikator für aktiven Nationalsozialismus zu interpretieren ist[42], so war dieser — wie schon vor 1933 — in den Städten des Saarlandes stärker ausgeprägt als in den ländlichen Gemeinden, wo die konfessionellen Kontrollbarrieren noch weitgehend funktionierten. Zugleich macht die Konfessionsstatistik aber auch deutlich, daß die weit überwiegende Zahl der eingeschriebenen Parteigenossen weiterhin Mitglied einer der beiden Kirchen blieb.[43]

Insgesamt bleibt festzuhalten: Das Leben unter'm Hakenkreuz brachte nicht die ersehnte Ruhe und Sicherheit, sondern bedeutete für die meisten Menschen ein Handeln und Orientieren auf unsicherem und schwankendem Terrain. Das Dritte Reich erschwerte und erschütterte die Zuordnung zu den traditionellen soziokulturellen Milieus, zu erworbenen beruflichen und geschlechtsspezifischen Rollenmustern, zu überschaubaren sozialen und geographischen Räumen. „Die Kriegsmaschinerie, der nationalsozialistische Arbeitseinsatz, die Bevölkerungsumsiedlungen und Flüchtlingsbewegungen im gesamten europäischen Raum zerstörten oder beeinträchtigten in weitem Umfang autochton gewachsene Strukturen, zerschlugen angestammte Familienbindungen und veränderten die nationalen Siedlungsräume. Der räumlichen Umschichtung entsprach die vielfältig eintretende Zerstörung des Familienzusammenhanges", resümiert auch Hans Mommsen.[44] All dies zwang zu Neuorientierungen und dürfte das Bedürfnis nach Sicherheiten und verläßlichen Identifikationen erheblich verstärkt haben. Die Zuordnung zum nationalen Großkollektiv, die Abgrenzung von Fremden und die Bereitschaft zur Identifikation mit starken Persönlichkeiten könnten in dieser Situation der sich zersetzenden sozialen und kognitiven Sicherheiten Orientierungs- und Handlungsstrategien gewesen sein, wieder sicheren Boden unter die Füße zu bekommen und Halt im Prozeß des rapiden Wandels zu finden. Landflucht und verstärkte Urbanisierung, erzwungene räumliche Mobilität und die Öffnung der Provinz gegenüber anderen Populationen, ja selbst die Emigration, die forcierte Erwerbstätigkeit der Frauen und die neuen Möglichkeiten des Aufstiegs aus der Arbeiterschaft in den neuen Mittelstand sowie die Brechung des Einflusses der traditionellen Milieus waren zugleich Modernisierungserscheinungen, durch die sich für die unmittelbar Betroffenen auch ein Stück Emanzipation aus konventioneller Enge und Borniertheit realisierte. Die „deutsche Mutter" bot ihrem saarländischen Sohn Regression und Befreiung gleichermaßen.

Diese sozialstrukturellen Veränderungen und politischen Erbschaften bildeten die großen objektiv-situativen Rahmenbedingungen — besser könnte man sagen Barrieren — von widerständigem Verhalten im Dritten Reich. Die meisten Aktivisten der Anti-Hitler-Front hatten das Land verlassen, während ihre im Lande gebliebene Anhängerschaft öffentlich stigmatisiert war. Die rudimentär erhalten gebliebenen Milieustrukturen, aus denen heraus sich Widerstand und Verweigerung hätten entfalten können, gerieten schon bald nach dem Machtantritt der Nationalsozialisten in den Sog tiefgreifender sozialstruktureller Veränderungen. Die Organisation des Alltagslebens wurde zunehmend dominiert von beruflichen und geographischen Mobilitätszwängen sowie schließlich vom Krieg. Neben der geforderten politischen, beruflichen und räumlichen Umorientierung blieb wenig Platz für Eigensinn, Dissens und Widerständigkeit.

II.
Wechselbäder
Ökonomisch-soziale Entwicklung zwischen Enttäuschung, Wirtschaftswunder und Krieg

Insbesondere die DDR-Geschichtswissenschaft und die orthodoxe Linke in der Bundesrepublik haben das Dritte Reich fast ausschließlich von einem dem Topos der Ausbeutung verpflichteten sozioökonomischen Ansatz her analysiert. Vorherrschend ist hier eine Sicht, die den „Alltag der Werktätigen" reduziert auf die Dimension der „Arbeitshetze" als Folge der ökonomischen Strategie der absoluten Mehrwertproduktion und auf die steigenden Profitraten des Kapitals bei gleichzeitigen Hungerlöhnen der Arbeiter.[1] Unter den Tisch fiel bei dieser generalisierenden Betrachtungsweise die Differenzierung der ökonomischen Entwicklung nach 1933 in verschiedene Zeitphasen, sektoral unterschiedliche Prozesse und regionale Abweichungen. Besonders die konsensbildenden Kräfte des NS-Wirtschaftswunders nach 1936 und die vergleichsweise stabile wirtschaftliche Lage während des Krieges paßten so gar nicht in das orthodoxe marxistische Weltbild. „Eine Hebung des Lebensstandards im Zuge des Wirtschaftsaufschwungs und der Vollbeschäftigung und gewisse sozialpolitische Verbesserungen ausgerechnet im als primär arbeiterfeindlich definierten Faschismus zu konzedieren, konnte nicht zu den gewünschten Resultaten marxistischer Forschung gehören", betont auch Detlev Peukert.[2] Die Widersprüchlichkeit, innere Differenziertheit und phasenspezifische Besonderheit der wirtschaftlichen Entwicklung soll daher im Mittelpunkt dieses Kapitels stehen. Zugleich geht es um die konsens- wie dissensstiftenden Kräfte dieses Prozesses.

1. „Deutsch die Saar immerdar, aber schlimmer als es war": Die dürren Jahre 1935 — 1937

In farbigen, vielversprechenden, vor allem die Phantasie beflügelnden Bildern hatte die soziale Propaganda der Deutschen Front das bevorstehende braune Schlaraffenland ausgemalt. Die Darstellung Deutschlands als treusorgender Mutter suggerierte die Überwindung der großen Krise, Geborgenheit und Versorgtsein im Dritten Reich. Über die Bedingungen und Voraussetzungen, vor allem den zu zahlenden Preis des NS-Sozialstaates hatten sich die Propagandisten ausgeschwiegen. Das braune Schlaraffenland sollte die Deutschen teuer zu stehen kommen.

Zunächst jedoch kam alles anders, machte sich Enttäuschung breit. Mit der Angliederung an das Deutsche Reich brach keineswegs über Nacht der Wohlstand aus.

Tabelle 7:
Arbeitslosigkeit im Saarland und im Deutschen Reich 1935—1939

Monat	Jahr	Arbeitslose auf 1.000 Einwohner im Saarland	Reich
April	1935	65,2	33,8
Juli	1936	25,4	17,7
April	1937	27,5	14,6
Februar	1938	18,4	14,3
Juli	1938	3,1	3,3
Juli	1939	1,3	—

Quelle: Statistik des Saarlandes, H. 1—3, 1935—1938; LA Saarbrücken, Arbeitsamt Neunkirchen, Nr. 4

Im Gegenteil: mit der Rückgliederung schnellten zunächst die Arbeitslosenzahlen in die Höhe. Waren Ende Dezember 1932 auf dem Höhepunkt der Weltwirtschaftskrise an der Saar 31,3 % aller Erwerbspersonen bzw. 43.007 Saarländer ohne Beschäftigung gewesen und hatte sich die Arbeitslosigkeit bis gegen Jahresende 1934 bereits deutlich abgebaut, so zog die Arbeitslosenquote wieder stark an. Am Tag vor der Rückgliederung registrierten die Arbeitsämter 50.796 Arbeitslose; zwei Monate später, am 30. April 1935, waren es bereits 52.867 Saarländer, die ohne Arbeit die Segnungen der „deutschen Mutter" erwarteten. Die Arbeitslosenquote hatte mit 38,5 % damit ihren Höchststand erreicht. Auf 1.000 Einwohner kamen nun 65,2 Arbeitslose. Das war fast doppelt so viel wie im Reichsdurchschnitt. Besonders hoch war die Arbeitslosigkeit unter den Jugendlichen. Das Saarland drohte zum Armenhaus Deutschlands zu werden. Das machte rasch wirkende arbeitsmarktpolitische Maßnahmen der neuen Herren notwendig. Zugleich verzögerte der unerwartet hohe Anstieg der Arbeitslosigkeit die wirtschaftliche Stabilisierung gegenüber dem bereits deutlich fühlbaren konjunkturellen Aufschwung im übrigen Reich.

Im wesentlichen waren es drei Maßnahmen, mit denen das neue Regime der Arbeitslosigkeit zu Leibe rückte. Bereits im März 1935 verkündete Bürckel ein kommunalpolitisches Arbeitsbeschaffungsprogramm, das primär an unterstützungsberechtigte Arbeitslose über 25 Jahre, an langfristig Erwerbslose und an kinderreiche Familienväter adressiert war, die zu jeweils drei Monate dauernden Notstandsarbeiten vornehmlich im Straßenbau, aber auch zu Kanalisierungs- und Rodungsarbeiten eingesetzt wurden. Die Effizienz dieses propagandistisch groß angekündigten Programms blieb gering. Im Juli 1935 beschäftigten die Kommunen lediglich 6.277 Notstandsarbeiter. In den folgenden Monaten sank ihre Zahl weiter. Am Rückgang der Arbeitslosigkeit war Bürckels Arbeitsbeschaffungsprogramm im Höchstfall zu einem Viertel beteiligt.[3] Parallel hierzu wurde der Arbeitsmarkt durch die Verhängung einer Zuzugssperre, durch die Einführung der Wehrpflicht im Saarland und durch die zunächst halbjährige, später auf zwei Jahre erweiterte Arbeitsdienstpflicht für alle jungen Männer zwischen 18 und 25 Jahren entlastet.[4]

Damit hatte man die jungen männlichen Arbeitslosen aus der Erwerbslosenstatistik eliminiert. Im September 1935 wies sie nur mehr 24.663 Personen ohne Arbeit aus. Schließlich vermittelten die Arbeitsämter Arbeitslose von der Saar verstärkt in andere Reichsteile. Bereits 1935 wurden 3.000 Saarländer bei Bauarbeiten an der Reichsautobahn und bei der Reichsbahn außerhalb des Saarlandes eingesetzt. In den ersten Monaten des Jahres 1936 verschickten die Arbeitsbehörden weit über 2.000 landwirtschaftliche Arbeiter und Arbeiterinnen in das übrige Reichsgebiet. Vor allem trafen die interregionalen Umsetzungen arbeitslose Bergleute, die in das westfälische Industrierevier und in neu erschlossene Erzbergbaugebiete Süd- und Mitteldeutschlands vermittelt wurden, was — wie der Treuhänder der Arbeit intern eingestand — „bei der sehr starken Verwurzelung des Saarpfälzers mit seiner Heimat ... nicht immer ganz reibungslos vor sich gegangen" sei.[5] Nach Schätzungen kamen in den ersten drei Jahren nach der Rückgliederung jährlich etwa 10.000 Arbeitskräfte zum Einsatz in außersaarländischen Arbeitsamtsbezirken.

Bis 1938 galt das Saarland reichsweit als Rekrutierungsraum für dringend benötigte Fachkräfte. An der Saar bestehe noch immer ein Überschuß an Facharbeitern der Metallindustrie, meldete die zuständige Wehrwirtschaftsinspektion im Sommer 1936. Während in anderen Reichsteilen die Arbeitslosigkeit weiter zurückgehe, sei im Oktober 1936 an der Saar und in der Pfalz erstmals wieder eine Zunahme von Arbeitslosen zu registrieren gewesen.[6] Erst im Herbst 1937 waren positivere Meldungen von der Wehrwirtschaftsinspektion zu hören. Die Zahl der einsatzfähigen Arbeitskräfte habe ihren Höchststand erreicht, hieß es jetzt.[7] Gleichwohl aber lag die Arbeitslosenquote im schwerindustriellen Saarrevier auch Ende Februar 1938 mit 14.940 Arbeitslosen (18,4 Arbeitslose auf 1.000 Einwohner) noch immer deutlich über dem Reichsdurchschnitt. Nur etwa die Hälfte der gemeldeten Arbeitslosen bezog Erwerbslosen- bzw. Wohlfahrtsunterstützung. Erst im Sommer 1938 sank die Zahl der Beschäftigungslosen auf unter 2.000. Verspätet hatte das Saarland erst jetzt das Durchschnittsniveau des Reiches erreicht.

Sektoral verlief der Abbau der Arbeitslosigkeit disparitär. Insbesondere der Bergbau als größter regionaler Arbeitgeber erfüllte die in ihn gesetzten Erwartungen nicht und sah sich daher wiederholt Klagen Bürckels und der Arbeitsbehörden ausgesetzt. „Für den Saarbergmann werden wieder bessere Zeiten kommen; er wird wieder wie vor dem Kriege seine Butter mit Wurst essen", hatte Reichspropagandaminister Goebbels während des Abstimmungskampfes 1934 großspurig erklärt und hinzugefügt: „Die Löhne werden steigen, die Arbeitslosigkeit beseitigt, Steuern und Preise ermäßigt."[8] Mit dieser hohen Erwartungshypothek traten die Nationalsozialisten am 1. März 1935 ihre Herrschaft auf den bis dato französisch verwalteten Saargruben an, die seit 30. November 1936 die Rechtsform einer reichseigenen Aktiengesellschaft besaßen.

Bereits zur „Franzosenzeit" war die Zahl der Beschäftigten im Bergbau von 74.345 im Jahre 1920 kräftig auf 46.962 am Jahresende 1934 reduziert worden. Zur Zeit des Abstimmungskampfes zählten die Arbeitsbehörden 5.800 arbeitslose Bergarbeiter. In den traditionell stark vom Bergbau geprägten Kreisen Saarbrücken-Land und Ottweiler hatte nahezu jeder vierte Arbeitslose vor Beginn des großen Grubensterbens unter Tage gearbeitet. Mit der Rückgabe der Saargruben und dem

Tabelle 8:
Arbeitslosigkeit im Saarland 1935—1939

Stichtag	Zahl der Arbeitslosen		Zahl der Notstands-arbeiter	Zahl der Empfänger von	
	insgesamt	auf 1.000 Einwohner		Erwerbslosen-unterstützung	Wohlfahrts-unterstützung
30. 04. 1935	52.867	65,2	—	—	—
31. 07. 1935	31.788	39,1	—	—	—
30. 09. 1935	24.663	30,3	5.468	13.539	1.599
31. 04. 1936	28.085	34,6	3.588	16.455	1.584
31. 07. 1936	20.564	25,4	4.011	11.954	1.032
30. 11. 1936	21.596	26,6	3.097	11.766	925
28. 02. 1937	26.400	32,6	2.679	15.497	995
30. 04. 1937	22.277	27,5	3.744	11.733	934
28. 02. 1938	14.940	18,4	3.313	7.566	523
31. 05. 1938	6.650	8,2	1.500	3.381	299
31. 07. 1938	2.524	3,1	449	882	143
30. 09. 1938	1.401	1,7	234	498	60
28. 02. 1939	2.206	2,7	260	744	80
31. 05. 1939	1.296	1,6	157	456	62
31. 07. 1939	1.071	1,3	187	282	45

Quelle: LAS, Arbeitsamt Neunkirchen 4.

Wiedereinzug des „preußischen Grubenregiments" ging es keineswegs — wie viele hofften — unmittelbar aufwärts, sondern blieb die Arbeitslosigkeit der Bergleute ein Dauerproblem. Schon beim Auswechseln der Bergbeamten zeigte es sich, daß die Grubendirektion gar nicht daran dachte, die freiwerdenden Stellen mit „alten Kämpfern" oder politisch Gemaßregelten zu besetzen, sondern vorrangig qualifizierte Fachleute aus anderen Revieren — vornehmlich aus dem Ruhrgebiet — anwarb. Der Volksmund nannte die Saarbrücker Bergwerksdirektion daher schon bald „Westfalenhalle". Anders als dies Goebbels versprochen hatte, brachte auch der Beginn der technischen Modernisierung und der Instandsetzung der Gruben selbst keine Neueinstellungen und damit eine Abnahme der existierenden Arbeitslosigkeit.

Ursächlich verantwortlich hierfür waren massive Absatzprobleme. Mit dem Wegfall des französischen Absatzmarktes bekam die Saarkohle die Konkurrenz der anderen deutschen Bergbaureviere zu spüren, deren Kohlenlager eine bessere Qualität hatten, deren Grubenbetriebe technisch besser in Schuß waren und deren Gebirgsverhältnisse und Flözlagerungen einen rentableren Abbau zuließen. Standortnachteile, hohe Frachtkosten und die geringere Eignung der Saarkohle bei der Verkokung machten die Saarkohle auf dem deutschen Binnenmarkt nahezu konkurrenzunfähig. Wegen Absatzmangels mußten allein 1935 14,4 Feierschichten pro Arbeiter eingelegt werden; 1936 waren es immer noch 10.[9] Auch vor Grubenstilllegungen schreckte man nicht zurück. Entgegen allen Versprechungen erhöhte sich die Zahl der arbeitslosen Bergleute weiter.[10] „In den meisten Gruben des Saargebietes wird gekrümpert, und einzelne Gruben haben monatlich bis zu fünf Feierschichten" meldeten die *Deutschen Informationen* aus dem Saarland.[11] Die Belegschaften der Gruben Hirschbach und Camphausen sandten daher Delegationen an Gauleiter Bürckel und erinnerten ihn an die vor der Abstimmung gegebenen Versprechungen. Trotz wiederholter Interventionen Bürckels, der dem Vorstand der Saargruben AG angehörte, und einer verbesserten Absatzlage verringerten auch 1937 die Saargruben weiterhin die Zahl ihrer Beschäftigten.[12]

Unter Tage forcierte der unmittelbar mit der Rückgabe der Gruben einsetzende Modernisierungsschub den bereits in den 20er Jahren begonnenen Prozeß, die Bergarbeiter immer mehr zum Anhängsel der Maschine zu machen. Besonders in der zweiten Hälfte der 20er Jahre war die große Maschinerie sukzessive in den Bereich der Förder- und Transporttechnik eingedrungen, hatten Abbauhammer und Säulenschrämmaschine zunehmend die Schrämhacke ersetzt. Als Folge des Übergangs von der schmalen Abbaufront und der noch vorwiegend handwerklichen Arbeit „vor Kohle" zum mechanisierten Abbau im Langstrebverfahren mußten — wie ein Bericht des Internationalen Arbeitsamtes 1930 hervorhob[13] — viele Bergleute „ihre ganze Arbeit umstellen". Die Arbeit konnte nur mehr gleichzeitig begonnen, unterbrochen und beendet werden. Bei Störungen in der Transporttechnik mußten nun auch von Hauern Hilfsarbeiten verrichtet werden. Kommunikationsspielräume während der Arbeit verengten sich. Die alten Kameradschaften und solidarischen Formen der Arbeitsverrichtung begannen sich aufzulösen. Der Lohn wurde immer stärker von der Arbeitsleistung der Kameradschaften abgekoppelt und von der Gesamtarbeitsleistung der ganzen Gruppe abhängig. Zunächst allerdings scheiterte die 1929 von der französischen Grubenverwaltung beabsichtigte Abschaffung des traditionellen Kameradschaftsgedinges und die Einführung des Schichtlohnes noch am Widerstand der Grubenbelegschaften.[14]

Mit ihrer Rationalisierungsoffensive verstärkten die Grubenherren des Dritten Reiches die vorgefundenen Prozesse, ohne nun noch Widerstände von Gewerkschaften und betrieblichen Interessenvertretern der Arbeiterschaft befürchten zu müssen. Die Modernisierung unter Tage nach 1935 konzentrierte sich im wesentlichen auf die Bildung von Großbetriebspunkten und auf die Rationalisierung der Streb- und Schachtförderung. Die Zahl der Betriebspunkte wurde drastisch um fast zwei Drittel auf 130 reduziert und damit gleichzeitig die Zahl der angelegten Arbeiter an wenigen Großbetriebspunkten erhöht. Die alten Förderwagen wichen zunehmend Großraumwagen mit einem Fassungsvolumen von 2.930 Litern. Durch die Konzentration von immer mehr Arbeitern an wenigen Stellen verloren die Kameradschaften ihre Funktion, standen die Bergarbeiter nun unter ständiger Kontrolle der Steiger und bestimmte die Maschinerie immer mehr das Arbeitstempo.[15] Feierschichten, Rationalisierungsdruck und zunehmende Kontrolle — all dies waren Erfahrungen, die deutlich kontrastierten zu Goebbels' vollmundigen Versprechungen von 1934. Katzenjammer folgte der nationalen Euphorie der Abstimmungszeit. „Deutsch die Saar immerdar, wär' sie nur wieder, was sie war" stand nun an den Grubenwagen geschrieben.

Deutlich positiver verlief die Entwicklung im Bereich der Hüttenindustrie und der weiterverarbeitenden Eisenindustrie des Saarlandes, in der sich die Rüstungskonjunktur schneller bemerkbar machte als im Bergbau. Durch die Zugehörigkeit der saarländischen Eisenindustrie zu den deutschen Verbänden konnte diese durch Quotenregelungen am Absatzmarkt der innerdeutschen Industrie beteiligt werden und Ersatz für den verlorenen französischen Markt finden. Absatz und Produktionszahlen der Völklinger Hütte waren daher gut. Der hohe Beschäftigungsstand der Hüttenwerke gab auch den mittleren und kleineren Betrieben starken Auftrieb.[16] „Der Auftragseingang bei den Saarwerken ist anhaltend lebhaft", meldete die zuständige Wehrwirtschaftsinspektion zu Jahresbeginn 1937.[17] Gleichwohl bereitete der Rationalisierungsrückstand der saarländischen Eisenindustrie mit ihren vergleichsweise geringen Hochofenleistungen auch eine Reihe von Problemen innerhalb des seit der Rückgliederung ausgebrochenen Konkurrenzkampfes auf dem reichsdeutschen Binnenmarkt. Die meisten Betriebe seien in technischer Ausrüstung, organisatorischer Durchgliederung und an Kapitalkraft den gestellten wirtschaftlichen Anforderungen der Aufrüstung nicht gewachsen, klagten die Beobachter der Wehrwirtschaftsinspektion.[18] Infolge der Verknappung von ausländischen Rohstoffen legten einzelne Betriebe wie die Dillinger Hüttenwerke 1936 Feierschichten ein.[19] Jene Betriebe des weiterverarbeitenden Gewerbes, die nicht unmittelbar der Rüstungsproduktion zugeordnet waren, mußten als Folge der Kontingentierung von Roheisen sogar Entlassungen vornehmen.[20]

Insgesamt aber erwies sich ganz im Unterschied zum Bergbau die Beschäftigungslage der saarländischen Eisenindustrie als gut. Spätestens seit Frühjahr 1936 mußten die Hüttenwerke aufgrund der einsetzenden Rüstungskonjunktur und diverser Auslandsaufträge zahlreiche Neueinstellungen von Hochofen- und Walzwerksarbeitern vornehmen. Seit 1938 gar war man auf die Vermittlung von

Hüttenarbeitern aus anderen Bezirken angewiesen. Ähnlich positiv gestaltete sich die Beschäftigungssituation im Baugewerbe, in der Metallindustrie, in der Landwirtschaft und im Angestelltenbereich. Die Verschlechterung der Arbeits- und Lebensverhältnisse war somit keine generelle Erfahrung, sondern primär auf jene Betriebe beschränkt, die nicht unmittelbar in Hitlers Aufrüstungsprogramm einbezogen waren. Die Entwicklung der Lebensverhältnisse verlief uneinheitlich. Das zeigen auch die Löhne und Einkommen der verschiedenen Beschäftigungsgruppen.

Hungerlöhne, Preissteigerungen und Mehrarbeit

Die Löhne verharrten in den ersten Jahren nach der Rückgliederung auf niedrigem Niveau. Vier Faktoren waren für die Lohnentwicklung im Dritten Reich maßgebend. Als lohnpolitische Zielvorgabe galt das Einfrieren der Löhne auf dem Niveau der Effektivlöhne der Krisenjahre. Um die Lohnkosten insgesamt zu senken, wurden Löhne stärker als je zuvor individualisiert und vor allem durch die Einführung neuer Akkordlöhne an die individuelle Arbeitsleistung gekoppelt. Schließlich wurden mit dem Ausbau der betrieblichen Sozialleistungen zusätzliche Leistungsanreize eingeführt.[21]

An der Saar erhielten die Arbeiter daher vielfach zunächst nicht einmal die tariflichen Mindestlöhne ausgezahlt. Den Betriebsführern der Schuhindustrie beispielsweise drohte der zuständige Treuhänder der Arbeit mit gerichtlichen Schritten, da sie wiederholt die Tarifordnung verletzt hätten. Die Vertrauensleute tadelte er als zu „feige und ihrem Amt nicht gewachsen“, da es ihnen nicht gelungen sei, über die Einhaltung der gültigen Tarifregelungen zu wachen.[22] Auch die Direktion der Saargruben AG mußte sich eine Verwarnung gefallen lassen, „weil die Beschwerden der Kumpels über Nichtzahlung des tariflichen Mindestlohnes von 6,39 Mark pro Schicht ein starkes Ausmaß annahmen“.[23] In der Beurteilung der lohnpolitischen Situation waren sich Exilpresse, Bürgermeister und Gestapo ausnahmsweise einig. Im Bergbau erreiche man „vielfach kaum das Existenzminimum“ klagte die Stapo-Stelle Saarbrücken in ihrem Lagebericht für September 1935. Auch die Löhne der Arbeiter der Röchling'schen Eisen- und Stahlwerke spotteten jeder Beschreibung, befand die Gestapo.[24] Der Bürgermeister von Quierschied kritisierte die Löhne der Bergarbeiter als völlig unbefriedigend, und auch sein Brebacher Amtskollege notierte: „In der Arbeiterschaft werden vielfach Klagen über niedrigen Verdienst und zu hohe Abzüge laut. Über niedrige Löhne wird insbesondere bei den Arbeitern der Halberger Hütte geklagt.“[25]

Eine von der Saargrubenverwaltung vorgeschlagene vierprozentige Lohnsenkung bei Schichtarbeitern hielt der Treuhänder der Arbeit aus „politischen Gründen“ für untragbar und schlug stattdessen individualisierte Formen der Lohnbemessung und die Einführung stärkerer Leistungsanreize im Bergbau vor.[26] Auf dem lohnpolitischen Programm der Bergwerksdirektion stand daher — wie einst zur „Franzosenzeit“ — die Abschaffung des traditionellen Kameradschafts- oder Kollektivgedinges und die Einführung des Schicht- bzw. des individuellen Leistungslohnes. Das Gedinge als bergbauspezifische Form des Akkords war eine von der

Lagerung und Festigkeit der Kohle, von Höhe und Mächtigkeit der Flöze, von Gebirgsdruck, Temperatur und Wasserzufluß abhängige Soll-Leistung, die traditionell vor Ort zwischen einem Vertreter der Betriebsleitung und Vertretern der einzelnen Kameradschaften ausgehandelt wurde. Zur Berechnung des Lohnes konnten verschiedene Methoden angewandt werden. Die häufigste und traditionelle Gedingeart war das reine Wagen-Gedinge, bei dem jede Kameradschaft für einen von ihr geförderten Wagen einen zuvor vereinbarten Betrag erhielt. Neuere Arten der Leistungsmessung waren die Abnahme des Abbaufortschritts nach Metern, Kubikmetern bzw. nach gesetzten Schalhölzern. Diese Berechnungsmethoden spielten im Bewußtsein der Bergarbeiter keine große Rolle, wohl aber die verschiedenen Gedingeformen wie das Kameradschaftsgedinge, das Gruppen- und das Einzelgedinge. Beim traditionellen Kameradschaftsgedinge arbeitete eine Gruppe von Arbeitern selbständig unter der Führung des Ortsältesten an einem Betriebspunkt. Die erforderlichen Tätigkeiten — angefangen von der Gewinnung der Kohle über das Beladen der Förderwagen, das Setzen der Stempel bis hin zum Einbringen des Bergeversatzes — wurden untereinander aufgeteilt. Alle Hauer einer Kameradschaft bekamen den gleichen Lohn. Diese Form der Arbeit, bei der jeder dem anderen half, löste sich mit Rationalisierung, Verringerung der Betriebspunkte und Verlängerung der Abbaufront, an der nun nicht mehr kleine Gemeinschaften, sondern größere Gruppen arbeiteten, in vielen Bergbaurevieren zunehmend auf. An die Stelle des Kameradschaftsgedinges trat das Gruppen- und Einzelgedinge, die beide auf die individuelle Leistungsentlohnung zielten. Die Grubenleitungen bevorzugten die beiden letztgenannten Gedingearten, von denen sie sich nicht nur eine Steigerung der Schichtleistung, sondern auch die Zerstörung der solidarisch arbeitenden Kameradschaften erhofften.[27] „Die individuell abgestufte Entlohnung erwies sich als Mittel zur Disziplinierung der Belegschaften."[28]

Mit der Übernahme der Saargruben durch die deutsche Verwaltung wurde schlagartig das traditionelle Kollektivgedinge mit seinen Vorteilen eines einheitlichen Lohnes und der Ausschaltung der Konkurrenz der Bergarbeiter innerhalb einer Partie beseitigt und das Gruppengedinge mit der Gedingelohnberechnung der einzelnen Gruppen nach Metern bzw. Wagen eingeführt.[29] Zugleich kamen größere Kohlenwagen zum Einsatz, ohne daß das Wagengedinge erhöht wurde. Faktisch bedeuteten diese Veränderungen eine Gedingekürzung. Sie förderten ein Arbeitsverhalten der Bergleute, das tendenziell sinkende Löhne durch steigende Arbeitsintensität und höhere Förderleistung zu kompensieren trachtete. Eine fürchterliche Arbeitshetze war die Folge. Bereits 1937 übertraf die tägliche Schichtleistung des saarländischen Bergarbeiters mit einer Tonne die bisherige Höchstmarke des Krisenjahres 1934. Betroffene Bergarbeiter, NS-Zeitungen und Bürckel krisisierten wiederholt den Leistungsterror auf den Gruben und forderten die Wiedereinführung kollektiver Gedingevereinbarungen. Saarländische Bergarbeiter appellierten erfolglos an ihren Gauleiter, die Gedingeregelungen rückgängig zu machen. Auf den Gruben zirkulierten Flugblätter mit der Forderung „Weg mit dem Gruppengedinge, das die Ursache dieser schädlichen Konkurrenz und rücksichtslosen Ausbeutung ist! Her mit dem Kollektivgedinge bei freier Vereinbarung zwischen Bergarbeiter und Verwaltung."[30] In ihrem Protest wußten sich die Bergleute einig mit dem NSDAP-

Gauleiter von Westfalen-Süd, der ein Verbot des Einmann- und Gruppengedinges angeregt hatte, und mit Goebbels' *Angriff*, der öffentlich den Leistungsdruck auf den Gruben als Ursache für Krankheiten und Unfälle angeprangert und für die Wiedereinführung des Kameradschaftsgedinges plädiert hatte.[31]

Den gleichbleibenden Nominallöhnen standen steigende Preise und erhöhte Abgaben gegenüber. Aufgrund der Erhöhung der Arbeitslosenbeiträge auf 3,25 %, der Einführung der Bürger- und Ledigensteuer und der Abgaben für DAF und „Arbeitsdank" von der Lohnsumme seien die durchschnittlichen Abzüge der Arbeiterschaft von 10 % vor der Rückgliederung auf 18 % angestiegen, errechnete die sozialdemokratische *Freiheit-Korrespondenz*[32] und lag damit gar nicht falsch. Tatsächlich waren die gesetzlichen und außergesetzlichen Lohnabzüge im Reichsdurchschnitt von 12,9 % im Jahre 1932 auf 17,1 % im Jahr 1939 angestiegen. Insbesondere die außergesetzlichen Abzüge für die diversen NS-Organisationen und Sammlungen hatten sich von 0,4 % am Vorabend des Dritten Reiches bis zum Jahre 1937 auf 3,1 % fast verachtfacht.[33]

Nach Beobachtungen der Grenzstelle Saar des Arbeitsausschusses freigewerkschaftlicher Bergarbeiter Deutschlands verminderten zudem erhebliche Preissteigerungen die Kaufkraft und gefährdeten Gesundheit wie Ernährung der Bergarbeiterfamilien.[34] Aufgrund der billigen lothringischen Lebensmitteleinfuhren war die Lebenshaltung im Saargebiet vor 1935 immer günstiger als im übrigen Deutschland gewesen.[35] Mit der Rückgliederung hatte das Saarland nun sein agrarisches Hinterland in Lothringen verloren. Durch die Angleichung der Warenpreise an das deutsche Preisniveau verteuerte sich die Lebenshaltung binnen weniger Wochen, wie das Reichskuratorium für Wirtschaftlichkeit intern eingestand, um 20 bis 25 %[36]. Die Ernährungskosten stiegen zwischen 1935 und 1937 um 20 %. Die Festpreise verdoppelten sich. Die Wurst wurde teurer. Die Mieten zogen stark an. Die Umstellung auf den reichsdeutschen Markt lockte Wucherer und Spekulanten an. Überall in der Bevölkerung seien Klagen über die Erhöhung der Lebensmittelpreise und Wohnungsmieten seit der Rückgliederung zu hören, berichtete die Saarbrücker Stapo-Stelle. Besonders Backwaren, Milch, Schweinefleisch und Schmalz würden überteuert angeboten. In Bergarbeiterkreisen schätze man die Teuerung auf 20 %. Jede Einkommensverbesserung werde durch die Verteuerung der Lebenshaltung mehr als ausgeglichen, so daß es nicht mehr möglich sei, notwendige Neuanschaffungen zu tätigen, befanden die Beamten der Gestapo. „Das Verhältnis zwischen Lohn- und Lebenshaltung des Arbeiters verschlechtert sich langsam, aber sicher."[37] Auch noch im Januar 1936 lagen nach Ermittlungen der Polizeibehörden die Preise für Gegenstände des täglichen Bedarfs erheblich über dem Reichsdurchschnitt.

Während sich die wirtschaftliche Allgemeinentwicklung unverändert günstig gestalte, sei die wirtschaftliche Lage im Saarland noch immer „sehr unbefriedigend", berichtete die zuständige Wehrwirtschaftsinspektion in Kassel im Oktober 1936.[38] Und noch zum Jahresende 1937 konstatierte der Treuhänder der Arbeit, daß die Konsumkraft der Saarbevölkerung hinter dem Reichsdurchschnitt zurückbleibe.[39] Aus der Nahoptik der regionalen Verhältnisse bedeutete dies nichts anderes, als daß die in vielen Familien seit Ende der 20er Jahre herrschende Not noch keineswegs überwunden war. „Der Bergman hat also gegenüber früher ein effektiv geringeres

Einkommen", meldete der Quierschieder Bürgermeister nach Saarbrücken. „Da er aber früher schon nur soviel verdiente, daß er sein Leben recht und schlecht fristen konnte, kann heute eine gewisse Notlage nicht geleugnet werden."[40] Viele Arbeiterfamilien könnten nur noch bei allergrößten Einschränkungen mit dem verfügbaren Einkommen haushalten, hieß es im Sommer 1937. Schon beim täglichen Einkauf seien die Frauen gezwungen, Schulden zu machen. Der Besuch in Gastwirtschaften und Kinos lasse nach. „Während noch vor einigen Monaten kaum ein Lokal in meinem Amtsbezirk vor der Polizeistunde Feierabend machte, findet man heute schon um 10 Uhr eine ganze Anzahl Wirtschaften geschlossen."[41] Die Notstandsprostitution nahm trotz verschärfter Strafandrohungen zu.

In den Küchen vieler saarländischer Arbeiterfamilien regierte Schmalhans. Parallel zum allgemeinen Kaufkraftschwund traten als Folge der Abschneidung vom lothringischen Hinterland Versorgungsprobleme auf. Eier, Fleisch und Fette wurden knapp. „Wer Fleisch will, muß früh aufstehen, sonst bekommt er nichts mehr", spottete die *Freiheit-Korrespondenz*.[42] Die Probleme bei der Fleischversorgung führten zur Veränderung von Ernährungsgewohnheiten. Statt Fleisch gab es nun Fisch und Kartoffeln.[43] Appelle zum Eintopfessen füllten die Spalten der Zeitungen. Aber auch Kartoffeln wurden knapp. „Was die Versorgung betrifft, so sind wir schon beinahe beim Kriegszustand angelangt", berichtete ein „alter Kämpfer" 1938 dem Sopade-Grenzsekretär.[44] Um die Stimmung in der Arbeiterschaft des Saarlandes zu verbessern, schlugen die Verantwortlichen der Neunkircher Eisenwerke vor, durch Lebensmittelkontingente aus Elsaß und Lothringen eine billigere und bessere Versorgung der Bevölkerung zu ermöglichen.[45] Da diese aber ausblieben, sahen sich die Betroffenen vielerorts zur Selbsthilfe gezwungen. Schwarzschlachten, Wildern und Lebensmittelschmuggel über die deutsch-französische Grenze nahmen zu.[46]

Unzufriedenheit machte sich breit und drohte das Ansehen und die Akzeptanz, die sich das NS-Regime 1934/35 im Abstimmungskampf erworben hatte, zunichte zu machen. Mit Eintopf, Fisch und Kartoffeln waren die Saarländer nicht für das Dritte Reich zu begeistern. „Immer wieder hört man die Feststellung, daß die bei der Abstimmung bewiesene Treue zum Reich recht teuer bezahlt werden müßte", registrierte durchaus sensibel die Saarbrücker Stapo-Stelle.[47] Mit Parolen wie „Deutsch ist die Saar, wär' sie nur wieder, was sie war!" wurde die vielfach entstandene Enttäuschung persifliert. Um das erreichte Maß an politischer Akzeptanz nicht zu gefährden, sah sich Reichskommissar Bürckel zum Handeln gezwungen. Durch diverse Lohnangleichungsmaßnahmen und parallele Preiskontrollen versuchte er, schrittweise die Löhne der saarländischen Arbeiter den Löhnen in anderen Industrierevieren anzugleichen und ein stabiles Einkommen zu sichern. Dies war keineswegs uneigennützig: Erst stabile Löhne und Preise schufen den finanzpolitischen Spielraum für den Wiederaufbau der deutschen Wirtschaft und die militärische Aufrüstung.[48]

Wenn trotz z. T. beträchtlicher Reallohnsenkungen die verfügbaren Einkommen der Bergarbeiter und der Beschäftigten in der Hüttenindustrie um 20 % bzw. 18,7 % zwischen 1935 und 1937 anstiegen[49], so war dies nur sekundär eine Folge der von Bürckel initiierten Lohnangleichungspolitik und der von ihm durchgesetzten, bislang unbekannten Bezahlung der Feiertage. Vielmehr reflektierte sich hierin der

Wegfall der lohnmindernden Feierschichten, die Zahlung von Überstundenzuschlägen und die allgemeine Verlängerung der Wochenarbeitszeit. In nahezu allen Branchen stiegen die Bruttowochenverdienste deutlich stärker als die effektiven Stundenlöhne.[50] Mehrarbeit war damit ein weiterer Preis, der für die Überwindung der Krise zu zahlen war.

Die gesäuberte Betriebsgemeinschaft

Friedhofsruhe und eiserne Disziplin waren die unerläßlichen Voraussetzungen der die Aufrüstung begleitenden Veränderungen in den Betrieben. Störenfriede und „Saboteure der Betriebsgemeinschaft" wurden daher zum Schweigen gebracht. Korporative Zusammenschlüsse von Arbeitgebern und Arbeitnehmern und mundtote Vertrauensleute ersetzten die Rudimente gewerkschaftlicher und betrieblicher Mitwirkung.[51] Selbst die vom „Gesetz zur Ordnung der nationalen Arbeit" vorgeschriebenen Vertrauensratswahlen, die es noch 1934 und 1935 in Deutschland gegeben hatte, fanden im Saarland nicht mehr statt, da man ein Mißtrauensvotum der Arbeiterschaft und die Abwahl der vom Treuhänder der Arbeit im April 1935 diktatorisch eingesetzten Betriebsausschüsse befürchtete. Ohne Angabe von Gründen wurden die für den 13. Juli 1935 datierten Vertrauensratswahlen — von Hermann Röchling als ein der politischen Rückgliederung vergleichbarer Meilenstein auf arbeitsrechtlichem Gebiet angekündigt[52] — kurzfristig abgesagt. Lapidar teilte der Treuhänder der Arbeit im Rundfunk mit, daß aufgrund einer Ministerial-Verordnung die von ihm im April eingesetzten Betriebsausschüsse bis auf weiteres auf ihren Posten verblieben. In der Ansprache Böhms schimmerte durch, daß — wie auch die Saarbrücker Stapo-Stelle festgestellt hatte[53] — die bestehenden Vertrauensleute nicht das Vertrauen der Arbeiterschaft besaßen[54] und man daher eine noch größere Niederlage als bei den Vertrauensratswahlen vom 13. April 1935 im übrigen Reich befürchtete. Nicht völlig zu Unrecht vermuteten auch die in Frankreich erscheinenden deutschen Exilblätter die Angst vor einer Abstimmungsniederlage in den Betrieben als Hintergrund der kurzfristig abgesagten Wahlen.[55] Das Saarland war damit reichsweit die erste Region, in der sich trotz des grandiosen Abstimmungssieges vom 13. Januar die Nationalsozialisten in den Betrieben nicht mehr den Unsicherheiten eines Wählervotums aussetzten.

Zugleich verstärkten Partei und Unternehmer ihren Kampf gegen „Meckerer und Miesmacher" in den Belegschaften. In Neunkircher Betrieben tauchten 1936 Plakate auf, in denen „Gefolgschaftsmitglieder" aufgefordert wurden, „Meckerer" und „Stänkerer", denen man die Entlassung androhte, zur Meldung zu bringen.[56] Besonders richteten sich die Attacken gegen ehemalige Gewerkschaftler und „Status-Quoler", die man — völlig zu Unrecht — als Störenfriede der Betriebsgemeinschaft bezichtigte. Als das Völklinger Elektrostahlwerk 1936 Feierschichten einlegen mußte, suchte man hierfür besonders die ehemaligen Freigewerkschaftler aus.[57] Auf Grube Klarenthal faßte die Betriebsführung alle ihr bekannten Gegner des Nationalsozialismus in besonderen Abteilungen unter Tage zusammen, um sie damit als potentielle Unruheherde innerhalb der Belegschaft zu isolieren.[58]

Bedeutsamer als solche Einzelmaßnahmen und in seiner disziplinierenden Wirkung weiterreichender war das Mittel der Kündigung und der zwangsweisen Versetzung entlassener Arbeiter in andere Reichsteile. Die Kündigungswelle von politisch unliebsamen Arbeitern und Angestellten begann im Bereich des öffentlichen Dienstes. Trotz der Schutzbestimmungen des Römischen Abkommens, das Benachteiligungen von Status-Quo-Anhängern untersagte, verfügte der Saarbrücker Oberbürgermeister noch 1936 die Entlassung von 39 Angestellten der Städtischen Betriebe und der Stadtverwaltung, weil diese nicht der Deutschen Front angehört hätten.[59] „Die Mehrzahl der Betroffenen ... hat inzwischen einen ‚alten Kämpfer' anlernen müssen, dem sie jetzt den Platz zu räumen hat", meldeten die *Deutschen Informationen*.[60] Im Dezember 1936 traf es Straßenbahner in Neunkirchen, die zur Kündigung kamen.[61] 1937 folgten 120 Arbeiter und Beamte der Reichsbahn und 70 Arbeiter der Standortverwaltung Saarbrücken, denen man aus politischen Gründen die Kündigung aussprach. Auch hier hatte es die Reichsbahndirektion nicht gewagt, Bürckel zu widersprechen, der als treibende Kraft der Entlassungen aus den öffentlichen Betrieben galt.[62]

Die umfangreichsten „Säuberungen" fanden auf den Saargruben statt. Bürckel und die Kreisleiter verfolgten mit ihnen ein doppeltes Ziel: Zum einen schien ihnen angesichts der Grenzgänger-Demonstrationen im Warndt und des Frankenholzer Schulstreiks[63] der Moment gekommen, die letzten exponierten Antifaschisten aus den Belegschaften zu entfernen und somit potentielle „Unruhestifter" bei künftigen Konflikten loszuwerden, zum anderen konnten sie so arbeitslose Anhänger in Lohn und Brot setzen und damit ihren Rückhalt innerhalb der Bergarbeiterschaft stärken.[64] Zu einer ersten Entlassungswelle im Bergbau war es bereits unmittelbar nach Ablauf des Schutzjahres 1936 unter den Angestellten gekommen. 211 unliebsame Angestellte und Beamte der Grubendirektion mußten gehen. Begründung: „Umstellung des Betriebes". „Die Säuberungsaktion im März 1936 wurde von uns aufgrund der im Auftrag des Herrn Gauleiters Bürckel erteilten Anweisung des Herrn Gauinspektors Nietmann durchgeführt, nachdem alle in Betracht kommenden Kreisleiter der NSDAP des Saarlandes, Herr Regierungspräsident Jung und Herr Dr. Obé vom Arbeitsamt Saarbrücken gehört worden waren", teilte die Saargruben AG dem Reichswirtschaftsministerium mit.[65] Am 9. April 1937 fand im Berliner Reichswirtschaftsministerium in Anwesenheit von Bürckels Vertreter Barth eine Besprechung statt, in der die politischen Hintergründe der Entlassungen von weiteren 1.000 Bergleuten erörtert wurden. Die Teilnehmer kamen zu dem Ergebnis, daß aus Gründen der „Erhaltung des Arbeitsfriedens" sowie aus sonstigen „politischen und wehrpolitischen Gründen" alle diejenigen Leute aus dem Saarland zu entfernen seien, „die sich während der Besetzungszeit staatsfeindlich verhalten" hätten. „Weil die Entlassenen beim Verbleiben im Saarland (Grenzland) für das Reich eine Gefahr bedeuten würden, so ist nicht ihre Kündigung, sondern tunlichst ihre Verpflanzung in Arbeitsstätten außerhalb des Saarlandes anzustreben."[66] Da Massenklagen vor Arbeitsgerichten außenpolitisch nicht erwünscht waren, sollten arbeitsorganisatorische Entlassungsgründe angegeben werden. Zudem sollten, um Unruhen zu vermeiden, die Entlassungen jeweils wöchentlich an verschiedenen Orten und in kleinen Gruppen vorgenommen werden. Die Verantwortung für die

Massenkündigungen wurde den Arbeitsämtern aufgebürdet, die nach Absprache mit den Grubenleitungen und den Ortsgruppenführern die Auswahl der zu Entlassenden vorzunehmen hatten.[67] Mit diesen Bestimmungen waren Denunziationen Tür und Tor geöffnet. Kollegen schwärzten sich gegenseitig als ehemalige „Status-Quoler" bei ihrem Betriebsobmann der DAF an. Vertrauensleute und örtliche Parteidienststellen stellten „schwarze Listen" auf. Auch die Kreisleiter taten sich als Spürhunde in den Gruben hervor.[68]

Bereits Ende April 1937 erhielten mehr als 1.000 Arbeiter[69] Kündigungsschreiben ausgehändigt, in denen ihnen aus Gründen „einer durch die Lage des Arbeitsmarktes im Saarland und im übrigen Reiche notwendig gewordenen Umschichtung von Facharbeitskräften" zum 31. Mai das Arbeitsverhältnis gekündigt wurde und sie aufgefordert wurden, möglichst bald ihr zuständiges Arbeitsamt aufzusuchen.[70] Dem Grenzsekretär der Sopade fiel auf, daß die entlassenen Arbeiter „hauptsächlich aus den Kreisen der früher freigewerkschaftlich Organisierten" stammten. Und auch die *Freiheit-Korrespondenz* meldete, daß „*nur* ehemalige Hitlergegner aus der Abstimmungszeit, Freie Gewerkschafter und Katholiken, die nicht für die Gemeinschaftsschule gestimmt haben", zu den Betroffenen zählten.[71] Ähnliche Beobachtungen machte die Forbacher Abschnittsleitung der KPD, die ergänzend hinzufügte: „Dann sind sehr viele ehemalige Angehörige des Saarbundes dabei."[72] Die in den Akten des Reichswirtschaftsministeriums aufgelisteten Kündigungsgründe sind vielfältig. Sie reichen von Formulierungen wie „als eifriger Verfechter des Status Quo bekannt", über „hat während des Bergarbeiterstreiks 1923 gearbeitet", „Verräter und Gegner Adolf Hitlers", „Franzosengünstling", „hat nicht abgestimmt" bis hin zu Bemerkungen wie „bezog das *Saarlouiser Journal*" und „abwartende Haltung".[73] Völlig zu Recht machten die Exilblätter den saarpfälzischen Gauleiter Bürckel für diesen „Rachefeldzug" gegenüber den Saarbergarbeitern verantwortlich. Das sei „Vergeltung für Frankenholz und tausend andere Widerstandsregungen", mutmaßte die *Freiheit-Korrespondenz*.[74] Im Saarland sei man einmütig der Auffassung, daß sich Bürckel mit dieser Aktion der Opposition in den Gruben entledigen und einer Wiederholung von Vorgängen wie der Grenzgängerrevolte und dem Frankenholzer Schulstreik zuvorkommen wolle, berichtete auch das Volksfrontblatt *Deutsche Informationen*.[75] Einstimmig wurde die zwangsweise Versetzung der gekündigten Bergleute in andere Bergbaureviere innerhalb des Exils als „politische Deportation" gewertet.

Den „Säuberungen" vom April folgten weitere Kündigungen im Mai und Juni. Und auch 1938 scheint es wiederholt zu Entlassungen unliebsamer saarländischer Bergarbeiter gekommen zu sein. Eine größere Zahl von ihnen wurde ins Ruhrgebiet vermittelt. Wie die Stapo-Stelle in Düsseldorf ihrer Außendienststelle in Oberhausen mitteilte, handele es sich hierbei „um kommunistisch eingestellte Personen und um Saarrückgliederungsgegner, deren Verschickung aus politischen Gründen geboten erschien" und deren Überwachung notwendig sei.[76] Das Pazifizierungsmodell Bürckels für die Saargruben machte Schule. Nach Berichten von Exilorganisationen soll es 1938 auch im Bereich der saarländischen Hüttenindustrie zur zwangsweisen Deportation von politisch unzuverlässigen Arbeitern gekommen sein, ohne daß sich hierfür aber konkrete Belege fanden.[77]

Eine Wirkung jedenfalls scheinen die Massenentlassungen im Saarbergbau nicht verfehlt zu haben. „Ein Alpdruck lastet auf der Saarbevölkerung“, berichtete die in Forbach erscheinende Bergarbeiterzeitung *Der Kumpel*. Angst mache sich breit. Niemand wisse, wer der nächste sei.[78] Politischer Widerspruch war hier kaum mehr zu befürchten. In „nationalen Kreisen“ trafen die Kündigungen auf unverhohlene Zustimmung. „Diese Maßnahme wurde allenthalben mit Genugtuung empfunden“, konstatierte der Dudweiler Bürgermeister. Lange genug seien ehemalige „Status-Quoler“ auf ihren Arbeitsplätzen belassen worden, „während andere ehrliche Arbeiter, die wegen ihrer deutschen Einstellung im Abstimmungskampf entlassen wurden, immer noch arbeitslos auf der Straße lagen.“[79]

Tabelle 9:
Förderproduktivität der Saargruben 1935—1945

Jahr	Jahresförderung in Mill. t	Arbeiterschaft Jahresschnitt	Fördertage	Leistung je Mann und Schicht unter Tage in t
1935*	10.613	44.547	283	1,27
1936	11.673	43.075	292,8	1,30
1937	13.365	44.756	301,6	1,43
1938	14.388	45.106	300,1	1,57
1939	13.258	33.805	267,6	1,66
1940	11.293	47.042	269,6	1,56
1941	14.431	46.270	313	1,64
1942	15.290	50.028	324,6	1,63
1943	16.157	54.246	333,2	1,60
1944	12.384	31.279	296,6	1,50
1945	3.461	24.161	275,5	1,07

* ab März

Quelle: Archiv der Saarbergwerke AG., Ringbuch 1941—1945.

Tabelle 10:
Förderproduktivität, verfahrene Schichten und Arbeitszeiten im Saarbergbau 1935—1945 (1935 = 100)

Jahr	Jahres-förderung	Arbeiter	Fördertage	verfahrene Schichten	Leistung je Mann u. Schicht	Arbeitszeit
1935	100	100	100	100	100	100
1936	110	96,7	103,5	127	103	100
1937	126	100,5	106,5	130	116	100
1938	136	101,2	106	127,5	126	106,7
1939	125	75,9	94,5	122	131	116,7
1940	106	105,6	95,3	123	124	—
1941	136	104	110	125	130	—
1942	144	112,3	115	127	130	—
1943	152	122	118	131	127	—
1944	117	70	105	117	119	—
1945	33	54	97	—	78	—

Quelle: Eigene Berechnungen; Archiv der Saarbergwerke AG., Ringbuch 1941—1945.

Tabelle 11:
Tödliche Unfälle im Saarbergbau 1930—1950

Jahr	Zahl der tödlichen Unfälle absolut	Zahl der tödlichen Unfälle auf 1.000 Beschäftigte	Zahl der tödlichen Unfälle auf 1 Million Schichten
1930	145[1]	2,44	8,56
1931	39	0,69	2,73
1932	31	0,62	2,67
1933	31	0,69	2,91
1934	—	—	—
1935	25	0,6	2,1
1936	42	1,0	3,3
1937	49	1,1	3,7
1938	43	1,0	3,3
1939	39	0,9	3,1
1940	59	1,5	4,9
1941	133	2,9	9,1
1942	85	1,64	5,48
1943	88	1,63	5,48
1944	53	1,13	4,12
1945	26	1,02	4,31
1946	47	1,09	4,08
1947	58	1,02	3,84
1948	84[2]	1,32	4,91
1949	52	0,79	2,97
1950	55	0,91	3,3

1 Schlagwetterexplosionen auf den Gruben Klarenthal und Maybach mit zusammen 107 Toten
2 Brandkatastrophe auf Grube Duhamel mit 20 Toten

Quellen: Statistisches Amt des Saarlandes (Hrsg.): Statistisches Handbuch für das Saarland, Saarbrücken 1950, S. 172; Archiv der Saarbergwerke AG., Ringbuch 1941—1945

Tabelle 12:
Verfahrene und entgangene Schichten im Saarbergbau 1935—1944 (je angelegtem Arbeiter)

Jahr	Zahl der	Arbeitsschichten		entgangene Arbeitsschichten				
	Arbeitstage (Sollschichten)	insgesamt	dav. Schichten f. Überarbeiten	insgesamt	davon infolge betriebstechn. Gründe	Krankheit	Urlaub	Ferien
1935[1]	251	224,3	8,0	34,7	15,6	7,3	10,0	1,8
1936	304	284	13,9	34	11,5	9,3	10,7	2,5
1937	303	291,3	17,5	29,2	1,9	11,6	12	3,7
1938	304	285,7	14,6	32,9	3,3	13,4	11,8	4,4
1939	303	273,5	10,9	40,4	2,3	19,7	12,6	5,8
1940	306	275,7	9,3	39,4	2,7	17,8	14,2	4,9
1941	306	280,1	14,5	40,4	0,4	22,1	12,5	5,4
1942	306	285,3	23,1	43,8	1,0	26,1	10,9	5,2
1943	306	293	31,0	45	0,0	26,2	11,7	6,1
1944	307	261,8	25,3	70,5	0,4	24,6	39,6	6,1

1) ab März 1935

Quelle: Archiv der Saarbergwerke AG., Ringbuch 1942—1944.

2. Der trügerische Wohlstand im Schatten des Krieges: Die fetten Jahre 1938—1941

Den dürren Jahren unmittelbar nach der Rückgliederung, in denen sich verspätet die Saarwirtschaft der reichsdeutschen Entwicklung anschloß, folgten drei fette Jahre, die nach der langen Zeit der Krise als NS-Wirtschaftswunder erscheinen mußten. Conditio sine qua non des besseren Lebens unter'm Hakenkreuz war der kommende Krieg.

Der im September 1936 verkündete zweite Vierjahresplan, der die Wirtschaft innerhalb der nächsten vier Jahre auf den Krieg vorbereiten sollte,[1] beschleunigte seit 1937 auch das Tempo des wirtschaftlichen Aufschwungs an der Saar. „In vier Jahren muß Deutschland in allen seinen Stoffen vom Ausland unabhängig sein, die irgendwie durch die deutsche Fähigkeit, durch unsere Chemie und Maschinenindustrie, sowie durch seinen Bergbau selbst beschafft werden können", hatte Hitler auf dem Nürnberger Reichsparteitag gefordert[2] und damit den Bergbau in den Mittelpunkt des produktionspolitischen Interesses gerückt. In seiner geheimen Denkschrift verlangte Hitler explizit, Kohle als Grundstoff zur Brennstoff- und Gummierzeugung und zur Herstellung industrieller Fette einzusetzen. Da die Kohle zugleich der einzige Rohstoff war, in dem Deutschland autark war, erhoffte man sich vom Kohlenexport darüber hinaus die Behebung der chronischen Devisenknappheit des Dritten Reiches. In einer ersten Besprechung bezifferte der Leiter des Amtes für deutsche Roh- und Werkstoffe die jährliche Mehrförderung auf etwa 10 Millionen Tonnen Kohle.[3] Insgesamt wurde für 1938 ein Kohlenbedarf von 150 Millionen Tonnen prognostiziert, der bis 1941 auf 200 Millionen Tonnen erhöht werden sollte. Um den zu erwartenden Mehrbedarf zu decken, sollte auch die arbeitstägliche Förderung im Saarbergbau von 47.400 Tonnen 1938 auf 68.000 Tonnen im Jahre 1942 gesteigert werden.[4] Gegenüber den Förderleistungen von 1935 bedeutete dies de facto eine Verdoppelung der Anstrengungen der saarländischen Kohlengruben, die — so das Ministerium — nur durch eine drastische Erhöhung der individuellen Arbeitsproduktivität zu erreichen sei.

Das Planziel der Verdoppelung der Fördermengen strebte auch die Saargruben-Verwaltung an. Mit reduziertem Personal sollte die durchschnittliche individuelle Schichtleistung auf 1,45 Tonnen und die arbeitstägliche Förderung aller Gruben auf 60.000 Tonnen erhöht werden.[5] Von der Grube Maybach war 1939 ganz in diesem Sinne zu erfahren: „Durchschnittlich wird jedes Gefolgschaftsmitglied nicht mehr mit 700 kg wie im März 1935, sondern nach dem Umbau mit 1.500 kg Förderung einzusetzen sein."[6] Auf dem Saarbergbau lastete so nicht nur der Zwang, durch Modernisierungsmaßnahmen der technisch veralteten Gruben den Anschluß an das technische und arbeitsorganisatorische Niveau des reichsdeutschen Steinkohlenbergbaus zu finden, sondern zugleich auch das Plansoll des Vierjahresplanes zu erreichen. Beide Prozesse veränderten die Arbeit des saarländischen Bergmannes fundamental und führten zu einer Reihe von Reibungs- und Konfliktpunkten zwischen Grubenverwaltung und Arbeiterschaft.

Die Vorgaben des Vierjahresplanes verbesserten nachhaltig die Arbeitsmarktlage im Saarland. Seit Sommer 1938 stellten die Saargruben, wenn auch zunächst noch zögerlich, neue Arbeiter ein. Angesichts der Überalterung der Grubenbelegschaften allerdings war man besonders an jungen Nachwuchskräften interessiert, die man auf dem Arbeitsmarkt umwarb. 1938 sahen sich die Grubenverwaltungen erstmals gezwungen, zwischenzeitlich berufsfremd beschäftigte Bergarbeiter, Bergleute aus anderen Revieren sowie Arbeitslose einzustellen und um die Zuweisung von Dienstverpflichteten zu bitten. Ebenfalls seit Jahresmitte 1938 herrschte ein massiver Mangel an Baufacharbeitern, an Stenotypistinnen, an Technikern aller Art sowie an landwirtschaftlichen Fachkräften.[7] Nach Jahren der Unterbeschäftigung fehlten am Vorabend von Hitlers Krieg erstmals wieder massenhaft Arbeitskräfte. Arbeitsmarktpolitisch war die Krise — wenn auch verspätet — überwunden. Bereits Ende Februar 1938 waren die Arbeitslosenzahlen auf unter 15.000 gefallen. Den entscheidenden konjunkturellen Impuls aber brachten erst die öffentlichen Aufträge für den Bau des Westwalls ab Sommer 1938, so daß Bürckels Parteiorgan, die *NSZ-Rheinfront*, am 11. Juni 1938 triumphieren konnte: „Es gibt praktisch keine Arbeitslosigkeit mehr." Innerhalb von einem halben Jahr sank die Zahl der Arbeitslosen um 13.500 auf 1.401 Ende September 1938. „Die Beschäftigungslage steht weiterhin unter dem Einfluß der Westbefestigungsarbeiten. Neben den in größtem Umfange bei den Westbauten beschäftigten gebietsfremden Arbeitern sind auch die örtlichen freien Arbeitskräfte dort restlos in Arbeit gebracht worden", meldete die Wehrwirtschaftsinspektion XII Mitte November 1938.[8] Erstmals zählten die saarländischen Arbeitsämter jetzt 2.000 offene Stellen, die nicht besetzt werden konnten.[9]

Das Arbeitskräftedefizit brachte Bewegung auf dem Arbeitsmarkt und verbesserte die lohnpolitischen Handlungsbedingungen der Arbeiterschaft. Die übertariflichen Löhne am Westwall übten eine starke Sogwirkung auf die Beschäftigten in der Landwirtschaft und in der privaten Industrie aus. „Aus Betrieben mit niedrigem Lohnstand, wie Landwirtschaft, Steinbrüchen und Ziegeleien erfolgt eine Abwanderung in das besser beschäftigte und höher zahlende Baugewerbe", klagte der Treuhänder der Arbeit für das Wirtschaftsgebiet Saarpfalz bereits 1937. Einzelne Betriebe sähen sich bereits gezwungen, höhere Löhne zu zahlen, um der Abwanderung von Facharbeitern vorzubeugen.[10] Klagen aus der Privatwirtschaft über die übertariflichen Löhne der Westwallarbeiter wurden laut.[11] Trotz verbesserter Einkommensverhältnisse nahm insbesondere die Abwanderung der Landarbeiter zu. In der Nähe von Kasernen- und Befestigungsbauten konnten selbst übertarifliche Bezahlungen Kündigungen nicht mehr verhindern.[12] Zunehmend wurde die Industrie von der Abwanderung von Facharbeitern betroffen, für die sich kaum mehr Ersatz fand.[13] Bergarbeiter kündigten ihre Stellungen, um besser entlohnte Tätigkeiten am Westwall anzunehmen.[14] Im Frühjahr 1939 war das Arbeitskräftedefizit nicht mehr allein auf Facharbeiter beschränkt, sondern erstreckte sich jetzt auch auf Hilfskräfte jeder Art.[15] Arbeiter, die ihren bisherigen Arbeitsplatz zugunsten einer besser bezahlten Tätigkeit bei den Befestigungsbauten aufgaben und damit nur den Gesetzen des Arbeitsmarktes folgten, wurden in der Presse als „Deserteure der Betriebsgemeinschaft" diffamiert.

Durch ein ganzes Maßnahmenbündel versuchte der NS-Staat, die Abwanderung von Arbeitskräften zu bremsen und den Arbeitskräftemangel zu beheben. Um die anhaltende Landflucht zu stoppen, wurden Maßnahmen zur Förderung von Familiengründungen auf dem Lande und zur Verbesserung der kulturellen Angebote insbesondere für junge Menschen beschlossen. Treueprämien sollten die Landarbeiter motivieren, an ihren landwirtschaftlichen Arbeitsplätzen zu bleiben.[16] Parallel hierzu wurde die Freizügigkeit der Arbeitsplatzwahl eingeschränkt, womit die Drohung der Arbeiter, zu kündigen und dadurch Einkommensverbesserungen durchzusetzen, an Gewicht verlor. Die Vermittlung von Arbeitskräften durfte fortan nur mehr über die Arbeitsämter erfolgen.[17] Notstandsarbeiten wurden auf ein Mindestmaß reduziert und schließlich ganz eingestellt. Das Hauptaugenmerk der Arbeitsämter richtete sich auf die Mobilisierung neuer Arbeitskräfte. Bereits im Sommer 1938 starteten sie eine Umschulungs- und Qualifizierungsoffensive, die neue Facharbeiter rekrutieren sollte.[18] Völlig neue Gruppen gerieten ins Visier der Arbeitsämter. Angesichts des Mangels an volleinsatzfähigen Arbeitskräften bleibe den Betrieben nur mehr der Zugriff auf die beschränkt einsatzfähigen Volksgenossen, empfahl der Leiter des Saarbrücker Arbeitsamtes.[19] Erstmals wurden jetzt sogar Behinderte und Fürsorgezöglinge zum Arbeitseinsatz mobilisiert. Seit Herbst 1938 existierte die Arbeitsdienstpflicht für junge Frauen und Mädchen, durch die der große Mangel an weiblichen Arbeitskräften in der Land- und Hauswirtschaft ausgeglichen werden sollte.[20]

Die Schattenseiten der Rüstungskonjunktur: Mehrarbeit, Krankheiten und Unfälle

Daß auf den Saargruben ein neuer Ton herrschte, war bereits unmittelbar nach der Rückgliederung unüberhörbar. Gleichzeitig mit der Rückkehr der „schneidigen" Bergassessoren setzte ein „tolles Antreibersystem" ein, befand die sozialdemokratische *Freiheit-Korrespondenz*. Unmißverständlich erklärte der Direktor der Grube Bexbach vor versammelter Belegschaft: „Wenn die Kopfleistungen nicht erhöht werden, muß ich den Pütt stillegen. Das Wasser muß in allen Knopflöchern kochen!" „Die Zeit der Feste ist vorüber", drohte auch der neue Bergrat auf Grube Reden und fügte hinzu: „Jetzt muß jeder das Letzte aus seinen Knochen herausholen!"[21] Ziel der Saargruben AG sei es, so der Betriebswalter der Hauptverwaltung 1936, die saarländischen Gruben zu „einer Musterstellung im wirtschaftlichen Kampf aus(zu)-bauen".[22]

Die Planziffern des Vierjahresplanes und der Anschluß an die reichsdeutschen Bergbaureviere ließen sich nur mit militärisch formierten und leistungsmotivierten „Gefolgschaften" realisieren. Die Arbeit wurde daher ideologisiert und erhielt eine neue nationale Bedeutung als „Hebel der Weltpolitik" und als Mittel zur „Freiheit" Deutschlands zugewiesen. „Durch Leistung zur Freiheit" verkündete die Werkszeitung der Saargruben AG jetzt.[23] Die Wirtschaft wurde zum neuen Gefechtsfeld erklärt und der Betrieb zur „Kampfeinheit" umgedeutet, in dem die Arbeiter zu „Soldaten" und die Bergarbeiterschaft zur „Kompanie des Dritten Reiches in der Wirtschaft", zu „Frontkämpfern vor Kohle" degradiert wurden, befehligt von den „Hauptmännern" und „Offizieren" der Bergverwaltung.[24] Die Werkszeitungen impften den Bergarbeitern ein, daß sie „in vorderster Linie des Wirtschaftskampfes" stünden und die Befreiung Deutschlands von ihrer Arbeitsleistung abhängig sei.[25] In der Sprache antizipierte sich die Militarisierung des bergmännischen Alltags, die ihr Ideal in der Durchsetzung militärischer Befehls- und Gehorsamsstrukturen sah. Sekundiert wurden die propagandistischen Bemühungen um das neue Arbeitsethos von Zwangsmaßnahmen zur Hebung der Arbeitsmoral wie den 1938 durchgeführten Razzien gegen „Arbeitsscheue", die ihnen angebotene Arbeitsplätze abgelehnt oder aber nach kurzer Zeit ohne Angabe stichhaltiger Gründe wieder verlassen hatten.[26] An der Verfolgung all derjenigen Gruppen und Personen, die nicht dem Idealbild der leistungswilligen und disziplinierten Arbeitskraft entsprachen, beteiligten sich spätestens seit 1938 auch die Arbeitsbehörden. Die Einweisung von Arbeitsvertragsbrüchigen und „Arbeitsscheuen" in Gefängnisse, Arbeitserziehungslager und Konzentrationslager wurde ein systematischer, zentral verordneter Bestandteil der alltäglichen Arbeitsamtspraxis, die damit zugleich Abschreckungsfunktionen für potentiell „Arbeitsunwillige" erfüllte.[27]

Neben der restlosen Ausschöpfung der Arbeitsmarktreserven, dem forcierten Druck der Arbeitsämter auf randständige Gruppen des Arbeitsmarktes und der Verschärfung der Arbeitsdisziplin gingen die Unternehmen selbst immer stärker zur Verlängerung der Arbeitszeit und zu Formen der Mehrarbeit über, um den gesetzten Anforderungen von Vierjahresplan, Exportverpflichtungen und Westwallbau nachzukommen. Seit 1919 galt an der Saar der Achtstundenarbeitstag. Eine Ausnahme hiervon machten lediglich die Untertagearbeiter im Bergbau, deren Arbeitszeit seit 1919 siebeneinhalb Stunden betrug, gerechnet von Beginn der Einfahrt bis zum Beginn der Ausfahrt. Mit einer wöchentlichen Arbeitszeit von 45 Stunden waren die Bergarbeiter damit gegenüber ihren Kollegen in der Industrie und in anderen Bergbaurevieren, die 48 Stunden pro Woche zu arbeiten hatten, deutlich privilegiert. Obwohl die Nationalsozialisten während des Abstimmungskampfes versprochen hatten, die Arbeitszeitregelung der Bergarbeiter nicht anzutasten, war es am 15. Dezember 1937 mit der Siebeneinhalbstundenschicht passé. Die tägliche Arbeitszeit wurde auf acht Stunden angehoben und damit der Arbeitszeit anderer Reviere angeglichen. Mit Görings „Verordnung zur Erhöhung der Förderleistung und des Leistungslohns im Bergbau" vom 2. März 1939 erfuhr die tägliche Arbeitszeit eine weitere Verlängerung um 45 Minuten, so daß die wöchentliche Normalarbeitszeit der Untertagearbeiter nun bei 52 1/2 Stunden angekommen war und sich damit seit 1935 um 16,7 % bzw. siebeneinhalb Stunden erhöht hatte. Parallel zur Arbeitszeitverlängerung im Bergbau wurden auch die Arbeitszeiten der Beschäftigten in den übrigen Industriezweigen angehoben. In den Rüstungsbetrieben, so die *Freiheit-Korrespondenz* 1939, sei die Zwölfstundenschicht gang und gäbe. Wer auf der Burbacher Hütte einen Tag durch Krankheit versäume, müsse die Fehlzeit an einem Sonntag nachholen.[28] Arbeitszeiten bis zu 16 Stunden registrierte der Treuhänder der Arbeit bei den Eisenbahnern in der Saarpfalz, ohne das dies aber auf nennenswerten Protest stoße. Zusätzlich zu den verlängerten Wochenarbeitszeiten standen insbesondere in den rüstungspolitisch wichtigen Betrieben Überstunden und Sonderschichten auf dem Programm. 1937 hatte auf den Saargruben jeder Arbeiter durchschnittlich 17,5 Schichten für Überarbeit zu verfahren. Begleitet wurde diese Verlängerung der Arbeitszeit vom Versuch, die Arbeitszeiten insgesamt zu flexibilisieren und auch die Sonn- und Feiertagsruhe der Bergarbeiter — die „heilige Kuh" der mehrheitlich katholischen Bergleute — anzutasten. Durch die seit 1937 regelmäßigen Sonn-, Feiertags- und Überschichten erhöhte sich die Zahl der durchschnittlichen monatlichen Fördertage von 24,5 im Jahre 1936 auf 27,7 im Kriegsjahr 1943. Die Zahl der jährlichen Fördertage stieg von 292 (1936) auf 333 (1943) an. Da die Appelle der Grubenleitungen zum Verfahren von Sonn- und Feiertagsschichten nicht überall Wirkung zeigten, scheint man vereinzelt auch vor Zwangsmaßnahmen nicht zurückgeschreckt zu haben. Wie die *Freiheit-Korrespondenz* zu berichten wußte, sei man auf den Gruben Camphausen, Mellin und Velsen im April 1939 dazu übergegangen, Bergleute zwangsweise bis zu zehn Stunden in der Grube zu belassen.[29]

Modernisierung, Rationalisierung und forcierte Arbeitsdisziplin machten sich für die Grubenherren bezahlt. Zwischen 1935 und 1939 nahm die Produktivität des Untertagearbeiters um 30 % zu. Betrug seine Schichtleistung 1935 noch 1,27 Tonnen, so erreichte sie 1939 ihren Höchststand mit 1,66 Tonnen, um anschließend auf hohem Niveau zu stagnieren. Parallel hierzu erhöhte sich die Jahresförderung der Saargruben ebenfalls um etwa 30 % und dies bei einer zwischen 1935 und 1939 lediglich um 1.754 Arbeiter vergrößerten Belegschaft. Die Verlängerung der Arbeitszeiten war dabei nur eine Ursache von mehreren, keineswegs aber die entscheidende, da — wie selbst die zuständige Wehrwirtschaftsinspektion feststellen mußte — die Arbeitszeitverlängerung vom März 1939 nicht die erwartete Steigerung der Förderung gebracht habe.[30] Vielmehr stieß die Verlängerung der täglichen Arbeitszeit zunehmend an physische Leistungsgrenzen. Gauleiter Bürckel gab daher zu bedenken, ob es nicht sinnvoller sei, zur Achtstundenschicht zurückzukehren.[31] Als Folge der durchgeführten Modernisierungs- und Rationalisierungsmaßnahmen lag der Produktivitätszuwachs der Saargruben zwar über dem anderer Reviere, blieb gleichwohl aber hinter den Solldaten der Vierjahresplanbehörden zurück. Dahinter verbarg sich weniger, wie die Exilpresse vermutete und auch neuere Studien nahelegen, eine bewußt motivierte Leistungszurückhaltung[32] als vielmehr die physische Unfähigkeit, noch mehr zu leisten. Spätestens seit 1939 waren die Bergarbeiter an die Grenzen ihrer Leistungsfähigkeit gestoßen. In seinem maßlos blinden Trieb, seinem „Werwolfs-Heißhunger nach Mehrarbeit" überrenne das Kapital „nicht nur die moralischen, sondern auch die rein physischen Maximalgrenzen des Arbeitstages", hatte bereits Karl Marx geklagt. Die Folge sei eine „Verkümmerung der menschlichen Arbeitskraft" und eine „vorzeitige Erschöpfung und Abtötung der Arbeitskraft selbst".[33]

Die Antreiberei im Bergbau sei so groß, daß Arbeiter im Schacht ohnmächtig zusammenbrächen, berichtete ein Bergarbeiter in der *Freiheit-Korrespondenz*.[34] Der Vergleich mit dem KZ wurde bemüht. In Dachau könne es nicht viel schlimmer als auf der Grube sein, hatte ein Elversberger Bergmann in der Waschkaue erklärt und war deswegen von Arbeitskameraden bei der Gestapo denunziert worden.[35] Vielfach waren die Bergleute zu müde, um nach der Schicht noch ihr Stückchen Land zu bewirtschaften.[36] „Gewisse Ermüdungserscheinungen" registrierte auch der Treuhänder der Arbeit im Bereich der Hüttenindustrie. Besonders gegen Ende der zehnstündigen Arbeitszeit nehme dort die Produktion von Ausschuß zu.[37] Und auch die Wehrwirtschaftsinspektion stellte fest: „Die Leistungen der Arbeiterschaft haben sich nicht gesteigert. Die männliche Gefolgschaft arbeitet in den meisten Betrieben zehn Stunden, dazu kommen Anmarsch und Rückmarsch, die durchschnittlich mit insgesamt zwei Stunden in Rechnung zu stellen sind. Es sind in zahlreichen Fällen Ermüdungserscheinungen bei der Arbeiterschaft aufgetreten.“[38]

Arbeiten unter solchen Bedingungen implizierte ein erhöhtes Unfallrisiko. Steigende Unfall- und Krankenziffern waren Schattenseiten des NS-Wirtschaftswunders und zugleich Warnsignale, daß der überforderte und übermüdete Körper den gestiegenen Anforderungen der Maschinerie nicht nachkommen konnte, selbst kein Präzisionsuhrwerk war, wie dies DAF-Chef Robert Ley gefordert hatte. Infolge „unverantwortlicher Antreiberei“ in den Gruben seien die Unfallziffern 1936 um 40 % gestiegen, berichtete die Heusweilerer Gendarmerie-Abteilung nach Saarbrücken.[39] Das Ein-Mann-Gedinge und die immer größer werdenden Förderwagen ließen dem Kumpel keine Zeit mehr, um genügend auf seine Sicherheit bedacht zu sein, mutmaßte das illegale Bergarbeiterblatt *Der Saararbeiter*.[40] Ganz ähnlich hieß es in einem Bericht der Forbacher Grenzstelle des Arbeitsausschusses freigewerkschaftlicher Bergarbeiter Deutschlands: „Das Metergedinge ist so bemessen, daß nur bei allergrößter und ununterbrochener Arbeitsintensität das vorgeschriebene Soll herausgeholt werden kann. Aus diesem Grunde können die Hauer nicht mehr die Zeit zur Unfallbeobachtung aufbringen und werden dann plötzlich vollständig überrascht.“ Die durch die Verlängerung der Arbeitszeit bewirkte stärkere physische und geistige Ermüdung erhöhe die Unfallgefahren.[41] Auf dem Annaschacht der Grube Kohlwald gebe es täglich 8 bis 10 Unfälle und im Durchschnitt monatlich einen Toten, wußte die *Deutschland-Information* des ZK der KPD zu berichten. „Alle Spitäler der Knappschaft sind dauernd überfüllt. Leere Betten gibt es überhaupt nicht mehr. Im Gegenteil. Alle paar Tage muß gesäubert werden, damit die Betten frei werden und Neueingelieferte untergebracht werden können.“[42] Überdurchschnittlich lange Arbeitszeiten, erhöhtes Arbeitstempo, die Einstellung älterer und berufsfremder Arbeitskräfte und die Ausweitung leistungsbezogener Entlohnungssysteme ließen insbesondere die schweren Unfälle mit Todesfolge stark zunehmen. Kamen 1933 im französisch verwalteten Saarbergbau lediglich 0,7 tödliche Unfälle auf 1.000 Beschäftigte, so waren es 1940 bereits 1,5 und 1941 gar 133 Tote bzw. 2,9 tödliche Unfälle auf 1.000 Mann Belegschaft.[43] Damit hatte man sogar die Spitzenwerte aus den Jahren des Ersten Weltkrieges erreicht.

Parallelen zu den Kriegsjahren 1917/18 zog auch die *Freiheit-Korrespondenz*. Die Zahl der Krankfeiernden nehme täglich zu. Bei den Bergarbeitern habe in ganz rapider Weise die Arthritis deformans, eine Gelenksveränderung, zugenommen. Während man diese Krankheit bislang nur bei älteren Bergleuten kenne, zeige sich diese infolge der schlechten Ernährung und der Antreiberei nun auch bei jüngeren Arbeitern.[44] Kleinere Unfälle waren mitunter auch eine günstige Gelegenheit, sich von anderen Leiden zu kurieren oder sich einfach zu regenerieren, ohne gleich als Saboteur oder Bummelant zu gelten. Statistisch ist zumindest für den Saarbergbau belegbar, daß sich die infolge von Krankheit entgangenen Schichten seit 1935 kontinuierlich erhöhten und sich bis 1941 gar verdreifachten. Hatte 1935 ein

Bergmann krankheitshalber 7,3 Schichten ausfallen lassen müssen, so waren es 1939 bereits 19,7 und 1941 sogar 22,1 Schichten. Parallel hierzu nahmen auch die Fehlzeiten infolge unentschuldigten Feierns zu. 1935 waren pro Jahr und Bergmann lediglich 1,8 Schichten wegen unentschuldigten Fehlens entgangen, 1941 aber bereits 5,4 Schichten.[45] Ob die Erhöhung des Krankenstandes und des Fernbleibens von der Arbeit Ausdruck einer neuen Arbeitseinstellung im Zeichen der heißlaufenden Rüstungskonjunktur war, wie Helmuth Trischler vermutet, oder gar, wie Timothy W. Mason behauptet, Ausdruck von Dissens und passiver Resistenz[46], ist anzuzweifeln. Vielmehr ist Detlev Peukert und Frank Bajohr zuzustimmen, daß es ursächlich kaum möglich ist, zwischen „normalem", konjunkturtypischem Verhalten, tatsächlicher gesundheitlicher Schädigung durch Arbeitshetze und gezielten Verweigerungsaktionen seitens der Arbeiter zu differenzieren.[47] Befriedigt äußerte sich 1939 die DAF, daß „das befürchtete Anwachsen des Simulantentums... nicht eingetreten" sei.[48] Daß sich die Großbetriebe in der Interpretation der ansteigenden Krankenzahlen so sicher allerdings nicht waren, zeigte sich in den seit Mitte der 30er Jahre durchgeführten Krankenkontrollen durch die neu etablierten Betriebsärzte und seit Kriegsbeginn in der Intensivierung des vertrauensärztlichen Kontrollsystems.[49]

Besondere, weil von der übrigen Industrie abweichende Arbeitsbedingungen herrschten seit 1938 am Westwall, wo sich ein spezifisches Konfliktpotential aufbaute. Nachdem Hitler am 28. Mai 1938 den beschleunigten Ausbau der Festungsanlagen im Westen befohlen und Göring in seiner Eigenschaft als Beauftragter für den Vierjahresplan seine „Verordnung zur Sicherstellung des Kräftebedarfs für Aufgaben von besonderer staatspolitischer Bedeutung" erlassen hatte, konzentrierten sich mehrere hunderttausend Arbeiter aus allen Reichsteilen an den Baustellen des 630 km langen und 50 km tiefen Westwalls zwischen Ober- und Niederrhein. Mit 4.100 Bunkern, davon allein 211 bei Saarbrücken, 60 km Höckerlinie und 100 km Panzergräben wies der Saarabschnitt des Westwalls die dichteste Konzentration von Kampfanlagen auf.[50] Zuständig für die Planung und Organisation der Baumaßnahmen war die Organisation Todt, eine technische Spezialeinheit, die wichtige Aufgaben im militärischen Bauwesen übernommen hatte und für die zeitweise mehr als 340.000 Menschen am Westwall arbeiteten. Oberbauleitungen der Organisation befanden sich in Homburg und St. Wendel. Sie waren zuständig für die Mobilisierung, Unterbringung und Verpflegung der Arbeitskräfte sowie für die Bereitstellung von Baugeräten und -maschinen, die Heranschaffung und den Transport von Baumaterial.

Von ihrer Herkunft, ihrer Qualifikation und ihrer Unterbringung waren die mehreren zehntausend Arbeiter im Saarabschnitt des Westwalls völlig heterogen zusammengesetzt. Unter ihnen befanden sich hochqualifizierte Fachkräfte aus allen Reichsteilen, die aufgrund von Görings Verordnung zur Arbeit am Westwall dienstverpflichtet wurden und meistens in Lagern der DAF untergebracht waren. Daneben gab es freiwillige Arbeitskräfte — die sogenannten Stammarbeiter —, die bevorzugt in Privatquartieren wohnten, Pioniere der Festungsinspektionen Saarbrücken und Kaiserslautern sowie kasernierte Angehörige des Reichsarbeitsdienstes, die wie die Festungspioniere weniger verdienten als die anderen Arbeitskräfte. Während die gering qualifizierten Massenarbeiter lediglich den Stundenlohn eines

Notstandsarbeiters erhielten, kassierten die Facharbeiter mindestens Tariflöhne zuzüglich Zuschlägen für Sonn- und Feiertagsarbeit sowie seit 1939 ein Trennungsgeld und einen Härteausgleich. Wo der Verdienst am Westwall dennoch unter dem früheren Einkommen blieb, wurde der Differenzbetrag als Unterstützung gezahlt.[51]

Weniger die Löhne waren es denn auch, die für Unzufriedenheit sorgten, als vielmehr die übermäßig langen Arbeitszeiten und die Arbeitsbedingungen. Arbeitszeiten zwischen 12 und 16, beim Ausgießen von Bunkern gar bis zu 30 Stunden, waren keine Seltenheit.[52] Die Kasernierung und lagermäßige Unterbringung der meisten Westwallarbeiter, die wochen- und monatelange Trennung von den Familien, schlechte Verpflegung und unzureichende sanitäre Anlagen sowie die ständige Kontrolle, trugen außerdem zur Unzufriedenheit bei. Daran mochten auch die Unterhaltungsprogramme der DAF nichts ändern. Viele hatten nach einigen Monaten genug und wollten wieder nach Hause. Besonders unzufrieden waren die Dienstverpflichteten, die man zwangsweise von ihren Arbeitsplätzen und ihren Familien weggeholt hatte und daher ihrem Unmut offen Ausdruck gaben. Die neuentstandene Männergesellschaft am Westwall verwandelte weite Teile des Saarlandes in den wilden Westen Deutschlands.

Für die Saarbrücker Stapo-Stelle war der Arbeiteraufmarsch am Westwall in erster Linie ein Sicherheitsproblem. Unter den Westwallarbeitern befänden sich, so mutmaßte sie im August 1938, „sehr viele ehemalige Gegner des Nationalsozialismus". Da diese gut verdienten, werde ein großer Teil des Lohnes in Alkohol umgesetzt, „der dann die Hemmungen beseitigt und die wahre staatsfeindliche Gesinnung der Betreffenden zutage treten läßt".[53] Tatsächlich stiegen mit Beginn der Bauarbeiten am Westwall die Anzeigen und Festnahmen wegen Vergehens gegen das Heimtückegesetz sprunghaft an.[54] Da die Disziplinprobleme am Westwall auch in den folgenden Monaten weiter zunahmen, Arbeitsniederlegungen — wie wir noch sehen werden — nicht selten waren oder Arbeitskräfte einfach von den Baustellen flüchteten, sahen sich die zuständigen Oberbauleitungen 1939 veranlaßt, gemeinsam mit der SS ein eigens für rebellierende Westwallarbeiter vorgesehenes Polizeihaftlager bei Homburg zu errichten.[55]

Die Schokoladenseite des Booms: Steigende Einkommen und gesicherte Arbeitsplätze

Mehrarbeit, physische Erschöpfung, ansteigende Kranken- und Unfallziffern jedoch waren nur die Schattenseite der NS-Rüstungskonjunktur, denn zugleich verbesserten die Arbeitskräfteknappheit und die langen Arbeitszeiten die Löhne und Einkommen. Um Facharbeiter für die Rüstungsindustrie zu gewinnen, führten die Betriebe Locklöhne ein oder umgingen den staatlich verordneten Lohnstopp durch übertarifliche Zulagen verschiedenster Art, so daß die Nominallöhne 1939 wieder den Höchststand aus der Zeit vor der Weltwirtschaftskrise erreichten. Stärker noch als die effektiven Stundenlöhne stiegen als Folge von Überstunden-, Sonn-, Feiertags- und Nachtarbeit und der allgemeinen Verlängerung der Arbeitszeit die wöchentlichen Einkommen der Beschäftigten in den rüstungsrelevanten Betrieben um durchschnittlich 10 bis 15 %.[56] 1938 stand der Saarbergarbeiter mit seinem Bruttoeinkommen zusammen mit dem Bergmann von der Ruhr an der Spitze der Lohnpyramide aller deutschen Bergarbeiter.[57]

War es den saarländischen Gewerkschaften zur Völkerbundszeit sowohl im Bergbau als auch in der eisenschaffenden Industrie gelungen, die Unterschiede zwischen den verschiedenen Lohngruppen gering zu halten, so begannen sich mit der einsetzenden Rüstungskonjunktur die Löhne an der Saar wie im Reich in einem bis dato unbekannten Maße zu differenzieren. Die dadurch bedingte Segmentierung der Arbeiterschaft erschwerte Solidarisierungsprozesse und widerständiges Verhalten. „Immer stärker wird die Entwicklung deutlich, die eine kleine Schicht höchstqualifizierter gutbezahlter Arbeiter einer großen Masse schlecht bezahlter Almosenempfänger gegenüberstellt", kommentierte die Wirtschaftskommission des Pariser „Ausschusses zur Bildung einer deutschen Volksfront" in einer Denkschrift über die soziale Lage des deutschen Arbeiters 1937.[58] Das NS-Wirtschaftswunder war so keineswegs eine allgemeine Erscheinung, an der alle gleichermaßen partizipierten, sondern auf bestimmte, wenn auch relevante Beschäftigtengruppen begrenzt. Während die Beschäftigten in der Rüstungsindustrie und im Baugewerbe zu den Gewinnern der neuen Lohnpolitik zählten, blieben die Arbeiter in der saarländischen Konsumgüterindustrie streng nach dem Motto „Erst Kanonen, dann Butter" vom lohnpolitischen Fortschritt abgekoppelt und erreichten vielfach kaum das tarifliche Lohnniveau. Die Heeresverwaltung beispielsweise zahlte höhere Löhne als andere Bauherren, was — wie der zuständige Treuhänder der Arbeit berichtete — zu „sehr starker Beunruhigung" unter den nichtbegünstigten Arbeitern geführt habe, so daß schließlich sogar die Gestapo einschreiten mußte.[59] Gemessen an den Spitzenlöhnen der Metall- bzw. der eisen- und stahlverarbeitenden Industrie hinkte der Bergbau noch immer hinterher. Vollends im Schatten der Lohnentwicklung in der Industrie blieben Landwirtschaft und öffentlicher Dienst, die gleichwohl auch bei den Löhnen zulegen mußten, um ihre Beschäftigten überhaupt zu halten. Unterm Strich waren so im letzten Friedensjahr alle Beschäftigten materiell bessergestellt als 1935 oder auf dem Höhepunkt der Weltwirtschaftskrise. Ein Arbeitsplatzwechsel aus einem Betrieb der Konsumgüterindustrie in ein Unternehmen der Rüstungsindustrie konnte für den einzelnen Beschäftigten zudem Lohnverbesserungen bis zu 50 % einbringen. Berufliche und geographische Mobilität zahlten sich jetzt aus. Das Lohngefälle zu anderen Wirtschaftsgebieten begann zu schwinden. Bereits im April 1937 hatte der Treuhänder der Arbeit konstatiert, daß als Folge der allgemeinen Wirtschaftsbelebung „eine Angleichung an den übertariflichen Lohnstand in den Nachbargebieten" eingetreten sei.[60] Seit Sommer 1938 gar zeigten die Löhne im Gau Saarpfalz eine über dem Reichsdurchschnitt liegende Entwicklung nach oben.[61]

Für wenige Monate blühte das NS-Wirtschaftswunder. Durchgängig für alle Beschäftigtengruppen war die Arbeitslosigkeit keine ständige Bedrohung mehr. Wichtige Gruppen der Arbeiterschaft — vor allem die Beschäftigten des großindustriellen Produktionsgütersektors — konnten reale Einkommensgewinne verbuchen, sich ein Häuschen leisten und an Konsum das nachholen, was die vergangenen Jahre versagt hatten. Der Nahrungs- und Genußmittelkonsum übertraf 1938/39 den von 1930. Kinos und Wirtshäuser füllten sich wieder. Dem Katzenjammer der

Rückgliederungszeit folgte die Aufbruchstimmung eines neuen Goldrausches. Den meisten Deutschen, einschließlich den Industriearbeitern, ging es 1939 zumindest nicht schlechter als vor der Weltwirtschaftskrise.[62] Die materiellen Vorteile, die die Vollbeschäftigung brachte, wirkten konsensbildend. Propaganda und Realität klafften nicht länger auseinander. Die „deutsche Mutter“ löste ihre Versprechen ein.

Der Beginn des Zweiten Weltkrieges unterbrach nur äußerlich das noch bis 1941 andauernde Wirtschaftswunderglück. Mit der Wiederbesiedelung der „roten Zone“ im Sommer 1940 normalisierten sich die Lebens- und Produktionsbedingungen wieder. Die im September 1939 stillgelegten Gruben sowie die 23 Hochöfen nahmen ihre Arbeit jetzt wieder auf. Vor dem Erfahrungshintergrund des Ersten Weltkrieges war es das Bestreben des NS-Regimes, einen Zusammenbruch der „Heimatfront“ und damit auch der militärischen Leistungsfähigkeit zu verhindern. „Ein November 1918 wird sich niemals mehr in der deutschen Geschichte wiederholen“, hatte Hitler großspurig am Tage seines Überfalls auf Polen verkündet.[63] Wirtschafts- und sozialpolitisch konnte dieses hochgesteckte Ziel nur realisiert werden, wenn es gelang, die deutsche Bevölkerung von kriegsbedingten Belastungen weitgehend zu verschonen. Die Konzeption einer „friedensähnlichen“ Kriegswirtschaft zielte daher auf ein möglichst stabiles Lohn-Preis-Gefüge und versuchte, allzu scharfe Einschnitte im Innern zu vermeiden. Der Achtstundenarbeitstag wurde daher zunächst nicht angetastet. Von einer allgemeinen Dienstpflicht für Frauen sah man ab. Nur in einzelnen Fällen hätten die Maßnahmen der Kriegswirtschaft Anlaß zur Unzufriedenheit gegeben, meldete die Saarbrücker Stapo-Stelle am 30. Dezember 1940 nach Berlin, ohne daß diese Äußerungen aber ernster Natur gewesen seien oder Anlaß zur Besorgnis böten.[64] Zumindest bis 1941 ging Hitlers Rechnung auf.

3. Arbeiten und Überleben im Krieg: Die mageren Jahre 1941—1945

Dem kurzen Wirtschaftswunderglück des Rüstungsbooms und der Blitzkriegsära folgten vier harte und magere Kriegsjahre. Die Stimmung verschlechterte sich. Unzufriedenheit nahm zu, ohne aber die Grenze zur Illoyalität zu überschreiten.

In den meisten Betrieben betrug die Arbeitszeit längst 60 Stunden pro Woche, als 1944 die 60-Stundenwoche auch offiziell eingeführt wurde. Im Bergbau, in dem die tägliche Arbeitszeit noch immer kürzer war als in anderen Wirtschaftsbranchen, wurden im April 1941 regelmäßige Pflichtschichten an Feiertagen und jeweils einem Sonntag im Monat eingeführt. Die Resonanz unter den Bergleuten blieb zunächst mager. Zu den ersten sechs Pflichtschichten erschienen nur 63 % der saarländischen Bergarbeiter. Erst durch die Gewährung eines 150prozentigen Zuschlags auf den Tariflohn sowie durch Sonderzuteilungen von Nahrung und Zigaretten näherte sich die Beteiligung der 100-Prozentmarke.[1] „Am 1. Mai 1941 haben die Saargruben gearbeitet. Als Beweis vorbildlicher Haltung verdient die Tatsache vermerkt zu werden, daß an diesem Tage 150 Bergarbeiter mehr als am Vortage angefahren sind“, meldete die zuständige Rüstungsinspektion.[2] Zur Durchsetzung der zusätzlichen Schichten schreckten die Grubenleitungen auch vor der Meldung Arbeitsunwilliger an die Gestapo und damit der Einweisung der Betroffenen in ein Arbeitserziehungslager nicht zurück.[3] Seit 1942 wurden zwei zusätzliche Sonntagsschichten, die sogenannten „Panzer-“ bzw. „Hermann-Göring-Schichten“ verfahren. War die Einführung der Sonntagsschichten 1938 noch auf kollektiven Protest der Arbeiterschaft getroffen, so regte sich nunmehr kein Widerstand. Sogar unbezahlte Sonntagsschichten zugunsten des Winterhilfswerks bzw. der in Stalingrad bedrohten 6. Armee ließen sich nun durchsetzen. An der „Wehr- und Waffenschicht“ am 14. Februar 1943 im Saarbergbau, zu der Bürckel aufgerufen hatte, beteiligten sich immerhin 98 % der saarländischen Bergarbeiter. Die Schicht brachte eine Leistungssteigerung von 2.000 Tonnen und übertraf damit noch das Fördererergebnis normaler Arbeitstage. „Der Arbeiter des Gaues Westmark setzt seine Siegeszuverzicht in Leistung um“, kommentierte die *NSZ-Westmark*, „er gibt das Äußerste an Arbeitskraft her, um dem Kameraden an der Front die Waffen in die Hand zu geben, deren er zur Erbringung des Sieges bedarf.“[4]

Da der „Endsieg“ nach dem Überfall auf die Sowjetunion schon bald in weite Ferne rückte, mußte immer mehr geschuftet werden. Hatte jeder Bergarbeiter an der Saar 1941 14,5 Sonderschichten zu verfahren, so waren es 1943 bereits 31 und damit doppelt so viele.[5] Zusätzlich zu den Sonn- und Feiertagsschichten wurden die Arbeiter zum Werkluftschutz außerhalb der regulären Arbeitszeiten herangezogen. Das Neunkircher Eisenwerk beispielsweise rief seine Arbeiter und Angestellten 1942 zur Luftschutzarbeit auf. Jeder Arbeiter der Frühschicht hatte danach dreimal in der Woche zu einer dreistündigen Luftschutzmaßnahme zu erscheinen. Für Angestellte wurde die Luftschutzarbeit auf Samstagnachmittag festgelegt.[6] Wer den Luftschutzeinsätzen fernblieb, hatte mit Geldstrafen durch polizeiliche Strafverfügungen zu rechnen. Darüber hinaus konnten wehrfähige Zivilisten zusätzlich zur normalen Tagesarbeit im Betrieb zur Heimatflak bzw. per Notdienstverordnung zu Aufräumungs- und Sicherungsarbeiten herangezogen werden.[7] Die Möglichkeiten, sich von den Belastungen der Arbeit zu erholen, wurden sukzessive eingeschränkt. Negative Folgen für die Arbeitsproduktivität blieben nicht aus.

„Arbeitsleistung und Arbeitswille lassen bei einzelnen Betrieben zu wünschen übrig. Der Grund hierfür ist weniger in einem Absinken der Moral der Arbeiterschaft zu suchen“, vermutete die Rüstungsinspektion, „als in der Überbeanspruchung, die nun schon über zwei Jahre dauert.“ Nach den Erfahrungen des Amtes liege die optimale Arbeitszeit bei höchstens zehn Stunden täglich. „Ernste Beachtung“ erfordere das teilweise zu beobachtende Absinken der Leistung des Rüstungsarbeiters.[8] Auch das Wirtschaftsrüstungsamt beim Oberkommando der Wehrmacht klagte seit 1941 über einen z. T. dramatischen Leistungsrückgang im Kohlenbergbau[9] und wurde darin von der Rüstungsinspektion des Wehrkreises XII bestätigt, die festgestellt hatte, daß das Fördersoll der Saargruben täglich um 1.000 Tonnen unterschritten werde.[10] Hatten die Untertagearbeiter im Saarbergbau 1941 mit einer Förderleistung von 1,64 Tonnen pro Schicht den Höhepunkt ihrer Arbeitsproduktivität erreicht, so fiel in den folgenden Kriegsjahren ihre Arbeitsleistung wieder zurück auf das Niveau der Vorkriegszeit. Selbst durch Arbeitszeitverlängerung, Akkordhetze und massive Disziplinierung ließ sich nicht mehr aus ihnen herausholen. 1941 war die Leistungsgrenze erreicht. Wenn trotz Stagnation bzw. Rückgang der individuellen Arbeitsproduktivität die Jahresförderung von 1941 bis 1943 noch einmal um 12 % zunahm und in diesem Jahr mit 16,57 Millionen Tonnen ihren Höchststand erreichte, so war dies sowohl Folge der Ausdehnung der jährlichen Fördertage als auch primär Resultat der Erhöhung der Belegschaftsstärken durch Fremdarbeiter und Kriegsgefangene. Zwischen 1941 und 1943 nahm die Zahl der Bergarbeiter um 17 % zu. 1943 arbeiteten schließlich 53.246 Beschäftigte auf den Saargruben. Fremdarbeiter und Überschichten trugen damit wesentlich zur Erhöhung der jährlichen Förderquoten bei.[11] Vergleichbare Prozesse liefen in den Hüttenwerken ab, wobei sich die Produktionsziffern infolge von Ausfallzeiten durch Bombenangriffe allerdings weniger kontinuierlich entwickelten. Die alliierten Fliegerangriffe des Jahres 1942 auf Saarbrücken, Völklingen und Neunkirchen ließen die Produktion von Roheisen und Rohstahl um durchschnittlich 5 % und die der Walzwerkserzeugnisse um etwa 10 % zurückgehen. Nur durch massiven Fremdarbeitereinsatz konnte die Eisen- und Stahlproduktion 1943 noch einmal gesteigert werden, ohne aber das Rekordniveau der Vorkriegszeit wieder zu erreichen.[12]

Die Auszehrung der Arbeitskräfte

Bereits im Oktober 1940 klagten die Betriebsführer über die hohen Dauerbelastungen in ihren Betrieben gegenüber der Rüstungsinspektion: „Infolge Übermüdung gehe die Produktion mengen- und gütemäßig zurück, die Unfall- und Krankmeldungen stiegen an. Bei von auswärts kommenden Arbeitern wirkten sich vielfach die Verkehrsverhältnisse ungünstig aus. 14 bis 16 Stunden Abwesenheit von zu Hause seien keine Seltenheit. Die Ankunft- und Abfahrtzeiten der Verkehrsmittel lägen häufig so, daß die Auswärtigen keine 60 Stunden arbeiten könnten. Die Altersklassenunterschiede und die anderweitige Regelung für weibliche Arbeitskräfte störe die gleichmäßige Arbeit im Gesamtbetrieb. Die durch Fliegeralarm verkürzte Nachtruhe wirke physisch zu sehr ein; Urlaubsmaßnahmen häuften sich infolgedessen."[13] Disziplinprobleme wie Unpünktlichkeit, Krankfeiern, Bummelantentum und Unlust zu Überstunden nähmen als Folge zu langer Arbeitszeiten und der häufigen Störung der Nachtruhe durch Feindflüge und Fliegeralarm zu.[14]

Insbesondere dienstverpflichtete auswärtige Arbeiter, Jugendliche und ungelernte weibliche Arbeitskräfte waren wiederholt Anlaß von Klagen über mangelnde Arbeitsdisziplin. Frauen verließen kurzerhand ihren Arbeitsplatz, um vor der Verdunklung zu Hause zu sein. Die Betriebsobmänner der Saargruben AG klagten über die Bergjungknappen, die es an notwendiger Disziplin fehlen ließen und bei jeder nur denkbaren Gelegenheit bummelten und damit den Übertagebetrieb „in starke Verdrückung" brächten.[15] Beschwerde führte auch die Halberger Hütte über die bei ihr beschäftigten dienstverpflichteten Arbeiter. „Was uns zugewiesen wurde, sind Leute, die niemals eine Gießerei gesehen oder überhaupt jemals in einem Hüttenbetrieb tätig waren... Große Schwierigkeiten entstehen durch die Disziplinlosigkeit vieler neu eingestellter Leute, von denen einige kurzerhand die Arbeit niedergelegt haben, andere wiederum längere Zeit ohne jegliche Entschuldigung fehlten."[16]

Die Krankmeldungen schnellten seit Kriegsbeginn in die Höhe. Gingen 1941 den Saargruben pro Arbeiter bereits 17,8 Schichten infolge von Krankheit verloren, so waren es 1943 sogar 26,2 Schichten.[17] „Die Gefolgschaften, infolge der Einberufungen der Jüngeren überaltert, werden für Krankheiten infolge der fett- und vitaminarmen Ernährung immer anfälliger", kommentierte die zuständige Rüstungsinspektion im November 1941 die Entwicklung.[18] Auch die Fehlzeiten durch unentschuldigtes Fernbleiben von der Arbeit nahmen noch einmal zu und erreichten 1943/44 ihre Rekordmarke. Wie schon vor dem Krieg hatten Krankmeldungen und Bummelei ihre Ursachen nicht in einem bewußten Protestverhalten, sondern waren allein Folge erhöhten Arbeitstempos, verlängerter Arbeitszeiten, einer verschlechterten Ernährungssituation und der fehlenden Möglichkeit physischer Regeneration.[19]

Die Zahl der tödlichen Unfälle im Saarbergbau stagnierte in der zweiten Kriegshälfte auf hohem Niveau. 1942 bzw. 1943 kamen 85 bzw. 88 Arbeiter im Saarbergbau ums Leben.[20] Nicht mitgerechnet in der Unfallstatistik waren die Fremdarbeiter und Kriegsgefangenen. Mit 1,64 tödlichen Unfällen auf 1.000 Beschäftigte blieb der Saarbergbau zwar wie bisher deutlich unter den Unfallziffern im Ruhrbergbau, das bewußte Negieren von Sicherheitsvorschriften jedoch ließ die Zahl der in den Gruben tödlich verletzten Arbeiter immer noch weit über der zur „Franzosenzeit" liegen. Da materielle Leistungsanreize, wie die Rüstungsinspektion feststellte, keinen Ansporn mehr zur Mehrarbeit böten, weil der Mehrverdienst nur in Sparkonten angelegt und nicht zur Beschaffung von Verbrauchsgütern verwendet werden könne[21], zudem mit verlängerten Arbeitszeiten keine individuelle Produktivitätssteigerung mehr zu erzielen war, sahen sich NS-Behörden und Betriebe zu dramatischen Leistungsappellen, zu restriktiven Maßnahmen der Verschärfung der Arbeitsdisziplin sowie zum extensiven Arbeitseinsatz neuer Arbeitskräfte veranlaßt. „Viel stärker als bis jetzt geschehen, muß der Rüstungsarbeiter als Soldat der Arbeit herausgestellt werden mit allen Vorteilen, aber auch allen Pflichten des Soldaten", forderte die Rüstungsinspektion daher.[22] Die Arbeit in den Gruben gleiche dem Kampf des Infanteristen im Felde, verkündete die Presse. „Die Bohrhämmer sind die Maschinengewehre. Die Schlepper hinter den Hauern gleichen dem Nachschub... Im Donnern, Dröhnen und Poltern ringt der Bergmann in der Tiefe um den gleichen Sieg wie der Soldat an der Front."[23]

Publizistisch, arbeitsorganisatorisch und polizeilich wurde Front gemacht gegen Arbeitsverweigerer und Bummelanten. Im April 1943 wies Bürckel alle Ortsgruppen-, Zellen- und Blockleiter an, „faulenzende Einzelgänger", insbesondere Frauen, den NSDAP-Kreisleitungen und den Arbeitsämtern zu melden.[24] Durch Anordnung vom 23. September 1944 machte der Generalbevollmächtigte für den Arbeitseinsatz die Betriebsführer persönlich für die Einhaltung der Arbeitsdisziplin in den Betrieben verantwortlich. Diese sollten den Fehlbestand an Arbeitern in ihren Betrieben laufend festhalten und die Gründe hierfür überprüfen. Die Saargruben AG kam dieser Pflicht durch die Einrichtung sogenannter „Beauftragter für Arbeitsdisziplin" nach, die Bummelanten, Arbeitsverweigerer und notorisch Kranke an Arbeitsämter und Gestapo meldeten.[25] Gemeinsam mit dem Reichsministerium für Rüstung und Kriegsproduktion schuf die DAF eine Fehlzeitkarte, die genauen

Aufschluß über die täglich versäumte Arbeitszeit eines jeden Gefolgschaftsmitgliedes und somit über die Differenz zwischen Soll- und Ist-Arbeitszeit geben sollte. Kontrollbesuche am Arbeitsplatz wurden eingeführt. Ein ganzes Bündel disziplinarischer Maßnahmen, angefangen von der Nacharbeit der „verbummelten Arbeitszeit" und ihre Anrechnung auf den Urlaub, dem Wegfall des Krankenzuschusses bis hin zur Entziehung zusätzlicher Nahrungsmittel und Geldleistungen wurde erdacht, um der „Arbeitsbummelanten" Herr zu werden.[26] In schweren Fällen mangelnder Arbeitsdisziplin schlug die Rüstungsinspektion die „Einziehung solcher Elemente zu Sonderabteilungen mit Arbeitszwang nach Aburteilung durch Sondergerichte im Schnellverfahren" vor.[27] Auch die seit 1940 zu Hilfspolizeibeamten aufgewerteten Werkschutzangehörigen[28] wurden in die betriebliche Verfolgung von Bummelanten eingeschaltet. Bei den Röchling-Werken entstand ein eigenes Schnellgericht, das sich ausschließlich mit Fällen von Arbeitsverweigerung beschäftigte und neben Geld- und Arbeitszeitstrafen auch die Einweisung in das firmeneigene Arbeitserziehungslager in Etzenhofen anordnen bzw. besonders schwere Fälle an die Gestapo melden konnte.[29] Arbeitern im Bergbau und in anderen Betrieben drohte demgegenüber das Arbeitserziehungslager in Hinzert. „Wer nicht mitmachte, wurde in das SS-Lager Hinzert verschleppt", schrieb ein Bergmann nach dem Krieg.[30] Alle diese Maßnahmen vermochten zwar ein weiteres Absinken der individuellen Arbeitsproduktivität zu verhindern, waren aber gleichwohl untauglich, um die Produktivität der Betriebe entscheidend zu erhöhen. Nur ein extensiver Arbeitseinsatz erschien den Rüstungsinspektionen und Betrieben noch in der Lage, die Leistungen nennenswert zu steigern.

Um das durch Einberufungen und Evakuierung zu Kriegsbeginn forcierte Arbeitskräftedefizit — allein auf den Saargruben waren 10 % der Belegschaft zur Wehrmacht eingezogen — wenigstens einigermaßen auszugleichen, appellierten NSDAP und Medien seit Kriegsbeginn an die Frauen, den Arbeitsplatz in der Küche gegen den in der Fabrik einzutauschen. Gauleiter Bürckel beschwor die Frauen, „daß es keine ehrenvollere Aufgabe gibt, als in den Betrieben zu stehen, in denen unseren Soldaten die Waffen geschmiedet werden".[31] Den Einsatz der Frauen im Wirtschaftsleben erklärte sein Parteiorgan zum Charakteristikum des modernen Krieges und forderte die weibliche Jugend zur freiwilligen Übernahme kriegswichtiger Arbeiten auf.[32] Doch die Appelle blieben weitgehend ungehört, so daß die zuständige Rüstungsinspektion mahnte, doch endlich die Dienstpflicht für Frauen einzuführen: „Verstärkter Fraueneinsatz, wenn erforderlich durch Arbeitszwang, so unbeliebt diese Maßnahme auch sein mag. Größer aber ist das Ärgernis, das noch zahlreiche müßiggehende Frauen in der Öffentlichkeit erregen."[33] Überlegungen dieser Art scheiterten immer wieder an der Einschätzung, daß eine solche Zwangsmaßnahme „eine allzu große Beunruhigung in die Bevölkerung hineintragen" würde und deshalb hiervon Abstand zu nehmen sei.[34] Nach Hitlers Meinung sollten die Frauen zu Hause in ihrer familiären Umgebung vielmehr für eine gute „Endzeitstimmung" sorgen, statt als Dienstverpflichtete den sozialen Frieden in den Betrieben zu stören. Während die Propaganda für die Frauenarbeit reichsweit ziemlich wirkungslos blieb und die Zahl der erwerbstätigen Frauen im gesamten Reichsgebiet nicht nennenswert vergrößerte, scheinen im Saarrevier vergleichsweise mehr Frauen als anderswo den Appellen nachgekommen zu sein und vakante Arbeitsplätze selbst in der Schwerindustrie besetzt zu haben.[35]

Da der saarländische Arbeitsmarkt angespannt blieb, sich längst nicht so viele Frauen wie gewünscht rekrutieren ließen und evakuierte Arbeiter noch immer von den Arbeitsämtern ihrer „Bergungsgebiete" festgehalten wurden, verstärkten sich in der Industrie und bei der zuständigen Rüstungsinspektion die Forderungen nach dem Einsatz ausländischer Arbeitskräfte. „Die Arbeitseinsatzlage kann nur noch durch den Einsatz von Frauen, Ausländern und Kriegsgefangenen gebessert werden", hieß es im Oktober 1941.[36] Arbeitskräfteknappheit und das Scheitern der „Blitzkriegs"-Strategie drohten das Konzept der „friedensähnlichen Kriegswirtschaft" zum Scheitern zu bringen. Da der größte Teil der Wehrmacht im Osten gebunden war und dies den notwendigen Arbeitseinsatz von demobilisierten Soldaten verhinderte, ließ sich der Handlungsspielraum der deutschen Wirtschaft nur mehr durch den Arbeitseinsatz von immer mehr ausländischen Zivilarbeitern und Kriegsgefangenen erweitern. Im Laufe des Jahres 1942 verdoppelte sich ihre Zahl im Saarland auf 30.000. Ein Jahr später waren es schon 65.000 ausländische Arbeitskräfte, die an der Saar beschäftigt waren, und im Sommer 1944 schließlich mehr als 70.000, unter ihnen 47.500 Zivilarbeiter. Zu 46 % setzte sich die Gruppe der Fremdarbeiter aus Russen, zu 26,6 % aus Franzosen, zu 9 % aus Belgiern und zu 7,7 % aus Polen zusammen. Das zahlenmäßig größte Kontingent arbeitete auf den sieben saarländischen Eisen- und Hüttenwerken, wo die ausländischen Arbeiter im Februar 1944 immerhin 35 % der Gesamtbelegschaft ausmachten. 15.000 Fremdarbeiter und Kriegsgefangene waren auf den Saargruben angelegt. Das entsprach im August 1944 einem Beschäftigtenanteil von 38,7 %. Der Rest verteilte sich auf die Stadt- und Gemeindeverwaltungen, auf die Landwirtschaft und auf Baukolonnen am Westwall.[37] Vermutlich war im letzten Kriegsjahr jeder vierte Beschäftigte im Saarland ein Fremdarbeiter oder Kriegsgefangener.

Schuften für den Feind: Die Arbeits- und Lebensbedingungen der Fremdarbeiter

Nur dem Einsatz dieser Zehntausende von Fremdarbeitern und Kriegsgefangenen war es zu verdanken, daß die saarländische Wirtschaft bis in das letzte Kriegsjahr weitestgehend leistungsfähig und damit auch das Lohn- und Einkommensniveau der deutschen Arbeiterschaft einigermaßen stabil blieb. Mit dem Fremdarbeitereinsatz wurden die angelegten Prozesse der Segmentierung und Hierarchisierung der Belegschaften drastisch forciert. Die deutschen Arbeiter rückten in der Betriebshierarchie automatisch auf. „Für sie präsentierte sich der Rassismus damit ‚als Form einer kollektiven sozialen Mobilität', die die mutmaßliche Arbeitsteilung nach dem ‚Endsieg' vorwegnahm und die deutschen Bergarbeiter nolens volens in die Herrschaftspyramide einband."[38] Aus dem zunächst beargwöhnten Proletariat war mit Kriegsbeginn ein Heer von Hoheitsträgern mit quasi hilfspolizeilichen Funktionen geworden. Aber auch die ausländischen Arbeitskräfte wurden in unterschiedliche Gruppen aufgespalten, hierarchisiert und gegeneinander ausgespielt. Nicht

Tabelle 13:
Männer-, Frauen- und Ausländerbeschäftigung 1942—1945 nach der Arbeitsbuchstatistik im Arbeitsamts-Bezirk Neunkirchen

Monat/Jahr	Deutsche Arbeiter und Angestellte				Ausländer einschließlich „Ostarbeiter"*			
	Männer		Frauen		Männer		Frauen	
	absolut	%	absolut	%	absolut	%	absolut	%
Aug. 1942	34.803	72,7	12.657	26,4	377	0,8	47	0,1
Mai 1943	33.334	62,9	15.193	28,7	3.327	6,3	1.104.	2,1
Aug. 1943	34.229	60,9	16.424	29,2	4.526	8,05	1.065	1,9
Nov. 1943	33.103	60,1	16.370	29,7	4.543	8,25	1.075	1,95
Mai 1944	31.916	57,5	17.344	31,3	4.938	8,9	1.287	2,3
Aug. 1944	31.106	57,6	16.690	30,9	4.911	9,1	1.326	2,45
Nov. 1944	28.841	55,7	16.924	32,7	4.659	9,0	1.316	2,5
Feb. 1945	28.267	55,9	16.449	32,5	4.622	9,1	1.268	2,5

* Am 15. Mai 1944 waren 36,7 % aller ausländischen Arbeitskräfte im Bergbau, 26,9 % in der Eisen- und Metallgewinnung und 9,5 % im Baugewerbe beschäftigt.

Quellen: LAS, Statistisches Amt des Saarlandes 110.

Tabelle 14:
Die nationale Zusammensetzung der Belegschaft der Saargruben AG 1940–1944

Jahr	Gesamtbelegschaft (Jahresschnitt)	deutsche Stammbelegschaft	lagermäßig untergebrachte Ausländer: freie Ausländer	lagermäßig untergebrachte Ausländer: Kriegsgefangene und Russen	lagermäßig untergebrachte Ausländer: Polen und Ukrainer	Ausländeranteil in %
1940	47.042	47.042	—	—	—	—
1941	46.270	45.250	750	—	—	1,62
1942	50.028	44.313	863	4.852	—	11,42
1943	54.246	39.879	318	12.599	1.450	26,48
1944[1]	53.148	38.311	273	13.277	1.337	27,92
1944[2]	32.918	22.918	3.343	5.817	840	30,38

1 August 1944

2 Dezember 1944

Quelle: Archiv der Saarbergwerke AG., Ringbuch 1943, 1944.

Tabelle 15:
Die nationale Zusammensetzung der Belegschaften in der Saarländischen Eisen- und Stahlindustrie* 1942–1944

Datum	Gesamtbelegschaft	deutsche Stammbelegschaft	lagermäßig untergebrachte Ausländer: Fremdarbeiter absolut	Fremdarbeiter in %	Kriegsgefangene absolut	Kriegsgefangene in %	Ausländeranteil in %
31. 12. 1942	41.918	28.123	11.474	27,4	2.321	5,5	32,9
01. 03. 1943	42.689	27.888	12.556	29,4	2.245	5,3	34,7
29. 02. 1944	49.941	32.466	13.442	26,9	4.033	8,1	35,0

* Werke: Burbach, Dillingen, Halberg, Neunkirchen, Völkingen, Boos, St. Ingbert

Quellen: ARBED Luxemburg 7347: BAK, R 10 III/51 u. 72.

einmal ihre Arbeits- und Lebensbedingungen waren einigermaßen einheitlich. Ihre Differenzierung orientierte sich an Kriterien der nationalen Herkunft (Franzosen vs. Polen; Polen vs. Russen), des Status (Zivilarbeiter vs. Kriegsgefangene), des Geschlechts sowie des Alters. Eine wesentliche Rolle bei der Differenzierung der ausländischen Arbeitskräfte spielte schließlich auch der Bereich, in dem sie zum Einsatz kamen, ob sie beispielsweise in der Grube, auf der Hütte oder in der Landwirtschaft arbeiteten.[39]

Die Ungleichbehandlung manifestierte sich zunächst im Arbeitsleben. Hinsichtlich der Arbeitsinhalte bzw. Arbeitsbereiche lassen sich unterschiedliche Schwerpunkte für die verschiedenen Kategorien von Fremdarbeitern festmachen, obwohl alle Betriebsteile von Einberufungen und Umsetzungen deutscher Beschäftigter betroffen waren. Kriegsgefangene, die in der saarländischen Eisen- und Stahlindustrie mit etwa 4 % der Beschäftigten nur eine untergeordnete Rolle spielten, waren u. a. am Hochofen, im Stahlwerk und in den Hüttenbetrieben eingesetzt, d. h. im wesentlichen dort, wo die Arbeitsbelastung, die Arbeitsintensität und die gesundheitliche Beanspruchung am größten waren. Ähnliches galt für die Ostarbeiter und Ostarbeiterinnen, welche überwiegend am Hochofen und im Walzwerk, aber auch in den Nebenbetrieben und in der Weiterverarbeitung beschäftigt wurden. Etwas anders sah das Bild bei den sonstigen Zivilarbeitern aus: Sie kamen überwiegend in den Nebenbetrieben und in der Instandhaltung und weniger in der Kokerei zum Einsatz.[40]

Im Saarbergbau unterstützt eine Aufschlüsselung der ausländischen Belegschaft in die Kategorien Facharbeiter, angelernte Arbeiter und Hilfsarbeiter die These der nationalen Segmentierung. Russische Kriegsgefangene, die die größte ausländische Personengruppe stellten, waren danach sowohl unter Tage als auch über Tage vor allem als Hilfsarbeiter eingesetzt. Dagegen befanden sich unter den Ostarbeitern über 20 % angelernte Arbeiter. Von den sonstigen Zivilarbeitern wurden immerhin über 6 % als gelernte Facharbeiter und über 20 % als angelernte Arbeiter beschäftigt.[41] Aufgrund von Schilderungen deutscher und ausländischer Arbeiter kann zudem davon ausgegangen werden, daß die Fremdarbeiter gewöhnlich solche Arbeiten verrichten mußten, die mit hohen Sicherheits-, Unfall- und Gesundheitsrisiken verbunden waren.

Bei der Arbeitszeit machten sich Unterschiede zwischen den deutschen Beschäftigten und den ausländischen Arbeitskräften bzw. zwischen den Fremdarbeitern untereinander weniger in der offiziell zu verrichtenden Arbeitszeit als in der tatsächlichen Arbeitszeit bemerkbar. Ausländische Arbeitskräfte mußten im Saarbergbau regelmäßig schon eine halbe Stunde vor Schichtbeginn unter Tage fahren, um Arbeitsvorbereitungen zu treffen. Ihre Arbeitszeit wurde künstlich auf zwölf und mehr Stunden verlängert, wenn nach Ansicht der Bergbeamten die Leistung nicht ausreichte. „Anstatt die Leute nach getaner Arbeit ausruhen zu lassen“, so ein Bergmann später, „ließ man sie zu Appellen antreten oder oft stundenlang bei jedem Wetter auf dem Lagerplatz stehen oder unter Aufsicht von Soldaten noch schwer arbeiten.“[42] Insbesondere die sowjetischen Arbeiter hatten solange unter Tage zu bleiben, bis die ihnen zugeteilte Arbeit, z. B. das Abhauen eines bestimmten Kohlenfeldes, verrichtet war.[43]

Die Hierarchisierung der Fremdarbeiter nach rassistischen Kritieren setzte sich bei der Entlohnung fort. Lohnpolitisch standen die ausländischen Arbeitskräfte unter Sonderrecht. Ostarbeiter und polnische Zivilarbeiter beispielsweise wurden mit einer Sondersteuer belegt, so daß von dem ursprünglich gewährten Arbeitsentgelt in der Regel nur noch 10 bis 17 RM pro Woche übrig blieben. Hiervon wurden nochmals die angeblichen Kosten für Verpflegung und Unterkunft, die mit 1,50 RM pro Woche veranschlagt waren, abgezogen. Den Ostarbeitern wurde letztlich überhaupt nichts mehr oder allenfalls ein spezielles Lagergeld ausbezahlt. Demgegenüber orientierte sich der Lohn der französischen Zivilarbeiter an den Löhnen der deutschen Beschäftigten.[44] Bei den Kriegsgefangenen wiederum variierte der Tageslohn von 0,70 RM für französische Kriegsgefangene über 0,50 RM für polnische bis 0,20 RM für sowjetische Kriegsgefangene. Ostarbeiter und sowjetische Kriegsgefangene waren offiziell auch bis in den März 1944 von Zuschlägen für Mehrarbeit sowie Nacht- und Sonntagsarbeit ausgeklammert.[45]

Wie bereits bei der Lohnregelung und den Arbeitszeiten wurde auch im Verhältnis der deutschen zu den ausländischen Beschäftigten nach rassistischen Kriterien differenziert. Anweisungen der Behörden forderten, die Kriegsgefangenen „streng, aber korrekt zu behandeln", sie nicht in die häusliche oder dörfliche Gemeinschaft zu integrieren. Besonders die deutsche Frau müsse sich bewußt sein, daß sie in keinerlei Beziehungen zu den Kriegsgefangenen treten dürfe, da sie sonst ihr höchstes Gut, ihre Ehre, verlöre.[46] Ganz unten in der Hierarchie der ausländischen Arbeitskräfte standen die seit Frühjahr 1943 verstärkt im Saarbergbau eingesetzten russischen Kriegsgefangenen. Plakate und Zeitungen warnten ausdrücklich vor diesen „Untermenschen" und „Barbaren", mit denen es keine Gemeinsamkeit gebe. Die Gestapo appellierte an den „deutschen Arbeiter", den sowjetischen Arbeitskräften gegenüber „immer den Vorgesetzten herauszustellen". „Eine Arbeitskameradschaft mit diesen Menschen gibt es nicht." „Falsches Mitleid" sei fehl am Platze. Von den deutschen Arbeitern erwarte man, „daß Ihr Euch den Sowjetrussen gegenüber jederzeit für den besseren Menschen haltet und Euren Stolz darein setzt, den notwendigen Abstand zu ihnen zu halten".[47]

Es überrascht nicht, daß im Betriebsalltag besonders die sowjetischen Arbeitskräfte und die italienischen Militärinternierten das Ziel von Übergriffen, Schikanen und Mißhandlungen deutscher Arbeiter waren. Rassistische Vorurteile und die durch die Belastungen des Krieges und der Arbeit aufgestauten Aggressionen wurden an ihnen ausgelebt. Vorgesetzte nutzten ihre Position, um unliebsame ausländische Arbeiter zu traktieren und zu verprügeln.[48] Aber auch einfache Arbeiter beteiligten sich vielfach an Gewaltakten gegen Fremdarbeiter und Kriegsgefangene in den Betrieben.[49] In gewisser Weise demgegenüber privilegiert waren die ausländischen Beschäftigten in der Landwirtschaft, die in der Regel unabhängig von ihrer nationalen Herkunft in den Familienverband integriert wurden und faktisch den Status von Mägden und Knechten übernahmen.

Die negativen Arbeitsbedingungen besonders in der Montanindustrie, die unzureichende Ernährung der ausländischen Arbeiter sowie das Fehlen materieller Leistungsanreize schlugen sich in einer geringen Arbeitsproduktivität der Betroffenen nieder. Ostarbeiter und sowjetische Kriegsgefangene konnten häufig nicht annähernd die Arbeitsleistung der deutschen Beschäftigten erreichen. Der Rückgang der individuellen Schichtleistung im Saarbergbau seit 1941 hing nicht zuletzt auch mit der Neuzusammensetzung der Arbeiterschaft und dem zunehmenden Einsatz berufsfremd eingesetzter Arbeitskräfte in den Gruben zusammen.[50] Dort, wo den Ostarbeitern jedoch menschenwürdige Arbeits- und Lebensbedingungen zugestanden wurden, waren sie durchaus in der Lage, vergleichbare Arbeitsleistungen wie die deutschen Arbeitskräfte zu erbringen.[51] Mit Zuckerbrot und Peitsche versuchten Behörden und Betriebe, die Produktivität der ausländischen Arbeiter zu steigern. Von der Verbesserung der Löhne und Arbeitsbedingungen der Ostarbeiter, der Überführung der italienischen Militärinternierten in zivile Arbeitsverhältnisse und Bestrebungen, „für die fremdvölkischen Arbeitskräfte eine kaufkraftbeständige Lohnüberweisung sicherzustellen“, erhoffte man sich, die Arbeitsproduktivität allgemein zu erhöhen.[52] Zugleich drohten drakonische Strafen. „Jeder zur Arbeit verpflichtete und arbeitsfähige Kriegsgefangene hat seine Arbeitskraft voll einzusetzen“, mahnte der Chef des Kriegsgefangenenwesens beim Oberkommando der Wehrmacht. „Bei Zuwiderhandlungen ist gegen ihn mit aller Schärfe vorzugehen.“[53] Dies konnte die Abkommandierung in besondere Arbeitskommandos „für Hetzer“ bedeuten, die unter schwersten Bedingungen in Steinbrüchen arbeiteten, oder aber auch die Einweisung in ein Arbeitserziehungslager, ein KZ oder das nahe Lager Neue Bremm in Saarbrücken.[54] Eine zentrale Funktion bei der Disziplinierung der Fremdarbeiter in den Betrieben nahm seit 1941 der Werkschutz wahr.

Hohe Unfallzahlen und Todesfälle insbesondere bei den sowjetischen Kriegsgefangenen waren Auswirkungen der z. T. katastrophalen Arbeitsbedingungen der ausländischen Arbeitskräfte. Unfälle wie der folgende waren keine Seltenheit: „Am 16. Januar 1944 verunglückte ein russischer Kriegsgefangener im Stapel 4 M der Grube König durch Absturz. Der Verunglückte hatte ein unrichtiges Signal gegeben und stand gerade mit einem Bein auf dem Förderkorb, als dieser nach aufwärts in Bewegung gesetzt wurde. Er wurde durch den Korb herausgeschleudert und stürzte in den Sumpf.“[55] In den offiziellen Unfallstatistiken wurden solche Todesfälle russischer Kriegsgefangener erst gar nicht mitgerechnet.[56] Daß es vor allem die nur ungenügend angelernten ausländischen Arbeitskräfte waren, die Opfer von Unfällen wurden, zeigte sich daran, daß 1943 die Zahl der tödlichen Unfälle unter und über Tage auf je 1.000 Mann bei Einberechnung der Ostarbeiter mit 1,63 wesentlich höher lag als ohne sie (1,20).[57]

Die systematische Auszehrung der ausländischen Arbeitskräfte resultierte nicht zuletzt aus den ungenügenden Reproduktionsbedingungen. Die Unterbringung in Privatquartieren, die vorrangig westlichen Zivilarbeitern gestattet wurde, war eher die Ausnahme, da sie aus der Sicht der DAF die Kontrollmöglichkeiten erschwerte und besonders geeignet war, etwa schon vorhandene Arbeitsunwilligkeit zu begünstigen. Die DAF-Kreisverwaltung Saarbrücken 2 bat die Betriebsführer daher dringend, die ausländischen Arbeiter nach Möglichkeit in Gemeinschaftslagern unterzubringen, „wo sie auch während ihrer Freizeit unter einer gewissen Kontrolle stehen“.[58] Das Gros der Fremdarbeiter lebte daher in den etwa 370 Lagern des Saarlandes, die — wenn es sich um Kriegsgefangenenlager handelte — zusätzlich mit Stacheldraht umzäunt waren.

Zuständig für die Kriegsgefangenen der Westmark war das Stammlager 18 im lothringischen Forbach, das die offizielle Bezeichnung Stalag XII F trug und wiederum über ein Zweiglager in Johannes-Bannberg Bolchen verfügte. Das im Juni 1941 erstmals erwähnte Stalag XII F verfügte bereits im Sommer 1941 über 34.939 Gefangene, von denen 23.390 Franzosen, 4.814 Serben, 3.141 Russen, 3.012 Polen und 382 Belgier waren. 90 % aller Forbacher Häftlinge waren Arbeitskommandos zugeteilt. Vor der Evakuierung des Lagers im Oktober 1944 zählte das Lager 78.507 Gefangene — darunter etwa 30.000 Russen —, für deren medizinische Betreuung das Reservelazarett für Kriegsgefangene im saarländischen Homburg zuständig war. Die in weit mehr als 1.000 Arbeitskommandos organisierten arbeitsfähigen Kriegsgefangenen des Stalag XII F arbeiteten im gesamten Bereich des Gaues Westmark und wurden, um nicht täglich lange An- und Abfahrtswege absolvieren zu müssen, in zahlreichen Kriegsgefangenen-Außenlagern in der gesamten Saargegend untergebracht.[59]

Über die Verhältnisse in den Lagern hieß es nach dem Kriege: „Der Wächterapparat und die Wachsoldaten im Lager übten ihre Wut und ihren Sadismus an den wehrlosen Gefangenen aus. ... Die Lagerverhältnisse waren menschenunwürdig. Zusammengepfercht in primitiven Baracken, von Ungeziefer geplagt, ohne das nötigste Heizmaterial, vegetierten die Armen. ... Die Ernährung wurde in den letzten Wochen vor dem Zusammenbruch so schlecht, daß die Gefangenen wie lebende Leichname aussahen und im Lager Dudweiler der Hungertyphus ausbrach."[60] Die hygienischen Verhältnisse in den Lagern waren katastrophal und verschlimmerten den ohnehin labilen Gesundheitszustand der Fremdarbeiter, die nach mehrwöchigen Transportstrapazen bereits in ausgehungertem Zustand in den Lagern eintrafen. Etwa 30 % aller russsischen Kriegsgefangenen des Wehrkreises XII mußten daher von Anbeginn an als krank geführt werden. Generell wurde nicht damit gerechnet, daß sie in absehbarer Zeit wieder arbeitsfähig sein würden.[61] Infektionskrankheiten und Epidemien fanden unter den gesundheitlich geschwächten Arbeitern der Lager ihre Opfer. Obwohl etwa im Lager Ost I in Völklingen vier Baracken zur Unterbringung von Tuberkuloseerkrankten eingerichtet wurden, reichten diese schon nach kurzer Zeit nicht mehr aus, um alle Kranken versorgen zu können.[62]

Die unterschiedliche Behandlung und rassische Diskriminierung der Fremdarbeiter setzte sich bei der Verpflegung fort. Am deutlichsten war das Gefälle zwischen den nichtsowjetischen Zivilarbeitern und den sowjetischen Kriegsgefangenen, die nicht nur in quantitativer Hinsicht benachteiligt, sondern von der Verpflegung mit verschiedenen Grundnahrungsmitteln wie Butter, Öl und Käse völlig ausgeschlossen waren. Vielfach wurden den Arbeitskräften aus der Sowjetunion selbst noch die auf dem Papier zugestandenen Mindestrationen verweigert, die über das Küchenpersonal oder die Lagerleiter auf den Schwarzmarkt gelangten. Beschaffungskriminalität, Tauschhandel und zusätzliche Mehrarbeit an Wochenenden waren oft die einzige Möglichkeit, die Verpflegung aufzubessern.

Lediglich die Arbeit in der Landwirtschaft und das Leben auf dem Dorfe setzten sich positiv von den Arbeits- und Lebensbedingungen der Fremdarbeiter in den städtischen Industriezentren ab. „Gute Bauern haben den Leuten auch Kleider gegeben", erinnerte sich ein polnischer Zivilarbeiter später, der in einem saarländischen Dorf während des Krieges gearbeitet hatte. „Wir haben auch Kleider bekommen, auch Arznei und Verpflegung. Die haben das wie ein Geheimnis gemacht." Am Sonntag sei man, obwohl dies offiziell untersagt war, mit den Dorfbewohnern gemeinsam in die Kirche gegangen.[63] Inwieweit solche Berichte retrospektive Idealisierungen des Fremdarbeiteralltags aus der Perspektive von heute oder aber realistische Wiedergaben damaliger Wirklichkeit sind, muß dahingestellt bleiben. Eines jedoch kann als sicher gelten: Die sowohl nach rassistischen, aber auch nach sektoralen Kriterien orientierte Differenzierung der Fremdarbeiterschaft läßt es nicht gerechtfertigt erscheinen, von einheitlichen Arbeits- und Lebensbedingungen zu sprechen. Dies könnte eine Ursache dafür sein, daß die Fremdarbeiter auf die Belastungen und Zumutungen ihres Alltags durchaus unterschiedlich reagierten, sich die einen mit den Verhältnissen in Deutschland arrangierten und friedlich ihrer Arbeit für den Feind nachgingen, sich andere auf verschiedenste Weise individuell entzogen oder sich gar kollektiv in Widerstandsgruppen organisierten und zur bewaffneten Auseinandersetzung bereit waren.

Die Loyalität der vollen Lohntüte und des gesättigten Magens

Nicht nur die neue rassistische Hierarchie in Deutschland und der vermeintliche soziale Aufstieg der deutschen Arbeiterschaft während des Krieges, die sich nicht mehr länger am Ende der Gesellschaftspyramide wähnte, wirkten konsensbildend, wichtiger noch waren die loyalitätsbildenden Kräfte der vollen Lohntüte und des gesättigten Magens, oder wie es im Lagebericht des Brebacher Bürgermeisters treffend hieß: „In solch ernsten Zeiten zeigt sich immer wieder, wie sehr die Liebe durch den Magen geht und die Volksstimmung vom körperlichen Wohlbehagen abhängig ist."[64]

Während in den beiden ersten Kriegsjahren infolge verlängerter Arbeitszeiten die durchschnittlichen Bruttowochenverdienste der deutschen Beschäftigten noch einmal kräftig anzogen — das Gesamteinkommen des saarländischen Bergmanns beispielsweise erhöhte sich 1940 gegenüber dem Vorjahr um 6 % —, stagnierten die Einkommen in den folgenden Jahren auf einem allerdings hohen Niveau. Der durch die Kriegswirtschaftsverordnung von 1939 zunächst verhängte Lohnstopp und das Verbot der Auszahlung von Zuschlägen für Mehrarbeit hatten sich nicht durchsetzen lassen und waren schon bald wieder einer flexiblen Lohnpolitik gewichen.

Der Prozeß der Differenzierung der Löhne verstärkte sich. So stiegen die Löhne von qualifizierten Arbeitern deutlich stärker an als die von un- und angelernten Arbeitern, die teilweise sogar einen Rückgang ihrer effektiven Stundenlöhne hinnehmen mußten, gleichwohl aber noch immer weit mehr als die ausländischen Arbeiter verdienten. Besonders in den hochtechnisierten Einheiten der Wehrmacht konnten qualifizierte Arbeitskräfte aus dem Metallbereich Spitzenlöhne erzielen. In der zweiten Kriegshälfte und hier insbesondere nach dem Fall von Stalingrad stagnierten die Nominallöhne. Zwischen 1941 und 1944 beispielsweise nahmen die Leistungslöhne der unter Tage beschäftigten saarländischen Bergarbeiter pro Schicht insgesamt nur mehr um 1,5 % zu.[65] Bei bestimmten Beschäftigtengruppen gar fielen die wöchentlichen Nominallöhne. Preissteigerungen als Folge von Warenverknappungen reduzierten in den letzten Kriegsjahren die Reallöhne weiter, die im März 1944 wieder das Niveau des Jahres 1938 erreichten. Gleichwohl war der Lohn- und Einkommensverfall nicht mit dem des Ersten Weltkrieges vergleichbar. Lohnpolitisch hatten die braunen Machthaber keinen November 1918 zu befürchten. Den meisten Beschäftigten ging es finanziell auch während des Krieges nicht schlecht, auch wenn sie für ihr Geld nicht mehr jede gewünschte Ware bekamen. Anlaß zur Besorgnis gaben den Sicherheitsbehörden daher auch nicht Löhne und Einkommen, sondern die sich in der zweiten Kriegshälfte merklich verschlechternde Versorgungslage.

Wichtiger als die Höhe der Löhne war die an Bezugsscheine und Lebensmittelkarten gekoppelte Garantie der Mindestversorgung im Rahmen der Bewirtschaftung der Konsumgüter. Aus dem Ersten Weltkrieg hatten die Nationalsozialisten gelernt, daß die Versorgung der Bevölkerung ein wesentlicher Faktor war, der die Stimmung und Moral beeinflußte. Mit Hilfe eines Rationierungs- und Bezugssystems für Lebensmittel und andere Güter des täglichen Bedarfs sollten die Grundbedürfnisse befriedigt und Versorgungsengpässe vermieden werden. Die administrativ festgelegten Versorgungssätze unterschritten zwar bisherige Standards, doch konnte dies durch Veränderungen in den Verbrauchergewohnheiten und durch den Einsatz von Ersatzstoffen einigermaßen ausgeglichen werden. Das Novembertrauma saß tief.[66]

Bereits unmittelbar zu Kriegsbeginn zogen die Behörden Lebensmittelkarten sowie Bezugsscheine für rationierte Waren aus den Schubläden. Später kamen Kontrollkarten für Genußmittel hinzu. Während der Phase des „Blitzkrieges" tauchten Klagen über Versorgungsprobleme nur selten auf. Eher eine Ausnahme war es, als im Sommer 1941 im Saarland die Kartoffeln knapp wurden und eine flächendeckende Versorgung im Winter 1941/42 ernsthaft gefährdeten. „Die Bevölkerung ist beunruhigt und in großer Sorge wegen der Schwierigkeiten, die bei der Belieferung mit Kartoffeln aufgetreten sind", meldete der Saarbrücker Oberbürgermeister.[67] Durch Appelle an die Sparsamkeit und Disziplin der Verbraucher, durch Altkleider-, Spinnstoff- und Schuhsammlungen sowie durch die Einrichtung von Tauschzentralen konnten weiterreichende Versorgungsengpässe zunächst vermieden werden. Das NS-Frauenwerk richtete Nähstuben ein, in denen alte Kleider und Mäntel aufgearbeitet wurden. Die HJ beteiligte sich an den Sammlungen von wichtigen Rohstoffen. Gleichwohl gab es bereits 1941 Hinweise auf Schwarzhandel und Hamsterkäufe.[68] Für Bier, Tabak, Brannt- und Schaumwein wurden Kriegszuschläge erhoben. Winterkleidung gab es seit 1942 nur mehr, wenn ein Bedarf nachgewiesen werden konnte. Privilegierte innerhalb der entstandenen Mangelgesellschaft waren die Arbeiter in Schwerindustrie und Landwirtschaft, die Lebensmittelzulagen und Sonderzuteilungen enthielten, um ihre Arbeit überhaupt verrichten zu können. Werkskantinen im Saarbergbau und bei den Hütten wurden bevorzugt mit Fleischwaren beliefert. Die Segmentierung der Arbeiterschaft setzte sich auf der Ebene der Versorgung fort.

Das Jahr 1942 wurde an der Saar wie anderswo das erste Krisenjahr des Krieges. Die ersten Versorgungslücken tauchten auf. Erstmals wurde die Zivilbevölkerung von schweren Luftangriffen getroffen. Die Arbeitskräfte in der Industrie erreichten die Grenzen ihrer Belastbarkeit. Arbeitsunlust, Krankenstand und Unfallzahlen stiegen auf Rekordhöhe. Zum ersten Mal seit Kriegsbeginn mußte im April eine spürbare Kürzung der Lebensmittelrationen verordnet werden. Die Wochenrationen pro Kopf der Bevölkerung sanken bei Brot von 2.250 auf 2.000 Gramm, bei Fleisch von 400 auf 300 Gramm und bei Fett von 269 auf 206 Gramm.[69] Die geheimen Lageberichte des SD registrierten einen deutlichen Stimmungswandel innerhalb der Bevölkerung. Die Herabsetzung der Lebensmittelkartenzuteilungen habe insbesondere „in Arbeiterkreisen zu einer nicht unbeträchtlichen Beunruhigung geführt... Die Stimmung in diesen Bevölkerungskreisen sei auf einen im Verlauf des Krieges bisher noch nicht festgestellten Tiefpunkt angelangt."[70] Ähnliche Beobachtungen machte das Ernährungs- und Wirtschaftsamt der Stadt Saarbrücken, das meldete: „Die Stimmung der Bevölkerung neigt zur kritischen Auseinandersetzung mit den Maßnahmen, Anordnungen und Verfügungen der Behörden auf dem Gebiete der Ernährung und Wirtschaft."[71] In Brebach gar wurde wegen des Mangels an Nahrungsmitteln und Bekleidungsgegenständen mit Arbeitsniederlegungen gedroht.[72] Die Kürzung der Lebensmittelrationen zwang zur Substitution höherwertiger durch einfachere Produkte und zur grundsätzlichen Umstellung der Eßgewohnheiten. Doch bereits die neue Ernte und die forcierte Ausbeutung der besetzten Gebiete, vor allem in der Sowjetunion, erlaubten bereits im Herbst 1942 und im folgenden Jahr wieder eine schrittweise Erhöhung der Rationen für Fleisch und Brot und damit eine Besserung der allgemeinen Stimmung. Am eigenen Leibe wurde so die Erfahrung gemacht, daß nur die rücksichtslose Besatzungspolitik, die besiegte Völker notfalls dem Hunger preisgab, das eigene Überleben sicherte.

Parallel zu den ersten Versorgungsproblemen hinterließ der Bombenkrieg seine ersten Spuren an der Saar. In der Nacht vom 29. zum 30. Juli 1942 erlebte Saarbrücken seinen ersten schweren Luftangriff. 15.000 Stabbrandbomben, 1.000 Phosphorbomben, 424 Spreng- und 21 Minenbomben fielen nach den Ermittlungen des Saarbrücker Polizeipräsidenten auf die Saarmetropole und richteten einen Gesamtschaden von 87,3 Millionen Reichsmark an. 175 Menschen starben, 112 wurden schwer verletzt. Das einst als „Burg im Westen" gefeierte Gautheater Saarpfalz fiel in Trümmer. 381 Häuser wurden total zerstört, 330 erlitten schwere bauliche Schäden. 2.000 Familien wurden über Nacht obdachlos.[73] Noch funktionierten Behörden und Parteidienststellen, leisteten Hilfe und organisierten die Entschädigung der Betroffenen und die Aufräumarbeiten in der Stadt, so daß man bald wieder zur Tagesordnung überging. „Die Stimmung der Bevölkerung ist ernst", meldete der Saarbrücker Oberbürgermeister jetzt, sei aber nach wie vor „von unerschütterlichem Vertrauen auf eine siegreiche Beendigung des Kriegs getragen".[74]

Der Winter 1943/44 brachte den zweiten Höhepunkt der Versorgungskrise. Lebensmittelknappheit und Versorgungsengpässe wurden nun zum alltäglichen Dauerproblem. Erneut wurden die Lebensmittelrationen gekürzt. Kartoffeln und Steckrüben waren legal kaum mehr auf dem Markt zu bekommen. Auch Fette wurden knapp. Geschäftsleute durften in ihren Schaufenstern nicht mehr für kontingentierte Waren werben. Gesundheitliche Folgen der einseitigen Mangelernährung blieben nicht aus. Der allgemeine Fettmangel beschleunigte den Leistungs-

und Kräfteverfall.[75] Die Stimmung wurde schlechter. Es bestehe ein „gewisses Mißtrauen“, hieß es jetzt im Lagebericht des Saarbrücker Stadtoberhauptes.[76]

Gleichwohl konnte die NS-Führung die materielle Versorgung der Bevölkerung im Unterschied zum Ersten Weltkrieg und zur Situation in den okkupierten Ländern bis ins Jahr 1944 hinein auf einem erstaunlich hohen Niveau stabil und die Inflationsrate gering halten. Die Kontrollmaßnahmen im System der Rationierung, die Lohn- und Preisüberwachung und die Bekämpfung schwarzer Märkte verhinderten größere Versorgungskrisen und einen Preisverfall. Erst die militärischen Niederlagen und der Verlust der landwirtschaftlichen Flächen in den besetzten Gebieten führten im letzten Kriegsjahr zu massiven Versorgungslücken und zur Ausbildung illegaler Märkte, die das System der Preiskontrolle und der Lebensmittelrationierung unterhöhlten.[77]

Durch die Garantie einer Mindestversorgung, die zwar zu Änderungen in den Ernährungsgewohnheiten zwang, aber nie die Schwelle zum Hunger unterschritt, gelang es dem NS-Staat bis in die letzte Kriegsphase hinein, ein hohes Maß an sozialer Pazifizierung zu erreichen. Die „Heimatfront“ blieb intakt. Der Hunger zog erst nach Kriegsende in die deutschen Wohnstuben ein. „Die Kehrseite dieser Politik war die Verlagerung der ökonomischen Bürden dieses Krieges auf die eroberten bzw. unter deutscher Herrschaft stehenden Länder und deren Bevölkerung.“[78] Während das System der Lebensmittelrationierung im Inneren egalisierende Effekte schuf, die traditionellen Unterschiede in den Konsumgewohnheiten der Klassen in Deutschland zunehmend nivellierte und die „antikapitalistische Sehnsucht“ der Masse partiell befriedigte, da es „bessere Leute“ faktisch nicht mehr gab[79], baute es zugleich neue rassistische Disparitäten zwischen Deutschen und Ausländern auf. Hungern und die Lasten zu tragen für die privilegierte Stabilität der sozialen Lage der deutschen Arbeiterschaft während des Krieges hatten das Subproletariat der Fremdarbeiter und die Bevölkerung der okkupierten Gebiete.[80]

Im Laufe des Jahres 1944 verdichteten sich die Luftangriffe auf Ziele im Saarland. Allein im Mai kamen 164 Menschen in Saarbrücken zu Tode, unter ihnen 95 ausländische Zivilarbeiter und 45 Strafgefangene des Lerchesflur-Gefängnisses. Am 27. September riefen die Kreisleiter die gesamte Bevölkerung zu Schanzarbeiten auf und ordneten die zeitweise Stillegung aller nicht kriegs- und lebenswichtigen Betriebe an.[81] Seinen Höhepunkt erlebte der Bombenkrieg im Oktober, als man insgesamt sechs große Luftangriffe auf die Saarmetropole zählte und 491 Todesopfer zu beklagen hatte. Der schwerste Angriff von rund 800 britischen Bombern erfolgte am 5. Oktober. 7.104 Wohn- und Geschäftsgebäude fielen in Schutt und Asche. 18.930 Wohnungen waren nicht mehr bewohnbar. Die Wasserversorgung konnte nur mehr notdürftig durch Wasserwagen aufrecht erhalten werden. Strom- und Gasversorgung waren erheblich beeinträchtigt.[82] Die Versorgung der Zivilbevölkerung brach erst jetzt zusammen. Besonders die Menschen der Großstädte wurden auf die Existenz von Höhlenmenschen reduziert. Bereits seit Mitte September waren die im Vorfeld des Westwalls gelegenen Gruben stillgelegt worden. Durch die Einberufungen zur Wehrmacht und zum Reichsarbeitsdienst sowie durch Abziehung von Fremdarbeitern zu den Schanzarbeiten ging die Förderung der Saargruben um mehr als die Hälfte zurück.[83]

Seit November zählte das Saarland zum Frontgebiet. Am 21. des Monats erreichten amerikanische Panzer erstmals die Saar. Anfang Dezember wurde die Grube Velsen besetzt. Ein zweites Mal wurden die in der „roten Zone" lebenden Menschen jetzt in die Evakuierung gezwungen. Der zunehmende Beschuß der Stadt Saarbrücken machte dort ein weiteres Arbeiten unmöglich. Die Firmen führten ihre Arbeitskräfte in Ausweichquartiere im Inneren des Reiches. Die Wirtschaft kam nun völlig zum Erliegen. Starke Luftangriffe am 17., 18. und 19. März 1945 auf Neunkirchen, Homburg und Saarbrücken zerstörten die restlichen Betriebe.[84] Am 20. März verließen Hitlers Soldaten Saarbrücken. Am nächsten Tag besetzten US-Streitkräfte die fast menschenleere Saarmetropole. Der Krieg war zu Ende. Hitlers braunes Schlaraffenland lag in Schutt und Asche.

Nationalsozialismus und Krieg aber hatten mehr zerstört als nur Wohngebäude und Fabrikanlagen. Sie hatten fundamental alltägliche Orientierungsmuster und Verhaltensweisen verändert und damit die Rahmenbedingungen widerständigen Verhaltens. Ganz im Widerspruch zu den katastrophischen Prophezeiungen der linken Arbeiterbewegung hatten die wirtschaftspolitischen Erfolge des NS-Regimes seit Beginn der Rüstungskonjunktur zunächst konsensbildend gewirkt, da sich die soziale Lage der meisten Deutschen spürbar besserte. Die Fixierung der NS-Wirtschaftspolitik auf die individuelle Leistung statt auf kollektive Verhaltensmuster war zudem geeignet, das Solidaritätsgefühl der Arbeiter zu unterminieren. Die Möglichkeiten eines begrenzten individuellen sozialen Aufstiegs trugen dazu bei, die zementierten Klassengrenzen aufzulösen und eine nach Leistungskriterien hierarchisierte Volksgemeinschaft an die Stelle der traditionellen Klassengesellschaft treten zu lassen. Der Masseneinsatz ausländischer Arbeitskräfte in der Kriegswirtschaft rückte die deutschen Beschäftigten in der sozialen Hierarchie nach oben. Auch das trug in der weitgehend atomisierten Gesellschaft des Dritten Reiches zum sozialen Konsens bei. Vor allem aber ging bis ins letzte Kriegsjahr Hitlers Rechnung auf, die Lasten des Krieges auf die Menschen in den okkupierten Ländern und auf die ausländischen Arbeitskräfte in Deutschland zu verteilen und die deutsche Bevölkerung so weitgehend zu schonen.

Schließlich forcierte der Bombenkrieg in der zweiten Kriegshälfte individualistische Orientierungen und Verhaltensweisen und reduzierte die soziale Wahrnehmung und das soziale Handeln verstärkt auf den unmittelbaren Zusammenhang der eigenen Existenz. „Das Überleben, das Übrigbleiben wurde das zentrale Problem."[85] Zugleich nahm das Interesse an gesellschaftlichen und politischen Ereignissen — mit Ausnahme des Kriegsverlaufs — ab. Focus des eigenen Lebens wurde die Familie. Die jahrelange Gewöhnung an Gewalt, Elend und Tod trug zu einer umfassenden moralischen Gleichgültigkeit bei.[86]

Individualisierung, die Reduktion des sozialen Interesses und die moralische Indifferenz der Menschen dürften die zentralen Bedingungen dafür gewesen sein, daß sich die mit Fortdauer des Krieges einstellenden Enttäuschungen, die vielen kleinen alltäglichen Disziplinlosigkeiten und der deutlich werdende Dissens nicht mehr in eine aktive politische Oppositionshaltung umzusetzen vermochten. Den müden, enttäuschten und geschwächten Deutschen fehlten Kraft, Organisationen und Ziele des Handelns. Es ging nur mehr um das nackte Überleben.

III.
Die regionale Parteiorganisation: Von Pfälzern, „Rucksackrevolutionären" und braunen Herren

Mit der Herrschaftsübernahme durch die Nationalsozialisten am 1. März 1935 setzte ein in mannigfacher Weise widersprüchlicher Prozeß ein, den man als Vergesellschaftung des Staates und Verstaatlichung der Gesellschaft umschreiben könnte. Die Grenzen zwischen Staat und Gesellschaft lösten sich unter der Herrschaft der nationalsozialistischen Monopolpartei sukzessive auf. Mit der Übernahme der Staatsgeschäfte durch die NSDAP begann zunächst das Gerangel posten- und einflußhungriger Parteifunktionäre, die den Staat lediglich als ihre Beute betrachteten und auf den Primat der Politik pochten. Nicht nur der Konflikt mit dem Staatsapparat war vorprogrammiert, sondern auch parteiintern die Auseinandersetzung um staatliche und damit um herrschaftliche Funktionen. Die Übernahme staatlicher und halbstaatlicher Privilegien durch die Parteigliederungen der NSDAP begünstigten die Vergesellschaftung des Staates nach unten, die Etablierung neuer Hierarchien und tendenziell die Bildung rechtsfreier Räume, in denen Staat und Partei untereinander konkurrierten. Trotz der propagandistisch bekundeten Geschlossenheit des Dritten Reiches wurde so nicht die Einheit, sondern vielmehr der Dualismus von Staat und Partei zu einem Charakteristikum der NS-Herrschaft. Zugleich mußte die Partei intern der ihr zugewiesenen Doppelfunktion als Elite- und Massenpartei gerecht werden. Der Bildung einer neuen Avantgarde als Hüter der nationalsozialistischen Heilslehre gegenüber standen die Aufgaben der Partei als Kontrollinstrument und politische Sozialisationsagentur der Massen. Auch die Wahrnehmung dieser beiden Funktionen erfolgte nicht widerspruchsfrei. Verkomplizierend kam regionalspezifisch noch eine dritte Widerspruchsebene hinzu. Im Saarland mußte sich die NSDAP als Massenpartei allererst konstituieren. Unter den Bedingungen der erlangten Herrschaft war die „Kampfzeit" nachzuholen und ein vertikales wie horizontales Organisationsnetz überhaupt erst über das Land zu ziehen.

Das folgende Kapitel wird sich daher mit dem Prozeß der Herrschaftsübernahme durch die Partei, mit ihren personellen Trägern, ihren Untergliederungen und Mitgliedern sowie mit dem Funktionswandel der Partei im Übergang von der „Kampf-" zur „Staatspartei" beschäftigen.

1. Der rote Gauleiter: Josef Bürckel — Biographie und Ideenwelt

Als am 1. März 1935 der Saarbevollmächtigte Hitlers, der pfälzische Gauleiter Bürckel, sein Amt als Reichskommissar für die Rückgliederung des Saarlandes in Saarbrücken antrat und zugleich die Führung der saarländischen Nationalsozialisten übernahm, wurden die Verdienste eines Mannes honoriert, der als Spiritus rector des Abstimmungssieges der Deutschen Front galt und schon vor 1933 zu den erfolgreichsten Gauleitern der NSDAP gezählt hatte. Wie kaum ein anderer Politiker der ersten Hälfte des Jahrhunderts bestimmte er bis zu seinem überraschenden Tod 1944 die Politik des Saarlandes. Und wie kaum ein anderer Nationalsozialist verkörperte er in seiner Doppelfunktion als Gauleiter der Saarpfalz und als Reichskommissar die von der Partei angestrebte, aber vielfach gescheiterte institutionelle Verklammerung von Partei und Staat.[1]

Wie viele der „alten Kämpfer“ und Führungsfunktionäre der NSDAP scheint Bürckel durch die Erfahrungen des Schützengrabens und die Ereignisse der unmittelbaren Nachkriegszeit politisch radikalisiert worden zu sein und den Weg zum Nationalsozialismus gefunden zu haben. Ähnlich wie bei Hitler war der Erste Weltkrieg für ihn eine lebensgeschichtlich zentrale Erfahrung, die sein Politikmodell entscheidend prägte. Die nationale Einigungseuphorie des August 1914 bildete den Hintergrund seiner Volksgemeinschaftsutopie; Zusammenbruch und vermeintlicher „Dolchstoß“ waren das Negativbild, das seine nationale Politik künftig verhindern sollte.

Der am 30. März 1895 im pfälzischen Lingenfeld geborene, aus einer alteingesessenen katholischen Handwerkerfamilie stammende Bürckel hatte seit 1909 zunächst die Lehrerbildungsanstalt in der Bischofsstadt Speyer besucht, deren Abschlußklasse er im nationalen Taumel des Herbst 1914 vorzeitig verließ, um sich als Kriegsfreiwilliger bei einem Landauer Artillerieregiment für den Fronteinsatz zu melden. 1916 — vorzeitig als nicht mehr verwendungsfähig aus dem Heer entlassen — setzte er seine Lehrerausbildung fort. 1919 legte er die Anstellungsprüfung ab und trat als Hilfslehrer zunächst in Roxheim, später in Rodalben bei Pirmasens in den Schuldienst ein. 1921 scheint Bürckel erstmals die Bekanntschaft mit der noch jungen NS-Bewegung gemacht zu haben, die seit Frühjahr 1921 über erste Stützpunkte im pfälzischen Raum verfügte. 1924 beteiligte er sich am Sturm auf das von pfälzischen Separatisten besetzte Bezirksamt in Pirmasens. 1925 schließlich trat er mit der Mitgliedsnummer 23.979 der NSDAP bei und engagierte sich schon bald auf zahlreichen Parteiversammlungen als Redner. Im März 1926 wählten ihn die Ortsgruppenleiter der Pfalz in Kaiserslautern zu ihrem neuen Gauleiter. 1930 rückte Bürckel als Abgeordneter in den Berliner Reichstag ein und ließ sich vom Schuldienst suspendieren. Unmittelbar nach dem Machtantritt der Nationalsozialisten ernannte ihn Hitler zum Beauftragten der NSDAP im Saargebiet und am 7. August 1934 gar zum Saarbeauftragten der Reichsregierung, damit de facto zum Leiter des Abstimmungskampfes für die Rückgliederung des Saargebietes auf nationalsozialistischer Seite.

Die starke Stellung Bürckels innerhalb des NS-Machtapparates und seine vergleichsweise hohe Popularität unter der Bevölkerung datieren zurück in die „Kampfzeit" der pfälzischen NSDAP, in der es Bürckel gelungen war, die Pfalz gleichsam zum „Mustergau" der Partei zu machen und beachtliche Wahlergebnisse trotz oder gerade wegen seines dezidiert sozialrevolutionären Kurses einzufahren. Die antikapitalistischen und diffus-sozialistischen Ideen Bürckels bildeten zugleich den Brückenschlag zwischen Politischer Organisation und SA, die sich — anders als zeitweilig die SS unter Theodor Eicke, dem späteren KZ-Kommandanten von Dachau — willig dem Primat der politischen Führung unterordnete, ja diese sogar aktiv unterstützte. Sowohl der pfälzische SA-Führer und spätere Oberbürgermeister von Saarbrücken, Fritz Schwitzgebel, als auch Eickes Nachfolger Willy Schmelcher — später Polizeipräsident von Saarbrücken — standen zu Bürckel und teilten dessen sozialistische Vorstellungen.[2] Durch die Geschlossenheit dieser Gruppe gewann Bürckel zunehmend Einfluß in der Partei. Im Unterschied zu anderen Gauen blieb die Fluktuationsrate innerhalb der pfälzischen Mitgliedschaft gering. Parallel zur Festigung seiner Position innerhalb der Partei gelang Bürckel schon frühzeitig der Aufbau eines gaueigenen Pressewesens, das er den Zentralisierungsbestrebungen des Reichsleiters der NS-Presse zu entziehen verstand.

Innerhalb der NSDAP galt Bürckels Gau Rheinpfalz allgemein als „roter Gau" oder — in Anspielung auf den Reichsorganisationsleiter der Partei Gregor Straßer — als „Straßer-Gau". Seit 1930 hatte Bürckel versucht, die NSDAP nicht nur in Frontstellung gegen die Republik von Weimar, sondern zugleich als sozialistische Arbeiterpartei in der Öffentlichkeit zu profilieren. So beteiligte er sich bereits 1930 an Goebbels „Hib" (Hinein in die Betriebe)-Aktion und unterstützte aktiv die Einrichtung von Betriebszellen der NSBO, so daß sein Gau vor 1933 bei der Betriebszellenpropaganda reichsweit führend war.[3] Besonders sein Parteiorgan — die *NSZ-Rheinfront* — war voll von sozialrevolutionären Phrasen und Versprechungen und predigte den „deutschen Sozialismus" und Straßers Arbeitsbeschaffungsprogramm. Kern von Bürckels Sozialismus-Modell war die Forderung nach Beteiligung aller „Schaffenden am Gewinn der Produktion", die Notwendigkeit einer aktiven Sozialpolitik und staatlicher Eingriffe in das privat organisierte Wirtschaftsleben. Wie Straßer war er davon überzeugt, daß in den proletarischen Massen eine tiefe „antikapitalistische Sehnsucht" schlummere, die von der NSDAP zu organisieren sei. Auch als Gregor Straßers Stern im Herbst 1932 im Sinken begriffen war, sprach sich Bürckel von allen Gauleitern in Süddeutschland am eindeutigsten für die Unterstützung von Straßers Politik aus. So forderte er anläßlich eines Appells seines Gaues im Dezember 1932 in Anwesenheit von Straßers Nachfolger Robert Ley die revolutionäre Verwirklichung des „deutschen Sozialismus" durch die NSDAP, betonte mehrfach, daß alle „alten Kämpfer" „deutsche Sozialisten" seien und bediente sich provokativ des Vokabulars der Straßer-Anhänger. Den Kreisleitern drohte er, „er werde jeden in seinem Gau in Stücke reißen, der es wage, etwas gegen Gregor zu sagen und zu unternehmen".[4]

Angesichts dieses konsequenten Linkskurses Bürckels überraschte es nicht, daß der NSDAP der Pfalz sowohl auf der Mitglieder-, wie auch auf der Wählerebene der Einbruch in die proletarische Klientel in weit größerem Maße als in anderen

Reichsteilen gelang, und die pfälzische Partei in den 20er und beginnenden 30er Jahren „eine Gruppierung von Arbeitnehmern primär städtischen Zuschnitts“ darstellte.[5] „Der subjektiv ehrliche und überzeugend vorgetragene ‚Sozialismus‘ der pfälzischen Nationalsozialisten hat auf Teile der pfälzischen Arbeiter Anziehungskraft ausgeübt“, urteilt auch Rothenberger, so daß Bürckels Gau vor 1933 zu den Parteibezirken mit dem höchsten Arbeiteranteil zählte.[6] Auch bei den Wahlen belegten die pfälzischen Nationalsozialisten unter Bürckels Führung während der „Kampfzeit“ stets Spitzenplätze. Hinter Franken und Oberbayern-Schwaben rangierten sie 1928 mit 5,6 % der abgegebenen Stimmen reichsweit auf dem dritten Platz. Mit 22,8 % erzielte die NSDAP hier auch 1930 ein Spitzenergebnis, wobei ihr erstmals ein stärkerer Einbruch in die sozialdemokratische Wählerschaft gelang. Sowohl quantitativ als auch qualitativ erwies sich die Pfalz zu Beginn der 30er Jahre damit als eine Hochburg der Nationalsozialisten, deren Wahlerfolge wesentlich Bürckel zugeschrieben wurden.[7]

Die innerparteilich gefestigte und durch keine relevante Machtgruppe parteiintern in Frage gestellte Position Bürckels, seine Erfahrungen bei der Mobilisierung von Arbeitern und Katholiken sowie seine Wahlerfolge prädestinierten ihn geradezu, die Führung im Abstimmungskampf an der Saar zu übernehmen, zumal die pfälzischen Nationalsozialisten bereits seit den 20er Jahren vielfältig beim Aufbau der saarländischen Parteiorganisation sekundiert hatten. Mit der Ernennung Bürckels zum kommissarischen Gauleiter des Saargebietes durch Hitler am 31. Januar 1933 setzte zunächst ein Dualismus in der Parteiführung ein, da der amtierende saarländische NSDAP-Chef nicht bereit war, sein Amt niederzulegen und sich Bürckel unterzuordnen. Dies und der Verlust von Funktionen bei der Bildung der von Bürckel konzeptionell durchgesetzten Deutschen Front provozierte zahlreiche „alte Kämpfer“ von der Saar und ließ sie auf Distanz zu ihm gehen.

Wie kaum ein anderer Gauleiter war Bürckel Verfechter eines nationalsozialistischen Staatsmodells, das auf eine Erosion, ja man könnte sagen auf eine Refeudalisierung staatlicher Strukturen hinzielte, wie sie Franz Neumann in seinem „Behemoth“ analysiert hat.[8] Sein ausgesprochen ausgeprägtes autokratisches Macht- und Autonomiestreben kollidierte mit den begrenzten Kompetenzen und den Prinzipien einer einheitlichen und zentralistisch organisierten staatlichen Verwaltung. Nach der Devise „Ich will nicht regieren in dem früher üblichen Sinne, sondern ich will politisch führen“[9] intendierte er die Unabhängigkeit bzw. den Primat der politischen Führung gegenüber dem Staat. Nach dem Vorbild Hitlers als Parteiführer und Reichskanzler schwebte ihm eine Personalunion von Staats- und Parteiführung und damit die unumschränkte, nur mehr dem „Führerwillen“ unterworfene Machtkonzentration in den Händen regionaler Gaufürsten vor. In der Praxis lief sein Staatsverständnis auf die Aufhebung des Dualismus von Partei und Staat sowie auf die Aushöhlung des traditionellen Normenstaates zugunsten eines nur mehr nach parteipolitischen Zweckmäßigkeiten und dem „Führerwillen“ organisierten Maßnahmenstaates hinaus. Dieses von Bürckel angestrebte Staatsmodell mußte zwangsläufig nicht nur mit den traditionellen Institutionen des Normenstaates, sondern ebenso mit den konkurrierenden Herrschaftsinteressen anderer Träger des NS-Maßnahmenstaates — und hier insbesondere der SS — kollidieren. Um den Einfluß nicht zuverlässiger Beamter zu beschneiden und komplementär den Einfluß der Partei im Staatsapparat zu stärken, setzte sich Bürckel schon frühzeitig für eine Reichsreform ein, derzufolge die Reichsgaue den administrativen Vollzugsapparat übernehmen sollten, der bislang von den Reichsministerien dirigiert wurde.[10]

War Bürckels Intention, die Pfalz aus dem bayerischen Staat herauszulösen und im deutschen Südwesten ein eigenes Reichsland unter seiner Führung zu installieren, 1933/34 auch zunächst am Widerstand des Reichsinnenministers gescheitert, der die „Zersetzung des Berufsbeamtentums“ und die „Heranziehung eines Parteibonzentums“ befürchtete, so sah er nach seinem erfolgreichen Abstimmungskampf und seiner Ernennung zum Reichskommissar für die Rückgliederung des Saarlandes eine neue Chance gekommen, diese Pläne zu realisieren. Mit dem „Gesetz über die vorläufige Verwaltung des Saarlandes“ vom 30. Januar 1935 erwarb er zunächst die Kompetenzen eines Reichsstatthalters — d. h. des obersten Repräsentanten des Reiches an der Saar — und damit des Verwaltungschefs des ersten reichsunmittelbaren Territoriums, der für die Durchsetzung der von Hitler aufgestellten Politik zu sorgen hatte.[11] Neben seiner neuen Funktion als Gauleiter des neu geschaffenen Parteigaues Saarpfalz hatte er damit das Amt des Leiters einer vollständig neuen, höheren Verwaltungsbehörde inne, die nur mehr unter der Dienstaufsicht des Reichsministers des Innern stand und die Bürckel selbst als Vorläufer der künftigen Regierung eines neuen Reichsgaues betrachtete.[12]

Seit 1934 verfolgte Bürckel das Ziel, statt einer Wiederherstellung der alten territorialen Verhältnisse die Pfalz und das Saarland administrativ zusammenzufassen und gegebenenfalls durch Zugewinne aus anderen Gebieten einen größeren Reichsgau zu schaffen, um dadurch die Reichsreform in Gang zu bringen. In einer Denkschrift vom 6. September 1935 nannte er als Ziel die Bildung eines staatlichen Verwaltungsbezirkes Saarpfalz mit einem Reichsstatthalter an der Spitze, also einer neuen Landesverwaltung, in die ihm niemand aus Berlin oder München hineinregieren konnte.[13] Mit seiner Ernennung zum Reichskommissar für das Saarland am 17. Juni 1936 erreichte er zwar, daß das Provisorium Saarland nicht wieder an Preußen und Bayern zurückfiel, sondern als eigenständiger Teil des Reiches Bestand hatte, zugleich signalisierte diese Entscheidung aber auch, daß Hitler an einer administrativen Verschmelzung von Pfalz und Saarland und an einer weiterreichenden Reichsreform nicht interessiert war. Was Bürckel blieb, war der einheitliche Parteigau mit zwei getrennten staatlichen Verwaltungen, von denen zumindest die in Saarbrücken vollständig von ihm und seiner pfälzischen Gauclique abhängig war.

„Uff die Bääm, die Pälzer kumme!“: Die pfälzische Gauclique Bürckels

Zunächst gelang es Bürckel, daß der 1884 in Flörsheim geborene Rechtsanwalt Philipp Wilhelm Jung, der sich seit 1927 im Umkreis der NSDAP bewegte und 1930 der Wormser Ortsgruppe der Partei beigetreten war, zum Regierungspräsidenten des Saarlandes ernannt wurde. In dieser Funktion unterstand ihm die Zentralabteilung Ia (Personalwesen, Landratsämter, Finanzwesen, Hoheitswesen, Polizei und Gendarmerie), d. h. die Abteilung für allgemeine und innere Verwaltung des Reichskommissariats. Zugleich fungierte er als Vertreter des neu eingesetzten Reichskommissars. Jung war seit Ende der 20er Jahre Bürckels Rechtsanwalt in allen ihn betreffenden Strafsachen gewesen, 1931 zum Kreisleiter von Worms avanciert, gehörte seit 1931 dem hessischen Landtag an und war nach dem 30. Januar 1933 zeitweise Staatskommissar in Mainz und hessischer Staatsminister gewesen. Innerhalb der SA brachte es Jung zum SA-Brigadeführer.[14]

Die im Reichskommissariat nach Jung bedeutendste Leitungsfunktion der Abteilung I b (Gemeindeaufsicht; Katasterverwaltung; Landwirtschaft; Verkehrs-, Bau- und Siedlungswesen) besetzte Bürckel mit dem 1896 in St. Ingbert geborenen „alten Kämpfer" und Träger des Goldenen Parteiabzeichens, dem Juristen Karl Barth. Seit seinem Referendariat 1920 beim Bezirksamt St. Ingbert war Barth mit Fragen des „Saarabwehrkampfes" betraut gewesen, hatte eng mit dem bayerischen Saarvertrauensmann Jolas zusammengearbeitet, war 1930 zum Kommunaldezernenten bei der Saarbrücker Regierungskommission aufgestiegen, hatte sich 1932 erfolglos als Kandidat der NSDAP für das Amt des Oberbürgermeisters von Kaiserslautern beworben, war 1933 zum Oberkirchenrat der Pfälzischen Landeskirche und 1934 zum Saarreferenten beim bayerischen Ministerpräsidenten sowie zum persönlichen Referenten Bürckels ernannt worden. 1940 schließlich löste Barth Jung als Regierungspräsidenten der Saarpfalz und als allgemeinen Vertreter Bürckels ab.[15]

Leiter der Abteilung I c, die für Arbeit, Erwerbslosenfürsorge, Handel, Industrie und Gewerbe zuständig war, wurde der 1901 in Aachen geborene Diplomlandwirt Heinrich Nietmann, der über die DVP und die pfälzische Bauernschaft 1928 zur NSDAP gekommen war und von Bürckel bereits während des Saarabstimmungskampfes als stellvertretender Propagandachef der Deutschen Front eingesetzt worden war. Während des Krieges war Nietmann Treuhänder der Arbeit für das Wirtschaftsgebiet Westmark und erster Präsident des Arbeitsamtes der Westmark.[16] Bürckels Vorgänger im Amt des Gauleiters, Fritz Wambsganß, Lehrer von Beruf und ehemals Schulrat in Kaiserslautern, übernahm die für Kultus- und Schulwesen zuständige Abteilung III, während Dr. Rudolf Obé die Sozialabteilung II des Reichskommissariats leitete. Obé war der einzige von der Regierungskommission übernommene Spitzenbeamte, der aber seit jeher als reichstreu und Vertrauensmann reichsdeutscher Stellen galt.

Dem Reichskommissariat nachgeordnet waren die Landrats- und Bezirksämter, das Saarbrücker Polizeipräsidium und formell auch die Stapo-Stelle Saarbrücken. Zum Chef der landesweit — neben der Stapo-Stelle — wichtigsten Polizeibehörde, des Saarbrücker Polizeipräsidiums, ernannte Bürckel seinen Intimus Willy Schmelcher. Schmelcher, 1894 im badischen Eppingen geboren, Diplom-Ingenieur von Beruf und seit 1932 bei einer Baumaschinenfabrik in Neustadt beschäftigt, war 1928 der NSDAP und 1930 der SS beigetreten, nachdem er zuvor Mitglied des rechtsradikalen Wiking-Bundes gewesen war. Seit 1929 war Schmelcher NSDAP-Fraktionsvorsitzender im Stadtrat von Neustadt und zeitweise Führer der pfälzischen SS-Standarte 85. Mit einjähriger Unterbrechung zu Kriegsbeginn blieb Schmelcher bis Ende 1941 Polizeipräsident von Saarbrücken; seit 1940 übte er zugleich die Funktion des Polizeiverwalters von Metz aus.[17]

Auch in die einflußreiche Position des Saarbrücker Oberbürgermeisters gelang es Bürckel, Männer seines Vertrauens zu plazieren. Neuer Oberbürgermeister von Saarbrücken wurde 1935 sein Kampfgenosse und Zechkumpan Ernst Dürrfeld. Der 1898 in Heiligenwald geborene Dürrfeld, Bergmann von Beruf, war seit 1922 im Umkreis der saarländischen NSDAP aktiv und gehörte seit 1926 zum engeren Kreise des pfälzischen Gauleiters. Wegen seines parteipolitischen Engagements hatte Dürrfeld 1926 das Saargebiet verlassen müssen und eine neue Anstellung bei der Stadtverwaltung in Kaiserslautern gefunden, wo er noch im selben Jahr Vorsitzender der dortigen NSDAP-Ortsgruppe wurde. Seit 1934 bekleidete er in Kaiserslautern das Amt des zweiten besoldeten Bürgermeisters. Am 10. Mai 1935 wurde er auf ausdrücklichen Wunsch Bürckels zum Saarbrücker Oberbürgermeister ernannt.[18] Da sich Dürrfeld seinen Aufgaben nicht gewachsen zeigte, wurde er am 2. September 1937 durch den 1888 im pfälzischen Waldmohr geborenen Studienrat Fritz Schwitzgebel, abgelöst, der bereits 1935 mit Bürckel nach Saarbrücken gekommen und zunächst als Oberregierungsrat in der Schulabteilung des Reichskommissariats tätig gewesen war. Schwitzgebel, der als friedfertiger Mann galt und sich seinem Gauleiter willig unterordnete, gehörte der NSDAP seit 1926 an. 1929 hatte er die Führung der pfälzischen SA übernommen und war 1933 zum Sonderkommissar der Obersten SA-Führung für die Pfalz bestimmt worden. 1930 war Schwitzgebel zeitweilig Vertreter Bürckels gewesen. Seit 1932 gehörte er dem Bayerischen Landtag, seit 1933 dem Reichstag an. Schwitzgebel bekleidete das Amt des Saarbrücker Oberbürgermeisters und die Position des NSDAP-Kreisleiters von Saarbrücken-Stadt bis Kriegsende.[19]

Nicht unbedingt quantitativ, wohl aber von der Qualität der besetzten Stellen her läßt sich daher durchaus von einer „Überfremdung" der saarländischen Verwaltung durch die pfälzischen Vertrauten Bürckels sprechen. Sie bestimmten die Zentralverwaltung, die innere Verwaltung wie die Polizei und sicherten Bürckels Politik auf allen entscheidenden Ebenen ab.[20] Die große Anzahl pfälzischer Beamter in leitenden Stellen der neuen Verwaltung gab gleichermaßen Anlaß zur Kritik unter den bei dem Stellenpoker nicht berücksichtigten „alten Kämpfern" der saarländischen NSDAP wie zu Spott in der Bevölkerung: „Uff die Bääm, die Pälzer kumme!". Mit einer öffentlichen Erklärung sah sich Bürckel schließlich veranlaßt, gegen die entstandene Mißstimmung Stellung zu nehmen.[21]

Machtkonzentration und innerparteiliche Widersacher

Erst die territorialen Neuerwerbungen des Reiches seit 1938 und schließlich der Krieg förderten Bürckels weiterreichende Pläne einer einheitlichen Verwaltung von Pfalz und Saarland und eröffneten ihm neue Betätigungsfelder, in denen er ungehindert in die Organisation und die Personalpolitik der allgemeinen Verwaltung eingreifen und seine Idee vom Primat der Politik durchsetzen konnte. Wenige Wochen nach Kriegsbeginn schlug er dem Reichsinnenminister vor, für die Dauer des Krieges die Behörden des Reichskommissars für das Saarland und der Regierung der Pfalz in einer Behörde zusammenzufassen. Durch Verordnung vom 8. April 1940 entstand auf diese Weise das Reichskommissariat für die Saarpfalz, das seinen Sitz nicht wie vorgesehen in Kaiserslautern, sondern in der neuen Gauhauptstadt Saarbrücken nahm. Kopf der neuen Verwaltung wurde der zum Regierungspräsidenten des Saarlandes ernannte einstige Leiter der Abteilung I b im Saarbrücker Reichskommissariat Karl Barth. Mit der Annexion Lothringens trug die neue Behörde die Bezeichnung „Der Reichsstatthalter der Westmark", die am 15. Mai 1941 schließlich mit der Leitung der lothringischen Zivilverwaltung zusammengelegt wurde. Bürckel war damit auf dem Zenit seiner Macht angelangt. Als Gauleiter der Westmark und „Reichsstatthalter in der Westmark und Chef der Zivilverwaltung in Lothringen" gebot er nun gleichermaßen über Partei, staatliche Verwaltung und Polizeibehörden im annektierten Lothringen.[22]

Gleichwohl war er kein unumschränkter und unumstrittener Herrscher. Nach dem 1. März 1935 hatte er sich zunächst Feinde aus den Reihen seiner eigenen Partei zugezogen, die entweder ihre Entmachtung nicht verkrafteten, die von Pfälzern dominierte Verwaltung in Saarbrücken kritisierten oder Bürckels Pläne, das Saarland nicht wieder an Preußen und Bayern zurückzugliedern, ablehnten. Zu dieser innerparteilichen Oppositionsgruppe zählte sowohl der ehemalige NSDAP-Chef Alois Spaniol, gegen den Bürckel wiederholt prozessierte, als auch der 1934 von Bürckel entmachtete Saarreferent im Preußischen Innenministerium, der Saarbrücker Rechtsanwalt Dr. Heinrich Schneider, der nach 1935 demonstrativ Gegner Bürckels und von ihm Geschädigte vor Gericht vertrat, gleichwohl aber nicht zum Widerstand zählte, wie dies Schneider nach 1945 von sich behauptete. Die eigenmächtige und sich auf § 1 des Saarlandgesetzes von 1935 berufende Lohn- und Sozialpolitik des saarpfälzischen Gauleiters, die de facto einen Eingriff in die Unternehmerfreiheit bedeutete, rief gleichermaßen den Protest der von Hermann Röchling und dem Vorstand der Saargruben AG geführten saarländischen Schwerindustriellen und des Reichswirtschafts- und Reichsarbeitsministeriums hervor. Die Politik der Zerstörung gewachsener staatlicher Strukturen wiederum forderte den Reichsinnenminister heraus.

Im System konkurrierender innerparteilicher Machtzentren des Nationalsozialismus kollidierten Bürckels Anspruch auf Vorrang der Politik und seine Eingriffe in den Zuständigkeitsbereich der Gestapo zunehmend auch mit den politischen Führungsinteressen der SS. Auch SS und Gestapo waren für ihn nicht mehr als Hilfstruppen der Partei bei der Durchsetzung der Politik und zur Erhaltung der Macht. Daher mißfielen ihm Kompetenzen, wie sich diese z. B. bei der politischen Gegnerbekämpfung und in Volkstumsfragen anmaßten. Umgekehrt forderte Bürckels exponierte Stellung als Chef der Zivilverwaltung in Lothringen die SS heraus, da er durch diese Funktionen auch dem Höheren SS- und Polizeiführer sowie dem Befehlshaber der Sicherheitspolizei und des SD Anweisungen erteilen konnte. Auf scharfe Kritik innerhalb der SS stieß nicht nur Bürckels Verhalten im Falle des Oberstleutnants Offenbächer, der die Waffen-SS als eine Polizeitruppe bezeichnet hatte, in die kein anständiger Mensch ginge, und der nach Angriffen der SS von Bürckel in Schutz genommen worden war[23], sondern auch die von Bürckel zu verantwortende Begrenzung der Gestapo bei der politischen Gegnerbekämpfung insbesondere während seiner Amtszeit in Österreich und in Lothringen.[24] Seit

1942 soll Bürckel zunehmend auch Maßnahmen der SS und anderer NS-Spitzenfunktionäre kritisiert sowie sich im Sommer 1944 schließlich geweigert haben, sinnlose Befestigungsarbeiten in seinem Gau vornehmen zu lassen, die die Westmark unweigerlich zum Kriegsschauplatz gemacht hätten.[25]

Wegen solcher Unstimmigkeiten mit der NSDAP-Reichsleitung — so Bürckels Frau nach dem Kriege — habe die Parteikanzlei daher den NSDAP-Dienststellenleiter Willi Stöhr — den späteren Nachfolger Bürckels als Gauleiter — zum Bevollmächtigten für den Stellungsbau ernannt und damit Bürckels Entmachtung im September 1944 eingeleitet. Am 28. September 1944 starb Bürckel unter noch immer ungeklärten, mysteriösen Umständen im pfälzischen Neustadt. Während die von der Presse verbreitete offizielle Version „Lungenentzündung durch akutes Versagen des Kreislaufes" als Todesursache nannte[26], verbreiteten Bürckels Witwe und sein langjähriger Kampfgefährte und stellvertretende Gauleiter Leyser nach dem Kriege die Version, Bürckel sei — da er „widersinnige Befehle" nicht ausgeführt und sich mit seiner Entmachtung nicht abgefunden habe — durch die SS zum Selbstmord gezwungen worden.[27] Einen Beweis blieben sie schuldig.

2. Von der NSDAP des Saargebietes zum NSDAP-Gau Saar-Pfalz

Mit der Rückgliederung hatte Bürckel auch offiziell das Amt des Gauleiters über die verspätet aufgestiegene NSDAP des Saargebietes angetreten. Zwar gibt es Hinweise auf nationalsozialistische Aktivitäten bereits zu Beginn der 20er Jahre an der Saar, angesichts der spezifischen Resistenzbarrieren im katholisch-proletarischen Saarrevier aber hatte es die schlecht organisierte und von der Mutterpartei abgetrennte Partei 1929 an der Saar gerade auf 261 Mitglieder gebracht, die sich öffentlich noch kaum zu erkennen gaben und oftmals die NSDAP schon nach wenigen Monaten wieder verließen. Während der Weltwirtschaftskrise vermochte die Partei ihre Mitgliederbasis zwar zu verzehnfachen und neue Ortsgruppen und Stützpunkte zu gründen, gegenüber den 18.000 Parteigenossen im benachbarten Gau Rheinpfalz jedoch nahmen sich die 2.500 saarländischen Nationalsozialisten am Vorabend von Hitlers Machteinsetzung bescheiden aus. Von ihrer Sozialstruktur her war die NSDAP des Saargebietes eine äußerst junge, stark mittelständisch geprägte Partei mit einem kleinen, aber nicht zu vernachlässigenden Arbeiteranteil von 22,3 %, in der die Geburtsjahrgänge um 1900 dominierten. Unter den 261 Parteimitgliedern des Jahres 1929 befanden sich lediglich 8 Frauen, was einem Frauenanteil von 2,3 % entsprach. Ähnlich den Frauen, den Älteren, den Arbeitern waren auch Beamte in der saarländischen Partei vor 1933 deutlich unterrepräsentiert. Bei den Landesratswahlen vom März 1932 war die NSDAP lediglich von 24.455 bzw. 6,7 % der Saarländer gewählt worden. Die Kreistagswahlen vom November 1932 hatten zwar einen leichten Stimmenzuwachs auf 30.160 Wähler bzw. 8,6 % der abgegebenen Stimmen gebracht, im Vergleich zum übrigen Deutschland aber rangierten die saarländischen Nationalsozialisten damit dennoch reichsweit am Schluß in der Wählergunst.

Erst die Machteinsetzung Hitlers und der beginnende Abstimmungskampf brachen die bisherigen Resistenzschranken auf, ließen innerhalb weniger Monate bis zum formellen Aufgehen der NSDAP in der Deutschen Front am 1. März 1934 die Mitgliederzahlen auf 30.000 anwachsen, was einem Organisationsgrad von 5,6 % der erwachsenen Gesamtbevölkerung entsprach. Auch stellten sich bei den kommunalen Nachwahlen vom Frühjahr/Sommer 1933 nun die ersten Wahlerfolge ein. Rechnet man die Wahlergebnisse in den sechs Nachwahlgemeinden auf das ganze Land hoch, so verfügte die NSDAP im Sommer 1933 landesweit über ein Wählerreservoir von knapp 20 %, womit sie gleichwohl immer noch deutlich hinter den Wahlergebnissen vergleichbarer Regionen in Deutschland zurückblieb.[28] In deutlichem Kontrast zur reichsdeutschen Mutterpartei war die NSDAP an der Saar nicht im Kampf gegen ein verhaßtes politisches System entstanden, sondern hatte den Durchbruch zur Massenpartei erst im Gefolge der Machteinsetzung Hitlers 1933 geschafft. Die Früchte waren ihr gleichsam in den Schoß gefallen. Unter den neuen Mitgliedern dominierten die „Märzgefallenen“ und die „Maiveilchen“, also jene, die aus unterschiedlichsten Motiven ihre eigenen Interessen jetzt bei der neuen Staatspartei besser aufgehoben sahen: die Beamten, die angesichts einer möglichen Rückgliederung des Saargebietes an Hitlerdeutschland, ihre berufliche Karriere zu sichern gedachten, die kleinen Gewerbetreibenden, die sich die Sicherung ihres Umsatzes erhofften, die Freiberufler, die auf neue Kunden und Auftraggeber spekulierten und auch die Bergarbeiter, die um ihren Arbeitsplatz bangten.

Der Neuaufbau der NSDAP 1935 erfolgte bürokratisch nach einem rigiden Schema von oben. Zunächst wurde unmittelbar nach der erfolgten Eingliederung des Saargebietes in das Deutsche Reich die etwa 550.000 Mitglieder zählende Deutsche Front zugunsten der NSDAP aufgelöst. Anschließend erweiterte die NSDAP-Reichsleitung die Zuständigkeitsgrenze bzw. das Hoheitsgebiet der Gauleitung Rheinpfalz um das ehemalige Saargebiet. Am 20. März 1935 schließlich erfolgte in einem feierlichen Festakt in der Saarbrücker „Wartburg“ die Neugründung der saarländischen Parteiorganisation.[29] Entsprechend der Grenzen der staatlichen Verwaltungskreise des Saargebietes wurden acht provisorische NSDAP-Kreise gebildet, die sich wiederum in 83 Ortsgruppen untergliedern sollten, die den 83 Bürgermeistereien des Landes entsprachen.[30]

Der Aufbau der NSDAP geschah nach einer Anweisung des Gauorganisationsamtes der Partei in zwei Etappen. Zum 1. April 1935 wurden zunächst alle jene Parteigenossen aufgenommen, die der NSDAP entweder vor Hitlers Machteinsetzung bzw. vor der Auflösung der NSDAP des Saargebietes am 28. Februar 1934 beigetreten waren. Erst in einem zweiten Schritt sollten dann alle jene „bewährten führenden Volksgenossen der ‚Deutschen Front‘“ an die Reihe kommen, die bislang noch nicht Mitglied der NSDAP gewesen waren.[31] Zum Jahresende 1935 verfügte der neugebildete Gau Pfalz-Saar (ab 1. Januar 1936 Gau Saar-Pfalz) nach der Wiederaufnahme der 32.500 saarländischen Parteigenossen so über insgesamt 67.713 Mitglieder und 337 Ortsgruppen.

Bis zum Jahresende 1937 hatte sich die Parteimitgliedschaft im Saarland (Anwärter und Mitglieder) noch einmal mehr als verdoppelt. 69.387 Saarländer — einschließlich einiger Pfälzer, die zum NSDAP-Kreis Zweibrücken zählten —

gehörten damit der Partei Hitlers an. Sie waren in insgesamt 164 Ortsgruppen organisiert, womit sich somit in zwei Drittel aller saarländischen Gemeinden eine Niederlassung der NSDAP befand. Am konzentriertesten war die Ortsgruppendichte mit fast 100 % im städtisch-industriellen Kern des Saarlandes, im Landkreis Saarbrücken, während in den eher ländlich-agrarischen und dominant katholischen Kreisen Saarlouis — nunmehr Saarlautern — und Merzig lediglich in 41 bzw. 33 % aller Gemeinden eine NSDAP-Ortsgruppe existierte. Insgesamt waren zum Jahresende 1937 8,4 % aller Saarländer Mitglied der Partei. Bezogen auf die erwachsene Bevölkerung erhöhte sich der Prozentsatz auf 13,3 %. Aus 29,5 % aller saarländischen Haushaltungen kam damit ein Parteigenosse.[32] Am höchsten war der Organisationsgrad der Bevölkerung des Saarlandes in der Stadt und im Landkreis Saarbrücken mit 9,45 % der Gesamtbevölkerung, am niedrigsten in den zu fast 90 % katholischen Kreisen St. Wendel und Saarlouis. Wie bisher blieb die NSDAP damit vornehmlich eine städtische Partei, und scheinen auch die Resistenzbarrieren des katholisch-ländlichen Milieus noch einigermaßen funktioniert zu haben.

Im Vergleich zur benachbarten Pfalz, in der es zum Jahresende 1937 50.309 NSDAP-Mitglieder gab und der Organisationsgrad der Bevölkerung 5 % betrug, hatte die saarländische NSDAP ihre Mitglieder- und Organisationsdefizite der Völkerbundszeit damit mehr als ausgeglichen. Bereits 1933 hatte sie den Organisationsgrad der pfälzischen Parteiorganisation übertroffen und auch nach 1935 noch einmal deutlich kräftiger als die NSDAP in der Pfalz zugelegt. Abstimmungskampf und Rückgliederungseuphorie scheinen die Ursachen für diesen enormen, im Vergleich zur Pfalz überproportionalen Mitgliederzuwachs gewesen zu sein. Insgesamt verfügte der NSDAP Gau Saar-Pfalz am 31. Dezember 1937 nun über 119.696 Parteigenossen und 425 Ortsgruppen.

In den folgenden Jahren stagnierte die Entwicklung der NSDAP. Im Februar 1942 betrug die Mitgliederstärke der Partei im erweiterten Gau Westmark, der seit dem 7. Dezember 1940 auch das annektierte Moseldepartement umfaßte, 154.362 Parteigenossen, von denen allerdings nur 109.708 zahlende Mitglieder waren. Die gesamte Partei der Westmark gliederte sich nun in 17 Kreise und 452 Ortsgruppen.[33] Unter der Annahme, daß die Mitgliederresonanz im annektierten Lothringen gering war, hatte der Mitgliederbestand der saarpfälzischen NSDAP damit noch einmal um etwa 20 % zugenommen. Etwa 8 % der Bevölkerung der Saarpfalz dürften zu diesem Zeitpunkt Mitglieder der NSDAP gewesen sein. Vermutlich wird man die Gesamtzahl der saarländischen Parteigenossen 1942 auf etwa 85.000 beziffern können. Aus etwa jedem dritten saarländischen Haushalt kam damit ein Parteigenosse.

Parallel zur Wiedergründung der NSDAP verlief die Auflösung der anderen nationalen Verbände und die Liquidierung der Rechtsopposition. Zeitgleich mit dem Gründungsakt in der „Wartburg" erfolgte die Auflösung des Stahlhelm und die Schließung seiner Geschäftsstelle durch die Gestapo. Einzelne Stahlhelm-Führer wurden in Schutzhaft genommen.[34] Ebenso erging es Anhängern der rechtsoppositionellen „Schwarzen Front" um den Saarbrücker Reichsbankinspektor Hermann Benkert, die Anfang September 1935 in die Hände der Gestapo gerieten und denen man Verbindungen zum Bruder des ermordeten ehemaligen Reichsorganisationsleiters der NSDAP, Otto Straßer, in Prag vorwarf.[35]

Tabelle 16:
Die Entwicklung der NSDAP in der Pfalz und im Saarland

	Pfalz			Saarland			Westmark		
Jahr	Mitglieder	Org.grad*	Ortsgruppen	Mitglieder	Org.grad*	Ortsgruppen	Mitglieder	Org.grad*	Ortsgruppen
1930	5.000	0,5	135	261	0,03	—			
1933	20.000	2,0	224	2.500	0,3	—			
1935	35.213	3,5	254	32.500	4,0	83			
1937	50.309	5,0	261	69.387	8,4	164			
•									
•									
•									
1942	[70.000]**			[85.000]**			154.362	6	452

* in Prozent der Gesamtbevölkerung, ** Schätzungen
Quellen: BAK, NS 1/2126—1; eigene Berechnungen; Paul: Die NSDAP des Saargebietes; Rothenberger: Die NSDAP in der Pfalz

Tabelle 17:
Mitglieder und Organisationsgrad der NSDAP im Saarland am 31. 12. 1937 nach Kreisen

NSDAP-Kreise	Ortsgruppen	Anwärter	Mitglieder	Summe	Org.grad*
Merzig	9	3.002	164	3.166	8,0
Ottweiler	20	9.318	897	10.215	7,2
Saarbrücken (Stadt/Land)	37	24.827	7.902	32.729	9,45
Saarlouis	24	8.144	923	9.067	6,1
St. Ingbert	20	3.520	561	4.081	7,0
St. Wendel	13	2.213	303	2.516	6,9
Zweibrücken (inkl. Homburg)	41	4.205	3.408	7.615	—
Saarland	164	55.229	14.158	69.389	8,4

* in Prozent der Gesamtbevölkerung.

Quellen: BAK, NS 1/2126-1; eigene Berechnungen nach der Statistik des Deutschen Reiches.

Auch in der in Neustadt residierenden Gauleitung der NSDAP[36] dominierten pfälzische Parteigenossen. Eine Ausnahme war lediglich der 1905 in Neunkirchen geborene Jakob Knissel, der 1926 der NSDAP beigetreten war und nun das Gauamt für Kommunalpolitik leitete. Knissel, der 1927 die Ortsgruppe im pfälzischen Landstuhl geführt hatte, 1931 Kreisleiter von Landstuhl und Waldmohr war und nach der Rückgliederung zum Kreisleiter und Bürgermeister von Homburg (Saar) avancierte, gehörte dem engeren Kreis um Bürckel seit 1926 an.[37] Während die Gauleitung fast ausschließlich mit pfälzischen Vertrauensleuten des Gauleiters besetzt war, standen an der Spitze der saarländischen NSDAP-Kreise zunächst vornehmlich Saarländer, die entsprechend Bürckels Vorstellung vom Primat der Politik und der parteioffiziellen Devise „Die Partei befiehlt dem Staat" in den meisten Fällen zugleich auch Verwaltungsfunktionen als Bürgermeister der Kreisstädte ausübten. Die Kreisleiter der Saarmetropole, Dürrfeld bzw. Schwitzgebel, waren zugleich Oberbürgermeister in Saarbrücken. Erst im Juli 1944 wurde Schwitzgebel angesichts Überbelastung von seiner Kreisleiterfunktion entbunden. In Personalunion übten auch Franz Schubert, Jakob Knissel und Nelles Funktionen als Kreisleiter und Bürgermeister von Saarlouis, Homburg und Merzig aus. Eine Ausnahme demgegenüber war der Kreisleiter der Landkreise Saarbrücken und Ottweiler, Julius Weber — 1904 in Neunkirchen geboren, Magazinarbeiter von Beruf und Parteigenosse seit 1932 —, der lediglich das Amt des Kreisleiters bekleidete.[38] Bis zu seiner Einberufung 1941 war Weber der einflußreichste Kreisleiter des Saarlandes. Bürckels Modell der Einheit von Partei und Staat wiederholte sich auf der Ebene der Gemeinden, wo Ortsgruppenleiter vielfach zugleich die Geschäfte der Amtsbürgermeister wahrnahmen. Erst mit Kriegsbeginn wurde diese Einheit durch eine immer größer werdende Fluktuation der Kreisleiter infolge von Abordnungen und Einziehungen zur Wehrmacht durchbrochen. Vielfach kamen die Kreisleiter nun auch aus anderen Reichsteilen.

Die Mitgliederpartei: Zwischen Weltanschauungspartei und Versicherungsunternehmen

Da im Unterschied zu anderen Gauen das Saarland nicht in die offizielle Parteistatistik von 1935 einbezogen wurde, liegen über die Mitgliederzusammensetzung und -entwicklung der NSDAP keine gesicherten statistischen Daten vor. Aus der erhalten gebliebenen Mitgliederkartei der NSDAP-Ortsgruppe Quierschied — einer 1935 8.709 Einwohner zählenden Bergarbeitergemeinde im Landkreis Saarbrücken — jedoch geht hervor, daß der Mitgliederboom der Jahre 1935/36 den der Abstimmungszeit noch übertraf, bevor dann von 1937 bis 1939 eine Aufnahmesperre verordnet wurde. Während von den insgesamt 1.102 Quierschieder Parteigenossen lediglich 1,1 % der NSDAP vor 1933, 14,7 % im Jahr der Machteinsetzung Hitlers beigetreten waren, erlebte die Ortsgruppe 1935 mit 18,3 % und 1936 mit 35 % einen Mitgliederzuwachs, der ihre organisatorischen Kapazitäten überschritt. Erst mit der Blitzkriegseuphorie 1939/40 stieg nach einem dreijährigen Aufnahmestopp die Mitgliederzahl wieder an, um aber 1942 und 1943 nach dem Fall von Stalingrad

Gliederungsplan der Gauleitung der NSDAP Pfalz-Saar

Herausgegeben vom Gauorganisationsamt Rheinpfalz

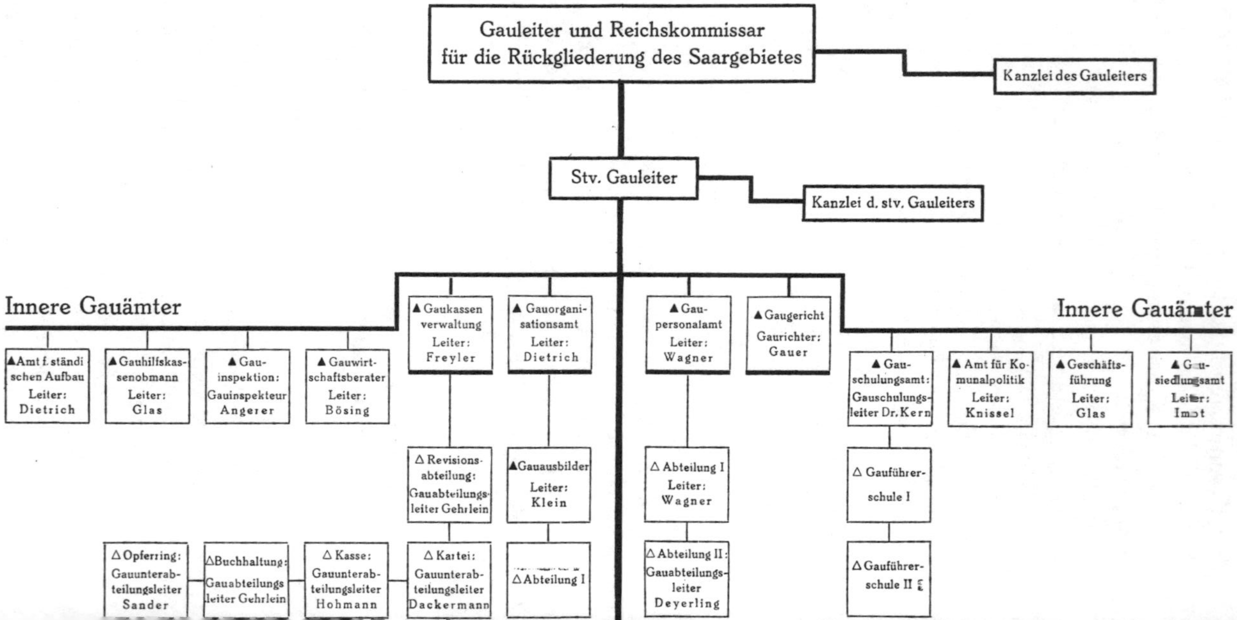

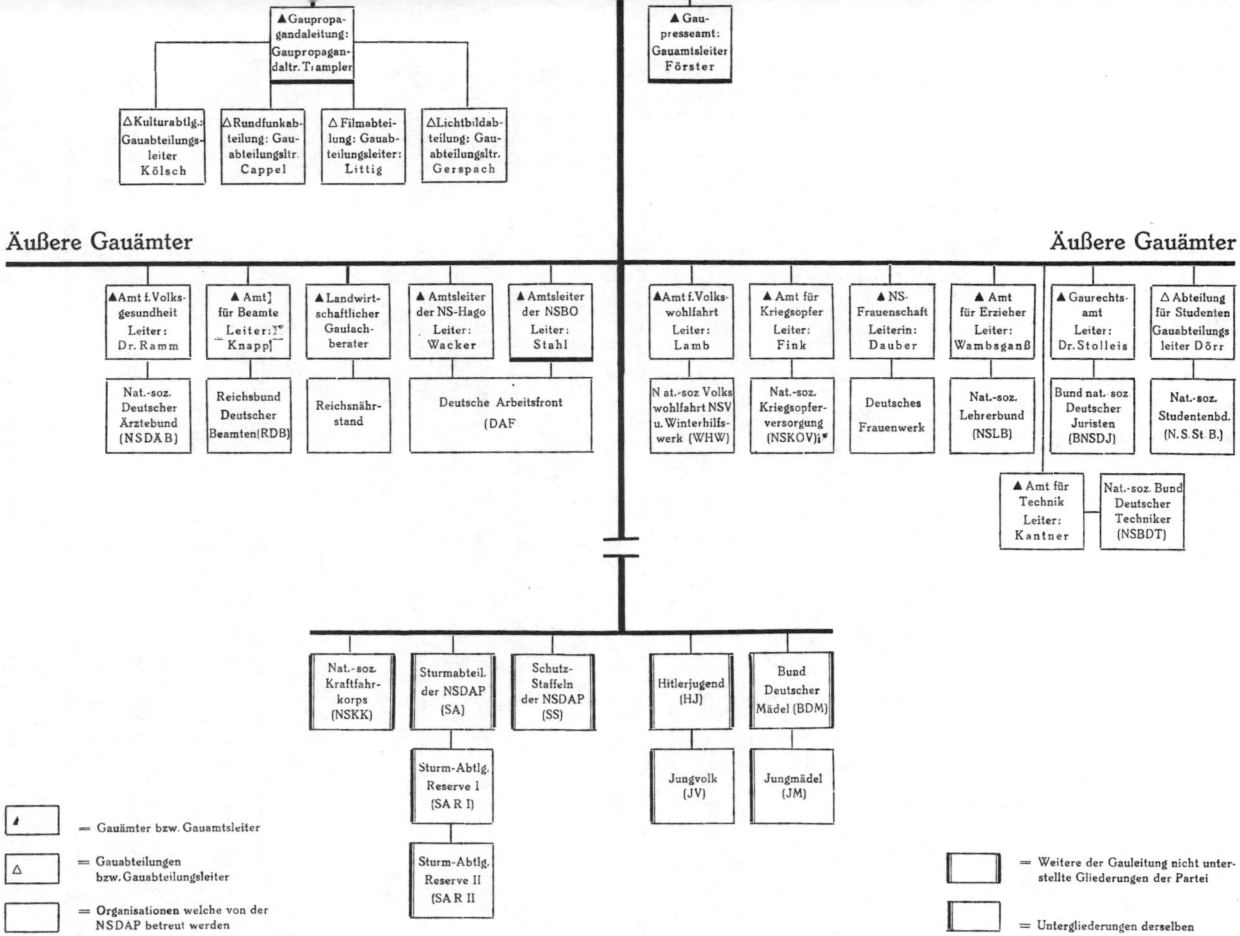
▲Gaupropagandaleitung: Gaupropagandaltr. Trampler
ΔKulturabtlg.: Gauabteilungsleiter Kölsch
ΔRundfunkabteilung: Gauabteilungsltr. Cappel
Δ Filmabteilung: Gauabteilungsleiter: Littig
ΔLichtbildabteilung: Gauabteilungsltr. Gerspach
▲Gaupresseamt: Gauamtsleiter Förster
Äußere Gauämter
Äußere Gauämter
▲Amt f. Volksgesundheit Leiter: Dr. Ramm
▲Amt für Beamte Leiter: Knapp
▲Landwirtschaftlicher Gaufachberater
▲Amtsleiter der NS-Hago Leiter: Wacker
▲Amtsleiter der NSBO Leiter: Stahl
▲Amt f. Volkswohlfahrt Leiter: Lamb
▲Amt für Kriegsopfer Leiter: Fink
▲NS-Frauenschaft Leiterin: Dauber
▲Amt für Erzieher Leiter: Wambsganß
▲Gaurechtsamt Leiter: Dr. Stolleis
Δ Abteilung für Studenten Gauabteilungsleiter Dörr
Nat.-soz. Deutscher Ärztebund (NSDÄB)
Reichsbund Deutscher Beamten (RDB)
Reichsnährstand
Deutsche Arbeitsfront (DAF
Nat.-soz Volkswohlfahrt NSV u. Winterhilfswerk (WHW)
Nat.-soz. Kriegsopferversorgung (NSKOV)
Deutsches Frauenwerk
Nat.-soz. Lehrerbund (NSLB)
Bund nat.-soz Deutscher Juristen (BNSDJ)
Nat.-soz. Studentenbd. (N.S.St.B.)
▲Amt für Technik Leiter: Kantner
Nat.-soz. Bund Deutscher Techniker (NSBDT)
Nat.-soz. Kraftfahrkorps (NSKK)
Sturmabteil. der NSDAP (SA)
Schutz-Staffeln der NSDAP (SS)
Hitlerjugend (HJ)
Bund Deutscher Mädel (BDM)
Sturm-Abtlg. Reserve I (SA R I)
Sturm-Abtlg. Reserve II (SA R II
Jungvolk (JV)
Jungmädel (JM)
▲ = Gauämter bzw. Gauamtsleiter
Δ = Gauabteilungen bzw. Gauabteilungsleiter
= Organisationen welche von der NSDAP betreut werden
= Weitere der Gauleitung nicht unterstellte Gliederungen der Partei
= Untergliederungen derselben

wieder rapide abzusinken. Nur 2,7 % aller Quierschieder Nationalsozialisten traten 1943 der NSDAP bei. Um so überraschender ist der Befund, daß im letzten Kriegsjahr — bereits im Angesicht des nahen Endes — wieder zahlreiche jüngere Quierschieder, vornehmlich Schüler und Lehrlinge, zur NSDAP kamen.[39]

Die erhaltene Mitgliederkartei der NSDAP-Ortsgruppe Quierschied sowie unmittelbar nach dem Kriege durchgeführte Befragungen und Auflistungen von Parteigenossen und Politischen Leitern in Sulzbach und Landsweiler-Reden werfen einige interessante Schlaglichter auf die soziale Zusammensetzung von Hitlers Anhängerschaft an der Saar. In der ehemaligen Zentrumshochburg Quierschied, in der bei den Landesratswahlen von 1932 50,5 % der Wähler für das Zentrum, 22,2 % für die KPD, 8,2 % für die SPD, aber nur 2,7 % für die NSDAP votiert hatten, hatte es vor 1933 nur 12 Parteigenossen gegeben, unter ihnen der spätere Amtsbürgermeister.[40] Im Frühjahr 1933 traten zunächst die Gewerbetreibenden und Selbständigen der Bergarbeitergemeinde der NSDAP bei: der Konditor, der Bäcker, der Metzger, der Bierverleger, der Fotograf, der Friseur, der Omnibusunternehmer, der Arzt, der Dentist sowie die Beamten von Polizei und Reichsbahn und der Schulrektor samt seiner Kollegen. 1935 und 1936 folgten ihnen die große Masse der Bergarbeiter und die Beschäftigten des öffentlichen Dienstes, unter ihnen — symbolträchtig — auch der Totengräber. Auch traten jetzt verstärkt Arbeitslose der NSDAP bei, die sich einen sicheren Arbeitsplatz erhofften. Während der Kriegszeit und hier vor allem 1944 waren es besonders junge, durch die HJ-Sozialisation geprägte Männer und Frauen, die sich der Partei Hitlers anschlossen. Insgesamt kamen etwa zwei Drittel aller 1.102 Quierschieder Parteigenossen während des Abstimmungskampfes und unmittelbar nach der Rückgliederung zur NSDAP, nur ein Drittel zur Kriegszeit. Von der beruflichen Zusammensetzung der Quierschieder NSDAP her dominierten mit 47 % aller Mitglieder deutlich die Arbeiter — davon die Hälfte Bergarbeiter —, gefolgt von den Angehörigen des alten und des neuen Mittelstandes (Angestellte 22,3 %, Selbständige 9 %, Beamte 8,6 %). Schüler, Studenten und Lehrlinge machten 6 % aller Parteimitglieder aus. Insgesamt hatte die Quierschieder NSDAP — wie vermutlich die des Saarlandes insgesamt — damit eher den Charakter einer Arbeiter-, denn einer Volks- oder Mittelstandspartei.

Zu 95,6 % war die Quierschieder NSDAP eine Männerpartei. Unter den lediglich 48 weiblichen Mitgliedern befanden sich 15 Hausfrauen, zumeist Ehefrauen von Parteigenossen, sowie überproportional viele junge und berufstätige Frauen aus pflegerischen und pädagogischen Berufen wie die Lehrerinnen und örtlichen Fürsorgerinnen, aber auch einige junge Kontoristinnen, die während ihrer BdM-Zeit politisch geprägt worden waren. Eine völlige Ausnahmeerscheinung war die Parteiaktivistin Juliane K., 1893 geboren, Oberschwester von Beruf, die sich schon 1933 der Partei angeschlossen hatte, der NS-Frauenschaft angehörte und neben der *NSZ-Rheinfront* auch den *Völkischen Beobachter*, den *Illustrierten Beobachter* und den *Stürmer* abonniert hatte.[41]

Von ihrer Alterszusammensetzung her war die Quierschieder NSDAP eine Partei der Jungen. 83,2 % aller Mitglieder waren jünger als 45 Jahre. Die Alterskohorte der 18- bis 24jährigen machte 22,6 % aller Parteimitglieder aus. 60,6 % waren zwischen 25 und 45 Jahren alt. Damit dominierten diejenigen, die im

Arbeitsleben standen bzw. eine berufliche Karriere noch vor sich hatten. Während nur 12,5 % der Quierschieder Parteigenossen vor 1890 geboren waren, gehörten 58,4 % den Geburtsjahrgängen nach 1900 an und dürften damit nur zu einem kleinen Teil noch aktiv den Ersten Weltkrieg erlebt haben. Die politische Sozialisation der Mehrheit der Parteimitglieder fiel demgegenüber in die unmittelbare Nachkriegszeit, in die Zeit der Abtrennung und des Abstimmungskampfes. Dieser Befund wird erhärtet durch die Auswertung einer nach dem Kriege zusammengestellten Liste von 68 Politischen Leitern in der Bergarbeitergemeinde Landsweiler-Reden. Auch hier dominierten eindeutig die Männer, die nach 1900 geborenen Jahrgänge und bei den Blockwarten zu 60 % die Gruppe der Arbeiter. Und auch hier — wie in Sulzbach, wo nach dem Kriege ehemalige Parteigenossen befragt wurden — waren es vornehmlich diejenigen, die sich nach Hitlers Machteinsetzung, während des beginnenden Abstimmungskampfes oder unmittelbar nach der Rückgliederung der NSDAP angeschlossen hatten.[42]

Der Typus des „alten Kämpfers", der in der Illegalität geprägt worden war und gegen die Fremdherrschaft des Völkerbundes gekämpft hatte, war damit de facto verdrängt. Insgesamt vermittelt auch die Sozial- und Altersstruktur der Quierschieder NSDAP nicht das Bild einer fanatisierten Weltanschauungspartei, sondern eher das eines Versicherungsunternehmens zum Schutze gegen die Unwägbarkeiten des Arbeitsmarktes, einer Umsatzgarantie der kleinen Gewerbetreibenden bzw. eines Eintrittsbillets für Lehrlinge und Arbeitslose in das Berufsleben. Hierfür spricht auch, daß sowohl die am Ende ihrer beruflichen Karriere stehenden älteren Geburtsjahrgänge als auch die Gruppe der nicht berufstätigen Frauen stark unterrepräsentiert blieben. Bürckel sprach daher vom Typus des „Rucksackrevolutionärs", der weniger aus Gründen innerer politischer Einstellungskonformität, als aus äußeren, opportunistischen Motiven den Weg zur NSDAP gefunden habe. Für die meisten saarländischen Parteigenossen verkörperte die NSDAP nicht den Typus der „Kampf-", sondern den der „Staatspartei" des Dritten Reiches, war Hitler nicht der Führer der Partei, sondern die Verkörperung des neuen Deutschlands. Die ideologische Schulung dürfte eher gering gewesen sein, da die Parteipresse hauptsächlich nur von den „alten Kämpfern" bzw. von denen bezogen wurde, die sich — wie einige Geschäftsleute und Selbständige — den *Völkischen Beobachter* oder den *Stürmer* leisten konnten. Der Typus des weltanschaulich fanatisierten Parteigenossen war vornehmlich unter den jungen Männern des Ortes verbreitet, die erst während des Krieges und trotz Stalingrad 1944 zur NSDAP gekommen waren. Es waren dies die Alterskohorten, die den Wiederaufbau nach dem Kriege entscheidend prägen sollten.

Realiter war die saarländische NSDAP damit alles andere als ein „Orden" der „Führer-" und „Kämpferauslese" und ein Transmissionsriemen der Politik des NS-Staates nach unten in die Bevölkerung. Zwar hatte das „Gesetz zur Sicherung der Einheit von Partei und Staat" vom 1. Dezember 1933 die Partei zur „Trägerin des deutschen Staatsgedankens" erhoben, waren der NSDAP Funktionen der Schulung und Erziehung der Nation und der Führerauslese für staatliche Machtpositionen zugewiesen worden und hatte das Organisationsbuch der Partei die Aufgabe zuerkannt, durch ihre Propaganda das Volk für die Maßnahmen der Staatsführung vorzubereiten, statt einer Elite- und Kaderpartei aber war aufgrund des riesigen Mitgliederzuwachses eine Massenpartei mit deutlichen Zeichen der Verbürgerlichung entstanden, die ihre Aufgabe als Elite- und Führungspartei kaum mehr zu realisieren vermochte. Während des Mitgliederbooms hatte sich das Gewicht der weltanschaulich motivierten „alten Kämpfer" zudem eindeutig zugunsten der neuen, aufstiegs- und berufsorientierten Parteigenossen verschoben. In den Gliederungen der NSDAP wie SA, SS, NSKK, HJ und der Frauenschaft waren darüber hinaus an der Saar wie anderswo Zehntausende organisiert, die der Partei gar nicht angehörten; und auch die angeschlossenen Verbände wie die DAF und die NSV erfüllten für viele eher existenzielle und nicht unmittelbar weltanschauliche Funktionen.

3. Die Delegation staatlicher Funktionen an Untergliederungen der Partei und angeschlossene Verbände

Als Folge des reichsweiten Scheiterns der Konzeption einer Elite- und Kaderpartei setzte seit Mitte der 30er Jahre daher ein Differenzierungsprozeß der Parteifunktionen ein. Während die Partei die Aufgabe zugewiesen bekam, durch ihre Block- und Zellenwarte die propagandistische Indoktrination der Volksgenossen und die politisch-ideologische Kontrolle der Partei im kommunalen und privaten Nahbereich zu organisieren, übernahm Himmlers SS zunehmend die ursprünglich der Gesamtpartei zugedachten Avantgardefunktionen der Elite- und Kaderbildung und der Beherrschung des Staatsapparates.[43]

Das Hauptgewicht der Mobilisierung, politischen Einflußnahme und Kontrolle im sozialen und geographischen Nahbereich lag nun bei den unzähligen Block- und Zellenleitern. Der vom Ortsgruppenleiter berufene, disziplinär aber dem Zellenleiter unterstehende Blockleiter der Partei war für „die gesamten Vorgänge in seinem Bereich, welche die Bewegung betreffen, zuständig". Sein Tätigkeitsfeld sollte in der Regel zwischen 40 und 60 Haushaltungen umfassen. Zu seinen Aufgaben gehörte es, „aufklärend, ausgleichend und helfend im Sinne der Bewegung zu wirken", die Verbreiter schädigender Gerüchte festzustellen und sie an die Ortsgruppe zu melden, „damit die zuständige staatliche Dienststelle benachrichtigt werden kann". Der Blockleiter sollte nicht nur Propagandist — oder wie es hieß „Prediger und Verfechter der nationalsozialistischen Weltanschauung" — sein, sondern auch die seinem Blockbereich angehörenden Volksgenossen zur praktischen Mitarbeit in der Partei motivieren. „Kurz und gut, der Blockleiter ist ein unablässig sich mühender Aktivist und Propagandist der Bewegung."[44] Obwohl er nach außen weniger als Polizeiorgan, sondern vor allem als „Seelsorger" auftreten sollte, fielen ihm als Auge und Ohr des Staates halbstaatliche und staatliche Funktionen im Nachbarschaftszusammenhang zu. Zugleich war mit den 260.000 Block- und Zellenleitern, über die die NSDAP reichsweit verfügte, eine neue Hierarchie institutionalisiert worden, in der nun auch der Angestellte seinem Büroleiter, der Arbeiter seinem Meister und der Hausmeister dem Schulrektor Anweisungen geben konnte. Zumindest zeitweise vermochte sich so ein neues Gefühl sozialer Gleichheit einzustellen. Deutschland war nicht mehr nur ein Volk von Geführten, sondern ebensosehr von vielen kleinen Führern. „Das gab dem Zwangsstaat zusätzliche Legitimation und Stabilität. Zwar mußten alle gehorchen, aber viele durften einen Zipfel Macht in Händen halten und am Führerprinzip teilhaben."[45]

Parallel zur Reorganisation der vertikalen und horizontalen Untergliederungen der NSDAP verlief seit März 1935 die Gründung der angeschlossenen berufs- und sozialpolitischen Verbände, des NS-Juristenbundes, des NS-Lehrerbundes, des NS-Ärztebundes, der NS-Volkswohlfahrt usw. Wichtigste, weil mitgliederstärkste Organisation war die Deutsche Arbeitsfront Robert Leys, die am 15. Mai 1935 offiziell ihre Tätigkeit an der Saar aufnahm. In ihrer Gründungsproklamation konnte man lesen: „Die Kampforganisationen der Gewerkschaften und Arbeitgeberverbände sind aufgelöst. ... An die Stelle des Klassenkampfes ist die Deutsche Gemeinschaft getreten. Die deutsche Gemeinschaftsidee, die in der DAF ihre Verkörperung gefunden hat, macht endgültig Schluß mit dem Klassenkampf und dessen überlebten Einrichtungen".[46] Am 1. Juni 1935 wurden die bereits 1933 und 1934 gleichgeschalteten Gewerkschaftsverbände des Saargebietes in die DAF überführt. Bereits im März hatte der Ableger von Leys sozialpolitischem Mammutkonzern an der Saar Vermögen und Immobilien der freien Gewerkschaftsverbände übernommen. Vereinzelt hatten auch nichtemigrierte Gewerkschaftssekretäre offiziell ihre Geschäftsstellen den neuen Herren der DAF übergeben.[47]

Zu den 191.367 DAF-Mitgliedern aus der Pfalz kamen so auf einen Schlag 200.000 neue saarländische Mitglieder hinzu[48], so daß der neugebildete DAF-Gau Saarpfalz im Sommer 1935 nun über etwa 400.000 Mitglieder verfügte und — wie im Reich — damit die größte NS-Massenorganisation war. DAF und NSV galten innerhalb der Bevölkerung als die am wenigsten ideologiegeprägten Verbände, die zudem für den Einzelnen einen hohen Gebrauchswert besaßen. In ihnen fanden sich verstärkt auch jene Personenkreise aus dem links-proletarischen Milieu wieder, die sich so dem latenten Organisationsdruck der NSDAP zu entziehen und zumindest äußerlich ihre Konformität mit dem NS-Regime bekunden wollten. An der Saar wie anderswo lag der Organisationsgrad der DAF damit weit über dem der Partei. Etwa ein Drittel aller Erwachsenen gehörte bereits im Gründungsjahr der neuen Organisation an. 1937 war die Anhängerschaft der DAF, die nur zu etwa 16 % aus Frauen bestand, gauweit bereits auf 500.000 angewachsen. Zwei Drittel aller Mitglieder waren jünger als 35 Jahre. Der Organisationsapparat gliederte sich nun bereits in 2.764 Betriebsgemeinschaften, 20.415 Block- und Zellenwalter, 464 Ortsgruppen und 20 Kreise.[49] An der Spitze des DAF-Gaues Saarpfalz, dessen Geschäftsstelle sich im pfälzischen Neustadt befand, stand der 1895 im württembergischen Freudenbach geborene „alte Kämpfer" Georg Stahl, der seit 1926 der NSDAP-Ortsgruppe Frankenthal angehörte und seit langem zum engeren Kreis um Bürckel zählte. Als Stellvertreter fungierte zunächst der ehemalige christliche Gewerkschaftssekretär und Propagandaleiter der Deutschen Front, Peter Kiefer, der der DAF damit das Image eines über den ehemaligen Parteien und Lagern stehenden Verbandes verschaffte.

Die aus hauptamtlichen Mitarbeitern bestehende DAF-Gauzentrale in Neustadt gliederte sich in insgesamt 17 Abteilungen wie das DAF-Jugendamt, das Amt für kulturelle Erziehung, das Propaganda- und Sozialamt, das Amt für Arbeitsführung und Berufserziehung, das Amt für Ausbildung usw. Wichtigste Abteilung der DAF war die NS-Gemeinschaft Kraft durch Freude, die sich wiederum in die Ämter Schönheit der Arbeit, Feierabend, Volksgesundheit, Reisen, Wandern und Urlaub aufgliederte. Zur DAF gehörte ferner eine eigene Werkschar-Abteilung, die zum Jahresende 1936 über 5.100 Mitglieder verfügte, die in 161 Betrieben organisiert waren. Im Mai 1938 kamen 67 Frauengruppen mit insgesamt 2.000 Arbeiterinnen hinzu. Eine der größten Werkschargruppen des Gaues mit allein 600 Mitgliedern war auf den verschiedenen Gruben der Saargruben AG tätig.[50] Binnen weniger Monate war so nun auch in der Saarpfalz ein sozialpolitischer Großkonzern entstanden, der in nahezu alle Bereiche des beruflichen und privaten Daseins hineinreichte und dessen Attraktivität die der Partei bei weitem übertraf.

Die SA: Von der antimarxistischen Kampfbrigade zur Hilfstruppe der Wehrmacht

Die während der „Kampfzeit" der NSDAP wichtigste Untergliederung der Partei war die SA, die nach Hitler „eine zum Äußersten entschlossenste Kampfgemeinschaft" — weniger im Sinne eines Wehrverbandes als einer politischen Aufklärungstruppe der Partei — darstellen sollte. In der Praxis übte sie Ordnungsfunktionen in Versammlungen aus, provozierte und terrorisierte gegnerische Veranstaltungen, warb für die Parteipresse und machte der Linken die Straße streitig, indem sie die roten Demonstrationen und Massenkundgebungen adaptierte. Sie war gleichermaßen antimarxistische Kampfbrigade wie propagandistischer Werbetrupp, der durch seine Aufmärsche sinnlich konkret die wichtigsten Tugenden und Zielsetzungen des Nationalsozialismus verkörpern sollte.[51] Wie in keiner anderen NSDAP-Gliederung hatte sich in der SA vor 1933 ein proletarisch-revolutionärer Geist erhalten, der insbesondere nach dem 30. Januar 1933 auf die Einlösung der sozialistischen Versprechungen der NSDAP und auf die endgültige Abrechnung mit dem politischen Gegner drängte.

Einen ersten SA-Sturm mit 14 Männern soll es bereits im Oktober 1923 in Saarbrücken gegeben haben, von dem drei Mitglieder im kommenden Monat am Hitlerputsch in München teilnahmen.[52] 1929 hatte sich die Zahl der SA-Männer an der Saar auf etwa 30 vergrößert, die bei öffentlichen Aufmärschen von SA-Stürmen aus der Pfalz unterstützt werden mußten. Erst 1932 und damit verspätet erreichte die saarländische SA mit 1.200 Mann Standartenstärke. Die in Saarbrücken stationierte und von dem Diplom-Ingenieur Karl-Friedrich Eckert — dem späteren Vorsitzenden der saarländischen CSU — angeführte SA-Standarte 70 untergliederte sich in vier Sturmbanne mit 17 Stürmen zu je 70 Männern. Zusammen mit der pfälzischen SA-Standarte 22 bildete sie die SA-Brigade 51 (später 151), die ihren Sitz in Neustadt hatte. Mit dem Verbot der saarländischen SA durch die Regierungskommission 1932 wurden die SA-Männer zunächst in Tarnorganisationen erfaßt, bevor sie 1934 in den

Ordnungsdienst der Deutschen Front integriert wurden.[53] Ebenso wie die pfälzische SA-Standarte 22 war auch die saarländische SA Teil der SA-Gruppe Kurpfalz, deren Gruppenleitung sich in Mannheim befand. Mit der Rückgliederung des Saarlandes wurde der Dienstsitz der SA-Brigade 151 von Neustadt nach Saarbrücken verlegt. Im August 1935 zählte die Saarbrücker Stapo-Stelle 14.200 saarländische SA-Männer — das war mehr als das Zehnfache des Jahres 1932. Hinzu kamen 3.000 Mitglieder des Nationalsozialistischen Kraftfahrerkorps[54], das seit 1930 an der Saar bestand, nach den Ereignissen vom 30. Juni 1934 („Röhm-Putsch") aber aus der SA ausgegliedert und in den Rang einer eigenen Parteigliederung erhoben worden war. Am 13. Oktober 1935 wurden 16.000 saarländische SA-Männer durch SA-Stabschef Lutze vereidigt. Eigene SA-Standarten gab es nun in allen größeren Städten des Saarlandes. Zusammen mit der pfälzischen SA verfügte die SA-Brigade 151 vor Kriegsbeginn über etwa 40.000 Mitglieder.[55]

Führer der SA-Brigade 151 war der 1898 in Illingen geborene, promovierte Staatswissenschaftler Carl Caspary, einer der ganz wenigen Akademiker in der Partei, der seit 1930 der NSDAP und der SA angehörte. Caspary hatte als Offizier am Weltkrieg teilgenommen, war in Folge einer Gasverletzung kriegsbeschädigt und in Berlin als Industriekaufmann arbeitslos geworden, weshalb er 1932 in seine engere Heimat zurückkehrte. Von 1933 bis 1935 hatte er als hauptamtlicher SA-Führer die SA-Brigade 51 in Neustadt im Range eines Standartenführers geleitet und auch die „Säuberungen" nach dem „Röhm-Putsch" 1934 als Vertrauter Bürckels unbeschadet überstanden. Im April 1935 wurde Caspary von der Obersten SA-Führung beauftragt, die saarländische SA wiederaufzubauen. Als Oberführer der SA-Gruppe Kurpfalz in Mannheim leitete er vom November 1935 bis zum August 1938 die SA-Brigade 151, die ihre Diensträume am Saarbrücker Eichhornstaden hatte. 1938 ging er zusammen mit Bürckel nach Wien, um die dort neugegründete SA-Reichsführerschule zu leiten. Von 1939 bis 1942 nahm Caspary — zuletzt im Range eines Majors — am Weltkrieg teil, bevor er im November 1942 mit der Führung der SA-Gruppe Kurpfalz in Mannheim beauftragt wurde. Das Kriegsende erlebte Caspary als Stabsführer des saarländischen Volkssturms.[56]

Sein Nachfolger als Führer der SA-Brigade 151 in Saarbrücken wurde 1938 mit Wilhelm Weiskopf ein ehemaliger Lehrerkollege Bürckels aus der Pfalz. Weiskopf, 1899 in Rommersheim geboren, seit 1931 Mitglied von NSDAP und SA, hatte das Lehrerseminar in Alzey besucht und es bis zum Kreisschulrat gebracht. 1937 war er zum SA-Oberführer, 1938 dann zum Führer der SA-Brigade 151 und zum Leiter der SA-Gruppenschule Kurpfalz ernannt worden. Am Weltkrieg nahm er als Oberleutnant teil. Seit Februar 1942 führte er zugleich die lothringische SA-Brigade 250.[57] Da Bürckel mit beiden SA-Führern eine freundschaftliche Beziehung verband, kamen Konflikte zwischen Politischer Organisation und SA, wie sie insbesondere vor 1934 üblich waren, im Gau Saarpfalz praktisch nicht vor. Die SA stand zu ihrem Gauleiter.

Gleichwohl war es der SA nach dem 30. Juni 1934 auch an der Saar nicht gelungen, im politischen System des Dritten Reiches eine neue Rolle zu finden. Im Kampf mit staatlichen Stellen und Konkurrenten aus der eigenen Partei bei der Besetzung von einflußreichen Positionen war sie weitgehend leer ausgegangen. Selbst die erhoffte „Nacht der langen Messer" als Entschädigung für ihre Opfer beim

Kampf um die Macht, die der reichsdeutschen SA nach dem 30. Januar 1933 zugestanden worden war, blieb den SA-Männern an der Saar verwehrt. Das förderte Frustrationen und Enttäuschungen. Wie in anderen Reichsteilen sank auch hier die SA zur Veteranenorganisation der „alten Kämpfer" und zum politisch einflußlosen Wehrverband herab. Weder vertrat sie eigenständige politische Forderungen noch erkennbar originäre Ziele. „Eine Mitgliedschaft in der SA galt im allgemeinen als eine der ‚harmloseren' Möglichkeiten, sich innerhalb der nationalsozialistischen Bewegung zu engagieren."[58]

Die Frustrationen der alten SA-Aktivisten, bei der Verteilung der Macht im neuen Staat leer ausgegangen zu sein, entluden sich an der Saar wie anderswo immer wieder in unkontrollierten Gewaltausschreitungen, deren Opfer insbesondere die jüdische Bevölkerung war. Die SA war der Träger der Judenboykotte vom April 1935 im Saarland, und vermutlich war sie auch für die Judenaustreibungen aus öffentlichen Bädern im Sommer desselben Jahres verantwortlich. Wie 1933 im Reich maßten sich SA-Männer Hilfspolizeifunktionen an, störten Gottesdienste oppositioneller Pfarrer oder pöbelten ehemalige Status-Quo-Anhänger an. Die SA fungierte als willfährige Rekrutierungsmasse bei der Verhinderung von katholischen Kundgebungen und Prozessionen oder agierte als Organ der Selbstjustiz, so z. B. bei der Mißhandlung eines Führers des Winterhilfswerks in Altenwald, dem man vorwarf, Spendengelder veruntreut zu haben. Ihre ersehnte „Nacht der langen Messer" hatte die saarländische SA erst beim Novemberpogrom 1938, bei dem sich das in den vorausgegangenen Jahren durch Wehrübungen, Aufmärsche und Wettkämpfe mühsam unter Kontrolle gehaltene Gewaltpotential eruptiv entlud.[59] Die SA machte die Drecksarbeit im politischen Alltag der NSDAP.

Während des Krieges sank die SA als Hilfstruppe der Wehrmacht in die völlige politische Bedeutungslosigkeit herab. Vornehmlich oblag ihr nun die vormilitärische Ausbildung der noch „Ungedienten", die Sicherung und Überwachung von Wehrmachtseinrichtungen, die Verdunklungskontrolle, die Verteilung von Lebensmittelkarten usw.

Die HJ: Vom Aufstand der Jugend zum fanatisierten Staatsverband

1926 als Jugendorganisation der SA entstanden, aber schon bald zu einer eigenständigen Gliederung innerhalb der NS-Parteipolykratie erhoben, war die Hitlerjugend zunächst eine vom Idealismus und der Spontaneität der Jugendbewegung beseelte, gegen Spießertum und die Herrschaft der Alten gerichtete Jugendorganisation gewesen. Mit Parolen wie „Jugend führt Jugend" oder „Aufbruch der jungen Generation" hatte sie seit 1928 — offiziell genehmigt seit 1929 — auch im Saargebiet zunächst Emanzipationshoffnungen geweckt. Der saarländische HJ-Führer Fritz Lorenz hatte seine Organisation primär als Kampforganisation gegen den Einfluß des Zentrums und der katholischen Kirche unter den Jugendlichen konzipiert. Nach seinen vermutlich stark übertriebenen Angaben verfügte die zur HJ-Gruppe Südwest gehörende saarländische Hitlerjugend 1934 über 50.000 Anhänger, darunter

14.000 Mitglieder des Bundes deutscher Mädel unter der Leitung der Ehefrau des NSDAP-Gauleiters Spaniol.[60]

Vermutlich ebenso übertrieben dürften die Angaben der Saarbrücker Stapo-Stelle gewesen sein, wonach im Januar 1936 90 % der saarländischen Jugend in Jungvolk und HJ organisiert gewesen sei, womit das Saarland unter allen Gauen eine Spitzenstellung eingenommen habe. Die Gestapo führte dies auf das Verhalten der saarländischen Lehrerschaft zurück, „die fast restlos im NSLB (Nationalsozialistischen Lehrerbund, d. V.) aufgegangen ist".[61] Mit der Rückgliederung des Saarlandes war aus den bislang getrennten HJ-Organisationen im Saarland und in der Pfalz ein eigenständiges HJ-Gebiet Pfalz-Saar geworden, das von dem aus Westfalen an die Saar abkommandierten Gebietsführer Thimel geleitet wurde.

Zunächst dominierten im Alltag der HJ Aktivitäten, wie sie aus der bürgerlichen Jugendbewegung bekannt waren: Zeltlager, Fahrten und sportliche Wettkämpfe. Allein im Sommer 1936 fanden landesweit 20 Zeltlager statt. Daneben beteiligte man sich an Zeltlagern in anderen Reichsteilen. Fahrten führten die jungen Saarländer auch ins Ausland. Noch während des Krieges veranstaltete der BdM ein Ski-Lager in den Alpen. Reit-, Ski- und Schwimmkurse standen auf dem Programm der HJ. Überhaupt dominierte stark das Wettkampf- und Leistungsprinzip. Ständig fanden Wettkämpfe statt, bei denen man sich für die Gebietsausscheidungen oder gar für den Reichssportwettkampf qualifizieren oder bei denen man das HJ-Leistungsabzeichen erwerben konnte. Für die erwerbstätigen Mitglieder gab es Fortbildungsveranstaltungen und den jährlich stattfindenden Reichsberufswettkampf, der sich großer Beliebtheit erfreute, da er eine Reihe von konkreten Vergünstigungen bot. Hitlerjugendliche beteiligten sich darüber hinaus an den reichsweiten Sammlungen für das Winterhilfswerk oder warben für die Adolf-Hitler-Schule im pfälzischen Landstuhl. In allen größeren saarländischen Gemeinden entstanden HJ-Heime, in denen sich die Jugendlichen trafen. In Kleinblittersdorf wurde 1939 das reichsweit erste Erholungsheim der HJ seiner Bestimmung übergeben. Seit 1937 gab es in Wallerfangen eine Obergauführerinnenschule des BdM. Vorbild der saarländischen HJ war der Hitlerjunge Otto Schmelzer von der NSDAP-Ortsgruppe St. Ingbert, der 1933 bei einer Straßenschlacht zwischen Nationalsozialisten und Kommunisten am Güdinger Bahnhof tödlich verletzt worden war und als erster „Märtyrer der Bewegung" in die Annalen der saarländischen NSDAP einging. Nach ihm war ein HJ-Heim in Fraulautern benannt. Außer Zweifel steht, daß besonders während der Vorkriegszeit die HJ eine erstaunliche Attraktivität unter den Jugendlichen besaß. „Im Unterschied zur Weimarer Republik, die kaum etwas für die Jugend getan hatte, brachten die Jahre von 1933 bis 1939 unzweifelbare Fortschritte für Jugendliche — gerade auch für erwerbstätige."[62]

Nachdem zunächst die Doppelmitgliedschaft von HJ und konfessionellen Jugendgruppen, dann die konfessionellen Verbände der Jugendarbeit selbst verboten und im Dezember 1936 schließlich die HJ per Gesetz zur Staatsjugend erklärt worden war, nahm der Druck auf Jugendliche, die noch nicht der Organisation angehörten, erheblich zu.[63] Aufgabe der HJ war es nun, die gesamte deutsche Jugend körperlich, geistig und sittlich im Geiste des Nationalsozialismus und der Volksgemeinschaft zu erziehen. Mit der totalitären Indoktrination und Erfassung — seit

1939 wurde die „Jugenddienstpflicht“ obligatorisch — erlahmten der ursprünglich antibürgerliche Impetus und die Dynamik der HJ. Bereits seit 1937/38 zeichnete sich auch ein Wandel im Alltag der HJ-Jugendarbeit ab. Das Repertoire der Jugendbewegung wurde zunehmend abgelöst durch militärischen Drill, Reglementierung und sturen Konformismus. Die Wehrertüchtigung nahm nun einen breiten Platz in der Tätigkeitspalette der HJ ein. Zunehmend wurde der Parteinachwuchs jetzt auch zu Arbeitseinsätzen in der Landwirtschaft und gegen Kriegsende auch zu Schanzarbeiten und zum Flakhelferdienst herangezogen. Seit 1938 nahm die HJ zugleich halbstaatliche Funktionen wahr, indem sie Streifendienst entlang der Grenze ausübte oder sich während des Krieges an der Jagd auf entflohene Kriegsgefangene und abgeschossene Piloten beteiligte. Aus den zunächst unpolitischen Geländespielen war längst tödlicher Ernst geworden.

Die SS: Vom Versammlungsschutz zur Elitetruppe des Maßnahmenstaates

Im Unterschied zu der als Massenverband mit Propagandafunktionen betrauten SA sollten Hitlers 1925 gegründete Schutzstaffeln die aktivsten und zuverlässigsten Mitglieder einer NSDAP-Ortsgruppe zusammenfassen. Ihre Aufgabe bestand zunächst im Schutz prominenter Parteiführer, im Versammlungsschutz und der präventiven Abwehr von Angriffen auf Partei und Führung sowie in der Werbung von Parteigenossen, Abonnenten und Inserenten für den *Völkischen Beobachter.* Wie Hans Buchheim hervorhebt, standen die Schutzstaffeln „also nicht in der Tradition der Wehrverbände, sondern waren Parteikader für jeglichen politischen, technischen und brachialen Einsatz“.[64] Die Hitler treu ergebenen Schutzstaffeln übernahmen im Laufe der Zeit immer stärker „polizeiliche“ Aufgaben innerhalb der NSDAP. 1931 wurde ein eigener Abwehrdienst gegründet, der die Keimzelle des späteren SD war. Die doppelte Aufgabe der SS bestand in der Gefahrenabwehr bzw. der Zerschlagung der Opposition, der „exekutiven Sicherung“ (Heydrich) sowie in der „weltanschaulichen und lebensgebietsmäßigen Sicherung“, d. h. der Durchsetzung der NS-Ideologie, später besonders auch in den besetzten Gebieten. Vor 1934 stand Himmlers SS noch weitgehend im Schatten von Röhms SA. Das änderte sich erst mit deren Entmachtung. Als Hitler unmittelbar unterstellte Kampfgruppe wurde sie zum eigentlichen Träger des NS-Maßnahmenstaates und rückte in die zentralen Herrschaftsbereiche des neuen Staates ein.

Obwohl seit 1926 auch kleinere SS-Formationen an der Saar existierten, spielten sie im Saargebiet der Völkerbundszeit weder in der Öffentlichkeit noch innerhalb der NSDAP eine nennenswerte Rolle. Auch hier blieb die SS im Schatten der SA. Durch die Regierungskommission 1932 verboten, fristete sie unter ihrem Führer Paul Lonsdorfer[65] bis zur Saarabstimmung 1935 die Existenz einer illegalen Tarnorganisation innerhalb des ebenfalls von Lonsdorfer geführten Ordnungsdienstes der Deutschen Front.[66] Der eigentliche Aufbau der SS an der Saar datiert daher erst aus der Zeit nach der Rückgliederung.

Inmitten des vielfach noch traditionellen Staatsgefüges des Dritten Reiches wurde die SS zur einzig verläßlichen Macht, die dem totalitären Anspruch des

Nationalsozialismus gerecht wurde und ihn bedingungslos realisierte. Mit der Ausschaltung der SA und der Degenerierung der NSDAP zu einem Versicherungsunternehmen war Himmlers schwarzer Orden zur einzigen Verkörperung der ursprünglichen NS-Konzeption einer Weltanschauungstruppe geworden, die Funktionen der Elite- und Führerauslese besorgte. Zugleich hatte sie sich zum offensivsten Organ der terroristischen Durchsetzung des NS-Volksgemeinschaftsmodells und der Ausgrenzung der nicht zur Volksgemeinschaft gehörenden Bevölkerungsgruppen entwickelt. Einerseits war sie ein eigener Staat innerhalb des NS-Staates, andererseits fungierte sie als Sonderexekutive als dessen loyalste Kraft.[67]

Zunächst war es Bürckel auch hier gelungen, mit SS-Standartenführer Willy Schmelcher, der nach 1929 die pfälzische SS aufgebaut hatte, einen Vertrauten mit der Reorganisation der saarländischen SS zu beauftragen. Der saarländische SS-Sturm IV, der nach Gestapo-Angaben im Juni 1935 über 2.000 Mitglieder verfügte[68], war daher zunächst Teil der von Schmelcher geführten pfälzischen SS-Standarte 10, die ihren Sitz in Neustadt hatte und bis 1936 zum SS-Oberabschnitt Südwest in Stuttgart, dann zum SS-Oberabschnitt Rhein in Wiesbaden gehörte. Nachdem die saarländische SS Standartengröße erreicht hatte, wurde am 11. Mai 1935 auf dem Flugplatz in Neustadt aufgrund eines Erlasses des Reichführers SS eine eigene SS-Standarte aufgestellt. Angeführt wurde die Saarbrücker SS-Standarte 85, die am 16. November 1935 durch SS-Oberführer Weiß in Saarbrücken vereidigt wurde, von dem aus München stammenden SS-Sturmbannführer Hans Burkhart, der als Vertrauter Himmlers galt.[69] Damit war der Einfluß Bürckels auf die SS an der Saar unterbunden. Schmelcher mußte sich mit seiner Position als Polizeipräsident von Saarbrücken begnügen. Nachdem Burkhart zum Jahresbeginn 1939 die Führung der neugebildeten SS-Standarte Sudetengau übernahm, wurde der bisherige Führer des SS-Sturmbannes II/85, SS-Obersturmbannführer Willi Stemmler, dessen Nachfolger. Stemmler, 1899 in Weidach geboren, Kaufmann von Beruf, gehörte der NSDAP seit 1923 an. Wie viele seiner Generation hatte er als Jugendlicher noch für wenige Monate am Weltkrieg teilgenommen. Bevor er am 1. Dezember 1935 sein Amt als Führer des SS-Sturmbannes II/85 in Saarbrücken angetreten hatte, war er Führer eines Sturmbannes in Heilbronn gewesen. Vom 1. Januar 1939 bis zum Kriegsende leitete er die saarländische SS, die im Zuge der Westverschiebung 1940 Teil des neugebildeten SS-Oberabschnitts Lothringen-Saarpfalz — seit 1941 dann Westmark — wurde. 1940 kam Stemmler als verantwortlicher Leiter des „Judeneinsatzes“ nach Lublin. Dort unterstanden ihm 20 SS-Wachmannschaften von nahegelegenen Arbeitslagern. 1941 wurde er zum Aufbau der SS nach Metz abkommandiert. Seit 1942 führte er in Personalunion die 125. SS-Standarte in Metz und die 85. SS-Standarte in Saarbrücken.[70] Weil er in der letzten Kriegsphase im Rahmen des „Fliegerbefehls“ des Höheren SS- und Polizeiführers Stroop an der Erschießung amerikanischer und englischer Piloten beteiligt war, wurde Stemmler 1947 im Dachau-Prozeß zum Tode verurteilt und 1948 in Landsberg hingerichtet.[71]

Dienstvorgesetzter Stemmlers als Höherer SS- und Polizeiführer war seit 1940 Theodor Berkelmann, der in Personalunion über die beiden SS-Oberabschnitte Rhein und Westmark gebot. In der seit 1938 geschaffenen Institution der Höheren SS- und Polizeiführer für die einzelnen SS-Oberabschnitte, die den Wehrkreisen entsprachen, hatte die von Himmler forcierte Verkoppelung von SS und Polizei ihren deutlichsten Ausdruck gefunden. Den auch als Gegenpol zur Wehrmacht konzipierten Höheren SS- und Polizeiführern[72] unterstanden die wiederum über die Gestapo, die Kriminalpolizei und den SD gebietenden Instrukteure der Sicherheitspolizei und des SD, die Führer der SS-Oberabschnitte und die Befehlshaber der Ordnungspolizei, die wiederum Gendarmerie und Schutzpolizei befehligten. Darüber hinaus war der Höhere SS- und Polizeiführer ständiger Vertreter des Reichsführers SS im Wehrkreis und oberster Gerichtsherr des SS- und Polizeigerichts. Der Höhere SS- und Polizeiführer beim Reichskommissar für die Saarpfalz und Chef der Zivilverwaltung in Lothringen, seit 1941 beim Reichsstatthalter in der Westmark und Chef der Zivilverwaltung in Lothringen, residierte zunächst in Saarbrücken, anschließend in Metz und nach der Zusammenlegung der SS-Oberabschnitte Rhein und Westmark 1943 in Wiesbaden.[73] Innerhalb seiner staatlichen Funktionen war der Höhere SS- und Polizeiführer, was das Gebiet der Westmark betraf, Bürckel formell untergeordnet.

Theodor Berkelmann, 1894 in Ban St. Martin bei Metz geboren, hatte zuletzt im Range eines Oberleutnants am Weltkrieg teilgenommen. Wie so viele seiner Generation hatte er nach Kriegsende Schwierigkeiten, beruflich Tritt zu fassen, so daß sich der junge Abiturient aus Colmar durch Gelegenheitsarbeiten über Wasser hielt, bevor er 1929 bei der NSDAP und 1932 dann bei der SS sein Glück versuchte. Noch im Jahr seines SS-Beitrittes avancierte er zum Adjutanten Himmlers, und schon ein Jahr später leitete er den SS-Oberabschnitt IV in Breslau. 1934 wurde er zum SS-Brigadeführer, 1936 zum SS-Gruppenführer, 1940 für kurze Zeit zum Führer des SS-Oberabschnitts Elbe ernannt, bevor er am 19. Juli 1940 sein Amt als Höherer SS- und Polizeiführer in Saarbrücken antrat. Im November 1943 verließ Berkelmann diese Position, um Höherer SS- und Polizeiführer im Wartheland zu werden. Am 28. Dezember desselben Jahres starb er in Posen an den Folgen eines Gehirntumors.[74]

Sein Nachfolger im SS-Oberabschnitt Rhein und Westmark — und damit auch für das Saarland zuständig — wurde der 1895 in Detmold geborene ehemalige Vermessungsbeamte Jürgen Stroop, ebenfalls Kriegsfreiwilliger von 1914, der 1932 der SS beigetreten war und 1935 in deren hauptamtliches Führerkorps übernommen wurde. Stroop, der als SS- und Polizeiführer in Warschau den dortigen Ghetto-Aufstand niederschlagen ließ, wurde 1944 zum Oberkommandeur der Werwolf-Verbände im SS-Oberschnitt Rhein und Westmark ernannt und war für den Tod zahlreicher alliierter Piloten verantwortlich, die er erschießen ließ. 1947 wurde er in Dachau, 1951 in Warschau zum Tode verurteilt und 1952 im dortigen Zentralgefängnis hingerichtet.[75]

Während die Führungspositionen im NS-Herrschaftsapparat, ob bei der Gestapo oder bei der SS, vornehmlich mit nicht-saarländischen SS-Funktionären besetzt waren, wurden die saarländischen SS-Männer zu Hilfspolizeifunktionen herangezogen (so anläßlich der „Reichskristallnacht"), stellten den Versammlungs- und Kundgebungsschutz bei NS-Großveranstaltungen, rückten seit Ende der 30er Jahre zunehmend auch in die unteren Ränge der Schutzpolizei und der Geheimen Staatspolizei ein oder bildeten das Personal des Werkschutzes in den großen Betrieben bzw. der Wachmannschaften der mit dem Kriege immer zahlreicher werdenden Fremdarbeiter-, Polizei-Sonder- und Arbeitserziehungslager. Erst der Beginn des Krieges bescherte den saarländischen Angehörigen von Himmlers Staatsschutzkorps einen Karriereschub, der sie auch in höhere SS-Positionen in den besetzten Ländern brachte. Während des Krieges wuchsen der SS auch an der Saar immer mehr staatliche Polizeifunktionen zu. SS-Kommandos durchkämmten die „rote Zone" nach entflohenen Kriegsgefangenen und Fremdarbeitern, begaben sich auf die Suche nach versprengten Truppenangehörigen, rekrutierten wehrfähige Männer für den Volkssturm und Frauen und Mädchen für Schanzarbeiten.[76] Die Radikalisierung erlebte ihren Höhepunkt gegen Kriegsende, als saarländische SS-Angehörige im August 1944 den Befehl erhielten, abgesprungene feindliche Flieger zu erschießen. Zu solchen Erschießungen, die gegen die Genfer Konvention verstießen, kam es nachweislich in Saarbrücken, in Burbach und in einem Waldstück zwischen Neunkirchen und Saarbrücken. Wegen dieser Verbrechen hatten sich die Verantwortlichen nach dem Kriege vor dem Military Court in Dachau zu verantworten, der neben lebenslangen Freiheitsstrafen mindestens in einem weiteren Fall eines saarländischen SS-Untersturmführers die Todesstrafe verhängte.[77]

Zur Rekrutierung ihres Nachwuchses bediente sich die SS Nationalpolitischer Erziehungsanstalten, deren Führung in ihren Händen lag, während das Lehrpersonal dem Erziehungsministerium unterstand. Seit 1940 existierte eine solche „Napola", die zum Teil an die Tradition der preußischen Kadettenanstalten anknüpften und preußischen Korpsgeist mit nationalsozialistischen Werten zu verbinden suchten, am Donnersberg bei Kirchheimbolanden in der Pfalz.[78] 1941 richtete die SS auch im Saarland im Haus des Steyler Missionsordens in St. Wendel, das in den 30er Jahren als Zentrum des politischen Katholizismus gegolten hatte und durch Verfügung Bürckels vom Mai 1941 enteignet worden war, eine eigene „Napola" ein. Zunächst wurden hier 100, später 260 nach strengen rassischen Gesichtspunkten ausgewählte Jungen internatsmäßig untergebracht und auf SS-Menschenbild und Elitedenken getrimmt.[79]

SS-Karrieren: Technokraten der Macht und Männer fürs Grobe

Wie keine andere Parteigliederung verkörperte die SS den permanenten Ausnahmezustand des Maßnahmenstaates. Das Bewußtsein, einer Avantgarde anzugehören, die mit nahezu grenzenlosen Rechten und Sonderkompetenzen ausgestattet war und sich als weitgehend unkontrollierbarer Staat im Staate bewegte, machte die Angehörigen von Hitlers Schutzstaffeln zur leicht funktionalisierbaren Kampf- und Einsatztruppe in Sondersituationen.

Häufig waren es Söhne aus dem Bürgertum, oft mit einer akademischen (meist juristischen) Ausbildung,[80] die sich bei ihrer Karriereplanung für die Elitetruppe der NSDAP entschieden. Die Laufbahn in der SS bot sich vor allem dann an, wenn sich für jüngere Juristen zunächst keine andere Stellung im Staatsdienst fand. Prototyp dieser jungen, aufstiegsbewußten Juristen aus gutem Hause war der spätere Chef des Amtes VI im Reichssicherheitshauptamt Walter Schellenberg, der während des Zweiten Weltkrieges für den gesamten SS-Auslandsnachrichtendienst zuständig war und als Günstling Himmlers galt. Schellenberg, Sohn eines angesehenen Saarbrücker Klavierfabrikanten, war unmittelbar nach Abschluß seines Jurastudiums an der Bonner Universität als sogenanntes „Maiveilchen“ am 1. Mai 1933 der NSDAP und der SS beigetreten und hatte bereits im kommenden Jahr eine feste Anstellung im SD gefunden. Weniger politische Überzeugungen waren es, die den jungen Rechtsreferendar veranlaßten, sich NSDAP und SS anzuschließen, als vielmehr die Hoffnung auf die Gewährung eines staatlichen Unterhaltszuschusses, schrieb Schellenberg später in seinen „Aufzeichnungen“. Da die SS bereits 1933 als eine Eliteorganisation galt, hätten sich besonders die „feinen Leute“ beim Eintritt in eine der Parteigliederungen für die SS entschieden. Solche „Äußerlichkeiten“ seien auch für seine Beitrittsentscheidung mitbestimmend gewesen.[81] Schellenbergs Karrierewünsche gingen auf. 1938 erhielt der eben erst 28jährige die Aufgabe, die Maßnahmen des SD für den Einmarsch in die Tschechoslowakei zu organisieren. 1939 wurde er Leiter der für die staatspolizeiliche Spionageabwehr zuständigen Abteilung IV E in Heydrichs Reichssicherheitshauptamt. 1941 rückte er zum Chef des Auslands-SD auf. Nach dem Sturz von Admiral Canaris schließlich wurde ihm 1944 auch der größte Teil der militärischen Abwehr unterstellt.

Zu dieser jungen Juristengeneration, die innerhalb des SD und der SS schnell Karriere machte, zählten auch die beiden aus dem Saarland stammenden promovierten Rechtswissenschaftler Kurt Christmann, 1943 Führer des Sonderkommandos 10 a der in Krasnodar stationierten Einsatzgruppe D, und Hermann Hubig, der 1941/42 zeitweise Führer des Einsatzkommandos 1 b der im Baltikum operierenden Einsatzgruppe A war.[82] Hubig, 1912 in Völklingen geboren, war noch als Student der SS beigetreten und hatte, ähnlich wie Schellenberg, schnell Karriere innerhalb des SD gemacht. 1939 gehörte er dem SD-Abschnitt in Prag an, bevor er 1941 zum — wie es hieß — „sicherheitspolitischen Fronteinsatz“ nach Riga versetzt wurde. Nach seiner Abkommandierung zur Einsatzgruppe A arbeitete Hubig als Hilfsreferent im Reichssicherheitshauptamt.[83] Eine vom Alter wie von der Ausbildung abweichende Biographie hatte der 1899 im saarländischen Oberlimberg geborene Diplom-Kaufmann Carl Zenner vorzuweisen, der 1942 als SS- und Polizeiführer in Weißrußland maßgeblich an den Massentötungen der Minsker Juden beteiligt war. Zenner zählte zu den „alten Kämpfern“, der bereits 1919 als entlassener Weltkriegssoldat an der Niederschlagung der Hamburger Unruhen und der Bekämpfung rheinländischer Separatisten beteiligt gewesen war und sich in der Partei, der er 1925 beigetreten war, später hochgedient hatte. Innerhalb der SS trug er die Mitgliedsnummer 176, die ihn als ganz frühen Aktivisten auswies. 1937 wurde Zenner Polizeipräsident von Aachen, 1941 SS-Brigadeführer und Generalmajor der Polizei; nach seinem Einsatz in Weißrußland fand er Anstellung im SS-Hauptamt. Wegen Beihilfe zum Mord an den Minsker Juden verurteilte ihn das Koblenzer Landgericht 1961 zu 15 Jahren Zuchthaus.[84]

Diesen „unsentimentalen Technokraten der Macht“ (Hans-Ulrich Thamer), die sich ihre Hände nur selten selbst schmutzig machten, gleichwohl aber vielfältig in die „Endlösung der Judenfrage“, die Partisanenbekämpfung in den besetzten Ländern und die Liquidierung des politischen Gegners verstrickt waren, standen jene gegenüber, die nicht zu den alten Eliten gehörten: Desperados und Deklassierte, die in der SS eine Chance sahen, sich aus ihrer kleinbürgerlichen oder proletarischen Herkunft zu emanzipieren. Sie hatten die Drecksarbeit der nationalsozialistischen Revolution zu besorgen. Als Vollzugsorgane in Waffen-SS und Konzentrationslagern hofften sie, nach dem Krieg für ihre blutige Arbeit honoriert zu werden.

Zu diesen Männern fürs Grobe zählten u. a. der spätere Kommandant des KZ Janow Gustav Willhaus, der Leiter des Arbeitseinsatzes im KZ Sachsenhausen Ludwig Rehn und der Chef des Polizeigefängnisses Neue Bremm in Saarbrücken Fritz Schmoll. Wie Schellenberg und Hubig gehörten auch sie der zweiten Generation der Nationalsozialisten an, waren 1910 bzw. 1913 geboren und teilweise erst nach 1933 der Partei und der SS beigetreten. Anders als jene hatten sie, als sie ihre Funktionen während des Krieges übernahmen, bereits einen mehrjährigen Einsatz an der „sicherheitspolitischen Front" absolviert. Eine soldatisch-weltanschauliche Erziehung hatte sie geprägt, in der Kampf aus Prinzip, blinder Gehorsam, Härte gegenüber menschlichen Regungen, Verachtung des Minderwertigen, Elitebewußtsein und ein vereinfachtes und verabsolutiertes Gegnerbild von „dem Juden" und „dem Bolschewisten" dominierten.[85] Die Vorstellung, in einer apokalyptischen Entscheidungs- und Kampfsituation zu stehen, die Suspendierung von Unrechtsbewußtsein und die Orientierung politischen Handelns nach Notwendigkeiten und Zweckmäßigkeitsüberlegungen machte diese SS-sozialisierte Generation zur leicht funktionalisierbaren Einsatztruppe des Ausnahmezustandes.

Gustav Willhaus, 1910 in Forbach als Sohn eines Kellners geboren, hatte die Volksschule in Saarbrücken besucht und den Beruf eines Konstrukteurs erlernt. Nach einem längeren Auslandsaufenthalt trat er 1932 der NSDAP und der SS bei, engagierte sich während des Saarabstimmungskampfes im Ordnungsdienst der Deutschen Front und fand nach der Rückgliederung des Saarlandes Beschäftigung als Vertriebs- und Versandleiter des Parteiorgans *NSZ-Rheinfront* in Saarbrücken. Bevor Willhaus 1942 SS- und Polizeiführer von Lwow (Lemberg) wurde und in dieser Funktion auch das KZ Janow leitete, in dem schätzungsweise 200.000 Menschen den Tod fanden, war er SS-Untersturmführer im SS-Verwaltungsamt gewesen. Traurige Berühmtheit erlangte Willhaus, als er zu Hitlers 54. Geburtstag 54 Häftlinge des Konzentrationslagers eigenhändig erschoß bzw. das 40köpfige Lagerorchester während eines Konzertes liquidieren ließ. Der Verantwortung für sein bestialisches Handeln entzog sich Willhaus 1945 in Wiesbaden durch Selbstmord.[86]

Ludwig Rehn, wie Willhaus Jahrgang 1910, katholisch getauft, war Sohn eines kleinen Saarbrücker Eisenbahnangestellten, hatte seine Realschulausbildung 1925 vorzeitig abgebrochen und eine Schlosserlehre absolviert. 1932 wurde er für längere Zeit arbeitslos und meldete sich daher 1934 zum Arbeitsdienst. Im April 1935 trat er dem neu aufgestellten Sturmbann I/85 in Saarbrücken bei, 1936 auch der NSDAP. Seit dieser Zeit arbeitete er auch wieder in seinem erlernten Beruf. 1939 wurde Rehn Mitglied der Waffen-SS im Range eines Untersturmführers. Seit November 1939 leitete er den Arbeitseinsatz von 60.000 Häftlingen im KZ Sachsenhausen. Nach dem Krieg wurde er im Sachsenhausen-Prozeß für die unmenschlichen Arbeitsbedingungen der Häftlinge, für die Organisierung der Strafkompanie, in der täglich bis zu

15 Menschen den Tod fanden, sowie — zusammen mit dem Lagerarzt — für die Deportation von 26.000 Arbeitsunfähigen und Kranken des Lagers in die großen Tötungskombinate in Auschwitz und Majdanek verantwortlich gemacht sowie für die eigenhändige Erschießung von Häftlingen während der Evakuierung des Lagers.[87]

Fritz Schmoll schließlich, Jahrgang 1913 und Sohn eines Landwirts aus Ebschied im Hunsrück, hatte nach der Handelsschule von 1933 bis 1936 eine Lehre in einer Schiffweiler Kolonialwarenhandlung absolviert und war 1937 Kanzleiangestellter im Frauen-KZ Moringen bei Göttingen geworden. Der NSDAP gehörte er seit 1933, der SS seit 1935 an. Nach Tätigkeiten bei den Stapo-Stellen in Hildesheim und Neustadt und der SD-Dienststelle in Wilhelmshaven wurde Schmoll 1943 Bediensteter der Stapo-Stelle Saarbrücken und mit der Leitung des Polizeigefängnisses Neue Bremm beauftragt, in dem viele, zumeist französische Häftlinge infolge von Unterernährung und schikanösen Übergriffen des Wachpersonals den Tod fanden. Wegen Kriegsverbrechen und Verbrechen gegen die Menschlichkeit verurteilte ein französisches Militärgericht Schmoll 1946 in Rastatt zum Tode.[88]

Gleichwohl waren auch jene Männer fürs Grobe keine geborenen Bestien, sondern ausnahmslos junge Menschen, die — von naiven Aufstiegshoffnungen und Deklassierungserfahrungen getrieben — in die situativen Zwänge einer technokratischen Herrschaftsorganisation geraten waren, in denen die Notwendigkeiten des Maßnahmenstaates moralische Handlungsmaßstäbe suspendierten und ersetzten. Die sukzessive Gewöhnung an die Gewalt des permanenten Ausnahmezustandes und das Denken in Freund/Feind-Kategorien machten blind und begünstigten einen Radikalisierungsprozeß, der aus jungen Angehörigen der unteren Mittelschicht und der Arbeiterschaft Mörder werden ließ. Blutige Hände waren im SS-Karrieremodell gleichsam zur Aufstiegsvoraussetzung der kleinen Leute geworden. Nicht selbst ihre Hände blutig machten sich dagegen jene juristischen Feindbildstrategen, die am Schreibtisch die Vernichtungsfeldzüge der SS planten, anordneten und überwachten. Noch im Terror spiegelten sich die Unterschiede zwischen den alten Eliten und den aufstiegsorientierten Underdogs wider.

4. Das „Modell Saarland"

Die Erfolge von Bürckels Mitarbeiterstab bei der Durchführung des Saarabstimmungskampfes und der anschließenden Befriedung des Saarlandes qualifizierten ihn für höhere Aufgaben. Als Hitler 1938 Bürckel mit der Vorbereitung der Volksabstimmung in Österreich beauftragte, standen diesem seine Vertrauten aus der Saarpfalz zur Seite. Das „Modell Saarland" wurde auf andere Länder übertragen. Als Abstimmungs- und Propagandaspezialisten begleiteten Karl Mages und Adolf Raskin den saarpfälzischen Gauleiter nach Wien. Beide übernahmen 1938/39 zeitweise auch die Intendanz des Reichssenders Wien.[89] Die Oberleitung des Abstimmungskampfes in den einzelnen österreichischen Bundesländern lag in den Händen von Bürckels engsten Mitarbeitern: Peter Kiefer (Tirol), Ernst Dürrfeld

(Wien), Fritz Schwitzgebel (Ober-Österreich), Willy Schmelcher (Nieder-Österreich), Heinrich Nietmann (Steiermark), Gauschulungsleiter Rudolf Röhrig (Vorarlberg), der Treuhänder der Arbeit für das Wirtschaftsgebiet Saarpfalz Gustav Bösing (Kärnten), der aus Österreich stammende Regierungsrat in Bürckels Saarbrücker Reichskommissariat Dr. Fritz Dietrich (Salzburg) und ein Dr. Iven (Burgenland).[90] Der Abstimmungskampf in Österreich zeigte daher viele Parallelen zum Saarkampf von 1934/35. Innerhalb weniger Tage gelang es Bürckel, aus dem lose geknüpften Netz der „nationalen Opposition“ eine schlagkräftige Wählerorganisation aufzubauen. Wie schon an der Saar bemühte er sich erfolgreich um den österreichischen Klerus und konnte den Wiener Kardinal Innitzer zu einer öffentlichen Empfehlung für den Anschluß gewinnen. Ähnlich wie an der Saar organisierte er eine aus Versprechungen, Überredung und gezieltem Terror organisierte Wahlkampagne, die alle Lebensbereiche tangierte. Die Presse propagierte soziale Hilfsmaßnahmen und Arbeitsbeschaffungsprogramme. Marxistische Arbeiter wurden zu Besuchen nach Deutschland eingeladen, um sich vom „deutschen Sozialismus“ zu überzeugen. Für politische Gegner öffneten sich die Gefängnistore.[91]

Dem Abstimmungskampf folgte die Reorganisation der österreichischen NSDAP. Auch hier wurde Bürckel von seinen engsten Parteigenossen aus der Saarpfalz unterstützt. Karl Kleemann, Kreisleiter von Ludwigshafen, übernahm das Amt des Parteibeauftragten für die Stadt Wien. Rudolf Röhrig wurde mit dem Aufbau der NS-Schulungsorganisation beauftragt. Bürckels alter Kampfgefährte Claus Selzner, der ehemalige pfälzische NSBO-Chef, war für den Aufbau der DAF zuständig. Carl Caspary leitete die neue SA-Reichsführerschule in Wien. Schließlich sekundierten Bürckel beim politisch-administrativen Anschluß führende Beamte aus dem Saarbrücker Reichskommissariat und ein Stab von „alten Kämpfern“. Seit dem 1. April 1938 führte Karl Barth die wichtige Abteilung für innere Verwaltung beim Reichsstatthalter in Wien. Generalstaatsanwalt Heinrich Welsch vom Oberlandesgericht in Zweibrücken wurde Bürckels Experte für Rechtsfragen. Ernst Dürrfeld leitete das österreichische KZ-Wesen, und Fritz Schwitzgebel wurde Kommunalbeauftragter Bürckels in Wien. Regierungspräsident Jung avancierte 1940 zum allgemeinen Vertreter des Reichsstatthalters in der Wiener Kommunalverwaltung und zum Bürgermeister von Wien. Hier wie an der Saar war es Bürckels Bestreben, die öffentliche Verwaltung dem Primat der politischen Führung zu unterstellen und die Partialgewalten zu Lasten der Reichszentrale zu stärken. Und hier wie an der Saar erlangte Bürckel ein solches politisches Gewicht, „wie es vor und nach ihm in Österreich kein anderer NS-Führer besessen hat“.[92]

Unmittelbar nach der Rückkehr der Bürckel-Riege nach Kaiserslautern und Saarbrücken hatte sie ihre Qualifikationen bei der Annexion Lothringens erneut unter Beweis zu stellen. Noch am Tag des Waffenstillstandsabkommens mit Frankreich machten sich pfälzische und saarländische Landräte als sogenannte „Landkommissare“ auf den Weg zu den lothringischen Unterpräfekturen. Karl Barth leitete die Überführung und Angleichung der lothringischen Verwaltung an die des Reiches und fungierte künftig als Chef der inneren Verwaltung beim Reichsstatthalter für die Westmark. Heinrich Welsch avancierte zum Leiter der

Justizabteilung beim Chef der Zivilverwaltung in Lothringen. Heinrich Nietmann wurde Treuhänder der Arbeit für das Wirtschaftsgebiet Westmark und Karl Kleemann Oberbürgermeister der Stadt Metz sowie NSDAP-Kreisleiter von Metz-Land. Willy Schmelcher rückte zunächst in die Funktion des Polizeiverwalters von Metz ein, Wilhelm Weiskopf übernahm die lothringische SA-Brigade 250. Die Erfolge bei der sicherheitspolitischen Befriedung des Saarlandes empfahlen darüber hinaus auch etliche Mitarbeiter der Stapo-Stelle Saarbrücken und der saarländischen Justizbehörden — wie wir noch sehen werden — für Aufgaben als SS- und Polizeiführer, als Leiter von Einsatzkommandos und als Sonderrichter in den besetzten Gebieten. Die „deutsche Mutter" gewährte ihren saarländischen Söhnen nicht nur die Wärme und Geborgenheit des Mutterschosses, sondern befahl ihnen auch die Unterjochung fremder Völker und schließlich den Genozid.

Horizontal wie vertikal verfügte die saarländische NSDAP spätestens seit 1937 mit ihren Untergliederungen und angeschlossenen Verbänden über ein nahezu flächendeckendes Organisationsnetz, das noch das der benachbarten Pfalz in den Schatten zu stellen schien und fast jeden saarländischen Haushalt tangierte. Wer selbst nicht Mitglied der Partei war, scheint zumindest einer der sozialpolitischen NS-Massenorganisationen angehört zu haben. Forciert durch den Saarkampf und die Rückgliederungseuphorie hatte die NSDAP ihren einstigen Außenseiterstatus schnell abgelegt und war zur Massenpartei aufgestiegen. Ihre Massenbasis und das dichte Organisationsnetz darf jedoch nicht vorschnell zu der Annahme verleiten, daß sich hinter der individuellen Organisationszugehörigkeit in jedem Fall ideologische und politische Übereinstimmungen verbargen. Vielmehr scheint die Mitgliedschaft in der NSDAP, vor allem aber in den sozialpolitischen Verbänden — teilweise auch in der SA — in zahlreichen Fällen nicht mehr als ein opportunistischer Akt gewesen zu sein, von dem man sich materielle Vorteile erhoffte. Über den Zustand der traditionellen Milieus sagt der hohe Organisationsgrad der Saarbevölkerung in der NSDAP daher nur wenig aus. Bedeutsamer als der quantitative Aspekt war der qualitative. Mit ihren berufs- bzw. interessenorientierten Verbänden, ihren sozialpolitischen Massenorganisationen und bewaffneten Schutzstaffeln bot die Partei eine breite Integrationspalette an. Berufsspezifische Interessen konnten abgedeckt werden. Die Mitgliedschaft in DAF und NSV vermittelte das Gefühl von Schutz und organisatorischer Nestwärme. Die Delegation staatlicher Funktionen an die Parteibasis sprach Bedürfnisse nach sozialer Anerkennung an und vermittelte das Gefühl, selbst Hoheitsträger des Staates zu sein. Das staatliche Gewaltmonopol wurde sukzessive auf die Mitglieder der Partei erweitert. Das Bewußtsein schließlich, Träger des staatlichen Gewaltmonopols im permanenten Ausnahmezustand zu sein, begünstigte die Radikalisierung und Fanatisierung besonders der Mitglieder der HJ und SS. Der Terror der Einsatzgruppen war insofern eine Konsequenz der Auflösung staatlicher Strukturen: der Vergesellschaftung des Staates durch die NSDAP. Parteiintern konkurrierten auf allen Ebenen Untergliederungen und Funktionsträger beim Kampf um staatliche Macht, aus dem Himmlers schwarzer Orden schließlich als eigentlicher Sieger hervorging.

Für das Gelände des Widerstandes war dieser vertikal wie horizontal gegliederte Parteiapparat bedeutsam, da er sowohl zahlreiche Integrationsangebote machte, zumindest regional die NSDAP als Arbeiterpartei profilierte und Bürckels Sozialismus-Verständnis popularisierte, als auch im geographischen und sozialen Nahbereich vielfältige Kontrollmechanismen installierte, die die Entfaltung von Verweigerung und Widerstand situativ erschwerten.

IV.
Die inszenierte Volksgemeinschaft Konsensbildung durch Propaganda und Sozialpolitik

1. Ziele und Konzeptionen der NS-Propaganda

Aus der Perspektive von Auschwitz und der volkspädagogisch geprägten wissenschaftlichen Auseinandersetzung nach 1945 verblaßte die Tatsache, die zwar von Zeitgenossen immer wieder rechtfertigend ins Felde geführt wurde, gleichwohl aber einen rationalen Kern besaß: daß der Nationalsozialismus für die große Mehrheit der Bevölkerung keineswegs nur Unterdrückung und Terror, Angst und Leiden bedeutete. Unzähligen sei es unter'm Faschismus gar nicht schlecht gegangen, erinnerte Theodor W. Adorno 1959. Die Terrorspitze habe sich nur gegen wenige und relativ genau definierte Gegnergruppen gerichtet. „Nach den Krisenerfahrungen der Ära vor Hitler überwog das Gefühl ‚Es wird gesorgt' ... Die vielberufene Integration, die organisatorische Verdichtung des gesellschaftlichen Netzes, das alles einfing, gewährte auch Schutz gegen die universale Angst, durch die Maschen durchzufallen und abzusinken. Ungezählten schien die Kälte des entfremdeten Zustands abgeschafft durch die wie auch immer manipulierte und angedrehte Wärme des Miteinander; die Volksgemeinschaft der Unfreien und Ungleichen war als Lüge zugleich auch Erfüllung eines alten, freilich von alters her bösen Bürgertraums."[1]

Die NS-Forschung hat diesen Hinweis Adornos nicht ernst genommen. Insbesondere die unzähligen Lokal- und Regionalstudien zur Geschichte des Dritten Reiches focusierten ihren Blick verkürzend auf die jeweils extremen Pole Verfolgung und Widerstand[2], ohne aber — wie dies Martin Broszat gefordert hat — die Interdependenzen zwischen Herrschaft und Widerstand zu berücksichtigen.[3] Systematisch ausgesperrt blieben in den diversen Überblicksdarstellungen[4] auch die Aussöhnungs- und Integrationsstrategien des Nationalsozialismus gegenüber den einst resistenten Populationen sowie die propagandistischen Anstrengungen des Regimes zur Befriedung der Köpfe: der Versuch einer braunen (Kultur-)Revolution.

Die wenigen vorliegenden Studien zur Propaganda und zur integrationistischen Sozialpolitik konzentrierten sich zudem nur auf reichsweit gültige Aspekte, nicht jedoch auf die lokal/regionale Vermittlungsebene.[5] Dabei liegt die Vermutung nahe, wie unser Beispiel des Saarlandes zeigt, daß nicht davon auszugehen ist, daß sich die Propagandaparolen und -methoden von Goebbels' Propagandaministerium angesichts der relativen Autonomie der Gauleiter direkt und unmittelbar nach unten in den Alltag der Menschen verlängerten, sondern vielfach gebrochen wurden und auf regionale/lokale Spezifika Rücksicht nahmen. Eine propagandistische Polykratie — über die wir bislang fast so gut wie nichts wissen — entstand, an der die verschiedensten Propagandainstitutionen beteiligt waren und die ein uneinheitliches, ja sich partiell widersprechendes Erscheinungsbild des Nationalsozialismus z. B. in Fragen des revolutionären Selbstverständnisses oder des Antisemitismus zeichneten, das gerade aufgrund seiner Differenziertheit und Widersprüchlichkeit Resonanz fand. Keine Studie gibt bislang Aufschluß über die diversen Gaupropagandaleitungen und die regionalen Niederlassungen des Reichsministeriums für Volksaufklärung und Propaganda, und keine Untersuchung hat bislang die Formen der propagandistischen Steuerung jenseits der vielbeschriebenen zentralen Pressélenkung auf Gauebene analysiert.

Dort, wo Propaganda und Sozialpolitik Gegenstand des wissenschaftlichen Diskurses waren, dominierte vielfach das Verführungs- und Manipulationstheorem, das eine Divergenz zwischen Subjekten und Objekten nationalsozialistischer Propaganda unterstellte und auf den Rechtfertigungsmythos hinauslief, die Deutschen seien gegen ihren Willen zur Unterstützung des Dritten Reiches und seiner Maßnahmen manipuliert worden.[6] Andere Studien wiederum versuchten sich in der Enttarnung von NS-Propaganda und Sozialpolitik als Lüge und Ideologie,[7] ohne aber den in ihnen steckenden überschüssigen Rest zu sehen, der die Menschen mit dem Dritten Reich versöhnte oder auch nur ihre Phantasien befriedigte. Bereits Ernst Bloch hatte angemerkt: „Der Akzent liegt nicht auf der Entlarvung des ideologischen Scheins, sondern auf der Musterung des ideologischen Rests."[8]

Diesem „ideologischen Rest" jenseits von Lüge und schönem Schein, den von den braunen Parolen mobilisierten Sehnsüchten und Hoffnungen soll hier nachgespürt werden. Propaganda und Sozialpolitik werden als zentrale Handlungsfelder der braunen Revolution bewußt zum Gegenstand einer Studie über Verweigerung und Widerstand gemacht, da sie das „Gelände" oppositionellen Handelns markierten und Widerständigkeit erschwerten. Anknüpfend an Max Webers Herrschaftsbegriff wird eine partielle Interessenidentität von Herrschern und Beherrschten, Führern und Geführten angenommen. Da Herrschaft immer auch der Zustimmung und Akzeptanz bedarf, hatte sich auch der Nationalsozialismus der Interessen und Bedürfnisse seiner Adressatengruppen zu vergewissern und diese zumindest partiell aufzugreifen und zu realisieren. Nationalsozialistische Propaganda und Sozialpolitik waren ganz in diesem Sinne der Versuch, eine Interessenbalance zwischen Führer, Partei und Volk herzustellen und so strukturell massenhafte Akzeptanzen zu produzieren, die die Möglichkeiten widerständigen Verhaltens schmälerten.

Die Ziele der Propaganda: „Geistige Mobilmachung" und Pazifizierung der „Heimatfront"

Der Versuch der Integration potentiell widerständiger Populationen in das Dritte Reich hatte janusköpfigen Charakter. Zuckerbrot und Peitsche, vollmundige propagandistische Versprechungen und staatspolizeilicher Terror wechselten sich je nach Bedarf ab. Das war an der Saar nicht anders als anderswo im Reich, und doch hatte die Befriedung und „geistige Mobilmachung" der Bevölkerung auch zielgruppenorientierte, regionalspezifische Züge. Daß Propaganda und Terror im Nationalsozialismus eng aufeinander bezogen waren, hatten führende Parteigenossen wiederholt betont. Eine gut ausgebaute Propagandaorganisation bedeutete für Hitler die günstigste Vorbereitung des späteren Erfolges, denn: „Was durch Papierkugeln zu gewinnen ist, braucht dereinst nicht durch stählerne gewonnen werden".[9] Für Reichssendeleiter Eugen Hadamowsky bildeten Propaganda und Gewalt keine Gegenpole, die Gewaltanwendung entfalte in ihrer Verarbeitungsform als Angst und Einschüchterung selbst propagandistische Wirkung, wie umgekehrt die Propaganda zu ihrer Durchsetzung des Terrors bedürfe.[10] „Hinter der Propaganda muß immer ein scharfes Schwert stehen, wenn sie sich durchsetzen soll", dozierte daher Goebbels.[11]

Der Erste Weltkrieg gab das Modell ab, aus dem sich die Funktion der Propaganda und ihre zentralen Inhalte ableiteten. Der August 1914 und das Erlebnis des Schützengrabens wurden zum Vorbild der nationalen und wehrhaften Volksgemeinschaft. Zusammenbruch und vermeintlicher „Dolchstoß" von 1918 begründeten die Notwendigkeit eines „nationalen Sozialismus". Die große Bedeutung, die die Nationalsozialisten der Propaganda zuerkannten, resultierte aus ihrer schiefen Interpretation des Kriegsausganges von 1918, für den primär außermilitärische Faktoren wie das Fehlen einer effizienten psychologischen Kriegsführung auf deutscher Seite und die Überlegenheit der Alliierten auf dem Felde der Propaganda verantwortlich gemacht wurden. Für Goebbels rangierte die „geistige Mobilmachung" des Volkes daher noch vor der materiell-militärischen Aufrüstung: „Wir waren 1914 materiell wehrhaft gemacht wie kein anderes Volk, — was uns fehlte, das war die auf materielle Wehrhaftmachung grundierende geistige Mobilmachung."[12] Propaganda bedeutete für den Reichspropagandaminister nicht nur, Menschen solange zu bearbeiten, „bis sie uns verfallen sind", sondern war orientiert auf das große Ziel der Wiedererstehung der Nation im Schlachtengetöse des kommenden Krieges. Sie sollte beim Einzelnen die Bereitschaft erzeugen, sich jederzeit für die Staatsführung einzusetzen und gegebenenfalls für die Nation das Leben zu lassen. Für Hitler wie für Goebbels ging es darum, Menschen zum Sterben zu berauschen. Propaganda hatte dann ihr Ziel erreicht, wenn eine Idee nicht nur von der Masse Besitz ergriffen hatte, sondern wenn diese auch bereit war, für die Idee zu sterben. Für rationale Ziele, wie die Forderung nach dem Achtstundentag, sterbe kein Mensch, lehrte Goebbels, wohl aber für das große Ideal, daß „Deutschland dem deutschen Volk gehören soll".[13] In acht Jahren — so der NS-Propagandachef 1933 — solle Deutschland in einen „Glutofen patriotischen Nationalgefühls" verwandelt werden. Diesem obersten Ziel der NSDAP-Propaganda waren alle anderen Propagandaformen — die wirtschaftlichen wie die sozialen — unter- und zugeordnet. Über die Gewinnung von Parteigängern hinaus ging es somit um die „geistige Mobilmachung" der Nation für den kommenden, unausweichlichen Krieg.

Die propagandistische Unterwerfung der Masse folgte keinem dogmatischen Prinzip. Praktiziert wurde vielmehr das, was Erfolg versprach, und das konnte in der katholisch-proletarischen Provinz des Saarlandes etwas völlig anderes sein als im evangelisch-agrarischen Mecklenburg. Einig allerdings waren sich die Propagandisten hier wie dort darin, daß sich ihre Propagandaanstrengungen immer nur an das Gefühl und nur „sehr bedingt auf den sogenannten Verstand" (Hitler) zu richten, der „Primitivität der Empfindung der breiten Masse" zu entsprechen, wissenschaftlichen

Ballast abzuwerfen, komplexe Realitäten auf einfachste Begriffe zu reduzieren, tausendfach zu wiederholen und zugleich auf die psychologische Wirkung des Terrors zu spekulieren haben. Aus diesen, zu „Grundsätzen publizistischer Massen- und Volksführung“ aufgeblähten Allgemeinplätzen hatten Hitler und Goebbels eine Hierarchie der propagandistischen Mittel abgeleitet, die insbesondere der vermeintlichen Affinität der Masse für sensuelle und visuelle Effekte entsprechen sollte und in der das ästhetisch gestaltete Ritual der Massenkundgebung vor dem Propagandamarsch der NS-Formationen und der Bildpropaganda des Filmes, des Plakates und der Symbole rangierte. Da der Mensch — so Hitler — beim Bilde kaum verstandesmäßig, wohl aber gefühlsmäßig angesprochen werde, dieses ihm eine politische Deutung geradezu schlagartig aufdränge, zielte die NS-Propaganda vorrangig auf die Transformation ihrer politischen Zielvorstellungen in eine emotionsmächtige Bildersprache in Gestalt ästhetisch vermittelter Massen- und Aufmarschszenarien, inszenierter öffentlicher Räume und Denkmäler, publizistischer Feindbilder und Symbole. Solche Bilder hatten gleichermaßen die Funktion, Hoffnungen und Ängste, Ressentiments und Sehnsüchte zu mobilisieren, das Publikum aus der Isolation des entfremdeten Klassenalltags in die Scheinwelt der nationalen Volksgemeinschaft zu überführen und politisch auf die Nationwerdung Deutschlands im Kriege vorzubereiten. Propagandistisch ging es somit um die Erzeugung eines spezifischen gefühls- und adressatenbezogenen Images des Nationalsozialismus als nationaler Befreiungsbewegung und um die komplementäre Ausschaltung des Geistes der Aufklärung.[14]

Konkret setzte sich dieses propagandistische Grundkonzept nach 1933 um im Versuch der Einbindung der dem Nationalsozialismus zunächst reserviert bis resistent gegenüber stehenden Bevölkerungsgruppen durch Formen sozialer und nationaler Propaganda, in dem Appell für eine wirtschaftlich leistungsstarke und wehrhafte Nation, in der psychologischen Vorbereitung des geplanten Krieges, in der Konstruktion von Feindbildern und in der aus Hitlers Novembertrauma von 1918 abgeleiteten Notwendigkeit der Einheit von „innerer“ und „äußerer Front“. Dabei machte die Propaganda an der Saar wie im Reich verschiedene, mitunter zeitlich sich überlagernde Phasen durch.

In einer ersten, der Machteinsetzung Hitlers unmittelbar folgenden Phase dominierte noch eine die massive militärische Aufrüstung tarnende, äußerlich eher defensiv orientierte „Friedenspropaganda“, die begleitet wurde von einer zunehmenden Sympathiewerbung für die Wehrmacht. Ihr folgte im zeitlichen Kontext des Vierjahresplanes von 1936 die Phase der propagandistischen Unterstützung der wirtschaftlichen Mobilmachung in Form von Leistungs- und Verzichtsappellen nach Goebbels' Motto „Kanonen statt Butter“. Während die Propaganda zunächst die Fixierung auf einen bestimmten Kriegsgegner vermieden hatte, präsentierte sie mit der zunehmenden innen- und außenpolitischen Stabilisierung des Dritten Reiches und deren militärischer Fundierung der Bevölkerung seit 1936 zugleich die ins Visier genommenen Aggressionsobjekte. Anläßlich des Reichsparteitages der NSDAP 1936 hatte die Parteiführung die Parole „Bolschewismus — Weltfeind Nr. 1“ ausgegeben und — wie schon zur „Kampfzeit“ — das Bild der unmittelbar bevorstehenden Apokalypse gezeichnet, das angesichts des existierenden antikommunistischen Grundkonsens in der Bevölkerung auf Resonanz zählen konnte. Verbunden mit der Fixierung auf den künftigen Kriegsgegner war eine Steigerung auch der verbalen Aggressivität in der Tagespublizistik. Die breite Darstellung der Verhältnisse in der Sowjetunion und in Spanien verfolgte den doppelten Zweck, Unzufriedenheit und Mißbehagen der deutschen Bevölkerung angesichts der enormen wirtschaftlichen Belastungen zu kanalisieren und auf ein konkretes Ersatzaggressionsobjekt zu fixieren sowie die eigenen Rüstungsanstrengungen in der Öffentlichkeit zu legitimieren. Demgegenüber sollte die Volkstumspropaganda der Jahre 1937/38 die angestrebte außenpolitische Expansion psychologisch vorbereiten, wobei insbesondere die Märtyrerrolle der Sudetendeutschen betont und der Anschluß Österreichs propagandistisch abgefedert wurden. Unmittelbar nach dem Münchner Abkommen von 1938 setzte Hitler die — wie er es formulierte — „pazifistische Platte“ ab und proklamierte die Sicherstellung der Ernährungsgrundlagen Deutschlands durch die Erweiterung seines „Lebensraumes“. Um die sichtbar gewordene Kriegsangst der Deutschen zu besänftigen und ihr Vertrauen in die wirtschaftliche und militärische Überlegenheit Deutschlands zu festigen, wurde parallel hierzu die Wehrmachts- und Westwallpropaganda forciert. Die antipolnische Kampagne unmittelbar vor Kriegsbeginn und die Betonung der Revisionsbedürftigkeit des Status der Stadt Danzig schloß die „geistige Mobilmachung“ 1939 ab.[15]

Ging es vor 1939 primär um die Vorbereitung des geplanten Krieges, so war nun die Erhaltung der Moral Hauptpropagandaziel. Mit Kriegsbeginn bemühte sich die Propaganda daher zunächst um eine Verstärkung der in der Bevölkerung vorhandenen Blitzkriegseuphorie. In den ersten drei Kriegsjahren bildete darum die Popularisierung der militärischen Siege die beste Propaganda.[16] Dieser Siegespropaganda korrespondierte die Erzeugung einer allgemeinen sozialpolitischen Aufbruchstimmung und die Propagierung kollektiver Aufstiegschancen im Rahmen des rassistisch geprägten Eroberungskrieges. Suggeriert wurde, daß der Krieg nicht nur materiellen Wohlstand, sondern ebenso sozialen Aufstieg bringen würde. Dahinter stand das Bemühen, „innere“ und „äußere Front“ nicht auseinanderdriften zu lassen, wie dies nach Ansicht der NS-Propagandisten im Ersten Weltkrieg geschehen war. Innenpolitisch löste der Rassismus als übergreifende Integrationsideologie zunehmend die Propaganda vom „nationalen Sozialismus“ ab. Im äußeren Erscheinungsbild ähnelte die NSDAP wieder mehr der Partei der „Kampfzeit“. Der entsprechende Wandel in der Heimatpropaganda setzte mit dem Fall von Stalingrad ein. Seit Frühjahr 1943 geriet die bisherige Siegespropaganda immer stärker in den Schatten der Durchhaltepropaganda des „totalen Krieges“. Unter Rückgriff auf das Vokabular der „Kampfzeit“ wurde die Front der alliierten Gegner attackiert und mit Appellen an die Opferbereitschaft, die Pflichterfüllung und die Solidarität der Heimat die totale Arbeitsgesellschaft propagiert. Forderungen nach verstärktem Arbeitseinsatz besonders der Frauen, nach Energiesparen und dem Verfahren von Sonderschichten füllten die Spalten der Zeitungen auch in Bürckels Westmark. Seit 1944 schließlich wurde die Durchhaltepropaganda von der Vergeltungspropaganda mit ihrem ständigen Verweis auf Hitlers kriegsentscheidende Wunderwaffen komplettiert, ohne daß damit aber die allgemeine Demoralisierung der deutschen Bevölkerung noch hätte aufgehalten werden können.[17]

Bürckels Propagandakonzept: Re-Nationalisierung der Masse durch „nationalen Sozialismus"

Dies waren gleichsam die allgemeinen Eckdaten, in deren Rahmen sich die zielgruppenbezogene und auf regionale Besonderheiten Rücksicht nehmende Propaganda Bürckels an der Saar bewegte. Drei Tatsachen waren für sein propagandistisches Grundrezept entscheidend: Auch wenn er öffentlich das Abstimmungsergebnis vom 13. Januar 1935 als Votum für Hitler und den Nationalsozialismus interpretierte, war er sich der wirklichen Motive der Abstimmungsberechtigten so sicher nicht. Ein nicht geringer Teil der gewonnenen Anhänger der NSDAP sei nicht plötzlich nationalsozialistisch geworden, „weil er die hohe Idee des Nationalsozialismus erkannte, vielmehr hat so mancher aus Zweckmäßigkeitsgründen heraus sich zu uns bekannt". Der eine habe für sich die Lösung der sozialen Frage verlangt, „ein anderer hatte persönliche spekulative Gesichtspunkte im Hintergrund". So sei zwar die Zahl der Anhänger gestiegen, „ohne daß der innere Kern stärker wurde". Viele hätten das Wort Sozialismus gehört und dabei nur an sich gedacht. Das seien und blieben die „Rucksackrevolutionäre".[18] Dieses letztlich unsichere Potential gelte es jetzt für den Nationalsozialismus zu gewinnen. Insbesondere das Vertrauen der früher mehrheitlich in den Linksparteien, den freien und christlichen Gewerkschaften organisierten Arbeiterschaft müsse erworben werden. Dies sei ihm wichtiger, versicherte er öffentlich, als die „Freundschaft des Profits".[19]

Und noch einen Unterschied in der Entwicklung des Nationalsozialismus an der Saar gegenüber der des Reiches machte der Gauleiter geltend. Anders als in Weimar-Deutschland sei die NSDAP an der Saar nicht in der Opposition gegen ein verhaßtes politisches System zur Massenpartei geworden, sondern habe ihre Identität und ihre Anhängerschaft größtenteils erst während der nationalen Euphorie des Abstimmungskampfes gefunden. Im neuen Deutschland aber habe das bislang erfolgreiche Propagandakonzept einer Identitätsbildung im Kampf gegen ein politisches System ausgedient; daher müsse nun stärker akzentuiert werden, was der Nationalsozialismus positiv wolle. Ganz im Sinne seines Vorbildes Straßer fügte Bürckel hinzu: „Früher zeigten wir unter Heranziehen des alten Systems, wie man es nicht machen soll — nun mußte die eigene staatspolitische Arbeit den Anschauungsunterricht abgeben, wie man es richtig macht und was nationalsozialistisch ist."[20] Ins Zentrum von Bürckels Propagandakonzept an der Saar rückte damit sein sozialpolitisches Programm des „Sozialismus der Tat" und seine Volksgemeinschaftsutopie, mit denen er sich zwar weniger von Hitler, möglicherweise aber stärker von anderen Gauleiterkollegen unterschied. Erst mit Beginn des Krieges schleiften sich regionale, letztlich aus der Sonderentwicklung der Völkerbundszeit und des Abstimmungskampfes resultierende Besonderheiten auf dem Schlachtfeld der Propaganda ab und holte auch hier die gleichzeitige Entwicklung die Verhältnisse an der Saar ein.

Oberstes Ziel von Bürckels Politik seit den 20er Jahren war die Wiedergewinnung — besser noch die Re-Nationalisierung — der, wie er glaubte, national abtrünnig gewordenen und pazifistisch verseuchten Arbeiterschaft. Wie Hitler ging es auch ihm weniger um die Veränderung objektiver Realitäten als um den ehrgeizigen Versuch, das subjektive Bewußtsein der Menschen zu verändern, ihre Einstellungen und Mentalitäten mit psychologisch-propagandistischen Mitteln auf den kommenden Krieg vorzubereiten: um die braune Kulturrevolution[21]. Diese schien ihm nicht auf den ausgetretenen Pfaden konservativer und nationaler Politikmodelle möglich zu sein, sondern einzig durch das Programm eines „nationalen Sozialismus", das — wie selbst die *Deutschland-Information* der Exil-KPD konstatierte — während der Abstimmungszeit unter den saarländischen Bergarbeitern die meisten Illusionen erzeugt habe.[22] Im Unterschied zu anderen NS-Propagandisten scheint sich Bürckel allerdings der Grenzen der Propaganda bewußt gewesen zu sein. Seine angestrebte Re-Nationalisierung der Arbeiterschaft erschien ihm nicht nur als eine Erziehungsaufgabe, sondern bedurfte als Voraussetzung zumindest partieller materieller Zugeständnisse und einer ergänzenden Sozialpolitik.

Auch für Bürckel bildete der Erste Weltkrieg das Modell der ersehnten nationalen und wehrhaften Volksgemeinschaft, die im Zentrum aller seiner Überlegungen stand. Höchstes Ziel jeder Politik und jeder Propaganda, damit höchste Form des Sozialismus überhaupt sei — so Bürckel anläßlich der Neugründung der NSDAP Saar 1935 — die „Bereitschaft, für die Gesamtheit zu sterben", eine Bereitschaft, die gerade das Proletariat in den Schützengräben des Weltkrieges unter Beweis gestellt habe.[23] „Die Bereitschaft zum Sterben für die Gesamtheit stellt an sich die Krönung vollkommenster Gesinnung für die Gemeinschaft dar", verkündete er auch vier Jahre später in inniger Übereinstimmung mit seinem Führer in Wien.[24] Sozialismus lasse sich nicht — wie dies der Marxismus getan habe — verstandesmäßig definieren, sondern nur „vom Herzen, vom Blut her spüren und verwirklichen. ... Sozialismus ist also nichts anderes als Treue, Kameradschaft und Hingabe zum Volk"[25], dozierte er 1944.

Bereits Willi Münzenberg hat darauf aufmerksam gemacht, daß es dem Nationalsozialismus in starkem Maße gelungen sei, das Wort „Sozialismus" von seinem konkret faßbaren Inhalt zu lösen und mit berauschender Eindringlichkeit den „Gefühlswert" des Begriffes zu betonen. „Das Wort wurde inhaltsleer, aber suggestiv."[26] Bei Bürckel stand es als Synonym für Gemeinschaftssinn, Aufhebung der Klassenspaltung, Volksgemeinschaft: „Einer für alle, alle für einen!" Um dem deutschen Volk die „innere Kraft" zum Einsatz für die Nation wiederzugeben, sei es notwendig, daß diese Gesamtheit für alle den gleichen Wert besitze. Dies aber sei nur dann der Fall — so Bürckels Gedankengang zur Synthese von Nationalismus und Sozialismus —, wenn alle Glieder der Nation die gleichen Rechte besäßen. Die Verpflichtung des einzelnen gegenüber der Nation begründe zugleich die Verpflichtung der Nation, den einzelnen an dieser auch gerecht zu beteiligen. Wer bereit sei, so Bürckels im Erlebnis des Weltkrieges begründete egalitäre Rhetorik, „das Höchste zu vollbringen, für sein Vaterland zu sterben, dem gebührt auch der vollkommenste Rechtsanspruch und dessen Erfüllung".[27] So wie der einzelne Proletarier im Schützengraben des Weltkrieges bereit gewesen sei, sein Leben für die Nation zu opfern, so habe sich die Nation des einzelnen anzunehmen, ihn mit gleichen Rechten auszustatten und sich um ihn zu kümmern. Sozialismus sei daher die notwendige Voraussetzung des Nationalismus, des Wiedererstarkens der Nation, oder wie es Bürckel formulierte: „Das Glück des Arbeiters ist das Glück der Nation."[28] Sozialismus sei die „Sorge der Gesamtnation für die Erhaltung der nationalsozialistischen Kraft des einzelnen."[29] Während sich Sozialismus in seiner höchsten Form nicht im Fordern, sondern in der Bereitschaft und der „Hingabe zum Volk" realisiere, setze Nationalismus eine aktive Sozialpolitik und die Realisierung auch materieller Gleichheit, wie sie sich im Schützengraben zwischen Bürger und Proletarier so vorbildlich bewährt habe, wesensmäßig voraus. „Nationalisieren aber kann man nicht, indem man den Ärmsten der Nation das Recht verweigert."[30]

Bürckels Vorstellung vom „nationalen Sozialismus", mit der er die Arbeiterschaft seines Gaues zu gewinnen hoffte, besaß damit zwei Gesichter. In publizistischen und politischen Attacken gegen die Ausbeutung am Arbeitsplatz, gegen Preistreiberei, Mietwucher und ungerechte Behandlung nach der Parole „Kampf gegen die Saboteure der Volksgemeinschaft" artikulierte sich eine spezifische Variante des nationalsozialistischen Antikapitalismus. Zwar ging es diesem weniger um fundamentale Änderungen als um das Besänftigen dysfunktionaler Konflikte, um die Vermeidung unnötiger Auswüchse und strukturell nicht legitimierter Privilegien, gleichwohl aber dürfte er durch die Adaption zentraler Parolen und Sprachmuster der linken Arbeiterbewegung gerade unter Arbeitern eine gewisse Akzeptanz gefunden haben. Der Kapitalismus, so Bürckel, sei nur groß und mächtig geworden durch das Unrecht, das er anderen zugefügt habe. Damit aber habe er dem Marxismus Tür und Tor geöffnet. Demgegenüber sollten im NS-Staat Lohn und Gewinn der privaten Verfügungsgewalt der Unternehmer entzogen werden und ausschließlich völkisch-sittlichen Grundsätzen unterliegen, „die der Staat nach den Lebensnotwendigkeiten aller regelt".[31] Wiederholt griff Bürckel eine Unternehmerpraxis an, die den „Menschen zu einer Maschine, zu einer Nummer" degradiere, attackierte „Lohnschinder und Preistreiber" öffentlich als „Zutreiber des Bolschewismus", kündigte an, daß die Zeiten einzelner Profitjäger zu Ende gingen und drohte, wer sich seinem Sozialismus nicht füge, werde als „Saboteur" behandelt und könne gehen.[32] Öffentlichkeitswirksam wandte er sich gegen besondere Weihnachtsgratifikationen für Beamte und Angestellte und appellierte zur Kriegszeit an die Frauen der Parteiführer, ihren Lohn aus der Tätigkeit in der Rüstungsindustrie dem Roten Kreuz zur Verfügung zu stellen.[33] „Geldgierigen Volksschädlingen" und Preistreibern drohte er nicht nur empfindliche Geldstrafen, sondern auch die Schließung ihrer Betriebe und das KZ an.[34] Den saarländischen Großindustriellen und Wehrwirtschaftsführer Hermann Röchling hielt er für einen knallharten Kapitalisten, den er wegen seiner schlechten Löhne bereits 1934 als störenden Faktor bei der Entwicklung zur Volksgemeinschaft bei Hitler angeschwärzt hatte.[35]

Daß es Bürckel mit seinem Antikapitalismus durchaus ernst meinte, bewies er 1937 mit seinem spektakulären Rückzug aus dem Aufsichtsrat der Saargruben AG. In einem Schreiben an den Aufsichtsratsvorsitzenden Oberberghauptmann Schlattmann in Berlin begründete er seinen Schritt mit der arbeiterfeindlichen Personalpolitik des Unternehmens, das sich „jeder Belegschaftserhöhung aufs schärfste widersetzt, ja sogar Belegschaftsminderungen vornimmt", mit der Weigerung der Saargruben AG nach der von ihm mehrfach geforderten Bezahlung der Feiertage sowie mit dem Verhalten einzelner Betriebsführer, denen es noch immer nicht gelungen sei, „zur Gefolgschaft in ein Verhältnis zu kommen, das die Begründung und Sicherung einer echten Betriebsgemeinschaft und Volksgemeinschaft gewährleistet".[36]

Gleichsam die andere Seite von Bürckels populistischem Antikapitalismus, dem propagandistischen Zugeständnis an die „antikapitalistische Sehnsucht" der Masse, wie dies einst Reichsorganisationsleiter Gregor Straßer formuliert hatte,[37] stellte sein Bemühen für eine aktiv-fürsorgliche, freilich ohne rechtlich einklagbare Ansprüche versehene Sozialpolitik, sein „Sozialismus der Tat", dar. Innerhalb der NSDAP verstand sich Bürckel damit explizit als Speerspitze in sozialen Fragen. Anläßlich der Bekanntgabe der von ihm durchgesetzten Feiertagsbezahlung im saarländischen Hüttersdorf betonte er in Anwesenheit Görings die Vorreiterrolle seines Gaues auf sozialem Gebiet für das ganze Reich. Und auch der Leitartikler der *Saarbrücker Zeitung* hob hervor: „Der Gau Saarpfalz wird immer an der Spitze marschieren, wenn es gilt, Forderungen eines deutschen Sozialismus gegen die Widerstände sozialreaktionärer Klüngel von unten her weiterzutreiben mit dem Ziele, sie beispielgebend für das ganze Reich zu gestalten."[38] Demonstrativ setzte Bürckel dem von Goebbels zu Silvester 1935 verkündeten neuen wirtschaftspolitischen Kampfmotto „Kanonen statt Butter" daher 1936 die Parole entgegen: „Kanonen sind gut, wertvoller sind Häuser für den Arbeiter!" und ließ Hitler zu dessen Geburtstag 1936 demonstrativ eine Spende über 526.000 RM für den Bau neuer Arbeiterwohnungen überweisen.[39] Das Vertrauen in die Arbeiter, so ließ er 1935 wissen, erscheine ihm als ein besseres Fundament für die Zukunft Deutschlands als das Paktieren mit dem Kapital.[40] Und auch die ehemalige Anhängerschaft von SPD und KPD schrieb er nicht a priori ab. Vor jenen Marxisten, die „ehrlicherweise ein System beseitigen wollten, damit ihre Kinder wieder Brot haben und sie einen Platz an der Sonne", habe er mehr Respekt als vor so manchem Mitläufer des Nationalsozialismus.[41] Ihnen verzeihe er ihre Sünden und reiche er die Hand.[42] Auch nach Ablauf der Schutzgarantien des Römischen Abkommens wies Bürckel die Kreisleiter des Saarlandes und die Polizeibehörden an, „Terroraktionen irgendwelcher Art" gegen ehemalige Status-Quo-Anhänger zu unterlassen und die einschlägigen Schutzbestimmungen weiterhin zu beachten.[43] Das war ein eindeutiges Integrationsangebot an die Adresse der ehemaligen Parteigänger von KPD und SPD, das ihn von den Verfechtern einer harten Repressionslinie, insbesondere in der SS, unterschied.

Hitler und Goebbels indes scheinen Bürckels sozialrevolutionäre Propaganda nicht geteilt zu haben. Hitler sei wütend über Bürckels soziale Forderungen und wolle einen „scharfen Erlaß dagegen herausgeben", notierte Goebbels in seinem Tagebuch.[44] Für Goebbels selbst war Bürckel ein „verantwortungsloser Radikalinski", der in Popularität mache, „während wir die Verantwortung tragen. ... Der Führer ist da ganz meiner Meinung."[45]

Im Krieg verblaßte Bürckels sozialstaatlich geprägtes Volksgemeinschaftsmodell und wich zunehmend der Propagierung der nationalen Leistungs- und Wehrgemeinschaft. Seine innenpolitische Frontstellung gegen geldgierige Kapitalisten und Wucherer fand nun ihre höhere, zwischenstaatliche Fortsetzung in seiner Polemik gegen die internationale Geldherrschaft. „Volkssozialismus oder Plutokratie" lautete nun die neue Parole[46], die jedoch ungleich abstrakter war als seine konkreten Angriffe gegen einzelne Unternehmer und Geschäftsleute.

Volksgemeinschaftsutopie und das Versprechen eines „nationalen Sozialismus" waren gleichwohl nur die Sonnenseite von Bürckels Politik- und Propagandamodell, das die sozialistischen Traditionen der NSDAP möglicherweise stärker akzentuierte, als dies in anderen Gauen der Fall war, ohne daß angesichts fehlender systematisch angelegter Vergleichsstudien die Frage der Besonderheit von Bürckels Konzeption bzw. ihrer Überschneidung mit denen anderer Gauleiter hier abschließend behandelt werden kann. Die andere Seite, die Schattenseite, unterschied ihn schon weniger von Gauleitern in anderen Reichsteilen. Wie bei ihnen, so war auch bei Bürckel im Begriff der „deutschen Volksgemeinschaft" immer schon die Ausgrenzung derjenigen mitgedacht, die aus politischen, sozialen und rassischen Gesichtspunkten nicht zur Volksgemeinschaft zählten bzw. sich ihrer unwürdig erwiesen: die Juden, die er schon frühzeitig aus seinem Gau zu vertreiben gedachte, die katholischen Bischöfe und Pfarrer, die seinem säkularen Gemeinschaftsmodell ihre christliche Gemeinschaftsutopie entgegensetzten und denen er auf dem Höhepunkt des Kirchenkampfes mit der eisernen Hand des Staates drohte, den linken „Hetzern und Saboteuren" der Volksgemeinschaft im Grenzgängerkonflikt, deren Verhaftung er persönlich anordnete, und den angeblichen „Schmarotzern", die ihre Arbeitsleistung der Volksgemeinschaft vorenthielten und denen er mit KZ drohte. Die Idee der Volksgemeinschaft beinhaltete so konstitutiv zugleich die Ausgrenzung aller Volks- und Gemeinschaftsfremden, Störer und Querulanten, Staatsfeinde und Leistungsverweigerer.

Ob Bürckels Politik- und Propagandakonzept generelle Akzeptanz unter seinen Kreisleitern und Funktionsträgern fand, muß offenbleiben. Von einer Palastrevolution jedenfalls — wie er sie vor 1933 in der Pfalz hatte durchstehen müssen — ist nichts bekannt. Die vorhandenen Quellen lassen demgegenüber erkennen, daß er sich aufgrund einer gezielten Personalpolitik mit Parteigenossen umgeben hatte, die sein Propaganda- und Politikmodell des „nationalen Sozialismus" und der „deutschen Volksgemeinschaft" weitgehend teilten und öffentlich propagierten.

2. Träger und Medien der regionalen NS-Propaganda

Zur öffentlichen Darstellung seiner antikapitalistischen Vorstellungen und seines Programms des „nationalen Sozialismus" bediente sich Bürckel eines breiten Spektrums von publizistischen, künstlerischen und politischen Propagandaträgern, die er über die NSDAP-Gaupropagandaleitung im pfälzischen Neustadt, über die dortige Dienststelle des Reichspropagandaministeriums und über persönliche Beziehungen koordinierte und kontrollierte. Allein das Reichspropagandaamt der Westmark verfügte bis 1941 über 26 hauptamtliche Mitarbeiter, zu denen noch einmal 10 Beschäftigte in der „Zweigstelle Lothringen" hinzukamen.[1]

Die wichtigsten Medien der nationalsozialistischen Tagespublizistik waren die beiden größten Tageszeitungen der Region — das NSDAP-Parteiorgan *NSZ-Rheinfront* und die *Saarbrücker Zeitung* — sowie der Reichssender Saarbrücken. Komplettiert wurden sie durch die von den NS-Organisationen vor Ort veranstalteten, aus dem Alltag herausragenden politischen Kundgebungen und Ausstellungen und die den „schönen Künsten“ zugeordneten Bereiche der Literatur, des Theaters und der bildenden Kunst, die auf eher subtile Weise die Aufnahmebereitschaft der Bevölkerung für die von der Tagespublizistik verbreitete aktuelle Propaganda ergänzen und verstärken sollten. Unter den politischen Trägern der NS-Propaganda war insbesondere die DAF mit ihren diversen Unterabteilungen bedeutsam, aber auch das Soziale Ehrengericht, das explizit politisch-propagandistische Aufgaben erfüllte. Funktion aller dieser Medien war es, durch publizistische Kampagnen, propagandistisch motivierte sozialpolitische Aktionen und künstlerische Darstellungsformen das *Bild* einer neuen sozialen Wirklichkeit zu zeichnen und in die Köpfe der Menschen einzubrennen.

Die DAF als Werbeagentur des „nationalen Sozialismus“

Der bedeutendste sozialpolitische Träger von Bürckels Propagandakonzept war die DAF mit ihren diversen Abteilungen, Ämtern und angeschlossenen Organisationen, mit deren Hilfe er das Bild des „deutschen Sozialismus“ und der Volksgemeinschaft, des braunen Schlaraffenlandes und der treu sorgenden deutschen Mutter des Abstimmungskampfes materiell zu fundieren, gleichsam die neue soziale Wirklichkeit zu konstituieren gedachte. Propagandistisches Ziel der DAF war die Ausschaltung des Klassenkampfes und die Bildung einer „wirklichen Volks- und Leistungsgemeinschaft aller Deutschen“. Realiter spielte die DAF innerhalb des NS-Herrschaftssystems eine eher ambivalente und keineswegs konfliktlose Rolle, da sie als Staatsgewerkschaft einerseits offizielles Organ zur Disziplinierung der Arbeiter und Instrument der Rationalisierung und der Leistungsmaximierung war[1], andererseits aber auch als institutioneller Widerpart der Unternehmerschaft fungierte und die Arbeiterschaft in begrenztem Maße auch für ihre politische Entrechtung zu entschädigen hatte. Sozialegalitäre Rhetorik und die Idealisierung des Leistungsprinzips durchdrangen sich wechselseitig. Sozialpsychologische und -medizinische Erwägungen prägten die konkrete Politik der DAF daher ebenso wie politisch-ideologische Ziele und die Absicht der volkswirtschaftlichen Leistungsoptimierung.[2] Wie keine andere NS-Institution stand die DAF jedoch für eine neue soziale Wirklichkeit, in der sich die propagandistischen Versprechungen des „deutschen Sozialismus“ partiell realisierten, die nationale Volksgemeinschaft zumindest rudimentär eingelöst wurde.

Während die Aktionäre der „Systemzeit“, so die *Saarbrücker Zeitung*, nur an der Ausschüttung hoher Dividenden, nicht aber am Wohl des Arbeiters interessiert gewesen seien, habe mit der Bildung der NS-Gemeinschaft Kraft durch Freude — dem wichtigsten Amt der DAF — der „deutsche Sozialismus“ ein Aufbauwerk begonnen, wie es die Welt noch nicht gesehen habe. Mit einer Vielzahl spektakulärer Reisen und Freizeitangebote durchbrach die neue Organisation traditionelle soziale Privilegien und fundierte erfahrbar die sozialegalitäre Rhetorik der NS-Propaganda. Ihre Aufgabe sei es, so DAF-Gauamtsleiter Hoffmann, „einen neuen lebensvollen Geist hochzuziehen, der das Leben nicht mehr verneinen läßt, sondern bejahen“.

Statt belanglosem Vergnügen strebe seine Organisation die kulturell-politische Weiterbildung aller „Volksgenossen“ an.[3]

Während sich die DAF-Ämter Kraft durch Freude, Arbeitsdank, das Amt Feierabend oder das Amt für Reisen, Wandern und Urlaub ausschließlich dem außerbetrieblichen Freizeitbereich widmeten, befaßten sich das Amt Schönheit der Arbeit und die Werkscharen der DAF mit dem Arbeitsalltag in Fabrik und Büro. Bei ihren Aktionen zur Verbesserung der Produktionsästhetik durch eine optisch ansprechendere Gestaltung von Arbeitsräumen und Fabrikhallen griff der Nationalsozialismus in bis dato unbekanntem Ausmaße auf Methoden und Erkenntnisse der modernen Arbeitswissenschaft zur Verbesserung von Arbeitsschutz und Arbeitsmedizin zurück. Die Partei sei von der Prämisse ausgegangen, daß jeder „Volksgenosse“ ein „Recht auf den schönen Arbeitsplatz“ besitze. Nur hier könne er seine, dem ganzen Volke gehörende Arbeitskraft optimal auswerten. Oder wie es DAF-Amtsleiter Lenhard formulierte: „Nur durch menschenwürdige Ausgestaltung der Arbeitsräume könne der schaffende Volksgenosse die Verbundenheit mit dem Betrieb und die Freude an der Arbeit überhaupt erlangen.“[4] Neben dem Ziel der Leistungsoptimierung erfüllten die Aktionen des Amtes, wenn sie sich tatsächlich in Veränderungen am Arbeitsplatz umsetzten, eine reale Gebrauchswertfunktion für die Arbeiter. Noch die propagandistische Formel von der „Schönheit der Arbeit“ stand quer zu den alltäglichen Erfahrungen der Arbeiter und dürfte ihr Gebrauchswertverlangen nach einem würdigen Leben am Arbeitsplatz bestärkt haben.

Bürckels Presse-Imperium

Kam der Pressepropaganda der NSDAP vor 1933 eine eher marginale Bedeutung zu[5], so avancierte sie vor allem im lokalen und regionalen Umfeld nach dem Machtantritt Hitlers zu einem der bedeutendsten Medien der propagandistischen Selbstdarstellung des Nationalsozialismus, der Feindbildpräparierung und der subtilen Repressionsandrohung, mithin der „geistigen Mobilmachung“. Im Unterschied zur Weimarer Republik hatte an der Saar bereits vor dem Machtantritt der Nationalsozialisten eine weitgehende Gleichschaltung der bürgerlich-nationalen und der katholischen Presse eingesetzt, begleitet von dem von der Deutschen Front organisierten Druck auf die noch unabhängige Presse. Nach der Abstimmung emigrierten die wenigen verbliebenen oppositionellen Journalisten ins Ausland, während die restlichen Redaktionen — vielfach schon an die Praktiken medialer Manipulation gewöhnt — nahezu reibungslos in das System der Lenkung der Reichspresse eingegliedert wurden.[6]

Seit 1935 überschwemmte Bürckel das Saarland zusätzlich mit den Erzeugnissen seines eigenen Pressekonzerns, den er seit 1933 aufgezogen und geschickt der Verfügungsgewalt des Chefs des NSDAP-Zentralorgans und Präsidenten der Reichspressekammer, Max Amann, entzogen hatte. Chefredakteur der *Saarbrücker Zeitung* wurde mit dem Journalisten Max Steigner ein Mitarbeiter Bürckels aus Neustadt, der das größte Blatt des Saarlandes ganz auf Parteilinie brachte. 1940 ging Steigner nach Wien; später übernahm er die Leitung der *NSZ-Westmark* in

Kaiserslautern. Aber auch Steigner konnte die Abwerbung von Abonnenten der *Saarbrücker Zeitung* durch Bürckels Parteiorgan und damit die Halbierung der Auflagenhöhe des Blattes von 70.000 Exemplaren zur Zeit der Rückgliederung auf die Hälfte im Juli 1936 nicht verhindern.[7] Als letzte der saarländischen Zeitungen verleibte Bürckel 1939 die längst gleichgeschaltete katholische *Saarbrücker Landeszeitung* der *NSZ-Rheinfront* ein und übernahm deren Abonnenten.

Zum Presseimperium Bürckels zählten zur Kriegszeit mindestens 22 Verlage an der Saar, in der Pfalz und in Lothringen[8], durch die er den gesamten Pressemarkt seines Gaues kontrollierte. Sein Parteiorgan — die *NSZ-Rheinfront*, seit 1941 in *NSZ-Westmark* umgetauft — konnte im Zehnjahreszeitraum von 1935 bis 1944 die Auflage verdoppeln. Mit einer Auflagenhöhe von 273.000 Exemplaren im Oktober 1944 war sie zur größten Zeitung im gesamten südwestdeutschen Raum geworden und wurde von nahezu jedem zweiten Haushalt in der Saarpfalz bezogen. Die Machtkonzentration im Pressewesen hatte damit ihren Höhepunkt erreicht.

Mit Hilfe der gleichgeschalteten bzw. seiner Verfügungsgewalt unmittelbar unterstellten Presse, durch eine mit sozialistischen Termini angereicherte Sprache, durch eine umfassende Berichterstattung über die Aktionen von DAF, Winterhilfswerk und NSV, sowie durch fotografische Inszenierungen gelang es Bürckel vor 1939, das Image der NSDAP und ihrer sozialpolitischen Organisationen als einer sozialistischen, insbesondere um die Interessen der Arbeiterschaft bemühten Bewegung zu popularisieren.

Das Radio als Medium der „geistigen Mobilmachung"

Neben den Zeitungen spielte der Rundfunk die wichtigste Rolle als Medium der Tagespublizistik. Bereits im Saarabstimmungskampf zwischen 1933 und 1935 war ihm eine zentrale Bedeutung innerhalb der Rückgliederungspropaganda zugefallen. Als Reaktion auf die Saarsendungen des Straßburger Senders hatte Reichspropagandachef Goebbels Anfang 1934 die Gründung des Westdeutschen Gemeinschaftsdienstes veranlaßt, der die Saarsendungen aller Reichssender koordinieren sollte und Bürckel unterstellt war. Als Leiter der neu eingerichteten Rundfunkzentrale fungierte mit Adolf Raskin — dem späteren Intendanten des Reichssenders Wien und Organisator der gegen Frankreich und England gerichteten Geheimsender — ein ehemaliger Feuilletonredakteur der *Saarbrücker Zeitung*, der bislang als Abteilungsleiter Musik beim Westdeutschen Rundfunk tätig gewesen war. Mit Karl Mages als Stellvertreter stand ihm ein Schwager Bürckels zur Seite, der so auch auf personeller Ebene Einfluß auf die Programmplanungen des Westdeutschen Gemeinschaftsdienstes ausüben konnte.

Zwar gelang es, mit Hilfe der Werbekampagnen des Verbandes der Rundfunkteilnehmer an der Saar die Rundfunkdichte im Saargebiet im Zweijahreszeitraum von 1933 bis 1935 zu verdoppeln, so daß 1935 auf 1.000 Einwohner 50 Radiobesitzer kamen, im Vergleich zum Reichsdurchschnitt mit 77 Rundfunkempfängern auf 1.000 Einwohner aber blieb das Interesse am neuen Medium Radio an der Saar zunächst bescheiden.[9] Nach der Rückgliederung des Saargebietes wurde der

Westdeutsche Gemeinschaftsdienst zur Keimzelle des in einem Festakt am 4. Dezember 1935 durch Goebbels in Betrieb genommenen Reichssenders Saarbrücken, der laut seines Intendanten „als Instrument der nationalsozialistischen Staatsführung, als Verkünder einer stolzen Tradition und als modernes Sprachrohr eines deutschen Landes" tätig werden und als Grenzlandsender auch jenseits der Westgrenze Verständnis für das neue Deutschland wecken sollte.[10]

Bereits im März 1935 hatte ein motorisierter 0,7 kW-Sender seine Tätigkeit im Saarland aufgenommen. Seit 29. September 1935 sendete der Reichssender Saarbrücken, dessen Intendanz sich in einer Villa am Saarbrücker Staden befand, ein regelmäßiges, eigenes Programm. Zum Führungsstab des ersten Intendanten Adolf Raskin zählten — wie schon vor 1935 — Karl Mages als Sendeleiter sowie als Verantwortlicher für den Zeitfunk Horst Slesina, ein ehemaliger Mitarbeiter Goebbels', der später zum Gaupropagandawart der Saarpfalz avancierte. Mit der Abkommandierung Raskins 1938 nach Wien übernahm Mages das Intendantenamt, zeitweise vertreten durch Kurt E. Fischer. Von 72 Mitarbeitern 1935 wuchs das Sendeteam 1938 auf 210 Personen an.[11]

Das Programm des neuen Reichssenders diente keineswegs nur und vornehmlich der unpolitischen Zerstreuung, wie die Hausgeschichtsschreibung des Senders nach dem Kriege Glauben machte, sondern wurde dem politischen Auftrage Raskins voll und ganz gerecht. Bürckel selbst bediente sich verschiedentlich des neuen Senders und ließ seine Ansprachen direkt in die saarländischen Haushalte übertragen. Im Dezember 1938 strahlte Radio Saarbrücken die antisemitische Hörfolge „Der Jud" aus, für die sozialdemokratischen *Deutschland-Berichte* eine Sendung auf allerniedrigstem Niveau.[12] Unter der deutschsprechenden Bevölkerung Elsaß-Lothringens betreibe der Sender mit seinem „Grenzecho" eine systematische Zersetzungspropaganda und versuche die dortige Autonomistenbewegung zu stärken, befand ein Berichterstatter der Sopade.[13] Liveübertragungen vom Westwall und aus saarländischen Großbetrieben, aber auch eigene „Werkkonzerte" waren eigens an die Arbeiterschaft der Region adressiert.[14]

Parallel zur Etablierung des Senders liefen zahlreiche Kampagnen der NS-Funkwarteorganisationen und der Gemeinden zur Verbesserung der Rundfunkdichte im Saarland. Der Verband deutscher Rundfunkteilnehmer an der Saar forderte „Rundfunk in jedes Haus!"; die Gaurundfunkstelle führte Straßenaktionen und „Funkmärkte" durch und warb für den „Volksempfänger"; die Reichspost veranstaltete 1937 im städtischen Saalbau in Saarbrücken eine große saarpfälzische Rundfunkausstellung, bei der erstmals auch ein Fernsehgerät dem staunenden Publikum präsentiert wurde.[15] Tatsächlich gelang es mit diesen Werbekampagnen und durch Finanzierungshilfen mehrerer saarländischer Kommunen für die Anschaffung des „Volksempfängers", die Rundfunkdichte beträchtlich zu steigern und den Durchschnittswerten im Reich anzunähern, so daß es im Saarland 1939 über 120.000 Radiobesitzer gab, was einer Rundfunkdichte von 136 Hörern auf 1.000 Einwohner entsprach. Gegenüber dem Abstimmungskampf bedeutete das nahezu eine Verdreifachung der Hörerschaft. Unmittelbar vor Kriegsbeginn verfügten damit mehr als die Hälfte aller saarländischen Haushalte über ein eigenes Empfangsgerät.[16] Um auch jene zu erreichen, die ein solches nicht besaßen oder sich der propagandistischen

Beschallung zu Hause verweigerten, wurden — wie schon zur Saarkampfzeit — Gemeinschaftsempfänge am Arbeitsplatz oder unter freiem Himmel organisiert, die zudem die Funktion erfüllten, den Hitler-Mythos in der Bevölkerung zu stärken. So fand am 1. Mai 1935 ein Gemeinschaftsempfang im Saarbrücker Kieselhumes-Stadion statt, in dem 50.000 DAF-Kundgebungsteilnehmer Hitlers Rede auf dem Tempelhofer-Feld verfolgten.[17] Das Radio war damit — wie es die NS-Propagandisten lange gefordert hatten — zu einer der bedeutendsten Waffen der Selbstdarstellung des Nationalsozialismus und der „geistigen Mobilmachung“ der Bevölkerung geworden.

Kundgebungen als Visualisierung der Volksgemeinschaft

Neben Presse und Rundfunk waren Kundgebungen und Massenversammlungen in der nationalsozialistischen Hierarchie der propagandistischen Mittel ganz oben angesiedelt. Sie waren der Kampfplatz des Redners, in denen die versammelte Menge der „Zauberkraft“ des gesprochenen Wortes unterliegen sollte. Als ästhetisch gestaltete Rituale sollten sie emotionale Vergemeinschaftungsfunktionen erfüllen und die nationalsozialistische Volksgemeinschaft veranschaulichen. Primär kam es auf das Bild, den visuellen Eindruck an, nicht auf den Inhalt der Rede. In der Kundgebung sollte der einzelne — so Hitler — das „Bild einer größeren Gemeinschaft“ erleben, was bei den meisten Menschen „kräftigend und ermutigend“ wirke. Konfrontiert mit dem Bild einer begeisterten Masse würde der einzelne darüber hinaus „selbst dem zauberhaften Eindruck dessen, was wir mit dem Wort Massensuggestion bezeichnen, unterliegen“[18]. Wie schon zur „Kampfzeit“ spielten daher Massenkundgebungen, Feiern und Aufmärsche auch nach der Machteinsetzung der Nationalsozialisten eine dominierende Rolle. Bereits unmittelbar nach der Rückgliederung setzte eine Versammlungsoffensive sämtlicher NS-Organisationen ein, die nun unabhängig von den restriktiven Auflagen der Völkerbundsverwaltung das gesamte Repertoire ihrer Selbstdarstellungsformen ausspielen konnten.

Das NS-Feierjahr 1935 begann am 1. März 1935 mit den Rückgliederungsfeierlichkeiten, zu denen erstmals auch Hitler nach Saarbrücken reiste. Zehn Tage später bereits erfolgte der Besuch der 2. SS-Standarte aus Frankfurt in der Saarmetropole, die den am gleichen Tage aus Anlaß der Rückgliederung feiernden Katholiken demonstrierte, wer die neuen Herren waren. Unmittelbar darauf gedachte man der gefallenen „Helden“ des Weltkrieges. Am 20. April feierte die Partei den Geburtstag ihres „Führers“, und am 1. Mai 1935 versammelten sich demonstrativ 50.000 Saarländer zu einem Fest der „nationalen Verbrüderung“ im Saarbrücker Kieselhumes-Stadion, in dem ein Vierteljahr zuvor noch die Status-Quo-Parteien ihre Abschlußkundgebung für eine hitlerfreie Saar abgehalten hatten. Propagandistisch wurde die neue Volksgemeinschaft demonstriert: „Da marschierte der Direktor neben dem Tagelöhner, dort der Ingenieur neben dem Schlosser, da der Bäckermeister an der Spitze seiner Gesellen, dort der Landgerichtsdirektor neben dem Justizwachtmeister.“ Die Zeit der Volkszerrissenheit sei nun endgültig vorbei, kommentierte die *Saarbrücker Zeitung*: „Es gibt keinen bevorzugten Volksgenossen, es gibt nur Kameraden der Arbeit.“[19] Am 5. Mai versammelte sich der Reichstreubund zu einer Großkundgebung in Saarbrücken. Es folgten Feierlichkeiten anläßlich der Wiedergründung der saarländischen NSDAP und der DAF, so eine Massenkundgebung von 10.000 DAF-Aktivisten am 23. Juni zu Ehren des Besuchs von DAF-Chef Robert Ley in Saarbrücken. Auch die traditionellen Sonnenwend- und Erntedankfeiern im Juni bzw. September wurden von den Nationalsozialisten gezielt zur Selbstdarstellung genutzt. Am 12. Oktober fand in Saarbrücken in Anwesenheit von SA-Stabschef Viktor Lutze und Gauleiter Bürckel die Vereidigung von 16.000 saarländischen SA-Männern auf Hitler statt. Ort der Massenvereidigung war das soeben fertiggestellte Aufmarschgelände im Osten der Stadt, das sogenannte „Befreiungsfeld", mit einer Größe von 40.000 Quadratmetern, das die Presse als schönste Feierstätte Südwestdeutschlands lobte. Damit verfügte nun auch Saarbrücken über ein Terrain, das 220.000 Menschen Platz bot und sich somit für NS-Großkundgebungen empfahl. Abschluß und Höhepunkt im NS-Feier- und Veranstaltungskalender war der „Reichstrauertag" am 9. November zum Andenken an die Gefallenen des Hitler-Putsches von 1923, der in Saarbrücken dezentral an verschiedenen Kundgebungsorten nach den einheitlichen Richtlinien der Reichspropagandaleitung der Partei begangen wurde.

Dieser Kundgebungs- und Feierrhythmus setzte sich mit nur minimalen Variationen bis ins letzte Kriegsjahr fort. Eine saarspezifische Besonderheit bildeten die jährlich stattfindenden Feierlichkeiten aus Anlaß der Abstimmung vom 13. Januar 1935, die die Gemeinschafts- und Siegeseuphorie der Abstimmungstage in den grauen Alltag des Dritten Reiches verlängern sollten. Sie krönten jeweils das nationalsozialistische Feierjahr im Saarland und wurden von Bürckel gezielt zur Bilanzierung der NS-Erfolgsgeschichte und zum Ausblick auf das kommende Jahr benutzt. Zugleich eigneten sie sich zur öffentlichkeitswirksamen Verkündung spektakulärer Entscheidungen, wie der Zusammenlegung der Gaue Pfalz und Saar zu einem einheitlichen Parteigau durch Hitler 1936, der Ernennung Saarbrückens zur Hochschulstadt durch den Reichserziehungsminister oder der Verleihung der Stadtrechte an die Hüttengemeinde Völklingen 1937 durch Bürckel.

Neben ihrer Funktion der ständigen Mobilisierung und Einschwörung der Bevölkerung auf den Nationalsozialismus sollten die Feiern und Kundgebungen nach außen die Aufhebung der Klassengesellschaft in der nationalsozialistischen Volksgemeinschaft demonstrieren, Werte und Tugenden wie Gemeinnutz und Opferbereitschaft, Aktivismus und Disziplin, Kampf und Wehrhaftigkeit, Macht und Stärke zum Ausdruck bringen, mithin das starke, das wiederauferstandene, von den Ketten des Versailler Vertrages befreite Deutschland des Dritten Reiches repräsentieren. Über das emotionale Gemeinschaftserlebnis hinaus sollte die Verbundenheit zwischen Volk, Partei und Führer hergestellt werden. Durch den NS-Feiereklektizismus, der Festformen bürgerlicher, bäuerlicher, kirchlicher und proletarischer Provenienz zu einem unoriginären Amalgam integrierte, wurden dem nationalen Bürgertum, den Katholiken und den Linken zugleich formale Integrationsangebote gemacht. Mit ihrer neuen Volkskultur der Feiern und Feste, der Massenaufmärsche und symbolischen Handlungen betrieb der Nationalsozialismus besonders in den ersten Jahren seiner Herrschaft eine bis dato unbekannte „Ästhetisierung der Politik" (Walter Benjamin), durch die die ansprechende Form den real versagten

Inhalt substituierte und die inszenierte Gemeinschaftlichkeit als Abschlagszahlung für die weiterhin ferne Volksgemeinschaft herhalten mußte. Feiern und Aufmärsche aber konnten nur immer kurzfristigere Intervalle gemeinschaftlicher Rauschzustände und Hochstimmungen produzieren, bevor der Alltag wieder zuschlug.[20]

Hitler als Propagandawaffe

Als wichtigste Propagandawaffe sahen die NS-Propagandisten seit den 20er Jahren ihren Führer Hitler selbst an. Diese Wunderwaffe aber hatten die Nationalsozialisten vor 1935 an der Saar nicht zum Einsatz bringen können. Die wenigen Parteigenossen der Völkerbundszeit waren daher zu den Hitler-Kundgebungen nach Ludwigshafen und Idar-Oberstein gepilgert oder hatten die Reichsparteitage 1927 und 1929 in Nürnberg besucht. Erstmals konnten sich mehrere zehntausend Saarländer — und dabei keineswegs nur überzeugte Nationalsozialisten — im Abstimmungskampf jenseits der Saargebietsgrenzen 1933 am Niederwalddenkmal und 1934 am Ehrenbreitstein bei Koblenz von den vermeintlich suggestiven Kräften Hitlers überzeugen. Propagandistisch geschickt hatte er sich dabei als nationaler Befreiungsheld, als Verkörperung des ganzen Deutschland, unter dessen Herrschaft sich die divergierenden Klassen zusammengefunden hatten, sowie als über den Klassen schwebender, der Realität entrückter Volksheld präsentiert.[21] Zu einem ersten und überraschenden Blitzbesuch kam Hitler anläßlich der Rückgliederung des Saargebietes am 1. März 1935 an die Saar, dabei stürmisch begrüßt von den NS-Gliederungen und der Bevölkerung. Nachdem er im offenen Wagen unter Glockengeläut die Saarmetropole erreicht hatte, nahm er vor dem Rathaus zunächst den Vorbeimarsch der NS-Formationen ab, empfing anschließend Abordnungen der „alten Kämpfer" aus dem Saargebiet, trug sich in das Goldene Buch der Stadt ein, um abschließend auf dem Rathausplatz zur Masse zu sprechen.

In den folgenden drei Jahren konnte die Saarbevölkerung ihren „Führer" nur über das Radio oder im Film erleben. Erst aus Anlaß der Einweihung des Saarbrücker Gautheaters, das Hitler den Saarländern als Geschenk für ihr Abstimmungsvotum 1935 versprochen hatte, weilte er am 9. Oktober 1938 wieder im Saarland. Zweifellos war dieser „Führerbesuch", den Hitler mit einer Inspektion des Westwalls bei Saarbrücken verband, neben den Rückgliederungsfeiern von 1935 der Höhepunkt im NSDAP-Propagandaspektakel. Für Tage stand die gesamte Stadt im Banne des erwarteten Besuches: Straßen, Plätze und das „Befreiungsfeld" waren geschmückt worden; Elendsbaracken fielen der Spitzhacke zum Opfer; die NS-Formationen probten ihre Aufmärsche und demonstrierten ihre Mobilisierungs- und Organisationskraft. Von 13 Sammelplätzen marschierten die Parteigliederungen zum „Befreiungsfeld", wo Hitler am Nachmittag die Parade abnahm und die offizielle Rede zur Einweihung des Theaters hielt.[22] Zwar machte er noch einmal — im Mai und Ende Juli 1939 — einen Abstecher an die Saar, um sich vom Stand der Befestigungsarbeiten am Westwall zu überzeugen, ohne daß die Bevölkerung aber hiervon viel merkte.

Der Hitler-Mythos an der Saar war daher primär das Resultat der Berichterstattung in Presse, Funk und Film und gründete weniger auf eigenen Erfahrungen und

Erlebnissen. Während Hitler vornehmlich als entrückter Volksführer präsentiert wurde, der über den Skandalen und dem polykratischen Machtgerangel seiner Partei schwebte, agierte Bürckel als populistischer Gauleiter vor Ort, als Politiker zum Anfassen, der zum Gespräch mit den Arbeitern zur Verfügung stand und als Vermittler in Konflikten sowie als Zechkumpan seiner „alten Kämpfer" Anerkennung genoß. Unterstrichen wurde sein Populismus noch dadurch, daß er sich in der Öffentlichkeit nur selten als uniformierter Parteisoldat inszenierte, sondern lieber im einfachen Trenchcoat auftrat.

Die Visualisierung von Wehrbereitschaft, Volksgemeinschaft und „nationalem Sozialismus" durch Kunst und Architektur

Auch Kunst und Architektur wurden für die Inszenierung des „deutschen Sozialismus" und die „geistige Mobilmachung" propagandistisch in Anspruch genommen. Bereits vor der Rückgliederung waren im allgemeinen nationalen Taumel der Intendant und der Generalmusikdirektor des Saarbrücker Stadttheaters als Juden entlassen worden. 1935 mußten auch die übrigen jüdischen Mitglieder des Ensembles und des Orchesters gehen. Pläne für ein neues Theater entstanden, das Hitler den Saarländern für ihr Abstimmungsverhalten vom 13. Januar „zum Geschenk" machen wollte. Als „kulturellen Westwall" und „Burg im Westen" feierten die NS-Propagandisten im Oktober 1938 die Einweihung des Gautheaters Saarpfalz, dessen politischer Auftrag es war, als „Bollwerk der deutschen Kunst" die Grenzlande gegen fremde Kultureinflüsse abzuschirmen. Das in streng klassizistischem Stil errichtete Theater — bühnentechnisch eine der modernsten Spielstätten Europas und besonders für Wagnersche Großinszenierungen vorgesehen — verzichtete auf jegliche, dem Wandel des Zeitgeistes unterliegende Ornamentik und unterstrich durch seine Monumentalität und sein trutzhaftes Äußeres seinen politischen Auftrag, „Hüter und Wächter" deutscher Kultur in der bedrohten Westmark zu sein.[23] Der deutliche Kontrast zu seiner Umgebung unterstrich diesen Eindruck. Wenn auch das neue Theater durch die DAF stärker als je zuvor den unteren Bevölkerungsklassen geöffnet und hierdurch partiell die Überwindung der Klassenkultur demonstriert wurde, blieb seine Bedeutung innerhalb des NS-Propagandaspektrums marginal, zumal es bereits nach wenigen Spielzeiten Opfer des Bombenkrieges wurde.

Eine wichtigere Rolle bei der öffentlichen Inszenierung des „Sozialismus als Bild" (Ernst Bloch) erfüllten demgegenüber die bildenden Künste und hier vornehmlich die öffentliche Arbeiterplastik. Zunächst allerdings wurde die Sammlung des staatlichen Museums der modernen Kunst von insgesamt 272 „entarteten" Kunstwerken „gesäubert", von denen nur wenige Objekte den Krieg überlebten.[24] In der proletarischen Provinz wurden vornehmlich jene Maler und Bildhauer von den Propagandisten umworben, die sich des Themas Arbeitswelt angenommen hatten. Fritz Zolnhofer beispielsweise, dessen Bilder keineswegs im Rufe standen, unkritisch die Arbeit zu heroisieren, gestaltete 1936 für den Flottentender „Saar" das Triptychon „Saartreue", das die Saarschleife bei Mettlach, einen Hütten- und einen Bergarbeiter als Verkörperung menschgewordener Treue zeigte.[25]

Bedeutsamer für die öffentlich-propagandistische Selbstdarstellung der saarländischen NSDAP als sozialrevolutionäre Partei sollten vor allem die Arbeiterdarstellungen des Bildhauers Fritz Koelle und die diversen Ehren- und Denkmäler der Arbeit werden. Gerade die unteren Klassen verkörperten für Hitler Aktivismus, Tatkraft, Energie und Entschlossenheit. Nicht in den Salons, hatte er 1923 verkündet, liege die Kraft der Nation, „sondern in der Faust, in der Stirn und im Willen der breiten Massen". Vor allem der Arbeiter war für ihn „Quelle der Kraft" und Sinnbild von Mut und Wehrhaftigkeit. Jeder Arbeiter sei ihm lieber als zehn Hurrapatrioten. Ihm gehe es daher um „die Aufwertung der Handarbeit und hiermit verbunden (um) die Erhöhung des Sozialprestiges der Arbeiterschaft".[26] Die visuelle Darstellung der NSDAP in Gestalt des mutigen, kraftvollen und kampfentschlossenen arischen Arbeiters unterstrich, daß sich die Partei Hitlers als Arbeiterpartei verstand. Mit der Wahl des Arbeiters als zentralem Bildsymbol stellte sich die NSDAP zugleich in die visuelle Tradition der Arbeiterbewegung und untermauerte Hitlers Absicht, das Sozialprestige — keineswegs die Rechte der Arbeiter — zu erhöhen und den Arbeiter aufzuwerten.

Arbeiterdarstellungen standen daher auch im Mittelpunkt der zahlreichen Ehrenmäler der Arbeit, die Hitlers Propagandisten an der Saar errichten ließen. Sie stellten ein weiteres propagandistisches Integrationsangebot an die saarländische Arbeiterschaft dar. So wurde im Mai 1936 im Rahmen eines Betriebsappells der Burbacher Hütte ein Ehrenmal für die „Opfer der Arbeit" enthüllt, das aus einem elf Tonnen schweren, aus dem Fundament eines Hochofens gesprengten Roheisenblock bestand und typische Arbeiterdarstellungen zeigte.[27] Auch vor dem Hauptverwaltungsgebäude der Völklinger Röchling-Werke entstand 1938 ein Denkmal der Arbeit des Schwetzinger Bildhauers Otto Schießler. Das wuchtige und überdimensionierte Relief zeigte eine fünfköpfige Gruppe martialisch wirkender Hüttenarbeiter in einer Schmiede, die eher entschlossenen Kämpfern, denn empirisch-vorfindbaren Arbeitern ähnelten.[28] Am 1. Mai 1939 folgte die feierliche Enthüllung eines Ehrenmals für die „Opfer der Arbeit" auf der Halberger Hütte.[29] Die Neunkircher Hütte entschloß sich, dem Standbild ihres Freiherrn von Stumm-Halberg kein Arbeiterstandbild entgegenzustellen, sondern entschied sich für ein Erinnerungsmal für die im Weltkrieg Gefallenen des Werkes, das der saarländische Bildhauer Fritz Claus schuf. Die Einweihung fand im März 1936 statt.[30] Die Bergarbeitergemeinde Ensdorf beauftragte den aus dem Kreis St. Wendel stammenden und 1933 aus Amerika an die Saar zurückgekehrten Bildhauer Wilhelm Knapp mit der Anfertigung eines sechsteiligen Sandsteinreliefs zum Thema „Zyklus der Arbeit", das über dem Eingangsportal des Rathauses angebracht werden sollte.[31] Auch das größte Bergarbeiterdorf des Saarlandes, die Gemeinde Dudweiler, ließ 1938 ein 3,6 m hohes Bergmannsdenkmal Knapps aufstellen, das einen Hauer vor dem Stoß zeigte. Eine mit Platanen und hohen Pylonen gesäumte Allee sollte auf das Denkmal zuführen, das nicht nur Erinnerung an die im Kampf um die Kohle Gefallenen sein, sondern zugleich die Lebenden mahnen sollte, „die Arbeit des Bergknappen im Saarland zu würdigen".[32]

Im Juli 1938 weihte schließlich der Generaldirektor der Saargruben AG das von dem Münchner Bildhauer Fritz Koelle geschaffene Ehrenmal für die 3.500 in den

Gruben des Saarlandes ums Leben gekommenen Bergleute vor dem Zechenhaus der Grube Reden ein. Koelle, der in den 20er Jahren in St. Ingbert gelebt und gearbeitet hatte und dessen betender Saarbergmann vor dem Arbeitszimmer Hitlers in der Reichskanzlei aufgestellt war, hatte mit seiner mehr als drei Meter hohen Plastik — wie er selbst sagte — „der Arbeit und dem Arbeiter an der Saar ein Denkmal errichten" wollen. Während Koelles Werke vor 1933 durch das Anliegen geprägt waren, die Gefahren, die körperliche Härte und die Belastungen der Arbeit künstlerisch auszudrücken, abstrahierten seine Plastiken nach 1933 von der konkreten Arbeitssituation und näherten sich in ihrer archaisch-säulenhaften Monumentalität den Heldentypen Arno Brekers an. Aus Objekten der Arbeit und der Geschichte wurden in der nationalsozialistischen Plastik isolierte Subjekte, die Kraft, Dynamik, Heroik und Souveränität ausdrücken und mittels öffentlicher Repräsentation den ästhetischen Schein der Interessenvertretung der Arbeiter suggerieren sollten. Koelles „Saarbergmann" von 1937 war hierfür geradezu typisch.[33] Propagandistisch unterstrichen Malerei und Plastik, daß sich der Nationalsozialismus der Arbeiterschaft angenommen hatte. Real war die Arbeiterbewegung kaltgestellt. Der „Riese Proletariat" aus dem „Kommunistischen Manifest" war zur scheinhaft eingelösten Utopie verkommen.

Auch Fotografen — wie Fritz Mittelstaedt aus Saarbrücken — arbeiteten an der propagandistischen Front und umgaben das immer brüchige Bild der Volksgemeinschaft fotografisch mit der Aura des Konkreten und Sinnlichen. Die Fotografie empfahl sich der NS-Propaganda, da ihr im Gegensatz zum Gemälde und zur Plastik ein höheres Maß an Konkretheit zuerkannt wurde und ihre Agitationsmöglichkeiten vom Publikum noch kaum durchschaut wurden. Mittelstaedts Aufnahmen zeigten die im Rückgliederungstaumel tanzenden Saarländerinnen, den in der Menge badenden Gauleiter, die Hitler frenetisch zujubelnde Masse und den Bergmann an der Seite des SS-Mannes. Mit seinen in Zeitungen, unzähligen Broschüren und Büchern veröffentlichten Bildern half Mittelstaedt der Volksgemeinschaftspropaganda fotografisch mächtig nach. Als „Heinrich Hoffmann des Saarlandes" zählte er zu denen, die die neue soziale Wirklichkeit bildlich inszenierten.[34]

Die Visualisierung der bolschewistischen Bedrohung

Gleichsam das Negativbild des „deutschen Sozialismus" und der nationalen Volksgemeinschaft stellte die Visualisierung der apokalyptischen Bedrohung aus dem Osten dar. In spektakulären Ausstellungen wurde ein Schreckensszenario von Hunger, Terror und Elend gezeichnet, das Deutschland bedrohe. So traf — begleitet von einer intensiven Pressekampagne — am 21. Oktober 1936 der sogenannte „Antikomintern-Zug" in Saarbrücken ein, eine aus zwölf großen Schauwagen bestehende Wanderausstellung des Gesamtverbandes deutscher antikommunistischer Vereinigungen e. V., dem u. a. der Evangelische Presseverband für Deutschland, die katholische Forschungsstelle für Bolschewismus und Freidenkertum und das Russische Wissenschaftliche Institut angehörten, der de facto aber eine Dienststelle des Reichspropagandaministeriums darstellte.[35] Die unter dem Slogan „Weltfeind

Nr. 1 — Der Bolschewismus" auf dem Saarbrücker Horst-Wessel-Platz zu sehende Wagenburg setzte primär auf die Bildmedien Film und Fotografie, um so — wie die *Saarbrücker Zeitung* schrieb — „dem deutschen Volke die Wahrheit über die furchtbare Weltgefahr zu zeigen". Die Ausstellung zeige jene „Hauptdrahtzieher, die mit brutaler und blutiger Gewalt die Herrschaft einer jüdischen Clique von Verbrechern und Hetzern in Rußland errichtet haben".[36] Im einzelnen wies die Ausstellung auf den Terror der GPU und die verzweifelte Lage der Rußlanddeutschen hin, schilderte das Elend der sowjetischen Arbeiterschaft und prangerte die Verwahrlosung der Kinder an, widmete sich dem Kampf gegen die Kirchen und der Abtreibungspraxis, attackierte die Hochrüstung der Roten Armee und die Wühlarbeit der Komintern, beleuchtete das Vernichtungswerk des Bolschewismus in Spanien, um abschließend den Nationalsozialismus als das europäische Bollwerk gegen die Bedrohung aus dem Osten zu präsentieren.[37]

Vom 26. März bis 18. April 1938 war im Städtischen Saalbau von Saarbrücken die große antibolschewistische Ausstellung „Der Bolschewismus" zu sehen, die in zwölf Abteilungen eine Schreckensgeschichte des Sowjetkommunismus vorstellte und von 80.000 Saarländern besucht worden sein soll. Hier, wie schon bei der Wanderausstellung des Antikomintern von 1936, ging es im Jahr der „Reichskristallnacht" um die vermeintlichen Hintermänner, die jüdischen „Drahtzieher" des Bolschewismus. Mit den Mitteln der Kontrastpublizistik sollte den Besuchern in abgedunkelten Räumen die Schreckensherrschaft des Bolschewismus vor Augen geführt und in hellen, lichtdurchfluteten Räumen die positive Gegenutopie des Nationalsozialismus offeriert werden.[38] Mit einer großen Pressekampagne warben auch dieses Mal die Zeitungen des Saarlandes für die Ausstellung, an die sich Ende April eine Sonderausstellung der Saarbrücker Stadtbücherei über antibolschewistisches Schrifttum anschloß.[39] Mit Expositionen wie diesen wurde die Saarbevölkerung im Krisenjahr 1938 auf die zukünftigen Gegner eingeschworen: auf das internationale Judentum als vermeintlichem Drahtzieher hinter dem bolschewistischen Schreckgespenst und ganz unmittelbar auf die Tschechoslowakei als der wichtigsten Brücke des Bolschewismus nach Westen, wie es in Bürckels *NSZ-Rheinfront* hieß.

3. Die Inszenierung des „Sozialismus der Tat"

Damit der „deutsche Sozialismus" nicht nur propagandistisches Versprechen und damit in seiner Wirkung begrenzt blieb, bedurfte es erfahrbarer Ansätze einer aktiven Sozialpolitik: des „Sozialismus der Tat". Die propagandistische Erscheinung — der „Sozialismus als Bild" — in Gestalt monumental-aggressiver Arbeiterheroen mußte zumindest teilweise materiell fundiert werden, sollte sie nicht wirkungslos bleiben. Der fürsorgliche, um die Interessen der Arbeiterschaft bemühte Charakter des „nationalen Sozialismus" mußte in öffentlichkeitswirksame Kampagnen umgesetzt werden. Dem Arbeiter sollte das Gefühl sozialer Gerechtigkeit und die Gewißheit vermittelt werden: „Es wird gesorgt." Bedeutsam für die angestrebte Integration der saarländischen Arbeiterschaft, deren politischer Treue man sich so gewiß nicht war, waren diese Kampagnen insbesondere in den Jahren der Etablierung des NS-Herrschaftssystems an der Saar zwischen 1933 und 1938. Danach verloren sie an Dynamik und publizistischer Aufmerksamkeit und wichen den Maßnahmen der unmittelbaren Kriegsvorbereitung. Seit 1938 löste der Nationalismus zunehmend die Idee des „deutschen Sozialismus" ab. Die Arbeiterschaft erschien weitestgehend integriert, so daß es besonderer sozialpolitischer Aktionen nicht mehr bedurfte. Zudem produzierte nun die Rüstungskonjunktur mit Vollbeschäftigung und Lohnzuwachs ihre eigene Systemloyalität, so daß außerökonomisch-politische Propagandamaßnahmen immer weniger notwendig waren.

Aktionen gegen Arbeitslosigkeit und Wohnungsmisere

Zunächst allerdings startete Bürckel unmittelbar nach der Rückgliederung unter der Parole „Arbeit statt Fürsorge" eine sozialpolitische Großoffensive, in die er die Gliederungen und Organisationen der Partei ebenso einspannte wie die Städte und Gemeinden. Sein Konzept der „sozialen Aufrüstung" unterschied sich von der bloß fürsorglichen Tätigkeit des Winterhilfswerks durch aktive Eingriffe des Staates in die Verfügungsgewalt der Unternehmer. Sein Ziel: das Lebensniveau der saarländischen Arbeiterschaft dem anderer Industrieregionen anzugleichen und die Arbeitslosen in den Produktionsprozeß zurückzuführen.

Das am 25. April 1935 in einer Halle des Neunkircher Eisenwerkes von Bürckel vor 6.000 Teilnehmern verkündete Programm „Gegen Arbeitslosigkeit und Elend im Saarland" beinhaltete ein ganzes Bündel von arbeitsmarkt- und sozialpolitischen Maßnahmen. Kern dieses Konzepts bildete ein 44,5 Millionen Reichsmark umfassendes Arbeitsbeschaffungsprogramm für die Gemeinden und Kreise, mit dem allein 12.000 Arbeitslose wieder in Arbeit gebracht werden sollten. Es wurde begleitet durch ein Investitionsprogramm für die Saargruben und das Handwerk in Höhe von zusammen 41 Millionen Mark, von dem man sich ebenfalls arbeitsmarktpolitische Effekte erhoffte. Von den Saargruben als mit 30 Millionen Mark größtem Zuschußempfänger forderte der Gauleiter, „nicht nur den heutigen Beschäftigungsstand zu erhalten, sondern darüber hinaus die Feierschichten abzuschaffen und in kürzester Zeit noch mehrere tausend Arbeiter zusätzlich zu beschäftigen". An die versammelten „Betriebsführer" gewandt, appellierte Bürckel, den eigenen Nutzen dem Gemeinnutz unterzuordnen, und proklamierte: „Die Wirtschaft eines Volkes kann nie Selbstzweck, sie muß vielmehr immer Mittel zum Zweck sein."[1] Vorrangig ausgegeben werden sollten die Gelder für produktive Arbeiten wie Straßenbau, Ödlandkultivierung, Aufforstung, Kanalisierung und die Instandsetzung der Gruben. Zum Jahresbeginn 1936 konnte Bürckel bilanzieren, daß bereits im ersten Jahr seines Aufbauprogramms die Zahl der Arbeitslosen um die Hälfte reduziert werden konnte. Allein in den ersten drei Monaten nach dem Beginn der „Arbeitsschlacht an der Saar" seien 6.277 Beschäftigte in kommunale Arbeitsbeschaffungsprojekte vermittelt worden.[2]

Um die weiterhin über dem Reichsdurchschnitt liegende Zahl der Arbeitslosen weiter zu reduzieren, wandte sich Bürckel zusammen mit dem Vorsitzenden der saarpfälzischen Wirtschaftskammer Karcher, dem Chef der Bezirksgruppe Saarland-Pfalz der Reichsgruppe Industrie, Hermann Röchling, und dem Leiter der Zweigstelle des Landesarbeitsamtes Rheinland in Saarbrücken an die „Betriebsführer“ des Saarlandes, im zweiten Aufbaujahr zusätzliche Arbeitsplätze zur Verfügung zu stellen: „Zeigt, daß an der Saar erst recht der nationalsozialistische Grundsatz gilt: Treue um Treue!“[3]

Zusammen mit seinem Arbeitsbeschaffungsprogramm hatte Bürckel in Neunkirchen Pläne eines umfassenden Siedlungsprojektes skizziert, das gleichermaßen ideologische wie arbeitsmarktpolitische Funktionen erfüllen sollte. In einem ersten Anlauf war der Bau von 2.000 Nebenerwerbssiedlungsstellen geplant. Ferner habe die Reichsregierung einen größeren Betrag zum Bau von Kleinwohnungen und zur Förderung des Eigenheimbaues zugesagt. Zum ideologischen Aspekt seines Siedlungsprogrammes führte Bürckel später aus: „Wer das Vaterland so liebt, wie der Ärmste der Nation, der verdient so ein kleines Vaterland — er wird dadurch nur um so treuer.“[4]

Bevor mit den Grundsteinlegungen der geplanten Siedlungen und Wohnanlagen begonnen werden konnte, organisierten die NS-Gliederungen eine großangelegte und publikumswirksame Kampagne „Gegen das Wohnungselend“. Die NSDAP-Kreisleitung Merzig engagierte sich bereits im Mai 1935 gegen die dortigen „Wohnhöhlen“[5]. Die *NSZ-Rheinfront* mahnte den Gemeinsinn an und forderte „Weg mit den Elendswohnungen!“ und „Schafft menschenwürdige Wohnungen!“.[6] Der NSDAP-Kreis Saarbrücken-Land führte eine Spendenaktion durch, deren Erlös der Beseitigung unzumutbarer Wohnungsverhältnisse zugute kommen sollte.[7] Die eben erst gegründete NSV beteiligte sich mit einer eigenen Kampagne unter dem Motto „Kampf der Tuberkulose“.[8] Unter der Schirmherrschaft Bürckels und des Saarbrücker Oberbürgermeisters entstand eine „Stiftung zur Beseitigung der Elendswohnungen in der Stadt Saarbrücken“, durch deren Bauaktivitäten bis Juni 1936 232 sozial schwächere und kinderreiche Familien aus ihren bisherigen Baracken in eine neu erstellte Siedlung umgesetzt und gleichzeitig 130 Elendswohnungen beseitigt werden konnten.[9] Die Feuerwehr beteiligte sich beim Abriß und Abbrennen der ersten Elendswohnungen in Neunkirchen.[10] In Anwesenheit des Saarbrücker Oberbürgermeisters Dürrfeld und unter den Klängen des „Badenweiler Marsches“, gespielt von einer SA-Kapelle, wurden Anfang Oktober 1935 im Stadtteil Malstatt Wohnbaracken abgebrannt. In seiner „Feuerrede“ führte Dürrfeld aus: „Der neue Staat schafft Wohnungen, die seiner Volksgenossen würdig sind. Diese Elendsbaracken sind Zeugen des Vergangenen, sind Ruinen der Leute, die die Zwietracht und das Verderben des deutschen Volkes an der Saar wollten. Wie jene, so müssen auch diese ausgemerzt werden. ... Mit Stumpf und Stiel rotten wir diese hölzernen Denkmäler des Klassengegensatzes aus! Und werfen dazu in die Flammen die literarischen Produkte des gleichen Geistes, die kommunistischen und separatistischen Zersetzungsschriften.“[11] Begleitet wurde das spektakuläre Abbrennen von Notunterkünften durch gezielte Kampagnen gegen „asoziale Vermieter“. „Hausbesitz verpflichtet“, mahnte der Saarbrücker Kreisleiter Weber und drohte Vermietern, die sich weigerten, Familien mit Kindern aufzunehmen, das KZ an. In einzelnen Fällen wurden solche Vermieter tatsächlich in Haft genommen.[12]

Überall im Saarland setzte 1936 eine rege Bautätigkeit ein, entstanden neue Siedlungen und „Volkswohnungen", so die Kleinhaussiedlung am Saarbrücker Rastpfuhl, die Stammarbeitersiedlung auf der Bouser Höhe in Völklingen oder entsprechende Quartiere in Wehrden, Dudweiler und Haus Furpach mit allein 800 Wohneinheiten. Mit seiner Siedlungsarbeit rangierte die „Saarpfälzische Heimstätte" nach eigenem Bekunden 1936 reichsweit an vierter Stelle.[13] Die spektakulärsten und in der Presse propagandistisch am meisten aufgebauschten Projekte plante das „Reichsheimstättenwerk der NSDAP und der DAF" im Warndt und in Sitterswald in unmittelbarer Nähe der französischen Grenze. Träger des 500 Siedlerstellen und eine Reihe von Gemeinschaftsanlagen umfassenden neuen „Dorfes im Warndt" war das Städtische Siedlungsbauamt Saarbrücken, das für das NS-Musterdorf Zuschüsse in Höhe von 5 Millionen RM zur Verfügung stellte und im Mai 1937 das erste Haus zur Besichtigung freigeben konnte. Der künftige Hausbesitzer sollte verheiratet, zwischen 25 und 40 Jahre alt und „erbgesund" sein, möglichst Kinder haben, als zuverlässig, ordnungslieb und „besitzwillig" gelten und über ein Eigenkapital in Höhe von 750 RM verfügen.[14] Bei ihrem ersten Spatenstich hatten Bürckel und Dürrfeld das Siedlungsprojekt als Reaktion gegen die Überflutung der Industriestädte und die Zusammenpferchung der Arbeiter in Massenquartieren gelobt, das das Ziel verfolge, die Arbeiter mit der „Scholle" zu verschmelzen. Die propagandistische Bedeutung solcher Projekte, die die Zeitungen als „Sozialismus der Tat" priesen, kontrastierte allerdings deutlich zu ihrer wirklichen quantitativen Bedeutung. Nach einem Bericht des Statistischen Amtes des Saarlandes hatte der Wohnungsbau nach seinem Tiefststand der Jahre 1932 bis 1934 im zweiten Jahr nach der Rückgliederung gerade wieder das Niveau des Jahres 1929 erreicht, um im kommenden Jahr bereits wieder an Bedeutung abzunehmen.[15] Infolge der Bindung von Arbeitskräften und Baumaterialien am Westwall ging der Eigenheim- und Siedlungsbau 1938/39 weiter zurück.

Feiertagsbezahlung und Lohnangleichung

Über eine Politik staatlicher Investitions- und Arbeitsmarktprogramme hinaus scheute Bürckel mit einer eigenen Lohn- und Arbeitspolitik auch vor Eingriffen in das private Verfügungsrecht der Unternehmer nicht zurück. Zugleich betonte er damit seine Überzeugung vom Primat der Politik. Eine reichsweite Vorreiterrolle spielte er so beispielsweise bei der Durchsetzung der Bezahlung der gesetzlichen Feiertage, die vor dem Dezember 1937 noch kaum verbreitet war. Den Arbeitgebern seines Gaues ließ er im Dezember 1935 über die Zeitungen mitteilen, daß er im kommenden Jahr die Bezahlung der ausfallenden Festtage als Arbeitstage wünsche. Als „sozialistische Aktion" verkaufte die *NSZ-Rheinfront* den Weihnachtswunsch ihres Gauleiters.[16] Vor den Osterfeiertagen 1936 wiederholte Bürckel seine Forderung und begründete sie als Akt der Gleichstellung der Arbeiter mit den Angestellten und Beamten, denen die Feiertagsbezahlung gewährt worden war. Erneut traf er bei den Betriebsführern der großen Hüttenwerke und der Saargruben auf taube Ohren, so daß er für Pfingsten 1936 die Feiertagsbezahlung verordnen ließ. Ein Tadel von

Reichswirtschaftsminister Schacht, der in Bürckels Vorstoß einen Präzedenzfall für andere Gaue sah, war die Folge. Am 3. Dezember 1937 übernahm Hermann Göring als Hitlers Beauftragter zur Durchführung des Vierjahresplanes die in der Zwischenzeit auch von der DAF aufgegriffene Forderung aus der Saarpfalz und ließ per Verordnung die Bezahlung der Feiertage einführen, so daß Bürckels Parteiorgan jubeln konnte: „Ein klarer Sieg des Gaues Saarpfalz."[17]

Auch auf dem Gebiet der Lohnpolitik setzte sich Bürckel gegen massive Widerstände aus der Industrie durch und untermauerte damit materiell sein Programm des „Sozialismus der Tat". Bereits 1935 hatte er einer Delegation saarländischer Bergleute die Angleichung ihrer Löhne an die der Ruhrarbeiter zugesagt. In seiner Funktion als Reichskommissar und mit Verweis auf §1 des Saarlandgesetzes ordnete er im April 1936 eine dreiprozentige Lohnerhöhung in der eisen- und metallverarbeitenden Industrie des Saarlandes an. Damit stieß er auf schärfsten Protest von Reichsarbeitsminister Seldte, der ihm vorwarf, er maße sich Kompetenzen des Treuhänders der Arbeit an.[18] Bürckel ließ dies unbeeindruckt. Am 6. November 1937 verfügte er in einer weiteren Verordnung diktatorisch eine Angleichung der Löhne der eisenverarbeitenden Industrie des Saarlandes an die der Ruhr, was einer sechsprozentigen Lohnerhöhung gleichkam. Die *Saarbrücker Zeitung* begründete die Maßnahme Bürckels mit den Erfahrungen bei der ersten Lohnangleichung vom 11. Mai 1936 sowie bei der Aktion für die Feiertagsbezahlung, die keine Hoffnungen mehr offengelassen habe, „daß sich die Unternehmer aus freien Stücken durch die Tat zur Erfüllung dieser sozialistischen Ehrenpflicht bereitfinden würden".[19]

Wiederholt polemisierte Bürckel in der Öffentlichkeit gegen die Weihnachtsgratifikationen für Beamte und Angestellte, die er als „harte Ungerechtigkeit" gegenüber der Arbeiterschaft tadelte: „Zu Weihnachten gibts entweder Gratifikationen für alle oder für keinen."[20] Auch in der Frage der Sonntagsarbeit — von der Industrie seit der Verkündung des Vierjahresplanes und der Verknappung der Arbeitskräfte wiederholt gefordert — trat Bürckel zunächst als Bremser auf, indem er Urlaub und Erholung als notwendige Voraussetzungen der Leistungsoptimierung verteidigte, sich gegen eine Unternehmerpolitik wandte, die Menschen zu Maschinen degradierte und rhetorisch fragte: „Dienen etwa Sonn- und Feiertage einem anderen Zweck als dem der Erholung?"[21] Wie schon 1934 in der Pfalz setzte er auch an der Saar autokratisch einheitliche Brot- und Fleischpreise fest. Da ihm Fälle von Preissteigerungen bekannt geworden seien, „die jedes Verständnis für die Lage des kleinen Mannes vermissen lassen", beauftragte er 1936 Regierungsdirektor Nietmann, die Preise zu überprüfen und „mit allen Mitteln überhöhte Preise zu senken".[22]

Zumindest für die Vorkriegszeit ist daher dem Urteil von Timothy W. Mason über Bürckel zuzustimmen, dieser sei „einer der entschlossensten Vertreter der populistischen Richtung in sozialen Fragen" gewesen.[23] Mit Kriegsbeginn allerdings erlahmte das sozialpolitische Engagement Bürckels zusehends und wurde von Appellen an die Leistungs- und Hingabebereitschaft des einzelnen gegenüber der Nation ersetzt. Im Krieg, so meinte er nun, bekäme alles eine andere Wertung. „Was bedeutet heute Geld, wenn es um das Leben geht?" In solchen Zeiten der Not gebe es keinen größeren Verrat, als „den eigenen Besitz über das Blutopfer der anderen zu stellen".[24] Bürckels „Kriegssozialismus" erschöpfte sich nun in Aufrufen an die Arbeiter seines Gaues, den Gürtel enger zu schnallen, unbezahlte Sonderschichten für die Wehrmacht zu fahren, Lohnverzicht zu leisten und länger zu arbeiten. Erst in der Not erwachse und bewähre sich die Volksgemeinschaft.[25] Da der Krieg die Fortführung der sozialen Propaganda Bürckels und der DAF kaum mehr ermöglichte, wurde die Realisierung der großen sozialpolitischen Versprechungen auf den Tag nach dem „Endsieg" vertagt.

Der sozialpolitische Aktivismus der DAF: Berufliche Qualifizierung, „Schönheit der Arbeit" und Unterhaltung

Das mit Abstand bedeutendste Instrument der NSDAP bei der Inszenierung der Volksgemeinschaft und des „Sozialismus der Tat" war die DAF, die mit ihren sozialpolitischen Aktivitäten in der Regel allerdings nur zentralisiert und auf quantitativ niedrigerem Niveau, dafür aber propagandistisch umso besser vermarktet, die Arbeit der aufgelösten und gleichgeschalteten Organisationen fortsetzte, mit ihren kulturpolitischen Unternehmungen aber zugleich auch Impulsgeber für den Weg in die moderne Freizeit- und Tourismusindustrie wurde. Wie sowohl ihre Mitglieder- als auch die Teilnehmerzahlen ihrer diversen Angebote zeigen, fand sie von allen NS-Organisationen innerhalb der Bevölkerung die breiteste Akzeptanz, handelte es sich bei ihr doch keineswegs nur um eine Propagandainstitution, sondern auch um eine Einrichtung, die im beruflichen und außerbetrieblichen Alltag konkrete Hilfe und Abwechslung, Aufstiegschancen und Zerstreuung, Verbesserungen am Arbeitsplatz und ein Stück sozialer Gerechtigkeit bot.

Mit ihrem Amt für Arbeitsschulung und Berufserziehung gelang es der DAF zwar nicht, in die reguläre berufliche Fortbildung einzudringen, wohl aber war sie im Bereich der Ersatzausbildung, der Umschulung und der „Einfachstschulung" präsent und bot eine breite Palette von beruflichen Fortbildungsangeboten an, die das Ziel der „Steigerung der Leistung aller schaffenden Menschen" verfolgten, zugleich aber mit der Erhöhung der beruflichen Qualifikationen des einzelnen Arbeitnehmers dessen Aufstiegschancen in der betrieblichen Hierarchie verbesserten.[26] Das DAF-Jugendamt sorgte sich um die Installierung von Betriebsjugendvertretern und um die berufliche Schulung der Jugendlichen. Allein im Jahr 1935 hätten 370.000 Jugendliche im Gau Saarpfalz dadurch eine zusätzliche Berufsschulung erfahren, meldete die Presse.[27] Wie in Völklingen entstanden „Arbeitsschulen" der DAF, die Fortbildungskurse für die verschiedensten Berufsgruppen offerierten.[28]

Bei den bis 1939 vom Jugendamt der DAF und der HJ organisierten und 1938 auch auf Erwachsene ausgedehnten „Reichsberufswettkämpfen" — propagandistisch verkauft als „Olympiade der Arbeit" — ging es vordergründig um den individuellen Anreiz zu Aufstieg und beruflicher Qualifikation. Hintergrund des Massenspektakels, das die Zeitungen über Wochen publizistisch begleiteten, war die planmäßige Auslese beruflicher Eliten, die Lenkung des Arbeitskräftepotentials und die Leistungsmotivation der Arbeitnehmerschaft. Die „Reichsberufswettkämpfe" waren die praktische Seite jener auch von Bürckel propagierten egalitären Leistungsideologie, nach der nicht Stand, Herkunft und Vermögen, sondern einzig Leistung und uneigennütziges Opfer über die Stellung des einzelnen in der NS-Volksgemeinschaft entscheiden sollten.[29] Gau- und Reichssieger wurden in der Öffentlichkeit gefeiert und mit Reisen, Sachgeschenken und Beförderungen bedacht. Der Hauer Wilhelm Hauptmann von Grube König beispielsweise, der 1938 den Reichsentscheid der Fachgruppe Bergbau in Hamburg gewann, wurde nach seiner Rückkehr nach Neunkirchen zum Fahrhauer befördert und mit der kostenlosen Teilnahme an Ausbildungslehrgängen belohnt.[30] Die massenpsychologische Wirkung des jährlichen Leistungsspektakels registrierten auch die Sopade-Berichterstatter, wonach die Jugendlichen an den verschiedenen „wirtschaftlichen Anreizmitteln“ wie Verkürzung der Lehrzeit, Sonderurlaub und sonstigen Gratifikationen großes Interesse zeigten.[31]

Pendant zu diesen Wettkämpfen auf Unternehmerseite waren die seit 1937 durchgeführten „Leistungswettkämpfe der deutschen Betriebe“, die ebenfalls von der DAF organisiert wurden und die Betriebsleiter zur Leistungsoptimierung sowie zu sozialen innerbetrieblichen Innovationen veranlassen sollten.[32] Verliehen wurden Leistungsabzeichen für besondere betriebliche Leistungen und die Auszeichnung „Nationalsozialistischer Musterbetrieb“, die im Gau Saarpfalz 1937 an den Gauverlag der saarpfälzischen NSDAP in Neustadt und 1942 an ein „westmärkisches Steinkohlenbergwerk“ fiel[33], die fortan für ein Jahr die DAF-Fahne mit dem goldenen Zahnrad und den goldenen Fransen zeigen durften. Leistungsabzeichen wegen vorbildlicher Berufserziehung erhielten 1936 die Neunkircher Eisenwerke und 1937 die Saarbrücker Maschinenbau AG sowie die Homburger Firma B. Seibert GmbH.[34]

Neben ihrer Funktion bei der Leistungsmaximierung der deutschen Arbeiterschaft beteiligte sich die DAF an der Saar wie anderswo als Mitfinanzier diverser Wohnungsbau- und Siedlungsprojekte, leistete Ausgleichszahlungen für durch Feierschichten entgangenen Lohn und bot Rechtsberatung in betrieblichen Auseinandersetzungen an. So wurden die Rechtsberatungsstellen des DAF-Gaues Saarpfalz 1936 in 86.934 Fällen frequentiert und 8.222 Rechtsstreitigkeiten durch Vermittlung der DAF zum Abschluß gebracht.[35]

Eher spärlich waren die Reaktionen der saarländischen Betriebe auf die Initiativen des DAF-Amtes Schönheit der Arbeit, das 1936 beispielsweise eine Reihe von Sonderaktionen in verschiedenen Dienstleistungs- und Industriezweigen unter dem Titel „Gutes Licht — gute Arbeit“ durchführte. Dem „Feldzug für gutes Licht“ blieb letztlich ebenso der Erfolg versagt wie DAF-Initiativen zur Lärmabwehr sowie zur Staub-, Rauch- und Rußbekämpfung. Fast schon Ausnahmen waren Presseberichte, wonach das Neunkircher Eisenwerk eine moderne Waschanlage, eine neue Verbandsstelle, den Umbau ihrer Küche und die Verbesserung ihrer Aufenthaltsräume plane. Als Erfolg ihrer Aktion „Warmes Essen im Betrieb“ feierte das Amt 1938 die Einführung eines kostengünstigen warmen Mittagessens in einem Saarbrücker Betrieb.[36]

Das Flaggschiff der DAF: Die NS-Gemeinschaft Kraft durch Freude

Die nachweislich größte Resonanz fanden jene Angebote der DAF, die nur mittelbar mit dem Ziel der Leistungsoptimierung und der weltanschaulichen Schulung in Beziehung standen. Vor allem galt dies für das Leistungs- und Angebotsspektrum der NS-Gemeinschaft Kraft durch Freude, die gleichermaßen als „wohlfeiles Reisebüro und als Freizeitanimateur" (Detlev Peukert) fungierte und eher einem modernen Freizeitkonzern denn einem NS-Unternehmen ähnelte. Ganz oben in der Beliebtheit der Angebote standen die Sportkurse des KdF-Sportamtes. Mit Parolen wie „Skilaufen für alle" beanspruchte das Amt, die Klassengrenzen im bisherigen Sportbetrieb zu durchbrechen. Im Programm standen daher — wie in Saarbrücken — Ski- und Reitkurse für DAF-Mitglieder, Jiu-Jitsu- und Schwimmkurse, Kleinkindergymnastik u. ä. Eingeladen wurde zu Werbeabenden für moderne Gymnastik in die „Wartburg". Betriebe erhielten Unterstützung bei der Anschaffung von Sportgeräten. Arbeiter wurden zu Übungsleitern ausgebildet. Allein 1936 führte das KdF-Sportamt insgesamt 6.546 Sportkurse mit 92.286 Teilnehmern im gesamten Gau durch und machte den traditionellen Sportvereinen damit ernsthafte Konkurrenz.[37]

Das Amt Feierabend organisierte den Besuch von Theater- und Opernaufführungen, von Kinoabenden und Varietéveranstaltungen, warb mit Fahrten zu den Bayreuther Wagner-Festspielen und kostengünstigen Theaterabonnements. 1936 hatte das Amt im ganzen Gau 1.191 Veranstaltungen mit insgesamt fast einer halben Million Besuchern durchgeführt. Im Saarland waren es im folgenden Jahr 268 Veranstaltungen mit 116.792 Teilnehmern, die solche KdF-Angebote wahrnahmen. Das größte Publikumsinteresse fanden dabei die vier „bunten Samstagnachmittage" des Reichssenders Saarbrücken mit 6.000 Teilnehmern.[38]

Mit Kriegsbeginn verstärkte die DAF zunächst ihr Programmangebot. Im ersten Kriegsjahr 1939/40 organisierte sie neben 690 Theater-, Konzert- und Varietéabenden weitere 3.193 Veranstaltungen für Wehrmachtsangehörige mit insgesamt 1,5 Millionen Besuchern.[39] Ziel war die innenpolitische Machtsicherung durch die Duldung einer politikfreien Sphäre. Nach der Beendigung des Westfeldzuges wurde daher auch das öffentliche Tanzverbot wieder aufgehoben und in den Cafés der Saarbrücker Bahnhofstraße wieder geswingt und gejazzt. Beim KdF-Unterhaltungsabend im April 1941 in der „Wartburg" traten u. a. namhafte Künstler der Berliner „Skala" und des „Kabaretts der Komiker" wie Peter Igelhoff und Evelyn Künneke auf[40], die sich jedoch genau an die kurz zuvor erlassene Anordnung Goebbels' zu halten hatten, wonach das „Glossieren von Persönlichkeiten, Zuständen oder Vorgängen des öffentlichen Lebens" strengstens untersagt war.[41] Je grauer der Alltag wurde, umso stärker war das Interesse an unpolitischer Zerstreuung, wie sowohl die jährlich ansteigenden Besucherzahlen des Saarbrücker Theaters als auch der saarländischen Kinos belegen. Propagandastreifen — wie Veit Harlans „Jud Süß", der unmittelbar vor der großen Deportation der saarländischen Juden vom 22. Oktober 1940 zur Aufführung kam — waren da eher die Ausnahme als die Regel. Im Mittelpunkt des Publikumsinteresses standen die historisierenden Streifen und Unterhaltungsfilme der UfA mit Willi Fritsch und Hans Albers.

Mit einem Touristikprogramm, das den Vergleich mit modernen Reiseunternehmen aushält, zogen die KdF-Organisatoren gegen „Badearistokratie“ und „Erholungsspezialisten“ zu Felde, wie es in ihrer egalisierenden Rhetorik hieß. Das von ihrem Gaureferenten Laux vorgestellte Jahresprogramm 1936 sah u. a. einen Wintersporturlaub im Allgäu, eine mehrtägige Fahrt zur Automobilausstellung nach Berlin, eine Alpenrundfahrt, eine Reise zum Bodensee, eine norddeutsche Städterundfahrt, mehrere Schiffspassagen in die Schären und Fjorde Norwegens, eine Zugfahrt nach Ostpreußen, eine Stippvisite beim Münchner Oktoberfest u. ä. vor.[42] Teilnehmer berichteten in der Presse über ihre Reiseerlebnisse.[43] Auf Werbeveranstaltungen wurden kostenlose KdF-Reisen verlost.[44] Betriebe — wie die Burbacher Hütte — führten sogenannte „Reisesparkassen“ ein, in die jeder Arbeiter monatlich einen bestimmten Betrag einzahlte, der durch Zuschüsse des Unternehmens aufgestockt wurde. So konnten alljährlich 2.000 Beschäftigte des Betriebes eine Erholungsreise mit KdF antreten.[45]

Um existierende Bedenken und grassierende Gerüchte zu widerlegen, versicherte die *NSZ-Rheinfront*, bei den KdF-Reisen handele es sich um keine Massenabfertigung und gebe es keinen Zwang, an Veranstaltungen teilzunehmen: „Jeder ist sein eigener Herr.“[46] Auch könne keine Rede davon sein, daß es vornehmlich ein bürgerliches Publikum sei, das die Urlaubs- und Kurzreisenangebote der KdF in Anspruch nehme. 1938 seien immerhin 48,5 % aller Teilnehmer Fabrikarbeiter und nur 8 % Freiberufler und 6,5 % Beamte gewesen. Hatten 1936 gauweit 774 Saarländer und Pfälzer an größeren Seereisen auf den eigenen KdF-Schiffen und 6.765 an den weiteren Urlaubsprogrammen teilgenommen, so waren es zwei Jahre später bereits viermal so viele Teilnehmer (3.122 Seereisen; 32.546 Urlaubsreisen).[47] Hinzu kamen Kurzfahrten und Ausflüge, wie Rundflüge über Saarbrücken und das Saarland, deren Teilnehmerzahlen in die Hundertrausende gingen, so daß vor dem Krieg rein statistisch nahezu jede Familie in den Genuß der Reiseangebote der DAF kam und mancher erstmals in seinem Leben seine engere Heimat verließ.

Eine besondere Attraktion war der KdF-Wagen, der als „größte Leistung für die Gemeinschaft aller Schaffenden“ gelobt wurde. In den ersten Monaten des Jahres 1938 wurden von ihm gauweit bereits 5.000 Exemplare bestellt.[48] Eine moderne Freizeitindustrie und Reisegesellschaft waren entstanden, die die Privilegien der traditionellen „Badearistokratie“ durchlöcherten und das Reisen erstmals einem Massenpublikum eröffneten, die gleichzeitig traditionelle soziale Zusammenhänge wie Vereine bedrohten und durch neue, künstlich geschaffene Sozialbeziehungen ersetzten. In ihrem Totalitätsanspruch tangierte die DAF nahezu sämtliche betrieblichen und außerbetrieblichen Lebenszusammenhänge.

Mit Kriegsbeginn fielen wichtige Aktivitätsbereiche der DAF weg, während andere hinzukamen. „Wir haben aus dem letzten Krieg gelernt“, hob DAF-Gauobmann Stahl hervor. „Die Heimat verstand die Front nicht mehr, und diese Lösung der Heimat von der kämpfenden Front im Feindesland habe schließlich zum Zusammenbruch beigetragen.“[49] Aufgabe der DAF war es nun, die Belastungen der deutschen Zivilbevölkerung möglichst gering zu halten und ein ganz normales Leben vorzutäuschen. Bereits 1938 hatten sich die Abteilungen der DAF zunehmend der sozialen und kulturellen Betreuung von mehreren hunderttausend Westwallarbeitern gewidmet, im September 1939 dann Hilfsfunktionen bei der Evakuierung der Bevölkerung aus der „Roten Zone“ übernommen, sich seit 1940 verstärkt um Rückwanderer und um heimkehrende Soldaten, schließlich auch um Ausgebombte und Fremdarbeiter bemüht. Revueveranstaltungen für Soldaten, Filmabende für Westwallarbeiter, „bunte Abende“ für Lazarettinsassen sollten eine Normalität vortäuschen, die es faktisch nicht mehr gab. Je länger der Krieg dauerte, um so häufiger appellierten die DAF-Funktionäre an die Leistungs- und Opferbereitschaft ihrer Mitglieder.[50] Immer längere Arbeitszeiten, dauernde Forderungen nach Leistungssteigerung, der Abbau von Sozialleistungen untergruben die bisherige Attraktivität der DAF. Den Todesstoß erhielt Leys Mammutkonzern, als Hitler ihm Ende 1942 im Zeichen der drohenden Niederlage von Stalingrad befahl, seine sozialen Pläne beiseite zu schieben und die soziale Propaganda einzustellen, da sie vom totalen Kriegseinsatz ablenkten.[51]

Die NSV: Zwischen Fürsorge und Auslese

Während die im Produktionsprozeß stehene Arbeiterschaft Adressat der DAF-Aktivitäten war, zielte die Nationalsozialistische Volkswohlfahrt mit Parolen wie „Keiner soll hungern und frieren“ auf die außerhalb des Arbeitsprozesses Stehenden: die unverschuldet Arbeitslosen und in Not Geratenen, die Mütter und Kinder, die Kranken. In deutlichem Kontrast zu den sozialkaritativen Hilfsorganisationen der Weimarer Republik war das große Ziel der Bekämpfung wirtschaftlicher und gesundheitlicher Notlagen allerdings dem größeren Ziel der biosozialen „Aufartung“ des deutschen „Volkskörpers“ untergeordnet. Die Wohlfahrts- und Gesundheitspolitik der NSV stellte gleichsam die positive Seite der rassistischen Ordnungspolitik dar.[52]

Zweck und Aufgabe der NSV als Spitzenverband der freien Wohlfahrtspflege war es, „die lebendigen, gesunden Kräfte des deutschen Volkes zu fördern“ und seine „Gesundheitsführung“ zu übernehmen. Ideologisch intendierte sie die Weckung des Bewußtseins einer „Not- und Brotgemeinschaft“ durch den „Sozialismus der Tat“ und propagierte die rassenhygienischen und bevölkerungspolitischen Prinzipien des „völkischen Staates“. Ein strenges Ausleseprinzip entschied, welche „biologisch und sozial wertvollen“ Volksgenossen in den unterstützungswürdigen Kreis der Bedürftigen aufgenommen wurden. Die Auslesekriterien umfaßten dabei Rassezugehörigkeit, Erbgesundheit, Fortpflanzungsfähigkeit, Arbeitsfähigkeit und -willen, moralische „Führung“ und politische Zuverlässigkeit. So waren nach einer Bekanntmachung des Gauführers Saarpfalz des Winterhilfswerkes der NSV „arbeitsscheue Elemente“ und „Schädlinge der Volksgemeinschaft“ prinzipiell von den Leistungen ausgeschlossen. Keine Unterstützung erhielten auch diejenigen, die eine angebotene Arbeit abgelehnt oder nicht versucht hatten, sich durch eigene Hilfe einen Teil des Bedarfes an Winterbrand selbst zu besorgen sowie alle diejenigen, die durch „böswillige Kritik“ und „Verächtlichmachung der Arbeit unserer ehrenamtlichen Helfer deren Tätigkeit erschweren“.[53]

Seit Mai 1935 engagierte sich die NSV — deren Arbeit von der Presse als „völkische Hilfsaktion“ oder als „Christentum der Tat“ gefeiert wurde — auch im Saarland. Im Oktober 1935 startete sie ihr erstes Winterhilfswerk, wobei sie durch die Gliederungen der Partei und eine Vielzahl von ehrenamtlichen Helfern unterstützt wurde; 1938 soll das Winterhilfswerk im gesamten Gau Saarpfalz über nahezu 30.000 ehrenamtlich tätige Helfer und Helferinnen verfügt haben. Am 13. Oktober 1935 fand im Landkreis Saarbrücken mit der „Eintopfspende“ eine erste Sammelaktion statt, deren Erlös sich auf 19.612 RM belief. Es folgten Werbekundgebungen in allen größeren Gemeinden und eine Straßen- und Haussammlung am 3. November, die 25.200 RM einbrachte. Aus dem Verkauf von Lederabzeichen kamen weitere 27.817 Mark hinzu. Die Zahl der zu betreuenden Volksgenossen im Landkreis Saarbrücken wurde auf 3.400 Personen beziffert, für deren Betreuung 1.500 ehrenamtliche Helfer mobilisiert werden konnten, die im November 1935 100 Eisenbahnwaggons mit Kartoffeln und Kohlen entluden und 120 Zentner Fleischkonserven an Bedürftige verteilten. Wertgutscheine, Kohlen, Kleidung, Lebensmittel, Weihnachtspakete, Mittagessen und Schulspeisungen erhielten 33.806 Personen im Landkreis Saarlouis. Rein statistisch profitierten damit 25 % der dortigen Bevölkerung von den Unterstützungsleistungen des ersten Winterhilfswerks. „Großkampftage gegen Hunger und Kälte“ und „Tage der nationalen Solidarität“ wurden von der NSV auch 1936 und 1937 durchgeführt, wobei die rigorose Sammelpraxis in der Bevölkerung auf immer stärkere Kritik traf. Publikumswirksam sammelten im Dezember 1937 Gauleiter Bürckel, Polizeipräsident Schmelcher und SA-Führer Caspary für das Winterhilfswerk, dessen Gesamterlös sich in diesem Jahr gauweit auf 8,8 Millionen RM belief. Die vier Winterhilfskampagnen bis 1938 hatten damit insgesamt nahezu 30 Millionen Mark in die Kassen der NSV gebracht, die sich so als kapitalkräftige Organisatorin des „Sozialismus der Tat“ darstellen konnte.[54]

Wichtiger als die oft bescheidene Einzelfallhilfe und das bis 1939 reichsweit in die Milliarden gehende Spendenaufkommen, das die NSV zu einem bedeutenden Wirtschaftsfaktor machte, waren die sozialpsychologischen Effekte solcher Kampagnen, die kollektive Opferbereitschaft und Geborgenheit in der Volksgemeinschaft suggerierten. Konsumverzicht, Spendenaufkommen und die Mobilisierung eines Millionenheeres von ehrenamtlichen Helfern wurden als Beweis für die Existenz der Volksgemeinschaft und eines praktischen Sozialismus interpretiert. Zumindest für die Vorkriegszeit gelang es der NSDAP mit diesen Kampagnen, das propagandistische Bild von Volksgemeinschaft und „deutschem Sozialismus“ materiell einigermaßen zu fundieren und potentiell widerständige Bevölkerungsteile, wenn nicht schon auf den neuen Staat einzuschwören, so doch partiell zu befrieden. Man konnte dem Nationalsozialismus so auch gute Seiten abgewinnen, die das Stillhalten einigermaßen erträglich machten.

Im Schatten des bevorstehenden Krieges allerdings trat die integrative Propaganda der Volksgemeinschaft und die Sozialpolitik des „nationalen Sozialismus“ immer mehr in den Hintergrund. Sie wich der Volkstums- und Lebensraumpropaganda und machte der innen- wie außenpolitisch orientierten Feindbildpropaganda Platz, wobei dieser Prozeß ganz ähnlich wie in anderen Reichsteilen ablief.[55] Regionalspezifisch hinzu kam an der Saar seit Herbst 1938 lediglich die forcierte Westwallpropaganda. Gerade in der kriegsgefährdeten Grenzregion wurde nun das Ideal der wehrhaften Volksgemeinschaft propagiert und die Schutzfunktion des Westwalls betont.[56]

4. Die janusköpfige Betriebsgemeinschaft: Sorge um das Wohl des Arbeiters und Verpflichtung zur totalen Leistung

Für den saarpfälzischen Treuhänder der Arbeit, Gustav Böhm, war die Betriebsgemeinschaft „neben der Familie die wichtigste Zelle der Volksgemeinschaft".[1] DAF-Gauwalter Stahl betrachtete sie als „Grundlage unserer sozialen Neuordnung", die „Arbeitsfrieden und Leistungswillen" verbürge und jeden einzelnen an den Sorgen und Nöten des Betriebes teilnehmen lasse.[2] Prof. Karl Arnold schließlich, treibende Kraft des im DAF-Amt für Berufserziehung und Betriebsführung aufgegangenen Deutschen Instituts für technische Arbeitsschulung (DINTA), interpretierte sie als „verschworene Gemeinschaft", in der „Betriebsführer" und „Gefolgschaft" zu einer „einheitlichen Lebenszelle" zusammenwüchsen.[3]

Das vielzitierte Schlagwort von der neuen Betriebsgemeinschaft, die im Dritten Reich Wirklichkeit werden sollte, war ein Rechtsbegriff, eine arbeitsorganisatorische Zielvorgabe und als propagandistische Formel eine jener Utopien, die eine neue soziale Verkehrsform zwischen Arbeit und Kapital versprachen. Rechtlich machte das „Gesetz zur Ordnung der nationalen Arbeit" die Betriebsgemeinschaft zum Kern des neuen „sozialpolitischen Grundgesetzes des Dritten Reiches" (Martin Broszat), indem es das Arbeitsverhältnis zu einer auf „Treue und Fürsorge" beruhenden Gemeinschaft uminterpretierte, die — so Reichsarbeitsminister Seldte — „mit der rein materialistischen Auffassung der Beziehungen zwischen Arbeitgeber und Arbeitnehmer gebrochen und das Arbeitsverhältnis auf eine neue Ebene gestellt" habe.[4] Während aus der Verpflichtung zur Betriebsgemeinschaft den Arbeitgebern die Sorge um das Wohl der zur „Gefolgschaft" reduzierten Belegschaft erwuchs, hatte jene dem „Betriebsführer" gegenüber „Treue und Gehorsam" zu leisten. Ziel dieses gegenseitigen Verpflichtungsverhältnisses, das auch in Bürckels Begriff der Volksgemeinschaft enthalten war, war es, die Arbeitgeber im Sinne der Pazifizierung der Betriebe zu einer betrieblichen Sozialpolitik zu bewegen, wie umgekehrt die Arbeitnehmerschaft zur totalen Leistungshingabe zu verpflichten, die allererst die Gewährung betrieblicher Sozialleistungen erlaubte. Faktisch war mit der rechtlichen Fixierung der Betriebsgemeinschaft der Lohn zum Äquivalent bestimmter, über die eigentliche Arbeitsleistung hinausgehender extrafunktionaler Tugenden wie Disziplin, Gehorsam, Unterordnung und Leistungsbereitschaft geworden. Hinter der Formel von der Betriebsgemeinschaft verbargen sich so handfeste Interessen. Zugleich aber gab die propagandistische Umarmung der Beschäftigten im Sinne des NS-Gemeinschaftsideals der industriellen Herrschaft eine über die engere ökonomische Begründung hinausweisende soziale Sinngebung. Im Begriff der Betriebsgemeinschaft schwang ebenso wie im Begriff der Volksgemeinschaft ein überschießender utopischer Rest mit: die Sehnsucht nach Überwindung der kräftezehrenden alltäglichen Auseinandersetzungen zwischen Arbeit und Kapital im Betrieb sowie die Hoffnung auf eine über die reine Lohnleistung hinausgehende soziale Anerkennung der Arbeit und soziale Verpflichtung der Unternehmer.

Die Idee der Betriebsgemeinschaft war — wie so vieles — keine nationalsozialistische Erfindung, sondern in der Arbeitspädagogik und Betriebspsychologie der 20er Jahre schon längst formuliert worden. Hinter ihr stand das Bemühen, den subjektiven Faktor Mensch — das „Humankapital" — stärker in das Betriebsgeschehen einzubinden und den Produktionsablauf so reibungsloser zu gestalten. Besonders das DINTA hatte sich dieser Idee angenommen und sie zum Kern ihres Programms gemacht, das auf den entpolitisierten, völlig vom Betrieb abhängigen und mit seinem ganzen Leben in ihm wurzelnden Arbeiter zielte. Nur durch Maßnahmen betrieblicher Sozialpolitik — so das DINTA — ließe sich die Arbeitsleistung in den Betrieben steigern, die Bindung des Arbeiters an den Betrieb erhöhen und soziales Wohlverhalten der Belegschaft erreichen. Konkret empfahl das DINTA und seit 1934 das DAF-Amt für Berufserziehung und Betriebsführung die Ausbildung und politische Erziehung der jugendlichen Arbeiter in Lehrwerkstätten, Berufsschulen, in Sport und Freizeit, die ideologische Beeinflussung der Arbeiterschaft durch eigene Werkszeitungen sowie die Einrichtung von Institutionen der Werksfürsorge für Alte, Invalide, Frauen und Kinder.[5]

Formen betrieblicher Sozialpolitik

Tatsächlich scheint es dem NS-Staat komplementär zur staatlich protegierten Sozialpolitik der DAF gelungen zu sein, die Unternehmen zum Ausbau einer betrieblichen Sozialpolitik zu bewegen, wobei für diese weniger ideologische und propagandistische Überlegungen im Vordergrund standen als vielmehr Fragen der technischen Effizienz und der erhöhten Arbeitsproduktivität. Vor allem die Großbetriebe der saarländischen Montanindustrie kamen den Appellen der DAF nach und bauten teils aus Überzeugung und betrieblichen Zwängen, teils unter dem Druck Bürckels ihre betriebsinternen Sozialleistungen in einem bis dato unbekannten Maße aus, das deutlich kontrastierte zur Völkerbundszeit.

Die Reformmaßnahmen im Ausbildungswesen gehörten, wie Klaus Tenfelde zurecht hervorhebt[6], zu den von der DAF und den Betrieben mit besonderem Nachdruck und Ernst durchgeführten sozialpolitischen Initiativen. An der Saar wie im übrigen Reich lag das betriebliche Ausbildungswesen vor 1935 vielfach im argen. Lehrlinge galten in erster Linie als billige Arbeitskräfte und nicht als qualifizierte Arbeiter der Zukunft.[7] Nicht uneigennützig, sondern weil es ihr an qualifiziertem Nachwuchs fehlte und der Beruf des Bergmanns unter den Jungen nicht gerade attraktiv war, legte die Saargruben AG, wie Betriebsführer Dr. Waechter betonte, auf eine „planmäßige Berufserziehung" besonderen Wert. „Eine planmäßige Berufsausbildung, die Einrichtung von Anlernwerkstätten und die Vermittlung einer Allgemeinbildung" so auch der Leiter der Reichsbetriebsgemeinschaft Bergbau, Padberg,

1937 auf Grube Velsen, seien „das Gebot der Stunde." Jede Schachtanlage solle eine eigene Anlernwerkstatt einrichten.[8]

Tatsächlich entstanden besonders in den Jahren 1937 und 1938 auf zahlreichen Saargruben eigene Berglehrwerkstätten, in denen der bergmännische Nachwuchs jeweils zwei Jahre lang theoretisch und praktisch auf die Anforderungen des künftigen Berufs vorbereitet wurde.[9] Für ihre Bemühungen um die Förderung des betrieblichen Ausbildungswesens wurde 1938 den Berglehrwerkstätten in Altenwald und in Luisenthal in Anwesenheit Arnolds das DAF-Leistungsabzeichen für vorbildliche nationalsozialistische Berufserziehung verliehen.[10] Wie im Bergbau so machten sich auch die Hüttenbetriebe daran, Lehrwerkstätten einzurichten, um das Ausbildungsniveau dem beschleunigten technischen Wandel anzupassen.[11] Die verbesserte und den modernen Fertigungsverfahren angepaßte Ausbildung des Facharbeiternachwuchses vergrößerte nicht nur die Kluft zwischen den qualifizierten Arbeitern und den ungelernten Hilfskräften, sondern eröffnete für den einzelnen zugleich innerbetriebliche Aufstiegsmöglichkeiten. Das Bemühen von DAF und Betrieben machte sich so unmittelbar in sozialem Status und Lohn bezahlt und dürfte daher gerade unter den jungen Facharbeitern konsensfördernd gewirkt haben, wovon Partei und Unternehmen gleichermaßen profitierten.

Parallel zur Einrichtung von betrieblichen Ausbildungsstätten forcierte die NS-Gemeinschaft Kraft durch Freude die Bildung von Betriebssportgemeinschaften und die Durchführung jährlicher Sportfeste. Der Betriebssport, so der Direktor der Grube Luisenthal, sei die „Pflegestätte der Betriebsgemeinschaft und der Kameradschaft".[12] Mit der Vorbereitung auf den Krieg traten sozialintegrative, gemeinschaftsbildende und egalitäre Zielsetzungen des Betriebssports zunehmend in den Hintergrund; es ging nur mehr um „Leistungsertüchtigung" und um die „Erhöhung der Schlagkraft des Heeres". Während des Krieges gar wurde die Teilnahme an den völlig militarisierten Betriebssportappellen in vielen Betrieben obligatorisch, womit die bisherige Attraktivität des Betriebssport wieder abnahm.[13]

Eindeutig sozialegalitäre Ziele standen bei der Verbesserung der sanitären, hygienischen und medizinischen Einrichtungen in den Betrieben im Vordergrund, die finanziell vom Amt Schönheit der Arbeit gefördert wurden. Ziel des Ausbaus neuer sozialer Einrichtungen bei den Saargruben sei es, so Direktor Dr. Waechter, daß sich „der arbeitende Mensch in seiner Arbeit und am Feierabend wohlfühlt, die Berufsfreude gehoben und die Betriebsgemeinschaft gefördert wird".[14] In Gruben und Hütten wurden die vielfach veralteten und unzulänglichen Waschkauen erneuert oder — wie auf Grube Reden — durch völlig neue ersetzt.[15] Egalisierend an solchen Maßnahmen wirkte die Erfahrung, daß die Arbeiter nicht länger in ihrer schmutzigen Arbeitskleidung nach Hause gehen mußten, sondern wie die Angestellten sauber und gewaschen das Werkstor verlassen konnten und man ihnen Mühsal und Schweiß ihrer Arbeit nicht mehr ansah. Zumindest visuell war der „Arbeiter der Faust" von dem der „Stirn" nicht mehr zu unterscheiden und damit in der sozialen Hierarchie diesem gleichgestellt. Darüber hinaus begannen die großen Betriebe, eigene Kindergärten einzurichten, boten hauswirtschaftliche Kurse für die Ehefrauen und Töchter ihrer Arbeiter an und engagierten sich wieder verstärkt im Werkswohnungsbau.

Ein besonderer Schwerpunkt der betrieblichen Sozialpolitik lag auf der allgemeinen Unfallprophylaxe und speziell im Bergbau auf dem Ausbau des Systems der Grubensicherheit. Dia- und Filmvorträge, Aufsätze und Zeichnungen in den Werkszeitungen sowie die Durchführung von Unfallverhütungswochen brachten den Arbeitern angesichts erhöhter Arbeitsbelastungen und damit steigender Unfallgefahren die Sicherheitsvorschriften nahe. Neue Schutzmittel wie Lederkappen, Knieschützer und Handrückenleder sollten die Bergleute bei Unfällen schützen. Auf den Gruben wurden Unfallbeauftragte und Unfallschutzwalter angestellt, die sich eigens mit Fragen der Grubensicherheit beschäftigten und deren Tätigkeit insofern von Erfolg gekrönt war, als die Zahl der kleineren Unfälle im Saarbergbau tatsächlich zurückging und deutlich unter den Unfallzahlen des Ruhrbergbaus blieb.[16] In Anerkennung ihrer Maßnahmen beim Unfallschutz erhielten 1937 bzw. 1938 die Gruben Brefeld und Griesborn den vom Reichswirtschaftsministerium gestifteten Wanderpreis für erfolgreiche Unfallbekämpfung überreicht. Jeweils sieben Bergleute der beiden Gruben durften als besondere Auszeichnung zu einem fünftägigen Besuch des Deutschen Museums nach München reisen.[17]

Nicht immer kamen betriebliche Sozialleistungen freiwillig zustande. Mitunter bedurfte es der sanften Gewalt der Partei und der Arbeiterschaft, um soziale Verbesserungen durchzudrücken. Beispielhaft zeigte dies die Auseinandersetzung um die Einführung der Weihnachtsgratifikationen in der saarländischen Industrie. Bürckel wie der DAF ging es mit ihren Forderungen nach Auszahlung einer Weihnachtsbeihilfe auch für die Arbeiterschaft darum, die soziale Kluft zwischen Angestellten, die zusätzliche Vergütungen zu Weihnachten erhielten, und den Arbeitern abzubauen und den egalitären Anspruch des NS-Gemeinschaftsideals durchzusetzen. Erst nachdem Bürckel die Arbeitgeber der Saarpfalz wiederholt ermahnt hatte und die Bergarbeiter einiger Gruben ihre Leistung gedrosselt hatten[18], sahen sich die Betriebe zu Weihnachten 1937 zur Auszahlung einer Weihnachtsbeilage auch für ihre Arbeiter gezwungen.

Schlüssel zur „Seele des Arbeiters" sollten die Werkszeitungen sein, die — wie *Der Saarbergmann* der Saargruben AG — in Zusammenarbeit mit der Gesellschaft für Arbeitspädagogik und der DAF nach einheitlichen Mustern herausgegeben wurden, das neue Arbeitsethos predigten, die sozialen Leistungen der Betriebe popularisierten, unterhaltsame Feierabend-Lektüre boten und politische Appelle von Betriebsleitungen und DAF veröffentlichten.

Reformmaßnahmen im Ausbildungswesen, der Bau neuer Waschräume, Kampagnen zur Unfallprophylaxe und die Gewährung von Zulagen waren zwar noch längst keine ausreichenden Mittel zur endgültigen Pazifizierung der Belegschaften, förderten aber gleichwohl die rein funktionale Bindung der Arbeiter an die Betriebe und signalisierten, daß sich unter dem Druck der Nationalsozialisten die soziale Situation in den Betrieben verbesserte, sich der Nationalsozialismus um die Arbeiterschaft kümmerte und die Formel von der Betriebsgemeinschaft keine leere Versprechung war.

Neben der politischen Konsensstiftung durch Formen betrieblicher Sozialpolitik ging es der DAF zugleich um die ideologische Gemeinschaftsbildung, die Synthese der heterogenen Betriebsmitglieder zur „verschworenen Leistungsgemeinschaft". Nach Arnold sollte die Betriebsgemeinschaft sooft wie möglich auch öffentlich und visuell-konkret in Erscheinung treten. Nicht materielle Dinge dürften bei solchen „Gemeinschaftsübungen" im Vordergrund stehen, „sondern die Idee muß Trägerin aller Gemeinschaftsarbeit sein".[19] In Betriebsappellen aus Anlaß von Jubilarehrungen oder der Einweihung neuer Gebäudekomplexe, in reichsweit nach einheitlichen Richtlinien organisierten Reichsbetriebsappellen, in deren Mittelpunkt oft der Gemeinschaftsempfang einer Rundfunkansprache eines namhaften NS-Politikers stand, in Sportappellen, Festumzügen zum 1. Mai und in Kameradschaftsabenden sollte sich die nationalsozialistische Betriebsgemeinschaft visuell umsetzen und äußeren Ausdruck finden.

Die Sorge um das Wohl des Arbeiters, die stereotyp im Zentrum der Ansprachen der Betriebsführer und der Vertrauensmänner stand, und die Erfahrung, daß es in den Betrieben sozial aufwärts ging, wurden zu wichtigen Voraussetzungen der Durchsetzung eines neuen nationalsozialistischen Arbeitsethos.

Die Arbeitsschlacht

Im Zeichen des Vierjahresplanes und des kommenden Krieges bekam die Arbeit eine neue nationale Sinndeutung zugewiesen. Die Arbeiter besonders der Schwerindustrie sollten auf die industriellen Belastungen und Anforderungen der militärischen Aufrüstung und des Krieges vorbereitet werden und ein Arbeitsethos verinnerlichen, das sie zur totalen Leistungshingabe verpflichtete. Der Krieg wurde zum Modell-Erlebnis einer neuen Arbeitsmoral. „Arbeit ist nicht Last, ist nicht Mühsal oder Zwang oder gar Schande, Arbeit ist sittliche Pflicht, Arbeit ist Gottesgeschenk, Arbeit ist Segen. Deutsches Leben ist Arbeit. Alle Arbeit nur für Deutschland,"[20] hieß es beispielsweise in der Betriebsordnung des Neunkirchener Eisenwerks. Arbeit — so auch Karl Arnold — sei kein individueller Akt, sondern eine bindende Verpflichtung des einzelnen gegenüber dem Vaterland. Sie müsse als etwas empfunden werden, „was über dem Alltag steht". Ihre besondere Weihe erhalte sie durch ihr Ziel, an der Befreiung Deutschlands mitzuwirken.[21] Arbeit sei „der Hebel der Weltpolitik", philosophierte die Werkszeitung der Saargruben AG und zitierte den Dichter Heinrich Seidel mit den Worten: „Nur die Arbeit kann erretten, nur die Arbeit sprengt die Ketten, Arbeit macht die Völker frei."[22] „Durch Leistung zur Freiheit" sei die Devise, die über der Arbeit des Jahres 1937 zu stehen habe, verkündete *Der Saarbergmann.*[23]

In Vorbereitung auf den Krieg sollten die Arbeiter zu disziplinierten und kampfesbereiten Soldaten an der Arbeitsfront sozialisiert werden. „Viel stärker als bis jetzt geschehen, muß der Rüstungsarbeiter als Soldat der Arbeit herausgestellt werden mit allen Vorteilen, aber auch allen Pflichten des Soldaten", forderte die Rüstungsinspektion des Wehrkreises XII.[24] In den Werkszeitungen und in der Presse setzte eine Militarisierung der Sprache ein, die aus Arbeitern „Soldaten der Arbeit", aus Betriebsführern „Offiziere der Arbeit" und aus dem Arbeitsprozeß selbst eine „Arbeitsschlacht" machte.

Besonders der Bergbau als spezifische Form der (Ur-)Produktion und die eisenschaffende Industrie erschienen prädestiniert, die nationalsozialistische Arbeitsideologie zu transportieren. Für Hitler zählte der Bergmann zur „Elite der deutschen Arbeiterschaft", da sein Beruf nur für Menschen tauge, die über Härte und Entschlossenheit verfügten und auch zur Überwindung erheblicher Gefahren bereit seien.[25] Und auch Göring sah im deutschen Bergmann den „ersten Soldaten der Arbeit". Seine Arbeit sei im wahrsten Sinne Dienst für das Vaterland, „ebenbürtig dem Einsatz des Soldaten an der Front".[26] Nach Trischler wurde die planmäßige propagandistische Korrektur am Bild des Arbeiters nirgends so konsequent betrieben wie im Bergbau.[27] Der Bergmann stieg zum „Held der Arbeit", zum „Kämpfer vor Kohle", zum „Grenadier unter Tage" und zum „Gralshüter der Bodenschätze der deutschen Erde" auf. „Der Kampf vor Ort gleicht dem des Infanteristen", hieß es in der *NSZ-Westmark*. „Im Donnern, Dröhnen und Poltern ringt der Bergmann in der Tiefe um den gleichen Sieg wie der Soldat an der Front."[28]

Mit der propagandistischen Aufwertung und Überhöhung der Arbeit zur Arbeitsschlacht und zum Befreiungsakt sowie der Heroisierung des Arbeiters zum politischen Frontkämpfer schlug die Propaganda zwei Fliegen mit einer Klappe. Zunächst erhielt das Wort Arbeiter einen neuen Klang, dann fand sich der Arbeiter gleichberechtigt eingereiht in der Front der kämpferischen Volksgemeinschaft wieder, schließlich hatte seine Arbeit einen neuen politischen Sinn erhalten. Zugleich aber wurde der Arbeiterschaft eine dem Soldaten vergleichbare Hingabebereitschaft für das Vaterland bis hin zur physischen Erschöpfung abverlangt, die gleichsam als Eintrittsbillet in die Betriebs-, wie in die Volksgemeinschaft fungierte. Wer sich ihr entzog, nicht bereit war, sich bis zur Erschöpfung für Deutschland zu verausgaben, erschien folgerichtig als Saboteur der nationalen Befreiung und hatte seinen Anspruch auf die sozialen Leistungen der Betriebsgemeinschaft und auf die Wärme und den Schutz der Volksgemeinschaft verwirkt. Als „Arbeitsscheuer" und „Arbeitsverweigerer" wurde er Objekt der staatspolizeilichen Verfolgung.

5. Die publizistische Stigmatisierung und Ausgrenzung von „Volksfeinden" und „Gemeinschaftsfremden"

Ergänzt wurden die propagandistisch-sozialpolitischen Integrationsbemühungen durch die Diffamierung und Verfolgung derjenigen, die das konstruierte Bild der Volksgemeinschaft und des „nationalen Sozialismus" von innen und außen bedrohten. „Volkschädlinge" und „Verräter am Sozialismus", „Saboteure an der Volksgemeinschaft" und „schwarze Staatsfeinde" wurden publizistisch zu Feindbildern hergerichtet, auf die sich unterschwellige Aggressionen fixieren sollten und durch deren Verfolgung man zugleich den Druck der Binnenintegration zu erhöhen gedachte. Gewaltandrohung und Verfolgung waren das „scharfe Schwert", von dem Goebbels gefordert hatte, es müsse hinter jeder erfolgreichen Propaganda stehen. Zentraler Vorgang der Gemeinschaftsbildung wurde die verbale Ausgrenzung und faktische Ausstoßung derjenigen, die nicht zur Volksgemeinschaft gehören sollten.

Die nationalsozialistische Volksgemeinschaftsutopie hatte damit — wie Detlev Peukert hervorhebt — prinzipiell zwei Stoßrichtungen: „nach ‚innen' wollte sie die in unterschiedliche Traditionen, Schichten und Sozialmilieus zerklüftete Gesellschaft künstlich zu einer opferbereiten Leistungsgemeinschaft formieren; nach ‚außen' wollte sie alle jene diskriminieren und letztlich ‚ausmerzen', die aus realen oder eingebildeten Gründen in der Volksgemeinschaft keinen Platz finden durften: die ‚Fremdvölkischen', die ‚unverbesserlichen' politischen Gegner, die ‚Asozialen', die Juden".[1]

Unter den spezifischen Bedingungen der katholisch-proletarischen Provinz des Saarlandes entstand eine eigene, von der im übrigen Reich partiell abweichende Feindbildhierarchie: In den Stabilisierungsjahren unmittelbar nach 1935 dominierte zunächst der Kampf gegen „Preistreiber", „Wucherer" und „Arbeitshyänen der Wirtschaft" sowie gegen die „schwarzen Staatsfeinde" in Gestalt des politischen Katholizismus, bevor auch hier die gleichzeitige Entwicklung tonangebend wurde.

Hatte sich zur Zeit des Abstimmungskampfes die publizistische Attacke vornehmlich auf die „vaterlandslosen Gesellen" der Status-Quo-Parteien konzentriert, die als Bonzen und Arbeiterverräter, als Separatisten und Franzosenknechte, als sexuell verwahrlost und terroristisch diffamiert worden waren[2], so waren die Linksparteien und ihre ehemaligen Anhänger nach der Abstimmung höchstens noch Objekt des öffentlichen Spottes. Mit der Emigration ihrer Führungspersönlichkeiten verebbten die publizistischen Angriffe. Nur mehr gelegentlich berichteten die Zeitungen über das vermeintlich luxuriöse Emigrantendasein des SPD-Vorsitzenden Max Braun in Frankreich, dem sie das triste und elende Leben der meisten Saaremigranten in den Lagern gegenüberstellten, womit sie das leninistische Agitationstheorem von der „Arbeiteraristokratie" aufgriffen.[3] Mit Verweis auf ihre „deutschfeindliche Tätigkeit" während des Abstimmungskampfes und anschließend in Frankreich bürgerte das Reichsinnenministerium am 2. Dezember 1936 neben Braun und etlichen namhaften Reichsemigranten, die nach 1933 an der Saar vorübergehend Zuflucht gefunden hatten, auch zahlreiche Mitarbeiter der Völkerbundsverwaltung an der Saar als „Volksverräter" aus. Da sie ihre Treuepflicht gegenüber Reich und Volk verletzt hätten, gehörten sie nicht mehr zur „Volksgemeinschaft".[4] Ansonsten überließ man die Verfolgung der an der Saar gebliebenen Anhänger von KPD und SPD der Gestapo und den Gerichten, deren Urteile höchstens knapp kommentiert wurden. In der publizistischen Öffentlichkeit spielte die saarländische Linke nur mehr eine marginale Rolle.

Die soziale Frontlinie: Gegen „Wucherer", „Arbeitshyänen" und „asoziale" Hauseigentümer

Im Zentrum des publizistischen Angriffs standen zunächst andere Gruppen, die nach Ansicht Bürckels und seiner Propagandisten das Bild des anbrechenden „deutschen Sozialismus" und der Volksgemeinschaft störten und damit potentiell Systemloyalitäten gefährdeten. Angesichts der wirtschaftlichen Probleme der Rückgliederung mit ihren Begleiterscheinungen wie Schiebertum, ungerechtfertigten und überhöhten Preis- und Mietsteigerungen konzentrierten sich die publizistischen Kampagnen in den ersten Monaten nach der Wiedereingliederung des Saarlandes in das Deutsche Reich auf Geschäftsleute, die die wirtschaftlichen Probleme zum eigenen Profit nutzen wollten und von der Presse daher als „Volksschädlinge“ und „Saboteure der Volksgemeinschaft“ stigmatisiert und öffentlich an den publizistischen Pranger gestellt wurden. Zugleich unterstrich die NSDAP durch diese Kampagne, daß sie sich als antikapitalistische Interessenvertretung des „kleinen Mannes“ verstand.

Unter der Überschrift „Wucherer gehören im neuen Staat an den Pranger“ berichteten die Zeitungen des Gaues über die Verhaftung eines Saarbrücker Großhändlers, der französisches Getreide überteuert angeboten hatte. Wegen Wucherei wanderte vier Wochen später ein Saarbrücker Metzger ins Gefängnis. Im August 1935 zog Bürckel öffentlich gegen die Preistreiber seines Gaues zu Felde. „Gemeiner Volksschädling unschädlich gemacht“, meldete die *Saarbrücker Zeitung* im September über einen Lebensmittelschieber, der sich an minderbemittelten Volksgenossen versündigt habe. Die Zeitung kommentierte: „Die traurigsten Volksgenossen sind diejenigen, die sich auf Kosten der Gemeinheit unehrlich bereichern. Sie sind die Parasiten der Volksgemeinschaft. War der Lebensmittelwucher schon zu Zeiten des freien Handels eine gemeine Betätigung, so muß er heute als Sabotage der wirtschaftlichen Neuordnung mit besonderer Schärfe gebrandmarkt werden.“ „An den Pranger!“ forderte auch die *NSZ-Rheinfront* kurze Zeit später, als sie über die Festnahme eines Buttergroßhändlers in Saarbrücken berichtete, der Frauen beim Einkauf billiger Fette betrogen hatte.[5] Meldungen dieser Art häuften sich besonders im ersten Jahr nach der Rückgliederung. Als „Volksschädlinge“ wurden zunächst primär diejenigen betrachtet, die aus der Verknappung und Verteuerung von Waren mit der Rückgliederung ihren eigenen Nutzen zogen und damit Unzufriedenheit unter den Konsumenten provozierten.

Mit der Verkündung des Vierjahresplanes und der Verschärfung der Arbeitsbelastungen in den Betrieben wurde 1936/37 der Kampf gegen parasitäre Geschäftemacher durch eine publizistische Kampagne gegen „asoziale Arbeitgeber“ abgelöst. „Schluß mit dem Raubbau!“ appellierte die *NSZ-Rheinfront* 1937 nach der Auswertung der Erfahrungen des diesjährigen Reichsberufswettkampfes und kritisierte die „Arbeitshyänen“ der Wirtschaft, die den Vierjahresplan benutzten, „um mit dieser großartigen Aufgabenstellung deutscher Lebensfreiheit kapitalistisches Schindluder zu betreiben“. Im Unternehmerlager habe man geglaubt, „daß der Vierjahresplan ausgezeichnet dafür geeignet sei, aus ihm ein Antreibersystem zu machen, mit dem man die Durchsetzung der sozialistischen Forderungen sabotieren könne“.[6] Wiederholt berichteten die Zeitungen nun über Festnahmen von Betriebsleitern wegen „asozialen Verhaltens“ und über Urteile des Sozialen Ehrengerichts gegen Fabrikbesitzer, die sich an der „Volksgemeinschaft“ versündigt hätten. Der Saarbrücker Kreisleiter der DAF ließ so beispielsweise von der Stapo-Außendienststelle in Saarlouis den Besitzer einer Bilsdorfer Tonwarenfabrik in Schutzhaft nehmen, da dieser seine Arbeiter schikanös behandelt, nach ihnen getreten und ihnen gedroht habe, worauf 35 von ihnen in den Streik getreten seien. Die *NSZ-Rheinfront* kommentierte, auf diesen Besitzer passe zuallerletzt der Name Arbeitgeber. „Ihm käme eher der Beiname ‚Arbeitsschinder' zu, und für solche Elemente hat das Deutschland des schaffenden Mannes keinen Platz."[7]

Der gauweit spektakulärste Fall, über den die Zeitungen in großer Aufmachung auf ihren ersten Seiten berichteten, war die von Bürckel angeordnete Schutzhaftnahme des Inhabers des Kaiserslauterner Guß- und Armaturenwerkes, Kommerzienrat Billand, wegen übermäßig langer Arbeitszeiten, „skandalösen Akkordsystems", „Verbrechens an der Jugend" und Verweigerung von Urlaub. Die Presse kommentierte die Festnahme: „Wir lassen uns die Volksgemeinschaft in der Saarpfalz nicht durch reaktionäre Ausbeuter stören, sondern wir merzen derartige Subjekte aus. Wir lassen insbesondere nicht zu, daß mit . . . dem deutschen Arbeiter Schindluder getrieben wird." Unter der Überschrift „Gemeiner Mißbrauch deutscher Arbeitskraft. Ausbeutersystem unter Anklage" berichtete die Zeitung Bürckels vierzehn Tage später über den Prozeß gegen Billand und seinen Betriebsleiter vor dem Sozialen Ehrengericht. Während Billand eine Geldstrafe von 7.000 RM erhielt, wurde seinem Direktor die Befähigung zur Führung eines Betriebes aberkannt.[8] 1938 verstummten die Presseberichte über das „asoziale Verhalten" von Arbeitgebern.

Mit dem Krieg schließlich rückte das „asoziale" und „volksschädigende" Verhalten von Wohnungs- und Hauseigentümern ins Rampenlicht der Öffentlichkeit. Sie veranlaßte Bürckel im Oktober 1940, einen Nalbacher Ziegeleibesitzer in Schutzhaft nehmen zu lassen, der sich geweigert hatte, eine ihm zugeteilte obdachlose Rückwandererfamilie zu beherbergen. Mit seinem „brutalen Verhalten" habe sich der Festgenommene „außerhalb der Gemeinschaft gestellt".[9] Wegen „gemeinschaftsfeindlichen Verhaltens" ließ auch der Saarbrücker NSDAP-Kreisleiter im August 1944 den Eigentümer eines geräumigen Hauses in der gutbürgerlichen Saarbrücker Winterbergstraße festnehmen, da er sich im Wiederholungsfalle gesträubt hatte, ausgebombte Volksgenossen, die ihm der zuständige Ortsgruppenleiter zugewiesen hatte, aufzunehmen.[10]

Die öffentliche Stigmatisierung „gemeinschaftsfeindlicher" Geschäftemacher, Fabrikbesitzer, Betriebsleiter und Hauseigentümer, die jeweils im Kontext konkret erfahrbarer Problem- und Notlagen erfolgten, erfüllte gleichzeitig mehrere Funktionen. Die NSDAP konnte sich als antikapitalistische Partei des „kleinen Mannes", der Gedemütigten und Entrechteten profilieren, zeigen, daß sie nicht — wie ihr dies die Linke immer vorgehalten hatte — auf der Seite des Profits stand, sondern auch vor der Konfrontation mit Geld und Kapital nicht zurückschreckte. Zugleich attackierte sie Auswüchse der ökonomischen Entwicklung und Relikte feudaler Arbeitsbeziehungen, die nicht in ihrem Interesse lagen. Statt dessen vertraute sie voll und ganz auf den „Zwang der ökonomischen Verhältnisse". Schließlich bot sie den unter überhöhten Preisen, Wohnungsnot und Arbeitshetze Leidenden konkrete personale Objekte des Volkszorns an und lenkte damit von den eigentlich Verantwortlichen ab. In diesem Sinne war die nationalsozialistische Propaganda — wie Goebbels es bereits 1932 formuliert hatte — auch „ein Sicherheitsventil für die regierende Schicht". Besonders die Arbeiterschaft der Region dürfte diese Form der Propaganda in den ersten Jahren nach der Rückgliederung nicht unbeeindruckt gelassen haben, griff sie doch alltägliche Erfahrungen und die traditionelle linke Kritik am kapitalistischen „Bonzentum" auf.

Die konfessionelle Frontlinie: Gegen die „klerikalen Volksvergifter"

Ähnlich sah es bei der publizistischen Attacke gegen die „klerikalen Volksvergifter" aus, die ihren Höhepunkt 1937 erreichte. Mit ihrem Beharren auf mittelalterlichen Privilegien — so Bürckel — verweigere sich auch der katholische Klerus der Volksgemeinschaft. Da sich aus dem Faktum der rassischen Gleichheit des deutschen Volkes die Verpflichtung zur Gemeinschaft zwingend ergebe, die wiederum Voraussetzung der Erhaltung der Nation sei, bedeute das Festhalten der katholischen Kirche am konfessionellen Schulwesen eine Sabotage der Volksgemeinschaft und damit eine Gefährdung der Nation.[11] „Wer lehnt die Volksgemeinschaft ab?" fragte die *Saarbrücker Zeitung* in großen Lettern auf ihrer ersten Seite auf dem Höhepunkt des „neuen Kulturkampfes" an die katholische Kirche adressiert.[12] Die Abschaffung des konfessionellen Schulwesens wurde als notwendiger Beitrag zur völkischen Gemeinschaft gewertet, der sich die Kirche entziehe. Die Treue zur Gemeinschaft sei ein Gesetz der Natur und damit ein religiöses Gesetz, so der Gauleiter, gegen das der Klerus beständig verstoße.[13]

Nachdem im Juli 1937 die Gestapo im St. Wendeler Missionshaus eine illegale Druckerei ausgehoben hatte, wurde die Gangart der publizistischen Auseinandersetzung härter. Denjenigen, die sich mit ihrem „gemeingefährlichen Treiben" dem höchsten Ethos deutschen Lebens — der Reinerhaltung der Jugend und der Gemeinschaft der Nation — entgegenstemmten, kündigte der Leitartikler der *Saarbrücker Zeitung* harte Zeiten an. Mit den „schmutzigen Brunnenvergiftern" müsse endlich Schluß gemacht werden.[14] Als „Verschwörung gegen den völkischen Staat" interpretierte die Zeitung die Geschehnisse in St. Wendel, da die Erziehungsberechtigten des dortigen Missionshauses ihre wichtigste Aufgabe darin gesehen hätten, die Jugend „im Sinne der Staatsfeindschaft zu beeinflussen und sie von der Volksgemeinschaft zu entfremden". Mit seinem Verhalten säe der katholische Klerus Zwietracht und spalte die Volksgemeinschaft. „Wir dulden nicht", so Bürckel, „daß man das Volk aufteilt in ein christlich-gottesfürchtiges und in ein nationalsozialistisches. Nein, es gibt auf der einen Seite nur ein deutsches Volk, mit dem der Herrgott ist ... und auf der anderen Seite Feinde dieses Volkes." Denjenigen, die sich der neuen Religion der Volksgemeinschaft — so HJ-Gebietsführer Thimel — verweigerten und sich hinter Kirchenmauern verbarrikadierten, wie dies der politische Katholizismus tue, drohte Bürckel nun: „Auf jeden groben Klotz kommt in Zukunft ein grober Keil."[15]

Ressentiments gegen den Klerus wegen dessen traditioneller Machtstellung und Privilegien, lebensgeschichtliche Erfahrungen aus autoritär katholischer Sozialisation verdichteten sich im Diffamierungsmuster vom volks- und gemeinschaftsfeindlichen Klerus zu einem brisanten Konglomerat, das seinerseits auf die Spaltung der Kirche in Kirchenvolk und Klerus abzielte und in das sich zugleich — wie Presseartikel vielfach zeigen — auch ältere Agitationsmuster von einer sexuell verwilderten und einzig Rom hörigen Priesterschaft einmischten.

Die rassistische Frontlinie: Gegen „Gemeinschaftsfremde“ und Juden

Bei den Attacken gegen die kapitalistischen Saboteure und die katholischen Verweigerer der NS-Volksgemeinschaft handelte es sich gleichsam noch um die traditionelle Frontstellung der linken Arbeiterbewegung in der katholisch-proletarischen Provinz, die aus nationalsozialistischer Sicht das Projekt Volksgemeinschaft zwar gefährdeten, nicht aber existenziell bedrohten. Mit dem Kampf gegen Juden und „Gemeinschaftsfremde“ kam eine neue, spezifisch nationalsozialistische Frontlinie hinzu, da man der Überzeugung war, daß diese die Volksgemeinschaft in ihrer Substanz bedrohten und daher besondere Maßnahmen erforderlich machten.

Erste Diskussionen über die „Aussonderung“ von „Gemeinschaftsfremden“ tauchten in der Öffentlichkeit bereits 1936 auf. In einem Bericht über die Anstaltsfürsorge im Kreis Ottweiler wurde die Hoffnung ausgesprochen, daß durch das neue Erbgesundheitsgesetz die Ausgaben für die 479 „Irren und Idioten“, die 41 Taubstummen, 16 Blinden und 26 „Krüppel“ langfristig gesenkt werden könnten, zumal dieser Personenkreis der Volksgemeinschaft nur „schädlich“ sei und ihre Entwicklung behindere. „Die freiwerdenden Beiträge aber sollen höherwertigen Volksgenossen in Form von Arbeitslohn und Erzeugung restlos zugute kommen. Damit bleibt die gesamte Leistungsfähigkeit eines erbgesunden Volkes gewahrt und einer steten Steigerung fähig.“[16]

Der Personenkreis der „Gemeinschaftsfremden“ und „Gemeinschaftsunfähigen“ wurde in der Folgezeit ständig erweitert. Roma und Sinti waren die nächsten, die es traf. Im Kontext von Himmlers reichsweiter Aktion „Arbeitsscheu“ 1938 ging es dann u. a. gegen alkoholisierte Familienväter, die ihre elterlichen Pflichten verletzt hatten. So berichtete Bürckels Parteiorgan über die Schutzhaftnahme von zwei Männern, die ihre Weihnachtsgratifikationen und die Geburtshilfe für ein Kind unmittelbar in Alkohol umgesetzt hatten. Die Zeitung kommentierte: „Wenn die Partei auf der einen Seite dem ordentlichen Arbeiter alle nur erdenkliche Fürsorge angedeihen läßt, so geht sie auf der anderen Seite mit aller Schärfe gegen jene Elemente vor, die sich der zu ihren Gunsten getroffenen Maßnahmen nicht würdig erweisen und sich dadurch selbst aus der Gemeinschaft der anständigen deutschen Arbeiter ausschließen.“[17]

Mit Kriegsbeginn wurde der Personenkreis noch weiter gefaßt. Als „gemeinschaftsunfähig“ galten nach einem Merkblatt des Gauamtes für Rassenpolitik der Westmark nun alle jene, „die auf Grund einer anlagebedingten und daher nicht besserungsfähigen Geisteshaltung nicht in der Lage sind, den Mindestanforderungen der Volksgemeinschaft an ihr persönliches, soziales und völkisches Verhalten zu genügen“. „Querulanten“ und „Staatsfeinde“, „Arbeitsscheue“ und „Trinker“, Prostituierte und Zuhälter, Homosexuelle und Sittlichkeitsverbrecher, aber auch jene, die besonders „unwirtschaftlich und hemmungslos“ und nicht im Stande waren, ihre Kinder zu „brauchbaren Volksgenossen“ zu erziehen, galten nun als „gemeinschaftsunfähig“. Durch ihren zahlreichen und minderwertigen Nachwuchs würden kommende Generationen bedroht und die Volksgemeinschaft zersetzt. Daher seien die „Gemeinschaftsunfähigen“ eine „schwere Gefahr für unser Volk“.[18] Unter die unpräzisen, letztlich gar nicht objektivierbaren Kriterien „gemeinschaftsfremd“ oder „gemeinschaftsunfähig“ konnte praktisch jede Form nonkonformen Sozialverhaltens subsumiert werden. Die öffentliche Agitation gegen die „Gemeinschaftsfremden“ verstärkte damit den Druck, sich zur Volksgemeinschaft zu bekennen und sich ihr unterzuordnen. Die Treue zur Volksgemeinschaft war so gleichermaßen quasi-religiöse Pflicht und restriktive Verhaltensnorm, zumal die Medien durchschimmern ließen, was mit jenen geschah, die als Gefahr für die Volksgemeinschaft galten.[19]

Die aus nationalsozialistischer Sicht größte Gefahr für die Volksgemeinschaft stellten die Juden dar, wobei das Bild „des Juden“ in der Öffentlichkeit lediglich eine propagandistische Kunstfigur war, die herhalten mußte für alle Übel dieser Welt. Obwohl die frühe NSDAP des Saargebietes versucht hatte, sich mit gezielten Attacken gegen saarländische Juden ins öffentliche Gespräch zu bringen, hatte der Antisemitismus an der Saar vor 1935 nur wenige Anhänger gefunden. Auch die Rückgliederungspropaganda der Deutschen Front hatte weitgehend auf antisemitische Akzente verzichtet. Noch im Herbst 1935 bemerkte die Saarbrücker Stapo-Stelle: „Über das mangelnde Verständnis der Judenfrage als völkisches Problem der Bevölkerung muß nach wie vor geklagt werden.“[20]

In der „Judenfrage“ verfolgte Bürckel eigene Wege, die sich in der Tradition der Straßer-Gruppe vom lauten „Radauantisemitismus“ des *Stürmer* absetzten, gleichwohl aber auf dasselbe Ziel hinsteuerten. Anders als die meisten anderen NS-Spitzenfunktionäre betrachtete er die „Lösung der Judenfrage“ weniger unter rassistischen, sondern vielmehr unter pragmatischen volkswirtschaftlichen und verwaltungstechnischen Gesichtspunkten. So wandte er sich 1938 entschieden gegen Julius Streichers antisemitische Hetzorgien, mit denen sich in „wirtschaftlicher Hinsicht“ nichts anfangen lasse.[21] Der parteiamtliche Antisemitismus an der Saar war daher im Vergleich zu anderen Gauen eher gebremst. Im Juni 1936 wies die Landesstelle Saarpfalz des Reichsministeriums für Volksaufklärung und Propaganda im Auftrage Bürckels so beispielsweise Dienststellen des Staates und der Partei an, angesichts der bevorstehenden Olympischen Spiele sämtliche antisemitischen Aufschriften wie „Juden sind hier unerwünscht“ zu entfernen und künftig amtliche Verbote der Wohnraumvermietung an Juden zu unterlassen.[22]

Gleichwohl verzichtete aber auch die NSDAP im Saarland keineswegs auf die Mobilisierung antisemistischer Ressentiments und politischer Verfolgungsmaßnahmen. Boykotte jüdischer Geschäfte und Ärzte, „Judenaustreibungen“ aus öffentlichen Bädern oder Appelle wie „Mach endlich Schluß und mach es wahr, vom Jud’ befrei die deutsche Saar!“ an öffentlichen Litfaßsäulen blieben auch hier nicht aus.[23] Bis 1938 dominierten Formen des ökonomisierten und spezifisch rassistischen Antisemitismus, nach denen „der Jude“ — vergleichbar dem Klischee des „Bonzen“ in der Arbeiterbewegung — als „Parasit“ dargestellt wurde, der sich an der Allgemeinheit bereichere, und dem man nun zusätzlich vorwarf, daß er als „Blutschänder“ die Substanz des deutschen Volkes unterminiere. Nicht nur im *Stürmer*, sondern auch in der *Saarbrücker Zeitung* konnte man lesen: „Der Jude ist ein Parasit in einem gesunden Volkskörper. Setzt sich dieser nicht dagegen zur Wehr, so gefährdet er seine ganze Existenz.[24]

Mit dem „Gesetz zum Schutze des deutschen Blutes und der deutschen Ehre“ vom 15. September 1936 widmeten sich die Zeitungen vornehmlich sogenannten „Rassenschande“-Delikten, bei denen es meistens um sexuelle Beziehungen zwischen „Ariern“ und „Juden“ ging, die nach Ansicht des Gesetzgebers die „Reinheit des deutschen Blutes“ und damit den Fortbestand des deutschen Volkes gefährdeten.[25] Zwar mehrten sich seit Frühjahr 1938 in den Zeitungen Boykottappelle gegenüber jüdischen Geschäftsinhabern und Artikel gegen die noch an der Saar lebenden Juden, referierten Historiker über die unheilvolle Geschichte des Judentums in der Grafschaft Saarbrücken, luden Ortsgruppen zu Veranstaltungen über die Macht des internationalen Judentums ein, wies man eher beiläufig auf die neue Verordnung zum Reichsbürgergesetz hin, wonach am 30. September 1938 die Approbation jüdischer Ärzte erlöschen würde, oder machte das DAF-Amt Haus und Heim Vermieter darauf aufmerksam, daß Wohn- und Praxisräume jüdischer Ärzte fristgerecht bis Mitte August zu kündigen seien — von einer publizistisch geschürten Pogromhetze gegen die saarländischen Juden indes läßt sich nicht sprechen. „Weltfeind Nr. 1“ blieb vielmehr der — allerdings jüdisch konnotierte — Bolschewismus. Wie schon vor 1933/35 spielte der Antisemitismus in der NS-Propaganda mehr eine nebengeordnete Rolle und fungierte eher als allgemeines Feindbild im Hintergrund.

Erst im Kontext der „Reichskristallnacht“ 1938 und des absehbaren Krieges änderten sich die Stimmungen und Agitationsmuster. Signalisierte der Antisemitismus in der bisherigen Propaganda eher eine Bedrohung des völkischen Staates und der Volksgemeinschaft von innen, die Bürckel durch Ausweisung und Deportation statt durch physische Liquidation zu beheben gedachte, so mußte das „internationale Judentum“ nun zusehends als Kriegstreiber und präventiv Verantwortlicher für den kommenden Krieg herhalten, durch den das deutsche Volk von außen bedroht werde. „Die einzige Tendenz des internationalen Judentums ist die Herbeiführung des Krieges“, leitartikelte der Chefredakteur der *Saarbrücker Zeitung* jetzt.[26] Von Paris aus rüsteten die jüdischen Emigranten zum Rachekrieg gegen Deutschland und riefen jüdische Zeitungen zu Mord und Rache auf. Das Attentat auf den deutschen Legationsrat vom Rath durch einen gekauften, „halberwachsenen Judenbengel“ sei ein Teil der Kriegserklärung des internationalen Judentums an Deutschland. Auch in der Sowjetunion rüste der von „jüdischen Drahtziehern“ geführte Bolschewismus mit der Roten Armee gegen Deutschland.[27] Aus der Sicht der NS-Propaganda war das Judentum damit zum wichtigsten innen- und außenpolitischen Feind der deutschen Volksgemeinschaft aufgestiegen. Öffentliche Handlungsappelle, die „Judenfrage“ pogromartig zu lösen, blieben gleichwohl aus. Eher fungierte der propagandistische Antisemitismus als Legitimation der offiziellen Judenpolitik und der forcierten Aufrüstung. Zwar waren Antisemitismus, Ressentiments gegen „Asoziale“ und Vorurteile gegen geistig und körperlich Behinderte auch in der saarländischen Bevölkerung latent vorhanden, eine eigene Mobilisierungskraft aber scheint man ihnen nicht zugetraut zu haben. Die Deportationen fanden — mit Ausnahme des Pogroms vom 9. November 1938 — unter weitestgehendem Ausschluß der Öffentlichkeit statt.

Die außenpolitische Frontlinie: Gegen den Bolschewismus

Als „Weltfeind Nr. 1" galt an der Saar — spätestens seit dem NSDAP-Reichsparteitag von 1936 — das „jüdisch-bolschewistische Untermenschentum", die „jüdische Weltseuche des Bolschewismus". Das war hier nicht anders als anderswo.[28] „Kampf dem Bolschewismus und Welt-Judentum!" forderte die *Saarbrücker Zeitung* in großen Lettern auf ihrer ersten Seite. Im Feindbild vom „jüdischen Bolschewismus" wurde die Frontstellung gegen Judentum und Kommunismus propagandistisch zusammengezogen und suggeriert, daß Deutschland gleichermaßen von innen wie von außen, durch einen dämonischen Gegner im Inneren wie durch einen konkreten Staat von außen und einen diffusen, überall lauernden international organisierten Drahtzieher in seinen Grundfesten bedroht sei. Der Bolschewismus sei die „krasseste Blut- und Terrorherrschaft", die die Welt je gesehen habe und die von Juden erdacht worden sei, zitierte man zustimmend Reichspropagandaminister Goebbels. Juden diktierten in der Sowjetunion wie in „Rotspanien", wo sie ein neues Schreckensregiment errichtet hätten. In zahllosen Artikeln, Ansprachen, Schulungsabenden und Ausstellungen wurde das apokalyptische Szenarium einer drohenden jüdisch-bolschewistischen Weltrevolution beschworen und die These zu untermauern versucht, daß Stalin mit seinen ungeheuren Rüstungsanstrengungen einen Weltbrand zu entfachen gedenke.[29] Auf der Folie dieses Bedrohungsszenarios erschien das nationalsozialistische Deutschland als letzte Hoffnung der Völker. Die NSDAP betrachte sich als Arzt, so der Saarbrücker Oberbürgermeister Dürrfeld, der den Bazillus kenne und wisse, wie er zu bekämpfen sei. Gerade im Saarland wolle man ein antibolschewistisches Bollwerk errichten und als Grenzvolk an der Entlarvung des Weltfeindes mitarbeiten.[30]

Das Bild der jüdisch-bolschewistischen Bedrohung fungierte als radikaler Kontrast zum Bild des braunen Schlaraffenlandes. Es legitimierte gleichermaßen die forcierten Rüstungsanstrengungen und die damit verbundenen alltäglichen Entbehrungen wie der Repression gegen die jüdisch-bolschewistischen Feinde im Inneren. Es war die Klammer, die die Teilkulturen des Dritten Reiches miteinander verband, den Katholiken, den ehemaligen Sozialdemokraten, den bürgerlichen Spießer an die Seite des Nationalsozialisten drängte.[31] „Anläßlich der Vorgänge in Spanien verdreht man den Leuten mit dem Bolschewistenschreck erneut so recht den Kopf", meldeten die Berichterstatter der Sopade. „Die Propaganda ist auch durchaus nicht ohne Erfolg. Laßt Euch draußen nicht etwa zu dem Gedanken verleiten, daß der Freiheitskampf in Spanien vielleicht in Nazionien freiheitliche Gefühle erweckt.[32]

Mit den Abschluß des Hitler-Stalin-Paktes 1939 erlahmte die antibolschewistische Attacke zunächst, und konzentrierte sich die Propaganda auf Polen und die westlichen „Plutokratien", wie es in der Propagandasprache jetzt hieß. Erst 1941 setzte der Antibolschewismus wieder voll ein. An der dominanten Frontstellung gegen den „jüdischen Bolschewismus" änderte sich bis in die letzten Kriegstage nichts mehr, obwohl innenpolitisch zeitweise andere Personengruppen wie Plünderer in den evakuierten Gebieten, flüchtende Kriegsgefangene, Fremdarbeiter, die ihre Arbeitskraft verweigerten, und die Attentäter des 20. Juli in den Brennpunkt des öffentlichen Interesses rückten. Insbesondere gegen Kriegsende ging auch bei Bürckel die antisowjetische Propaganda mit der nationalsozialistischen Europa-Idee eine neue Synthese ein. Von der Einheit Europas und dem Anspruch, die abendländische Kultur als Bollwerk gegen den Bolschewismus zu verteidigen, war nun die Rede: eine Idee, die in den 50er Jahren zur offiziellen Staatsdoktrin der Bundesrepublik erhoben werden sollte.

6. Sozialpolitik und Propaganda zwischen Konsensbildung und Mythos

Die höchste Akzeptanz innerhalb der Bevölkerung fanden zweifellos die Person des „Führers" selbst, der sozialpolitische Aktivismus der DAF und hier vor allem die Angebote der NS-Gemeinschaft Kraft durch Freude sowie bis Kriegsbeginn die nationalsozialistische Außenpolitik. Sie begründeten den breiten Konsens, den das NS-Regime in den wichtigen Jahren vor Kriegsbeginn fand. Zugleich waren sie es, die verhinderten, daß sich die verschiedenen Formen von Dissens massenwirksam in politische Unzufriedenheit umsetzten. Dies war an der Saar nicht anders als in anderen Reichsteilen. Vor allem die zeitgenössischen *Deutschland-Berichte* haben vielfältig auf diese konsensstiftenden Kräfte des NS-Führerkults sowie der Sozial- und Außenpolitik aufmerksam gemacht. Und auch die neuere Forschung hat dies weitgehend bestätigt.[1]

Auch im Saarland war Hitler die wichtigste Propagandawaffe, die der NSDAP zur Verfügung stand, obwohl — oder gerade weil — er selbst persönlich nur selten an der Saar weilte. So berichtete Regierungsdirektor Nietmann vom Saarbrücker Reichskommissariat 1937: „Das Vertrauen der breiten Masse hinge heute noch allein an dem Führer."[2] Hitler galt als über den Klassen schwebender und dem polykratischen Machtgerangel enthobener Anti-Bonze, der ausdrücklich nicht mit den Machenschaften seiner Partei identifiziert wurde. Die Hinweise hierfür sind vielfältig. „Der Führer sei gut, aber alles andere tauge nichts", erklärte beispielsweise ein Sulzbacher Bergmann.[3] „Die leitenden Persönlichkeiten außer Hitler taugten nichts und seien große Lumpen", war auch die Meinung eines Hilfsarbeiters aus Niederwürzbach.[4] Für einen SA-Mann aus Homburg stand fest, daß Hitler das Beste wolle, doch seine Parteifunktionäre anders handelten.[5] „Hitler ist recht", meinte auch ein Bäckermeister aus Homburg, aber die anderen seien alles Miesmacher und Bonzen, „die die Gehälter einstecken und andere bluten lassen".[6] Hitler stand im Rufe des gerechten Vermittlers, der auch dem „kleinen Mann" Gehör schenkte. Er war Adressat von Petitionen, an den sich — allerdings erfolglos — auch die Ehefrauen der inhaftierten Lothringengänger aus dem Warndt wandten. Altarähnliche Hitlerecken und umschmückte Führerbilder waren in Familien und öffentlichen Gebäuden keineswegs selten. Namentlich Frauen jeden Alters verweilten in Gebetshaltung vor einem mit Kerzen und Blumen geschmückten Hitlerbild in der Vorhalle des Saarbrücker Hauptbahnhofs, berichtete so auch 1938 die *Freiheit-Korrespondenz*.[7] Folgt man Zeitzeugenberichten so scheint auch Gauleiter Bürckel durch sein populistisches Auftreten sowie durch seine sozialpolitischen Aktivitäten innerhalb der Bevölkerung populär gewesen zu sein. Er galt als Verantwortlicher für die reibungslose Rückgliederung des Saarlandes, für den „Anschluß“ Österreichs und als Kontrahent der saarländischen Großindustriellen.

Eine ähnlich hohe Zustimmung wie Hitler fand die Außenpolitik des Dritten Reiches. „Mit Befriedigung“ werde die außenpolitische Entwicklung des Reiches verfolgt, notierte der Saarbrücker Landrat 1937. Die Ereignisse in Spanien ließen vor allem innerhalb der katholischen Bevölkerung das Verständnis für die Maßnahmen des NS-Staates wachsen. Die Zustimmung zu Hitlers Intervention in Spanien reiche bis weit hinein in die Anhängerschaft der ehemaligen KPD und SPD.[8] Auch bei einem Teil der Bergleute hätten die Greuelmeldungen über Spanien Resonanz gefunden, konstatierte die *Deutschland-Information* der KPD.[9] „Begeistert begrüßt“ werde der „Anschluß“ Österreichs, meldete ein Vertrauensmann der KPD aus Bettingen seiner Abschnittsleitung nach Forbach.[10]

Wie die Mitgliederzahlen der sozialpolitischen Massenorganisationen und die Teilnehmerresonanz auf die Angebote der NS-Gemeinschaft Kraft durch Freude anschaulich belegen, dürften vor allem die Programme und Organisationen der sozialpolitischen Betreuung einen positiven Eindruck hinterlassen haben. Bürckels Neunkirchener Programm zur Bekämpfung der Arbeitslosigkeit im Saarland sei — so die Saarbrücker Stapo-Stelle — mit „begeistertem Beifall“ aufgenommen worden. Positive Resonanz habe — so die Gestapo — auch das erste Programm des Winterhilfswerks gefunden. „Im allgemeinen wird gerade in dem Kreise der Erwerbslosen den vom Winterhilfswerk zur Überwindung der schlimmsten Not getroffenen Maßnahmen lobende Anerkennung gezollt.“ Durch die Zuteilung von Lebensmitteln und Gutscheinen durch NSV und Winterhilfswerk sei die allgemeine Stimmung in der Bevölkerung besser geworden.[11] Insbesondere die Angebote der NS-Gemeinschaft Kraft durch Freude — so die *Deutschland-Berichte* der Sopade — hätten in weiten Kreisen der Bevölkerung „großen Zuspruch“ gefunden und gute Gründe für die Aussöhnung des einzelnen mit dem System geliefert.[12] Ob es allerdings — wie Wolfgang Buchholz behauptet[13] — der KdF gelang, eine „relativ erfolgreich vollzogene gesellschaftliche Integration der Arbeiterschaft“ zu Wege zu bringen und Terror als Integrationsinstrument entbehrlich zu machen, muß angezweifelt werden. Keine Hinweise gibt es dafür, daß die positive Aufnahme der Leistungsangebote der KdF zugleich auch eine tief verinnerlichte politische Zustimmung zum Regime nach sich zog.[14]

Während die ältere NS-Forschung sich primär auf die Analyse der „geistigen Mobilmachung“ der deutschen Bevölkerung für Hitlers Krieg konzentrierte und dabei die Frage nach den konsensstiftenden Kräften der sozialen Propaganda und der Sozialpolitik des Nationalsozialismus weitgehend übersah, hat die neuere Forschung dem fürsorglichen Gehabe des Regimes gegenüber seinen rechtlosen Volksgenossen größere Beachtung geschenkt. Daß der Populismus des Dritten Reiches nicht nur Betrug war, sondern zentrale Ressentiments und Wünsche, Vorurteile und Interessen thematisierte, hat u. a. Timothy W. Mason betont.[15] Die gerade auch von Bürckels sozialistischer Propaganda praktizierte Vermischung des Ressentiments gegen die Gruppe der Bessersituierten mit der rhetorischen Umschmeichelung des einfachen, soliden „Arbeiters der Faust" sowie die Adaption von Darstellungsformen und Sprachmustern der linken Arbeiterbewegung dürften vorhandene Elemente des proletarischen Klassenbewußtseins angesprochen haben. Zugleich griff die Propaganda — nach dem Chaos der großen Krise und nach dem Scheitern des linken Konzepts vom kollektiven Aufstieg als Klasse — verständliche Wünsche nach einem geordneten und konfliktfreien Alltag sowie nach individuellem Aufstieg auf. Gerade nach den Verkrustungen der Klassengesellschaft zur Weimarer Zeit und den sozialen Eruptionen der Weltwirtschaftskrise vermittelte die auf soziale Sicherheit, individuellen Aufstieg und Gleichheitsversprechungen zielende Propaganda des Nationalsozialismus das Gefühl sozialen Fortschritts. Die — wie wir sahen — ja keineswegs nur verbale Kritik an den „reaktionären Ausbeutern" und „Arbeitshyänen der Wirtschaft", die Durchbrechung der Privilegien der „Bade- und Erholungsaristokratie" mit egalitären Parolen wie „Skifahren für alle!" oder „Keiner soll hungern und frieren!" und die Möglichkeiten individuellen Aufstiegs waren real kulturrevolutionäre Akte gegenüber den Rekrutierungsmodalitäten und dem Lebensstil der traditionellen Eliten und dürften nicht unerheblich zur Akzeptanz der Volksgemeinschafts-Propaganda beigetragen haben. Die Möglichkeit der Partizipation an den vielfältigen Angeboten von DAF und KdF ließ den Rückschritt gegenüber dem in Weimarer Zeiten erreichten Stand staatsbürgerlicher und juristischer Gleichheit einigermaßen verschmerzen, wenn er denn überhaupt sonderlich bewußt wurde.

Daß die Volksgemeinschaft mehr war als nur Mythos und Propagandaformel, lag u. a. darin begründet, daß durch innerbetriebliche Aufstiegschancen, Lohnsteigerungen, zunehmende Arbeitsplatzsicherheit, gesellschaftliche Anerkennung der Handarbeit sowie durch Elemente betrieblicher Sozialpolitik egalisierende und konsensstiftende Elemente in die Alltagserfahrungen vor allem der Arbeiter eingebracht wurden. Zumindest während der Zeit des NS-„Wirtschaftswunders" besaß die Volksgemeinschaftsutopie eine materielle Basis. Ihre integrative Bedeutung war vor allem in den Anfangs- und Stabilisierungsjahren des NS-Regimes an der Saar bedeutsam. Mit Kriegsbeginn verloren die sozialpolitischen Aktivitäten zunehmend an Bedeutung, erlahmte die konsensbildende Kraft des Hitler-Mythos und der NS-Außenpolitik. Schon 1938 war die „sozialistische" Propaganda Bürckels deutlich zurückgefahren worden.

Mit seinen publizistischen Kampagnen und seiner Sozialpolitik konstruierte Bürckel das propagandistische Bild des braunen Schlaraffenlandes, eines „hedonistischen Faschismus"[16], das schon im Saarabstimmungskampf seine Faszinationskraft unter Beweis gestellt hatte. Die sozialstaatliche Fürsorge durch die „deutsche Mutter", das Gefühl von Versorgtsein und sozialer Sicherheit, das Miteinander und Aufgehobensein in der Volksgemeinschaft veränderten zwar nicht die Klassengesellschaft — die großen ökonomischen und sozialen Fragen blieben ungelöst —, wohl aber das Bewußtsein von ihr. Sie umhüllten die Menschen und überlagerten die klassengesellschaftlichen Verhältnisse mit einem Hauch von modernem Sozialstaat.

Um Wirksamkeit zu entfalten und den Identifikationsdruck mit dem Regime zu verstärken, bedurfte diese Schein- und Halbrealität immer auch des abgrenzenden Negativbildes, des Bildes der bevorstehenden Apokalypse, der bolschewistischen Bedrohung von außen sowie der inneren Bedrohung der Volksgemeinschaft und des

„nationalen Sozialismus“ durch „jüdische Blutschänder“, „Gemeinschaftsfremde“ und „geldgierige Volksschädlinge“. Auch hier konnte die NS-Propaganda an existierende Ressentiment- und Vorurteilsstrukturen anknüpfen, brauchte diese nur zu bündeln und für ihre Feldzüge nutzbar zu machen. Und auch hier wurden — vor allem mit dem Bild der bolschewistischen Bedrohung — einige jener Feindbilder antizipiert, die später für die Bundesrepublik konstitutive Bedeutung gewannen.

Gleichwohl war es keine „soziale Revolution“ (David Schoenbaum), die die Nationalsozialisten entfachten, wie verschiedentlich behauptet wurde. Trotz Anpassung und Arrangement mit dem NS-Regime blieb das Bewußtsein einer Differenz zwischen der pseudoegalitären Propaganda des Nationalsozialismus und der sozialen Realität präsent.[17] Die Signifikanz der sozialpolitischen Betreuung der Volksgenossen lag eher in dem *Anschein* der Vielfalt und Allgegenwart fürsorglicher Programme und Organisationen, im propagandistisch erzeugten *Bild* des „nationalen Sozialismus“ und der Volksgemeinschaft, in den *Möglichkeiten* der Partizipation als in der Wirklichkeit selbst. Es war eher eine Revolution der Sichtweisen, Einstellungsmuster und Wahrnehmungsformen — eine braune Kulturrevolution der Köpfe — als eine Umwälzung der konkreten gesellschaftlichen und ökonomischen Verhältnisse. In erster Linie war es eine „verbale Sozialrevolution“, wie schon Karl Dietrich Bracher ausführte: „Der vielberufene Sozialismus zielte nicht auf konkrete Sozialisierung oder Enteignung, sondern auf die Änderung des sozialen Bewußtseins.“[18]

Vielfach war es so auch nur eine instrumentelle, nicht unbedingt tief verinnerlichte Akzeptanz, die man der sozialen Propaganda entgegenbrachte. Man nahm mit, was Volksgemeinschafts-Versprechen und „nationaler Sozialismus“ handfest zu bieten hatten. Der materialistische Klasseninstinkt begrenzte die vollmundige Propaganda immer wieder, reduzierte das braune Schlaraffenland auf seinen harten materiellen Kern, oder wie es die Saarbrücker Stapo-Stelle schon 1935 formuliert hatte: „Trotz aller Erziehungs- und Schulungsmaßnahmen ist eben für viele Volksgenossen einzig und allein das persönliche Wohlergehen der Wertmesser für ihre Beurteilung der Partei und Staatsführung.“[19]

Zugleich allerdings förderte der NS-Propagandaapparat mit seinen konsensstiftenden Medienangeboten der „unpolitischen“ Zerstreuung und Unterhaltung und der Propagierung einer individualistischen Leistungsorientierung den Rückzug ins Privatleben und eine Entsolidarisierung, die für die bundesdeutsche Nachkriegsgesellschaft geradezu typisch wurden. In letzter Konsequenz zerstörten KdF-Programme und Berufswettkämpfe soziale Beziehungen und Verhaltensmuster, aus denen heraus sich allererst Widerständigkeit hätte entwickeln können.

Mit ihrer propagandistischen Selbstdarstellung und ihrer praktizierten Sozialpolitik paßte sich das Dritte Reich ein in die Kontinuität deutscher Geschichte. In ihrem revolutionären Selbstverständnis, ihrer stark sozialistisch geprägten Formensprache und teilweise auch ihren sozialpolitischen Forderungen war der Nationalsozialismus gerade im Alltag jenseits aller post festum entwickelten Theoriemodelle der linken Arbeiterbewegung der Weimarer Republik ähnlicher, als man gemeinhin annehmen könnte. Das verfehlte nicht den Einfluß auf die einst resistenten Populationen der Arbeiterschaft. Mit seiner sozialstaatlichen Komponente, seiner Frontstellung gegen den Bolschewismus, seiner Leistungs- und Aufstiegsmoral, seiner unpolitischen Zerstreuungs- und Unterhaltungskultur sowie schließlich seiner Konzeption eines bolschewistenfreien Europas war das Dritte Reich der Adenauer-Zeit sehr viel näher, als dies Forschung und Politik nach 1945 wahrhaben wollten. Das hat Denk- und Forschungsverbote begründet und die Konzentration auf die terroristische Seite des Nationalsozialismus forciert, die erst langsam durchbrochen wird.

Das propagandistische Image aber produzierte nicht nur widerwillige Loyalität, sondern auch systemimmanenten Widerspruch: loyale Widerwilligkeit. Sozialistische Parolen und Versprechungen verstärkten — wie wir noch sehen werden — das vorhandene Utopiepotential der „antikapitalistischen Sehnsucht“. Bürckels „deutscher Sozialismus“ und sein Antikapitalismus, sein Einsatz für Lohnerhöhungen und seine Stellungnahme gegen die Sonntagsarbeit bildeten zumindest vor dem Krieg die Folie, vor der sich die Arbeiter seines Gaues motiviert und legitimiert fühlen konnten, eigene Forderungen zu stellen, gar in den Streik zu treten, selbst so mächtig wie Koelles Arbeiterriese zu sein. Zur Eindämmung und Bändigung dieses überschießenden Rests der NS-Propaganda, ihres Versprechens nach einem schönen und würdigeren Leben für die, die zur Volksgemeinschaft zählten, bedurfte es komplementär immer auch der Gewalt. Mit Propaganda allein waren auch längst nicht alle Saarländer für das Dritte Reich zu begeistern. Wo die Papierkugeln ihr Ziel verfehlten, wurde scharf geschossen.

V.
Der improvisierte Ausnahmezustand
Institutionen und Strukturen des regionalen Maßnahmenstaates

1. Die unendliche Geschichte der Mythologisierung des Terrors: Denkfiguren, Forschungsdefizite und Fragestellungen

„Wenn Heydrich auf dem Deutschen Polizeitag 1941 sagte: ‚Geheime Staatspolizei, Kriminalpolizei und Sicherheitsdienst sind umwoben vom raunenden und flüsternden Geheimnis des politischen Kriminalromans', so bezeichnet das die fast legendäre Atmosphäre, von der vor allem die Gestapo bis auf den heutigen Tag umgeben ist", stellte deren Verteidiger Dr. Merkel im Nürnberger Prozeß fest. „Es entsprach offenbar der Taktik Heydrichs, die Gestapo in der Meinung der Menschen im Inland und im Ausland als Instrument des Schreckens erscheinen zu lassen, Furcht und Grauen vor ihr zu verbreiten, um dadurch Furcht vor der Begehung staatsfeindlicher Umtriebe zu erzeugen".[1]

Vom propagandistischen Bluff zum demokratiestiftenden Konsens: Ein Mythos als Mehrzweckwaffe

In der Tat waren Heydrich, aber auch Himmler und Best nicht nur schreckliche Praktiker, sondern auch begabte Propagandisten des Terrors, und das Bild, das sie von den ihnen unterstehenden Institutionen des Maßnahmenstaates — des sich ausdehnenden rechtsfreien Raums der Repression — entwarfen, mochte in vielem eine Schimäre sein, aber es steuerte die Wirklichkeit, ja es schuf sogar eine Realität sui generis. Das von ihnen aufgebaute und vermittelte Image verschaffte insbesondere der Gestapo den Nimbus der Allwissenheit, verbreitete um sie die Aura mörderischer Effizienz, die einen nicht unbeträchtlichen, wenngleich fiktional erzeugten Anteil an ihrer Wirksamkeit ausmachte. Gegen Staatsfeinde sei jedes Mittel recht, versicherte etwa Alfred Schweder, einer der aufstrebenden jungen Juristen im Geheimen Staatspolizeiamt: „Ihnen arbeitet die politische Polizei nach großen Richtlinien mit dem Ziel vernichtender Schläge entgegen. Hier entscheiden erbitterte unterirdische Kämpfe, Minen und Gegenminen".[2] Obwohl Sätze dieser Art propagandistischer Anspruch waren und nicht unbedingt Wirklichkeit, vermittelten sie doch den Anschein der Allmacht. Wie sehr dadurch die Realität beeinflußt, ja verstellt wurde, zeigt das Beispiel Northeim: In dieser südniedersächsischen Kleinstadt gab es neben der regulären Polizei nur einen V-Mann des Sicherheitsdienstes, aber keinen einzigen Mitarbeiter der Gestapo. Dennoch: „The general feeling was that the Gestapo was everywhere", wie der amerikanische Historiker

William Sheridan Allen in seiner „klassischen" Lokalstudie über die NS-Machtübernahme in diesem Ort feststellte; „thus the Gestapo became extraordinarily efficient by reason of rumours and fears".[3] Die Mythologisierung der eigenen Existenz, das sorgsam inszenierte Bild einer allwissenden und allgegenwärtigen Geheimpolizei, die mit quasi traumwandlerischer Sicherheit die Gegner des Regimes aufspürte, war — wie wir sehen werden — lebensnotwendig für die Machthaber des Maßnahmenstaates, war für sie — salopp formuliert — bereits die halbe Miete.

Die gewissermaßen Schopenhauer'sche Sichtweise einer „Welt als Wille und Vorstellung" ließ den Widerstand keineswegs unbeeindruckt. „Furcht und Grauen" — real erlebt, aber auch propagandistisch erzeugt — vermengten sich dort zu genau jener Melange aus Legenden und Gerüchten, die Heydrich 1941 gemeint hatte. Allerdings mischten sich dabei zusätzlich eigene Projektionen, Deutungsmuster und Denkfiguren in die Perzeption ein, entfalteten dadurch eine potenzierende Wirkung, machten die vorhandene Chance selbstkritischer Reflexion zunichte und zelebrierten einen Akt der Exkulpation, der Selbstreinwaschung und der affirmativen Schuldzuweisung nach außen. Je mehr sich die Perspektiven des Widerstandes verdüsterten, die Chancen eines Umsturzes schwanden und die Stabilisierung des Regimes immer augenfälliger wurde, desto mehr machte man die Gestapo dafür verantwortlich, suchte die Gründe in einer vorgeblichen Perfektionierung ihrer Überwachungsmethoden, in einer zur Omnipotenz gesteigerten Effizienz ihres Apparates.

In den sozialdemokratischen *Deutschland-Berichten* etwa häuften sich seit 1935 die Horrormeldungen über die Gestapo: „Der Spitzeldienst ist unglaublich ausgebaut", hieß es dort im Sommer 1935; jeder Verhaftung ginge „eine längere Beobachtung und Bespitzelung des Verdächtigen" voraus.[4] Die Interpretation dieses Sachverhalts als Reaktion auf die angeblich wachsende NS-Immunität der Arbeiterschaft bot zunächst noch Trost: „Die Methoden der Bespitzelung sind umso mehr ausgebaut und verfeinert worden, je weniger die Bevölkerung bereit ist, freiwillig Spitzelarbeit zu leisten".[5] 1937 war auch dieser Grashalm der Hoffnung dürre geworden. Von der „Allgegenwart der Geheimpolizei" war jetzt die Rede: „Das ganze Waldenburger Revier wimmelt von Gestapoagenten", hieß es nunmehr und über die Stapo-Stelle Saarbrücken wurde die Fama verbreitet, „daß Gestapobeamte bis nach Metz und Straßburg in den Schnellzügen mitfahren, um die Fahrgäste beobachten zu können".[6] Ein Jahr später hatte der geheimpolizeiliche Voyeurismus im Bewußtsein der Illegalen vollends abstruse Formen angenommen: „Die Gestapo hat ihren Spitzeldienst so ausgebaut, daß sie heute auf die freiwilligen Denunziationen verzichten kann", hieß es jetzt. In Berlin sei „bekannt, daß die Gestapo eine Abteilung von mehreren tausend Beamten hat, die mit dem Fachausdruck ‚Eiserne Reserve' bezeichnet wird. Das sind Beamte, die unauffällig in den Mietskasernen wohnen und deren Funktion nur dem zuständigen Blockwart bekannt ist". Und aus Sachsen berichtete man in lapidarer Resignation: „Die Gestapo hat überall ihre Spitzel."[7] Es waren ausgesprochen paranoide Wahrnehmungsweisen, die mit der staatspolizeilichen Wirklichkeit kaum etwas gemein hatten, die zurückverwiesen auf die Verfasser dieser Berichte, mehr über sie aussagen als über den beschriebenen Gegenstand.

Sätze wie „Solange der Naziterror andauerte, stand ich unter ständiger Beobachtung der Gestapo“ gehören auch zum festen Kanon in den Wiedergutmachungsakten von Kommunisten.[8] Sieht man von denen ab, die damit ihre eigene Rolle im nachhinein aufzuwerten suchten, so blieb dieser Eindruck doch bei so vielen haften, daß er zur kollektiven Erinnerung des kommunistischen Widerstandes gezählt werden muß, ohne ihm deshalb bereits den Rang historischer Wahrheit beimessen zu wollen. Im Gegenteil: Diese retrospektiven Behauptungen widersprechen derart eklatant dem darzulegenden empirischen Befund, daß es sich im Regelfall um Akte interpretativer Selbstvergewisserung handeln dürfte. Die Erfahrung, daß die bislang als potentiell revolutionär eingeschätzte Arbeiterklasse nunmehr ein Heer von Denunzianten hervorbrachte, ließ sich nicht so einfach wegstecken. Sie traf ins Mark des Selbstverständnisses, drohte das eigene Weltbild zu zerstören. Als Verarbeitungsmechanismus bot sich eine Umdeutung an: Aus dem argwöhnischen Nachbarn, dem mißtrauischen Kollegen wurde der allgegenwärtige Gestapospitzel. Damit klafften Welt und Weltbild nicht mehr auseinander, ein Fall von kognitiver Dissonanz ließ sich so beheben. Ähnlich verfuhr die kommunistische Exilpresse: Da sie den Nationalsozialismus nicht als Massenbewegung, sondern als geschäftsführenden Ausschuß des Monopolkapitals ins Visier nahm, mußte sie die Zahl implantierter V-Leute über-, das Ausmaß proletarischer Kollaboration mit dem Regime unterschätzen. Für sie erschien es darum selbstverständlich, daß „als Bergarbeiter verkleidete Gestapoagenten“ an den Betriebsappellen teilnahmen und „Spitzel in die Betriebe (gesetzt wurden), um die Gespräche der Arbeiter zu überwachen“. Während der Volksfrontaufruf „Saarvolk höre!“ lapidar behauptete: „Dreitausend Gestapospitzel beschnüffeln Dich“, griff Philipp Daub, der einstige Polleiter der KPD im Saargebiet, jetzt im ZK für die Anleitung des Bezirks zuständig, noch tiefer in die Schublade der Phantasie. „3.000 Gestapo- und Polizeibeamte ungerechnet der Spitzel wachen über das Treiben der Bevölkerung“, schrieb er Anfang 1937 in seinen „Stimmungsbilder(n) von der Saar“.[9]

Der zunehmend paranoide Blick und die Mythologisierung des Terrors dürfen längst nicht nur als angstvoller Reflex auf die zunehmende Isolierung begriffen werden. Sie waren auch eine Art Tapetentür, um der wirklichen Konfrontation mit dem Scherbenhaufen der Arbeiterbewegung auszuweichen. Indem man die Gestapo mit übermenschlichen Kräften ausstattete, blieben die eigenen Projektionen und Politikmodelle unangetastet, entzog man sich so der überfälligen Debatte über deren Realitätsgehalt. Die Mythologisierung der Gestapo war damit auch ein mehr oder minder bewußter Selbstschutzmechanismus des Widerstandes, der den geringen Rückhalt im Volk überspielte und die fehlende Basis einer allmächtigen Geheimpolizei anlastete. Die eigene Machtlosigkeit ließ sich so durch den Terror des Gegners erklären, die Axiome der eigenen Weltdeutung brauchten nicht hinterfragt zu werden; man konnte klagen, ohne verzweifeln zu müssen. Die Mythologisierung des Staatsterrors besaß darum für die verfolgte Linke eine enorme Entlastungs- und Verdrängungsfunktion:[10] Mit ihr ließ sich nicht nur die epochale Niederlage der Arbeiterbewegung trefflich verdrängen, sie entlastete auch von der Aufarbeitung der eigenen Versäumnisse und Fehler, besonders von der Unfähigkeit, den Nationalsozialismus als eigenständige Massenbewegung zu begreifen, und sie entband davon, die Gründe für das Ausbleiben des Massenwiderstandes analysieren zu müssen.

Der Gestapo-Mythos, der die Ursachen für die staatspolizeilichen Erfolge völlig ausblendete und die Geschlossenheit und Effizienz des Regimes bisweilen grotesk überzeichnete,[11] ähnelte der Denkfigur der omnipotenten NS-Propaganda: Beides waren Topoi mit primär psycho-sozialer Funktion. Beide besaßen dieselbe logische Struktur; das Manipulations-Theorem basierte ebenso wie das Repressions-Theorem auf einer unterstellten Allmacht des NS-Regimes. Vor allem aber: Beide eigneten sich bestens für den demokratischen Neubeginn; mit Unterdrückten und Verführten konnte man mühelos wieder Staat machen.[12] Und nicht zuletzt: Mit diesen beiden Topoi ließ sich auch wieder Wissenschaft betreiben; überzeugend erklärten sie das Schicksal des deutschen Volkes, dessen verzweifelte Ohnmacht gegenüber der „nationalsozialistischen Gewaltherrschaft" und seinen „verbrecherischen Machthabern". Das Vokabular unzähliger Gedenkreden war hier vorprogrammiert.

Seit 1945 erlebte der Mythos der Gestapo-Allmacht einen Funktionswandel, vor allem aber eine rasante Verbreitung. Eine propagandistische Attitüde der Herrschenden von ehedem, die insbesondere vom linken Widerstand als Erklärungsmodell für seine zunehmende Isolation und Randständigkeit aufgegriffen worden war, wurde nunmehr mehrheitsfähiges Glaubensbekenntnis, mutierte zum demokratiestiftenden Konsens. Seitdem diente der Gestapo-Mythos der kollektiven politischen Entschuldung, legitimierte er opportunistisches Mitläufertum und schuldhafte Verstrickung. Galt das Dritte Reich nunmehr als Herrschaft einer kleinen verbrecherischen Clique über das eigene Volk, so traf dies demzufolge erst recht auf die Gestapo zu — beides mutatis mutandis in beiden deutschen Staaten. Gegen eine allmächtige, allgegenwärtige, allwissende Geheimpolizei ließ sich nun einmal kein Kampf führen. Eugen Kogons auflagenträchtiger „SS-Staat", 1947 erstmals erschienen, ohnehin mehr ein ad hoc verfaßter Augenzeugenbericht denn ausgereifte wissenschaftliche Analyse, lieferte dazu wider Willen die Argumente. Hand in Hand mit dieser institutionellen Eingrenzung der Verbrechen ging die Dämonisierung von Himmler, Heydrich und Kaltenbrunner, die als Halbgötter in schwarz Spitzenplätze in der Höllenhierarchie des Dritten Reiches belegten und gelegentlich sogar den „Führer" übertrumpften. Es war nicht das beste Stück aus dem „Vermächtnis" des Widerstandes, das damit zum staatstragenden Geschichtsbild avancierte.

Die manichäistischen Schwarz-Weiß-Klischees in diesem „düsteren Kolossalgemälde von Allmacht und Alleinherrschaft" der SS,[13] die gut und böse scheinbar messerscharf schieden und die Schuld akkurat abwälzten, bildeten die Komplementärlegende zur Mär vom Heer der verhinderten Widerstandskämpfer. Der Satz „Wir konnten ja doch nichts machen" schuf ein unumstößliches Alibi, das nahezu jedermann eine Umdeutung der eigenen Rolle erlaubte. Aus der Expost-Perspektive konnte man sich so zum heimlichen Gegner stilisieren, dem jedoch nichts anderes übrig geblieben sei, als die Faust in der Tasche zu ballen, konnte sich zumindest einfinden im immer größer werdenden Lager der stillen Opponenten und potentiell Unterdrückten. Diese Operation machte nicht nur den breiten Konsens mal zögernder, mal begeisterter Kollaboration vergessen, sie verursachte auch ein sprunghaftes Wachstum der Zahl der Opfer, während sich die der Täter damit drastisch reduzierte. Der Mythos terroristischer Allmacht gehörte zu den Gründungs-Fabeln der Nachkriegsdemokratie. Er schuf eine zählebige Legende, die gerade durch ihre Verzerrung der Geschichte geschichtsmächtig wurde, einen lagerübergreifenden Mythos, in dem sich Rechte und Linke, Nationalsozialisten und NS-Gegner, Täter und Opfer — ganz zu schweigen von den Mitläufern — wiederfinden konnten, der die Konfrontationslinien von einst verwischte und damit synthetisierend wirkte. „Die Vorstellung von der Übermächtigung durch die ‚Machthaber' prägte in eigentümlicher (und fataler) Gleichsinnigkeit die (Selbst-) Deutungen von Nazis wie von Antifaschisten", so jüngst Alf Lüdtke. „In grundsätzlich ähnlicher Form hat sie langfristig die Anstrengungen bestimmt, Rechtfertigungen für MittäterInnen zu liefern. Sie hat aber auch die Erkenntnis blockiert, daß die Befreiung vom Faschismus erst von außen kam".[14] Auch dieses geschichtsklitternde Exkulpationsmodell existierte in beiden deutschen Staaten.

Das Dogma der Allmacht: Ein grauer Fleck auf der historiographischen Landkarte

Die NS-Ära gilt allgemein als gut erforscht, die Literatur über sie füllt Bibliotheken und erschwert selbst dem Spezialisten den Überblick. Doch abgesehen von Fragen, die nie gestellt oder falsch beantwortet wurden, gibt es immer noch eine Fülle gewissermaßen grauer Flecken auf der historiographischen Landkarte. Zu diesem Sektor der unzureichend erforschten Bereiche gehören mit Sicherheit die Funktionsweise des Maßnahmenstaates, seine regionalen Ausformungen, vor allem seine reale Praxis jenseits propagandistischer Nebelwände.

Gestand Heydrich 1941 noch quasi augenzwinkernd Momente der Fiktion bei der Erzeugung von „Furcht und Grauen" ein, so nahm ihn die Wissenschaft nach 1945 unbedingt wörtlich. Daß der Gestapo-Mythos zunächst einmal Anspruch auf Realität war und noch nicht Realität selbst, daß er Programm war und keine Wirklichkeitsbeschreibung, wurde schlicht übersehen, die Differenz nie thematisiert. Statt dessen ging die durch den kalkulierten volkspädagogischen Bluff erzeugte Perspektive ungefiltert in die Literatur ein. Über Jahrzehnte hinweg nahm die NS-Forschung das für bare Münze, was die Propagandisten des Terrors selbst von sich behauptet hatten und zeichneten ein verklärendes Bild der Gestapo als effizient arbeitende, vollkommene, allgegenwärtige und allwissende Institution. Ihre Geschichte wurde überall als eindimensionale success story geschrieben, als die der Supermänner in schwarz, der James Bonds mit der SS-Rune.

Für Edward Crankshaw etwa war die Gestapo ein „highly professional corps",[15] Gerhard Schulz interpretierte sie 1962 als präzise funktionierendes Instrument der Überwachung, dem „kaum eine politisch bedeutsame Initiative gegen das nationalsozialistische Regime unbemerkt" geblieben sei,[16] und Friedrich Zipfel spekulierte darüber, daß es „als sicher an(zu)nehmen (sei), daß das Spitzelnetz sehr eng war und daß die Gestapo einen vorzüglichen Zubringerdienst hatte".[17] Insbesondere Jacques Delarues „Geschichte der Gestapo", immer noch als Standardwerk gehandelt, liest sich wie eine bestätigende Paraphrase zu Heydrichs eingangs zitierten Äußerungen:

„Noch nie, in keinem Land und zu keiner Zeit", heißt es dort einleitend, „hatte eine Organisation diese allumfassende und alles durchdringende Vollständigkeit erlangt, eine solche Macht besessen und an Wirksamkeit wie in der Erregung von Furcht und Grauen eine solche ‚Vollkommenheit' erreicht". Da die Gestapo „über Zehntausende aufmerksamer Ohren und Augen (verfügt habe), die die geringste Regung jedes Deutschen erlauschten und erspähten", stand für Delarue deren Allwissenheit ebenso außer Frage wie deren Allmacht. Er leitete sie schlichtweg und gradlinig aus der „Aufgabe der Gestapo" ab: „Um sie zu erfüllen, mußte sie allmächtig sein."[18] Auch so lassen sich Differenzen zwischen Idee und Wirklichkeit beheben.

All diesen Arbeiten war gemeinsam, daß ihre Einschätzungen in hohem Maße auf einem System spekulativer Unterstellungen basierten, kaum auf empirischen Studien. Die Beschreibung der Absichten ersetzte die Untersuchung von Prozessen und Wirkungen, die Perspektive auf Gestapa bzw. Reichssicherheitshauptamt verstellte den Blick auf die Wirklichkeit der einzelnen Stapo-Stellen. Sie orientierten sich nicht an der Praxis, sondern an der Proklamationsebene der Erlasse, an den hohen Postulaten der nationalsozialistischen Polizeistrategen, für die die Gestapo — so Heydrich — „die totale, ständige Erfassung aller Menschen des Reiches und die damit verbundene Möglichkeit einer ständigen Übersicht über die Situation der einzelnen Menschen" ermöglichen sollte.[19] Damit gewann die Intention nachträglich historiographische Realität, die Mythologisierung des Terrors hielt Einzug in die Wissenschaft. Diese fundamentale Unterlassung resultierte gewiß auch aus Quellennot, vor allem aber aus einer Denkblockade auf einem moralisch heiklen Feld. Die Frage nach der Effizienz des Maßnahmenstaates schien sich angesichts der gigantischen Zahl seiner Opfer von selbst zu verbieten, der dem Postulat der „Vergangenheitsbewältigung" immanente moralisierende Umgang mit Fakten und die Dominanz des Anklagebedürfnisses verschoben die Optik. Da moralische Empörung jedoch keinen Ersatz für die wissenschaftliche Durchdringung einer Materie zu bieten vermag, war das Resultat solcher Art von Analyse verheerend: Die Gestapo wurde in der Retrospektive ver-, statt entzaubert. Vor allem aber wurde sie aus der deutschen Gesellschaft gleichsam eskamotiert, als etwas ihr fremdes und äußerlich bleibendes begriffen, zur sozialen Exklave erklärt.[20] Dieser Akt der Separation und Polarisierung ließ allen manichäistischen Klischees freien Raum, bot den „erklärungsohnmächtigen Ausweg dämonologischer Deutung":[21] Die Gestapo erschien als Horde genialer Bestien, das deutsche Volk als Beute skrupelloser Verbrecher. Damit ließ sich's schmerzfrei leben.

Obwohl der Zivilisationsschock der NS-Verbrechen durch neue Gewalterfahrungen überlagert wurde, die Ära ihren Ausnahmecharakter zu verlieren beginnt und die Vorstellung krimineller Singularität an Plausibilität eingebüßt hat, ist das Dogma der Gestapo-Allmacht im geschichtlichen Gesamtbild der NS-Zeit immer noch ebenso präsent wie in den Schulbüchern und Medien. Die Tradition der leicht konsumierbaren Gestapo-Thriller reicht ungebrochen bis in die Gegenwart. Kann man die Einäugigkeiten und Fehler in Eugen Kogons „SS-Staat" aus heutiger Perspektive als zeitbedingt begreifen, da sie den Stand des Wissens unmittelbar nach 1945 repräsentierten, so kann diese Entschuldigung kaum noch für Arbeiten wie Jochen von Langs „Die Gestapo" oder Adolf Diamants Veröffentlichungen über die Stapo-Stellen Frankfurt und Leipzig gelten. Sie stricken einen Mythos fort und tragen unentwegt Eulen nach Athen, indem sie zum tausendsten Mal die Gestapo zur „verbrecherischen Organisation" erklären, jedoch keinen Gedanken darauf verschwenden, deren Arbeitsweise zu untersuchen. Statt dessen beschwören sie aufs neue die metaphysische Dimension einer „Allmacht der Gestapo" und deren Omnipotenz: „Die alles überwachende Gestapo behielt auch die bereits von Gerichten ‚rechtskräftig' verurteilten Personen im Auge und überwachte sie dauernd."[22] Damit verwechseln sie nicht nur Absicht und Wirklichkeit, sie liefern auch die spiegelbildliche Ergänzung zur NS-Propaganda, landen bei der bequemen apologetischen Formel von der Unmöglichkeit des Widerstands und erweisen ihren aufklärerisch gemeinten Intentionen einen Bärendienst, da am Ende der Lektüre nur resignatives Schulterzucken, aber keine Einsichten in die Funktionsweise der deutschen Diktatur stehen.

Dennoch wäre der Eindruck, als habe es in all den Jahren nur wissenschaftliche Stagnation gegeben, grundfalsch, obwohl sich keine der wichtigen Arbeiten zu dem beschriebenen Dogma der Allmacht vortastete: Hans Buchheims „klassische" SS-Studie beschrieb eindrucksvoll den organisatorischen und rechtlichen Prozeß der Verschmelzung von SS und Polizei, er umriß jedoch lediglich den Handlungsrahmen der Gestapo, nicht deren Tätigkeit selbst. Die von ihm herausgearbeiteten Trends der „Verreichlichung" und „Entstaatlichung" analysieren zwar die zentralen Kompetenzverschiebungen, nicht aber den faktischen Gebrauch dieser Macht und damit auch deren strukturelle Beschränkungen und reale Grenzen. Es waren zunächst einmal Chancen im Sinne Max Webers, deren Ausnützung zu untersuchen ist, die erst dann zu historischen Realkategorien werden. Aus der Aufgabenstellung der Gestapo kann jedoch keineswegs umstandslos deren reibungsloses, ja effizientes Funktionieren abgeleitet werden. Dieser grundsätzliche Einwand betrifft auch die übrigen zentralen Studien zu diesem Thema: Heinz Höhnes „Orden unter dem Totenkopf", in dem er als erster die Vorstellung vom monolithischen Führerstaat korrigierte und den Blick für den Herrschaftspluralismus, die polykratischen Dauerkonflikte und das System struktureller Selbstbehinderung öffnete, die Arbeiten von Shlomo Aronson, Christoph Graf und George C. Browder über die Anfänge der Gestapo, Johannes Tuchels und Reinold Schattenfrohs Untersuchung über deren Hauptquartier in der Prinz-Albrecht-Straße. Trotz ihrer durchweg hohen historiographischen Qualität lassen diese Studien etliche blinde Flecken: Sie bleiben der traditionellen Institutionengeschichte verhaftet, dringen nicht zur Analyse der Praxis, zur Wirkungsgeschichte vor und ignorieren damit die Beziehung und die Wechselwirkungen zwischen Politischer Polizei und Gesellschaft. Statt dessen isolieren sie die Gestapo aus dem sozialen Kontext der Verfolger und Verfolgten und übersehen damit die prozeßhafte Interdependenz zwischen Widerstand und Regime. Ihre Optik ist ausschließlich auf Gestapa bzw. Reichssicherheitshauptamt fixiert und erzeugt durch diese Adlerperspektive der Berliner Zentrale, die mit der staatspolizeilichen Realität vor Ort keineswegs identisch war, indirekt — und möglicherweise ungewollt — den mystifizierenden Eindruck von Allmacht.

Der Sockel der Verfolgungshierarchie hingegen — die Struktur der Stapo-Stellen, deren konkrete Tätigkeit, Probleme, Pannen und Erfolge — kam kaum einmal systematisch in den Blick. Selbst in der sechsbändigen Publikationsreihe „Bayern in der NS-Zeit“ des Instituts für Zeitgeschichte — in vielerlei Hinsicht zu Recht als bahnbrechende Studie gelobt — fehlt unverständlicherweise eine Monographie dazu, obwohl gerade dessen Direktor Martin Broszat programmatisch gefordert hatte, „die Wechselwirkung der Entfaltung des NS-Regimes und des Widerstands zum eigentlichen Thema zu machen“.[23] In aller Regel wurde die Beschäftigung mit der konkreten Gestapo-Praxis der Widerstandsforschung subsumiert, geriet gewissermaßen zum Nebenprodukt der zahlreichen Studien über widerständiges Verhalten in den einzelnen Städten und Regionen, wurde bestenfalls ein schmales Unterkapitel in den Monographien über Theorie und Praxis antifaschistischer Gruppen.

Mit Strukturanalysen der Stapo-Stellen und ihrer Arbeit hielt man sich dabei kaum lange auf, sondern kam schnell zur Sache. Fast überall übertrug man stillschweigend die dem Gestapa bzw. Reichssicherheitshauptamt unterstellte Effizienz auf deren Basisorganisationen und belegte sie selektiv mit Rückschlüssen aus den jeweiligen Prozeßakten, benutzte also die von Kogon und Delarue entwickelten Passepartouts der Allmacht, der Allgegenwart, der Allwissenheit und füllte sie mit lokalen bzw. regionalen Daten. Terror wurde damit zum Paßwort, zum missing link der meisten Analysen, das nahezu mühelos den ausbleibenden, verhinderten, zerschlagenen Widerstand erklärte. Gelegentlich wurde sogar die Grenze zum Fiktionalen, zum Genre des Kriminalromans überschritten: „Oftmals wartete bei der Rückkehr ins Saarland die Gestapo bereits an der Grenze“, heißt es etwa in einer regionalen Darstellung, die die Verhaftungswellen darauf zurückführt, daß „die Gestapo fast überall mit Spitzeln und V-Leuten präsent war“ und „die nicht emigrierten Funktionäre der Arbeiterbewegung ohne Zweifel ständiger Beobachtung der Gestapo unterlagen“.[24] Kein Wort davon stimmt. Auf diese Weise korrespondierten die verheerenden Selbsttäuschungen und politisch-theoretischen Defizite der historischen Arbeiterbewegung mit denen der Geschichtsschreibung. Ein hermetischer Interpretationskreislauf entstand, dessen Prämissen nicht mehr überprüft wurden, dessen Resultate vorher längst feststanden; in etlichen Studien gewinnt man den Eindruck, als seien lediglich Orts- und Personennamen ausgetauscht worden.

Aus der partiell richtigen Einsicht der einschüchternden Wirkung des Terrors wurde eine bequeme Weltformel, eine Knetmasse, die man zwischen alle Risse im empirischen Befund schmieren konnte. „Einer Krake mit unzähligen Fangarmen vergleichbar, war die Gestapo in nahezu jedem Bereich von Staat und Gesellschaft bedrohlich gegenwärtig“, befand etwa Jörg Kammler für die Stapo-Stelle Kassel, listete für Juni 1933 jedoch eine Personalstärke von gerade zehn Mitarbeitern auf, für Sommer 1935 eine von 24;[25] die Unzähligkeit der Krakenarme muß wohl in der nicht näher erörterten Zahl der Spitzel begründet gewesen sein — eine Art Diabolus ex machina bei der Analyse des Maßnahmenstaates, der auf einer Glaubenskonvention beruht und darum in aller Regel nicht einmal Belege benötigt,[26] aber immer wieder effektvoll vom Schnürboden der Geschichte herabgelassen werden kann, wenn Erklärungen gefragt sind. Das gigantischste Spagat zwischen empirischem Befund und vorgefertigtem Passepartout schaffte Reinhard Bein in seiner Studie über den

Braunschweiger Widerstand: Auf exakt zwei Seiten gelingt es ihm, einerseits viele der üblichen staatspolizeilichen Mängel präzise zu benennen: Geringe Personalausstattung und Qualifikation, Überlastung und bürokratische Routine, Unfähigkeit zu eigenen Recherchen. „Nicht Perfektion, Intelligenz und Effizienz kennzeichneten also die Arbeit der braunschweigischen Gestapo", so sein Fazit, „sondern Ineffizienz wegen mangelnder Qualifikation und Nacht- und Nebelaktionen, weil man weder zeitlich noch personell zu sorgfältigen Ermittlungen fähig war." Andererseits bringt er diesen Befund in geradezu tollkühner Logik mit dem Dogma der Omnipotenz in Übereinstimmung. „Die Allwissenheit der Gestapo hatte mit der Qualität ihrer Beamten wenig zu tun", erläutert er dem staunenden Leser, und setzt sein Zauberkunststück fort, indem er den Zufall zum Strukturprinzip erhebt und in den staatspolizeilichen Defiziten die eigentlichen Wurzeln der Omnipotenz entdeckt: „Gerade ihre Unzulänglichkeit und mangelnde Qualifikation machte sie so gefährlich: Beschränktheit ist bar jeder Logik und Berechenbarkeit, sie trifft die Opfer, welche das Risiko zu berechnen versuchen, meist gänzlich unvorbereitet."[27] Aber auch die „Plötzlichkeit" des Gestapo-Zugriffs erklärt keineswegs die angebliche „Allwissenheit"; bestenfalls wurden so wilde Sensenhiebe im Heuschober produziert, staatspolizeiliche Rundumschläge, die vielleicht beeindruckten, aber kaum Erkenntnisse brachten.

Dennoch waren es gerade einzelne Regional- und Lokalstudien, die eine neue Sichtweise der Gestapo-Realität anbahnten. Dort, wo die bisherige „summit view",[28] die Adlerperspektive der Berliner Zentrale, vorurteilsfrei verlassen wurde, wo Herrschaft und Widerstand im überschaubaren Rahmen in den Blick gerieten, wo Milieustrukturen des Widerstandes und die konkrete Tätigkeit der Verfolgungsinstanzen transparent wurden, begann auch der Mythos der allgegenwärtigen, effizienten Gestapo zu zerbröckeln. Dies setzte allerdings voraus, daß man auf dogmatische Scheuklappen verzichtete und den empirischen Befund nicht von vornherein ins Prokrustesbett der Omnipotenz-Deutung zu zwängen versuchte.

Es war der allzu früh verstorbene Detlev Peukert, der in seiner Studie über den Widerstand der KPD an Rhein und Ruhr erstmals auf die Ungereimtheiten im historiographischen Bild der Gestapo hinwies, deren strukturellen Schwächen beschrieb und nachwies, „daß die Erfolge von V-Leuten und Verhörpraktiken auch auf die spezifischen Milieubedingungen des kommunistischen Widerstandes zurückzuführen sind".[29] Weitere Lokaluntersuchungen konnten in der Folgezeit Peukerts These bestätigen und erweitern. „Keineswegs war die Gestapo eine widerspruchsfreie, perfekt funktionierende Verfolgungsmaschine, wie so oft angenommen wird", resümierten etwa Inge Marßolek und René Ott für Bremen. „Was sie allerdings bei all diesen systeminhärenten Reibungsverlusten ‚leistete', bleibt immer noch erschreckend genug."[30] Reinhard Mann, ebenfalls früh verstorben, konnte in seiner unvollendeten Studie über Düsseldorf erstmals mit quantitativen Methoden die überragende Bedeutung von Denunziationen für das staatspolizeiliche Handlungsrepertoire belegen.[31] Der amerikanische Historiker Robert Gellately kam für Würzburg zu demselben Ergebnis. Denunziationen, so sein Fazit, seien das „key link between the police and the people in Nazi Germany" gewesen und somit „one of the most important factors in making the terror system work". Die Kennzeichnung der Gestapo als Herrschaftsinstrument sei darum fragwürdig: „It was not simply a foreign apparatus imposed on Germans from the outside, and its success was largely dependent on the extent to which it attained cooperation from society at large."[32]

Paradigma und Perspektive
Fragestellungen in historisierender Absicht

Mit dieser Kritik des Forschungsstandes sind die eigenen Fragestellungen und Perspektiven bereits implizit benannt. Trotz der Berücksichtigung rechts- und organisationshistorischer Aspekte geht es nicht primär um Behördengeschichte, sondern um einen Perspektivenwechsel von der Institutionen- zur Wirkungsgeschichte des Maßnahmenstaates. Das angestrebte Ziel ist eine Sozialgeschichte des Terrors als integralem Bestandteil einer deutschen Gesellschaftsgeschichte der NS-Zeit, eine Untersuchung mit Blick auf die Interdependenz von Polizei und Gesellschaft unter den Bedingungen der Diktatur.

Diese Intention versucht in erster Linie den fälligen Paradigmenwechsel hin zu einer Sozialgeschichte des Widerstandes zu realisieren, die Dialektik von Widerstand und nationalsozialistischer Herrschaft zu ihrem Thema zu machen. Ihr Erkenntnisziel ist es — so Martin Broszat —, „die dem NS-Regime adäquaten gesellschaftlichen Bedingungen des Widerstandes, aber auch die gesellschaftlichen Gründe des Scheiterns des Widerstandes aufzuzeigen".[33] Die Analyse des regionalen Maßnahmenstaates verfolgt daher die Absicht, aus der Struktur und der Aktivität seiner Institutionen die Rahmen- und Handlungsbedingungen von Verweigerung und Widerstand genauer zu bestimmen und die realen Möglichkeiten und Freiräume widerständigen Verhaltens zu umreißen.[34]

In zweiter Linie geht es in dieser Konzeption um eine Entmythologisierung der NS-Herrschaftsinstitutionen, um eine Überprüfung historiographischer Legenden, vor allem des Dogmas der Allmacht, Allwissenheit und Allgegenwart der Gestapo. Es geht darum, die Lücke zwischen dem fundierten Wissen über deren Aufgaben und dem spekulationsträchtigen, wenig erforschten Feld ihrer realen Aktivitäten zu füllen, die Gestapo nicht als propagandistisch aufgewertetes Subjekt von „Furcht und Grauen" wahrzunehmen, sondern sie in ihrer Normalität, ihrer Routine zu beobachten, ihre Effizienz zu untersuchen. Die Verwendung des „kalten", gewissermaßen amoralischen Begriffs der Effizienz, der manchen befremden mag — für Eberhard Kolb etwa „ein schauderhaftes Wort in diesem Zusammenhang"[35] — bedarf der Erläuterung: Natürlich zielt er nicht auf eine Kosten-Nutzen-Bilanz des Terrors, will er nicht betriebswirtschaftlich Aufwand und Ertrag verrechnen und wertfrei eruieren, wie „gut" die Gestapo arbeitete. Vielmehr geht es darum, einen Maßstab zu gewinnen, um die realen Strukturen, Prozesse und Wirkungen staatspolizeilicher Gewalt analysieren zu können, ihre Potenzen auszuloten, die Spielräume ihres Handlungsrepertoires auszuleuchten, ihre gesellschaftliche Akzeptanz zu ermitteln und Rückschlüsse auf die Loyalitätsbasis des Regimes zu ziehen. Effizienz dient dabei als Parameter, um die empirisch feststellbare Realität am selbst gesetzten Anspruch zu messen.

Die folgende Analyse des regionalen Maßnahmenstaates konzentriert sich schwerpunktmäßig auf die Gestapo, sekundär auf das Verhältnis seiner übrigen Institutionen zu ihr. Dies erscheint gerechtfertigt durch deren Position als Zentralinstanz der organisierten außernormativen Gewalt, die nach und nach die reguläre Polizei instrumentalisierte, sich den Werkschutz einverleibte, den Sicherheitsdienst des Reichsführers SS ins Feld der Meinungsforschung abdrängte, durch die Schutzhaft ein von der Justiz unabhängiges System der Straf- bzw. Gesinnungsverfolgung entwickelte und Staatsanwaltschaften und Gerichte nur noch dann hinzuzog, wenn ihr an einem rechtsförmigen Verfahren gelegen war. In dieser perspektivischen Bezogenheit soll auch die Politische Justiz — ein Terminus, der bereits deren Zwitterexistenz reflektiert — behandelt werden, obwohl sie gewissermaßen nur mit einem Bein im Maßnahmenstaat stand, als Vertreterin normativer, allgemeingültiger Verfahrensregeln sogar dessen ideeller — nicht realer — Antipode war und trotz der erinnerungsmächtigen Auftritte eines Roland Freisler im Vergleich zur Gestapo eindeutig die zweite Geige spielte. Damit ist jener Raum umrissen, in dem die alten und neuen Ordnungsinstanzen zum wie auch immer legitimierten Vollzug schritten, dabei neue Binnen- und Außenrelationen herstellten und für den staatlich sanktionierten Terror jene gesellschaftliche Zustimmung und Zuarbeit suchten und fanden, ohne die der Maßnahmenstaat nicht funktionsfähig gewesen wäre.

Wer die fachinterne Diskussion der Zeitgeschichtsforschung verfolgt, wird in diesem Ansatz, der auf eine „Befreiung ... aus dem Zwangskorsett der Vorstellung von einer alles erfassenden Gewaltherrschaft“[36] zielt und sich gegen eine „Pauschalierung und Vergröberung“ wendet, die „die reale Geschichte dieser Zeit streckenweise in Fiktivität verwandelt“[37], unschwer die Forderung nach einer „Historisierung“ des Nationalsozialismus erkennen, die insbesondere Martin Broszat erhoben hat und damit auf vehemente Kritik gestoßen ist. Diese Position, die eine Beurteilung der NS-Zeit *nur* von ihrem Ende her ablehnt, für eine Anwendung der Methodik des distanzierenden Verstehens auch auf diese Ära plädiert und damit die „Herstellung größerer subjektiver Distanz zum Objekt der Analyse“ beinhaltet[38], versucht, die versteinerten Schwarz-Weiß-Stereotypien gerade auf diesem schwierigen Sektor deutscher Geschichte aufzulösen und durch differenziertere Interpretationen zu ersetzen, die der Komplexität des historischen Geschehens stärker Rechnung tragen.

Eine derartig „revisionistische“ Perspektive auf dem Feld der NS-Forschung, speziell des Maßnahmenstaates, die an den Dogmen bisheriger Deutung rüttelt und deren Denkfiguren hinterfragt, sieht sich schnell dem Vorwurf der „Verharmlosung“ oder gar der „Apologetik“ ausgesetzt. Daß solche quasi vor-wissenschaftlichen Absichten nicht die Intentionen des vorliegenden Ansatzes bestimmen, kann hier lediglich behauptet werden. Die Erwünschtheit bestimmter Resultate und ihrer möglichen Folgewirkungen ist indes kein Kriterium für die Richtigkeit einer wissenschaftlichen These, die Morgenstern'sche Devise „Daß nicht sein kann, was nicht sein darf“ nicht unbedingt die Leitmaxime historischer Forschung. Auch wer in diesem Ansatz „gefährliche Tendenzen“ wittert, sollte die Geduld aufbringen, den Prozeß der historischen Rekonstruktion und Interpretation zu verfolgen und ihn dann auf seine empirische Evidenz und logische Stringenz überprüfen. Er wird feststellen müssen, daß der Nationalsozialismus „in ‚historisierender‘ Perspektive noch erschreckender (ist) als in totalitarismus-theoretischer Verkürzung", wie der Marburger Historiker Gunther Mai treffend bemerkte.[39]

2. Allmächtig, allwissend, allgegenwärtig? Die Staatspolizeistelle Saarbrücken

Der Blick über die Grenze: Die Vorgeschichte 1933–1935

Die 1933 entstandenen Staatspolizeistellen trugen zwar bis 1936 noch die unterschiedlichsten Bezeichnungen, erfüllten jedoch alle dieselbe Funktion einer Politischen Polizei im sich etablierenden NS-Regime und wurden sukzessive im Geheimen Staatspolizeiamt, dem Gestapa, koordiniert. Im Gegensatz dazu nahm die Stapo-Stelle Saarbrücken erst am 1. März 1935 mit der Angliederung des Saargebietes an das Deutsche Reich ihre Arbeit auf. Allerdings bedeutete dies keineswegs, daß das Saargebiet in den beiden Jahren zuvor kein Objekt nachrichtendienstlicher Begierde gewesen wäre. Im Gegenteil: Gerade weil das bisherige Völkerbundsländchen durch ein Referendum erst „heimgeholt" werden mußte, avancierte es zum Tummelplatz der Ausspähung und Infiltration. Diese Vorgeschichte, die im wesentlichen von Trier und Berlin aus gestaltet wurde, stellte die Weichen für die Tätigkeit der späteren Stapo-Stelle Saarbrücken. Zuvor allerdings sollen die Grundlagen der Geheimen Staatspolizei, ihre Einbindung in das Herrschaftsgefüge des Dritten Reiches und ihre immanenten Entwicklungstendenzen bis 1936 knapp skizziert werden, um eine historische Einordnung zu ermöglichen.

Rechtliche und institutionelle Voraussetzungen, Vollmachten und Weichenstellungen

„Souverän ist, wer über den Ausnahmezustand entscheidet":[1] Nimmt man Carl Schmitts berühmt-berüchtigtes Diktum zum Maßstab, dann waren es Hindenburg, Hitler, Frick und Gürtner, die Vertreter des neuen Machtkartells aus alten Eliten und nationalsozialistischer Massenbewegung, die am Morgen nach dem Reichstagsbrand die „Verordnung zum Schutz von Volk und Staat" unterzeichneten, sich darin für den zivilen, gegen den militärischen Ausnahmezustand entschieden und damit die Reichsregierung, nicht die Reichswehr mit diktatorischen Vollmachten ausstatteten. Damit hoben sie zentrale Freiheitsgarantien der Weimarer Verfassung auf, beseitigten Sicherungen gegen willkürliche Haft und Haussuchung, ordneten Beschränkungen des Rechts der freien Meinungsäußerung, der Presse-, Vereins- und Versammlungsfreiheit an und ermöglichten polizeiliche Eingriffe in das Brief-, Post-, Telegraphen- und Fernsprechgeheimnis; all dies wurde „auch außerhalb der sonst hierfür bestimmten gesetzlichen Grenzen (für) zulässig" erklärt.[2] Als sich der Reichstag durch das Ermächtigungsgesetz am 24. März 1933 selbst entmachtete und damit auch die parlamentarische Kontrollinstanz beseitigte, war der permanente Belagerungszustand, der bis 1945 in Kraft bleiben sollte, perfekt; aus der kommissarischen war eine souveräne Diktatur geworden.

Spätestens seit diesem Zeitpunkt bildete die Reichstagsbrandverordnung die eigentliche „Verfassungsurkunde" des Dritten Reiches, indem sie — wie Ernst Fraenkel schrieb — den „politischen Sektor des deutschen öffentlichen Lebens der Herrschaft des Rechts" entzog, ein „rechtliches Vakuum" konstituierte, der normlosen Entscheidung und damit unbeschränkter Willkür Tür und Tor öffnete.[3] Durch diesen Akt, der staatliches Handeln von seiner Bindung an Gesetze und Gerichtsentscheidungen tendenziell emanzipierte und lediglich am Kriterium der Zweckmäßigkeit orientierte, verlor es zunehmend seine Berechenbarkeit. Da auf die Dauer weder abstrakte allgemeine Gesetze noch ein rationaler bürokratischer Betrieb partikulare Vereinbarungen stiften und eine Integration der konfligierenden Interessen bewirken konnten, blieb nur noch die charismatische Führergewalt als Koordinationsstelle politisch-gesellschaftlichen Handelns übrig.[4] Damit wurde die Maßnahme, die Einzelfallentscheidung nach Lage der Dinge — Carl Schmitts geheiligte „Clausula rebus sic stantibus" — zur „normenbeseitigenden Norm" in immer weiteren Bereichen.[5] Durch die Geburt des Maßnahmenstaates schlug die Reichstagsbrandverordnung — so Hans Buchheim — „die erste Bresche für den Einbruch der Führergewalt in die Staatlichkeit", da sie Hitler eine Waffe in die Hand gab, mit der er „die nach wie vor nach dem Prinzip der Gesetzmäßigkeit tätige Staatsverwaltung ausschalten und seinen Willen mit gesetzlich nicht gedeckten, durch die staatlichen Gerichte nicht kontrollierbaren Maßnahmen durchsetzen konnte".[6] Faktisch war dem außernormativen Anspruch der Führergewalt damit überdies die Kompetenzkompetenz verliehen worden, da die Entscheidung, welche gesellschaftlichen Sektoren „durch polizeiliche oder Verwaltungsmaßnahmen ihrer rechtlichen Sicherungen ganz oder teilweise zu entkleiden waren", numehr seinem Gutdünken unterlag.[7]

Während dieser auf die Reichstagsbrandverordnung gestützte Prozeß der normativen Entgrenzung mit zunehmender Machtkonsolidierung fortschritt und in vielen Bereichen zunächst ein seltsames Nebeneinander aus hergebrachtem Normen- und neuem Maßnahmenstaat schuf, bildete die Exemtion der Machthaber vom Recht von vornherein die Basis der Konzentrationslager und der Gestapo. Die Dispensierung ihrer Tätigkeit von den Normen des Polizeirechts und die Suspendierung der Grundrechte waren — sieht man von einigen justiziellen Rückzugsscharmützeln ab — von Anfang an deren Geschäftsgrundlage, die Schutzhaft war ihr institutionelles Kind. Da man sie als „vorbeugende" Polizeimaßnahme zur Abwehr drohender Gefahren und nicht als Ahndung strafbarer Handlungen deklarierte, war richterlicher Überprüfung per definitionem der Boden entzogen.[8] Auf diesem Sektor siegte die Maßnahme bereits 1933 über die Norm. Die Stunde der Exekutive hatte geschlagen; ihr Verhältnis zur Judikative ähnelte von nun an dem zwischen Hase und Igel im Märchen der Gebrüder Grimm.

In der Weimarer Republik waren die Aufgaben der Politischen Polizei durch die I A-Abteilungen der jeweiligen Polizeipräsidien erfüllt worden, die den Regierungspräsidenten unterstanden. Obwohl die Polizei Sache der Länder gewesen war, hatte sich die Abteilung I A des Berliner Präsidiums de facto, nicht de jure zur zentralen politisch-polizeilichen Nachrichtensammelstelle für das Reich entwickelt.[9] Unter ihrem neuen Leiter, dem Oberregierungsrat Rudolf Diels, wurde sie unmittelbar nach dem 30. Januar 1933 zum Kristallisationspunkt einer neuen Politischen Polizei, die nicht mehr defensives Staatsschutzorgan war, sondern „offensives Instrument der Führergewalt gegen alles, was dem Führerwillen nicht konform war und die Verwirklichung des totalitären Verfügungsanspruchs gefährden könnte".[10] Das „Gesetz über die Errichtung eines Geheimen Staatspolizeiamtes" vom 26. April 1933 gab der bisherigen Abteilung I A den Rang einer eigenständigen Landespolizeibehörde, die unmittelbar dem preußischen Innenminister unterstand, im Rahmen der Aufgaben der Politischen Polizei „neben den oder an Stelle der ordentlichen Polizeibehörden" tätig werden konnte und „alle Polizeibehörden um polizeiliche Maßnahmen ersuchen" durfte.[11] Die Ausführungsverordnungen vom selben Tag verfügten außerdem die Bildung von Staatspolizeistellen in jedem Regierungsbezirk, die als Hilfsorgane des Gestapa fungieren sollten, jedoch dem jeweiligen Regierungspräsidenten unterstellt blieben;[12] in der Praxis bedeutete dies, daß die bereits vorhandenen Politischen Abteilungen der Polizeiverwaltungen diese nachgeordnete Exekutive wahrnahmen, faktisch also umbenannt wurden.[13] Auf die institutionelle Trennung vom Berliner Polizeipräsidium folgte wenige Tage später die räumliche: Anfang Mai bezog das neue Gestapa die ehemalige Kunstgewerbeschule in der Prinz-Albrecht-Straße 8.[14]

Damit war eine neue Sonderbehörde entstanden, die sich zum Staat im Staat entwickeln sollte. Das zweite Gestapo-Gesetz vom 30. November 1933 setzte diesen Prozeß der sukzessiven Herauslösung der Politischen Polizei fort, indem es sie aus dem Ressort des Innenministeriums ausgliederte und zum „selbständigen Zweig der inneren Verwaltung" erklärte, sie Göring als preußischem Ministerpräsidenten unmittelbar unterstellte und einen „Inspekteur der Geheimen Staatspolizei" mit der Wahrnehmung der Geschäfte beauftragte. Gleichzeitig wurden die Landes-, Kreis- und Ortspolizeibehörden angewiesen, in Angelegenheiten der Politischen Polizei den Weisungen des Gestapa „Folge zu leisten". Die Stapo-Stellen blieben zwar den Regierungspräsidenten unterstellt, als Leiter des Gestapa erhielt der Inspekteur jedoch die Befugnis zur Oberaufsicht, faktisch also ein Weisungsrecht.[15] Ein Runderlaß vom 8. März 1934, der die Stapo-Stellen verpflichtete, „den Wünschen der Regierungspräsidenten zu entsprechen, soweit nicht Weisungen und Richtlinien des Geheimen Staatspolizeiamtes entgegenstehen", machte die Gemengelage der Kompetenzen, die für die nächsten Jahre charakteristisch bleiben sollte, perfekt.[16]

Nur auf den ersten Blick entbehrten diese Festlegungen jeder Logik. Einerseits brachen sie die Gestapo aus dem Verwaltungsgefüge heraus und schufen so eine wesentliche Voraussetzung ihrer Entstaatlichung; andererseits verselbständigte sie sich damit tendenziell auch gegenüber den regionalen Macht- und Würdenträgern der NSDAP, insbesondere den Gauleitern, die im Zuge der Gleichschaltung meist die staatlichen Ämter der Oberpräsidenten bzw. der Reichsstatthalter in den außerpreußischen Ländern okkupiert hatten. Damit waren wesentliche Strukturen der Gestapo geschaffen: Herauslösung aus der inneren Verwaltung, persönliche Unterstellung unter einen Potentaten, Unabhängigkeit von Staat und Partei. Die Konstruktion hatte nur einen Schönheitsfehler: Sie beschränkte sich zwangsläufig auf Preußen und war damit ein föderatives Relikt, das einer Zentralisierung der Staatsgewalt im Wege stand.

Während Diels im Auftrag Görings die preußische Gestapo aufbaute, wurde der Prozeß zur Schaffung einer Geheimen Reichspolizei von anderer Seite mit Riesenschritten vorangetrieben, ohne die zunächst noch bestehenden Länderzuständigkeiten formal anzutasten. Ausgangspunkt dieser Entwicklung war Bayern: Heinrich Himmler, Reichsführer der noch relativ unbedeutenden SS, und sein Adlatus Reinhard Heydrich, Leiter des SS-internen Sicherheitsdienstes,[17] die bei der „Machtergreifung" mit den Posten eines Polizeipräsidenten bzw. eines Referenten der Politischen Polizei von München abgespeist worden waren, nutzten diese Positionen zu einer Machtexpansion großen Stils. Im März 1933 wurde Himmler die Bayerische Politische Polizei unterstellt, seit Oktober beriefen ihn nach und nach auch die nichtbayerischen Länder zum Kommandeur ihrer Politischen Polizei. Im Februar 1934 saß Himmler fast überall im Chefsessel, lediglich Schaumburg-Lippe und Preußen fehlten noch in der Sammlung. Verantwortlich für die rasante Anhäufung von Befehlsbefugnissen waren höchst unterschiedliche Interessen: Hitler, Himmlers Förderer bei dieser Ämterhäufung, sah darin ein wirksames Pendant zur Hausmachtbildung der verschiedenen „Gaufürsten" und zum befürchteten Zerfall Deutschlands in diverse Privatdomänen. Reichsinnenminister Frick erschien dieser Weg einer Zentralisierung durch die Hintertür als praktikabler Vorgriff auf die geplante Reichsreform. Den einzelnen Staatsministerien wiederum imponierte Himmlers rigoroses Vorgehen gegen „Staatsfeinde" in Bayern und dessen Dachauer KZ-Modell. Durch einen Deal mit Göring im Vorfeld der nationalsozialistischen Bartholomäusnacht am 30. Juni 1934 fiel ihm auch Preußen in den Schoß: Himmler sicherte Göring die Unterstützung seiner SS bei der blutigen Abrechnung mit der SA-Führung zu; im Gegenzug erhielt er die Politische Polizei in Preußen.[18]

Am 20. April 1934 übernahm Himmler als „Stellvertretender Chef und Inspekteur" die preußische Gestapo, zwei Tage später ernannte er Heydrich zum Chef des Gestapa in Berlin. Formal blieb Göring ihr Vorgesetzter, in der Praxis aber nahm sich Himmler unbeschränkte Vollmachten heraus. Sieben Monate später gab Göring den Kampf um die Politische Polizei endgültig verloren. Am 20. November 1934 teilte er in einem Runderlaß mit, daß Himmler die Geschäfte der Gestapo „nunmehr unter alleiniger Verantwortung mir gegenüber führen" werde.[19] Da ihm auch Schaumburg-Lippe mittlerweile das Kommando übertragen hatte, war Himmler damit de facto Chef der gesamten Politischen Polizei in Deutschland. Obwohl dies noch auf jeweiligem Landesrecht beruhte und nur durch die Personalunion in der Führungsspitze verklammert wurde, entwickelte sich die Prinz-Albrecht-Straße immer mehr zur antizipierten Leitstelle einer reichsweiten Gestapo, in der Himmler seine Länderkompetenzen zu einer faktischen Reichskompetenz bündelte. Wichtigste Koordinationsinstanz bei diesem „Prozeß der praktischen Vereinheitlichung und schrittweisen zentralen Institutionalisierung"[20] wurde das am 2. Mai 1934 geschaffene „Zentralbüro des Politischen Polizeikommandeurs der Länder".[21]

Der allmählichen Herauslösung der Politischen Polizei aus der inneren Verwaltung und der beginnenden Zentralisierung korrespondierte die sanktionierte

Entlassung aus der Bindung an die Gesetze. Am 2. Mai 1935 entschied das Preußische Oberverwaltungsgericht, daß die Gestapo nicht der ordentlichen Gerichtsbarkeit unterstehe. Da sie eine „Sonderpolizeibehörde" sei, deren Aktionen politischen Charakter trügen, dürften ihre Anordnungen nicht im Hinblick auf ihre Rechtmäßigkeit nachgeprüft werden; gegen einen Schutzhaftbefehl sei darum kein gerichtlicher Einspruch möglich. Damit war nur noch das Rechtsmittel einer Dienstaufsichtsbeschwerde beim Chef der Gestapo zulässig, Himmler also zum Richter in eigener Sache ernannt.[22] Die Aufhebung verfassungs- und polizeirechtlicher Schranken und die Zuerkennung eines außernormativen Charakters wurden ergänzt durch einen institutionellen Rollentausch: Im Bereich der Strafverfolgung war die Staatsanwaltschaft bislang Herrin des Ermittlungsverfahrens gewesen, wobei die Polizeiressorts als deren Hilfsbeamten fungiert hatten. Da die Gestapo dieses Weisungs- und Informationsrecht schlicht negierte, schüttelte sie diese Rollenzuweisung de facto ab und verselbständigte sich auch gegenüber der Staatsanwaltschaft, die zwar formal das Anklagemonopol behielt, faktisch jedoch nur noch von den „Brosamen" der Politischen Polizei lebte, da ihre Ermittlungsergebnisse lediglich dann vorgelegt wurden, wenn der Gestapo eine justizmäßige Behandlung wünschenswert erschien.[23]

Das dritte und letzte Gestapo-Gesetz für Preußen erteilte Himmlers Politischer Polizei am 10. Februar 1936 in einer bewußt schwammigen Generalklausel die Aufgabe, „alle staatsgefährlichen Bestrebungen . . . zu erforschen und zu bekämpfen", schrieb ansonsten aber den bisherigen Rechtszustand fest.[24] Waren dort noch die einzelnen Stapo-Stellen „gleichzeitig den zuständigen Regierungspräsidenten unterstellt" worden, so rückte eine Dienstanweisung Görings vom 29. Februar 1936 die Grenzen dieser Weisungsbefugnis zurecht: Demnach mußten die Leiter der Stapo-Stellen Anordnungen der Regierungspräsidenten verweigern, sofern sie Weisungen des Gestapa zuwiderliefen; bestanden sie jedoch darauf, so hatten sie zuvor die Zustimmung der Prinz-Albrecht-Straße einzuholen.[25] Damit besaß das Gestapa das Entscheidungsrecht über einzelne Weisungen der Regierungspräsidenten; seine Stapo-Stellen entwickelten sich nunmehr endgültig zu Nebenregierungen, die von Berlin aus gelenkt wurden und für eigenständige „Gaufürsten" vom Schlage Bürckels erhebliche Stolpersteine bilden sollten.

Noch bedeutsamer war Hitlers Erlaß vom 17. Juni 1936, in dem er Himmler die gesamte deutsche Polizei unterstellte und ihm die Dienstbezeichnung „Der Reichsführer SS und Chef der Deutschen Polizei im Reichsministerium des Innern" verlieh. Himmler wurde Frick zwar „persönlich und unmittelbar unterstellt", da die Frage des Weisungsrechts jedoch unbeantwortet blieb, lief die Konstruktion auf eine De-facto-Unabhängigkeit hinaus — ähnlich der bisherigen Konstellation Himmler-Göring. Dieser Erlaß löste tendenziell sämtliche Sparten der Vollzugs- und Verwaltungspolizei aus ihrer Einbindung in die innere Verwaltung, zudem erweiterte er Himmlers bisherigen Machtkomplex aus SS, SD und Gestapo um beträchtliche Ressourcen und machte ihn damit zur stärksten innenpolitischen Kraft.[26] Am 26. Juni 1936 wurden die Zuständigkeiten im neuen Geschäftsbereich abgesteckt: In einem Hauptamt Ordnungspolizei unter SS-Obergruppenführer Kurt Daluege wurden Gendarmerie, Schutz- und Gemeindepolizei zusammengefaßt, ein Hauptamt Sicherheitspolizei unter Heydrich vereinte Gestapo und Kriminalpolizei.

Ein Runderlaß vom 20. September 1936 besorgte den kabarettreifen Abschluß der Zentralisierung der Politischen Polizei: Himmler unterstellte die Gestapo-Chefs der Länder — also Himmler — dem Berliner Gestapa — also ebenfalls Himmler.[27] Seit dem 1. Oktober 1936 führten alle Politischen Polizeien im Reich die einheitliche Bezeichnung Geheime Staatspolizei, die ihnen nachgeordneten Organe die einer Staatspolizei- bzw. Stapo-Leitstelle. Seitdem wurde auch die materiell-rechtliche Basis der preußischen Gestapo, vor allem der Ausschluß von Rechtsmitteln, endgültig reichseinheitliche Praxis. In weniger als vier Jahren war damit ein Prozeß zum Abschluß gekommen, der durch zwei sich begrifflich scheinbar widersprechende und doch komplettierende Entwicklungen gekennzeichnet war: Zum einen die „Verreichlichung" der gesamten Polizei im Sinne einer umfassenden Zentralisierung in der Hand Himmlers, zum anderen die „Entstaatlichung" im Sinne einer Verklammerung mit der Parteiformation SS, einer Entmachtung des Reichsinnenministeriums als letzter Aufsichtsbehörde und einer Entbindung des polizeilichen Handelns aus Gesetz und richterlicher Nachprüfung.[28]

Der „Führerwille" galt seitdem als oberste Autorität. Himmler nutzte seinen Immediatzugang zu Hitler permanent, um dort seine Wünsche vorzutragen, sich häufig bewußt vage formulierte Vollmachten erteilen zu lassen, sie in der Praxis möglichst extensiv zu nutzen, die zwangsläufigen Konflikte im organisationsdarwinistischen Dschungel der Kompetenzenvielfalt auszureizen und im Zweifelsfall wieder Rückendeckung bei Hitler zu suchen.[29] Diese Praxis der nach Landsknechtsmanier ausgefochtenen „nationalsozialistischen Kampfspiele"[30] und die zunehmende (Selbst-)Entmündigung der Staatsbehörden, insbesondere der Justiz, zugunsten der Ausnahmegewalten des „Dritten Reiches" machten Himmler zum Herrscher über einen eigenen rechtsfreien Machtbereich, der sowohl gegenüber den Bürgern als auch gegenüber den übrigen Staatsgewalten an keinerlei Kompetenzgrenzen mehr gebunden war, der Polizei und SS tendenziell zum Ermittler, Kläger, Richter und Vollstrecker in einem machte. Lediglich die Wehrmacht bildete bis tief in den Krieg hinein eine Enklave mit unsichtbaren Mauern, die weder Gestapo noch SD übersteigen durften.

Die Organisation der Saaraktivitäten durch Gestapa und Stapo-Stelle Trier

Diese Prozesse befanden sich allerdings noch in den Anfängen, als das bevorstehende Referendum im Saargebiet die Effizienz der neuen Politischen Polizei auf die Probe stellte. Für die Gestapo bedeutete der Abstimmungskampf der Jahre 1933—1935 nicht nur eine Herausforderung zum Nachweis ihrer Existenzberechtigung, für sie war er vor allem eine nachrichtendienstliche Aufholjagd, um ihre politisch-polizeilichen Defizite an der Saar beschleunigt zu beheben. Denn das Völkerbundsländchen war zwar ein Staat mit gläsernen Schreibtischen gewesen, in dem es keine Staatsgeheimnisse gab, da die Beamtenschaft fast sämtlicher Etagen alles Erwähnenswerte nach Berlin gemeldet hatte, doch diese vertraulichen Berichte waren im Saarreferat des Auswärtigen Amtes zusammengelaufen, blieben bezüglich der nunmehr regimefeindlichen Parteien relativ unspezifisch und erreichten keinesfalls die Qualität von Dossiers der Politischen Polizei.[31] Daneben hatte die Bonner Abwicklungsstelle der Bergwerksdirektion die Mitglieder des Saarbundes und anderer „separatistischer“ Organisationen registriert, um sie nach der Rückgliederung zu entlassen; die Namen waren ihr von dem Christlichen Gewerkschaftssekretär Johann Kratz zugespielt worden.[32]

Von der Politischen Polizei Preußens hingegen war das Saargebiet bislang nahezu als Ausland behandelt worden. Beim Koblenzer Oberpräsidenten, der zentralen Nachrichtensammelstelle der Rheinprovinz, wurden zwar spätestens seit 1932 ebenfalls die Bezieher „separatistischer“ Zeitungen im Saargebiet erfaßt,[33] über Saar-SPD und -KPD fehlte jedoch jegliche Berichterstattung. Bezüglich der SPD ist dies leicht einsichtig, da der preußische Innenminister Heine 1919 die Vernichtung aller Akten über Sozialdemokraten angeordnet und die Führung weiterer Dossiers verboten hatte;[34] bei dieser Praxis war es in der gesamten Zeit der Weimarer Republik geblieben. Unverständlicher ist dies im Fall der KPD, die im Reich von Anfang an ein Observationsobjekt der Politischen Polizei gewesen war und seit 1932 sogar forciert ausgespäht wurde. Während die Gestapo damit in diesem Sektor auf einen angesammelten Fundus an Berichten und Personaldaten von teilweise erheblicher Qualität, aber auch auf gewachsene Spitzel-Verbindungen zurückgreifen konnte,[35] entfiel dieser Informationssockel für das Saargebiet vollständig. Das Faktum läßt sich zwar beschreiben, aber nicht eindeutig auf seine Ursachen zurückführen: Es mag sein, daß die Politische Polizei Preußens das Saargebiet bis 1933 — im Gegensatz zum Auswärtigen Amt — wirklich als fremdes Territorium betrachtete, es mag sein, daß sie bei eigenständigen Ermittlungen Verwicklungen mit dem Völkerbund als Mandatsträger befürchtete, es mag auch schlicht sein, daß sie zu derartigen Recherchen überhaupt nicht in der Lage gewesen war, da der angrenzende Regierungsbezirk Trier über keine eigene staatliche Polizeiverwaltung verfügt hatte und die Aufgaben der Politischen Polizei dort bis 1933 durch die Abteilung I A des Kölner Polizeipräsidiums wahrgenommen worden waren.[36]

Lediglich von bayerischer Seite waren vor 1933 entsprechende Verbindungen ins Saargebiet geknüpft worden. Regierungsrat Binder, der in der pfälzischen Bezirksamtsaußenstelle Waldmohr residierende Saarvertrauensmann der Münchener Regierung, verfügte über beste Kontakte zu den Polizeidienststellen im saarpfälzischen Raum und damit über recht gute Informationen politisch-polizeilicher Natur.[37] Ansonsten aber begann die Ermittlung gegen die relevanten Gegnergruppen im Gegensatz zu Deutschland hier erst nach dem 30. Januar 1933. Für die Gestapo war das Saargebiet damit noch weitgehende terra incognita, eine Region, in der kaum auf vorhandene Dateien zurückgegriffen werden konnte, wo die behauptete Schlagkraft erst noch zu beweisen war.

Zentrum dieser nachrichtendienstlichen Aktivität wurde die Stapo-Stelle Trier, die Anfang Mai 1933 ihre Tätigkeit aufnahm. Da dort keine I A-Abteilung vorhanden war, mußte sie sich vollständig aus auswärtigen Kriminalbeamten rekrutieren.[38] Lediglich ihr Leiter Wilhelm Mäurer, ein ehemaliges Zentrumsmitglied, der am 1. Mai 1933 der NSDAP beigetreten war, brachte Ortskenntnisse mit; seit 1929 hatte er als politischer Dezernent des Regierungspräsidenten fungiert.[39] Im Gestapa selbst gehörte das Saargebiet zunächst zum Dezernat VI, besaß dort jedoch noch keinerlei Priorität. Erst die Umorganisation um die Jahreswende 1933/34 signalisiert eine deutliche Aufwertung der Saarfrage: Mäurer übernahm dort nunmehr das für Grenzland und Emigranten zuständige neue Dezernat II F. Daneben wurde ein spezielles Saarreferat II F S geschaffen;[40] als Leiter berief man den Saarbrücker Landgerichtsrat Hans Thees, einen Vertrauten des NSDAP-Gauleiters Spaniol.[41] Auch Mäurers Nachfolger an der Spitze der Stapo-Stelle Trier kam aus der saarländischen Justiz: Heinrich Welsch, 1888 in Saarlouis geboren, seit 1921 Staatsanwalt in Saarbrücken. Allerdings blieb diese personelle Konstellation, die eine Gewähr für enge Beziehungen zum Saargebiet zu bieten schien, nicht von allzu langer Dauer. Mäurer und Thees wurden Ende April 1934 im Zuge von Himmlers Machtübernahme aus dem Gestapa verdrängt,[42] Welsch hingegen blieb bis zum 30. Januar 1935 auf seinem Trierer Posten und machte danach eine erstaunliche Karriere. Im März 1935 wurde er deutscher Staatsvertreter beim Obersten Abstimmungsgerichtshof in Saarbrücken, 1936 Generalstaatsanwalt in Zweibrücken. 1938 ging er mit Bürckel nach Österreich, seit 1940 leitete er die deutsche Justizverwaltung in Lothringen. Gleichwohl wurde er 1947 von der Saarbrücker Spruchkammer als „entlastet" erklärt, rückte erneut in führende Verwaltungspositionen auf und fungierte im Anschluß an das Referendum vom 23. Oktober 1955 sogar für einige Monate als Ministerpräsident einer saarländischen Übergangsregierung.[43]

Da „bis zur Errichtung der Stapo Saarbrücken die Arbeit der Staatspolizeistelle Trier fast ausschließlich der Betreuung des Saarlandes gewidmet werden mußte", wie man 1935 intern feststellte,[44] war eine spezielle „Saarabteilung" gebildet worden, die aus sieben nach Trier abgeordneten bisherigen Kriminalbeamten bestand. Kriminalsekretär Peter Söller leitete dort seit August 1933 den „Saarnachrichtendienst", war also für die Rekrutierung der V-Leute und die Auswertung der Informationen zuständig; Kriminalbezirkssekretär Theo Clövers bearbeitete die „Abwehrangelegenheiten" im Saargebiet.[45] Im Frühjahr 1934 erhielten sie hochkarätige Verstärkung: Wilhelm Nickel, Jahrgang 1887, Kriminalkommissar seit 1923 und langjähriger Abwehrexperte des Berliner Polizeipräsidiums, im Gestapa bislang zuständig für Industrie- und Wirtschaftsspionage, wurde nach Trier versetzt und übernahm die Leitung der „Saarabteilung". Nach dem Plebiszit vom 13. Januar 1935 sollte diese achtköpfige Crew nach Saarbrücken übersiedeln und den eingearbeiteten Kern der dortigen Stapo-Stelle bilden.[46]

Der Nachrichtendienst der NSDAP

Allerdings war diese Ausgangssituation — acht Gestapobeamte im fernen Trier, die das Saargebiet wohl noch nie betreten hatten und ohne den üblichen Fundus politisch-polizeilicher Basisinformationen auskommen mußten, gegen ein Industrierevier von fast einer Million Menschen, von denen jeder vierte ein Jahr zuvor die KPD gewählt hatte — weniger dramatisch, als es auf den ersten Blick scheint. Die Aufbruchstimmung der „nationalen Erhebung" und die Euphorie des Abstimmungskampfes trugen erheblich zur Einebnung dieses Widerspruchs bei, ohne ihn allerdings egalisieren zu können. Insbesondere die saarländische NSDAP kam dabei der Gestapo zur Hilfe.[47] Über Willi Dansauer, den Führer der illegalen SS im Saargebiet und Verbindungsmann des Gauleiters Spaniol zur Stapo-Stelle Trier,[48] wurde im August 1933 ein parteieigener Nachrichtendienst ins Leben gerufen, der eine lokale Berichterstattung organisierte, in hohem Maß das nicht vorhandene Netz von V-Leuten ersetzte und durch gelegentliche Beschaffungskriminalität dem Informationsfluß auch brachial nachhalf.[49] Auch nach dem 26. Februar 1934, als sich die Saar-NSDAP auflöste und in der Deutschen Front aufging, blieb er bestehen und arbeitete bis zur Abstimmung weiter.

Hauptamtlicher Leiter dieses Nachrichtendienstes, zu dem jede NSDAP-Ortsgruppe ein Mitglied abstellen mußte, war Friedrich Carl, ein junger Stukkateurmeister aus Saarlouis, der 1931 Pleite gemacht hatte, im selben Jahr der NSDAP beigetreten war und sich als Kreisorganisationsleiter hochgedient hatte.[50] Seine Mitarbeiter rekrutierten sich aus den unterschiedlichsten sozialen Sphären: Ein Arbeitsloser aus Burbach, der sich im Auftrag der NSDAP in den Erwerbslosenausschuß des Saargebiets wählen ließ, um die KPD auszuspitzeln, gehörte ebenso dazu wie Polizisten, Zollbeamte, Steiger oder Peter Eisenbarth, ein junger Medizinstudent aus kleinen Verhältnissen, der seine Ausbildung nach einem Unfall seines Vaters hatte abbrechen müssen, sich jetzt als Hilfsarbeiter durchschlug und nach 1935 als Kriminalkommissar bei der Stapo-Stelle Saarbrücken Karriere machen sollte.[51]

Zweifellos war der NSDAP-Nachrichtendienst auf dem Sektor Informationsbeschaffung das beste Pferd im Stall der Stapo-Stelle Trier, man sollte ihn jedoch nicht retrospektiv zur omnipotenten Geheimwaffe aufwerten. Die durch Zufall überlieferten Durchschläge etlicher Originalberichte[52] demonstrieren deutlich dessen strukturelle Stärken und Schwächen: Zum einen hing die Qualität von der Größe und damit der Überschaubarkeit des jeweiligen Ortes ab; in einem Dörfchen wie Remmesweiler etwa wußte der lokale V-Mann präzise über jeden einzelnen Kommunisten zu berichten, für eine Stadt wie Neunkirchen aber wurden die Informationen notwendigerweise globaler, ungenauer, schlichen sich automatisch Gerüchte und Fehleinschätzungen ein. Vor allem aber: Da der Berichterstatter im Ort in aller Regel als Nationalsozialist bekannt war, konnte er nicht verdeckt arbeiten. Die Observation reduzierte sich auf die Beobachtung von außen, wohl kaum einmal kam es dadurch zur Ausspähung von innen. Somit waren dieser Art von Informationsbeschaffung über die gegnerischen Organisationen eingebaute Grenzen gesetzt.

Lediglich dann, wenn sich Polizisten als V-Leute dem NSDAP-Nachrichtendienst zur Verfügung stellten, wurden diese Beschränkungen tendenziell hinfällig, da sie durch lange Beobachtung, teilweise aber auch durch Haussuchungen und freiwillige Zuträger Einblicke insbesondere ins kommunistische Lager besaßen.[53] Daß gerade dies in nicht unerheblichem Maße geschah, belegen die vorhandenen Berichte, die in vielen Fällen auf die Position des anonym bleibenden Verfassers schließen lassen, der nur mit einer Chiffre unterzeichnete.[54] Allerdings galt das anscheinend vorrangig für Beamte örtlicher Polizeidienststellen; insbesondere in die elfköpfige Abteilung I der Landeskriminalpolizei, die die politischen Polizeiangelegenheiten des Saargebietes bearbeitete, scheint der NSDAP kein Einbruch gelungen zu sein.[55] In ihrer Spitze hingegen steuerte die saarländische Polizei einen dezidiert anti-nationalsozialistischen Kurs. Henri Heimburger, der Direktor der Abteilung des Innern der Regierungskommission, ein Sympathisant der Sozialdemokratie, zog sich den Haß aller deutschen Stellen zu, da er seit Ende 1933 die Leitung der saarländischen Polizeiexekutive sowie die wichtigsten Positionen der Politischen Polizei in die Hände von emigrierten deutschen Beamten legte, meist ehemaligen SPD- oder Zentrumsmitgliedern, um der Infiltration entgegenzusteuern.[56]

Spitzel, Überläufer und Agenten

Eine zweite Informationsquelle der Stapo-Stelle Trier war der Einsatz von Agenten aus dem Reichsgebiet, die sich als politische Flüchtlinge tarnten und an der Saar in Arbeiterlokalen und Emigrantenquartieren auftauchten, um im gegnerischen Lager zu sondieren. Außerdem speiste sie sich aus Aussagen von zurückgekehrten Emigranten, die in ihren Heimatorten festgenommen und durch Gestapobeamte verhört worden waren.[57] Beides brachte zwar einige interessante Informationen, aber auch Tartarenmeldungen, die sich meist nicht voneinander unterscheiden ließen. Überdies konnte auch auf diese Weise das strukturelle Dilemma, an dem der NSDAP-Nachrichtendienst litt, kaum gelöst werden, da in aller Regel weder die getarnten Gestapoagenten noch die ausgequetschten Emigranten Einblick in die sich einigelnden Apparate der SPD und KPD gewannen. Insbesondere über die Technik-, Grenz- und Kurieraktivitäten konnten sie in den meisten Fällen nur Gerüchte kolportieren, die mehr zur Verwirrung der Gestapo als zur Klärung der Sachverhalte beitrugen.

Entscheidend kam es deshalb darauf an, Überläufer mit Schlüsselpositionen in den gegnerischen Organisationen zu gewinnen und zur verdeckten Mitarbeit in ihren bisherigen Funktionen zu bewegen. Besonderen Erfolg hatte die Stapo-Stelle Trier damit im Lager der Autonomisten, das gerade 1933 beträchtlichen Zulauf erhielt. Mit Wilhelm Heinrichs, einem ehemaligen Sozialdemokraten und Sekretär des Verbandes der Lebensmittel- und Getränkearbeiter, und Hans Podevin, bis 1933 Polleiter der KPD-Ortsgruppe Gersweiler, saßen gleich zwei ihrer Zuträger im Vorstand der Saarländischen Sozialistischen Partei; auch Hans Hoffmann, der Propagandaleiter der Saarländischen Wirtschaftsvereinigung und Redakteur des *Saarlouiser Journals*, stand während des gesamten Abstimmungskampfes auf der Gehaltsliste der Gestapo.[58]

Bei der SPD hingegen wurde ein derartiger Versuch zum Bumerang: „Ich verspreche mir von der nunmehr zugesagten Aktivität im Nachrichtendienst durch K. einen Erfolg", meldete die Stapo-Stelle Trier im November 1933; es sei beabsichtigt, über ihn Max Braun als Chefredakteur der sozialdemokratischen *Volksstimme* zu entfernen.[59] Bei K. handelte es sich um Ernst Klopfer, seit 1929 Geschäftsführer der *Volksstimme*, einen entschiedenen Parteigänger der Sopade, des Prager Exilvorstandes der SPD, in deren Streit mit der eigenwilligen saarländischen Parteileitung um Max Braun. In der Tat erhob er in Absprache mit dem Parteivorsitzenden Otto Wels gegen Braun den Vorwurf der Unterschlagung, der von der Presse der Deutschen Front sofort begierig aufgegriffen wurde. Als sich jedoch im Januar 1934 das Ganze als Verleumdung entpuppte, konnte sich Klopfer nicht mehr halten. Im Mai 1934 wurde er entlassen; mit ihm verloren die Braun-Gegner in der Saar-SPD jeglichen Einfluß.[60] Allerdings blieb mit Hubert Jüttner, dem Hauptbuchhalter der *Volksstimme* und bisherigen Stellvertreter Klopfers, bis zum 13. Januar 1935 ein unerkannter Maulwurf der Gestapo zurück.[61]

Weit differenzierter hingegen müssen die Informationskanäle der Gestapo im Bereich der KPD beurteilt werden. Zwar erhielten das Gestapa bzw. die Stapo-Stelle Trier Spitzelberichte über Sitzungen des erweiterten ZK, der Bezirksleitung Pfalz-Baden oder des Oberbezirks Südwest der KPD, die in Saarbrücken stattfanden,[62] nichts deutet jedoch auf die Existenz von Informanten in der Bezirksleitung der Saar-KPD hin. Obwohl es zweifellos einige V-Leute unter den Mitgliedern gab und sicherlich viele der ehemaligen Kommunisten, die zur Deutschen Front übergelaufen waren, mit ihrem innerorganisatorischen Wissen nicht geizten,[63] blieb der Informationsstand der Gestapo auf diesem Sektor recht mäßig. Immer wieder rätselte man darüber, ob sich das Politbüro, das ZK oder dessen Abteilungen in Saarbrücken niedergelassen hatten, fiel auf Gerüchte herein, kolportierte lancierte Falschmeldungen. Auch die in Trier zusammengestellten Funktionärsverzeichnisse offenbaren solides Halbwissen; fiktive Namen und richtige Informationen stehen einträchtig nebeneinander.[64]

In wenigstens zwei Fällen glückte es der Saar-KPD sogar, den Spieß umzudrehen, indem sie die erheblichen Informationslücken und die Nachrichtengier der Gestapo für ihre Zwecke ausnutzte und so die Rolle des Opfers mit der des Täters vertauschte. Im November 1933 bot ein Saarbrücker Sektionsleiter der Deutschen Front einem kommunistischen Pflichtarbeiter Geld an, wenn er ihm Material aus der KPD-Zentrale zuspielen würde. Der Kommunist ging zum Schein auf dieses Angebot ein, besorgte ihm in Absprache mit der Bezirksleitung fingierte Adressenlisten und kassierte dafür stolze 16.000 Francs. Der NSDAP-Nachrichtendienst und damit die Stapo-Stelle Trier scheinen von diesem Coup begeistert gewesen zu sein, denn bald schon wandten sie sich erneut an ihren vermeintlichen V-Mann, um sich von ihm diesmal die Möglichkeit eines risikolosen Einbruchs im KPD-Parteihaus in der Saarbrücker Herbertstraße verschaffen zu lassen. Kein Problem für den neuen „Agenten"; wiederum wechselte eine erkleckliche Summe den Besitzer, doch als die Einbrecher die Büroräume betraten, wartete bereits eine Schutzwache des Roten Frontkämpferbundes auf sie.

Dieser „Fall Steinebach", den die KPD sofort propagandistisch verwertete,[65] scheint bei ihr den Blick für die Defizite der Gestapo geschärft zu haben. Seit Mai 1934 gelangte die Stapo-Stelle Trier jedenfalls in den Besitz von gefälschten Mitgliederstatistiken der Saar-KPD und ihrer Nebenorganisationen, von denen sie felsenfest überzeugt war, daß die Zahlen „aus Originalabrechnungsformularen über verkaufte Marken" stammten und „zur Vorlage für das ZK" dienen sollten. In Trier und im Gestapa lösten die steil nach oben weisenden Ziffern eine mittlere Panik aus. Noch im Januar 1934 hatte man die Mitgliederzahl der Saar-KPD auf 1.500 geschätzt,[66] jetzt sollte sie im April 7.090, Ende August 1934 bereits 9.940 betragen und Ende September sogar „erstmals wieder" die 10.000 überschritten haben.[67] Es handelte sich um reine Phantasieprodukte. Nach den internen Berichten der

Orgabteilung der Saar-KPD erreichte die Partei im Januar 1933 im Saargebiet ihren Zenit mit 5.810 eingeschriebenen Mitgliedern, die sich bis April 1933 jedoch wieder auf 2.600 reduzierten. Auf diesem Niveau hielt sich die KPD wahrscheinlich bis zum Referendum. Im Mai 1934 — der letzten überlieferten Angabe — waren es 2.578 Mitglieder; nach allem, was wir wissen, dürfte sich diese Zahl bestenfalls stabilisiert haben, vielleicht sogar leicht nach unten abgefallen sein.[68] Gleichwohl — und dies ist symptomatisch für die defizitäre Information der Gestapo — erregte dieser Bluff weder in Trier noch in Berlin auch nur einen Anflug von Mißtrauen. Im Gegenteil: Man zerbrach sich intensiv den Kopf über die „geradezu katastrophale Zunahme" der Saar-KPD, obwohl sie doch Anfang 1934 „vor dem vollständigen Zerfall stand" — wie man angenommen hatte — und lokalisierte die „Hauptursache" dafür im Führerrat der Deutschen Front, „der nicht die geringsten Sympathien in den Arbeiterkreisen besitzt" und in der Haltung des Klerus, der pro Deutschland, aber contra Nationalsozialismus agitiere.[69]

Im November 1934 schien es der KPD-Führung angezeigt, ihren Bluff etwas zurückzufahren. Drei angebliche Berichte von Philipp Daub, dem ehemaligen Bezirksleiter und jetzigen ZK-Mitglied, die wiederum der Stapo-Stelle Trier zugespielt wurden, gaukelten eine Parteirevision vor. Demnach habe Hermann Schubert, der Saarbrücker Resident des Politbüros, die Anweisung gegeben, „die Monatsberichte zu frisieren" und „mit Zahlen jongliert", um mehr Zuschüsse vom ZK zu erhalten. In Wirklichkeit zähle die Partei im Saargebiet Ende November 1934 lediglich 7.024 Mitglieder, einschließlich aller Nebenorganisationen 19.902. Dies sei „kein Trugbild", versicherte Daubs Bericht treuherzig und fügte wie zum Hohn hinzu: „Wir müssen vor allen Dingen darauf achten, daß unser Apparat sich mehr den Bedürfnissen der Konspiration anpaßt. Es darf nicht vorkommen, daß Rundschreiben etc. in die Hände unserer Gegner gelangen, bevor sie im Besitz der Genossen sind". Der Dreh war geradezu genial: Um für die befürchtete Illegalität eine nicht vorhandene Stärke vorzutäuschen, wurden nicht nur um fast das Dreifache überhöhte Mitgliederangaben lanciert, in die beißende Selbstkritik wurde zur Abschreckung auch gezieltes Eigenlob verpackt. „Wir sind in fast jedem Betriebe des Saargebiets verankert", hieß es etwa in dem Brief vom 13. November 1934, „und dort wird verhältnismäßig die beste Arbeit geleistet", besonders gut sei die in der Völklinger Hütte — nach internen Berichten damals die marodeste KPD-Betriebszelle im ganzen Revier.[70] Es waren Potemkin'sche Dörfer, verpackt in zerknirschtes understatement. Wiederum regte sich in Trier und Berlin keinerlei Verdacht. Die Berichte wurden sogar zum Abdruck in der Presse der Deutschen Front freigegeben, da sie den Zerfall der KPD so trefflich belegten.[71] Und da die Gestapo dieses grandiose Verwirrspiel glaubte, befiel auch die Historiker kein Zweifel. Bis heute gelten Daubs angebliche Briefe als authentische Einblicke in die KPD und geistern durch die seriöse Literatur.[72]

Dennoch sollten derartige Kabinettstückchen nicht den Eindruck erwecken, als habe es sich um ein munteres Räuber- und Gendarm-Spiel gehandelt. Zwar blieb der Kenntnisstand der Gestapo bezüglich KPD recht lückenhaft, doch ihre Aufgabe beschränkte sich nicht nur auf politisch-polizeiliche Informationsbeschaffung und nachrichtendienstliche Einflußnahme auf den Abstimmungskampf. Da das Saargebiet für die KPD bis 1935 eine wichtige Operationsbasis für die Untergrundarbeit in Deutschland bildete,[73] kam auch der Unterbindung einer Einfuhr illegaler Schriften große Bedeutung zu. Während Zoll und Bahnpolizei unmittelbare Kontrollen an der Grenze durchführten, aber auch Gendarmerie und Post in die Überwachung eingeschaltet wurden,[74] bemühte sich die Stapo-Stelle Trier darum, durch Agenten in den kommunistischen Grenz- und Kurierapparat einzudringen.

Daß ihr dabei einige recht erhebliche Einbrüche gelangen, verdankte sie nicht unbedingt kriminalistischem Spürsinn; in aller Regel kamen ihr Zufall und Zeitgeist zu Hilfe. Es gab Wendehälse wie Johannes Minninger, einen Kommunisten, der sich im März 1933 der SA angeschlossen hatte und nun alles daransetzte, seine Vergangenheit zu tilgen. Er schaltete sich zum Schein in die Grenzarbeit der Merziger KPD-Ortsgruppe ein und verursachte die Festnahme von zwei Rucksackkolonnen auf Reichsgebiet.[75] Und es gab Hinweise wie den aus dem Landratsamt Wadern, wonach laut „vertraulichen Nachrichten" ein Transport von KPD-Material stattfinde; Ort und Zeitpunkt wurden genau mitgeteilt. Beamte der Stapo-Stelle Trier beobachteten an der bezeichneten Stelle auf deutscher Seite die Übergabe von Flugblättern, nahmen jedoch nur die beiden Kommunisten aus Saarwellingen fest, die die Zettel in den Hunsrück bringen sollten. Da man bei ihnen eine regelrechte Liste der Anlaufstellen fand, setzte sich ein Gestapomann aufs Fahrrad, fuhr die Adressaten an und veranlaßte anschließend deren Verhaftung. Derjenige aber, der die Flugblätter ausgehändigt hatte, wurde im Prozeß einfach vergessen — der anonym gebliebene Spitzel.[76]

In einem Fall allerdings klopfte ein Überläufer an, der sich zum Spitzenagenten eignete. „Nach längeren ununterbrochenen Vorbereitungen ist im Saargebiet eine in einer wichtigen Stelle innerhalb der KPD tätige Person dafür gewonnen worden, Material der KPD zu beschaffen und Auskunft über die KPD im Saargebiet zu erteilen", meldete die Stapo-Stelle Trier stolz im Dezember 1933.[77] Dabei handelte es sich um Friedrich Wolff, einen Kaufmann aus dem Saarbrücker Arbeiterviertel Burbach, seit Frühjahr 1933 Polleiter der dortigen KPD-Ortsgruppe und nunmehr Schüler der mehrmonatigen Reichsparteischule der KPD, die seit November 1933 unter konspirativen Bedingungen in Saarbrücken abgehalten wurde. Da sich die übrigen Kursteilnehmer fast nur aus Emigranten rekrutierten, die auf den illegalen Einsatz in Deutschland vorbereitet wurden, entschloß sich Wolff, aus diesem Wissen Kapital zu schlagen und setzte sich über den NSDAP-Nachrichtendienst mit der Gestapo in Verbindung.[78]

Während viele der reichsdeutschen Teilnehmer an der Parteischule nach ihrer Rückkehr aufgrund von Wolffs Angaben verhaftet wurden, machte dieser eine rasante, wenn auch kurze Karriere im illegalen Apparat der KPD. Im Februar 1934 wurde er der Saar-Bezirksleitung zur Verfügung gestellt, die ihn zunächst dem Kurierdienst zuwies, Ende März aber zusätzlich mit einer noch wichtigeren Aufgabe betraute: Wolff mietete im Parteiauftrag und mit Wissen der Gestapo Geschäftsräume in der Saarbrücker Kanalstraße 9, die äußerlich als Bezirksdirektion der Deutschen Kredit- und Finanzierungs GmbH firmierten, in Wirklichkeit jedoch als Büro der im Saargebiet weilenden ZK-Mitglieder dienten. Da Wolff dort überdies als Sekretär angestellt wurde und die Schlüssel zu den meisten Schränken besaß, jubilierte die Stapo-Stelle Trier: „Nach fernmündlicher Rücksprache mit dem hiesigen Vertrauensmann im Saargebiet besteht die berechtigte Aussicht, in den nächsten Tagen die gesamten Unterlagen über die illegale Verbindung und Tätigkeit der KPD nach dem Reichsgebiet in Form von Photokopien zu erlangen".[79] In der Tat schaffte es Wolff, viele der Dokumente zu photographieren; lediglich den Tresor, der Chiffrierschlüssel und Adressenlisten enthielt, vermochte er nicht zu öffnen.

Im März und April 1934 fuhr Wolff mehrfach als Kurier nach Frankfurt und belieferte dort verschiedene Anlaufstellen mit der illegalen *Roten Fahne*. Dabei wurde er auf Schritt und Tritt von Gestapobeamten verfolgt, die die Empfänger feststellten, seitdem beschatteten, nach und nach den Verteilerring ermittelten und erst dann zu Festnahmen schritten. In Absprache mit dem Gestapa wurde nicht sofort zugegriffen, da Wolff weitere Kurierfahrten nach Berlin und Hamburg durchführen sollte. Doch dazu kam es nicht mehr. Lediglich in Trier gelang es ihm noch, den dortigen KPD-Verbindungsmann festnehmen zu lassen, dann verdichtete sich der Verdacht gegen ihn. In der Nacht vom 12. zum 13. Juli 1934 wurde das ZK-Büro in der Kanalstraße überstürzt geräumt; die Gestapo verlor erneut die Spuren.[80]

Als V-Mann war Wolff zwar wertlos geworden, doch sein Spitzeldasein endete damit noch keineswegs. Als er im August 1935 wegen Betrugsverdachts festgenommen wurde, ließ ihn die Stapo-Stelle Saarbrücken einen Monat im Gefängnis schmoren, bewirkte dann seine Freilassung und nahm ihn erneut in ihre Dienste. Die Geschäftsgrundlage hatte sich jedoch radikal verändert. Aus dem Topagenten von einst war nunmehr ein kleiner Zuträger geworden, der vorzugsweise zum Aushorchen von Häftlingen eingesetzt wurde. Im Juli 1936 wurde er dazu ins KZ Esterwegen eingewiesen, 1937 verlegte man ihn ins Saarbrücker Lerchesflur-Gefängnis, um die inhaftierten Mitglieder der Roten Hilfe auszuspitzeln und ihn im Prozeß gegen sie als Zeuge zu benutzen. Erst danach gelang es ihm wieder, als Buchhalter eine bürgerliche Existenz zu erlangen;[81] mindestens drei der von ihm Verratenen waren zu diesem Zeitpunkt bereits im KZ ums Leben gekommen.

Das Chaos der Drähte und Kanäle

Nicht nur die Probleme der unzureichenden Vorinformation und der mangelhaften Aufklärungsmöglichkeiten infolge der Grenze nervten die acht Beamten der „Saarabteilung" der Stapo-Stelle Trier, auch der sich entwickelnde Dschungel der wirklichen, vermeintlichen und angemaßten, der alten und neuen Verantwortlichkeiten im Saargebiet machte ihr zu schaffen. Göring verwies zwar die preußischen Stellen im Herbst 1933 auf die alleinige Zuständigkeit seiner Gestapo,[82] dennoch wurde das Völkerbundsländchen gerade 1934 zum Eldorado der Nachrichtendienste, zum Tummelplatz der verschiedensten Staats-, Partei- und Privataktivitäten zur Observation und Informationsbeschaffung, Bedrohung, Erpressung und Infiltration.[83] Auf deutscher Seite nahm dieses „Neben-, Durch- und Gegeneinander" derartige Formen an, daß sich Göring — als preußischer Ministerpräsident noch Chef der Gestapo — am 7. März 1934 erneut veranlaßt sah, entschieden auf deren Kompetenzen zu pochen und auf das nachrichtendienstliche Monopol des Gestapa hinzuweisen. „Die Gegenseite", so klagte er gar, „ist über einen Teil der deutschen Nachrichtenstellen besser unterrichtet als die zuständige preußische Zentralstelle".[84]

Görings Versuch, „Unbefugte" vom „Saarnachrichtendienst" fernzuhalten, blieb nach allem, was wir wissen, ein vergebliches Unterfangen; bis zum 13. Januar 1935 ließ sich das Chaos der Drähte und Kanäle kaum mehr beseitigen.[85] Es war längst nicht nur ein Ergebnis der auch ins Saargebiet wuchernden polykratischen Strukturen und des Kompetenzgerangels zwischen preußischen, bayerischen und Reichsstellen, es war auch der hektische Versuch, die im Abstimmungskampf relativ durchschaubare Parteinahme für oder gegen das neue Regime zu registrieren, durch die damit gewonnenen Pressionsmöglichkeiten das Resultat des Plebiszits zu beeinflussen und sich angesichts des noch ungeklärten Verbleibs der Region Machtpositionen zu sichern. Innerhalb dieses Interessenpolygons bildete die Gestapo nur eine Seilschaft unter anderen. Ihre künftige Funktion als Zentralinstitution des Maßnahmenstaates war noch keineswegs gesichert; vieles lief an ihr vorbei, kam ihr nie zu Ohren, blieb Angelegenheit der verschiedenen Macht- und Würdenträger und damit Spielball von deren spezifischen Interessen.

Da gab es nach wie vor die alten, eingespielten Honoratiorenverbindungen des Auswärtigen Amtes, die bis hinauf in die obersten Etagen der Verwaltung reichten, etwa zu Regierungsdirektor Dr. Obé oder zu Bartholomäus Koßmann, dem einzigen saarländischen Mitglied der Regierungskommission; für sie alle hatte die Machteinsetzung Hitlers nichts an ihrer Option für Deutschland geändert. Bei Legationsrat Voigt, seit 1921 Saarreferent des Auswärtigen Amtes, liefen die Berichte zusammen. Er stand zwar in Verbindung mit dem Gestapa, dachte jedoch gar nicht daran, seine Informationsströme auf deren Mühlen zu leiten. Als etwa aus der Prinz-Albrecht-Straße händeringend mitgeteilt wurde, daß man ein bestimmtes Gutachten aus dem Saargebiet nicht beschaffen könne, schrieb Voigt lapidar an den Rand: „Aber wir haben es!", und dabei blieb's.[86] Mit NS-Gegnerschaft hatte dies wenig zu tun; es war Ausdruck der Polykratie der Ressorts, vermischt mit dem deutsch-nationalen Dünkel der Wilhelm-Straße gegenüber Görings neuer Behörde.

Daneben gab es wie bisher die Saarvertrauensleute des preußischen bzw. bayerischen Innenministeriums, Regierungsrat Watermann in Köln und seinen Kollegen Binder in Waldmohr, die ebenfalls ihre erprobten Drähte spielen ließen. Und es gab in der Pfalz die verschiedenen Ableger von Himmlers Bayerischer Politischer Polizei, die 1933/34 dort jedoch noch verheerend organisiert waren. Gleichwohl unterhielt auch die Politische Abteilung der Polizeidirektion Ludwigshafen, die am 21. Dezember 1934 zur Außenstelle Pfalz der Bayerischen Politischen Polizei ernannt wurde und seitdem den Kern der pfälzischen Gestapo bildete, einen eigenen „Nachrichtendienst im Saargebiet".[87] Und es gab — man höre und staune — im Saargebiet auch Agenten des Württembergischen Politischen Landespolizeiamtes, die dort 1934 unter Führung eines leibhaftigen Kriminalrates Einbrüche verübten, um Material von Otto Straßers „Schwarzer Front" zu erbeuten.[88]

Neben diesen bereits reichlich verwirrenden Aktivitäten staatlicher Stellen existierten überdies entsprechende Initiativen durch NS-Organisationen bzw. deren lokale oder regionale Machthaber, ganz zu schweigen von örtlichen Unterwanderungs- und Subversionsversuchen der Deutschen Front. Da gab es Aufklärungsaktivitäten durch den Sicherheitsdienst des Reichsführers SS, da probierte der DAF-Saarreferent Heindorf, über Philipp Würtz, den bisherigen Leiter der seit 1933 im Saargebiet verbotenen Nationalsozialistischen Betriebszellen-Organisation, einen eigenen Nachrichtendienst aufzuziehen.[89] Da findet sich die Meldung, daß ein Anton L., der „als SA-Mann in bürgerlicher Kleidung im Saargebiet Spitzeldienst leistet", wie die pfälzische Gendarmerie zu berichten wußte, im Sommer 1933 lebensgefährlich verletzt wurde, weil er die Verhaftung von drei Homburger Kommunisten bewirkt hatte, die Flugblätter über die Grenze brachten.[90]

Und es gab Aktionen wie die von Peter Schmitt, dem Hermeskeiler Reichstagsabgeordneten und NSDAP-Kreisleiter Trier-Land-Ost, der sich gewissermaßen aus revolutionärem Recht als brauner Condottiere Polizeibefugnisse zulegte, um Infiltrationen aus der angrenzenden Region zu unterbinden. „Es gelang meinen Bemühungen, im Saargebiet selbst einige zuverlässige Vertrauensmänner zu gewinnen", erklärte er später gegenüber der Stapo-Stelle Saarbrücken. „Dank deren . . . Unterstützung konnte ich innerhalb kurzer Zeit den Nachrichtendienst der KPD in meine Hände bekommen" und „eine Reihe von Anlaufstellen erfahren"; in Zusammenarbeit mit der Gestapo in Frankfurt, Mannheim und Berlin seien so illegale Schriften sichergestellt und Verhaftungen ermöglicht worden.[91] Dies war etwas dick aufgetragen, besaß aber einen durchaus richtigen Kern: Im Mai 1933 hatte Schmitt den St. Wendeler Stadtverordneten Franz Alles kennengelernt, Polleiter der dortigen KPD-Ortsgruppe und ehemaliges Bezirksleitungsmitglied, der bis zu diesem Zeitpunkt führend am illegalen Grenzschmuggel beteiligt war, jetzt aber den Absprung und den Anschluß an die NSDAP suchte. Schmitt überredete ihn, als sein V-Mann in der KPD zu bleiben, ließ sich von ihm Photos der führenden Kommunisten aushändigen und die benutzten Schleichwege beschreiben;[92] in mindestens einem Fall kam es dadurch zur Festnahme eines Kuriers auf deutschem Gebiet.[93]

Als Alles im November 1933 unter großem Aufsehen zur Deutschen Front übertrat, hatte Schmitt bereits hochkarätigen Ersatz besorgt: Kurz zuvor waren die Trierer Kaufleute Adolf Schaadt und Josef Gregorius, die beide aus St. Wendel stammten, in seinem Auftrag der dortigen KPD beigetreten und hatten sich erboten, illegale Schriften über die Reichsgrenze zu schaffen. Bereits im Dezember machten sie ihre erste Kurierfahrt nach Mannheim und ließen die dortige Anlaufstelle hochgehen.[94] Am 11. Januar 1934 benachrichtigten sie Schmitt, daß in der Gepäckaufbewahrung des Bahnhofs von Idar-Oberstein ein Koffer mit KPD-Zeitungen für Berlin abgestellt sei. Schmitt nahm zusammen mit der dortigen Gendarmerie den Kurier, einen Saarbrücker Kommunisten, fest, als dieser den Koffer abholte, schlüpfte in dessen Kleider und fuhr mit den Zeitungen nach Berlin. Allerdings war der NSDAP-Reichstagsabgeordnete als agent provocateur weniger erfolgreich als seine wirklichen Agenten; eine Stunde stand er mit seinem Koffer auf dem Anhalter Bahnhof herum, ohne daß ihn jemand ansprach.[95]

Einige Tage später lieferten Schaadt und Gregorius ihr Meisterstück. In der Nacht zum 20. Januar brachten sie erneut Rucksäcke mit Zeitungen und Tarnschriften über die Grenze zu der rührigen KPD-Gruppe im damals noch pfälzischen Oberkirchen. Wiederum waren Schmitt und die Gendarmerie zur Stelle und nahmen drei Illegale bei der Übergabe fest; Schaadt und Gregorius entkamen, indem sie zur „Täuschung“ um sich schossen.[96] Drei Tage später reisten Schmitt und Schaadt nach Berlin und offenbarten ihre Unternehmungen im Gestapa. Als sie erklärten, daß Schaadt „voraussichtlich demnächst in die Bezirksleitung der KPD Saar übernommen und dort dann weiterarbeiten“ werde, verflog wohl der Zorn über derlei Eigenmächtigkeiten.[97] Auch das war etwas dick aufgetragen, aber trotz aller Pannen regte sich gegen Schaadt immer noch kein Verdacht. Er blieb Kurier bis April 1934; erst als er gemeinsam mit Friedrich Wolff die Frankfurter Anlaufstellen hochgehen ließ, wurde er als Spitzel erkannt und abgehängt.[98]

Informationsbasis und Imagebildung

Was bedeutete all dies für den eigentlichen Machtantritt der Gestapo am 1. März 1935? Welchen Sockel an Wissen und Information schuf sie sich in den zwei Jahren ihres hauptsächlich indirekten Wirkens im Saargebiet? In dieser Hinsicht erscheint das Ergebnis ihrer Aktivität in doppelter Weise ambivalent und voller Diskrepanzen. Einerseits schied der Abstimmungskampf öffentlich weit schärfer als in anderen Regionen in Freunde und Feinde des neuen Deutschlands; andererseits bedeutete diese relativ durchschaubare Parteinahme keineswegs, daß die von außen operierende Gestapo ihren Kenntnisrückstand im Saargebiet vollends aufholen konnte. Die seit dem 24. Januar 1934 erscheinenden *Saarnachrichten* des Gestapa, die „auf Grund der bei ihm eingehenden Nachrichten“ wöchentlich erstellt wurden und mit dem Vermerk „Geheim“ in den Behördenspitzen kursierten,[99] bilanzierten dessen nachrichtendienstlich akkumuliertes Wissen. Legt man diesen Spiegel zugrunde, dann war es im Ganzen überaus lückenhaft, beruhte in hohem Maße auf Presseauswertung, fiel z. T. auf gezielte Desinformationen herein. Es war reichhaltig bezüglich der autonomistischen Organisationen, recht dürftig in Bezug auf SPD und oppositionelle Katholiken, unterbelichtet bezüglich der KPD. Die wenigen Pluspunkte der Gestapo, die ihr überhaupt diesen Kenntnisstand ermöglichten, waren der Nachrichtendienst der NSDAP, einige z. T. verdeckte Überläufer aus den gegnerischen Parteien sowie etliche Beamte, insbesondere Polizisten, die sich in vorauseilendem Gehorsam den künftigen Herren andienten; dennoch erwies sich die Honoratiorenberichterstattung alten Stils, die am Gestapa vorbei ins Auswärtige Amt ging, im Regelfall als bedeutend informierter. Daraus resultierten entscheidende Weichenstellungen für die Funktionsweise des künftigen regionalen Maßnahmenstaates: Das Wissen über die Regimegegner war im wesentlichen nicht „oben“ gespeichert, es ruhte „unten“, vor allem bei den Funktionären der Deutschen Front, die die örtlichen Köpfe, Mitglieder und Symphatisanten der Einheitsfront, deren Milieus und informelle Strukturen oft seit Jahrzehnten kannten. Ihr Verhältnis zu ihnen — negativ formuliert: ihre Denunziationsbereitschaft — sollte darum eine entscheidende Variable des Widerstandes und seiner Verfolgung werden.

Ebenso ambivalent und widerspruchsvoll wie die Antwort auf die Frage nach dem Informationsstand der Gestapo ist die auf die Frage nach der Wirkung der geschilderten nachrichtendienstlichen Aktivitäten. Einerseits war das für die Gleichschaltungsphase typische Tohuwabohu der verschiedensten subsidiären Herrschaftsapparate wahrlich kein Schulbeispiel totalitärer Effizienz. Andererseits aber war dieses objektive Durcheinander für die Öffentlichkeit subjektiv nicht durchschaubar. Was von dieser unkoordinierten Fülle an Infiltration sichtbar wurde, konnte, ja mußte als Teil eines planvollen, einheitlich geleiteten Systems umfassender Überwachung erscheinen. Diese Vorstellung wurde nicht nur durch das propagandistische Selbstbild des Regimes genährt, sie war auch ein Ergebnis der Dialektik der Aufklärung: Gerade weil die NS-oppositionelle Presse breit über die Machenschaften der Gestapo berichtete und ihr alle Übergriffe anlastete, verschaffte sie ihrerseits Himmlers Politischer Polizei bereits lange vor dem 13. Januar 1935 das erwünschte Image einer allmächtigen, allgegenwärtigen Truppe. Ihr Mythos — und das war die zweite wichtige Konsequenz aus der Vorgeschichte — hatte bereits sein Fundament, noch ehe sich die Gestapo institutionell im Saargebiet niedergelassen hatte.

Die Maschinerie der Verfolgung: Organisations- und Personalstruktur

In einem Gespräch mit Außenminister von Neurath erklärte Himmler im November 1934, daß „bisher von Seiten der Geheimen Staatspolizei niemand im Saargebiet tätig sei", daß jedoch vor dem 13. Januar ein Stab zusammengestellt werde, „um sofort nach Übergabe des Gebiets die Polizei in die Hand zu nehmen".[1] Bereits einige Tage vor der offiziellen Rückgliederung des Saargebietes am 1. März 1935 traf ein Vorkommando der Gestapo in Saarbrücken ein, um die Feierlichkeiten, zu denen sich überraschenderweise auch Hitler angekündigt hatte, zu überwachen. Provisorisch ließ man sich zunächst im Gebäude der aufgelösten Freien Gewerkschaften in der Brauerstraße nieder,[2] dann im Askohaus in der Kaiserstraße und in der Graf-Johann-Straße 8. Außenstellen wurden in Merzig, Saarlouis, Neunkirchen, Dudweiler und Gersheim eingerichtet; darüber hinaus installierte man Grenzstellen in 25 Gemeinden entlang der französischen Grenze, um diese am 1. März hermetisch abzuriegeln und die Rückgliederung ungestört über die Bühne gehen zu lassen.[3] Damit hatte sich die Gestapo auch im Saargebiet etabliert.

„Im Einverständnis" mit Bürckel beauftragte Heydrich Anfang März 1935 Regierungsrat Anton Dunckern mit der Leitung der neuen Stapo-Stelle und ernannte Kriminalkommissar Johann Müller zu dessen Stellvertreter. Der Staatspolizeistelle Saarbrücken wurden die Aufgaben der Politischen Polizei im gesamten Saargebiet übertragen sowie die einstweilige „Oberleitung" der Stapo-Stelle Trier, die jedoch im Mai wieder aufgehoben wurde, „da die Überleitung der bisher von Trier betreuten Saararbeit auf die Staatspolizeistelle Saarbrücken beendet ist".[4] Am 1. April 1935 bezog die Gestapo ihr neues Domizil Schloßplatz 15, die bisherigen Diensträume des Generalsekretariats der Regierungskommission. In den folgenden Monaten mietete sie auch den benachbarten Gebäudeteil Nr. 14 und dehnte sich damit auf den gesamten Nordflügel des Saarbrücker Schlosses aus.[5] Mit Ausnahme der Evakuierung von September 1939 bis Sommer 1940, als die Stapo-Stelle Saarbrücken ins Ottweilerer Amtsgerichtsgebäude übersiedelte, blieb es dabei bis kurz vor Kriegsende. Erst als das Saarbrücker Schloß, das durch Bomben schwer beschädigt worden war, aufgegeben werden mußte, wich die Stapo-Stelle am 25. November 1944 nach Heiligenwald aus und requirierte dort die Itzenplitz- und die Hans-Schemm-Schule als letztes Hauptquartier.[6]

Die Verselbständigung gegenüber Bürckel

Da Bürckel als „Reichskommissar für die Rückgliederung des Saarlandes" alle Kompetenzen zugesprochen erhielt, die in Preußen die Ober- und Regierungspräsidenten und in Bayern die Kreisregierungen besaßen,[7] avancierte er dadurch automatisch zum obersten Dienstherrn der Gestapo in seinem Bereich. Formal wurde die Stapo-Stelle ebenso wie die Kommandantur der Gendarmerie und das Saarbrücker Polizeipräsidium eine nachgeordnete Behörde der von Philipp Wilhelm Jung geleiteten Abteilung I A des Reichskommissariats, Dunckern fungierte dort nominell als „Sachbearbeiter für die Angelegenheiten der politischen Polizei". Gleichzeitig aber war die Stapo-Stelle Saarbrücken weisungsgebunden gegenüber dem Berliner Gestapa, das seine Dependancen auch in der außerpreußischen Provinz im Zuge der geschilderten Verreichlichung und Entstaatlichung immer strikter an die Kandare nahm. „Die Behörden der Geheimen Staatspolizei sind verpflichtet, Weisungen der Landesregierungen zu entsprechen, soweit nicht Anordnungen des Geheimen Staatspolizei-Amtes entgegenstehen", hieß es zweideutig-prägnant in Himmlers Organisationserlaß vom 15. Februar 1938.[8] De jure wurde die Stapo-Stelle damit Dienerin zweier Herren, de facto entwickelte sie sich zur regionalen Neben-, häufig sogar Gegenregierung.

Grundlage der Gestapoaktivität war Fricks „Verordnung zur Einführung reichsrechtlicher Vorschriften im Saarland auf dem Gebiete der allgemeinen und inneren Verwaltung" vom 22. Februar 1935.[9] Obwohl sie einen Import des im Reich verhängten Ausnahmezustands beinhaltete, blieb die Verfolgung der politischen Opposition und der religiösen Minderheiten jedoch zunächst noch durch die Garantieerklärungen abgebremst, zu denen sich die deutsche Regierung im Römischen Abkommen vom 3. Dezember 1934 verpflichtet hatte und über deren Einhaltung ein vom Völkerbund eingesetzter Oberster Abstimmungsgerichtshof ein Jahr lang wachte.[10] Zentraler Inhalt der Verpflichtungen war der Schutz aller Saarländer vor Strafverfolgung oder Benachteiligung aufgrund ihrer Zugehörigkeit oder Mitarbeit in einer für den Status Quo eintretenden Parteien sowie aus Gründen ihrer Rasse, politischen Überzeugung und Religion. Damit war eine erste Konfliktlinie zwischen Bürckel und der Stapo-Stelle vorgezeichnet.

Das Gestapa nahm diese völkerrechtliche Absprache zwar zähneknirschend zur Kenntnis, gleichzeitig aber drohte man den Status-Quo-Befürwortern härteste Sanktionen an: „Sollten sich diese Personen", so Heydrich, „dagegen in anderer Weise staatsfeindlich betätigt haben — Mitarbeit am illegalen Aufbau der KPD, SPD und sonstigen staatsfeindlichen Organisationen, Verrichtung von Kuriertätigkeit — so dürfte ihrer Überführung in ein Konzentrationslager . . . nicht(s) entgegenstehen."[11] Diese Linie der kompromißlosen Repression, die von der Stapo-Stelle

Saarbrücken konsequent befolgt wurde, stieß bei Bürckel, der auf eine Integration der bisherigen Opponenten setzte und der Exilpresse keine Angriffsfläche bieten wollte, auf erbitterte Gegnerschaft. Als das Garantiejahr auslief, vergatterte er seine Behörden, daß „unter allen Umständen verhindert werden (müsse), daß nach dem 29. Februar 1936" Juden im Saarland „irgendwelchen Verfolgungen ausgesetzt sind". Er wies darauf hin, daß die Garantien für NS-Gegner „wegen ihrer vor der Abstimmung gelegenen politischen Haltung" nicht aufgehoben seien und machte klar, „daß Terroraktionen irgendwelcher Art, auch des kleinsten Umfanges, als Verbrechen an Partei und Staat betrachtet und dementsprechend behandelt werden".[12] Bürckels Anweisungen rührten die Stapo-Stelle nicht im geringsten. Sie griff gegen „Staatsfeinde" rigoros durch, wobei die politische Haltung vor dem Plebiszit als zentrales Beurteilungskriterium diente. Solange der international besetzte Abstimmungsgerichtshof in Saarbrücken residierte, handelte man sich damit zwar eine Reihe von Schlappen ein, da in Rekursfällen des öfteren die Freilassung der Verhafteten verfügt wurde,[13] mit dessen Auflösung aber verschwand das letzte judikative Regulativ. Damit standen von Anfang an zwei sich diametral widersprechende Konzeptionen für den Umgang mit den Gegnern des Regimes im Raum: das Integrationsangebot des Gauleiters und Reichskommissars, das Repressionsgebot Heydrichs.

Auch in der Frage der Schutzhaft zog Bürckel bald schon den kürzeren. „Die Verhängung der Schutzhaft im eigentlichen Sinne behalte ich mir vor", dekretierte er am 25. März 1935, wobei „mir" in der Ausfertigung unterstrichen war. „Äußere Dienststellen und Parteistellen sind nicht befugt, von sich aus Schutzhaft anzuordnen und zu vollziehen."[14] In der Praxis war dieser autokratische Versuch von vornherein zum Scheitern verurteilt, da sich die Gestapo auf Fricks Erlaß vom April 1934 stützen konnte, wonach neben den Landesregierungen bzw. den Ober- und Regierungspräsidenten in Preußen auch das Gestapa sowie dessen Stapo-Stellen zur Verhängung von Schutzhaft befugt waren.[15] In der Folgezeit machte Bürckel von seiner Kompetenz gleichwohl regen Gebrauch. Um seinen Vorstellungen eines „nationalen Sozialismus" Gehör zu verschaffen, erließ er Schutzhaftbefehle gegen Händler, Vermieter und kleine Unternehmer, denen er „unsoziales" oder „volksschädliches Verhalten" vorwarf.[16] 1936 schob Heydrich diesem brachialen Populismus einen Riegel vor: „Vor Inschutzhaftnahme eines Betriebsführers ist der zuständige Treuhänder der Arbeit zu hören. Erhebt der Treuhänder der Arbeit Widerspruch, so ist von der Vollstreckung der Schutzhaft vorläufig Abstand zu nehmen . . . Die weitere Entscheidung liegt dann bei mir."[17] Im Januar 1938 wurden Bürckels Kompetenzen auf diesem Sektor vollends beschnitten. „Zur Anordnung der Schutzhaft ist ausschließlich das Geheime Staatspolizeiamt zuständig", bestimmte ein erneuter Erlaß Fricks.[18]

Obwohl Dunckern formal weiterhin Referent in Bürckels Reichskommissariat blieb, löste sich die Stapo-Stelle Saarbrücken — und mit ihr seit 1936 auch die reguläre Polizei — immer weitgehender aus dem Gefüge der inneren Verwaltung. Dieser Prozeß der Verselbständigung war kein abstrakt-organisatorischer Akt, der lediglich in eifersüchtigen Kompetenzrangeleien mündete und allmählich verschiedene Hemisphären mit unterschiedlichen Hierarchien und Weisungsbefugnissen schuf. Real bedeutete er weit mehr: Er führte dazu, daß Staat und Partei — personifiziert in Bürckel — auf der einen Seite und die Institutionen des Maßnahmenstaates auf der anderen in wesentlichen Fragen eine differierende, manchmal sogar vollkommen entgegengesetzte Linie verfolgten, daß die Gestapo die Intentionen Bürckels in der Praxis konterkarieren konnte, daß der Nationalsozialismus konträre, ja kontradiktorische Auslegungen erfuhr, daß er dadurch in der Öffentlichkeit unterschiedlich erlebt wurde und sich deutlich widersprechende Gesichter besaß. Lud Bürckel etwa die Gegner von gestern zur Mitarbeit an der „Volksgemeinschaft" ein, so kannte die Gestapo nur die Ausgrenzung primär aufgrund der — wie wir sehen werden — politischen Positionen in der Vergangenheit. Ein weiteres Beispiel: Bei Kriegsbeginn gab die Gaupropagandaleitung Saarpfalz die Anweisung, daß nunmehr jede Auseinandersetzung mit konfessionellen Fragen zu unterbleiben habe, da nur noch das Problem: Wie gewinnen wir den Krieg? relevant sei.[19] Für Himmler und Heydrich hingegen begann zu diesem Zeitpunkt eine neue Etappe der nationalsozialistischen Revolution; sie erteilten die Anweisung, daß „sämtliche hetzerischen Pfaffen . . . grundsätzlich auf längere Zeit einem Konzentrationslager zugeführt werden sollen".[20] Angesichts solcher Antinomien fällt es schwer, die eingefahrene Formel vom „NS-Regime" beizubehalten.

Die angestrebte Verschmelzung mit der SS

„Die Polizei, zusammengeschweißt mit dem Orden der Schutzstaffeln, zum Schutze des Volkes nach innen aufzubauen, darin sehe ich meine Aufgabe", erklärte Himmler am Tage nach seiner Ernennung zum Chef der Deutschen Polizei.[21] Die gelungene Verreichlichung der Polizei wurde fortgesetzt durch deren weitere Entstaatlichung, durch eine Revolutionierung ihres Selbstverständnisses und ihrer Organisationsstruktur mit dem Ziel einer „vollkommenen Verschmelzung von SS und Polizei zu einem einheitlich ausgerichteten Staatsschutzkorps".[22] Die normative Entgrenzung, die aus dem „Führerwillen" abgeleitete Befugnis, „unabhängig von jeder Bindung jedes zur Erreichung des notwendigen Zweckes geeignete Mittel anzuwenden", wie Dr. Werner Best, der Verwaltungschef des Gestapa, machiavellistisch formulierte, mündete in dem Programm eines „Staatsschutzkorps neuer und eigener Art, dessen Angehörige sich neben ihrer beamtenmäßigen Pflichterfüllung als Mitglieder eines kämpferischen Verbandes fühlen".[23] Die Mentalität des schwarzen Ordens und die Machtbefugnisse einer entnormierten Polizei sollten nunmehr zusammenwachsen und sich gegenseitig durchdringen.

Dieses Ziel wurde auf personeller und organisatorischer Ebene verfolgt. Ein Erlaß Himmlers vom 23. Juni 1938 bestimmte, daß Angehörige der Sicherheitspolizei in die SS aufgenommen werden konnten, sofern sie sich in wenigstens dreijährigem Dienst bewährt hatten. Sie wurden in diesem Fall in die SS-Formation Sicherheitsdienst übernommen, ohne damit allerdings dem SS-Nachrichtenapparat SD anzugehören. Äußerlich trat diese Verflechtung dadurch in Erscheinung, daß die SS-Mitglieder seitdem auch im Polizeidienst die schwarze Uniform trugen und neben ihrem polizeilichen Dienstrang auch mit dem SS-Grad unterzeichneten. Seit 1941 wurde überdies die „Dienstgradangleichung" vorangetrieben, wonach die erreichte

Karrieresprosse in der Gestapo die Beförderung zu einem entsprechenden SS-Rang nach sich zog. Allerdings war diese Anordnung, die den Beitritt insbesondere für die mittlere Ebene der Gestapobeamten attraktiv machen sollte, eine Kann-Bestimmung und längst kein Automatismus. In Saarbrücken traten längst nicht alle Mitarbeiter der Gestapo der SS bei, und dies entsprach auch, wie Äußerungen Himmlers belegen, durchaus den Intentionen der SS-Führung, die trotz der angestrebten Verschmelzung auf weltanschauliche Übereinstimmung Wert legte und auf unsichere Kantonisten gern verzichtete.[24] Davon, daß „die streng gestufte Hierarchie der SS fortschreitend auf die Geheime Staatspolizei übertragen" wurde, „als die Angehörigen der Gestapo SS-Dienstgrade erhielten", wie Delarue schreibt, kann keine Rede sein.[25]

Sichtbarster organisatorischer Ausdruck des Verschmelzungsprozesses war die Schaffung des Reichssicherheitshauptamtes im September 1939, in dem das formell noch dem Innenministerium unterstehende Hauptamt Sicherheitspolizei, das Gestapa, das Reichskriminalpolizeiamt und das für den Parteinachrichtendienst SD zuständige Sicherheitshauptamt der SS zusammengefaßt und neu gegliedert wurden.[26] Dieses Behördenkonglomerat vermengte Partei- und Staatskompetenzen vollends miteinander und schuf in der Institution des Chefs der Sicherheitspolizei und des SD eine neue Instanz im Bereich der Führergewalt, die für Heydrich, den Technokraten der Macht, wie maßgeschneidert war. Nach dem geglückten Attentat auf ihn im Mai 1942 übernahm Himmler kommissarisch die Leitung des Reichssicherheitshauptamtes, am 30. Januar 1943 trat der Österreicher Ernst Kaltenbrunner an dessen Spitze.[27] Eine weitere Konsequenz der intendierten Verschmelzung war die Errichtung einer eigenen Sondergerichtsbarkeit für alle Angehörigen von SS und Polizei. Die SS- und Polizeigerichte — die Saarbrücker Stapo-Stelle unterstand seit 1940 dem in Metz — blieben jedoch an die militärgerichtlichen Straf- und Verfahrensvorschriften gebunden und waren in ihrer Spruchpraxis keineswegs die Terrorinstanzen, die durch Angst und Schrecken Gehorsam erzwangen, wie nach 1945 gelegentlich behauptet wurde.[28] Auch auf diesem Sektor bilden Repression und Terror keineswegs den Generalschlüssel zum Verständnis der NS-Ära.

Daneben erfolgte eine Einbindung in neue Befehlsstränge, die die alten Instanzenzüge bei Bedarf ausschalteten und das Konstruktionsprinzip des Reichssicherheitshauptamtes nach unten fortsetzten. Die wichtigste dieser neugeschaffenen Kommandostrukturen war die bereits im Kapitel über die SS behandelte Institution des Höheren SS- und Polizeiführers als Sonderbevollmächtigter des Reichsführers SS. Die „kleinen Himmler" waren konzipiert als schnell reagierende Entscheidungsträger, die über keinen großen Apparat verfügten, nur an sehr allgemeine Dienstanweisungen gebunden waren und gerade darum den Maßnahmenstaat, die Entscheidung aufgrund reiner Zweckmäßigkeitserwägungen, am besten realisieren sollten. Die Höheren SS- und Polizeiführer konnten jederzeit in die Tätigkeit von Sicherheits- und Ordnungspolizei eingreifen, polykratische Konkurrenzkämpfe eindämmen und den Einsatz auf regionaler Ebene koordinieren. Da sie auf der Ebene der Wehrkreise eingesetzt wurden, hatten sie es mit mehreren Repräsentanten der inneren Verwaltung zu tun und waren somit durch Staats- und Parteistellen kaum kontrollierbar.[29]

Dieses personalistisch geprägte Konzept, das stark von Himmlers sozialdarwinistischen Vorstellungen der Führerauslese bestimmt war, galt auch für die subsidiären Instanzen. Bereits 1936 wurden auf dieser Basis Inspekteure der Sicherheitspolizei eingesetzt.[30] Im Herbst 1939 brachte man diese Institution mit der Wehrkreiseinteilung in Übereinstimmung und unterstellte sie den Höheren SS- und Polizeiführern; die Inspekteurstätigkeit wurde auf den SD ausgedehnt und in Personalunion mit der Position des SD-Oberabschnittsleiters vereinigt. Die Inspekteure der Sicherheitspolizei und des SD sollten „keine sachliche Zwischeninstanz" sein, sondern „nach innen und außen die persönlichen Repräsentanten" Heydrichs.[31] Als der saarpfälzisch-lothringische Raum 1940 aus dem SS-Oberabschnitt Rhein herausgelöst und zu einem eigenen SS-Oberabschnitt Lothringen-Saarpfalz — seit Februar 1941 Westmark — zusammengefaßt wurde, verlor SS-Standartenführer Dr. Thomas, seit Februar 1939 Inspekteur der Sicherheitspolizei im Wehrkreis XII mit Sitz in Wiesbaden, hier seine Kompetenzen. Im Herbst 1940 wurde Dunckern, der ehemalige Chef der Saarbrücker Stapo-Stelle, zum Befehlshaber der Sicherheitspolizei und des SD Lothringen-Saarpfalz und zum Stellvertreter des Höheren SS- und Polizeiführers mit Sitz in Metz eingesetzt.[32] Diese exekutive Position, die speziell für die besetzten Gebiete geschaffen worden war, blieb im Sonderfall Lothringen formell zwar Bürckel als Reichsstatthalter und Chef der Zivilverwaltung untergeordnet, faktisch aber trug auch sie zur Erosion staatlicher Kompetenzen und damit zur Institutionalisierung des Maßnahmenstaates bei.[33] Nach internen Konflikten wurde Dunckern durch Himmler am 14. September 1944 zum örtlichen SS- und Polizeiführer für Metz heruntergestuft, seine Dienststelle wieder nach Wiesbaden verlegt und mit Dr. Hans Trummler besetzt, einem 1900 in Thüringen geborenen früheren Bankbeamten, der seitdem als Befehlshaber der Sicherheitspolizei und des SD Rhein-Westmark fungierte.[34]

Als die Front näherrückte, übertrug man die völlige Autonomie der Polizei in den besetzten Ländern, deren dortige Militarisierung und operative Instrumentalisierung durch die SS auch auf das Altreich. Im November 1944 wurde SS-Obersturmbannführer Oberregierungsrat Dr. Zimmermann zunächst in Lothringen, im Januar 1945 in der gesamten Westmark zum Kommandeur der Sicherheitspolizei ernannt.[35] Er ließ sich mit seinem Stab in St. Wendel nieder und bildete aus der ehemaligen Sicherheitspolizei in Lothringen, später auch aus dem Personal der saarländischen Gestapo und Kripo mobile Einsatztrupps, die sich über die Region verteilten und weitgehende Vollmachten erhielten. Damit wurde das Modell der Einsatzgruppen auch im eigenen Land angewandt.[36] Als Kampfkommandant der Polizei konnte Zimmermann nunmehr „in eigener Zuständigkeit und Verantwortung entscheiden", wie Kaltenbrunner telegraphierte. „Erwarte von allen Dienststellen höchste Einsatzbereitschaft, Verantwortung, kräftiges Zupacken, kein Zaudern", appellierte er an den Raubtierinstinkt von Gestapo und Kripo und schloß: „Jeden Defaitismus in eigenen Reihen rücksichtslos mit schärfsten Maßnahmen ausmerzen".[37]

Geschäftsverteilung und Stellenplan

Geschäftsverteilungspläne der Stapo-Stelle Saarbrücken, die die ressortmäßige Aufteilung, die personelle Besetzung und die Verantwortlichkeiten innerhalb der Verfolgungsbürokratie enthielten, sind nicht überliefert. Da die einzelnen Stapo Stellen in ihrer Organisationsstruktur anscheinend nicht an starre Vorschriften gebunden waren,[38] auch in ihren Stellenplänen erheblich voneinander abwichen und zudem ihren inneren Aufbau je nach Feindbild und eigenem Potential des öfteren umgruppierten, kommen trotz vieler Ähnlichkeiten Analogieschlüsse nur begrenzt in Betracht. Statt dessen muß hier der Weg der Induktion beschritten werden, der Versuch also, die einzelnen Mosaiksteine der Überlieferung synoptisch zusammenzufügen und so die Binnenstrukturen der Stapo-Stelle zu rekonstruieren. Das daraus resultierende Bild weist darum trotz seiner relativen Dichte auch etliche Leerflächen auf, die sich nicht füllen lassen.

Unverändert blieb lediglich die kleinste Abteilung der Stapo-Stelle Saarbrücken, die mit Verwaltung, Personalwesen, Organisation und Registratur befaßte Abteilung I, die 1938 aus dem Schloß ausgelagert wurde und neue Diensträume am Platz der Deutschen Front 8, dem heutigen Rathausplatz, bezog.[39] Daneben existierte zunächst nur die in verschiedene Geschäftsbereiche und Referate unterteilte Abteilung II als eigentliche Exekutive der Politischen Polizei. Sie blieb zwar bis in den Krieg hinein das wichtigste und personell am besten ausgestattete Ressort, dennoch lassen sich auch hier Schwerpunktverschiebungen feststellen, die auf reale Bedeutungsverluste verweisen, aber auch eine Folge der sich verändernden Staatsfeinddefinition waren: Die für Kommunismus und Marxismus zuständigen Referate II A 1 und II A 2 etwa, an deren Spitze 1937 noch je ein Kriminalkommissar stand, wurden seit 1938 gemeinsam von einem Kommissar geleitet, seit 1939 dann von einem Kriminalobersekretär; die personelle Besetzung dürfte in gleichem Maße reduziert worden sein.[40]

Im Mai 1937 erfolgte eine wesentliche Veränderung des Organisationsschemas: Die Aufgaben der Abteilung II wurden auf den innerstaatlichen Bereich konzentriert. Der Kriminalrat Nickel, dem ehemaligen Leiter der Trierer Saarabteilung, unterstehende Geschäftsbereich II B wurde ausgegliedert und zur neuen Abteilung III, der Abwehrpolizei, ausgebaut, die 1938 über 20 Mitarbeiter verfügte.[41] Die Abwehrpolizei, die für die Abwendung von Spionage und Landesverrat — nicht zuletzt im Rahmen des Westwallbaus — zuständig war, schaltete sich darüber hinaus in die Gegenspionage in Frankreich ein[42] und kooperierte eng mit der militärischen Abwehr des Admirals Canaris. Bis Oktober 1936 war dafür die Abwehrstelle im Wehrkreis IX in Kassel der Ansprechpartner, seitdem die im Wehrkreis XII mit Sitz in Wiesbaden; in Saarbrücken selbst residierte als Nebenstelle ein Abwehroffizier III, der für die Gestapo als regionaler Verbindungsmann fungierte.[43]

Eine ähnliche Aufwertung erfuhr die Überwachung des kirchlichen Bereichs. Wohl infolge des Frankenholzer Schulstreiks und der Unruhen um die Einführung der Gemeinschaftsschule widmete sich der neue Geschäftsbereich II B, der im Herbst 1937 15 Mitarbeiter zählte, ausschließlich den Konfessionen. Die Exilpresse bezeichnete ihn zwar aufgrund der aktuellen Ereignisse nicht zu Unrecht als

„Katholikendezernat", allerdings betraf das neue Ressort auch zwei Personengruppen, die in ungleich höherem Maß Opfer der Ausgrenzungs- und Vernichtungsstrategie werden sollten: Das Referat II B 2 zeichnete für die Sekten zuständig, II B 3 — seit 1938 unter Kriminalsekretär Josef Sonka — für die verbliebenen Juden.[44] Daneben existierte eine Dienststelle II C für Fahndung und Postüberwachung, II D war für Schutzhaft verantwortlich, II E für wirtschaftliche Angelegenheiten. Das Referat II F führte die Gegnerkartei und deren Personaldossiers, II G war für den Erkennungsdienst zuständig, II H für Angelegenheiten der NSDAP und ihrer Formationen. Aus dem Referat II C (N), ab 1937 II N, entwickelte sich der von Kriminalobersekretär Fritz Rebohle geleitete Nachrichtendienst der Stapo-Stelle, der eigene V-Leute unterhielt.[45]

Die nachlassende Überlieferungsdichte im Krieg, die meist nur noch Momentaufnahmen liefert, bringt für die binnenorganisatorische Entwicklung nach 1940 nur noch wenige exakte Hinweise. Die bisherigen Dienststellen blieben zwar bestehen, wurden jedoch personell stark ausgedünnt und erlebten einen erheblichen Bedeutungsverlust. Der verstärkte Einsatz von Zwangsarbeitern in der Saarwirtschaft während des Krieges scheint fortan der Angelpunkt aller organisatorischen Änderungen gewesen zu sein. Bereits am 20. Februar 1942 ordnete Himmler die Errichtung eines speziellen „Russen-Referates" in jeder Stapo-Stelle an. Daneben wurden für bestimmte Betriebe eigene Gestapobeamte abgestellt und in einem neuen Werkschutzressort koordiniert.[46] Im Laufe des Jahres 1943 wurden diese Kompetenzen aus den Abteilungen II und III ausgegliedert und einer gesonderten Abteilung IV zugeteilt, die anscheinend vorrangig für „fremdvölkische Arbeitskräfte" zuständig war. Die Tatsache, daß mehrere Kommissare deren Geschäftsbereiche leiteten, läßt den Schluß zu, daß das verbliebene Personal der Stapo-Stelle in der neuen Abteilung konzentriert wurde. Belegbar ist auch ein Referat IV N — ebenfalls unter Rebohle —, das Nachrichten in den Fremdarbeiterlagern sammelte und V-Leute speziell unter den Ostarbeitern zu rekrutieren suchte.[47]

Saarbrücken unterschied sich von anderen Stapo-Stellen erheblich durch seine vergleichsweise hohe personelle Ausstattung. Während etwa die Stapo-Stelle Hannover, deren Zuständigkeitsbereich zunächst noch die beiden Regierungsbezirke Hannover und Hildesheim mit einer Fläche von 113.000 km^2 und 1,5 Millionen Einwohnern umfaßte, mit 42 Beamten und Angestellten auskommen mußte,[48] hatte die Stapo-Stelle Saarbrücken Ende 1935 eine Personalstärke von 113 Mann, obwohl das ohnehin bedeutend kleinere Saarland mit etwa 780.000 Einwohnern gerade über die Hälfte der Bewohner der Regierungsbezirke Hannover und Hildesheim verfügte.[49] Auch Vergleiche mit anderen Stapo-Stellen bestätigen diese Relationen: Stettin etwa hatte im Januar 1934 41 Beamte und Angestellte, Köslin 29, Frankfurt/Main 41; 1935 wies die Braunschweiger Stapo-Stelle 26 Beschäftigte auf, Bremen 44.[50]

Es scheint, als ob man im Gestapa dem Abstimmungsresultat vom 13. Januar 1935 nicht ganz traute und das katholisch-proletarische Saarland als potentiell unruhige Region einschätzte. Auch die ausgedehnte grüne Grenze zu Frankreich dürfte ein ausschlaggebender Faktor gewesen sein. Es war wohl keine Übertreibung, als die *Deutschland-Information* der KPD im Februar 1936 feststellte, „daß während dieses einen Jahres so viel Gestapo im Saargebiet eingesetzt worden ist wie (prozentual) in keinem anderen Teil Deutschlands".[51] In den folgenden Jahren wurde dieser Personalbestand sogar noch aufgestockt. 1937 besaß die Stapo-Stelle Saarbrücken eine Sollstärke von 156 Mann: einen Kriminalrat, 6 Kommissare, 8 Bezirkssekretäre, 36 Sekretäre und 105 Oberassistenten oder Assistenten.[52] Zum Vergleich: Die Stapo-Stelle Düsseldorf, die für den Niederrhein, das Bergische Land und das westliche Ruhrgebiet zuständig war, hatte im März 1937 einschließlich sämtlicher Außenstellen 281 Mitarbeiter, Würzburg — verantwortlich für ganz Unterfranken mit einer Bevölkerung von 840.000 Menschen — gar nur 22.[53] 1938 erreichte die personelle Ausstattung der Stapo-Stelle Saarbrücken — wohl infolge des beginnenden Westwallbaus — ihren Höchststand: Im Juli zählte sie 171 Mitarbeiter, darunter 8 Sekretärinnen.[54]

Bezogen auf den Widerstand sollte jedoch trotz dieser außergewöhnlich hohen Zahl, die in anderen Industrieregionen keine relationelle Entsprechung besaß, nicht der Eindruck entstehen, als habe es sich hier um einen detektivischen Großverband gehandelt, dem überwachungsstaatliche Praktiken in personeller Hinsicht ein leichtes waren. Obwohl Saarbrücken zweifellos mehr Eingreifreserven besaß als andere Stapo-Stellen, war der weitaus größte Teil des Personals nicht operativ tätig, sondern in Büroroutine verwickelt. Außer den erwähnten Sekretärinnen, die den einzelnen Referaten zugeteilt waren, arbeitete auch ein nicht unbeträchtlicher Teil der männlichen Mitarbeiter in der inneren Verwaltung oder in den Ressorts Kraftfahr-, Nachrichten- und Waffenwesen. Etwa 70 Mitarbeiter waren den Außendienststellen oder der Grenzpolizei zugeteilt, außerdem absorbierte gerade hier an der deutsch-französischen Grenze die Abwehr einen recht hohen Anteil der Kräfte. Zieht man in Betracht, daß außer den erwähnten Zuständigkeiten auch Rechtsopposition, Reaktion, Pazifismus, Bündische Jugend, Freimaurer, Vereinsangelegenheiten, Inlands- und Auslandspresse, Schrifttum, Kulturpolitik, zeitweise auch Homosexualität und Abtreibungen zum Geschäftsbereich einer Stapo-Stelle gehörten, ohne daß sich ihre Zuteilung exakt benennen ließe, dann relativiert sich der vergleichsweise imposante Stellenkegel bereits erheblich. Erwägt man dann noch, daß die Stapo-Stelle ständig mit einer Flut von Erlassen, Berichten, Anzeigen und Denunziationen überspült wurde, dann wird deutlicher, daß die Gestapo trotz ihrer tödlichen Kompetenzen im wesentlichen eine bürokratische, am Schreibtisch tätige Behörde war.

Überdies begann bereits lange vor Kriegsbeginn hinter den Kulissen ein ausgiebiges Hauen und Stechen um den künftigen Stellenplan, um Uk-Stellung, Zuteilung zur Geheimen Feldpolizei und Einziehung zur Wehrmacht.[55] Dennoch ging der Personalbestand seit Herbst 1939 kontinuierlich zurück. Der letzte vorliegende Stellenplan, der den Stand von Herbst 1941 dokumentiert, weist für Saarbrücken nur noch 71 Kriminalbeamte und -angestellte aus sowie 25 Verwaltungsbeamte und Geschäftszimmerangestellte, insgesamt also 96 Mitarbeiter der Stapo-Stelle einschließlich ihrer Außendienststellen.[56] Wie ein Vergleich mit anderen Stapo-Stellen zeigt, scheint die Personalknappheit im Krieg zu einer Angleichung der Stellenpläne genutzt worden zu sein: Seitdem kam ein Gestapo-Mitarbeiter auf etwa 10.000 Personen. In der Folgezeit rissen die Klagen über den „augenblicklichen Beamtenmangel“ und die „nicht mehr tragbare Überlastung“ nicht mehr ab.[57]

Während die Zahl der Fremdarbeiter und Kriegsgefangenen wuchs und man bald schon einen Anstieg der Lagerfluchten und einen „zunehmende(n) Mangel an Wachmannschaften“ konstatieren mußte,[58] herrschte in der Stapo-Stelle Saarbrücken überdies ein ständiges Kommen und Gehen. Immer mehr Mitarbeiter wurden zu den Einsatzgruppen beordert oder den Befehlshabern bzw. Kommandeuren der Sicherheitspolizei und des SD in den besetzten Ländern zugeteilt. Etliche kehrten zwar nach einigen Monaten wieder zurück, insgesamt aber scheinen diese Abordnungen eine schleichende Erosion des Personalbestandes bewirkt zu haben, ohne daß sich dafür globalere Zahlen nennen ließen. Die für November 1943 bis Mai 1944 sowie Juli 1944 vorliegenden Listen mit den monatlichen Personalveränderungen weisen allein für diesen Zeitraum 74 Abkommandierungen bzw. Versetzungen auf, denen 24 Rückmeldungen gegenüberstehen; zwei Mann wurden als gefallen oder vermißt registriert.[59]

Es gehört zur Ironie der Geschichte, daß ausgerechnet Himmler, der nach dem 20. Juli 1944 auch zum Befehlshaber des Ersatzheeres avancierte, durch seine Verzweiflungsaufgebote der letzten Kriegsmonate erheblich zur personellen Ausdünnung seines Maßnahmenstaates beitrug. „Jeder auch nur halbwegs militärisch ausgebildete Gestapomann mußte mit hinaus“, schrieb Franz Biereth, damals Leiter der Abteilung IV, später. „Damit war die einst tatsächlich allmächtige Gestapo zu einem Potemkinschen Dorf geworden. Hinter der erhalten gebliebenen Fassade stand im wesentlichen noch ein dürftiges Skelett.“[60] Dies schloß allerdings nicht aus, daß es bis zuletzt immer noch zur punktuellen Massierung der verbliebenen Kräfte reichte.

Außendienststellen und Grenzpolizei

Ein nicht unbeträchtlicher Teil des Personals der Stapo-Stelle gehörte nicht zur Saarbrücker Zentrale, sondern zu den Außendienststellen bzw. zur Grenzpolizei, war also verteilt auf die wichtigsten Städte und die Ortschaften an der grünen Grenze zu Frankreich. Die anläßlich der Rückgliederungsfeierlichkeiten provisorisch errichteten Außenstellen wurden noch im Frühjahr 1935 reorganisiert: Ludweiler und Gersheim entfielen, es blieben Außendienststellen in Merzig, Neunkirchen und Saarlouis; eine weitere in St. Ingbert kam hinzu.[61] Detlev Peukerts Beobachtung für das Ruhrgebiet, wonach dort das Netz der Stapo-Außenstellen — gemessen an der Bevölkerungsdichte — „nicht gerade beeindruckend“ war und die Gestapo auch in vielen Großstädten über keinen exekutiven Unterbau verfügte,[62] traf für das überschaubarere Saarland nach 1935 nicht unbedingt zu. Die einzelnen Stapo-Außendienststellen waren hier für wesentlich kleinräumigere Einheiten zuständig, dennoch blieben sie auch hier fundamental auf die Zu- und Mitarbeit der Ortspolizeibehörden angewiesen. Allerdings existierte diese aufwendige Struktur, die für fast jeden Kreis eine Außenstelle der Gestapo schuf — lediglich St. Wendel wurde durch Neunkirchen, Homburg durch St. Ingbert mit-„betreut“ — nicht lange. Die Saarlouiser Dependance wurde im Sommer 1937 in ein Grenzpolizeikommissariat umgewandelt, die St. Ingberter Außendienststelle am 1. März 1939 aufgelöst.[63]

Überdies übernahm die Stapo-Stelle Saarbrücken im Krieg zusätzlich noch die Leitung der Politischen Polizei in der Pfalz. Diese Ausweitung der Kompetenzen lag nicht nur in der Logik der „Westwanderung der Verwaltungsschwerpunkte"[64] seit der Einverleibung Lothringens, sie setzte auch bisherige personelle Kontinuitäten fort: Als die für die Pfalz zuständige Stapo-Stelle Anfang 1937 von Ludwigshafen nach Neustadt, dem Sitz der Gauleitung, verlegt wurde, hatte Dunckern in Personalunion auch dort das Kommando übernommen. Im Juli 1938 löste ihn sein bisheriger Saarbrücker Stellvertreter Dr. Otto Bradfisch ab.[65] Am 1. Juli 1941 wurde Neustadt als eigenständige Stapo-Stelle suspendiert, personell reduziert und zur Saarbrücker Außendienststelle ernannt.[66] Während die Dependance in Kaiserslautern aufgelöst wurde, blieb die in Ludwigshafen bestehen und wurde 1942 Theo Clövers, zuletzt Leiter der Abteilung III der Saarbrücker Stapo-Stelle, übertragen.[67] Bis 1945 existierten damit Außendienststellen in Merzig, Neunkirchen, Neustadt und Ludwigshafen. Dieses Netz garantierte mit Sicherheit kürzere Dienstwege, darüber hinaus aber muß seine Effektivität bezweifelt werden. Allein schon von ihrer personellen Ausstattung her konnten die Außendienststellen keine Bäume ausreißen; die in Neunkirchen etwa — nunmehr zuständig für die Kreise Ottweiler, St. Wendel und Homburg — war während des Krieges mit fünf Beamten, einem Chauffeur und drei Sekretärinnen besetzt,[68] die in Merzig mußte mit noch weniger Personal auskommen. Für kontinuierliche Observation reichte dieses Potential nicht aus; die Präsenz vor Ort blieb mehr symbolischer Natur.

In Bayern war die Grenzpolizei bereits im März 1933 der Bayerischen Politischen Polizei unterstellt worden, in Preußen ordnete Göring am 8. März 1934 an: „Grenzkommissariate und Grenzdienststellen gelten ebenfalls als auswärtige Dienststellen der zuständigen Staatspolizeileitstelle."[69] Auch im Saarland übernahm man dieses Modell, noch bevor Frick im Mai 1937 reichsweit eine einheitliche Regelung anordnete. Die zum 1. März 1935 gebildete Kette von 25 provisorischen Grenzstellen, die mit je einem Beamten besetzt waren, wurde bald schon grundlegend verändert. In Saarbrücken und Saarlouis wurden zwei Grenzpolizeikommissariate geschaffen, die jeweils einem Kriminalkommissar unterstanden und über eine Reihe von Nebenstellen verfügten. Im Januar 1938 befanden sich derartige Grenzpolizeiposten auf der Goldenen Bremm, in Güdingen, Hanweiler, Reinheim, Peppenkum, Dorf im Warndt, Niedaltdorf und Biringen; auch die Paßkontrollstelle im Saarbrücker Hauptbahnhof unterstand dem dortigen Grenzpolizeikommissariat.[70] Personell waren die Grenzpolizeiposten mit je sechs bis acht Beamten besetzt und entsprachen damit in etwa der Ausstattung einer Stapo-Außendienststelle.[71] Obwohl die Zahl der Nebenstellen 1938 von neun auf vier reduziert wurde, waren im Sommer 1939 noch 43 Beamte der Stapo-Stelle Saarbrücken — also etwa ein Drittel des gesamten Personalbestandes — im Grenzpolizeidienst tätig.[72] Mit der Eroberung Frankreichs entfielen die Aufgaben auf diesem Sektor; im März 1941 verfügte Himmler die Auflösung der Grenzdienststellen im Westen.[73]

Die Grenzpolizeikommissariate, die ihre sachlichen Weisungen von den Abwehr-Referaten der Gestapo erhielten und der Kontrolle durch den Grenzinspekteur III (West) in Koblenz unterstanden, besaßen ausschließlich politisch-polizeiliche Funktionen wie die Verhinderung einer unerlaubten Einfuhr verbotener Druckschriften, die Abwehr von Spionage und Landesverrat, die Mithilfe bei der Bekämpfung staatsfeindlicher Bestrebungen oder die Beobachtung der politischen Entwicklung im Grenzgebiet.[74] Angesichts der Ausdehnung der Grenze und des lebhaften, beruflich und privat motivierten Grenzverkehrs blieb die Überwachung aus staatspolizeilicher Sicht gleichwohl äußerst lückenhaft. Dies zeigte sich nicht nur im regen Schmuggel illegaler Schriften, sondern auch beim Überrennen der überraschten Grenzpolizisten und Zöllner durch die protestierenden saarländischen Lothringengänger am 27. Februar 1937.[75] Im Jahresbericht der Stapo-Stelle für 1937 gestand man ein: „Die nach staatspolizeilichem Gesichtspunkte völlig unzureichende Sperrung und Überwachung der Grenze ermöglichte es dem saarländischen Kommunisten sein eigener Funktionär, Kurier, Propagandamann, Zeitschriftentransporteur usw. zu sein, da er praktisch die grüne Grenze ohne allzu große Gefahr beliebig oft überschreiten konnte."[76] Die unterschiedliche Effizienz des Maßnahmenstaates bestimmte damit auch hier die Handlungschancen des Widerstandes.

Die Beamten des Staatsterrors

Das Personal der saarländischen Gestapo kam mit wenigen Ausnahmen von auswärts. Während beispielsweise 65 % der Beamten und Angestellten der Stapo-Stelle Hannover vor 1933 bei der dortigen staatlichen Polizeiverwaltung tätig gewesen waren,[77] lag der Anteil in Saarbrücken bedeutend niedriger. Von den 107 Kriminalbeamten und -angestellten Ende 1935 kamen lediglich sechs vom Polizeipräsidium Saarbrücken, 14 — also ganze 13 % — waren im Saargebiet geboren.[78] Erst 1937, verstärkt 1938 und zum Teil noch 1939 wurde ein größerer Schub von Beamten der saarländischen Kriminal- und Schutzpolizei, meist späte Mitglieder der NSDAP, die der Partei 1933 bzw. 1935 beigetreten waren, durch die Stapo-Stelle übernommen.

Nur ein Bruchteil der Saarbrücker Gestapo war dadurch vertraut mit der Region, den dominierenden Milieus und ihren spezifischen Traditionen. Dieses Manko wurde durch kriminalistische Kompetenz nicht kompensiert. Denn es war keineswegs die Elite der Politischen Polizei, die an den Aufbau der neuen Stapo-Stelle ging, sondern mehrheitlich eine Gruppe von Autodidakten auf dem Feld der politischen Gegnerbekämpfung: 83 Mann des Personals von 1935 wurden erst in diesem Jahr — im Regelfall zeitgleich mit der Versetzung nach Saarbrücken — zur Gestapo übernommen; bei 77 % der Belegschaft handelte es sich um Neulinge auf diesem Sektor. In vielen Fällen waren es ehemalige Schutzpolizisten, die in den frühen 30er Jahren als Kriminalassistenten zur Kripo gewechselt waren und mit der Meldung zur Gestapo auf eine Beförderung setzten; auch von der pfälzischen Gendarmerie kam ein größeres Kontingent. Nur 24 Mann, also ein knappes Viertel, wurden von anderen Stapo-Stellen übernommen, brachten also Erfahrung mit. Dazu zählte vor allem Nickels bisherige Trierer Saarabteilung,[79] aber auch eine kleine Breslauer Gruppe um Dunckern und dessen Stellvertreter Müller.

Ähnliche Differenzierungen finden sich auch in generationeller Hinsicht: 73 % der Kriminalbeamten waren vor 1900 geboren, 21 von ihnen sogar noch in den 1880er Jahren und früher. Die Kriminalangestellten hingegen waren erheblich jünger; mit einer Ausnahme kamen sie erst kurz vor 1914 zur Welt. Diese Unterscheidungen deckten sich weitgehend mit den politischen Zugehörigkeiten: Nur elf Mann — also 10 % — waren Mitglieder der SS, darunter allein fünf der neun Kriminalangestellten, außerdem zwei der drei Büroangestellten sowie beide Chauffeure; mehrheitlich waren sie zwischen 20 und 30, also bedeutend jünger als das übrige Personal. Die Vermutung liegt nahe, daß hier „150prozentige", Sprungbrettkarrieristen mit guter Witterung für die Zukunft und Hochdiener aus dem Arbeitslosenheer, die sich durch die SS-Mitgliedschaft eine Arbeitsbeschaffungsmaßnahme versprachen, eine seltsame Koalition bildeten. Darüber hinaus gehörten 54 Mann, also genau die Hälfte der Kriminalbeamten und -angestellten der NSDAP an, 19 zudem bzw. lediglich der SA. Allerdings waren die „alten Kämpfer" unter ihnen überaus rar; die übergroße Mehrheit war seit Frühjahr 1933 der NSDAP beigetreten. Auch hier schimmern Arbeitsplatzoptionen deutlich durch.

Obwohl Franz Neumanns Feststellung, wonach die „Seele" des nationalsozialistischen Polizeisystems „in der SS sitzt",[80] für Saarbrücken längst noch nicht zutraf, gab es doch gerade unter jenen Jüngeren, die bereits vor 1933 der SS bzw. der NSDAP beigetreten waren, ein ebenso skrupelloses wie karrieresüchtiges Potential. Kurt Matschke etwa, Jahrgang 1908, ein verkrachter Jurastudent, SS- und NSDAP-Mitglied seit 1932, gehörte seit 1934 als Kriminalangestellter zur Stapo-Stelle Liegnitz und wechselte 1935 mit seinem Förderer Dunckern nach Saarbrücken; hier avancierte er bereits 1936 zum Kommissar und leitete seit 1938 den wichtigen Geschäftsbereich II A, seit Kriegsbeginn die gesamte Abteilung II. Im Oktober 1941 wurde er zur Einsatzgruppe B in die Sowjetunion abgeordnet und führte dort von Dezember 1941 bis Februar 1942 vorübergehend deren Sonderkommando 7 a; der blutige Einsatz im Osten brachte ihm 1943 die Beförderung zum Kriminalrat ein.[81] Eine ähnliche Karriere machte auch Franz Biereth, 1904 in Augsburg geboren, dort zunächst Journalist, seit 1928 dann bei der Schutzpolizei, NSDAP-Mitglied seit 1931. Als Polizeioberwachtmeister kam er 1935 zur Stapo-Stelle Saarbrücken und wurde 1941 zum Kriminalkommissar befördert; sein Dienstleistungszeugnis, wonach er ein „überzeugter Nationalsozialist" sei, dürfte ihm dabei nicht geschadet haben. Im Oktober desselben Jahres beerbte er Matschke als Leiter der Abteiluung II, ehe er seit 1943 als Chef der neuen Abteilung IV den Staatsterror gegen die Fremdarbeiter organisierte und es so ebenfalls noch zum Kriminalrat brachte.[82] Als Oberwachtmeister kam auch Karl Harms 1935 nach Saarbrücken, Jahrgang 1905, bisher bei der oldenburgischen Polizei, NSDAP-Mitglied seit 1932. Harms, zuletzt Kriminalkommissar-Anwärter, war bis 1944 der KPD-Experte des Referates II A und galt allgemein als gefürchteter Schläger bei Verhören; ein Hamburger Gericht verurteilte ihn 1948 zu sechs Jahren Zuchthaus.[83]

Andererseits gehörten 39 Mann — immerhin 36 % — 1935 keiner NS-Formation an. Die Zahl derer, die weder der NSDAP noch der SS beitraten, nahm mit den Jahren zwar ab, blieb jedoch — wie die Entnazifizierungsakten zeigen — erstaunlich hoch.[84] Der nach 1945 so oft beschworene Zwang zur Mitgliedschaft ließ sich — falls er existierte — selbst in diesem Kernbereich der NS-Herrschaft unterlaufen; der Beitritt wirkte sicher als Aufstiegskatalysator, war jedoch keineswegs Beförderungs- oder gar Zugehörigkeitsvoraussetzung.[85] Selbst ein Karrierebeamter wie Kriminalkommissar Eugen Schwitzgebel, 1938/39 Leiter der Abteilung II und neben Peter Eisenbarth der einzige gebürtige Saarländer in der Führungsetage, trat erst im August 1942 der NSDAP bei.[86]

Dieses Bild einer keineswegs durchgängig fanatisierten Truppe wird noch heterogener, wenn man den quantifizierbaren Querschnitt des Jahres 1935 durch die impressionistischen Einblicke der Entnazifizierungsakten ergänzt. Demnach gehörte ein nicht unbeträchtlicher Teil der Gestapobeamten vor 1933 den republikanischen Parteien an; unter ihnen waren etliche frühere Mitglieder der SPD, des Reichsbanners, des Zentrums, selbst ein ehemaliger Angehöriger der USPD.[87] Viele Gestapobeamte blieben in der Kirche, manche sogar als praktizierende Christen. Der aus Sulzbach stammende Kriminalsekretär Hans Lorenz, NSDAP-Mitglied seit 1932, brachte verfolgte Juden über die Grenze und gab Nachrichten von Emigranten an ihre Angehörigen im Saarland weiter.[88] Selbst die Leitung der Stapo-Stelle Saarbrücken mißtraute dem Korpsgeist in den eigenen Reihen: Im Juli 1936 wurde ein Kriminalassistent — auch er NSDAP-Mitglied — festgenommen, „weil der dringende Verdacht bestand, daß er mit der Organisation der Kommunisten im französischen Grenzgebiet in Verbindung stehe".[89] Haft wurde 1936 auch gegen zwei Saarbrücker Gestapobeamte verfügt, die dem französischen Nachrichtendienst Material in die Hände gespielt haben sollten.[90]

Angesichts solcher Heterogenität wäre es verfehlt, hier von der Exekution einer Weltanschauung sprechen zu wollen. Es griffe jedoch auch zu kurz, die Mitgliedschaft in der NSDAP als wichtigsten oder gar einzigen Indikator einer Radikalisierung der Gestapo zu betrachten. Allein das Beispiel von Heinrich Müller, Heydrichs rechter Hand und seit 1936 Leiter des Amtes Geheime Staatspolizei im neuen Hauptamt Sicherheitspolizei, dessen Aufnahme in die NSDAP von dieser bis 1939 erbittert und erfolgreich bekämpft wurde, macht eine solche Vorstellung bereits obsolet. Das Beispiel von Müller, des „Mörders aus Gehorsam und Ordnungssinn", wie Shlomo Aronson ihn treffend charakterisiert hat,[91] verweist aber auch darauf, das sich die Gestapo auf Kontinuitätslinien in der deutschen Polizei stützen konnte, auf die Fixierung an National- und Obrigkeitsstaat, auf Sekundärtugenden wie Pflichterfüllung und Subordination, auf den Typus des apolitischen deutschen Beamten, der Weisungen von oben widerspruchslos, aber auch gleichgültig ausführte, auf die Traditionen einer „‚Bürokratie um ihrer selbst willen', die nach den Vorschriften handelte, gleich welche es waren".[92] Die Emanzipation der Gestapo von legislativen Normen, die Buchheim zurecht als „Entstaatlichung" analysiert, mußte von den in die Stapo-Stellen einrückenden ehemaligen Schupo- und Kripobeamten keineswegs so verstanden werden. Für den autoritätsgläubigen Polizisten, der Befehl und Gesetz zu identifizieren gewohnt war, bereitete es keinerlei Mühe, das Dritte Reich als Staat zu betrachten, ohne deshalb weltanschaulich bereits ein „Nazi" zu sein. Als Vertreter dieses bürokratischen Opportunismus war Heinrich Müller, seit 1939 Chef des Amtes IV, des früheren Gestapa, im Reichssicherheitshauptamt, eine eher zufällig in die Spitze gelangte Verkörperung dieses Massentypus, der dort wohl stärker die Mentalität der Gestapobasis repräsentierte als die jungen SS-Juristen vom Schlage Bests und Schellenbergs.

Daß diese Mentalität, die sich von der SS leicht instrumentalisieren ließ, ohne daß sie selbst deswegen bereits bekenntnishafte oder gar fanatische Züge annahm, gleichwohl mancherlei Ambivalenzen barg, zeigte sich auch in Saarbrücken. Die geschilderte Heterogenität in der Zusammensetzung setzte sich im zwiespältigen Verhalten der einzelnen Personen fort. Da gab es etwa den Kriminalsekretär Emil Schulz, beheimatet in Mittelbexbach, der die Verhaftung des früheren Polleiters der dortigen KPD-Ortsgruppe verhinderte, weil er mit dessen Bruder befreundet war; derselbe Schulz wurde 1947 von einem alliierten Militärgericht zum Tode verurteilt und hingerichtet, weil er sich 1944 an der Erschießung kriegsgefangener englischer Piloten beteiligt hatte.[93] Da gab es den Kriminalsekretär Hans Schulz, ehedem USPD-Mitglied, der zwei illegal tätige Kommunisten wieder laufen ließ, aber eineinhalb Jahre lang als Angehöriger einer Einsatzgruppe in Weißrußland mordete.[94] Da gab es den aus Spiesen stammenden Kriminalsekretär Ludwig Malter, der den dortigen katholischen Pfarrer vor Aktionen der Gestapo warnte, nach der „Reichskristallnacht" jedoch festgenommene Juden mißhandelte.[95] Und da gab es den früheren SPD-Landesratsabgeordneten Johann Hoffmann, mittlerweile Tabaklieferant und zeitweise V-Mann der Stapo-Stelle, der nach der Verhaftungswelle nach dem 20. Juli 1944 die Freilassung der meisten ehemaligen SPD-Funktionäre erreichte, obwohl sie auf Weisung des Reichssicherheitshauptamtes nach Dachau „verschubt" werden sollten; Zigaretten dürften seinen Argumenten die nötige Einsicht verschafft haben.[96]

Diese Beispiele, die sich fortsetzen ließen,[97] zeigen vor allem, daß die saubere Scheidung in Schurken und Helden nicht aufgeht, da viele der Akteure durchaus zwiespältig und keineswegs identisch handelten. Partielle Brutalität und partielle Humanität schlossen sich subjektiv keineswegs aus, sondern koexistierten miteinander in widersprüchlicher Gleichzeitigkeit. Kamen persönliche Beziehungen ins Spiel, handelte es sich um Leute aus der Nachbarschaft oder dem eigenen Ort, um eine politische oder soziale Gruppe, zu der noch gewisse Bindungen bestanden, dann drückte man unter Umständen ein Auge zu, warnte rechtzeitig, hängte den Fall tief, ließ Akten im Schreibtisch verschwinden, beeinflußte den bearbeitenden Kollegen. Dieses Verhalten, in dem sich Klientelverhältnisse, Restloyalitäten, Momente der Korruption und nach Stalingrad gewiß auch Rückversicherungsüberlegungen paarten, schuf unterhalb der offiziellen Erlaßebene als weitere Realitätsdimension ein undurchdringliches Gestrüpp quasi feudaler Abhängigkeiten und persönlicher Rücksichtnahmen. Mit Werthaltungen hatte es wenig gemein; es war unberechenbar und im wesentlichen situativ bedingt, konnte im nächsten Moment umschlagen. Gegenüber den „Fremdvölkischen" — sei es im Osten oder an der „Heimatfront" — kannte man kein Pardon; auch Juden, Bibelforscher und Kommunisten besaßen kaum eine Lobby.

Dieses labile Neben- und Ineinander gegensätzlicher Verhaltensweisen und die Personalisierung von Machtbeziehungen verweisen aber auch auf die relative Autonomie der einzelnen Sachbearbeiter in der Stapo-Stelle. Als Harms etwa erfuhr, daß ein Kommunist, zu dessen Festnahme er beigetragen hatte, schon nach sieben Monaten KZ wieder auf freien Fuß gesetzt worden war, bestellte er ihn zu sich und erklärte ihm, „wenn er in der Zeit (s)einer Entlassung nicht auf Urlaub gewesen wäre, sei (er) noch nicht entlassen worden".[98] Dieses Beispiel demonstriert, daß der entnormierte Maßnahmenstaat nicht nur Willkür sanktionierte, sondern dadurch auch die persönlichen Befugnisse innerhalb der Gestapo nahezu grenzenlos ausdehnte. Die Auflösung allgemeingültiger Maßstäbe ließ dem jeweiligen Bearbeiter bei bloßem Verdacht — dem Sachverhalt bei den meisten Festnahmen — die Wahl zwischen Niederschlagung des Falles und dem Antrag auf KZ-„Verschubung". Er — und nicht sein Abteilungsleiter oder der Chef der Stapo-Stelle, die in aller Regel nur noch abzeichneten — war damit im wahrsten Sinne des Wortes Herr über Leben und Tod. Diese Persönlichkeitsvariable machte jede Festnahme zum Roulettespiel; entscheidender als der Tatbestand war meist die Person des Sachbearbeiters.

Der Krieg veränderte die Personalstruktur nicht nur — wie dargestellt — in quantitativer Hinsicht, auch qualitativ wandelte sie sich erheblich. Bereits im August 1938 begann das Gerangel um geeignetes Ergänzungspersonal im Mobilmachungsfall. Obwohl Heydrich anordnete, daß dafür „in erster Linie pensionierte Beamte der Kriminalpolizei in Frage" kämen,[99] versteifte sich die Stapo-Stelle Saarbrücken darauf, ersatzweise 23 SS-Angehörige einzustellen. Die Evakuierung machte indes einen dicken Strich durch die Rechnung; „das Ergänzungspersonal ist nicht mehr erfaßbar", mußte man sich im Januar 1940 eingestehen.[100] Da jedoch ein beträchtlicher Teil der bisherigen Mitarbeiter durch die Einberufung zu Wehrmacht oder Geheimer Feldpolizei nicht mehr zur Verfügung stand, wurde ein Schub junger Kriminalassistenten-Anwärter zur Einarbeitung nach Saarbrücken versetzt und verfügt, daß auf „weltanschauliche Schulung Gewicht zu legen", bürgerliches Recht aber verzichtbar sei.[101] Mit ihnen wuchs ein neuer Typ von Gestapobeamten heran, der das bisherige — ohnehin nicht gerade gewaltige — kriminalistische Niveau noch um ein beträchtliches unterschritt. Bald zeigte es sich, so das Reichssicherheitshauptamt, „daß die Mehrzahl der Prüflinge nur über ein geringes Wissen verfügt und die Prüfung unter normalen Verhältnissen kaum bestanden hätte".[102] Die Beurteilungen durch die Referatsleiter der Saarbrücker Stapo-Stelle belegen genauer, wo die Mängel lagen. Der größte Teil des Nachwuchses war demnach „nicht in der Lage, auch nur die einfachsten Arbeiten selbständig und fehlerfrei auszuführen" oder „verrichtete (sie) nur bei Aufsicht, und wenn letztere nicht da war, verfolgte er nur Privatinteressen"; gleichzeitig wurde den Neulingen jedoch attestiert, daß sie „rückhaltlos für Führer, Staat und Partei" einträten.[103]

Auch die zunehmenden Notdienstverpflichtungen durch die Arbeitsämter schafften die wachsende Qualifikationslücke nicht aus der Welt. Insbesondere seit 1942/43 wurden Angehörige von entbehrlichen Dienstleistungsberufen — vor allem Straßenbahner, meist nicht einmal NSDAP-Mitglieder — zur Gestapo überwiesen. So landete etwa ein parteiloser Vulkanisateur, der durch einen Unfall ein Auge verloren hatte, aber Stenographie und Schreibmaschine beherrschte, 1943 auf der Stapo-Stelle.[104] Es war das letzte Aufgebot, das in der Endphase des Krieges dort die Löcher in der Personaldecke stopfte und den Dienstbetrieb aufrechterhielt.

Die Veränderung der Qualifikationsstruktur und die wachsende Fluktuation durch Abordnungen zu den Einsatzgruppen und zur Sicherheitspolizei in den besetzten Gebieten führten zu einer beträchtlichen Reduktion der Schlagkraft. Während der zu verfolgende Personenkreis ständig ausgedehnt wurde und allein dieser Funktionszuwachs die bisherigen Kapazitäten bereits überfordert hätte, gerieten die gelernten Kriminalisten jetzt zudem immer mehr in die Minderheit. Zugespitzt formuliert: Trotz wachsender Aufgaben setzte sich die Gestapo zunehmend aus Amateurdetektiven zusammen. Einerseits ging der Grad intelligenter polizeilicher Aktionen dadurch noch stärker zurück und förderte die Ersetzung herkömmlicher Polizeimethoden durch gewaltsam erpreßte Geständnisse, wobei die Erfahrungen im Osten ihren Teil zu diesem Prozeß zunehmender Brutalisierung beitrugen. Andererseits rückten die Routiniers der mittleren Ebene — die auf die Pensionierung zusteuernden Kriminalobersekretäre — nunmehr in viele der bisherigen Kommissarstellen auf und bildeten damit das einzige Element personeller Kontinuität; ihre Erfahrung dürfte in der zweiten Kriegshälfte der wichtigste Aktivposten gewesen sein, der der Stapo-Stelle noch verblieben war.[105]

Die Juristen im Chefsessel

Die irritierenden Momente, denen wir beim Personal begegnet sind, entfielen auf der Chefebene. Die Leiter der Stapo-Stelle wiesen nicht nur eine erstaunliche Homogenität auf, sie waren auch aus anderem Holz geschnitzt. Durchweg personifizierten sie den Typus des Technokraten der Macht, für den der Nationalsozialismus keine volksgemeinschaftliche Utopie bedeutete, sondern „Führungsanspruch einer neuen, undoktrinären Elite", der Himmlers schwarzes Korps „als eine Art säkularisierte(n) Jesuitenorden" begriff, als Verkörperung intransigenter Härte, als sonderrechtlich organisiertes „Kriegerimperium", „dem die Parteigenossen im Grunde nicht mehr bedeuteten als die Schar der dienenden Laienbrüder".[106]

Erster Leiter der Saarbrücker Stapo-Stelle war der bereits mehrfach erwähnte Anton Dunckern, 1905 in München geboren, ein Duzfreund Himmlers, der bereits als Jugendlicher am Novemberputsch 1923 teilgenommen hatte und von Hitler darum mit dem „Blutorden" ausgezeichnet worden war. Als Referendar stieß er 1930 vom rechtsradikalen Bund Oberland zu NSDAP und SS, trat im April 1933 in die Bayerische Politische Partei ein, wechselte ein Jahr später ins Gestapa und übernahm im Juli 1934 die Leitung der schlesischen Stapo-Stellen Breslau und Liegnitz, ehe er 1935 nach Saarbrücken kam. Mit Wirkung vom 1. Februar 1939 wurde er zum Führer des SD-Oberabschnitts Mitte in Braunschweig ernannt, avancierte im Herbst 1939 dort zum Inspekteur der Sicherheitspolizei und des SD, kam dann — wie erwähnt — ein Jahr später in seinen früheren Wirkungskreis zurück und amtierte als Befehlshaber der Sicherheitspolizei und des SD Lothringen-Saarpfalz bis 1944 in Metz.[107] Jurist war auch Dr. Otto Bradfisch, 1903 in Zweibrücken geboren, NSDAP-Mitglied seit 1931, der im März 1937 zum stellvertretenden Leiter der Stapo-Stelle Saarbrücken ernannt wurde, ehe er im Sommer 1938 zum Chef der pfälzischen Gestapo in Neustadt avancierte. Von Beginn des Rußlandfeldzuges bis April 1942 übernahm er die Führung des Einsatzkommandos 8 der Einsatzgruppe B, die im Bereich der Heeresgruppe Mitte Massenexekutionen durchführte. Bradfisch, der 1961 wegen Beihilfe zum Mord in 15.000 Fällen zu zehn Jahren Zuchthaus verurteilt wurde, rügte seine Untergebenen immer wieder, daß „die Erschießungszahlen des Einsatzkommandos ohnehin viel zu niedrig seien und an die von den anderen

Einheiten gemeldeten Ziffern nicht herankämen“ und forderte, „er wolle endlich Zahlen sehen“.[108]

Auch Dr. Hans-Ulrich Geschke, der im Juli 1938 nach Saarbrücken kam und zunächst als Dunckerns Stellvertreter, dann als Leiter der Stapo-Stelle fungierte, war Jurist. Geschke, 1907 in Frankfurt/Oder geboren, NSDAP-Mitglied seit 1932, gehörte der Gestapo seit 1934 an und hatte bisher die Stapo-Stellen in Dortmund und Kiel geführt. Im August 1939 wurde er von Saarbrücken nach Prag versetzt und brachte es dort zum Chef der Stapo-Leitstelle für Böhmen und Mähren.[109] Sein Nachfolger, der SS-Sturmbannführer und Regierungsrat Johannes Theodor Rentsch, 1908 in Zwickau geboren, kam aus Dresden. Bis November 1943 leitete er die saarländische Gestapo, dann übernahm er die Stapo-Leitstelle in Hannover und verantwortete unmittelbar vor der Befreiung durch amerikanische Truppen die Erschießung von 154 sowjetischen Staatsangehörigen auf dem Seelhorster Friedhof.[110]

In Saarbrücken wurde er durch Dr. Leopold Hubert Spann abgelöst, 1908 in Bayerbach geboren, Jurist wie seine Vorgänger, NSDAP-Mitglied seit 1932. Spann stand seit 1935 in den Diensten der Gestapo, war stellvertretender Leiter der Stapo-Stelle Innsbruck, dann Chef der Dienststelle in Köslin gewesen und hatte sich seit Januar 1942 als Kommandeur der Sicherheitspolizei und des SD im Generalbezirk Nikolajew im Rahmen der Einsatzgruppe C am Massenmord beteiligt. An der Autobahn zwischen Kaiserslautern und Landstuhl erschoß er am 27. März 1944 eigenhändig zwei kriegsgefangene englische Piloten.[111] Da Spann bereits im Sommer dieses Jahres nach Linz versetzt wurde, übernahm am 1. September 1944 SS-Obersturmbannführer und Oberregierungsrat Dr. Egon Kulzer als letzter Chef die Stapo-Stelle in Saarbrücken. Kulzer, Jahrgang 1906, natürlich Jurist, 1933 der SS beigetreten, hatte seit 1938 in der Gestapo Karriere gemacht und zuvor deren Dienststellen in Oppeln und Troppau geleitet. Ende Dezember 1944 wurde er mit der Führung der Kölner Stapo-Stelle beauftragt,[112] die Gestapo in der restlichen Westmark — wie bereits dargelegt — einem Kommandeur der Sicherheitspolizei unterstellt.

Von einer „Sozialdeklassiertheit“, wie Kogon sie der Gestapo-Führungsriege unterstellt,[113] kann hier keine Rede sein. Die Chefebene der Stapo-Stelle Saarbrücken war kein Tummelplatz gescheiterter Existenzen, sondern Karrieresprosse des akademischen Nachwuchses aus den Rechtswissenschaften, häufig ausgezeichnet mit dem Doktorhut. Sie besaßen kaum die Erfahrung der Deklassierung, wohl aber ein Gefühl dafür, eine Witterung, die durch die Weltwirtschaftskrise genährte Angst davor. Die Einstellung bei der Gestapo, die meist unmittelbar nach dem zweiten juristischen Examen erfolgte, machte politische Option und persönlichen Aufstieg kongruent. Als Regierungsräte in der Uniform des schwarzen Ordens, die gnadenlos exekutieren ließen, aber kaum selber zur Waffe griffen, verkörperten sie die neue Elite der fungiblen Sonderführer, die von Brennpunkt zu Brennpunkt eilten, anordneten, Exempel statuierten und wieder verschwanden. Sie personifizierten den „intelligenten, machtwilligen, von Wertbezügen freien Typ der jüngeren Führergeneration“,[114] der den Schützengraben-Sozialismus des Weltkrieges ebenso belächelte wie den traditionellen Nationalismus bürgerlicher Provenienz, die restaurativen

Ordnungsvorstellungen ebenso wie die KdF-Fahrten in norwegische Fjorde, der den permanenten Ausnahmezustand als seine Domäne betrachtete, Sonderkompetenzen als Handwerkszeug, totale Machtausübung als Beruf.

„On the whole we can say that the organizers of the repression had almost without exception been born after 1900, and did not belong to the generation that had served at the front in World War I".[115] Diese generalisierende Feststellung Friedrich Zipfels traf auf Saarbrücken voll und ganz zu. Bei ihrem Amtsantritt waren die Leiter der Stapo-Stelle zwischen 30 und 38 Jahre alt. Wie Himmler selbst, der es mit 29 zum Reichsführer SS, mit 34 zum Chef der Gestapo und mit 36 gar zum Leiter der gesamten deutschen Polizei gebracht hatte, markieren auch sie einen Generationswechsel bei der politischen Gegnerbekämpfung im Übergang von der Weimarer Republik zum Dritten Reich; damit unterschied sich die Gestapoelite generationell grundsätzlich vom Führerkorps der SA und der NSDAP-Parteispitze. In der Stapo-Stelle Saarbrücken setzte sich diese relative Jugendlichkeit bei den leitenden Beamten fort. 1938 lag der Altersdurchschnitt der Kommissare bei 37 Jahren; lediglich Kriminalrat Nickel, bereits 1887 geboren, bildete hier die Ausnahme von der Regel.[116]

Bürokratische Perfektion und programmierte Pannen

Es gehört zu den Paradoxa des Maßnahmenstaates, daß er seine Filialen binnenorganisatorisch einer strikten Hierarchisierung und Norminierung unterwarf. Die Kennzeichnung der Gestapo als „organisierte außernormative Kraft"[117] ist damit nur für ihre Position in Staat und Gesellschaft zutreffend; in ihrem Inneren aber war sie hoch-, ja überbürokratisiert. Unter dem Einfluß der in die Gestapo strömenden jungen Juristen begann eine umfassende Kodifizerung, die eine durchaus ambivalente Wirkung besaß: Sie löste die Terrorperiode ab und bot den ausführenden Beamten alter Schule neue Rechtsförmigkeit in hergebrachter Form und Rechtsprache, sie schränkte — wenigstens auf dem Papier — persönliche Willkürakte ein und verpflichtete alle unteren Instanzen auf dieses Regelwerk.[118] Da es sich bei der Gestapo jedoch um eine revolutionäre, improvisierte Institution ohne bereits existenten Verhaltenskodex handelte und ihre Köpfe auch nicht daran dachten, dauerhafte Regularien im Sinne einer neuen Rechtssicherheit zu schaffen, wurde der jeweils gültige Rechtsfrieden faktisch täglich neu verkündet, die Feindlage präzisiert, die Methoden dazu revidiert.

Diese bürokratische Gängelung der einzelnen Stapo-Stellen unterwarf sie einer umfassenden Reglementierung durch das Gestapa, das eine wahre Vorschriftenwütigkeit entwickelte und sich die Entscheidung über jeden kostenrelevanten Schritt vorbehielt. In der Praxis bedeutete dies die Normierung von allem und jedem, eine Flut sich ergänzender, überholender, widersprechender Erlasse und Verordnungen, deren Verarbeitung einen beträchtlichen Teil des eigenen Potentials band, das die Stapo-Stellen zu Institutionen des Papierkrieges machte, ihnen einen weit behördenmäßigeren Zuschnitt verpaßte, als der Begriff Maßnahmenstaat vermuten läßt, das den Kompetenzdschungel durch ein Genehmigungswirrwarr ergänzte und gerade durch die intendierte Perfektion Pannen programmierte. „Bedenkt man", so Detlev Peukert über diese Dialetik der Bürokratisierung, „welche umfangreichen Routine-Verwaltungsaufgaben zu absolvieren waren, so dürfte sich mit jedem weiteren bürokratisch angeordneten Schritt zur Vervollkommnung der Überwachungs- und Verfolgertätigkeit deren Effektivität eher reduziert haben".[119]

Daß dieser Mechanismus gerade im Karteiwesen, dem bürokratischen Herzstück der Repression, zutage trat, erstaunt kaum. Im Juli 1934 hatte Himmler die umfassende Führung von Akten und Hauptkarteien über alle „allgemein-politisch" bzw. „spionagepolizeilich" in Erscheinung getretenen Personen im Gestapa und in den einzelnen Stapo-Stellen befohlen.[120] Der Aufbau entsprechender Registraturen dürfte auch bei der Stapo-Stelle Saarbrücken, die bei ihrem offiziellen Amtsantritt am 1. März 1935 nach eigenem Bekunden über eine „Kartei von 12.000 als unzuverlässig bekannter Personen" verfügte,[121] vor allem in den ersten beiden Jahren ihres Bestehens einen erheblichen Teil ihrer Kapazitäten absorbiert haben. Das Polizeipräsidium, die Landräte und Bürgermeister wurden zur Aufstellung von Emigrantenverzeichnissen aufgefordert, man verlangte örtliche Listen aller bekannten SPD-, KPD- und Gewerkschaftsfunktionäre, erfaßte sämtliche Kandidaten von SPD und KPD bei den Kommunalwahlen seit 1920, listete die „früheren Status-Quo-Führer" auf.[122] Im Dezember 1935 wies Heydrich überdies alle Stapo-Stellen an, „getrennte Verzeichnisse von Kommunisten und Marxisten" anzulegen, um sie „gegebenenfalls auf hiesige Anweisung sofort in Schutzhaft zu nehmen". Als die Arbeiten dazu angelaufen waren, hob Heydrich diesen Erlaß wieder auf und verfügte jetzt zu demselben Zweck die Anlage einer jeweiligen A-Kartei, die alle „Staatsfeinde" umfassen sollte.[123] Ein erhaltengebliebenes Verzeichnis über „Prominente Persönlichkeiten der Systemzeit", das die Stapo-Stelle Saarbrücken in diesem Rahmen erstellte, umfaßt die Namen, Anschriften und Berufe von 566 saarländischen SPD-Mitgliedern, die nicht in die Emigration gegangen waren.[124]

Diese Größenordnung verweist bereits auf die Ambivalenz derartiger Listen. Sie waren im wesentlichen Abschreibleistungen, durch die die früheren Mandatsträger der verschiedenen Städte und Gemeinden in alphabetische Reihenfolge gebracht worden waren. Sie registrierten politische Orientierungen vor 1935, sagten jedoch nichts über „staatsfeindliches Verhalten" seitdem aus, erst recht nichts über illegale Tätigkeit. Sie täuschten Perfektion vor und akkumulierten doch nur Datenmengen zu einer weiteren Parallelkartei. Darüber hinaus usurpierte die Zusammenstellung der A-Kartei weit mehr Kräfte als veranschlagt und erwies sich im Resultat dann doch als unpraktikabel: Den für den 1. Mai 1936 gesetzten Termin zur Fertigstellung konnten die Stapo-Stellen nicht einhalten, erst zu Jahresende meldete man Vollzug. Der dehnbare Begriff „Staatsfeind" hatte jedoch nicht nur zu völlig uneinheitlichen Maßstäben geführt, er hatte auch die Zahl der erfaßten Personen ausufern lassen; 46.000 Personen konnten weder auf einen Schlag festgenommen, noch in den KZ's untergebracht werden.[125] Heydrich ordnete zunächst eine nochmalige Überprüfung an, hob im Sommer 1938 dann alle bisherigen Erlasse auf und verfügte nunmehr eine dreistufige Rangfolge der A-Kartei, die durch verschiedenfarbige Reiter auf den Karteikarten kenntlich zu machen war; am 1. April und am 1. Oktober eines jeden Jahres sollten die Sachbearbeiter die bisherige Einschätzung überprüfen.[126]

Die perfektionistischen, rein manuell gehandhabten Gliederungssysteme des verordneten Karteiwesens ließen sich vielleicht noch in der Berliner Zentrale bewältigen — während des Krieges waren dort etwa 250 Personen allein mit Kartei- und Aktenverwaltung beschäftigt —, die einzelnen Stapo-Stellen aber scheinen damit ziemlich überfordert gewesen zu sein. Nach jeder Vernehmung mußten dort Personenauswertungsprotokolle angefertigt und die dadurch gesammelten Erkenntnisse in die verschiedenen Karteisysteme übertragen werden.[127] Dadurch wurde zweifellos verwertbares Belastungsmaterial angehäuft, aber es gab auch erstaunliche Pannen, da vorhandenes Wissen nicht entsprechend verkartet wurde. Der skurrilste Fall: Im Oktober 1940 fanden Beamte der Stapo-Stelle Saarbrücken im versteckten Aktendepot der KPD-Abschnittsleitung Saarpfalz die unverschlüsselte Teilnehmerliste der Metzer Konferenz vom Februar 1937, in der der Arbeitsausschuß zur Bildung der Volksfront im Saargebiet ins Leben gerufen worden war. Anscheinend wurde sie nie überprüft, denn zwei der Namen hätten stutzig machen müssen: Franz Brass aus Völklingen und Johann Mathieu aus Neunkirchen, die beide noch im Saarland lebten, seit 1935 zu den zentralen Köpfen des kommunistischen Untergrunds zählten und als ehemalige Kreistagsabgeordnete natürlich bei der Gestapo registriert waren. Der seidene Faden, an dem ihr Leben seitdem hing, hielt bis 1945; keiner der beiden wurde verhaftet.[128] In anderen Fällen verhinderte die vergessene Auswertung vorhandener Beweise gegen Spitzenfunktionäre des Exils Todesurteile oder lebenslängliche Freiheitsstrafen.[129] Auch erfahrene Kriminalisten des zuständigen Referats II F scheinen durch die Datenflut überrollt worden zu sein, erst recht der bei Kriegsbeginn rekrutierte Nachwuchs, dem bescheinigt wurde, daß er „nicht mal eine Pers. Akte richtig anlegen kann".[130]

Zum anderen rächte sich die zentralistische Ausrichtung auf das Gestapa, wie folgendes Beispiel demonstriert: Bereits im April 1935 beantragte Dunckern für die Stapo-Stelle Saarbrücken eine moderne Abhörvorrichtung zur Telephonüberwachung; das Gestapa befürwortete die Anschaffung und reichte den Antrag ans Reichskriegsministerium weiter, wo auch Canaris sein Plazet gab. Damit, so sollte man meinen, war die Lieferung eines derartigen Apparates in einem Überwachungsstaat wie NS-Deutschland nur noch eine Frage von Tagen, doch weit gefehlt. Zunächst einmal verschwand der Antrag in irgendeiner Registratur.[131] Da auch gelegentliche Anfragen in Berlin nichts fruchteten, bat die Stapo-Stelle die Saarbrücker Postdirektion um Amtshilfe. Seit März 1936 konnte ein Kriminalangestellter dort wenigstens Fernleitungen ins Ausland anzapfen, doch im August 1936 schob die Post den Riegel vor: Sie bot der Stapo-Stelle an, ihr für 1840 RM eine eigene Abhöranlage zu beschaffen, verbat sich jedoch weitere Besuche durch die Gestapo.[132] Erneut schrieb Dunckern Bettelbriefe nach Berlin, monatelang rührte sich jedoch nichts. Erst im Mai 1937 kam grünes Licht, Dunckern bestellte die angebotene Überwachungsvorrichtung, doch diesmal ließ sich die Post Zeit. Im September 1937 teilte sie mit, daß derartige Anträge nur noch durch das Gestapa selbst gestellt werden könnten. Wiederum wandte sich Dunckern brieflich nach Berlin, mahnte und erinnerte fast ein Jahr lang. „Ich bitte nunmehr, meine seit dem Jahre 1935 immer wieder gestellten Anträge ... zu genehmigen", schrieb er genervt im Juli 1938 und verwies auf den beginnenden Westwallbau: „Es kann daher nicht länger auf das

Hilfsmittel der Fernsprechüberwachung zur Aufklärung von Landesverrats- und Hochverratsverfahren verzichtet werden."[133] Der Erfolg blieb minimal. Im Herbst 1938 richtete das Forschungsamt des Reichsluftfahrtministeriums — Görings privater Abhördienst also — in Saarbrücken zwar eine Zweigstelle ein, löste sie jedoch wegen der Sudetenkrise bereits nach 44 Tagen wieder auf.[134] Die Stapo-Stelle ging nunmehr zur Dramatisierung der Lage über und zählte auf, in welchen Spionageermittlungen eine Überwachung des Telephonanschlusses „dringend notwendig gewesen wäre" und bat um einen „Einbau der Abhörvorrichtung mit größter Beschleunigung".[135] Ob sie je in Betrieb genommen werden konnte, muß zumindest als fraglich gelten.

Angesichts solcher Reglementierungen überrascht es kaum, daß Heydrich am Vorabend des Krieges anordnete, daß Dienstfahrzeuge und Fernschreiber von den Stapo-Stellen nur noch in dringenden Fällen verwendet werden dürften; „nach Möglichkeit sind die öffentlichen Verkehrsmittel zu benutzen".[136] Unser Bild des Maßnahmenstaates, das von den fabrikmäßig organisierten Tötungskombinaten geprägt ist, wird hier nahezu satirisch verfremdet. Gerade seine Bürokratisierung, die das von der SS beherrschte Sicherheitsimperium perfektionieren und vereinheitlichen sollte, bewirkte in manchem das genaue Gegenteil, den Maßnahmenverhinderungsstaat.

Ein weiteres Beispiel: Im Januar 1943 kamen die Wiesbadener Abwehrstelle und die Abteilung III der Saarbrücker Stapo-Stelle überein, Ausländer als V-Leute für die Großbetriebe anzuwerben, „um sich an den evtl. in den hiesigen Werken bestehenden ausländischen Nachrichtendienst heranzumachen".[137] Die IG Farben in Ludwigshafen, wo sie vorrangig eingesetzt werden sollten, erklärten sich bereit, ihnen eine monatliche Aufwandsentschädigung zu zahlen; über einen Mittelsmann wurden die Adressen von deutschfreundlichen Belgiern in Erfahrung gebracht, die dafür in Frage kamen. Im März wandte sich die Stapo-Stelle daraufhin an die Brüsseler Dienststelle des Chefs der Sicherheitspolizei und des SD, teilte die Anschriften mit und bat um eine Überprüfung. Trotz mehrfacher Erinnerungsschreiben tat sich nichts. „Von diesem Tage bis jetzt sind somit 5 Monate verflossen, ohne daß von dort aus in der Angelegenheit etwas unternommen worden ist", polterte Rentsch im August 1943. „Ich glaube kaum, daß sich jetzt noch etwas, die hiesige Dienststelle Interessierendes ermitteln läßt, da die angefragten Personen jedenfalls inzwischen anderweitig Arbeit aufgenommen haben werden."[138] Er irrte sich nicht. Am 9. November 1943, fast auf den Tag genau 8 Monate nach der ersten Anfrage, meldete sich die Brüsseler Gestapodependance und teilte mit, in welchem deutschen Betrieb die Gesuchten mittlerweile beschäftigt waren. Der grandiose Plan wurde daraufhin ad acta gelegt.

Beispiele dieser Art, in denen sich Überbürokratisierung, Überforderung und Schlendrian wechselseitig bedingten und hochschaukelten, lassen gewissermaßen eine dritte Wirklichkeit aufschimmern hinter oder zwischen der der Proklamationen und der der Leichenberge in den KZ's. Allerdings wirft dieses Bild eines aufgeblasenen Apparats, einer vor sich hin dümpelnden Bürokratie, das zweifellos auch zur Realität des Maßnahmenstaates gehörte, erhebliche Quellenprobleme auf, die es erschweren, diese Perspektive in ihrer Reichweite auszuloten und zu verdichten.

Zum einen ist die Überlieferung in ihrer Quantität meist zu fragmentarisch; in der Regel fehlen die geschlossenen Aktenketten, die es erlaubten, den Alltagsbetrieb umfassender zu analysieren. Zum anderen trägt die spezifische Qualität der Überlieferung gerade hier oft mehr zur Vernebelung als zur Erhellung bei. Bei den gern zitierten Lageberichten der Stapo-Stellen etwa darf man nicht übersehen, daß es sich hier primär um Rechenschaftsberichte „nach oben“ handelte, in die bestimmte Interessenlagen automatisch einflossen;[139] man neigte zur Schilderung wohlgeordneter Zustände nach der Devise „Alles im Griff“, eine Menge heißer Luft wurde da produziert, aufgebauscht und gelogen, weit überhöhte Festnahmeziffern mitgeteilt.[140] Diese subtilen Täuschungsmanöver zur Unterstreichung der eigenen Effizienz lassen sich indes nur dann durchschauen, wenn man über eine ebenso dichte wie differenzierte Überlieferung als Kontrollparameter verfügt. In Saarbrücken etwa berichtete die Stapo-Stelle seit April 1938 Interna über eine neu aufgetauchte illegale Gruppe der KPD, die nur von einem eingeschleusten V-Mann stammen konnten. Da sich jedoch keinerlei Spuren von der Existenz und der Festnahme dieser Gruppe in den Tagesrapporten, den Gefängnispersonal-, Justiz- oder Wiedergutmachungsakten finden, muß angenommen werden, daß es sich hier um eine absichtsvolle Fiktion handelte, um einen gezielten Bluff zur Sicherung des eigenen Stellenkegels, der gerade damals durch die anlaufenden Kriegsplanungen in Gefahr geriet.[141] Schlüsse dieser Art bleiben gewiß riskant, es wäre indes schon viel gewonnen, wenn die internen Berichte mit den Kriterien der Quellenkritik analysiert und nicht bereits für die reine Wahrheit gehalten würden, nur weil sie aus der Gestapo selbst stammen.

Der volkstümliche Zugriff: Polizeiliche Ermittlung und gesellschaftliche Akzeptanz

Wurde die Maschinerie der Gestapo bislang mehr in ihrer inneren Mechanik untersucht, so soll sie nunmehr in ihrer Bewegung analysiert werden. Ging es bisher um den vor 1935 geschaffenen Sockel der Macht, um die Binnen- und Außenrelationen der Stapo-Stelle Saarbrücken, um deren Personal und Dienstbetrieb, so soll nunmehr der Blick auf die Strukturen der Ermittlung und Erkenntnisgewinnung gelenkt werden, auf das polizeiliche Handlungsrepertoire und die Mechanismen des Zugriffs. Es geht also um ihre kriminalistischen Arbeitsweisen, um die Ressourcen, aus denen sie schöpfte, um die Basis ihrer vorgeblichen Allwissenheit. Es geht um den eigenen Anteil daran und um den Beitrag durch staatliche Institutionen, Partei und Gesellschaft. Und es geht um den Versuch, diese Anteile zu quantifizieren und damit Indikatoren für Effizienz und Regimeakzeptanz zu gewinnen, aber auch um die Lücken und Löcher, die die Strukturen dieses Informationsnetzes dem Widerstand ließen.

Die Subversion durch V-Leute

Das Spitzelwesen gilt im allgemeinen als die sagenumwobene Wunderwaffe der Gestapo. „Die Agententätigkeit der V-Männer und Spitzel der Gestapo und des SD war dermaßen breit gefächert", beteuert etwa Adolf Diamant, „daß man sich fast keine Vorstellung davon machen kann, wie weit deren ‚Informationsbereich' reichte".[1] Mystifizierendes Geraune dieser Art, das auf die Erzeugung von Gänsehaut spekuliert, aber jeglichen Beweis schuldig bleibt, ist gerade hier jedoch wenig hilfreich, weil es ein Terrain betrifft, das allein schon von den Quellen her historische Rekonstruktion ungemein erschwert, wo die Grenzen zwischen Indiz und Vermutung, Wahrheit und Wahrscheinlichkeit oft fließend sind, das daher eine ebenso sensible wie akribische Untersuchung erfordert, um nicht ins Genre des Kriminalromans abzurutschen.

Karl Kammler, der als Kriminalsekretär 1938 dem von Rebohle geleiteten Nachrichtenreferat II N der Stapo-Stelle Saarbrücken zugeteilt wurde — beide waren übrigens ehemalige SPD-Mitglieder —, gab 1948 die eidesstattliche Erklärung ab, daß sie 1939 etwa 50 Vertrauensmänner gehabt hätten; deren Namen seien jedoch nicht einmal allen Mitarbeitern des Referats bekannt gewesen, da sie auch intern unter einer Chiffre geführt wurden.[2] Diese Zahlenangabe erscheint nach der Prüfung aller zugänglichen Quellen als durchaus glaubhaft, allerdings muß dabei unbedingt zwischen Quantität und Qualität unterschieden werden. Zu diesem Kreis zählten Gelegenheitszuträger mit geringem Informationswert, die wohl die Mehrheit bildeten, ebenso wie eine Handvoll Spitzenagenten, die — wenngleich zeitlich befristet — einige erhebliche Einbrüche der Gestapo verursachten. Es gab Wichtigtuer, Hochstapler und Aufschneider unter ihnen sowie etliche kleine Gauner, die im Hinblick auf eine schnell verdiente Prämie gefälschtes Material lieferten; mindestens fünf V-Leute der Stapo-Stelle wurden wegen „Nachrichtenbetrugs" festgenommen.[3] Selbst die Meldungen der im Zentrum der Widerstandsorganisationen plazierten V-Leute waren oft alles andere als Geheimdienst-Qualitätsware: A 1 etwa berichtete im Mai 1937, daß die auf Welle 29,8 zu empfangenden kommunistischen Radionachrichten von einem mobilen Sender ausgestrahlt würden, der an der französisch-luxemburgischen Grenze postiert sei. Die Stapo-Stelle Saarbrücken gab den Bericht als bare Münze nach Berlin weiter, und erst im Gestapa durchschaute man den Unsinn, da der Sender von 29,8 — er stand in Wirklichkeit bei Madrid — aufgrund seiner Leistungskraft notwendigerweise stationär betrieben werden mußte.[4]

Auch die Stapo-Stelle Saarbrücken besaß eine Reihe von Informanten, die lediglich über die Stimmung in der Bevölkerung berichteten und höchstens gelegentlich einmal oppositionelle Bemerkungen in einer Wirtschaft aufschnappten.[5] Bei den V-Leuten im eigentlichen Sinne aber handelte es sich zwangsläufig um Mitglieder von NS-gegnerischen Parteien oder Organisationen, die sich zum Schein an deren Aktivitäten beteiligten, zumindest aber in deren Milieu weiterhin Vertrauen genossen und in die Kommunikationsstrukturen eingebunden blieben;[6] unter den Bedingungen der etablierten Diktatur kamen eingeschleuste Milieufremde oder gar Gestapobeamte als undercover-Agenten dafür nicht mehr in Frage. In aller Regel waren es gebrochene Gestalten, die sich der Gestapo zur Verfügung stellten:

Konjunkturritter oder Erpreßte, die möglicherweise präzise und verschlagen agierten, aber kaum vor ideologischem Enthusiasmus strotzten. Gerhard Hetzers Feststellung über Augsburg, daß „echte ‚Renegaten‘, die sich nun voll dem Nationalsozialismus verschrieben, unter den Spitzeln selten“ waren,[7] trifft auch auf das Saarland zu. Lediglich in einem Fall kann man definitiv von einem Gesinnungstäter sprechen — und dies war ausgerechnet ein katholischer Priester: Als der SD den Gegnernachrichtendienst auf dem konfessionellen Sektor im Mai 1941 an die Gestapo abtreten mußte,[8] stellte sich Dr. Jakob Weis, ein pensionierter Pfarrer und Gymnasialprofessor aus Zweibrücken, dazu freiwillig und ohne Not zur Verfügung; „sympathisiert mit der NSDAP und wäre 1937 gerne in die Partei eingetreten“, heißt es im Personalbogen der Stapo-Stelle Saarbrücken.[9]

In vielen Fällen läßt sich jedoch kaum eindeutig feststellen, ob und unter welcher Pression sich jemand zum Helfer der Repression machte; die Grenze zwischen massiver Erpressung, gewöhnlicher Feigheit und vorauseilender Bereitschaft ist nicht immer klar zu ziehen. Gleichwohl können einige Grundlinien herauspräpariert werden: Insbesondere für Kommunisten scheint das Moment einer aktivistischen Reinwaschung, eines ruckhaften Abstreifens der alten Haut, einer tätigen Reue — wenn man so will — bedeutsam gewesen zu sein. Allerdings muß dabei deutlich differenziert werden. Für die Gründergeneration der KPD findet sich dafür kein einziger Fall, massiert jedoch für jene Generation, die in der Weltwirtschaftskrise im Zeichen der Sozialfaschismus-Theorie und der Bildung roter Gewerkschaften der Partei beigetreten war oder in ihr Karriere gemacht hatte. Insbesondere diese Generation der Ultralinken, die einen „deutschen Oktober“ für greifbar nahe gehalten hatte, begriff den 13. Januar 1935 als tiefen Sturz, der alle bisherigen Koordinatensysteme erschütterte, empfand sich gleichzeitig als unmittelbar bedroht. Gerade diese Mischung aus jäher Angst und kognitiver Dissonanz mag die Flucht nach vorn in den Dienst der Sieger motiviert haben.

Spektakulärster Fall dieser Kategorie war Paul Lorenz, Polleiter des KPD-Bezirks Saargebiet von Juni 1930 bis Juli 1933, damals ein fanatischer Einpeitscher des Thälmann-Kurses, der 1934 gegen die Einheitsfrontpolitik opponiert hatte und danach in der Versenkung verschwunden war.[10] Im Februar 1935 veröffentlichte Lorenz in der *Sulzbacher Volkszeitung* einen Aufruf, in dem er seine kommunistische Betätigung bedauerte und dazu aufforderte, das „Aufbauwerk des Führers“ zu unterstützen. Gleichzeitig fungierte er für die Gestapo „als eine Art Generalauskunftsbüro“, gab sein in zehn Jahren gesammeltes innerorganisatorisches Wissen an sie weiter und verursachte dadurch etliche Haussuchungen und Festnahmen.[11] Während Lorenz lediglich „auspackte“, wurde mit Arthur Christmann ein weiteres Bezirksleitungsmitglied der RGO-Ära zum regelrechten V-Mann der Stapo-Stelle; seit 1928 hatte er dem Sekretariat angehört und bis 1933 als Geschäftsführer des Parteiverlages, dann als Redakteur fungiert.[12] Qualitativ war der „Verrat“ in der KPD mehr ein Phänomen der Spitze als der Basis.

Gleichwohl erscheint der Schluß von Hartmut Mehringer, der am Beispiel eines V-Manns der Gestapo, der 1935/36 an die Spitze der illegalen KPD in Südbayern gelangte, zeigen will, daß dieser „ein typisches Produkt eben dieses Milieus in seiner Entwicklung unter dem Druck nationalsozialistischer Verfolgung darstellt“, als stark überzogen.[13] Die Forbacher KPD-Abschnittsleitung etwa blieb ein bis Kriegsbeginn im wesentlichen abgeschirmter Raum; gerade die „Alten", die 40- bis 50jährigen Parteiveteranen, bildeten den Kern kommunistischer Intransigenz. Detlev Peukert ist zuzustimmen, wenn er schreibt: „Die schon von Zeitgenossen oft kolportierte Auffassung, die KPD sei mit Spitzeln und Verrätern durchsetzt gewesen, ist in dieser Allgemeinheit unzutreffend".[14] Außerdem handelte es sich keineswegs um ein KPD-spezifisches Phänomen, wie der Fall von Friedrich Karl John, eines Ottweilerer SPD-Stadtverordneten, demonstriert: Im lothringischen Exil stellte er sich der Sureté zur Verfügung, machte jedoch gleichzeitig in Saarbrücken das Angebot, daß er als „politische Wiedergutmachung" in Frankreich für den deutschen Nachrichtendienst arbeiten wolle. Die Gestapo aber hielt nichts von einem Doppelagenten und nahm ihn beim nächsten Abstecher ins Saarland fest; der Volksgerichtshof verurteilte ihn im März 1936 wegen Landesverrats zu sieben Jahren Zuchthaus.[15]

Während die Gestapo in derartigen Fällen lediglich freiwillige Offerten ehemaliger Gegner aufzugreifen brauchte, gelang es ihr gelegentlich auch, persönliche Probleme — gepaart mit einer Desillusionierung über Möglichkeiten und Chancen des Widerstandes — für eine Rekrutierung als V-Mann zu nutzen. Spektakulärster Fall dieser Kategorie war A 1, 1937/38 ihr Spitzenagent im Exilmilieu. Hinter dieser Chiffre versteckte sich Johann Bernarding, seit 1923 Sekretär des Bergarbeiterverbandes in Illingen und Mitglied des SPD-Vorstandes im Saargebiet. Da seine Familie eine Flucht nach dem Referendum abgelehnt hatte, lebte er seit Januar 1935 allein in Marienau an der lothringisch-saarländischen Grenze, fast erblindet, krank vor Heimweh und von den sozialdemokratischen Emigranten zunehmend isoliert und angefeindet.[16] Durch einen Zufall erfuhr die Gestapo, die nach einem V-Mann im Exil suchte, im Mai 1937 davon: Der Werkschutzleiter der Saargruben AG machte sie auf Bernardings Tochter aufmerksam, die bei der Saarknappschaft beschäftigt war. Rebohle vereinbarte daraufhin mit ihr einen Deal: Er versprach ihr die unbehelligte Rückkehr ihres Vaters, falls dieser der Gestapo das in Forbach erscheinende Propagandamaterial besorgen würde. Bernarding willigte ein, erbat sich jedoch als Briefträger seinen alten Freund Johann Hoffmann, in den 20er Jahren ebenfalls Sekretär des Bergarbeiterverbandes, dann stellvertretender Direktor der Saarknappschaft, von 1922 bis 1932 als Vertreter der SPD Mitglied des Landesrats; auch dieser erklärte sich dazu bereit, als Rebohle ihn ultimativ dazu aufforderte.[17]

Die dritte Rekrutierungslinie der V-Leute bildete für die Gestapo, die natürlich nicht nur auf Freiwilligkeit und Zufall vertrauen wollte, gewissermaßen die Standardvariante: Es war die der Erpressung, die in der Haft erzwungene Bereitschaft zur Mitarbeit, häufig verbunden mit finanziellen Zusicherungen, in jedem Fall aber mit dem Versprechen der Freiheit. Den allermeisten der politischen Gefangenen scheint dieses Angebot routinemäßig gemacht worden zu sein; im Mai 1939 ordnete das Gestapa sogar an, daß alle anläßlich des „Führer"-Geburtstags amnestierten KZ-Häftlinge auf ihre Tauglichkeit zur „Ausfüllung der Lücken im staatspolizeilichen Nachrichtennetz" zu überprüfen seien.[18] Obwohl sich die Stapo-Stelle Saarbrücken bei derartigen Anfragen meistens einen Korb holte, brachte diese Methode doch immer wieder auch Erfolge. Dr. X etwa, im Abstimmungskampf einer der führenden Köpfe des Deutschen Volksbundes für christlich-soziale Gemeinschaft, der im August 1940 im belgischen Exil gefaßt worden war, erklärte sich während seiner Haft dazu bereit, den katholischen Klerus im Saarland auszuspitzeln, zu dem er vielfältige verwandtschaftliche und freundschaftliche Beziehungen besaß. „Ab heute geht nunmehr mein Sinnen und Streben danach, Ihnen gegenüber mein Versprechen voll und ganz einzulösen", schrieb er nach seiner Freilassung an Kriminalobersekretär Peter Söller, der als Leiter des Referates II B 1 seit 1941 für den Nachrichtendienst „auf dem Gebiete der politischen Kirchen" zuständig war.[19] „Ich bin zu jedwedem Opfer und zum Einsatz meines ganzen Könnens und Wissens bereit. Unserem Führer, Volk und Vaterland will ich pflichtbewußt und mannhaft bis zum letzten Atemzug dienen und mich dabei Ihnen persönlich stets zu größtem Dank verpflichtet sehen. Möge Gott mir die Kraft zu würdigem Dienen und Kämpfen geben!"[20] Es war der Weg der „Ermordung der moralischen Person", wie Hannah Arendt treffend formulierte.[21]

Gleichwohl erwiesen sich diese geköderten, gelegentlich auch dazu geknüppelten V-Leute in aller Regel als die ineffizientesten Vertreter ihrer Spezies. Nur zum Teil lassen sich dafür Skrupel infolge der erzwungenen Mitarbeit vermuten. Vor allem ihre schnelle Freilassung aus der Haft erregte sofort Mißtrauen: insbesondere im kommunistischen Untergrund schlossen sich daraufhin für sie gewöhnlich alle Türen. Karl Simon etwa, KPD-Stadtverordneter von Saarbrücken bis 1935, der bei seiner zweiten Festnahme im September 1936 Rebohles Drängen nachgab und sich als V-Mann auf die Belegschaft der Burbacher Hütte ansetzen ließ, wurde von der Forbacher Abschnittsleitung direkt als Spitzel erkannt.[22] Der Arbeiter Josef Ehrlich, der bei der ersten Massenverhaftung von Kommunisten im August 1935 festgenommen wurde und im Gefängnis sein gesamtes Wissen über die illegale KPD-Organisation in Altsaarbrücken und St. Johann preisgab, ließ sich zwar zum Kronzeugen der Anklage umdrehen, sein anschließender Einsatz als Lockspitzel aber mißlang kläglich; längst hatten die Gerüchte über ihn die Runde gemacht.[23] Edmund E. wiederum, Hilfsarbeiter in der Völklinger Hütte, scheint am Problem der mehrfachen Loyalitäten psychisch regelrecht zerbrochen zu sein: Bis 1933 war er KJVD-Mitglied, trat dann zur SA über, sympathisierte seit dem „Röhm-Putsch" jedoch wieder mit der KPD und schloß sich nach dem 13. Januar der illegalen Betriebszelle in der Hütte an.[24] Allem Anschein nach ließ er sich in der Haft im November 1935 von der Gestapo zum Lockspitzel in der illegalen KPD-Gruppe von Wehrden umfunktionieren. Ein Jahr später trug er zwar entscheidend zu deren Festnahme bei, verwickelte sich vor dem Volksgerichtshof jedoch derart in Widersprüche, daß seine Aussagen storniert wurden. „Der Zeuge E. schied als Beweismittel überhaupt aus, da er völlig unglaubwürdig ist", hieß es im Urteil. „Er hat vor der Polizei erklärt, er wisse überhaupt nicht mehr, wann er lüge oder die Wahrheit sage."[25]

Dennoch wäre der Eindruck, als habe es sich hier um lauter Nieten gehandelt, grundfalsch. Die V-Leute in ihrer Gesamtheit waren zwar keineswegs die geheimpolizeiliche Wunderwaffe, sondern ein sehr bunter Haufen mit höchst unterschiedlichen Motivationen und Ausgangsvoraussetzungen, dennoch gelangen einigen von ihnen begrenzte, zumindest lokal jedoch verheerende Schläge gegen den sich formierenden

Widerstand. Ausschlaggebend dafür war vor allem jene Kategorie der kaum zu durchschauenden freiwilligen Überläufer, die insbesondere im kommunistischen Lager zu finden war. Vor allem konspirative Mängel, alte Vertraulichkeiten und Bekanntschaften, Geschwätzigkeiten und eingefahrene Kollektivismen — Milieustrukturen also — erwiesen sich dabei als die Soll-Bruchstellen.[26] Die Köpfe der recht verzweigten illegalen KPD in Bettingen, Außen und Hüttersdorf etwa pflegten kleingruppenweise die grüne Grenze nach Frankreich zu passieren und sich dort in den verschiedensten Wirtschaften mit den Funktionären der Abschnittsleitung zu treffen. Im August 1936 nahmen sie auch ihren Genossen Julius A. mit auf die Reise, ohne zu ahnen, daß dieser sich der Gestapo als V-Mann zur Verfügung gestellt hatte. A., der bereits die meisten — wenn auch längst nicht alle — Mitglieder der illegalen Gruppe kannte, lernte damit auf einen Schlag auch den gesamten Grenzapparat in Gersweiler und im lothringischen Schoeneck kennen; 14 Verhaftungen waren die Folge.[27] Allerdings waren Fälle wie der von Julius A. überaus selten; neben Edmund E. war er der einzige V-Mann, dem es gelang, von innen heraus den größten Teil einer illegalen Gruppe auszuspitzeln und auffliegen zu lassen.

Als eigentlicher Gefahrenpunkt der konspirativen Aktivitäten kristallisierte sich jedoch mehr und mehr die grüne Grenze heraus. Im Januar 1936 ließ Otto Niebergall, der Forbacher Abschnittsleiter der KPD, sogar die Einfuhr illegaler Materialien fürs erste stoppen, „weil gerade dadurch in der letzten Zeit die meisten Festnahmen erfolgt sind".[28] Zwei Faktoren kamen hier zusammen. Zum einen war seit Herbst 1935 ein bislang noch nicht genannter V-Mann im kommunistischen Kurierdienst tätig, der die größten Lücken reißen sollte: Der Saarbrücker Maler und Anstreicher Albert Conrad, 1913 geboren, also gerade 22 Jahre alt, ein typischer Vertreter der ebenso verzweifelten wie desillusionierten RGO-Generation. Conrad war nach dem 13. Januar emigriert, im September aber wieder zurückgekehrt; da er weder in den Tagesrapporten der Stapo-Stelle noch in den Gefängnispersonalakten auftaucht, muß angenommen werden, daß er sich der Gestapo freiwillig zur Verfügung stellte.[29] Zum anderen aber konnte er nur dadurch in größerem Maße Wirkung entfalten, weil die Strukturen der Grenzarbeit zunächst noch die sozialen Praktiken des legalen links-proletarischen Milieus spiegelten: Niebergall bzw. Ludwig Jung, der Grenzbeauftragte der Abschnittsleitung, bestellten etliche Kuriere der illegalen Gruppen im Land häufig zum selben Tag — meist sonntags — in zwei Wirtschaften des lothringischen Grenzorts Schoeneck, redeten dort mit ihnen, händigten ihnen Material und Geld aus; Ende Juli 1935 fand in Stiring-Wendel sogar eine regelrechte „Versammlung von Funktionären der illegalen KP" statt.[30]

Für einen Spitzel innerhalb dieses illegalen Apparats, der in seiner Anfangszeit manchmal wohl eher einer Landpartie in Biergartenatmosphäre ähnelte, war es ein leichtes, sich Gesichter einzuprägen, Gesprächsfetzen aufzufangen, örtliche Verbindungen kennenzulernen. Conrad, der aufgrund seines Alters kaum über größere personelle Kenntnisse verfügt haben dürfte, wurde dabei von dem erwähnten Arthur Christmann unterstützt, der des öfteren über die Grenze kam und aus seiner langjährigen Tätigkeit in der KPD-Bezirksleitung natürlich Hinz und Kunz kannte.[31] Auch Eduard Schneider, ein Anstreicher aus Saarbrücken, der im Exil für die Rote Hilfe arbeitete, brachte allem Anschein nach seine Personalkenntnisse ein.[32]

Dieses Trio infernale verursachte zwar in den Jahren 1935 bis 1937 die wichtigsten Einbrüche der Gestapo in den illegalen Apparat, gleichwohl waren auch ihm Grenzen gesetzt. Conrad, Christmann und Schneider konnten bestenfalls Kuriere identifizieren, Treffs und Anlaufstellen in Lothringen in Erfahrung bringen und dort den Empfang von Zeitungen, Tarnschriften und Streuzetteln bespitzeln, aber sie wußten und erfuhren nichts über die lokalen Gruppen der illegalen KPD und über die Verteilung des Materials. Es war — wie so oft — ein gehöriges Stück Imponiergehabe im Spiel, als die Stapo-Stelle Saarbrücken in ihrem Lagebericht für Dezember 1935 feststellte: „Eine Reihe solcher Gruppen, die in Kurierverbindung mit Forbach stehen, konnte bereits erfaßt werden."[33] Gefaßt werden hingegen konnten zunächst lediglich die Kuriere der KPD-Gruppen von Dudweiler, Altsaarbrücken und Burbach, da der Termin, an dem sie die Grenze überschritten, der Gestapo mitgeteilt worden war; in fast allen Fällen aber gelang den Festgenommenen im Verhör eine Schadensbegrenzung.[34] Erst bei der im Januar 1937 beginnenden Aufrollung der Roten Hilfe in Saarbrücken spielten die drei wieder eine initiative Rolle.[35] Wie wenig die Stapo-Stelle jedoch trotz ihrer Agenten über zentrale Interna im feindlichen Lager wußte, zeigt beispielhaft eine von Rebohle unterzeichnete Antwort auf eine Anfrage des Gestapa: „Die Zusammensetzung der Leitung des I-Apparates in Forbach aus Wolf, Niebergall und Frisch ist hier ebenfalls bekannt, war jedoch bezüglich der Person des Wolf bisher nur eine Vermutung. Die Personalien des Wolf, seine frühere Betätigung und Wohnort konnten z. Zt. nicht festgestellt werden".[36] Im Klartext hieß das: Rebohle wußte rein gar nichts über diesen Wolf; er konnte auch gar nichts wissen, da es sich um ein reines Phantom handelte; er tat gleichwohl so, als ginge es um einen alten Bekannten.

Im Frühjahr 1937 wurden alle drei V-Leute durch die KPD-Abschnittsleitung enttarnt; Christmann, bei dem ein Gestapoausweis gefunden wurde, erhielt dabei — so Niebergall in seinen Erinnerungen — eine „körperliche Belehrung".[37] Seitdem war der Grenz- und Kurierapparat, der bis Kriegsbeginn funktionierte, völlig dicht. Auch in die illegale Parteiorganisation der KPD gelangen seitdem keine Einbrüche mehr, sieht man von der Verhaftung einer St. Johanner Gruppe im August 1938 ab, die Oswald S. verursachte, ein Kommunist, der während einer mehrmonatigen Haft 1937 von der Gestapo bestochen worden war.[38] Es gab zwar etliche Grenzgänger — saarländische Bergarbeiter vor allem, die in den lothringischen Gruben arbeiteten —, die im Auftrag der Gestapo Flugblätter der Forbacher Abschnittsleitung in Empfang nahmen, über die Grenze brachten und ablieferten,[39] doch wenn Kommunisten seitdem festgenommen wurden, geschah dies nicht mehr wegen ihrer — in vielen Fällen nach 1945 belegten — illegalen Aktivität innerhalb der verbliebenen organisatorischen Zusammenhänge, sondern wegen defätistischer Äußerungen, des Abhörens von „Feindsendern" oder schlichtweg wegen ihrer Vergangenheit. Während die Stapo-Stelle Saarbrücken somit seit Frühjahr 1937 den Kontakt zur illegalen Tätigkeit der KPD verlor, bangte Albert Conrad um seinen Arbeitsplatz als professioneller Spitzel. Monatelang scheint er sich mit weitgehend fiktiven Meldungen über Wasser gehalten zu haben. Im August 1938 wurde er darum wegen „Nachrichtenbetrugs" festgenommen und im Dezember nach Buchenwald deportiert; er ging damit den Weg vieler seiner Opfer. Am 1. August 1942 kam er dort ums Leben.[40]

Die illegale Arbeit der saarländischen Sozialdemokraten blieb quantitativ zwar weit hinter der der KPD zurück, war jedoch besser abgesichert und erlitt durch V-Leute bis 1939 so gut wie keine Einbrüche; die einzige Ausnahme bildete die Festnahme von zwei ihrer Illegalen in Gersweiler und Körprich, die der erwähnte Julius A. im Zuge seiner Auskundschaftung der KPD in Bettingen und Außen ebenfalls denunzierte. Dennoch gibt es auch hier einige magere Spuren von Gestapo-V-Männern: Ein Einbruch in das Flüchtlingsberatungsbüro in der Forbacher Rue Nationale 41 wurde im April 1936 durch den Wachhund vereitelt.[41] Ein Spitzel berichtete, daß er dort zwei Briefe „an sich nehmen konnte, bevor sie von dortiger Stelle in Empfang genommen und geöffnet worden waren".[42] Ein Agent S 15 wiederum verbreitete regelrechte Räuberpistolen über ein Schulungszentrum des Internationalen Gewerkschaftsbundes für sozialdemokratische Illegale in Forbach,[43] und zwei Spitzen-V-Leute der Stapo-Stelle Münster — beides frühere Sozialdemokraten aus dem Ruhrgebiet — tummelten sich 1937 bzw. 1938 wie Fische im Wasser in der SPD-Emigrantenszene in Forbach bzw. Paris, allerdings ohne daß die Stapo-Stelle Saarbrücken davon etwas erfuhr.[44]

Gleichwohl scheinen instinktives Mißtrauen und konspirative Praktiken im Umfeld der Forbacher SPD-Grenzstelle verankerter gewesen zu sein als in der KPD-Abschnittsleitung. Der erwähnte Johann Bernarding etwa geriet in Verdacht, als er einen Paß beantragte, um seine Familie besuchen zu können; seitdem sperrte man ihn von Sitzungen des inneren Kreises aus. Für Johanna Kirchner indes, die Leiterin der Flüchtlingsberatungsstelle, die ihn für „einen Schwätzer, aber nicht für einen Verräter" hielt,[45] erledigte er nach wie vor Büroarbeiten und Botengänge. „Ich habe die Briefe, um den Inhalt zu erfahren, oft selbst zur Post gebracht", sagte er später in der Vernehmung gegen sie aus. „Einen Teil der Briefe habe ich geöffnet und nachdem ich den Inhalt für die Staatspolizeistelle Saarbrücken abgeschrieben hatte, wieder geschlossen und dann erst zur Post gegeben."[46] Allerdings waren dies gewissermaßen noch Petitessen; Bernardings große Stunde schlug erst, als die bisherige Einheitsfrontpolitik in die Krise geriet. „Wie er eingesehen hat, daß er bei uns keine Lorbeeren mehr pflücken konnte", so Heinrich Hünnekens, der ehemalige Vorsitzende des Heizer- und Maschinistenverbandes, später, „hat er sich zu den Kommunisten gewandt, die ihn auch in alles einweihten, was zum Schaden der illegalen Arbeit war".[47]

Als die Differenzen zwischen Exil-SPD und -KPD im Laufe des Jahres 1937 wuchsen,[48] legte sich Bernarding die Rolle des aufrechten Sozialdemokraten zu, der die bisherige Zusammenarbeit verteidigte und fortzuführen gelobte. Mit dieser Position isolierte er sich zwar noch mehr von seinen früheren Genossen, avancierte jedoch gleichzeitig für die Forbacher KPD-Abschnittsleitung zum verhätschelten Koalitionspartner, da er ihr erlaubte, formal weiterhin an der Volksfrontpolitik festzuhalten. „Bernarding ist wohl der Beste, der jedoch von diesen Leuten mit allerhand Kot beschmissen wird", lobte ihn Josef Wagner, Niebergalls Nachfolger, beim ZK der KPD.[49] Der Lohn für solche Nibelungentreue war fürstlich: Bis zu Bernardings Rückkehr ins Saarland Ende Dezember 1938 fehlte seine Chiffre A 1 in kaum einem Tagesrapport der Stapo-Stelle.[50] Er erhielt zwar keinen Einblick in den illegalen Apparat der KPD, besorgte jedoch nicht nur alle Periodika, Flugblätter und

Tarnschriften, die in Forbach kursierten, sondern wurde nunmehr auch zu internen Besprechungen zugelassen und konnte Äußerungen aus „vertrautem Kreise" kolportieren.[51] Mehr noch: Sein Briefträger Hoffmann, der sich Wagner als vermeintlicher Informant andiente, verschaffte der Gestapo damit die Möglichkeit, die KPD-Abschnittsleitung mit Falschmeldungen aufs Glatteis zu führen; anders läßt sich der Satz „Bernarding hat Verbindungen ins L.(and), die ja zum größten Teil von uns ausgenutzt werden", wie Wagner berichtete, kaum deuten.[52]

Den Höhepunkt seiner Karriere als V-Mann erreichte Bernarding, als er im Januar 1938 nach dem Ausscheiden Richard Kirns als vorgeblich sozialdemokratischer Vertreter — zusammen mit Frisch als Vertreter der KPD — zum Leiter der Forbacher Grenzstelle des Arbeitsausschusses freigewerkschaftlicher Bergarbeiter Deutschlands gewählt wurde. Damit aber entfachte er einen Proteststurm der saarländischen Sozialdemokraten. „Dabei versuchen sie besonders den Kameraden Bernarding als einen direkten Spitzel selbst zu bezeichnen", berichtete Wagner dem ZK und fuhr — blind befangen in den neuen Grabenkämpfen — fort: „Wir suchten die Sache gegen Bernarding zu entkräften, besonders weil wir wissen, daß es nicht stimmt und auch weil wir wissen, aus welchen Motiven gehandelt wird". Diesmal aber bissen die Kommunisten bei der CGT, auf deren Unterstützung sie angewiesen waren, auf Granit; da Alfons Rieth, der Generalsekretär des Lothringischen Bergarbeiterverbandes, sich kategorisch weigerte, interne Besprechungen in Bernardings Anwesenheit abzuhalten, wurde dessen Wahl in den Arbeitsausschuß stillschweigend wieder rückgängig gemacht.[53]

Auch als Conrad, Christmann und Bernarding — mit hoher Wahrscheinlichkeit die wichtigsten V-Leute im lothringischen Exil — längst enttarnt waren, richteten sie noch erheblichen Schaden an. Ein Teil ihres erspitzelten Wissens zahlte sich für die Gestapo erst seit Sommer 1940 mit der Besetzung Frankreichs aus: Durch ihre V-Leute kannte sie nicht nur die Namen und Adressen der meisten — jedoch längst nicht aller — zentralen Funktionäre der Grenzstellen von SPD und KPD, sondern auch einen Teil ihrer französischen Helfer, Bergarbeiter aus CGT und PCF vor allem, die im Grenzapparat aktiv gewesen waren. Unmittelbar nach der Besetzung Forbachs durch deutsche Truppen begannen Harms und Rebohle mit der Suche und wurden bald schon fündig; da der Ort am 1. September 1939 überstürzt geräumt worden war, hatten viele das belastende Material hastig versteckt, weil sie nur an eine Evakuierung von kurzer Dauer glaubten. In einem Abstellraum in Richard Kirns früherer Wohnung wurde die Korrespondenz der Grenzstelle des Arbeitsausschusses freigewerkschaftlicher Bergarbeiter Deutschlands gefunden,[54] auf dem Speicher des Hauses, in dem Heinrich Hünnekens gelebt hatte, lagen die Schriftwechsel des Flüchtlingsberatungsbüros und der SPD-Grenzstelle aus den Jahren 1935/36, die dort von Johanna Kirchner untergestellt worden waren.[55] Vom Aktendepot der KPD-Abschnittsleitung fand sich zunächst nur ein kleinerer Teil in Josef Wagners ehemaliger Wohnung.[56] Erst als die ersten französischen Mitglieder des Grenzapparates festgenommen worden waren, sorgten Verhöre für den großen Fund: Am 16. Oktober 1940 gruben Beamte der Stapo-Stelle in einem Garten in Freyming den größten Teil der Korrespondenz mit dem ZK in Paris aus. Da die Akten unter der Bodenfeuchtigkeit gelitten hatten, „nur noch zum Teil leserlich und so brüchig sind, daß sie nicht im Original verschickt werden können", wurden sie Blatt für Blatt abgeschrieben.[57] Die Entschlüsselung der Decknamen sollte das zentrale Thema künftiger Verhöre bilden, nachdem auch die Mitglieder der KPD-Abschnittsleitung in Frankreich gefaßt worden waren.

Neben den V-Leuten des für die innenpolitische Gegnerbekämpfung zuständigen Referates II N, die bislang betrachtet wurden, unterhielt auch die für Spionageabwehr verantwortliche Abteilung III eigene V-Männer. Eine Liste aus dem Jahre 1938 führt 24 Personen aus dem Saarland und Lothringen auf; unter ihnen waren NSDAP-Funktionäre, Bürgermeister, Bergarbeiter, Wirte und Friseure, aber auch ein Emigrant und der Direktor der *Forbacher Bürgerzeitung*.[58] Ob und inwieweit auch sie — zumindest partiell — subversiv gegen den Widerstand aktiv waren, kann nicht ausgeschlossen werden, es fehlen dafür jedoch jegliche Belege.

Generell bleibt eine Einschätzung des Wirkens von V-Leuten problematisch. Dies resultiert nicht nur daraus, daß nur ein Teil der Gestapoakten überliefert ist, sondern auch aus dem Problem der gerichtlichen Nachprüfung von Spitzelinformationen: Strebte eine Stapo-Stelle eine justizielle Verfolgung an, so mußte sie ihren V-Mann zur Hauptverhandlung zur Verfügung stellen. Dazu war sie jedoch — selbst bei Ausschluß der Öffentlichkeit — höchstens dann bereit, wenn ihr Agent bereits „verbrannt" war; lediglich Bernarding, Ehrlich, Julius A. und Edmund E. traten darum — als Zeugen verkleidet — in Prozessen gegen saarländische Widerstandskämpfer auf. Ansonsten mußte die Gestapo die Mitwirkung von V-Leuten kaschieren; keinesfalls tauchte deren Name in den Ermittlungsakten auf, in aller Regel wurde von „vertraulichen Mitteilungen" gesprochen.[59] Der Historiker erhält hier zwar Fingerzeige, die ihn — mit Glück — auf die Tätigkeit von Agenten, auf Namen und Zusammenhänge stoßen lassen, gleichwohl bleiben hier Dunkelfelder.[60]

Im Trend jedoch ergibt sich ein widersprüchliches Bild: Einerseits war die Subversion durch V-Leute die zentrale Waffe gegen illegale Gruppen, andererseits konnte die Gestapo sie keineswegs vom Himmel zaubern. Die geschilderten Rekrutierungslinien der freiwilligen Offerte, des Zufalls und der erpreßten Kooperation zeigen jedenfalls, daß exogene Faktoren wie die Erosion der gegnerischen Milieus dabei eine fundamentale Rolle spielten, daß endogene Faktoren wie die Zusage unter Zwang vielfältige Risiken bargen und Grenzen der Wirksamkeit implizierten. Abstrahiert man aber von den Einzelfällen und extrapoliert man das Wirken der V-Leute auf die vollen 10 Jahre NS-Herrschaft an der Saar, dann blieb es bei aller konkreten Brisanz punktuell und periodisch. Spitzel waren keineswegs die flächendeckende Wunderwaffe; ihre Existenz war unberechenbar, aber auch selten.

Observation und institutionalisierte Kontrolle

Nach den bisherigen Darlegungen kann es nicht überraschen, daß sich staatspolizeiliche Observation im eigentlichen Sinne kaum nachweisen läßt. Höchstens in den Endphasen einiger „Fälle" sind Spuren davon belegbar,[61] ohne daß einwandfrei feststeht, ob es sich hier auch wirklich um Gestapobeamte handelte. Man vertraute auf die Subversion durch V-Leute, in Einzelfällen bat man den Unterabschnitt Saar des Sicherheitsdienstes um „unauffällige" Überwachung,[62] in aller Regel aber wälzte die Stapo-Stelle entsprechende Ersuchen auf die Ortspolizeibehörden ab.[63] In der Praxis bedeutete dieses Verfahren (das eingehender im Kapitel über die reguläre Polizei untersucht wird), daß die lokalen Beamten der Gendarmerie bzw. Schutzpolizei einen Verdächtigen bestenfalls im Auge behielten und sich in seinem sozialen Umfeld umhörten, ihn jedoch keineswegs regelrecht beschatteten; illegale Arbeit konnte dadurch erschwert, aber nicht verhindert werden.[64]

Trotz dieser weitestgehenden Delegation der Überwachung tat die Stapo-Stelle in ihren Berichten jedoch so, als habe sie den Widerstand ständig observierend im Blick. Nur gelegentlich räumte man — meist zwischen den Zeilen — erhebliche Fahndungspannen ein: Über die Saarbrücker Verkäuferin Maria Hertel etwa stellte man fest, daß sie „bisher die Nachrichtenübermittlung von Frankreich für die im Saarland und im Reich illegal arbeitende KPD hatte", teilte jedoch am Rande mit, daß sie mittlerweile in Metz lebe.[65] Man gab Verfahren gegen kommunistische Kuriere an die Staatsanwaltschaft ab, ohne zu erwähnen, daß sie zwischenzeitlich geflüchtet waren.[66] Aus der Ermittlung gegen Ferdinand Mollemeyer, eines der wichtigsten Mitglieder des illegalen Grenzapparates der SPD, wurde eine gegen Ferdinand Nollenmeyer — ein Schreibfehler, der auch in die Sonderfahndungsliste West einging und Mollemeyer 1940 vor der Verhaftung bewahrte.[67] Als Hugo Heintz, einer der Köpfe der illegalen KPD im Kreis Homburg, der durch einen V-Mann bereits in Forbach bei einem Treff mit Niebergall beobachtet worden war, Ende Juni 1936 festgenommen wurde, ging die Gestapo nicht gegen dessen Genossen vor, obwohl ihr deren Namen durch einen Mitverhafteten sämtlich genannt worden waren. Auch als der Reichsanwalt beim Volksgerichtshof am 31. Juli anordnete, daß auch sie in das Verfahren einzubeziehen seien, passierte nichts, da der ermittelnde Beamte bis zum 26. August in Urlaub war. Am 31. August — über zwei Monate nach der Festnahme von Heintz — wurden zwar Haussuchungen und Vernehmungen durchgeführt, aber mittlerweile hatten die Betroffenen sich längst über den Inhalt ihrer Gespräche mit Heintz verständigt und gaben z. T. bis in die Wortwahl identische Erklärungen ab.[68] Diese Beispiele dürften nur die Spitze des Eisbergs bilden; nicht nur wachsender Personalmangel, dürftige Qualifikation und Überbürokratisierung, auch Schlamperei und dilettantische Schnitzer sorgten für Fahndungspannen, die sich mit dem Klischee der allgegenwärtigen Geheimpolizei nur schwer in Einklang bringen lassen.

War die Überwachung — soweit sie sich nicht im nachrichtendienstlichen Halbdunkel der V-Leute vollzog — bereits in hohem Maße Sache der Ortspolizeibehörden, so leisteten staatliche und kommunale Instanzen aller Art darüber hinaus für die Gestapo unverzichtbare Zubringerdienste. Diese Serviceleistungen der Verwaltungsbürokratie für die Terrormaschinerie des Maßnahmenstaates schufen verschiedene Netze institutionalisierter Kontrolle mit teils systematischem, teils punktuell-zufälligem Charakter. Obwohl die Durchführung der entsprechenden Anordnungen für die Gestapo meist nicht mehr überschaubar war und vieles dem Schlendrian, manches vielleicht sogar dem Widerwillen zum Opfer gefallen sein dürfte, lag hierin gleichwohl eine nicht unerhebliche, meist übersehene Ressource ihrer Macht.[69] Der Reichsbahnüberwachungsdienst etwa, der nach Schwarzfahrern fahndete, sollte gleichzeitig auch „Verdächtige" aufspüren.[70] Die der jeweiligen Ortspolizeibehörde unterstehenden Einwohnermeldeämter erfaßten u. a. die jüdische Bevölkerung und schufen so die verwaltungstechnischen Voraussetzungen zu Deportation und Holocaust;[71] „kein Landrat und kein Bürgermeister in Deutschland", so H. G. Adler, „aus dessen Verwaltungsgebiet auch nur ein einziger Jude verschickt worden ist, konnte nach dem Winter 1941/42 über den bürgerlichen Tod der Juden in Unkenntnis bleiben".[72]

Im Saarbrücker Hauptpostamt wurde eine Devisenkontrollstelle eingerichtet, in der Zoll- und Gestapobeamte gemeinsam die grenzüberschreitende Korrespondenz überwachten; auch die ein- und ausgehenden Telegramme — „soweit sie vom Abwehrstandpunkt aus interessant sind" — gingen über den Schreibtisch der Stapo-Stelle.[73] Alle ins Ausland adressierten oder von dort eingehenden Briefe wurden automatisch geöffnet bzw. durchleuchtet und der Inhalt nach staatspolizeilichen und devisenrechtlichen Gesichtspunkten überprüft. Außerdem wurde die Inlandspost anhand von Namenslisten durchgesehen; fand sich dort die Anschrift eines politisch Verdächtigen, gegen den die Gestapo Postkontrolle verhängt hatte, so öffnete man auch die an ihn gerichtete Korrespondenz.[74] Bezüglich der Effizienz dieses Systems sind jedoch Zweifel angebracht: Während sich die Auslandspost mengenmäßig wohl bewältigen ließ, blieb es bei der Inlandspost höchstwahrscheinlich bei Stichproben und Zufallstreffern. Auf diesem Wege fielen der Stapo-Stelle zwar etliche Briefe von Emigranten an ihre Verwandten zuhause in die Hände, die nach 1940 die Beweisbasis für eine Verurteilung wegen Vorbereitung zum Hochverrat bilden sollten, im Kampf gegen den Widerstand jedoch blieb die Postkontrolle — abgesehen von einer einzigen Ausnahme — unwesentlich; die Kommunikation der Illegalen bediente sich notgedrungenermaßen anderer Mittel.[75] Sieht man davon ab, dann wurden dabei im wesentlichen einige Fälle von Heimtücke entdeckt — Briefe, in denen Saarländer über das Regime meckerten — und in Frankreich couvertierte Flugblätter abgefangen.[76]

Ein weiterer Kontrollmechanismus war die „verschärfte Absperrung der grünen Grenze".[77] Zum einen stockte man den Personalbestand von Grenzpolizei und Zoll allmählich durch die Übernahme von SS-Männern als Hilfsangestellte auf und schuf so die Möglichkeit zur verstärkten Präsenz. „Es laufen jetzt auch Patrouillen auf Wegen und Flüssen, die früher nur selten bewacht wurden", meldeten die *Deutschland-Berichte* bereits 1936 über die saarländisch-lothringische Grenze.[78] Zum zweiten wurde der kleine Grenzverkehr ein Jahr später unterbunden. Selbst mit einem Reisepaß durfte die Grenze nicht mehr auf Nebenwegen, sondern nur noch an den Hauptzollübergängen überschritten werden; die Grenzkarten der Lothringengänger wurden „zum größten Teil eingezogen bzw. abgelehnt", wie der Ludweilerer Bürgermeister im Sommer 1937 berichtete.[79] Zum dritten reichte der Verdacht staatsfeindlicher bzw. landesverräterischer Tätigkeit künftig zum Entzug von Paß bzw. Grenzkarte aus.[80] Da dies automatisch den Verlust des Arbeitsplatzes in Lothringen bedeutete, verloren die Forbacher Leitungen von KPD und SPD dadurch einige bislang legalisierte Kuriere; die illegale Grenzarbeit, die sich bis zum Kriegsbeginn 1939 nachweisen läßt, konnte so zwar erschwert, nicht aber völlig unterbunden werden.

Um die Verhinderung legaler Formen illegaler Kommunikation ging es auch in einem Erlaß des Gestapa von August 1935: Es ordnete an, daß keine Wandergewerbescheine, die zum Hausierhandel oder zur Vertretertätigkeit berechtigten, für ehemalige Mitglieder von KPD oder SPD ausgestellt werden dürften; seitdem wurden alle entsprechenden Anträge von der Stapo-Stelle auf sicherheitspolizeiliche Bedenken überprüft.[81] Einem politisch motivierten Beschäftigungsverbot diente auch eine Verfügung der Reichsanstalt für Arbeitsvermittlung und Arbeitslosenversicherung im April 1936, wonach die Arbeitnehmerkarten der lokalen Arbeitsämter eine besondere Kennzeichnung erhalten sollten, falls die betreffenden Personen wegen politischer Unzuverlässigkeit aus Rüstungsbetrieben entlassen oder deshalb gar nicht erst eingestellt worden waren.[82] Für die Stapo-Stelle Saarbrücken, die davon durch die jeweiligen Abwehrbeauftragten erfuhr und die Personalien an die vier saarländischen Arbeitsämter weiterleitete, begann damit eine enge Kooperation mit der regionalen Arbeitsverwaltung. Besonders während des Westwallbaus weitete sie den für geschützte Betriebe gesperrten Personenkreis noch erheblich aus; alle früheren KZ-Häftlinge sowie die ehemals prominenten Mitglieder von KPD und SPD erhielten nunmehr entsprechende Sperrvermerke auf ihren Karteikarten.[83] Während des Krieges verlagerte sich die Zusammenarbeit der Arbeitsämter mit der Gestapo vor allem auf das Feld der Arbeitsverweigerung; gemeinsam mit den jeweiligen Firmen schlugen sie faktisch die Bummelanten vor, die ihrer Ansicht nach für eine Arbeitserziehungshaft in Frage kamen.[84]

Polykratische Konflikte lassen sich hier ebensowenig ausmachen wie innere Vorbehalte. Die Maximen des Maßnahmenstaates waren keineswegs exklusives Eigentum der SS, sie hausten auch in den scheinbar unpolitischen Institutionen des Dritten Reiches, die lediglich mit der Gestapo kooperierten, ihr zuarbeiteten, sie mit Daten fütterten und ihr Entscheidungen aufdrängten, die auch die Möglichkeit physischer Vernichtung implizierten. Ein Amtsarzt des Staatlichen Gesundheitsamtes in Neunkirchen etwa, der glaubte, einen Simulanten entdeckt zu haben, wandte sich daraufhin an die dortige Stapo-Außendienststelle und beantragte, „L. wegen Arbeitsscheu in einem Arbeitslager unterzubringen“. Nicht einmal ein Jahr später erlag der „Simulant“, der über Herzbeschwerden geklagt hatte, in Buchenwald einem Herzschlag.[85]

Die Zuarbeit durch die NS-Formationen

Obwohl die Partei als Volksorganisation im Prozeß der „Machtergreifung“ und Gleichschaltung politisch mehr und mehr entbehrlich wurde und in der Struktur der Bewegungsphase erstarrte,[86] blieb die NSDAP doch eine wichtige Instanz politischer Kontrolle und damit ein zentraler Kooperationspartner der Gestapo. Die Tatsache, daß die Stapo-Stelle Saarbrücken zum Verkehr mit den Parteigliederungen sogar einen zweiseitigen Normfragebogen entwickelte, läßt darauf schließen, daß dieser Informationsfluß institutionalisiert war und die Regelanfrage über alle staatspolizeilich relevanten Personen zum üblichen Dienstbetrieb gehörte. Darin wurde u. a. nach dem Verhalten im Abstimmungskampf und dem Verdacht staatsfeindlicher Betätigung, aber auch nach Leumund, Kirchenzugehörigkeit und Beziehungen zum Ausland gefragt. Analog zur Praxis der „Politischen Beurteilung" wurde dieser Fragebogen bei der jeweiligen NSDAP-Kreisleitung eingereicht, die die gewünschten Informationen durch ihr Personalamt bei der betreffenden Ortsgruppe beschaffen ließ und dann den Fragebogen — z. T. ergänzt durch zusätzliche Stellungnahmen — an die Stapo-Stelle zurückschickte.[87] Es war ein Geschäft auf Gegenseitigkeit: Die Gestapo sicherte sich so eine für sie unverzichtbare Informationsquelle, die unteren Instanzen der NSDAP werteten sich durch diese „Herrschaft des Fragebogens"[88] zur Hilfspolizei auf und kompensierten so ihren realen Machtverlust.

Faktisch lief diese Praxis auf eine Autoritätssteigerung der NS-Funktionäre im sozialen Nahbereich hinaus, die letztlich über die Beurteilungen entschieden, da nur sie ohne Ausfragerei und geheime Erkundigungen die notwendigen Beobachtungen anstellen konnten und von Klatsch, Mißgunst und Neidhammelei in den Wohnquartieren profitierten. Die für 40 bis 60 Wohnungen zuständigen Blockleiter als Basis der Parteipyramide — oft als „Treppenterrier" belächelt — erhielten damit eine enorme informelle Machtfülle. Als die rangniedrigsten Hoheitsträger der NSDAP hatten sie eine Kartei der Haushaltungen zu führen, in der auch die jeweilige politische Einstellung zu vermerken war, sowie „die Verbreiter schädigender Gerüchte" festzustellen und der Ortsgruppe zu melden, „damit die zuständige staatliche Dienststelle benachrichtigt werden kann".[89] Durch diese Verquickung von Parteifunktionen mit Polizeiaufgaben wurde Denunziation zum Staatsprinzip erhoben und im Mai 1944 sogar noch ausdrücklich privilegiert: „Anzeigen von Hoheitsträgern gegen Defaitisten und Gerüchtemacher werden . . . bevorzugt behandelt", hieß es in einem Rundschreiben der Parteikanzlei. „Während die Polizei im allgemeinen angewiesen ist, auf eine Strafanzeige hin zunächst eine Vorprüfung durch Zeugenvernehmungen usw. vorzunehmen, bedarf es in diesen Fällen solcher Vorermittlungen nicht."[90]

Die Feststellungen gingen in aller Regel ungefiltert und ungeprüft in die Akten der Gestapo ein, sie kategorisierten die Betroffenen und stellten die Weichen für die zu ergreifenden Maßnahmen. In der Realität handelte es sich um bürokratische Miniaturen des Grauens: 1936 etwa wurde der Blockwart von Georg Neumann, eines parteilosen Maurers aus Burbach, der sich in Gasthäusern gelegentlich „abfällig" über das Regime geäußert hatte, von der NSDAP-Ortsgruppenleitung zur Begutachtung aufgefordert. „Ich habe meine Aussagen daraufhin gemacht und Neumann als politisch unzuverlässig erklärt", gab er 1949 zu Protokoll. „Diese Aussagen hat der Zellenleiter verhandlungsniederschriftlich aufgenommen und das Weitere veranlaßt". „Das Weitere" hieß in diesem Fall 31 Monate Konzentrationslager.[91] Es war nicht „die" NSDAP, die bespitzelte, sondern der Nachbar im Braunhemd, der häufig genug auch Kollege war. Als kleiner Pg. hatte er zwar wenig zu melden, aber als Amtswalter besaß er reale Macht in seinem sozialen Nahbereich. Die Initiative zur Verfolgung ging — nach Lage der Akten — in den wenigsten Fällen von ihm aus, doch in der Beurteilung des Delinquenten sprach er in aller Regel das letzte, zumindest das vorletzte Wort. Die in der Literatur gelegentlich zu findende Auffassung, daß die Blockwarte — später Blockleiter — mehr zur Festigung des Regimes beigetragen hätten als die Gestapo,[92] hat manches für sich. Sie unterschlägt jedoch dreierlei: Zum einen festigte gerade die Begutachtung durch die kleinen NSDAP-Funktionäre den Allwissenheits-Mythos der Gestapo. Zum zweiten waren auch die Blockwarte längst nicht automatisch bedingungslose Erfüllungsgehilfen der Gestapo, gab es auch hier soziale Rücksichten, Nachbarschaftszusammenhänge, Zu- und Abneigungen usw., die durchaus eine Eigendynamik besaßen. Zum dritten aber war diese Zuarbeit nur die parteiamtliche Variante der populären Denunziationspraktiken.

Neben der formalisierten Kooperation existierte ein hoher Grad an spontaner Denunziationsbereitschaft unter den Mitgliedern der NS-Formationen. In den ersten Monaten nach dem Referendum, als die Parteiorganisation neu aufgebaut wurde und es um die Verteilung von Pfründen und Funktionen ging, scheint insbesondere der Kampf um den Anteil an der Beute dazu animiert zu haben; Kenntnisse über das politische Vorleben von Rivalen ließen sich so nutzbringend verwerten, durch die Anzeige von „Status-Quolern" konnte man sich als überzeugter Nationalsozialist profilieren. „Der Rest meckert und denunziert", berichtete jedenfalls die KPD-Bezirksleitung Ende März 1935 über die Cliquenkämpfe innerhalb der saarländischen NSDAP.[93] Dieses Bestreben, sich Meriten auf Kosten der Gegner von gestern zu erwerben, verwandelte manchen frisch Uniformierten zum regelrechten Detektiv: „Die Zeugin F. hatte ... von ihrem Sohne, der SS-Mann ist, erfahren, daß der Angeklagte in Kommunistenkreisen verkehrt habe und war von ihm beauftragt worden ... sich an dem Gespräch mit ihm zu beteiligen, um ihn auf die Probe zu stellen", hieß es etwa in einem Sondergerichtsurteil. Anschließend „teilte (sie) ihre Wahrnehmungen ihrem Sohne mit, der Anzeige bei der Staatspolizeistelle veranlaßte".[94]

Ausgangspunkt für Denunziationen war in den meisten Fällen die Kneipe, immer noch Meinungsbasar, Gerüchteküche, Nachrichtenbörse und Ort symbolischer Repräsentanz. Insbesondere wenn der Ortsgruppenleiter am Stammtisch saß und ein NS-Gegner am Tresen sein Bier trank, drohte jeder Disput zum grundsätzlichen Streit auszuarten, der die lokale politische Hegemonie in Frage zu stellen schien; Anzeigen, die aus situativen Konflikten dieser Art resultierten, waren vor allem in den ersten Jahren nach 1935 sehr häufig. Während des Krieges trat eine neue Konstellation und mit ihr ein neuer Tätertyp in den Vordergrund: Der gläubige Hitler-Anhänger, der ohne erkennbare persönliche Mißgunst handelte und den Verbreiter „defätistischer" Lagebeurteilungen anzeigte, weil er deren „Wahrheit" nicht ertragen konnte und wollte.[95] Auch hier handelte es sich in aller Regel um Denunziationen innerhalb derselben Klassenlage, durchgeführt mit Akribie und Akkuratesse: Georg M. etwa, Schlosser und SA-Scharführer von Wellesweiler, „schrieb sich zu Hause sofort den wesentlichen Inhalt der Äußerungen des Angeklagten (eines Bergarbeiters, d. Verf.) auf und erstattete am anderen Tage beim Ortsgruppenleiter der NSDAP gegen den Angeklagten Anzeige", heißt es beispielsweise in einem Sondergerichtsurteil.[96]

Auch der Arbeitsplatz war in dieser Hinsicht keineswegs eine Nische proletarischer Solidarität. Ein Straßenbauarbeiter und SA-Mann etwa, in dessen Kolonne ein Mitglied der illegalen KPD arbeitete, „heuchelte Interesse an dessen Redereien, so daß der Beschuldigte schließlich zutraulich wurde"; ein Schlosser, im Nebenberuf

NSDAP-Blockleiter, lockte einen Kommunisten aus der Reserve, indem er ihm von seiner früheren Zugehörigkeit zum Roten Frontkämpferbund erzählte; und noch nach Stalingrad meldeten Mitglieder von NS-Formationen „zersetzende Äußerungen“ von Kollegen prompt weiter.[97] Zu dieser Mischung aus blindem Fanatismus und opportunistischer Berechnung gesellten sich gelegentlich auch Momente der sozialen Revanche und der Emanzipation gegenüber bisherigen Autoritäten, die sich aus der NS-Ideologie durchaus destillieren ließen. Hilfsarbeiter der Homburger Ligna-Werke etwa, die der SA angehörten, notierten sich „staatsfeindliche“ Bemerkungen ihres Meisters und verschafften ihm so acht Monate Gefängnis. Eine Stickerin in einer Saarbrücker Fahnenfabrik, überzeugte Anhängerin der NS-Frauenschaft, „woraus sie auch im Geschäft keinen Hehl zu machen pflegte“, wurde vom Inhaber wegen ihrer Agitation am Arbeitsplatz verwarnt und revanchierte sich mit einer Anzeige gegen ihn; sechs Monate Gefängnis und anschließend 16 Monate Buchenwald waren die Quitttung.[98]

Insbesondere Jugendliche, zweifellos der wichtigste Aktivposten des Regimes, nutzten dessen Spielregeln, um sich in der Erwachsenenwelt Respekt zu verschaffen und deren pädagogischen Leitfiguren Paroli zu bieten: Lehrlinge und Jungarbeiter etwa, die der HJ angehörten, denunzierten ältere Arbeiter und Gesellen, die ihnen zumindest informell „etwas zu sagen“ hatten wegen Äußerungen am Arbeitsplatz.[99] Diese generationelle Konfrontation mit den ihr immanenten kulturrevolutionären Aspekten wird besonders deutlich an einem Vorfall in Hostenbach: Als sich die örtliche HJ vor dem katholischen Vereinshaus zum Dienstbeginn versammelte, erschien der Pfarrer, der zu einer Versammlung der Marianischen Jungfrauenkongregation wollte. Zwei der Hitler-Jungen schlugen „schneidig“ die Hacken zusammen und grüßten ihn mit „Heil Hitler“. Ohrfeigen, unterbrochen durch die Frage „Wie grüßt man einen Geistlichen?“, waren die Antwort; der Pfarrer wurde daraufhin zu zwei Monaten Gefängnis verurteilt.[100] Anzeigen dieser Art intendierten nicht bloße Machtausübung, sondern Machterwerb oder besser: sozialen Geländegewinn. Bei aller Perfidie beinhalteten sie oft auch ein Stück Rache der underdogs, die hier das Regime für sich instrumentalisierten. Die Gestapo wurde so zum Vehikel zur Begleichung offener Rechnungen mit mißliebigen Nachbarn und Kollegen, aber auch mit Vorgesetzten und traditionellen Autoritäten.

Die Flut der Denunziationen

Sieht man von den parteispezifischen Verfahren der Fragebogen und Gutachten ab, dann glichen sich die Denunziationspraktiken der Bevölkerung und die der Mitglieder von NS-Formationen wie ein Ei dem anderen; die geschilderten Strukturaspekte trafen ohne Abstriche auch dort zu. Lediglich in zweierlei Hinsicht unterschied sich die Anzeigebereitschaft der parteipolitisch Ungebundenen: Sie war quantitativ weit umfangreicher, und sie reichte tief hinein in die Privatsphäre, sparte auch Familie und verwandtschaftliche Beziehungen nicht aus. Im folgenden sollen einige Konstellations- und Motivationsmomente dieser populären Denunziation untersucht werden; Strukturelemente indes, die genuin den Dispositionen der potentiell NS-gegnerischen Milieus entsprangen, werden hier ausgespart und erst im folgenden Band behandelt.

Delarues Behauptung, daß die Gestapo im Saargebiet „die Bevölkerung durch entsprechende Propaganda dazu auf(hetzte), die ‚Spione Frankreichs' zu lynchen", ist blanker Unsinn.[101] Weder zu den symbolischen Status-Quo-Beerdigungen unmittelbar nach dem 13. Januar, bei denen Puppen am Galgen baumelten, noch zu Denunziationen bedurfte es irgendeines Ansporns von außen. „Gleich vom ersten Tage an gingen Anzeigen und Meldungen über die Tätigkeit staatsfeindlicher Elemente in reichem Maße ein", hieß es bereits im Lagebericht der Stapo-Stelle für März 1935, und auch in den folgenden Monaten lobte man immer wieder die „rührige Mitarbeit der Bevölkerung an der Saar" für ihre „gute Unterstützung in der Bekämpfung des Kommunismus"; allein im März 1935 hatte die Stapo-Stelle 1.600 Vorgänge staatsfeindliche Tätigkeit betreffend und 1.200 Anfragen über die politische Zuverlässigkeit von Saarländern zu bearbeiten.[102] Selbsternannte Hilfssheriffs ohne Parteibuch fahndeten auf eigene Faust nach „Staatsfeinden" und geheimen Druckereien, sie stellten Regimegegner, die nachts Parolen pinselten und beobachteten durch die Gardine, wer bei den Verwandten prominenter Emigranten ein- und ausging.[103] Auch illegale Flugblätter, die man per Post verschickte oder in die Briefkästen steckte, „wurden von den Empfängern hier abgeliefert", wie die Stapo-Stelle immer wieder anerkennend vermerkte.[104]

Dennoch verursachte das grassierende Anzeigenwesen bei der Gestapo keineswegs nur reine Freude: Einerseits war sie auf Denunziationen fundamental angewiesen, wie besonders unter quantifizierendem Aspekt deutlich werden wird. Auch Presseberichte, in denen dazu aufgefordert wurde, „bei der Feststellung irgendwelcher Schiebereien . . ., die Polizei sofort zu verständigen", wobei „auf Verlangen die Person des Anzeigenden nicht benannt werden" wird, lasen sich wie Einladungen durch die Hintertür.[105] Andererseits merkte man schon bald, daß die so zugetragenen Informationen oft frei erfunden waren und aus persönlichen Feindschaften resultierten, daß man falschen Beschuldigungen aufsaß und für private Zwecke eingespannt wurde. Schon im Oktober 1935 stellte die Strafkammer des Landgerichts öffentlich fest, „daß im Saarland ein widerliches Angebertum herrscht", und auch die Stapo-Stelle klagte intern über „anonyme Briefschreiber" und die „ständig zunehmende Verbreitung eines widerwärtigen Denunziantentums".[106] Heydrich gab zwar die Anweisung, daß bei „ungerechtfertigte(n) oder übertriebene(n) Anzeigen . . . in böswilligen Fällen" sogar KZ-Haft verhängt werden könne und bei Anzeigen von Ehegatten untereinander stets zu untersuchen sei, ob ein Scheidungsverfahren laufe,[107] dennoch ließ sich das zugrundeliegende Dilemma per Dekret nicht beheben. Denunziationen blieben für die Gestapo ein zweischneidiges Schwert: Sie waren ein unverzichtbares, ihrer Natur nach jedoch auch unzuverlässiges Instrument polizeilicher Ermittlung. Sie verursachten ein gut' Teil ihrer Überlastung, waren häufig übertrieben, manchmal verlogen und in aller Regel interessengesteuert, dennoch bildeten sie — wenigstens quantitativ — die wichtigste Ressource staatspolizeilichen Wissens.

Denunziationen von Kollegen entzündeten sich fast immer an kontroversen Gesprächen in der Frühstücks- und Mittagspause. Häufig handelte es sich bei den

Anzeigern um Hilfsarbeiter, die als Opfer der Weltwirtschaftskrise jahrelang erwerbslos gewesen waren, nun von Bürckels Aufbauprogramm profitierten und dem jeweiligen „Meckerer“ entgegenhielten, „sie seien dem Führer zu Dank verpflichtet, da sie doch Arbeit gefunden hätten“.[108] Aber es gab auch etliche Berg- und Hüttenarbeiter unter ihnen, Putzfrauen zeigten den Kellner an und Zimmermädchen den Nachtportier.[109] Auch unter Angestellten war man sich dazu nicht zu fein: Den wegen Wehrkraftzersetzung hingerichteten Sozialdemokraten Rudolf Malter etwa denunzierte der 1. Lohnbuchhalter der Saarbrücker Straßenbahnen. Ein Kommunist, der als Dekorateur im Saarbrücker Passage-Kaufhaus arbeitete, wurde von seinen Kollegen in einem regelrechten Komplott zur Strecke gebracht; um sich „noch weitere Beweise ... (zu) verschaffen“, verwickelten ihn zwei in ein politisches Gespräch, ein dritter versteckte sich hinter einem Sessel, um „dadurch Zeuge der Äußerungen (zu) werden“.[110] Martin Broszats Vermutung, daß „die relativ geschlossene soziale Einheit des Betriebes größeren Schutz“ gegen Denunziationen gewährte „als das Wirtshaus oder die Wohnnachbarschaft, in der sich nicht nur Arbeiter aufhielten“, muß leider als idealistischer Kurzschluß bezeichnet werden.[111]

Lediglich in drei Fällen lassen sich Hinweise dafür finden, daß Beteiligte den Denunzierten zu decken suchten: Ausgerechnet ein Betriebsobmann der DAF wehrte sich — vergeblich — gegen die Weiterleitung einer Anzeige mit dem Argument „Wenn wir das machen, kommt er ins KZ“.[112] Nur in einem einzigen Fall rückten die Denunzianten von ihrer Aussage wieder ab, als sie deren Konsequenzen erkannten: Vier Bergarbeiter der Grube Ensdorf bescheinigten einem Kollegen, der ihnen 1942 abgeworfene alliierte Flugblätter in die Hand gedrückt hatte, daß sie bei ihm nie eine staatsfeindliche Einstellung bemerkt hätten; der Angeklagte, ein Mitglied der illegalen KPD, der bereits ein Jahr im Konzentrationslager verbracht hatte, wurde daraufhin vom Volksgerichtshof freigesprochen.[113] Ansonsten aber erschreckt das oft explizit formulierte Wissen um die Tragweite einer Anzeige: „Paß auf, daß du nicht ins Konzentrationslager kommst“, warnte ein Denunziant scheinheilig, „J. sei reif für Dachau“, meinte ein anderer, und in Völklingen schleppten Arbeiter einen Klassengenossen trotz dessen Bitten — „sonst käme er in ein ‚Konzertlager‘“ — zur Polizei.[114]

Die Faustregel, wonach die Denunzianten auf demselben sozialen Niveau standen wie die Denunzierten,[115] galt auch im Saarland, allerdings mit einer wichtigen Ausnahme. Neben dieser horizontalen Denunziation existierte auch eine vertikale: Maurer zeigten ihren kommunistischen Vorarbeiter an, der Zimmermann seinen sozialdemokratischen Polier, die Kraftfahrer eines Transportunternehmens ihren militärunwilligen Juniorchef, das lothringische Dienstmädchen den katholischen Oberregierungsrat, bei dem sie angestellt war.[116] Alles deutet darauf hin, daß diese Art von Denunziation dominant nach dem Prinzip einer sozialen Einbahnstraße funktionierte: „unten“ denunzierte „oben“; für die umgekehrte Richtung gibt es so gut wie keine Belege. Wie sehr dabei Vendetta und Aufbruchshoffnungen, Arbeitsplatzängste und Begeisterung für das neue Regime verschmelzen konnten, zeigt das Beispiel der Fraulauterner Emaillefabrik: Obwohl das Werk durch den Verlust des französischen Marktes in eine Absatzkrise gestürzt wurde, durfte es auf Weisung Bürckels keine Arbeiter entlassen. „Hitler kann mich am Arsch lecken“, erklärte daraufhin der Geschäftsführer im Sommer 1935 vor versammelter Mannschaft; im April 1936 kam er aus dem KZ Esterwegen zurück. Im Oktober 1935 beschloß die Belegschaft, die Arbeit niederzulegen, falls der Teilhaber Franz T., der angeblich betrunken Arbeiter beleidigt hatte, „nicht aus dem Betrieb entfernt wird"; die Gestapo nahm ihn daraufhin in Schutzhaft. Im Februar 1936 wurde dort ein Arbeiter denunziert, der ein in der Fabrik aufgehängtes Photo von SA-Chef Lutze mit der Schweißpistole verbrannt hatte.[117]

Neben dem Betrieb bildeten Wirtschaften den wichtigsten Ort politischer Konfrontation und Denunziation. Die Debatte am Tresen, meist von den Siegern provoziert, entzündete sich an Symbolen und Kennworten. Nicht Republik und Diktatur bildeten die polaren Bezugspunkte, sondern „Deutschland" und „Rotfront", „Heil Hitler" und „Heil Moskau"; auch Nichtkommunisten bedienten sich dieser Trotzgebärden und Drohsymbole. Die Wirte, denen bereits 1935 mit Konzessionsentzug gedroht wurde, falls sie in diesen Fällen nicht unverzüglich Anzeige erstatteten,[118] entwickelten sich dadurch zu einem wichtigen Zuträger der Stapo-Stelle. Sätze wie „Der Wirt verwies ihn darauf aus dem Lokal und schrieb den Verlauf zwecks Anzeige an die Staatspolizei nieder" finden sich immer wieder in den Urteilen und Anklageschriften.[119] Aber auch die Gäste, die den Streit vom Zaun gebrochen hatten, fühlten sich als Hilfspolizisten, die oft keine Mühe scheuten, ihr Opfer hinter Gitter zu bringen: „Der Zeuge C. wollte nunmehr die Staatspolizei fernmündlich von den Äußerungen des Angeklagten in Kenntnis setzen", lesen wir etwa in einem Urteil des Sondergerichts. „Da aber in der Wirtschaft kein Fernsprechgerät vorhanden war, veranlaßte er den Angeklagten, mit ihm und dem Zeugen R. zur Wirtschaft H. zu gehen. Dort machte er zwei anwesende SA-Männer durch einen Zettel auf den Angeklagten aufmerksam und rief fernmündlich Polizeibeamte herbei."[120]

Nach dem Bisherigen erstaunt es kaum, daß auch die proletarischen Wohnquartiere nicht die Reservate ungebrochener Klassenkultur, die hermetisch abgeschlossenen roten Festungen waren, als die sie gelegentlich in der Literatur gefeiert werden.[121] Das Abbröckeln von Milieustrukturen und die wachsende Faszination des Nationalsozialismus auch in der Arbeiterschaft machten zusammen mit dem allgemeinen Verteilungskampf um Posten und Pöstchen, politisierbaren älteren Querelen und offenen Rechnungen auch Nachbarschaftszusammenhänge porös; ehedem vertraute Gespräche im Treppenhaus oder im Hinterhof konnten jetzt zu Denunziationen führen.[122] Der Neunkirchener Bergmann Friedrich Lessel, der verzweifelt vor sich hin schimpfte: „Alle sind sie Lumpen. Vor einem Jahr waren sie noch Kommunisten und heute wollen sie alle Hitler sein", lag wohl nicht schief, als er „nach seiner Festnahme den Zeugen S. und N. zurief, sie wollten sich wohl ein ‚Röckelchen' verdienen"; 1944 kam er im KZ Dachau ums Leben.[123]

Der rasante politische Dominanzwechsel 1934/35 hatte auch zur Folge, daß etliche Kommunisten, die sich sofort „umgestellt" hatten, noch als unsichere Kantonisten galten und glaubten, ihre neue Identität öffentlich beweisen zu müssen, sofort mit Anzeigen reagierten, wenn frühere Genossen wieder in Kontakt zu ihnen traten oder sie wegen ihres Opportunismus verspotteten.[124] Umgekehrt wurden auch NSDAP-Mitglieder, die nach dem 20. Juli 1944 das Mißlingen des Attentats bedauerten, da so der verlorene Krieg verlängert würde, nunmehr von Nicht-Pg.'s denunziert. Selbst Akademiker verfaßten jetzt Anzeigen gegen ihresgleichen; für eine entsprechende Bemerkung brachte ein Saarbrücker Apotheker einen ihm wohlbekannten Stabsarzt der Garnison hinter Gitter.[125] Dominant aber war die denunziatorische Mobilisierung der Bevölkerung gegen deviante Meinungen ein Unterschichtenphänomen. Dichte und Dürftigkeit der proletarischen Welt demonstrierten hier ihre Ambivalenz: Sie bedingten nicht nur ein — allzuoft beschworenes — Potential der Solidarität, sondern auch des Drucks und der Kontrolle, das bis hin zur Anzeige bei der Gestapo reichte. Die saarspezifisch hohe Bevölkerungsdichte und die Transparenz des Lebens in den Arbeiterkolonien und -quartieren — Faktoren, die vor 1935 wichtige Rahmenbedingungen für die Konstituierung eines links-proletarischen Milieus gebildet hatten — zeigten nun ihre Kehrseite und behinderten fundamental die Wirkungsmöglichkeiten des Widerstandes. Die in der Literatur vertretene Auffassung, daß gerade die Wohnweise in kleinen Orten eine engmaschige soziale Überwachung ermöglicht habe,[126] sowie deren Umkehrschluß, daß demzufolge die anonymere Großstadt günstigere Bedingungen illegaler Arbeit bot, findet hier keine Entsprechung. Gerade in den Arbeitervierteln Saarbrückens häuften sich die Denunziationen überproportional im Vergleich zu den Dörfern und Kleinstädten des Kohlenreviers.[127]

Darüber hinaus kulminierten in dieser Denunziationspraxis ältere Traditionen der politischen Ausgrenzung:[128] Die Methoden der stigmatisierenden Scheidung in Deutsche und „Landesverräter", die seit 1923 gegen die „Separatisten" angewandt worden waren, damals den Beifall der Rechten wie der Linken gefunden hatten, um sich im Abstimmungskampf dann in eine eindeutige Waffe gegen die Linksparteien als Befürworter einer Status-Quo-Lösung zu verwandeln, fanden hier ihre bruchlose Fortsetzung. Für die NS-Gegner wurde nunmehr der Meinungsaustausch unter Kollegen und Nachbarn zunehmend gefährlich, vor allem aber in seinen Folgen unberechenbar. Natürlich wurde längst nicht jede Diskussion hinterbracht, doch allein das Wissen um die Möglichkeit lähmte, ließ Kontakte veröden, Gespräche verflachen, führte zur „Lokalisierung der Bergarbeiterexistenz", wie Franz Vogt, der Amsterdamer Kopf des illegalen Arbeitsausschusses freigewerkschaftlicher Bergarbeiter Deutschlands, analysierte.[129]

Überschattete diese potentiell allgegenwärtige Bedrohung bereits alle sozialen Außenbeziehungen, so fand die Diktatur auch im familialen Binnenraum Helfer, vor allem aber Helferinnen: Etliche Ehefrauen brachten ihre Männer durch Denunziationen ins KZ und manche von ihnen dadurch ums Leben; gleichwohl nahmen einige 1945 die Rolle der trauernden Witwe eines ermordeten Antifaschisten an, stellten Wiedergutmachungsanträge und versuchten Renten einzustreichen.[130] Kinder zeigten den Vater an, Schwestern den Bruder, der Schwiegersohn den Schwiegervater, die Frau des Bruders den Schwager.[131] Denunziationen geschahen in nahezu allen denkbaren familiären Konstellationen, allerdings gab es Ausnahmen: Es fand sich kein Fall, in dem ein Mann seine Ehefrau anzeigte. Auch die Denunziation von Eltern gegen ihre Kinder läßt sich nicht belegen; stets bildeten die Jüngeren hier den aktiven Part. Auch die Ebene Großeltern-Enkel blieb ausgespart; Denunziation passierte zwischen zwei, nicht zwischen drei Generationen.

Politischer Fanatismus bildete eine wichtige, jedoch längst nicht die alleinige Ursache. Alle Frauen etwa scheinen die regimefeindliche Haltung ihres Mannes gründlich mißbilligt zu haben; Liebhaber, Alkohol und Brutalität in den ehelichen Beziehungen kamen oft noch hinzu. Akkumulierten hier differierende Weltsichten und eine zerrüttete Ehe, Emanzipationswünsche und Rachegeluste für patriarchalische Verkehrsformen, so scheint die Auflehnung gegen eine autoritäre Erziehung bei den Kindern die zentrale Rolle gespielt zu haben. Die HJ bildete für sie das Emanzipationsvehikel; kam es deswegen zur Auseinandersetzung mit den Vätern, so mobilisierten sie den neuen Staat gegen die verhaßte elterliche Gewalt. Auch bei Denunziationen in entfernteren verwandtschaftlichen Konstellationen war politischer Konformismus bedeutsam, häufig jedoch schimmern dahinter Besitzansprüche und Eigentumsdifferenzen auf; die Erbschaft des elterlichen Hauses, sogar der Pflaumenbaum auf der gemeinsamen Grundstücksgrenze bildeten hier das materielle Substrat der Anzeige.[132] Generell waren Denunziationen im familialen Kontext kalkulierter, geplanter, berechneter; sie lassen sich nicht mit der ansonsten relativ oft anzutreffenden spontanen Empörung über eine Beschimpfung von Staat und Partei erklären.

War Denunziation in Betrieb und Öffentlichkeit eine dominant männliche Angelegenheit, so war sie im Bereich der Familie mit wenigen Ausnahmen eine weibliche Domäne. Obwohl Frauen nach Mitgliedern nicht gerade die Avantgarde der NSDAP bildeten, gleichwohl aber durch eine Vielzahl öffentlicher Positionen am Vollzug staatlicher Macht partizipierten, nutzten auch sie skrupellos die staatspolizeilichen Möglichkeiten zur Korrektur einer in ihren Augen mißratenen familialen Einbindung.[133] Die amerikanische Historikerin Claudia Koonz, die das NS-Herrschaftssystem als öffentlichen Terror von Männern analysiert, der durch die private Liebes- und Beziehungsarbeit ihrer Frauen ermöglicht wurde, greift entschieden zu kurz: „Wives, when they remained in their ‚proper place', kept their family world apart from the masculine sphere of brutality, coercion, corruption and power".[134] Diese Position, die nur die formelle Rollenverteilung wahrnimmt und den Mythos vom vorgeblich schwachen Geschlecht fortstrickt, negiert die Frau als Täterin, als aktive Denunziantin, als mitbestimmenden Faktor des Maßnahmenstaates, der diesem gerade den Schlüssel zum Einbruch in die Familie lieferte.

Verhör und Geständnis

„Das Meiste ist herausgekommen durch Brutalität", erinnert sich Käthe Limbach, die 1936 als 21jährige beim ersten Massenprozeß gegen saarländische Kommunisten vor dem Volksgerichtshof stand. Als etwa der Hauptangeklagte Otto Johänntgen, so erzählt sie, in Anwesenheit seiner Braut von Gestapobeamten zusammengeschlagen wurde, konnte diese den Anblick nicht ertragen und gab ihr Wissen preis, um ihm keine weiteren Schmerzen zuzumuten.[135] „Das Meiste" — diese Einschätzung ist wohl übertrieben, aber sie hat einen richtigen Kern. Verhöre, vor allem aber die Praxis der „verschärften Vernehmung", bildeten für die Gestapo in der Tat eine Ermittlungstechnik sui generis. Denunziationen oder „vertrauliche Berichte", wie

Informationen durch V-Leute in den Akten dezent umschrieben wurden, ermöglichten in aller Regel nur punktuelle Festnahmen. Die in den Verhören erpreßten Aussagen aber sorgten dafür, daß aus Einzel- oft Massenverhaftungen wurden, daß sie in einem zweiten, dritten oder vierten Schritt immer weitere Kreise zogen. Insbesondere in den beiden zentralen Aktionen gegen die illegale KPD praktizierte man dieses Schneeballsystem einer durch terroristische Mittel multiplizierten Informationsbeschaffung: Die leitenden Funktionäre der „Johänntgen-Gruppe", die dem V-Mann bekannt gewesen waren, faßte man am 2. und 3. August 1935. Durch weitere Festnahmen in den nächsten Tagen erhöhte sich die Zahl der Inhaftierten auf 36; ein dritter Zugriff erfolgte am 3., ein vierter am 7. September. Auch die Rote Hilfe wurde in mehreren Wellen aufgerollt: Am 10. Januar 1937 arretierte man den vermeintlichen Kopf der Organisation, am 5. Februar weitere 26 mutmaßliche Mitglieder; Mitte Februar, Anfang März und Mitte April kam es erneut zu Verhaftungskampagnen.[136]

„Die Gestapo hat sich jetzt auf dem Schloßplatz installiert", meldeten die *Nachrichten von der Saar* im Juni 1935. „Und in ihren ‚Vernehmungsräumen', d. h. Folterkellern, ereignen sich heute die gleichen Dinge wie in allen anderen Gestapostätten."[137] In der Tat gehörte es zu den Vereinbarungen zwischen Landkreis Saarbrücken und der Stapo-Stelle, daß dieser eingeräumt wurde, in den Kellergewölben auf eigene Kosten fünf Arrestzellen einzubauen. Hier oder in engen Metallspinden warteten die Delinquenten stunden-, oft tagelang auf die Verhöre.[138] Insbesondere gegen Kommunisten ging man von Anfang an mit voller Brutalität vor. Wenn sie keine Aussagen machten, stülpte man ihnen Kartoffelsäcke über den Kopf und traktierte sie mit Faustschlägen und Gummiknüppeln. Vielen wurden dabei die Zähne eingeschlagen, das Trommelfell oder der Kiefer zertrümmert, es gab Nierenschäden und Leistenbrüche, einige erblindeten oder erlitten Nervenzusammenbrüche.[139] „3-4 Tage und Nächte verbrachte ich in einer engen Zelle auf dem Schloßplatz", erinnerte sich Jakob Müller, der Leiter der illegalen KPD-Gruppe von St. Ingbert, der im März 1943 festgenommen wurde, „ständig die Hände auf dem Rücken gefesselt, nur Sitzgelegenheit, furchtbare Schmerzen in Armen und Rücken, dabei öfters die Verhörprozeduren, die Gestapoleute Grimm und Harms schlugen mich gefesselt auf dem Stuhl bewußtlos, Gesicht und Kopf voller Schlagbeulen und geschwollen, neue Schläge auf die wunden Stellen in Gesicht und Kopf, die Beulen platzten, ohnmächtig hing ich in den Stricken auf dem Stuhl, glühende Cigaretten hielten sie unter die Nase, um durch den Rauch aus der Ohnmacht zu kommen."[140]

Diese systematische Folter — im Schriftverkehr als „verschärfte Vernehmung" verharmlost, die neben Schlägen auch „einfache Verpflegung", „Dunkelzelle", „Schlafentzug" und „Ermüdungsübungen" umfassen konnte und seit 1933 von der Gestapo praktiziert wurde,[141] erwies sich natürlich als Bumerang, falls Angeklagte vor Gericht ihre Geständnisse als erpreßt widerriefen. Heydrich wies darum die Stapo-Stellen an, daß die „Anwendung verschärfter Vernehmungsmethoden auf keinen Fall aktenkundig gemacht werden darf",[142] zum anderen ließ man sich die weiße Weste per Unterschrift bescheinigen: „Bei der Entlassung wurde mir mit KZ gedroht, wenn ich über meine Mißhandlungen in der Freiheit etwas verlauten ließe", berichtete ein Mitglied der illegalen KPD in Saarbrücken, „dies mußte ich unterschreiben".[143] Gleichwohl ließ sich das Dilemma damit nicht vollends aus der Welt schaffen. Noch im Oktober 1937 sprach ausgerechnet der Volksgerichtshof, der Prototyp des nationalsozialistischen Sondertribunals, den Hauptangeklagten der Wehrdener KPD-Gruppe frei, der seine Aussagen unter Hinweis auf die Folter zurückgenommen hatte: „Der Zeuge Wendland, der Bach vernommen hat, hat erklärt, er habe Bach Vorhaltungen gemacht und ihn scharf angefaßt", heißt es im Urteil. „Danach ist nicht ausgeschlossen, daß Bach damals Dinge zugegeben hat, die sich nicht so abgespielt haben."[144] Die Gestapo schäumte ob dieser Decouvrage; Wilhelm Bach wurde noch im Gerichtssaal in Schutzhaft genommen und blieb bis 1945 KZ-Häftling.[145] Andererseits war es gerade das Oberlandesgericht Hamm — ein normenstaatliches Relikt, wenn man so will —, das sich über die justizielle Fragwürdigkeit erfolterter Aussagen nonchalant hinwegsetzte: Im „Rote-Hilfe-Prozeß" gegen 24 saarländische Kommunisten im Januar 1938 akzeptierte man die „bei schärfster Vernehmung" abgerungenen Geständnisse[146] als Beweisgrundlage, selbst wenn sie vor Gericht widerrufen wurden; wer „hartnäckig" leugnete, erhielt überdies die einjährige Untersuchungshaft nicht auf die Strafe angerechnet.[147] Damit schloß die Justiz endgültig die Augen vor den staatspolizeilichen Folterpraktiken.

Auf der Basis einer Übereinkunft zwischen Reichsjustizministerium und Gestapa hatte ein Erlaß Heydrichs am 1. Juli 1937 die „verschärfte Vernehmung" sanktioniert, aber auch formalisiert: Demnach durfte sie nur in Fällen, „in denen der Sachverhalt unmittelbare Staatsinteressen berührt", angewandt werden; das Gestapa mußte die Genehmigung erteilen; maximal 25 Stockschläge waren zulässig. In der Realität aber dürfte diese Vereinbarung kaum das Papier wert gewesen sein, auf dem sie stand: Gürtners Juristen besaßen keinerlei Kontrollmöglichkeiten, „wilde" Mißhandlungen ließen sich durch nachträgliche Genehmigung problemlos abdecken. Überdies wurde der Erlaß im Krieg durch weitere Anordnungen bis zur Unkenntlichkeit aufgeweicht: Seit Oktober 1941 konnten die Leiter der Stapo-Stellen selbständig darüber entscheiden; die „verschärfte Vernehmung" konnte nunmehr bei Kommunisten, Marxisten, Bibelforschern und Saboteuren verhängt werden. Im Juni 1942 wurde dieser Personenkreis auf „Terroristen, Angehörige der Widerstandsbewegungen, Fallschirmagenten, Asoziale, polnische und sowjetrussische Arbeitsverweigerer oder Bummelanten" ausgedehnt.[148]

Ganz stumm blieben die wenigsten der so Verhörten. Das Ausmaß der Geständigkeit überrascht und kontrastiert deutlich mit dem seit 1945 historiographisch produzierten Heldenmythos.[149] Gleichwohl liegen hier gewaltige Dunkelfelder, die längst nicht nur aus Quellennot resultieren; selbst wenn die Verhörprotokolle überliefert sind, klären sie oft weit weniger, als sie vorgeben. Was wußte die Gestapo bereits? Was sind Schutzbehauptungen? Wo wurden falsche Spuren gelegt? Wer wurde bewußt verraten? Diese Fragen lassen sich oft nicht eindeutig beantworten, obwohl sich für jede dieser Kategorien signifikante Beispiele finden. In der Regel aber fällt die Unterscheidung schwer zwischen dem, was die Inhaftierten aufgrund der Sachlage zugeben mußten und dem, was sie gestehen wollten — sei es, um sich zu ent-, andere notwendigerweise zu belasten, sei es, um den Torturen zu entkommen, sei es, um eine mildere Strafe zu erwirken. Grauzonen, Mischformen und Übergänge — so läßt sich vermuten — dürften hier an der Tagesordnung gewesen sein.

Julius Weyrich etwa, der am Weihnachtsabend 1935 an der Grenze gestellte Kurier der KPD-Gruppe von Dudweiler, „legte nach längerer Vernehmung ein umfassendes Geständnis seiner illegalen Tätigkeit ab und machte Angaben über von Niebergall herausgegebene Richtlinien zum Wiederaufbau der KPD", lesen wir beispielsweise im Tagesbericht der Stapo-Stelle vom 30. Dezember. „Weiter bestätigte er das Bestehen noch anderer Gruppen der illegalen KPD in Dudweiler, so daß auch hier zugegriffen werden konnte ... Aufgrund des von Weyrich abgelegten Geständnisses wurden Tiefensee und Pitz festgenommen, die ebenfalls ein Geständnis ablegten und die später festgenommenen Personen der Mitarbeit beschuldigten".[150] Über die Motivation läßt sich ebenso spekulieren wie über das reale Ausmaß der Geständnisse, sicher ist nur soviel, daß hier wie in vielen anderen Fällen ein ermittlungstechnisches Perpetuum Mobile in Gang gesetzt wurde, das fortwährend neue Opfer erzeugte.[151]

Nach dem Sieg im Westen gerieten auch die in Frankreich, Luxemburg oder Belgien seßhaft gewordenen Saaremigranten in den Einflußbereich der Gestapo. Im Oktober 1940 ordnete Heydrich an, daß mit Hilfe der dortigen Polizei eine „lückenlose karteimäßige Erfassung aller Ausländer" durchzuführen sei. Die deutschblütigen Emigranten — auch die ausgebürgerten — seien sodann festzunehmen, anhand der Sonderfahndungsliste West zu überprüfen und im Falle einer Ausschreibung der zuständigen Stapo-Stelle zu überführen.[152] Die seitdem einsetzenden Sammeltransporte aus Paris, die Auslieferungen durch das Vichy-Regime, aber auch die freiwillige Rückkehr von Kommunisten aus der unbesetzten Zone, die aufgrund einer Parteiweisung im Gefolge des Hitler-Stalin-Paktes erfolgte,[153] setzten die Verhörmaschinerie erst richtig in Gang; mit Ausnahme von Otto Niebergall und Emil Kirschmann fielen der Gestapo auf diese Weise alle leitenden Funktionäre der KPD-Abschnittsleitung und der SPD-Grenzstelle in die Hände.

Zum Teil wurden die Festgenommenen bereits durch die in Forbach sichergestellten Akten und Briefwechsel überführt,[154] zum Teil wurden sie durch andere Emigranten wegen ihrer „hochverräterischen" Aktivitäten im Exil belastet: „Der M. hat hier angegeben, ich sei auch mit dabei gewesen, als sie eine Gruppe gebildet hätten in Bagneres und auch Beiträge gezahlt".[155] Sätze dieser Art — er stammt aus einem von der Gefängnisleitung einbehaltenen Brief eines inhaftierten Emigranten — waren typisch für die Geständnisfreudigkeit gerade in den Jahren 1940—1942. Anscheinend wurzelte sie weniger — wenn überhaupt — in Schlägen und Mißhandlungen als in dem Empfinden, daß Widerstand sinnlos geworden war: Der Nationalsozialismus hatte sie selbst im Exil eingeholt, Hitlers Ansehen und Popularität waren größer denn je, sein Abkommen mit Stalin hatte die Fronten verwirrt und die Reihen der Kommunisten tief zerklüftet. Die daraus resultierende Verzweiflung, das Gefühl, keinerlei Halt und Perspektive mehr zu besitzen, förderten eine Bereitschaft zum „Verrat", die in vielen, vielleicht sogar in den meisten Fällen situativ und nicht unbedingt politisch-ideologisch motiviert war; etliche derjenigen, die damals gegen ihre Genossen „auspackten", wurden 1945 wieder Mitglieder der KP bzw. SPS.

Aber auch keiner der leitenden Funktionäre der beiden Forbacher Grenzstellen schwieg, wenngleich ihre Aussagebereitschaft trotz „verschärfter Vernehmung" recht unterschiedlich ausgeprägt war. Auf kommunistischer Seite nannten Josef

Wagner und Wilhelm Frisch die Namen einiger Kuriere, den größten Teil ihres Wissens aber nahmen sie mit ins Grab;[156] Frisch wählte nach 28 Tagen Haft und Folter den Freitod; Wagner wurde in Plötzensee enthauptet. Josef Hassdenteufel hingegen, der Rote Hilfe Verantwortliche der KPD-Abschnittsleitung, gab sein gesamtes Wissen in den Verhören preis.[157] Vor allem aber Heinrich Konrath, der Jugendbeauftragte, der bereits im Oktober 1940 festgenommen wurde, war nicht nur zu einem „umfassenden Geständnis" bereit, er half auch zwei Jahre lang bei der Auswertung der gefundenen Akten und belastete jeden, mit dem er in Berührung gekommen war. Gleichwohl befürwortete die Stapo-Stelle Saarbrücken keinen Gnadenerweis: „Er wird stets eine Gefahr für den Bestand und die Sicherheit des Staates bilden"; am 16. September 1942 wurde auch Konrath guillotiniert.[158] Auf sozialdemokratischer Seite gelang es Richard Kirn zwar, seine Verwicklung zum größten Teil dem toten Frisch in die Schuhe zu schieben,[159] Johanna Kirchner hingegen, die ebenso wie er um den Kopf fürchten mußte, scheint das Opfer einer Haftpsychose geworden zu sein. Nach zweiwöchigen Verhören wurde sie im Schlußbericht noch als „ganz gerissene Funktionärin" eingestuft, „die nur das zugibt, was ihr positiv nachgewiesen werden kann. Durch geschickt vorgetäuschte Herzanfälle versucht sie Mitleid zu erregen und zu retten, was noch zu retten ist." Knapp zwei Monate später meldete sie sich jedoch freiwillig zum Verhör und erklärte sich nunmehr bereit, „rückhaltlos die Wahrheit zu sagen". Ähnlich wie bei Konrath wurde daraus ein Wasserfall, aber auch hier verweigerten Gestapo und Justiz das Honorar für die Kooperationsbereitschaft; am 9. Juni 1944 endete auch Johanna Kirchner auf dem Schafott.[160] Der Versuch der Gestapo, durch massive Gewaltandrohung und dosierte Gewaltanwendung die psychische Identität ihrer Opfer zu zerstören und sie in eine Situation absoluten Ausgeliefertseins zu versetzen, verzahnte sich gerade hier mit Dispositionen der Gegenseite. Es war nicht zuletzt die zwischen Kriegsbeginn und Stalingrad grassierende Sinnkrise des Widerstandes, die den Verhörmethoden der Gestapo Erfolg bescherte und staatspolizeiliche Einbrüche in bislang unzugängliches Terrain ermöglichte.

Das Handlungsrepertoire in Fallstudien

Während in aller Regel nur die Anklageschriften und Urteile, manchmal auch die Verhörprotokolle und Schlußberichte vorhanden sind — die Endpunkte eines Ermittlungsverfahrens also sowie einige Momentaufnahmen dieses Prozesses —, liegen in neun Fällen die Ermittlungsakten vollständig vor. Diese aus den verschiedensten Beständen stammende Zufallsstichprobe kann zwar nur eine sehr bedingte Repräsentativität beanspruchen, erlaubt jedoch zusätzliche qualitative Einblicke in das staatspolizeiliche Handlungsrepertoire und dessen gesellschaftliche Akzeptanz. Bevor wir uns dem Versuch einer Quantifizierung und den daraus resultierenden Schlußfolgerungen bezüglich Ermittlungsstruktur und polizeilicher Effizienz der Stapo-Stelle zuwenden, sollten diese Fälle darum in exemplarischer Absicht untersucht werden.

Schwerpunktmäßig stammen sie aus der Kriegszeit; sieben der neun Verfahren gehören in die Jahre 1940—1944. Dementsprechend stehen die typischen Kriegsdelikte im Vordergrund: fünf Fälle betreffen das Abhören ausländischer Rundfunksender, zwei Wehrkraftzersetzung, je einer Heimtückevergehen und Landesverrat. Während diese Zeit- und Deliktstruktur natürlich Verzerrungen beinhaltet, entspricht die geschlechtliche und soziale Verteilung durchaus dem Durchschnitt aller entsprechenden Verfahren: Unter den Angeklagten waren acht Männer und lediglich eine Frau; nach beruflichen Kriterien handelte es sich um drei Bergarbeiter, zwei Elektriker, einen Schlosser, einen pensionierten Maschinisten, einen Ingenieurstudenten und eine Hausfrau. Daß politischer Dissens dominant ein männliches Unterschichtphänomen war, kommt hier deutlich zum Ausdruck.

Alle fünf Rundfunkverbrechen wurden durch Denunziation ermittelt: In einem Fall war es die Nachbarin, die „schon wegen der Nachbarschaft" um vertrauliche Behandlung bat, in einem zweiten ein mit dem Angeklagten verfeindetes Untermieterehepaar, im dritten der zuständige Schlafhausmeister, im vierten die Zimmerwirtin und ihre Hausgehilfin. Im fünften Fall löste eine Frau, deren Ehemann die Scheidung eingereicht hatte, da er sie der Untreue mit zwei einquartierten Westwallarbeitern bezichtigte, so ihr Beziehungsproblem; auch die beiden Untermieter beteiligten sich an der Anzeige. In zwei Fällen waren die Männer der Denunziantinnen als Soldaten im Einsatz; ihre Frauen empfanden das Abhören von „Feindsendern" darum als Anschlag auf die ohnehin ungewisse familiäre Situation: „Ich sehe also nicht ein, daß diejenigen, die in der Heimat stehen, den Soldaten an der Front . . . in den Rücken fallen", sagte eine aus.[161] In vier Fällen wandten sich die Denunzianten an die örtliche Gendarmerie- oder Schutzpolizeistation, deren Beamte die Verhöre und Festnahmen durchführten und den Fall anklagereif an die Stapo-Stelle weiterreichten; deren Arbeit beschränkte sich auf eine abschließende Vernehmung des Beschuldigten und den Schlußbericht für die Staatsanwaltschaft. Im fünften Fall gelangte die Anzeige über den für die betreffende Grube zuständigen Beauftragten für Arbeitsdisziplin zur Gestapo; lediglich hier waren eigene Vorladungen und Verhöre nötig, wobei alle Kollegen den Delinquenten belasteten und so die Ermittlungsarbeit zum Kinderspiel machten.

Auch die beiden Fälle von Wehrkraftzersetzung beruhten auf Anzeigen aus der Bevölkerung. Der erstere betraf einen früheren christlichen Gewerkschafter, der 1936 der NSDAP beigetreten war, seit seiner Pensionierung 1941 als Gelderheber der Saarbrücker Stadtwerke arbeitete und bei Kundenbesuchen seine wachsende Skepsis über den Kriegsverlauf äußerte. Im Juni 1943 geriet er an die falsche Adresse: „Ich bitte hiermit den Ortsgruppenleiter Pg. B.", schrieb eine Blockfrauenschaftsleiterin, „gegen diesen Volksvergifter, der täglich von Haus zu Haus geht und so die beste Gelegenheit hat, sein Gift unter die Bevölkerung zu streuen, weitere Schritte zu unternehmen". Die NSDAP veranlaßte zunächst die Amtsenthebung, dann den Parteiausschluß des Betroffenen, und erst mehr als drei Monate nach der Denunziation reichte der Oberbürgermeister den entsprechenden Briefwechsel an die Stapo-Stelle weiter.[162] Im zweiten Fall geriet eine Dillinger SA-Clique auf Heimaturlaub in einer Wirtschaft mit einem Kommunisten aneinander und meldete dies dem NSDAP-Ortsgruppenleiter, der die Gestapo einschaltete.[163] Ähnlich strukturiert war das im März 1936 verhandelte Heimtückedelikt: Der Pächter einer Püttlinger Kneipe, ein NSDAP-Mitglied, berichtete dem mutmaßlichen lokalen V-Mann des Sicherheitsdienstes — die Meldung enthält nur einen Nummerncode, wie ihn vor 1935 der NSDAP-Nachrichtendienst benutzte von den Äußerungen eines Kommunisten an seinem Tresen; „von maßgebender Stelle“ erhielt die Stapo-Stelle eine Abschrift.[164]

Während alle bisherigen Fälle quasi gelöst auf dem Tisch der Gestapo landeten und nur noch eine verfahrensmäßige Abwicklung erforderlich machten, waren im neunten und letzten Fall eigene Ermittlungen nötig: Im September 1938 bat die militärische Abwehr um die Überprüfung des aus Saarbrücken stammenden Elektrikers Ludwig Koltes, der in Metz arbeitete; durch einen Emigranten, der als V-Mann der Abwehr in Frankreich tätig war, hatte sie erfahren, daß Koltes im Dienst des französischen Nachrichtendienstes stehe und seine Besuche in Deutschland zur Erfüllung von Spionageaufträgen nutze. Da Koltes weder in der eigenen Personenkartei noch in der des SD-Unterabschnitts verzeichnet war, wurde eine Expertise über ihn und seine Eltern bei der NSDAP-Kreisleitung eingeholt, in der der zuständige Blockwart penibel all das notierte, was die Nachbarschaft über die Familie wußte und dachte. Als die Abwehr einige Monate später die Festnahme des vermeintlichen Spions anordnete, verhängte Kriminalrat Nickel Postkontrolle über dessen Eltern, wies die Grenzpolizeikommissariate auf den Fall hin und verfügte, daß „bei einer Einreise . . . für eine sofortige Überwachung zu sorgen“ sei. Der den Fall bearbeitende Kriminaloberassistent, der wohl ahnte, daß dieses Netz viel zu weitmaschig war, wußte Rat: „Falls eine Frau F. aus der Koblenzerstraße anruft und mitteilt, daß Ludwig Koltes aus Metz angekommen ist“, heißt es in einer „Notiz für die Telefonzentrale bzw. für die Nachtwache“, „bin ich — falls noch im Hause — zu verständigen oder aber der Nachtdienst zu verständigen“. Im Klartext bedeutete das: Er hatte eine Nachbarin als Ad-hoc-Vertrauensfrau honoris, vielleicht sogar honoraris causa verpflichtet, die nunmehr mit deutschem Blick durch die Gardine lugte und die Koltes'sche Wohnung im Auge behielt. Genau diese Methode war erfolgreich: „19,15 Uhr ruft Frau F. an“, lautet die nächste Notiz, „und teilt mit, daß Koltes da sei“.[165] Die Kontrollen der Grenzpolizei konnte er passieren, die Nachbarin aber lag auf der Lauer.

Das Ergebnis dieser Zufallsstichprobe ist frappierend: In allen neun Fällen wurde die Stapo-Stelle erst durch Anzeigen aus der Bevölkerung bzw. durch ein Amtshilfeersuchen der Abwehr auf ein vermeintliches politisches Verbrechen hingewiesen. Sieben Fälle waren durch Ermittlungen der regulären Polizei schon gelöst oder durch mitgelieferte Zeugenaussagen bereits derart geklärt, daß die Akte direkt an die Staatsanwaltschaft gehen konnte; in einem weiteren Fall mußten noch eigenständige Verhöre durchgeführt werden. Im neunten Fall schließlich versagten die eigenen Überwachungsmechanismen kläglich, die mobilisierte Denunziationsbereitschaft indes führte zum Erfolg. Sieht man vom Fall Koltes ab, dann erübrigten sich kriminalistische Recherchen. Von einer Observation durch die Gestapo selbst finden sich keinerlei Spuren. Man verließ sich auf die Zulieferung „von unten“ und setzte auf die Mechanismen der institutionalisierten Kontrolle. „Es war nicht so . . ., als ob die Gestapo ein Netz von Nachrichtenagenten und Spitzeln unterhalten habe, um das ganze Volk zu beobachten“, so Best im Nürnberger Prozeß. „Das hätte mit dem kleinen Beamtenstand, der voll mit den laufenden Dingen beschäftigt war, gar nicht geleistet werden können. Solche Einzelanzeigen wegen ungeschickter politischer Äußerungen und dergleichen sind immer von außen an die Politische Polizei herangetragen worden.“[166] Wie wir gesehen haben, handelte es sich hier keineswegs um eine Schutzbehauptung; ohne das Heer der freiwilligen Zuträger wäre die Gestapo nahezu blind gewesen.

Quantitäten und Relationen

Dieses Bild wird durch den folgenden Versuch einer Quantifizierung[167] bestätigt, wobei jedoch die Validität der zugrundeliegenden Daten einer Erläuterung bedarf: Anklageschriften und Urteile, die im Regelfall verfügbaren Quellen also, enthalten zwar ausreichende Hinweise über Tatverlauf und Beweislast, längst nicht immer antworten sie jedoch präzise auf die Frage, wie das Wissen über ein bestimmtes Delikt zur Gestapo gelangte. In etlichen der folgenden Zahlenangaben steckt darum bereits ein Moment der Interpretation. Falls etwa ein Gespräch zwischen vier, sechs oder acht Augen in einer Privatwohnung Gegenstand einer Gerichtsverhandlung wurde und dabei einer der Beteiligten als Zeuge fungierte, so wurde unterstellt, daß er auch die Anzeige erstattet hatte; nur in mehrdeutigen Situationen wurde die Rubrik „unklar“ gewählt. Angesichts der Fülle nachweisbarer Denunziationen, die das Quellenmaterial enthält, erscheinen derartige Rückschlüsse legitim, gleichwohl machen sie den statistischen Befund ein Stück weit „weicher“.

Als erstes soll die Gesamtheit der überlieferten Anklageschriften und/oder Urteile des Sondergerichts Saarbrücken, soweit sie sich auf Heimtückevergehen beziehen, hinsichtlich der polizeilichen Ermittlungsstrukturen untersucht werden.[168] Dabei handelt es sich um 127 Fälle, deren Schwerpunkt mit 52 bzw. 40 Verfahren eindeutig in den Jahren 1936/37 liegt und damit die Konjunktur dieses Delikts recht genau widerspiegelt. Die geschlechtliche Verteilung der Delinquenten überrascht höchstens in ihrer Signifikanz: Auf 132 Männer kommen lediglich sechs Frauen. Auch die sozialen Proportionen auf der Täterseite entsprechen den Erwartungen: Mit weitem Vorsprung an der Spitze stehen mit 58 Fällen die Facharbeiter, wozu auch die Berg- und Hüttenarbeiter mit ihrem nicht genau bestimmbaren Anteil an Angelernten gezählt wurden. Auf dem zweiten Platz folgen die Hilfsarbeiter mit 29, dann die Angestellten mit immerhin 14 Fällen. Die explizit Arbeitslosen, die wohl dominant den beiden Arbeitergruppen zuzurechnen sind, nehmen den vierten Platz mit acht Nennungen ein, Händler und Wirte weisen ebenso sechs Fälle auf wie die Handwerksmeister. Fünf Landwirte folgen auf dem siebten Platz; zu dem marginalen Rest zählen etwa zwei Beamte, ein Pfarrer, ein Ingenieur und ein Fabrikant. Überdeutlich wird hier der Charakter des Heimtückediskurses als proletarisches Delikt, das lediglich im alten und überraschenderweise auch im neuen Mittelstand einige Ausläufer besaß, jedoch — ebenso wie die gesamte Region — ein fast vollständiges Defizit an Bürgerlichkeit aufwies.

Wendet man sich der Ermittlungsseite zu, dann steht die Denunziation absolut im Vordergrund: Bei der Aufschlüsselung nach situativen Momenten nimmt der „Tatort“ Kneipe mit 60 Fällen mit weitem Vorsprung den ersten Platz ein; in 50 Fällen ging die Anzeige dabei von anderen Gästen aus, in zehn von Wirt oder Wirtin. An zweiter Stelle folgt der Arbeitsplatz mit 21 Nennungen; in 18 Fällen denunzierten die Kollegen, in zweien untergebene Arbeiter, in einem der Meister. Den dritten Platz nehmen Bekannte mit 14 Nennungen ein, dicht gefolgt von 13 Anzeigen aus der Nachbarschaft, wobei es hier Überschneidungen geben dürfte, die aus den Quellen nicht eindeutig hervorgehen. Erst auf dem fünften Rang finden wir mit acht ermittelten Fällen die Postüberwachung als Instanz der institutionalisierten Kontrolle. Auf dem sechsten Rang folgen Denunziationen durch zufällige Passanten auf der Straße, dem Markt, Bus oder Zug mit sieben Nennungen. In je fünf Fällen gingen die Anzeigen von Zellengenossen im Gefängnis oder von Familienangehörigen aus; die letztere Gruppe scheint damit in ihrer Relevanz jedoch deutlich unterrepräsentiert zu sein, da hier nur die in öffentlichkeitswirksamen Verfahren verhandelten Fälle auftauchen, nicht aber die aufgrund geäußerten Verdachts ins KZ „Verschubten“. Lediglich in den übrigen, quantitativ marginalen Fällen finden sich noch einige Instanzen der institutionalisierten Kontrolle, nie jedoch die Gestapo selbst als Ermittlungsapparat: In zwei Fällen ging die Anzeige von der örtlichen Polizei aus, in einem von einem Zugschaffner; lediglich in sechs Fällen bleibt die Ermittlungsstruktur unklar.

Die geschlechtliche Verteilung der Denunzianten scheint auf den ersten Blick eindeutig zu sein — 107 Männer, 27 Frauen, zwei unklare Fälle —, sie verdeckt jedoch Präferenzen und Verschiebungen. Die beiden maskulinen Domänen Kneipe und Arbeitsplatz begründeten zwar das männliche Übergewicht, in den Nachbarschaftszusammenhängen jedoch waren Frauen dominant die Anzeigenden. Im Weltkrieg kehrte sich das Geschlechterverhältnis sogar um: In der weiblich geprägten Kriegsgesellschaft denunzierte vorrangig das „schwache Geschlecht“; eine aus denselben Beständen resultierende Auswertung aller Urteile und Anklageschriften bezüglich Rundfunkverbrechen ergibt, daß dort zwölf weiblichen Denunzianten nur sechs männliche gegenüberstehen, während auf der Täterseite das männliche Übergewicht — 23 Männer, fünf Frauen — erhalten bleibt. Weit größere Schwierigkeiten macht die soziale und politische Zuordnung der Denunzianten auf dem Gebiet der Heimtückevergehen: Natürlich zeichnet sich auch hier ein hoher Arbeiteranteil ab, doch es verbleibt eine derart große Zahl unklarer Fälle — insbesondere bei Anzeigen wegen Äußerungen in Wirtschaften, in denen lediglich vom Zeugen XY die Rede ist, der die Polizei alarmierte —, daß sich exakte Zuordnungen verbieten. Ähnlich verhält es sich in politischer Hinsicht: Auch hier fallen etliche NSDAP- und SA-Mitgliedschaften auf, absolut dominant ist jedoch der Anteil der nicht näher spezifizierbaren Fälle. Völlig außer Betracht bleiben muß die generationelle Verteilung der Denunzianten, da hierzu fast immer entsprechende Angaben fehlen.

Als Kontrollgruppe sollen im folgenden die wegen Hoch- und Landesverrats Beschuldigten untersucht werden; als Datenbasis dienen dabei 132 Ermittlungsberichte des Saarbrücker Oberstaatsanwalts an den Reichs- bzw. Oberreichsanwalt beim Volksgerichtshof vom 1. Juli 1936 bis zum 26. März 1938, über 21 auf diesem Sektor allerdings höchst bedeutsame Monate also.[169] Über die bereits gemachten relativierenden Bemerkungen hinaus sind hier jedoch weitere Einschränkungen notwendig: Zum einen betrifft das umfangreiche Faszikel — das einzige überlieferte seiner Art — nur die an die Staatsanwaltschaft abgegebenen Fälle, berührt also nicht die gerade in diesem Zeitraum häufig praktizierte Deportation ins KZ, falls die Beweisgrundlage nicht ausreichte. Zum zweiten wurden etliche der hier angesprochenen Hochverratsdelikte auf Heimtückeformat heruntergestuft oder eingestellt; sie betreffen also längst nicht in allen Fällen die illegale Arbeit konspirativer Gruppen. Zum dritten weisen die Berichte verschiedene unerklärliche Lücken bezüglich einiger Verfahren auf. Die miteinander verkoppelten Probleme der Unvollständigkeit der Aktenbestände, der Selektivität der Akteninhalte und der unterschiedlichen Indikatorenqualität der Daten[170] lassen es darum geraten erscheinen, auch hier von signifikanten Trends zu sprechen, statt auf dem unerfüllbaren Anspruch „harter" statistischer Analyse zu beharren.

Das Täterprofil weist kaum Überraschungen auf und gleicht weitgehend dem der Heimtückeredner: 170 Männer wurden beschuldigt, hingegen nur 15 Frauen. Mit 88 Nennungen nehmen auch hier die Facharbeiter mit weitem Vorsprung den ersten Platz ein, gefolgt von den Hilfsarbeitern mit 55 und den Hausfrauen mit 12 — ein Befund, der auf die familiale Einbindung des Widerstandes verweist. Auf den nächsten Plätzen folgen Angestellte, Händler und Vertreter mit je fünf Fällen. Auch hier fehlen die Funktionseliten und das Bürgertum; je ein Beamter und ein Student stellen die auf der sozialen Skala am höchsten bewertetsten Positionen dieses Samples. Hinsichtlich der politischen Zuordnung stehen 94 ehemalige Mitglieder der KPD mit weitem Abstand an der Spitze; eine Gruppe von 47 Parteilosen folgt auf dem zweiten Platz. Mit 14 Nennungen nehmen Sozialdemokraten erst den dritten Platz ein, frühere Freigewerkschafter mit elf den vierten, dicht gefolgt von Mitgliedern der autonomistischen Organisationen SSP und SWV in zehn Fällen. Lediglich zwei Beschuldigte gehörten zuvor dem Zentrum an.

Auch bei dieser Deliktgruppe, in der lediglich fünf Fälle als unklar eingestuft werden müssen, bildet Denunziation das zentrale Ermittlungsinstrument; allerdings sind die situativen Momente hier im Vergleich zu den Heimtückevergehen vielfältiger, die Proportionen ausgewogener. Dennoch steht auch hier der „Tatort" Kneipe mit 41 Fällen obenan; in 37 von ihnen erfolgte die Anzeige durch andere Gäste, in vier Fällen durch den Wirt. 21 Verfahren gingen auf Verhörgeständnisse zurück, die damit bereits den zweiten Platz in der Ermittlungshierarchie einnehmen. An dritter Stelle folgen Denunziationen am Arbeitsplatz mit 14 Fällen, wobei auch hier zehn, also die große Mehrheit, von Kollegen ausgingen. Mit je zehn Nennungen nehmen Mitglieder der eigenen Familie sowie die Nachbarschaft den vierten bzw. fünften Platz ein, in acht Fällen informierten Straßenpassanten die Polizei. Erst danach finden sich Formen der institutionalisierten Kontrolle und der Subversion: Sieben Fälle gingen auf die Postüberwachung zurück, je vier auf einen V-Mann der Gestapo sowie auf Grenzpolizei bzw. Zoll, drei auf die reguläre Polizei, je einer auf eine Haussuchung oder den Sicherheitsdienst des Reichsführers SS. Ähnliche Werte erreichen Denunziationen durch Mithäftlinge mit sechs Nennungen, durch ehemalige Parteigenossen in fünf, durch Untermieter und Kunden in je vier Fällen.

Eine genauere Kategorisierung der Denunzianten in dieser Deliktgruppe kann sich auf wenige Sätze beschränken, da nicht nur dieselben Trends, sondern auch dieselben Probleme wie im Bereich der Heimtückevergehen auftreten: In geschlechtlicher Hinsicht läßt sich auch hier eine klare männliche Dominanz nachweisen; unter den Anzeigenden waren 93 Männer, 26 Frauen, sieben Fälle blieben unklar. Auch in sozialer Hinsicht läßt sich ein hoher Arbeiteranteil herauslesen, in Anbetracht der Vielzahl unklarer Fälle jedoch nicht exakt bestimmen. Gleichwohl wird man von folgender Faustregel ausgehen könen: Ebenso wie Dissens und — wie wir sehen werden — intentionaler Widerstand vorrangig proletarische Phänomene waren, so traf dies auch auf Denunziation zu. Allein die Dominanz der klassenspezifischen „Tatorte“ Kneipe, Arbeitsplatz, Nachbarschaft und Familie belegt dies.

Addiert man alle Fälle von Denunziation in beiden Deliktgruppen, dann erweist sich die zentrale Bedeutung dieser Anzeigen für die Ermittlungsarbeit der Gestapo: 87,5 % aller abgeurteilten Heimtückefälle beruhten auf ihnen, aber auch 69,5 % der zunächst als Vorbereitung zum Hoch- oder Landesverrat eingestuften Delikte. Der Mythos, die Arbeiterschaft habe zähneknirschend und mit geballter Faust in der Tasche die Diktatur ertragen und auf den Tag der Rache gewartet, wird auch hier fragwürdig. Eher sollte davon ausgegangen werden, daß nicht unbeträchtliche Teile der Arbeiterschaft auch den Maßnahmenstaat konkret mitgestalteten, daß sie nicht nur tätige, sondern auch unverzichtbare Rädchen in der Verfolgungsmaschinerie waren, daß sie durch freiwillige und massenhafte Anzeigen Mitbestimmung ausübten. Allerdings wird damit die Frage nicht beantwortet, inwieweit Denunziation auch zur Praxis anderer Schichten gehörte. Martin Broszat etwa legt nahe, daß sie vorrangig eine mittelständische Erscheinung gewesen sei, da dort der Abbau berufs- und gruppenbezogener sozialer Ehrbegriffe am fortgeschrittensten war.[171] Diese These gewinnt durch das vorliegende Datenmaterial zwar keinerlei empirische Evidenz, ist damit jedoch nicht entkräftet. Taucht die angebliche Dominanz mittelständischer Denunziation in einer sozial derart spezifisch strukturierten Region wie im Saarland notwendigerweise nicht bzw. nur marginal auf oder handelt es sich um eine spekulative Deduktion aus dem Reich der Unterstellungen und Vorverständnisse, die in der Wirklichkeit keine Entsprechung besitzt? Hier stoßen Regionalstudien an ihre Grenzen. Fragen dieser Art lassen sich nur im Verfahren des Vergleichs lösen.

Andererseits war Denunziation zwar das zentrale, aber längst nicht das einzige Ermittlungsinstrument. Ihre überragende Bedeutung erwies sich insbesondere dort, wo Dissens im Alltag verbalisiert wurde. Gegen konspirative Gruppen der KPD und SPD aber erwies sie sich als recht stumpfe Waffe; lediglich in zwei Fällen spielte sie bei deren Aufdeckung eine Rolle,[172] wobei diese quantitativ geringe Ausprägung jedoch nur auf Erlebnislücken auf diesem Feld schließen läßt, kaum aber auf mangelnde Denunziationsbereitschaft. Im Kampf gegen die Illegalen bildete — wie geschildert — die Handvoll freiwilliger V-Leute, die die Flucht nach vorn antraten, um sich für ihre politische Vergangenheit zu rehabilitieren und gleichzeitig Kapital daraus zu schlagen, den zentralen Hebel; Verhöre besorgten den Rest.[173] Griffen diese Mittel nicht, dann scheute die Gestapo nicht vor der Praxis des präventiven Kahlschlags zurück, falls sie sich durch nächtliche Parolenmalerei oder das Hissen roter Fahnen zur Machtdemonstration provoziert sah: Alle als relevant erachteten örtlichen NS-Gegner aus dem Spektrum von KPD und SPD wurden dann festgenommen und geschlossen für Monate, manchmal für Jahre in Konzentrationslager deportiert; der Personenkreis dürfte anhand der Kartei, aber auch in Zusammenarbeit mit Bürgermeistern, Ortsgruppenleitern und lokaler Polizei ausgesucht worden sein.[174] Allerdings galt diese Methode wohl als ultima ratio und diente primär zur Einschüchterung, da sie den Allwissenheitsanspruch der Gestapo für jedermann durchschaubar preisgab und in keinem konkreten Fall geeignet war, verwertbares Beweismaterial zu erbringen.

Zugespitzt formuliert lautet das Resümee: Denunziation brachte den Dissens zur Strecke, V-Leute die konspirativ organisierten Gruppen. Mit anderen Worten: Oppositionelle Regungen und Aktionen der Arbeiterschaft wurden in aller Regel aus den eigenen Reihen liquidiert, die Ängste vor der Gestapo waren in hohem Maße hausgemacht. „The evidence suggests", so Gellately zutreffend, „that the fears experienced by the German people were to a large extent produced by popular cooperation with the police. Hardly less important was widespread public knowledge that this kind of collusion was occurring."[175] Diese plebiszitären Züge des Terrors stellen nicht nur das Klischee einer durch brutalen Zwang „von oben" zusammengehaltenen Überwachungsgesellschaft in Frage, sie revidieren auch die gängigen Vorstellungen über Funktions- und Arbeitsweise der Gestapo. Weit weniger als angenommen waren die Stapo-Stellen Ermittlungsapparate, sondern dominant Sammelstellen für Anzeigen und Entscheidungsinstanzen für deren Bearbeitung. Sie waren der Briefkasten für alle Meldungen „von unten", kaum aber eine detektivische Institution. Ihre Beamten waren weit mehr Schreibtischtäter, die Schicksal spielen durften, als versierte Kriminalisten vor Ort. Sie verwalteten den Terror, aber die Initiative ging vorrangig „von unten" aus. „The Gestapo was to a large extent a passive organization in terms of generating cases", analysiert Gellately am Beispiel Würzburgs, und diese Feststellung erscheint eher unter- als übertrieben.[176] Allerdings lagen in dieser Konstellation sowohl die Macht wie die Ohnmacht der Gestapo begründet: Die durch den permanenten Ausnahmezustand bis ins Grenzenlose gesteigerten Kompetenzen der Politischen Polizei, die Zentralisierung institutionalisierter Kontrollen bei ihr oder durch sie, die Anzeigen durch Denunzianten und Spitzel — all das führte zu einer Informationsflut, die sowohl den Allwissenheitsnimbus beförderte, als auch dazu führte, daß die Gestapo in bürokratischer Routine ertrank.

Vom „Staatsfeind“ zum „Volksschädling“: Die fortschreitende Kriminalisierung

Wurden zuletzt die Ressourcen staatspolizeilicher Information und die Wege ihrer Akkumulation untersucht, so soll nunmehr in einem letzten Schritt der Gebrauch dieses Wissens analysiert werden. Es geht um die Frage, welche Mittel gegen wen, wann und warum angewandt wurden und inwieweit dies Konsequenzen aus der spezifischen Struktur der Gestapo waren. Es geht um deren Feindbildexplosion, um die Ursachen dieser Radikalisierung und die daraus resultierenden Umfänge und Quantitäten des Terrors. Es geht um den Bereich, in dem die Gestapo souverän war: Auf dem Sektor der Ermittlung regierte „Kommissar Zufall“ in Gestalt von Denunzianten, V-Leuten, NSDAP-Funktionären und beamteten Bediensteten des Regimes, die die Stapo-Stelle gefragt und ungefragt mit Meldungen und Meinungen überfrachteten. Auf dem Sektor der Ahndung dieser angelieferten Delikte aber konnte sie nach ihren eigenen Maßstäben verfahren, gestaltete sie selbst den regionalen Maßnahmenstaat.

Schutzhaftbefehl oder Gerichtsverfahren?

Prinzipiell besaß die Stapo-Stelle zwei Möglichkeiten zur Strafverfolgung: die Abgabe des Falls an die Staatsanwaltschaft und damit den klassischen Weg gerichtlicher Aburteilung oder aber die Verhängung von Schutzhaft und damit den internen Weg polizeilicher Selbstjustiz. Obwohl die Wahl zwischen diesen beiden Optionen längst nicht mit der berühmten Fraenkel'schen Unterscheidung zwischen Normen- und Maßnahmenstaat übereinstimmte — der Oberreichsanwalt beim Volksgerichtshof bestimmte die Einstufung des Delikts und den Gerichtsort, der Einbruch der Sondergerichtsbarkeit hatte bereits tiefe Breschen in die Rechtsstaatlichkeit Weimarer Prägung geschlagen —, implizierte die Delegation an die Justiz für die Gestapo dennoch die Bürde der Beweislast, bestand selbst der Volksgerichtshof auf einer Rechtsförmigkeit des Verfahrens. An dieser Schaltstelle der Strafverfolgung erwies sich der Maßnahmenstaat immer wieder als improvisiert. Die Uhren seiner Instanzen gingen anders, Justiz und Gestapo ließen sich nicht ohne weiteres synchronisieren.

Obwohl bis 1936 alle saarländischen Fälle von Vorbereitung zum Hochverrat vor dem Volksgerichtshof verhandelt wurden, mußte die Stapo-Stelle Saarbrücken bald schon erkennen, daß auch dieses nationalsozialistische Revolutionstribunal par excellence Beweise verlangte und keine Urteile auf der Basis eines bloßen Gesinnungsstrafrechts verhängte. Mehrfach holte man sich dort eine Abfuhr, da selbst der Volksgerichtshof den Nachweis illegaler Tätigkeit vermißte und auf Freispruch erkannte. Im August 1936 mußte die Gestapo sogar erleben, daß die Hälfte der angeklagten Dudweilerer Kommunisten „mangels Beweises“ freigesprochen wurde — eine ungeheure Blamage, die man dadurch wettzumachen versuchte, indem man die Betreffenden noch im Gerichtssaal in Schutzhaft nahm; die nächsten drei Jahre verbrachten sie im KZ Sachsenhausen.[1] Gleichzeitig beschwerte man sich anscheinend bei Heydrich, der angeordnet hatte, daß „jede ungenügende Arbeit der Gerichte mitzuteilen" sei.[2]

Seit Spätsommer 1936 wurden jedenfalls alle Hochverratsprozesse vor dem Oberlandesgericht Hamm verhandelt, dessen Strafsenate im Oberlandesgerichtsbezirk Köln — zu dem auch das Saarland seit 1935 gehörte — die Zuständigkeit für diese Deliktgruppe besaßen. Obwohl sie keine genuine Schöpfung des Maßnahmenstaates waren, sondern gewissermaßen ein Wurmfortsatz der Weimarer Justiz, war die Gestapo im Ruhrgebiet und wohl auch die im Saarland mit ihnen weitaus zufriedener als mit dem Volksgerichtshof.[3] Im „Rote-Hilfe-Prozeß" im Januar 1938 akzeptierte der 2. Senat des Oberlandesgerichts Hamm jedenfalls die politische Prämisse, daß es sich bei Saarbrücken um einen „Gefahrenpunkt erster Ordnung" handele und darum „nicht nur bei den Angeklagten der Wille zu weiterer kommunistischer Betätigung restlos zu brechen (sei), sondern auch andere Volksgenossen abzuschrecken" seien. Gleichzeitig dehnte man die Definition des Hochverratsdelikts beträchtlich aus: Das Abhören des Moskauer Senders zählte demnach ebenso dazu wie die Annahme finanzieller Unterstützungen für inhaftierte Familienmitglieder.[4] Das drakonische Urteil — 94 Jahre und zehn Monate Zuchthaus sowie sechs Jahre und zehn Monate Gefängnis für 23 Angeklagte — wirkte „naturgemäß abschreckend und hemmend", wie die Stapo-Stelle Saarbrücken lobte.[5]

Obwohl man sich in Hamm also sehr viel besser bedient sah als durch den Volksgerichtshof, machte sich auch in der Stapo-Stelle Saarbrücken jenes für die gesamte Gestapo typische Unbehagen an der Justiz breit, der man vorwarf, daß sie „Staatsfeinde nicht mit der notwendig erscheinenden Schärfe" behandele.[6] Die Ursachen dafür lagen nicht nur im wachsenden Selbstverständnis als eigentliches „Staatsschutzkorps" und in der Traumatisierung der vor Gericht erlittenen Niederlagen. Sie gründeten auch in der vielfach vorhandenen Unfähigkeit zur beweiskräftigen Überführung von „Staatsfeinden", die durch die dürftige polizeiliche Effizienz bedingt war und durch Überlastung, Personalmangel und sinkendes Qualifikationsniveau noch verstärkt wurde. Das Mittel der Schutzhaft erlaubte es der Gestapo hingegen, einem permanenten Kleinkrieg mit der Justiz aus dem Wege zu gehen und dennoch das eigene Gesicht zu wahren. In der Perspektive der politisch-polizeilichen Alltagspraxis verwandelte sich das situativ geborene Terrorinstrument dadurch in einen strukturell notwendigen Mechanismus zur Kompensation der eigenen kriminalistischen Mängel. Angesichts des ständigen Funktionszuwachses, der fortschreitenden Kriminalisierung neuer Populationen und der stetig zunehmenden Massen der Festgenommenen konnte der umständliche und zeitintensive Nachweis eines Vergehens immer weniger erbracht werden. Das überraschend hohe Maß an Überforderung und Dilettantismus korrespondierte konsequentermaßen mit einem immer freizügigeren Griff zum Schutzhaftbefehl, der die mühsame Beweissammlung ersparte und jemand bereits beim Verdacht einer „staatsfeindlichen Betätigung" ohne nähere rechtliche Überprüfung für unbestimmte Zeit hinter die Stacheldrahtzäune der Konzentrationslager brachte. Die KZ-„Verschubung", die immer mehr zum Regelfall avancierte, entsprang damit unmittelbar den strukturellen Defiziten der Stapo-Stelle, bildete geradezu die Kehrseite von Feindbildexplosion, Personalmangel und Dequalifizierung.

Es war darum konsequent, daß die Stapo-Stellen bei Kriegsbeginn befugt wurden, die Schutzhaft in eigener Zuständigkeit um jeweils drei Monate verlängern zu können und daß sie ab 18. Mai 1940 auch die Schutzhaftbefehle selbst ausstellten.[7] Da auch die bisherige vierteljährliche Haftüberprüfung praktisch entfiel und Heydrich anordnete, daß „Entlassungen von Häftlingen aus der Schutzhaft während des Krieges im allgemeinen nicht statt(finden)", wurden die einzelnen Stapo-Stellen auf diesem Sektor faktisch autark und erhielten die Autonomie über diesen Bereich polizeilicher Sanktionierung.[8] Auch die Stapo-Stelle Saarbrücken machte aus den ihr zu Gebote stehenden Möglichkeiten kein Geheimnis. Durch die „staatspolizeiliche Warnung", die sie sich quittieren ließ, kreierte sie gewissermaßen ein Damoklesschwert, das jederzeit exekutieren konnte. „Mir ist eröffnet worden", so ein Protokoll von 1941, „daß ich, falls ich mich erneut oder in ähnlicher Weise vergehe, mit den schärfsten staatspolizeilichen Maßnahmen und unter Umständen mit einer Unterbringung in einem Konzentrationslager zu rechnen habe."[9] Darüber hinaus verfügte Himmler bereits 1936, daß „rückfällige" KZ-Häftlinge in besonderen Abteilungen zusammenzulegen seien und für sie die Haftprüfung drei Jahre lang entfalle.[10]

Neben dem Gebrauch als Ersatz präziser polizeilicher Ermittlung und als Instrument der permanenten Drohung benutzte auch die Stapo-Stelle Saarbrücken die Schutzhaft als Mittel der Urteilskorrektur. Bei Freisprüchen oder Aussetzung des Urteils zur Bewährung schritt man oft noch im Verhandlungssaal zur direkten Korrektur und verhängte Haft und anschließende Deportation ins KZ, obwohl die Gerichte und das Reichsjustizministerium darauf besonders empfindlich reagierten, da sie so als Justizdarsteller desavouiert wurden.[11] Daneben erhielt die indirekte Urteilskorrektur immer größere Bedeutung. Da Gürtner im Januar 1937 anordnete, daß der Entlassungstermin aller wegen Hoch- und Landesverrats Verurteilten einen Monat zuvor den entsprechenden Stapo-Stellen mitzuteilen sei, konnten diese ihr unzulänglich erscheinende Haftstrafen nach der Verbüßung eigenmächtig verlängern und damit das Prinzip der Doppelbestrafung einführen.[12] „Heintz ist ein fanatischer Kommunist, der wegen seiner Intelligenz als besonders gefährlich bezeichnet werden muß", entschied die Stapo-Stelle Saarbrücken etwa 1941. „Es ist auch kaum anzunehmen, daß er sich nach Verbüßung seiner fünfjährigen Zuchthausstrafe merklich gebessert hat."[13] Hugo Heintz blieb bis 1945 in Dachau.

Quantitativ wurde der Weg justizieller Strafverfolgung für die Gestapo damit tendenziell zum Sonderfall; in aller Regel favorisierte man ihn nur noch in gewissermaßen „wasserdichten" Fällen. Dennoch blieben die seit Kriegsbeginn zunehmende Radikalisierung der politischen Führung und deren Unzufriedenheit mit der Rechtsprechung in der Justiz keineswegs folgenlos.[14] Das Oberlandesgericht Stuttgart, das mit Wirkung vom 1. Oktober 1938 die Zuständigkeit für Hoch- und Landesverratsverfahren im Saarland zugesprochen erhielt,[15] machte hierin keine Ausnahme. Insbesondere der Tatbestand Vorbereitung zum Hochverrat erfuhr im Weltkrieg eine immer extensivere Auslegung: Bereits Geldspenden für die spanische Republik oder die Teilnahme am Bürgerkrieg in den Reihen der Internationalen Brigaden wurden nunmehr darunter subsumiert.[16] Gegen den Kommunisten Jakob Welter, der im Januar 1943 aus dem Exil zurückgekehrt war, um die KPD zu reorganisieren, verhängte das Oberlandesgericht die Todesstrafe, obwohl sie ihm keinerlei konspirative Tätigkeit nachweisen konnte; ausschlaggebend war, „daß die von ihm beabsichtigte Zersetzungsarbeit zur Zermürbung der inneren Front wiederum wie 1918 den Dolchstoß von hinten für die schwer kämpfende äußere Front bedeuten würde".[17]

Auch beim Volksgerichtshof verflüchtigten sich die juristischen Skrupel der Vorkriegsjahre. 1944 konnte die Stapo-Stelle Saarbrücken in ihrem Schlußbericht über den sozialdemokratischen Emigranten Fritz Klein sogar eingestehen, daß sie gegen ihn kaum etwas in der Hand habe, eine Liquidierung aber angebracht sei: „Hier besteht kein Zweifel, daß sich Klein während seines Aufenthaltes in Frankreich weit mehr in deutschfeindlichem Sinne betätigte, als er jetzt zugibt. Klein ist ein verbissener Feind des nationalsozialistischen Deutschland geblieben. Strengste Bestrafung ist am Platz." Der Volksgerichtshof verstand den Wink; Klein wurde zum Tode verurteilt und hingerichtet.[18] Daß ein derartiger Schlußbericht überhaupt weitergeleitet wurde, belegt zwar die deutlich gewachsene Kooperation zwischen Gestapo und Justiz, allerdings darf dabei nicht übersehen werden, daß die Fälle Welter und Klein aus dem Jahre 1944 stammen. Sie markieren den Endpunkt einer Entwicklung, verstellen jedoch den Blick auf den zugrundeliegenden Konflikt, falls man sie isoliert betrachtet. Dominant waren für die Gestapo die Animositäten und Vorbehalte gegenüber der Justiz, war die Vorstellung, daß sie die Gegnerbekämpfung unnötig erschwere. Die Anklage vor Gericht blieb demnach fast die Ausnahme, zur Regel wurde mehr und mehr die Überstellung in die Konzentrations- und Arbeitserziehungslager.

Die Repression von Kommunisten und Sozialdemokraten

Ganz im Gegensatz zur Parteipropaganda, in der die politische Frontlinie gegen „Staatsfeinde" und „Status-Quoler" nach dem 13. Januar kaum noch eine Rolle spielte, konzentrierten die Anhänger der Linksparteien — besonders die der KPD — das staatspolizeiliche Interesse zunächst ganz auf sich.[19] „In der Erkenntnis, daß illegale Bewegungen mit Strafgesetzen allein niemals bekämpft werden können, daß vielmehr die Präventivmaßnahmen vorherrschend sein müssen", ordnete Heydrich am 29. Juli 1935 an, daß „Personen, die sich bis zum Umbruch im kommunistischen Sinne betätigt haben und nunmehr neuerdings im Verdacht illegaler Betätigung stehen", in Schutzhaft zu nehmen und einem KZ zu überstellen seien.[20] Die Stapo-Stelle Saarbrücken — und längst nicht nur sie — machte gerne Gebrauch von der hiermit konzedierten Möglichkeit des vorbeugenden Zugriffs auf der Basis von Verdacht und früherer Mitgliedschaft, da sie sie auf diesem Sektor von den ewigen Beweisnöten befreite. Daß sie damit die von Gauleiter Bürckel immer wieder verkündeten Integrationsangebote an die Gegner von gestern konterkarierte, nahm sie wohl ebenso gelassen hin wie die dadurch zementierte Abhängigkeit von Denunziationspraktiken. Mit Ausnahme der Fälle, in denen die Stapo-Stelle — vor allem mit Hilfe der V-Leute — mehr oder minder handfeste Beweise für illegale Tätigkeit erhielt, basierte die Verfolgung von Kommunisten — und zunehmend auch von Sozialdemokraten, die in aller Regel gemeinsam rubriziert wurden — seitdem auf einem System der Zuschreibung und Vermutung, einem Modell unterstellter Gesinnungskonstanz, das sich durch die Anzeigen von Nachbarn und Kollegen, von Blockwarten und Polizisten ständig zu verifizieren schien. Es begann ein kollektives Unternehmen der Projektion, das weniger über den organisierten proletarischen Widerstand aussagt als über die Phantasien und Feindbilder der Verfolger.

Gleichwohl — oder gerade deswegen — waren die Konsequenzen daraus fürchterlich. Bei den Verhaftungswellen gegen Mitglieder illegaler Gruppen der KPD und SPD kamen bis Kriegsbeginn wenigstens 308 Männer und Frauen wegen Vorbereitung zum Hochverrat hinter Gitter. Die wirkliche Zahl der Festgenommenen aus dem Spektrum der Linksparteien lag indes wesentlich höher. Allein für die ersten 9 Monate nach dem 1. März 1935 enthalten die überlieferten Tagesberichte der Stapo-Stelle 260 Festnahmen wegen „staatsfeindlicher“, vor allem „kommunistischer Umtriebe“; im 1. Halbjahr 1936 waren es laut den SD-Berichten 132 Personen.[21] Hinter diesen Delikten, die in keinem Strafgesetzbuch zu finden waren, versteckten sich „Rotfront“-Rufe, das Herunterreißen einer Hakenkreuzfahne, das Singen der „Internationale“, Beleidigungen Hitlers oder schlicht regimekritische Anmerkungen im Wirtshaus. Ob und wie sie strafrechtlich zu verfolgen waren, entschied sich während der Haft. Die bei Polizei, Partei und Bürgermeistern eingeholten Expertisen über die politische Vergangenheit und Einstellung des Betreffenden spielten dabei die entscheidende Rolle. „Es ist . . . bei der Prüfung, ob Schutzhaft angeordnet werden soll oder nicht, in erster Linie auf die Person des Täters abzustellen und erst in zweiter Linie der Inhalt der Äußerung zu berücksichtigen“, hieß es in Heydrichs „Richtlinien für die Strafverfolgung nach dem Heimtückegesetz“. „Muß nach der Person des Täters die Äußerung als Ausfluß seiner staatsfeindlichen Gesinnung angesehen werden, . . . kann die Schutzhaft angeordnet werden.“[22] Kam man zu der Erkenntnis, einen hartgesottenen „Staatsfeind“ vor sich zu haben, dann verzichtete man entweder ganz auf die justizielle Strafverfolgung und griff direkt zum Schutzhaftbefehl, oder aber man überstellte den Delinquenten unmittelbar nach Verbüßung der Strafhaft ins Konzentrationslager; teilweise mußte sogar die monatelange Wartezeit bis zum Gerichtsverfahren im KZ verbracht werden. Fälle, in denen etwa die Amtsgerichte sechs Wochen Haft wegen groben Unfugs verhängten und die daran anschließende Schutzhaft erst 1945 endete, waren nicht selten.[23] Bereits Ende 1935 gab es so gut wie keinen Industriearbeiterort im Revier, in dem nicht mindestens ein früheres Mitglied der KPD oder SPD zur exemplarischen Abschreckung ins KZ deportiert worden wäre.[24]

Dieses System des präventiven Terrors wurde auch in den folgenden Jahren unverändert beibehalten. Die für den Zeitraum Januar 1938 bis April 1942 fast lückenlos vorliegende „Monatsstatistik über die kommunistische und marxistische Bewegung“ der Stapo-Stelle Saarbrücken spricht hier eine schreckliche Sprache: Addiert man die in der Rubrik „Gesamtzahl der wegen kommunistischer und marxistischer Umtriebe (im weiteren Sinne) festgenommenen Personen“, dann waren dies 215 im Jahre 1938, 219 1939, 101 von Januar bis August 1940. 1941 stieg die Zahl sogar auf 225 an, von Januar bis April 1942 betrug sie 40.[25] Allerdings wäre es eine völlige Fehlinterpretation, hierin einen Ausdruck des angeblichen Wiederaufschwungs der illegalen Tätigkeit nach dem Überfall auf die Sowjetunion sehen zu wollen;[26] dominant handelte es sich dabei um rückgeführte oder zurückgekehrte Emigranten. Gleichwohl waren es insgesamt 800 Menschen, die allein in dem genannten Zeitraum die Bekanntschaft der Gestapo machten. In den wenigsten Fällen wurde zwar illegale Betätigung für KPD oder SPD unterstellt und ein Haftbefehl wegen Vorbereitung zum Hochverrat beantragt, dennoch wurde pro Monat im Durchschnitt in etwa drei Fällen Schutzhaft verhängt, falls es sich um Emigranten handelte sogar noch häufiger.

Trotzdem erhielt die Saarbrücker Stapo-Stelle im Reichssicherheitshauptamt nur mäßigen Beifall. Als sie im Dezember 1940 erklärte, daß „während des Krieges eine besondere Tätigkeit kommunistischer umd marxistischer Kreise . . . nicht beobachtet worden" sei,[27] stellte man in Berlin bei der Auswertung der Stimmungsberichte fest, daß es sich manche Stapo-Stellen — so auch Saarbrücken — „sehr leicht gemacht" hätten. Sie seien weder über die Bevölkerung noch über das Verhalten der „Staatsfeinde" unterrichtet, „was nur aus einem vollständigen Versagen des Nachrichtendienstes erklärt werden kann. Es dürfte nicht überraschen, wenn eines Tages solche Staatspolizeistellen von innenpolitischen Ereignissen überrumpelt werden."[28] Als ein Jahr später erneut ein Stimmungsbericht angefordert wurde, bekam die Saarbrücker Gestapo, die feststellte, daß die Kommunisten auch nach dem Angriff auf die Sowjetunion „nicht aus ihrer bisher beobachteten Zurückhaltung hervortreten", wiederum einen Rüffel. „Vermutlich weil sie infolge des Fehlens eines entsprechenden Nachrichtendienstes darüber gar nicht unterrichtet waren", sei etlichen Stapo-Stellen nichts über die Haltung und Einstellung kommunistischer Kreise bekannt, vermerkte man im Januar 1942 im Reichssicherheitshauptamt; „besonders mangelhaft" sei in dieser Hinsicht u. a. auch Saarbrücken.[29]

Bezüglich der dürftigen Information durch V-Leute lag man in Berlin damit wohl nicht falsch, ansonsten aber überforderte man sowohl den Widerstand als auch die einzelnen Stapo-Stellen. Die eigene radikalisierte Optik unterstellte eine Mechanik des Aufruhrs und legitimierte damit die eigene Praxis des präventiven Kahlschlags. Es handelte sich um eine Schraube sich stetig verschärfender Repression, um die Projektion des Feindbildes von 1918. Es war darum konsequent, daß das Reichssicherheitshauptamt nach dem Überfall auf die Sowjetunion im Hinblick auf die Unzulänglichkeiten seiner Stapo-Stellen den Schluß zog: „Mit Rücksicht auf die augenblicklich geringere Nachüberwachungsmöglichkeit kann die Entlassung der z. Zt. wegen kommunistischer Betätigung in Strafhaft befindlichen Personen nach Strafende nicht erfolgen. Ihre Rücküberführung in Schutzhaft nach Strafverbüßung ist sicherzustellen."[30] Es war Radikalisierung als Eingeständnis der eigenen Schwäche, aber auch aus Überschätzung des Gegners.

Viel problematischer gestaltete sich hingegen das Verhältnis der Stapo-Stelle Saarbrücken zum politischen Katholizismus: Dessen organisatorisches Gefüge war — mit Ausnahme der aufgelösten Zentrumspartei — im Gegensatz zur Linken intakt geblieben, der Binnenraum der Kirche galt als traditionell geschützt und war durch das Reichskonkordat erneut abgesichert worden. Darüber hinaus übte der Klerus gerade in mehrheitlich katholischen Regionen wie dem Saarland Meinungsführerfunktionen aus, die politische, aber auch staatspolizeiliche Rücksichtnahmen bedingten. „Die Bekämpfung des politischen Katholizismus verursacht nach wie vor die meiste und schwierigste Arbeit", schrieb man zwar immer wieder in den Lageberichten,[31] in der Praxis aber blieb es gegenüber dem Klerus bei einer Politik der Nadelstiche und der — im Vergleich zum Vorgehen gegen die Linke — ungleichen Maßstäbe. „Es wird in der nationalsozialistischen Bevölkerung nicht verstanden", so räumte man intern ein, „daß in vielen Fällen, in denen jeder Hilfsarbeiter längst in ein Konzentrationslager gewandert wäre, jene mit Handschuhen angefaßt werden".[32]

Im Gegensatz zur massiven Repression der Kommunisten und der Sozialdemokraten beschränkte sich die Gestapo gegenüber den Katholiken zunächst auf eine dominant administrative Linie der Ghettoisierung, einer Zurückdrängung des katholischen Milieus auf den innerkirchlichen Raum, die durchaus mit der Position Bürckels[33] übereinstimmte. Katholische Vereine mußten sich neu registrieren lassen, Kundgebungen und Aufmärsche wurden ihnen ebenso untersagt wie Familienabende, weltliche Feiern und Feste. Gegen die Pfarrer beschränkte man sich auf Strafanzeigen wegen Kanzelmißbrauchs und Nichtbeachtung des Flaggenerlasses.[34] Obwohl auch Gürtner seinen Staatsanwälten „engste Zusammenarbeit" mit den Stapo-Stellen bei der Abwehr des politischen Katholizismus befahl und Urteile forderte, „die nach dem Rechtsempfinden des Volkes der Gefährlichkeit dieser staats- und volksfeindlichen Umtriebe und der Gewissenlosigkeit der Täter entsprechen",[35] verzichteten Gestapo und Justiz vor 1939 gleichermaßen darauf, hier Öl ins Feuer zu gießen; es wurden kaum Exempel statuiert, die verhängten Strafen fielen relativ milde aus.[36]

Erst nach Kriegsbeginn verließ die Stapo-Stelle Saarbrücken diese vergleichsweise moderate Linie. Obwohl man sich gegenüber Katholiken nach wie vor weitaus vorsichtiger verhielt als bei ehemaligen Mitgliedern der Linksparteien, wo oft schon belangloseste Bemerkungen für einen Schutzhaftbefehl ausreichten, griff man nun auch hier bei „staatsfeindlichen Äußerungen" vereinzelt zur Deportation ins KZ.[37] Nach den Recherchen Ulrich von Hehls machten von den insgesamt 189 katholischen Pfarrern des Saarlandes 18 Bekanntschaft mit Schutzhaft und Konzentrationslager. Mindestens 48 Priester mußten sich — häufig des öfteren — Verhören unterziehen. Gegen zehn Pfarrer sprach die Gestapo Verweise und Verwarnungen aus, mindestens sieben von ihnen wurden durch Bürckel auf Veranlassung der Stapo-Stelle aus dem Saarland ausgewiesen.[38]

Noch weit zurückhaltender verhielt sich die Stapo-Stelle gegenüber der Bekennenden Kirche. Sieht man von einigen Festnahmen und kurzen Haftstrafen im Zusammenhang mit den Auseinandersetzungen um die Einführung der nationalsozialistischen Gemeinschaftsschule im Frühjahr 1937 ab,[39] dann finden sich fast keine Spuren staatspolizeilichen Vorgehens auf diesem Bereich. Mit großer Härte hingegen ging die Gestapo gegen die Sekten vor. Am 3. September 1935 löste Bürckel auch im Saarland die Gemeinden der Zeugen Jehovas auf, wie sich die Internationale Bibelforscher-Vereinigung seit 1931 nannte, untersagte die Herstellung und Verbreitung von Schriften und verbot jegliche Lehr- und Versammlungstätigkeit einschließlich des Abhaltens von Bibelstunden im privaten Kreis. Sie seien „als staatsfeindliche Elemente anzusehen", hieß es in der Begründung, „da sie in ganz wesentlichen Punkten eine positive Mitarbeit im Staate ablehnen, wie sich insbesondere aus ihrer meist negativen Einstellung zur Wehrpflicht, zur Eidespflicht und zur Teilnahme an Wahlen ergibt und sie sich . . . von Fall zu Fall vorbehalten, die staatlichen Gesetze darauf nachzuprüfen, ob sie nicht etwa mit Bibelworten, so wie sie persönlich sie willkürlich auslegen, in Widerspruch stehen."[40] Der Imperativ, Gott mehr zu gehorchen als den Menschen, kollidierte mit dem totalitären Anspruch einer Volksgemeinschaft ohne Fremdkörper. „Kein Staat kann eine solche asoziale, fatalistische, im letzten Grund anarchische ‚Geistes'strömung in seiner Mitte dulden", assistierte die *Saarbrücker Zeitung*.[41]

Dennoch organisierten sich die saarländischen Zeugen Jehovas unter dem als „Bezirksdiener" tätigen Eisenbahner Ernst Hassel — analog zur kommunistischen Widerstandspraxis — in illegalen Dreier- oder Fünfergruppen.[42] Als sie Anfang September 1936 auch den Mitteleuropäischen Kongreß ihrer Sekte in Luzern mit Delegierten beschickten, griff die Gestapo zu; bis Anfang Dezember wurden 100 Zeugen Jehovas festgenommen.[43] Im folgenden halben Jahr kamen fast alle vor das Sondergericht, das Haftstrafen zwischen drei und acht Monaten Gefängnis aussprach.[44] Am 5. August 1937 ordnete das Gestapa an, daß über alle Zeugen Jehovas nach Strafverbüßung Schutzhaft und Überführung in ein KZ zu verhängen sei, jedoch nicht unter Begleitumständen, „die dem Ansehen der Gerichte abträglich sein könnten"; seitdem verhaftete man vor, statt im Gerichtssaal.[45] Viele, jedoch längst nicht alle der Verurteilten kamen 1937 ins Konzentrationslager, etliche allerdings bis 1945, sofern sie bis dahin überlebten.[46] Zwei Zeugen Jehovas wurden wegen Wehrkraftzersetzung und Kriegsdienstverweigerung hingerichtet.[47]

Relativ die meisten Opfer aller verfolgten Gruppen brachte die Neu-Salems-Gesellschaft, eine kleine Sekte, die ebenso wie die Zeugen Jehovas den Vorrang des Bibelwortes vor staatlichen Weisungen betonte und im Saarland vor allem in Bous und Schaffhausen vertreten war.[48] „Aus unserer Weltentsagung heraus beteiligen wir uns seit 1920 in irdischen Angelegenheiten überhaupt nicht mehr", gab eines ihrer führenden Mitglieder 1936 bei einer Vernehmung zu Protokoll. „Wir betrachten den Führer als unseren Bruder und als Werkzeug in der Hand Gottes."[49] Widerstand im eigentlichen Sinn war aus einer derartigen Haltung heraus zwar undenkbar, doch die Ablehnung des Eides und der Wehrpflicht, die Verweigerung des „Deutschen Grußes" und die Nichtteilnahme an Wahlen und Betriebsappellen weckten das polizeiliche Interesse. Der ehemalige Bergmann Karl Schmitt, der spirituelle Mittelpunkt der Sekte, dessen Buch „Leuchtendes Erlöserblut" bereits 1935 verboten und beschlagnahmt worden war, wurde im April 1937 in die Merziger Heil- und Pflegeanstalt eingewiesen, einen Monat später verfügte Himmler die Auflösung der Neu-Salems-Gesellschaft.[50] Da deren Mitglieder jedoch nach wie vor Hausversammlungen abhielten und bei Luftschutzübungen demonstrativ fehlten, nahm die Gestapo im Dezember Dutzende von Verhaftungen vor. 1938 verurteilte das Sondergericht 21 Sektenangehörige zu mehrmonatlichen Gefängnisstrafen, danach wurden fast alle in Konzentrationslager überstellt.[51] Ebenso wie die Zeugen Jehovas ertrugen sie ihr Schicksal mit stoischer Ruhe. „Es kommt ja doch nur, wie der Herr es zuläßt", schrieb der Bergmann Bernhard Schmitt 1938 aus dem Lerchesflur-Gefängnis; er und zwei seiner Brüder kamen in Mauthausen ums Leben.[52]

Nachdem das Garantiejahr am 29. Februar 1936 abgelaufen war, verfolgte die Stapo-Stelle Saarbrücken gegenüber der jüdischen Bevölkerung die in der Prinz-Albrecht-Straße damals noch favorisierte Politik der Ausschaltung aus dem bürgerlichen Leben mit dem Ziel der Auswanderung.[53] Von der Entfesselung des Pogroms am 9. November 1938 durch Goebbels wurden ihre Beamten ebenso wie Himmler und Heydrich überrascht. Die Aktionen der „Reichskristallnacht", bei der im Saarland fast alle Synagogen in Brand gesetzt oder demoliert wurden, waren auch hier vorwiegend das Werk der SA.[54] Noch am späten Abend allerdings wies Heydrich die Stapo-Stellen in einem Blitzfernschreiben an, die „Demonstrationen" nicht zu behindern und — „sobald der Ablauf der Ereignisse dieser Nacht die Verwendung der eingesetzten Beamten hierfür zuläßt" — zunächst nur gesunde, männliche und „insbesondere wohlhabende" Juden festzunehmen.[55] In der Nacht und am Morgen des 10. November wurden etwa 120 bis 150 jüdische Bürger aus allen Teilen des Saarlandes in der Gestapozentrale am Schloßplatz zusammengetrieben und in das KZ Dachau eingewiesen. Die Deportation war noch nicht der Beginn des Holocausts, sondern „ein bewußtes Druckmittel zur Forcierung der jüdischen Auswanderung"; wer sich dazu verpflichtete, wurde nach einigen Wochen wieder entlassen.[56]

Durch die Schließung der Grenzen seit Kriegsbeginn waren die Möglichkeiten einer auf Emigration bzw. Ausweisung begründeten Judenpolitik stark eingeschränkt. An der Saar scheint man darum zunächst den jüdischen Bevölkerungsanteil, der 1939 gerade noch zehn Prozent der 1935 Ansässigen ausmachte, durch die Verweigerung der Rückkehrerlaubnis für die aus der „Roten Zone" evakuierten Juden weiter reduziert zu haben. Erst im Gefolge des deutschen Sieges über Frankreich eröffneten sich für Bürckel, der kein Vertreter eines Krawallantisemitismus war, sondern die „Lösung der Judenfrage" auf dem Wege der Abschiebung zu realisieren hoffte, neue Möglichkeiten. Am 22. Oktober 1940 erfolgte die Deportation von 7.450 Juden aus Baden und der Saarpfalz — unter ihnen auch 134 saarländische Juden — in das in den Pyrenäen gelegene Internierungslager Gurs. Wie ein Brief Heydrichs belegt, hatte auch die Stapo-Stelle Saarbrücken die Aktion „im geheimen vorzubereiten und durchzuführen", sicher erscheint jedoch, daß sie von den Gauleitern Bürckel und Wagner konzipiert und von Hitler abgesegnet worden war.[57] Nach der Wannsee-Konferenz über die „Endlösung" fand die Hälfte der saarländischen Deportierten in Auschwitz den Tod.[58]

Da die „Bürckel-Aktion" vom 22. Oktober „Mischlinge", die jüdischen Partner in „Mischehen" und Juden, die nicht in ihrer Wohnung angetroffen wurden, verschont hatte, lebten auch zur Kriegszeit noch einige Dutzend Juden im Saarland, die seit 1941 verpflichtet waren, öffentlich den Judenstern zu tragen. Im April und

Juli 1942 kam es darum erneut zu Deportationen in die Vernichtungskombinate im Osten; allerdings liegen über deren Umfänge und genaue Zusammensetzungen bislang keine Daten vor.[59] Die letzten Festnahmen saarländischer Juden — meist aus „privilegierten Mischehen" — erfolgten Anfang März 1945; obwohl die Besetzung durch US-Truppen kurz bevorstand, wurden sie durch die bereits evakuierte Stapo-Stelle noch nach Theresienstadt überstellt.[60]

Die Militarisierung der Arbeit

Mit dem Vierjahresplan, dem Bau des Westwalls, der einsetzenden Rüstungskonjunktur und dem knapper werdenden Arbeitsmarkt wuchsen der Stapo-Stelle Saarbrücken neue Aufgaben zu. Der „einmalige, umfassende und überraschende Zugriff" der Gestapo gegen „arbeitsscheue Elemente", den Himmler am 26. Januar 1938 anordnete, bildete gewissermaßen das Pilotprojekt für künftige Aktionen, die in der Folgezeit von der Kriminalpolizei durchgeführt wurden. Die Arbeitsämter teilten dabei der Stapo-Stelle die Personen mit, die „in zwei Fällen die ihnen angebotenen Arbeitsplätze ohne berechtigten Grund abgelehnt oder die Arbeit zwar aufgenommen, aber nach kurzer Zeit ohne stichhaltigen Grund wieder aufgegeben haben".[61] Aufgrund dieser Listen griff die Gestapo in der letzten Aprilwoche 1938 zu und überstellte die Betroffenen ins KZ Buchenwald.[62]

Daneben gerieten die aus dem gesamten Reichsgebiet herangekarrten Westwallarbeiter zunehmend in den staatspolizeilichen Blick. „Da der Charakter der im westlichen Grenzgebiet vorgenommenen Arbeiten und die Massierung von Arbeitskräften besonders scharfes Durchgreifen erforderlich machen", berichtete die Stapo-Stelle Saarbrücken im August 1938, „ist insbesondere die Zahl der bearbeiteten Haftsachen erheblich angestiegen".[63] Dabei handelte es sich nicht nur um Heimtückevergehen. Die auf die dienstverpflichteten Westwallarbeiter zugeschnittene „Verordnung zur Sicherstellung des Kräftebedarfs für Aufgaben von besonderer staatspolitischer Bedeutung" vom 22. Juni 1938 kriminalisierte auf diesem Sektor bereits alle Verletzungen der Arbeitspflicht und besaß damit Vorreiterfunktion für die künftige Militarisierung der Arbeit. Seit Oktober 1938 wuchs die Zahl der wegen Arbeitsverweigerung oder Störung des Arbeitsfriedens festgenommenen Westwallarbeiter stetig an. Allein die — mit Sicherheit unvollständigen — Gefängnispersonalakten weisen für 1938 59 Fälle aus, von Januar bis August 1939 bereits 112.[64]

Ansonsten aber griff die Stapo-Stelle Saarbrücken bis Kriegsbeginn in keinen der noch zu behandelnden Arbeitskonflikte ein; selbst die Verweigerung der Sonntagsschichten durch die Masse der Bergarbeiter um die Jahreswende 1937/38 führte zu keiner einzigen Festnahme. Eine politische oder gar staatsgefährdende Qualität wurde Aktionen dieser Art damit abgesprochen. „Ausgesprochene Fälle von Arbeitsniederlegung oder -verweigerung u. ä., denen eine kommunistische oder marxistische Tendenz zugrundeliegt, sind bis jetzt bei II A nicht bekanntgeworden", hieß es noch im Oktober 1939 in einem Aktenvermerk des Reichssicherheitshauptamtes, der sich auf das gesamte Reichsgebiet bezog.[65] Indem die Gestapo es — zumindest im Saarland — vermied, Formen von Streik oder passiver Resistenz gewissermaßen „von oben“ zu politisieren, erkannte man faktisch Verteilungskämpfe und Klassengegensätze an, vertraute jedoch auf betriebliche Konfliktlösungen unter Einschaltung der DAF und des Treuhänders der Arbeit. Die Ventile für soziale Unzufriedenheit blieben damit offen, die strafbare Grenze bildeten verbale Attacken gegen Staat und Partei. Gleichzeitig schuf die ausbleibende Kodifizierung eines Streikverbots zwar einen Schwebezustand der Rechtsunsicherheit, ließ jedoch alle staatspolizeilichen Handlungsoptionen zu. „Richtlinien und feste Regeln für die Einschaltung und das Vorgehen des Polizeiapparates bei Streiks“, so Günter Morsch zutreffend, „hätten entweder dessen Möglichkeiten überfordert oder aber dessen Mythos unterminieren müssen.“[66] Denn zur Erfüllung der komplexen Aufgaben einer Art „sozialer Polizei“ war die Gestapo personell, technisch und organisatorisch nicht in der Lage.

Erst unter dem Vorzeichen des Krieges und der forcierten Aufrüstung veränderte sich die Optik, oktroyierte man auch auf diesem Sektor den Maßstab einer totalen Leistungsgesellschaft: Am 1. September 1939 wurde die „Verordnung über die Beschränkung des Arbeitsplatzwechsels“ erlassen; demnach konnte ein Arbeitnehmer die Kündigung eines Arbeitsverhältnisses nur nach vorheriger Zustimmung des Arbeitsamtes aussprechen.[67] Als Generalbauinspektor Speer im Oktober 1939 Himmler um staatspolizeiliches Einschreiten gegen seine Arbeiter bat, die in Berlin die Baustellen verließen und „widerspenstig, arbeitsunlustig“ seien,[68] erklärte sich die Gestapo fortan für alle Fälle von Arbeitsniederlegung, -versäumnis und -sabotage zuständig. Man habe Sorge zu tragen, „daß etwaige Weiterungen oder Versuche rücksichtslos unterdrückt und alle auffällig gewordenen Personen unverzüglich festgenommen werden“, hieß es in einem Aktenvermerk Müllers; Motive und Hintergründe seien auszuleuchten, „um die etwaigen Drahtzieher ans Tageslicht zu bringen und — wenn nötig — brutal zu liquidieren“.[69] Seitdem wurde auch die Stapo-Stelle Saarbrücken Partei auf dem Arbeitsmarkt, hielt die prinzipiell unbegrenzte Willkür des Maßnahmenstaates Einzug in die Betriebe, wurden immer mehr Tatbestände des sozialen Protestverhaltens und der Unangepaßtheit kriminalisiert und faktisch zum staatsfeindlichen Delikt aufgewertet.

Die seit 1939 laut werdenden Klagen über „bummelnde“ Jungarbeiter rissen auch in der Folgezeit nicht ab.[70] „Der amorphe, nicht auf Anhänger der Arbeiterbewegung bezieh- oder gar reduzierbare Nonkonformismus innerhalb der deutschen Arbeiterschaft, der am deutlichsten von Frauen, Jugendlichen und Dienstverpflichteten artikuliert wurde, bezeichnenderweise aber nicht von den Stammbelegschaften“,[71] gefährdete zwar keineswegs die Rüstungswirtschaft. Da er jedoch mit der allgemeinen Stagnation der individuellen Arbeitsleistung, mit Ermüdungserscheinungen und Personalknappheit zusammenfiel, erzwang er zunehmend neue Lösungen. Die Treuhänder der Arbeit, die formal immer noch über den einzuschlagenden Strafweg zu entscheiden hatten, angesichts des Arbeitskräftemangels jedoch zurückhaltend agierten, wurden in wachsendem Maße von Firmen und militärischen Dienststellen überspielt und umgangen. Auch die Rüstungsinspektion im Wehrkreis XII beklagte im März 1940, daß die Überprüfung disziplinloser Arbeiter durch die Gestapo zu lange dauere und schlug daher vor, solche „ungeeigneten Elemente“ gleich in ein Lager zu überweisen.[72]

Die im Kapitel über das Gefängnis- und Lagersystem näher behandelte Arbeitserziehungshaft, die von Himmler im Mai 1941 reichseinheitlich geregelt wurde, brachte den Durchbruch auf dem Weg zur terroristischen Verfleißigung. Im November 1941 berichtete die Stapo-Stelle Saarbrücken, daß „fortlaufend zahlreiche jugendliche Hütten- und Bergarbeiter wegen Bummelei und Arbeitsverweigerung in Schutzhaft bzw. Erziehungshaft genommen werden müssen".[73] Die Gefängnispersonalakten weisen für 1941 315 Festnahmen wegen Arbeitsvertragsbruchs oder -verweigerung, wegen Bummelei oder Störung des Arbeitsfriedens auf. Unter ihnen waren lediglich drei Frauen, gut zwei Drittel jedoch Jungarbeiter aus den Jahrgängen 1920—1925; in 155 Fällen — massiert seit August 1941 — wurde Einweisung in ein Arbeitserziehungslager verfügt. 1942 wuchs die Zahl der Festgenommenen zwar auf 360 an, flachte jedoch seit Herbst deutlich ab. Die soziale, geschlechtliche und generationelle Verteilung ähnelte der des Jahres 1941, die Bereitschaft zum Durchgreifen hatte allerdings deutlich zugenommen: 200 der 334 Männer wurden zu Gefängnisstrafen verurteilt oder in Arbeitserziehungslager überstellt, von den 26 ermittelten Frauen sogar 19. 1943 reduzierte sich die Zahl der Festgenommenen auf 204, wobei der Anteil der Frauen mit 64 auf fast ein Drittel anwuchs. Während hier die 18- bis 23jährigen absolut dominierten, machten bei den Männern — trotz eines nach wie vor starken Anteils an Jugendlichen — nunmehr die zwischen 1910 und 1920 Geborenen mehr als die Hälfte aus. Geblieben war der Zug zu drakonischen Strafen, allerdings traf er die Frauen nunmehr härter; 65 Prozent von ihnen wurden in Gefängnisse oder Lager eingewiesen, bei den Männern lediglich 42 Prozent. Das Bild für 1944 ist unübersichtlich: Wegen Arbeitsvertragsbruchs und -verweigerung wurden ausweislich der Gefängnispersonalakten nur noch 27 Personen festgenommen, die sämtlich im System der Lager und Gefängnisse verschwanden, unter ihnen allerdings 22 Frauen. Dieses Bild mag durch Aktenverluste bedingt sein, es mag auch die immer weiblicher werdende Kriegsgesellschaft spiegeln und eine neue Focussierung des staatspolizeilichen Blicks.[74]

Die Behandlung der Emigranten

Obwohl das Gestapa im Januar 1935 die Einweisung sämtlicher rückkehrender Emigranten in die Konzentrationslager verfügte,[75] mußte es bei den saarländischen Flüchtlingen zunächst zurückstecken. Da das Auswärtige Amt auf das Garantieabkommen pochte, fand Heydrichs Erlaß fürs erste nur auf die reichsdeutschen Emigranten Anwendung, die Deutschland nach dem 30. Januar 1933 verlassen und sich bis zum Plebiszit im Saargebiet aufgehalten hatten.[76] „Außer ihrer Beobachtung kann gegen die zurückgekehrten Emigranten nichts unternommen werden, da sie den Schutz des Römischen Abkommens genießen", klagte hingegen die Stapo-Stelle Saarbrücken.[77] Die Hunderte von Rückwanderern des Jahres 1935 entgingen dadurch zwar im Regelfall[78] der angeordneten Deportation, gleichwohl wurden sie in vielen Fällen für einige Tage festgenommen und verhört, wobei die jeweiligen Ortspolizeibehörden als Informationsrelais fungierten.[79] Erst 1936/37 entfielen die angemahnten Hemmungen aufgrund des Garantieabkommens: Die Stapo-Stelle

Saarbrücken ordnete am 18. September 1936 an, „alle“ Rückkehrer „vorläufig festzunehmen“, ein halbes Jahr später erging die Weisung aus Berlin, daß sie „ohne Ansehen der Person einem Schulungslager überwiesen“ werden sollten.[80] Allerdings waren zu diesem Zeitpunkt die Rückwanderungswellen bereits verebbt; im wesentlichen handelte es sich um Drohungen für die Zukunft.

Erst nach dem siegreich abgeschlossenen Frankreich-Feldzug wurde die Frage durch die teils freiwillig, teils zwangsweise erfolgte Rückkehr vieler Emigranten wieder aktuell. „Die Zahl der Anzeigen wegen Hoch- und Landesverrats gegen früher emigrierte Saarländer wegen Teilnahme am Spanienkrieg oder dem Eintritt in das französische Heer nimmt zu“, führte der Lagebericht des Zweibrücker Generalstaatsanwalts im Dezember 1940 aus, und noch im Juni 1941 hieß es: „Dagegen ist der Anfall von Hoch- und Landesverratssachen gegen emigrierte und inzwischen aus Frankreich zurückgekehrte Saarländer nach wie vor recht hoch“.[81] Legt man die Gefängnispersonalakten zugrunde, die bei aller Unvollständigkeit hier dennoch die Trends richtig zu markieren scheinen, dann wurden bereits im letzten Quartal 1940 41 Emigranten eingeliefert, 16 von ihnen in KZ's überstellt, acht in andere Gefängnisse. 1941 waren es 144, von denen 48 in die Lager „verschubt“ wurden, 42 in andere Gefängnisse, was in aller Regel gleichbedeutend mit einem Verfahren vor dem Oberlandesgericht Stuttgart war. Seit 1942 gingen die Zahlen deutlich zurück: In diesem Jahr waren es noch 48 festgenommene Emigranten; zehn kamen ins KZ, sechs in andere Gefängnisse. 1943 passierten 52 Emigranten die Lerchesflur; für 13 folgte der Transport ins Konzentrationslager, für 23 in andere Haftanstalten. 1944 schließlich waren es gerade noch sieben inhaftierte Flüchtlinge.[82] Die Tatsache der Emigration und der Verdacht, daß jemand „auf Grund seines politischen Vorlebens zu der Befürchtung Anlaß gibt, er werde sich bei Freilassung erneut im staatsfeindlichen Sinne betätigen“ — wie es lapidar in den Schutzhaftbefehlen hieß —, reichten zur Deportation aus.[83] Viele Häftlinge versuchten darum, durch das Zugeben kleiner Straftaten im Exil die Bestätigung des Haftbefehls durch den Untersuchungsrichter zu erwirken und dadurch eine Einstellung des Verfahrens zu verhindern, der fast unweigerlich die Schutzhaft und damit das KZ gefolgt wäre.[84]

Trotz dieser massenhaften Deportationen bildete die Gestapo in der Emigrantenfrage keineswegs die Speerspitze der Radikalisierung. Heydrichs entsprechende Richtlinien vom Oktober 1940 sahen vor, die unbelasteten Emigranten „nach eingehender Ermahnung zu entlassen (gegebenenfalls unter Auflage) und in Arbeit zu vermitteln“, da sie „kaum noch eine wesentliche Gefahr“ bilden würden.[85] Die Stapo-Stelle Saarbrücken, die nach diesen gelockerten Bestimmungen verfuhr, stieß hier auf den geballten Widerstand des Gauleiters, der Partei und der regulären Polizei. Im Herbst 1941 ordnete Bürckel an, „daß für ehemalige Saaremigranten eine Rückführung in seinen Gau Westmark grundsätzlich nicht in Frage kommt“.[86] Gut ein Jahr später erneuerte er seine Abschiebungsanweisung ins Reichsinnere und legte fest, daß Ausnahmen seiner Genehmigung bedürften, obwohl selbst Dunckern darauf verwiesen hatte, daß sich bei einer Unterbringung im Saarland „zwangsläufig eine Überwachung dieser Elemente durch die Bevölkerung herausbilden (werde), weil sie durch ihr Wiederauftauchen die Aufmerksamkeit und das Interesse auf sich ziehen“.[87] Bürckels Bestreben, seinen Gau nicht nur juden-, sondern auch emigrantenfrei zu halten, war nicht nur populistisch, sondern wohl auch mehrheitsfähig. In St. Ingbert etwa lehnte die dortige Kriminalabteilung die Rückführung und Wiederanlegung eines Emigranten auf der Grube ab, da dies „bestimmt zu Reibereien, wenn nicht gar zu Tätlichkeiten" führe. „Ich befürchte, daß sich dann die Belegschaft weigert anzufahren", assistierte der Bürgermeister. „Jedenfalls ist die Stimmung so, daß voraussichtlich die Schutzhaft angeordnet werden muß."[88] Erst Ende 1943 — als wirklich jede Hand gebraucht wurde — gab Bürckel seine bisherige Haltung auf; nur noch in Einzelfällen wurde Aufenthaltsverbot verhängt, bei Sicherheitsbedenken konnte die Stapo-Stelle Einspruch erheben.[89]

Die Verfolgung der Kriegsdelikte

Heydrichs „Grundsätze der inneren Staatssicherung während des Krieges" vom 3. September 1939, die die Leiter der Stapo-Stellen „persönlich für die wirksame Niederhaltung jeder defaitistischen Regung in ihrem Bezirk verantwortlich" machten, initiierten einen Radikalitätsschub von oben. „Jeder Versuch, die Geschlossenheit und den Kampfwillen des deutschen Volkes zu zersetzen, ist rücksichtslos zu unterdrücken", hieß es dort. Wer „am Sieg des deutschen Volkes zweifelt oder das Recht des Krieges in Frage stellt", sei sofort festzunehmen. Sodann sei aufgrund der Kartei „und durch Vernehmung geeigneter Gewährspersonen — auch durch Befragen der örtlichen Parteidienststellen — möglichst gründlich festzustellen, aus welcher allgemeinen Einstellung" heraus die Äußerung motiviert sei. Die „Entscheidung über die weitere Behandlung" behielt sich Heydrich selbst vor, „da gegebenenfalls auf höhere Weisung brutale Liquidierung solcher Elemente erfolgen wird".[90]

Damit wurde nicht nur der kriminalisierte Personenkreis beträchtlich erweitert, auch die „Sonderbehandlung", wie es fortan hieß,[91] wurde dadurch eingeführt: die verfahrenslose Hinrichtung, die sicherheitspolizeiliche Exekution ohne Hinzuziehung der Gerichte.[92] Im Bereich der Stapo-Stelle Saarbrücken finden sich nur in zwei Fällen Belege für diese Praxis der Polizeijustiz: Im Dezember 1941 überstellten Saarbrücker Gestapobeamte auf Anweisung Himmlers einen Straßenkehrer, der wegen Totschlags im Gefängnis Zweibrücken einsaß, zur Erschießung ins KZ Dachau. Im März 1943 erhängten sie einen ukrainischen Zivilarbeiter, der mit einer Deutschen sexuell verkehrt hatte, im südpfälzischen Bundenthal.[93] Weitere Fälle sind nicht auszuschließen.

Gleichzeitig brachte der Kriegsbeginn eine Flut von Verordnungen des Ministerrates für die Reichsverteidigung, die neue Straftatbestände schufen, die Rechtsmittel minderten, das Verfahren beschleunigten, Versuch und Vollzug einer Straftat auf die gleiche Stufe stellten, die Angemessenheit einer Strafe aus dem „gesunden Volksempfinden" ableiteten und die Verhängung von Todesurteilen in bislang nie gekanntem Ausmaß legitimierten. Den Grundstock dieses NS-Kriegsstrafrechts bildeten die „Verordnung über außerordentliche Rundfunkmaßnahmen" vom 1. September 1939, die das Abhören ausländischer Sender und die Verbreitung ihrer Nachrichten verbot,[94] die „Kriegswirtschafts-Verordnung" vom 4. September 1939 sowie die „Verordnung gegen Volksschädlinge" vom folgenden Tag, die in generalklauselartigen Definitionen Wirtschaftssabotage und Eigentumsdelikte unter Ausnutzung des Kriegszustandes mit der Todesstrafe bedrohten.[95] Die „Verordnung zur Ergänzung der Strafvorschriften zum Schutze der Wehrkraft des deutschen Volkes" vom 25. November 1939 schließlich machte die „Wehrkraftzersetzung" zum todeswürdigen Tatbestand und stellte Kontakte mit Kriegsgefangenen unter Strafe.[96] Rundfunkverbrechen, Wehrkraftzersetzung und der Umgang mit „Fremdvölkischen" wurden ausschließliches Aufgabengebiet der Stapo-Stellen, das Vorgehen gegen „Kriegswirtschaftsverbrecher" fiel den Kripo-Stellen zu.[97]

Gleichwohl lösten diese Strafrechtsverschärfungen keine Verhaftungswellen des bisherigen Ausmaßes mehr aus. Die — hier möglicherweise lückenhaften — Gefängnispersonalakten weisen für die Jahre 1940—1944 lediglich 20 Festnahmen — zwei Drittel von ihnen Männer — aufgrund von Rundfunkverbrechen aus. Wegen verbotenen Umgangs mit Kriegsgefangenen und Fremdarbeitern kam es demzufolge im selben Zeitraum zu 84 Festnahmen — 48 Männern und 36 Frauen —, wobei die Spitze mit 35 Fällen im Jahre 1942 lag.[98] Es war längst nicht nur der allgegenwärtige Haß auf alle Abweichungen von der Norm, nicht zuletzt ging es dabei um terroristisch durchgesetzte Moralbarrieren in Sorge um den Lebenswandel der Soldatenfrauen, um die Zerstreuung von Ängsten an der Front angesichts des wachsenden Fremdarbeiterheeres in der Heimat. Darauf verweist ein Erlaß Himmlers vom 7. Mai 1940, der geschlechtlich differenzierte Sanktionen für den Umgang mit Kriegsgefangenen festlegte. Demnach waren Frauen bei „gröbliche(r) Verletzung des gesunden Volksempfindens", worunter „jeder gesellschaftliche Verkehr (z. B. bei Festen, Tanz) sowie jeder geschlechtliche Verkehr" verstanden wurde, einem KZ zu überstellen, falls das Gericht einen Haftbefehl ablehnte; Männer hingegen wurden davon explizit ausgenommen. Daneben wurde die symbolische Stigmatisierung derartiger Abweichungen vom „Herrenmenschentum" gebilligt: „Beabsichtigen die Frauen und Mädchen eines Ortes, eine Frau vor ihrer Überführung in ein Konzentrationslager öffentlich anzuprangern oder ihr die Haare abzuschneiden, so ist dies polizeilich nicht zu verhindern."[99]

Der „entschiedene Rückgang" der „politischen Kriminalität", den der Stuttgarter Generalstaatsanwalt bereits in seinem Lagebericht vom 1. August 1940 konstatiert hatte,[100] fand auch in den Bilanzen der Stapo-Stelle Saarbrücken seinen Niederschlag. Legt man die Gefängnispersonalakten zugrunde, die jedoch unvollständig sind und daher nur Annäherungswerte liefern, dann waren von 1935 bis 1939 866 Menschen wegen staatsfeindlicher Äußerungen und Heimtückevergehen festgenommen worden, wobei das Jahr 1936 mit 235 Fällen die Spitze bildete und danach die Zahlen bis auf 66 im Jahr 1939 zurückgingen. Von 1941 bis 1944 hingegen kam es nur noch zu 94 Festnahmen wegen Wehrkraftzersetzung und Heimtückevergehen, wobei allerdings die nurmehr drei belegten Fälle im letzten Kriegsjahr als zu niedrig erscheinen und auf Überlieferungslücken schließen lassen. Die durchschnittliche Zahl von etwa 30 Fällen pro Jahr zwischen 1941 und 1943 lag damit um 50 % unter der des Jahres 1939. Ähnlich sah es auf dem Sektor der Sabotage aus: Von 1940 bis 1944 kam es hier lediglich zu 23 Festnahmen — ausschließlich von Männern —, wobei diese Summe im wesentlichen durch die weit überdurchschnittliche Zahl von 15 Fällen im Jahr 1941 zustandekommt; ansonsten bewegte sich der Durchschnitt bei einer bis drei Festnahmen pro Jahr.[101] Diese Ziffern überraschen umso mehr, da die regionale Presse nach Stalingrad in bisher unbekanntem Maß zur Denunziation und zur „Selbsthilfe gegen Saboteure“ aufrief: Auch ohne richterlichen Beschluß sei „jedermann“ befugt, einen auf frischer Tat Ertappten sofort festzunehmen. Dies gelte auch für „skrupellose Gerüchtemacher und Schwätzer“; „Großzügigkeit und Nachsicht sind hier nicht am Platz“.[102]

Obwohl eine Reduktion der Festnahmen nicht zwangsläufig den Rückschluß auf eine entsprechende Abnahme des betreffenden Delikts zuläßt, ist der Rückgang hier dennoch derart drastisch, daß von einer erheblichen Befriedung gesprochen werden muß. Die Strafrechtsverschärfungen zu Kriegsbeginn führten zwar in etlichen Fällen zu Todesurteilen,[103] sie hatten jedoch keinen dramatischen Anstieg der Delinquenz auf diesen Feldern zur Folge, wenn man von Beschaffungskriminalität und Kriegswirtschaftsverbrechen einmal absieht. Auch die Verhaftungswellen der Vorkriegszeit gehörten nunmehr der Vergangenheit an. Lediglich die Aktionen „Gitter“ und „Gewitter“ unmittelbar nach dem Attentat vom 20. Juli 1944 machten hier eine Ausnahme: Da der Umfang der Verschwörung unklar war, wurden auch im Saarland alle früheren Landesratsabgeordneten, Stadtverordneten, Partei- und Gewerkschaftssekretäre von KPD, SPD und Zentrum präventiv festgenommen. Während alle Sozialdemokraten und Katholiken nach einigen Tagen oder Wochen wieder auf freien Fuß kamen, fanden etliche Kommunisten, die nach Dachau „verschubt“ wurden, dort in den letzten Kriegstagen den Tod.[104]

Der „Fliegerbefehl“ des Höheren SS- und Polizeiführers Stroop, wonach festgenommene alliierte Piloten zu liquidieren seien, wurde auch durch Beamte der Stapo-Stelle Saarbrücken befolgt.[105] Allerdings beruhte dieser eklatante Bruch der Genfer Konventionen auch an der Saar auf einem populären Konsens und löste keineswegs allgemeine Empörung aus. Die „Volksjustiz gegen angloamerikanische Mörder“, wie Martin Bormann, der Leiter der Parteikanzlei, dies nannte, gehörte 1944 durchaus zur Praxis der deutschen Kriegsgesellschaft: „Mehrfach ist es vorgekommen, daß abgesprungene oder notgelandete Besatzungsmitglieder solcher Flugzeuge unmittelbar nach der Festnahme durch die auf das Äußerste empörte Bevölkerung an Ort und Stelle gelyncht wurden“, stellte Bormann im Mai 1944 fest und forderte implizit zur Nachahmung auf, indem er darauf verwies, daß dabei von einer Strafverfolgung abgesehen wurde.[106] Allein auf dem Territorium der ostsaarländischen Gemeinde Höcherberg kam es im Herbst 1944 zu zwei derartigen Fällen von Lynchjustiz.[107] Die von Heydrich und Himmler verfügte „Sonderbehandlung“ fand hier ihr volkstümliches Echo.

Die Unterdrückung der „Fremdvölkischen“

Die Minimalisierung politischer Delinquenz ging Hand in Hand mit einer veränderten Frontstellung der Stapo-Stelle, sie ermöglichte sie wohl sogar erst in vollem Umfang: Seit 1941 vollzog sich eine zunehmende Schwerpunktverlagerung des staatspolizeilichen Blicks auf die Kriegsgefangenen und Fremdarbeiter, die in wachsendem Maße in die Arbeitsplätze der Schwerindustrie einrückten. Da hier

Wiedergutmachungs- und Gefängnispersonalakten fehlen und die für das Reichssicherheitshauptamt bestimmten „Meldungen wichtiger staatspolizeilicher Ereignisse" nur gelegentlich Festnahmestatistiken enthalten, sind auf diesem Sektor lediglich Momentaufnahmen vorhanden, die Trends andeuten, aber keine exakte Quantifizierung erlauben (siehe Tabelle 18).

Insgesamt verzehnfachte sich die Zahl der Festnahmen von Juni 1941 bis August 1943; Arbeitsniederlegungen — also Bummelei, Absentismus und passive Resistenz — von ausländischen Arbeitern gerieten dabei immer mehr ins Zentrum staatspolizeilicher Aktivität. Im Juni 1941 betrug deren Anteil an den Festnahmen erst 15 %, im August 1943 bereits 85 %; 88 % von ihnen betrafen damals Ostarbeiter, die Franzosen bildeten die zweitgrößte Gruppe, die Polen folgten auf dem dritten Platz. Der Gesamtanteil der Festnahmen wegen Arbeitsniederlegungen war mit 88 % im August 1943 deutlich größer als der Reichsdurchschnitt von 69 %, während die Verhaftetenzahlen im Bereich des politischen und konfessionellen Widerstandes deutlich unter den Vergleichszahlen im Reich lagen. Gleichwohl wurden damit die Kapazitäten der Stapo-Stelle erheblich überschritten und machten auch hier neue Formen der Verfolgung wie Umgehung der Justiz und Arbeitserziehungslager strukturell notwendig.

Der „Kommissarbefehl" des Oberkommandos der Wehrmacht vom 6. Juni 1941, wonach Politische Kommissare der Roten Armee „grundsätzlich sofort mit der Waffe zu erledigen" seien,[108] fand seine Fortsetzung in den Lagern für sowjetische Kriegsgefangene. Am 16. Juli 1941 vereinbarte Heydrich mit dem OKW, daß spezielle Kommandos des Chefs der Sicherheitspolizei und des SD aufgestellt werden sollten, um die „politische Überprüfung aller Lagerinsassen und die Aussonderung und weitere Behandlung der in politischer, krimineller oder in sonstiger Hinsicht untragbaren Elemente" durchzuführen. Diese drei- bis vierköpfigen Einsatzkommandos, die einem Kriminalkommissar der zuständigen Stapo-Stelle unterstanden, sollten neben den Polit-Kommissaren Funktionäre der KPdSU, „sowjetrussische Intelligenzler", Juden, „Aufwiegler" und „fanatische Kommunisten" ermitteln und der „Sonderbehandlung" „im nächstgelegenen Konzentrationslager" zuführen.[109] Diese von der Wehrmachtsspitze gebilligte „Vernichtung einer Weltanschauung" — so Generalfeldmarschall Keitel — war zunächst auf das Generalgouvernement und Ostpreußen beschränkt, dehnte sich mit der Ausweitung des Kriegsgefangenenwesens jedoch bald schon auf das gesamte Reichsgebiet aus. Da entsprechende Weisungen auch an die Stapo-Stelle Saarbrücken adressiert wurden,[110] kann davon ausgegangen werden, daß deren Beamte bei der Selektion und Liquidierung sowjetischer Kriegsgefangener ebenfalls aktiv mitwirkten; diesbezügliche Berichte aus deren Provenienz fehlen indes.

Das Festlaufen des Blitzkrieges im Dezember 1941 und die sinkenden Gefangenenzahlen brachten zwar einen Rückgang der Massenexekutionen, doch der sich verstärkende strukturelle Zwang zum Arbeitseinsatz von Kriegsgefangenen in der deutschen Rüstungswirtschaft machte sie weiterhin zum Objekt staatspolizeilichen Interesses. Bereits am 8. März 1940 hatte Göring als Vorsitzender des Ministerrates für die Reichsverteidigung Himmler befugt, die „einwandfreie Lebensführung" der polnischen Zivilarbeiter sicherzustellen. Himmler, der noch am selben Tag an-

Tabelle 18
Von der Stapo-Stelle Saarbrücken gemeldete Festnahmen 1941–1943

		Juni 1941[1]	Juli 1941[2]	Okt. 1941[3]	Dez. 1941[4]	Juni 1943[5]	Aug. 1943[6]
Gesamtzahl		88	169	179	98	697	839
Davon							
Kommunismus/Marxismus		35	22	7	6	9	12
Opposition		8	20	27	11	6	11
Kirchenbewegung	Katholiken	2	4	—	—	—	—
	Evangelische	—	—	—	—	—	—
	Sekten	—	—	—	—	—	—
Juden		—	1	—	—	—	—
Wirtschaft		2	27	4	3	3	—
Arbeitsniederlegungen							
davon	Deutsche	20	41	75	33	61	20
	Polen	7	20	18	12	41	89
	Ostarbeiter	—	—	—	—	387	428
	Franzosen	—	—	—	—	145	173
	Belgier	—	3	—	1	—	—
	Sonstige	7	15	22	26	26	31
Verbotener Umgang mit Polen und Kriegsgefangenen		7	16	26	6	19	74

Quellen: 1) Meldungen wichtiger staatspolizeilicher Ereignisse v. 16. 7. 1941, BAK, R 58/358 und IML-ZPA, St.3/101. 2) IML-ZPA, St.3/103. 3) Meldungen wichtiger staatspolizeilicher Ereignisse v. 14. 11. 1941, BAK, R 58/198. 4) IML-ZPA, St.3/109. 5) Meldungen wichtiger staatspolizeilicher Ereignisse v. 30. 7. 1943, BAK, R 58/211. 6) Dto. v. 24. 9. 1943, ebd.

ordnete, daß bei schweren Verstößen gegen die Arbeitsdisziplin Lagerhaft, bei Geschlechtsverkehr mit Deutschen die Todesstrafe zu verhängen sei,[111] interpretierte Görings Weisung als Generalermächtigung und dehnte die staatspolizeiliche Kompetenz seitdem sukzessive auf alle „fremdvölkischen" Arbeitskräfte aus. Die berüchtigte „Polenstrafrechtsverordnung" vom 4. Dezember 1941 stellte Polen und Juden endgültig unter Sonderrecht und machte die „völkische Ungleichheit" zum strafrechtlichen Prinzip.[112]

Da immer größere Gruppen einem reinen Polizeistatut unterstellt und der Zuständigkeit der Justiz entzogen wurden, galt fortan als verboten, was nicht ausdrücklich erlaubt war; die Prävention sicherheitspolizeilicher Risiken ging dabei Hand in Hand mit der Abwehr von „Gefahren für den rassischen Bestand des deutschen Volkes".[113] In einer Vereinbarung mit dem neuen Reichsjustizminister Thierack am 18. September 1942 erreichte Himmler, daß „in Zukunft Juden, Polen,

Zigeuner, Russen und Ukrainer nicht mehr von den ordentlichen Gerichten, soweit es sich um Strafsachen handelt, abgeurteilt werden sollen, sondern durch den Reichsführer SS erledigt werden".[114] Das Reichssicherheitshauptamt hatte diese Kompetenzen faktisch zwar schon längst okkupiert, wichtiger indes war die justizielle Zustimmung zu der von der SS Spitze favorisierten Perspektive, die gerichtliche Aburteilung Deutschen vorzubehalten und die „Fremdvölkischen" der alleinigen Zuständigkeit der Polizei zu unterstellen. Die Usurpation von Strafkompetenzen fand ihren vorläufigen Höhepunkt in einem Runderlaß Himmlers vom 30. Juni 1943, in dem er anordnete, daß die gesamte Kriminalität der polnischen und sowjetischen Zivilarbeiter der Sicherheitspolizei zufalle. An die Justiz seien „nur die Fälle weiterzuleiten, in denen aus stimmungspolitischen Gründen eine gerichtliche Aburteilung wünschenswert erscheint und durch vorherige Fühlungnahme sichergestellt ist, daß das Gericht die Todesstrafe verhängen wird".[115] Die maßnahmenstaatliche Entscheidung nach Gesichtspunkten der Zweckmäßigkeit hatte damit auch auf diesem Sektor endgültig die Rechtslage aufgehoben und ersetzt. Mit Kaltenbrunners Anweisung vom 6. Februar 1945 — „Über Sonderbehandlungen gegen Ostarbeiter bei todeswürdigen Verbrechen (weit auszulegen) entscheidet der Dienststellenleiter" — wurde die Entscheidung über Leben und Tod vollends den Kritierien des Standrechts unterworfen.[116]

Inwieweit sich diese Radikalisierung regional umsetzte, läßt sich lediglich aufgrund einiger impressionistischer Einblicke feststellen, die gleichwohl keinen Zweifel daran lassen, daß auch hier die staatspolizeiliche Repression der „Fremdvölkischen" immer rigorosere Formen annahm. Das verfahrenslose Sonderstrafrecht bedeutete für die Ostarbeiter und sowjetischen Kriegsgefangenen auch an der Saar bereits bei den geringsten Vergehen Haft[117] und mit zunehmender Kriegsdauer immer häufiger KZ oder Liquidierung. Briefe mit Klagen über schlechtes Essen sowie Obst- und Gemüsediebstähle auf den Feldern wurden 1944 bereits mit Deportation ins Konzentrationslager geahndet.[118] Flohen sowjetische Kriegsgefangene aus dem Lager, drohte ihnen in jedem Fall die Überstellung in ein KZ.[119] Stellte die Gestapo überdies fest, daß sie auf der Flucht Straftaten begangen hatten — etwa Diebstahl von Kleidern oder Lebensmitteln —, bedeutete dies in aller Regel das Todesurteil; so wurden 1943 14 Russen, die aus dem Lager Emsenbrunnen der Grube Reden geflüchtet waren, allesamt erschossen, nachdem man sie wieder eingefangen hatte.[120]

Die kumulative Radikalisierung

Die Opfer, die die Verfolgungswellen kosteten, waren erheblich: Eine im Zuge unserer Recherchen erstellte Liste, die alle Festnahmen wegen Vorbereitung zum Hochverrat, staatsfeindlicher Betätigung, Heimtückevergehen, Wehrkraftzersetzung, Rundfunkverbrechen und verbotenem Umgang mit „Fremdvölkischen" enthält, also den Widerstand im eigentlichen Sinne sowie die wichtigsten Bereiche von Dissens zu erfassen sucht, jedoch die rassische Verfolgung und die — quantitativ kaum eruierbare — Repression der Fremdarbeiter ausklammert, kommt auf 1.814 Personen. 285 von ihnen starben im Gefängnis, Zuchthaus oder KZ bzw. unmittelbar danach an den Haftfolgen; wegen Hoch- oder Landesverrat, Wehrkraftzersetzung oder Fahnenflucht wurden 65 Personen hingerichtet.[121] Was diese globalen Zahlen auf lokaler Ebene bedeuteten, macht ein Blick auf St. Ingbert und Völklingen deutlich: Allein im stark agrarisch strukturierten Kreis St. Ingbert — weder eine Hochburg der Arbeiterbewegung noch ein Zentrum des regionalen Judentums — waren Ende 1946 276 Personen als Opfer des Nationalsozialismus anerkannt, davon 103 in der Kreisstadt selbst; in der Stadt Völklingen waren zu diesem Zeitpunkt 61 ehemalige Häftlinge bzw. Nachkommen von Ermordeten registriert, die aus religiösen Gründen oder wegen politischer Gegnerschaft festgenommen worden waren.[122]

Gleichwohl bleiben derartige Versuche einer Quantifizierung des Terrors lediglich Annäherungswerte an die Realität, die unter Einbeziehung des Holocausts, der klinischen Vernichtung und der verfahrenslosen Massaker an den sowjetischen Kriegsgefangenen und Fremdarbeitern noch weit grausiger erscheinen würde. Vor allem aber sind derartige Verhaftungs- und Todesbilanzen nur ein höchst ungenauer Indikator für eine wie auch immer geartete Intensität des Widerstandes. Dominant sind sie Ausdruck der kumulativen Radikalisierung der Gestapo und in ihrem Gefolge auch aller übrigen Institutionen des Maßnahmenstaates. Dieser Prozeß einer fortschreitenden Kriminalisierung immer weiterer Populationen, der stetig neue Feindbildbestimmungen schuf und den Gegnerbegriff zunehmend verallgemeinerte, der die Zielvorstellungen radikalisierte und die Wahl der Mittel totalitär entgrenzte, bezog seine destruktive Dynamik aus einer Summe verschiedener Faktoren.

Die Stapo-Stellen handelten zwar im Rahmen allgemeiner Anweisungen des Gestapa bzw. des Reichssicherheitshauptamtes, dennoch wuchs ihr Ermessensspielraum seit Kriegsbeginn erheblich an. Sie blieben zwar fundamental abhängig von Anzeigen, in deren Auswertung und Ahndung aber waren sie nicht nur autonom, sie gewannen auch Handlungsoptionen zurück. Dies war sowohl durch die Massenhaftigkeit der kriminalisierten Tatbestände bedingt als auch durch die erweiterten Kompetenzen hinsichtlich der Schutzhaft. Insofern war der Prozeß der wachsenden Radikalisierung nicht nur eine Frage der Optik von Himmler, Heydrich und Konsorten — ganz abgesehen von angeblich langfristig durch Hitler fixierten Endlösungsprogrammen —, er war auch in hohem Maß das Ergebnis handlungsmotivierender Momente an der Basis der Gestapo.

In dieser Perspektive dürfte es kaum angehen, die kumulative Radikalisierung als „Vollzug einer Weltanschauung“[123] zu interpretieren; dafür war die personelle Zusammensetzung der Stapo-Stellen — wie beschrieben — viel zu heterogen. Der Prozeß der Radikalisierung war zunächst einmal strukturelles Resultat einer rechtlich entnormierten polizeilichen Gewalt, die quasi automatisch und in zunehmendem Maße zu Sicherungs- und Vorbeugungsmaßnahmen griff und ihre Positionsbestimmungen innerhalb des Regimes sukzessive diesen expandierenden Handlungsspielräumen anpaßte. Es war kein Zufall, daß 1937, als die Gestapo die „Arbeitsscheuen“, „Asozialen“ und Sekten entdeckte, damit die Grenzen ihres bisherigen Terrains überschritt und die Kategorie der „Volksschädlinge“ als neues Gegnerpotential ins Visier nahm, die zentrale Umdeutung der eigenen Aufgabenstellung erfolgte: Die Gestapo, so ihr Hausjurist Alfred Schweder damals, „greift also ein gegen alles ‚Staatsgefährliche', nicht nur gegen den bewußten Staatsfeind im engeren Sinne".[124] Diese Definition — nicht nur Hüter einer Ordnung zu sein, sondern sie auch positiv mitzugestalten — weitete Himmler schließlich zum dubiosen „Gesamtauftrag" aus und leitete daraus eine de jure in keinerlei Weise eingeschränkte polizeiliche Generalklausel ab. Aus Abwehr wurde damit Prävention, aus Verhütung Ausmerzung vermeintlicher Gefahrenherde.[125]

Diese sich wechselseitig stützende Spiralbewegung realer und programmatischer Machtexpansion machte die Projektion zum gestaltenden Prinzip polizeilicher Beurteilung. Der „objektive Gegner", der faktisch nachweisbare Verbrechen beging, trat immer mehr zurück und wurde durch ein Feindbild ersetzt, ein abstrahierendes Konglomerat jeweiliger Gegnervorstellungen, das ins Prinzipielle erhoben wurde, zunehmend zur Projektionsfläche der eigenen Zuschreibungen geriet und somit fiktionalen Charakter annahm. Die daraus deduzierbaren, quasi objektiv er- und berechenbaren Verbrechen gewannen dadurch eine sich immer mehr verselbständigende Eigendynamik, die die Wirklichkeit verstellte.[126] Vermeintliche Gesinnung, politische Vergangenheit, Zugehörigkeit zu einer diskriminierten Population ersetzten mithin die empirischen Tatbestandsmerkmale. Daß diese fiktionale, antikriminalistische Methode sehr schnell zum Allgemeingut der Gestapo avancierte, verdankte sie nicht nur ihrer intellektuellen Schlichtheit, sondern auch ihrer praktikablen Plausibilität: Angesichts der kaum zu bewältigenden Mengen an Denunziationen und Festnahmen sowie der dürftigen bis fehlenden Beweislast bot die Projektion anhand amtlich anerkannter Feindbildkriterien wenigstens einen Maßstab zur Beurteilung und Einordnung, der die Mängel in der staatspolizeilichen Ermittlung und Beweisführung überspielte und verdeckte. Realitätsverlust, Machtexpansion und die strukturellen Defizite der Gestapo gingen damit Hand in Hand und bedingten sich wechselseitig. Die kumulative Radikalisierung schloß dadurch auch die zunehmend größer werdende Diskrepanz zwischen Anspruch und Wirklichkeit der Gestapo. Die ihr innewohnende kollektive Autosuggestion begradigte die Realität auf grausige Weise.

Dieser Vorgang, der den Gegner gewissermaßen zur synthetisch erzeugten Kunstfigur machte, korrespondierte mit einer weiteren Wahrnehmungsverzerrung: der Projektion eines Geschichtsbildes auf die Gegenwart. Wie Timothy W. Mason als erster herausgearbeitet hat,[127] bildeten Erster Weltkrieg und Novemberrevolution sowohl als real-biographischer Erlebnishintergrund als auch als ideologisch-interpretatives Konstrukt für die Nationalsozialisten die zentrale Deutungsfolie auf ihrem Weg zur totalitären Neuordnung Europas. Die Niederlage wurde auf den vermeintlichen „Dolchstoß der Heimat" zurückgeführt, die Revolution als Werk „jüdisch-marxistischer Drahtzieher" begriffen. Insbesondere dieses Novembersyndrom gewann die Funktion eines Zerrspiegels, da es die revolutionäre Potenz der Linksparteien — oder was von ihnen übriggeblieben war — gewaltig überzeichnete und jeder Unmutsäußerung den Anschein grundsätzlicher Ablehnung verlieh. Die Erdrosselung der öffentlichen Meinung wirkte hier als Bumerang, da kein Korrektiv zur Überprüfung und Präzisierung der eigenen Einschätzung mehr zur Verfügung stand; „Stimmungsberichte konnten den Informationsgehalt öffentlicher Meinungsbildung nicht ersetzen."[128] Die vermeintlichen Lehren aus dem Zusammenbruch des

Kaiserreiches und dem fehlgeschlagenen ersten Anlauf zur Weltmacht, die nicht nur in der NSDAP, sondern auch im gesamten deutsch-nationalen Lager heimisch gewesen waren und mit Sicherheit auch in der Gestapo Wurzeln geschlagen hatten, führten zu einer „Überreaktion ..., die der eigenen Unsicherheit und nicht dem Grad der Bedrohung entsprang",[129] den systemimmanenten Drang nach Machtausdehnung und Kompetenzzuwachs jedoch förderte.

Der zunehmend amorpher werdende Begriff des „Staatsfeindes", der sich immer mehr im „Volksschädling" auflöste, bedeutete nicht nur eine wachsende polizeiliche Zuwendung gegenüber jenen Gruppen, die am Rande der Gesellschaft lebten oder dorthin abgedrängt worden waren, er beinhaltete auch eine immer rigider werdende Konzeption einer konfliktfreien, begradigten, formierten Gesellschaft ohne Fremdkörper und Störfaktoren. Obwohl die Ermordung der europäischen Juden zweifellos den grausigen Gipfel dieses Prozesses markiert, war dessen Grundlage — wie es scheint — viel weniger ein spezieller Antisemitismus, sondern weit allgemeiner ein Sozialrassismus als neues, universell gültiges Strukturmodell und Ordnungsprinzip. Rassistische Gesellschaftspolitik als bewußtes und planvolles Sortieren von Menschen, als Selektion aller aus der Norm herausfallenden Elemente, letztlich als Ausmerzung der unangepaßten und unerwünschten Populationen war in hohem Maß der Großraumversuch eines „social engineering",[130] bei dem alle querstehenden Traditionen und Milieus zerschlagen, alle „Ballastexistenzen" beseitigt werden sollten, um die sozialen Strukturen nach technokratisch orientierten Optimierungskritierien künstlich umzuformen und eine mobile, opferbereite Leistungsgesellschaft zu schaffen.[131] Auch diese „Utopie einer durch Terror zwangsharmonisierten Volksgemeinschaft"[132] und die erbbiologisch und bevölkerungswissenschaftlich grundierten Praktiken des Sozialrassismus — verstanden als langfristige gesellschaftliche Modernisierung — verliehen dem Regime eine sich radikalisierende Dynamik und schufen das Kontinuum eines polizeilich sanktionierten Anpassungs- und Leistungsdrucks, das von gewaltförmiger Verfleißigung bis zur systematischen Ausrottung reichte.

Die nach innen und außen gerichtete Vernichtungsutopie und -praxis war nicht zuletzt auch das Ergebnis einer fortlaufenden „Selektion der negativen Weltanschauungselemente" des Nationalsozialismus, wie Martin Broszat diesen Prozeß benannt hat. Gerade weil die Zukunftsentwürfe einer Volksgemeinschaft auf der Basis gesellschaftlicher Neuordnung und neuer Vergemeinschaftung in hohem Maße Versprechen blieben und sich „konfliktlos nicht in positiver, sondern nur in negativer Form konkretisieren und verwirklichen" ließen, bedingte dies ein zunehmendes Hervortreten der Gegnerziele, eine sich verschärfende Tendenz zur Ausgrenzung und Diffamierung aller „unerwünschten Elemente", letztlich eine Eskalation, die in deren Ausmerzung mündete.[133]

Daneben wirkte auch die Eigengesetzlichkeit der geschaffenen Repressionsstrukturen im Sinne einer kumulativen Radikalisierung: Jede aus den Erfordernissen des Augenblicks geborene Maßnahme erzeugte nicht nur neue Feindbilder, sondern auch entsprechende Denunziationsanreize; jede Kriminalisierung provozierte neue Konfliktflächen und Festnahmewellen, aber auch neue Überforderungen und Engpässe; sie erhöhte das Maß an eingeforderter Systemloyalität, aber sie steigerte auch die Angst vor der perhorreszierten Sicherheitslücke. Eine Sogwirkung ging auch von der Eingliederung der Konzentrationslager in das SS-Wirtschaftsimperium aus, die seit 1938 die Zahl der Häftlinge beeinflußte und dazu führte, daß entsprechende Anordnungen des Reichssicherheitshauptamtes den Charakter regelrechter Anforderungsanweisungen annahmen.[134] Nicht zuletzt beförderten auch strukturelle Auswirkungen des Weltkrieges die Radikalisierung: Der massenhafte Einsatz „fremdvölkischer" Arbeitskräfte bewirkte ein Zusammenrücken, das durch die immer weiblicher werdende Kriegsgesellschaft und die auseinanderklaffende Sicherheitslücke verstärkt wurde, aber auch das Lebensgefühl eines „Herrenmenschen" enorm beflügelte und tendenziell zum Allgemeingut machte.[135] Auch der Brutalisierungseffekt, der von der Existenz der Einsatzgruppen ausging,[136] dürfte dazu nicht unerheblich beigetragen haben. Diese Eigendynamik des Maßnahmenstaates kreierte Momente der Selbstläufigkeit; ein Sachzwang schuf den nächsten, ließ zu immer radikaleren Lösungsvarianten für die selbstgeschaffenen Probleme greifen.

Die kumulative Radikalisierung erwuchs unter den Bedingungen des permanenten Ausnahmezustandes aus einem Konglomerat unterschiedlicher Strukturen und Prozesse, die sich wechselseitig absicherten und bedingten, sie war jedoch — wie es scheint — nicht das Ergebnis eines planvollen Vorgehens, und sie war keineswegs synchronisiert zwischen den verschiedenen Herrschaftsträgern. Die wichtigsten Schübe gingen zweifellos von der zentralen Kommandoebene des Gestapa bzw. des Reichssicherheitshauptamtes aus, aber vieles steuerte sich auch aus den Bedürfnissen und Defiziten der einzelnen Stapo-Stellen. Gleichwohl stoßen regionale Studien gerade auf diesem Sektor an ihre Grenzen. Über die Abbildung der Verfolgungsvorgänge und -zyklen hinaus bleiben die empirischen Daten hier dürftig, und Analogieschlüsse und Plausibilitätsüberlegungen allein sollten mit Vorsicht betrachtet werden. Hier existiert Handlungsbedarf für neue Ansätze. Dabei geht es nicht um eine weitere Runde im Streit zwischen „Strukturalisten" und „Intentionalisten", um die Frage also, ob Hitlers ideologische Aspirationen oder überpersönliche Apparate und Interessengruppen die treibenden Faktoren waren.[137] Es geht um eine neue Synthese, die die bisherigen Forschungen jenseits der festgefahrenen Konfliktlinien integriert. Es geht um empirische Grundlagenforschung insbesondere an der Basis des Geschehens, und es geht um neue Modelle der Interpretation, wie sie jüngst etwa Götz Aly und Susanne Heim vorgelegt haben, die Auschwitz zur „Folge einer gnadenlos instrumentalisierten Vernunft"[138] erklären und den Holocaust damit rigoros in die Kontinuität der Emanzipation und Modernisierung verweisen, indem sie deren sozialpathologische Potenz betonen, die Schattenseite der Aufklärung. Es geht um empirisch fundierte Deutungsmodelle, die die nationalsozialistische Genozidpolitik in die Tradition der Moderne zurückverweisen, sie etwa wie Detlev Peukert als „Folge einer fatalen rassistischen Entwicklungsdynamik in den Humanwissenschaften" sehen und damit „als eine der Möglichkeiten moderner Zivilisation in der Krise".[139] Es geht auch hier um eine Historisierung der Vernichtungsspirale und der ihr immanenten Utopien.

3. Meinungsforscher wider Willen: Der Sicherheitsdienst des Reichsführers SS

Keine NS-Formation wurde nach 1945 derart überschätzt wie der Sicherheitsdienst des Reichsführers SS. Als Heydrichs Schöpfung diabolisiert und ex post zu einer Spitzelarmee der Hunderttausend aufgeblasen, erschien er als „unermüdliches, fanatisches Exekutivorgan" Himmlers, dem es nur dadurch gelungen sei, „die Macht der SS wirklich zu begründen und sie zu bewahren".[1] Dieses Phantombild einer allmächtigen Organisation, das in den Nürnberger Prozessen entworfen wurde und insbesondere durch den um Superlative nie verlegenen Eugen Kogon seine Ausgestaltung fand, bestätigte nicht nur das, was die NS-Propagandisten immer behauptet hatten, unmittelbar nach 1945 wirkte es auch — trotz gegenteiliger, aufklärerischer Intention — als gesamtdeutscher Tranquilizer: Das „Dogma der SS-Allmacht" geriet zum „Alibi einer Nation",[2] gewann nachträglich Geschichtsmächtigkeit und damit Realität in der Erinnerung. Wenngleich der so ermöglichte Schuld-Transfer diesem Geschichtsbild über Jahrzehnte hinweg eine konkurrenzlose Monopolstellung verschaffte, so konnte es sich überdies auf einer kollektive Wahrnehmung stützen, die zwar objektiv falsch war, jedoch subjektiv überzeugend erschien: Da die Einsatzgruppen die Uniform der Waffen-SS mit der SD-Raute am linken Ärmel trugen, erblickten die meisten Wehrmachtsangehörigen, vor allem aber die Menschen in den unterjochten Ländern in ihnen regelrechte „SD-Truppen".[3] Seitdem bildete SD die Chiffre für den gesamten NS-Terror im überfallenen Europa.

In schroffem Gegensatz zu diesem Bild von der Omnipotenz des SD steht dessen nahezu vollständige Ausblendung aus dem Bewußtsein des Widerstandes. Die aus saarländischen Quellen gespeiste Exilpresse erwähnte den SD mit keiner Zeile, während die sozialdemokratischen *Deutschland-Berichte* ihn zwar am Rande zur Kenntnis nahmen, jedoch als eine Art interner Parteipolizei der NSDAP klassifizierten: „Eine direkte Zusammenarbeit der Gestapo mit dem Sicherheitsdienst (SD) der SS findet nicht statt", schrieben sie im Dezember 1936. „Vielmehr wird der SD nach unseren Informationen nur zur Erkundung der Stimmung innerhalb der Parteigliederungen und zur Überwachung bestimmter Parteimitglieder verwandt."[4] Dieses zwischen Allmacht und Marginalisierung changierende Profil des SD behält auch bei einem mikroanalytischen Zugriff widersprüchliche Züge, und die Wahrheit liegt — wie so oft — nicht einfach in der Mitte.

Die Dinosaurier der „Kampfzeit": Ein Geheimdienst sucht seine Aufgabe

Die SS hatte seit 1930 mit dem Aufbau eines eigenen Nachrichtendienstes begonnen, um Informationen über die politischen Gegner zu sammeln, aber auch Agenten in den eigenen Reihen aufzuspüren. Am 10. August 1931 wurde Reinhard Heydrich — verabschiedeter Oberleutnant zur See, gerade 27 Jahre alt und erst seit wenigen Tagen Parteimitglied — durch Himmler mit der Leitung einer entsprechenden

Abteilung beim SS-Oberstab beauftragt.[5] Dessen Weisung, bei allen SS-Abschnitten und -Standarten nachrichtendienstliche I c-Referate einzurichten, wurde auch im Saargebiet durchgeführt: Seit Januar 1932 war Willi Dansauer, ein Saarbrücker Buchhändler, der trotz seiner 24 Jahre bereits eine beachtliche völkisch-radikale Vergangenheit aufwies, für den „Beobachtungs- und Abwehrdienst" in den saarländischen SS-Formationen tätig.[6] Gleichwohl gelang es Heydrich keineswegs, sein ehrgeiziges Projekt eines professionellen Spionagenetzes nach dem Vorbild des Intelligence Service und des Deuxième Bureau zu realisieren. Der frühe SD war „eine bescheidene, dilettantische und gering dotierte Organisation", die „eher einer Bande hochintelligenter Jugendführer als einem ernsthaften Geheimdienst" glich.[7] Die Zahl der hauptamtlichen Mitarbeiter im gesamten Reich läßt sich für Ende 1932 gerade auf etwa 40 beziffern, hinzu kamen ungefähr 60 ehrenamtliche Vertrauensleute.[8]

Auch im Abstimmungskampf an der Saar spielte der SD nur eine marginale Rolle. Seine Nachrichtenqualität war kümmerlich: Die Akten des Reichssicherheitshauptamtes bezüglich der Saar-KPD, die aus SD-Provenienz stammen, enthalten lediglich eine Flugblattsammlung und ein Namensverzeichnis der Unterbezirksleitungen von August 1934, das von Fehlern nur so strotzt und selbst die auf diesem Sektor nicht übermäßig informierte Stapo-Stelle Trier zu der pikierten Replik veranlaßte, daß die Liste nicht mit den eigenen Ermittlungen übereinstimme.[9] Bis weit ins Jahr 1934 hinein gehörten die wenigen SD-Mitarbeiter im Saargebiet zur SD-Gruppe West, dem späteren Oberabschnitt Rhein mit Sitz in Frankfurt und unterstanden dessen Unterabschnitt XI in Wiesbaden.[10] Spätestens im Herbst 1934 änderte sich die organisatorische Einbindung; man unterstellte den SD im Saargebiet dem damals noch von Dr. Werner Best geleiteten Oberabschnitt Süd-West mit Sitz in Stuttgart, konkrete Direktiven kamen nunmehr von dessen Unterabschnitt XXIX in Ludwigshafen.[11] Bei dieser Zuordnung blieb es auch nach dem 1. März 1935, als ein eigener SD-Unterabschnitt Saar geschaffen wurde, der ein Büro in der Saarbrücker Graf-Johann-Straße bezog und mit SS-Hauptsturmführer Otto Lurker erstmals einen hauptamtlichen Leiter erhielt.[12]

Im August 1939 kam es — wohl im Hinblick auf den nahenden Krieg — erneut zu einer Umgliederung: Die SD-Unterabschnitte wurden zu selbständigen Abschnitten aufgewertet, ihre Zuständigkeitsbereiche denen der jeweiligen Stapo-Stellen angeglichen und in Übereinstimmung mit der Wehrkreiseinteilung gebracht; seitdem war der saarländische SD unmittelbar dem Reichssicherheitshauptamt unterstellt, in besonderen Fragen jedoch zusätzlich dem regionalen Inspekteur der Sicherheitspolizei bzw. dem Höheren SS- und Polizeiführer, Himmlers und Heydrichs unmittelbaren Statthaltern in den Wehrkreisen.[13] Ob es damals jedoch überhaupt zur Einrichtung eines SD-Abschnittes Saarbrücken kam, ist fraglich, da bereits im Oktober 1939 der SD-Abschnitt Neustadt die Zuständigkeit für die gesamte Saarpfalz zugesprochen erhielt; wahrscheinlich wurden beide Dienststellen im Zuge der Evakuierung zusammengelegt.[14] Am 19. Juli 1941 ordnete das Reichssicherheitshauptamt eine Verlegung der Neustadter Zentrale nach Saarbrücken als künftiger Gauhauptstadt an. Seitdem residierte der von SS-Obersturmbannführer Adolf Ott geleitete Abschnitt in der Villa Röchling im Saarbrücker Trillerweg. Der Zuständigkeitsbereich des neuen SD-Abschnitts Saarbrücken umfaßte den bisherigen Gau Saarpfalz sowie Teile von Nordbaden; erst im Sommer 1944 wurden die Kreise Heidelberg, Mannheim, Mosbach und Sinsheim an den SD-Abschnitt Karlsruhe abgegeben.[15] Während des Krieges befand sich eine Hauptaußenstelle in Ludwigshafen; Außenstellen existierten im badischen Mosbach, in Heidelberg, Kaiserslautern, Kirchheimbolanden, Neustadt, Pirmasens, Saarbrücken, Saarlouis und Neunkirchen.[16] Die 1940 im Zuge der allgemeinen Westverschiebung erfolgte Unterstellung unter den Befehlshaber der Sicherheitspolizei und des SD Saar-Lothringen in Metz wurde 1944 wieder revidiert, als diese Dienststelle mit der in Wiesbaden zusammengelegt wurde und die Zuständigkeit für Rhein-Westmark erhielt.[17] Der alliierte Vormarsch erzwang eine Evakuierung der saarländischen SD-Stellen; Anfang 1945 zogen sich Ott — bis zuletzt Abschnittsleiter — und sein Stab in das abgelegene Höchen zurück.[18]

Am 9. Juni 1934 hatte Heß als Stellvertreter Hitlers den SD zwar zum einzigen Nachrichten- bzw. Abwehrdienst der NSDAP ernannt, doch diese Exklusivität kaschierte lediglich die Krise, in die der SD mit der „Machtergreifung" geraten war. Einerseits konnte er mit seinem noch embryonal entwickelten Überwachungsapparat keinerlei sicherheitspolizeiliche Aufgaben übernehmen, andererseits öffneten sich Himmler und Heydrich mit der sukzessiven Übernahme der Politischen Polizei bisher versperrte Möglichkeiten. Heydrich, Chef des Gestapa und Leiter des Sicherheitshauptamtes der SS in einem, verknüpfte durch diese Personalunion zwar die beiden in ihrer Aufgabenstellung konkurrierenden Institutionen, gleichwohl erwies sich der SD immer mehr als überflüssiges Relikt aus der „Kampfzeit", das sich mit den Weichenstellungen der Jahre 1933/34 selbst überlebt hatte.[19] „Die Aufgabe der Geheimen Staatspolizei ist die Abwehr der Feinde des Staates. Aufgabe des Sicherheits-Dienstes ist die Abwehr der Feinde der nationalsozialistischen Idee", hieß es schwammig in einer gemeinsamen Dienstanweisung 1935. Da „beide im Grunde dasselbe Ziel verfolgen", sei „engste Zusammenarbeit" erforderlich, wobei der SD nur zu Ermittlungen befugt sei; „jede Exekutive ist ihm aber untersagt".[20]

Für den projektierten deutschen NKWD bedeutete dies zwar ein Begräbnis erster Klasse, doch als Organisation blieb der SD gleichwohl existent, er wuchs sogar noch beträchtlich in der Folgezeit. Denn die eigentlich funktionslos gewordene Fassade wurde durch die SS-Führung schnell reanimiert. Der SD als eigenständige Formation innerhalb der SS diente ihr nunmehr als organisatorisches Auffangbecken für die der SS beitretenden Gestapo- und Polizeibeamten und damit als ideologische Kadertruppe des angestrebten „Staatsschutzkorps". Die verliehene Monopolstellung als Nachrichtendienst benutzte sie vor allem als Barriere gegen die ständig befürchtete Bildung konkurrierender Dienste durch andere NS-Formationen. Das DAF-Amt Information und dessen I-Referate auf Gauebene, die Nachrichten über Streiks sammelten, regelmäßig Berichte über „marxistische Umtriebe" erstellten und über eigene V-Leute in Betrieben verfügten, wurden darum von vornherein mit SD-Mitarbeitern besetzt und 1938 ganz in den SD eingegliedert.[21]

Interinstitutionell aber sorgten die fehlende Abgrenzung zur Arbeit der Gestapo und die Konvergenz in der Aufgabenstellung über Jahre hinweg für das NS-übliche Maß an Rivalität und Konkurrenz. Der permanent gereizte Tonfall in der Korrespondenz zwischen der Stapo-Stelle Saarbrücken und dem SD-Unterabschnitt läßt jedenfalls kaum auf eine vertraute Zusammenarbeit schließen.[22] Obwohl die regionalen SD-Führer allerorten die Existenzberechtigung ihrer Organisation unter Beweis stellen wollten, besaßen sie von vornherein die schlechteren Karten in dem von der Gestapo forcierten Verdrängungswettbewerb, der erst durch Heydrichs Funktionstrennungserlaß vom 1. Juli 1937 entschieden wurde. Seitdem war der SD ausschließlich für Wissenschaft, Volkstum, Kunst, Erziehung, Partei, Staat, Verfassung, Verwaltung, Ausland, Freimaurer und Vereinswesen zuständig. In den Bereichen Kirchen, Sekten, Pazifismus, Judentum, Rechtsbewegung, Wirtschaft und Presse wurden Überschneidungen konzediert, die nach wie vor Reibungsflächen bilden sollten: Während der SD dort das Recht nachrichtendienstlicher Recherchen behielt, blieben staatspolizeiliche Vollzugsmaßnahmen auf diesem Sektor Sache der Gestapo.[23] Der Krieg machte erneut eine Kompetenzbereinigung nötig: Ein Erlaß vom 12. Mai 1941, der nunmehr auch die „sicherheitspolizeiliche Bearbeitung der politischen Kirchen" der Gestapo übertrug,[24] brachte dem SD einen weiteren Bedeutungsverlust.

Auch die ihm zugeschriebene — und wohl auch real begehrte — Funktion einer Parteipolizei kollidierte mit dem wachen Mißtrauen, das die regionalen und lokalen Herrschaftsträger dem SD entgegenbrachten. Insbesondere bei den Gauleitern war er von Anfang an verhaßt, da sie in ihm eine Organisation zur Bespitzelung der NSDAP und zur Untergrabung ihrer Autorität sahen; daß Bürckel darin keine Ausnahme machte, versteht sich fast von selbst. Beschwerden, wonach der SD „in Parteidingen herumwühl(e)", veranlaßten Heydrich, aber auch Heß wiederholt zu der Anordnung, daß „der SD nicht seine Aufgabe darin sieht, die Partei, sondern die Feinde der Partei zu überwachen".[25]

„Paradoxically", so das Resümee von George C. Browder, „the very process of official recognition destroyed the SD's raison d'être. Every acknowledgment contained a limitation of the SD's field of action".[26] Durch diese mehrfache Eingrenzung war der SD in seinen Inlandsaktivitäten wider Willen auf das Gebiet der bloßen Meinungsforschung abgedrängt worden. Seine Dienststellen produzierten immer komplexere Stimmungsbilder, die seit Dezember 1939 in den *Meldungen aus dem Reich* zentral zusammengefaßt wurden, wegen ihres „Defaitismus" auf immer geringere Gegenliebe stießen und im Sommer 1944 ihr Erscheinen einstellen mußten. Diese semidemoskopische Ausleuchtung der „Lebensgebiete", die 1935/36 allmählich einsetzte und von ihrem Chef Otto Ohlendorf mit der „Funktion der öffentlichen Meinung im parlamentarischen Staat" verglichen wurde,[27] verzichtete seit Sommer 1940 völlig auf die Gegner-Berichterstattung und konzentrierte sich auf die Sektoren Kulturelle Gebiete, Volkstum und Volksgesundheit, Verwaltung und Recht sowie Wirtschaft. Damit hatte sich der SD endgültig von seiner ursprünglichen Konzeption verabschiedet.[28]

Himmlers schwarzer Orden? Mitarbeiter und V-Leute

Der wirkungsgeschichtliche Stellenwert, den der SD auf dem Hintergrund dieser allgemeinen Entwicklung im Rahmen des regionalen Maßnahmenstaates besaß, läßt sich im Vergleich zu dem der Gestapo nur mit weitaus geringerer Präzision bestimmen. Diese größere Unschärferelation, die primär aus der bedeutend schlechteren Quellenlage resultiert, erlaubt gleichwohl die Rekonstruktion einiger struktureller Muster, ohne indes die Aktivitäten des SD datengesättigt ausleuchten zu können. Insbesondere Aussagen über das Profil seiner Mitarbeiter und einige Aspekte des Handlungsrepertoires scheinen jedoch möglich zu sein.

Insgesamt lassen sich 35 SD-Mitarbeiter namhaft machen und durch NSDAP-Mitgliederkartei, Ermittlungs- und Entnazifizierungsakten biographisch ausleuchten. Auch diese Population, die notwendigerweise nur einen Teil des gesamten Personals repräsentiert, dessen Quantität sich nicht einmal ansatzweise schätzen läßt, verschließt sich einer statistischen Korrelationsanalyse, gleichwohl bietet sie genügend Ansatzpunkte, um qualitative Trends bestimmen zu können, da sie immerhin zwölf hauptamtliche Mitarbeiter erfaßt und damit wohl die Mehrheit des professionellen SD-Apparates einbeziehen dürfte.[29]

Betrachtet man zunächst die drei Unterabschnitts- bzw. Abschnittsleiter unter ihnen[30] — insgesamt müssen es mindestens fünf gewesen sein, die Fluktuation war also ähnlich hoch wie in der Leitung der Stapo-Stelle —, dann fällt zum einen auf, daß alle von außerhalb stammten, daß sie zum anderen verschiedenen Generationen angehörten. Otto Lurker, 1896 geboren, und Dr. Fritz Dietrich, Jahrgang 1898, zählten beide noch zu den Freiwilligen des Ersten Weltkrieges. Adolf Ott hingegen, 1904 geboren, also gleich alt wie Heydrich, allerdings bereits 1922 der NSDAP beigetreten, war ein typischer Vertreter jener Generation, die in den Führungsetagen von Gestapo und SD majoritär werden sollte: Sie hatte am Krieg nicht mehr teilgenommen, war bei der „Machtergreifung“ jedoch längst dem HJ-Alter entwachsen. Sozial hingegen kamen alle drei aus dem Mittelstand: Ott und Lurker waren gelernte Kaufleute, Dietrich promovierter Philosoph ohne feste Anstellung. Alle drei hatten die Weltwirtschaftskrise als Zeit der Blessuren und Deklassierungsängste erlebt und versuchten, ihre soziale Bindungslosigkeit durch die Kameraderie des Männerbundes, ihre Entwurzelung durch die Autorität einer neuen Elite zu kompensieren.[31]

Zum vierten fällt ihre karrieremäßige Verstrickung in die SS-Maschinerie im Osten des „Altreichs“ ins Auge: Lurkers Karriere endete als Kommandeur der Sicherheitspolizei und des SD in der Untersteiermark; Dietrich wurde im September 1941 SS- und Polizeistandortführer in Libau und zeichnete sich dort durch „wilde“ Judenmassaker aus; Ott leitete von Februar bis September 1942 das Sonderkommando 7 b der Einsatzgruppe B im russischen Brjanssk, das sich mit der massenhaften Liquidierung von Partisanen und Juden im Mittelabschnitt der Ostfront einen Namen machte. Dietrich wurde am 22. Oktober 1948 in Landsberg hingerichtet; Ott 1948 zum Tode verurteilt, 1951 jedoch zu lebenslänglicher Haft begnadigt. Dies lediglich als pathologischen Blutrausch und pure Menschenverachtung zu deuten, greift zumindest im Fall Ott zu kurz: In seinem Prozeß legte er eine Reihe eidesstattlicher Erklärungen vor, wonach er in seinem Wohnort Grossbliederstroff, einem lothringischen Dorf unmittelbar an der Grenze, die Einwohner gegen Übergriffe in Schutz genommen habe. Darin nur nachträgliche Weißwäscherei sehen zu wollen — obwohl es dies natürlich auch war —, vereinfacht das Problem allzusehr. Otts Verhalten war eher wie bei Ohlendorf, dem Hauptangeklagten des Nürnberger Einsatzgruppenprozesses, der Meinungsforschung ebenso perfekt organisieren konnte wie den systematischen Massenmord als Leiter der Einsatzgruppe D,[32] das Ergebnis jenes kumulativen Radikalisierungsprozesses des Regimes, in dem zivilisatorische Muster ihre Gültigkeit verloren. Es besaß etwas von der Janusköpfigkeit eines Dr. Jekyll und Mr. Hyde, in dem sich jene doppelte Wirklichkeit manifestierte, jene strukturelle Schizophrenie, der wir bereits bei etlichen Gestapo-Beamten begegnet sind, und es war gleichzeitig der zugespitzte Ausdruck jener NS-Vorstellung eines politischen und rassischen Weltanschauungskrieges, der Verhaltensbarrieren, die in Deutschland oder etwa Frankreich in aller Regel noch galten, im Osten zum Einsturz brachte.

Wenden wir uns den übrigen neun hauptamtlichen Mitarbeitern zu,[33] so begegnen wir einer erstaunlichen generationellen und sozialen Identität. Alle waren zwichen 1899 und 1913 geboren, gehörten also fast durchgängig der Generation von Ott, Heydrich, Best und Ohlendorf an. Dominant kamen sie aus dem neuen Mittelstand und waren zuvor Angestellte in Verwaltung und Wirtschaft gewesen. Aber auch ein abgebrochener Student war darunter, dem das Geld ausgegangen war, ein Handwerksmeister, der in der Krise Pleite gemacht hatte und ein Maschinenbaulehrling, der bereits 1933 seine Funktion als Gaujungvolkführer genutzt hatte, um bei der SA als Sportlehrer anzuheuern. Mit zwei Ausnahmen kamen alle aus dem Saargebiet, waren also im Gegensatz zu den meisten Gestapo-Beamten in aller Regel mit Land und Leuten vertraut; im Fall von Friedrich Carl, dem SD-Außenstellenleiter von Saarlouis, seit 1940 von Metz, war es sogar der ehemalige Leiter des NSDAP-Nachrichtendienstes im Abstimmungskampf, der hauptamtlich in den SD überwechselte. Der NSDAP waren die meisten 1933 bzw. 1935 beigetreten, keiner danach; in wenigen Fällen fiel der Parteibeitritt bereits in die Jahre der Krise — ein Muster, das auch auf die ehrenamtlichen Mitglieder zutrifft. Auch hier scheint die Weltwirtschaftskrise prägende Wunden geschlagen zu haben; für manchen von ihnen bedeutete die Übernahme in den SD geradezu eine Arbeitsbeschaffungsmaßnahme.

Die Vorstellung eines fanatisierten schwarzen Ordens, die durch die Vita der drei Abschnittsleiter durchaus Plausibilität gewann, erscheint bei den hauptamtlichen SD-Mitarbeitern bereits gebrochener: Zwar waren auch zwei von ihnen in den blutigen Einsatz im Rücken der Ostfront verwickelt, andererseits aber gab es auch dazu querstehende Karrierebrüche infolge politischer Distanzierung: Der technische Außenstellenleiter von Neunkirchen etwa wurde 1938 durch das NSDAP-Gaugericht aus der Partei ausgeschlossen; 1945 verhinderte er — mittlerweile Hauptmann der Wehrmacht — die befohlene Verteidigung von Furth im Wald gegen die Alliierten. Kurt Marschall wiederum, 1935 bis 1941 SD-Außenstellenleiter von St. Ingbert und vor 1933 Sympathisant der Linken, schloß nicht nur beide Augen gegenüber den Aktivitäten der illegalen KPD-Ortsgruppe, sondern spielte ihr durch

Mittelsmänner auch Warnungen vor der Gestapo zu — beides belegt durch Aussagen von Mitgliedern eben dieser Gruppe; 1941 wurde er wegen Interesselosigkeit aus dem SD ausgeschlossen.

Generell handelte es sich bei den hauptamtlichen Mitarbeitern des SD keineswegs um Dunkelmänner im nachrichtendienstlichen Zwielicht: Sie gingen in Uniform zur Arbeit, ihre Büros waren öffentlich bekannt, ihre Stellen wurden durch SS-interne Rundschreiben oder sogar in der Zeitung ausgeschrieben; im Krieg bestand überdies ein hoher Prozentsatz der Hauptamtlichen aus Dienstverpflichteten. Und liest man den Satz: „SS-Obersturmbannführer Ott hält heute einen Werbevortrag für die Beamtenlaufbahn im SD in der Schule", den ein Lehrer und SD-Informant am 18. März 1941 seinem Tagebuch anvertraute,[34] dann muß man sich ins Gedächtnis zurückrufen, daß es sich dabei um Heydrichs berüchtigten Sicherheitsdienst handelte und bei Ott um einen zum Tode verurteilten Massenmörder.

Die 23 ermittelten ehrenamtlichen Vertrauensleute[35] — auch sie ein lupenreiner Männerbund — waren dominant noch im 19. Jahrhundert geboren, wobei die Jahre 1886 bis 1894 den Geburtsschwerpunkt bildeten; lediglich sechs waren erheblich jünger. Damit unterschieden sie sich generationell ähnlich signifikant von den um 10 bis 20 Jahre jüngeren hauptamtlichen SD-Mitarbeitern, wie dies bereits innerhalb der Gestapo-Hierarchie zu konstatieren war. In sozialer Hinsicht hingegen wiesen beide Gruppen ein hohes Maß an Kongruenz auf. Ebenso wie die hauptamtlichen SD-Mitarbeiter stammten sie fast ausnahmslos aus dem alten oder neuen Mittelstand; nur ein Arbeiter war darunter. In der neuen Gemeinde Höcherberg etwa, dem einzigen Ort, in dem sich mit hoher Wahrscheinlichkeit alle SD-Vertrauensleute ermitteln ließen, handelte es sich dabei um zwei Lehrer, zwei Büroangestellte, einen Steiger, einen Wirt, einen Postsekretär und einen Friseur — ein veritabler Querschnitt des lokalen Kleinbürgertums, mehrheitlich überdies Politische Leiter der NSDAP-Ortsgruppen. Allerdings verbargen sich unter dem gemeinsamen Oberbegriff Mittelstand auch Binnendifferenzierungen, die erfahrungsgeschichtlich wohl beträchtliche Bedeutung besaßen: Alles deutet darauf hin, daß der Lebenszuschnitt der SD-Informanten sich im Vergleich zu dem der hauptamtlichen SD-Mitarbeiter durch weitaus größere Stabilität und Saturiertheit auszeichnete; für die bislang auffälligen Syndrome Krisenanfälligkeit und Deklassierungsangst lassen sich hier nahezu keine Anhaltspunkte finden, eher hingegen für die Charakterisierung als Honoratiorenverein,[36] den man eher in einer deutschnationalen Stammtischrunde verorten würde als in Himmlers schwarzem Korps.

Gleichwohl scheint die Motivation für die Verpflichtung als V-Mann des SD äußerst facettenreich gewesen zu sein: Das Spektrum reichte vom gläubigen Nationalsozialisten, der als Oberstudiendirektor in seiner Schule Morgenandachten für den „Führer" mit Flaggenhissung und Lesungen aus „Mein Kampf" veranstaltete, bis zum Pöstchenjäger, der sich seine Zuträgerdienste über die Rechtsprechung des Amtsgerichts Völklingen mit einem Sprung auf der Karriereleiter vergolden ließ. Entsprechend unterschiedlich war ihr Verhalten in der Endphase des Krieges: Während der neue Außenstellenleiter von Homburg noch im März 1945 an seine Informanten appellierte, „am Ende doch den Sieg zu erringen", gleichzeitig aber zugeben mußte, daß er nicht einmal mehr über genügend Benzin verfüge, um sie mit dem Motorrad überhaupt aufsuchen zu können,[37] hatte es der Merziger V-Mann bereits im Dezember 1944 vorgezogen, sich von den Alliierten überrollen zu lassen, war jedoch in seinem Kellerversteck entdeckt worden und saß seitdem im Gefängnis. Der Wiebelskircher V-Mann wiederum klagte allmonatlich über die schlechte Lebensmittelbelieferung und den fehlenden Bunker, ehe er Anfang 1945 die Berichterstattung ganz einstellte, „weil er sagte, daß sie ja doch in den Papierkorb käme".[38] Der Neunkircher SD-Mitarbeiter Fritz Brück hingegen, immerhin NSDAP-Ortsgruppenleiter und Kreisschulrat, nutzte nach dem 20. Juli 1944 seine Beziehungen dazu, um die Freilassung der festgenommenen Regimegegner seines Ortes zu bewirken; „wir befürchteten aber weniger Gefahren von Seiten Brücks als vielmehr von den kleinen Angebern", attestierten ihm Sozialdemokraten nach 1945.[39] Gerade an der SD-Basis ergibt sich eine Vielfalt der Haltungen und Handlungsweisen, die mit der Vorstellung des hochgradig fanatisierten Ordens unter dem Totenkopf kaum mehr in Einklang zu bringen ist. Karrierismus und säkularisierte Gottsuche standen hier ebenso nebeneinander wie Klientelwirtschaft und das Selbstwertgefühl eines lokalen Anwalts der Gerechtigkeit, der das Privileg nutzen konnte, offen kritisieren zu dürfen.

In der sozialen Plazierung der SD-Informanten lassen sich drei Muster erkennen: Zum einen finden sich unter ihnen erstaunlich viele Leiter von Institutionen, die qua Amt Einblick in wichtige Sektoren hatten; der Verwaltungsdirektor von Saarbrücken gehört ebenso in diese Kategorie wie etwa Landgerichtspräsident Dr. Beutner oder Hermann Henn, der Werkschutzleiter der Saargruben AG. Zum zweiten begegnen uns hier untergeordnete Behördenangestellte, die jedoch Zugang zu den kommunalen oder staatlichen Datenbanken besaßen, insbesondere den Karteien der Melde- und Arbeitsämter und damit dem SD das ständige Gerangel um Amtshilfe ersparten, das die Tätigkeit der Stapo-Stelle belastete. Zum dritten gehörten zentrale örtliche Funktionsträger dazu — insbesondere Lehrer und Polizisten —, die als lokale Autoritäten galten, über einen großen sozialen Aktionsraum verfügten und dadurch geeignet erschienen, etwa die Resonanz der KdF, der Wochenschau oder bestimmter Reden Bürckels zu schildern. Zuträger aus den potentiell gegnerischen Milieus hingegen lassen sich nicht feststellen.

Der Wald und die Bäume: Aspekte der Wirkungsgeschichte

Allerdings bedeutet diese soziale Plazierung keineswegs, daß Regimegegner überhaupt nicht ins Blickfeld der V-Leute des SD geraten wären. Der Dudweilerer Polizeikommissar Valentin Kopp etwa, seit 1920 Chef der Gemeindepolizei in der ehemaligen KPD-Hochburg und bis 1941, als er Werkschutzleiter im lothringischen Hayange wurde, örtlicher Vertrauensmann des SD, besaß mit Sicherheit eine weit höhere polizeiliche Kompetenz für „Klein-Moskau" als die ortsfremde Gestapo, es ist jedoch fraglich, ob überhaupt eine Kooperation stattfand, und wenn ja, ob und inwieweit man am Saarbrücker Schloßplatz auf ihn hörte. Die verbliebenen Akten der Stapo-Stelle vermitteln nicht diesen Eindruck, während Mitglieder der illegalen

KPD-Ortsgruppe später bekundeten, daß Kopp nach der Massenverhaftung im Dezember 1935 durchgesetzt habe, daß die meisten Festgenommenen wieder entlassen wurden. „Der Prozentsatz der politisch Verhafteten ist in Dudweiler während seiner Amtszeit höher als in anderen Gemeinden", behauptete hingegen der Dudweilerer Bürgermeister 1948, fuhr jedoch einschränkend fort: „Inwieweit Kopp allein- oder mitschuldig ist, entzieht sich unserer Kenntnis."[40] Hier — längst nicht nur im Fall Kopp — liegt in der Tat ein Dunkelfeld, das sich nicht mehr völlig erhellen läßt.

Sicher ist, daß Jacques Delarues Behauptung, wonach die Gestapo „sich der Agenten bediente, die ihr der SD zur Verfügung stellte",[41] wie so vieles in seinem Buch auf purer Fiktion beruht. Sicher ist aber auch, daß der SD im Saarland zumindest bis zum Funktionstrennungserlaß vom 1. Juli 1937 Gegnerermittlung auf allen Feldern betrieb. Allerdings waren die Richtlinien dazu derart global gefaßt, daß sie in der Realität entweder selektive Subjektivität oder aber völlige Oberflächlichkeit erzwangen. Den dort formulierten Fragekatalogen konnte der beste Geheimdienst der Welt nicht nachkommen; Sätze wie „Die ehemaligen Mitglieder der marxistischen Parteien, Gewerkschaften und ihre Nebenorganisationen sind zu beobachten"[42] ließen sich schlechterdings nicht realisieren. Die Vermutung liegt nahe, daß sich der SD durch sein Festhalten am selbstgeschaffenen James-Bond-Image selbst ein Bein stellte, gewissermaßen Opfer der eigenen Mythologisierung und Gigantomanie wurde.

In der Praxis lief der umfassende Anspruch häufig auf eine Mischung aus Arbeitswut und Beschäftigungstherapie hinaus, die nachrichtendienstlich wenig Sinn machte. Der winzige Teil der Saarbrücker SD-Kartei, der erhalten blieb, vermittelt jedenfalls diesen Eindruck: Sie listet die Mitglieder des Rotary-Clubs der Saarmetropole auf, enthält jedoch lediglich die Namen ohne weitere Angaben — eine Abschreibarbeit zum Füllen von Aktenordnern.[43] Wie sich aus den Anweisungen zum Berichtswesen schließen läßt, war der SD noch 1938 vollauf mit der „sachlichen Erfassung" der „konfessionellen Gegner" beschäftigt, besaß längst keine systematische Predigtüberwachung und wühlte sich durch Schematismen und Adreßbücher.[44] Das Beispiel von Mathias Schneider mag verdeutlichen, wie der Anspruch globaler Überwachung dafür sorgte, vor lauter Bäumen den Wald zu übersehen: Schneider, Mitgründer der Saar-KPD und bis 1933 Redakteur verschiedener Parteizeitungen, also wahrlich kein Unbekannter, wurde im Januar 1936 aus zweijähriger Haft entlassen, zu der ihn das Oberlandesgericht Hamm wegen illegaler Tätigkeit in Essen verurteilt hatte. Seitdem lebte Schneider wieder in Saarbrücken, gehörte zu den Köpfen der Untergrund-KPD im Saarland und blieb unbehelligt bis Kriegsende. Gleichwohl war er nach seiner Entlassung aus dem Gefängnis vom SD überprüft worden[45] — wohl ein Routinefall unter hundert anderen. Gerade der Versuch, ein möglichst engmaschiges Netz der Überwachung und Kontrolle zu knüpfen, schuf dadurch Schlupflöcher für den Widerstand.

In der Fülle der Justiz- und Gestapo-Überlieferung, aber auch in den Wiedergutmachungs- und Entnazifizierungsakten lassen sich lediglich drei Fälle finden, in denen sich der SD aktiv in die Gegnerbekämpfung einschaltete. In einem Fall betätigten sich zwei SD-Mitarbeiter als agents provocateurs, indem sie zwei kommunistischen Bergarbeitern, die einen Flaschenbierhandel betrieben, staatsfeindliche Äußerungen entlockten und ihnen damit ein Ermittlungsverfahren wegen Vorbereitung zum Hochverrat einbrachten. Nur hier spielte der SD die Rolle, die ihm nach 1945 als genereller Daseinszweck unterstellt werden sollte, die des Spitzels der Gestapo; in den beiden anderen Fällen gab der SD Denunziantenberichte über das Verhalten von Regimegegnern, die bei ihm gelandet waren, an die Stapo-Stelle weiter. Alle drei Fälle ereigneten sich in den Jahren 1935/36, also noch vor dem Funktionstrennungserlaß.[46]

Allerdings sollten die bisherigen Bemerkungen, die in aller Regel das vorherrschende Bild des SD relativierten und korrigierten, nicht so verstanden werden, als sei der SD mit der Heilsarmee zu verwechseln. Die Tatsache, daß er von der Gestapo aus seinem projektierten Bereich verdrängt wurde, läßt nicht auf nachlassende politische und ideologische Radikalität schließen; insbesondere die Aktivitäten im Rahmen der Einsatzgruppen belegen dies auf grausamste Weise. Noch im Sommer 1939, zwei Jahre nach dem Funktionstrennungserlaß, unterhielt der SD-Unterabschnitt Saar eine A-Stelle zur Personenüberwachung und führte Tausende von Personalakten, die erst nach Kriegsbeginn an die Stapo-Stelle abgegeben wurden.[47] Auch das polykratische Gegeneinander sollte nicht überschätzt werden. Nachdem die Claims gegenseitig abgesteckt und die neuen Rollen eingespielt waren, können hier durchaus Formen der Kooperation Einzug gehalten haben. Auch die organisatorische Zusammenfassung von SD-Mitarbeitern, Gestapo- und Polizeibeamten in der SS-Formation SD könnte auf Dauer homogenisierend gewirkt und den beabsichtigten Korpsgeist wachgerufen haben; dasselbe gilt für die gemeinsame Beteiligung am Massenmord der Einsatzgruppen. Auch die zunehmende personelle Schwäche der Sicherheitsorgane angesichts des wachsenden Fremdarbeiter- und Kriegsgefangenenheeres dürfte für ein Zusammenrücken gesorgt haben.[48] Aber hier bewegen wir uns bereits auf dem Feld der Spekulation. Fragen dieser Art ließen sich möglicherweise in anderen Regionen mit dichterer SD-Überlieferung beantworten, für das Saarland jedoch bleiben hier Dunkelfelder.

4. „Allen Freund und Helfer“? Kripo, Schutzpolizei und Gendarmerie

„Die Polizei im Dritten Reich will allen Freund und Helfer sein“, schrieb die *Saarbrücker Zeitung* 1939 anläßlich eines „Rundgang(s) durch die Kriminalpolizeistelle Saarbrücken“, der informatorisch getarnt, aber propagandistisch gemeint war. Unter dem Titel „Kampf dem Verbrechertum!“ wurden „Neigung“, „krankhafte Veranlagung“, „geistige Minderwertigkeit“ und „Scheu vor Arbeit“ als die vier Ursachen aufgezählt, die Menschen auf die schiefe Bahn brächten.[1] Es war dieses erbbiologische, von sozialen Faktoren abstrahierende Konzept, das Menschen der „Unterwelt“ zuordnete und mit Vernichtung bedrohte, jener forcierte Sozialdarwinismus nach den Prinzipien von „Aufartung“ und „Ausmerze“, die die Kripo, aber auch große Teile der regulären Polizei nicht nur institutionell, sondern auch ideologisch und praktisch-politisch in den Maßnahmenstaat integrieren sollten. Es war der strukturelle, allseitige Rassismus als „Muster des Umgangs mit Menschen, (als) Ordnungsprinzip zu ihrer Einteilung, ihrer Wertung und ihrer Behandlung“,[2] die den Kriminalbeamten wie den „Schutzmann“ zu einem Rädchen im Getriebe von Himmlers SS-Imperium machten. Auch die Vorstellung von der Unschuld der regulären Polizei gehört zu den Mythen der NS-Zeit.

Neue Strukturen, neue Funktionen: Die Verklammerung mit der SS

Nähern wir uns dem Thema zunächst institutions- und organisationsgeschichtlich, um die Einbindung der verschiedenen Polizeisparten in das Dritte Reich zu untersuchen: Die Kompetenzen der Polizeidirektion Saarbrücken, 1902 als erste staatliche Ortspolizeiverwaltung eingerichtet und bislang die einzige dieser Art im Saargebiet,[3] wurden noch im März 1935 erheblich erweitert. Eine Verordnung von Reichsinnenminister Frick dehnte ihren Zuständigkeitsbereich über den Stadtkreis Saarbrücken hinaus auf den gesamten Kernbereich des Industriereviers aus.[4] Seitdem unterstanden dem Polizeipräsidenten — er residierte am Schloßplatz 3-5 in unmittelbarer Nachbarschaft der Gestapo — neben dem Verwaltungsinnendienst und der um ihre politische Abteilung reduzierten Landeskriminalpolizei zwei Abschnittskommandos der Schutzpolizei in Saarbrücken und Neunkirchen für den unmittelbaren Vollzugsdienst. Die in Umfang und Stellenwert ohnehin bereits stark geminderte Gemeindepolizei wurde dadurch noch stärker zurückgedrängt, gleichwohl behielt auch sie noch gewisse polizeiliche Befugnisse.[5] Daneben blieb das Landjägerkorps als staatliche Polizeitruppe bestehen, das auf Kreisebene in Gendarmerie-Inspektionen, -Abteilungen und -Ämter gegliedert war, disziplinarisch und fachlich einem Kommandeur der Gendarmerie des Saarlandes unterstand, während die Landräte weiterhin als Verwendungsvorgesetzte fungierten.[6] Im Bereich der Kripo wurde dem Saarbrücker Polizeipräsidenten wie bisher die Wahrnehmung der landeskriminalpolizeilichen Aufgaben für das gesamte Saarland übertragen.[7] Dem dazu eingerichteten Kriminalpolizeiamt am Saarbrücker Schloßplatz 1/2 unter Kriminaldirektor Kaphengst unterstanden zwei Inspektionen, die sich in 7 Kommissariate unterteilten. Vier von ihnen waren spezialisiert auf bestimmte Delikte, die drei übrigen waren als Außenkommissariate für Saarbrücken-Land, Neunkirchen und Völklingen auf verschiedene Dienststellen verteilt; daneben existierten weiterhin kommunale Kriminalpolizeien in St. Ingbert und Homburg.[8]

Innerhalb dieses komplizierten Geflechts polizeilicher Hierarchien und Kompetenzen fiel dem Saarbrücker Polizeipräsidenten die Schlüsselrolle zu. Es war nicht verwunderlich, daß Bürckel 1935 alles daransetzte, diese Position mit einem engen Vertrauten zu besetzen. Seine Wahl fiel auf Willy Schmelcher, damals Führer der SS-Standarte Rheinpfalz und Träger des goldenen Parteiabzeichens der NSDAP. Schmelcher, seit Juli 1940 zugleich Polizeiverwalter von Metz, blieb Saarbrücker Polizeipräsident bis Dezember 1941; dann wurde er zum SS- und Polizeiführer im sowjetischen Tschernigow bestellt und machte sich dort in der Partisanenbekämpfung einen blutigen Namen.[9] Sein Nachfolger wurde SS-Brigadeführer Christoph Diehm, wie Schmelcher Frontoffizier des Ersten Weltkriegs. Diehm blieb bis 1944 Polizeipräsident von Saarbrücken und Metz — allerdings mit Dienstsitz in der lothringischen Metropole —, dann löste er Schmelcher als SS- und Polizeiführer in Shitomir ab.[10] Im April 1941 ernannte Himmler Dr. Fritz Dietrich, 1937/38 bereits Führer des SD-Unterabschnitts Saar, zum Saarbrücker Polizeipräsidenten; er sollte der letzte in der NS-Ära sein.[11]

Die Bestellung des Reichsführers SS zum Chef der Deutschen Polizei am 17. Juni 1936 brachte deren endgültige Umwandlung in ein Instrument der Führergewalt. Seitdem galt auch hier Himmlers Maxime, daß die Polizei „grundsätzlich nur nach Befehlen und nicht nach Gesetzen tätig werden“ dürfe.[12] Die Integration in den Zuständigkeitsbereich der SS führte auch im Bereich der regulären Polizei zu den Prozessen der Zentralisierung und Verreichlichung, der Entstaatlichung und Verklammerung mit der SS, denen wir bereits bei der Gestapo begegnet sind. Die Einführung der „Angleichungsdienstgrade“ trieb auch hier die personelle Verschmelzung mit der SS voran, die Unterstellung unter die Höheren SS- und Polizeiführer sicherte sie institutionell ab. Die Errichtung einer eigenen SS-Gerichtsbarkeit und deren sukzessive Ausweitung auf alle Polizeiverbände bildeten den Schlußpunkt dieser Entwicklung;[13] 1940 wurde das SS- und Polizeigericht XIV in Metz für alle in den SS-Oberabschnitten Lothringen-Saarpfalz und Rhein anhängigen Verfahren gegen SS- und Polizeiangehörige zuständig.[14]

Am 26. Juni 1936 nahm Himmler eine Teilung seines neuen Geschäftsbereichs vor: Gendarmerie, Schutz- und Gemeindepolizei wurden SS-Obergruppenführer Kurt Daluege als Chef der Ordnungspolizei unterstellt.[15] Die Kriminalpolizei hingegen geriet in den unmittelbaren Machtbereich Heydrichs, der nunmehr zum Chef der Sparte Sicherheitspolizei avancierte, in der Gestapo und Kripo als nichtuniformierte Vollzugspolizei zusammengefaßt wurden. Darüber hinaus schuf man neue Instanzenzüge, die an die Stelle der alten Polizeiorganisation traten: Zwischen das Hauptamt Ordnungspolizei und die jeweiligen Polizeipräsidenten wurden 1939 Befehlshaber der Ordnungspolizei zwischengeschaltet, die selbständige Befehlsbefugnisse erhielten und über Schutzpolizei, Gendarmerie, Feuerwehr, Luftschutz und Technische Nothilfe verfügen konnten; eine entsprechende Dienststelle mit Zuständigkeit für die Saarpfalz existierte in Saarbrücken von Sommer 1940 bis Ende 1943.[16] Im Bereich der Kripo wurde das Preußische Landeskriminalpolizeiamt, 1937 in Reichskriminalpolizeiamt umbenannt, mit der fachlichen Leitung betraut und die Organisationsstruktur der der Gestapo angepaßt; die Kripo-Stelle Saarbrücken, wie das Kriminalpolizeiamt nunmehr hieß, unterstand seitdem der Kripo-Leitstelle Stuttgart.[17] Die Unterstellung unter die Inspekteure der Sicherheitspolizei und die Eingliederung in das Reichssicherheitshauptamt forcierten 1939 diesen Prozeß der Herauslösung aus der staatlichen Polizeiverwaltung; obwohl die Polizeipräsidenten bis 1943 formal Chefs der jeweiligen Kripo-Stellen blieben, wurden ihre Weisungsbefugnisse auf diesem Sektor immer mehr beschnitten und ausgehöhlt.[18]

Ein Fall aus dem Jahre 1937 beleuchtet schlaglichtartig, was die Verklammerung mit der SS in der Praxis bedeutete: Ein Hauptwachtmeister aus Blieskastel, dessen

Frau an Fronleichnam nur die gelb-weißen Kirchenfahnen geflaggt hatte, wurde in den Ruhestand versetzt, da man in Berlin darin „eine gegen den nationalsozialistischen Staat gerichtete politische Demonstration“ erblickte.[19] Allerdings sollte man sich davor hüten, den Prozeß der Radikalisierung, der auch bei der regulären Polizei zu konstatieren ist, lediglich auf Druck von oben oder außen zurückzuführen. Bereits das interne Hauen und Stechen um die Übernahme in den Dienst des neuen Regimes, das unmittelbar nach dem 13. Januar einsetzte, dürfte den Loyalitätsdruck forciert haben: „In der Polizei hat ein wütender Kampf begonnen, der sich zu einer Schlacht aller gegen alle auszuwachsen scheint“, meldete das Exilorgan *Nachrichten aus dem Saargebiet*. „Die Schnüffelei in der Vergangenheit des einzelnen Beamten hat begonnen. Das Denunziantentum hat Hochkonjunktur.“[20]

Das erbbiologische Paradigma: Vorbeugende Verbrechensbekämpfung und „Asozialen“-Verfolgung

Im Bereich der Kripo war es vor allem der Übergang vom Verfolgungs- zum Verhütungsprinzip, von der Täterermittlung zur vorbeugenden Verbrechensbekämpfung, der dort die politisch-ideologische Radikalisierung beförderte. Während das „Gesetz gegen gemeingefährliche Gewohnheitsverbrecher“ vom 24. November 1933 eine unbefristete Sicherungsverwahrung im Anschluß an eine Strafverbüßung ermöglichte, ordnete Göring parallel dazu die präventive Polizeihaft gegen „Berufsverbrecher“ an. Demnach konnte eine einschlägige Vorstrafe bereits den hinreichenden Grund für eine KZ-„Verschubung“ liefern. Die Kriminalpolizei, die selbstherrlich über den betroffenen Personenkreis entscheiden konnte, verließ damit ihre traditionelle Rolle als Hilfsorgan der Staatsanwaltschaft; sie emanzipierte sich von jeder richterlichen Kontrolle und gewann eine der Gestapo vergleichbare Funktion als Korrektor der Strafjustiz.[21]

Die Annahme, daß „Verbrechertum im Asozialen seine Wurzeln hat und sich fortlaufend aus ihm ergänzt“,[22] wissenschaftlich gestützt durch die Theorie einer genetisch bedingten, in sich geschlossenen „Gaunerpopulation“, ließ das Konzept einer fortwährenden „erbbiologischen Reinigung des Volkskörpers“ reifen, wonach die mißratenen Sprößlinge der Volksgemeinschaft in Analogie zur Pflanzenzucht „in bestimmten zeitlichen Abständen regelmäßig ‚ausgekämmt‘ und ‚ausgejätet‘ werden“ müßten.[23] Fricks Grunderlaß vom 14. Dezember 1937 erweiterte darum den Kreis der potentiellen Opfer beträchtlich: Auch „wer, ohne Berufs- oder Gewohnheitsverbrecher zu sein, durch sein asoziales Verhalten die Allgemeinheit gefährdet“, konnte nunmehr in polizeiliche Vorbeugungshaft genommen werden; Haftüberprüfungen waren frühestens nach einem Jahr statthaft.[24] Damit war der Weg frei zur Kriminalisierung und terroristischen Ausgrenzung aller Außenseiter und sozialen Randgruppen, die sich — ohne notwendigerweise politische Gegner zu sein — dem totalen Verfügungsanspruch des Regimes auf ihre Art entzogen. Zur „Eindämmung eines schlechten Erbstromes“, wie Arthur Nebe, der Chef des Reichskriminalpolizeiamtes, die neue Aufgabe der Kripo formulierte,[25] wurden seitdem immer neue Gruppen unter diesen Erlaß subsumiert: Vagabunden und Bettler, Sinti und Roma fielen ebenso darunter wie Alkoholiker und Querulanten, Müßiggänger und Raufbolde.[26] Die „Wahnidee einer per Lagerhaft und Rassenhygiene kriminalitätsfreien Gesellschaft"[27] machte immer mehr Menschen zu Opfern polizeilicher Ermessensfreiheit.

Mit Sicherheit gab es im Saarland keinen widerwilligen Nachvollzug dieser Anweisungen. Bereits im Sommer 1935 hatten sich beim Polizeipräsidenten „Gesuche auf Überweisung asozialer Elemente in ein Arbeitslager" gehäuft.[28] Bürckel hatte dessen „Anregung" umgehend aufgegriffen und eine entsprechende „Arbeitspflicht" im KZ Dachau bzw. im Arbeitshaus Brauweiler verfügt.[29] Eine neue Dimension erreichte die „Asozialen"-Verfolgung indes mit der von Heydrich angeordneten Aktion „Arbeitsscheu Reich": Da die Durchführung des Vierjahresplanes den Einsatz aller arbeitsfähigen Kräfte erfordere und es nicht zulasse, daß sich „Asoziale" der Arbeit entzögen, wies er jede Kripo-Leitstelle an, zwischen dem 13. und 18. Juni 1938 mindestens 200 arbeitsfähige Bettler, Zigeuner, Zuhälter, Gewalttäter sowie vorbestrafte männliche Juden in Vorbeugehaft zu nehmen und dem KZ Buchenwald zuzuführen.[30] Dieser Erlaß, den alle Bürgermeister als Ortspolizeibehörde auf den Tisch bekamen,[31] wurde allseits zur „Säuberung" der Gemeinden, zur Abschiebung aller störenden Elemente benutzt; innerhalb weniger Tage verschwanden reichsweit mehr als 10.000 Menschen hinter dem Stacheldraht der Konzentrationslager.

Exakte Zahlen für das Saarland fehlen, sicher ist jedoch, daß man auch hier die geforderte Mindestzahl an Meldungen und Festnahmen beträchtlich überschritt.[32] In der Praxis waren es die Bürgermeister und die örtliche Polizei, die die Todeskandidaten auswählten:[33] In einem großbäuerlichen Hochwalddorf traf es den einzigen Tagelöhner, der nie mit „Heil Hitler" gegrüßt hatte und darüber hinaus ein nervenkrankes Kind besaß. Es traf den Pflichtarbeiter, der sich geweigert hatte, in seiner Freizeit dem Ortsgruppenleiter kostenlos zur Hand zu gehen. Es traf den Langzeit-Arbeitslosen, obwohl er bislang seine Familie mit Gelegenheitsarbeiten durchgebracht hatte, ohne straffällig zu werden. Es traf den auf der Grube entlassenen ehemaligen Kommunisten, der noch keine Arbeit gefunden hatte, den in ein anderes Revier dienstverpflichteten Bergmann, der sich den Urlaub selbst verlängert hatte, um zuhause bei der Heuernte zu helfen, den Kriegsinvaliden, dessen Lungenschuß in Tuberkulose übergegangen war und für dauernde Querelen um die Versehrtenrente sorgte. Und es traf den versponnenen Sonderling, der sich für einen Poeten hielt und sich nicht mehr um den Unterhalt seiner Familie kümmerte: „Handarbeit braucht er nach seiner Vorstellung nicht mehr zu verrichten, weil er dichterische Kenntnisse besitzt. Auch sonst kann er sich in die Volksgemeinschaft nicht einfügen", begründete etwa die Püttlinger Gendarmerie ihren Haftvorschlag, der tödlich enden sollte.[34]

Die Aktion „Arbeitsscheu Reich" bildete zwar den spektakulären Höhepunkt der „Asozialen"-Verfolgung, bis Kriegsende kam es jedoch immer wieder zur Festnahme und KZ-Einweisung von randständigen Personen. Um als „gemeinschaftsunfähig" eingestuft und polizeilicher Allmacht ausgeliefert zu werden, reichte der Befund des Ortsgruppenleiters aus, wonach „anlagemäßige Faulheit" vorliege und der Betreffende „ein unverbesserlicher Säufer", seine Frau „unwirtschaftlich und vergnügungssüchtig" sei. Im Regelfall waren es Menschen vom Fuße der sozialen Hierarchie, die zur „Ausmerze" freigegeben wurden, aber auch einen promovierten Juristen konnte es treffen, der mehrfach Unterschlagungen begangen hatte, viel in Bars verkehrte, Witze über das Dritte Reich machte und mit seiner geschiedenen Ehefrau im Streit über die Höhe des Unterhalts lag.[35]

Der schillernde Begriff der „Asozialität", der sich jeder Objektivierung entzog, sorgte ebenso für eine ständige Ausweitung der Kriterien wie der disziplinierende Effekt, den man sich davon mit Blick auf eine mögliche Labilität der „Heimatfront" versprach; auch der wachsende Personalbedarf in den SS-Wirtschaftsbetrieben, die den KZs angegliedert waren, wirkte in diese Richtung.[36] Während des Krieges wurden zunehmend auch die sexuell Unangepaßten mit dem Verdikt des „Asozialen" belegt: Auch die Homosexuellen — auf der Basis des § 175 ohnehin strafrechtlich verfolgt und im Volksmund als „abartig" verschrien — kamen nunmehr in die Konzentrationslager.[37] Dasselbe Schicksal ereilte immer mehr junge Frauen, die als „wilde" Prostituierte verdächtigt wurden; eine Geschlechtskrankheit, ein uneheliches Kind oder der Leumund, ein „Flittchen" zu sein, reichten aus, um nach Ravensbrück oder Auschwitz „verschubt" zu werden.[38]

Daß die verkündete Volksgemeinschaft gleichermaßen Vergemeinschaftung und Ausgrenzung bedeutete, Integrationsangebot und Anpassungsdruck, Einhegung und Entpluralisierung — diese Janusköpfigkeit des Begriffs kam kaum irgendwo sonst so deutlich zum Ausdruck wie in der Kampagne gegen die „Asozialen". Die begrifflich angelegte Unterscheidung zwischen „Volksgenossen" und „Gemeinschaftsfremden" und die daraus resultierende Aussonderung aller die Norm verletzenden Elemente, kulminierend im Zuchtziel eines „gesunden Volkskörpers", gehörten — jedenfalls nach Maßgabe des regionalen Materials — zum common sense des Dritten Reiches und speisten sich aus einer Symbiose aus „gesundem Volksempfinden" und SS-Rassenlehre, einer Gemengelage älterer Stigmatisierungen und neuer Feindbildsynthesen.[39] Für „Ballastexistenzen", die „dorthin zu bringen (sind), wo sie das Arbeiten vielleicht noch lernen", so ein Ortsgruppenleiter,[40] rührte sich jedenfalls kein Finger.

In mehrfacher Hinsicht geriet die Kripo-Stelle Saarbrücken damit in eine der Gestapo durchaus vergleichbare Funktion: Auch die Kripo nutzte das Recht zur Einweisung in ein KZ mit unglaublicher — und ungeahndeter — Brutalität. Beide fungierten gewissermaßen als Erzengel der Volksgemeinschaft und bestimmten mit terroristischen Mitteln deren Grenzen und Toleranzspielräume. Galt es für die Gestapo, die „unverbesserlichen" politischen Gegner auszusondern und damit nach Gesinnungsmaßstäben zu urteilen, so hatte die Kripo die „Gemeinschaftsunfähigen" aufzuspüren, wobei ihr Versatzstücke der Rassentheorie als Selektionsmechanismen dienten. In beiden Fällen handelte es sich um Projektionen; Verdacht bzw. Zuschreibung reichten aus, um jemand für immer aus dem Verkehr ziehen zu können. Ebenso wie die Stapo-Stelle war auch die Kripo eine Instanz, die sammelte und entschied, aber nur einen Bruchteil der Fälle selbst recherchieren konnte. Diese strukturelle Abhängigkeit von Zuarbeit und Information von unten scheint jedoch keinerlei Probleme verursacht zu haben. Ohne die bereitwillige Zuträgerschaft durch Gesundheits-, Arbeits- und Fürsorgeämter, durch Partei- und NSV-Funktionäre, durch Bürgermeister und örtliche Polizei hätte die Kripo ihr blutiges Handwerk nicht ausüben können.

„Guerillakrieg“ und vorauseilender Gehorsam: Das Verhältnis Polizei — Gestapo

Wenn irgendwo im Ressort-Dschungel des Dritten Reiches von vertrauensvoller Zusammenarbeit zwischen zwei Institutionen die Rede sein kann, dann traf dies auf das Verhältnis zwischen Kripo- und Stapo-Stelle zu. Da die sonst so häufigen Ersuchen um Amtshilfe hier kaum anfielen und damit keine Unterstellungsphobien erwuchsen, blieb die Beziehung allem Anschein nach unproblematisch. Die gemeinsame Einbindung in die Instanzenzüge der Sicherheitspolizei dürfte ebenso harmonisierend gewirkt haben wie die Tatsache, daß mit Kriminaldirektor Karl Dräger von 1937 bis 1942 ein Mann die Saarbrücker Kripo leitete, der seit 1933 die Stapo-Stelle in Frankfurt/Main aufgebaut hatte.[41] Selbst ein aus NS-Sicht weltanschaulich so wichtiger Sektor wie der der Rassenschande gehörte seit 1936 zum Geschäftsbereich der Kripo. Kompetenzstreitigkeiten um die Zuständigkeit für bestimmte Deliktgruppen ließen sich leicht beheben, partielle Überschneidungen blieben marginal.[42] Im wesentlichen arbeitete man mit ähnlicher, aber doch deutlich abgegrenzter Aufgabenstellung nebeneinander her, ohne sich ins Gehege zu kommen. Auch die Einbeziehung von Kripo-Beamten in die Einsatzgruppen im Hinterland der Ostfront dürfte auf diesem Sektor der Polizei die SS-mäßige Mentalität verstärkt haben.[43]

Ganz anders sah es im Bereich der Schutzpolizei aus: Obwohl auch sie zu dem von der SS beherrschten Machtkomplex SD/Gestapo gehörte, verhinderte diese institutionelle Einbindung keineswegs den Ausbruch jener regimetypischen Polykratie-Konflikte, denen wir bereits mehrfach begegnet sind. Die Dauerfehde zwischen dem Saarbrücker Polizeipräsidenten und der örtlichen Stapo-Stelle — Gestapo-Chef Rentsch sprach 1942 von „Nadelstichpolitik“ und „Guerillakrieg“[44] — war ein getreues Abbild der permanenten Macht- und Positionskämpfe der NS-Herrschaftsträger auf allen Ebenen des Partei- und Staatsapparats, bot im kleinen — um mit Martin Broszat zu sprechen — das „Bild einer progressiven Wucherung von subsidiären Ämtern, Gliederungen und Führergewalten, die nur noch mühsam an der Spitze zusammengehalten werden konnten“.[45]

Es waren keine persönlichen Rivalitäten, die diesen Konflikt prägten, und formaljuristisch kreiste er lediglich um die richtige Auslegung des Begriffs „Hilfsorgan“. In einer Zuständigkeitsverfügung — eng angelehnt an den Organisationserlaß der Geheimen Staatspolizei vom 14. März 1934 — hatte Bürckel angeordnet, daß zur Unterstützung der Stapo-Stelle die „weitestgehende Mitarbeit sämtlicher Polizeibehörden des Saarlandes erforderlich“ sei. „Die Geschäfte der Politischen Polizei werden für das Gebiet der Stadt und des Landkreises Saarbrücken von der Staatspolizeistelle wahrgenommen“, hieß es anschließend zur Kompetenzverteilung. „Soweit Außenstellen bestehen, sind diese hierfür in der Kreisinstanz und an ihrem Sitz auch als Ortsinstanz zuständig. Soweit dies nicht der Fall ist, bleibt die

Zuständigkeit der Kreis- und Ortspolizeibehörden unberührt. Auf dem Gebiete der Politischen Polizei sind sie jedoch allgemeine Hilfsorgane der Staatspolizeistelle."[46] Der § 4 im dritten Gestapo-Gesetz vom 10. Februar 1936, der diese wichtige Schnittstelle behandelte, blieb im Vergleich dazu weit allgemeiner: „Im übrigen werden die Aufgaben der Geheimen Staatspolizei von den Kreis- und Ortspolizeibehörden als Hilfsorgane der Staatspolizeistellen durchgeführt", hieß es dort lapidar, während die Ausführungsverordnung dazu präzisierte: „Am Sitz einer Staatspolizeistelle übt diese im Rahmen der Zuständigkeit der Geheimen Staatspolizei auch die ortspolizeilichen Befugnisse aus."[47]

Während diese Festlegungen im Verhältnis Gestapo-Gendarmerie keine Probleme aufwarfen, trafen sie beim Polizeipräsidenten und der ihm unterstehenden Schutzpolizei den Kern des eigenen Selbstverständnisses: Inwieweit waren sie — vor allem in Saarbrücken und Neunkirchen, wo Dienststellen der Gestapo existierten und eigenständig ermitteln konnten — deren Hilfsorgan? Inwieweit waren sie dadurch weisungsabhängig, konnten mit fremden Anforderungen überhäuft und in der Durchführung der eigenen Aufgaben behindert, ja blockiert werden? Obwohl der damit programmierte Konflikt in den Formen der Paragraphenreiterei ausgetragen wurde und oft alle Attitüden verletzter Eitelkeit annahm, so versteckte sich dahinter doch für beide Seiten die grundsätzliche Frage nach den existentiellen Voraussetzungen der eigenen Position und mobilisierte damit alle Instinkte des Organisationsdarwinismus. Es war eine Auseinandersetzung, wie sie Peter Hüttenberger präzise mit den Prozessen der Penetration, Differenzierung und Distanzierung typisiert hat: Sporadische Übergriffe, kompetenzielle Anmaßungen und Versuche der Unterstellung hießen die Taktiken der Gestapo; Zurückweisen, Unterlaufen und Verweigern lauteten die Rezepte des Polizeipräsidiums.[48] Es war ein für die sich verändernde Konstellation zwischen den nationalsozialistischen Herrschaftsträgern durchaus alltäglicher Konflikt, für die Schutzpolizei letztlich ein Kampf gegen die Degradierung zum Laufburschen der Gestapo, der dieses strukturelle Beharren auf Eigenständigkeit motivierte; mit divergierenden Vorstellungen oder gar Zielkonflikten innerhalb des Regimes hatte er nichts gemein. Gleichwohl scheint er eine wirksame Gegnerbekämpfung nicht unbeträchtlich behindert zu haben, war er in diesem Sinne ein „Resistenz"-Faktor ersten Grades, wenn auch abgeleitet aus den Regeln des systemimmanenten Dschungelkampfes.

Der Konflikt entzündete sich zunächst an Kleinigkeiten: Generös übersahen die Fahrer der Stapo-Stelle — wohl im Bewußtsein der eigenen Wichtigkeit — die Verkehrsregeln, rasten durch Städte und Ortschaften und wunderten sich, „daß einige Beamte der Schutzpolizei unserer Arbeit bzw. der Arbeit der Gestapo wenig Sympathie entgegenbringen". Bekamen sie von den Verkehrspolizisten zu hören, daß „es für die Staatspolizei keine Ausnahme gäbe, sie habe sich den Anordnungen genauso zu fügen wie jeder andere", dann avancierte dies bereits zur Chefsache und zur Beschwerde beim Polizeipräsidenten.[49] Umgekehrt wuchsen auch im Polizeipräsidium die Animositäten, je mehr die Gestapo ihre eigenen Kalamitäten auf die Schutzpolizei abzuwälzen trachtete und die Amtshilfeersuchen immer gewaltigere Dimensionen annahmen. Als die Stapo-Stelle den Polizeirevieren stapelweise Fragebögen zuschickte, auf denen umfassende Informationen über sämtliche Wirte und deren Personal erfaßt werden sollten — ein Verfahren, das, wie man im Präsidium berechnete, allein im 4. Polizeirevier 700—800 Ermittlungen erfordert hätte —, platzte Schmelcher erstmals der Kragen. Für ihn waren hier die Grenzen des Überwachungsstaates erreicht — nicht aus politisch-ideologischen, wohl aber aus personellen Gründen. Er legte fest, daß sich die Amtshilfe lediglich auf Auskünfte aus dem Einwohnermeldeamt und bereits vorhandenen Karteien erstrecken dürfe: „In Fällen, in denen geforderte Angaben nur durch das persönliche Hinausschicken oder durch Vorladung von Personen festgestellt werden können, kann ich aus grundsätzlichen Erwägungen Amtshilfe nicht gewähren, da die Beamten dadurch ihrem eigentlichen Dienst entzogen werden müssen." Auch als man die Aufstellung von Listen ehemaliger SPD-Funktionäre und -Mitglieder verlangte, blieb der Polizeipräsident hart; dies zu recherchieren sei Aufgabe der Stapo-Stelle als der am Ort residierenden Politischen Polizei, befand Schmelcher.[50]

Allerdings ließ sich diese Linie, die an Obstruktion grenzte, in Anbetracht der von Bürckel zugesicherten „weitestgehenden Mitarbeit" der Polizei wohl nicht allzulange durchhalten. Allmählich schlichen sich die alten Verhältnisse wieder ein, und Gestapo-Chef Dunckern, der die fundamentalen Schwächen seiner Dienststelle am besten kannte und nur allzugut wußte, wie sehr er auf die Unterstützung der Polizei angewiesen war, war klug genug, kein Öl ins Feuer zu gießen und den Streit ins Prinzipielle auszuweiten. Nur wenn er sich seiner Sache absolut sicher glaubte, verließ er die Deckung, um etwa mißbilligend anzumerken, daß es „wiederholt vorgekommen (sei), daß Polizeireviere es ablehnten, Zeugen für die Staatspolizeistelle zu bestellen".[51] Gleichwohl blieb das Verhältnis äußerst gespannt, wie gelegentliche Wutausbrüche belegen: „Auf keinen Fall darf versucht werden, ein Nebeneinanderherarbeiten bei der Staatspolizei durch Mehrarbeit bei der Schutzpolizei ausgleichen zu wollen", empörte sich etwa der Abschnittskommandeur der Schutzpolizei in Neunkirchen.[52]

Im Februar 1938 eskalierte der Konflikt erneut, da die Schutzpolizei an der Dreifachbelastung durch ihre allgemeinen Aufgaben, die ständigen Anforderungen durch die Stapo-Stelle und die neuen Kompetenzen durch Luftschutz, Preisüberwachung und Vierjahresplan zu ersticken glaubte. Eine interne Expertise des Polizeipräsidiums brachte auf den Nenner, wie sehr die reguläre Polizei bisher am Mythos der Gestapo als allgegenwärtiger, allwissender Geheimpolizei mitgestrickt hatte: Man habe sich bislang nicht an die Zuständigkeitsregelung gehalten, „damit die neu errichtete Staatspolizeistelle mit ihren fast nur neuen Beamten sich erst die Grundlagen für eine tatsächliche Überwachung schaffen konnte", hieß es da. „Nachdem inzwischen fast 3 Jahre nach der Rückgliederung vergangen sind, muß angenommen werden, daß diese Organisationsarbeiten bei der Staatspolizeistelle abgeschlossen sind", jetzt aber müsse „eine grundsätzliche Trennung der Aufgaben durchgeführt werden". Schmelcher strich in seinem Brief an die Stapo-Stelle zwar die Formulierung „eine tatsächliche Überwachung" — wohl um die durch den zwischenzeitlich verinnerlichten Gestapo-Nimbus gewachsenen Empfindlichkeiten nicht zu verletzen — und machte daraus „die Erfüllung ihrer politischen Aufgaben", gleichwohl nahm er in der Sache nichts zurück. „Das Polizeipräsidium ist jedoch nicht in der Lage", so befand er, „Angaben über die politische Einstellung und

Betätigung von Personen, ob Nichtarier oder deutschblütig, über das Verhalten während des Abstimmungskampfes, ob Mitglied einer Loge usw. zu geben, weil diese Angaben nicht dem vorhandenen (Unterstreichung im Original, d. Verf.) Büromaterial entnommen werden können"; die verfügbaren Angaben des Einwohnermeldeamtes hingegen, mit denen er dienen könne, erstreckten sich lediglich auf Personalien und Wohnung sowie den Besitz eines Waffen-, Wandergewerbe-, Führer-, Fischerei- oder Jagdscheines.[53]

Notgedrungen entschied sich Dunckern wiederum für ein Aussitzen des Konflikts und verzichtete im Bewußtsein der schwächeren Position sogar auf eine Replik.[54] Die Stapo-Stelle reduzierte für eine Zeitlang ihre Begehrlichkeiten, doch peu á peu rissen die alten Praktiken wieder ein, da eine grundlegende Änderung mit ihren strukturellen Defiziten kollidierte. Daß sie etwa in den Tagen rund um den 1. Mai 1940 im gesamten Land erhöhten polizeilichen Streifendienst vor allem in den frühen Morgenstunden anordnete, um marxistische Propaganda durch Streuzettel oder „Schmierereien" zu verhindern,[55] zeigt, wie zielsicher sie sich wieder in die Position einer die gesamte Polizei kommandierenden Zentrale begab.

Es war zwangsläufig, daß die kriegsbedingte Personalverminderung auf beiden Seiten gewissermaßen als Klingelzeichen für die nächste Runde gedeutet wurde. „Die Staatspolizeistelle geht seit einiger Zeit immer mehr dazu über, für Vollzugsmaßnahmen der politischen Polizei meine Behörde in Anspruch zu nehmen", beklagte sich der Polizeipräsident im Oktober 1941 bei Bürckel. Die Vernehmung der meisten rückgeführten Emigranten sei auf die Schutzpolizei „abgewälzt" worden, außerdem seien eine Reihe von Personen „für die Dauer des Krieges laufend zu überwachen" sowie Arbeitsverweigerer allwöchentlich festzunehmen und der Gestapo vorzuführen; die Polizeireviere seien jedoch „noch weniger als im Jahre 1938 in der Lage, regelmäßige Vollzugsaufgaben der Staatspolizeistelle zu übernehmen".[56] Erneut — jedoch zum letzten Mal — zog sich die Gestapo zurück und entschuldigte ihr Ersuchen mit einer „nicht mehr tragbare(n) Überlastung".[57] Der um Rückendeckung angegangene Bürckel jedoch, der bisher die Position des Polizeipräsidenten gestützt hatte, wich nunmehr einer Entscheidung aus; er spürte wohl, daß ihm die reguläre Polizei durch den zwischenzeitlich eingetretenen Machtzuwachs der SS entglitten war.[58]

Im Sommer 1942 ging der Kampf in die letzte Runde. Mit Polizeipräsident Diehm und Gestapo-Chef Rentsch stiegen zwar zwei neue Matadoren in den Ring, doch die Verbissenheit blieb dieselbe, obwohl der eine SS-Brigadeführer, der andere SS-Sturmbannführer war. Denn der Konflikt entsprang nicht — um es noch einmal zu betonen — politisch-ideologischen Differenzen, sondern dem sich gegenseitig relativierenden Wunsch nach größtmöglicher Effizienz des jeweils eigenen Apparats. Der Anlaß war geradezu eine Doublette zu den bisherigen Reibereien: „Die Staatspolizeistelle Saarbrücken gibt seit Jahren", so Rentsch, „an den Polizeipräsidenten in Saarbrücken Vordrucke, bei denen es sich darum handelt, teils die näheren Personalien von den in den Vordrucken namentlich genannten Personen festzustellen, teils kleinere Ermittlungen über die politische Einstellung bzw. Betätigung der betr. Personen vor und nach der Abstimmung im Saarland durchzuführen". Diese „kleineren Ermittlungen", die in aller Regel neben der konkreten Denunziation, den möglicherweise angeforderten Gutachten der NSDAP-Ortsgruppenleiter sowie gelegentlichen V-Mann-Berichten den gesamten Informationsfundus der Gestapo über das Vorleben eines Delinquenten bildeten, waren im August 1942 auf Veranlassung von Oberregierungsrat Dr. Grafe, Diehms Vertreter in Saarbrücken, mit den längst ausgetauschten Argumenten erneut gestoppt worden.[59]

Diesmal allerdings rief Rentsch das Reichssicherheitshauptamt an, das am 21. Oktober 1942 entschied, daß die Vorschrift, wonach eine Stapo-Stelle an ihrem Dienstsitz selbst die ortspolizeiliche Befugnis ausübe, „als Kannvorschrift aufzufassen" sei. Damit war auch die Schutzpolizei vollends zum Büttel der Gestapo degradiert. „Ich bitte um Mitteilung", so Rentsch triumphierend, „ob nunmehr Auskunftsersuchen der Staatspolizeistelle Saarbrücken durch die Dienststelle des Polizeipräsidiums erledigt werden".[60] Der Rest war ein Einigeln in der Defensive. Diehms Versuch, Bürckel zu mobilisieren, scheiterte erneut; im Hinblick darauf, daß die Ersuchen der Stapo-Stelle „sich z. Zt. in erträglichen Grenzen halten", wurde dort auf eine — ohnehin aussichtslose — Demarche bei Himmler verzichtet.[61] Antworten auf Amtshilfeersuchen der Gestapo klangen seitdem wie eine Bitte um Gnade: „Ich bitte, es hinsichtlich der Inanspruchnahme meiner Dienststelle bei der bisherigen, insbesondere in der letzten Zeit gepflogenen Übung bewenden zu lassen."[62] Die Sprache hatte sich verändert, die Karten waren neu gemischt.

Dieses Bild eines permanenten Kriegszustandes mit abwechselnd heißen und kalten Phasen, das aus dem gesamten Schriftwechsel zwischen Polizeipräsidium und Stapo-Stelle hervorsticht, überrascht durch seine Dichte, Intensität und Stringenz. Es wurde hier ausführlicher betrachtet, weil sich daran mehrere Faktoren präzisieren lassen, die das Zusammenspiel der verschiedenen Institutionen des Maßnahmenstaates bestimmten. Zum einen war die Amtshilfe durch die reguläre Polizei für die Gestapo lebensnotwendig, jedoch keineswegs gesichert. Es war bis weit in den Krieg hinein ein ständiges Bitten, unterbrochen durch einen gelegentlichen Schlag auf den Tisch, ein taktisches Zurückweichen und ein erneutes Vorpreschen. Überlastung und angemaßte Überordnung sorgten hier für ständige Spannungen, die sich mit der Zeit wohl zu Phobien auswuchsen. Die damit markierten Grenzen der Vereinnahmung lassen auf eine Fülle von Reibungsverlusten in der Maschinerie der Verfolgung schließen und die Vorstellung einer monolithischen Diktatur gar nicht erst erwachsen. Andererseits wurde deutlich, in welch hohem Maß die reguläre Polizei dennoch durch Vorermittlungen, Überwachungen und Vollzugsmaßnahmen zum Terror der Gestapo beitrug und ihn durch ihre unverzichtbaren Aktivitäten überhaupt erst ermöglichte. Dadurch bewirkte sie eine doppelte Perspektivenverschiebung: Zum einen unterfütterte sie so den Nimbus der Allwissenheit der Gestapo und verschaffte ihm Realitätsgehalt, zum anderen ersetzte sie deren Gegenwart durch die eigene Präsens. In vielen Dörfern der Peripherie etwa tauchte nie ein Kommando der Gestapo auf; wie eh und je prägte dort die Gendarmerie das Gesicht der Obrigkeit und verlieh dem Ausnahmezustand so die Fassade von Tradition und Rechtmäßigkeit.[63]

Dieses Spannungsfeld zwischen behördlichem Kriegszustand und praktischer Zusammenarbeit verweist jedoch auch darauf, daß das Verhältnis Polizei-Gestapo nicht nur in der Perspektive des interinstitutionellen Konflikts interpretiert werden darf. Gerade weil die Stapo-Stelle ständig zur Delegation gezwungen war, öffneten sich hier für die einzelnen Polizisten Spielräume, die höchst unterschiedlich ausgefüllt werden konnten und eine erstaunliche Varianzbreite zuließen. Das strukturell bedingte Delegationsprinzip — regelmäßig wurden etwa Gendarmerie bzw. Schutzpolizei mit der Überwachung entlassener KZ-Häftlinge beauftragt[64] — bedeutete für die Gestapo ein ungewolltes und wohl auch unbemerktes Vabanquespiel: Einerseits waren damit die besten Kenner des jeweiligen sozialen Nahbereichs am Werk, die die Dörfer und Viertel manchmal seit Jahrzehnten kannten, am Klatsch teilhatten, Einblick in die Familien besaßen. Andererseits mischten sich dadurch dörflich-kleinstädtische Strukturen zwischen die des Maßnahmenstaates. Freundschaften und Feindschaften, Sympathien und Antipathien begannen ebenso eine Rolle zu spielen wie Reputation und Ansehen des Observierten. Dessen Leumund — ob er etwa einer „rechtschaffenen" Familie entstammte oder als „Faulenzer" galt — war für den einzelnen Polizisten wohl ebenso wichtig — möglicherweise sogar noch bedeutsamer — wie der konkrete politische Verdacht. Das Verhältnis der örtlichen Polizei zu Bürgermeister und NSDAP-Ortsgruppenleiter, deren Einschätzung des Verdächtigen, der Lage im Ort und der zu ziehenden Konsequenzen mischten sich ebenso ein wie Ehrgeiz, Diensteifer und politische Haltung des jeweiligen Gendarmen oder Schutzpolizisten.

Diese kaum überschaubare, für die Stapo-Stelle nicht einmal im Ansatz zu erkennende Gemengelage und die daraus resultierende Eigendynamik entschieden in hohem Maß über das Schicksal von Menschen. Einerseits konnten sie Gegner mit hohem Ansehen im Ort schützen, denen sich nichts nachweisen ließ, denen man aber auch nichts Böses zutraute, vielleicht auch nicht mehr zutrauen wollte. Andererseits konnten sie Verdächtige, deren Sozialprestige gering war, der Vernichtung ausliefern. Vielfach handelte es sich bei diesen informellen Selektionen um ein reines Roulettespiel; mit kriminalistischer Beweisführung hatten sie häufig genug kaum etwas zu tun, eher mit einem System der Projektionen, mit den Prinzipien sozialer Ehre und Kontrolle, den Wertmaßstäben und Befindlichkeiten der örtlichen Gewalten, wie folgende Meldung über den ehemaligen SPD-Ortsvereinsvorsitzenden von Frankenholz in beispielloser Brutalität demonstriert: „Johann Kessler zeigte sich immer als gehässiger Kommunist und verteidigte er den Statusquo bis zum Letzten. Auch heute noch ist Kessler politisch unzuverlässig und mit Vorsicht zu behandeln. Bürgermeister Jürgens aus Höcherberg wünscht, daß Kessler alsbald irgendwo untergebracht wird."[65]

Allem Anschein nach gab es im polizeilichen Handeln ein breites Spektrum zwischen Dienst nach Vorschrift und vorauseilendem Gehorsam. Es gab ein fanatisches Zuarbeiten, bei dem manche Polizisten eher dem propagandistisch behaupteten Image der Gestapo entsprachen als die meisten deren Mitarbeiter.[66] Es gab Ortschaften wie Altenwald, wo ein einzelner Polizeihauptwachtmeister eine illegale KPD-Ortsgruppe sprengte und während des Krieges mit eisernem Besen kehrte.[67] Es gab Städte wie Ottweiler, wo die örtliche Gendarmerie in polizeilichem Übereifer illegale Gruppen zunächst erfand, dann eigenständig aufrollte, aber damit selbst bei der wahrlich nicht zimperlichen Gestapo nur Kopfschütteln erntete.[68] Es gab Fälle, in denen Polizisten die von ihnen Observierten warnten und — falls es sich um Illegale handelte — zur Emigration drängten.[69] Und es gab — so läßt sich vermuten —, motiviert durch die Überlastung und die geschilderten Phobien, die längst nicht nur auf der Chefebene grassierten, teils offene Ablehnung, teils informelles Unterlaufen durch Vergessen, Verschleppen, Verschlampen. Hinter dem gemeinsamen Gestus des Nach-oben-Nickens versteckten sich höchst unterschiedliche Sicht- und Verhaltensweisen. Berechen- oder gar kontrollierbar war kaum eine von ihnen.

Noch ein zweiter Faktor spricht gegen die Verabsolutierung des interinstitutionellen Konflikts: Die Personalverminderung infolge von Abordnungen und Einberufungen zur Wehrmacht, die seit Kriegsbeginn eintrat und sich sukzessiv verschärfte,[70] divergierte immer deutlicher mit den zunehmenden polizeilichen Anforderungen, denen man sich angesichts des wachsenden Kriegsgefangenen- und Fremdarbeiterheeres konfrontiert glaubte. Die Angst vor einer Sicherheitslücke, das Schreckbild des Horror vacui, eine Mischung aus Rassismus und Unterlegenheitsgefühl, projizierter Gewaltbereitschaft und verinnerlichter Drohgebärde — Syndrome, die wohl in allen Polizeisparten umtriebig waren — entfalteten allem Anschein nach in den Kriegsjahren eine Eigendynamik, die die bisherigen Konflikte relativierte, sie überlagerte und damit in Bedeutung und Stellenwert veränderte. Daß der Polizeipräsident im Februar 1944 „im Interesse einer gedeihlichen und vor allem schlagkräftigen Zusammenarbeit" auf die „gesamtpolizeilichen Belange" hinwies und Stapo- und Kripo-Stelle künftig um wöchentliche Information bat — „obwohl", wie er monierte, „früher eine Unterrichtung über staatspolizeiliche Angelegenheiten durch die Dienststelle der Geheimen Staatspolizei nicht erfolgt ist"[71] —, war nicht nur ein später Kotau, sondern primär Ausdruck der skizzierten Ängste, die gerade in diesem Jahr ein mentales Zusammenrücken bewirkt haben dürften.

„Die Tatsache, daß ein großer Teil der wehrhaften männlichen Bevölkerung sich im Felde befindet und daß auch die örtlichen Polizeikräfte zum großen Teil aus Reservisten älterer Jahrgänge bestehen", wurde bereits 1941 als Ursache „steigende(r) Unsicherheit" gewertet, „die sich infolge des bevorstehenden Einsatzes zahlreicher sowjetischer Kriegsgefangener in den Arbeitsprozeß noch erhöhen wird". Im Februar 1942 wurde darum die Einrichtung eines mobilen und ständig einsatzbereiten Überlandkommandos der Schutzpolizei angeordnet.[72] Parallel dazu schuf man zur „Festigung der inneren Front" die Landwacht als ehrenamtliche Hilfspolizei, die der Gendarmerie unterstand und Jagd auf entwichene Kriegsgefangene machen sollte; wohl um keine Waffen in die Hände von „Staatsfeinden" gelangen zu lassen, hatte die Auswahl der Landwachtmänner „im engsten Einvernehmen mit den zuständigen Kreisleitungen der NSDAP zu erfolgen".[73] Diese Privatisierung polizeilicher Befugnisse verstärkte nicht nur die Tendenz zur Entstaatlichung der Polizei, sie spannte auch immer mehr Deutsche in die Fahndung ein: Förster, Feldhüter und Bahnpolizisten wurden fortan bei der Flucht von Fremdarbeitern und Kriegsgefangenen alarmiert, und selbst pensionierte Hüttenarbeiter hielten sich jetzt für Hilfssheriffs und schritten zur Festnahme.

Gleichzeitig wertete das Gefahrenpotential „fremdvölkischer" Arbeitskräfte die Position der regulären Polizisten auf. Mehr noch als bisher konnten sie sich als die eigentlichen Hüter der Sicherheit fühlen; sie lieferten sich Feuergefechte mit geflohenen Russen, die sich bewaffnet und in Malstatt verschanzt hatten,[74] sie schossen scharf bei Fluchtversuchen, übergaben angebliche Arbeitsverweigerer und Aufrührer unter den Kriegsgefangenen der Gestapo, ohne daß sich irgendwelche Friktionen feststellen ließen.[75] Auch gemeinsame Razzien, Riegelkontrollen und Fahndungstage aller Polizeisparten, wie sie seit Ende 1942 durchgeführt wurden, dürften bisherige Differenzen nivelliert und die Kooperation verstärkt haben.[76] Die Nachrichten aus dem benachbarten Lothringen, wo es 1944 zur Bildung regelrechter Maquis aus französischer Résistance und geflohenen Kriegsgefangenen und Ostarbeitern kam, wo Schießereien fast an der Tagesordnung waren, wirkten wohl in dieselbe Richtung.[77] Insgesamt scheint diese Entwicklung eine schleichende Radikalisierung befördert zu haben; sie band aber auch ein erhebliches Potential an Zeit und Personal, konzentrierte den polizeilichen Blick auf den vermeintlich größten Gefahrenherd der Fremdarbeiter und Kriegsgefangenen und schuf so Lücken und Freiräume für den einheimischen Widerstand — so es ihn zu diesem Zeitpunkt noch gab.

5. Die verspätete Betriebspolizei: Abwehrbeauftragte und Werkschutz

Bis kurz vor Kriegsbeginn besaß die Gestapo erstaunlicherweise kein institutionelles Standbein in den Betrieben. Es gab wohl — wie erwähnt — einzelne V-Leute, die auf Regungen von Anhängern der KPD und SPD angesetzt waren, es gab Denunziationen über Äußerungen am Arbeitsplatz, aber all dies geschah punktuell, sporadisch, unsystematisch. Im wesentlichen war die Gestapo in den Betrieben auf die Kooperation mit den Treuhändern der Arbeit angewiesen, die jedoch kaum an einer Einmischung von außen interessiert waren, sowie auf die Zusammenarbeit mit der DAF, für die im Grunde dasselbe galt.

Die unsicheren Partner: DAF, Werkscharen und militärische Abwehr

Obwohl das Amt Information im DAF-Zentralbüro — wie erwähnt eine SD-Domäne zur „Ermittlung von Gegnern und Schädlingen in der Betriebsgemeinschaft" — die ausschließliche Befugnis zum Kontakt mit der Getapo besaß, erfuhr man in der Prinz-Albrecht-Straße „häufig erst auf Umwegen" von Streiks, wie Gestapo-Justitiar Best noch im Oktober 1936 monierte.[1] Seitdem wurden die Kompetenzen delegiert; die I-Referenten der DAF-Gauwalter fungierten nunmehr als „alleinige Verbindungsstelle" zur regional zuständigen Dienststelle der Gestapo. Damit war der Dienstweg zwar erheblich verkürzt, gleichwohl blieben die Stapo-Stellen hier abhängig von fremden, in Substanz und Konstanz letztlich unüberprüfbaren Informationen.[2]

Als die DAF im Herbst 1936 die Werkscharen als „Stoßtrupp der Betriebsgemeinschaft“[3] ins Leben rief, mutmaßte zwar die Exilpresse sofort, daß es sich dabei um eine „Betriebsspitzel-Organisation“ handele, die alle Meckerer zur Anzeige bringen solle,[4] doch diese Interpretation sagte mehr aus über die verzerrte Optik des Exils als über die Realität in Deutschland. Denn die zwischen DAF-Chef Ley und SA-Stabschef Lutze ausgeknobelte Konstruktion nationalsozialistischer Stachanow-Brigaden, die durch Propaganda und Vorbild mitreißen und so den „Kern der Betriebsgemeinschaft“ bilden sollten,[5] stieß im Gestapa auf einhellige Ablehnung. Bereits im November 1936 wurden die Stapo-Stellen angewiesen, den Werkscharen wegen befürchteter KPD-Unterwanderung „besondere Beachtung“ zu schenken und „streng vertraulich“ über die Gauwerkscharführer zu berichten. In einer für Heydrich bestimmten Expertise vom 21. Juni 1937 befand Best, daß die auf klassen- oder berufsständischer Basis gebildeten Werkscharen dem nationalsozialistischen Streben „nach Überwinden der Gegensätze in unserem Volke“ widersprächen. Da sie weder eine „praktische Aufgabe wirtschaftlicher, sozialer oder ständischer Art“ besäßen, noch ein „weltanschaulicher und politischer Kameradschafts- und Kampfbund“ wie SA oder SS seien, bestehe „die große Gefahr, daß ihr Tätigkeitsdrang sie auf eine allgemein klassenkämpferische Linie verleitet“. „Ihre Notwendigkeit“, so Bests Schlußfolgerung, „ist deshalb zu verneinen“. In einer Aktennotiz vom 29. September 1937 präzisierte Best die daraus zu ziehenden Konsequenzen: „Im Hinblick auf die Gefahr einer klassenkämpferischen Entwicklung der Werkscharen (ist) eine engere Verbindung der SS mit den Werkscharen abzulehnen.“ Die Begründung dafür sei „z. Zt. nur grundsätzlicher — nicht staatspolizeilicher — Art“, man besitze keine verwertbaren Indizien, gleichwohl dürften die Werkscharen in keinerlei Weise zu Abwehrzwecken herangezogen werden.[6] Damit waren sie potentiell der Seite der Gegner zugeordnet und zum Objekt der Ausspähung erklärt; als Instrument oder gar Partner kamen die Werkscharen nicht in Frage.

Auch über die Abwehrbeauftragten in den Rüstungsbetrieben konnte die Gestapo bis 1939 nicht verfügen, obwohl diese eine Reihe sicherheitspolizeilich höchst relevanter Befugnisse besaßen: Neben einer „Überprüfung der einzustellenden Arbeitnehmer“ waren sie zuständig für die „Entlassung aus Gründen der Staatssicherheit“ und gehalten, sich V-Leute im Betrieb zu suchen, über die „grundsätzlich keine namentliche Liste“ geführt werden durfte. Außerdem konnten sie „stichprobenartige körperliche Untersuchungen“ beim Betreten oder Verlassen der Betriebe veranlassen. Die Institution des Abwehrbeauftragten war 1933 als „bearbeitende Stelle der Betriebsführung für alle Fälle von Spionage, Verrat und Sabotage“ geschaffen worden, unterstand jedoch der militärischen Abwehr des jeweiligen Wehrkreises. Die Betriebe besaßen zwar ein Vorschlagsrecht, die alleinige Kompetenz zur Ernennung lag jedoch bei der Abwehrabteilung des Oberkommandos der Wehrmacht. „Persönliche Verbindung“ mit der jeweiligen Stapo-Stelle sei „sofort aufzunehmen und dauernd aufrechtzuerhalten“, hieß es in der von Keitel im März 1938 erneut bestätigten Dienstanweisung, doch damit erschöpfte sich fast schon die Zusammenarbeit. Insbesondere eine irgendwie geartete Berichterstattung war nicht vorgesehen; lediglich bei „Gefahr im Verzuge“, die „das sofortige Eingreifen der polizeilichen Exekutive unerläßlich“ erscheinen ließ, sowie dann, wenn Einstellungen „wegen Unzuverlässigkeit“ abgelehnt oder Belegschaftsmitglieder deswegen entlassen wurden, war eine Benachrichtigung der zuständigen Stapo-Stelle zwingend vorgeschrieben.[7] Nur über den Werkschutz, der dem Abwehrbeauftragten automatisch unterstand, übte die Gestapo seit Ende 1937 die „sicherheitspolizeiliche Aufsicht“ aus; sie hatte die Einstellung von dessen Mitarbeitern zu genehmigen und besaß das Recht, sie zu überprüfen.[8]

Kein zweiter „Dolchstoß“: Der Funktionswandel im Weltkrieg

Erst 1939 verschoben sich auch hier die Gewichte zugunsten der SS. Am 31. März erteilte Himmler den Stapo-Stellen ein Weisungsrecht gegenüber dem Werkschutz.[9] Der mit Kriegsbeginn einsetzende Radikalitätsschub veränderte auch die Position des Abwehrbeauftragten grundlegend. Aus dem betrieblichen Arm der militärischen Abwehr wurde ein „Hilfsorgan der Geheimen Staatspolizei“, das nunmehr der regional zuständigen Stapo-Stelle „angegliedert“ war, dort seine Weisungen erhielt und fortan vom Chef der Sicherheitspolizei und des SD bestellt wurde. Das Aufspüren „staatsgefährlicher Bestrebungen innerhalb seines Betriebes“ rückte seitdem in den Mittelpunkt, wobei der Begriff präventiv ausgeweitet wurde, um durch diese Überdehnung eine Generalklausel zur Verfolgung aller Arten von Gegnerschaft zu konstruieren. „Staatsgefährlich“, so die neuen Richtlinien, „ist insbesondere jede Tätigkeit einer Person, die dem Aufbau des nationalsozialistischen Reiches oppositionell gegenübersteht, sofern diese Tätigkeit auf die Hervorrufung einer Beunruhigung der Gefolgschaft (politische oder Streikhetze, Greuelpropaganda usw.), auf die Vorbereitung oder Ausführung von Verrat und Sabotage jeder Art oder auf die Erfassung oder das Organisieren staatsverneinender Elemente gerichtet ist.“[10]

Auch das Oberkommando der Wehrmacht machte den Radikalitätsschub mit. In seinen im Mai 1940 ausgegebenen „Richtlinien für die Abwehrbeauftragten geschützter Betriebe“ wurde „jede vorsätzliche Handlung oder Unterlassung produktionsstörenden Charakters aus persönlichen Gründen“ zur „Sabotage“ aufgewertet. „Hierzu gehören: absichtlich langsames oder fehlerhaftes Arbeiten, Unpünktlichkeit, Fernbleiben von der Arbeitsstätte, Vortäuschen von Erkrankungen, Selbstverletzungen, Ungehorsam gegen betriebliche Vorgesetzte, Arbeitsverweigerung, Miesmacherei, absichtliche Beunruhigung der Gefolgschaft durch Flüsterpropaganda, Gerüchtemacherei, Aufwiegelung und Aufforderung zum Streik usw.“[11] Bis Oktober 1943 behielten das Oberkommando der Wehrmacht und Speers Rüstungsministerium auf diesem Sektor noch ein Mitspracherecht in Fragen der militärischen Abwehr, dann gingen auch diese Restkompetenzen an das Reichssicherheitshauptamt über.[12] Damit war der Werkschutz nicht nur zum verlängerten Arm der Gestapo, sondern auch zu deren Betriebspolizei geworden, der Abwehrbeauftragte, sofern es sich um geschützte Betriebe der Grundstoff- und Rüstungsproduktion handelte, reduziert zu dem an kurzer Leine geführten Chef des Werkschutzes.[13]

Allerdings sollte auch diese Integration in den Machtbereich des Reichsführers SS keineswegs als Leidensgeschichte der Unterwerfung mißverstanden werden; dafür enthielt sie zuviel Momente der Korruption. Im August 1940 wurde den Werkschutzangehörigen der Status von Hilfspolizeibeamten verliehen. Selbst nach dem Überfall auf die Sowjetunion behielt man ihre Uk-Stellung bei, erst nach dem Scheitern der Blitzkriegsstrategie 1942 wurde sie für die Jahrgänge nach 1905 aufgehoben.[14] Es lag in der Konsequenz dieser Entwicklung, daß die Sondergerichtsbarkeit der SS und Polizei im August 1944 auch auf die Mitglieder des Werkschutzes ausgedehnt wurde.[15] Im Reichssicherheitshauptamt feierte man diese Kompetenzverschiebung als Lernerfolg aus den „Fehlern" des Ersten Weltkrieges und erblickte darin ein wirksames Palliativ gegen alle inneren Gefahren der Zukunft. „Die getroffenen Vorbeugungsmaßnahmen, insbesondere die weitgehende Intensivierung der staatspolizeilichen Überwachung in den Betrieben unter Einschaltung der Abwehrbeauftragten der Rüstungsbetriebe und des Werkschutzes bietet Gewähr", so eine Analyse über die „Tätigkeit der Kommunisten in Deutschland und in den von Deutschland besetzten Gebieten nach Beginn des Krieges mit der Sowjetunion" vom Dezember 1941, „daß aus diesen Kreisen eine Überraschung nicht kommen kann und jede tatsächliche Tätigkeit sofort unterbunden wird".[16]

Zur Verhinderung eines erneuten „Dolchstoßes der Heimat", der vermeintlichen Ursache für die Novemberrevolution, wurde der Werkschutz zahlenmäßig aufgestockt und aufgerüstet. Auf der Völklinger Hütte etwa — nur hier verfügen wir über präzisere Angaben — weitete ihn die Betriebsleitung auf 150 Mann aus, die uniformiert, kaserniert und mit Pistolen und Karabinern, später auch mit Maschinengewehren bewaffnet wurden.[17] Man war zwar bestrebt, „kräftige, entschlossene, politisch einwandfreie Männer von größter Zuverlässigkeit und möglichst militärischer Ausbildung aus der Belegschaft der Betriebe" zu rekrutieren, doch der Krieg machte dieser Wunschvorstellung einen immer dickeren Strich durch die Rechnung.[18] Seit 1939 durften nur noch Männer ab 45 Jahren in den Werkschutz aufgenommen werden; Jüngere mußten ausgemustert sein bzw. zur Ersatz-Reserve II gehören. Als seit 1942 immer mehr Fremdarbeiter und Kriegsgefangene in den Arbeitsprozeß eingegliedert wurden und den sicherheitspolizeilichen Blick auf sich konzentrierten, dehnte man den Werkschutz auf Teile der deutschen Belegschaft aus, um dem personellen Engpaß zu entkommen; ein Erweiterter Werkschutz, der nebenamtlich tätig war, ergänzte nunmehr die eigentliche Betriebspolizei. Auf ein bestimmtes Sirenenzeichen hin wurden seine Mitglieder zusammengerufen und als Rollkommando gegen die „Fremdvölkischen" eingesetzt.[19] Im März 1943 kamen überdies die dafür dienstverpflichteten Meister und Vorarbeiter als Verstärkung hinzu, 1944 die Werkscharen der DAF.[20] Aus einer Betriebspolizei, die zur Verhinderung von Streik- und Aufstandsversuchen deutscher Arbeiter militarisiert worden war, war nunmehr primär ein Repressionsapparat gegen die ausländischen Zwangsarbeiter geworden, während ein beträchtlicher Teil der deutschen Belegschaft in die Funktion von „Hilfswachmannschaften" aufrückte; zumindest auf dem Papier ähnelte der Werkschutz jetzt einem Polypen, der vielarmig den Betrieb durchdrang.[21]

Die Position der Werkschutzleiter scheint zunächst vor allem eine begehrte Pfründe für die fast noch jugendlichen „alten Kämpfer" gewesen zu sein, die beruflich gescheitert waren, aber auf ihre Verdienste im Abstimmungskampf pochen konnten; darin ähnelten sie stark dem Sozialprofil der hauptamtlichen SD-Mitarbeiter. In der Saargruben AG, wo der Werkschutz als Abteilung B 2 S dem Personaldirektor unterstand,[22] wurde zunächst Paul Lonsdorfer, 1907 in Saarbrücken geboren, mit dem Überwachungsdienst betraut. Er hatte das Gymnasium nach der Untertertia verlassen, sich als Fuhrmann, dann als Farmer in Afrika versucht, war 1930 der NSDAP und der SS beigetreten, hatte 1934 den Ordnungsdienst der Deutschen Front geleitet — den Zusammenschluß der illegalen SA und SS im Saargebiet — und war 1935 zum SS-Hauptsturmführer befördert worden. Wegen undurchschaubarer Differenzen trat er Ende 1938 zurück, kämpfte die nächsten Jahre in der Waffen-SS und übernahm einen Bauernhof in Lothringen. Wegen Vergewaltigung einer Jugendlichen, die bei ihm das Landjahr absolvierte, wurde er 1943 zu 6 Jahren Gefängnis verurteilt, aus der Partei ausgeschlossen und entging knapp dem KZ.[23] Lonsdorfers Nachfolger wurde Hermann Henn, Jahrgang 1910, ein kaufmännischer Angestellter, der seit 1930 arbeitslos war, 1934 als Kraftfahrer bei der Deutschen Front unterkam und dem SD beitrat. Seitdem machte er eine steile Karriere: 1935 wurde er Sekretär von Sozialdirektor Karl Brück, am 1. Januar 1939 rückte er zum Werkschutzleiter der Saargruben AG auf und behielt diese Funktion bis Kriegsende.[24] In der Völklinger Hütte wurde Erich Rasner, 1905 geboren, seit 1929 NSDAP-Mitglied, 1941 zum Chef des Werkschutzes ernannt. Auch er hatte das Gymnasium vorzeitig verlassen und Kaufmann gelernt, war in der Weltwirtschaftskrise gestrauchelt und hatte als Leiter des SD-Unterabschnitts Kassel seit 1933 sein Auskommen gefunden.[25]

In den unteren Chargen setzte sich dieses Rekrutierungssystem fort. Oberwächter von Grube Victoria, dann Velsen wurde etwa Alfons Motsch, ein ehemaliger Grubenschlosser und Mitgründer der saarländischen SS, einer der wenigen, die im Entnazifizierungsverfahren in die Gruppe der Schuldigen eingereiht wurden, da er sich als notorischer Denunziant betätigt hatte und — so ein Zeuge — der „typische politische Kommissar" gewesen war.[26] Auch in der Völklinger Hütte rekrutierte sich der Werkschutz überwiegend aus SS-Mitgliedern.[27] Allerdings begegnen wir hier auch Brechungen, wie wir sie bereits bei Gestapo und SD kennengelernt haben. Vor allem die kriegsbedingte Personalknappheit führte dazu, daß auch erklärte NS-Gegner zum Werkschutz dienstverpflichtet wurden, z. T. sogar kurz nach Verbüßung einer Haftstrafe.[28] Überdies scheint die SS-Mentalität bei dem 1935 übernommenen Wachpersonal nicht allzu tiefe Wurzeln geschlagen zu haben, so daß selbst hier exemplarische Strafmaßnahmen nötig erschienen. Als etwa Peter Fontaine, seit 1911 Wächter der Dillinger Hütte, im Mai 1944 in der Werkskantine meinte, „es wäre besser, wir würden den Krieg verlieren und hätten unseren Zucker im Kaffee", gab der Oberwachmann diese Äußerung weiter. Während Fontaine ins KZ Sachsenhausen „verschubt" wurde und dort ums Leben kam, stellte sein Denunziant in einer Werkschutz-Schulung drohend und bekräftigend fest, „daß Fontaine jetzt dahin gekommen (ist), wohin er auch gehör(t)".[29]

Rollkommando gegen die „Fremdvölkischen": Die Radikalisierung der Angst

Dennoch bedeuteten derartige Brechungen, die partiell in Kriegsmüdigkeit, Gleichgültigkeit, punktuell sogar in Gegnerschaft mündeten, keineswegs, daß der Werkschutz etwa eine unterwanderte Organisation war. Manches deutet zwar darauf hin, daß seine Mitglieder innerhalb der Institutionen des regionalen Maßnahmenstaates die vielleicht größte Varianzbreite zwischen Zustimmung und Distanz aufwiesen, dennoch scheint gerade der Masseneinsatz von „fremdvölkischen" Arbeitskräften in den Betrieben hier in hohem Maße konsensstiftend gewirkt zu haben. Ähnlich wie bei Gendarmerie und Schutzpolizei sorgte wohl ein Gemisch aus Ängsten und Projektionen, Beschützerinstinkten und realen Befürchtungen dafür, daß ein schräges Verantwortungsethos Platz greifen konnte, das die Identifizierung mit Sekundärtugenden beförderte und seit 1941/42 auch politisch-ideologische Dissonanzen überlagerte, häufig sogar verdrängte. In ihrer großen Masse waren die Werkschutzmitglieder vor 1900 geboren und teilweise wegen Invalidität in den Wachdienst abgeschoben worden. In aller Regel hatten sie zwar im Ersten Weltkrieg den Umgang mit Schußwaffen gelernt, ihn danach aber kaum mehr aktivieren müssen. In den meisten Fällen waren es relativ alte Männer, die vor der Pensionierung standen, bisher Pförtner- und Streifendienst versehen hatten und sich plötzlich damit konfrontiert sahen, neben der gleichfalls überalterten Polizei das bewaffnete Rückgrat einer von Männern weitgehend entleerten, dominant weiblichen Bevölkerung zu sein. Es war — so läßt sich vermuten — vorrangig ein „Herrenmenschentum" der Tat, das sich hier breitmachte, ein sich einschleichender Rassismus der Praxis, weniger der Ideologie, ein durch Bolschewistenfurcht, Überlegenheitsdünkel und Aufstandsängste genährter, religiös und familial durchaus unterfütterter Blick des steten Argwohns auf einen Gefahrenherd, der seit Stalingrad vollends perhorresziert wurde.[30]

Neben dem an anderer Stelle geschilderten, durch Erlasse festgeschriebenen Strafsystem — Überstellung an die Gestapo, Überweisung in ein Arbeitserziehungslager oder, wie bei Röchling, Verurteilung durch ein betriebliches Schnellgericht — etablierte sich ein zweites, inoffizielles System betrieblicher Sanktionen für Fremdarbeiter und Kriegsgefangene, das zur eigentlichen Domäne des Werkschutzes wurde. Strafarbeit nach Beendigung der Arbeitszeit, Vorenthalten der warmen Mahlzeit bis zu drei Tagen in der Woche, Einweisung in den Straftrupp, Versetzung zu besonders schweren Arbeiten, Arrest für die Dauer von drei Tagen ohne Bett und bei Wasser und Brot — all das waren Strafen, die der Werkschutz selbstherrlich verhängen konnte; über die Einstufung der Vergehen entschied allein dessen Leiter.[31] Daneben gab es Fälle, in denen unabhängig vom jeweiligen Delikt exemplarische Abschreckung mit tödlichem Ausgang praktiziert wurde: „1942, ich erinnere mich weder genau an den Monat noch an den Tag, aber es war im Sommer, bildeten die Russen eine Schlange, um ihre Suppe abzuholen", berichtete der Fremdarbeiter Pierre Chavan 1948 im Röchling-Prozeß. „Eine Köchin ging vorbei und schlug eine Russin. Die Russin erwiderte dies mit einer Ohrfeige. Die Köchin rief daraufhin den Werkschutz, und fünf oder sechs Mann kamen und nahmen sie in ein Waschhaus mit, wo man sie durch Schläge mit dem Gewehrkolben tötete."[32] Auch bei der Überwachung der Ostarbeiterlager, die dem Werkschutz übertragen wurde, kam es zu derartigen Exzessen. „Auf fliehende Russen ist sofort zu schießen, mit der Absicht zu treffen", lautete eine Gestapo-Anweisung.[33]

Angesichts dieser Fixierung gerieten deutsche Belegschaftsmitglieder im wesentlichen nur dann in den Blick, wenn sie durch Zufall oder routinemäßige Torkontrollen beim Kontakt mit Fremdarbeitern ertappt wurden: In der Dillinger Hütte etwa beschlagnahmte der Werkschutz 1943 bei einem Hilfsarbeiter, der daraufhin über ein Jahr ins KZ mußte, herausgeschmuggelte Briefe von Zivilinternierten. In der Völklinger Hütte zeigte der Werkschutz 1942 einen Kranfahrer an, der — obwohl NSDAP-Mitglied — beim Geschlechtsverkehr mit einer Russin ertappt worden war; ein halbes Jahr später starb der Denunzierte im KZ Neuengamme.[34] Jenseits dieser ethnischen Schnittlinie läßt sich nur ein Fall nachweisen, in dem der Werkschutz gegen deutsche Arbeiter vorging: Ein Rottenführer der Burbacher Hütte erzählte im September 1944 morgens im Aufenthaltsraum, daß er im Radio gehört habe, daß Luxemburg evakuiert würde. Das Gerücht machte im Betrieb die Runde; einige Stunden später kam es auch dem Werkschutzleiter zu Ohren, der die Gestapo alarmierte.[35]

Ein kleiner Vorfall vom August 1944 wirft ein Schlaglicht auf die eingetretene Feudalisierung: Oberingenieur Psotta, der Werkschutzleiter des Neunkircher Eisenwerks, bestrafte eine Ostarbeiterin „wegen fortgesetzter Arbeitsverweigerung und renitenten Verhaltens" mit drei Tagen Arrest, weil sie es abgelehnt hatte, weiterhin in ihrer Freizeit in seinem Haushalt zu helfen, „da sie die viele Arbeit neben ihrer eigentlichen Betriebsarbeit nicht mehr schaffen könne". Dem Lagerführer des Ostarbeiterlagers, der dem Kreisobmann der DAF unterstand, platzte daraufhin der Kragen. Auf eigene Faust entließ er das Opfer der Privatjustiz aus dem Arrest, weil er sich übergangen fühlte: „Ich muß doch wissen, was in meinem Lager vorkommt", verteidigte er sich. „Z. Zt. sind vom Werkschutz 16 Ostarbeiter festgenommen worden, ohne daß ich über deren Verbleib etwas weiß." Noch eine zweite Verschiebung wird deutlich an diesem Zwischenfall: Die zugrundeliegende Kompetenzrangelei zwischen dem Werkschutz, der die Disziplinargewalt in den Fremdarbeiterlagern ausübte, und der für die „Ausländerbetreuung" zuständigen DAF, die in der Vorkriegszeit zu einem langwierigen Stellungskrieg beider Institutionen geführt hätte, wurde nun widerspruchslos von der Gestapo entschieden, indem sie den Lagerführer zurechtwies und darüber belehrte, daß er „Maßnahmen des Werkschutzes als Hilfsorgan der Geheimen Staatspolizei nicht aufheben könne".[36] Die interinstitutionellen Konflikte, die aus der polykratischen Struktur des Regimes resultierten, hatten — so scheint es auch hier — erheblich an Bedeutung verloren. Der Krieg radikalisierte nicht nur den von der SS beherrschten Machtkomplex, er verhalf ihm auch zu weit autokratischerer Machtausübung. Das System war längst nicht monolithisch geworden, aber es hatte sich gestrafft, seine Exponenten waren zusammengerückt. Angesichts des drohenden Untergangs probten die schwer zu vereinbarenden Oligarchien und Herrschaftsträger nunmehr den Schulterschluß.

6. „Im Namen des Deutschen Volkes“: Die politische Justiz

„Angemerkt mag sein, daß der heutige Typus (des Richters, d. Verf.) noch Gold ist gegen jenen, der im Jahre 1940 Richter sein wird“, notierte Kurt Tucholsky selbst promovierter Jurist — 1929. „Dieses verhetzte Kleinbürgertum, das heute auf den Universitäten randaliert, ist gefühlskälter und erbarmungsloser als selbst die vertrockneten alten Herren, die wir zu bekämpfen haben. Während in der alten Generation noch sehr oft ein Schuß Liberalismus, ein Schuß Bordeaux-Gemütlichkeit anzutreffen ist, ein gewisser Humor, der doch wenigstens manchmal mit sich reden läßt, lassen die kalten, glasierten Fischaugen der Freikorpsstudenten aus den Nachkriegstagen erfreuliche Aspekte aufsteigen: wenn diese Jungen einmal ihre Talare anziehen, werden unsere Kinder etwas erleben. Ihr Mangel an Rechtsgefühl ist vollkommen.“[1] Es waren prophetische Sätze über die braune Zukunft. Die Juristen gehörten zweifellos zu den willfährigsten Dienern und Stützen des NS-Regimes, betrieben massenhaft Unrechtspflege aus Schwäche und Überzeugung. In der Allgemeinen SS etwa waren sie — ebenso wie Ärzte und Zahnärzte — siebenmal stärker vertreten als in der Gesamtbevölkerung und damit deutlich überrepräsentiert.[2]

Dennoch bildete die Justiz ein eher passives und retardierendes Element in der Entwicklung des Maßnahmenstaates, war sie — jedenfalls vor 1941/42 — weder Bremsklotz noch Speerspitze des Prozesses der kumulativen Radikalisierung. Diese doppelt eingeschränkte Funktion war nicht in politisch-ideologischen Skrupeln begründet, sondern weit eher in professionalistischen Traditionen. Trotz aller Bejahung des Dritten Reiches durch das justizielle Personal, trotz aller normativen und institutionellen Veränderungen blieb das Justizsystem auf formale Ordnung bedacht, arbeitete es nach bürokratischen Verfahren und bewahrte in der Beweisaufnahme und -würdigung eine Restsubstanz an Rechtsförmigkeit. All dies verhinderte keinerlei Rechtsbeugung, aber es blieb — jedenfalls an der Basis — ein Stück defensive Distanz zu den in Hitlers Justizschelte vom 26. April 1942[3] gipfelnden Bestrebungen vieler Nationalsozialisten, die zwar ein Interesse an einer juristischen Herrschaftslegitimation besaßen, aber den Beruf des Juristen ebenso haßten wie Recht und Gesetz und lange vor dem Tod des nationalkonservativen Justizministers Franz Gürtner im Januar 1941 darauf pochten, daß der „Führerwille“ weder durch Normierungen noch durch die richterliche Unabhängigkeit begrenzt werden dürfe.[4]

Justitias braune Obsession: Gleichschaltung und Selbstgleichschaltung

Juristen waren unter den „alten Kämpfern“ der NSDAP eher die Ausnahme. Das war im Reich nicht anders als im Saargebiet. Hier wie dort bildete die Justiz eine nationalkonservative Domäne, stand die Richterschaft in ihrer großen Mehrheit der DVP oder DNVP nahe. Sie hielt zwar Distanz zu den braunen „Proleten“, doch die sich verschiedentlich zum blanken Haß steigernde Ablehnung der Republik, die antiparlamentarischen und antisemitischen Ressentiments und die Präferenzen für einen Obrigkeitsstaat bildeten Brücken zur radikalen Rechten.[5] Speziell im Saargebiet pflegten die Richter eine Obstruktionshaltung gegenüber dem von Völkerbund und Regierungskommission erlassenen Rechtssystem und wünschten sich mehrheitlich wohl wilhelminische Zeiten zurück. Republikanische Juristen befanden sich in einer extremen Minderheitensituation und waren primär in der Anwaltschaft zu finden. Andererseits fand Hans Franks Bund Nationalsozialistischer Deutscher Juristen vor 1933 an der Saar keine Anhänger.[6]

Das änderte sich schlagartig nach dem 30. Januar 1933. Herkunft und Tradition, die Fixierung auf einen nationalen Machtstaat, autoritäre Sehnsüchte und ein ausgeprägter Opportunismus machten zunehmend blind für die Rechtlosigkeit und Justizfeindlichkeit, die sich im neuen Deutschland auszubreiten begannen. Der 1935 administrativ betriebenen Gleichschaltung von oben eilte seit 1933 der Prozeß der Selbstgleichschaltung der saarländischen Richterschaft voraus. Zur Absicherung und zur Vorbereitung künftiger Karrieren nach der Rückgliederung setzte nun auch an der Saar der run auf die nationalsozialistischen Organisationen ein. Um sich gegenüber der Regierungskommission, dem Dienstherrn, bedeckt zu halten, schloß man sich vielfach noch im Frühjahr 1933 der pfälzischen NSDAP an — die sprichwörtlich gewordenen „Märzgefallenen" und „Maiveilchen" — oder engagierte sich in der Deutschen Front.[7]

Unter denen, die unmittelbar nach Hitlers Machteinsetzung die Aufnahme in die NSDAP beantragten, befand sich auch Landgerichtsrat Karl Freudenberger, 1894 in Saarbrücken geboren, seit 1921 in der saarländischen Justiz tätig. Unmittelbar nach seinem Parteibeitritt wurde er Leiter der Rechtsabteilung der NSDAP und der Deutschen Front. Am 1. Dezember 1933 ließ er sich vom Justizdienst beurlauben und bezog sein Gehalt seitdem von der preußischen Justizverwaltung, um sich ganz der Politik widmen zu können. Nach der Rückgliederung wurde Freudenberger zum Landgerichtsdirektor befördert und 1936 zum Vorsitzenden des Saarbrücker Sondergerichts bestellt, dem er bis 1945 vorstand.[8] Als stellvertretender Gauleiter des NS-Rechtswahrerbundes wies er der Rechtsprechung die Funktion zu, Staatsfeinde „kaltzustellen" oder „wenn es sein müsse, (zu) vernichten" und „mitzuhelfen, die deutsche Rasse zu schützen und zu erhalten". Volksgemeinschaft und Führerwille — so Freudenberger — seien die zentralen Grundsätze der neuen Rechtsprechung, die er auf die Kurzformel brachte: „Recht ist, was dem Volke dient und Unrecht, was ihm schadet."[9]

Dieses Credo trug bereits vor der Rückgliederung zu einer Politisierung der saarländischen Strafjustiz bei, die sich zunehmend auf das „gesunde Volksempfinden" und die „deutsche Volksgemeinschaft" berief. „Die Gesetze, die das Saarstatut verbürgt, sind praktisch außer Kraft getreten", stellte die Wochenzeitung *Westland* im Sommer 1934 fest. „Entscheidend ist nach neudeutschem Recht, welcher Partei, welcher Religion, welcher Rasse die Prozeßpartei angehört."[10] Die Bezugnahme auf außerrechtliche politische Normen und die Zerstörung der traditionellen Rolle des Richters als unabhängigem Rechtsanwender hob die Herrschaft der formalen Gesetzesrationalität, der Berechenbarkeit und Zuverlässigkeit des Rechtssystems tendenziell schon vor der Rückgliederung auf und machte bereits im Abstimmungskampf einer politischen Einäugigkeit Platz, die fast nur noch die Linksparteien aufs Korn nahm.[11] Der Opportunismus der Jahre 1933/34, der in breitem Maß zur freiwilligen Anpassung an die Rechtsvorstellungen des neuen Deutschlands führte, bot einen Vorgeschmack auf die Wandlungsfähigkeit derselben Juristen in den Jahren nach 1945. Als Wendehälse par excellence schafften sie den Übergang zu einem demokratischen Justizwesen mit nur wenigen Ausnahmen und ohne erkennbare Skrupel.

Der vorauseilenden Selbstgleichschaltung von unten folgte seit dem 1. März 1935 die Gleichschaltung von oben. Durch das nunmehr auch im Saarland gültige „Gesetz zur Wiederherstellung des Berufsbeamtentums" existierte eine rechtliche Grundlage zur Aussonderung unbequemer bzw. jüdischer Beamter aus dem Justizdienst.[12] Gleichwohl vertrauten die neuen Herren — ganz im Unterschied zu dem vorwiegend aus nichtsaarländischen Beamten rekrutierten Reichskommissariat — den allermeisten bislang im Amt tätigen Richtern und Staatsanwälten. Von den 479 Beamten des saarländischen Justizdienstes bezeichnete Heinrich Welsch, damals noch Leiter der Stapo-Stelle Trier, nur elf — also 2,3 % — als politisch unzuverlässig; die reichsdeutsche Beamtenübernahmekommission lehnte nur acht Beamte ab.[13] Erst zwei Jahre später kam es zu einer wichtigen personellen Änderung: Am 1. Oktober 1937 löste Dr. Georg Beutner, Mitglied der NSDAP und SA sowie Mitarbeiter des Sicherheitsdienstes, zuletzt Landgerichtspräsident in Frankenthal, in Saarbrücken den bisherigen Landgerichtspräsidenten Dr. Franz Schäfer ab, der ans Leipziger Reichsgericht berufen worden war.[14] Bei seiner Amtseinführung forderte Beutner — demonstrativ in SA-Uniform — den Schulterschluß zwischen Justiz und NSDAP: „Die Partei ist es, die sich schöpferisch auswirkt auf die Gestaltung des neuen deutschen arteigenen Rechts." Und in Analogie zum soldatischen Treueeid postulierte er, daß „auch alle Angehörigen der Justiz durch ihren Eid dem Führer verpflichtet (seien) als dem obersten Richter, Gerichtsherrn und Gesetzgeber".[15]

Parallel zur Personalpolitik erfolgten institutionelle Veränderungen: Die „Verordnung zur Überleitung der Strafrechtspflege im Saarland" vom 21. Februar 1935 bezog das saarländische Justizwesen in die reichsdeutsche Gerichtsverfassung ein.[16] Der Landgerichtsbezirk Saarbrücken wurde dem Oberlandesgerichtsbezirk Köln zugeordnet, der in Saarlouis auswärtige Senate einrichtete.[17] Der Zuständigkeitsbereich des Volksgerichtshofes dehnte sich auch auf das Saarland aus. Der Oberreichsanwalt konnte seitdem darüber entscheiden, ob er selbst ein Verfahren wegen Hoch- oder Landesverrats beim Volksgerichtshof einleitete oder es an das hierfür zuständige Oberlandesgericht — in diesem Fall Hamm — abgab. 1938 wurde diese Gerichtsverfassung im Vorgriff auf die geplante Reichsreform und auf Drängen Bürckels geändert, der möglichst wenig Kompetenzen zulassen wollte, die in seinen Gau hineinreichten: Durch eine Verordnung vom 21. Juli 1938 wurde der Landgerichtsbezirk Saarbrücken Teil des bis dato mit der bayerischen Pfalz identischen Oberlandesgerichtsbezirks Zweibrücken.[18] Für Verfahren in Hoch- und Landesverratssachen bedeutete dies, daß mit Wirkung vom 1. Oktober 1938 die Zuständigkeit vom Oberlandesgericht Hamm auf das in Stuttgart überging und dort bis Kriegsende verblieb.

Die Unabhängigkeit des Richters gegenüber Maßnahmen der Regierung und die Bindung der rechtsprechenden Gewalt an Recht und Gesetz waren mit der Ideologie des „Führerstaates" unvereinbar und wurden so sukzessive abgebaut. Die Anpassung der richterlichen Entscheidungspraxis an den Nationalsozialismus vollzog sich vor allem über Generalklauseln wie „gesundes Volksempfinden", „Wohl der Allgemeinheit" oder „öffentliche Sicherheit und Ordnung", die nunmehr vollends zu Bezugspunkten der Rechtsfindung avancierten.[19] Ohne daß es zunächst zu einschneidenden gesetzlichen Veränderungen — insbesondere auf dem Gebiet des bürgerlichen Rechts — kam, begann sich das Rechtssystem über die Interpretation dieser Generalklauseln völlig zu verändern. Die Richter fungierten zunehmend als „rechtsschöpferisch tätige Vermittler zwischen überkommenen Gesetzen und dem nationalsozialistischen Rechtsempfinden".[20]

Die Anforderungen der politischen Führung wandelten sich mit Beginn des Krieges. Durch den Verordnungsschub im Herbst 1939 wurden — wie bereits skizziert — die Gesetze und Verfahren des Normenstaates, soweit es ihn noch gab, den Erfordernissen des Krieges angepaßt. Das Resultat war ein weiterer Verlust an Berechenbarkeit und Einheitlichkeit der Rechtsprechung, aber auch eine erhebliche Aufwertung der richterlichen Befugnisse im Strafprozeß. Das Reichsjustizministerium ernannte die Richter in einer Rundverfügung vom 12. September 1939 zu „Soldaten der inneren Front", die einen „Dolchstoß" wie 1918 zu verhindern hätten. Gürtner und Freisler verlangten in einer Besprechung mit den Vorsitzenden der Sondergerichte am 24. Oktober 1939 in Beurteilung und Strafmaß eine „Umwertung der Friedenswerte im Strafrecht"; Wille bzw. Versuch zur Straftat seien ebenso hart zu ahnden wie die begangene Tat.[21] Dieses Postulat eines Willensstrafrechts bedeutete die Auflösung eines an objektiven Kriterien orientierten Handlungsstrafrechts und damit das faktische Ende der Rechtssicherheit. Daneben bildeten seit Herbst 1942 die Vor- und Nachschau bei wichtigen oder problematischen Urteilen durch den dienstvorgesetzten Gerichtspräsidenten sowie die vom Reichsjustizministerium herausgegebenen *Richterbriefe* wichtige Mittel zur Gleichschaltung und Lenkung der Justiz.[22]

Gleichwohl wurde das Leid der Unterwerfung, sofern es denn spürbar gewesen sein sollte, zumindest durch die Lust der Karriere versüßt. Heinrich Welsch etwa, mittlerweile Generalstaatsanwalt am Oberlandesgericht Zweibrücken, rückte an die Spitze der lothringischen Justizverwaltung auf. Beutner fungierte seit 1941 zudem noch als Vorsitzender des in Metz residierenden Sondergerichts für Lothringen;[23] im Januar 1945 löste er Freudenberger als Chef des für das Saarland zuständigen Sondergerichts ab. Aber auch kleinere Kaliber bekamen ihre Chance mit der einsetzenden Okkupationspolitik: Dr. Erwin Albrecht etwa, NSDAP-Mitglied seit 1936, bis 1938 Assessor bei der Saarbrücker Staatsanwaltschaft, war seit 1942 Landgerichtsrat am Prager Sondergericht und fällte eine Fülle von Todesurteilen aus Bagatellgründen;[24] nach dem Kriege gehörte er zu den Gründungsmitgliedern der CDU Saar und war seit 1955 Abgeordneter im saarländischen Landtag.[25] Dr. Karl Bömmels, NSDAP-Mitglied seit 1933 und Richter am Amtsgericht Saarlouis seit 1935, wurde 1939 an das Landgericht nach Posen abkommandiert, wo er den Vorsitz am Sondergericht übernahm und mindestens 44 Todesurteile gegen Polen fällte;

Diebstahl von Tabak im Wert von 30 RM, die Bemerkung „Noch ist Polen nicht verloren", die Aneignung von zwei Schirmmützen und einer Weste — all das waren Vergehen, die nach Bömmels die Hinrichtung rechtfertigten.[26]

Die „Panzertruppe der Rechtspflege"? Das Sondergericht Saarbrücken

Die wichtigste regionale Instanz der politischen Justiz war zweifellos das Sondergericht, das durch eine Verfügung des Reichsjustizministers vom 14. Dezember 1935 eingerichtet wurde, die Zuständigkeit für den Landgerichtsbezirk Saarbrücken erhielt und zu Jahresbeginn 1936 unter Freudenbergers Leitung seine Tätigkeit aufnahm.[27] Obwohl die Sondergerichte durch eine Verordnung der Reichsregierung vom 21. März 1933 geschaffen worden waren,[28] handelte es sich dabei keineswegs um eine nationalsozialistische Erfindung. Bereits in der Nachkriegskrise und in der Endphase der Weimarer Republik hatten entsprechende Tribunale des Ausnahmezustands existiert, die im Schnellverfahren urteilten, keine Revision kannten und den „kurzen Prozeß" anstrebten.[29] Neu waren weder die institutionellen noch die verfahrensmäßigen Grundlagen, sondern allenfalls ihre dauerhafte Einrichtung als „Maulkorb des kleinen Mannes". Aber auch hierin entsprachen die Sondergerichte mindestens ebensosehr den Forderungen der Weimarer Richterschaft nach einem autoritären Strafrecht durch „Beseitigung des Formalismus" wie genuin nationalsozialistischen Vorstellungen.

Legt man Fraenkels Unterscheidung zwischen Normen- und Maßnahmenstaat als Maßstab zugrunde, dann verschwammen hier — ähnlich wie beim Volksgerichtshof — die Grenzen: Bei aller justiziellen Normierung wurden wesentliche rechtsstaatliche Verfahrensgarantien beseitigt, um die Rechtsprechung für die „nationale Erhebung" einzuspannen.[30] Der Prozeß zielte auf einen möglichst großen Abschreckungseffekt durch schnelle Aburteilung und Vollstreckung. Massive Beschleunigung und Vereinfachung des Verfahrens, Verzicht auf richterliche Voruntersuchung und Haftprüfung, summarische Beweiserhebung, deren Umfang das Sondergericht nach eigenem Gutdünken bestimmte, Beschränkung der Möglichkeiten des Verteidigers, dem das Mittel des Beweisantrags genommen wurde, und sofort rechtskräftige, unanfechtbare Urteile dienten dabei als Mittel. Bis 1938 blieb die sachliche Zuständigkeit der Sondergerichte auf einen schmalen Bereich beschränkt: Sie erstreckte sich auf Delikte gegen die „Reichstagsbrandverordnung" — sofern sie nicht in die Kompetenz des Volksgerichtshof fielen oder an die speziellen Strafsenate der Oberlandesgerichte verwiesen wurden — sowie gegen die „Verordnung zur Abwehr heimtückischer Angriffe gegen die Regierung der nationalen Erhebung" vom 21. März 1933, die am 20. Dezember 1934 durch das neugeschaffene „Gesetz gegen heimtückische Angriffe auf Staat und Partei und zum Schutz der Parteiuniformen" novelliert wurde.[31]

Die Sondergerichte entschieden in der Besetzung mit einem Vorsitzenden und zwei Beisitzern, die ständig angestellte Richter des jeweiligen Oberlandesgerichtsbezirks sein mußten und durch den Präsidenten des betreffenden Landgerichts, die seit

1937 durch den Oberlandesgerichtspräsidenten bestimmt wurden.[32] Gesinnungstüchtigkeit dürfte mit Sicherheit ein zentrales Kriterium gewesen sein; 1943 teilte der Zweibrücker Oberlandesgerichtspräsident beruhigend seinem Minister mit, daß sämtliche Mitglieder des Saarbrücker Sondergerichts der NSDAP angehörten.[33] Gleichwohl waren die Sondergerichte trotz ihrer Aufgabenstellung und ihres spezifischen Verfahrensrechts noch keine Ausnahmegerichte, sondern „eine Art ‚Spezialstrafkammer' innerhalb des Landgerichts".[34] In Saarbrücken bedeutete dies, daß die Richter der 1. Strafkammer des Landgerichts, die bereits 1935 die politischen Strafsachen bearbeitet hatten, seit 1936 zugleich als Richter des Sondergerichts tätig waren; in der Praxis lief dies darauf hinaus, daß lediglich die Türschilder umgedreht wurden.[35] Auch hier geht Fraenkels glatte Unterscheidung zwischen Normen- und Maßnahmenstaat nicht auf. Die Übergänge von Recht zu Unrecht waren fließend.

Als der Landgerichtsbezirk Saarbrücken in den Oberlandesgerichtsbezirk Zweibrücken eingegliedert wurde, kam es mit Wirkung vom 1. Oktober 1938 zur Aufhebung der beiden bisherigen Sondergerichte in Frankenthal und Saarbrücken; gleichzeitig wurde für den nunmehr erweiterten Oberlandesgerichtsbezirk ein Sondergericht mit Sitz in Kaiserslautern errichtet.[36] Trotz dieses Umzugs bedeutete dies eine Aufwertung des Saarbrücker Sondergerichts und eine Ausweitung seiner Aufgaben. Denn faktisch wechselten Freudenberger und sein Stab lediglich den Tagungsort; konsequenterweise nannte sich die neue Institution nunmehr „Sondergericht für den Oberlandesgerichtsbezirk Zweibrücken beim Landgericht Saarbrücken z. Zt. in Kaiserslautern".[37] Im September 1940 kehrte das Tribunal in die neue Gauhauptstadt zurück. Die „Arbeit für die Geschlossenheit der inneren Front" — so Freudenberger bei der Eröffnungssitzung[38] — galt seitdem als oberste Devise. Während der Kriegszeit war das Sondergericht im gesamten Oberlandesgerichtsbezirk präsent und tagte periodisch auch in den pfälzischen Kreisstädten. Auch die Presseberichterstattung, die den Abschreckungscharakter der Urteile vermitteln sollte, wurde seitdem dichter; nahezu täglich findet sich in der parteiamtlichen *NSZ-Westmark* die Rubrik „Das Sondergericht tagt". Speziell zur Bestrafung von Plünderern nach Luftangriffen wurde mit Verfügung vom 30. Juli 1942 eine zweite Kammer für den Landesgerichtsbezirk Saarbrücken errichtet; im Frühjahr 1943 kamen entsprechende Plünderungssondergerichte bei den Landgerichten Frankenthal, Kaiserslautern, Landau und Zweibrücken hinzu.[39]

Alle diese Tribunale bestanden bis zur Besetzung durch die Alliierten; lediglich das eigentliche Sondergericht Saarbrücken verließ seinen Sitz bei der Evakuierung der Stadt Anfang Dezember 1944 und wich ins Sulzbacher Amtsgerichtsgebäude aus, wo es am 2. März 1945 das letzte Urteil fällte.

Das Jahr 1938 brachte dem Sondergericht nicht nur die Umorganisierung, sondern auch weitere Kompetenzen. Eine Verordnung vom 20. November ermächtigte die Staatsanwaltschaften, auch bei Delikten, die bislang in den Zuständigkeitsbereich der Amts- und Landgerichte gefallen waren, Anklage vor dem Sondergericht zu erheben, falls ihnen sofortige Aburteilung geboten erschien.[40] Das bereits erörterte Kriegsstrafrecht brachte einen weiteren Kompetenzschub: Weite Bereiche der schweren und mittleren Kriminalität wie Plünderung, Straßenraub, Diebstahl und Kriegswirtschaftsverbrechen, aber auch das Abhören und Verbreiten ausländischer Rundfunknachrichten und verbotener Umgang mit Kriegsgefangenen gerieten damit in die Zuständigkeit der Sondergerichte und konnten nunmehr mit der Todesstrafe geahndet werden. Das neue materielle Strafrecht, das die Verordnungen vom September 1939 initiierte, operierte mit weitgehend offenen Tatbeständen, abstrahierte damit von objektivierbaren Handlungen und öffnete den Weg für judikative Projektionen. „Aus Einbrechern wurden so in der strafrechtlichen Praxis ‚Volksschädlinge', aus Wiederholungstätern ‚Gewohnheitsverbrecher' und aus Räubern ‚Gewaltverbrecher' ";[41] eine derartige Interpretation aber konnte seitdem den Kopf kosten. Die letzte Radikalisierung dieses Ermessensspielraums brachte der Mai 1944. Für jedes Delikt konnte seitdem die Todesstrafe verhängt werden, „wenn der regelmäßige Strafrahmen nach gesundem Volksempfinden zur Sühne nicht ausreicht".[42]

Damit war den Sondergerichten im Krieg die Aufgabe einer „Panzertruppe der Rechtspflege" zugedacht; sie sollten sich als „Standgerichte der inneren Front" verstehen, wie Roland Freisler, damals Staatssekretär im Reichsjustizministerium, seit 1942 Präsident des Volksgerichtshofes, im Oktober 1939 erklärte.[43] Gleichwohl standen dem strukturelle Hindernisse entgegen, die sich auch mit militärischer Diktion nicht wegdekretieren ließen: Da die Sondergerichte damit gewissermaßen zu den „Standardgerichten der deutschen Strafrechtspflege" geworden waren, konnten sie die ihr zugedachte Aufgabe der „blitzartigen" Aburteilung kaum noch erfüllen; ähnlich wie bei den Stapo-Stellen stapelten sich seitdem die Verfahren.[44] Dieser Stau und die — gewollt oder ungewollt — höchst unpräzisen Tatbestandsmerkmale des Kriegsstrafrechts bargen eine radikalisierende Potenz, aber auch die Tendenz zum völligen Auseinanderdriften der Urteilsmaßstäbe. Der Gestapo konnte eine derartige Erscheinung auf ihrem Sektor prinzipiell egal sein, nicht aber dem Reichsjustizministerium, das auch unter Thierack noch auf einer Einheitlichkeit der Rechtsprechung bestand. Der Versuch, diese strukturell angelegte Schere zu schließen, machte Praktiken wie die erwähnte Vor- und Nachschau, die Lenkung durch die *Richterbriefe*, aber auch die Institution der 1940 eingeführten Nichtigkeitsbeschwerde notwendig. Damit konnte der Oberreichsanwalt Urteilskorrekturen anmahnen, indem er Entscheidungen der Sondergerichte beim Reichsgericht anfocht. In diesem Fall einer „von oben" veranlaßten Revision entschied das Reichsgericht entweder selbst oder verwies den Fall zur Wiederaufnahme zurück.[45]

In der Spruchpraxis des Saarbrücker Sondergerichts[46] dominierten in der Vorkriegszeit eindeutig die Heimtückedelikte. Ihr Schwerpunkt lag in den Jahren 1936/37, danach gingen sie zurück, spielten jedoch 1940 noch einmal eine Rolle, um dann fast ganz zu verschwinden; entsprechende Äußerungen wurden seitdem im allgemeinen als Wehrkraftzersetzung gewertet und vor dem Oberlandesgericht bzw. dem Volksgerichtshof verhandelt. Auffällig ist die erhebliche Anhebung des Strafmaßes: Während bis 1939 Gefängnisstrafen von weniger als einem Jahr die Regel waren, wurden seit Kriegsbeginn Höchststrafen von drei Jahren Zuchthaus oder fünf Jahren Gefängnis gegen Heimtückeredner verhängt.[47] Deutlich werden auch die ungleichen Maßstäbe, nach denen Verfahren eröffnet und Urteile begründet wurden: Die Äußerung „Der Bürckel arbeitet bloß mit Kapitalisten zusammen. Der hat nichts übrig für die Arbeiter" konnte in dem einen Fall zum Verzicht auf Strafverfolgung führen, wenn der Delinquent „politisch noch nicht aufgefallen" war und als „charakterschwacher Nörgler, aber nicht (als) böswilliger Verneiner des nationalsozialistischen Staates" charakterisiert wurde.[48] Ähnliche Bemerkungen eines ehemaligen KPD-Mitglieds hingegen wurden als „kommunistische Mundpropaganda" eingestuft und eine Anklage wegen Vorbereitung zum Hochverrat eingeleitet, da man den Betreffenden für einen „unverbesserliche(n) KPD-Anhänger" hielt.[49] Kam es dennoch zum Prozeß gegen frühere Mitglieder der Deutschen Front, die ihrer Desillusionierung Luft gemacht hatten, dann vermied es auch das Sondergericht, Öl ins Feuer zu gießen und die Unzufriedenheit gewissermaßen von oben zu politisieren; es blieb bei Geld- oder geringfügigen Haftstrafen.[50] Das konkrete Delikt trat zurück, wesentlicher wurde die „innere Tatseite", also die politische Provenienz und die potentielle, besser: die projizierte politische Gefährlichkeit des Angeklagten.[51]

Mit Kriegsbeginn traten Plünderungsdelikte in der freigemachten Zone in den Mittelpunkt der Spruchpraxis, die damals einen ersten Radikalisierungsschub erkennen läßt; gleichsam zur Beruhigung der evakuierten Bevölkerung wurden die ersten drei Todesurteile verhängt und vollstreckt.[52] Während der gesamten Kriegszeit überwogen vor dem Sondergericht durchgängig die Eigentums- und Vermögensdelikte, die meist unter Ausnutzung der kriegsbedingten Verhältnisse begangen wurden, Feldpostdiebstähle etwa, Diebstahl im Schutz der Verdunkelung, Diebstahl von Lebensmittelkarten. Betrug und Unterschlagung wie Fälschung von und Handel mit Lebensmittelkarten oder falsche Schadensmeldungen bei Bombentreffern rangierten an zweiter Stelle. Auf dem dritten Rang folgten Kriegswirtschaftsverbrechen wie Schwarzschlachten und Milchfälschung durch Wasserzusatz, und erst danach kamen in der verhandelten Delikthierarchie Vergehen, die im engeren Sinne dem Dissensbereich zugeordnet werden können wie Umgang mit Kriegsgefangenen oder Rundfunkverbrechen.[53]

Ein zweiter Radikalisierungsschub setzte 1941 ein; das Durchschnittsmaß der Haftstrafen betrug nun zwischen ein und fünf Jahren, wobei erstmals die Zuchthausstrafen gegenüber den Gefängnisstrafen überwogen. 1942 folgte ein dritter Radikalisierungsschub mit allein zehn veröffentlichten Todesurteilen; die ersten schweren Bombenangriffe auf Saarbrücken, aber auch das Festfahren der Front vor Moskau und Leningrad dürften dafür maßgebend gewesen sein. Das Strafmaß betrug nunmehr in den allermeisten Fällen zwei bis zehn Jahre Zuchthaus auch für geringfügige Delikte; diese Entwicklung pendelte sich 1943/44 auf hohem Niveau ein. Ein Datenabgleich zwischen erhaltenen Verfahrensakten und der Presseberichterstattung ergibt — mindestens — 36 Todesurteile zwischen 1939 und 1945. Fast 90 % der Delinquenten waren Männer, gut ein Drittel von ihnen ausländische Zwangsarbeiter, vornehmlich Polen und Russen; fast zwei Drittel aller Verurteilten waren jünger als 30 Jahre.

Gleichwohl stand das Saarbrücker Sondergericht damit keineswegs an der Spitze der justiziellen Radikalisierung. Im Vergleich zu anderen Tribunalen war es eher die Nachhut als die Avantgarde; allein das Hanseatische Sondergericht in Hamburg fällte zwischen 1939 und 1945 211 Todesurteile.[54] Dieses Auseinanderdriften, das sich etwa auch an den Sondergerichten in Essen und Berlin zeigte, denen gleichfalls

„übermäßige Milde“ vorgeworfen wurde,[55] hatte mit Resistenz nichts zu tun; es war das Ergebnis der immer schwammiger werdenden Tatbestandsdefinitionen und der immer paranoider werdenden Optik auch im Reichsjustizministerium seit Thieracks Amtsantritt 1942. Bei aller Radikalisierung zählten selbst in den letzten Kriegsjahren noch Prozesse zum Alltag des Sondergerichts Saarbrücken, die undramatisch verliefen und mit geringfügigen Strafen endeten. Ein Dillinger Kommunist etwa, der 1942 in einer Wirtschaft gegen SA-Fronturlauber vom Leder gezogen hatte, wurde wegen Volltrunkenheit lediglich zu zwei Monaten Gefängnis verurteilt. Das Verfahren gegen einen Hilfsarbeiter der Halberger Hütte, der angesichts der Katastrophe von Stalingrad im Januar 1943 am Arbeitsplatz festgestellt hatte: „Die Soldaten sollen die Waffen wegwerfen, es hat ja doch keinen Wert mehr, und die an der Regierung, die Volksmörder und Spitzbuben, lassen das Volk hinmorden“, wurde sogar eingestellt, da man ihn für unzurechnungsfähig erklärte.[56]

Angesichts des seit 1942 rigider werdenden Systems der Urteilsüberwachung geriet das Sondergericht Saarbrücken dadurch immer wieder in die Schußlinie. Aufgrund einer Nichtigkeitsbeschwerde des Oberreichsanwalts hob das Reichsgericht etwa den Schuldspruch gegen einen 16jährigen Saarbrücker auf, der wegen Mordes zu zehn Jahren Gefängnis verurteilt worden war und fällte statt dessen ein Todesurteil.[57] 1944 beanstandete das Reichsjustizministerium 13 Urteile des Sondergerichts und bemängelte in vier Fällen, daß keine Todesstrafe verhängt worden war.[58] Sicher ist auch, daß der Vorsitzende des Nürnberger Sondergerichts die Urteile seiner Saarbrücker Kollegen für den SD ständig begutachtete.[59] Die von Berlin zunehmend kritisierte „Milde“, die den Mitgliedern des Saarbrücker Sondergerichts bestenfalls einen Rüffel einbrachte, war zwar nur relativ, gleichwohl schonte sie etliche Menschenleben. Auch zwischen Blutrichtern gab es erhebliche Unterschiede.

Die antizipierte Volksordnung: Soziales Ehrengericht und Erbgesundheitsgericht

Politische Funktionen besaßen auch zwei weitere Formen staatlicher Sondergerichtsbarkeit, die über die Durchsetzung von zwei zentralen strukturellen Mustern des Nationalsozialismus wachen sollten: das Soziale Ehrengericht über die Betriebsgemeinschaft, das Erbgesundheitsgericht über die „Reinigung des Volkskörpers“. Beide machten damit Konzeptionen einer nationalsozialistisch geprägten Gesellschaft zur normativen Grundlage, sie formten und antizipierten eine zukünftige Volksordnung. Gemeinsam war beiden ebenfalls, daß sich auch hier die personellen und institutionellen Grenzen zwischen NS-Maßnahmenstaat und traditionellem Normenstaat völlig verwischten. Die Richter der diversen Sondergerichte und die der Amts- und Landgerichte waren ein- und dieselben Personen; man wechselte das Tagungsetikett — mehr nicht.

Rechtsgrundlage der Sozialen Ehrengerichte bildete das „Gesetz zur Ordnung der nationalen Arbeit“ vom 20. Januar 1934, das in seinem § 36 feststellte: „Gröbliche Verletzungen der durch die Betriebsgemeinschaft begründeten sozialen Pflichten werden als Verstöße gegen die soziale Ehre von den Ehrengerichten gesühnt.“ Das geschützte Rechtsgut war damit die Betriebsgemeinschaft als Kern der neuen arbeitsrechtlichen Ordnung, die alle bisherigen Träger der Sozialverfassung ablöste und ersetzte; sie — nicht das subjektive Recht eines Betriebsangehörigen — bildete den Bezugspunkt der „sozialen Ehre", einer extensiv interpretierbaren Generalklausel, die eine flexible Anwendung des Gesetzes erlaubte. Diese normative Regelung wurde nach beiden Seiten hin spezifiziert: Unternehmer verstießen gegen die „soziale Ehre", wenn sie „unter Mißbrauch ihrer Machtstellung im Betriebe böswillig die Arbeitskraft der Angehörigen der Gefolgschaft ausnutzen", umgekehrt traf dies zu, falls Arbeiter und Angestellte „den Arbeitsfrieden im Betriebe durch böswillige Verhetzung der Gefolgschaft gefährden".[60] Der ehrenrechtliche Strafkatalog reichte von Verwarnungen über Ordnungsstrafen bis hin zur Entlassung bei Belegschaftsmitgliedern bzw. zur Aberkennung der Betriebsführereigenschaft, die jedoch die Eigentumsrechte nicht antastete.

Seit März 1936 verfügte auch der Gau Saarpfalz über ein eigenes Soziales Ehrengericht, das beim Saarbrücker Landgericht angesiedelt war und von Landgerichtsdirektor Dr. Steinfels geleitet wurde; ein Unternehmer und ein von der DAF vorgeschlagener Vertrauensmann fungierten als Beisitzer, Böhm, der regionale Treuhänder der Arbeit, als Ankläger. Zur „Gesunderhaltung der Betriebszelle" — so Böhm bei der Eröffnung des Gerichts — müsse mit aller Strenge gegen Störenfriede in der Betriebsgemeinschaft vorgegangen werden.[61] Der Staat machte damit deutlich, daß er sich als Garant eines zweckgebundenen Betriebsablaufs ohne persönliche Willkür verstand, ein konfliktfreies, leistungsorientiertes Arbeitsverhältnis anstrebte und sowohl den Herr-im-Haus-Standpunkt des Manchester-Liberalismus als auch das Klassenkampfdenken der Arbeiterbewegung zu überwinden trachtete. Da sich die Strafbarkeit von Verstößen gegen Arbeitsschutzbestimmungen, untertarifliche Bezahlung, körperliche Mißhandlung etc. bereits aus allgemeinen Gesetzen ergab, erfüllte deren besondere, öffentlich stigmatisierende Ahndung als Störung der Betriebsgemeinschaft eine eigene propagandistische Funktion. Es war bezeichnend für die Intention des Gerichts, daß es etwa 1939 eine Geldstrafe gegen einen „Betriebsführer" verhängte, der es wiederholt abgelehnt hatte, seine „Gefolgschaftsmitglieder" zur Feier am 1. Mai zu begleiten.[62]

Das Saarbrücker Soziale Ehrengericht hinterließ anscheinend keine Akten, die eine genauere Analyse der Verfahren erlaubten; darum kann in der Beurteilung lediglich die Presse zugrundegelegt werden, die — wie bereits geschildert — 1936/37 spektakulär und in großer Aufmachung über Prozesse gegen „asoziale" Unternehmer berichtete.[63] Danach wurde es zunehmend stiller um die Soziale Ehrengerichtsbarkeit, von der im Krieg kaum mehr etwas zu hören war. Die Zahl der Anträge auf Einleitung eines Verfahrens, die 1937 noch 342 betragen hatte, ging im folgenden Jahr auf 232 zurück und sank 1939 auf 142. Allerdings standen auch in diesem Jahr „die Verfahren gegen Führer des Betriebes mit 119 wieder zahlenmäßig im Vordergrund", machten also 83 % der Anträge aus.[64] Damit entsprach das Tribunal nicht nur Bürckels Konzeption eines prononcierten „nationalen Sozialismus", es ordnete sich auch in den reichsweiten Trend ein, wonach sich die Soziale Ehrengerichtsbarkeit „vor allem gegen Betriebsführer, in zweiter Linie gegen sonstige Aufsichtspersonen und nur in relativ geringem Ausmaß gegen Arbeiter bzw.

Angestellte“ richtete.[65] Auch der nationalsozialistischen Sondergerichtsbarkeit dürfte dadurch eine konsensbildende Funktion nicht abzusprechen sein.

Im Dezember 1935 wurde auch für das Saarland ein Erbgesundheitsgericht eingerichtet und dem Saarbrücker Amtsgericht angegliedert. Als Vorsitzender präsidierte ihm Amtsgerichtsrat Dr. Adolf Philipp Fürst, als Beisitzer fungierten jeweils zwei Ärzte, darunter ein beamteter. Der Saarlouiser Zweigstelle des Oberlandesgerichts Köln fiel die Aufgabe eines Erbgesundheitsobergerichts zu, das als Beschwerdeinstanz tätig wurde.[66] Rechtliche Basis dieser spezifischen Sondergerichtsbarkeit war das „Gesetz zur Verhütung erbkranken Nachwuchses“ vom 14. Juli 1933. Demnach konnten die Erbgesundheitsgerichte die zwangsweise Sterilisation vermeintlich Erbkranker anordnen, falls ihnen u. a. „angeborener Schwachsinn“, Epilepsie, Schizophrenie, erbliche Blind- oder Taubheit, erhebliche körperliche Mißbildungen oder schwerer Alkoholismus attestiert wurde. Anzeigepflichtig waren Amtsärzte und Gesundheitsämter, aber auch Hebammen, Masseure und Heilpraktiker.[67] Das „Erbgesundheitsgesetz“, so die *NSZ-Rheinfront*, „ist ein echtes Gesetz des Nationalsozialismus, ist Gesetz gewordenes Wollen des Führers“.[68]

Angesichts der definitorischen Unbestimmtheit genügten dem Gericht bisweilen schon geringfügige Intelligenzdefizite oder Alkoholabhängigkeit zur Anordnung der Sterilisation, die im Landeskrankenhaus Homburg oder in der Heil- und Pflegeanstalt Merzig durchgeführt wurde. Zuweilen beugte man sogar noch die Gummiparagraphen des Gesetzes, um das gewünschte Ziel zu erreichen: „Wenn auch die mit dem Erbkranken angestellte Prüfung erhebliche Intelligenzdefekte nicht erkennen ließen“, hieß es in einem „Beschluß auf Unfruchtbarmachung“ vom September 1937, „so beweist die lange Reihe seiner Vorstrafen (insgesamt 17 mal wegen Diebstahls, Bettelns, Landstreicherei usw.), daß der junge, kräftige Mensch sich in die soziale Ordnung nicht einzufügen vermag . . . Insofern ist er als schwachsinnig zu bezeichnen“.[69] Die in Auschwitz kulminierende Logik der „Endlösung“ war hier bereits freigesetzt: die „Reinigung des Volkskörpers“ durch die Ausmerzung der „Minderwertigen“, der Rassismus in Gestalt von Sozialhygiene und negativer Eugenik, die „Planung einer heilen Gesellschaft durch Prävention“.[70] Die konsequente Fortführung der Rechtsprechung der Erbgesundheitsgerichte waren die Euthanasie-Aktionen, war der Schritt von der Verhütung zur Vernichtung „lebensunwerten Lebens“, zum Massenmord an den geistig und körperlich Behinderten.[71]

Der kurze Prozeß: Betriebliches Schnellgericht und Standgericht

Eine Besonderheit im Bereich der regionalen politischen Justiz war das Betriebliche Schnellgericht der Röchling'schen Eisen- und Stahlwerke in Völklingen, dessen Gründung per Rundschreiben vom 12. April 1943 bekanntgegeben wurde. Das Unternehmen griff damit eine Anregung des Reichssicherheitshauptamtes auf, wonach größere Rüstungsbetriebe „Standgerichte der Arbeit“ einrichten konnten, die in regelmäßigen Abständen unter dem Vorsitz eines Beamten der zuständigen Stapo-Stelle tagten, sich aus Vertretern des Treuhänders der Arbeit, der DAF und des betreffenden Werkes zusammensetzten und die anstehenden Fälle von „Arbeitsbummelei“ behandelten; oberste Devise sollte „rasche Erledigung“ zur „Erhöhung der erzieherischen und abschreckenden Wirkung“ sein.[72] Im Grunde handelte es sich um ein privatisiertes Sondergericht unter Ausschaltung der Justiz, aber mit maßnahmenstaatlichem Segen, um ein Produkt des immer totaler werdenden Krieges und der ihm immanenten Tendenz, die menschlichen Ressourcen zu überdehnen und jede Schlamperei zur Sabotage aufzuwerten.

Von wem die Initiative zur Bildung des Betrieblichen Schnellgerichts ausging, bleibt nach Lage der Quellen ungewiß. Röchlings Verteidiger Otto Kranzbühler beharrte im Rastatter Prozeß gegen die Betriebsleitung des Werkes vehement darauf, daß es „eine Verbesserung gegenüber dem bisherigen Zustand“ war, da „nunmehr eine Prüfung immerhin in gewissen Normen eines gerichtlichen Verfahrens mit einer Vernehmung des Beschuldigten und von Zeugen und unter Mitwirkung einer nicht polizeilichen Behörde“ stattfand.[73] Auch Hermann Röchling selbst hob hervor, daß „dies nur geschehen (sei), um den bis dahin existierenden rechtlosen Zustand abzuschaffen, da es vorher immer der Willkür der Gestapo überlassen gewesen sei, den oder jenen Ausländer spurlos in einem Konzentrationslager verschwinden zu lassen“.[74] Sicher ist jedoch, daß Röchling — immerhin Vorsitzender der Reichsvereinigung Eisen — seinem Schnellgericht 1943 gute Erfolge bei der Hebung der Arbeitsdisziplin bescheinigte,[75] sich also keineswegs als Vertreter des Normenstaates aufspielte, sondern auf die rüstungswirtschaftlichen Interessen abstellte.

Dennoch scheint offenbar ausschlaggebend gewesen zu sein, durch den Aufbau des Betrieblichen Schnellgerichts den Abzug von — primär ausländischen — Arbeitskräften durch die Übergabe an die Gestapo zu verhindern. Auch dies entsprang nicht rechtsstaatlichem Denken, sondern unternehmerischem Kalkül: Die Arbeitskraft der Delinquenten blieb trotz der Strafmaßnahme weiterhin dem Betrieb erhalten, da sie in einem werkseigenen Arbeitserziehungslager verbüßt wurde. Externe rechtliche Befugnisse konnten so mittels des Schnellgerichts wieder integriert werden, eine Einschaltung der Gestapo brauchte nur noch in Ausnahmefällen zu erfolgen. Dies erscheint auch deshalb naheliegend, weil die Gründung des Schnellgerichts und der Aufbau des — noch zu behandelnden — Betrieblichen Arbeitserziehungslagers in Etzenhofen zeitlich zusammenfielen.[76] Insofern war diese Sondergerichtsinitiative auf Werksbasis — die einzige dieser Art im Saarland — eine für alle Seiten vorteilhafte Kompromißlösung.

Inwieweit allerdings das Röchling'sche Schnellgericht eine Radikalisierung oder aber eine Drosselung im Prozeß der fortschreitenden Pönalisierung von Konflikten am Arbeitsplatz bewirkte, muß offen bleiben; zur genaueren Analyse fehlen die Verhandlungsprotokolle. Die Strafskala war relativ begrenzt. Das Höchstmaß betrug Einweisung ins Arbeitserziehungslager für 56 Tage, war also für den in Etzenhofen absolvierbaren Strafrahmen konzipiert.[77] Erhebliche Differenzierungen gab es jedoch zwischen deutschen und „fremdvölkischen“ Arbeitern: Für Fremdarbeiter entschied das Schnellgericht unter Vorsitz des Gestapo-Vertreters in letzter Instanz, für Deutsche konnte es lediglich einen entsprechenden Strafantrag formulieren, über den das Saarbrücker Amtsgericht im Schnellverfahren entschied.[78] Das Strafmaß allerdings blieb sich gleich.

Der „totale Krieg“ verwischte die Grenzen zwischen kämpfender Truppe und Zivilbevölkerung immer mehr und damit auch die Unterschiede zwischen militärischer und ziviler Strafjustiz. Mit der Räumung der „Roten Zone“ durch die Zivilbevölkerung am 5. Dezember wurden Saarbrücken und das an der Grenze gelegene Terrain zum „Operationsgebiet des Heeres“ erklärt und damit unter Kriegsrecht gestellt. Bereits beim Luftangriff am 5./6. Oktober 1944 waren die Gebäude des Saarbrücker Amtsgerichts, des Landgerichts und der Staatsanwaltschaft völlig zerstört worden.[79] Jetzt verlegten die zivilen Gerichte ihren Sitz weiter ins Landesinnere; das Sondergericht zog nach Sulzbach, das Oberlandesgericht Zweibrücken nach Kirchheimbolanden. Am 26. Dezember 1944 wurde der Polizeipräsident Dr. Fritz Dietrich zum Kampfkommandanten von Saarbrücken ernannt, dem die Verteidigung und die Aufrechterhaltung von Ruhe und Ordnung in der von Zivilisten entleerten Stadt oblag;[80] seine Befehlszentrale verlegte er in den Bunker auf dem Gelände der ehemaligen Ulanenkaserne in der Mainzer Straße, später in den „Tiefen Saarstollen“, wo die Möglichkeit bestand, den Festungsbereich unterirdisch zu verlassen.[81]

Am 15. Februar 1945 ordnete Justizminister Thierack die Einrichtung von Standgerichten in den feindbedrohten Reichsverteidigungsbezirken an. Diese in der Regel aus einem Strafrichter als Vorsitzendem, einem Politischen Leiter der NSDAP und einem Offizier als Beisitzern gebildeten Gerichte waren für alle Straftaten zuständig, durch die die Kampfkraft gefährdet wurde; in ihren Urteilen konnten sie nur auf Todesstrafe, Freispruch oder Überweisung an ordentliche Gerichte erkennen.[82] Wenige Tage später machte Gauleiter Stöhr von dieser Befugnis Gebrauch und befahl, daß in Kaiserslautern ein Standgericht für die Westmark einzurichten sei. „Die Einrichtung weiterer Standgerichte bleibt vorbehalten“, hieß es in der Presse, verbunden mit der Drohung: „Mit Härte wird jeder zur Rechenschaft gezogen werden, aus dessen Schwäche und feigem oder eigennützigem Versagen dem Reiche Schaden erwächst.“[83]

Auch in Saarbrücken scheint es noch in den letzten Kriegswochen Ende Februar/März 1945 zur Bildung eines Standgerichts unter Dietrich gekommen zu sein, das insbesondere „Plünderungen“ durch die noch im Stadtgebiet anwesenden Fremdarbeiter und Kriegsgefangenen ahndete. In kurzen formlosen Verfahren wurde den meist der deutschen Sprache nicht mächtigen und ohne Rechtsbeistand völlig irritierten Zwangsarbeitern die Anklage verlesen, unmittelbar darauf das Urteil gefällt und die Hinrichtung vollzogen.[84] Damit hatte sich die nationalsozialistische Sondergerichtsbarkeit auf den Begriff gebracht: Justiz und Exekutive waren eins geworden, der kurze Prozeß dauerte kaum noch Minuten, Urteil und Vollstreckung waren fast kongruent.

7. Die Ausweitung der rechtsfreien Räume: Gefängnisse und Lager

Die sich bis zur Vernichtung steigernde Ausgrenzung von „Staatsfeinden", „Gemeinschaftsfremden", „Volksschädlingen" und „Minderwertigen" sprengte das traditionelle System staatlicher Verwahranstalten. Gefängnisse und Zuchthäuser reichten dazu quantitativ und qualitativ immer weniger aus. Während dort die „Humanitätsduselei" des liberalisierten Strafvollzugs rigoros unterbunden wurde und die KZ-„Verschubung" die justizielle Strafhaft immer stärker in den Hintergrund drängte, breitete sich überdies ein neuer Typus von Lagern in der Region aus, der die Produktionsmaschinerie unter den Bedingungen des Krieges mit terroristischen Mitteln sichern und stabilisieren sollte.[1]

Von der Strafanstalt zum Polizeihaftlager: Lerchesflur und Neue Bremm

Neben den kleinen Gefängnissen der Amtsgerichtsbezirke existierte in Saarbrücken eine Strafanstalt als regionales Zentrum des justiziellen Vollzugs: das Männer- und Frauengefängnis I auf der Lerchesflur, das für 420 Männer und 48 Frauen Platz bot, und das Männergefängnis II in der Alexanderstraße — das 1892 errichtete ehemalige Militärarrestgebäude — mit einer Belegungsfähigkeit von 48 Mann. Bereits im Juni 1935 erreichten sie mit 474 Häftlingen fast ihre Kapazitätsgrenze.[2] Obwohl das Lerchesflur-Gefängnis 1936 um einen Flügel erweitert wurde, kam es in der Folgezeit zur chronischen Überbelegung; in Einzelzellen wurden mitunter bis zu fünf Gefangene eingeschlossen.

Sühne und Vergeltung, Härte, Zucht und Ordnung lauteten die leitenden Maximen der Haft seit 1935: „Der Freiheitsentzug ist so zu gestalten, daß er für die Gefangenen ein empfindliches Übel ist und auch bei denjenigen, die einer inneren Erziehung nicht zugänglich sind, nachhaltige Hemmungen gegenüber der Versuchung, neue Straftaten zu begehen, erzeugt."[3] Militärischer Drill und eiserne Disziplin kehrten ein in die Saarbrücker Gefängnisse, die tägliche Arbeitszeit wurde um zwei auf zehn Stunden erhöht, die Ernährung verschlechterte sich; rapide Abmagerung und Muskelschwund waren die Folge, die Krankenraten schnellten in die Höhe. „Kein Tisch, kein Stuhl, kein Bett, nur ein schmutziger Eimer als Abortanlage, ein Krug mit Wasser, etwas Stroh am Boden und eine dünne Decke. Die Luft war atemberaubend, kühlkalt", erinnerte sich der lothringische Abbé François Goldschmitt, der seit September 1942 auf der Lerchesflur inhaftiert war und dann nach Dachau deportiert wurde; „beim Morgenessen bitteren Kaffee, mittags und abends je einen Liter Suppe, hie und da ein Stückchen Wurst, je einmal in der Woche etwas Marmelade und Fleisch". Auch im Gefängnis gab es Mißhandlungen durch die Gestapo, die zuweilen tödlich endeten, gab es Selbstmord, um das Leid zu beenden. „Aus manchen Zellen drangen Schmerzensschreie", so Goldschmitt, „Hilferufe, Fluchworte, Verwünschungen und das Geräusch von Stockschlägen".[4]

Durch die hohe Belegung mit „Politischen“ verlor die Lerchesflur immer mehr den Charakter einer justiziellen Vollzugsanstalt und verwandelte sich zunehmend in ein Gefängnis für Untersuchungs- und Schutzhäftlinge, die dort auf ihren Prozeß bzw. ihre KZ-„Verschubung“ warteten. Während Frauen bis 1939 nach Moringen deportiert wurden, wechselten die Ziele für die männlichen Schutzhäftlinge: 1935 war es fast immer Esterwegen, 1936 kam Lichtenburg hinzu, seit 1937 lauteten die vorläufigen Endstationen in aller Regel Buchenwald und Sachsenhausen. Durch die permanente Überbelegung mußten gerichtlich verhängte Haftstrafen immer häufiger in Strafanstalten außerhalb des Saarlandes, meist in Zweibrücken, Kaiserslautern, Frankenthal oder Frankfurt-Preungesheim abgesessen werden; Zuchthausstrafen wurden zunächst meist in Siegburg, später in Ludwigsburg verbüßt. Seit der Besetzung Frankreichs platzte das Gefängnis endgültig aus allen Nähten. Im Mai 1942 waren die Männertrakte, deren Höchstbelegung damals 420 Plätze betrug, mit 738 Insassen überfüllt; auch das Frauengefängnis war für die 117 weiblichen Häftlinge längst schon zu klein. Durch die Rückführung der Saaremigranten wurde die Lerchesflur zum Nadelöhr auf dem Weg zum Oberlandesgericht, zum Volksgerichtshof, zum Reichskriegsgericht oder direkt ins KZ. Dachau war nunmehr das Ziel der meisten männlichen Schutzhäftlinge, daneben Sachsenhausen und Buchenwald, seit 1943 zunehmend auch das elsässische Natzweiler; die Frauen landeten nunmehr in Ravensbrück, seit 1943 auch in Auschwitz.[5]

Die Raumnot im Lerchesflur-Gefängnis, zunehmend aber auch der Luftkrieg erzwangen Alternativen: Am 11. Mai 1944 wurde die Strafanstalt von einem Bombenteppich getroffen; 57 Häftlinge starben in den Trümmern, unter ihnen etliche politische Gefangene.[6] In der Nacht vom 5. zum 6. Oktober 1944 wurde das Alexandergefängnis völlig zerstört. Ende November mußte auch das schwer beschädigte Gerichtsgefängnis Neunkirchen die Aufnahme von Gefangenen einstellen.[7] Bereits im Januar 1943 hatte ein Arbeitskommando des Forbacher Stalag XII F in Saarbrücken auf dem Gelände des alten Exerzierplatzes unmittelbar an der Ausfallstraße nach Metz, der damaligen Josef-Bürckel-Straße, mit dem Bau eines „Sonderbarackenlagers I“ begonnen, das mit Stacheldraht und Wachtürmen umgeben war; im Dezember 1943 wurde ihm ein Frauenlager angegliedert.[8] Beide bildeten das „Polizeigefängnis Neue Bremm“, das der Stapo-Stelle Saarbrücken direkt unterstand,[9] jedoch nie dem SS-Wirtschaftsverwaltungshauptamt, der für die Konzentrationslager zuständigen Kommandobehörde seit März 1942, unterstellt wurde; von einem KZ, wie fälschlicherweise immer wieder behauptet wird, kann daher keine Rede sein.[10]

In Form und Größe entsprach die Neue Bremm zwar vielen anderen Fremdarbeiter- und Kriegsgefangenenlagern der Region, in ihrer Funktion und in der Behandlung der Häftlinge unterschied sie sich jedoch erheblich. Zum einen diente das Lager als Ausweichquartier für das überfüllte Lerchesflur-Gefängnis; in der „Gewitteraktion“ nach dem 20. Juli 1944 wurden dort etwa alle ehemaligen Stadtverordneten und Gewerkschaftssekretäre von SPD, KPD und Zentrum interniert. Zum zweiten entwickelte es sich zum regionalen Disziplinierungs- und Straflager primär für Fremdarbeiter, gegen Kriegsende zunehmend auch für Deutsche.[11] Zum dritten aber fungierte es als Sammel- und Durchgangslager für die Häftlingsströme aus Frankreich: für festgenommene Saaremigranten und Mitglieder

der Résistance, für deportierte französische Juden, aber auch für viele Lothringer, die sich der Einberufung zur deutschen Wehrmacht entzogen hatten oder der Beihilfe dazu verdächtigt wurden; für sie alle bildete die Neue Bremm das „Vorzimmer" für Dachau, Mauthausen oder Auschwitz.

Durch diesen sukzessiven Funktionszuwachs war das für 200 Gefangene konzipierte Lager, dessen Häftlingszahlen jedoch zwischen 500 und 800 schwankten, bald schon hoffnungslos überbelegt.[12] Die kargen Lebensmittelzuteilungen — durch Unterschlagungen zusätzlich verknappt — führten zu permanentem Hunger und Unterernährung; eine wässerige Kohlsuppe bildete die Hauptmahlzeit. Besonders die jüdischen und russischen Gefangenen hatten unter dem ungezügelten Sadismus der Wachmannschaft zu leiden. Beliebt war vor allem der zermürbende „Entengang" in der Hocke; „die ‚Freiübungen' um das Wasserbecken des Lagers dauerten oftmals volle 8 Stunden ohne jede Pause an", berichtete später ein Zeuge vor Gericht. Aber es kam auch zu Ertränkungen im Löschteich, zu Erschießungen „auf der Flucht".[13] Die Sterberegister des Saarbrücker Standesamtes führen insgesamt 75 Tote von der Neuen Bremm auf, wobei die wirkliche Zahl erheblich höher liegen dürfte; allein schon ihr Durchschnittsalter von 33 Jahren verweist auf die katastrophalen Zustände.[14]

Natürlich konnte die Existenz eines solchen Lagers — vier Kilometer vom Saarbrücker Stadtzentrum entfernt — nicht verborgen bleiben. Die Reaktionen der Bevölkerung scheinen zumindest zwiespältig gewesen zu sein. Veröffentlichte Tagebuchaufzeichnungen sprechen davon, daß die Neue Bremm zwar „einen etwas unheimlichen Eindruck" gemacht habe, daß man sie jedoch für ein Kriegsgefangenenlager hielt.[15] Ehemalige Häftlinge hingegen bekundeten später, daß Saarbrücker Einwohner sonntags ihren „Familienspaziergang" zum Lager machten, daß „die Kinder nach (ihnen) spuckten, während (sie) im Dreck herumkrochen".[16] Beim Näherrücken der Front wurde die Neue Bremm Ende November 1944 aufgelöst. Ein Teil der Gefangenen — allem Anschein nach vorrangig die Deutschen unter ihnen — wurde in den Kellern des neuen Gestapohauptquartiers in Heiligenwald inhaftiert, die übrigen im bisherigen „Russenlager" am Sulzbacher Mellin-Schacht.[17]

Am 15. Mai 1946 begann vor dem Tribunal Géneral du Gouvernement Militaire de la Zone d'Occupation Française im Rastatter Schloß das Gerichtsverfahren gegen 33 Mitglieder des Wachpersonals der Neuen Bremm. Es war der größte Kriegsverbrecherprozeß im französischen Besatzungsgebiet, und er endete mit harten, im Vergleich zur englischen oder amerikanischen Zone drakonischen Urteilen: 14 Beschuldigte wurden zum Tode verurteilt und hingerichtet, fast alle übrigen erhielten zum Teil erhebliche Freiheitsstrafen.[18] Erstaunlicher indes war die soziale und politische Identität der Angeklagten, die sich hier offenbarte: Sieht man vom Lagerkommandanten, dem SS-Sturmführer Fritz Schmoll, und einigen anderen ab,[19] dann waren die meisten keine SS-Mitglieder, sondern schlicht notdienstverpflichtete Pensionäre — vielfach frühere Bergarbeiter — oder durch das Arbeitsamt Zugewiesene; dominant waren sie in den 90er Jahren geboren. „Die SS-ler, die uns bewachen", so ein französischer Zeuge, „sind Rentner, ... über 60 Jahre alt, aber welche Energie, welcher Haß!"[20] Diese Radikalisierung läßt sich bestenfalls mit situativen Momenten begründen, ansonsten fehlt ihr der Hintergrund. Ein Detail indes macht auch diesen dürftigen Erklärungszusammenhang noch fragwürdiger: Der gleichnamige Sohn von Hans Kartes, eines im Rastatter Verfahren zu drei Jahren Gefängnis verurteilten Wachmanns aus Wiesbach, war am 12. Juni 1944 im Zuchthaus Brandenburg enthauptet worden. „Nieder mit Hitler" hatte er an eine Spindtür geschrieben, nachdem er von seiner dritten Verwundung an der Ostfront genesen war. Beide waren Bergarbeiter, beide katholisch, beide weder in der NSDAP noch in der SS.[21] Was brachte den Vater, dessen Sohn unter der Guillotine gestorben war, dazu, weiterhin brutal dem Regime zu dienen, das dieses Urteil gefällt hatte? Hier versagen die Erklärungsmuster.

Die terroristische Verfleißigung: Die Arbeitserziehungslager

In Hinzert bei Hermeskeil im Hunsrück, nur wenige Kilometer nördlich der Saargrenze, wurde im Oktober 1939 der Prototyp einer neuen Lager- und Haftform aus der Taufe gehoben. Die Konzeption dieses Sonderstrafsystems stammte nicht aus dem Gestapa, sondern von einem Ingenieur: Fritz Todt, dem als Generalinspekteur für das deutsche Straßenwesen auch der Bau des Westwalls unterstand, hatte nach einem Mittel gesucht, um die schleppende Arbeitsleistung zu heben, die er auf das hohe Maß an „Arbeitsscheuen" und „Gewohnheitstrinkern" unter den Autobahn- und Westwallarbeitern zurückführte. Die ihm zur Verfügung stehende Möglichkeit, sie durch Militärgerichte aburteilen zu lassen, schied für ihn vor allem deswegen aus, weil sie dadurch dem Arbeitsprozeß entzogen würden und die Gefängnisse überfüllt seien. Darum plädierte er für die Errichtung eigener Lager, in denen die „Gestrauchelten zu geordneter Arbeit erzogen werden müssen".[22] Der Grundgedanke der späteren Arbeitserziehungslager war damit geboren: Befristete Erziehungshaft mit Abschreckungscharakter auf der Basis polizeilicher Verfügung, kein zeitraubender Umweg über justizielle Instanzen, Vollzug möglichst in eigener Regie.[23]

Die Realisierung dieser Konzeption lag bei Dr. Thomas, als Inspekteur der Sicherheitspolizei und des SD in Wiesbaden zugleich Führer des Sicherungsstabes beim Generalinspekteur für das deutsche Straßenwesen. Als Sonderbeauftragter Heydrichs erhielt er die Befugnis, gegen Autobahn- und Westwallarbeiter nach eigenem Ermessen Strafen von mindestens drei Monaten zu verhängen. Während diese Haft im SS-Sonderlager Hinzert verbüßt werden mußte, wurden fünf Polizeihaftlager, die ebenfalls im Herbst 1939 entstanden und dem Lagerkommandanten von Hinzert unterstellt waren, für die Ahndung leichterer Vergehen zuständig. Einweisungen verfügten die regional zuständigen Stapo-Stellen und die mit Gestapobeamten besetzten Sicherungsstäbe bei den Oberbauleitungen der Organisation Todt, die auch über ein Strafmaß von maximal 21 Tagen befinden konnten.[24] Eines von ihnen — es firmierte als Polizeihaftlager Homburg-Nord — wurde in den Räumen der ehemaligen Tabakfabrik HEWIMSA in Erbach eingerichtet, deren jüdische Besitzer emigriert waren. Es bestand bis zum 22. November 1940 und war für Erziehungshäftlinge der Oberbauleitungen Homburg und Pirmasens sowie der Abschnittsbauleitung Saarbrücken zuständig.[25] Zunächst allerdings fungierte es über fast zwei Monate als Internierungslager für Dutzende von saarländischen Kommunisten und Sozialdemokraten, die bei der „Aktion gegen führende Reichsfeinde“ nach dem „Bürgerbräu“-Attentat auf Hitler am 8. November 1939 präventiv festgenommen worden waren.[26]

Da die Organisation Todt ihre Bauarbeiter nach der Kapitulation Frankreichs zunehmend aus dem Gebiet des Westwalls abzog, um den vorgerückten Heeresteilen neue Pionierkommandos zur Verfügung zu stellen, war den bisherigen Polizeihaftlagern die Grundlage entzogen. Am 1. Juli 1940 unterstellte Himmler das SS-Sonderlager Hinzert dem Inspekteur der Konzentrationslager; die Wachmannschaften wurden in die SS-Totenkopfverbände überführt. In den folgenden Jahren vermischten sich dort die unterschiedlichsten Zweckbestimmungen und Häftlingskategorien: Ähnlich der Neuen Bremm diente auch Hinzert nunmehr als Durchgangs- und Sammellager für Schutzhäftlinge vor allem aus Frankreich und Luxemburg. Daneben aber erhielt es die Funktion eines Arbeitserziehungslagers, deren Einrichtung Himmler im Mai 1941 reichseinheitlich geregelt hatte. „Die Arbeitserziehungslager“, so sein Erlaß, „sind ausschließlich zur Aufnahme von Arbeitsverweigerern und arbeitsunlustigen Elementen, deren Verhalten einer Arbeitssabotage gleichkommt, bestimmt“. Die durch die Stapo-Stellen zu verfügende Einweisung besaß den „Charakter eines Polizeigewahrsams“. Die Haftdauer betrug für Deutsche und Ausländer maximal 56 Tage; „wenn der Haftzweck nicht erfüllt sein sollte“, konnte eine KZ-Einweisung angeschlossen werden. Die tägliche Arbeitszeit — auch an Sonn- und Feiertagen — sollte mindestens zehn, höchstens zwölf Stunden betragen.[27] Diese dehnbaren Bestimmungen gaben den zuständigen II E-Referaten der Stapo-Stellen völlig freie Hand.

Da Hinzert quasi vor der saarländischen Haustür lag, brachte die Stapo-Stelle Saarbrücken dort seit 1941 die erwachsenen Erziehungshäftlinge unter; Jugendliche hingegen wurden meist ins Jugendlager Niederganingen — Guénange bei Thionville —, z. T. auch in die Jugendarrestanstalt Waldmohr eingewiesen. Seit 1943 löste dann das Sicherungslager Schirmeck in den Vogesen, das dem Befehlshaber der Sicherheitspolizei und des SD in Straßburg unterstand, Hinzert als Arbeitserziehungslager immer stärker ab, ehe das Lager Neue Bremm 1944 allmählich auch in diese Funktion hineinwuchs.[28] Zweifellos war diese Verfleißigung mit terroristischen Mitteln „alles andere als ein Erholungsaufenthalt“, wie Kaltenbrunner im Mai 1944 rühmte und anerkennend hinzufügte: „Die Arbeitsbedingungen und Lebensverhältnisse für die Insassen sind im allgemeinen härter als in einem Konzentrationslager.“[29] Die mindestens 302 Toten von Hinzert — unter ihnen auch etliche Arbeitserziehungshäftlinge aus dem Saarland — unterstreichen dies.[30]

Dennoch erwies sich diese Disziplinierungspraxis — gemessen an den Zielsetzungen des Regimes — in vielem als widersprüchlich, ja dysfunktional. Körperliche und geistige Behinderungen etwa ließen sich weder durch Zwangsarbeit noch durch Terror beheben, wie der erschütternde Fall von Alwin Klein, eines jungen Hilfsarbeiters aus Biesingen zeigt: Da er seit Kindheit gehbehindert war und bei starken Schmerzen manchmal der Arbeit im Eisenwerk St. Ingbert fernblieb, wurde er im Januar 1942 als „Bummelant“ nach Hinzert eingewiesen. Als er dort vergaß, das

Feuer unter zwei Kartoffelkesseln wegzunehmen, unterstellte ihm der Lagerkommandant Sabotage. Die Stapo-Stelle Saarbrücken überstellte ihn daraufhin ins KZ Buchenwald, wo Klein am 21. Januar 1943 starb, gerade 21 Jahre alt.[31]

Vor allem für die Betriebe aber erwies sich diese Haftpraxis als Bumerang: Hatten sie einen Arbeiter gerade deswegen als „Bummelanten“ angezeigt, weil sie dessen Arbeitskraft brauchten, so wurde ihr diese durch die Einweisung ins Lager vollends entzogen; kam der Arbeiter nach acht Wochen zurück, so war er in aller Regel ein körperliches Wrack, dessen Leistungsbereitschaft vielleicht gewachsen war, dessen Leistungsfähigkeit jedoch stark gelitten hatte.[32] Um dieses Dilemma zu lösen, räumte Himmler am 15. Dezember 1942 den Großbetrieben die Möglichkeit ein, für die ausländischen Arbeitskräfte „Erziehungsabteilungen“ einzurichten; „für abgesonderte Unterbringung und die Arbeitszuteilung hätte hierbei im Einvernehmen mit der Staatspolizei(leit)stelle der Betrieb zu sorgen“.[33] Durch diese Abtretung maßnahmenstaatlicher Befugnisse setzte sich die bereits im Bereich der Justiz beobachtete Tendenz zur Privatisierung und Feudalisierung von Kompetenzen, die bislang zum Kernbestand des staatlichen Gewaltmonopols gehört hatten, auch im Sektor des Freiheitsentzugs fort. Faktisch wurde das Instrument der Arbeitserziehungshaft damit an die Unternehmen delegiert, erhielten sie freie Hand gegenüber dem „fremdvölkischen“ Teil ihrer Belegschaften, blieben sie vor allem unmittelbare Nutznießer der terroristischen Verfleißigung — ein Gedanke, der bereits in Todts Modell maßgebend gewesen war — und nicht zuletzt: Sie konnten autonom über die heikle Grenze zwischen gewalttätiger Abschreckung und substantieller Erhaltung der Arbeitskraft bestimmen.

Von der Vollmacht, betriebliche Arbeitserziehungslager zu errichten, scheinen an der Saar jedoch allein die Röchling'schen Eisen- und Stahlwerke Gebrauch gemacht zu haben. Inwieweit dies unmittelbar auf Hermann Röchling zurückgeht, muß dahingestellt bleiben. Sicher ist jedenfalls, daß er als Vorsitzender der Reichsvereinigung Eisen gegenüber den Mitgliedswerken für eine harte Linie gegenüber den ausländischen Arbeitern plädierte. „Liegen Verfehlungen vor“, schrieb er am 4. Oktober 1943, „so müssen sie sofort konsequent verfolgt und streng geahndet werden, notfalls bis zum Konzentrationslager“.[34] Sätze dieser Art rücken seine späteren Bekundungen, das Unternehmen habe nur dem Drängen Bürckels bzw. der Gestapo nachgegeben,[35] in zweifelhaftes Licht. Im April 1943 mietete die Völklinger Hütte ein leerstehendes Barackenlager der Organisation Todt beim Bahnhof von Etzenhofen im Köllertal an und zog dort ein betriebliches Straflager auf. Augenscheinlich war dies die Konsequenz aus der zeitgleichen Einrichtung des betrieblichen Schnellgerichts sowie aus der hohen Konzentration von „Fremdvölkischen“ im Werk: Ende Juli 1943 gehörten dort 5.294 ausländische Arbeitskräfte zur Belegschaft, darunter 2.114 Ostarbeiter und sowjetische Kriegsgefangene; der Ausländeranteil an der Gesamtbelegschaft betrug damit 37 %.[36]

Am 30. April 1943 wurde die Gründung des betrieblichen Arbeitserziehungslagers per Aushang im Werk bekanntgegeben. Formal unterstand es der Stapo-Stelle Saarbrücken, der Werkschutz stellte den Lagerleiter und die mit Pistolen und Gummiknüppeln bewaffneten Wachmannschaften. Zur Einweisung nach Etzenhofen, die vom Schnellgericht verfügt wurde, genügten oft schon Kleinigkeiten; Betriebsführer und Vorarbeiter drohten damit bereits bei Zuspätkommen oder häufigem Krankmelden. Für Flucht oder Lebensmitteldiebstahl wurde die Höchststrafe von 56 Tagen Arbeitserziehungshaft verhängt.[37] Vom April 1943 bis zum Dezember 1944, als das Lager infolge der Hüttenstillegung aufgelöst wurde, lassen sich dort insgesamt 1.604 Internierte nachweisen. Die durchschnittliche Belegung betrug 40 bis 50 Insassen; die Hälfte von ihnen waren Frauen, der Ostarbeiteranteil schwankte zwischen 30 und 60 %.[38]

Die Etzenhofener Gefangenen, deren Nahrung pro Tag aus 50 Gramm Brot und einer Wassersuppe bestand, verrichteten täglich zwölf Stunden unbezahlte Knochenarbeit in Betrieben mit hoher Gesundheitsgefährdung, in der Kokerei etwa, der Benzolfabrik oder der Teeranlage; dabei standen sie unter ständiger Bewachung. Nach der Rückkehr ins Lager begann allabendlich ein stundenlanges Strafexerzieren zur vollständigen Zermürbung; Mißhandlungen waren keine Seltenheit. „Ich habe oft Angstschreie und Weinen vernommen, manchmal legte sich ein regelrechtes Geschrei über das Lager, wenn die Wächter wahllos in die Menge schlugen", bekundete der Etzenhofener Bahnhofsvorsteher im März 1948 im Rastatter Prozeß gegen die Werksleitung der Völklinger Hütte. „Es ist vorgekommen, daß die Menschen aus der Umgebung sich auf der Anhöhe von Herschenbach versammelten, um die Wachmänner zu beschimpfen."[39] Der gesundheitliche Zustand der Häftlinge war erbärmlich. Wie die beiden für die medizinische Betreuung zuständigen Ärzte in Rastatt aussagten, litten viele an Furunkulose infolge von Unterernährung, gab es zahlreiche Fälle von Tuberkulose.[40]

Nimmt man das Universum der Fremdarbeiter- und Kriegsgefangenenlager hinzu — 370 lassen sich im Saarland nachweisen[41] —, dann muß man auch regional von einem braunen Archipel Gulag sprechen, von einer Topographie des Schreckens, in der kaum ein Ort fehlte. Obwohl sie der Wehrmacht bzw. den Betrieben unterstanden, wuchsen auch sie sukzessive in den Maßnahmenstaat hinein; mit der Übertragung des Kriegsgefangenenwesens an Himmler am 25. September 1944 fand dieser Prozeß seinen Abschluß. Durch die Weichenstellungen des „Unternehmens Barbarossa", den „Kommissarbefehl" und die Aufkündigung völkerrechtlicher Konventionen hatte das OKW die sowjetischen Kriegsgefangenen ohnehin zu Freiwild gemacht, die italienischen Militärinternierten wurden seit September 1943 auf denselben Status gedrückt.[42] Den militärischen Wachmannschaften und dem Werkschutz scheint die Devise „Keine Kameraden", die der Willkür Tür und Tor öffnete, kaum Probleme bereitet zu haben, sie wurde vermutlich als Erleichterung der „Arbeit" empfunden, als Entbindung von lästigen Vorschriften. Die vielfältige Kooperation der für das Kriegsgefangenenwesen zuständigen Wehrmachtsstellen mit der Gestapo,[43] deren Eingriffsmöglichkeiten durch Selektion und verfahrensloses Sonderstrafrecht gegen die sowjetischen Gefangenen sowie deren Oberaufsicht über die Fremdarbeiterlager trugen wohl ihren Teil dazu bei, Hemmungen abzubauen. „Kontrollbeamter" der saarländischen „Russenlager" etwa war seit 1943 Kriminalsekretär Erwin Rippel; zuvor hatte er sich seine Sporen bei der Partisanenbekämpfung in der Sowjetunion verdient.[44]

Ebenso wie das Standgericht den Endpunkt in der Entwicklung der NS-Justiz darstellte, symbolisierte das Lagersystem, das sich metastasenartig ausdehnte und die

Konzeption der KZ's abgestuft regionalisierte, zunehmend die nationalsozialistische Maßnahmenpolitik der Abschreckung, Ausgrenzung und einkalkulierten Vernichtung. In der saarländischen Lagertopographie spiegelte sich nicht nur die extensive Ausdehnung des Gegnerbegriffs wider, sie präjudizierte auch jene umfassende polizeiliche Aussonderung und Ausmerzung gesellschaftlich Unangepaßter, wie sie das geplante „Gesetz über die Behandlung Gemeinschaftsfremder“ mit seinen Gummiparagraphen und Generalklauseln vorsah.[45] Wie das Beispiel der Neuen Bremm zeigt, entstand dabei der neue Typus des Polizeigefängnisses, in dem alle Arten staatlich sanktionierten Freiheitsentzugs — Untersuchungs-, Schutz-, Straf- und Arbeitserziehungshaft — unterschiedslos unter KZ-ähnlichen Bedingungen vollzogen wurden. In wachsendem Maße verwischten sich damit die Unterschiede zwischen dem normenstaatlichen Relikt justiziell beaufsichtigter Gefängnisse und den immer großflächigeren exterritorialen Gebieten des Maßnahmenstaates. Das Lager — im Extremfall das KZ — wurde so zum Gegenpol der „Volksgemeinschaft“, zum rechtsfreien Raum für alle Arten ausgegrenzter „Ballastexistenzen“.

8. Zur Sozialgeschichte des Terrors — eine Bilanz

Die Antworten auf die Frage nach der Methodik und Funktionsweise des staatlich organisierten Terrors sind vielfältig, überraschend und in manchem ambivalent, aber keineswegs beruhigend. Die alljährlich wiederkehrenden Betroffenheitsrituale mit ihrer Distanzierung vom vorgeblich Unbegreiflichen der „Gewaltherrschaft“ und ihrer Beschwörung des im Grunde herzensguten, wenn auch etwas einfältigen und darum verführbaren Volkes verharmlosen die historische Realität. Die Maschinerie, die unaufhaltsam und ungerührt Tod produzierte, war auf die Zuarbeit der Bevölkerung nicht nur fundamental angewiesen, sie besaß auch erhebliche gesellschaftliche Akzeptanz.

Insbesondere das unkritisch tradierte Image einer allmächtigen, allgegenwärtigen, allwissenden Geheimpolizei erweist sich als Mythos, wenn man die bisherige Perspektive der Prinz-Albrecht-Straße mit der regionalen Froschperspektive einer Stapo-Stelle vertauscht, wenn man die Erlasse des Gestapa nicht bereits als historische Realität, sondern zunächst einmal als papierene Programmatik begreift und statt dessen in mikroanalytischer Nahoptik die Struktur- und Wirkungsgeschichte der Gestapo untersucht. Obwohl Saarbrücken personell besser ausgestattet war als die meisten Stapo-Stellen im Reich, standen die umfangreichen Überwachungsaufgaben, das ständige Anfertigen von Berichten, das stupide Abschreiben illegaler Flugschriften etc. in keinem Verhältnis zur Zahl der Mitarbeiter. Der dauernd wachsende Personenkreis, dem nachgestellt werden mußte, die Fluktuation und die zunehmend sinkende kriminalistische Qualifikation ihres Personals, der in Schreibtischarbeit aufgehende Alltag — all dies ließ eigenständige Nachforschungen und systematische Observation kaum zu, führte sogar zu einem stetigen Schwund von Fahndungs- und Ermittlungskapazitäten. Gerade die Überlastung und bürokratische Routine machten die Gestapo strukturell abhängig von Zuträgern, Denunzianten, V-Leuten und terroristischen Verhörmethoden. Allerdings darf das sichtbar werdende Maß an Dilettantismus nicht mit Harmlosigkeit verwechselt werden. Die permanente Überforderung führte nicht nur zu Pannen und öffnete Schlendrian und Bestechlichkeit Tür und Tor, sie forcierte auch immer mehr den Griff zu Schutzhaft und KZ-„Verschubung", um sich die aufwendige und vielfach chancenlose Beweisführung gegenüber der Justiz zu ersparen.

Unterstellt man, daß Saarbrücken nicht gerade die schlampigste Stapo-Stelle im Deutschen Reich war, sondern in ihren Strukturen und Methoden, ihren Problemen und Defiziten in etwa deren Durchschnitt widerspiegelt, dann relativiert sich der Mythos der allmächtigen, allgegenwärtigen, allwissenden Geheimpolizei beträchtlich; mit organisatorischer Effizienz, Perfektion und kriminalistischer Intelligenz hatte der Alltag der Gestapo jedenfalls wenig gemein. Gleichwohl war der propagandistisch erzeugte Mythos natürlich handlungsrelevant. Er vermittelte nicht nur die Machtgeltung und Skrupellosigkeit des Regimes, er symbolisierte auch dessen Vitalität und Entschlossenheit. Er integrierte quasi positiv und negativ, durch Angst und durch Anerkennung, aber er integrierte.

Insgesamt ergibt sich das Bild einer keineswegs durchgängig fanatisierten, recht heterogenen Truppe, bei der es besonders während des Krieges zuging wie in einem Taubenschlag, die in einer Flut von Akten, Karteien und Erlassen erstickte, zunehmend immobiler wurde und von ihrem Nimbus zehrte, aber von der (regionalen) Gesellschaft nicht im Stich gelassen wurde und dadurch ihre Fassade bis zuletzt wahren konnte. Andererseits entsteht das Paradox, daß die Gestapo zwar über die Machtmittel eines totalitären Staates verfügte, daß deren Einsatz aber vielfach durch bürokratische und innerorganisatorische Hemmnisse behindert wurde, manchmal sogar völlig scheiterte. Die gängigen Interpretationsmuster verkehren sich damit: Es war gerade nicht die der Gestapo zugeschriebene binnenorganisatorische Präzision, die ihre Wirksamkeit ausmachte, sondern ihr gesellschaftlicher Rückhalt, die massenhafte Kollaboration mit dem Regime, die die Vernichtungsmaschinerie in Gang hielt.

Ihre strukturellen Defizite versuchte die Stapo-Stelle durch einen Prozeß ständiger Penetration wettzumachen — den Versuch, staatliche Behörden und Parteiinstanzen für sich einzuspannen, sie anzuzapfen, teilweise sogar formell zu unterstellen. Diese Strategie der Instrumentalisierung wurde in aller Regel als anmaßender Übergriff empfunden, der das Klima vergiftete und Phobien erzeugte. Selbst wenn — wie es üblich wurde — ranghohe SS-Führer die regionalen Kontrahenten der Gestapo stellten, vermochte dies nicht, die Konflikte einzudämmen oder gar zu unterbinden; wie sich insbesondere beim Polizeipräsidenten, aber auch beim SD beobachten ließ, waren die Kompetenzrangeleien im allgemeinen wirkungsmächtiger als die politisch-ideologische Kohärenz infolge der gemeinsamen Zugehörigkeit zu Himmlers schwarzem Orden.

Das Ergebnis dieses Penetrationsprozesses war ambivalent: Einerseits schuf sich die Gestapo dadurch sukzessive einen Unterbau, der sie überhaupt erst funktionsfähig machte, andererseits entstanden so permanente Reibungsflächen, die den Effizienzzuwachs begrenzten, tendenziell sogar in Frage stellten. Mit anderen

Worten: Der strukturell notwendige Zwang zur Delegation wesentlicher geheimpolizeilicher Aufgaben brachte längst nicht nur einen Zugewinn an Macht mit sich, sondern produzierte auch ständige Spannungen, da er als Kompetenzanmaßung der Gestapo auftrat und die jeweilige Autonomie der betroffenen Instanzen bedrohte. Was nach außen hin als sich vereinheitlichender SS-Staat erscheinen mochte, war im Innern reichlich zerklüftet, ja fraktioniert. Die geforderte „vertrauensvolle Zusammenarbeit" war kaum irgendwo an der Tagesordnung, statt dessen gab es Distanz, Dienst nach Vorschrift, gelegentliche Obstruktion. Allerdings sollte man darüber nicht die Fälle fanatischer Zuarbeit vergessen, die bei einzelnen Polizisten, Bürgermeistern, Ortsgruppenleitern und Blockwarten zu beobachten waren und durchaus querstanden zu den geschilderten Strukturkonflikten. Es wäre sicher zu naiv, die NS-Ära als „Vollzug einer Weltanschauung" zu interpretieren, die Ideologie war jedoch auch in diesem Kontext — so scheint es — durchaus ein eigenständiger, aktiver Faktor, keine bloße Propagandafassade.

Innerhalb dieses von der Gestapo beherrschten oder zumindest instrumentalisierten Bereichs, der in Anlehnung an Ernst Fraenkel als regionaler Maßnahmenstaat bezeichnet wird, verschieben sich die Gewichte der jeweiligen Institutionen, wenn man sie in wirkungsgeschichtlicher Perspektive betrachtet: das des historiographisch überschätzten Sicherheitsdienstes tritt stark zurück — obwohl hier ein Dunkelfeld zu konstatieren bleibt —, das der überkommenen, traditionellen Instanzen — Schutzpolizei, Kripo, Gendarmerie, Bürgermeister, Post, Arbeits-, Gesundheits- und Fürsorgeämter — gewinnt weit stärkere Bedeutung als bisher angenommen. Auch die Blockwarte der NSDAP, die Basis der Parteipyramide, gehörten zu den zentralen Kooperationspartnern der Stapo-Stelle. Durch die Herrschaft des Fragebogens avancierten sie zur Hilfspolizei und werteten sich so auf im sozialen Nahbereich. Die Justiz wiederum wurde von Anfang an und in zunehmendem Maße von der Gestapo überspielt. Warum auch sollte sie sich mit der mühsamen Indizsammlung und Beweisführung aufhalten, wenn es doch die Schutzhaft gab, über die man zudem in eigener Regie entscheiden konnte? Staatsanwaltschaften und Gerichte wurden darum zum Briefkasten für gelöste Fälle, für den Regelfall aber, in dem lediglich Verdachts- und Leumundsmomente vorlagen, kamen sie nicht in Frage.

Der Terror trug durchaus plebiszitäre Züge; an der Gestaltung des Maßnahmenstaates bestimmten viele mit. Die Ermittlung von Gegnern war fast immer das Gemeinschaftswerk von Gestapo und Bevölkerung, von traditionellen Institutionen und neuer politischer Bewegung. Die Gestapo bildete zwar die letzte Instanz, war aber in den wenigsten Fällen die treibende Kraft. Sie verhörte, selektierte, entschied, „verschubte", verwarnte; zu selbständigen Recherchen aber war sie kaum in der Lage. Die breite Kollaboration mit dem Regime, die gesellschaftliche Akzeptanz des Terrors hoben dieses Defizit jedoch auf und verschafften der Gestapo viele Ohren in der Region, gerade auch im Umfeld der Regimegegner. Der Begriff „Massenverbrechen" besaß durchaus einen Doppelsinn: Sie betrafen nicht nur Massen, es waren auch Massen an ihnen beteiligt.

Dies war keineswegs das Ergebnis einer „geradezu wissenschaftlich organisierten Schnüffelei und Denunziererei", wie Delarue unterstellte.[1] Die Denunziationen waren ein eigenständiger Reflex der Bevölkerung auf die Diktatur, sie erfolgten freiwillig und in rauhen Mengen, mußten weder herausgelockt, noch -geprügelt werden. Gleichwohl gab ihnen jede Verschärfung der Strafandrohungen wegen nonkonformen Verhaltens neue Nahrung, schuf die seit 1939 ständig höher gehängte Meßlatte der Systemloyalität dafür permanent neue Anreize.[2] Der grassierende Bazillus der Denunziation brachte Herrschaftssystem und Gesellschaft in unmittelbare Wechselwirkung, bot Profit für beide Seiten, war ein oft tödliches Tauschgeschäft: Für die Gestapo bildeten Denunziationen neben dem System der V-Leute die zentrale Ermittlungstechnik; beides zusammen erst machte ihren Nimbus der Allwissenheit glaubhaft. Für die Bevölkerung wiederum bot die Institution der Anzeige bei Polizei bzw. Gestapo ein Stück Partizipation an der Macht, gab ihr die Chance für Konfliktlösungsstrategien im persönlichen Interesse. Vieles ließ sich damit eliminieren: Feindschaften aus dem Abstimmungskampf etwa, die eigene Vergangenheit, politisierte Querelen in der Nachbarschaft, der „Status-Quoler", der in der Kneipe immer noch vom Leder zog, der Kollege, der ständig auf die Kluft zwischen Versprechungen und Wirklichkeit hinwies, der Vorarbeiter, der sich partout nicht „umstellen" wollte, der ungeliebte Ehemann, der zum stigmatisierten Außenseiter geworden war, der verhaßte Vater, der die Eingliederung in die neue Zeit autoritär zu verhindern suchte. Besitz- und Erbschaftsstreitigkeiten ließen sich so regulieren, der Verteilungskampf um Posten und Pöstchen nach dem 13. Januar, aber auch eigene Ängste im Krieg.

Die Schuld der Unternehmer relativiert sich in diesem Kontext: Auch sie bedienten den Apparat des Maßnahmenstaates, partizipierten an ihm, meldeten Wünsche an, drangen auf deren Erfüllung, profitierten natürlich, aber sie saßen nicht an den Schalthebeln der Macht.[3] Ihre schuldhafte Verwicklung bleibt bestehen, wirkungsrelevanter jedoch waren Breite und Intensität, Quantität und Qualität, in der die Arbeiterschaft mit dem neuen Regime kooperierte. Nur sie konnte den Dissens, aber auch den Widerstand in den eigenen Reihen aufdecken und ans Messer liefern. „Das Milieu denunzierte sich in der Regel selbst"; diese Feststellung Peter Hüttenbergers bestätigte sich auch in dieser Studie.[4] Die Flut der Denunziationen aus dem Proletariat warnt davor, politische Optionen vor 1933 bzw. 1935, Wahlergebnisse, politische Kultur, Tradition, Milieu oder Klassenlage als unveränderliche Größen mit gleichbleibender Bedeutung zu behandeln. Neben diesen überkommenen Mustern mit ihrer zweifellos vorhandenen Prägekraft existierte auch eine Welle des situativen Opportunismus, die vieles wegspülte, ein Drang nach Auf- und Ausbruch aus den bisherigen Schranken, der auf das neue Regime setzte, aber auch schlichtweg bösartige Rachsucht, die skrupellos die gebotenen Möglichkeiten für sich instrumentalisierte.

Die Wirksamkeit der Gestapo beruhte damit in hohem Maße auf Sozialbeziehungen, die durch Konkurrenz und Neid, Angst und Haß geprägt waren, sie gründete aber auch auf Strukturmomenten der gegnerischen Lager. Dies betrifft sowohl die Chance zur Rekrutierung von V-Leuten als Resultat der Milieuerosion als auch die Möglichkeiten zur Überwachung illegaler Aktivitäten, die sich infolge eingefahrener Kollektivismen und Milieupraktiken boten, die der notwendigen Konspiration entgegenstanden. Daneben existierte ein überraschendes Ausmaß an

Auskunftsfreudigkeit bei Verhören, das fortwährend neue Opfer erzeugte und häufig erst für Verhaftungswellen sorgte. Insbesondere die in den Jahren des „Blitzkrieges" und des Hitler-Stalin-Paktes festzustellende Sinnkrise des Widerstands, die sich damit vermengenden Haftpsychosen und die durch das Kriegsstrafrecht forcierte Angst um den eigenen Kopf bescherten den Vernehmungsmethoden der Gestapo Erfolg und erzeugten teilweise Sturzbäche an Geständigkeit.

Die Stabilität des Regimes basierte jedoch keineswegs vorrangig auf Terror oder auf der Androhung von Terror. Die Gewalt des Maßnahmenstaates richtete sich nie gegen *die* Bevölkerung als ganzes, auch nicht gegen *die* Arbeiterschaft in toto, sondern höchstens gegen abspaltbare, randständige Teile von ihr, gegen ausgrenzbare soziale, politische oder rassische Minderheiten, die ohnehin suspekt waren: den unbelehrbaren „Staatsfeind", den „Faulenzer", den „Gewaltverbrecher", den „Schwulen" . . .[5] Auf dem Hintergrund des hoch emotionalisierten Abstimmungskampfes dürfte das „Durchgreifen" gegen renitente „Status-Quoler" kaum auf Mißbilligung gestoßen sein. Auch „Asozialen"-Verfolgung und vorbeugende Verbrechensbekämpfung erschienen nicht als die schlimmsten Ausgeburten des Regimes. Im Gegenteil: Für viele symbolisierten diese Konzepte den eingelösten Anspruch von „Ruhe und Ordnung", mit dem die NSDAP angetreten war. Auf dem Hintergrund der Weltwirtschaftskrise, die die gesellschaftlichen Verteilungs- und damit auch die Toleranzspielräume verengt hatte, dürfte ein rabiates Vorgehen gegen „Schmarotzer" vielen — gerade auch Arbeitern — als durchaus gerechtfertigt erschienen sein. Zudem stammte die Stigmatisierung der allermeisten Betroffenen bereits aus der Zeit vor 1935 und war überdies gesamtgesellschaftlich verwurzelt; die Abgrenzung von „lumpenproletarischen Elementen" gehörte ebenso zur Tradition der Linken wie der Satz „Wer nicht arbeitet, soll auch nicht essen". Die „gesellschaftssanitäre Idee" des Nationalsozialismus[6] besaß viele, durchaus konträre Quellen.

Der partialisierte Terror des Maßnahmenstaates konnte daher auf Duldung und Akzeptanz zählen; eine die verschiedenen Teilkulturen und Milieus überspannende Solidarisierung gegen die neue Herrschaftspraxis kam nicht zustande. Die Aktionen gegen die Kommunisten und Sozialdemokraten ließen die Meinungsführer des katholischen Milieus kalt; die längst fällige Abrechnung mit dem „gottlosen Bolschewismus" dürfte zumindest stillschweigend toleriert worden sein, öffentliche Proteste jedenfalls waren Fehlanzeige. Auch das Vorgehen gegen die Sekten führte zu keinerlei Reaktion bei den anderen konfessionellen Glaubensgemeinschaften. Als man die Juden aus ihren Häusern holte, blieb der öffentliche Aufschrei des Entsetzens aus, viele machten statt dessen begeistert mit. Als der katholischen Kirche ihre traditionellen Privilegien genommen wurden, dürften auch etliche Linke damit klammheimlich sympathisiert haben, die dem Klerus seine einstige autoritäre Reglementierung nicht nachsehen konnten.[7] Als die „Arbeitsscheuen" eingesammelt wurden, war bei den unter der forcierten kapitalistischen Verfleißigung Leidenden wohl Schadenfreude spürbar; es gab keine Schlupflöcher mehr für „Faulenzer". Und gegenüber den Ostarbeitern in der Kriegswirtschaft fühlten sich auch deutsche Proletarier plötzlich als „Herrenmenschen".

Die Eliminierung „unnützer Esser", die Vernichtung „lebensunwerten Lebens", die Liquidierung von „Asozialen", „Staatsfeinden", Homosexuellen, Juden und

Zigeunern, die Beschränkung der Kirchen — all das besaß einen — wenngleich wechselnden — gesellschaftlichen Rückhalt mit langer Tradition. Umgekehrt verstanden es die Behörden des Maßnahmenstaates durch die Partialisierung der Gewalt, vorhandene Ressentiments in den einzelnen Populationen zu nutzen und ihren Terror zumindest bei den Nichtbetroffenen als legitim zu ummänteln. Für den Widerstand hatte dies erhebliche Folgen; er blieb von vornherein auf die ihm eigenen Milieus beschränkt. Gleichzeitig werden hier Formen von Komplizenschaft sichtbar, die bis hinein in die gegnerischen Lager reichten. Die gerade bezüglich der NS-Zeit eingeübte Perspektive der Täter-Opfer-Dichotomie, der Bipolarität von Gehorsam oder Widerstand geht nicht auf.[8]

Darüber hinaus war der Terror keineswegs flächendeckend erfahrbar. Es gab viele Dörfer in den Landkreisen an der Peripherie, in denen niemals ein Gestapo-Beamter auftauchte, in denen die Existenz einer Geheimpolizei bestenfalls vom Hörensagen bekannt war; kam es dort — wenn überhaupt — zu Festnahmen, dann wurden sie durch die Gendarmerie vorgenommen. Und es gab einzelne Straßen in Saarbrücken-Burbach und Altsaarbrücken, in denen die Gestapo nahezu jedes Haus auf den Kopf stellte. Umgekehrt galt diese Segmentierung ebenso für die einzelnen Glieder des Maßnahmenstaates. Die Arbeitsteilung der Instanzen bewirkte auch eine Fragmentierung der Verantwortung: Den jeweiligen Fachreferenten der Stapo-Stelle flatterten stapelweise „Fälle“ auf den Tisch, Denunziationen vor allem, aber auch Anzeigen der regulären Polizei, Berichte der V-Leute, Meldungen der verschiedensten Verwaltungen. Sie lösten den „Fall“ auf der Basis von Verhören, Zeugenaussagen oder reiner Projektion und reichten ihn nach oben weiter. Das Schutzhaftreferat beantragte für den ihm bereits vollkommen Anonymisierten die KZ-„Verschubung“, das Gestapa bestätigte sie, das jeweilige Konzentrationslager übernahm die Durchführung. Diese Stufenleiter wachsender Abstraktion und Entpersönlichung implizierte einerseits die stetige Reduktion eigener Verantwortung.[9] Andererseits nahm die Möglichkeit zur Partikularisierung der eigenen Rolle die Mitwirkung am Verfolgungs- und Vernichtungsprozeß subjektiv zurück und erlaubte den Rückzug auf die „alltäglichen Praktiken professioneller Routinisierung“, die den moralischen Druck offener Entscheidungssituationen gar nicht erst entstehen ließen.[10]

Der seit 1938/39 feststellbare Prozeß einer kumulativen Radikalisierung, der immer weitere Personengruppen kriminalisierte und den Einsatz der Mittel gegen sie totalitär entgrenzte, wurde zwar durch entsprechende Weisungen Himmlers und Heydrichs initiiert, einen Teil seiner destruktiven Dynamik bezog er jedoch auch aus den Strukturen der Gestapo-Basisorganisationen: Das sich erhöhende Maß eingeforderter Systemloyalität und die Feindbildexplosion seit Kriegsbeginn steigerten dort die Überforderung und vermehrten die Engpässe, sie multiplizierten aber auch die Angst vor einer befürchteten Sicherheitslücke und verringerten so die Hemmschwellen gegenüber terroristischen Praktiken. Der immer paranoider werdende Blick erwuchs auch aus zunehmenden Wahrnehmungsverzerrungen, wachsendem Realitätsverlust und der Projektion des „Verrates“ von 1918 auf die Gegenwart, die eine Mechanik des Aufruhrs unterstellten, den Grad der Bedrohung übersteigerten und umgekehrt die Politik des präventiven Kahlschlags legitimierten. Die kumulative Radikalisierung entsprang damit nicht zuletzt der größer werdenden Kluft zwischen

Anspruch und Wirklichkeit der Gestapo. Sie war auch der Versuch, das selbstgeschaffene Image zu wahren, den eigenen Mythos zu retten — koste es, was es wolle.

Auch die Frage nach der angemessenen Begrifflichkeit, der Haltbarkeit und Reichweite bisheriger Theorie-Modelle stellt sich: Insbesondere Ernst Fraenkels einflußreiche Studie über den nationalsozialistischen „Doppelstaat" als widerspruchsvolle Einheit aus traditionellem Normen- und neuem Maßnahmenstaat verliert beim näheren Hinsehen an Evidenz.[11] Die Topoi der allgemeingültigen Norm und der situativen Maßnahme bieten zwar jeweils für sich trennscharfe Definitionen, erscheinen im historischen Kontext gleichwohl als zu rechtspositivistisch gedacht, da sie lediglich auf die Art der Rechtssetzung abstellen, nicht aber auf deren Inhalt und Umsetzung. Auch ein gespaltener Doppelstaat läßt sich im Bereich der politischen Verfolgung nur schwer ausmachen. Hier dominierten die fließenden Übergänge, die eine klare Grenzziehung problematisch erscheinen lassen. Bei aller Differenz zwischen rechtsnormativen und prärogativen, polizeistaatlichen Vorstellungen und Methoden muß man feststellen, daß sich „der Normenstaat, ohne direktem Druck ausgesetzt zu sein, von 1933 an von wesentlichen normenstaatlichen Prinzipien löste und dem Maßnahmenstaat die Tür zum Eintritt in den eigenen Kompetenzbereich weit aufstieß".[12] Den vielfachen Absprachen zwischen Reichsjustizministerium und Gestapa bzw. Reichssicherheitshauptamt — gewissermaßen den Spitzen des Normen- und des Maßnahmenstaates — entsprach auch die Praxis vor Ort. Bei der Sondergerichtsbarkeit wurden die Schilder am Sitzungssaal vertauscht, ansonsten urteilten die alten Institutionen und Personen, spielten heute Normen-, morgen Maßnahmenstaat. Umgekehrt betrieben die Strafsenate der traditionellen Oberlandesgerichte anscheinend bereitwilliger Rechtsbeugung als die revolutionäre Institution des Volksgerichtshofes, während die Stapo-Stellen bei aller Exemtion vom Recht formell ein im Inneren hochgradig normierter Apparat waren, dessen dezisionistische Willkür jedenfalls bis 1939/40 durch vielfache Regulative gebremst blieb bzw. streng kanalisiert wurde.

Fraenkels Studie, die bis 1938 klandestin in Deutschland entstand und 1941 in den USA erschien, ist im wesentlichen ein Denkprodukt der inneren Emigration und des Exils, das allenfalls einige widersprüchliche Tendenzen bis zur Mitte der 30er Jahre widerspiegelt, insbesondere für die Verhältnisse im Krieg aber keinerlei Gültigkeit mehr beanspruchen kann.[13] Fraenkel, dem ein derartiger Verfall des Rechtsstaats unvorstellbar blieb, scheiterte analytisch nicht nur durch seinen traditionellen, für das NS-Regime nicht mehr zutreffenden Staatsbegriff, er wurde auch ein Opfer seiner justiziellen Fixierung, da ihm im wesentlichen nur das in den Blick geriet, „was überhaupt noch zur justizförmigen Verhandlung kam. Daher erwecken Fraenkels Beispiele ... eher den Eindruck eines Rechtsstaats mit kleineren Übergriffen".[14] „Der Doppelstaat" ist — ähnlich wie Kogons „SS-Staat" — eine zeitgebundene und -bedingte Analyse, die heute primär quellenkritisch gegen den Strich gelesen werden sollte, die vor allem Aufschlüsse über die intellektuellen, politischen und moralischen Dimensionen des „anderen Deutschland" zu liefern verspricht.

Weit größere Evidenz kann hingegen die Polykratie-These für sich beanspruchen, die — aufbauend auf Heinz Höhnes aufsehenerregender Geschichte der SS —

insbesondere von Hans Mommsen und Martin Broszat entwickelt wurde und das bisherige Bild vom monolithischen, durchrationalisierten Machtsystem zunehmend in Frage stellte.[15] Demnach resultierte aus dem Führerprinzip keineswegs eine klare Befehlshierarchie, da es per se zur Inanspruchnahme von Allzuständigkeiten tendierte, kompetenzielle Schranken negierte und die Entstehung rivalisierender Apparate und konkurrierender Machtansprüche förderte. Die Instanzen in Staat und Partei fungierten demzufolge keineswegs als willenlose Transmissionsriemen Hitler'scher Intentionen, sondern verselbständigten sich zu zentralen oder partikularistischen Sondergewalten, führten zu einer Überlagerung verschiedener Hierarchien, zu Gemengelagen in Fragen der Zuständigkeit, zu einem wuchernden System der „Bevollmächtigten", zur Verwaltung im Kommissarstil und bedingten durch das Fehlen förmlicher Integrationsmechanismen einen Herrschaftspluralismus und Prozesse beständiger innerer Machtumschichtung, die das propagandistisch gepflegte Image eines einheitlich gelenkten und straff durchorganisierten Staates permanent konterkarierten. Das bisherige Bild wohlberechneter und rational kalkulierter Planung macht damit dem eines Systems der Systemlosigkeit Platz, das sich wildwüchsig und improvisiert entwickelte, chronische Konkurrenzkämpfe und Kompetenzrangeleien produzierte, einen fortschreitenden Prozeß staatlicher Zersetzung induzierte und zur ständigen Selbstbehinderung des Regimes führte.

Jenes Bild eines mafiaähnlichen Kampfes um Machtreviere und Einflußzonen bestätigte sich in der Nahoptik dieser Studie auf vielfältige Weise: Der regionale Maßnahmenstaat war kein einheitlicher Block, kein in sich geschlossener Repressionsapparat, sondern ein Sammelsurium alter und neuer Instanzen, die höchst unsynchronisiert nebeneinander existierten und auch von Bürckel, dem auf seine Autokratie bedachten Gauleiter und Reichskommissar, nur teilweise und mit abnehmender Tendenz noch kontrolliert werden konnten. Der permanente Ausnahmezustand bedurfte nicht nur der ständigen Improvisation, um die existentiell notwendige Zusammenarbeit sicherzustellen, er bedingte auch dauernde Übergriffe und Kompetenzanmaßungen. Die überraschend starke Zerklüftung des staatlichen Gewaltapparates ließ sich damit nicht beseitigen, der Dschungelkampf aber erhielt dadurch ständig neue Nahrung. Die Konflikte entsprangen den strukturellen Eigengesetzlichkeiten der verschiedenen Apparate, ihren Unterstellungsphobien und Instrumentalisierungsängsten, nicht aber Zielkonflikten oder ideologischen Differenzen. Sich als Zuarbeiter für die Gestapo einspannen zu lassen bzw. dies abzulehnen oder zu unterlaufen, war damit nicht unbedingt eine Charakterfrage, sondern insbesondere eine des polykratischen Gegeneinander, der interinstitutionell erzeugten Aggression. Ressortkonkurrenz und Kompetenzenwirrwarr implizierten erhebliche Stör-, ja „Resistenz"-Faktoren; die dadurch erzeugten Reibungs- und Effizienzverluste waren wohl erheblich größer als die durch den Widerstand bedingten.

Gleichwohl blieben die Polykratie-Konflikte relativ, verloren sie seit Kriegsbeginn zunehmend an Gewicht. Die Konkurrenz der verschiedenen Partei- und Staatsinstanzen verhinderte keineswegs die kumulative Radikalisierung, statt dessen ist ein Prozeß des Zusammenwachsens zu beobachten, der parallel dazu verlief, sich jedoch längst nicht nur eindimensional aus diesem ableiten läßt. Die seitdem wachsende Konvergenz der Apparate scheint insbesondere durch das stetig zunehmende Fremdarbeiterheer befördert worden zu sein. Es machte die völkische Hierarchisierung zum Strukturelement der Alltagserfahrung und antizipierte das Versprechen einer „Herrenmenschen"-Ordnung, aber es baute auch Ängste auf, die sich im Kriegsverlauf steigerten. Wenn irgendetwas SS-mäßiges Verhalten grundlegend erzwang — so scheint es —, dann war es das Gefühl wachsender Bedrohung an der „Heimatfront" in Verbindung mit der Kriegswende seit Stalingrad. Je mehr der Druck von außen zunahm und das Wissen um die eigene Schwäche im Inneren Horrorvisionen erwachsen ließ, desto mehr überformte dies die Kompetenzrangeleien früherer Tage. Wenn überhaupt, dann resultierte daraus eine Tendenz zum SS-Staat in dem von Kogon beschriebenen Sinn. Die Polykratie-These verliert damit an Aussagekraft; sie erscheint plausibel für die Vorkriegszeit, ihr Deutungsgehalt für den Weltkrieg aber kann kaum überzeugen.[16]

In dieser Hinsicht — wenngleich in quasi umgekehrter Weise — bleibt auch Franz Neumanns „Behemoth" analytisch unbefriedigend. Die Thomas Hobbes entlehnte Metapher vom biblischen Fabeltier, das immer neue Macht frißt, die institutionelle wie rechtliche Ordnung verschlingt und den „Unstaat" erzeugt,[17] kennzeichnet zwar bildkräftig den Prozeßcharakter der zunehmenden Auflösung ordnungsstaatlicher, regulativer und rationaler Elemente im Herrschaftsgefüge des Dritten Reiches, die Studie geht jedoch allzusehr von Kompromissen zwischen den Eliten aus und übersieht deren zuweilen antagonistisches Gegeneinander.

Für den Widerstand bedeutete die Existenz polykratischer Konflikte ein gigantisches Verwirrspiel: Einerseits öffneten sich dadurch plötzliche, unverhoffte Spielräume und Schutzzonen, die jedoch unkalkulierbar blieben und sich in ihrer Systematik nicht durchschauen ließen. Andererseits konnten sie eine Regelhaftigkeit — das Schlupfloch durch den „guten Nazi" — vortäuschen, die es nicht gab. Gleichwohl waren die Möglichkeiten der Überwachung und des Zugriffs keineswegs so totalitär, daß sie Widerstand von vornherein zum Scheitern verurteilt hätten. Die innere Fragmentierung des Maßnahmenstaates, aber auch die strukturellen Defizite seiner Instanzen ließen vielfältige Freiräume und Rückzugsnischen zu. Die Zahl der V-Leute, der einzigen durchschlagenden Waffe gegen konspirative Gruppen, war begrenzt und ließ sich nicht beliebig vermehren; Tarnkappen wiederum standen auch der Gestapo nicht zur Verfügung. Die kumulative Radikalisierung mit ihrer Überdehnung der polizeilichen Ressourcen und Überstrapazierung der eigenen Kräfte führte sogar zu dem Paradox, daß sich die Handlungschancen des Widerstandes seit Kriegsbeginn objektiv noch vergrößerten.

Inwieweit diese Spielräume effektiv genutzt wurden, wird zu den zentralen Fragen zählen, die im Mittelpunkt des abschließenden dritten Bandes unserer Studie stehen werden. Sicher erscheint jedenfalls, daß das NS-Regime weder zu einer umfassenden Kontrolle, noch zu einer lückenlosen Repression in der Lage war; totalitär war der Anspruch, nicht die Wirklichkeit. Hans Mommsen ist darum zuzustimmen, wenn er schreibt: „Nicht überlegene Manipulation und Herrschaftstechnik, sondern mangelnde Widerstandskraft der deutschen Gesellschaft gegen die Zerstörung der Politik ist die entscheidende Ursache der deutschen Katastrophe, und in dieser Hinsicht bedarf es der Historisierung, ohne daß damit die besondere Bedeutung des Nationalsozialismus in Frage steht."[18]

VI
Loyale Widerwilligkeit
Milieuunabhängige Formen von Dissens und Verweigerung

Mit der Konzentration auf die Auswirkungen des NS-Regimes auf das Alltagsleben, auf das Agieren und Reagieren der Betroffenen verließ die bundesdeutsche Widerstandsforschung Ende der 70er Jahre die bis dato fast ausschließliche Fixierung auf den hochgradig organisierten Widerstand der militärischen Eliten bzw. der linken Arbeiterbewegung und öffnete den Blick für völlig neue Konfliktfelder. Durch die alltags- und sozialgeschichtliche Erweiterung des Widerstandsbegriffs und seine Einbettung in die allgemeine Verhaltensgeschichte rückte plötzlich der Widerstand der „kleinen Leute" in das Zentrum des Forschungsinteresses. Geleitet vom Interesse, den latenten Heldenkult der bisherigen Widerstandsliteratur zu transzendieren, produzierte das neue Forschungsbemühen durch seine strukturell angelegte Überbewertung nicht-systemkonformer Verhaltensweisen und komplementär durch die Unterbelichtung der Popularität des NS-Regimes unter der Hand und zweifellos unbeabsichtigt den neuen Mythos eines breit angelegten Alltagswiderstandes gegen das Dritte Reich. Der schiefe totalitarismustheoretische Blick einer nahezu hundertprozentig angepaßten deutschen Bevölkerung schlug um in das ebenso schiefe Bild weitgehend immunisierter, ja den Herrschaftsanspruch des Nationalsozialismus entscheidend begrenzender gesellschaftlicher Milieus. Aus dem Volk der Mitläufer wurde ein Volk von Verweigerern, Opponenten, Widerstandskämpfern . . .

Die Schleusen für diese neue Entwicklung öffnete Peter Hüttenberger mit seinem erweiterten Widerstandsbegriff, wonach Widerstand nun „jede Form der Auflehnung im Rahmen asymetrischer Herrschaftsbeziehungen gegen eine zumindest tendenzielle Gesamtherrschaft" sein sollte.[1] Je umfassender ein Herrschaftsanspruch auftrete, so Hüttenberger, desto mehr Widerstand sei die Folge, da das Regime permanent Verhalten und Aktionen in Widerstand verwandele, die unter normalen Bedingungen — z. B. einer pluralistischen Demokratie — überhaupt keine politische Bedeutung beanspruchen könnten. Hüttenberger ließ sich damit die Optik des Dritten Reiches aufzwingen und entledigte sich der quellenkritischen Prüfung und Bewertung der von den NS-Sicherheitsbehörden selbst als Widerstand definierten Handlungen.

Mit einem ähnlich erweiterten Widerstandsbegriff operierte auch das Bayern-Projekt des Münchener „Instituts für Zeitgeschichte", das den neuen Begriff der „Resistenz" in die Diskussion einführte und damit mehr Verwirrung als Klarheit brachte. Anders als Hüttenberger wirkte der um Martin Broszat versammelte Autorenkreis des „Bayern-Projekts" begriffsbildend und bestimmte entscheidend die Widerstandsforschung in den 80er Jahren. Broszat zufolge sollte „Resistenz" ein struktureller, moralisch neutraler Begriff sein, der — ähnlich dem der „Immunität" aus der medizinischen Terminologie — dazu beitragen sollte, die „wirksame Abwehr,

Begrenzung, Eindämmung der NS-Herrschaft oder ihres Anspruches, gleichgültig aus welchen Motiven, Gründen und Kräften her" zu untersuchen und „wirkungsgeschichtlich" zu analysieren.[2] Nach Broszat fand wirksame, d. h. real herrschaftsbegrenzende Resistenz ihren Ausdruck in einer Vielzahl von Verhaltensmustern wie dem verbotenen Streik in einem Betrieb, in der Nichtteilnahme an NS-Veranstaltungen, der Verweigerung des Hitlergrußes, der Nichtbeachtung des Verbots des Umgangs mit Juden und Kriegsgefangenen, der Aufrechterhaltung von Gesinnungsgemeinschaften außerhalb der NS-Organisationen oder auch in der bloß inneren Bewahrung von dem Nationalsozialismus widerstrebenden politischen oder religiösen Grundsätzen. Tendenziell war damit der Heimtückeredner und der ausschließlich um seine materiellen Belange streikende Arbeiter zum Widerstandskämpfer aufgestiegen, denn nach Broszats wirkungsgeschichtlichem Ansatz zählte nicht mehr länger das, was beabsichtigt und gewollt, sondern primär das, was getan und was bewirkt wurde.[3]

Prinzipiell zwei Einwände werden von der Kritik gegen den Resistenz-Begriff ins Felde geführt: die Ausdehnung des Widerstandsbegriffes auf fast alle Verhaltensweisen außer der expliziten Begeisterung für das System und die im Begriff tendenziell angelegte oppositionelle Umdeutung systemimmanenter Konflikte. So habe der wirkungsgeschichtlich orientierte Begriff der Resistenz systemneutrale Verhaltensweisen wie das in jeder Gesellschaft übliche und quasi zur normalen Pathologie des Alltags zählende Meckern und Nörgeln in einem historisch nicht gerechtfertigten Sinne aufgewertet und politisiert. Durch die Ausweitung des Widerstandsbegriffes gerate zudem das Spezifische des Widerstandes im Dritten Reich aus dem Blick.[4] Aus wirkungsgeschichtlicher Perspektive erscheine der politische Widerstand — weil gescheitert — weit weniger relevant als z. B. die elitäre Resistenz von Teilen des Großbürgertums und des Adels gegenüber den „Proleten von rechts" bzw. die intern angelegten strukturellen Behinderungen durch das polykratische Machtgestrüpp des Dritten Reiches selbst (Reichswehr vs. SA, Wehrmacht vs. SS, reguläre Polizei vs. Gestapo, DAF vs. Unternehmer usf.). Darüber hinaus ist bezweifelt worden, ob tatsächlich — wie im „Bayern-Projekt" behauptet — die Eindämmung des NS-Herrschaftsanspruches durch gesellschaftliche Resistenz, z. B. im katholischen Milieu, die Effektivität des NS-Herrschaftssystems nachhaltig behindert habe.[5]

Um dem Problem der mangelnden begrifflichen Abgrenzung des Resistenz-Begriffes zu den sprachlich und moralisch völlig anders konnotierten Termini der „résistance" bzw. der „resistenza" zu entgehen, hat Richard Löwenthal den Begriff der „gesellschaftlichen Verweigerung" vorgeschlagen, die er als eine von der „politischen Opposition" der Linken und der „weltanschaulichen Dissidenz" der Intellektuellen und Künstler abgegrenzte, dem totalitären Machtwillen deutliche Grenzen setzende Form des „antitotalitären Widerstandes" definiert. Löwenthal differenziert zwischen der „institutionellen Verweigerung" — z. B. der Kirchen — und der aus gesellschaftlichen Milieus mit gemeinsamen Traditionen erwachsenen „individuellen Verweigerung"[6], wobei auch sein Begriffsvorschlag die Grenzen zwischen Widerstand und Verweigerung zu sehr verwischt.

Detlev Peukert schließlich hat versucht, mit seiner Typologie „abweichenden" Verhaltens die besonders in der konkreten Forschungspraxis deutlich werdenden

Fallstricke der Begriffe „Resistenz“ und „gesellschaftliche Verweigerung“ zu umgehen und zwischen nonkonformem Verhalten, Verweigerung, Protest und Widerstand differenziert, wobei er Widerstand — wie schon lange vor ihm Friedrich Zipfel[7] — vernünftigerweise auf Verhaltensformen beschränkt wissen wollte, „die das NS-Regime als Ganzes ablehnten“.[8] Bloße Unzufriedenheit oder unbewußte Affekthandlungen, auch wenn sie schwerste Bestrafungen nach sich ziehen konnten, sind aus dieser, letztlich wieder motivationsgeschichtlichen Forschungsperspektive mit dem Begriff des Widerstandes nur schwerlich vereinbar, zumal sich die Betroffenen der strafrechtlichen und politischen Dimensionen ihres Verhaltens oft gar nicht bewußt waren.

Da der motivationsgeschichtlich eng eingegrenzte und moralisch stark konnotierte Begriff des „Widerstandes“ ebenso wie der wirkungsgeschichtlich weit gefaßte, eher unscharfe Strukturbegriff der „Resistenz“ als Oberbegriff für die Analyse nicht systemkonformer Einstellungs- und Verhaltensweisen im Dritten Reich jenseits des Widerstandes im politisch engeren Sinne ungeeignet erscheinen, werden wir uns im folgenden an dem von Ian Kershaw eingeführten, weniger emotional und moralisch belasteten Begriff des „Dissens“ orientieren, der alle Verhaltensformen und Haltungen umfaßt, die eine Nichtübereinstimmung bzw. einen mangelnden Konsens mit dem NS-Herrschaftsanspruch signalisieren. Dieser weit gefaßte Begriff bietet nach Kershaw die Möglichkeit, alle individuellen wie kollektiven, aktiven wie passiven, partiellen wie generellen Formen von Nonkonformität bis hin zu spontanen und unbewußten Handlungen und Äußerungen zu subsumieren, die in überhaupt keiner Weise im Widerspruch zur NS-Herrschaft standen.[9] Der Dissens-Begriff suggeriert automatisch Konfliktbeziehungen zwischen Herrschaft und Gesellschaft, aber läßt zugleich offen, ob der Konflikt innerhalb einer generellen Zustimmung zum NS-System als Ganzem oder zu zentralen Bestandteilen des Herrschaftssystems stattfindet. Zugleich ist im Begriff des Dissens immer schon die viel entscheidendere Frage nach den komplementären bzw. substitutiven Konsensbereichen mitangelegt.

Gleichwohl weist auch dieser generalisierende Oberbegriff ein entscheidendes Manko auf, da er unterschiedslos so verschiedene Verhaltensformen wie die spontane, ungeplante Heimtückerede mit dem geplanten Sabotageakt oder der Gehorsamsverweigerung und Desertion von Wehrmachtssoldaten auf eine Stufe stellt. Der Begriff des Dissens soll daher im folgenden auf alle jene mehr ideellen und verbalen Formen von Nonkonformität eingegrenzt werden, von denen der habituelle Akt der Verweigerung einer Anordnung, eines Befehls etc. unterschieden wird. „Akte bloßer Nonkonformität wurden dann um einen Grad genereller und damit politisch gegen das System gerichtet“, so Peukert, „wenn sie nicht nur gegen irgendwelche Normen des Systems verstießen, sondern sich den Anordnungen etwa von Behörden bewußt widersetzten“.[10] Vom Widerstand im engeren Sinne unterschieden sich die unter den Begriffen Dissens und Verweigerung subsumierten Einstellungen und Verhaltensweisen primär dadurch, daß sie sich auf Teilbereiche des NS-Regimes bezogen, partialisiert und vielfach spontan blieben, ohne intentional den Grundkonsens zwischen Herrschenden und Beherrschten in Frage zu stellen.

Aber auch hier wird erst die konkrete Einzeluntersuchung der Motive und Wirkungen Aufschlüsse auf die systemoppositionelle Qualität einer konkreten

Handlung geben können. Erst so erscheint es möglich, den in den vergangenen Jahren ständig erweiterten Widerstandsbegriff wieder auf seinen politischen Kern zu reduzieren und komplementär die vielen, unter den Begriffen des Dissens und der Verweigerung subsumierten Verhaltensweisen auf das ihnen historisch gebührende Maß einzugrenzen.

Untersucht werden im folgenden Kapitel ausschließlich „vertikale“ Konflikte zwischen den NS-Eliten und der Masse bzw. einzelnen Gruppen der beherrschten Bevölkerung im Unterschied zu „externen“ Konflikten zwischen dem NS-System und seinen Gegnern, deren Darstellung und Analyse unserem dritten Band vorbehalten bleibt. Hier geht es primär um milieu-unabhängige Formen von Dissens und Verweigerung, wobei in Einzelfällen Überschneidungen mit milieuspezifischen bzw. -abhängigen Formen nicht vermeidbar sind. Ebenso kann es vorkommen, daß „vertikale“ Konflikte durch „interne“ Konflikte zwischen verschiedenen Fraktionen des herrschenden politischen Systems modifiziert und überlagert werden.[11] Im Mittelpunkt der Analyse steht die Untersuchung von Dissens und Verweigerung in den drei zentralen Handlungsfeldern Betrieb, Wehrmacht und Öffentlichkeit, die in besonderer Weise der nationalsozialistischen Konsens- und Harmonieforderung als „Betriebsgemeinschaft“, „Wehrgemeinschaft“ und „Volksgemeinschaft“ ausgesetzt waren. Angesichts je spezifischer Handlungsbedingungen beschäftigen sich jeweils eigene Abschnitte mit dem Verhalten der Fremdarbeiter und der Kriegsgefangenen sowie mit Dissens- und Verweigerungsformen gegen Kriegsende.

Die Focussierung unseres Blicks auf diese Konfliktfelder, verstärkt durch eine uns selbst überraschende dichte Quellenüberlieferung in einem kleinräumlichen Zusammenhang, impliziert die Gefahr, das Bild einer widerspenstigen Region zu zeichnen. Die im folgenden skizzierten Dissens- und Verweigerungsformen erhalten ihre Bedeutung daher erst im Kontext der vorangegangenen Kapitel und in ihrer Relation zum Konsensverhalten der übergroßen Mehrheit der saarländischen Bevölkerung.

1. Der „Stuhlgang der Seele“: Heimtückereden und der Mythos der „Volksopposition“

In keinem politischen Regime zuvor war die Meßlatte der Systemloyalität so hoch angelegt wie im Dritten Reich. Nicht stillschweigende Akzeptanz oder opportunistisches Arrangement waren gefragt, sondern innere, möglichst aktive Unterstützung des Nationalsozialismus. Für „Meckerer und Miesmacher“ sollte in Hitlers neuem Reich kein Platz sein. Deutlich machte dies das Urteil des Saarbrücker Sondergerichts gegen einen 46jährigen Betriebsleiter, der vor seinen Arbeitern Reichsregierung, Partei und andere NS-Einrichtungen beschimpft hatte. Wie das Gericht ausführte, handele es sich bei dem Angeklagten zwar um keinen Staatsfeind, wohl aber um einen Mann, „dem die rückhaltlose Bejahung des nationalsozialistischen Staates noch fehlt, und der den Nationalsozialismus noch in keiner Weise begriffen hat".[1] Die universelle Rechtskonstruktion zur Erzwingung jener „rückhaltlosen Bejahung" war das „Gesetz gegen heimtückische Angriffe auf Staat und Partei und zum Schutz der Parteiuniformen" — das sogenannte Heimtückegesetz — vom 20. Dezember 1934, das alle jene Artikulationsformen des eher halbherzigen Nein wie des bloß eingeschränkten Ja strafrechtlich verfolgte. Unter Strafe standen damit alle jene primär verbalen Äußerungsformen, die geeignet waren, das Wohl des Reiches, das Ansehen der Reichsregierung sowie der NSDAP und ihrer Gliederungen zu schädigen bzw. das Vertrauen des Volkes zur politischen Führung zu untergraben.[2] Gleich zu Beginn des Krieges wurde das Heimtückegesetz durch die Kriegssonderstrafrechtsverordnung ergänzt, die den neuen Straftatbestand der „Wehrkraftzersetzung" ins Strafgesetz einführte, wonach nun auch alle jene Äußerungen verfolgt werden konnten, die geeignet waren, die „Wehrkraft des deutschen Volkes" zu schwächen oder zu zersetzen.[3]

Beide Gesetze öffneten der Denunziation Tür und Tor. Angesichts der hohen Meßlatte der geforderten Loyalität waren bei den Sondergerichten schon bald Zehntausende von Verfahren wegen Vergehens gegen das Heimtückegesetz anhängig. Allein vor dem Münchener Sondergericht hatten sich bis Kriegsbeginn mehr als 5.000 Personen wegen Heimtückevergehens zu verantworten.[4] An der Saar fanden etwa 90 % aller Heimtückeverfahren unmittelbar nach der Rückgliederung 1935/36 statt. In den folgenden Jahren reduzierten sich die Zahlen drastisch. Während des Krieges ermittelte die Staatsanwaltschaft nur mehr vereinzelt gegen Heimtückeredner. Die weit überwiegende Zahl der Verstöße gegen die Bestimmungen des Heimtückegesetzes betraf sprachliche Unmutsäußerungen. Nur selten ging es um habituelle Delikte wie das Verbrennen von Hakenkreuzfahnen oder die Verweigerung des Hitlergrußes, wovon an anderer Stelle zu berichten sein wird.

Der Inhalt der Heimtückereden und ihr Status innerhalb der damaligen Justiz bzw. der Nachkriegsforschung kontrastieren deutlich. Bereits durch die Transformierung alltagssprachlicher, spontaner Formen von Unzufriedenheit und Distanz in die Hochsprache der Justiz sowie durch die Fragmentierung der Sprechakte, aus denen Heimtückereden entstanden, wurden die Äußerungen in einem Maße politisiert, das weder den subjektiven Intentionen und Motiven der Beteiligten, noch den objektiven Wirkungen der inkriminierten Äußerungen entsprach.[5] Und auch die Medien rückten Heimtückeredner und Wehrkraftzersetzer vielfach in die Nähe von Staatsfeinden. Das Schimpfen über Parteifunktionäre und die wirtschaftlichen Verhältnisse sowie das Weitererzählen von politischen Witzen und Gerüchten wurde von den NS-Sicherheitsbehörden unter den großen Sammelbegriff der „Volksopposition" subsumiert. Trotz dieser systemimmanenten Politisierung scheinen Polizei und Justiz intern die zahlreichen Delikte keineswegs als aktuelle Bestandsbedrohung des Dritten Reiches betrachtet, sondern eher als situationsbedingte Unmutsäußerung gewertet zu haben.[6] Dies erhärtet die Vermutung, daß die Heimtückegesetzgebung primär präventive Abschreckungsfunktionen im Alltag des Dritten Reiches erfüllte und als universelles Instrument zur Disziplinierung der „kleinen Leute" geplant war.

Der Massencharakter der von den Gerichten verfolgten Heimtückedelikte, der hohe Prozentsatz der nicht eindeutig den politischen und religiösen Milieus zurechenbaren Angeklagten sowie die systemimmanente und öffentliche Politisierung der Heimtückereden begründeten in der späteren Widerstandsforschung den Mythos einer breit gefächerten „Volksopposition“ gegen das Dritte Reich. Schon früh ordnete Bernhard Vollmer Heimtückedelikte der „Volksopposition im Polizeistaat“ zu — so der damalige Buchtitel[7] —, und auch in der Studie über den Widerstand gegen den Nationalsozialismus in Mannheim werden verbale Artikulationsformen von Unmut, Ungehorsam und Nonkonformität bedenkenlos dem Begriff der „Volksopposition“ zugeschlagen.[8] Insbesondere mit der Perspektivenveränderung der Widerstandsforschung in den 70er Jahren weg vom organisierten Widerstand hin zum Aufbegehren der „kleinen Leute“ erlebten nichtorganisierte, vielfach spontane Erscheinungsformen einer „Volksopposition“ im Alltag der „Durchschnittsbürger“ eine Aufwertung, die vielfach nichts anderes als Exkulpationsfunktionen erfüllte. Der Begriff der „Volksopposition“ suggerierte das Bild einer oppositionellen Massenstimmung gegen Hitler innerhalb des deutschen Volkes, die es de facto in dieser Form nie gegeben hat. Tatsächlich gründeten — so unsere These — die von den Sondergerichten inkriminierten Heimtückeäußerungen von ihren Motivationen und Anlässen her in vorpolitischen Zusammenhängen und drückten von ihren Inhalten her eher Zweifel, Distanz und momentane Unbeherrschtheit als prinzipielle Gegnerschaft aus, so daß sie — wie Inge Marßolek und René Ott völlig zu Recht betonen — „ohne ihre Inkriminierung kaum der Beachtung wert wären — wenn nicht als Indikatoren der Stimmung einer Minderheit“.[9]

Der Heimtückediskurs

Mit Schimpfworten, in gehässigen und unflätigen Witzen machten sich die Volksgenossen Luft, redeten sich ihre Enttäuschung von der Seele oder wollten es denen „da oben“ einmal zeigen. In einem ganzen Bündel von Vorurteilen, sprachlichen Stereotypen und einer ordinären Fäkalsprache platzten Unzufriedenheit, Enttäuschung und Distanz eruptiv heraus. Meist äußerten sich die „Meckerer und Miesmacher“ impulsiv, kaum jemals geplant. Die strapazierten Nerven der Beherrschten und der für dumm Verkauften artikulierten sich vielfach in dummen Sprüchen.[10] Der Heimtückediskurs signalisierte eine verbale, oft nur situationsabhängige, momentane Distanz zum Dritten Reich und seinen Führern, zu einzelnen Maßnahmen sowie eine Unzufriedenheit mit den wirtschaftlichen und sozialen Verhältnissen, nicht unbedingt eine grundsätzliche Gegnerschaft. Diese kam eher in den Heimtückeäußerungen der zum Schweigen gebrachten Anhänger der ehemaligen Linksparteien zum Ausdruck, denen vielfach der Alkohol die Zunge löste und die dann über das Dritte Reich herzogen, wovon im dritten Band unserer Untersuchung ausführlicher zu berichten sein wird.

Fixiert war der Heimtückediskurs auf sechs große Themenkreise: auf die führenden Männer des neuen Staates, auf die NS-Organisationen sowie auf einzelne politische Maßnahmen, auf die wirtschaftliche und soziale Lage, auf die Propaganda sowie auf das absehbare Ende des Krieges und damit auch des politischen Systems.

In den allermeisten Fällen wurden die momentane Unzufriedenheit bzw. Enttäuschung über Einzelaspekte des Dritten Reiches personalistisch verkürzt vorgetragen. Der Heimtückediskurs über die NS-Führer blieb undifferenziert und operierte mit wenigen Topoi, wie sie vor allem bei den Unterschichten in jedem System zirkulieren. Den NS-Führern — allen voran Hitler, Goebbels und Göring — wurde vor allem Bereicherung, Unterschlagung, Charakterlosigkeit und mangelnde Kompetenz zur Führung der Regierungsgeschäfte vorgeworfen. Noch die konkreteste und mit rationalem Inhalt versehene Kritik war die Beschimpfung Hitlers als „Hungerkanzler" und „Arbeitermörder", wie es in einem anonymen Brief an das Saarbrücker Reichskommissariat hieß[11], bzw. die Charakterisierung Goebbels' und Rosenbergs als „Katholikenfresser", die viele Katholiken auf dem Gewissen hätten, durch einen Notstandsarbeiter.[12] Und auch der Vorwurf des „Bonzentums" und der „Bonzenwirtschaft" — ein traditionelles Agitationstopoi der Linken und vielfach von Kommunisten vorgetragen[13] — hatte zumindest noch einen rationalen Kern. Schon aufgrund seiner Fettleibigkeit bot sich vor allem „Reichsjägermeister" Göring als Zielscheibe des Spottes und der Kritik an. Er erschien als „Bonze" par excellence.[14] Aber auch Hitler selbst blieb vom Bonzenvorwurf nicht verschont.[15] Völlig allgemein und unpräzis und nur mehr Distanz, Ablehnung und Enttäuschung ausdrückend war die Beschimpfung der Mitglieder der Reichsregierung als Drecksäcke, Lumpen, Großmäuler, Spitzbuben, Idioten, Faulenzer, Lazaroner, Würstchen usw.[16] „Alles, was heute am Ruder ist, sind Spitzbuben, Lumpen und Faulenzer", gab so beispielsweise ein Berginvalide in einer Gastwirtschaft in Engelfangen zum Besten.[17] Nur mehr peripher wurden in diesen Titulierungen rationale Bezüge der Kritik deutlich.

Interessant bleibt, daß Hitler selbst aus vielen dieser Vorwürfe explizit ausgenommen wurde. „Hitler ist ein Mann, aber alles drum und dran ist Scheiße", behauptete ein angetrunkener Schlossergehilfe aus Völklingen 1935, der sich während eines Zechgelages durch eine Rundfunkansprache Görings gestört fühlte.[18] Hitler wolle das Beste, so auch ein ehemaliger SA-Mann, „doch die Unterführer, die Bonzen, handelten anders".[19] Von Kritik fast völlig verschont blieb Gauleiter Bürckel; bestenfalls wurde an dessen angeblich separatistische Vergangenheit erinnert oder aber er wurde als „armes Würstchen" und „blöder Hund" beschimpft.[20] Am häufigsten war die Titulierung führender Nationalsozialisten in sexuell eingefärbten Termini als „Arschficker", „Hurenvögel", „Arschlöcher" und Homosexuelle[21], wobei diese Schimpfworte eher etwas über die Subjektivität der Heimtückeredner als über die Kritisierten aussagten. Die NS-Führung wurde nur mehr mit Schmutz und Kot assoziiert, so wenn es hieß „Hitler ist nicht mehr wert, als daß man ihn in den Lokus stellt und zuscheißt"[22] oder stereotyp gefordert wurde: „Adolf Hitler kann mich am Arsch lecken."[23] In Äußerungen wie diesen artikulierten sich eher Stimmungslagen wie Abscheu, Ekel, Distanz und Ablehnung denn systembezogene Kritik.

Aber auch Wichtigtuerei und Kraftmeierei vor einem überschaubaren Zuhörerkreis konnten für solche Äußerungen ursächlich sein. Deutlich wurde dies vor allem bei Drohungen gegen Mitglieder der Reichsregierung, die oft in angetrunkenem Zustand und vor einem Kneipenpublikum ausgesprochen wurden, so wenn ein

Pensionär Goebbels großspurig drohte: „Wenn ich dich hier hätte, würde ich dich niedermachen“, ein vagabundierender Schneidermeister 1941 in einer Wirtschaft forderte, man solle Hitler und allen, die den Krieg wollen, den Hals abschneiden, oder ein Versicherungsinspektor prahlte: „Wenn ich den Hitler schon hätte beseitigen können, hätte ich es schon längst getan.“[24] Prinzipielle Ablehnung, situationsbedingte Äußerungen und prahlerische Drohungen lassen sich aufgrund der Herauslösung der Heimtückereden aus dem situativen Redekontext nur schwer auseinanderhalten. Was äußerlich als oppositionelles Verhalten erscheinen mochte, konnte real nur ein aus der Situation geborener, völlig unpolitischer Gestus sein, so wie umgekehrt — vor allem bei den Anhängern der ehemaligen Linksparteien — hinter der scheinbar unpolitischen Beschimpfung verschüttete Überzeugungen zum Durchbruch kommen konnten. Die Regel jedoch war dies nicht.

Die wichtigsten Diffamierungsmuster des führerbezogenen Heimtückediskurses wiederholten sich dort, wo es um Organisationen und Institutionen des NS-Staates ging. Auch hier waren die Heimtückeredner nicht in der Lage, stringente Argumentations- und Beweisketten aufzubauen, geschweige denn abstrakte Zusammenhänge zu formulieren. Auch hier dominierte die Schwundform der Kritik und die ausschließlich subjektive Perspektive. Das Dritte Reich sei ein Hurenstall bzw. ein Saustall, hieß es da, der nur aus Lumpen und Spitzbuben bestehe.[25] Der NS-Staat wurde als der größte Verbrecherstaat bezeichnet, der je existiert habe.[26] Allgemeine Distanz gegenüber den Regierenden kam in einer anderen Äußerung zum Ausdruck: „Die frühere Regierung hat uns beschissen und die jetzige Regierung bescheißt uns noch mehr.“[27] Der Vorwurf des Bonzentums und der Veruntreuung von Geldern betraf vor allem das Winterhilfswerk und die SA, bei denen man nie wisse, was aus dem gesammelten Geld werde.[28] Die DAF wurde als „lauter Mist“ attackiert, von der man nicht einmal die eingezahlten Beiträge herausbekomme.[29] Wehrmacht, SA und Politische Leiter galten als „Hampelmänner“, „Scheißkerle“, „Rindviecher“ und „Hurenvögel“, ohne daß auch hier die Kritik einen rationalen Inhalt fand.[30]

Seltener schon war die öffentlich geäußerte Kritik an Einzelmaßnahmen des des NS-Regimes, da dieses Hintergrundwissen voraussetzte, so wenn der Vierjahresplan als nicht durchführbar bezeichnet[31] oder Kritik an der Kirchenpolitik, der allgemeinen Aufrüstung bzw. dem Bruch des Locarno-Vertrages formuliert wurde.[32] Völlige Ausnahmen blieben Äußerungen über die Zustände in den Konzentrationslagern, so wenn ein ehemaliger KZ-Häftling die Überzeugung vertrat, daß es in Deutschland schlimmer als unter Stalin in der Sowjetunion zugehe, oder eine junge kaufmännische Angestellte 1944 vor Arbeitskolleginnen behauptete, SS-Männer in den Konzentrationslagern erhielten für die Erschießung von Flüchtenden Sonderurlaub.[33]

Zweifel an dem Wahrheitsgehalt der Nachrichten in den NS-Medien und Mißtrauen gegenüber der propagandistischen Selbstdarstellung des Nationalsozialismus tauchten in den Heimtückereden demgegenüber schon häufiger auf. Meldungen in den Zeitungen und dem Rundfunk seien nichts als erlogen, wurde wiederholt geäußert,[34] ohne daß aber Beweise für solche Behauptungen geliefert werden konnten. Es blieb beim Verdacht, der Vermutung. „Die Zeitungen arbeiten ja alle mit Bluff. In Wirklichkeit sieht es ganz anders aus“, behauptete beispielsweise ein angetrunkener Bergmann 1935 in einer Gastwirtschaft. Er hatte sich deshalb wegen Heimtückevergehens vor Gericht zu verantworten.[35]

Die Volksgemeinschaft wurde als „Scheißgemeinschaft" bezeichnet, die nur durch Gewalt zustande komme.[36] Kritik mußten sich Hitler und Bürckel gefallen lassen, da sie viel versprochen, aber nichts gehalten hätten.[37] Und überhaupt hänge den Leuten diese „ewige Reklame" zum Halse raus.[38] „Heute würde nur Propaganda gemacht. Die dummen Arbeiter hier ließen sich für ein paar Glas Bier kaufen" und würden anderntags wieder wie bisher ausgebeutet, befand ein Laborant aus Neufechingen, der u. a. wegen dieser Äußerung ins Gefängnis kam.[39] Und immer wieder wurden die großen Versprechen der Abstimmungspropaganda mit der Realität nach 1935 kontrastiert. Beklagt wurde, daß der neue Staat sich hauptsächlich um die Beamten kümmere, aber nicht um die Arbeiterschaft.[40]

Eine Vielzahl von Heimtückereden thematisierte den zunächst ausbleibenden, aber versprochenen wirtschaftlichen Aufschwung, so als ein Provisionsreisender, der durch die wirtschaftlichen Umstellungsprobleme sein eigenes Geschäft verloren hatte, beklagte, es sei im Saarland nach der Rückgliederung bedeutend schlechter geworden,[41] oder ein Dekorateur des Saarbrücker Passage-Kaufhauses sich anläßlich einer Lohnauszahlung 1936 zu der Bemerkung hinreißen ließ: „Uns arme Proleten saugt man bis aufs Blut aus und an die Großen wagt man sich nicht heran."[42] Retrospektiv idealisiert wurden demgegenüber die wirtschaftlichen Verhältnisse zur „Franzosenzeit" durch Äußerungen wie „Was haben wir vorher für schöne Zeiten gehabt. Alles hört jetzt auf. Die Leute verdienen weniger, die Butter wird teurer"[43] oder „Die 15 Jahre bei den Franzosen hatten wir goldene Zeiten. Deutsch ist die Saar, wär' der 13. Januar wieder da."[44] Weil ihm sein Antrag auf Erwerbslosenunterstützung abgelehnt worden war, war ein Arbeiter aus Saarlouis so empört, daß er behauptete: „Die Schweine hätten früher besser zu essen bekommen als er heute."[45]

Immer wieder wurden Zweifel laut, ob die Hitlerregierung wirklich so fest im Sattel sitze, wie die Propaganda behauptete. Vor allem waren es Wunschprojektionen, die hier durchschlugen: der Wunsch nach einer baldigen politischen Änderung und einem Ende des Dritten Reiches. Spätestens im September fließe Blut, prophezeite ein Schuhmacher aus Ballweiler schon im Frühjahr 1935.[46] Das System werde sich nicht mehr lange halten können, hieß es auch 1936.[47] „Es dauere nicht mehr lange, drüben im Reiche arbeiten ‚sie' illegal mit Rußland, in der SA gäre es schon, die ganze Arschfickergesellschaft werde an dem höchsten Baum aufgehängt."[48] Das Dritte Reich sei nur eine Phantasie, bald komme das „Vierte Reich", hieß es an anderer Stelle.[49] Mit Äußerungen wie diesen machten sich die Betroffenen selbst Mut. Die Zeit käme auch einmal anders, wo auch er etwas zu sagen hätte, rief etwa ein angetrunkener Bergmann auf der Straße. Er würde dann im Rundfunk sprechen und die wahren Zustände aufdecken.[50]

Seit 1943 verstärkten sich die Zweifel an der Überlegenheit der deutschen Wehrmacht, begann die Propagandaphrase vom „Endsieg" in den Heimtückereden zu zerbrechen, die nun als Wehrkraftzersetzung verfolgt wurden. Behauptungen wie „Die Tage des Führers sind gezählt"[51] hörte man jetzt häufiger. Während der Entscheidungsschlacht von Stalingrad traf ein 1885 in Bachem geborener Reichsbahnassistent auf dem Merziger Bahnhof einen ehemaligen Arbeitskollegen, dem

dem gegenüber er beim gemeinsamen Bier äußerte: „Mitte des Sommers haben wir den Krieg verloren. Wenn es so weiter geht, machen uns die Engländer alle Städte tot." Der Volksgerichtshof verurteilte den Mann wegen Wehrkraftzersetzung zu einer fünfjährigen Zuchthausstrafe.[52] Bereits im Januar 1943 hatte nach einem Betriebsappell ein Schlosser der Dillinger Röchling-Filiale in einer Werkstatt einem SA-Mann erklärt, der Zusammenbruch komme doch.[53] Für die Bemerkung, „es werde nicht mehr lange dauern, bis die russischen Panzer in Berlin stehen" und „Deutschland werde sich in Rußland totsiegen", verurteilte das Stuttgarter Oberlandesgericht 1942 einen 41jährigen Hobler aus Völklingen zu einer zweijährigen Gefängnisstrafe.[54] Ebenfalls zwei Jahre Gefängnis sprach dasselbe Gericht 1944 für einen 1897 in Dudweiler geborenen Gelderheber der Saarbrücker Stadtwerke aus, der in Ausübung seines Dienstes Anwohnern gegenüber verkündet hatte, die deutschen Soldaten sollten die Waffen niederlegen; es wäre besser, wenn Deutschland den Krieg verlieren würde.[55]

Während die scheinbare wirtschaftliche Prosperität der Völkerbundszeit wiederholt herbeigesehnt wurde, finden sich in den Heimtückereden kaum Hinweise, daß der Verlust der politischen Freiheit sonderlich schmerzte. Bemerkungen wie „Früher war's doch schöner und war man freier als heute. Das neue Gesetz der Saarländer heißt: Schweigen ist Heimat, Sprechen ist Dachau"[56] blieben die große Ausnahme. Und ob es sich wirklich um Artikulationsformen jenes unterentwickelten freiheitlichen Eigensinns oder um schlichte Prahlerei handelte, wegen der der Bergmann Georg Pontius 1940 ins Gefängnis mußte, läßt sich aus den Quellen nicht ablesen. Pontius hatte erklärt: „Ich beuge mich nicht vor der Diktatur; lieber können sie mich an die Wand stellen oder nach Dachau bringen."[57]

Soziale Herkunft und Motivation der Heimtückeredner

Aus einer Zufallsstichprobe von 94 Saarländern, die sich wegen Heimtückereden vor dem Sondergericht zu verantworten hatten, ergibt sich mit 65 % ein überproportionaler Anteil von Arbeitern, denen Vergehen gegen das Heimtückegesetz angelastet wurden. Anders als in Bayern waren es nicht primär die unteren Mittelschichten, sondern Arbeiter — vielfach Hilfs- und Notstandsarbeiter —, die sich wegen Heimtückevergehens rechtfertigen mußten. Jeder zehnte Heimtückeredner war zudem arbeitslos. Vielfach hatten gerade die Arbeitslosen und die Deklassierten während des Abstimmungskampfes große Hoffnungen in die versprochene soziale Revolution und den wirtschaftlichen Aufschwung gesetzt, die sich für sie nach 1935 dann nicht erfüllten. Das Enttäuschungspotential dürfte hier groß gewesen sein.[58] Mit 95 % dominierten die Männer deutlich unter den Heimtückerednern. Wie in Bayern bildeten die Jahrgangskohorten der 25- bis 40jährigen, d. h. der zwischen 1895 und 1910 Geborenen, mit fast 50 % den altersmäßigen Schwerpunkt der wegen Heimtückevergehens Verurteilten, während die Jahrgänge der unter 25jährigen fast überhaupt nicht in Erscheinung traten. Von ihrer politischen Herkunft kamen die Angeklagten aus allen politischen Lagern. Etwa 10 % von ihnen gehörten der NSDAP bzw. der SA an.

Der bevorzugte Ort, an dem die Heimtückeredner über Partei und Staat herfielen, war das Wirtshaus, seit ehedem bevorzugter Kommunikationsraum der Unterschichten. 47 % aller Heimtückedelikte ereigneten sich dort, 15 % im Kreis der Arbeitskollegen bzw. Geschäftspartner — vornehmlich während der Essenspausen —, 10 % auf der Straße. Diese Orte waren Denunzianten eher zugänglich als die relative Abgeschlossenheit der Nachbarschaft und der Familie, wo insgesamt nur 11 % aller Heimtückereden gehalten wurden. 44 % aller Heimtückedelikte fanden unter Alkoholeinfluß statt, wobei der Alkohol nicht die Ursache einer inkriminierten Äußerung war, wohl aber die Zunge löste und die Schwelle der Vorsicht reduzierte. Viele der verfolgten Heimtückefälle entstanden aus dem situativen Kontext des Wirtshauses, wie das folgende Beispiel veranschaulicht. Ein junger Mann aus Merchweiler hatte 1936 zwei Wirtschaften im benachbarten Altenwald besucht und den „dicken Wilhelm" markiert, um eine hübsche Hausangestellte auf sich aufmerksam zu machen. Als es ans Bezahlen ging, versuchte er sich heimlich zu verdrücken, wurde aber schon bald von einem Polizeibeamten in einem anderen Wirtshaus gestellt, wobei er erheblichen Widerstand leistete und die Angabe seiner Personalien verweigerte. Nachdem der Beamte dem Mann die Knebelkette angelegt hatte, brüllte dieser los: „Die Kommune kommt wieder und die Weltrevolution. ... Dir werde ich den Hals abschneiden!"[59]

Vielfach reagierten die Heimtückeredner mit ihren Äußerungen lediglich auf eine neue Situation. Sie fühlten sich in ihrer vertrauten Umgebung provoziert durch die Uniform eines SS-Mannes, durch die Rundfunkansprache eines NS-Funktionärs, durch den Anblick eines Hitlerbildes, durch das Absingen eines NS-Liedes oder wurden durch andere Wirtshausgäste oder Arbeitskollegen derart herausgefordert, daß sie mit unvorsichtigen Äußerungen antworteten.[60] Die Provokation und absichtliche Verstrickung eines SA-Mannes in eine Diskussion, in der dann die Heimtückeäußerung fiel, betrachtete das Saarbrücker Sondergericht als strafmildernden Umstand[61], ebenso wie es die finanzielle Bedrängnis eines Hausbesitzers als strafmildernd ansah, der aus seiner pessimistischen Grundauffassung heraus sich zu seinen strafbaren Äußerungen habe hinreißen lassen.[62] Enttäuschungserfahrungen machte das Gericht auch im Falle eines weiteren SA-Mannes geltend, dessen Frustration über die Entmachtung der SA den Mann zu seinen Äußerungen verleitet habe.[63]

In den meisten Fällen jedoch waren es wirtschaftliche Notlagen, soziale Abstiegserfahrungen oder Enttäuschungen über einzelne finanzrelevante Maßnahmen, die sich in Heimtückereden ein Ventil suchten, mochten dies nun die Ablehnung eines Antrages auf Erwerbslosenhilfe oder Unterstützung durch die NSV,[64] die Ablehnung der Zulassung eines Verkaufsstandes auf dem Wochenmarkt oder die Bevorzugung eines Konkurrenten bei der Auftragsvergabe sein.[65] Hohe Lohnabzüge, die finanzielle Schlechterstellung gegenüber der Völkerbundszeit oder aber die Verärgerung über die unzumutbaren Verhältnisse am Arbeitsplatz konnten ebenso zu Heimtückereden motivieren.[66] In anderen Fällen wiederum war es der soziale Abstieg eines ehemals selbständigen Geschäftsmannes bzw. die kurz zuvor erfolgte Entlassung in die Arbeitslosigkeit, für die Partei und Staat verantwortlich gemacht und daher mit Schmutzkübeln überschüttet wurden.[67] Eindeutig politische Motive für eine strafbare Äußerung demgegenüber blieben die große Ausnahme. In aller Regel waren es Enttäuschungs- und Deklassierungserfahrungen sowie vorausgegangene Provokationen, auf die die Angeklagten mit ihren Heimtückeäußerungen mehr spontan und impulsiv als überlegt reagierten. Da der NS-Staat aber „rückhaltlose Bejahung" und nicht Nörgelei und Enttäuschung erwartete, fielen auch solche Reaktionsmuster und Artikulationsformen unter Strafe. Obwohl ihm das Saarbrücker Sondergericht bescheinigte, seit der Rückgliederung „einigermaßen loyal auf dem Boden des heutigen Staates" gestanden zu haben, verurteilte es 1937 einen Bergmann aus Niederlinxweiler wegen öffentlich geäußerter Enttäuschung über nicht eingehaltene Versprechungen aus der Saarkampfzeit zu einer halbjährigen Gefängnisstrafe.[68] Selbst wenn man enttäuscht war über das Dritte Reich und seine braunen Herren, durfte man diese Enttäuschung nicht zeigen. Es störte das Bild der jubelnden, harmonischen und glücklichen Volksgemeinschaft.

Unangepaßtheit statt „Volksopposition"

Oppositionelle oder gar Revolutionäre waren die „Meckerer und Miesmacher" in aller Regel dennoch nicht. Vielfach wußten sie gar nichts von der strafrechtlichen Dimension ihres Verhaltens. In den Heimtückereden artikulierte sich eher eine oberflächliche, naiv-klischeehafte, oft obszöne, niemals substantiell vorgetragene Form der Alltagskritik, in der einfache dichotome Deutungsmuster dominierten. Es war eine Kritik aus der Perspektive des eigenen momentanen Befindens gepaart mit spontaner Wut auf die Herrschenden, mit Respektlosigkeit und einer Portion Mißtrauen. In den Heimtückereden drückte sich momentane Distanz, nicht aber mangelnde Loyalität aus. Vielfach war es eine Regression der Kritik auf das kulturell niedrigste Niveau der Fäkalsprache, der die Differenziertheit der Sprache, der konkrete Inhalt, mehr noch der Begriff abhanden gekommen war.

Für die Betroffenen erfüllte das Schimpfen und Herziehen über die braunen Herren und ihre Einrichtungen unzweifelhaft Ventilfunktionen. Durch situative Umstände, Provokationen, Enttäuschungserfahrungen und Mißerfolgserlebnisse hervorgerufen, brachen aufgestaute Aggressionen auf und suchten sich ein Objekt. Partei und Staat gerieten selbst in die klassische Sündenbockrolle und wurden für sozialen Abstieg, wirtschaftliche Misere, persönlichen Mißerfolg unmittelbar verantwortlich gemacht.

Heimtückereden waren so eine Minimalform des sozialen Ungehorsams, wie Hüttenberger zu Recht hervorhebt. Daß sie aber den Nationalsozialismus in irgendeiner Weise unter Druck gesetzt hätten, ist zu bezweifeln.[69] Aus der Flut der Heimtückedelikte vorschnell auf eine wie auch immer geartete politische Qualität zu schließen, wäre verfehlt. Vielmehr artikulierten sich in ihnen Formen von Distanz, Mißtrauen, Enttäuschung, Eigensinn und Kritik, wie sie jedem politischen System immanent sind, ohne daß diese das Funktionieren oder die Systemloyalität in Frage stellen. Das, was als „Volksopposition" aufgewertet wurde, war in seiner Substanz ein durchaus normales Verhaltensmuster, eine Form von Unangepaßtheit, die deutlich machte, daß der Nationalsozialismus eben nicht in der Lage war, alle

Menschen gleichzeitig und unterschiedslos zu berauschen. Heimtückedelikte waren so eher Ausdruck mangelnder Begeisterung, spontanen Unmuts und Mißtrauens, des Eigensinns, nicht taub in den Chor der Claqueure einzustimmen und Distanz zu halten. Vielfach artikulierte sich in ihnen aber auch die Desillusionierung derjenigen, die an das braune Schlaraffenland geglaubt und sich eine Änderung ihrer prekären wirtschaftlichen und sozialen Lage erhofft hatten. Erst durch die strafrechtliche Verfolgung bekamen Heimtückereden eine politische Qualität zugeschrieben, die sie von selbst nur selten besaßen.

2. Die „zweite öffentliche Meinung": Grenzen der Propaganda, Witze, Gerüchte und Nachrichtenhunger

Zwar war mit der Herrschaftsübernahme der Nationalsozialisten die öffentliche Meinung schon bald gleichgeschaltet worden, Rudimente einer informellen Gegenöffentlichkeit und Gegenpropaganda aber ließen sich trotz Spitzelunwesen und Denunziantentum, Gestapo und Sondergerichten nicht unterbinden. Und auch die Propaganda war keineswegs so allmächtig und effizient, wie die Parteilegende Glauben machen wollte. Unterhalb der gleichgeschalteten Öffentlichkeit und des Propagandagetöses konstituierte sich am Arbeitsplatz, in den Läden und auf den Märkten, in den Kneipen und den öffentlichen Verkehrsmitteln ein informelles System der Artikulation von Unzufriedenheit und Enttäuschung, der Kritik der kleinen unspektakulären Form, der Kolportage von Gerüchten und der Information aus ausländischen Rundfunksendern. Eine Art „zweiter öffentlicher Meinung" — wie dies schon 1934 ein Gestapo-Beamter genannt hatte[1] — entstand, die sich kaum kontrollieren ließ und die — wie begrenzt und rudimentär auch immer — signalisierte, was die Menschen beschäftigte und was man von den propagandistischen Versprechungen und der inszenierten Selbstdarstellung der Nationalsozialisten hielt.

Die gebrochene Resonanz der Propaganda

Die Bilder jubelnder und fanatisierter Massen, fahnengeschmückter Städte und Dörfer, einer Generation im Gleichschritt, wie sie die Wochenschauen des Dritten Reiches oder Leni Riefenstahls Parteitagsfilm „Triumph des Willens" vermittelten, waren weniger Dokumente der Realität als hochstilisierte Selbstbilder des Nationalsozialismus. Die geschlossene, harmonische, gänzlich mobilisierte deutsche Volksgemeinschaft war eher Mythos und Wunschdenken der Herrschenden als Wirklichkeit der Beherrschten. Jenseits propagandistischer Schönfärberei und Selbstgewißheit zeichneten die internen Stimmungs- und Lageberichte der NS-Behörden, ebenso wie die Publikationen des Exils ein nüchterneres und widersprüchlicheres Bild und verwiesen das Bild einer total fanatisierten und geschlossenen Volksgemeinschaft in den Bereich der Propaganda.

Kundgebungen und Veranstaltungen der Partei und ihrer Gliederungen beispielsweise waren durchaus kein allgemeiner Publikumsrenner, wie man den propagandistischen Direktiven des Ministeriums für Volksaufklärung und Propaganda und der Reichspropagandaleitung oder auch den späteren Propagandaanalysen der Zeitgeschichtsforschung vorschnell entnehmen könnte. Die „Heldengedenkfeiern“ 1938 an der Saar seien nur schwach besucht worden, meldete die *Freiheit-Korrespondenz*. Vor Gemeinschaftsempfängen und Betriebsappellen hätten sich die Arbeiter gedrückt, wo es nur ging. Wegen mangelndem Interesse sei in der Bergarbeitergemeinde Merchweiler eine geplante Großveranstaltung der DAF ins Wasser gefallen.[2] Daß es sich bei solchen Meldungen keineswegs um Wunschträume der Exilpresse handelte, bestätigte auch der Bürgermeister von Quierschied. Danach sei eine Ende März 1937 von der DAF angesetzte „Großkundgebung“ in seiner Gemeinde nicht einmal von 100 Arbeitern besucht worden. Selbst die meisten DAF-Funktionäre hätten durch Abwesenheit geglänzt. Demgegenüber seien allein 2.000 Männer des Ortes am Himmelfahrtstag zur Männerwallfahrt nach Illingen gepilgert.[3]

Von Masseneuphorie konnte auch bei den alljährlichen Mai-Feiern des Regimes keine Rede sein. Wie der Quierschieder Bürgermeister — in Übereinstimmung mit Beobachtungen aus Nachbargemeinden — berichtete, seien die Aufmarschteilnehmer durch den zweieinhalb Stunden dauernden Marsch stark ermüdet gewesen und hätten der anschließenden Übertragung einer Führerrede auf dem Kundgebungsplatz „nicht mehr mit der erforderlichen Aufmerksamkeit“ folgen können.[4] 1938 gar — so die *Deutschland-Information* der Exil-KPD — sei jeder Versuch, am 1. Mai einen öffentlichen Aufmarsch an der Saar zu veranstalten, gescheitert. In den Warndtgemeinden Großrosseln und Ludweiler beispielsweise sei kein einziger Teilnehmer zu den Veranstaltungen erschienen. Das schlechte Wetter hätte die Begründung des Fernbleibens erleichtert.[5] Mäßige Resonanz meldete die *Freiheit-Korrespondenz* auch anläßlich der zentralen Rückgliederungsfeiern am 13. Januar 1937 in Saarbrücken. In Sulzbach hätten außer der Musikkapelle der Feuerwehr, einer Sanitätskolonne und 13 SS-Männern nur drei weitere Zivilisten an dem Fackelzug teilgenommen, obwohl allgemeine Betriebsruhe verordnet worden war. Nur wer unbedingt dabei sein mußte, sei auch zu den Rückgliederungsfeiern im kommenden Jahr erschienen. Alle anderen hätten die Gelegenheit genutzt, um ihren persönlichen Interessen nachzugehen. Wie die Beflaggung gezeigt habe, sei der Rausch von früher einer viel kühleren und nüchternen Haltung gewichen.[6]

Deutlich zu den geradezu euphorischen Berichten in der NS-Presse kontrastierten die Meldungen aus dem Exil über die große Hitler-Kundgebung am 9. Oktober 1938 in Saarbrücken. Statt spontaner Begeisterung sei die zur Schau gestellte Volksgemeinschaft weitgehend inszeniert gewesen. Nur durch Zwangsrekrutierung und die Übernahme von Spesen sei es gelungen, genügend Teilnehmer auf dem „Befreiungsfeld“ aufmarschieren zu lassen. NS-Formationen hätten die Beflaggung der Stadt streng kontrolliert.[7] Selbst propagandistische Großereignisse wie Reichsparteitage und die Olympiade von 1936 — so der Quierschieder Bürgermeister — hätten „restlose Begeisterung“ nur bei denen ausgelöst, die unmittelbar Zeugen dieser Ereignisse waren. Auch die Rundfunksendungen und die Bildberichte der

Wochenschauen hätten nicht vermocht, „bei der großen Masse der zu Hause Gebliebenen das alltägliche Bild wirksam in ein besseres Licht zu stellen".[8] Zustimmung zur großen Politik, „aber die eigenen Sorgen, kleine und große, drücken weiter", notierte der Saarbrücker Landrat in seiner Auswertung der Bürgermeisterberichte. Für den Bürgermeister der Bergarbeitergemeinde Quierschied stand außer Frage, „daß die einzelnen Volksgenossen die Lage nicht zuletzt nach ihrem eigenen Wohlergehen beurteilen" und die große Begeisterung der Abstimmungszeit daher einer „ruhigeren Lebensauffassung" gewichen sei.[9] Nach dem Veranstaltungsmarathon der Abstimmungszeit und des Rückgliederungsjahres hatte sich — wie zuvor schon in den letzten Monaten der Weimarer Republik — die euphorisierend-suggestive Wirkung der Propagandaform der Massenversammlung abgenutzt und immer weniger Teilnehmer mobilisiert. Massenkundgebungen waren eben keine überzeitliche Wunderwaffe, wie dies die NS-Propagandisten glaubten.[10] Die Rückgliederungseuphorie von 1935 ließ sich nicht beliebig verlängern, sondern wurde zunehmend von den Alltagssorgen der Menschen überlagert.

Dieser den Nebelschleier der Propaganda immer wieder durchbrechende materialistische Instinkt, die Beurteilung der gesellschaftlichen und politischen Verhältnisse aus der Perspektive der eigenen unmittelbaren materiellen Lebenssituation heraus, kam auch bei der Rezeption der Ästhetisierung des öffentlichen Lebens, bei der Beurteilung der Flaggenpropaganda und der heroischen Arbeiterdenkmäler zum Ausdruck. So erscheint es angesichts der großen materiellen Sorgen in den saarländischen Bergarbeitergemeinden vor 1938 durchaus plausibel, daß die Belegschaft der Grube Reden für Koelles monumentalen Saarbergmann wenig Verständnis gezeigt und stattdessen eine Lohnanhebung und verbesserte Sozialeinrichtungen gefordert habe.[11] Angesichts des ständigen Flaggenhissens und des NS-Feierkalenders fragte sich auch der „alte Kämpfer" und ehemalige NSDAP-Gauredner Sigismund Oehrig anläßlich eines Staatsfeiertages 1937: „Was sollen nun schon wieder Fahnen und das Feiern!" Und wie eine Popularisierung von Walter Benjamins Propagandakritik liest sich sein Statement: „Was ist das heute schon wieder ein Theater! Man jagt den deutschen Arbeiter von einem Taumel in den anderen, damit er sein Elend nicht merkt! . . . Sie sollen dem Arbeiter lieber zu Fressen geben."[12]

Gegenüber der Nichtteilnahme an NS-Veranstaltungen, für die sich immer ein Grund fand, blieb die Verweigerung öffentlich geforderter Loyalitätsbezeugungen eher die Ausnahme und wurde — wenn überhaupt — in den oppositionellen Milieus praktiziert. Es kostete Mut, seinen Dissens mit den Herrschenden individuell und öffentlich zu bekunden. Das folgende Beispiel hatte so eher Seltenheitswert: Im Oktober 1936 ermittelte der Saarbrücker Oberstaatsanwalt gegen einen 1872 geborenen und beim Eisenbahnbau eingesetzten Schachtmeister, der die Arbeiter seiner Kolonne soweit gebracht habe, „daß sie nicht mehr wie früher ‚Heil Hitler', sondern ‚Grüß Gott' oder ‚Guten Morgen' grüßen".[13] Und auch das Verhalten eines Dekorateurs des Saarbrücker Passage-Kaufhauses war eher ungewöhnlich. Dieser hatte den „deutschen Gruß" seiner Arbeitskollegen des öfteren mit Redensarten wie „Heil Asko", „Ahoi" oder „Guten Dachau" erwidert.[14]

Ebenso selten blieb die Fortsetzung des symbol-publizistischen Bürgerkrieges der Abstimmungszeit nach 1935 außerhalb der oppositionellen Milieus: der Kampf um Fahnen und Symbole. Nicht aus politischen Gründen, sondern weil er betrunken war und sich geärgert hatte, verbrannte ein Bergmann am Tage des Erntedankfestes 1936 eine über dem Eingang seines Hauses hängende Hakenkreuzfahne auf dem nahen Dunghaufen.[15]

Schließlich blieb auch die Nichtteilnahme bzw. das Nein-Votum bei den Volksabstimmungen der braunen Herren eine Ausnahmeerscheinung. Nur selten berichtete die Saarbrücker Stapo-Stelle über die „Wahlsabotage" von einzelnen Personen[16] bzw. über die öffentliche Ablehnung einer zur Abstimmung anstehenden Entscheidung der Reichsregierung. Obwohl in Flugblättern aus Lothringen öffentlich zum Nein aufgefordert worden war, wurden bei der Volksabstimmung vom 10. April 1938 im gesamten Saarland lediglich 171 Nein-Stimmen und 81 ungültige Stimmzettel gezählt. In einzelnen Wahllokalen — so die Gestapo — habe man feststellen können, daß selbst Kommunisten offen mit Ja abgestimmt und es nicht gewagt hätten, die Wahlzellen aufzusuchen.[17]

Der offen praktizierte Terror gegen propagandistisch stigmatisierte Feindgruppen scheint hingegen nur partielle Zustimmung gefunden zu haben. Persönliche Bekanntschaften, traditionelle Verhaltensmuster und die körperliche Nähe zur praktizierten Gewalt schockierten eher, als daß sie zum Mitmachen motiviert hätten. Zur Bemalung von Geschäften mit Aufschrift „Juden" im April 1935 notierte die Stapo-Stelle Saarbrücken: „Diese Art der Propaganda ist äußerst unwirksam. Der größte Teil des Publikums beachtet sie kaum." Auch Boykottappelle liefen vielfach ins Leere. „Das kaufende Publikum läßt leider auch hier zum großen Teil die nötige Zurückhaltung gegenüber jüdischen Geschäftsunternehmen vermissen", meldete die Stapo-Außendienststelle Neunkirchen im August 1935, und auch noch sechs Monate später hatte sich daran nichts geändert: „Auch heute noch wird von arischen Personen in jüdischen Geschäften gekauft."[18]

Wie wenig die antisemitischen Propagandaappelle im unmittelbaren sozialen Nahbereich zündeten, zeigte auch die „Reichskristallnacht". Statt „spontanem Volkszorn", von dem die Zeitungen berichteten, habe die Saarbrücker Bevölkerung „offen ihren Unwillen" gegen das erniedrigende Herumführen der oftmals nur notdürftig bekleideten jüdischen Männer durch die Stadt bekundet, meldeten — vermutlich übertrieben — Exilzeitungen. Man sei in die Häuser gegangen, habe die Fensterläden geschlossen und sich demonstrativ abgewandt. Besonders die älteren Zeugen des Pogroms hätten ihre Abneigung und Entrüstung gegenüber dem erbärmlichen Spektakel zum Ausdruck gebracht, berichtete der Sopade-Grenzsekretär aus der Saarpfalz.[19] Realistischer erscheint demgegenüber eine Meldung aus Homburg, die die Ambivalenz des nächtlichen Geschehens hervorhob. Das Gros der Bevölkerung habe zwar das Pogrom verurteilt, andere allerdings hätten sich an dem Schauspiel ereifert. „So einheitlich war also die Empörung doch nicht", kommentierten die *Deutschland-Berichte* an anderer Stelle. Die große Masse der Bevölkerung habe die Zerstörungen zwar nicht gebilligt, aber man dürfe auch nicht übersehen, „daß es in Arbeiterkreisen Leute gibt, die die Juden nicht verteidigen".[20]

Daß die demonstrative Gewalt keineswegs auf ungeteilte Zustimmung traf, geht auch aus den Berichten des Saarbrücker Oberbürgermeisters und des Generalstaatsanwaltes am Oberlandesgericht Zweibrücken hervor. Das Herumführen von Frauen, die sich mit Kriegsgefangenen eingelassen hatten, mit abgeschnittenen Haaren, geschwärzten Gesichtern und Plakaten auf Brust und Rücken, werde von der Bevölkerung im allgemeinen abgelehnt, „besonders wegen der Kinder, die immer bei solchen Umzügen zugegen sind".[21] Demgegenüber konnten Presseberichte über harte Strafen für diese Frauen mit breiter Zustimmung rechnen.

Es gab noch andere Hinweise, daß Goebbels' Propagandafeldzüge nicht sonderlich erfolgreich waren. Das große Ziel der „geistigen Mobilmachung", der Versuch, die Menschen zum Sterben für die Nation zu berauschen, wurde weit verfehlt. Statt Kriegslust machte sich seit 1937 zunehmend Kriegsfurcht breit. Viele Saarländer fürchteten den Krieg. „Alle Versuche der Nazis, eine freudige, nationalistische Siegesstimmung zu erzeugen, waren von allem Anfang an gescheitert", meldete die *Deutschland-Information* im Oktober 1938 aus Saarbrücken.[22] Seit Hitlers Intervention in Spanien werde ein Krieg nicht mehr ausgeschlossen. „Starke Abneigung" gegen einen möglichen Krieg zeigten besonders die Soldaten des Ersten Weltkrieges. „Nur bei der jüngeren Generation kann man in beachtlichen Teilen immer wieder eine Zustimmung zum Krieg feststellen", hieß es im „Saarbericht" der Forbacher Abschnittsleitung der KPD.[23] Seit der außenpolitischen Hochspannung der Septembertage 1938 weitete sich die Kriegsfurcht — so die Exilzeitungen — zu einer Kriegspsychose aus. „Die Kriegsfurcht wächst von Tag zu Tag", berichtete die *Freiheit-Korrespondenz*. Das Gespenst einer möglichen Evakuierung gehe um. „Die Septembertage boten ein jämmerliches Bild der Propaganda", hieß es an anderer Stelle.[24] Daß es allerdings vielfach zu Antikriegsmanifestationen im Saarland gekommen sei, wie die *Deutschland-Information* zu berichten wußte, dürfte eher dem Wunschdenken der Pariser Exiljournalisten als der Realität entsprungen sein.[25] Von einer aggressiv-euphorischen Kriegslust allerdings wie einst im August 1914, von einer Lust zum Heldentod gar — wie sich Goebbels dies vorstellte — war auch nach dem deutschen Überfall auf Polen nichts zu spüren.

Wenn es auch der NS-Propaganda nicht gelungen war, die Mehrheit der deutschen Bevölkerung für ihren Kriegskurs zu begeistern und mitzureißen, so doch, über den Grad der wirklichen Bedrohung zu desorientieren und öffentlich verbalen Widerspruch oder gar massenhafte Verweigerung zu verhindern.[26] Widerwillig, aber loyal verließen die in der „roten Zone" lebenden Saarländer daher im September 1939 ihre Heimat und begaben sich in die Evakuierungsgebiete. „Von einer defaitistischen Stimmung ist bisher nichts zu merken", meldete der Sopade-Berichterstatter im April 1940 aus dem Saarland.[27] Und auch die Stapo-Stelle Saarbrücken wußte von einer Tätigkeit oppositioneller Kreise „insbesondere hinsichtlich der durch die Kriegswirtschaft bedingten Maßnahmen" nichts zu berichten.[28] Selbst innerhalb der Arbeiterschaft dominierten während der Blitzkriegseuphorie nationalistische Ressentiments soziale Fragen und verstummte die Kritik: „Bei saarländischen Arbeitern, die jetzt in der Armee sind, kann man vielfach hören, daß die Nazis jetzt doch nach links geschwenkt sind. Wörtlich sagte einer: ‚Jetzt muß man zum Führer halten, eine Revolution wäre Verrat.'"[29]

Zu einem Meinungsumschwung kam es erst mit dem Rußlandfeldzug. Kritischere Töne nahmen jetzt zu. Zweifel an der Zuverlässigkeit der Wehrmachtsberichte wurden laut. Zunehmend artikulierte sich Skepsis, ob ein Krieg gegen die

Sowjetunion überhaupt zu gewinnen sei. Angesichts zunehmender Arbeitsbelastungen machte sich seit 1942 Kriegsmüdigkeit breit.[30] Nach dem Fall von Stalingrad begann auch der Mythos von der Unbesiegbarkeit der deutschen Wehrmacht zu zerbrechen. Nur ein kleiner Teil der Saarbrücker Bevölkerung — so der SD — habe auch 1944 noch eine „unbeirrt zuversichtliche Stimmung" bewahrt.[31] „Die Stimmung und Haltung der Bevölkerung ist schlechter geworden, hervorgerufen durch die Nachrichten von der Front und durch die Fliegerangriffe", hieß es auch in einem Bericht der Stadt Saarbrücken im Sommer 1944.[32]

Mit Ausnahme des eher noch forcierten Antibolschewismus begann die allgemeine Feindbildpropaganda an Wirksamkeit zu verlieren. Nur gegenüber Rußland herrsche in nahezu allen Bevölkerungskreisen das „Gefühl der Angst vor einem in seiner Mentalität uns fremden und unverständlichen Gegner vor".[33] Besonders seit Stalingrad habe die Vorstellung von einer Bolschewistenherrschaft etwas Unheimliches und Schicksalhaftes angenommen. „Immer stärker empfinde die Bevölkerung den Russen und sein Land als ein unberechenbares und triebhaftes Element, welches sich mit urgewaltiger Wildheit und Lebenskraft auf Europa zu stürzen drohe und deshalb bis zum letzten vernichtet werden müsse."[34] Der Antibolschewismus war die letzte Bedrohungsangst, die der NS-Propaganda geblieben war, und die sich nahezu ungebrochen in die Gründungsgeschichte der Bundesrepublik hinein verlängerte.

Von durchgängig fanatisierten, kriegsbegeisterten Massen jedenfalls war die Realität weit entfernt. Die Propaganda blieb weitgehend, jedoch keineswegs ausschließlich Fassadenkunst. Ihre Medien faszinierten nicht überall, gleich und jeden. Selbst die „hypnotische Kraft" Hitlers entfaltete, worauf Martin Broszat völlig zu Recht verwiesen hat, nicht bedingungslose Wirksamkeit. Die Aufstachelung von Sensationen, Erbauungsgefühlen und Ressentiments sei ihrem Wesen nach eher flüchtig geblieben. Die propagandistische Vermittlung des „großartigen *Bildes* des nationalen Geschehens" habe nur eine Art erbaulicher Sonntagsstimmung, eine Art idealistischen Überbau über der Realität und Materialität des wirtschaftlichen und gesellschaftlichen Geschehens erzeugt.[35] Die NS-Propaganda war so keineswegs omnipotent. Ihre Wirkung blieb gebrochen und an Grenzen gebunden. Und doch agierte sie nach 1933 weitaus erfolgreicher als vorher.

Verbale Ventilfunktionen: Spott, Witz und Ironie

Dort, wo sich Unzufriedenheit, Enttäuschung und Kritik aufgestaut hatten, sich öffentlich nicht artikulieren konnten und den Menschen der Weg zum milieugebundenen, organisierten Widerstand versperrt war, bildeten sich Formen einer neuen Untergrundöffentlichkeit heraus. Vielfach waren diese nur Ausdruck der eigenen Unbeherrschtheit und erfüllten damit Ventilfunktionen. Ihr Ort war die informelle Öffentlichkeit der Wirtshäuser, der Fabriken und Büros, ihr Medium der respektlose Witz und die öffentlich-karikierende Parole. In gehässigen und unflätigen Witzen machte sich die unterdrückte Seele Luft. In ihnen artikulierte sich eine polemische Lust, es den „Bonzen" „da oben" einmal zu zeigen. Im Witz, im Gerücht und in der spöttischen Parole reduzierte sich ein komplexer politischer Vorgang auf ein bezeichnendes konkretes Detail. Realitätspartikel wurden sprachlich neu kombiniert, Textpassagen durch Weglassen oder Umdichtung verändert, Propagandaformulierungen aufgegriffen, umgedreht und in neue Zusammenhänge gestellt. Durch diesen bewußt sprachlichen Akt unterschied sich der Witz zugleich von dem einfachen Schimpfen der Heimtückeredner. Das Lachen und der Witz zeigten, daß die Beherrschung der Köpfe eben nicht ganz so funktionierte, wie sich dies die NS-Machthaber wünschten.[35] „Die lauteste Propaganda, die gängigste Phrase, die raffinierteste Lüge" — so der Kabarettist Werner Finck — „ein treffender Witz, und sie werden lächerlich, das Schlimmste, was ihnen passieren kann."[36]

Mit derben Witzen und spöttischen Zweizeilern zog man über die „braunen Haufen" und Hitlers vermeintliche Homosexualität her. „Wann ist der Führer am zufriedensten?", fragte so beispielsweise eine Witwe aus Neunkirchen und gab sogleich die Antwort: „Wenn er auf dem Abtritt (Abort) sitzt, das Braunhemd an hat, hinter sich die braune Masse und vor sich einen Arbeitslosen hat."[37] Gegen einen Dudweilerer Arbeiter wurde ermittelt, weil er sich über den Grußzwang mit folgendem Zweizeiler lustig gemacht hatte: „Früher hieß es: ‚Wir Wilhelm von Gottes Gnaden' und heute heißt es: ‚Ich Arschloch von Berchtesgaden'."[38] Respektlosigkeit auch gegenüber dem Gauleiter zeigte sich darin, daß im Volksmund unter Anspielung auf Bürckels Trinkfreudigkeit und unter einfacher Vertauschung einiger Buchstaben aus Gauleiter Bürckel „Bierleiter Gauckel" wurde.

Immer wieder waren es die politische und wirtschaftliche Lage in Hitlerdeutschland und besonders die SA, die zum Objekt des Spottes gemacht wurden, so wenn es in einem Witz hieß: „Eine Geis, ein Hund und ein Esel kamen in den Himmel. Bei ihrer Ankunft frug Petrus, was es auf Erden neues gäbe. Sie konnten vieles erzählen, nur nicht über Deutschland, da sie dort nicht gewesen seien. Petrus wollte doch etwas über Deutschland wissen und schickte die Geis nach Deutschland. Dieselbe kam jedoch erst nach vier bis sechs Wochen zurück. Auf das Befragen des Petrus, wo sie denn eigentlich so lange gewesen sei, sagte die Geis, sie habe gemeckert und sei deshalb eingesperrt worden. Darauf schickte Petrus den Hund nach Deutschland. Dieser kam jedoch am nächsten Tag schon wieder zurück und sagte, in Deutschland könne er nicht länger bleiben, da seien alle Knochen schon geleckt. Nun wurde der Esel nach Deutschland geschickt. Dieser kam aber auch nach einigen Tagen wieder zurück und sagte zu Petrus, in Deutschland könne er sich nicht mehr aufhalten, denn seine Kameraden seien alle bei der SA."[39]

Mit Bezug auf das Saarbrücker Gautheater wurde aus der parteiamtlichen Einigungsparole „Ein Volk, ein Reich, ein Führer" die Parole „Ein Volk, ein Reich, ein Theater", wodurch man zugleich das Propagandaspektakel um die Einweihung des Theaters aufs Korn nahm. Unter ironisierender Anspielung auf den trinkfesten Saarbrücker Oberbürgermeister und die Dürftigkeit der dort veranstalteten Aufmarschrituale wurde das „Befreiungsfeld" zum „Dürrfeld".

Eine Gattung von Witzen und Parolen eigener Art beschäftigte sich mit der preußisch-pfälzischen „Fremdherrschaft" der Nationalsozialisten an der Saar, so wenn — unter Anspielung auf die Besetzung leitender Positionen im Saarbergbau durch Auswärtige — die Saarbrücker Bergwerksdirektion im Volksmund zur „Westfalenhalle“ wurde, der man im Karneval 1938 einen eigenen Motivwagen widmete[40], oder wenn es mit Bezug auf Bürckels Personalpolitik hieß: „Uff die Bääm, die Pälzer kumme!“ Man erzählte sich den Witz, der ganze Warndt werde abgeholzt, damit jeder Pfälzer an der Saar seinen „Posten“ bekomme. Als die Bergwerksdirektion im Mai 1935 mit einem Sandstrahlgebläse gereinigt wurde und dabei auch die in den Wandnischen stehenden steinernen Bergwerksdirektoren aus ihren Verankerungen gehoben werden sollten, soll die versammelte Menge gebeten haben: „Um Gottes willen, laßt die Kerle dort oben stehen! Wenn Ihr die wegnehmt, stehen gleich wieder ein paar Pfälzer oben.“[41] Solche Witze und Parolen waren im wesentlichen auf die Anfangszeit des Dritten Reiches beschränkt. Von ihren Inhalten signalisierten sie Desillusionierung und die Grenzen der Propaganda. Vermutlich waren sie weniger Ausdruck einer „Volksopposition“, wie dies die ansonsten hervorragende Studie von Gerhard Bauer über „Sprache und Sprachlosigkeit im ‚Dritten Reich‘“ unterstellt, sondern ähnlich den Heimtückereden Ventile der ihrer öffentlichen Artikulationsmöglichkeiten beraubten Menschen.

„Nachrichtenhunger“: Das Abhören ausländischer Rundfunksender

Gespeist wurde die „zweite öffentliche Meinung“ durch die Mund-zu-Mund-Propaganda der politischen Opposition, durch die Untergrundpublizistik aus dem Exil sowie vor allem durch die ausländischen Rundfunkstationen. Mit Besorgnis registrierte der SD, daß den in Lothringen beschäftigten Saarländern „Hetzschriften“ zum Lesen gegeben würden, damit diese den Inhalt ihren Verwandten und Freunden in Deutschland mitteilten, die dann ihrerseits für eine weitere mündliche Verbreitung sorgten.[42] Tatsächlich drangen auf diesem Wege Nachrichten über Spanien, über die Politik der französischen Volksfrontregierung und über das Ausmaß der deutschen Aufrüstung in das medienpolitisch gleichgeschaltete Saarland ein. Und auch Informationen über die Situation in den Konzentrationslagern „sickerten“ durch.[43]

Marginale Bedeutung für die Konstituierung einer informellen Gegenöffentlichkeit hatten die publizistischen Produktionen des Exils wie Tarnschriften, Flugblätter und Zeitungen, deren Auflagenhöhe im Höchstfalle einige hundert Exemplare betrug und — kamen sie überhaupt in Deutschland an — nur in wenigen Exemplaren die abgeschotteten politischen Milieus erreichten. Sie erfüllten mehr eine symbolische denn eine informierende Funktion, indem sie den Adressaten dokumentierten, daß ein Widerstand gegen den Nationalsozialismus nach wie vor existiere.[44] Mit Kriegsbeginn kam der illegale Import von Flugblättern und Zeitungen fast vollständig zum Erliegen. Nur mehr gelegentlich registrierten die Sicherheitsbehörden die Einfuhr von Flugschriften antifaschistischer Organisationen — wie der illegalen KP Frankreichs oder des Nationalkomitees Freies Deutschland —, die zudem völlig ungezielt eingeschmuggelt wurden und kaum mehr einen Leser gefunden haben dürften.[45] Bedeutsamer waren da längst die von alliierten Flugzeugen abgeworfenen Flugblätter und die Nachrichtensendungen der „Feindpropaganda" geworden. Dem Urteil von Detlev Peukert ist völlig zuzustimmen: „Gemessen an der Verbreitung von Nachrichten ausländischer Rundfunksender und von autochthon entstandenen Gerüchten und Witzen blieb die Wirkung von aufklärenden Schriften des politischen Widerstandes eher deprimierend gering."[46]

Exilpublizistik, alliierte Rundfunk- und Flugblattpropaganda zielten auf ein von den gleichgeschalteten Medien in Deutschland nicht völlig unterdrücktes Informationsbedürfnis, das mit dem Beginn des Weltkrieges noch anwuchs. In Deutschland existiere ein „Nachrichtenhunger" unbekannten Ausmaßes stellten Exilpresse und SD unisono fest. Durch die „unzureichenden Informationen des Deutschen Volkes durch Presse und Rundfunk" würden die Volksgenossen der „Feindpropaganda" geradezu in die Arme getrieben, beklagte der SD.[47] „Alle Leute hören ausländische Sender", meldeten die Sopade-Berichte vermutlich übertrieben, doch von der Tendenz her nicht falsch 1939: „Das kann nicht verhindert werden."[48] Bereits 1937 hatte die Gestapo 13 ausländische Sender gezählt, die zum Widerstand gegen das Dritte Reich aufriefen und in Deutschland gehört würden.

Zweifellos war das Abhören ausländischer Rundfunkstationen der weitverbreitete Versuch der Menschen, sich selbst ein Bild über die Lage in Deutschland und in der Welt zu machen. Während es vor 1939 primär die Anhänger der ehemaligen Linksparteien waren, die sich auf diese Weise informierten und Kontakt zu ihren Exilorganisationen suchten, scheint sich der Hörerkreis mit Kriegsbeginn ausgeweitet zu haben. Rechtlich stand bis 1939 das Abhören ausländischer Sender selbst noch nicht unter Strafe, wohl aber das Weiterverbreiten von Nachrichten und das Werben für diese Form der Informationsbeschaffung, die als Heimtückevergehen gerichtlich verfolgt wurden.

„Das Abfangen von ausländischen Radiostationen ist eine allgemeine Form geworden", meldete die Forbacher KPD-Abschnittsleitung im Februar 1938.[49] Am meisten höre man Radio Straßburg, den Moskauer Sender und den „Deutschen Freiheitssender 29,8", denn den Nazis glaube man nicht mehr.[50] Dies stimmte mit den Beobachtungen der Saarbrücker Stapo-Stelle überein, wonach man an der Saar vor allem die Sendungen von Radio Straßburg, aber auch von Radio Luxemburg abhörte.[51] Insbesondere der Straßburger Sender erfreute sich bis 1940 einer großen Beliebtheit, da er im Saarland am besten zu empfangen war und sich in Kreisen der Hitlergegner bereits durch seine Berichterstattung im Saarabstimmungskampf einen guten Namen gemacht hatte.[52] Das Abhören des Straßburger Senders sei in der Vorkriegszeit „in manchen Kreisen sehr häufig" gewesen, bestätigte auch das Saarbrücker Sondergericht. Vor allem die oft zu knappen Berichte des Oberkommandos der Wehrmacht zu Kriegsbeginn hätten so manchen dazu verleitet, die ausländischen Sender zu hören, gaben die Richter zu bedenken.[53]

Tatsächlich waren es vor allem Sozialdemokraten und Kommunisten, die sich vor dem Hintergrund des Bürgerkriegs in Spanien ein eigenes, unabhängiges Bild zu machen versuchten. Einem V-Mann der Gestapo gegenüber äußerte so ein Kommunist aus Dudweiler, er habe kein Interesse mehr an deutschen Zeitungen. Das sei doch alles Lug und Trug. Um die Wahrheit zu erfahren, müsse er den Straßburger und den Moskauer Rundfunk hören.[54] Da die politischen Nachrichten in der NS-Presse allesamt falsch und unwahr seien, glaube er nur mehr das, was er im Pariser oder Straßburger Sender höre, äußerte sich auch der Sozialdemokrat Otto Biehl aus Steinbach. Insbesondere von Meldungen über die Lage in Spanien machte sich Biehl handschriftliche Notizen und erzählte das Gehörte seinen Arbeitskollegen weiter.[55]

Kommunisten schalteten eher den Moskauer Sender ein und versuchten ihr Informations- und Identifikationsbedürfnis hier zu stillen. Die Nachrichten und abendlichen Vorträge seien für ihn und seine Frau geradezu ein „Abendgebet" gewesen, gestand ein Dudweilerer Bergmann ein, den die Staatsanwaltschaft beschuldigte, den Moskauer Sender abgehört zu haben.[56] Er brauche das zu seiner Einstellung, meinte auch der Gersweilerer Kommunist Johann Seel, da nur die Moskauer Nachrichten die „Wahrheit über Deutschland brächten" und die deutschen Nachrichten alle erstunken und erlogen seien.[57] Mit dem Appell, Vergleiche zwischen den deutschen Sendern und Radio Moskau anzustellen, warb auch der pensionierte Bergmann und Kommunist Wilhelm Heinrich Reck aus Ottenhausen unter ehemaligen Arbeitskameraden für das Abhören des Moskauer Senders.[58]

Die Nachrichtensperre, die Goebbels über das Dritte Reich verhängt habe, lasse den Menschen keine andere Möglichkeit — so die *Freiheit-Korrespondenz* —, als sich über ausländische Sender zu informieren. „Alle, buchstäblich alle, die es nur einigermaßen schaffen könnten, hören jetzt den Kurzwellensender 29,8", meldete das sozialdemokratische Exilblatt geradezu euphorisch. Der von deutschen Kommunisten in Spanien betriebene und zeitweise in den Dienst der Pariser Lutetia-Volksfront gestellte Sender, zu dessen Informanten auch die Forbacher KPD-Abschnittsleitung zählte, sei seit ein paar Wochen „die Informationsquelle für alle, die nicht aus ausländischen Zeitungen die Wahrheit kennenlernen oder bei gelegentlichen Reisen ins Ausland sich informieren können".[59] Der Sender — so auch die Saarbrücker Stapo-Stelle — sei im Saarland häufig noch recht gut zu hören.[60]

Nach Auffassung des SD verfügte der Sender über einen ausgezeichneten Nachrichtendienst und bringe Meldungen, die in Deutschland sonst nicht bekannt würden.[61] In Saarbrücken sei bald nach Bekanntwerden des Senders die „Jagd" auf neue Rundfunkgeräte losgegangen, mit denen man 29,8 empfangen konnte.[62] Auch in der Bergarbeitergemeinde Quierschied hatte es sich bald herumgesprochen, daß auf der Kurzwelle 29,8 ein neuer kommunistischer Sender arbeite, dessen Ausführungen aber nicht sehr ernst genommen würden.[63] Vereinzelt scheinen sich kleine Hörergemeinschaften gebildet zu haben, wie die kommunistische Exilpresse und die Gestapo übereinstimmend berichteten. „Bei einer Hörergemeinschaft befand sich ein früherer Gewerkschaftssekretär, der seinen Radioapparat und seine Wohnung zum Zwecke des Abhörens zur Verfügung gestellt hatte."[64] Nicht so sehr der Informationsgehalt als die psychosoziale Wirkung auf die versammelten Rundfunkhörer stand in dem Brief eines Neunkircher Arbeiters an die Forbacher KPD-Abschnittsleitung im Mittelpunkt. Als man zum erstenmal aus dem Äther die Stimme vernommen habe „Hier spricht der Sender der K.P.Deutschlands", seien alle im Zimmer so ergriffen gewesen, daß die Augen naß wurden. „Die Hörer waren angegriffen deswegen, weil sie sofort diese ungeheure Wirkung verspürten, die diese

Sendung für die Befreiung von der Hitlertyrannei in sich habe, auch desweiteren die Angst und Besorgnis um die mutigen Genossen, die dieses Werk vollbrachten."[65] Besonders groß sei die Freude unter den Arbeitern, betonte auch die *Freiheit-Korrespondenz*, da ihnen die Sendungen von 29,8 „das Gefühl der Sicherheit" vermittelten und ihnen „neue Hoffnung" schenkten: „Sie spüren, daß man draußen an sie denkt und Kräfte zu ihrer Befreiung am Werk sind."[66] Aber nicht nur Kommunisten, die z. T. von ihren emigrierten Verwandten in Briefen von dem Sender erfuhren[67], sondern auch Sozialdemokraten zählten zum Hörerkreis von 29,8.[68] Besonders die Spanien-Berichterstattung des Senders scheint auf großes Publikumsinteresse gestoßen zu sein. Jetzt wisse man endlich, was in Spanien los sei, lobte die *Freiheit-Korrespondenz*. Einen zweifellos hohen Informationswert erfüllten auch die Berichte und Analysen über die Lage der deutschen Wirtschaft, über die forcierte Aufrüstung, über die Geschehnisse am 9. November 1938 und über den Kirchenkampf. In einer eigenen Sendung ging 29,8 auf die Auseinandersetzungen um das Christuskreuz 1937 im saarländischen Frankenholz ein.[69] Namhafte Schriftsteller wie Ernest Hemingway und Heinrich Mann, Künstler wie Frans Masereel oder Politiker wie Georg Branting appellierten über Welle 29,8 an das deutsche Volk, sich zum Widerstand zu formieren und durch langsames Arbeiten die Kriegsrüstung zu boykottieren.

Gerade der Bericht über die Ereignisse in Frankenholz aber zeigte auch, daß der Informationsgehalt der Nachrichten eher gering war, diese mitunter nur Gerüchte darstellten und durch die optimistische Optik des Exils gefärbt waren. Exiltypisches Wunschdenken und schiefe ideologische Interpretationen bestimmten nicht unwesentlich die Berichterstattung des Exilsenders. Der „Nachrichtenhunger" der Menschen wurde durch ihn nur partiell gestillt. Eher schon erfüllte er psychosoziale Stabilisierungs- und Orientierungsfunktionen für die in Deutschland verbliebenen und dort atomisierten Parteigänger der ehemaligen Linken.[70]

Obwohl mit der „Verordnung über außerordentliche Rundfunkmaßnahmen" vom 1. September 1939 die Strafandrohungen für das Abhören ausländischer Sender drastisch verschärft wurden und im Extremfall nun selbst die Todesstrafe drohte[71], scheint das Abhören der „Feindsender" eher zu- als abgenommen zu haben. Und es waren jetzt keineswegs mehr nur die Anhänger der ehemaligen Linksparteien, die ihre Rundfunkgeräte nun auf ausländische Stationen einstellten. Nach Schätzungen waren es reichsweit bis zu zwei Millionen Deutsche, die die ausländischen Sender und jetzt vornehmlich die BBC einschalteten. Mit dem deutschen Überfall auf Polen und dem Beginn des Krieges scheint das Informationsbedürfnis der Bevölkerung sprunghaft angewachsen zu sein. Indirekt machte das Saarbrücker Sondergericht hierfür die knappen Berichte des Oberkommandos der Wehrmacht verantwortlich, die „manchen nicht standhaften Grenzbewohner" dazu verleitet hätten, ausländische Sender abzuhören.[72] Man wollte wissen, was an der Front los war und schaltete daher Straßburg, Beromünster oder die Londoner BBC ein.

Nachdem mit dem Sieg der Franco-Truppen in Spanien der „Deutsche Freiheitssender 29,8" seinen Betrieb eingestellt hatte und Radio Moskau mit dem Abschluß des Hitler-Stalin-Pakts weitgehend diskreditiert war, konzentrierte sich — folgt man den Urteilen des Saarbrücker Sondergerichts — das Interesse zunächst ganz auf den Straßburger Sender, bis auch dieser im Juni 1940 zum Schweigen gebracht wurde. Es war eine bunte Hörerschaft, die sich zu den allabendlichen deutschsprachigen Sendungen aus Straßburg vor den Apparaten versammelte: ein Bergmann und ehemaliger christlicher Gewerkschafter zum Beispiel, der über das Gehörte mit Bekannten auf dem Dudweilerer Markt sprach und zur Feststellung kam, daß die Meldungen über deutsche Verluste deutlich von den offiziellen Wehrmachtsberichten abwichen.[73] Zu den Hörern des Senders zählte auch der ehemalige SPD-Vorsitzende von Frankenholz, den ein Untermieter denunziert hatte. Das Saarbrücker Sondergericht verurteilte den Mann wegen Abhörens ausländischer Sender 1940 zu einer vierjährigen Zuchthausstrafe.[74] Ein Bergmann und KPD-Sympathisant aus Altenwald hörte abends regelmäßig die Nachrichtensendungen aus Straßburg.[75] Widersprüche zwischen den offiziellen Wehrmachtsberichten und den Meldungen aus Straßburg registrierte auch ein Ankerwickler aus Kirkel, der mit seinen Arbeitskollegen über das Gehörte sprach und sich nach Ansicht des Gerichts damit „innerlich auf die Seite des Feindes" gestellt hatte. Der Mann, der vor 1935 der Deutschen Front angehört hattte, mußte wegen Rundfunkverbrechens für drei Jahre ins Zuchthaus.[76] Zuchthaus- und Gefängnisstrafen zwischen vier Jahren und einem Jahr sprach das Sondergericht 1941 für vier Bewohner aus Altenwald aus, die regelmäßig den Straßburger und den Londoner Sender abgehört und über das Gehörte untereinander gesprochen hatten.[77]

Mit dem Ausfall des Straßburger Senders orientierte sich das illegale Hörerinteresse verstärkt auf die deutschsprachigen Sendungen aus England — zunächst auf die BBC, später auch auf den Soldatensender Calais — und auf Radio Beromünster. Zwei Priester aus St. Wendel — beide ehemals Feldgeistliche — und der Organist der Pfarrei St. Wendalinus, vor 1935 Ortskulturwart der Deutschen Front, hatten sich auf das Abhören von Beromünster spezialisiert und wurden deshalb zu Zuchthausstrafen von zwei bzw. eineinhalb Jahren verurteilt.[78] Fünf Jahre Zuchthaus lautete das Sondergerichtsurteil für einen Werkzeugdreher der Völklinger Hütte, vor 1935 Mitglied der Deutschen Front, der seit 1941 regelmäßig die deutschsprachigen Sendungen des Londoner Rundfunks belauschte, das Gehörte an seine Arbeitskameraden weitergab und — wie das Gericht befand — damit bewußt Zweifel an der Richtigkeit der Meldungen des Oberkommandos der Wehrmacht gesät habe.[79] Zu den regelmäßigen Hörern der BBC zählten auch ein Weltkriegsinvalide aus Dillingen, der zeitweise der KPD nahegestanden hatte, sowie der Nachtportier des Saarbrücker Hotels Excelsior.[80] Ein Maschinenbaustudent aus Limbach hörte ebenfalls regelmäßig die englischen Sender ab und verbreitete die Nachrichten unter seinen Kommilitonen in Saarbrücken.[81] Fast täglich schalteten auch Dr. Albert Brandts, ehemals Zentrumsmitglied und nun Referent beim Reichsstatthalter der Westmark in Saarbrücken, sowie seine Ehefrau Anna den deutschsprachigen Nachrichtendienst des Londoner Rundfunks ein. Gegenüber einer Hausangestellten sagte der promovierte Jurist, in Deutschland fänden Massenerschießungen statt, von denen man sonst nichts erfahre. Für das Saarbrücker Sondergericht hatte Brandts als Beamter des NS-Staates durch sein Verhalten in besonderer Weise gegen die Treuepflicht gegenüber Führer und Staat verstoßen und wurde daher mit sechs Jahren Zuchthaus bestraft.[82]

Insbesondere seit den Tagen der Entscheidungsschlacht um Stalingrad scheint das Interesse an den Meldungen der ausländischen Rundfunkstationen weiter zugenommen zu haben. „Die ausländischen Sender sind wohl noch nie so viel gehört worden wie in diesen Tagen", berichtete der Brebacher Bürgermeister am 1. März 1943.[83] Weil sie die Sendungen ausländischer Rundfunkstationen abgehört, darüber mit ihren Arbeitskollegen geredet und die offiziellen Wehrmachtsberichte angezweifelt hätten, wanderten 1944 auch ein Rottenführer der Völklinger Hütte und ein Bergarbeiter der Grube Velsen hinter Gitter. Im Schlafhaus der dortigen Grube scheint das Erzählen politischer Witze und das Abhören von „Feindsendern" 1944 — wie das Gericht feststellte — an der Tagesordnung gewesen zu sein, so daß der Angeklagte „jedes Gefühl für das Verwerfliche seiner Handlungsweise" verloren habe.[84] Auch die Sendungen des „Soldatensenders Calais", für den der ehemalige saarländische SPD-Vorsitzende Max Braun arbeitete und der von der britischen Rundfunkpropaganda betrieben wurde, sowie der Sender des Vatikans wurden während der Kriegszeit an der Saar abgehört.[85]

Während Zweifel am allseits propagierten „Endsieg" und Mißtrauen gegenüber den Frontberichten der zentral gelenkten Medien für das Abhören der ausländischen Sender primär verantwortlich waren, spielten politische Motive im engeren Sinne nur sekundär eine Rolle. Das gemeinschaftliche Abhören — so im Falle einer Gruppe von Bergleuten aus Heiligenwald oder von politischen Gegnern des NS-Regimes aus Neunkirchen — mit dem bewußt agitatorischen Ziel der Weitergabe von Nachrichten war eher die Ausnahme.[86] Jakob Röder aus Bergen im Saarland, seit 1940 Fräser und Schleifer bei den Braunschweiger Flugmotorenwerken, der an seinem Arbeitsplatz die Meldungen eines englischen Senders an französische Zivilarbeiter weitergab und diesen bewußt Hoffnungen auf ein baldiges Kriegsende machte, kostete dies das Leben. Am 19. September 1944 verurteilte ihn der Volksgerichtshof wegen Wehrkraftzersetzung, Abhörens und Verbreitens feindlicher Rundfunknachrichten zum Tode.[87] Eine völlige Ausnahme scheint das Verhalten der beiden Arbeiter Richard Strohfus und Fritz Klimowitsch aus Saarbrücken geblieben zu sein, die systematisch ausländische Nachrichten abhörten, notierten, schließlich vervielfältigten und an Anschlagsäulen und Häusern im Saarbrücker Raum anklebten. Am 5. September 1944 wurden beide von der Saarbrücker Gestapo verhaftet. Während Strohfus, dem man nichts nachweisen konnte, Mitte Oktober 1944 freigelassen wurde, beging Klimowitsch am 4. Oktober in der Haft Selbstmord.[88]

Auch der bewußt geplante Anschlag bzw. die Verbreitung oppositioneller Flugzettel blieb außerhalb der politischen und religiösen Milieus die große Ausnahme. 1940 verurteilte das Sondergericht einen Mann aus Landsweiler zu einer neunmonatigen Haftstrafe, weil er vorsätzlich abgeworfene Flugzettel alliierter Flugzeuge weiterverbreitet habe.[89] Im August 1943 nahm die Gestapo einen Bergarbeiter der Grube Ensdorf fest, der selbstverfaßte Plakate mit schweren Beleidigungen gegen Hitler und die Reichsregierung an Güterwagen auf der Strecke Dillingen-Primsweiler angeheftet hatte. Am Tag der Befreiung des Saarlandes verunglückte der einem Arbeitskommando des Zuchthauses Ziegenhain zugeteilte Bergmann tödlich.[90] Handgeschriebene Zettel mit oppositionellem Inhalt schlug im Frühjahr 1938 auch ein 72jähriger, ehemaliger Bergmann aus Püttlingen an Bäumen zwischen Riegelsberg und Altenwald an, worauf ihn das Sondergericht zu einer einjährigen Gefängnisstrafe verurteilte.[91] Aber dies blieben — wie gesagt — Einzelerscheinungen. Nicht die bewußt auf Gegenöffentlichkeit zielende Agitation, sondern die passive Teilhabe charakterisierten diese Form der öffentlichen Meinung.

Und nicht nur harte Informationen der „Feindsender" über Spanien und die Hinrichtung der Studenten der „Weißen Rose", Nachrichten über den tatsächlichen Frontverlauf, über Hitlers Euthanasieprogramm und die Existenz von Konzentrationslagern „sickerten" durch, sondern auch gezielte Falsch- und Fehlinformationen, mit denen die gegnerische Propaganda arbeitete. Hinzu kamen die Meldungen der Exilsender, die vielfach nichts anderes als Wunschprojektionen waren. Wunsch, Wirklichkeit und Pseudorealität, angereichert und verzerrt mit eigenen Deutungen vermischten sich zu einem kaum mehr kontrollierbaren Meinungskonglomerat, das die „zweite öffentliche Meinung" entscheidend charakterisierte, aber auch desorientierend wirken konnte. Hartnäckig konterkarierte sie die offizielle Informationspolitik der gleichgeschalteten Medien, so daß die DAF gezwungen war, Kampagnen gegen Klatschsucht und Gerüchtemacher durchzuführen. „Das Gerücht" — so die *NSZ-Rheinfront* — „ist wie ein verlauster Köter, der durch die Stadt rennt und augenscheinlich keinem gehört. Ein solches Biest darf getrost jede Ecke besudeln, darf ins Bein beißen, wen es will . . ., darf sich in jede Menschenmenge drängen und sich schütteln, daß das Ungeziefer nur so herumfliegt. Und jedes Ungeziefer ist ein neues Gerücht. Kein Polizist kann den Hund aufschreiben oder ihn nach seinem Herren fragen."[92]

Die informelle Untergrundöffentlichkeit bestand so aus weit mehr als harten Informationen der ausländischen Sender. In sie gingen notwendigerweise subjektive Erfahrungen von Soldaten und ehemaligen Häftlingen ein, ideologische Interpretationen und Hoffnungen aus den Reihen des Widerstandes, gezielte Fehl- und Falschinformationen der „Feindpropaganda", Witze und Parolen, in denen sich Unzufriedenheit und Kritik artikulierten, sowie schließlich die vielen Gerüchte. Daß diese „zweite öffentliche Meinung" sich so hartnäckig behaupten konnte, lag im Mißtrauen gegenüber den NS-Medien begründet, im Bedürfnis, die eigene Meinung zu sagen oder zumindest halböffentlich zu artikulieren, im ganz existentiell begründeten Informationsbedürfnis jener Menschen, die wissen wollten, wie es um ihre Angehörigen an den Fronten stand sowie im Versuch der politischen Opposition, die Selbstdarstellung des Regimes zu konterkarieren und gezielte Gegeninformation zu betreiben. Für die Menschen besaß diese Form der Öffentlichkeit zum einen Ventilfunktion, sich einfach Luft zu machen und Ärger und Enttäuschung loszuwerden, zum anderen war sie für viele Deutsche die einzige Möglichkeit, sich jenseits der gleichgeschalteten Medien selbst zu informieren.

Aus der regionalen Perspektive läßt sich so weder von einer omnipotenten, allseits wirksamen Propaganda, der jeder Deutsche verfallen war, noch von einer hundertprozentig gleichgeschalteten Öffentlichkeit, der jeder ohnmächtig ausgeliefert war, reden. Es gab durchaus Möglichkeiten, sich der erwarteten Begeisterung zu entziehen, sich abzuwenden und — unter zugegebenermaßen erschwerten Bedingungen — ein eigenes Bild zu machen. Nur setzten sich eben Distanziertheit und Furcht nicht in Illoyalität und Informiertheit nicht in Opposition um. Vielmehr gab es gerade in den alten Milieus genügend Saarländer, die durchaus informiert waren und sich dennoch loyal verhielten. Das ist der Sinn von Sebastian Haffners Beobachtung, daß die Versprechungen und Interpretationen der NS-Propaganda zwar nicht überall geglaubt wurden, diese aber trotzdem gewirkt habe.[93]

3. Die widerspenstige Betriebsgemeinschaft: Arbeitsverweigerung, Sabotage und Arbeitskampf

Als Reaktion auf die jahrelange Ausblendung der Verhaltensmuster der deutschen Arbeiterschaft gegenüber dem Nationalsozialismus in der Widerstandsforschung der 50er und 60er Jahre bzw. der Eingrenzung des „Arbeiterwiderstandes" auf den organisierten Widerstand von Arbeitern in den Reihen der Linksparteien — wie bei Günther Weisenborn oder in Lokalstudien wie der von Barbara Mausbach-Bromberger über Frankfurt[1] — hat sich in den 70er Jahren ein neuer Zweig der Widerstandsforschung etabliert, dem es um die Ehrenrettung der Arbeiterschaft ging. Aus der bis dato unterstellten generellen Immunität der Arbeiter gegenüber dem Nationalsozialismus vor 1933 wurde kurzschlüssig eine breite NS-Resistenz auch nach Hitlers Machteinsetzung und eine Überbewertung oppositioneller Artikulationsformen in den Betrieben und Arbeiterquartieren abgeleitet. Bei der Zerstörung des Bildes der totalen Betriebsgemeinschaft entstand unter der Hand der neue Mythos einer breit gefächerten „Arbeiteropposition".

Aus wissenschaftsfremden legitimatorischen und identitätsstiftenden Gründen hat besonders die Zeitgeschichtsforschung der DDR Opposition und Widerstand der Arbeiterschaft betont. So machte sich z. B. Klaus Mammach in seiner zweibändigen Widerstandsgeschichte unkritisch den politisierenden Blick der Gestapo zu eigen, der den ausschließlich aus ökonomischen Motiven geführten Auseinandersetzungen in den Betrieben „politischen Charakter" unterstellte und von zahlreichen Sabotagefällen in der Rüstungsindustrie sprach, ohne dies aber empirisch zu belegen.[2] Es war dies zugleich die von Wunschprojektionen geprägte Perspektive des politischen Exils, auf deren Berichte sich schon früh Walter A. Schmidt in seinem „Quellenwerk über den deutschen antifaschistischen Widerstandskampf" stützte.[3]

Aber auch Timothy W. Mason hat mit der Einführung des Begriffes der „Arbeiteropposition" zur Mythenbildung beigetragen, indem er zwar den „wirtschaftlichen Klassenkampf" vom „politischen Widerstand" abgrenzte, insbesondere was die nachweisbaren Motive der beteiligten Arbeiter betraf, den spontanen Arbeitsniederlegungen, den Bummelstreiks, dem Fernbleiben von der Arbeit, den Unmutsbekundungen am Arbeitsplatz etc. „objektiv" aber eine politische Funktion bescheinigte. „Diese Weigerung der Arbeiterklasse, sich dem nationalsozialistischen Herrschaftssystem voll zu unterwerfen, kann Opposition genannt werden: Sie nutzte die Widersprüche innerhalb der kapitalistischen Wirtschaftsordnung und Diktatur aus und verschärfte diese Widersprüche; sie bewegte sich in der Grauzone der faschistischen Legalität und stellte eine massive, nicht jedoch prinzipielle

Herausforderung des Regimes dar."[4] Diese Opposition — so Mason — habe dem NS-Staat größere Sorgen bereitet als der linke Widerstand.[5] Wie Mason so unterschied auch Michael Voges in seiner Auswertung der *Deutschland-Berichte* der Sopade mit dem bezeichnenden Titel „Klassenkampf in der ‚Betriebsgemeinschaft'" zwischen den subjektiven Motivationen der an Arbeitskämpfen und Formen der Leistungsverweigerung beteiligten Arbeiter und deren objektiven Wirkungen auf das NS-Regime. „Nicht die ‚Volks-' oder ‚Betriebsgemeinschaft', sondern der Klassenkampf prägte den Alltag im Betrieb. Daß die Arbeitskämpfe im Dritten Reich, sowohl was ihre Ziele, als auch was die Mittel ihrer Austragung angeht, eine immens politische *Funktion* hatten, war den Berichterstattern (der Sopade, d. V.) und dem früher gewerkschaftlich oder politisch aktiven Teil der Arbeiterschaft bewußt."[6] Die konsequente Wahrnehmung ökonomischer Interessen habe ihrer Funktion nach einen Widerstand gegen das Dritte Reich bedeutet, „selbst wenn dies nicht immer der Intention der Beteiligten entsprach". Sowohl von seinen Zielen (Gefährdung des Rüstungsprogramms) als auch von den Formen (kollektive und solidarische Aktionen) her habe der „Klassenkampf" in den Betrieben den Bestand der nationalsozialistischen Herrschaft bedroht. „Aus dem wirtschaftlichen Klassenkampf wurde so, teils nur ‚funktional', teils ‚international', ein politischer Widerstand."[7]

Heinrich August Winkler hat angesichts solcher Überschätzung und Politisierung von Leistungsverweigerung und Arbeitskampf zurecht darauf verwiesen, daß vieles von dem, was als scheinbar besondere Form des sozialen Arbeiterprotests in den Blick der Historiker geriet, gar kein spezifisch nationalsozialistisches Phänomen war, sondern daß es beispielsweise auch in England nach Kriegsausbruch zahlreiche Fälle von Leistungsverweigerung gegeben habe. Winklers Warnung: „Der verständliche Wunsch, in der Arbeiterklasse den aktiven Widerpart von Faschismus und Krieg zu sehen, sollte nicht zu einem idealisierenden Bild ihres Bewußtseins und ihres Verhaltens in einem totalitären System verleiten."[8]

Die neuere Forschung hat in der Zwischenzeit einem realistischeren und nüchterneren Bild des Arbeiterverhaltens im Dritten Reich Platz gemacht, indem sie nachweisen konnte, daß sich die Arbeiterschaft weder vor 1933 — wie bislang angenommen —, noch nach 1933 generell ablehnend gegenüber dem Nationalsozialismus verhielt, sondern entscheidende Anpassungs- und Integrationsprozesse durchlief, die dem Mythos einer breitgefächerten Arbeiteropposition widersprechen.[9] Und auch Mason hat längst seine Überbewertung der Arbeiteropposition korrigiert und sich damit der älteren Position von David Schoenbaum wieder angenähert.[10]

Dies bedeutet auf der anderen Seite jedoch keineswegs, wieder das Bild einer harmonischen Betriebsgemeinschaft zu beleben, das die Arbeiter lediglich als disziplinierte Gefolgschaftsmitglieder sah. So wie die „Volksgemeinschaft" weitgehend Fiktion und Projektion war, so war auch die „Betriebsgemeinschaft" primär ein abgehobenes propagandistisches Gebilde. Gleichwohl — und dies gilt es zu bedenken — bewegte sich die soziale Konfliktaustragung in den Betrieben innerhalb der engen rechtlichen Grenzen des nationalsozialistischen Betriebsgemeinschaftsmodells, bediente sich vorhandener Strukturen, Organisationen und propagandistischer

Zielsetzungen. Weder die total gleichgeschaltete nationalsozialistische Betriebsgemeinschaft noch der Klassenkampf in den Betrieben entsprachen der historischen Wirklichkeit. Vielmehr kristallisiert sich immer deutlicher das Bild einer „widerspenstigen Betriebsgemeinschaft" heraus[11], das soziale Konflikte nicht leugnet und zugleich der Rechts- und Propagandakonstruktion der Betriebsgemeinschaft eine begrenzte Wirkungskraft zuspricht.

Im Sinne einer vorbeugenden Befriedung der „Heimatfront" zielte die nationalsozialistische Arbeiterpolitik auf die diktatorische Ordnung in den industriellen Beziehungen und die Ausschaltung von sozialen Konflikten in den Betrieben. Mit dem Verbot von Streiks und Tarifverhandlungen sowie der Zerschlagung der Gewerkschaften waren die Arbeiter zwar ihrer Möglichkeiten der kollektiven Gegenwehr und der Instrumente der rationalen sozialen Konfliktaustragung beraubt, die sozialen Konflikte aber waren damit keineswegs aus der Welt geschafft. Diese existierten trotz aller Harmoniebekundungen unvermindert fort. Für die Arbeiterschaft bedeutete dies, daß sie trotz politischer Entrechtung und bürokratischer Reglementierung versuchen mußte, ihre Interessen selbständig zu organisieren bzw. die widerstrebenden Machtgruppen des NS-Regimes gegeneinander auszuspielen und die sozialegalitären Propagandaphrasen auszunutzen.[12] Neue individuelle und spontane Formen der Konfliktaustragung wie Arbeitsplatzwechsel, Langsamarbeiten, Fernbleiben von der Arbeit und Leistungsverweigerung traten daher an die Stelle traditionell kollektiver und geplanter Muster der betrieblichen Auseinandersetzung. In begrenztem Maße wurde auch die DAF in ihrer Rolle als „Ersatzgewerkschaft" funktionalisiert. Während die Quellen vielerlei Hinweise auf solche veränderten Formen der betrieblichen Konfliktaustragung geben, scheinen Sabotageakte sowie die gezielte politische Agitation in den Betrieben Ausnahmen geblieben zu sein, wobei auch hier ein Quellenvorbehalt zu beachten ist. In der Natur der Sabotage lag es, daß diese verdeckt erfolgte und in der Praxis kaum zu unterscheiden war, ob es sich bei einer Produktionsstörung um fahrlässiges oder politisch motiviertes Sabotageverhalten handelte. Und genausowenig läßt sich bei Erfolgen der DAF sagen, ob diese ein genuines Ergebnis der Arbeiterpolitik dieser NS-Organisationen in den Betrieben waren oder aber auf den Druck der Arbeiterschaft bzw. auf die von der KPD verfolgte Taktik des „trojanischen Pferdes" — der getarnten Arbeit in den NS-Massenorganisationen — zurückgeführt werden müssen. Schließlich muß im Dunkeln bleiben, ob es sich bei den zahlreichen Fällen von Arbeitsverweigerung um bewußte, politisch motivierte Akte der Leistungszurückhaltung oder um allgemeine, „normale" Ermüdungserscheinungen handelte.

Arbeitsvertragsbruch und Arbeitsverweigerung

Obwohl der eigenmächtige Wechsel des Arbeitsplatzes, der „Blaue Montag", das Bummeln wie die Arbeitsverweigerung seit Beginn der Industrialisierung zentrale Probleme der Arbeitswelt waren, tat sich die Sozialgeschichtsforschung und mehr noch die NS-Forschung mit der systematischen Erforschung von Arbeitsvertragsbrüchen und Formen der Arbeitsverweigerung schwer.[13] Ursprünglich bezeichnete das NS-Regime nur die unerlaubte Aufgabe des Arbeitsplatzes als „Arbeitsvertragsbruch". Mit der forcierten Aufrüstung allerdings änderte sich dies. Nun wurde das Idealbild der totalen Leistungsgesellschaft die allgemeine Meßlatte, an der sich die Arbeiter zu orientieren hatten. Gefordert war der totale Arbeitseinsatz, die volle physische Verausgabung der Arbeitskraft für Deutschland. Dementsprechend subsumierte der Begriff des „Arbeitsvertragsbruches" nun die Verletzung der Arbeitspflicht überhaupt: alle Formen der Arbeitsunlust, der Verstöße gegen die Betriebs- und Arbeitsordnungen, der Arbeitsverweigerung und Leistungszurückhaltung. Ein von politischen Systemen und konjunkturellen Zyklen unabhängiges, abweichendes Verhalten am Arbeitsplatz wurde kriminalisiert und erhielt eine politische Bedeutung, die vorher unbekannt war. Propagandistisch erschien der Arbeitsverweigerer als Saboteur der deutschen Volks- und Wehrgemeinschaft, dem nurmehr mit repressiven Mitteln beizukommen war.

Quantitativ scheinen Formen des Arbeitsvertragsbruches und der Arbeitsverweigerung während der Zeit des Dritten Reiches im Vergleich zu den vorangegangenen Jahren eher abgenommen zu haben. Dies gilt zumindest für die deutschen Arbeiter, während Arbeitsverweigerung — wie wir noch sehen werden — unter den in Deutschland arbeitenden Fremdarbeitern und Kriegsgefangenen durchaus ein Massenphänomen darstellte. Was sich primär änderte, war die Optik der Sicherheitsbehörden und der Justiz, die sich nun erstmals der Arbeitsverweigerer annahmen. Die Zahl der Delinquenten schwankte stark. Während die Stapo-Stelle Saarbrücken im Juni 1941 lediglich 20 Festnahmen von Arbeitsverweigerern zählte, waren es im Juli 1941 bereits 75. Ganz ähnlich sah die Festnahmestatistik für 1943 aus.[14]

Mangelnde Arbeitsmoral war einer der Gründe, warum Menschen ihrer Arbeit nicht regelmäßig nachgingen, nur Gelegenheitsarbeiten verrichteten und ihren Lebensunterhalt durch Arbeitslosenunterstützung und Betteln finanzierten. Mit Opposition gegen das kapitalistisch organisierte Wirtschaftssystem, die forcierten Arbeitsbelastungen der Rüstungskonjunktur und des Krieges oder das politische System gar hatte dieses Verhalten nicht das mindeste zu tun. Auch nach Abschluß der „Aktion Arbeitsscheu" 1938 wies die Stapo-Stelle Saarbrücken regelmäßig Personen in die Konzentrationslager ein, die sich weigerten, einer regelmäßigen Arbeit nachzugehen. Weil er seine Arbeit am Westwall 1939 ohne jeden ersichtlichen Grund niedergelegt und erklärt hatte „Mich kriegen die nicht dran (ans arbeiten)", denunzierte der Neunkirchener Ortsgruppenleiter der NSDAP einen 29jährigen Familienvater und bat das zuständige Sozialamt, ihn aus der Hüttenstadt entfernen zu lassen.[15] Mit der lapidaren Begründung „arbeitsscheu" wanderte bereits 1938 ein 28jähriger Bergmann aus Elversberg ins KZ nach Buchenwald.[16] Unregelmäßige Arbeit und die Vernachlässigung seiner Familie brachten im Oktober 1942 einen Bergmann aus Völklingen ins KZ Natzweiler, wo der Mann sechs Wochen später ums Leben kam.[17] Ebenfalls im Konzentrationslager fand ein 42jähriger Zementeur aus Saarlouis-Roden den Tod, der als „arbeitsscheu" und „Alkoholiker" galt.[18]

Von dieser Gruppe völlig verschieden waren jene Arbeiter, die fern ihrer Heimat „dienstverpflichtet" wurden und ihre zugewiesene Arbeit nicht aufnahmen oder ihren Arbeitsplatz schon bald wieder verließen. Primär handelte es sich hier um jene 1937 aus politischen Gründen entlassenen Bergarbeiter, die in andere Reviere versetzt werden sollten. Etwa um einen 18jährigen Bergmann aus Hülzweiler, der 1937 in eine Doggererzgrube bei Donaueschingen zwangsrekrutiert wurde, der Dienstverpflichtung aber nicht nachkam und bereits nach wenigen Tagen als „Saboteur des Vierjahresplans" festgenommen und für mehrere Monate ins KZ nach Sachsenhausen geschickt wurde.[19] Oder um den 27jährigen Bergmann der Grube König, der auf eine Erzgrube im Harz dienstverpflichtet wurde, die Arbeit aber nicht antrat, da seiner Familie keine Wohnung zugeteilt worden war. Wegen Arbeitsvertragsbruchs wurde der Mann festgenommen und ebenfalls nach Sachsenhausen „verschubt".[20] Die entlassenen Bergleute — so die *Deutschen Informationen* — hätten sich geweigert, sich „als politische Strafgefangene deportieren zu lassen".[21] Bereits im August 1937, berichtete auch die *Freiheit-Korrespondenz*, seien die nach Norddeutschland, ins Bitterfelder Revier und nach Westfalen dienstverpflichteten Bergleute „in Massen" ins Saarland zurückgekommen, „zum Teil, weil ihnen der versprochene Lohn nicht gezahlt wurde, andere, weil Unterkunft und Ernährung miserabel waren".[22] Von den in die Doggererzbergwerke verschickten Bergarbeitern sollen im Juni 1938 bereits 170 an die Saar zurückgekehrt sein.[23] Mit Hinweis auf Haus- und Grundbesitz und ihre traditionelle Ansässigkeit an der Saar verweigerten auf dem Völklinger Arbeitsamt 40 entlassene Saarbergleute ihre zwangsweise Vermittlung ins Reichsinnere.[24] Auch in Kassel und im mecklenburgischen Friedrichshütte verließen dienstverpflichtete Arbeiter von der Saar ihre Arbeitsplätze und machten sich auf den Weg zurück zu ihren Familien.[25]

Es waren keineswegs nur Bergleute, die sich der Dienstpflicht und damit der Trennung von ihren Familien entzogen, sondern auch Beschäftigte aus anderen Wirtschaftszweigen und Reichsteilen. Nach Auffassung der Gerichte begründete die Dienstpflicht ein öffentliches Dienstverhältnis, dessen Bruch strafrechtlich geahndet werden mußte.[26] Vielfach waren es junge Frauen, die ihrer Dienstpflicht nicht nachkamen[27], so auch die Tochter eines Spiesener Sozialdemokraten, die in Metz arbeitete und wiederholt auf Urlaub drängte, um ihre kranke Mutter zu besuchen. Ihr Arbeitgeber benachrichtigte die Gestapo, die die Frau ins KZ Ravensbrück schickte.[28] Ebenfalls nach Ravensbrück und später nach Auschwitz kam eine 1921 in Güdingen geborene Friseuse, der man „Arbeitssabotage" vorgeworfen hatte.[29] Zwei Monate Gefängnis lautete das Urteil des Neunkircher Amtsgerichts für eine 1924 in Schiffweiler geborene Frau, die ihre Dienstpflicht bei der Ludwigshafener IG Farben AG ableistete und plötzlich ihrer Arbeit ferngeblieben war. Das Gericht ermittelte die Gründe der Arbeitsverweigerung: „Der wahre Grund ihres Fernbleibens lag darin, daß sie in der Nähe ihres Wohnortes in der Heimat beschäftigt werden und daher das Arbeitsverhältnis in Ludwigshafen zur Lösung bringen wollte."[30] Was sich hier als scheinbare Resistenz gegen die Mobilitätszwänge des nationalsozialistischen Wirtschaftssystems auftat, war nichts anderes als das habituelle Einklagen der vielfach variierten Propagandasprüche von der Verbundenheit mit der Scholle. Auch etliche an die Saar dienstverpflichtete Westwallarbeiter verweigerten aus diesen oder ähnlichen Motiven ihre Arbeit und gerieten damit unwillkürlich in die Mühlen der NS-Justiz.[31]

Die Verweigerung der Dienstpflicht konnte im Extremfall den Kopf kosten. Bereits 1940 starb im KZ Neuengamme ein 1905 in Neunkirchen geborener

Bergmann, der im Dezember 1939 gegen seine Dienstverpflichtung auf eine Werft der Kriegsmarine in Wilhelmshaven protestiert hatte und während eines eigenmächtig verlängerten Urlaubsaufenthalts im Juni 1940 von der Gestapo festgenommen wurde.[32] Zwei Monate nach seiner Einweisung in das KZ Natzweiler kam im Dezember 1942 auch ein als Schlosser dienstverpflichteter Arbeiter aus Saarbrücken ums Leben, der bereits mehrfach Arbeitsvertragsbruch begangen hatte und in Hinzert inhaftiert gewesen war.[33]

Bei einer Vielzahl der Fälle von Arbeitsverweigerung bleiben die Motive der Akteure im Verborgenen[34], während sie sich in anderen Fällen wiederum deutlich abzeichnen. Weil er seine todkranke Mutter in Zwickau besuchte, ohne sich hierfür beurlauben zu lassen, wurde ein 31jähriger Bauhilfsarbeiter aus Saarbrücken des Arbeitsvertragsbruchs beschuldigt.[35] Wegen Arbeitsverweigerung bzw. Arbeitsbummelantentums wanderten zwei saarländische Bergarbeiter hinter Stacheldraht, die sich 1942 geweigert hatten, zusätzliche Sonntagsschichten zu verfahren und dafür ins SS-Sonderlager Hinzert bzw. ins KZ Sachsenhausen deportiert wurden.[36] Die schwere Arbeit im Walzwerk der Völklinger Hütte hielt ein 48jähriger Mann aus Völklingen, der vor 1933 dem Zentrum und dem Christlichen Metallarbeiterverband angehört hatte, nicht mehr aus und feierte öfters krank, worauf ihn ein Schnellgericht 1943 zu einer 56-tägigen Haftstrafe im Saarbrücker Polizeilager Neue Bremm verurteilte.[37] Im KZ Buchenwald fand 1943 ein gehbehinderter Hilfsarbeiter aus Biesingen den Tod, der seinem Arbeitsplatz im St. Ingberter Eisenwerk mehrfach mit der Begründung ferngeblieben war, daß ihn sein Fuß zu sehr schmerze.[38] Demgegenüber ließen sich in vier weiteren Fällen, in denen Saarländer wegen Arbeitsverweigerung in Konzentrationslager bzw. Zuchthäuser eingeliefert wurden und dort umkamen, die Motive für ihr Verhalten nicht mehr ermitteln.[39]

Auffällig viele Arbeitsverweigerer waren Jugendliche bzw. junge Erwachsene, die eben erst dem Jugendalter entwachsen waren. Über mangelnde Arbeitsdisziplin bei jugendlichen männlichen und weiblichen Arbeitskräften klagte so beispielsweise die zuständige Rüstungsinspektion bereits 1940.[40] Für drei Monate ins Gefängnis mußte 1941 ein 19jähriger landwirtschaftlicher Helfer, der einfach nicht mehr bereit war, in der Landwirtschaft zu arbeiten.[41] Gerade 17 Jahre alt war ein junger Arbeiter der Burbacher Hütte, der pflichtwidrig mehreren Schichten ferngeblieben war und vom Saarbrücker Jugendgericht ebenfalls für drei Monate hinter Gitter geschickt wurde.[42] Fünf Monate Gefängnis schließlich lautete das Urteil für eine 20jährige Hilfsarbeiterin aus Saarbrücken, die 1943 mehrere Male ohne Entschuldigung ihrer Arbeit in einer Eisenbauwerkstätte ferngeblieben war.[43]

Besondere Beschwerden, so der zuständige Abwehrbeauftragte in einem Bericht über die soziale Lage bei der Saargruben AG 1939, würden von den Betriebsobmännern über die Bergjungknappen des Unternehmens geführt, „die es an notwendiger Disziplin fehlen lassen. Gerade diese jungen Leute bummeln bei jeder Gelegenheit und bringen den Übertagebetrieb in starke Verdrückung".[44] Bereits im Wiederholungsfalle und nach vorangegangener Unterbringung in einem Arbeitserziehungslager im lothringischen Niederganingen hatte 1942 ein 17jähriger Bergmann aus Saarlouis eine Reihe von Schichten in der Ensdorfer Grube versäumt.[45] Den Tod im KZ Dachau fand 1943 ein 20jähriger Bergmann aus Kutzhof, der sich ebenfalls mehrfach hintereinander mit den Worten, er arbeite überall, nur nicht auf der Grube, geweigert hatte, einzufahren. Obwohl er eigentlich Techniker werden wollte, war er von der Grubenverwaltung gegen seinen Wunsch als Hauer eingesetzt worden, worauf er seine Arbeit einstellte.[46]

Insgesamt waren es vor allem Männer mit beruflich geringem Qualifikationsniveau, Jugendliche, Dienstverpflichtete sowie Bergleute, die sich dem nationalsozialistischen Leistungsdruck und der geforderten Mehrarbeit verweigerten, wobei als keineswegs ausgemacht gelten kann, daß dies ein nur für das Dritte Reich typisches Phänomen war. Vielmehr spiegelten die hier aufgeführten Fälle von Arbeitsverweigerung und Arbeitsvertragsbruch nur eine mangelnd internalisierte Arbeitsmoral und allgemeine Unangepaßtheit wider, wie sie in Randbereichen in jedem politischen und wirtschaftlichen System vorkommen. Politische Motive jedenfalls, der Protest gegen Arbeitsbedingungen und Krieg, schimmerten nirgends durch. Eher war es die Trennung von den Angehörigen, der nichterfüllte Berufswunsch, die physische Überforderung durch das Mehrarbeitssystem, die Menschen veranlaßten, ihrer Arbeit nicht mehr regelmäßig nachzugehen oder gar die Arbeit ganz zu verweigern. Erst angesichts der hohen Meßlatte der totalen Arbeitspflicht und des propagandistischen Ideals der Betriebsgemeinschaft geriet dieses Klientel überhaupt in den Blick der NS-Sicherheitsbehörden. Aber weder von den Motiven der Betroffenen noch von den Wirkungen auf das NS-Wirtschaftssystem her bedeutete diese Personengruppe eine substantielle Bedrohung des Nationalsozialismus. Mit „Arbeiteropposition" im Sinne Masons hatte Arbeitsverweigerung nichts zu tun.

Sabotage

Das Bild einer weitgehend disziplinierten und leistungsmotivierten, nur an der Peripherie widerspenstigen Betriebsgemeinschaft wird auch durch das allgemein geringe Ausmaß von Sabotageakten erhärtet. Arbeitsbummelei und Sabotage waren innerhalb der deutschen Arbeiterbewegung nie Kampfmittel gewesen und blieben daher auch während des Dritten Reiches die Ausnahme. Nur in wenigen Einzelfällen ist die Sabotage von Industrie- und Verkehrsanlagen überhaupt nachweisbar, wobei auch hier nicht immer klar ist, ob es sich dabei um vorsätzliche oder fahrlässige Beschädigung, um natürlichen Verschleiß oder politisch motivierte Sabotage handelte. Aufrufe von illegalen Gruppen zur „Schaffung von Zerstörungs-(Sabotage-)Gruppen" und zur „Organisierung und Durchführung der Sabotage als Ehrenpflicht jedes Arbeiters"[47] blieben weitestgehend ungehört. Das Kampfmittel der Sabotage war nicht Sache des deutschen Arbeiters.

Nur selten berichteten die „Meldungen wichtiger staatspolizeilicher Ereignisse" des Reichssicherheitshauptamtes über Sabotageakte im Bereich der Stapo-Stelle Saarbrücken. Am 1. September 1942 meldeten sie das Heißlaufen eines Güterwaggons als Folge der Entfernung eines Schmierpolsters und am 20. November 1942 die Funktionsuntüchtigkeit eines Jagdflugzeuges auf dem Fliegerhorst Lachen-Speyerdorf durch die Sperrung der Gaszufuhr durch ein Stück Polierleinen.[48] Weil er im Verdacht stand, absichtlich zwei Ventile an der Ölkühlanlage des Kraftwerkes

Carling zugedreht und dadurch die Wasserzufuhr unterbrochen zu haben, nahm die Saarbrücker Gestapo 1942 einen Hilfsmaschinisten aus Völklingen fest.[49] Sechs Monate Gefängnis lautete im Februar 1942 das Urteil für einen 57jährigen Mann aus Neunkirchen wegen Werkssabotage. Und zu vier Monaten Gefängnis wurde ein 18jähriger Arbeiter verurteilt, der beschuldigt worden war, das Förderband in einem kriegswichtigen Betrieb zerstört zu haben.[50]

Wegen angeblicher Sabotage nahm die Saarbrücker Stapo-Stelle 1941 einen 1909 in Bübingen geborenen Straßenbahnschaffner in Schutzhaft, den sie anschließend zwei Monate nach Hinzert und dann für ein halbes Jahr ins KZ Buchenwald schickte; sein Vergehen: er kam des öfteren zu spät zur Arbeit.[51] Fahrlässige Wehrmittelbeschädigung unterstellte die Saarbrücker Strafkammer im Falle eines 40jährigen Metallarbeiters, der den Druck an einer Granatenpresse zu gering bemessen hatte. Der Mann wurde zu einer Gefängnisstrafe von neun Monaten verurteilt.[52]

Vielfach scheinen Unternehmen Materialermüdung und Fertigungsprobleme zur eigenen Entlastung als Sabotage deklariert zu haben. Wegen Störungen an einer Presse schaltete eine Saarbrücker Firma 1942 den zuständigen Abwehrbeauftragten ein, da sie Sabotage vermutete. Ein Saboteur aber konnte nicht ausfindig gemacht werden.[53] Ob es sich wirklich um vorsätzliche Sabotageakte handelte, muß auch in einer Reihe von Fällen ungewiß bleiben, die das Reichssicherheitshauptamt 1942 von den Saargruben meldete. Im Untertagebetrieb der Grube Camphausen sei so beispielsweise an einer Förderanlage ein Keilriemen durchschnitten worden. Ein Eisenstück in der Kohlezerkleinerungsanlage der Grube Reden habe einen vier- bis fünfstündigen Produktionsausfall zur Folge gehabt.[54]

Eine völlige Ausnahme — zumindest unter den deutschen Arbeitern — blieb die politisch motivierte und kollektiv organisierte Sabotage, wie sie von einem 1893 in Besseringen geborenen Sozialdemokraten berichtet wird, der im Zuge der Evakuierung 1939 zu den Optischen Werken Carl Zeiss in Jena dienstverpflichtet wurde. Wie ihm die Jenaer Ortsgruppe der SED 1946 bescheinigte, gehörte der Mann dort von 1940 bis zur deutschen Kapitulation in leitender Funktion einer illegalen Widerstandsgruppe an. Von Jahresbeginn 1944 bis zu seiner Verhaftung gegen Kriegsende soll er eine ständige Arbeitssabotage bei Zeiss organisiert haben, an der sich auch ausländische Arbeiter beteiligten.[55] Von der Saar selbst sind ähnliche Fälle nicht bekannt.

Insgesamt war unter den deutschen Arbeitern weit eher die Scheu dominant, durch Sabotage zur Verkürzung des Krieges beizutragen. Die bewußte Zerstörung der eigenen Arbeitsmittel und Produktionsanlagen jedenfalls widersprach der Betriebsverbundenheit und dem Qualifikationsbewußtsein der übergroßen Mehrheit auch der ehemals linksorientierten Arbeiterschaft. Das war während der Zeit des Dritten Reiches nicht anders als in den Jahren zuvor.

Arbeitskämpfe

Im Unterschied zum faschistischen Italien, wo Streiks nach dem Gesetz strafrechtlich verfolgt wurden, konnten sich die NS-Behörden zu keinem kodifizierten Streikverbot durchringen. Vielmehr folgten sie einem Konzept der „kalkulierten Improvisation“[56], das gleichermaßen Maßnahmen der Abschreckung durch die exemplarische Bestrafung von „Rädelsführern“, der Geheimhaltung und der Entpolitisierung bzw. Gegnerbekämpfung umfaßte, ohne daß es eines rechtlichen Streikverbots bedurft hätte. „Das faktische Streikverbot konnte auf diese Weise effektiver durchgesetzt werden, als es durch Gesetz möglich gewesen wäre.“[57]

Indes blieben trotz dieser Maßnahmen Streikdrohungen, hitzige Auseinandersetzungen in den Betrieben und tatsächliche Arbeitsniederlegungen nach 1935 nicht aus. Insbesondere konnte mit zunehmender wirtschaftlicher Erholung durchaus wieder ein Anwachsen solidarischer Verhaltensformen auf der Basis schlichter Interessenwahrnehmung beobachtet werden.[58] Schon die Exil-KPD zählte für die beiden Jahre 1935/36 „100 größere Kampfbewegungen“ u. a. in 43 Metall-, 20 Gruben- und elf Baubetrieben, von denen sich 26 gegen Formen des Lohnabbaus, zwölf gegen das Mehrarbeitssystem richteten, 14 den Leistungsdruck in den Betrieben thematisierten und 21 auf Lohnerhöhungen zielten.[59] In seiner quantitativen Auswertung umfangreichen Quellenmaterials unterschiedlicher Provenienz registrierte Günter Morsch für das Jahr 1936 allein 179 und für das Jahr 1937 insgesamt 72 Arbeitskämpfe[60], wobei auch diese Auszählung keinen Anspruch auf Vollständigkeit beanspruchen kann.[61] Während die Zeit- und Sozialgeschichtsforschung der Bundesrepublik, vor allem aber auch die Lokal- und Regionalgeschichtsforschung zur NS-Zeit, diese Befunde lange Zeit ignorierten und Studien über Formen kollektiv-solidarischer Interessenvertretung in den Betrieben des Dritten Reiches Ausnahmeerscheinungen blieben[62], sind in der ehemaligen DDR schon früh Gestapo-Meldungen über Streiks und Arbeitsniederlegungen zu unwiderlegbaren Belegen eines „heroischen“ Arbeiterwiderstandes unter Führung der KPD aufgewertet worden.[63]

Jenseits von Ignoranz und Heroisierung sah die historische Realität eher bescheiden aus. Arbeitskämpfe kamen zwar vor und widersprachen damit dem Propagandamythos der Betriebsgemeinschaft, in der Regel aber dominierte die kleine, unspektakuläre Arbeitsniederlegung von einigen Dutzend Arbeitern, die mit ihrer Entlohnung unzufrieden waren, während größere Arbeitskämpfe von Arbeitern eines ganzen Betriebes eher Seltenheitswert besaßen. An 61 % aller von Morsch erfaßten Arbeitskämpfe beteiligten sich nicht mehr als 20 Personen, nur in fünf Fällen waren es mehr als 100 Beschäftigte. 42 % aller registrierten Arbeitskämpfe dauerten nur wenige Stunden, 30 % ein Tag oder länger. Die weitaus meisten Arbeitskämpfe verteilten sich mit 50 % auf den Organisationsbereich der Reichsbetriebsgemeinschaft Bau, 17 % auf die Landwirtschaft, gefolgt von 12 % im Bereich der Steine und Erden. In den meisten Fällen waren es Lohnfragen, Probleme der Arbeitszeit und der Arbeitsbedingungen, die Arbeiter zu ihrem sozialen Protestverhalten veranlaßten.[64] Weder von absoluter Ruhe in den Betrieben, noch von aufmüpfiger Arbeiteropposition kann daher gesprochen werden.

Und noch eines fällt auf: Ganz im Gegensatz zu den zeitgenössischen Berichten — z. B. denen der Sopade — über betriebliche Konflikte spielen Arbeitskämpfe in den lebensgeschichtlichen Erinnerungen von Arbeitern aus jener Zeit eine merkwürdig marginale Rolle, wenn sie denn überhaupt erinnert wurden. Eher dominierte die Erinnerung an das „NS-Wirtschaftswunder" und an die Überwindung der großen Krise. Das war in unseren Gesprächen mit Arbeitern aus jener Zeit nicht anders als in dem großen Oral-History-Projekt aus dem Ruhrgebiet.[65] Dies verweist darauf, daß Arbeitskämpfe für die Beteiligten nicht jenen politischen Status besaßen, den ihnen das Exil und die spätere Widerstandsforschung andichteten, sondern eher als „normale" Formen der Konfliktaustragung in den Betrieben lediglich unter anderen, erschwerten Bedingungen wahrgenommen wurden.

Folgte man unkritisch den zahlreichen Hinweisen auf Arbeitskämpfe in den diversen Exilorganen, so ließe sich auch das Saarland mühelos zu einer widerspenstigen, unangepaßten und unruhigen Arbeiterregion hochstilisieren. Die Belege hierfür wären überaus reichlich. Sie vermittelten das Bild einer heroischen Arbeiterschaft, die in Verfolgung ihrer materiellen Interessen auch die Konfrontation mit den NS-Behörden nicht scheute. Indes, das Bild trügt. Hier wie in vielen ähnlich gelagerten Fällen war der Wunsch der politischen Emigranten Vater des Gedankens. Die Realität sah auch hier nüchterner aus. Von Opposition gegen die kapitalistisch verfaßten Produktionsverhältnisse, gar von politisch motiviertem Widerstand gegen den NS-Staat war weit und breit nichts zu spüren. Vielmehr waren es die traditionellen Konfliktanlässe um Lohn und Arbeitszeit, zu denen sich neue hinzugesellten, die — wie bislang auch — die Beschäftigten zum Handeln motivierten. Und auch die Konfliktformen waren nicht grundsätzlich von denen aus den Jahren vor der Herrschaftsübernahme durch die Nationalsozialisten verschieden. Was sich primär geändert hatte und das NS-Typische der neuen Arbeitskämpfe ausmachte, waren die neuen Organisationsformen, die an die Stelle der freien und christlichen Gewerkschaften traten.

An der Saar war es der Bergbau, der die weitaus meisten Arbeitskämpfe erlebte. Konfliktanlässe waren immer wieder die bergbauspezifische Form der Lohnbemessung — die Gedingeregelung — sowie die Versuche der Grubenverwaltungen, die Arbeitszeit zu verlängern. Flugblätter und Berichte in einigen hektografierten illegalen Zeitungen spiegelten vielfältig die Unzufriedenheit mit den nach 1935 neu eingeführten Gedingeregelungen und die Forderungen der Bergarbeiter wider. *Der Saar-Arbeiter* beispielsweise polemisierte gegen neue Kohlenwagen, die wegen ihres größeren Fassungsvermögens von den Arbeitern „Kriegsschiffe" genannt wurden. Den Grubenverwaltungen müsse klar gesagt werden: „Zuerst Wiedereinführung der früheren Tonnengedinge, bevor größere Wagen eingeführt und ihr Zentnerinhalt festgestellt wird."[66] *Der Saarbergmann* verwies auf das durch den Treuhänder der Arbeit für das Wirtschaftsgebiet Westfalen eingeführte Mitbestimmungsrecht der Kameradschaften bei der Gedingeregelung und forderte dieses auch für den Saarbergbau.[67] „Weg mit dem Gruppengedinge, das die Ursache einer schädlichen Konkurrenz und rücksichtslosen Ausbeutung ist! Her mit dem Kollektivgedinge bei freier Vereinbarung zwischen Bergarbeiter und Verwaltung!", proklamierte auch ein Mitte Mai 1937 vertriebenes Flugblatt. Um Entlassungen und

Gedingereduzierungen zu verhindern, „arbeiten wir vernünftig, der Gesundheit entsprechend und unter strengster Beachtung unserer Sicherheit".[68] Die Unzufriedenheit der Bergleute war somit wesentlich in dem von der Grubenverwaltung eingeführten Wagen- und Gruppengedinge begründet, das das traditionelle Kameradschaftsgedinge abgelöst hatte, sowie in der Einführung größerer Wagen, ohne daß gleichzeitig das der Lohnbemessung zugrundeliegende Gedinge angehoben worden wäre.

Durch Verhandlungen, durch Drohung mit Leistungsverweigerung und schließlich durch die offene Arbeitsniederlegung versuchten einzelne Belegschaftsgruppen oder Abteilungen — in keinem Fall ein ganzer Betrieb — sich gegen absehbare oder praktizierte Lohnkürzungen zur Wehr zu setzen. Dabei fällt auf, daß die organisatorischen Träger des Arbeiterprotests weder spontan gebildete Arbeitergruppen oder gar übriggebliebene Gewerkschaftskader in den Betrieben waren, wie Detlev Peukerts These von der „Lohnpolitik auf eigene Faust" unterstellt, sondern vielfach Vertrauensleute und Funktionäre der DAF, deren man sich als quasi gewerkschaftlicher Ersatzorganisation gezielt zu bedienen schien. „Fast restlos fangen diese Abwehrbewegungen mit Beschwerden bei den Amtswaltern der DAF und Vertrauensräten an", hieß es in den internen *Saarberichten* der Forbacher KPD-Abschnittsleitung über die Arbeitskämpfe gegen die Gedingereduzierungen im Saarbergbau 1937. „Diese werden von den Bergarbeitern bewogen, sich um die Interessen der Belegschaftsmitglieder zu kümmern. Diese wenden sich beschwerdeführend an den B. W. (Betriebswalter, d. V.) und Betriebsführer . . . Der größte Teil der Amtswalter läßt sich sehr gut und ohne weitere Schwierigkeiten bei diesen Aktionen einbauen, ebenso ein großer Teil der Vertrauensräte."[69] „Nicht alle Bergarbeiter nahmen den Gedingeabbau ruhig hin", notierte auch die in Forbach angesiedelte Grenzstelle des freigewerkschaftlichen Bergarbeiter-Ausschusses 1937. „Ganze Partien beschwerten sich so bei den Betriebsführern und Betriebswaltern, indem sie Vertrauensräte und DAF-Walter für ihre Beschwerden interessierten und aktivierten und zuletzt auch oft durch einen Rückgang der Förderung die Verwaltung überzeugten, daß die Kumpels den Gedingeabbau nicht ruhig hinnehmen."[70]

Um unnötige Risiken zu vermeiden, scheint nicht die offene Arbeitsniederlegung, sondern die Leistungszurückhaltung — oder wie es zeitgenössisch hieß, die „passive Resistenz" — die am häufigsten praktizierte Kampfform der Bergarbeiter gewesen zu sein, mit der diese ihre Unzufriedenheit zum Ausdruck brachten. In der Natur der Sache lag es, daß diese Kampfform auf längere Zeit angelegt war, um Druck zu mobilisieren. Über zwei Monate lang habe die Belegschaft einer Zeche im Saarland passive Resistenz geübt, um ihrer Forderung nach gerechtem Gedinge Ausdruck zu verleihen. „Die ganze Zeit über ließ die Belegschaft ihre Förderung auf 50 % der ursprünglichen Höhe sinken und hielt geschlossen, einschließlich der Nazis, bis zur Erfüllung ihrer Forderungen durch."[71] Auch auf Grube Velsen drosselten 1936 die Untertagearbeiter die Förderung und protestierten damit gegen eine geplante Gedingereduzierung, die schließlich von der Grubenverwaltung wieder zurückgenommen werden mußte.[72] Die Drohung mit der Verlangsamung des Arbeitstempos und einer völligen Arbeitsniederlegung führte im Herbst 1936 auf einer anderen

Saargrube dazu, daß ein angekündigter Gedingeabbau durch die Einführung einer Ausgleichszulage faktisch unwirksam gemacht wurde.[73] Statistisch schlugen sich solche, in der Regel auf einzelne Partien begrenzten Formen der Leistungsminderung nicht um. Die Lohnkämpfe blieben partialisiert und erfaßten nicht einmal eine ganze Grube. Ein großer Druck dürfte daher von ihnen kaum ausgegangen sein.

Durchaus typisch war der Konflikt, der sich im Juli 1939 auf Grube Velsen ereignete. Zwei Partien dieser Grube — insgesamt 140 Bergleute — hatten dort spontan ihre Arbeit niedergelegt, um gegen die Ankündigung des Reviersteigers, den Lohn beider Partien zu reduzieren, zu protestieren. An die sozialegalitären Forderungen der NS-Propaganda anknüpfend fragten die im Ausstand befindlichen Arbeiter den herbeigeeilten Obersteiger, wo denn hier die Betriebsgemeinschaft bleibe. Von Drohungen eingeschüchtert nahmen sie am kommenden Tag zwar ihre Arbeit wieder auf, einigten sich aber darauf, die Leistung bis zur Erfüllung ihrer Forderung nach einem gerechten Lohn gedrosselt zu halten.[74] Von einem Erfolg der Arbeiter wurde nicht berichtet.

Arbeitskampfmaßnahmen richteten sich darüber hinaus auch gegen den indirekten Lohnabbau durch immer höhere Abzüge. Auf Grube Mellin beispielsweise weigerten sich im Februar 1937 Bergleute, ihre Schicht anzutreten. Der Grund: Mißstimmung wegen der hohen Abzüge. Nach zweistündigen Verhandlungen, in denen die Betriebsleitung Entgegenkommen signalisiert hatte, fuhren die Arbeiter schließlich ein.[75] Auch Solidaritätsstreiks zugunsten strafversetzter oder entlassener Bergarbeiter wurden durchgeführt. Mit einem vierstündigen Solidaritätsstreik protestierten 1935 Bergleute der Grube Frankenholz gegen die angekündigte Strafversetzung von Kollegen. Erst nachdem diese rückgängig gemacht worden war, fuhr die Belegschaft wieder ein, berichtete die sozialdemokratische Exilpresse.[76] Ob es allerdings im Zusammenhang mit der Entlassungswelle vom Frühjahr 1937 auf den Saargruben zu einer Drosselung der Förderung um 50 % kam, erscheint eher fraglich.[77] In den Förderstatistiken der Saargruben AG jedenfalls finden sich keine Belege für solche Formen des Solidaritätsstreiks. Unzweifelhaft demgegenüber ist der im Frühjahr 1937 auf der Grube Frankenholz stattgefundene Solidaritätsstreik zugunsten der als vermeintliche „Rädelsführer“ im Frankenholzer Schulstreik verhafteten Eltern.[78]

Ein ständiger Konfliktanlaß waren die niedrigen Löhne in den Röchling-Werken. Bereits unmittelbar nach der Rückgliederung kam es in verschiedenen Abteilungen der Völklinger Hütte zu mehrstündigen Streiks, die mit dem niedrigen Lohnniveau und den gleichzeitig steigenden Preisen begründet wurden.[79] Selbst der DAF-Obmann einer Abteilung habe gedroht, auch noch das Federwerk zu bestreiken, wenn nicht wieder der alte Lohn gezahlt werde.[80] Das Ergebnis der Arbeitsniederlegung: eine sechsprozentige Lohnanhebung. Im Juli 1935 kam es in weiteren Abteilungen der Röchling-Werke — so in der Federfabrik, der Stangenzieherei, dem Trommelwerk und den Kalkgruben — zu kurzen Arbeitsniederlegungen, die ebenfalls Lohnforderungen zum Inhalt hatten. Als am 13. Juli auch noch die Arbeiter der Konverter-Abteilung im Stahlwerk in den Streik traten, habe die Direktion die Polizei zu Hilfe gerufen und Ansammlungen auf der Straße auseinandertreiben lassen. Sieben Arbeiter des Unternehmens — alle Mitglieder der

SS oder der SA — seien von der Gestapo als „Rädelsführer“ festgenommen worden.[81] Auch in den folgenden Jahren kam es wiederholt zu Auseinandersetzungen zwischen der Direktion der Röchling-Werke und dort beschäftigten Arbeitern, so als im Sommer 1938 Beschäftigte verschiedener Abteilungen gegen Lohnabzüge für den Verein der Auslandsdeutschen durch Verlangsamung des Arbeitstempos protestierten[82] oder 1937 aus Protest gegen Zwangsabgaben für NS-Organisationen zum Kampfmittel der passiven Resistenz griffen.[83] Lohnstreiks sind darüber hinaus vom Dillinger Walzwerk[84], der Halberger Hütte und der Firma Karcher[85] sowie der Burbacher Hütte bekannt. Dort hatten 1936 Arbeiter ihre Lohnzettel eingesammelt und aus Protest gegen den stattgefundenen Lohnabbau an Gauleiter Bürckel geschickt.[86]

Durch Arbeitskämpfe machten auch die weniger durch Formen betrieblicher Disziplin sozialisierten Notstandsarbeiter und Dienstverpflichteten auf sich aufmerksam. Im September 1935 zogen städtische Notstandsarbeiter zum Saarbrücker Oberbürgermeister, um dort gegen ihre schlechte Bezahlung zu protestieren.[87] Auch 1936 war der Saarbrücker Oberbürgermeister Adressat von Lohnforderungen einer Abteilung Pflichtarbeiter, die an den Schießständen der Stadt beschäftigt waren.[88] Zu der vermutlich größten Streikaktion von 350 Notstandsarbeitern auf dem Ensheimer Militärflugplatz kam es am 23. Juli 1936, bei der die Streikenden sich gegen Schlechtwetterlöhne wandten, die noch unterhalb der Unterstützungssätze für Erwerbslose lagen. Als Reaktion auf die Arbeitsniederlegung sei es zur Verhaftung von „Rädelsführern“ sowie zur Entlassung einer größeren Anzahl von Arbeitern gekommen.[89] Lohnaufbesserungen forderten auch die in die neu eröffneten Doggererzbergwerke dienstverpflichteten Bergarbeiter von der Saar.[90]

Ein Unruheherd besonderer Art waren die an den Befestigungsanlagen des Westwalls aus allen Reichsteilen bunt zusammengewürfelten Arbeiter, die — wie die Gestapo glaubte — ein „besonders scharfes Durchgreifen“ erforderlich machten.[91] Wiederholt wurden Westwallarbeiter wegen Heimtückevergehen festgenommen.[92] Auch hier waren es vor allem die niedrigen Löhne der Dienstverpflichteten, die übermäßig langen Arbeitszeiten und die oft unzumutbaren Arbeitsbedingungen, gegen die die Arbeiter mobil machten. Im Festungsgürtel bei Völklingen beispielsweise legten bereits im Sommer 1938 tausend Arbeiter die Arbeit nieder und forderten mehr Lohn und besseres Essen. Trotz der Festnahme von 18 Armierungsarbeitern durch die Gestapo sei der Ausstand fortgesetzt worden, bis die Unternehmer Entgegenkommen signalisiert hätten. Zu ähnlichen Aktionen kam es anschließend unter den Arbeitern am Festungs- und Kasernenbau bei St. Wendel sowie unter den Westwallarbeitern in Merzig, wo es zur Festnahme von 45 „Rädelsführern“ und zu Zusammenstößen mit der Polizei gekommen sei.[93] Gegen die regelmäßige Sonntagsarbeit protestierten 50 Befestigungsarbeiter auf einer Baustelle im Köllertal, indem sie am Sonntag einfach nicht zur Arbeit erschienen.[94] Die offenbar größte Arbeitsniederlegung der Westwallarbeiter erfolgte am 10. Juni 1939 im Abschnitt zwischen Gersweiler und Saarbrücken, die sich gegen zu hohe Lohnabzüge für Kost und Logis, für bessere Arbeitsbedingungen und kürzere Arbeitszeiten wandte und teilweise zu Erfolgen führte.[95] Mit Flugblättern und Handzetteln hatte die Forbacher Abschnittsleitung der KPD versucht, die Auseinandersetzungen anzuheizen und zu politisieren[96], was allem Anschein nach aber nicht gelang.

Der Bewegung der Westwallarbeiter komme eine ähnliche Bedeutung zu wie den ersten größeren Streikbewegungen des Jahres 1917, kommentierte Paul Merker geradezu überschwenglich in der *Deutschen Volkszeitung*.[97] Merker irrte sich. Weder wurde die Arbeitsniederlegung der Befestigungsarbeiter im Saarabschnitt des Westwalls „das große Beispiel" für die Arbeiter in den anderen Wirtschaftszweigen, noch vermochte sie das Signal eines allgemeinen Umsturzes zu geben. Statt dessen erlahmte mit dem Weltkrieg das soziale Protestverhalten der deutschen Arbeiter. Die „Heimatfront" war weitestgehend pazifiziert. Zu vergleichbaren Streikaktionen wie gegen Ende des Ersten Weltkrieges oder wie im faschistischen Italien kam es nirgends. Dort hatten Streiks in beinahe allen wichtigen Zentren der Rüstungsproduktion im März 1943 dem konservativen Staatsstreich vom 25. Juli 1943 den Weg bereitet und waren eine der Voraussetzungen des Partisanenkrieges gegen das Regime Mussolinis und dessen Streitkräfte gewesen.[98]

Nur mehr vereinzelt kam es während des Weltkrieges zu Arbeitsniederlegungen bzw. zu kollektiven Arbeitsverweigerungen, die aber nicht im entferntesten eine Bedrohung des NS-Regimes bedeuteten und eigentlich nur aus historiographischen Gründen der Erwähnung wert sind. Als 1941 auch im Saarbergbau die Pflichtarbeit an Sonntagen eingeführt wurde, blieben viele Arbeiter einfach zu Hause und protestierten durch ihr Verhalten gegen den Mehrarbeitszwang. Während am Karfreitag 1941 noch 84 % aller Bergleute einfuhren, waren es am 8. Juni 63 % und am 6. Juli gar nurmehr 43 % der Belegschaft der Saargruben AG, die der Aufforderung zur Sonntagsarbeit nachkamen.[99] Erst das erwähnte Prämiensystem veränderte schlagartig die Akzeptanz. Aus dem angrenzenden lothringischen Bergbaurevier ist der Fall von acht Saarbergleuten bekannt, die im März 1943 die Weiterarbeit auf Grube Falkenberg aus Protest gegen die schlechte Bezahlung und die ungenügende Ernährung im DAF-Lager Zimmingen verweigerten. Die Gestapo machte kurzen Prozeß. Am 22. April nahm sie die Streikenden in Schutzhaft und überstellte sie den Konzentrationslagern in Natzweiler, Sachsenhausen, Flossenbürg, Buchenwald und Dachau.[100]

Die Verweigerung der Sonntagsschichten durch die saarländischen Bergarbeiter 1937/38

Aus den Arbeitskämpfen der saarländischen Arbeiter ragen die Aktionen der Bergarbeiter gegen die Einführung von Sonder- und Sonntagsschichten um die Jahreswende 1937/38 besonders hervor. „Es handelt sich dabei um die größte, nachhaltigste und geschlossenste Aktion, die bisher von der deutschen Arbeiterschaft als Widerstandsregung gegen das Hitlerregime unternommen wurde", schrieben geradezu euphorisch die *Deutschen Informationen* über die Verweigerung der angesetzten Sonntagsschichten durch 40.000 Saarbergleute zu Weihnachten 1937.[101] Der in Paris erscheinenden *Deutschen Volkszeitung* war die Aktion der saarländischen Bergarbeiter Beweis dafür, „daß sich die deutsche Arbeiterschaft immer wuchtiger reckt". Die Bedeutung des Erfolges der Saarbergarbeiter liege darin, „daß sie dem ganzen Führerprinzip zum Trotz in diesem konkreten Fall ihr demokratisches gewerkschaftliches Mitbestimmungsrecht durchsetzten".[102] Der große Erfolg der Arbeiter von der Saar habe die Welt aufhorchen lassen, hieß es an anderer Stelle.[103] Völlig illusorisch wertete Max Braun die geschlossene Weigerung der Bergleute, auch sonntags einzufahren, als „Niederlage des Systems" und glaubte, den „Geist des Widerstandes, der Rebellion um der Freiheit willen" im Handeln der saarländischen Arbeiterschaft wiederentdeckt zu haben.[104] Der Exil-KPD schließlich galt der Kampf der Bergarbeiter von der Saar als Bestätigung ihrer Taktik des „trojanischen Pferdes", der illegalen Arbeit in den NS-Massenorganisationen.[105] Insbesondere die DDR-Geschichtsschreibung hat später die Aktionen der saarländischen Bergarbeiter zu Manifestationen des Arbeiterwiderstandes aufgewertet.[106]

Zwar unterschied sich dieser Arbeitskampf von allen anderen dadurch, daß er die Begrenztheit einer Abteilung oder eines einzelnen Betriebsteils überschritt, ein verzweigtes Unternehmen umfaßte und Massencharakter hatte, mit Widerstand indes oder einer „Niederlage des Systems" aber hatte auch diese Aktion nichts zu tun. Ganz im Gegenteil dürften sich die Bergleute völlig in Übereinstimmung mit ihrem Gauleiter gefühlt haben, der wiederholt die arbeiterfeindliche Politik der Saargruben AG kritisiert hatte und dessen sozialrevolutionäre Phrasen und Versprechungen aus der Abstimmungszeit, die Arbeitszeit der Bergleute nicht anzutasten, diese in ihrem Handeln motiviert und legitimiert haben dürften. Zugleich hatten sich durch den konjunkturellen Aufschwung und die wiederhergestellte Vollbeschäftigung die Handlungsbedingungen der Arbeiter auch objektiv verbessert.

Hintergrund des Konflikts war der Versuch der Grubenverwaltung, durch die Einführung von Sonn- und Feiertagsschichten die Arbeitszeit auf kaltem Wege zu verlängern. Widerstände dagegen flackerten schon das ganze Jahr 1937 auf. Bereits im Januar 1937 hatten die Belegschaften der Gruben Brefeld, Camphausen und Maybach geplante Sonderschichten als Ersatz für die am 13. Januar ausgefallene Feiertagsschicht verweigert.[107] Mitte Februar meldete der Gewerkschaftsdienst der *Freiheit-Korrespondenz*, daß auch die Arbeiter der Grube Kohlwald das Verfahren von Sonntagsschichten in einer vom Betriebsleiter gestatteten Abstimmung mehrheitlich abgelehnt hätten.[108] Nachdem im April auf Grube Velsen wegen Maschinendefekts ein Förderkorb in den Schachtsumpf gegangen war und viele Kumpels gezwungen waren, tagelang zu feiern, hatte auch die dortige Direktion an einem der kommenden Sonntage eine Ausgleichsschicht angesetzt. Im Auftrag der Belegschaft forderten die Funktionäre der DAF die Zahlung einer Sonntagszulage, wurden aber abgewiesen, worauf sich die Arbeiter auch hier weigerten, einzufahren.[109] Demgegenüber versuchte die Betriebsleitung der Grube Velsen, Fehlschichten durch die Verlängerung der täglichen Arbeitszeit auf acht Stunden auszugleichen, was auch hier am Widerstand der Bergarbeiter scheiterte, die wie gewohnt nach siebeneinhalbstündiger Schicht ihren Arbeitsplatz verließen und sich zum Schacht begaben.[110]

Im Dezember 1937 kam die allgemeine Anhebung der täglichen Arbeitszeit dann doch, ohne daß sich allgemeiner Widerstand regte. Erst der Versuch der Grubenverwaltung, parallel hierzu auch noch die Sonntagsschicht einzuführen und die von Bürckel durchgesetzte und am 3. Dezember 1937 in Hüttersdorf propagandistisch groß von ihm verkündete Einführung der Feiertagsbezahlung[111] zu verweigern, brachten das Faß zum Überlaufen. Bereits 1936 hatte Bürckel öffentlich die Sonn- und Feiertagsruhe der Arbeiter verteidigt und rhetorisch gefragt: „Dienen etwa Sonn- und Feiertage einem anderen Zweck als dem der Erholung?“[112] Auch die Differenzen zwischen dem Gauleiter und der Grubenverwaltung waren nicht zu übersehen gewesen, hatte doch Bürckel auch in seiner Hüttersdorfer Rede die mangelnde „Kameradschaft“ zwischen Arbeitern, Steigern und Betriebsführern im Bergbau öffentlich beklagt.

Zwei Tage nach der Ankündigung der Bezahlung der bevorstehenden Weihnachtsfeiertage erfolgte auf den Saarzechen ein Anschlag, demzufolge sich die Saargruben AG aus Rentabilitätsgründen nicht in der Lage sehe, die Feiertage zu bezahlen. Vielmehr sollten die ausfallenden Weihnachtsfeiertage in Sonntagsschichten herausgearbeitet werden. Die Empörung unter den Bergarbeitern war groß. In den Zügen, auf den Grubenhöfen, in den Streben und Waschkauen machte sich die Erregung in Diskussionen und heftigen Vorwürfen an die Grubenverwaltung Platz. Von Schwindel und Betrug war die Rede. Bevor die Arbeiter der einzelnen Gruben einfuhren, bestürmten sie die Vertrauensräte und verlangten von ihnen die Durchsetzung der von Bürckel verkündeten Feiertagsbezahlung. Auf sechs Schachtanlagen wählten die Bergleute eigene Kommissionen, in die auch DAF-Vertrauensräte einbezogen waren, die bei Bürckel gegen das Verhalten der Saargruben AG protestieren sollten.[113] Auf anderen Gruben wiederum soll es zu passiver Resistenz gekommen sein, wodurch die individuelle Förderleistung bei gleichzeitig verlängerter Arbeitszeit stagnierte. Die Bergwerksdirektion gab schließlich dem Druck der Arbeiterschaft nach und ließ per Anschlag die Bezahlung des ersten Weihnachtsfeiertages verkünden, verlangte aber zugleich, daß die an Weihnachten und Neujahr ausfallenden Schichten durch zusätzliche Sonntagsschichten ohne Zuschläge nachzuholen seien, was die Empörung der Bergarbeiter nur noch mehr steigerte. Auf den Grubentoiletten, den Bahnhöfen und an den auf den Zechenhöfen aufgestellten Weihnachtsbäumen waren jetzt Parolen gegen die Sonntagsarbeit zu lesen wie: „Saarbergmann, Du armes Schwein, fahr auch Du nicht sonntags ein!“ oder „Ochs, Esel und Kuh haben sonntags Ruh. Nur der Affe muß sonntags auch noch schaffe.“[114] Zugleich zirkulierten Flugblätter der Forbacher KPD-Abschnittsleitung und des Arbeitsausschusses freigewerkschaftlicher Bergarbeiter Deutschlands.[115]

Die Flüsterpropaganda und die illegalen Parolen zeigten noch vor Weihnachten erste Wirkungen. Am Sonntag, dem 19. Dezember, fuhren die Belegschaften einiger Gruben schon nicht mehr ein. Auf Grube Velsen seien es lediglich 70 Mann der Mittagsschicht gewesen, die am Sonntag zur Arbeit gekommen seien. Auch am zweiten Weihnachtsfeiertag hätten die meisten Bergleute die Arbeit verweigert. Nur auf Grube König sei normal gearbeitet worden.[116] Anfang Januar 1938 eskalierte die Auseinandersetzung weiter. Am Sonntag, dem 9. Januar, sollte die Fehlschicht vom Neujahrstag nachgearbeitet werden. Auf eilig einberufenen Belegschaftsversammlungen sprachen sich die Versammelten erneut gegen das Verfahren von Sonntagsschichten aus und forderten die Durchführung einer allgemeinen Abstimmung, die von den Vertrauensräten organisiert wurde und bei der sich mehr als 90 % der Saarbergarbeiter gegen die Sonntagarbeit entschieden.[117] Auch bei ihrem dritten

Versuch, am 16. Januar 1938 die ausgefallene Schicht vom 13. Januar nachzuholen, holte sich die Grubendirektion eine Abfuhr der Arbeiter. Alle Räder standen still.[118] Um die angeschlagene Disziplin wiederherzustellen, wurden auf zahlreichen Zechen Gemeinschaftsappelle angeordnet, die entweder von den Arbeitern boykottiert oder zu erregten Auseinandersetzungen mit den Grubenleitungen umfunktionalisiert wurden.[119] Auch in der Folgezeit blieb es beim Boykott der periodisch angesetzten Sonntagsschichten, wobei gerade die katholischen Bergleute auf ihr Recht zum Kirchgang pochten. So scheiterte beispielsweise auf einer Grube 1938 eine für Allerheiligen angesetzte Sonderschicht. Der Betriebsführer stand mit seinen Beamten allein auf dem Zechenplatz.[120] Auch eine für den 2. April 1939 angesetzte Sonntagsschicht fand keine Resonanz unter den Arbeitern. Trotz Appell über Radio und Presse blieb die große Mehrheit der Bergleute der Arbeit fern.[121]

Die erneute Verweigerung der Sonntagsschichten nahm ein von der Forbacher KPD-Abschnittsleitung verfaßtes Flugblatt zum Anlaß, noch einmal zur Verteidigung der Achtstundenschicht aufzurufen. Angesichts des bevorstehenden Krieges sei dies zugleich ein Dienst für den Frieden: „Acht Stunden genug geschunden! Acht Stunden Arbeit, acht Stunden der Familie und acht Stunden Ruhe!“[122] Solche Appelle jedoch erreichten das politische Bewußtsein der protestierenden Bergarbeiter kaum. Diesen ging es mit ihrem Kampf gegen die Sonntagsschichten nicht um eine politische Manifestation gegen die wirtschaftliche Kriegsvorbereitung, vielmehr verteidigten die mehrheitlich katholischen und z. T. noch tief im Glauben verwurzelten Bergarbeiter durch ihr Verhalten die heilige Sonntagsruhe. Zudem bedeutete das Verlangen nach Sonntagsarbeit einen Angriff auf ein traditionelles Lebensmuster. Den Sonntag verbrachte man seit jeher im Kreis der Familie. Hier zog man sich in ihren Schoß zurück, regenerierte sich für wenige Stunden, suchte Trost im Gebet, zechte anschließend mit Kameraden und Nachbarn im Wirtshaus und schlief mit der Frau. Das Verlangen nach Sonntagsarbeit war somit ein Angriff auf feste Gewohnheiten und auf die kleinen Freuden des ansonsten so trostlosen Alltags.

Die geschilderten Aktionen zerstörten zwar nachhaltig den Mythos einer harmonischen und konfliktfreien Betriebsgemeinschaft. Von einer Region im Aufruhr zu sprechen, wäre indes verfehlt. Bereits die Art der Überlieferung irritiert[123]: So schlug sich ganz im Unterschied zu den Grenzgänger-Demonstrationen und dem Schulstreik der Frankenholzer Elternschaft die Verweigerung der Sonntagsschichten in der Regionalpresse nicht nieder und auch die ansonsten gut informierten *Deutschland-Berichte* erwähnen sie mit keinem Wort. Die Ausblendung aus den Erinnerungen von bewußten Antifaschisten wiederum korrespondiert mit Lücken in den Gestapo-Berichten, die gleichfalls keine Meldungen über die Aktionen der Bergarbeiter von der Jahreswende 1937/38 enthalten. Hundertprozentig auszuschließen ist daher auch nicht, daß es sich bei Meldungen über Arbeitskämpfe in der Exilpresse um spezifische Wunschprojektionen der politischen Emigration gehandelt haben könnte, die nur gar zu gern bereit war, ein Gerücht über eine betriebliche Auseinandersetzung für bare Münze zu nehmen und zum Beginn des letzten Gefechts aufzuwerten.

Geradezu beispielhaft für diese Vermutung sind die Meldungen über die sogenannte „Burbacher Revolte“. Am 5. Mai 1939 meldeten zeitgleich Willi

Münzenbergs *Die Zukunft* und die *Deutschen Mitteilungen* mit Bezug auf französische Presseberichte, daß es Mitte April in Saarbrücken-Burbach zu „regelrechten Demonstrationen und Manifestationen" gekommen sei, in deren Verlauf die sofort requirierten SS-Einheiten von der Schußwaffe Gebrauch gemacht und 18 Menschen tödlich verletzt hätten. „Das Signal zur Auslösung der Burbacher Revolte gab die Tatsache, daß die Burbacher Hütte ihrer Belegschaft den Lohn zu 40 % in Steuergutscheinen auszahlte. Die gesamte Belegschaft demonstrierte empört vor dem Direktionsgebäude, und als die Direktion sich weigerte, die Steuergutscheine zurückzunehmen, kam es zu den Ausschreitungen, in deren Verlauf Büros zerstört und Direktionsbeamte mißhandelt wurden."[124] In den folgenden Tagen ging die Meldung durch die Exilpresse, und selbst Radio Moskau berichtete über die Ereignisse von der Saar.[125] Von einer Revolte aber war die historische Wirklichkeit weit entfernt. Tatsächlich war es Ende März 1939 unter dem Verdacht der Vorbereitung zum Hochverrat zur Festnahme einer größeren Anzahl von Werksangehörigen der Burbacher Hütte — unter ihnen auch Parteigenossen und Amtsträger der NSDAP — gekommen, die aber bereits 14 Tage später wieder entlassen wurden. Der Verdacht, es handele sich um ein Komplott gegen den NS-Staat, hatte sich nicht bestätigt.[126] Ansonsten aber handelte es sich um ein pures Gerücht. Völlig aus der Luft gegriffen waren die Berichte über Tote, die es bei den „Ausschreitungen" gegeben haben soll. In den Sterberegistern fanden sich hierfür keine Belege und auch ehemalige Arbeiter der Hütte konnten sich hieran nicht erinnern. Die Meldung in der Exilpresse war nichts anderes als eine Zeitungsente.

Die Grenzgänger-Demonstrationen im Warndt 1937: Zur Anatomie eines sozialen Konflikts

Nicht eigentlich um einen Arbeitskampf, sondern um einen Kampf zur Verteidigung sozialer Rechte unter den spezifischen Bedingungen einer Grenzregion handelte es sich bei den öffentlichen Demonstrationen der in den lothringischen Gruben arbeitenden saarländischen Bergleute vom Februar/März 1937.

Hintergrund des Konflikts waren die notorischen Devisenprobleme der NS-Regierung, wodurch die Finanzierung der für die Rüstungsproduktion unverzichtbaren Erzimporte nach Deutschland ernsthaft gefährdet war. Durch ein ganzes Paket von Devisengesetzen und -anordnungen versuchte Hermann Göring als Hitlers Generalbevollmächtigter für den Vierjahresplan die Devisenknappheit zu beheben. Am 20. Dezember 1936 meldete die *Saarbrücker Zeitung* in einer kurzen Notiz, daß mit Wirkung vom 1. Februar 1937 der Leiter der Reichsstelle für Devisenbewirtschaftung durch einen Runderlaß die Bestimmung für die Transferierung von Löhnen deutscher Arbeiter im Ausland neu geregelt habe. Was das für die knapp 6.000 saarländischen Grenzgänger bedeutete, die zumeist als Bergleute auf den nahegelegenen französischen Gruben arbeiteten, ließ das Blatt offen. Tatsächlich lief die Verordnung auf eine Reduzierung des Einkommens der täglich nach Ostfrankreich einpendelnden Grenzgänger um etwa ein Drittel hinaus. Während diese ihren Devisenlohn bislang im Ausland zu den üblichen billigen Sätzen der entwerteten

Reichsmark umtauschten, sollten sie der neuen Verordnung zufolge nun zwei Drittel ihres Lohnes zu den festgesetzten Umtauschsätzen in Deutschland wechseln. Die Empörung unter den Grenzgängern über den absehbaren Einkommensverlust war dementsprechend groß.[127] Franc-Abwertung, die bereits von der Hitler-Regierung gestrichene Grenzgängerunterstützung und nun die angekündigte Devisenverordnung ließen viele Bergarbeiter um ihre Existenz fürchten.

Derweil bemühten sich die in Forbach angesiedelten politischen und gewerkschaftlichen Exilorganisationen, den Bergarbeitern die finanziellen Konsequenzen der Neuregelung klar zu machen. Gespräche zwischen dem Leiter der KPD-Abschnittsleitung und den kommunistischen Vertrauensleuten unter den Grenzgängern fanden statt. Auch die von dem nach Lothringen emigrierten sozialdemokratischen Bergarbeiterverbandsfunktionär Richard Kirn zusammen mit dem Kommunisten Wilhelm Frisch geleitete Grenzstelle des Arbeitsausschusses freigewerkschaftlicher Bergarbeiter Deutschlands schaltete sich ein.[128] Wie Kirn später erklärte, habe man zunächst in verschiedenen lothringischen Bergarbeiterzeitungen sowie in Flugblättern die Betroffenen darauf hingewiesen, daß die Maßnahme der NS-Regierung einen Lohnabbau von 40 % bringen werde. Außerdem habe man die Kollegen aufgefordert, sich nicht ruhig zu verhalten, sondern die Zurücknahme der Verordnung zu fordern.[129] Gemäß der KP-Taktik des „trojanischen Pferdes" gab die KPD-Abschnittsleitung durch die Vertrauensleute diesseits und jenseits der Grenze die Parole aus, Versammlungen der DAF zu fordern und Delegationen und Briefe an Hitler und Bürckel zu senden.[130] Zunächst sollten die legalen Möglichkeiten der Interessenvertretung ausgeschöpft und die DAF unter Legitimationsdruck gesetzt werden, bevor man dann in einem zweiten Schritt zum praktischen Handeln auffordern wollte.

Tatsächlich sah sich die DAF angesichts der zunehmenden Beunruhigung unter den Grenzgängern und aufgrund von Mitgliederforderungen veranlaßt, für Sonntag, den 24. Januar 1937, eine Versammlung der Betroffenen in die „Warndtburg" nach Großrosseln einzuberufen, zu der etwa 2.000 Arbeiter erschienen. Während der Ansprache des NSDAP-Kreisleiters Weber gab es wiederholt Zwischenrufe. Ein Außerkraftsetzen der neuen Devisenverordnung lehnte der Kreisleiter kategorisch ab.[131] Auch auf dem Weg zur Arbeit, am Arbeitsplatz und auf eigens von der französischen Gewerkschaft CGT einberufenen Grubenversammlungen im lothringischen Revier diskutierten die Grenzgänger die Situation. Erste Flugblätter der CGT zirkulierten, die versuchten, den Konflikt zu politisieren und nach dem Ziel der Devisenverordnung fragten: „Mit diesen erpreßten Millionensummen werden Erze französischer Kapitalisten nach Deutschland verfrachtet, um später als tod- und verderbspeiende Granaten und Flugzeugbomben lothringische Wirtschaft und Kultur zu zerstören."[132] Zugleich forderten Flugblätter der KPD-Abschnittsleitung und des Arbeitsausschusses freigewerkschaftlicher Bergarbeiter — der etwa 300 Arbeiter organisierte[133] — die Grenzgänger auf, bei der Mitte des Monats anstehenden Lohnauszahlung, das Geld wie bisher in Frankreich zu wechseln und dann gemeinsam über die Grenze zu marschieren: „Bis zur endgültigen Lösung wechseln wir alle restlos das Geld in Lothringen!"[134]

Die Stimmung innerhalb der Bevölkerung sei mehrheitlich für die Forderungen der Bergarbeiter, berichteten die Exilblätter. Eher gespalten war das Echo bei den NSDAP-Funktionären. Während Bürckel und Weber die abgesandten Delegationen abblitzen ließen, unterstützten die meisten Amtswalter auf kommunaler Ebene bis hin zum NSDAP-Ortsgruppenleiter die Arbeiter und motivierten sie, die Maßnahme nicht einfach hinzunehmen.[135]

Am 14. Februar schließlich überschritt wie vereinbart die gesamte Mittagsschicht der Grube Sarre et Moselle geschlossen die Grenze bei Carling, nachdem sie vorher ihren Lohn in Frankreich umgewechselt hatte. Unbehindert von den Grenzkontrollen gingen die Bergarbeiter nach Hause. Inzwischen holte die Gestapo Verstärkung von Zoll, SA, SS und Feldpolizei. Als die Nachtschicht ebenfalls geschlossen über die Grenze marschieren wollte, wurde sie von dem verstärkten Sicherheitsaufgebot zurückgeworfen. Daraufhin wartete die Nachtschicht bis auch die Frühschicht ihren Lohn umgewechselt hatte und zog nun zusammen mit dieser in einer Stärke von etwa 2.000 Mann zur Grenze, wo es zu einem Handgemenge kam, bei dem die Kette der Grenzpolizei gesprengt wurde und sich die Bergleute den Durchgang erzwangen.[136]

Schon am kommenden Tag gab Bürckel die Aufhebung der Devisenbestimmungen bekannt. NSDAP-Funktionäre wurden in die Grenzdörfer zu den Bergleuten geschickt, um diese persönlich von der Wiederherstellung des alten Zustandes zu unterrichten. Das Überrennen der Exekutivorgane und das überraschende Zurückweichen Bürckels ermunterten zu weiteren Aktionen. Im Saargebiet und an der Grenze bespreche man lebhaft den Vorfall, berichtete die *Freiheit-Korrespondenz* und schlußfolgerte: „Es geht doch, wenn man will."[137]

Die Euphorie unter den Grenzgängern währte nicht lang. Unmittelbar vor der Lohnauszahlung Ende Februar erhielten sie von deutschen Stellen die Mitteilung, daß sie — entgegen der von Bürckel verfügten Aufhebung der Devisenverordnung — zwei Drittel ihres in Frankreich ausgezahlten Lohnes an der Grenze zum amtlichen Wechselkurs in Reichsmark einzutauschen hätten.[138] Hinfällig war damit auch die Zusicherung eines DAF-Funktionärs geworden, daß man dem Zwangsumtausch in Deutschland den inoffiziellen lothringischen Wechselkurs zugrundelegen wolle.[139]

2.000 Bergarbeiter versammelten sich am Morgen des 27. Februar im französischen Grenzort Petite Rosselle. Gegen zehn Uhr marschierten etwa 800 von ihnen in geschlossener Formation zur Grenze, wo infolge der wenigen anwesenden Zollbeamten nur etwa 300 Arbeiter kontrolliert werden konnten, die anderen aber ungehindert mit ihrem bereits umgetauschten Lohn die Grenze passierten. Die überraschte Gestapo ordnete daraufhin die Kontrolle der Schanklokale in Großrosseln an, um eventuelle „Hetzer" zu ermitteln. Drei Arbeiter wurden festgenommen.[140] Zwischen 150 und 250 Lothringengänger versammelten sich derweil auf einer Wiese unweit der französischen Zollstation am Grenzübergang Carling-Lauterbach. Mittags brachten ihnen von deutscher Seite die Frauen das Essen. Der Vorgang lockte immer mehr Grenzbewohner zur Zollstation. Der gleichfalls anwesende Saarbrücker Regierungspräsident Jung sprach zu den Arbeitern und versuchte sie zum Grenzübertritt zu bewegen und die Versammlung aufzulösen, was ihm aber nicht gelang. Wie das Saarbrücker Schöffengericht später feststellte, „schimpften und johlten" die Arbeiter nach wie vor und drohten den anwesenden deutschen Beamten. Am Nachmittag passierten die ersten Bergarbeiter die Grenze. Als sie sich weigerten, in der Zollstation schriftlich ihr Vergehen zu beurkunden, wurden sie festgenommen und mit bereitstehenden Polizeifahrzeugen nach Saarbrücken transportiert. Andere Bergarbeiter kamen erst gegen Abend über die Grenze, nachdem ihnen Jung zugesichert hatte, ihnen werde außer der Feststellung der Personalien nichts geschehen. Da die Grenzpolizei dem Massenansturm erneut nicht gewachsen war, überquerten die meisten Bergarbeiter unbehelligt die Grenze. Nur einige wurden erkennungsdienstlich fotografiert.[141]

Im Anschluß an diese neuerliche Aktion der Grenzgänger entfaltete die Gestapo in den Wohnorten der Arbeiter eine fieberhafte Tätigkeit. Unterstützt von den NSDAP-Ortsgruppenleitern fahndete sie nach „Rädelsführern". Um ein Zusammenlaufen von Angehörigen der Festgenommenen im Grenzort Lauterbach zu vermeiden, wurde die zunächst hier eingerichtete Gefangenensammelstelle ins Bürgermeisteramt nach Ludweiler verlegt. Unter der Beschuldigung der Anstiftung zum offenen Widerstand gegen Anordnungen im Rahmen des Vierjahresplanes wurden noch am selben Tage auf telefonische Anweisung Bürckels 21 Arbeiter in Schutzhaft genommen und ins Saarbrücker Lerchesflur-Gefängnis eingeliefert.[142] Auf Ersuchen der Saarbrücker Stapo-Stelle nahm die Ludweilerer Gendarmerie einige Tage später drei weitere Bergleute fest. Der Grund: sie hätten am Zahltag an der Grenze mit Funktionären der CGT verhandelt.[143]

Unter den Verhafteten befand sich auch Heinrich Dreystadt, 1908 in Lauterbach geboren, katholisch und verheiratet. Dreystadt — Maschinenschlosser von Beruf — arbeitete bei den Chemischen Betrieben im lothringischen Carling nur etwa zwei Kilometer von seinem Haus entfernt. Wie viele Bewohner des Grenzdorfes orientierte sich auch Dreystadt mehr nach Lothringen, wo die Arbeitsplätze lagen und wo man einkaufte, als nach Deutschland. Dreystadt war parteilos. Nur der DAF gehörte er an. An Vorbereitungen der Grenzgängeraktionen in Lothringen kann er sich nicht erinnern, ebensowenig an Flugblätter. An Versammlungen nahm er nicht teil. Von der Forbacher KPD-Abschnittsleitung oder Kirns Bergarbeiterausschuß hatte er nie etwas gehört. Man habe sich nach dem Bekanntwerden der Devisenverordnung an den Wechselstuben in Lothringen lediglich verabredet, wie bisher umzutauschen und dann gemeinsam nach Lauterbach zu ziehen. Vermutlich aufgrund einer Denunziation des Politischen Leiters der NSDAP-Ortsgruppe wurde Dreystadt verhaftet. Die Behandlung als Krimineller, das Abführen durch das Dorf, die Aufnahme im Saarbrücker Polizeigefängnis schildert er als einschneidende lebensgeschichtliche Erfahrung.[144]

Am 1. März 1937 fand in der pfälzischen Gauleitung ein Gespräch über das weitere Vorgehen statt, in dem Bürckel die exemplarische Bestrafung von 28 festgenommenen „Rädelsführern" und Strafbefehle für alle anderen Beteiligten forderte. Falls an der Grenze wieder Ruhe einkehre, wolle er sich für die „Zubilligung einer Bewährungsfrist" einsetzen.[145] Eine aus 100 Polizeibeamten zusammengesetzte Kommission vernahm in den folgenden Tagen in den Grenzdörfern 800 bis 1.000 Bergarbeiter, denen anschließend Strafbefehle zugingen. Diese beinhalteten Gefängnisstrafen von sechs Wochen, eine Geldstrafe von rund 100 Mark und zusätzlich 30 Mark Gerichtskosten.[146] Das war immerhin fast ein Monatslohn. Wegen Verstoßes gegen die Parteidisziplin sollten die NSDAP-Mitglieder unter den Angeschuldigten zwei Wochen zusätzlich ins Gefängnis. „Es gibt Dörfer an der saarländisch-lothringischen Grenze", notierten die *Deutschen Informationen*, „in denen fast kein Haus von einem Strafbefehl verschont blieb. Wohlgemerkt: Hier saßen einst Hitlers treueste Knappen!"[147] Auch die kommunistische *Deutsche Volkszeitung* machte darauf aufmerksam, daß die Bestraften fast ausnahmslos Mitglieder der Deutschen Front und der NSDAP seien.[148]

Bürckel erschien diese Kollektivbestrafung nicht ausreichend. Er griff unmittelbar in das Verfahren der Staatsanwaltschaft ein und bat den Oberstaatsanwalt, in einem Schnellverfahren einige „Rädelsführer", die sich bei den „Unruhen" besonders hervorgetan hätten, und einige andere Beschuldigte, deren Vergehen mit dem kollektiven Strafbescheid nicht genügend sanktioniert worden sei, zur baldigen Aburteilung zu bringen.[149] Entsprechend der Bitte des Gauleiters eröffnete die Staatsanwaltschaft bereits wenige Tage später ein Schnellverfahren gegen vier Beschuldigte vor dem Völklinger Amtsgericht und ein weiteres Verfahren beim Saarbrücker Schöffengericht, die zeitgleich am 12. März abgewickelt wurden.

Vor dem Saarbrücker Schöffengericht hatte sich ein 1898 in Karlsbrunn geborener Schlosser, der seit 1913 in Lothringen arbeitete und als KPD-Anhänger galt, ein 31jähriger Kauen-Wärter aus Lauterbach, Heinrich Dreystadt sowie der 1896 in Limbach geborene und ebenfalls in Lauterbach lebende Bergmann der Grube Sarre et Moselle Andreas Closen, der ebenfalls früher der KPD nahestand, zu verantworten. Der Staatsanwalt warf ihnen die Organisierung eines Aufruhrs vor. Demgegenüber machten die Angeklagten ausschließlich wirtschaftliche Motive für ihr Handeln verantwortlich und bestritten, sich bei den Aktionen am 27. Februar besonders hervorgetan zu haben. Das Gericht sah es als erwiesen an, daß es sich bei der Menschenansammlung an der Grenze um eine öffentliche Zusammenrottung im Sinne des Strafgesetzbuches gehandelt habe mit der Absicht, „den Willen der deutschen Beamten zu beugen". Wegen Vergehens gegen § 115 StGB wurden drei der Angeklagten zu einer Gefängnisstrafe von zehn Monaten verurteilt, während der vierte für elf Monate ins Gefängnis mußte, da er die Festnahme eines auf Reichsgebiet agierenden französischen Kommunisten vereitelt habe.[150] Im Völklinger Prozeß erließ das Gericht Haftstrafen zwischen sechs und vier Monaten. Wie die in Saarbrücken verurteilten Grenzgänger waren auch diese Arbeiter allesamt Mitglieder der DAF. In seiner Urteilsbegründung warf der Völklinger Einzelrichter den Angeklagten vor, sie hätten durch ihr Verhalten die „deutsche Wirtschaft und Währung und damit das Wohl des deutschen Volkes" gefährdet: „Jeder, der bewußt gegen die Devisengesetze verstößt, ist ein Volksschädling, er arbeitet in die Hände der Feinde und stellt sich damit in die Reihe unserer Feinde."[151]

Da sich die Nachrichten aus dem Warndt wie ein Lauffeuer im Saarland verbreiteten, sah sich Bürckel veranlaßt, im Radio und in der Gaupresse vor kommunistischen „Hetzern" zu warnen und zur Volksgemeinschaft zu mahnen. Er begründete die neue Devisenverordnung damit, jüdischen Devisenschiebern an der Grenze das Handwerk legen zu wollen. Außerdem kündigte er zur Entschädigung der von der Neuregelung betroffenen Arbeiter die Einführung einer 30-prozentigen Ausgleichszulage für den erlittenen Devisenverlust an. Die Urteile in den Devisenprozessen rechtfertigte er. Wer mit dem Bolschewismus gemeinsame Sache mache, verliere „Ehre, Freiheit und Brot".[152] Am 15. März veröffentlichte die *Saarbrücker Zeitung* eine erste Verlaufsschilderung der Auseinandersetzungen an der Grenze. Es sei jetzt einwandfrei erwiesen, daß die ganze Protestaktion von „französischen Moskowitern in Szene gesetzt war, um das nationalsozialistische Deutschland zu schädigen".[153]

Strafbefehle, die Urteile gegen die acht Bergleute und die Diffamierungen in der Gaupresse blieben indes nicht unwidersprochen. Zunächst legten alle 800 mit Geld- und Haftstrafen verurteilten Arbeiter beim Völklinger Amtsgericht mündlich Beschwerde gegen die Strafbefehle ein.[154] Regelrechte Demonstrationen hätten sich aus den einzelnen Dörfern nach Völklingen bewegt, meldete die KPD-Abschnittsleitung nach Paris.[155] Vermutlich hatten erst die Strafbefehle und Festnahmen die Gemüter richtig in Wallung gebracht. Grenzgänger forderten die Freilassung der Inhaftierten. Delegationen wurden bei Behörden und Parteidienststellen vorstellig. Eine Frauendelegation aus dem Warndt reiste zu Hitler, wurde aber nicht vorgelassen und kehrte unverrichteter Dinge zurück.[156]

Flugblätter der Forbacher Exilorganisationen heizten die Stimmung weiter auf.[157] Eine vom freigewerkschaftlichen Bergarbeiterausschuß im April 1937 herausgegebene und unter den Grenzgängern vertriebene Tarnschrift mit dem Titel „Leitsätze für den Luftschutz. Luftschutz! Das Gebot der Stunde" widerlegte die Behauptungen, wonach die Grenzgänger Opfer kommunistischer Hetze seien und die Devisenlage des Reiches schwer geschädigt hätten. Auch der Arbeitsausschuß wies auf den ausschließlich gewerkschaftlichen Charakter der Demonstrationen hin.[158] Unterstützung erhielten die Grenzgänger u. a. vom katholischen Pfarrer aus Lauterbach, der stark besuchte Bittgottesdienste für die Grenzgänger durchführte, die von den NS-Behörden als „staatsfeindliche Demonstrationen" gewertet wurden. Wegen Kanzelmißbrauchs und Vergehens gegen das Heimtückegesetz wurde Pfarrer Schu schließlich angezeigt und mehrfach von der Gestapo verhört. Am 2. Mai 1938 erteilte ihm das Reichskommissariat Unterrichtsverbot.[159]

Drei Tage nach den Urteilssprüchen von Saarbrücken und Völklingen fand wieder ein Zahltag auf den lothringischen Gruben statt, der ohne Zwischenfälle verlief. Die Devisen wurden vorschriftsmäßig abgeliefert, „die vorgeschriebene Höhe von zwei Drittel ... zum Teil sogar überschritten".[160] Bürckel bedankte sich bei den Bergleuten, „daß Ihr endlich den kommunistischen Hetzern der Gewerkschaften jenseits der Grenze die richtige Antwort erteilt habt".[161] Trotz Einschüchterung durch Gestapo und Gerichte hatten aber auch diesmal etliche Bergleute ihren Lohn wie gewohnt in Frankreich umgetauscht und z. B. in Weißbroten eingebacken über die Grenze geschmuggelt. Andere wiederum hatten Lohnzettel gefälscht oder sich von den Lohnbüros geringere als tatsächlich ausgezahlte Beträge eintragen lassen, um nicht größere Summen in Reichsmark umwechseln zu müssen.[162] Gleichwohl: dem Protest war die Spitze genommen. Die anhaltenden Proteste forderten der Neustädter Gauleitung Zugeständnisse ab. Bürckel versprach die baldige Auszahlung der Ausgleichszulagen durch die örtlichen Sparkassen und gab bekannt, daß er beim Reichsjustizminister eine umfassende Amnestie erreicht habe, von der nur die „Rädelsführer und Staatsfeinde" ausgenommen seien.[163] „Der Nimbus der Unüberwindlichkeit des Nationalsozialismus ist dahin", kommentierten die *Deutschen Informationen* die Zugeständnisse Bürckels.[164] Nach Frankenholz sei dies die zweite, weit größere Niederlage, die sich Bürckel geholt habe, hieß es auch in der *Deutschen Volkszeitung*.[165]

Außer den beiden KPD-Anhängern Franz R. und Andreas Closen waren am 25. März 1937 alle Verurteilten wieder auf freiem Fuß. Im August kamen schließlich auch die beiden letzten, als „Rädelsführer" Inhaftierten nach Gnadengesuchen ihrer Ehefrauen frei.[166] Zu diesem Zeitpunkt trieb die Auseinandersetzung im Warndt auf einen neuen Höhepunkt zu. Zunächst meldeten die Pensionäre unter den ehemaligen Lothringengängern ihre Forderungen an. Im Mai 1937 hatten sie die Verfügung erhalten, ihre in Franc ausgezahlten Renten künftig per Post überweisen zu lassen und zum amtlichen Kurs umzuwechseln. In Pensionärsversammlungen erhoben auch sie Forderungen nach einer Ausgleichszulage.[167] Wieder zirkulierten Flugblätter in den Grenzdörfern, die zum Widerstand aufriefen[168], und wieder schritt die Justiz gegen jene ein, die weiterhin illegal ihre Renten in Frankreich umtauschten.[169] Die weitere Entwertung des Franc ließ Anfang Juli 1937 Forderungen nach Erhöhung der Ausgleichszulage auf 50 % laut werden. Um ihren Forderungen Nachdruck zu verleihen, wurden die DAF-Kreisleitungen mit schriftlichen Anträgen bombardiert. Angesichts der massiv vorgetragenen neuerlichen Proteste sah sich die DAF gezwungen, die Grenzgänger zu unterstützen und eine Erhöhung der Zulage zu befürworten, zu der es im August tatsächlich kam.[170] Weitere Veränderungen des Wechselkurses zuungunsten der Grenzgänger führten im März 1938 zur Forderung nach nochmaliger Anhebung der Ausgleichzulage auf 75 %, die den Arbeitern im August 1938 ebenfalls zugestanden wurde.

Auf den erneut aufflackernden Protest reagierten die Behörden mit dem Entzug von Grenzkarten. Vorsorglich hatte die Saarbrücker Gestapo im März 1938 auch die Verhaftung mutmaßlicher „Rädelsführer" — unter ihnen Andreas Closen — angeordnet. Closen paßte so gar nicht in das Bild des angepaßten und devoten Arbeiters, sondern bestand radikal auf seinem Recht, erinnert sich sein ehemaliger Mithäftling Dreystadt. Closen wurde zur Untersuchungshaft in das Saarbrücker Lerchesflur-Gefängnis eingewiesen. Nicht einmal vier Monate später war der 40jährige und vorher gesunde Bergmann tot. Freunde der Familie, die den Sarg entgegen dem strikten Verbot der Gestapo öffneten, stellten fest, daß Closen bis zur Unkenntlichkeit zerschlagen und der einst kräftige Mann völlig abgemagert war. „Es ging im Nu durch den ganzen Ort: ‚Die Nazis haben den Closen ermordet!'"[171] Als offizielle Todesursache gab die Saarbrücker Haftanstalt der Witwe an, ihr Mann sei am 4. Juni 1938 im Krankenbau des Gefängnisses an einer Lungenembolie gestorben. Unter großer Anteilnahme der Lauterbacher Bevölkerung und vieler Arbeitskollegen wurde Closen am 7. Juni beerdigt. „Es war eine schmerzliche und stumme Demonstration gegen die Mörder", schrieb die *Deutsche Volkszeitung*.[172]

Die Exilpresse wertete die Ereignisse im Warndt recht unterschiedlich. Während der Sopade-Berichterstatter Georg Reinbold knapp und lehrmeisterhaft kommentierte, das Dritte Reich lasse sich keine Opposition gefallen[173], wies die von Paul Hertz redigierte und in Karlsbad erscheinende *Sozialistische Aktion* der „Rebellion der Saarbergleute" eine politische Dimension zu. Der Kampf der Grenzgänger sei kein Protest gegen eine Einzelmaßnahme des Systems gewesen. „Es ist vielmehr das System als Ganzes, das die Bergarbeiter in Feindschaft zu sich bringt. Ist ihre Rebellion auch nur ein Anfang, so ist sie doch auch ein erfreulicher Fortschritt.“[174] Für die KPD-Zeitungen waren die Grenzgängerdemonstrationen eine Bestätigung ihrer auf der „Brüsseler Konferenz“ 1935 verabschiedeten Volksfrontpolitik und der Taktik des „trojanischen Pferdes“.[175] Nach Horst Bednareck stellten die Grenzgänger-Proteste eine der „bedeutendsten Aktionen deutscher Arbeiter gegen das Hitlerregime“ dar, wobei Bednareck in seiner Beurteilung der Vorgänge zwischen funktionalen und intentionalen Aspekten differenziert. Intentional hätten die Kämpfe „den Charakter wirtschaftlicher Aktionen zur Verteidigung des Lohnes“ gehabt, funktional aber seien sie eine „politische Aktion gegen die Kriegsvorbereitungen“ gewesen.[176]

Für die Beteiligten standen zweifellos wirtschaftliche Motive im Vordergrund ihres Handelns und dürfte der politische Kontext kaum deutlich gewesen sein. „Mit Politik hat das nicht das Geringste zu tun gehabt“. Auch für die Ungesetzlichkeit der kollektiven Umtauschaktion wie für die möglichen Folgen des eigenen Handelns habe man kein Bewußtsein gehabt. Gleichwohl hätten sich die Bergleute gesagt: „Die können doch nicht alle 6.000 Mann einsperren.“[177] „Aber auch diese in der Verteidigung sozialer Interessen zustandegekommene Massenmobilisierung einer ganzen Region richtete sich gegen die einkommensverkürzenden Bestimmungen und fand keine fortführende Ausweitung mit Richtung auf politische Kampfziele“, urteilt auch Beatrix Herlemann.[178]

Arbeitskämpfe wie jene gegen die Sonntagsarbeit oder Aktionen zur Abwehr von Lohnabbau waren nie nur spontan, sondern setzten ein Mindestmaß an Organisation, Planung und Solidarstrukturen voraus. Sie bedurften zu ihrer Vorbereitung zwar nicht unbedingt fester Organisationen, andererseits aber waren sie ohne Absprachen auf Betriebs- oder Abteilungsebene kaum durchführbar.[179] Dieses Verhältnis von Spontaneität und Organisation ist im nachhinein — und war es übrigens auch für die meisten Beteiligten — nur schwer durchschaubar. Unzweifelhaft ist, daß es kollektive Absprachen gab und die Aktionen der Grenzgänger Unterstützung beim französischen Bergarbeiterverband und den Forbacher Exilorganisationen von KPD und SPD fanden. Diese unterstützten die Lothringengänger durch eine breite Popularisierungskampagne. Eine nicht unwichtige Rolle bei der Unterstützung des Protests fiel auch den Obleuten der DAF zu. Kommunisten, Sozialdemokraten und Gewerkschafter konnten sich weitgehend im Hintergrund halten. „Die Sache war so organisiert, daß keine ehemaligen Sozialdemokraten und Kommunisten in Erscheinung traten. Es wurde mit den Nazis verhandelt, und die machten auch den Anführer.“[180] Das Ausschöpfen der legalen Möglichkeiten der Interessenvertretung im Rahmen der DAF war insofern erfolgreich, als es dem NS-Regime nicht gelang, den Protest zu kriminalisieren. Vielmehr lag es in der Logik der DAF, sich als Sachwalter von Mitgliederinteressen zu profilieren und sich die Forderungen der Grenzgänger, die ja fast ausnahmslos DAF-Mitglieder waren, zu eigen zu machen.

Die Intensität des Protests wiederum war nur vor dem Hintergrund erhaltengebliebener subkultureller Solidarstrukturen der Bergarbeiterschaft des Warndts möglich. Pfarrer hielten Bittgottesdienste ab; Geschäftsleute solidarisierten sich mit den Demonstranten und auch die Frauen unterstützten die Aktionen. Das Bewußtsein der Verankerung im Dorf und das Gefühl kollektiver Kraft nach den ersten Teilerfolgen spornten die Bergarbeiter zu weiteren Aktionen an.

Und doch verhinderte der Einsatz von Polizei und Gestapo, daß die Unzufriedenheit der Arbeiter politisch folgenreich organisiert werden konnte. Das gewaltsame Herausreißen aus dem dörflichen Lebenszusammenhang und die folgende Haftzeit brachten die bisherige Lebensanschauung des Arbeiters Heinrich Dreystadt ins Wanken: „Von dem Hitlerismus war ich geheilt. Da hab ich erst gesehen, was das für ein Regiment ist." Diese Erfahrung setzte sich jedoch nicht in die Aufkündigung der politischen Loyalität gegenüber dem NS-Staat um, sondern blieb atomisiert und privat. Dreystadt verhielt sich legal, tauschte jetzt wie gefordert seinen Lohn in Deutschland und stürzte sich ganz auf die Arbeit. „Da war ich ruhig. Da habe ich meine Arbeit gemacht." Seinen Kindern empfahl er später, Demonstrieren selbst für eine gerechte Sache bringe nichts.[181]

Systemneutrale Abwehrreaktionen statt „Klassenkampf" in den Betrieben

Der volkspädagogisch motivierte Blick auf die Einzigartigkeit von Auschwitz und des Nationalsozialismus insgesamt hat auch bei der Bewertung des Arbeiterverhaltens dazu geführt, allen Artikulationsformen von Unzufriedenheit und Kritik im Dritten Reich den Status von Besonderheit zu verleihen und damit den Blick auf die Kontinuitätslinien von Geschichte zu versperren. Dies korrespondierte zugleich mit der politisierenden Perspektive der NS-Sicherheitsbehörden wie des Exils, die beide normale und alltägliche Verhaltensmuster, wie sie vor und nach dem Dritten Reich üblich waren, aus je unterschiedlichen Interessen politisierten und ihrer systemneutralen Normalität entkleideten. Subjektiv wie objektiv standen die innerbetrieblichen Konflikte mit dem politischen Herrschaftssystem jedoch höchstens in einem mittelbaren Zusammenhang. In der Regel waren es vorpolitische Ursachen, die sich im sozialen Protestverhalten der Arbeiter Luft machten. Objektiv fanden sich keine Hinweise für eine nennenswerte Einschränkung der Rüstungsproduktion und des NS-Wirtschaftsprogramms durch Arbeitsverweigerung und Arbeitskämpfe, geschweige denn durch Sabotageakte.[182] Von einer „Arbeiteropposition" im Sinne Masons kann daher keine Rede sein. Und auch subjektiv handelte es sich meist nur um den individuellen bzw. kollektiven Versuch, sich auf dem Arbeitsmarkt so günstig wie möglich zu verkaufen oder sich auch nur den physischen und sozialen Belastungen des Mehrarbeitssystems zu entziehen. In der weit überwiegenden Zahl der untersuchten und dokumentierten Fälle von nonkonformem Arbeiterverhalten konnten daher auch bewußt antifaschistische Motivationen nicht nachgewiesen werden. Sabotage und Arbeitskampf waren höchstens in den Köpfen der politischen Emigranten und der linken Nachkriegswissenschaftler Mittel der Kriegsverhinderung, nicht jedoch bei den damaligen Akteuren. Aus der Perspektive der Empirie jedenfalls erweist sich das Hochhalten proletarischer Tugenden als frommer Wunsch.

Die meisten der registrierten Verhaltensweisen entsprangen „normalem“ Alltagsverhalten, das erst durch den totalitären Herrschaftsanspruch des Nationalsozialismus als abweichendes Verhalten inkriminiert wurde. Geradezu beispielhaft hierfür war das Verhalten eines 1883 in Schwarzenacker geborenen Arbeiters der Saarbrücker Firma Ehrhardt & Sehmer, der 1939 wegen Sabotageverdachts festgenommen worden war und bis 1942 verschiedene Gefängnisse und Konzentrationslager durchlief. Der Arbeiter — von dem Arbeitskollegen später berichteten, daß er nicht unbedingt der Typus eines NS-Gegners war — hatte einem neu eingestellten SS-Mann, der versuchte, die Akkordnormen zu unterbieten, gedroht: „Dir gehört die Schaufel auf den Kopf gehauen.“[183] Diese Äußerung erhielt ihre politische Bedeutung erst durch die Interpretation der Gestapo.

Angesichts der hohen Meßlatte der NS-Arbeitsmoral und des Betriebsgemeinschaftsmodells jedoch konnte auch der Kampf um materielle Interessen durchaus den Tod bedeuten. Dies jedoch rechtfertigt noch keineswegs, solches Verhalten als „Arbeiterwiderstand“ zu deklarieren. Vieles an solchen Verhaltensmustern, die die NS-Sicherheitsbehörden besorgt registrierten, so auch Detlev Peukert, „gehörte nicht nur zu den in jeder Hochkonjunktur normalen Phänomenen ..., sondern blieb in seinem Ausmaß noch hinter den Erscheinungen der letzten Hochkonjunktur der 20er Jahre zurück. ... Nur gemessen an den überzogenen Loyalitätsforderungen der Nazis war ihr Verhalten als ‚abweichend‘ zu beurteilen.“[184] Was oberflächlich als „Resistenz“ im Sinne Broszats oder als „Opposition“ im Sinne Masons erscheinen mag, war vielfach nur eine Form mangelnder Anpassung aufgrund der Unfähigkeit des Dritten Reiches, tatsächlich totalitär alle Lebensbereiche zu erfassen und die Menschen total zu manipulieren.

Nicht die Klassenkämpfe prägten den Alltag in den Betrieben, sondern vielmehr die abgestuften Formen der Anpassung. Nur gelegentlich kam es zu handfesten Auseinandersetzungen oder gar Arbeitskämpfen, die jedoch in aller Regel systemintern geregelt werden konnten und unterhalb einer Schwelle blieben, deren Überschreiten politisch hätte gefährlich werden können, eher „systemneutrale Abwehrreaktionen“[185], denn politisch motivierte Auseinandersetzungen waren. Daß dies so war, dürfte nicht unwesentlich darin begründet gewesen sein, daß der Nationalsozialismus mit der DAF über eine Organisation verfügte, die innerhalb des polykratischen Gestrüpps zur systeminternen sozialen Konfliktregelung in der Lage war. Der dysfunktionale Kurs von Leys Superorganisation und die sozialegalitäre und -revolutionäre Politik und Propaganda Bürckels — seine Verteidigung der Sonntagsruhe, seine öffentlich bekundete Überzeugung, der Mensch dürfe nicht Anhängsel der Maschine sein und die Wirtschaft habe den Menschen zu dienen — ließen Konflikte nicht nur zu, sondern motivierten und legitimierten sie geradezu. Um innerhalb der nationalsozialistischen Polykratie einen Anteil an der Macht zu erwerben, war die DAF zur Parteinahme in sozialen Konflikten und zur Mobilisierung ihrer Basis gezwungen. Dies war an der Saar ähnlich wie in anderen Regionen.[186] Indem die DAF dem sozialen Konfliktpotential in den Betrieben gewisse Ventile öffnete, vermochte sie zugleich dessen Stärke und Richtung zu kontrollieren.[187] Durch diese Politik des polykratischen Machterwerbs konnten sich rudimentär und auf betriebliche Inseln beschränkt Formen kollektiver Interessenvertretung erhalten, konnte die DAF das Image einer um die spezifischen Interessen der Arbeiterschaft bemühten Ersatzgewerkschaft erwerben.[188] Bestärkt wurde diese letztlich systemstabilisierende Wirkung der DAF in sozialen Konflikten durch die kommunistische Taktik der Arbeit in den NS-Massenorganisationen, die das Bild der DAF als einer gewerkschaftsähnlichen Organisation bestärkte und betriebliche Konflikte der Regelungskompetenz der DAF zuwies. Arbeitsverweigerung und Arbeitskämpfe bedeuteten — anders als man dies im Exil hoffte — eben noch lange nicht die Vorbereitung zum „letzten Gefecht".

4. Die brüchige Wehrgemeinschaft: Defätismus, Gehorsamsverweigerung und Desertion

Noch immer gelten sie als Drückeberger, Feiglinge vor dem Feind, als Vaterlandsverräter, ja als Kriminelle: die Gehorsamsverweigerer und Fahnenflüchtigen des Zweiten Weltkrieges. Dies zeigten erst jüngst wieder die politischen Auseinandersetzungen um geplante Denkmäler für Deserteure und die Diskussion um das Nationalkomitee Freies Deutschland.[1] Dies war schon unmittelbar nach 1945 so. Gehorsamsverweigerer und Fahnenflüchtige scheuten das Licht der Öffentlichkeit, sahen sich Rechtfertigungszwängen ausgesetzt und blieben — obwohl sie das Mörderische des Krieges oft früher erkannten und daraus ihre ganz privaten, vielfach tödlichen Konsequenzen zogen — im Schatten der „Heroen" des militärischen Widerstandes, so daß Heinrich Böll — selbst Fahnenflüchtiger des Weltkrieges — 1953 zurecht fragte: „Wo sind die Deserteure?"

Die Stigmatisierung und Kriminalisierung der Gehorsamsverweigerer, Fahnenflüchtigen und Überläufer hatte vielfältige Konsequenzen. Juristisch blieb den Opfern militärgerichtlicher Verfolgung ein grundsätzlicher Entschädigungsanspruch nach dem Bundesentschädigungsgesetz verwehrt. Während in der DDR zumindest die Angehörigen des Nationalkomitees Freies Deutschland geehrt und entschädigt wurden, ging es jenen, die ihre „Tat" allein und isoliert begingen und sich keiner Partei oder Organisation zugehörig fühlten, dort nicht besser als hier. Auch in den Köpfen der Wissenschaftler funktionierte die Schere des Denkverbots. Obwohl sich die Widerstands- wie die Zeitgeschichtsforschung insgesamt über Jahrzehnte hinweg intensiv dem militärischen Widerstand gegen Hitler und das Dritte Reich widmete, blieben die Gehorsamsverweigerer und Fahnenflüchtigen in Wehrmacht und SS fast völlig vergessen.[2] In den zahlreichen lokal- und regionalgeschichtlichen Darstellungen fand sich kein Platz für sie. Erst in jüngerer Zeit deutet sich — inspiriert durch politische Initiativen um die öffentliche und entschädigungsrechtliche Anerkennung deutscher Deserteure — ein Umdenkungsprozeß an. Gedenktafeln und Denkmäler zum Andenken an die Opfer der Militärjustiz u. a. in Kassel, Bremen, Darmstadt und Göttingen zeugen hiervon ebenso wie lokal- und regionalgeschichtliche Darstellungen, die sich dem vergessenen und verdrängten Widerstandspotential in der Wehrmacht annehmen.[3] Da die SS als „verbrecherische Organisation" par excellence gilt und nicht sein kann, was nicht sein darf, blieben die

Gehorsamsverweigerer und Fahnenflüchtigen innerhalb von Himmlers schwarzem Orden vollständig außerhalb jeden Interesses. Die Ausgrenzung dieser Gruppen ist nicht zuletzt ein Problem der Quellen. Mit den datenschutzrechtlichen Bestimmungen und Archivgesetzen verschwanden die Schicksale der Angehörigen der Wehrmacht und der SS, die sich dem Krieg und dem Völkermord entzogen hatten, in den Kellern der Archive und fielen dem Vergessen anheim.

Wehrkraftzersetzung

Wer am „Endsieg" zweifelte, als Soldat die Nachrichtenpolitik des Dritten Reiches kritisierte und ausländische Rundfunkstationen abhörte, den „Führer" beschimpfte oder sich abfällig über NS-Organisationen äußerte, galt seit Kriegsbeginn als „Wehrkraftzersetzer". Nach § 5 der Kriegssonderstrafrechtsverordnung vom 17. August 1938, die erst ein Jahr später im Reichsgesetzblatt verkündet wurde und erstmals den Straftatbestand der Wehrkraftzersetzung ins Strafrecht einführte, konnte mit dem Tode bestraft werden, „wer öffentlich dazu auffordert oder anreizt, die Erfüllung der Dienstpflicht in der deutschen oder einer verbündeten Wehrmacht zu verweigern, oder sonst öffentlich den Willen des deutschen oder verbündeten Volkes zur wehrhaften Selbstbehauptung zu lähmen oder zu zersetzen sucht". Auch die Anstiftung zur Fahnenflucht und zum Ungehorsam sowie zur Selbstverstümmelung und zum Simulantentum standen nun unter der Androhung der Todesstrafe.[4] Aufgrund der Vollmacht des Chefs des Oberkommandos der Wehrmacht, die Verordnung entsprechend den Bedürfnissen der Kriegsführung zu ändern, wurden die Strafbestimmungen während des Krieges ständig erweitert. Besonders der Begriff der Öffentlichkeit wurde immer unschärfer, so daß selbst ein Gespräch im Familien- oder Kameradenkreis strafbar sein konnte. So wie das Heimtückegesetz sich zum „Maulkorb des kleinen Mannes" entwickelt hatte, wurde auch der Paragraph über die Zersetzung der Wehrkraft zum allumfassenden Maulkorb der Soldaten der Wehrmacht. Besonders seit dem Überfall auf die Sowjetunion stiegen die Verurteilungen wegen Wehrkraftzersetzung kräftig an. Nach Messerschmidt und Wüllner waren es während des ganzen Krieges mindestens 30.000 Personen, die wegen dieses Delikts zur Verurteilung kamen.[5] Allein im letzten Quartal 1944 sollen monatlich etwa 700 Soldaten wegen Wehrkraftzersetzung zum Tode verurteilt worden sein.[6]

In erster Linie waren es verbale Delikte, die auf vielfältige Weise einen Dissens zwischen den beteiligten Soldaten und dem NS-Regime zum Ausdruck brachten, mit denen sich die Militärgerichte zu beschäftigen hatten, erst an zweiter Stelle habituelle Delikte der Simulation und Selbstverstümmelung. Mit aller Strenge gingen die Militärrichter gegen sogenannte „Defätisten" unter den Soldaten vor, die Zweifel am „Endsieg" äußerten, pessimistische Ansichten über den weiteren Kriegsverlauf verbreiteten, den Untergang Deutschlands prophezeiten und damit aus der Sicht der NS-Propaganda das Siegvertrauen des deutschen Volkes unterminierten.

Weil ein 1923 in Dudweiler geborener Marinesoldat den Untergang des Dritten Reiches für 1945 vorausgesagt hatte, mußte er sich vor dem Reichskriegsgericht in

Torgau verantworten.[7] Wegen der hitlerkritischen Bemerkung „Das ist der letzte Geburtstag, den er feiert" erließ im Juni 1944 das Zentralgericht des Heeres in Berlin-Charlottenburg Anklageverfügung und Haftbefehl gegen einen aus dem Saarland stammenden und der Sozialdemokratie nahestehenden Soldaten.[8] Einen besonders schweren Fall von Defätismus verhandelte das Marinekriegsgericht beim Admiral in den Niederlanden am 2. November 1944 in Amsterdam. Angeklagt war der 23jährige Sanitätsmaat des Marine-Lazaretts Heiloo Norbert Engel, Friseur von Beruf und später Präsident der Arbeitskammer des Saarlandes. Gegenüber Krankenschwestern seiner Abteilung hatte sich Engel mehrmals abfällig über die augenblickliche Kriegslage geäußert, den Endsieg angezweifelt und am Tage nach dem gescheiterten Juli-Attentat auf Hitler u. a. erklärt: „Ich verstehe es nicht, daß es nicht geklappt hat. ... Wenn es geklappt hätte, wäre in fünf Tagen der Krieg aus gewesen, und wir hätten nach Hause gehen können." Da sich Engel — so das Gericht — „gewissermaßen zu den Attentätern bekannt" habe, sei er trotz seiner guten militärischen Führung mit dem Tode zu bestrafen. Nur durch Ausbruch aus dem Amsterdamer Gefängnis am 25. November 1944 konnte sich Engel der Hinrichtung entziehen. Bis Kriegsende lebte er untergetaucht bei Angehörigen der niederländischen Widerstandsbewegung.[9] Nur knapp dem Tode entkam auch ein Saarbrücker Stabsarzt, der ebenfalls nach dem Attentatsversuch vom 20. Juli 1944 einem Apotheker gegenüber geäußert hatte: „Na, heute Nacht hätten wir beinahe Frieden gehabt, aber die Vorsehung hat es verhindert um zwei Meter." Bis zur Aburteilung durch das Zentralgericht des Heeres wurde der Arzt, der seit 1936 der NSDAP angehörte, aber gleichwohl als Gegner des Nationalsozialismus bekannt war, an die Front geschickt, wo er in einem „Himmelfahrtskommando" das Kriegsende erlebte.[10] Ein 20jähriger Bäcker aus Neunkirchen hatte bei einem Heimatbesuch im November 1944 im Verwandtenkreis behauptet, Hitler sei nicht mehr zurechnungsfähig, und die Verhältnisse unter der alten Saarregierung seien besser gewesen als die gegenwärtigen. Ein Feldgericht verurteilte den denunzierten Soldaten am 18. Januar 1945 zu einer dreijährigen Zuchthausstrafe.[11]

Wegen kriegskritischer Äußerungen kam bereits 1939 der Lebensmittelkaufmann Johann Moritz aus Friedrichsthal ins KZ Sachsenhausen, wo er am 17. Januar 1940 im Alter von 23 Jahren starb.[12] Ein 1915 in Saarbrücken geborener Bürogehilfe wurde im August 1944 zu einer mehrmonatigen Gefängnisstrafe verurteilt, weil er junge Kameraden, die sich noch 1944 freiwillig zur Wehrmacht gemeldet hatten, der Dummheit bezichtigt hatte. Nach der Verbüßung seiner Haft im Torgauer Wehrmachtsgefängnis wurde er zur „Frontbewährung" an die Kurlandfront abkommandiert.[13] Drei Jahre Zuchthaus lautete die Strafe für einen 1925 in Illingen geborenen Hilfsschlosser, der aus einer sozialistischen Familie kam und am 25. November 1943 von einem Marinegericht in Utrecht wegen Wehrkraftzersetzung verurteilt wurde. Sein „Verbrechen" hatte darin bestanden, Himmlers Waffen-SS als rücksichtslos zu bezeichnen und die deutsche Propaganda zu kritisieren.[14] Ein städtischer Rentmeister aus Heckendalheim, Jahrgang 1898, ehemals Mitglied des Zentrums und seit 1936 Parteigenosse, wurde im November 1943 von einem Kriegsgericht der Marine wegen seiner Kritik an der Versorgungslage in Deutschland und wegen der Bemerkung, das Volk werde heute genauso beschissen wie im Ersten

Weltkrieg, zu einer zweijährigen Gefängnisstrafe verurteilt.[15] Sechs Jahre Zuchthaus verhängte 1943 das Gericht der Division 172 über einen 1910 in Marpingen geborenen Landwirt, weil dieser angeblich eine hochgradige Schwerhörigkeit simuliert habe, um aus der Wehrmacht entlassen zu werden, zu der er sich 1941 freiwillig gemeldet hatte.[16]

Was Soldaten wie ihn zu ihren Handlungen und Äußerungen veranlaßten, lassen die Akten im Dunkeln. Mitunter scheinen es spontane Unzufriedenheit und Kriegsmüdigkeit gewesen zu sein — nicht unbedingt eine antinationalsozialistische Gesinnung —, die sich unter dem situativen Druck bestimmter Kriegserlebnisse eruptiv in kritischen oder defätistischen Äußerungen entluden. In anderen Fällen wiederum mischten sich sozialistisch-pazifistische Traditionselemente ein. In aller Regel aber blieben in den Urteilen der Feldgerichte Motive und situative Kontexte im Unklaren, so auch im Falle des 1920 in Heusweiler geborenen Bergmannes Hans Kartes, Sohn eines Wachmannes des Saarbrücker Gestapo-Lagers Neue Bremm, der zunächst der HJ, später dann dem Reichsarbeitsdienst und der DAF angehört hatte, bevor er 1940 Soldat wurde. Nachdem er 1944 von einer dritten Verwundung genesen war, scheint er sich — so ist zu vermuten — angewidert von Hitlers Krieg abgekehrt zu haben. Zusammen mit Kameraden schrieb er an eine Spindtür: „Nieder mit Hitler!" Das Zentralgericht des Heeres verurteilte ihn wegen dieser Inschrift am 26. April 1944 zum Tode. Am 12. Juni wurde Hans Kartes im Zuchthaus Brandenburg enthauptet.[17]

Wehrdienst- und Gehorsamsverweigerung

Nicht mehr nur um verbalen Dissens und Gesinnungsdelikte, sondern bereits um habituelle Akte der Verweigerung, die bewußt überlegt und geplant waren, aber gleichwohl wie diese unter den Wehrkraftzersetzungs-Paragraphen der Kriegssonderstrafrechtsverordnung fielen, handelte es sich bei den wenigen uns bekannt gewordenen Fällen von Wehrdienstverweigerung. Bereits 1940 hatte das Wiesbadener Feldkriegsgericht der Division 312 in der Strafsache eines im Jahre 1900 geborenen Hüttenarbeiters zu befinden, der von seiner Mutter nach strengen christlich-katholischen Glaubensgrundsätzen erzogen worden war und seit 1924 einem katholischen Laien-Orden angehörte. Nach seiner Schulentlassung hatte der Mann Beschäftigung im St. Ingberter Eisenwerk gefunden, wo er 1937 im Rahmen der allgemeinen betrieblichen „Säuberungswelle" entlassen wurde, weil er sich geweigert hatte, in die DAF einzutreten. Fortan bestritt er seinen Lebensunterhalt als Gelegenheitsarbeiter. Am 4. Februar 1940 erhielt er den Gestellungsbefehl, dem er aber nicht nachkam, so daß er der Truppe polizeilich zugeführt werden mußte. Dem untersuchenden Standortarzt erklärte er, sein Gewissen verbiete es ihm, zu den Waffen zu greifen, wobei er sich durchaus bewußt sei, daß er damit im Widerspruch zu den Gesetzen des Staates und der Volksgemeinschaft handele. Nicht Vernunft und rationale Erkenntnis — bekannte er — würden sein Handeln leiten, sondern ausschließlich sein Glaube an Gott, sein Ordensgelübde und sein Gehorsam gegenüber der katholischen Kirche. Auf den Vorhalt, die katholische Kirche verbiete ihren Gläubigen keineswegs den Wehrdienst in der Wehrmacht, erwiderte er, sie gebiete ihn aber auch nicht. Entscheidend für ihn sei sein Gewissen und seine Glaubensvorstellung, der es strikt widerspreche, Gewalt auszuüben und den Wehrdienst zu leisten. Wegen Wehrdienstverweigerung aus religiösen Gründen wurde der Arbeiter vom zuständigen Kriegsgericht nach § 5 der Kriegssonderstrafrechtsverordnung zu einer vierjährigen Gefängnisstrafe verurteilt.[18]

Auch in den bekanntgewordenen Fällen von Wehrdienstverweigerung unter den Angehörigen der Internationalen Bibelforscher-Vereinigung kam ein religiöser, jeden Waffendienst ablehnender Fundamentalismus zum Ausdruck, der deutlich kollidierte mit den nationalsozialistischen Hegemonialansprüchen. Bereits die Mitgliedschaft in „wehrfeindlichen Organisationen", zu denen die Bibelforscher zählten, stand unter Strafe. Die Verweigerung der Wehrpflicht schließlich, zu der die Bibelforscher aufforderten, wurde als Wehrkraftzersetzung verfolgt und konnte mit dem Tode bestraft werden. Noch glimpflich davon kamen 1941 drei Uchtelfanger Bibelforscher, die bei ihrer Vernehmung den Waffengebrauch bei der Einberufung zur Wehrmacht abgelehnt hatten und vom Saarbrücker Sondergericht lediglich zu zwei bzw. drei Jahren Zuchthaus verurteilt wurden.[19] Weniger Glück hatte der ebenfalls aus Uchtelfangen stammende Bergmann Heinrich Bayer, der seit 1940 beharrlich jeden Wehrdienst mit der Waffe verweigert hatte. Er wurde am 23. März 1944 vom Feldkriegsgericht der Berliner Wehrmachtskommandantur zum Tode verurteilt und am 15. Mai 1944 im Zuchthaus Brandenburg erschossen.[20]

Stellte die zumeist religiös motivierte Wehrdienstverweigerung eine Infragestellung eines Grundprinzips des Nationalsozialismus dar, so waren die Fälle von Befehlsverweigerung partielle Akte der Gehorsamsverweigerung, die sich auf konkrete, als unmenschlich und sinnlos empfundene Anweisungen und Befehle bezogen, nicht unbedingt auf die Totalität des Krieges. Weil der als Kraftfahrer eingezogene und bei der Partisanenbekämpfung in Jugoslawien eingesetzte Soldat Johann Maximini aus dem Saarland 1943 den Befehl verweigerte, gefangengenommene Partisanen zu erschießen, verurteilte ihn ein Kriegsgericht zu einer fünfjährigen Zuchthausstrafe.[21] Unmittelbar vor Kriegsende noch mußte Leo Josef Lamour aus Jägersfreude sterben. Der 1906 geborene Montageschlosser und Soldat hatte versucht, gemeinsam mit einem Eichstätter Bürger die von der SS dort geplanten Brückensprengungen durch das Abschneiden der Zündvorrichtung zu verhindern und war dabei von einem SS-Posten entdeckt worden. Am 24. April 1945 verurteilte ihn ein SS-Sondergericht wegen Wehrkraftzersetzung zum Tode und ließ ihn noch am selben Tage mitten im Ort hinrichten.[22]

Desertion

Während die Wehrdienstverweigerung in aller Regel eine bewußte, oft in ein religiöses Milieu eingebettete Gewissensentscheidung voraussetzte und der Wehrdienstverweigerer genau wußte, was auf ihn zukam, war die Fahnenflucht eine eher spontane, situationsabhängige, mitunter unüberlegte Entscheidung, abhängig von spezifischen Lern- und Erfahrungsprozessen, die aus der Realität des Soldatentums und des Krieges erwuchsen. Vielfach handelten die Betroffenen aus dem Zwang heraus, nicht mehr anders zu können. Immer war es eine individuelle, einsame Entscheidung, die einen Soldaten zum Deserteur werden ließ.

Der Fahnenflucht haftete ebenso wie dem Austritt aus der Kirche von jeher etwas Ruchloses an. Deserteure galten als Verräter, Asoziale, Ausreißer, Feiglinge. Die Flucht von der Fahne als Symbol des Staates und der nationalen Gemeinschaft stigmatisierte den Deserteur zum Gemeinschaftsfremden und Staatsfeind, der sein Recht auf Freiheit und Leben verwirkt hatte. Für die NS-Militärjustiz waren Deserteure Menschen, die sich durch ihre Tat außerhalb der Volksgemeinschaft gestellt hatten. „Die in der Kriegspropaganda unterstellte Einheit des deutschen Volkes als einer ‚totalen Wehrgemeinschaft zwischen Soldaten und zivilen Bürgern' stempelte den Fahnenflüchtigen sowohl zu einem ‚Verräter am Soldatenstand' als auch zu einem ‚Verräter an der Wehrgemeinschaft des ganzen Volkes'."[23] Das 1940 novellierte und verschärfte Militärstrafgesetzbuch des Dritten Reiches unterschied zwischen der unerlaubten Entfernung von der Truppe, wobei bei einer länger als einem Tag dauernden Abwesenheit Gefängnis- und Festungsstrafen von bis zu zehn Jahren drohten, und der Fahnenflucht im Felde, für die grundsätzlich lebenslange Zuchthaus- oder Todesstrafe von den Kriegsgerichten ausgesprochen werden konnten.

Die Diffamierung, Stigmatisierung und Kriminalisierung der Deserteure als Feiglinge, Drückeberger und Verräter am Volk bis in die Gegenwart hinein — ausgenommen hiervon waren lediglich die Fahnenflüchtigen aus der ehemaligen DDR — spiegelt sich auch in der Zeitgeschichts- und Widerstandsforschung wider. Obwohl die Widerstandsforschung in der Zwischenzeit mit einem sehr erweiterten Widerstandsbegriff operiert, fielen die Deserteure der deutschen Wehrmacht durch das Raster der wissenschaftlichen Wahrnehmung, so daß — von kleineren Regional- und Lokalstudien abgesehen — noch immer das Urteil von Bodo Scheurig gilt: „Es gibt keine Geschichte der Desertion und der Deserteure."[24] Die pure Rettung der eigenen Haut — nach Max Frisch ein „lebensgefährlicher Akt der Selbstbestimmung" — als eine legitime Form des Widerstandes anzusehen, galt lange Zeit als Sakrileg.[25] Erst in jüngster Zeit hat die Forschung — motiviert durch Geschichtswerkstätten und politische Diskussionen — verstärkt die Gruppe der Deserteure entdeckt.[26]

Als erste haben Historiker des Militärgeschichtlichen Forschungsamtes und des Freiburger Militärarchivs mit der Legende gebrochen, Fahnenflucht sei im Zweiten Weltkrieg nicht sehr zahlreich gewesen. Nach Messerschmidt und Wüllner lag die Zahl der Deserteure der deutschen Wehrmacht des Zweiten Weltkrieges weit über der des Ersten. Besonders seit dem Sommer 1942 häuften sich angesichts eines militärisch überlegenen Gegners an der Ostfront die Fälle von Desertion. 1944 nahm die Fahnenflucht noch einmal sprunghaft zu — Seidler nennt allein für dieses Jahr mindestens 200.000 Fälle[27] —, so daß man von einigen hunderttausend Deserteuren des Zweiten Weltkrieges wird ausgehen können.[28] Insgesamt fällte die deutsche Militärjustiz etwa 35.000 Urteile wegen Fahnenflucht, darunter 22.750 Todesurteile, von denen mindestens 15.000 vollstreckt wurden.[29] Keine Hinweise gibt es darauf, wie viele Soldaten noch in den letzten Kriegswochen durch Feld- und Standgerichte zum Tode verurteilt und — teilweise noch bis nach der deutschen Kapitulation, wie wir aus dem Fall Filbinger wissen — hingerichtet wurden. Daß die Militärrichter in diesem geradezu unglaublichen Ausmaße Schuld auf sich luden, mag daran gelegen haben, daß für sie Fahnenflucht mehr bedeutete als nur ein Verstoß gegen den Befehl eines militärischen Vorgesetzten. Vielmehr sahen sie im Akt der Desertion eine gemeinschaftswidrige Tat, einen Eid- und Treuebruch und einen Verrat an Volk und „Führer".

In den meisten Fällen jedoch waren die Fahnenflüchtigen von solchen politischen Motiven weit entfernt. Bei aller Schwierigkeit, die Psychologie und die Motive der Betroffenen aus den Akten zu ermitteln, dürften individuell-existentielle Motive für das Verhalten der Betroffenen dominant gewesen sein. Die Schwierigkeit des Historikers, zu den Motiven der damaligen Fahnenflüchtigen vorzudringen, wird deutlich, wenn man bedenkt, daß sich die Kriegsgerichte angesichts der Fülle der Delikte kaum damit beschäftigten, die Motive der Angeklagten zu recherchieren, sondern nur den militärjuristischen Straftatbestand konstatierten, und sich die Überlebenden nach 1945 in einem Rechtfertigungszwang befanden, der oft ihre wahren Antriebe verdeckte.[30] Vielfach war es auch nicht nur ein einzelnes Motiv, sondern eine Verknüpfung von Erfahrungen, Erlebnissen und Ereignissen, von lebensgeschichtlich erworbenen Einstellungen und situativen Umständen, die jemanden zum Deserteur werden ließen.

Aus der Vielfalt der Ursachen kristallisieren sich gleichwohl einige Motivgruppen heraus. So scheint es gar nicht einmal die Furcht vor dem eigenen Tode gewesen zu sein, die die einzelnen veranlaßte, der Kriegsmaschinerie und dem militärischen Konformitätsdruck zu entfliehen, als vielmehr die Sehnsucht nach dem Leben: der Schmerz der Trennung von der Familie, den Eltern, der Freundin. Immer wieder waren es Frauen, derentwegen sich Deserteure ihrer „Vaterlandspflicht" entzogen[31], so vermutlich auch bei dem 1915 in St. Ingbert geborenen Bergmann Wilhelm Schubmehl, der aus einer sozialdemokratischen Familie stammte und im April 1940 an der Westfront desertierte, um sich über die Schweizer Grenze abzusetzen, wo er festgenommen wurde. Wegen Fahnenflucht wurde der junge Bergmann zum Tode verurteilt und am 9. April 1941 in Wiesbaden hingerichtet.[32] Demgegenüber scheint es Heimweh nach seiner Mutter gewesen zu sein, das den 1922 in Dörsdorf geborenen Karl Nagel veranlaßte, seinen Truppenteil in Frankreich zu verlassen und zu desertieren. Ein Feldkriegsgericht verurteilte Nagel am 8. April 1942 wegen Fahnenflucht zum Tode. Das Urteil wurde am 16. Juli 1942 in Stuttgart vollstreckt.[33]

Die Erfahrungen und Erlebnisse des Kriegsgeschehens wiederum motivierten andere Soldaten zur Fahnenflucht. Nachdem er Erschießungen von Juden miterlebt hatte, desertierte beispielsweise der 1887 in St. Ingbert geborene Bergmann Albert Nickolay, Mitglied der NSDAP seit 1933 und nun Angehöriger einer Polizeidivision in der Sowjetunion. Nickolay kehrte mit gefälschten Entlassungspapieren an die Saar zurück, wo er sich zunächst als Hilfsarbeiter durchschlug. Am 18. April 1942 spürte ihn die Polizei auf. Das SS- und Polizeigericht in Metz verurteilte ihn daraufhin am 9. Juni 1942 wegen Fahnenflucht zu einer Zuchthausstrafe von zwei Jahren und zehn Monaten, die er in verschiedenen Konzentrationslagern verbrachte, bevor er gegen Kriegsende wieder als Soldat in Italien eingesetzt wurde, wo er sich im März 1945 nun endgültig von der Truppe absetzte.[34] Auch die Unfähigkeit, sich in den streng disziplinierten militärischen Alltag einzufügen, förderte die Bereitschaft zur Fahnenflucht. So schrieb Karl Nagel, bevor er desertierte, an seine Mutter: „Du weißt ja, daß ich willig bin, und trotzdem ist man beim Barras nicht willig genug. Liebe Mutter, man versucht mir die Freiheit zu nehmen."[35]

In anderen Fällen waren es Ausgegrenzte, Individualisten oder plebejische Aussteiger, die vielfach schon vor dem Krieg mit den Normen der Obrigkeit gebrochen hatten und auch jetzt nicht bereit waren, sich unterzuordnen. Einer dieser unangepaßten Außenseiter war Johann Speicher, 1899 in Püttlingen geboren, zuletzt Hüttenarbeiter in Völklingen und Leser von Magnus Hirschfelds großer Sittengeschichte, der bereits 1936 vierzehn Tage wegen Heimtückevergehens im Gefängnis zugebracht hatte, 1941 und 1943 wegen Arbeitsvertragsbruchs festgenommen worden war, da er sich geweigert hatte, sich nach Frankreich dienstverpflichten zu lassen und Sonntagsschichten zu leisten. Am 12. November 1942 wurde Speicher als Soldat eingezogen, verließ aber schon nach wenigen Tagen wieder seine Einheit, worauf ihn ein Feldgericht zu vier Monaten Gefängnis verurteilte. Während eines sogenannten Bombenurlaubs kehrte er im August 1944 nicht ins Gefängnis zurück, wurde erneut festgenommen, flüchtete wieder und versteckte sich bis zum Eintreffen der Alliierten in der Nähe von Püttlingen.[36]

Rational-politische Beweggründe der Desertion — das legen auch Jörg Kammlers Studie über Kassel und Nobert Haases Untersuchung über das Gericht der Berliner Wehrmachtskommandantur nahe — waren die Ausnahmen. Mit der Begründung, „um meinerseits wenigstens nicht zur Kriegsverlängerung beizutragen", desertierte ein 1925 in Völklingen geborener Gymnasiast, ehemals Mitglied der katholischen Jugendbewegung und bereits vorher für kurze Zeit wegen staatsfeindlicher Äußerungen festgenommen, am 3. September 1944 in den Karpaten. Bereits eine Woche später wurde er festgenommen und am 25. Oktober 1944 von einem Feldgericht zu einer dreijährigen Gefängnisstrafe verurteilt.[37] „Weil ich an dem Krieg kein Interesse hatte und nicht kämpfen wollte", ergriff bereits 14 Tage nach seiner Einziehung Wilhelm Kaufmann aus Fischbach, Jahrgang 1907 und Korbmacher von Beruf, die Flucht und machte sich auf den Weg nach Hause, wo man ihn festnahm und zunächst wegen unerlaubter Entfernung von der Truppe zu einem halben Jahr Gefängnis verurteilte. Aber auch nach Verbüßung seiner Haftstrafe ließ sich Kaufmann nicht zum Militär pressen, sondern entfernte sich wiederum von seiner Einheit. Nachdem er ein drittes Mal desertierte, verurteilte ihn das Gericht der Division 405 in Straßburg am 29. Januar 1943 schließlich zum Tode wegen Fahnenflucht. Im Gnadenwege wurde die Todesstrafe in eine 15jährige Zuchthausstrafe verwandelt, so daß Kaufmann das Kriegsende in der Haft erlebte. Weniger Glück hatte Peter Schneider aus Erfweiler-Ehlingen, der an der Ostfront desertierte, wegen Fahnenflucht zum Tode verurteilt und am 22. April 1943 in Rußland hingerichtet wurde. Einem Kameraden hatte er, bevor er die Truppe verließ, erklärt, er habe den Krieg satt und wolle schnellstens nach Hause: „Wenn mir das nicht gelingt, werde ich überlaufen, da habe ich wenigstens Ruhe vor der unsinnigen Mordmaschinerie, es ist ja sowieso alles verloren."[38]

Ein gesinnungsmäßiger Hintergrund ist zu vermuten bei Josef Heinz, 1918 in

Engelfangen geboren und Former von Beruf, der — wie man ihm nach dem Kriege bescheinigte — ein „Hitlergegner aus kirchlicher und religiöser Überzeugung" war. Was ihn allerdings konkret dazu bewegte, sich mehrfach unerlaubt von der Truppe zu entfernen, bleibt ungewiß. Am 6. Juni 1943 verurteilte ihn ein Feldkriegsgericht wegen Fahnenflucht zum Tode; am 22. Juni 1943 wurde das Urteil in Frankfurt vollstreckt.[39] „Unser Vater hat uns verboten, zu dem Hitler zu gehen", begründete ein 1920 in St. Ingbert geborener Arbeiter nach dem Kriege seine unerlaubte Entfernung von der Truppe sowie kriegskritische Äußerungen, wegen denen er mehrere Jahre in Festungshaft und im KZ Buchenwald zubringen mußte.[40] Aus einem sozialistischen Milieu kam Peter Rothgerber, Kraftfahrer von Beruf und 1902 in Saarbrücken geboren. Weil er es vorgezogen habe, nicht für eine wahnsinnige Idee auf Menschen zu schießen, setzte sich Rothgerber 1944 von der Truppe ab, wurde von einem Feldkriegsgericht in Frankreich am 12. August 1944 zum Tode verurteilt und einen Tag später erschossen.[41] Aus der Sozialistischen Arbeiterjugend stammte ein 1919 in Dudweiler geborener Mechaniker, der nach dem Zusammenbruch der Front bei Stalingrad desertierte und über Ungarn und Österreich nach Deutschland floh, wo er in Ulm festgenommen und durch ein Kriegsgericht wegen Fahnenflucht zum Tode verurteilt wurde, der Hinrichtung jedoch entging und das Kriegsende als KZ-Häftling in Dachau erlebte.[42] Nichts wissen wir auch über die Motive des jungen Bäckers Gerhard Kirsten aus Rappweiler, der seit 1943 einer Widerstandsbewegung angehört haben soll und sich, nachdem man ihn wegen Fahnenflucht festnehmen wollte, in Rumänien das Leben nahm.[43]

Ebenso unklar bleiben Motive und Umstände, die Heinrich Hart, Richard Schultz und Franz Groh bewegten, zu desertieren. Alle drei Männer wurden 1944 von Kriegsgerichten der Wehrmacht der Fahnenflucht für schuldig befunden und mit dem Tode bestraft. Der 1919 in Güdingen geborene Filmvorführer Heinrich Hart war bereits nach wenigen Wochen beim Militär zu seiner jungen Familie zurückgekehrt und dort festgenommen worden. Nach mehreren Gefängnisaufenthalten und Fluchtversuchen verurteilte ihn das Kriegsgericht in Metz am 7. Januar 1944 zum Tode. Das Urteil wurde am 8. März 1944 in Frankfurt vollstreckt.[44] Nachdem er den Rußlandfeldzug mit erfrorenen Füßen überlebt hatte, hatte auch der Buchhalter Richard Schultz aus Saarbrücken vom Krieg genug. Wegen zweimaliger Fahnenflucht verurteilte ihn ein Kriegsgericht am 10. Mai 1944 in Koblenz zum Tode. Die Vollstreckung des Urteils fand am 15. Juni 1944 in Köln statt.[45]

Für jene Deserteure, die einigermaßen unbeschadet das Kriegsende erleben konnten, begann nun die zweite Phase der Diffamierung und Kriminalisierung. Nur waren es nun die Behörden des neuen Saarstaates, die die Fahnenflüchtigen von einst als asozial, feige und charakterlos stigmatisierten. Albert Nickolay beispielsweise bescheinigte man nun amtlicherseits „allgemeine menschliche Charakterlosigkeit".[46] Johann Speicher mußte sich den Vorwurf der Asozialität gefallen lassen.[47] Der Maurer Hans Jager aus Körprich, 1942 in Rußland wegen Fahnenflucht zu einer zehnjährigen Zuchthausstrafe verurteilt und gegen Kriegsende nur knapp dem Tode entkommen, wurde in einem Gutachten des zuständigen Entschädigungsausschusses nachträglich kriminalisiert. Fahnenflucht im Kriege, so hieß es dort, werde „bei allen Nationen als Verbrechen geahndet" und habe „mit einer politischen Betätigung gegen irgendein System nichts gemein".[48] Schließlich wurde auch der hingerichtete Deserteur Peter Schneider 1947 posthum von der überparteilichen, aus Vertretern von SPS, CVP, KP und Einheitsgewerkschaft zusammengesetzten Kreiskommission der „Feigheit vor dem Feind" bezichtigt.[49] Die NS-Diffamierungsmuster funktionierten noch — selbst im Lager der sich antinationalsozialistisch verstehenden Saarparteien.

Die Tatsache anzuerkennen, daß jede Gehorsamsverweigerung und Desertion eine achtenswerte, eine unter großem Mut und persönlichem Risiko zustandegekommene, menschlich und politisch gebotene Handlung war, kann gleichwohl nicht bedeuten, diese Menschen unterschiedslos zu Helden zu verklären und zu Widerstandskämpfern zu machen. Die Fahnenflucht als Akt politisch bewußten Widerstands blieb die Ausnahme. Individuelle Motive wie die Rückerinnerung an sinnvolles Leben, die Abscheu vor Soldatentum und Krieg dominierten. Zugleich scheint aber auch die Zugehörigkeit zu nichtnationalsozialistisch orientierten Bekenntnismilieus die Bereitschaft zur Desertion gefördert zu haben. Schließlich waren es situative Momente und Erlebnisse, die jemanden zum Deserteur werden ließen. Trotz der heftigen Reaktionen der Militärjustiz und der Massenhaftigkeit der Fahnenflucht insbesondere in den letzten Kriegsmonaten blieb die Desertion — wie Bodo Scheurig zurecht befand — nur ein „Wespenstich", brachte die Herrschenden nicht dazu, innezuhalten und den Krieg zu beenden.[50]

Überlaufen zum Feind

Der Überläufer war der Deserteur in Vollendung. Vom einfachen Deserteur unterschied er sich, daß er sich nicht nur individuell Militär und Krieg entzog, sondern die Waffe umdrehte, sich auf die Seite des Feindes schlug, bereit war, gegen seine einstigen Kameraden und Vorgesetzten zu kämpfen, um dem Krieg ein baldiges Ende zu bereiten. Der Überläufer, der sich politischen Widerstandsorganisationen oder Partisanenverbänden im „Feindesland" anschloß, war der „Vaterlandsverräter" par excellence, ein Widerstandskämpfer gegen die Zerstörung der Heimat und den Wahnsinn des Krieges.

Karl Toussaint und Josef Oswald beispielsweise schlugen sich in Italien auf die Seite der Resistenza. Toussaint, 1924 in Niederwürzbach geboren und Maler von Beruf, desertierte im August 1944 zusammen mit einem elsässischen Kameraden in Italien und schloß sich der Brigada Garibaldi an, wurde aber im Oktober an der italienisch-französischen Grenze festgenommen und ins Militärgefängnis nach Padua eingeliefert. Auf dem Weg zur Gerichtsverhandlung gelang ihm am 17. Dezember 1944 die Flucht. Erneut fand er den Kontakt zum italienischen Widerstand und im März 1945 schließlich zu einer Einheit der in Oberitalien operierenden französischen Armee.[51] Josef Oswald, 1920 in Saarbrücken geboren, kam aus einem sozialistischen Elternhaus. Der Vater war bis zur Rückgliederung Funktionär der SPD und der freien Gewerkschaften gewesen. Von ihm — so Oswald später — habe er seine „Abscheu" gegen den Nationalsozialismus mitbekommen. 1939 wurde der junge

Mann zur Luftwaffe eingezogen und nahm anschließend an den Feldzügen in Frankreich, Rußland und Italien teil. 1944 machte Oswald — in der Zwischenzeit zur 1. Fallschirmdivision versetzt — eine Erfahrung, die ihn zu Desertion und Widerstand motivierte. Als er in Italien „mit eigenen Augen erleben mußte, wie englische und französische Kriegsgefangene rücksichtslos erschossen wurden, war fur mich klar, daß ich gegen dieses System kämpfen mußte". Er habe daher im November 1944 Verbindung zur italienischen Widerstandsbewegung aufgenommen. Am 10. Februar 1945 wurde Oswald von deutscher Feldgendarmerie aufgespürt und verhaftet. Ein SS-Schnellgericht in Padua verurteilte ihn zum Tode durch den Strang. Auf dem Transport zur Hinrichtung nach Bozen gelang ihm jedoch die Flucht. Nachts schlug er sich bis in den Raum von Udine durch, wo er wieder Kontakt zur Resistenza fand.[52]

Die beiden aus dem Saarland stammenden Soldaten Gerhard Schäfer und Heinrich Greff wiederum schlossen sich der Widerstandsbewegung in Österreich an. Schäfer, 1924 in Landsweiler geboren und Friseur von Beruf, war als 18jähriger zur Luftwaffe eingezogen worden und hatte im Frühjahr 1944 Kontakt zur Österreichischen Freiheitsbewegung um Dr. Karl Gruber — dem späteren Landeshauptmann von Tirol und österreichischen Außenminister — gefunden. Die Österreichische Freiheitsbewegung war ein Zusammenschluß von vier kleineren Widerstandsgruppen, zu dem es im April 1944 gekommen war. Ihre Mitglieder gaben Flugblätter heraus, betrieben Sabotage, unterstützten Deserteure der deutschen Wehrmacht und arrangierten die Flucht von Juden in das von Titos Partisanen kontrollierte Jugoslawien.[53] Karl Gruber, der seit seiner Berliner Zeit Verbindungen zu amerikanischen Diplomaten, zum Kreisauer Kreis und zur Gruppe um Carlo Mierendorff unterhielt, war es in Innsbruck gelungen, mehrere lokale Widerstandsgruppen zu einer zentralen Bewegung zusammenzufassen und auf das Ziel eines großen Volksaufstandes hin zu orientieren. Der ursprünglich aus der sozialistischen Arbeiterjugendbewegung kommende, 1934 aber zu den Christlich-Sozialen übergewechselte Gruber galt als eine der Führungspersonen im österreichischen Widerstand.[54] Wie Schäfer lief 1944 auch der aus einem kommunistischen Elternhaus in Kleinblittersdorf stammende Schuhmacher Heinrich Greff zur Österreichischen Freiheitsbewegung um Gruber über. Bevor Greff 1943 nach Wien kam, war er Unteroffizier an der Ostfront gewesen. Beide Saarländer brachten es bis zum militärischen Leiter der Österreichischen Freiheitsbewegung. Beim Ankauf von Waffen von Fronturlaubern für ihre Organisation wurden sie am 4. August 1944 am Wiener Südbahnhof von einer Streife gefaßt und in ein Wehrmachtsgefängnis gebracht, aus dem ihnen schon wenige Tage später die Flucht glückte; Greffs Braut hatte einen Aufseher mit einem Lebensmittelpaket bestochen. Am 9. Dezember 1944 wurden die beiden Deserteure erneut verhaftet und am 8. März 1945 vom Reichskriegsgericht wegen Fahnenflucht und Hochverrat im Kriege zum Tode verurteilt. Auf dem Transport zur Richtstätte gelang ihnen am 4. April 1945 zusammen mit zwei amerikanischen Agenten ein zweites Mal die Flucht. Bis zur Befreiung Wiens lebten sie im Untergrund und gehörten dort einer Selbstschutzgruppe an.[55]

Auch in dem im Juli 1943 im Haus des Krasnogorsker Stadtsowjets gegründeten Nationalkomitee Freies Deutschland waren Saarländer aktiv.[56] Angesichts der

Schlacht um Stalingrad war vielen deutschen Soldaten bis in die Offiziersränge hinein deutlich geworden, daß die absehbare militärische Niederlage auch eine politische Katastrophe bedeuten würde. Sie hatten zudem die Erfahrung gemacht, daß die soldatischen Tugenden der Tapferkeit, der Hingabe, der Treue und Pflichterfüllung von den NS-Machthabern schändlich mißbraucht worden waren. Aus einer nüchternen Lagebeurteilung heraus schlossen sich Hunderte von einfachen Soldaten und Offizieren dem Nationalkomitee an, das von dem kommunistischen Dichter Erich Weinert präsidiert wurde. Obwohl der Einfluß der Kommunisten im Nationalkomitee groß und der Aktionsspielraum naturgemäß gering war, waren viele Offiziere und Soldaten in den sowjetischen Kriegsgefangenenlagern der ehrlichen Überzeugung, im Nationalkomitee und im Bund Deutscher Offiziere eine von deutschen Kriegsgefangenen getragene Widerstandsorganisation gegen Hitler zu besitzen.[57]

Unter den mehr als 300 Gründungsmitgliedern des Nationalkomitees befand sich auch der 1912 in Merzig geborene ehemalige Devisensachbearbeiter der Oberfinanzdirektion der Westmark und NSDAP-Anwärter Georg Kilburg. Im November 1939 war er zur Wehrmacht eingezogen worden. 1942 desertierte er und lief zu den Russen über. Von April bis November 1943 besuchte der aus einem sozialdemokratischen Elternhaus stammende junge Bankangestellte die Antifa-Schule von Krasnogorsk bei Moskau, von der er zur Gründungsversammlung des Nationalkomitees delegiert wurde. Im Dezember 1947 kehrte Kilburg aus sowjetischer Kriegsgefangenschaft an die Saar zurück.[58] Ebenso wie Kilburg war der seit 1938 im saarländischen Göttelborn als Bauhilfsarbeiter lebende Willi Salomon 1943 an der Ostfront desertiert und zur Roten Armee übergelaufen. Nach Beendigung eines fünfmonatigen Lehrgangs auf einer Moskauer Antifa-Schule wurde Salomon als Propagandist des Nationalkomitees von den Russen hinter den deutschen Linien eingesetzt. Während einer dieser Einsätze spürte man ihn auf und nahm ihn fest. Obwohl er bereits am 15. April 1943 von einem Feldkriegsgericht wegen Fahnenflucht in Abwesenheit zum Tode verurteilt worden war, blieb ihm die Hinrichtung erspart. Nach kurzem Gefängnisaufenthalt überstellten ihn die Sicherheitsbehörden in ein KZ bei Posen. Das Kriegsende erlebte Salomon im April 1945 als Häftling in Buchenwald.[59] Aus dem Zentrum stammte der 1913 in St. Ingbert geborene Zimmermann Hans Dahlem, der sich in russischer Gefangenschaft ebenfalls dem Nationalkomitee Freies Deutschland angeschlossen hatte. Zusammen mit vier Kameraden kam auch er seit Oktober 1944 hinter den deutschen Linien zum Einsatz. Am 23. Dezember 1944 geriet er in Ostpreußen in Gefangenschaft, konnte aber wieder fliehen, um nach wenigen Tagen erneut aufgespürt zu werden. Am 11. Februar 1945 verurteilte ihn ein Feldsondergericht in Braunsberg zum Tode. Da eine Bestätigung aus Potsdam ausblieb, konnte das Urteil nicht sofort vollstreckt werden. Dahlem blieb am Leben. In der Nähe von Lübeck wurde er von alliierten Truppen befreit.[60]

Vermutlich gehörte auch der 1918 in Püttlingen geborene und später gefallene Josef Esch dem Nationalkomitee an. Jedenfalls hatte sich Esch irgendwann nach 1941 auf die Seite der Russen geschlagen und 1944 über den Moskauer Sender zum Sturze Hitlers aufgerufen. Aus Vergeltung nahm die Saarbrücker Gestapo seine Eltern fest und sperrte sie am 19. August 1944 für zwei Monate in das Lager Neue Bremm ein.[61]

Aus dem saarländischen Eppelborn stammte Willi Ruschel, 1924 geboren, zunächst Lehrling im Saarbrücker Eisenbahnausbesserungswerk und seit 1942 immatrikuliert an der Ingenieurschule Saarbrücken. Noch im selben Jahr kam Ruschel zur Wehrmacht. Vermutlich brachte das Kriegserlebnis Ruschel dazu, am 6. Januar 1944 zur Roten Armee überzulaufen und sich dem Nationalkomitee anzuschließen. Von März bis Mai 1944 besuchte er die Antifa-Schule in Shitomir, um anschließend als Vertrauensmann des Komitees in einer sowjetischen Frontdivision eingesetzt zu werden. Auf dem Weg zu einem Einsatz der Frontpropagandisten, die sich mit Lautsprechern über die Frontgräben an die deutschen Soldaten wandten, wurde Willi Ruschel am 10. Oktober 1944 von einem Bombensplitter tödlich verletzt. In einer Meldung an den Präsidenten des Nationalkomitees bescheinigte man dem jungen Maschinenbaustudenten aus dem Saarland, „ein begeisterter Kämpfer der Bewegung ‚Freies Deutschland‘“ gewesen zu sein.[62]

Verweigerung und Fahnenflucht in der SS

Wehrkraftzersetzung, Befehlsverweigerung und Fahnenflucht waren keineswegs nur auf die Wehrmacht beschränkt. In quantitativ geringerem Umfang begegnen wir ihnen auch in Himmlers schwarzer Elitetruppe des Maßnahmenstaates. Wilhelm Adam zum Beispiel, 1918 in Saarbrücken geboren und Schriftsetzer von Beruf, war 1935 über die HJ zur SS gekommen. 1939 wurde er durch die 85. SS-Standarte in Saarbrücken zur Waffen-SS einberufen. Bei der 3. SS-Standarte „Thüringen“ in Buchenwald absolvierte er die Rekrutenzeit. Anschließend teilte man ihn der SS-Totenkopf-Division zu. Er nahm am West-, später auch am Rußlandfeldzug teil, wurde mehrfach verwundet und schließlich zum Wachbataillon Böhmen-Mähren in Brünn abkommandiert. Diese Wachtätigkeit, so schrieb er später, habe ihm „einen immer tieferen Einblick in die schändliche Tätigkeit der Gestapo“ gegeben. Adam freundete sich mit politischen Häftlingen an, unterstützte inhaftierte Tschechen und fiel durch gelegentliche defätistische Äußerungen im Kameradenkreis auf. Am 28. Februar 1944 verhaftete ihn die Gestapo. Das SS- und Polizeigericht in Prag verurteilte Adam u. a. wegen Wehrkraftzersetzung, Unterstützung und Begünstigung politischer Häftlinge, Nichtbeachten eines Führerbefehls, ständigem militärischem Ungehorsam und außerdienstlichem Verkehr mit Protektoratsangehörigen am 22. Juni 1944 zum Tode. Später wandelte die SS-Justiz das Urteil in eine 15jährige Zuchthausstrafe um und ließ Adam am 14. Dezember 1944 in das Straflager der SS- und Polizei nach Dachau überstellen, wo es ihm am 25. April 1945 gelang, zu entfliehen.[63]

Eidverweigerung und Fahnenflucht warf das Berliner SS- und Polizeigericht am 16. Februar 1943 dem 1921 in St. Ingbert gebürtigen Mitglied der Waffen-SS Albert Bleif vor. Es verurteilte ihn zu einer zweijährigen Zuchthausstrafe, die er bis Anfang Januar 1945 im KZ Dachau absaß, bevor er einer aus KZ-Insassen bestehenden Bewährungskompanie zugeteilt wurde.[64] Mit dem Tod bezahlen mußte Heinrich Dittgen seinen Mut, die Erschießung von russischen Zivilisten verweigert zu haben. Dittgen, 1925 in Ensdorf geboren, Rangierer auf der Dillinger Hütte, war bereits als

17jähriger zur Waffen-SS gekommen und nach seiner Ausbildung als SS-Schütze nach Lublin abkommandiert worden. Nachdem er den Befehl verweigert und ihn ein Gericht zum Tode verurteilt hatte, gelang ihm die Flucht zurück nach Ensdorf, wo er nach acht Tagen erneut festgenommen und der SS überstellt wurde, die ihn am 25. April 1944 in Stettin erschießen ließ.[65]

Zu erwähnen bleibt schließlich der im saarländischen Lummerschied geborene SS-Mann August Feld, dem Eugen Kogon in seinem Buch „Der SS-Staat" ein Denkmal errichtet hat. Feld war im Frühjahr 1944 „naiv und unwissend" als Kurier zum Hygiene-Institut nach Buchenwald versetzt worden und „ohne jede Gegenleistung, aus reiner Menschlichkeit" bereit gewesen, die Häftlinge des dortigen Konzentrationslagers, zu denen auch Kogon zählte, aktiv zu unterstützen. So eskortierte er beispielsweise einen holländischen Häftling nach Jena, ließ ihn dort unbeaufsichtigt, so daß er alle die ihm angetragenen Aufträge erledigen konnte. Mit seiner Hilfe gelang auch Kogon unmittelbar vor der Befreiung des Lagers die Flucht aus Buchenwald. Feld habe — so Kogon — in den letzten Tagen des Lagers „sein Leben für uns riskiert" und „für eine große Zahl von Kameraden Außerordentliches geleistet".[66]

Die im Vorangegangenen geschilderten Fälle von Dissens, Ungehorsam, Verweigerung und bewaffnetem Widerstand spiegeln das gesamte Spektrum von Widerständigkeit im Dritten Reich unter den erschwerten Bedingungen des militärischen Alltags von Wehrmacht und SS wider. Die defätistischen und kriegskritischen Äußerungen — die „Heimtücke" des einfachen Soldaten — waren eine Form von verbal geäußertem Dissens gegenüber der Endsiegpropaganda des Regimes und dem verordneten soldatischen Heroismus. Wehrdienstverweigerung, Befehlsverweigerung und Fahnenflucht stellten demgegenüber habituelle Versuche dar, sich — aus welchen Motiven auch immer — der militärischen Befehlsgewalt und dem Krieg zu entziehen. Objektiv — nicht unbedingt subjektiv — zielten sie auf die Schwächung der Wehr- und Angriffsfähigkeit der deutschen Wehrmacht. Die aus der Armee desertierten und zu gegnerischen Partisanenverbänden und Widerstandsgruppen übergelaufenen Soldaten schließlich bekundeten ihre Bereitschaft, aktiv militärischen Widerstand gegen das Dritte Reich und für die Beendigung des Krieges zu leisten. Ob den Hunderttausenden von Fällen der Wehrkraftzersetzung, Befehlsverweigerung und Fahnenflucht besonders gegen Kriegsende allerdings ein politischer Lern- und Erfahrungsprozeß zugrunde lag, muß bezweifelt werden. Vielmehr artikulierte sich in den unzähligen verbalen und habituellen Stellungnahmen gegen den Krieg eine Form der Kriegsmüdigkeit und der Wunsch nach ziviler Normalität. Mit dem Gedanken eines Aufstandes oder einer Meuterei mögen nur wenige gespielt haben. Organisierte und kollektive Formen des militärischen Widerstandes blieben auf die oppositionellen Kreise der Generalität beschränkt. Zur Meuterei — wie gegen Ende des Ersten Weltkrieges — kam es in der Truppe nicht. Absolut dominierte hier die individuelle Form der Gefolgschaftsverweigerung. In der überwiegenden Mehrzahl unserer Fälle handelte es sich um Arbeiter und kleine Angestellte — oft vorgeprägt durch antinationalsozialistische Bekenntnismilieus und Elternhäuser —, die sich der Fortsetzung des Krieges verweigerten. Nur in Einzelfällen waren die

Deserteure und Befehlsverweigerer Mitglieder der NSDAP und der SS gewesen.

5. Die unvollendete Volksgemeinschaft: Beziehungen zu Juden, verbotener Umgang mit Kriegsgefangenen

Zwar atomisierten Nationalsozialismus und Krieg die sozialen Beziehungen der Menschen in einem bis dahin unbekannten Ausmaß, verstärkten die moralische Indifferenz gegenüber Elend, Gewalt und Tod und reduzierten mit zunehmender Dauer die Interessen auf das eigene Durchkommen, die unter dem Propagandabegriff der Volksgemeinschaft subsumierte Erzwingung rassistischer Orientierungen und normierter bzw. eingeschränkter sozialer Verkehrsformen aber blieb gleichwohl eine Negativutopie. Die von der Propaganda geforderte Volksgemeinschaft blieb unvollendet. Die Scheidung der deutschen Gesellschaft in die Gemeinschaft der Volksgenossen und in vermeintlich artfremde und rassisch minderwertige Populationen analog der nationalsozialistischen Rassendoktrin fand in bestimmten, wenn auch kleinen sozialen Nischen keine Resonanz. Weder gelang es dem Nationalsozialismus vollständig, humanitär-karikative Beziehungen zwischen den privilegierten Angehörigen der deutschen Volksgemeinschaft und den Gruppen der ausgegrenzten und stigmatisierten Juden, den ausländischen Zivilarbeitern und Kriegsgefangenen zu unterbinden, noch viel weniger sexuelle Beziehungen zwischen diesen Populationen zu verhindern. Vor allem — so scheint es — wohnte der Sexualität eine subversive Kraft inne, die sich dem totalitären Normierungsanspruch immer wieder entzog. Vielfach waren sich die Betroffenen dabei jedoch gar nicht der Strafbarkeit solch humanitärer Kontakte bzw. sexueller Beziehungen bewußt.

„Rassenschänder" und „Judenhelfer"

„Rassische Artgleichheit" war im nationalsozialistischen Volksgemeinschaftswahn zentrale Bedingung gesellschaftlicher Integration. Daraus ergab sich schon bald nach Hitlers Machteinsetzung, daß ganze Bevölkerungsteile, vorab die Deutschen jüdischer Abstammung, durch staatliche Maßnahmen gesellschaftlich isoliert und durch sonderrechtliche Normen diskriminiert wurden. Aus der Sicht der Rasseideologen erforderte die Durchsetzung des Volksgemeinschaftsmodells die Unterbindung der „Durchmischung" rassisch vermeintlich ungleicher Populationen, insbesondere also das Verbot sexueller Kontakte, das Ehe- und das Fortpflanzungsverbot. „Durchdrungen von der Erkenntnis, daß die Reinheit des deutschen Blutes die Voraussetzung für den Fortbestand des Deutschen Volkes ist", hatte der Reichstag am 15. September 1935 das „Gesetz zum Schutze des deutschen Blutes und der deutschen Ehre" beschlossen, das u. a. den außerehelichen Verkehr zwischen Juden und „Staatsangehörigen deutschen oder artverwandten Blutes" unter Strafe stellte,

Eheschließungen untersagte und die Beschäftigung weiblicher Deutscher unter 45 Jahren in jüdischen Haushalten verbot.[1] Das „Blutschutzgesetz“ ziehe — wie es im Gesetzeskommentar von Stuckart und Globke hieß — die scharfe Trennung zwischen deutschem und jüdischem Blut und die „Verhinderung weiterer Blutmischung mit Juden“.[2]

Obwohl sie sich der Strafbarkeit ihres Handelns nicht bewußt war, verurteilte das Amtsgericht in St. Wendel 1937 die Ehefrau eines jüdischen Ladeninhabers zu einer Geldstrafe, weil diese in ihrem Haushalt zwei junge deutsche Frauen beschäftigt hatte, der nach dem neuen Rassenrecht als jüdisch galt.[3] Am 9. Dezember 1937 hatte sich die Große Strafkammer Saarbrücken erstmals mit einem sogenannten „Rassenschandedelikt“ zu befassen, das einem jungen deutschen Mann zur Last gelegt wurde. Ein 22jähriger aus St. Ingbert hatte intimen Kontakt zu einem 16jährigen jüdischen Mädchen gehabt, das im selben Hause wohnte wie er. Für sein Liebesverhältnis wanderte der junge Mann acht Monate ins Gefängnis.[4] 15 Monate Zuchthaus erhielt 1938 ein 54jähriger Ingenieur aus Saarbrücken zugesprochen, dessen einziges Vergehen darin bestand, mit einer 50jährigen jüdischen Frau zusammenzuleben.[5] Deutlich höher fielen die Strafen für jüdische Männer aus, die Beziehungen zu deutschen Frauen unterhielten. Bereits drei Jahre Zuchthaus lautete das Strafmaß für einen 34jährigen jüdischen Handlungsreisenden aus Köln, der sexuelle Beziehungen zu einer geschiedenen Frau im Saarland unterhielt.[6] Im Wiederholungsfall stand 1939 ein 47jähriger jüdischer Mann vor den Schranken des Saarbrücker Landgerichts, der seit mehreren Jahren im Kontakt zu einer Frau aus Neunkirchen stand. Während der Mann eine dreijährige Zuchthausstrafe erhielt, wurde gegen seine Partnerin Haftbefehl wegen des Verdachts der Begünstigung der „Rassenschande“ erlassen. Die *NSZ-Rheinfront* kommentierte: „Mit diesem Beschluß ist dem gerechten Volksempfinden Ausdruck gegeben, das die ehrvergessene deutsche Frau nicht höher als den die Rassenschande verübenden Juden einschätzt.“[7] Beispiele dieser Art, über die die Presse regelmäßig berichtete, ließen sich fortsetzen. In der großen Mehrzahl der Fälle standen intime Beziehungen im Mittelpunkt der Verstöße gegen die Bestimmungen des „Blutschutzgesetzes“ von 1935. Trotz der z. T. harten Strafen erwiesen sich sexuelle Bedürfnisse stärker als die Angst vor öffentlicher Diskriminierung und Zuchthaus.

Auch Freundschaften und Rudimente von Solidarität ließen sich nicht vollständig zerstören. Weil sie trotz der restriktiven Rassengesetzgebung weiterhin Beziehungen zu ihrer jüdischen Jugendfreundin unterhielt, ließ das Judenreferat der Saarbrücker Stapo-Stelle 1942 eine 54jährige Hausfrau festnehmen und für drei Monate ins Frauen-KZ nach Ravensbrück schicken.[8] Wegen „Judenbegünstigung“ kam 1944 auch der Student Wilhelm Braun von Stumm ins Gefängnis des Berliner Reichssicherheitshauptamtes in der Prinz-Albrecht-Straße und später ins KZ Sachsenhausen, weil er seit 1941 einen untergetauchten jüdischen Freund unterstützt hatte.[9]

In mehreren Fällen waren es Kraftfahrer, die Juden auf ihrer Flucht beistanden. So brachte ein 1909 in Saarbrücken geborener Taxifahrer — ehemals Mitglied der SPD — 1936 flüchtende Juden an die französische Grenze. Der Lohn für seine Hilfsbereitschaft, von der wir nicht wissen, ob sie aus mitmenschlicher Solidarität oder aus finanziellen Gründen erfolgte: ein Jahr KZ Esterwegen und Sachsenhausen.[10] Wie sehr sich objektiv solidarische Verhaltensweisen mit subjektiven finanziellen Interessen vermischten, zeigte auch das Verhalten eines Merziger SS-Mannes, der am Westwall beschäftigt war und 1938 zwei aus Wien geflohenen Juden gegen Bezahlung über die Grenze nach Frankreich half. Das Urteil des Saarbrücker Schöffengerichts: fünf Monate Gefängnis.[11] Albert Grimm, Jahrgang 1906 aus Geislautern, seit 1941 als Kraftfahrer der Organisation Todt in Polen dienstverpflichtet, kostete seine Hilfsbereitschaft das Leben. Zusammen mit einem Kollegen hatte er am 8. Dezember 1941 auf einer Fahrt von Lemberg nach Krakau flüchtende Juden mitgenommen und war deswegen bereits am nächsten Tag in Krakau festgenommen worden. Daß er mit seinem Verhalten gegen die Rassengesetze des NS-Staates verstoßen hatte, war dem Mann nicht bewußt. Vielmehr hatte er die Beförderung der Juden als eine selbstverständliche, rein humanitäre Handlung angesehen. Am 8. September 1942 — kurz vor Vollendung seines 36. Lebensjahres — kam Grimm in Auschwitz ums Leben.[12]

Kontakt mit ausländischen Zivilarbeitern und Kriegsgefangenen

Durch die Ergänzungsverordnung der Strafvorschriften zum „Schutze der Wehrkraft des deutschen Volkes" stand seit November 1939 auch der Umgang mit Kriegsgefangenen unter Strafandrohung. „Wer vorsätzlich gegen eine zur Regelung des Umgangs mit Kriegsgefangenen erlassene Vorschrift verstößt oder sonst mit einem Kriegsgefangenen in einer Weise Umgang pflegt, die das gesunde Volksempfinden gröblich verletzt, wird mit Gefängnis, in schweren Fällen mit Zuchthaus bestraft"[13], drohte die Verordnung. „Feind bleibt Feind" warnte auch die *NSZ-Rheinfront.* Der Kontakt sei auf das notwendige Mindestmaß zu beschränken. „Für falsche Sentimentalitäten ist bei uns kein Platz."[14] Kriegsgefangene gehörten nicht zur Haus-, Tisch- oder Hofgemeinschaft, folglich auch nicht zur Familie, mahnten Anweisungen des Reichssicherheitshauptamtes. Die Teilnahme an Festen und Feiern sei ihnen grundsätzlich untersagt, ebenso der Besuch von Gaststätten. Besonders die deutsche Frau müsse sich bewußt sein, daß sie in keinerlei Beziehungen zu den Kriegsgefangenen treten dürfe. Sie schließe sich andernfalls selbst aus der Volksgemeinschaft aus.[15] Auch vor dem Kontakt mit den als rassisch minderwertig diskriminierten polnischen Zivilarbeitern wurde gewarnt. „Haltet das Blut rein! So wie es als größte Schande gilt, sich mit einem Juden einzulassen, so versündigt sich jeder Deutsche, der mit einem Polen oder einer Polin intime Beziehungen unterhält. Verachtet die tierische Triebhaftigkeit dieser Rasse!" Die Polen gehörten nicht zur Volksgemeinschaft. Wer sie wie Deutsche behandele, stelle seine eigenen Volksgenossen auf eine Stufe mit Fremdrassigen.[16]

Ebensowenig wie das Verbot intimer Beziehungen zu Juden ließ sich auch das Verbot des Umgangs mit Kriegsgefangenen und rassisch vermeintlich minderwertigen Fremdarbeitern vollständig durchsetzen. Gerade die französischen Zivilarbeiter und Kriegsgefangenen erfreuten sich innerhalb der Bevölkerung einer gewissen Beliebtheit und machten sich am Arbeitsplatz und in den Arbeitskolonnen vielfach unentbehrlich. Aufgrund der relativen Freizügigkeit der West-Gefangenen und der zunehmenden Integration der Fremdarbeiter in den Arbeitsprozeß war es den NS-Sicherheitsbehörden kaum möglich, die Einhaltung ihrer Vorschriften zu überwachen und Kontakte zu unterbinden. Verbotener Umgang mit Ausländern und Kriegsgefangenen wurde seit Ende 1940 in Deutschland zum Massendelikt.[17] In der Festnahmestatistik der Saarbrücker Stapo-Stelle rangierten 1943 Festnahmen wegen verbotenen Umgangs mit Polen und Kriegsgefangenen deutlich vor Festnahmen wegen politischer Opposition.[18]

Das Spektrum der Hilfe und der Unterstützung für die ausländischen Arbeiter und Kriegsgefangenen war breit gefächert. Pfarrer ermöglichten es den Ausländern, an Gottesdiensten teilzunehmen. Deutsche Arbeitskollegen halfen Ostarbeiterinnen der Völklinger Hütte hin und wieder, sonntags oder bei Einbruch der Dunkelheit das Lager zu verlassen, zur Kirmes zu gehen oder einen Friseur aufzusuchen. Arbeiter schwiegen über Pannen, die als Werkssabotage hätten gedeutet werden können, und beseitigten zusammen mit den Fremdarbeitern den angerichteten Schaden oder luden Ostarbeiter nach Hause zu einem gemeinsamen Essen ein.[19] Weil sie u. a. französischen Arbeitskollegen, die ihr bei der Gartenarbeit halfen, morgens ein Frühstück und mittags ein Mittagessen angeboten hatte, mußte eine Frau aus Klarenthal, deren Mann selbst im KZ war und die vor 1935 der Roten Hilfe und dem Arbeitersamariterbund angehört hatte, selbst für sechs Monate ins Gefängnis.[20] Mehrmonatige Gefängnisstrafen erhielten zwei Arbeiter aus Merzig, die gemeinsam mit einem französischen Arbeitskollegen stark dem Alkohol zugesprochen und außerdem ihren französischen Kameraden fotografiert hatten.[21] Zwei junge Männer aus Luxemburg, die am Westwall beschäftigt waren, wurden zu jeweils sechs Monaten Gefängnis verurteilt, weil sie unter Umgehung der Postzensur Briefe von französischen Kriegsgefangenen weiterbefördert hatten.[22] Zwei Monate Haft im SS-Sonderlager Hinzert und Vernehmungen durch die Gestapo waren der Preis dafür, daß ein Hüttenarbeiter und ehemaliger Gewerkschafter aus Bliesransbach im September 1942 einem sterbenden Russen beigestanden hatte, der stundenlang über und über mit Kot beschmiert vor dem Haus des Bliesransbacher Bürgermeisters gelegen hatte und von einigen Kindern verhöhnt worden war. Der Mann vertrieb die Kinder mit Schlägen und ließ den todkranken Russen mit einem Wagen nach Brebach bringen, wo er am nächsten Tag starb.[23] Wegen Beihilfe zur Flucht von zwei französischen Kriegsgefangenen verurteilte das Amtsgericht in Saarbrücken 1942 einen Hüttenarbeiter aus Fraulautern, ehemals CMV-Vertrauensmann, zu einer Gefängnisstrafe von 13 Monaten.[24] Ein Jahr Zuchthaus lautete die Strafe für eine junge Frau aus dem Saarland, die einen abgeschossenen kanadischen Piloten im Krankenhaus besucht hatte.[25]

Nichts nachzuweisen war Peter Loth aus Selbach, geboren 1882, lange Jahre Bergmann auf Grube Reden, einst Zahlstellenleiter des freigewerkschaftlichen Bergarbeiterverbandes und von 1928 bis 1933 sozialdemokratisches Gemeinderatsmitglied. Während des Krieges verdiente sich der pensionierte Bergmann auf dem Hofgut Imsbach als Waldaufseher einige Mark zu seiner spärlichen Knappschaftsrente hinzu. Dort machte er die Bekanntschaft mit französischen und russischen Kriegsgefangenen, die er mit zusätzlichen Lebensmitteln und mit Nachrichten über den Verlauf des Krieges versorgte, wie ihm ein französischer Kriegsgefangener nach dem Krieg bescheinigte. Bei einem seiner Streifengänge stöberte Loth im Oktober 1944 vier aus einem Arbeitskommando entwichene sowjetische Kriegsgefangene auf und versorgte sie zusammen mit seiner Frau den ganzen Winter über bis zur Befreiung durch die Amerikaner im März 1945 mit Kartoffeln, Brot und Speck. Obwohl im Dezember 1944 fünf Polizeibeamte Loth festnehmen wollten, da er entflohene Kriegsgefangene beherbergen solle, war ihm nichts nachzuweisen, da er seine Spuren im winterlichen Wald phantasievoll als Stelzenläufer getarnt hatte.[26] Vermutlich waren es verinnerlichte gewerkschaftliche Traditionen der Solidarität, die Menschen wie Loth in ihrem Handeln bewegten und die sich letztlich stärker erwiesen als die rassistischen Verbotsdoktrinen des NS-Staates. Insbesondere unter den Älteren scheinen sich Rudimente solidarisch-humanitären Handelns erhalten zu haben.

Die Mehrzahl der Fälle, bei denen die Polizeibehörden wegen „verbotenen Umgangs" ermittelten, waren jedoch sogenannte „GV-Delikte": Ermittlungen wegen des Verdachts des Geschlechtsverkehrs zwischen Deutschen und Ausländern. Etwa 50 % aller Fälle der Düsseldorfer Stapo-Leitstelle, die mit „verbotenem Umgang" zu tun hatten, gehörten dieser Deliktgruppe an.[27] Vor allem jüngere Frauen zwischen 19 und 30 Jahren hatten sich vor saarländischen Gerichten wegen verbotenen Umgangs vornehmlich mit französischen Kriegsgefangenen zu verantworten.[28] Schon nähere Kontakte waren strafbar. So verurteilte die Strafkammer beim Saarbrücker Landgericht zwei junge Arbeiterinnen einer Kartonagenfabrik in Saarlouis zu fünf Monaten Gefängnis bzw. drei Wochen Jugendarrest, weil sie sich von einem französischen Kriegsgefangenen hatten Schokolade schenken und küssen lassen. Wegen geschlechtlicher Intimitäten und zweimaligem Geschlechtsverkehr wanderte eine Arbeitskollegin von ihnen für ein Jahr ins Gefängnis.[29] Acht Monate Gefängnis lautete die Strafe für eine 20jährige Fabrikarbeiterin aus Homburg, die einen befreundeten französischen Kriegsgefangenen mit Butterbroten versorgt hatte und sich von ihm hatte küssen lassen.[30] Weil sie mit einem Kriegsgefangenen aus Frankreich in einem dunklen Magazin ihrer Arbeitsstelle in „verfänglicher Stellung" angetroffen wurde, erließ das Saarbrücker Amtsgericht 1943 Strafbefehl gegen eine unverheiratete 37jährige Magazinarbeiterin aus Bliesmengen.[31] Gleich sieben junge Arbeiterinnen des Bexbacher Falzziegelwerkes hatten sich vor den Saarbrücker Sonderrichtern am 27. August 1941 wegen sexueller Beziehungen zu französischen Kriegsgefangenen zu verantworten, wobei das Gericht peinlich differenzierte, ob es nur zu Küssen und Zärtlichkeiten oder aber auch zum Eindringen des Geschlechtsteils gekommen war. Weil — wie das Gericht befand — auch schon früher zwischen den Arbeiterinnen und den deutschen Arbeitern des Ziegelwerks ein „sehr lockerer Ton" geherrscht habe, kamen die Beschuldigten mit Haftstrafen zwischen sechs Monaten und zwei Jahren davon[32], mußten allerdings das Ritual der öffentlichen Demütigung über sich ergehen lassen. Eine der Betroffenen berichtete später, man habe ihr einen Sack über den Kopf gestülpt, sie in einen Kartoffelkeller geworfen, ihr die Haare abgeschnitten und anderntags bei strömendem Regen bemalt, gefesselt und mit einem Schild um den Hals unter Musikbegleitung durch den Ort geführt.[33]

Weil er die ukrainische Fremdarbeiterin Vera S. mehrmals auf ihrer Arbeitsstelle besucht hatte und das freundschaftliche Verhältnis zwischen beiden nicht unbekannt geblieben war, mußte ein 41jähriger Kraftfahrer aus Merzig 1944 für mehrere Monate ins Konzentrationslager nach Dachau.[34] Ein 32jähriger Landwirt aus Landsweiler bei Lebach bezahlte sein Verhältnis mit einer jungen Ukrainerin, das — wie sein Schwager später berichtete — „nicht ohne Folgen geblieben ist", mit dem Tode. Er starb am 11. Dezember 1944 im Konzentrationslager in Sachsenhausen.[35] Höchstwahrscheinlich aus Angst vor der Todesstrafe nahm sich der polnische Kriegsgefangene Mytrek Stanowitsch am 5. April 1943 das Leben, da seine deutsche Freundin Aline Söther ein Kind von ihm erwartete. Nachdem das Kind zur Welt gekommen war, wurde die junge Mutter festgenommen und ins KZ Ravensbrück überstellt, wo sie Ende April 1945 im Alter von 21 Jahren den Tod fand.[36]

Ob allerdings solche Akte der Unterstützung hungernder bzw. fliehender Ostarbeiter, Handlungen einfacher Mitmenschlichkeit also, — wie Inge Marßolek und René Ott dies tun — als „Akte der Opposition gegen das Regime" zu deuten sind[37], muß in Frage gestellt werden. Dies mag bei Peter Loth der Fall gewesen sein; in der Mehrheit der hier aufgelisteten Beispiele aber — besonders bei den „GV-Verbrechen" oder auch bei Albert Grimm — scheint den Beschuldigten das Strafbare ihres Verhaltens und noch weniger das Oppositionelle keineswegs bewußt gewesen zu sein. Vielmehr wiederholt sich in der dem Mythos der „Volksopposition" verhafteten Interpretation von Marßolek und Ott die politisierende Zuschreibung oppositionellen Verhaltens durch die nationalsozialistischen Polizei- und Justizbehörden. Aus der Perspektive der betroffenen Individuen waren ihre Handlungen völlig normale soziale und humanitäre Akte, die mit Opposition gegen die NS-Diktatur nichts zu tun hatten. Daß man einen Sterbenden nicht verhöhnte und ihm in seiner letzten Stunde beistand, war ein seit Menschengedenken übliches Verhalten, egal ob dieser nun Russe, Franzose oder Deutscher war. Ebenso selbstverständlich war wohl das lockere Verhältnis zwischen den Arbeiterinnen und den Arbeitern des Bexbacher Ziegelwerks, unabhängig davon, ob es sich bei den Arbeitskollegen um Fremdarbeiter oder Deutsche handelte. Die aufgeführten Beispiele zeigen vielmehr, daß die nationalsozialistische Rassendoktrin nicht vollständig durchsetzbar war, bereichsweise Fassade blieb und sich sexuelle Bedürfnisse und humanitär-karikative Ideale stärker erwiesen als das NS-Volksgemeinschaftsgetöse. Die Nichtdurchsetzung des Nationalsozialismus in Teilbereichen — die unvollendete Volksgemeinschaft — vorschnell als Opposition zu interpretieren, wäre verfehlt. Mit bewußter Verweigerung, mit Opposition gar hatten die „Rassenschänder", die „Judenhelfer" und diejenigen Saarländer, die Beziehungen zu ausländischen Zivilarbeitern und Kriegsgefangenen unterhielten, in der Regel nichts oder nur wenig im Sinn.

6. Fremdarbeiter zwischen Überlebenskampf, Arbeitsverweigerung und organisiertem Widerstand

Erst in der jüngeren Zeit und dabei vor allem inspiriert durch die Studien von Christoph Schminck-Gustavus und Ulrich Herbert[1] ist das Verhalten von mehreren Millionen ausländischen Zivilarbeitern und Kriegsgefangenen[2] zum Gegenstand der zeitgeschichtlichen Forschung über das Dritte Reich geworden. Innerhalb der Widerstandsforschung blieben die Fremdarbeiter trotz der Arbeiten des Moskauer Historikers Josef A. Brodski über die illegalen Widerstandsgruppen der sowjetischen Zwangsarbeiter und Kriegsgefangenen in Deutschland[3] ein Stiefkind des Interesses.[4] Dort, wo sie zumindest peripher Berücksichtigung fanden, dominierte vielfach eine Perspektive, die vom Mythos einer naturwüchsigen Widerständigkeit der Fremdarbeiter und Kriegsgefangenen als Angehörigen der von Deutschland überfallenen Länder und besiegten Armeen gegen das Dritte Reich getrübt war. So konstatierte Detlev Peukert in seiner Regionalstudie über den kommunistischen Widerstand auf empirisch eher dünner Grundlage eine „massenhaft verbreitete spontane Resistenz" unter den ausländischen Arbeitern sowie eine Vielzahl individueller Widerstandsakte, die bewußt darauf abgezielt hätten, die Rüstungsproduktion zu stören sowie konspirative, auf den Aufbau illegaler Organisationen zielende Aktivitäten.[5]

Wenn an dieser Stelle das Verweigerungs- und Widerstandsverhalten der ausländischen Arbeitskräfte zum integrierten Bestandteil einer breit gefächerten Regionalstudie über Widerstand und Verweigerung gemacht wird, so darf bei der Einschätzung des oppositionellen Verhaltensspektrums dieser Gruppe nicht unbeachtet bleiben, daß sich die Mehrheit der Fremdarbeiter mit den vorgefundenen Verhältnissen arrangierte, sich aus Angst, Unerfahrenheit, Desinteresse bzw. aus Mangel an Gelegenheit in das bestehende System einfügte, sich zumindest äußerlich konform verhielt, ihrer Arbeit nachging, im Stillen auf das Ende des Krieges hoffte oder den wirtschaftlichen Verhältnissen in Deutschland noch etwas Positives abzufinden vermochte im Gegensatz zum Hunger und zur Rückständigkeit in den unter der Besetzung leidenden Herkunftsländern. Nicht von ungefähr blieben zahlreiche Fremdarbeiter nach Kriegsende in Deutschland.

Die stark differierenden Arbeits- und Lebensbedingungen der ausländischen Arbeiter waren ein wesentlicher Faktor dafür, wie diese auf die neuen Verhältnisse in Deutschland reagierten. Das Spektrum der Verhaltensweisen reichte dabei vom Abwarten auf „bessere Zeiten" und der Organisation des eigenen Überlebens über vereinzelte Solidaritätsaktionen und die Flucht aus den Lagern bis hin zur Sabotage und zum organisierten politischen Widerstand. Auch individuelle Dispositionen, lebensgeschichtliche Erfahrungen und die ehemalige Zugehörigkeit zu antifaschistischen Milieus und Organisationen spielten eine wichtige Rolle, ob ein Fremdarbeiter zum Widerstand überhaupt bereit war und für welche Form er sich konkret entschied.

Betteln, Diebstahl und Schwarzmarkt

Zunächst zielte das Handeln derjenigen, die sich nicht bedingungslos in das System der strukturellen Unterversorgung und der Auszehrung der Arbeitskraft einfügten, auf die Sicherung der stets bedrohten individuellen physischen Reproduktion. Bettelnde Fremdarbeiter und Mundraub waren durchaus keine Einzelerscheinungen. Seit 1942 mehrten sich die Fälle von Beschaffungskriminalität unter den an der Saar beschäftigten Fremdarbeitern, mit denen diese ihre unzureichenden Lebensmittelrationen aufzubessern hofften. In den ländlichen Gebieten wie im nördlichen Saarland wurden so im Sommer 1944 zahlreiche Fremdarbeiter — vornehmlich Ostarbeiter — festgenommen und beschuldigt, Obst und Gemüse entwendet zu haben.[6] Von einer Ausgangssperre zur Vermeidung der Feld- und Gartendiebstähle allerdings sah man mit der Begründung ab, die „Zufriedenheit und Arbeitslust der sich einwandfrei führenden Ostarbeiter" nicht zu beeinträchtigen.[7] Der Diebstahl von Lebensmitteln und sonstigen alltäglichen Gebrauchsgegenständen war keineswegs nur ein individueller Akt, sondern wurde mitunter auch kollektiv und bandenförmig organisiert, wie im Fall von sieben französischen Zivilarbeitern, die bei einem Einbruch in ein Lebensmittellager in Rohrbach gestellt wurden.[8] Nicht ausschließlich der individuellen Bedarfsdeckung dienten die Aktivitäten eines französischen Zivilarbeiters, der an seinem Arbeitsplatz — einer Papierfabrik in Wörschweiler — als Altpapier angelieferte, aber noch gültige Lebensmittelkarten und -marken entwendete und an seine französischen Kameraden weitergab.[9] Verschiedentlich waren Ausländerlager der Herstellungsort hervorragend gefälschter Lebensmittelkarten, die auch in den Besitz der deutschen Bevölkerung gelangten.

Insbesondere für Ostarbeiter und russische Kriegsgefangene waren Diebstähle mit einem hohen Risiko verbunden. So hatte ein russischer Zivilarbeiter in Bübingen, nachdem er zwei Monate keine Seife erhalten hatte, aus einem beschädigten Eisenbahnwaggon Seifenpulver entwendet. Nur durch Intervention des Reichsjustizministeriums wurde die vom Saarbrücker Sondergericht zunächst verhängte Todesstrafe buchstäblich in letzter Minute in eine zehnjährige Zuchthausstrafe umgewandelt.[10] Das den Luftangriffen folgende Chaos nutzten Fremdarbeiter wiederholt, um sich aus den Trümmern mit lebenswichtigen Dingen zu versorgen. So verurteilte das Sondergericht in Saarbrücken im August 1942 fünf ausländische Arbeiter — darunter drei russische Zivilarbeiter — zum Tode, die nach dem schweren Bombenangriff am 29. Juli 1942 auf Saarbrücken Kleidungs- und sonstige Gebrauchsgegenstände aus geräumten Wohnungen, beschädigten Geschäften und Eisenbahnwaggons hatten mitgehen lassen.[11] Noch in den letzten Kriegstagen mußten zwei russische Jungen sterben, die das Saarbrücker Standgericht in der Mainzer Straße zum Tode verurteilt hatte, nachdem sie aus den Trümmern der geräumten Stadt zwei Gläser Marmelade und ein paar alte Wollhemden an sich genommen hatten.[12]

Mitunter waren die durch Diebstahl erworbenen Lebensmittel und Gebrauchsgegenstände Ausgangspunkt für einen kaum mehr zu kontrollierenden Schwarzmarkt in den Lagern und am Arbeitsplatz. So blühte in den Ausländerlagern der Burbacher Hütte ein schwunghafter Handel mit Lebensmitteln, bei dem bis zu

25 Mark für ein Brot oder 60 Pfennig für einen Suppenwürfel verlangt wurden.[13] Unter den Hunderten auf den saarländischen Güterbahnhöfen eingesetzten Ostarbeitern bildeten sich ab Mitte 1944 regelrechte Banden, die abgestellte oder durch Luftangriffe beschädigte Waggons von Lebensmitteltransporten ausraubten. Von den auf dem Saarbrücker Güterbahnhof operierenden Banden wurde später berichtet, daß sie enge Verbindungen zu den in verschiedenen Lagern existierenden organisierten Widerstandsgruppen der Ostarbeiter unterhielten, die sie mit Lebensmitteln unterstützt hätten.[14]

Informationsbeschaffung

Für das Überleben fast ebenso wichtig wie die Beschaffung zusätzlicher Lebensmittelrationen waren Informationen über die Situation in den Herkunftsländern und über den tatsächlichen Stand des Krieges. Während der Großteil der Fremdarbeiter, besonders die polnischen und sowjetischen Arbeiter, kaum eine Gelegenheit hatte, sich über die Situation in ihrer Heimat und den allgemeinen Frontverlauf zu informieren, war der Informationsstand der französischen Zivilarbeiter in der Regel recht gut, da es ihnen erlaubt war, Heimaturlaub zu nehmen. Die dort erhaltenen Nachrichten waren eine heiß begehrte Ware auf der informellen Nachrichtenbörse der Ausländerlager. Neuigkeiten sickerten auch auf andere Weise durch. So enthielten Lebensmittelpakete und Tabakpäckchen aus der Heimat häufig verbotene Informationen.[15] Trotz des hohen persönlichen Risikos unterrichteten auch deutsche Arbeiter ihre ausländischen Kollegen über das, was sich in der Welt tat.[16] Schon im Frühjahr 1942 vermutete die zuständige Rüstungsinspektion in Wiesbaden hinter der „offen starken Arbeitsunlust" der französischen Kriegsgefangenen intensive Beziehungen zur Auslandspropaganda, die den Arbeitern Nachrichten über Rückschläge in der deutschen Kriegsführung zutrage.[17]

Obwohl der Besitz von Radioapparaten und das Abhören von Feindsendern unter strengster Strafe stand, konnte auch der Empfang ausländischer Rundfunksendungen nicht völlig unterbunden werden. Vereinzelt kam es vor, daß deutsche Arbeiter — in der Regel ehemals der Linken zugehörig — und ausländische Arbeitskräfte gemeinsam die Sendungen der ausländischen Rundfunkstationen verfolgten, besonders wenn diese jenseits der Überwachung am Arbeitsplatz und im Lager bei der Gartenarbeit ihren deutschen Kollegen halfen oder gar in deutschen Haushalten arbeiteten.[18] Daß Fremdarbeiter allerdings keineswegs die naturwüchsigen Bündnispartner deutscher Antifaschisten waren, zeigte sich im Falle eines lothringischen Dienstmädchens, das ihre Herrschaften bei der Gestapo des Abhörens von Feindsendern bezichtigte und damit schwer belastete.[19] Mit zunehmender Kriegsdauer fand der Informationsaustausch unter den ausländischen Arbeitern auch offen statt, wie das Beispiel eines Ostarbeiters in einem kleinen Dorf im Bliesgau demonstriert, der dort regelmäßig Zusammenkünfte organisierte, auf denen er die sowjetischen Arbeiter und Arbeiterinnen über den aktuellen Kriegsverlauf informierte.[20] Generell kann vermutet werden, daß Zusammenkünfte, wie die allsonntäglichen Treffen von mehreren hundert Ostarbeitern außerhalb Saarbrückens[21], dazu genutzt wurden, sich gegenseitig über das aktuelle Kriegsgeschehen zu unterrichten. Ob allerdings die dort gehandelten Nachrichten oder die Informationen der ausländischen Rundfunkstationen tatsächlich die wirkliche Situation widerspiegelten, ist zu bezweifeln. Vielmehr handelte es sich meist wohl um Halbwissen, Informationen aus dritter und vierter Hand und um Gerüchte, die gleichwohl für die Betroffenen eine wichtige psychosoziale Funktion erfüllten: Man machte sich gegenseitig Mut und Hoffnung, daß der Krieg bald zu Ende sein würde.

Flucht

Die am häufigsten praktizierte Reaktion der Fremdarbeiter auf die meist miserablen Arbeits- und Lebensbedingungen in Deutschland stellte die unerlaubte Entfernung vom Arbeitsplatz — die sogenannte „Arbeitsflucht" — und die Flucht aus den Lagern dar. Wie in Bayern[22] nahmen diese zeitweise, besonders gegen Ende des Krieges, geradezu epidemische Formen an. Die Grenznähe des Saarlandes und der vergleichsweise hohe Einsatz französischer Arbeitskräfte brachte es mit sich, daß insbesondere zahlreiche französische Kriegsgefangene und Zivilarbeiter versuchten, sich über die nahe Grenze in ihre Heimat abzusetzen, um damit dem oft unerträglichen Arbeits- und Lageralltag in Deutschland zu entfliehen. Französische Zivilarbeiter nutzten besonders in den letzten Kriegsjahren die Chance eines Heimaturlaubs, um nicht wieder an ihre Arbeitsplätze zurückzukehren.

Teilweise waren die Fluchtversuche von Kriegsgefangenen und Zivilarbeitern individuelle, teilweise aber auch kollektive und politisch motivierte Handlungen. Allein aus dem St. Ingberter Eisenwerk etwa flohen am 9. Dezember 1942 12 Ostarbeiter. 24 sowjetische Offiziere setzten sich gemeinsam aus einem Arbeitskommando im lothringischen Leyweiler ab.[23] Ein französischer Zivilarbeiter, der bei einer Firma in Schwarzenacker bei Homburg beschäftigt war, unterstützte französische Kriegsgefangene bei ihren Fluchtvorbereitungen durch die Anfertigung von gefälschten Pässen. Die nötigen Filme hierfür brachte er aus seiner Heimat mit, während eine Freundin aus Zweibrücken den Fotoapparat zur Verfügung stellte. Schließlich reproduzierte er mit einem in der Firma befindlichen Spezialapparat die Paßformulare, so daß die französischen Gefangenen im Besitz gefälschter Papiere die Flucht nach Frankreich antreten konnten.[24] In Einzelfällen fanden ausländische Arbeiter bei ihren Fluchtversuchen auch die Unterstützung von Deutschen, die die Flüchtenden versteckten und mit Lebensmitteln versorgten.[25]

Gegen Kriegsende verstärkten sich aufgrund der Zusammenarbeit von französischen und sowjetischen Widerstandsgruppen die Fluchtversuche von Fremdarbeitern. Zeitweise verschwanden Dutzende von Ostarbeitern, die sich in den nahen lothringischen Wäldern einheimischen Widerstandskämpfern anschlossen.[26] So flohen allein in den beiden Monaten September und Oktober 1943 im Organisationsbereich des SD Lothringen-Saarpfalz 517 Fremdarbeiter und Kriegsgefangene, unter ihnen 313 Russen, 135 Serben und 44 Franzosen, von denen die Sicherheitsbehörden allerdings 389 wieder ergreifen konnten.[27] Wegen „Arbeitsflucht und Arbeitsverweigerung" wies der Befehlshaber der Sicherheitspolizei und des SD für Saarpfalz-

Lothringen allein im Juli 1944 40 Ostarbeiter in das elsäßische KZ Natzweiler ein.[28] Auch die gegen Jahresende 1944 zunehmende Abstellung von Fremdarbeitern zu Schanzarbeiten in Lothringen und am Westwall nutzten zahlreiche ausländische Arbeiter zur Flucht. Von 359 Ostarbeitern beispielsweise, die von der Grube Göttelborn zu Schanzarbeiten abkommandiert wurden, flüchteten im Oktober 1944 nicht weniger als 60 Personen.[29] Die Motive der Flüchtenden dürften vielfältig gewesen sein. Während insbesondere die französischen Arbeiter angesichts der Grenznähe versucht haben dürften, sich in ihre Heimat abzusetzen, war dies für die Ostarbeiter weitaus schwieriger. Bei ihnen mag der Wunsch dominant gewesen sein, einen besseren Arbeitsplatz in einem anderen Teil des Reiches zu bekommen, mit in anderen Reichsteilen lebenden Familienangehörigen Kontakt aufzunehmen oder sich einfach nur aus luftgefährdeten Gebieten zu entfernen.[30] Nur für eine Minderheit war der Wunsch dominierend, Anschluß an die in Lothringen operierenden Partisanengruppen zu finden, um mit ihnen gemeinsam die deutschen Okkupanten zu attackieren.

Für die Fremdarbeiter war die unerlaubte Entfernung von der Arbeitsstelle oder der Unterkunft mit großen Risiken verbunden. Da die Arbeitsämter in der Erhaltung der Arbeitskräfte ihre zentrale Aufgabe sahen, blieben sie in der Regel bei ihrer Praxis, ausländische Arbeiter, die ihren Arbeitsplatz verlassen hatten, ohne weiteres Aufsehen an einen neuen Arbeitsplatz zu vermitteln. Anders sah dies bei den „Russen“ aus, deren unerlaubtes Verlassen eines Arbeitsplatzes als „Fluchtversuch“ definiert wurde, was sofortige Fahndungsmaßnahmen der örtlichen Polizeibehörden auslöste und nach Wiederergreifen im Regelfall die Einweisung in ein Konzentrationslager zur Folge hatte. Andere Fremdarbeiter erhielten nach gescheiterten Fluchtversuchen einen mehrwöchigen verschärften Arrest in den zuständigen Straflagern bzw. Arbeitserziehungslagern.[31] Hatten sich Fremdarbeiter während ihrer Flucht etwas zuschulden kommen lassen, drohte ihnen die Todesstrafe. So verurteilte das Saarbrücker Sondergericht im November 1942 den 22jährigen Polen Stephan Tomaszewski zum Tode, der von seinem Arbeitsplatz geflüchtet war und sich während seiner Flucht durch Diebstähle am Leben gehalten hatte.[32] Für dasselbe Delikt mußte 1943 auch der 35jährige Pole Stefan Radecki aus Gnesen sterben, den das Sondergericht einen Monat später mit dem Tode bestrafte.[33] Das jüngste Todesopfer der Saarbrücker Blutrichter war der 17jährige Pole Georg Adamuszewski aus Zelow-Lask, der am 8. Juni 1943 bei seiner Flucht die Frau eines St. Wendeler Oberwachtmeisters mit einem Beil tödlich verletzt hatte.[34]

Arbeitsverweigerung und Sabotage

„Schwere Klagen eines Landrates über das Verhalten von Kriegsgefangenen, besonders von polnischen, wegen Arbeitsunlust, Sabotage und Widersetzlichkeit“ registrierte Regierungspräsident Barth bereits im August 1941.[35] Die Verweigerung von Befehlen und Anordnungen besaß verschiedene Ausprägungen und erstreckte sich von konkreten Formen der Arbeitsverweigerung und des Hungerstreiks bis hin zu eher symbolischen Aktionen des Ungehorsams. Einen solchen Charakter beispielsweise hatte die Geste französischer Zivilarbeiter, die in den Betriebsversammlungen der Halberger Hütte beim Absingen des Deutschlandliedes trotz Aufforderung ihre Mützen nicht abnahmen.[36]

Kollektive Protestaktionen der ausländischen Arbeiter blieben an der Saar wie anderswo die Ausnahme. So weigerten sich beispielsweise 1944 25 sowjetische Kriegsgefangene aus einem Lager im Bliesgau, ihre Arbeit aufzunehmen, da sie am Morgen kein Brot erhalten hatten.[37] In Völklingen protestierten Ostarbeiterinnen mit dem Mittel der Arbeitsverweigerung gegen die Ermordung einer Leidensgenossin durch Angehörige des Röchling'schen Werkschutzes.[38]

Sehr viel schwieriger als diese ostentativen Formen der Arbeitsverweigerung sind die verdeckten zu belegen, die insbesondere in der zweiten Kriegshälfte stark zunahmen. Ohne daß dies heute noch überprüfbar wäre, soll sich 1944 bei den Röchling-Werken in Völklingen der Krankenstand der Fremdarbeiter und die Zahl der „Arbeitsbummelanten" dramatisch erhöht haben, so daß ein deutliches Absinken der Arbeitsleistung erfolgt sei.[39] Auch die Berichte des Forbacher Stalag-Kommandanten sind voll von Arrestverweisen für sowjetische, polnische und französische Kriegsgefangene wegen versuchter Sabotage, mangelnder Arbeitsleistung und ungebührlichen Benehmens gegenüber Vorgesetzten.[40] Da sich die vollständige Arbeitsverweigerung angesichts der staatspolizeilichen Sanktionen als zu großes Risiko erwies, verlegten sich viele ausländische Arbeiter lieber darauf, durch Zurückhaltung ihrer vollen Arbeitsleistung und durch häufige Abwesenheit ihre Kräfte zu schonen. „Am erfolgreichsten im Sinne der Sicherung der eigenen Existenz erwies sich die differenzierte Verweigerung durch die Erbringung der geringstmöglichen Arbeitsleistung", konstatiert auch Anton Grossmann für Bayern. „Diese elementare Überlebensstrategie bewirkte zudem eine permanente Schädigung der auf Maximalleistung der menschlichen Kapazitäten angelegten deutschen Wirtschaft."[41] Die Festnahmestatistiken der Gestapo über Arbeitsverweigerer dürften daher nur die Spitze sehr viel weiter verbreiteter, versteckter Formen der Leistungszurückhaltung gewesen sein, die sich der staatspolizeilichen Erfassung entzogen. Reichsweit entfielen auf die etwa 380.000 Festnahmen in den ersten neun Monaten des Jahres 1943, die die Gestapo aus politischen Gründen durchführte, allein 260.000 wegen „Arbeitsvertragsbruchs von Ausländern". An der Saar scheint 1943 die Tätigkeit der Saarbrücker Stapo-Stelle fast vollständig von der Verfolgung von Arbeitsvertragsdelikten ausländischer Arbeiter absorbiert worden zu sein. Von 697 bzw. 839 Festnahmen in den Monaten Juni und August 1943 erfolgten jeweils 86 % wegen Arbeitsniederlegungen ausländischer Arbeiter. Absolut waren dies im Juni 1943 599 und im August 1943 721 Fälle. Angeführt wurde die Verweigerungsstatistik zu jeweils etwa zwei Dritteln von Ostarbeitern, gefolgt von Franzosen und Polen.[42] Rechnet man diese Festnahmezahlen auf das ganze Jahr 1943 um, so dürften — vorsichtig geschätzt — zwischen 6.000 und 8.000 Fremdarbeiter allein 1943 Bekanntschaft mit der Gestapo gemacht haben. Bezogen auf alle Fremdarbeiter im Saarland wären dies etwa 10 %. Ulrich Herbert ist daher zuzustimmen, daß das NS-Regime gezwungen war, ganz erhebliche Teile seines Repressionsapparates aufzubieten, um die Arbeitsleistung der zu diesem Zeitpunkt etwa sechs Millionen Ausländer in Deutschland sicherzustellen.[43] Da die Arbeitsmoral der Fremdarbeiter 1944 weiter nachließ und — wie Grossmann meint — die Abwesenheit vom Arbeitsplatz zum Regelfall geriet[44], dürfte die offene wie die verdeckte Arbeitsverweigerung der ausländischen Zivilarbeiter und Kriegsgefangenen in den letzten Kriegsmonaten nicht unwesentlich zur Schwächung der wirtschaftlichen Potenz des Nationalsozialismus beigetragen haben.

Kaum zu ermitteln und in ihrer Bedeutung zu bestimmen sind auch das Ausmaß und der Grad von Sabotageakten, die der Natur der Sache nach heimlich abliefen und oft als Materialermüdung oder Störung des Arbeitsablaufes unentdeckt blieben. Zudem war es schon damals nicht möglich, die wenigen registrierten Sabotageakte eindeutig ausländischen Arbeitskräften zuzuordnen. Nach dem „Tatsachenbericht" von „Carl Lejeune" — alias Franz Biereth — setzten sowjetische Arbeiter im Juli 1944 angeblich eine Turbine des Kraftwerkes in Wehrden für einige Zeit außer Kraft, indem sie Sand in die Lager einführten.[45] Genauer informiert sind wir derzeit lediglich über Sabotagehandlungen sowjetischer Kriegsgefangener beim Reichsbahnausbesserungswerk in Saarbrücken, die ihre Werkzeuge verschwinden ließen, was zu Arbeitspausen zwang oder ihre Arbeitsaufträge schlecht und fehlerhaft ausführten, so daß augenscheinlich reparierte Waggons wieder zurückbeordert werden mußten oder völlig funktionsunfähig wurden.[46] Da Sabotageakte dieser Art, wenn sie effektiv sein sollten, ein hohes Maß an handwerklichem Können und an kollektivem Handeln und Vertrautheit voraussetzten, muß davon ausgegangen werden, daß sie eher die Ausnahme als die Regel waren.

Organisierter Widerstand

Mit nichts rechneten die Sicherheitsbehörden des NS-Staates seit Beginn des Ausländereinsatzes mehr als mit organisierten Aufstandsversuchen der Fremdarbeiter und Kriegsgefangenen.[47] Die Angst der Gestapo vor paramilitärischen Gruppen unter den Fremdarbeitern nahm geradezu psychotische Formen an. Unklar bleibt daher zunächst auch, ob es sich bei den von „Carl Lejeune" nach dem Kriege kolportierten Aufstandsplänen der Ostarbeiter im Saarland um tatsächlich aufgedeckte Aufstandsvorbereitungen handelte oder ob das Gespenst des Aufruhrs nur eine Angstprojektion der Gestapo war, die gegen Kriegsende — wie wir sahen — kaum mehr in der Lage gewesen wäre, eine Massenerhebung der ausländischen Arbeiter zu unterbinden bzw. zu zerschlagen. Tatsächlich kontrastierten die Aufstandspläne deutlich zum vorhandenen Organisationsgrad der Ausländer in den Lagern und an ihren Arbeitsplätzen.

Noch am genauesten informiert sind wir gegenwärtig über die Existenz einer Widerstandsgruppe sowjetischer Kriegsgefangener beim Saarbrücker Reichsbahnausbesserungswerk. Die als „Illegales Komitee" bezeichnete Gruppe, die im April 1944 über 42 Mitglieder verfügte und später auf 100 anwuchs, organisierte neben den geschilderten Sabotageakten die Agitation unter deutschen Arbeitskollegen und knüpfte Beziehungen zu anderen gleichgesinnten Gruppen in den Lagern des Burbacher Gußstahlwerkes, des Saarbrücker Güterbahnhofes, zu deutschen Kommunisten wie zu italienischen Militärinternierten.[48] Der Verbindung zu französischen Arbeitern diente u. a. ab Frühjahr 1944 die Kontaktaufnahme zu den in Lothringen operierenden Partisanengruppen. Diese aus ehemaligen französischen und sowjetischen Fremdarbeitern sich rekrutierenden Verbände verübten u. a. Sprengstoffanschläge auf Eisenbahntransporte und Munitionsdepots.[49] Eine dieser Gruppen wurde im Juni 1944 von einem Gendarmerie-Posten im lothringischen Farschweiler beobachtet. Unter der 15köpfigen und mit fünf Gewehren bewaffneten Gruppe hätten sich auch zwei Frauen befunden, hieß es später in dem Bericht. „An einer Mütze konnte ich mit dem Fernglas deutlich den Sowjetstern sehen. Die Bande war gerade beim Abkochen.“ Einer der bewaffneten Männer habe einen großen schwarzen Schlapphut und einen Patronengurt um den Leib getragen. „Auch habe ich gesehen, daß Männer in ein Erdloch hineinstiegen, nachdem vorher ein Holzdeckel vom Einschlupfloch weggenommen worden war“, das — wie der Gendarmerie-Posten vermutete — wohl noch von den ehemaligen französischen Stellungen herrührte.[50] Eine sofort eingeleitete Großfahndungsaktion mit 40 Soldaten, acht Gendarmen und zehn Zivilisten mußte nach mehreren Stunden ergebnislos abgebrochen werden.

Demgegenüber konnten durch staatspolizeiliche Ermittlungen Mitte August 1944 16 sowjetrussische Fremdarbeiter festgenommen werden, die eine kommunistische Geheimorganisation unter dem Namen „Illegale Kommunistische Partei der russischen Kriegsgefangenen und Ostarbeiter an der Saar“ gebildet hatten und von einem aus deutscher Kriegsgefangenschaft entflohenen ehemaligen Moskauer Medizinstudenten angeführt wurden. Der Organisation zugeordnet seien Kampfgruppen, die den Namen „Rote Partisanen“ trügen. Insgesamt, so das Reichssicherheitshauptamt in seiner Meldung vom 8. September 1944, seien in vier verschiedenen Kriegsgefangenenlagern insgesamt 40 russische Arbeiter festgenommen worden, unter ihnen ein Arzt im Range eines Majors, der bei verschiedenen Kriegsgefangenen „die Durchführung der Selbstverstümmelung zur Entziehung der Arbeitskraft“ geleitet habe.[51] Es erscheint denkbar, daß diese Gruppe zumindest teilweise mit dem „Illegalen Komitee“ identisch war, das zwischen dem 18. und dem 24. August 1944 von der Gestapo aufgerollt wurde. Mehr als 60 Personen seien daraufhin ins Polizeihaftlager Neue Bremm eingeliefert worden.[52] Insgesamt nannte das Reichssicherheitshauptamt für die ersten neun Monate des Jahres 1944 die Festnahme von 80 Ostarbeitern und sowjetischen Kriegsgefangenen durch die Stapo-Stelle Saarbrücken, die der illegalen politischen Betätigung beschuldigt wurden.[53] Nicht zuzuordnen ist eine Gruppe sowjetischer Zivilarbeiter und Kriegsgefangener, die sich in den letzten Kriegswochen in den Kellerräumen der alten Malstatter Turnhalle versteckt hielt, um sich Aufräumungsarbeiten im zerstörten Saarbrücken zu entziehen. Erst nach einem stundenlangen Gefecht mit der Polizei, die auch Sprengstoff einsetzte, konnte die Gruppe zerschlagen werden.[54]

Ungewiß bleibt auch, ob die Ermordung von Karl Theodor Röchling — des Sohnes von Hermann Röchling — und seines Oberingenieurs Heinrich Koch auf das Konto marodierender russischer Fremdarbeiter, Angehörigen einer bewaffneten Gruppe gar, geht oder die SS hierfür verantwortlich zu machen ist. Bei einem Kontrollgang durch das stillgelegte Werk waren Röchling und Koch am 17. Dezember 1944 erschossen und anschließend in der Grube einer Maschinenhalle verscharrt worden. Die von Hermann Röchling, „Carl Lejeune" und dem Saarbrücker Sondergericht verbreitete offizielle Version machte zwei russische Fremdarbeiter dafür verantwortlich.[55] Am 26. Januar 1945 verurteilte das nach Sulzbach evakuierte Sondergericht die beiden jungen sowjetischen Fremdarbeiter Nikola Bonka und Wassili Djatschenko wegen des Doppelmordes an Röchling und Koch zum Tode. Die Angeklagten — so die *Saarbrücker Zeitung* in ihrem Prozeßbericht — hätten sich seit einiger Zeit auf dem Gelände der Hütte aufgehalten und seien bei einem Kontrollgang entdeckt worden. Da sie bewaffnet gewesen seien, hätten sie sich gegen eine Festnahme zur Wehr gesetzt und Röchling und Koch getötet.[56] Als Beweis diente dem Gericht eine bei den beiden Beschuldigten gefundene Armbanduhr Röchlings. Gegenüber dieser offiziellen Version behaupteten die Witwe Kochs und die Enkelin Hermann Röchlings nach dem Kriege, die beiden Männer seien Opfer des SD geworden. Dieser habe versucht, die kampflose Übergabe der Hütte durch Röchling an die amerikanischen Truppen zu verhindern. Außerdem sei ihm Koch ein Dorn im Auge gewesen, da er mit einer Volljüdin verheiratet gewesen sei.[57] Der Fall Röchling wird letztlich ebenso ein Geheimnis bleiben wie der angeblich geplante, aber in sich zusammengebrochene Aufstand der Ostarbeiter, von dem „Carl Lejeune" in seinem Bericht spricht.

Unzweifelhaft demgegenüber ist, daß in einzelnen saarländischen Ausländerlagern und Betrieben Widerstandsgruppen insbesondere der Ostarbeiter existierten, deren Tätigkeit sich vornehmlich auf die Vorbereitung von Fluchtversuchen, die Beschaffung zusätzlicher Lebensmittel, die Organisierung der Arbeitsverweigerung und auf Sabotageakte konzentrierte. Wie groß diese Gruppen waren, aus welchen nationalen Gruppen sie sich rekrutierten, wie und ob sie untereinander vernetzt waren, läßt sich aufgrund der gegenwärtig verfügbaren Quellengrundlage noch nicht beantworten und wird daher weiteren Untersuchungen vorbehalten bleiben müssen. Gleichwohl gilt es festzuhalten, daß trotz aller Anpassungsbereitschaft der Mehrheit der Fremdarbeiter das Ausmaß des Verweigerungs- und Widerstandsverhaltens der ausländischen Zivilarbeiter und Kriegsgefangenen das der deutschen Arbeiter bei weitem überschritt, die Kapazitäten der Sicherheitsbehörden erheblich band und insbesondere in den letzten Kriegsmonaten die Leistungsfähigkeit der Betriebe einschränkte. Die objektive Chance, den sich zersetzenden Maßnahmenstaat 1944 aus den Angeln zu heben, aber vermochten auch die Fremdarbeiter nicht zu nutzen. Ihr Widerstand blieb vereinzelt und zersplittert und ließ sich — wie „Carl Lejeune" eindrucksvoll belegt hat — vom Mythos Gestapo blenden.

7. Gleichgültigkeit, Kriminalität und Gehorsamsverweigerung: Desintegrationserscheinungen gegen Ende des Krieges

Die Meldungen vom Fall Stalingrads beendeten jene Kriegsphase, in der sich die deutsche Bevölkerung trotz aller Entbehrungen und Belastungen weitgehend diszipliniert und ohne Murren in das Dritte Reich eingefügt hatte. Mit dem Schwinden der Hoffnungen auf einen für Deutschland positiven Kriegsausgang erschien auch vielen Saarländern dieses durch Gehorsam und Disziplin geprägte Verhalten zunehmend als obsolet. Desintegrationserscheinungen wurden deutlich. Statt Hoffen auf den „Endsieg“ dominierten immer mehr individualistische Verhaltensweisen des individuellen Überlebens ganz nach dem Motto: „Bleib übrig!“ Trotz Goebbels' Durchhalteappellen ging der Einfluß der offiziellen Propaganda zurück. An ihre Stelle traten sukzessive informelle Kommunikationsweisen, das Abhören ausländischer Rundfunksender und die Lektüre abgeworfener alliierter Flugblätter. Öffentlich machte sich Gleichgültigkeit breit. Auch verschärfte Strafandrohungen scheinen den Autoritätsverlust des NS-Staates kaum mehr aufgehalten zu haben. Formen der individuellen wie der bandenmäßig organisierten Beschaffungskriminalität nahmen zu, wobei die NS-Sicherheitsbehörden vermutlich nur mehr die Spitze eines Eisbergs erfaßten. Begünstigt wurde der Zerfall der sozialen und rechtlichen Kontrollmechanismen durch das Chaos des Bombenkrieges, die Überlastung der personell ausgedünnten lokalen Sicherheitsapparate sowie besonders in den größeren Städten durch die zunehmende Anonymisierung der Gesellschaft infolge breiter sozialer Umschichtungsprozesse. Bürgermeister, SD und Rüstungsinspektion machten sich daher gleichermaßen Sorgen über den allgemeinen Disziplinverfall, an dem in besonderem Maße die jüngeren Jahrgangskohorten beteiligt waren.[1]

Desinteresse und Disziplinverfall

Fatalismus, Gleichgültigkeit und eine zunehmende Distanz zum Nationalsozialismus registrierte der Brebacher Bürgermeister bereits seit Anfang 1942 in seinen Lageberichten. Die Berichte von der Front und Meldungen über die Kriegsführung der Russen hätten die schon in der Bevölkerung vorhandene „Depression“ bestärkt, notierte er am 30. Januar 1942, und am 2. Juli desselben Jahres hieß es: „Es besteht eine gewisse Kriegsmüdigkeit, die sich in Gleichgültigkeit ausdrückt.“[2] Mit dem Fall Stalingrads habe die Zuversicht auf einen deutschen Sieg und das Vertrauen in die politische Führung „sehr nachgelassen“. Mißtrauen breite sich aus.[3] Die Bevölkerung glaube den amtlichen Bekanntmachungen nicht mehr, teilte der Brebacher Bürgermeister auch am 30. Juli 1943 mit, nachdem die Landung der Alliierten in Italien bekannt geworden war. „Das Vertrauen in unsere politische und militärische Führung ist stark erschüttert.“[4] Der Vormarsch der Roten Armee bedrücke die Leute sehr. Alle Hoffnung werde jetzt auf Hitlers vermeintliche Wunderwaffen gesetzt, hieß es wiederholt 1944 im Lagebericht an den Landrat.[5] Mit seinen Beobachtungen befand sich der Brebacher Bürgermeister in völliger Übereinstimmung mit Himmlers SD, der ganz ähnlich über das zunehmende Interesse an den Meldungen der ausländischen Rundfunksender, das Nachlassen des „deutschen Grußes" und das wachsende Desinteresse an der propagandistischen Selbstdarstellung des NS-Regimes berichtete. „Bisher zeichnete sich unser Gaugebiet immer durch die allgemeine Verbreitung und Anwendung des deutschen Grußes aus", notierte der Bürgermeister am 1. April 1944. „Nach und nach macht man auch hier die Beobachtung, daß der deutsche Gruß sehr nachläßt."[6] Während der Kirchenbesuch wieder zunehme, beteiligten sich an Veranstaltungen der Partei nur mehr wenige Bürger. So sei die Zehn-Jahresfeier der Güdinger NSDAP-Ortsgruppe 1942 ebenso wie die Parteifeier zum 9. November 1944 nur mäßig besucht gewesen und auch die öffentlichen Ehrenbezeugungen für einen örtlichen SA-Führer, der sich das Leben genommen hatte, seien eher dürftig ausgefallen.[7] „Die propagandistische Aufmunterung wird mit Mißtrauen entgegengenommen. Die fehlenden Siegesmeldungen haben eine gewisse Gleichgültigkeit gegenüber den Kriegsergebnissen hervorgerufen. Die Bevölkerung ist resigniert und denkt in erster Linie an ihren persönlichen Schutz."[8] Parallel zum Schwinden der Hoffnungen auf den „Endsieg" und der Antizipation des „Unterganges" nahmen die verschiedensten Formen des Wunderglaubens zu. „Die Kartenlegerinnen machen ein gutes Geschäft, die Propheten stehen wieder gut im Kurs, der religiöse Wunder-Kult scheint wieder an Boden zu gewinnen. Die ‚Therese von Konnersreuth' hat wieder ‚Wundmalerscheinungen' und die Quellen von Lourdes laufen über. Diese mystischen Dinge sind die Zeichen des bevorstehenden großen Wunders", meldete der Brebacher Bürgermeister am 29. Juli 1942 nach Saarbrücken.[9]

Dies waren keine zufälligen Beobachtungen. Gleichgültigkeit und das Hoffen auf ein Wunder machten sich auch unter saarländischen Bergleuten seit 1942 breit. Einen Einblick in die Stimmung unter den Bergarbeitern der Grube Velsen vermittelt das Urteil des Sondergerichts vom 14. Januar 1944 gegen einen dort tätigen Bergmann, in dem es über die Arbeitskollegen des Angeklagten hieß, daß sie am Kriegsgeschehen nur mehr wenig Anteil nähmen, häufig politische Witze erzählten, vom „deutschen Gruß" nur mehr wenig Gebrauch machten und sich ansonsten über die ausländischen Sender informierten. Die im Schlafhaus der Grube untergebrachten Bergleute seien in einen Zustand „völliger Gleichgültigkeit" verfallen und hätten kein Bewußtsein mehr vom „verbrecherischen Treiben" des Angeklagten, der ständig „Feindsender" höre.[10] Nervosität und Streitigkeiten nahmen zu. Die ununterbrochenen Fliegeralarme wirkten sich „sehr störend" aus, meldete der Brebacher Bürgermeister am 29. April 1944. „Tagsüber werden die Leute der Arbeit entzogen und nachts fehlt ihnen die Ruhe. Das macht sie nervös, und es ist kein Zufall, daß sie aus Nichtigkeiten aufeinanderprallen und auch auf sonstige Art ihrem Unwillen über die Zeit Luft machen."[11]

Disziplinprobleme bereiteten vor allem die Jugendlichen, denen der Brebacher Bürgermeister zahlreiche Verstöße gegen das Schulpflichtgesetz und eine mangelnde Arbeitsmoral bescheinigte. Hier mache sich das Fehlen der eingezogenen Väter besonders bemerkbar.[12] Wie weit der Disziplinverfall 1943 ging, zeigte der Prozeß gegen sieben Jugendliche aus Saarbrücken, keiner von ihnen älter als 17 Jahre, denen der Oberstaatsanwalt vorwarf, seit Oktober 1942 in mindestens 30 Fällen andere Jugendliche nach Eintritt der Dunkelheit auf öffentlichen Plätzen und Straßen der Saarmetropole angerempelt, mißhandelt und z. T. brutal zusammengeschlagen zu haben. Durch das Verhalten dieser sich selbst als „Pongobande" bezeichnenden Jugendlichen sei unter den jungen Leuten der Stadt Unsicherheit entstanden.[13] Wer die Mitglieder der Bande waren, die ihren „Häuptling" mit „Heil Pongo" grüßten, läßt die Anklageschrift der Staatsanwaltschaft offen. Nicht völlig auszuschließen ist, daß es sich bei der Saarbrücker „Pongobande" um eine den „Edelweißpiraten" bzw. den Leipziger „Meuten" vergleichbare Gruppierung oppositioneller Jugendlicher handelte, die den Dienst und Kommißton in der Hitlerjugend ablehnten und nicht selten Überfälle auf HJ-Mitglieder verübten.[14] Wie diese rekrutierte sich auch die Saarbrücker „Pongobande" ausschließlich aus jungen Arbeitern und Lehrlingen.

Deutlichere Hinweise demgegenüber gibt es auf die Existenz von sogenannten „Swing-Jugendlichen" in Saarbrücken, die — wie das Reichssicherheitshauptamt befand — „überwiegend anglophil eingestellt" seien und Jazzmusik, Swing und englische Schlager bevorzugten.[15] Und auch die Denkschrift der Reichsjugendführung vom September 1942 über „Cliquen- und Bandenbildung unter Jugendlichen" konstatierte, daß trotz der polizeilichen Maßnahmen die „Swing-Jugend" auch in Saarbrücken Nachahmung gefunden habe. Anläßlich des Gastspiels einer holländischen Tanzkapelle, die verschiedentlich stark verjazzte Musik gespielt habe, hätten die Jugendlichen im „Café Wien" geradezu „getobt" und die Kapelle durch Wunschzettel zur Wahl der einzelnen Musikstücke veranlaßt.[16]

Beschaffungskriminalität und Kriegswirtschaftsverbrechen

Auch bei den Eigentumsdelikten waren es vornehmlich Jugendliche, die der Polizei in die Hände fielen.[17] Seit 1942 nahmen Eigentumsvergehen sprunghaft zu[18], so daß sich das Saarbrücker Sondergericht seit dieser Zeit fast nurmehr mit Diebstahlsdelikten und Kriegswirtschaftsverbrechen zu beschäftigen hatte. Politische Delikte waren schon vorher deutlich in den Hintergrund getreten. Vielfach handelte es sich um einfache Formen der Beschaffungskriminalität, d. h. um den Diebstahl von Lebensmitteln[19] und Bekleidungsgegenständen, nur selten um den von Genußmitteln. Eine völlige Ausnahme blieb so auch der Fall von zwei jungen Männern, die 1944 auf dem Neunkircher Güterbahnhof mit einem Holzbohrer einen Weinfaßwagen angebohrt und sich zwei Kannen Wein abgezapft hatten. Das Urteil: vier bzw. drei Jahre Zuchthaus.[20] Eine kriegstypische Form der Beschaffungskriminalität war der Diebstahl von Lebensmittel- und Kleiderkarten, von Feldpostpäckchen sowie der Einbruch im Schutz der Verdunklung. Aufsehen erregte 1943 der Diebstahl von Lebensmittelkarten aus einer Saarbrücker Druckerei durch einen dort beschäftigten Angestellten, der damit einen schwunghaften Tauschhandel organisierte und deshalb von den Saarbrücker Blutrichtern mit dem Tode bestraft wurde.[21] Vielfach zielten die Diebstähle auf die Transportunternehmen des Dritten Reiches: auf Reichsbahn und Post. Eine besonders häufige Diebstahlsform war die Entwendung von

Feldpostpäckchen durch sogenannte „Feldpostmarder“[22], die sich vielfach als Beschäftigte der Post herausstellten. Im Juni 1944 verurteilte das Sondergericht wegen dieses Delikts eine Saarbrücker Postbedienstete zum Tode.[23] In der Mehrzahl der bekanntgewordenen Fälle handelte es sich um Täter zwischen 18 und 22 Jahren, die mit kriminellen Mitteln ihre gering bemessenen Versorgungsrationen aufzustocken hofften und keinen Sinn mehr in der nationalsozialistischen Askese fanden. Aus Abschreckungsgründen angesichts einer immer weiter um sich greifenden Diebstahlskriminalität, die gleichwohl deutlich zurückblieb hinter der der präfaschistischen Ära, verhängte das Sondergericht seit 1942 die meisten Todesurteile wegen schweren Diebstahls bzw. Rückfalldiebstahls.[24]

Ebenfalls seit 1943 nahmen bandenmäßig organisierte Formen des Diebstahls und des Straßenraubs zu. Diese richteten sich vor allem gegen Warenhäuser und Reichsbahneinrichtungen.[25] Ein besonders spektakulärer Fall hatte sich bereits 1942 ereignet. Eine siebenköpfige Bande von jungen Saarländern zwischen 19 und 30 Jahren, die in Ludwigshafen arbeiteten und dort in einem DAF-Gemeinschaftslager untergebracht waren, hatte fortgesetzt im Schutz der Verdunkelung Raubüberfälle — u. a. auf einen Losverkäufer des Winterhilfswerks — verübt. Gegen vier Männer aus Saarlouis, Wiebelskirchen, Wemmetsweiler und Trier verhängte das Saarbrücker Sondergericht daraufhin die Todesstrafe.[26]

Kriegsspezifische Vergehen, über die erstmals 1943 berichtet wurde, waren falsche Sachschadensmeldungen von Fliegergeschädigten, durch die sich diese bei den Versicherungen materielle Vorteile versprachen.[27] Parallel zur Verschlechterung der allgemeinen Lebensmittelversorgung nahm seit 1943 auch das Schwarzschlachten in den Dörfern[28], das Milchpantschen durch verbotenen Wasserzusatz[29] sowie das Hinterziehen von Dreschgut[30] zu. Illegaler Handel mit bezugsscheinpflichtigen Waren und das Hamstern von rationierten Lebensmitteln, Unterschlagung und Veruntreuung von Lebensmitteln und Spinnstoffen gehörten in der zweiten Kriegshälfte schon fast zum Alltag und entzogen sich weitgehend der polizeilichen Verfolgung. Unklar bleibt in den meisten Fällen, ob es sich bei diesen Formen der Beschaffungskriminalität bzw. Kriegswirtschaftsdelikten um eine allgemeine Notstandskriminalität handelte oder ob kriminelle Kreise aus der allgemeinen Notlage ihre individuellen Vorteile zu ziehen hofften. In jedem Fall aber signalisieren beide Formen von Kriminalität, wie immer auch sie motiviert waren, eine zunehmende Erosion des Rechtsempfindens der „Volksgenossen“ und einen Autoritätsverlust des NS-Staates.

Offene Gehorsamsverweigerung

Nachdem im Herbst 1944 die aus Lothringen zurückflutenden Truppen und Flüchtlinge die Hoffnungen der Saarländer auf den „Endsieg“ anschaulich und endgültig zunichte gemacht hatten[31], nahm der Disziplinverfall breitere und öffentlichere Formen an und zog nun auch an der Saar jener defätistische Geist ein, den Himmler für weite Teile des deutschen Westens im Dezember 1944 beklagte.[32] Vereinzelt verweigerten die Menschen zunächst die ihnen befohlenen Schanzarbeiten, die keine militärische, sondern nur mehr therapeutische Funktionen besaßen, so daß es in verschiedenen Fällen der gewaltsamen Rekrutierung durch SS-Einheiten bedurfte. Auch Hitlers letztes Aufgebot — der Volkssturm — war eine „Quelle des Ärgernisses und der teilweise recht gereizten Auseinandersetzung der Bevölkerung". Der größte Teil der Männer bringe dem Volkssturm „kein sehr großes Vertrauen" entgegen und gehe lieber zur Wehrmacht, meldete das Reichspropagandaamt der Westmark am 5. Dezember 1944 nach Berlin. Von diesen Männern zu erwarten, „daß sie ohne Uniform und ohne Waffen gegen einen bestens ausgerüsteten Feind kämpfen sollten, wäre eine Utopie".[33]

Kriegsmüdigkeit und der elementare Wunsch zu überleben artikulierten sich auch in der Haltung von Bevölkerungsteilen, sich vom Krieg einfach überrollen zu lassen bzw. in den verschiedenen Formen, die erneute Evakuierung aus der kampfgefährdeten „roten Zone" zu verweigern.[34] Über die Zustände in Geislautern liegt der Bericht des saarländischen SD-Chefs Ott an Ohlendorfs Amt III vom 27. Februar 1945 vor, der deutlich macht, daß es auch jetzt keineswegs politische oder ideologische Überlegungen waren, die die Weigerung, sich evakuieren zu lassen, bestimmten, sondern ausschließlich die Furcht vor dem Flüchtlingsschicksal, die Angst vor den unter Fliegerbeschuß liegenden Flüchtlingstrecks sowie die wenig erfreuliche Aussicht auf die Notunterkunft. Die etwa 100 zurückgebliebenen Personen des Dorfes seien fast alle der Meinung gewesen, „daß der Krieg sowieso verloren sei. Deshalb sei es ihnen gleich gewesen, ob sie früher oder später dem Feind in die Hände fielen". Bei den Zurückgebliebenen handele es sich durchweg um Volksgenossen, „die in keiner inneren Verbindung zur Bewegung mehr standen" und die der von alliierter Seite verbreiteten Parole Glauben schenkten, die Zivilbevölkerung werde von Kampfhandlungen verschont. „Es handelte sich vor allem um kirchlich gebundene Bevölkerungskreise, die es vorzogen, unter Führung ihrer ebenfalls zurückgebliebenen Geistlichkeit, sich vom Feind überrollen zu lassen." Aufgrund positiver Erfahrungen mit den Amerikanern, die den Ort zeitweise besetzt gehalten hatten, dann aber noch einmal von deutschen Truppenteilen zurückgeschlagen wurden, wolle die Bevölkerung „die Wohnungen und Keller nicht mehr verlassen, obwohl aus militärischen Gründen erneut eine Evakuierung längs der Saar von Wehrmachtsstellen angeordnet worden ist".[35] Auch im benachbarten Hostenbach verweigerten 30 Frauen eine erneute Evakuierung. „Die Frauen hätten sich nicht nur verweigert, sondern sich auch in wüsten Beschimpfungen ergangen." Es handele sich auch hier ausschließlich um Volksgenossinnen, „die einen deutschen Sieg für völlig ausgeschlossen halten".[36]

Auch harte Strafandrohungen konnten jene Saarländer nicht davon abhalten, den Evakuierungsbefehl vom 5. Dezember 1944 zu mißachten, die sich in den Kopf gesetzt hatten, das Kriegsende lieber in der gefährdeten Heimat, als in einer Flüchtlingskolonne im Reichsinneren zu erleben.[37] Ein Teil der saarländischen Bevölkerung entlang der französischen Grenze kam dem Räumungsbefehl daher nicht nach und versteckte sich lieber in den vielen feuchten Stollen des Reviers, in Häuserruinen und unwirtlichen Kellergewölben. Der Ensdorfer Grubenstollen zwischen Ensdorf und Schwalbach, in dem mehrere tausend Menschen Zuflucht gefunden hatten — Stefan Heym erzählt deren Geschichte in seinem 1948 erstmals veröffentlichten Roman „Kreuzfahrer von heute“[38] —, wurde unter Zwangsandrohung der SS geräumt, während einige Stollenbewohner bereits mit den Amerikanern verhandelten. Die Menschen im Gersheimer Kalkstollen hingegen widersetzten sich erfolgreich dem Räumungsbefehl.[39] Es blieb die einzige massenhafte Gehorsamsverweigerung während des Dritten Reiches.

Ob dieses Verweigerungsverhalten aber zugleich den politischen und ideologischen Grundkonsens in Frage stellte, ist zumindest zweifelhaft. Der Brebacher Bürgermeister jedenfalls wußte von staatsfeindlichen Einstellungen in seiner Gemeinde nichts zu berichten. Vielmehr machte sich eine Endzeitstimmung breit, in der konventionelle Verhaltensmuster und Kontrollmechanismen zunehmend versagten, sich die einen gleichgültig und undiszipliniert verhielten, den offiziellen Durchhalteparolen zum Trotz sich auf das Kriegsende vorbereiteten, während sich andere radikalisierten und noch in letzter Minute — wie wir an anderer Stelle sahen —, gleichsam aus Trotz der NSDAP beitraten. Auch der von den Behörden beklagte, um sich greifende Defätismus dürfte in dieser Endzeitstimmung und weniger in einem politischen Loyalitätsverlust begründet gewesen sein. Über die Bildung „Antifaschistischer Komitees“ — zu denen es in anderen Reichsteilen gegen Kriegsende kam[40] — ist an der Saar jedenfalls nichts bekannt.

8. „Der Meckerer ist noch kein Revolutionär . . .“: Der Mythos der „Volksopposition“ und der „Resistenz“

„Der Meckerer ist noch kein Revolutionär, und die passive Resistenz allein kann den Machtapparat der Diktatur nicht ernsthaft erschüttern“, kommentierte völlig zutreffend die *Sozialistische Aktion* vom 29. April 1934. Heimtückereden, die Verweigerung des Hitler-Grußes oder die Beteiligung an einem Lohnkampf, ja selbst in vielen Fällen die Desertion waren in den meisten der hier geschilderten Fälle eher Ausdruck individueller Unangepaßtheit und mangelnder Durchsetzungsfähigkeit des NS-Regimes als milieuspezifische oder individuelle Verweigerungsfähigkeiten im Sinne des wirkungsgeschichtlichen Resistenz-Begriffs. Ihre Hochstilisierung zur „Volksopposition“ oder „gesellschaftlichen Verweigerung“, zum Beginn des „letzten Gefechtes“ gar waren Wunschprojektionen des Exils und exkulpierende Überinterpretationen der Nachkriegsforschung angesichts eines weitgehend ausgebliebenen, vor allem aber erfolglosen Widerstandes gegen den Nationalsozialismus.

Vielfach erwies sich in unserer Untersuchung das, was andernorts als Resistenz gefeiert wird, lediglich als Mischung aus unbeabsichtigten Polykratiekonflikten, normalem sozialem Konfliktverhalten und frommen Wünschen des Exils, das jede Regung im Land als sich zunehmend politisierende Spiralbewegung interpretierte. Wie wir sahen, ließ das NS-Regime systeminterne Konfliktzonen durchaus zu, ja produzierte diese durch seine inflationären sozialrevolutionären Versprechungen allererst und stellte beispielsweise mit Robert Leys DAF auch Möglichkeiten einer systemimmanenten Krisen- und Konfliktbewältigung zur Verfügung. Die Verweigerung der Sonntagsschichten der saarländischen Bergleute und die Demonstrationen der Lothringengänger waren in diesem Sinne Formen normalen sozialen Konfliktverhaltens, die weder intentional noch funktional dem politischen System Grenzen setzten, sondern sich partiell sogar des vorgegebenen nationalsozialistischen Konfliktmanagements bedienten. Erst die Sichtweise des Exils wertete sie zum politischen Widerstand auf. Die retrospektive Idealisierung systeminterner Konflikte gründete nicht selten in den ungenügenden Informationsmöglichkeiten der politischen Exilorganisationen und in dem Mythos vom proletarischen Heros, dem die linken Emigranten noch immer aufsaßen.

Insbesondere der dem Resistenz-Begriff verhafteten Forschungstradition gelang der Coup, die objektive Unfähigkeit des NS-Regimes, alle Lebensbereiche totalitär zu erfassen und sich den ganzen Menschen anzueignen, in eine als Ungehorsam, Verweigerung und Opposition bezeichnete subjektive Fähigkeit umzudeuten und aus systeminternen Polykratiekonflikten systemexterne Auseinandersetzungen zu machen. Entsprechend der Totalitarismustheorie suggeriert der Resistenz-Begriff die Existenz eines monolithischen und effektiven Machtblocks. Sowohl Broszats Begriff der Resistenz als auch Löwenthals Begriff des „antitotalitären Widerstandes" sind noch geprägt vom Mythos der totalen Propaganda und des totalen Terrors, die beide eine weitestgehende Effizienz unterstellten und daher alle Formen der systembedingten Ineffizienz als subjektive Verweigerungsqualitäten überinterpretierten. Entgegen dem Bild des totalen und widerspruchsfreien Staates erweist sich aus empirisch gesättigter sozialgeschichtlicher Perspektive das NS-Regime als sehr viel weniger durchorganisiert und sehr viel weniger harmonisch. Wie wir zeigen konnten, entfalteten weder die Propaganda noch der Terror totale Wirksamkeit. Es blieben Nischen übrig, in denen sich die Menschen weitgehend normal verhalten konnten. Mit Resistenz und Opposition hatte das Verhalten in diesen nichtgleichgeschalteten Räumen bzw. innerhalb des polykratischen Machtgestrüpps wenig oder nichts zu tun. Erst der totalitäre Macht*anspruch* nach völliger Gleichschaltung und Harmonie, die Postulate der Volks-, Betriebs- und Wehrgemeinschaft politisierten das Verhalten in diesen systeminternen Nischen und Konfliktfeldern als Abweichung von der Norm.

So wenig wie der Nationalsozialismus widerspruchsfrei war, so wenig waren dies auch die unter seiner Herrschaft lebenden Menschen. Der Arbeiter war nicht nur Arbeiter und der Deserteur nicht nur Deserteur. Beide waren in vielfältige soziale Beziehungen verstrickt und auch in sich selbst widersprüchlich. Dissens zum Regime konnte daher durchaus Konsens in anderen zentralen Bereichen einschließen, so wie umgekehrt Konsens mit Grundfragen des NS-Systems Dissens in Teilbereichen keineswegs ausschloß. Wie wir sahen, wurde so selbst der SS-Mann zum Befehlsverweigerer und Deserteur und erfolgte die Solidarität mit verfolgten Juden keineswegs nur aus hehren, sondern eben auch aus finanziellen Motiven. Überhaupt verwischen globale Etikettierungen wie „der Widerstandskämpfer" oder „der Verweigerer" mehr, als daß sie klärend helfen. Nicht der Gegensatz von Konsens und Dissens, von Anpassung und Widerstand war für das Verhalten unterm Hakenkreuz charakteristisch, sondern das abgestufte Ja, das abgestufte Nein und deren Melange. Den „Totalverweigerer" gab es bis auf ganz wenige Ausnahmen nicht.

Diese Abstufungen und Gemengelagen, ebenso wie die konkreten Intentionen der Betroffenen lassen sich in der ausschließlich strukturgeschichtlichen Untersuchung nicht in den Blick bekommen. Gerade in der Widerstandsforschung bedarf der strukturgeschichtliche Ansatz unbedingt der mikroanalytischen Einzelfalluntersuchung. Nur im Einzelfall ist — wie wir sahen — zu ermitteln, aus welchen Gründen jemand in Opposition zum NS-Regime oder zu einer Einzelmaßnahme geriet. Dem abstrahierenden Blick entgeht, ob das Abhören eines Feindsenders, der Umgang mit Kriegsgefangenen oder die Fahnenflucht aus der Wehrmacht politisch oder ausschließlich ganz privat begründet war. Und nur die Einzelfallanalyse vermag zu erkennen, ob eine Person intentional bewußt widersprach oder sie sich der Strafbarkeit ihres Tuns — wie wir es in zahlreichen Fällen vermuten mußten — gar nicht bewußt war.

Mit Ian Kershaw bezweifeln wir, daß die vielfältigen Formen von Dissens und Verweigerung — wie im wirkungsgeschichtlichen Ansatz der Resistenz-Forschung behauptet —, das Herrschaftssystem des Nationalsozialismus, dessen Potentiale und Ziele ernsthaft beeinträchtigt haben. Belege hierfür fanden sich auch in unserer kleinräumlich angelegten Regionalstudie nicht. Um wieviel weniger sind sie für das gesamte Dritte Reich zu erwarten? Bestenfalls nur vorübergehend und sehr partiell dürften Streiks, Fahnenfluchten und das Abhören von ausländischen Rundfunkstationen den nationalsozialistischen Machtwillen begrenzt haben. Zwar waren Ausmaß und Vielfalt der Formen von Dissens und Verweigerung oft überraschend, bedeutsamer jedoch war bei allem Dissens in Einzelfragen die Übereinstimmung mit den Grundzügen der nationalsozialistischen Politik. Für das Funktionieren des NS-Regimes waren die oben skizzierten Konsensbereiche zweifellos relevanter als die Dissens-Zonen. Vor allem transformierte sich der durchaus breit angelegte Teil-Dissens nicht in Opposition und Widerstandsverhalten. Selbst in den letzten Kriegsmonaten kam es nicht — ganz im Unterschied zum Ersten Weltkrieg — zur massenhaften Aufkündigung der politischen Loyalität. Der Grundkonsens des Dritten Reiches funktionierte bis zum bitteren Ende. Wenn überhaupt der NS-Herrschaftsanspruch eingegrenzt wurde, so geschah dies vor allem durch die internen und hausgemachten Konflikte des nationalsozialistischen Polykratiegestrüpps. Wirkungsgeschichtliche Resistenz entfalteten nicht die Heimtückeredner, wohl aber die um politischen Einfluß konkurrierenden Nationalsozialisten innerhalb von Partei- und Staatsapparat. Der größte Resistenzfaktor des Dritten Reiches war der Nationalsozialismus selbst.

VII. Herrschaft und Alltag im Dritten Reich Ein Resümee

1.

Widerstand und Verweigerung fanden nicht in einem luftleeren Raum statt, sondern in einem konkreten Gelände, das von der Widerstands- und regionalen NS-Forschung bislang nur ungenügend thematisiert worden ist. Dieses Gelände haben wir primär mit den Methoden der Sozialgeschichte erschlossen und gezeigt, daß Widerstand und Verweigerung längst nicht nur in individuellen Willensentscheidungen wurzelten, sondern eingebunden waren in eine Vielzahl von objektiven und situativen Faktoren, von ökonomischen und sozialen Zusammenhängen, von Herrschaftskonstellationen, regionalen und lokalen Besonderheiten sowie ideologischen Erblasten. Erst aus diesem, sich zudem mit der Zeit verändernden komplizierten Geflecht können Quantität und Qualität von nonkonformem und widerständigem Verhalten realistisch beurteilt werden.

2.

Als regionalspezifische Besonderheit des katholisch-proletarischen Saargebietes stand die Hypothek des Abstimmungskampfes gleichsam als Barriere der Entfaltung widerständigen Verhaltens gegen die neuen NS-Machthaber entgegen. Hierzu zählten vor allem die Aufspaltung der Regionalgesellschaft entlang der nationalen Frage, die Erosion der einst NS-resistenten Milieus schon vor dem Machtantritt der Nationalsozialisten 1935 sowie schließlich die Emigration der politisch aktivsten Hitlergegner nach der Abstimmung vom 13. Januar 1935.

3.

Zum Gelände des Widerstandes gehörte zunächst der „stille Zwang“ der sozioökonomischen Veränderungen während des Dritten Reiches, der die bis dato rückständige Provinz in den Sog der gleichzeitigen Entwicklung zog, Modernisierungsprozesse in Gang setzte, den Trend zur sozial-räumlichen Mobilität verstärkte, Verstädterungstendenzen forcierte, durch neue Entlohnungsmethoden und Leistungsanreize die Segmentierung der Arbeiterschaft beförderte und die Zusammensetzung der Klassen und Milieus veränderte. Die Erschütterung der Zuordnung zu den traditionellen sozio-kulturellen Milieus, zu erworbenen beruflichen und geschlechtsspezifischen Rollen sowie zu überschaubaren sozialen und geographischen Räumen absorbierte im Alltag eine Vielzahl von Handlungsenergien, zwang zu Neuorientierungen und neuen verläßlichen Identifikationen. So wie materielles Elend historisch nicht unbedingt ein notwendiger Impuls revolutionärer Veränderungen war, so dürfte auch hier die Konzentration der Menschen auf Probleme des

Alltags widerständiges Verhalten zumindest erschwert haben. Nicht Widerstand prägte den saarländischen Alltag nach 1935, sondern die Organisation des materiellen und sozialen Lebens: das Einrichten in den neuen Verhältnissen, die Reduktion der sozialen Wahrnehmung und des sozialen Handelns auf den unmittelbaren Zusammenhang der eigenen Existenz und den Focus der Familie.

Während diese Veränderungen Individualisierungsprozesse begünstigten und schon von daher die Möglichkeiten widerständigen Verhaltens unterliefen, wirkte das seit 1937 einsetzende NS-Wirtschaftswunder zusätzlich konsensbildend und loyalitätsfördernd und ließ die mit den ökonomischen Umstellungsschwierigkeiten der Saarwirtschaft auf den binnendeutschen Markt entstandenen materiellen Sorgen vergessen. Konsensbildende Kräfte gingen während des Krieges schließlich auch von der NS-Wirtschaftspolitik der vollen Lohntüte und des gesättigten Magens sowie schließlich durch die neu installierten rassistischen Hierarchien im Kontext des Fremdarbeitereinsatzes aus. Trotz Stimmungsverschlechterung und zunehmenden Versorgungsengpässen während der zweiten Kriegshälfte hatten die NS-Machthaber keinen November 1918 zu befürchten. Zudem reduzierte die nahezu totale Vereinnahmung der Arbeitskräfte durch die Rüstungswirtschaft sowie durch die kriegsspezifischen Alltagsbelastungen die individuellen wie kollektiven Handlungsmöglichkeiten nahezu gegen Null und forcierte individuelle Überlebensstrategien.

Dort, wo der „stille Zwang“ der ökonomischen Verhältnisse nicht ausreichte, wurde dieser komplettiert durch Formen außerökonomischer Zwangsgewalt in den Betrieben: durch Entlassungs- und Säuberungswellen, durch die zwangsweise Versetzung oppositioneller Arbeiter in andere Reichsteile sowie schließlich durch die Einrichtung von Arbeitserziehungslagern und betrieblichen Schnellgerichten für „Störenfriede der Betriebsgemeinschaft“ und „Arbeitsverweigerer“.

Diese Kombination des „stillen Zwangs“ der ökonomischen Verhältnisse mit Formen außerökonomischen Zwangs in den Betrieben war ein wesentlicher Faktor dafür, daß sich Desillusionierung und Unzufriedenheit nicht öffentlich und kollektiv artikulierten und in politisches Verhalten umsetzten, sondern sich eher unspektakulär, individuell und still in Leistungsrückgang, Krankfeiern oder Privatisierung ausdrückten.

4.

Parallel zur Individualisierung der Gesellschaft und zur Erosion der Milieus geriet der einzelne in den Strudel der politisch-ideologischen Gleichschaltung und der Verstaatlichung der Gesellschaft. Auch das konstituierte Barrieren gegen widerständiges Verhalten. Nach dem verspäteten Aufstieg der NSDAP zur Massenpartei mit breiter klassen- und milieuübergreifender sozialer Basis und einer besonders im industriell-städtischen Kerngebiet des Saarlandes hohen Ortsgruppendichte kam 1937 aus etwa jedem dritten Haushalt ein Parteigenosse. Damit hatte die saarländische NSDAP den hohen Organisationsgrad in der benachbarten Pfalz noch übertroffen. Von ihrer sozialen Zusammensetzung her war die NSDAP an der Saar primär eine Partei der Jungen und der Männer, die im Arbeitsleben standen bzw. eine berufliche Karriere noch vor sich hatten. Nicht der Typus des ideologisch gestählten

„alten Kämpfers" dominierte, sondern der des zwischen 20 und 40 Jahre alten berufstätigen Mannes mit aufstiegs- und berufsorientierten Motiven ohne längere Parteitradition. Nahezu jeder erwerbstätige Mann unter 40 Jahren dürfte aus diesen Gründen auch der DAF angehört haben. Wenn auch von ihrer sozialen Struktur her die NSDAP weniger eine fanatisierte Kampfpartei als ein von „Rucksackrevolutionären" (Bürckel) dominiertes Versicherungsunternehmen war und dementsprechend die Mitgliedschaften in den paramilitärischen Kampfverbänden von SA und SS eher gering ausfielen, so darf aus der Annahme einer eher schwachen politischen Einstellungskonformität der Parteigenossen nicht vorschnell auf deren politische Bedeutungslosigkeit geschlossen werden. Gerade im sozialen und geographischen Nahbereich bildete die NSDAP mit ihrem System der Block- und Zellenwarte als Kontrolleuren und Propagandisten des Nationalsozialismus ein Einfallstor in bestehende Milieuzusammenhänge und erschwerte durch ihre ständige Präsens die Entfaltung von Widerstand und Verweigerung. Durch die Aufwertung des einzelnen Parteigenossen zum Hoheitsträger des Staates fungierte dieser potentiell als Hilfspolizist im unmittelbaren Lebenszusammenhang, was sich u. a. in der hohen Denunziationsbereitschaft der NSDAP-Mitglieder zeigte. Zugleich stellte die Partei mit ihrem differenzierten Organisationsgefüge und ihrem an der Saar eher städtisch-proletarischen Image eine breite Palette von Integrationsangeboten zur Verfügung, die das Gefühl organisatorischer Nestwärme, sozialer Anerkennung und beruflichen Fortkommens vermittelten und den Verlust der Organisationen der Arbeiterbewegung verschmerzen ließen.

5.

Im schwelenden Dauerkonflikt zwischen „Intentionalisten" und „Strukturalisten" in der NS-Forschung beziehen wir eine vermittelnde Zwischenposition. Weder läßt sich Geschichte eindimensional aus der Perspektive einzelner handelnder Personen erklären, noch besitzen überpersönliche Faktoren wie Interessengruppen, Staats- und Parteiapparate, wirtschaftliche Strukturen eine eigenständige Handlungsrelevanz. Strukturen werden durch Personen vermittelt und repräsentiert, so wie umgekehrt die handelnden Akteure nicht in einem luftleeren, strukturlosen Raum agieren. Deutlich wurde dies besonders am Beispiel des saarpfälzischen NSDAP-Gauleiters und Reichskommissars Josef Bürckel, der trotz aller struktureller Vorgaben dem Erscheinungsbild des Dritten Reiches an der Saar ein spezifisches Gepräge gab, das sich zumindest bis Kriegsbeginn von dem anderer Regionen unterschied, der spätestens aber in der zweiten Kriegshälfte von der allgemeinen Entwicklung dennoch eingeholt wurde.

Daß sich der Nationalsozialismus an der Saar deutlich sozialistischer präsentierte, der Antisemitismus sich zunächst weniger terroristisch gebärdete, Integrationsangebote an die einst oppositionellen Milieus stärker akzentuiert wurden als anderswo, die Saar bei der Lösung sozialer Fragen als Vorreiter galt und das Dritte Reich in Gestalt seines Gauleiters auch regional ein persönliches Gesicht besaß, ist ohne das Selbstverständnis Bürckels nicht erklärbar. Gleichwohl wurden die großen Strukturen der Kriegsvorbereitung, der Verfolgung und der generellen propagandistischen Selbstdarstellung des NS-Staates hierdurch nicht aufgehoben, wohl aber modifiziert und gebrochen. Auch Bürckel — keineswegs nur eine Marionette — repräsentierte nur eine spezifische Variante des NS-Hegemonialanspruchs. Möglicherweise scheiterte er 1944 gerade daran, daß sich dieser nun primär durch die SS vertretene Anspruch handlungsmächtiger erwies als seine eigenen autokratischen und ideologischen Intentionen. Zwar gab es im polykratischen Gestrüpp des NS-Regimes so durchaus Spielräume für die handelnden Personen, deren Grenzen zu überschreiten aber konnte auch für Hoheitsträger wie Bürckel den Tod bedeuten.

6.

Im alltäglichen Horizont der Menschen war der Nationalsozialismus längst nicht nur Terror und keineswegs bloß Angst und Leiden. Besonders die lokal/regionalhistorische NS- und Widerstandsforschung hat die Analyse der Aussöhnungs- und Integrationsstrategien sträflich vernachlässigt, obwohl gerade Propaganda und Sozialpolitik als zentrale Handlungsfelder der braunen Revolution wichtige Determinanten für das Gelände des Widerstandes bildeten, da es ihnen nicht unerheblich gelang, Akzeptanz und Konsens zu produzieren. Auch wenn wir dem Mythos einer allseits gegenwärtigen und omnipotenten NS-Propaganda, wie sie insbesondere die Parteilegende malte, nicht folgen, so ist doch keineswegs zu übersehen, daß diese im Zusammenspiel mit Ansätzen einer aktiven Sozialpolitik die Pazifizierung ehemals NS-resistenter Populationen maßgeblich begünstigte und eine deutlich stärkere Verführungskraft als während der „Kampfzeit" entfaltete. Dies hatte gleichermaßen finanziell-organisatorische wie inhaltliche Gründe. Erst nach dem Machtantritt der Nationalsozialisten waren diese auch an der Saar in der Lage, ein dichtes Netz der propagandistischen Einflußnahme insbesondere durch Presse und Rundfunk zu installieren, in das etwa jeder zweite Haushalt einbezogen war und das — saarspezifisch — ganz zentral durch Vertraute des saarpfälzischen Gauleiters bestimmt wurde. Dies wiederum setzte Bürckel in die Lage, sein sozialpolitisches und propagandistisches Programm des „Sozialismus der Tat" bzw. der „sozialen Aufrüstung" massenhaft zu propagieren und somit Folgebereitschaften zu mobilisieren.

Von ihrem Erscheinungsbild war die propagandistische Selbstdarstellung des Dritten Reiches an der Saar zumindest während der Vorkriegszeit deutlich „sozialistischer", als wir dies zunächst vermutet hatten. „Nationaler Sozialismus" war die zentrale propagandistische Formel, mit der sowohl ein neuerlicher „Dolchstoß" wie 1918 vermieden werden sollte, als auch die Zauberformel, mit der Bürckel die Renationalisierung und Integration der Arbeiterschaft in den neuen Staat zu bewerkstelligen hoffte. „Sozialismus" meinte hierbei ein doppeltes Verpflichtungsverhältnis: die Bereitschaft des einzelnen, für die Gemeinschaft einzutreten und nötigenfalls für sie zu sterben, als auch die Verpflichtung der Gemeinschaft, sich um den einzelnen zu sorgen. Durch öffentlichkeitswirksame Kampagnen, durch publizistische Attacken gegen „Wucherer", Spekulanten und „asoziale" Unternehmer, durch sozialegalitäre Parolen und spektakuläre Aktionen sowie schließlich mit den Mitteln der Kunst versuchte die Propaganda, das Bild der NSDAP als einer sozialrevolutionären Partei zu zeichnen, wobei aufgrund mangelnder Vergleichsstudien nicht zu entscheiden ist, ob es sich hierbei um eine regionale Besonderheit oder um ein allgemeines Charakteristikum der nationalsozialistischen Selbstdarstellung in proletarischen Regionen handelte.

Materielle Untermauerung fand der propagandistische „Sozialismus der Tat" durch Ansätze einer aktiven Sozialpolitik des NS-Staates und insbesondere der DAF, die nicht nur Aktionen gegen Arbeitslosigkeit und Wohnungsmisere umfaßten, sondern auch vor staatlichen Eingriffen in die private Verfügungsgewalt der Unternehmer nicht zurückschreckten. Vor allem im Bereich der Montanindustrie wurde diese Politik durch Maßnahmen betrieblicher Sozialpolitik komplettiert, die über die Verstärkung von rein funktionalen Bindungen der Arbeiter an die Betriebe auch im unmittelbaren Arbeitszusammenhang das Gefühl vermittelten: Es wird gesorgt.

Erfüllten Propaganda und Sozialpolitik primär Integrationsaufgaben, so wohnte den propagandistischen Gebrauchswertversprechen und Formeln zugleich ein dysfunktionaler, überschießender Rest inne, der soziale Konfliktpotentiale nicht nur glättete, sondern eben auch zu verschärfen vermochte. Erst mit Beginn des Krieges schliff sich die sozialistische Propaganda weitgehend ab, wurde die NS-Sozialpolitik spürbar reduziert.

Während im deutlichen Kontrast zur „Kampfzeit" diese positive Propaganda des „nationalen Sozialismus" während des Dritten Reiches stärker akzentuiert war, verzichtete die Propaganda aber auch jetzt nicht auf das komplementäre Negativbild: auf die Visualisierung apokalyptischer Bedrohungsszenarien und auf die publizistische Ausgrenzung und Attackierung der vermeintlichen Feinde des Nationalsozialismus. Dabei ergab die Analyse phasenspezifisch unterschiedliche Frontlinien und eine Feindbildhierarchie, die überrascht. Ganz im Kontext der „sozialistischen" Propaganda und in der Tradition der linken Kritik am kapitalistischen „Bonzentum" dominierte während der Etablierungsphase des Dritten Reiches an der Saar zunächst ganz die soziale Frontlinie gegen „Volksschädlinge" aus den Reihen der Unternehmer und Geschäftsleute. 1937/38 gesellte sich auf dem Höhepunkt des Kirchenkampfes — wenngleich deutlich verhaltener — die konfessionelle Attacke gegen den katholischen Klerus hinzu. Die rassistische Frontstellung gegen Juden und „Gemeinschaftsfremde" setzte massiv erst im Zusammenhang der „Reichskristallnacht" 1938 ein, wobei sie im Vergleich zu anderen Regionen eher abgeschwächt war und man ihr eine eigene größere Mobilisierungskraft nicht zuzutrauen schien. Diese zumindest teilweise auch in der Tradition der Arbeiterbewegung stehende Feindbildpropaganda dürfte — so kann nur vermutet werden — auch Ressentiments und Vorurteile von einst NS-resistenten Populationen angesprochen und diese, wenn auch nicht unbedingt mobilisiert, so doch zumindest desorientiert und neutralisiert haben.

7.

Auch die immer noch dominierende Vorstellung einer Totalbeherrschung der Gesellschaft durch die Kontroll- und Überwachungsinstrumente des Regimes bedarf einer Revision. Der regionale Maßnahmenstaat, wie der rechtsfreie Machtbereich in Anlehnung an Ernst Fraenkel genannt wurde, war keineswegs ein ausgeklügelter Mechanismus der Repression, in dem ein Rädchen präzise ins andere griff. Ebenso wie selbst die Reichstagsbrandverordnung einer auf Zufall beruhenden Improvisation und nicht dem Kalkül planvoller Machteroberung entsprang, war er das improvisierte Resultat eines stetigen Wucherungsprozesses alter und neuer Instanzen, die nach je eigenen Gesetzen und strukturellen Notwendigkeiten Kompetenzen besetzten und sich dabei ins Gehege kamen, die Instrumentalisierungen ebenso probierten wie Praktiken des Unterlaufens und der offenen Obstruktion. Der deklarierte Ausnahmezustand war zwar permanent, er verwickelte jedoch die über ihn wachenden Instanzen in einen Prozeß ständiger Zuständigkeitsstreitigkeiten und Machtumschichtungen.

Die angestrebte totalitäre Effizienz wurde durch diese innere Fragmentierung und die daraus resultierenden polykratischen Konflikte recht erheblich beeinträchtigt. Dies galt im besonderen Maße für die Gestapo, die als junge, unerfahrene, unterbesetzte Institution, die sich beileibe nicht nur aus Super-Kriminalisten rekrutierte, keineswegs per se die gewünschte Funktion einer Zentralinstanz der organisierten außernormativen Gewalt ausfüllen konnte und darum auf allen Feldern auf Zuarbeit angewiesen war. Der strukturell notwendige Zwang zur Delegation wesentlicher geheimpolizeilicher Aufgaben bedeutete real jedoch das Abwälzen von Arbeit auf andere Institutionen, bedrohte deren Autonomie, produzierte Unterstellungsphobien und Abwehrstrategien.

Eine Untersuchung von Struktur und Handlungsrepertoire der Gestapo verweist deren Image als allwissende und allgegenwärtige Geheimpolizei in den Bereich des propagandistisch erzeugten Bluffs; die Maxime „Der Schein bestimmt das Sein" ist keine Erfindung der Postmoderne. Die Stapo-Stelle Saarbrücken war vor allem eine Instanz des Papierkriegs, höchstens minimal eine detektivische Institution der Fahndung, Observation und Ermittlung. Sie verwaltete den Terror, litt unter Überbürokratisierung und Vorschriftenwütigkeit, unter Überforderung und einer kaum zu bewältigenden Datenflut. Angesichts der geringen Qualifikation, der zunehmenden Fluktuation und personellen Engpässe reduzierte jeder von Berlin angeordnete Schritt zur Perfektionierung der Verfolgung faktisch ihre kriminalistische Effektivität.

Auch die Akteure des regionalen Maßnahmenstaates waren längst nicht nur monströse Figuren. Bei den mittleren und unteren Chargen der Gestapo und des Sicherheitsdienstes, erst recht bei der regulären Polizei und dem Werkschutz mit ihren stärkeren lokalen Bindungen, Rücksichten und Beziehungen fällt eine erstaunliche Differenzierung ins Auge, die auf keineswegs völlig fanatisierte und ideologisch verhärtete Institutionen hindeutet. Es gab gewiß Identifikation mit dem Regime, aber mehr noch die Kontinuität der bleibenden Sekundärtugenden von Pflicht und Gehorsam, in der Regel eingebettet in ein abhängiges Beamtentum. Es waren — mit wenigen Ausnahmen — keine von der Weltwirtschaftskrise gebeutelten Desperados, sondern die nur geringfügig „gesäuberten" Apparate der ehedem republikanischen Polizei und Justiz, die in die neuen Aufgaben hineinwuchsen. Und es waren die Honoratioren des örtlichen Mittelstandes, die das Informationsnetz des Sicherheitsdienstes konstituierten. Die Entnormierung subjektivierte nicht nur die Maßstäbe und personalisierte de facto die Entscheidungen, sie schuf damit auch Spielräume für den einzelnen, die höchst unterschiedlich genutzt wurden. Dominant war zwar der Trend zur unbegrenzten Willkür, aber es gab auch die — verschieden motivierte und meist auf Teilgruppen partialisierte — Tendenz der informellen Konfliktbereinigung durch Warnen, Ein-Auge-Zudrücken, Laufen-Lassen. Die Zerklüftung des regionalen Maßnahmenstaates widerspiegelte sich in den unterschiedlichen Verhaltensweisen seiner Akteure.

Die polykratischen Dauerkonflikte sorgten zwar für ständigen Sand im Getriebe, die strukturellen Defizite der Stapo-Stelle produzierten massenweise Pannen, die keineswegs immer SS-mäßig agierenden Mitglieder der verschiedenen staatsterroristischen Vereinigungen schufen manches unverhoffte Schlupfloch für den Widerstand — gleichwohl gab es auch gegenläufige Prozesse: Die seit Kriegsbeginn allmählich auf alle Instanzen abstrahlende kumulative Radikalisierung entsprang nicht zuletzt dem Wissen um die eigene Schwäche, die durch die personelle Ausdünnung, Dequalifizierung und Überalterung seit 1939 ständig zunahm. Insbesondere die wachsende Zahl „fremdvölkischer" Arbeitskräfte scheint diese Befürchtungen forciert zu haben: Das Fremdarbeiterheer bildete einerseits zwar eine sozialrassistische Abschlagszahlung auf die Zukunft, die überaus konsensförderlich wirkte, der „Iwan" im eigenen Land schürte andererseits aber auch die Angst vor der Sicherheitslücke, ließ das Schreckbild des Horror vacui erwachsen. Daraus resultierte ein brisantes Gemisch aus „Herrenmenschen"-Attitüde und Unterlegenheitsgefühl, aus projizierter Gewaltbereitschaft und verinnerlichter Drohgebärde, aus Bolschewistenhaß, Aufstandsängsten und Beschützerinstinkten, das ein schräges Verantwortungsethos ermöglichte, die bisherigen Konflikte relativierte und seit 1941/42 auch politisch-ideologische Dissonanzen überlagerte. Diese Optik des steten Argwohns auf einen Gefahrenherd, der seit Stalingrad vollends perhorresziert wurde, bewirkte einen Schulterschluß, ein mentales Zusammenrücken angesichts des drohenden Untergangs. Gleichwohl besaß auch der Prozeß der kumulativen Radikalisierung seine dialektische Kehrseite: Die Feindbildexplosion, die Überdehnung der polizeilichen Ressourcen und die Focussierung des Blicks auf die „Fremdvölkischen" schufen Lücken und Freiräume für den einheimischen Widerstand und erweiterten damit objektiv dessen Handlungschancen.

8.

Ihre relative Effizienz verdankte die Gestapo nicht nur den — teils abgerungenen, teils freiwilligen — Serviceleistungen der Verwaltungsbürokratie und der regulären Polizei, sondern vor allem der gesellschaftlichen Akzeptanz des Staatsterrors, der damit durchaus plebiszitäre Züge trug. Der Zugriff war volkstümlich, die Initiative dazu ging fast immer „von unten" aus. In der Ermittlung regierte „Kommissar Zufall" in Gestalt von Denunzianten, V-Leuten, NSDAP-Funktionären und beamteten Bediensteten des Regimes und überfrachtete die Stapo-Stelle gefragt und ungefragt mit Meldungen und Meinungen, Anzeigen und Verdächtigungen. Diese Briefkasten-Praxis kompensierte die strukturellen Defizite der Gestapo, sie sorgte aber auch dafür, daß diese dadurch vollends in bürokratischer Routine ertrank. In dieser Beziehung waren Macht und Ohnmacht der Gestapo dialektisch miteinander verkoppelt.

Nicht die binnenorganisatorische Präzision machte die Wirksamkeit der Gestapo aus, sondern die massenhafte Kollaboration mit dem Regime, die der neuen Geheimpolizei viele freiwillige Ohren in der Region verschaffte, sie aber auch für ihre eigenen Zwecke instrumentalisierte. Die Möglichkeit der Anzeige wurde längst nicht nur von fanatischen „150-Prozentigen" genutzt, sie verschaffte auch die Scheidung oder die Emanzipation vom Elternhaus, sie regelte Erbschaftsdifferenzen und Streitigkeiten in der Nachbarschaft oder am Arbeitsplatz, sie eignete sich als Denkzettel und als Sedativum gegen die eigenen Ängste im Krieg. Auch hierin bot das Saarland nach 1935 keineswegs das Bild einer unter der Diktatur ächzenden Region.

Das überraschend hohe Ausmaß der Denunziation, in dem insbesondere die Unterschichten an der neuen Herrschaft partizipierten, bildete die zentrale Informationsquelle des regionalen Maßnahmenstaates. Der propagandistisch erzeugte Mythos der Allwissenheit besaß hier, nicht aber in der kriminalistischen Potenz der Gestapo eine reale Grundlage. Daneben verschaffte die Erosion der sozio-kulturellen Milieus der Stapo-Stelle einige Dutzend V-Leute, die sich vielfach bereitwillig zur Verfügung stellten und ihr Wissen aus der Vergangenheit auf die Waage brachten, um Anschluß an die neue Zeit zu finden. Die V-Leute bildeten zwar das einzige wirklich durchschlagende Mittel zur Aufdeckung konspirativer Gruppen, dennoch waren sie allein schon aus numerischen Gründen bei aller konkreten Brisanz keineswegs *die* flächendeckende Wunderwaffe. Für den Widerstand aber gestaltete sich das Gelände durch die unberechenbare und mit den eigenen Prämissen kaum vereinbare Existenz von Denunzianten und V-Leuten vollends unübersichtlich.

Da die Stapo-Stelle fast ausschließlich als Anzeigensammelstelle und Entscheidungsinstanz fungierte, waren ihre Beamten dominant Schreibtischtäter, Buchhalter der Repression, die Schicksal spielten. Das Instrument der Schutzhaft als interner Weg polizeilicher Selbstjustiz verwandelte sich in ihren Händen ebenfalls in einen strukturell notwendigen Mechanismus zur Kaschierung der eigenen kriminalistischen Mängel. Es diente als Ersatz präziser polizeilicher Ermittlung, aber auch als Mittel der Urteilskorrektur und erlaubte es, einem permanenten Kleinkrieg mit der Justiz aus dem Wege zu gehen, bei dem die Gestapo häufig den kürzeren zog, da die Gerichte — selbst der Volksgerichtshof — bis in den Krieg hinein weitgehend auf der Basis einer Beweislast urteilten und im Fall bloßer Verdachts- und Leumundsmomente zu Freisprüchen griffen. Der klassische Weg justizieller Aburteilung wurde darum von der Gestapo in der Regel nur noch in gewissermaßen „wasserdichten" Fällen praktiziert, während Polizei und SS tendenziell Ermittler, Kläger, Richter und Vollstrecker in einem wurden. Die Skrupel und Vorbehalte gegenüber der Justiz, die dafür als Begründung dienten, waren häufig vorgeschobene Argumente, die die eigenen Defizite im Bereich der Ermittlung und Beweisführung verdecken sollten. Das überraschend hohe Maß an Überforderung und der immer freizügigere Griff zum Schutzhaftbefehl bildeten gewissermaßen zwei Seiten einer Medaille, kriminalistischer Dilettantismus und wachsende Neigung zur KZ-„Verschubung" korrespondierten dialektisch miteinander.

9.

Trotz Propaganda und Terror gelang es den NS-Machthabern nicht, die Gesellschaft total durchzuorganisieren und auf ihre Ziele festzulegen. Das totalitarismustheoretische Bild einer gleichsam eindimensionalen Gesellschaft verkennt, daß es genügend Nischen gab, in denen sich ein einigermaßen normaler Alltag leben ließ und auch systeminterne Konflikte an der Tagesordnung waren. Die innerhalb der Widerstands- und NS-Forschung vielfach betriebene politisierende Aufblähung solcher systemneutraler alltäglicher Verhaltensweisen sowie die oppositionelle Umdeutung systemimmanenter Konflikte zu „Volksopposition", „Resistenz" oder gar „Widerstand" reproduziert nur die hohe Meßlatte der Systemloyalität des Dritten Reiches. Demgegenüber haben wir versucht, das Massendelikt „Heimtücke" eher als Ausdruck von Unangepaßtheit, Zweifel, Distanz, momentaner Unbeherrschtheit, denn als prinzipielle Gegnerschaft zu dechiffrieren. Distanz und Desinteresse zeigten sich zunehmend auch gegenüber der propagandistischen Selbstdarstellung und Publizistik des NS-Regimes, ohne daß hieraus aber Opposition erwuchs. Auch die Saarländer wußten mehr bzw. hätten mehr wissen können, als dies die gleichgeschalteten NS-Medien zuließen. Aber auch diese Informiertheit setzte sich höchstens vereinzelt in oppositionelles Verhalten um.

Trotz aller propagandistischen und terroristischen Anstrengungen blieben Volksgemeinschaft, Betriebsgemeinschaft und Wehrgemeinschaft unvollendet, brüchig und widerspenstig. Mit Widerstand und Verweigerung hatte diese ungenügende Durchsetzung des Nationalsozialismus gleichwohl nichts zu tun. Individuelle wie kollektive Arbeitsverweigerungen waren ein durchaus normales soziales Verhalten, das erst angesichts der propagierten totalen Leistungsgemeinschaft in den Blick der NS-Sicherheitsbehörden geriet. Insbesondere Streiks — vielfach von der DAF mitgetragen und durch propagandistische Parolen motiviert — waren eher systemneutrale Abwehrreaktionen gegen die Verschlechterung der Arbeitsbedingungen, mitunter sogar systeminterne Regelungsformen in sozialen Konflikten als Formen von Klassenkampf oder gar politisch motivierte Arbeiteropposition. Und auch die Fälle von Wehrkraftzersetzung und Fahnenflucht waren nicht zwangsläufig Ausdruck einer antinationalsozialistischen Gesinnung, sondern eher spontane, situationsabhängige Entscheidungen, Akte der Selbstbestimmung oder Ausdruck von Unzufriedenheit und Kriegsmüdigkeit. Wie bei den sogenannten Rassedelikten waren sich die Betroffenen der Strafbarkeit ihres Handelns vielfach gar nicht bewußt. Rational-politisch motivierte Handlungen wie das Verstecken gefährdeter Personen, die Wehrdienstverweigerung oder das Überlaufen zum Feind blieben die große Ausnahme. Erst unmittelbar gegen Kriegsende weiteten sich individuelle Distanz, Enttäuschung und Unangepaßtheit zu kollektiven Desintegrationserscheinungen aus, ohne aber auch dieses Mal den politischen Grundkonsens in Frage zu stellen. Eine ernsthafte Gefährdung des NS-Regimes ging von den vielfältigen Formen von Dissens und Verweigerung zu keinem Zeitpunkt aus. Systeminterne Konflikte innerhalb der NS-Polykratie blieben bedeutsamer als Streiks, Fahnenflucht und massenhafte Heimtücke. Entgegen dem totalitarismus-theoretischen Bild einer starren NS-Herrschaftsorganisation erwies sich das Dritte Reich in unserer Untersuchung als weitaus dynamischer, elastischer und konfliktfähiger. Die NS-Machthaber konnten mit Unbotmäßigkeit, nur oberflächlicher Anpassungskonformität, mit verbalisierter Heimtücke-Kritik, ja selbst mit Streiks und Desertion durchaus leben, da der Konsens in Grundfragen der Politik gewährleistet war.

Trotz der Vielfalt der von uns ermittelten Formen von Dissens und Verweigerung erscheint uns die Bevölkerung in ihrer Gesamtheit sehr viel eher geneigt gewesen zu sein, dem Nationalsozialismus zu folgen, sich verführen zu lassen, sich — wenn auch nicht unbedingt innerlich überzeugt — in die neuen Verhältnisse einzufügen, die Belastungen der Kriegsvorbereitungen und die Entbehrungen des Krieges zu tragen oder sich als Denunzianten der Gestapo zur Verfügung zu stellen. Daß Propaganda und Terror funktionieren konnten, lag eben nicht nur in der Verführungs- und Einschüchterungsfähigkeit dieser Institutionen begründet, sondern ebenso sehr in der Bereitschaft der Menschen, sich verführen und einschüchtern zu lassen. Diese Bereitschaft reichte — das kann schon an dieser Stelle gesagt werden — bis weit hinein in die ehemals NS-resistenten Populationen. Dies begründet die Notwendigkeit, den Blick innerhalb der NS- und Widerstandsforschung wieder stärker dem subjektiven Faktor in der Geschichte zuzuwenden. Aus der Perspektive der Organisations- und Institutionengeschichte erscheint uns das Erfolgsgeheimnis des Nationalsozialismus jedenfalls nicht zu entschlüsseln zu sein.

Gleichwohl war es keine totale Gefolgschaft, sondern eine je nach Alterskohorten, Milieus, Zeitphasen und dem Bezugspunkt der Gefolgschaft gebrochene, partielle. So falsch es wäre, eine breite Volksopposition zu unterstellen, so falsch wäre es auch, von einer völlig gleichgeschalteten Bevölkerung auszugehen. Nach unserer Untersuchung war die Loyalitätsbereitschaft bei den jüngeren Alterskohorten größer als bei den älteren, bei den am Beginn ihrer beruflichen Karriere stehenden Männern ausgeprägter, als bei denen, die ihr Karriereziel bereits erreicht hatten, bei den nichtmilieugebundenen Populationen eher zu finden als bei den milieugebundenen, während der Abstimmungszeit, des Rüstungsbooms und des „Blitzkrieges" größer als gegen Ende des Krieges, eher bei denen anzutreffen, die unmittelbar am wirtschaftlichen Aufschwung partizipierten als bei denen, die zwangsversetzt wurden oder keinen Arbeitsplatz besaßen. Schließlich war die Gefolgschaftsbereitschaft auf sozialem, kulturellem und außenpolitischem Sektor ausgeprägter als gegenüber der offen praktizierten Gewalt.

10.

Aus der regionalen Nahoptik und der Perspektive des Alltags erscheint vieles banaler und normaler als aus der politisierenden Sicht der Gestapo, des Exils oder aus der aus volkspädagogischen Gründen die Besonderheiten des NS-Regimes überzeichnenden Sicht der Nachkriegszeit. Zugleich werden stärker Kontinuitätsbezüge in die Zeit der Weimarer Republik wie in die Bundesrepublik hinein deutlich. Um die in dieser Studie angeschnittenen Fragen weiter diskutieren zu können, um zu entscheiden, ob es sich bei einzelnen Ergebnissen nur um regionale Spezifika handelt oder um allgemein gültige Charakteristika, bedarf es weiterer systematisch angelegter, komparativer Lokal- und Regionalstudien z. B. zum „sozialistischen“ Gesicht des Dritten Reiches, zur Denunziationsbereitschaft der deutschen Bevölkerung, zur Tätigkeit der lokal/regionalen Polizeiorgane und der mit ihnen kollaborierenden Institutionen.

Anhang

Abkürzungen

ADAP	Akten zur Deutschen Auswärtigen Politik
AdsD	Archiv der sozialen Demokratie Bonn
AGK	Archivum glownej Komisji badania zbrodni hitlerowskich w polsce Warschau (Archiv der Hauptkommission zur Erforschung der Hitlerverbrechen in Polen)
ASG	Archiv für Sozialgeschichte
BAK	Bundesarchiv Koblenz
BA/MA	Bundesarchiv/Militärarchiv Freiburg/B.
BDC	Berlin Document Center
BdM	Bund deutscher Mädel
BzG	Beiträge zur Geschichte der deutschen Arbeiterbewegung
CGT	Confédération Générale du Travail
CMV	Christlicher Metallarbeiter-Verband
DAF	Deutsche Arbeitsfront
DAWF	Dokumentationsarchiv des deutschen Widerstandes Frankfurt/M.
DNVP	Deutschnationale Volkspartei
DVP	Deutsche Volkspartei
DZA	Deutsches Zentralarchiv
Gestapa	Geheimes Staatspolizeiamt Berlin
Gestapo	Geheime Staatspolizei
GG	Geschichte und Gesellschaft
GStA	Geheimes Staatsarchiv
HJ	Hitlerjugend
HStAD	Nordrhein-Westfälisches Hauptstaatsarchiv Düsseldorf
HStAW	Hessisches Hauptstaatsarchiv Wiesbaden
HSSPF	Höherer SS- und Polizeiführer
HZ	Historische Zeitschrift
IfZ	Institut für Zeitgeschichte München
IISG	Internationaal Instituut voor Sociale Geschiedenis Amsterdam
IMG	Der Prozeß gegen die Hauptkriegsverbrecher vor dem Internationalen Militärgerichtshof
IML-ZPA	Institut für Marxismus-Leninismus — Zentrales Parteiarchiv Berlin
IWK	Internationale wissenschaftliche Korrespondenz zur Geschichte der deutschen Arbeiterbewegung
JVA	Justizvollzugsanstalt
JWG	Jahrbuch für Wirtschaftsgeschichte
JWLG	Jahrbuch für westdeutsche Landesgeschichte
KdF	NS-Gemeinschaft Kraft durch Freude
KJVD	Kommunistischer Jugendverband Deutschlands
Komintern	Kommunistische Internationale
LAS	Landesarchiv Saarbrücken
LEA	Landesentschädigungsamt
LHAK	Landeshauptarchiv Koblenz
LRA	Landratsamt
MBliV	Ministerialblatt der inneren Verwaltung
Nl.	Nachlaß
NSBO	Nationalsozialistische Betriebszellen-Organisation
NSV	Nationalsozialistische Volkswohlfahrt
OKW	Oberkommando der Wehrmacht
OSR	Oberster Säuberungsrat
PAAA	Politisches Archiv des Auswärtigen Amtes
PrMdI	Preußisches Ministerium des Innern
PVS	Politische Vierteljahresschrift

RFSS	Reichsführer SS
RGBl.	Reichsgesetzblatt
RGO	Revolutionäre Gewerkschafts-Opposition
RM	Reichsmark
RMI	Reichsministerium des Innern
RMJ	Reichsjustizministerium
RSHA	Reichssicherheitshauptamt
SA	Sturmabteilung
SAJ	Sozialistische Arbeiterjugend
SD	Sicherheitsdienst des Reichsführers SS
Slg.	Sammlung
Sopade	Sozialdemokratische Partei Deutschlands (Exilvorstand)
SPS	Sozialdemokratische Partei Saar
SS	Schutzstaffel
SSP	Saarländische Sozialistische Partei
Stalag	Mannschaftsstammlager
StAM	Nordrhein-Westfälisches Staatsarchiv Münster
Stapo	Staatspolizei
SWV	Saarländische Wirtschaftsvereinigung
vs.	versus
VZG	Vierteljahreshefte für Zeitgeschichte
WK	Wehrkreis
ZGS	Zeitschrift für die Geschichte der Saargegend
ZK	Zentralkomitee

Verzeichnis der Tabellen und Schaubilder

Tabellen

Schaubilder

Anmerkungen

Das Gelände des Widerstandes
Einleitung

1 Günter Plum: Das „Gelände“ des Widerstands. Marginalien zur Literatur über den Widerstand gegen den Nationalsozialismus, in: Wolfgang Benz (Hrsg.): Miscellanea. Festschrift für Helmut Krausnick zum 75. Geburtstag, Stuttgart 1980, S. 93.
2 Klaus-Michael Mallmann/Gerhard Paul: Das zersplitterte Nein. Saarländer gegen Hitler (Widerstand und Verweigerung im Saarland 1935—1945, Bd. 1, hrsg. v. Hans-Walter Herrmann), Bonn 1989.
3 So z. B. in den großen lokalgeschichtlichen Monographien von Kurt Klotzbach: Gegen den Nationalsozialismus. Widerstand und Verfolgung in Dortmund 1930—1945. Eine historisch-politische Studie, Hannover 1969; Hans-Josef Steinberg: Widerstand und Verfolgung in Essen 1933—1945, Bonn-Bad Godesberg 1969; Kuno Bludau: Gestapo — geheim! Widerstand und Verfolgung in Duisburg 1933—1945, Bonn-Bad Godesberg 1973; Heike Bretschneider: Der Widerstand gegen den Nationalsozialismus in München 1933 bis 1945, München 1968; Helmut Beer: Widerstand gegen den Nationalsozialismus in Nürnberg, Nürnberg 1976.
4 Alf Lüdtke: Wo blieb die „rote Glut“? Arbeitererfahrungen und deutscher Faschismus, in: ders. (Hrsg.): Alltagsgeschichte. Zur Rekonstruktion historischer Erfahrungen und Lebensweisen, Frankfurt-New York 1989, S. 224—282.
5 Martin Broszat (Hrsg.): Bayern in der NS-Zeit, Bde. 1—6, München 1977, 1979, 1981, 1983.
6 Ders.: Zur Sozialgeschichte des deutschen Widerstandes, S. 293—309.
7 Ders.: Plädoyer für Alltagsgeschichte: Eine Replik auf Jürgen Kocka, in: ders.: Nach Hitler. Der schwierige Umgang mit unserer Geschichte, München 1988, S. 194—200; zur Problematik des Begriffs vgl. Alltagsgeschichte der NS-Zeit. Neue Perspektive oder Trivialisierung?, München 1984.
8 Peter Steinbach: Aspekte der Widerstandsforschung im wissenschaftsgeschichtlichen und landeshistorischen Kontext, in: *Niedersächsisches Jahrbuch für Landesgeschichte* 62 (1990), S. 1—23, bes. S. 15 ff.
9 Broszat: Plädoyer für eine Historisierung des Nationalsozialismus, S. 266—281.
10 Backes/Jesse/Zitelmann: Was heißt „Historisierung“ des Nationalsozialismus?, S. 27.
11 Helga Schubert: Judasfrauen. Zehn Fallgeschichten weiblicher Denunziation im Dritten Reich, Frankfurt/M. 1990.
12 Vgl. hierzu vor allem Hans-Walter Herrmann: Das Schicksal der Juden im Saarland, sowie die bei ders.: Forschungen zur saarländischen Geschichte. Die Zwischenkriegszeit 1919—1939, in: Alfred Wahl (Hrsg.): L'Histoire moderne et contemporaine en Sarre-Lorraine-Luxembourg, Metz 1990, S. 167 f. aufgelistete Literatur.
13 Vgl. Heinz Voßke: Über die Bestände des Archivs im Institut für Geschichte der Arbeiterbewegung in Berlin, in: *IWK* 26 (1990), S. 191—197; da die Bestände staatlicher Provenienz mittlerweile dem Bundesarchiv in Potsdam übergeben wurden, wir jedoch weder den Umfang dieser Abgabe noch die — möglicherweise erfolgte — Änderung der Signaturen kennen, behielten wir in den Anmerkungen die Bezeichnung IML-ZPA bei.

I. Provinz im Wandel:
Strukturelle Voraussetzungen und Veränderungen

1 Zum Saarabstimmungskampf vgl. an grundlegender Literatur von zur Mühlen: „Schlagt Hitler an der Saar!“; Zenner: Parteien und Politik im Saargebiet unter dem Völkerbundsregime; Paul: „Deutsche Mutter — heim zu Dir!“; ders.: Die Saarabstimmung 1935. Determinanten eines verhinderten Lernprozesses über den Faschismus an der Macht, in: *PVS* 26 (1985) 1, S. 5—28; sowie aus lokaler Perspektive Karl Ludwig Jüngst: Zwischen „Heim ins Reich“ und „Status quo“. Sulzbach im Kampf um die Saarabstimmung, in: Mallmann/Paul/Schock/Klimmt: Richtig daheim waren wir nie, S. 157—165; einen nach wie vor lesenswerten Einblick in die Stimmung des Abstimmungskampfes bietet die Reportage von Theodor Balk: Hier spricht die Saar. Ein Land wird interviewt, Zürch 1934 (Neudruck St. Ingbert 1984).
2 Mit dem Begriff Milieu werden anknüpfend an Rainer M. Lepsius: Parteisystem und Sozialstruktur. Zum Problem der Demokratisierung der deutschen Gesellschaft, in: Wirtschaft, Geschichte und Wirtschaftsgeschichte. Festschrift zum 65. Geburtstag von Friedrich Lütge, Stuttgart 1966, S. 383 soziale Einheiten bezeichnet, „die durch Koinzidenz mehrerer Strukturdimensionen wie Religion, regionale Tradition, wirtschaftliche Lage, kulturelle Orientierung, schichtenspezifische Zusammensetzung der intermediären Gruppen, gebildet werden“.
3 Hinweise zum katholischen Milieu des Saargebietes sowie zum Einbruch des Nationalsozialismus bei Paul: Die NSDAP des Saargebietes, S. 22 ff., 226 sowie Maria Zenner: Saarländischer Katholizismus in der Völkerbundszeit, in: Mallmann/Paul/Schock/Klimmt: Richtig daheim waren wir nie, S. 143—147; eine umfassende Analyse dieses wichtigen saarländischen Milieus ist ein zentrales Desiderat der regionalen Geschichtsforschung.

4 Zum links-proletarischen Milieu und zum Einbruch der NSDAP in die „marxistische Front“ Paul: Die NSDAP des Saargebietes, S. 24 ff., 220 ff.; zum Abwandern von KPD- und SPD-Anhängern ins Lager der Deutschen Front ders.: „Deutsche Mutter — heim zu Dir!“, S. 188 ff., 305 ff.; Mallmann/Steffens: Lohn der Mühen, S. 134—143, 179—187.

5 Zur Zusammensetzung der NSDAP-Wählerschaft Paul: Die NSDAP des Saargebietes, S. 201 ff.

6 *Deutschland-Berichte* Nr. 1/Januar 1935, S. 118 f.; textidentisch mit dieser Analyse des Saarkampfes ist der Aufsatz von Max Klinger (= Curt Geyer): Eine verlorene Schlacht, in: *Zeitschrift für Sozialismus* 2 (1935), S. 529—535.

7 Zur Überlagerung der sozialen durch die nationale Frage in der Arbeiterbewegung während der Völkerbundszeit Paul: „Deutsche Mutter — heim zu Dir!“, S. 48 ff. sowie Klaus-Michael Mallmann: Klassenkampf fürs Vaterland. Der Bergarbeiterstreik 1923, in: Mallmann/Paul/Schock/Klimmt: Richtig daheim waren wir nie, S. 103—108; Mallmann/Steffens: Lohn der Mühen, S. 154—174.

8 Zur Motivationsstruktur der Abstimmungsberechtigten ausführlich Paul: „Deutsche Mutter — heim zu Dir!“, S. 376 ff.

9 Retzlaw: Spartacus, S. 344.

10 Max Braun: Vor einem neuen 9. November (unveröffentlichte Erinnerungen), LAS, Nl. Max Braun.

11 LAS, LEA 7126.

12 Polizei/Altenwald an Staatsanwaltschaft v. 20. 1. 1935, LAS, LRA Saarbrücken 331; Bürgermeister/Völklingen an Landrat v. 28. 1. 1935, ebd. K-B/9; ebd., LEA 9286 u. 9665; Bericht Jakob Jung über die Situation in Neunkirchen nach der Saarabstimmung, AdsD, Emigration-Sopade 90; W. B.: Brief aus dem Saargebiet, in: *Rundschau* v. 24. 1. 1935.

13 Zit. nach Kunkel: Die Sozialdemokratische Partei des Saargebiets im Abstimmungskampf, S. 27 f.

14 Zur Entstehungsgeschichte und zum Inhalt des Römischen Abkommens und der Schutzgarantien ausführlich Jacoby: Die nationalsozialistische Herrschaftsübernahme an der Saar, S. 172 ff. sowie Herrmann: Das Schicksal der Juden im Saarland, S. 270 f.

15 Kunkel: Zur Geschichte der Sozialdemokratischen Partei des Saarlandes, S. 4.

16 Bereits im April 1934 hatte der Saarbrücker Oberbürgermeister der Regierungskommission mitgeteilt, daß bei der Synagogengemeinde „größere Steuerabgänge und Ausfälle durch Abwanderung“ entstanden seien. Seit Jahresbeginn 1934 annoncierten verstärkt auch jüdische Geschäfte in den Zeitungen ihre Geschäftsaufgabe, vgl. Herrmann: Das Schicksal der Juden im Saarland, S. 274.

17 BAK, R 58/432.

18 Deutsche Botschaft/Paris an das Auswärtige Amt v. 1. 2. 1935, PAAA, II/Saargebiet, Emigranten 4; Auswärtiges Amt an Deutsche Botschaft/Rom v. 7. 2. 1935, ebd.

19 Mitteilung Deutsches Konsulat/Genf v. 14. 3. 1935, ebd. Nach dieser Aufstellung hatten die Bürgermeister des Landkreises insgesamt 630 Emigrationsfälle nach Saarbrücken gemeldet, was einem Personenkreis von etwa 800 bis 900 entsprochen haben dürfte. Während die Bürgermeister von Dudweiler und Völklingen 161 bzw. 114 Emigranten zählten, waren es beispielsweise in Kleinblittersdorf nur 16 Personen, die bis zu diesem Zeitpunkt emigriert waren, LAS, LRA Saarbrücken 331. Die in Forbach erscheinenden *Nachrichten von der Saar* v. 10. 3. 1935 meldeten mit Bezug auf Max Braun insgesamt 6.000 Emigranten aus dem Saargebiet, was erheblich übertrieben gewesen sein dürfte. Die Zahl von 800 Reichsemigranten ist mit Sicherheit zu niedrig angesetzt, da der Saarbrücker Landrat Ende März allein für seinen Landkreis 828 Reichsemigranten zählte, die weiter nach Frankreich emigrierten und die Sopade im November 1933 allein 869 sozialdemokratisch organisierte Flüchtlinge aus dem Reich an der Saar festgestellt hatte, Statistik der Sopade, Stichtag 30. 11. 1933, AdsD, Emigration-Sopade/Emigration Prag—Paris.

20 Ursula Langkau-Alex: Volksfront für Deutschland?, Bd. 1: Vorgeschichte und Gründung des „Ausschusses zur Vorbereitung einer deutschen Volksfront“ (1933—1936), Frankfurt/M. 1977, S. 40; LAS, LEA 6672.

21 Langkau-Alex: Volksfront für Deutschland?, S. 40; Mitteilung der Deutschen Botschaft/Paris v. 9. 8. 1935, PAAA, II/Saargebiet, Emigranten 4.

22 Ebd., Emigranten 5; vgl. Herrmann: Beiträge zur Geschichte der saarländischen Emigration, S. 380. Siehe Tabelle 3.

23 *Nachrichten von der Saar* v. 18. 3. 1935 und 26. 3. 1935. Am 31. 3. 1935 berichtete der SPD-Funktionär Wilhelm Sollmann an Paul Hertz, die Saaremigranten gingen „rudelweise“ an die Saar zurück, „weil die Braut oder die Frau schreibt, weil der Schwiegervater beerdigt werden muß oder aus ähnlichen Gründen“, IISG, Nl. Paul Hertz, Korr. Sollmann.

24 Lagebericht Stapo-Stelle/Saarbrücken für März 1935, BAK, R 58/432; vgl. auch den Lagebericht für Oktober, in dem es heißt, daß sich aufgrund der schlechten Arbeitsverhältnisse für die Emigranten in Frankreich die Rückwandererquote wieder erhöhe, BAK, R 58/566; zum Problem der Rückwanderer auch Herrmann: Beiträge zur Geschichte der saarländischen Emigration, S. 383 f.

25 Reichskommissar für das Saarland an PrMdI, v. 25. 5. 1936, PAAA, II/Saargebiet, Emigranten 5.

26 Stadtarchiv Saarbrücken, Meldekartei, Dudweiler 129.

27 Aufstellung des Bezirksamtes St. Ingbert für den Reichskommissar v. 29. 11. 1935, LAS, LRA St. Ingbert 163.

28 Dies widerspricht den in die Literatur eingegangenen Schätzungen Max Brauns über 8.000 Saaremigranten, der in dieser Zahl vermutlich die Gruppe der Reichsemigranten mitzählte, die nach 1933 vorübergehend an der Saar Zuflucht gefunden hatten, und der es vermutlich aus politischem Kalkül, um seine Stellung als Präsident des Office Sarrois nicht zu gefährden, unterließ, die große Gruppe der Rückwanderer von der Zahl der Gesamtemigration abzuziehen; auch die von Herrmann: Beiträge zur Geschichte der saarländischen Emigration, S. 383 geschätzte Zahl von 8.000 Emigranten ist zu hoch berechnet.

29 Eine Gesamtdarstellung der deutschen Emigration nach 1933 steht noch immer aus. Die umfassendste Darstellung hat bislang vorgelegt Hans-Albert Walter: Deutsche Exilliteratur 1933—1950, Bd. 1, 2, Darmstadt/Neuwied 1972, Bd. 4, Stuttgart 1978; vgl. auch Wolfgang Frühwald/Wolfgang Schieder (Hrsg.): Leben im Exil, Hamburg 1981 sowie die knappe Überblicksdarstellung von Werner Röder: Emigration nach 1933, in: Martin Broszat/Horst Möller (Hrsg.): Das Dritte Reich. Herrschaftsstruktur und Geschichte, 2. Aufl. München 1976, S. 231—247. Röder gibt zur

Zusammensetzung der deutschen Emigration von 1935 die Zahl von 65.000 rassisch Verfolgten, 5.000—6.000 Sozialdemokraten, 6.000—8.000 Kommunisten und weiteren 5.000 Oppositionellen anderer politischer Richtungen an. Bis zu Beginn des Krieges hatten Röder zufolge annähernd 30.000 Menschen das Deutsche Reich, Österreich und die deutschsprachigen Teile der Tschechoslowakei als politische Emigranten verlassen, wobei mit 9.000 politischen Flüchtlingen Frankreich das Zentrum des Exils bis 1940 war. Abweichend von Röder beziffert Walter die Gesamtzahl der aus Deutschland geflüchteten Menschen bis 1941 auf annähernd 400.000, darunter etwa 350.000 bis 360.000 rassisch Verfolgte und 40.000 bis 50.000 politische und intellektuelle Gegner des Nationalsozialismus, Hans-Albert Walter: „Öfter als die Schuhe die Länder wechselnd . . ." Ein Überblick über die deutsche Emigration nach 1933, in: Walter Zadek (Hrsg.): Sie flohen vor dem Hakenkreuz. Selbstzeugnisse der Emigranten, Reinbek 1981, S. 11 f.

30 Kunkel: Zur Geschichte der Sozialdemokratischen Partei des Saarlandes, S. 5 schätzt nach seinen Erfahrungen aus der Wiedergutmachung nach 1945 die Zahl der emigrierten Sozialdemokraten auf 400 bis 500 plus Angehörigen. Unter Berücksichtigung der Zahl der Angehörigen und der Rückwandererquote dürfte die Zahl der aus dem sozialdemokratischen Umfeld emigrierten Personen nicht größer als 400 gewesen sein.

31 Dieser Wert ergibt sich aus den o. g. Angaben des Nansen-Amtes und der in Frankreich unterstützten saarländischen Emigranten. Nach Herrmann: Beiträge zur Geschichte der saarländischen Emigration, S. 372 trug Frankreich „wie vorauszusehen, die Hauptlast der saarländischen Emigration". Zur politischen Emigration in Frankreich vgl. auch die Beiträge von Karlheinz Pech in: Kunst und Literatur im antifaschistischen Exil 1933—1945, Bd. 7: Frankreich, Frankfurt/M. 1981, S. 19—123 mit zahlreichen Bezügen zur Saaremigration sowie Gerhard Paul: Max Braun; Eine politische Biographie, St. Ingbert 1987; Ralph Schock: „Denk ich an Deutschland in der Nacht . . ." Saarländer im Exil, in: Mallmann/Paul/Schock/Klimmt: Richtig daheim waren wir nie, S. 172—177 und Dieter Marc Schneider: Saarpolitik und Exil 1933—1944, in: VZG 25 (1977), S. 470—545.

32 Zur deutschen Emigration nach Luxemburg — allerdings ohne Saarbezüge — vgl. Serge Hoffmann: Les problèmes de l'immigration et la montée de la xénophobie et du rascisme au Grand-Duché á la veille de la IIe guerre mondiale, in: *Galerie* (1986) 4, S. 521—536 sowie mit Saarbezügen Henri Wehenkel: Der antifaschistische Widerstand in Luxemburg, Luxemburg 1985.

33 Herrmann: Beiträge zur Geschichte der saarländischen Emigration, S. 377.

34 Ebd., S. 387.

35 Gemeindeverzeichnis für die Westmark nach dem Gebietsstand von 1941, hrsg. vom Statistischen Amt, Saarbrücken 1941; siehe Schaubild 2.

36 Statistik des Saarlandes, H. 1, 1935/36, Saarbrücken 1936; Statistik des Deutschen Reiches, Bd. 467, Berlin 1937: Volks-, Berufs- und Betriebszählung im Saarland 1935; Statistik des Saarlandes, H. 2, 1936/37, Saarbrücken 1938; siehe Tabelle 4.

37 LAS, Statistisches Amt des Saarlandes 23. Siehe Tabelle 4.

38 Wurden 1936 noch 7.702 Eheschließungen gezählt, so waren es 1938 nur mehr 6.791, LAS, Statistisches Amt des Saarlandes 3; 1936 wurden an der Saar 19.850 Kinder geboren, 1940 nur mehr 15.681, ebd.; *NSZ-Rheinfront* v. 16. 3. 1939.

39 Statistik des Deutschen Reiches, Bd. 554, Berlin 1943.

40 Ebd., Bd. 557, Berlin 1943; Bericht des Statistischen Amtes des Saargebietes 1933, Saarbrücken 1934; zur Frauenerwerbstätigkeit an der Saar Paul: „Deutsche Mutter — heim zu Dir!", S. 32; zur Frauenarbeit während des Weltkrieges vgl. Lander: Frauenbild, Frauenpolitik und Frauenarbeit im Nationalsozialismus, S. 114—128; siehe Tabelle 5.

41 Statistik des Deutschen Reiches, Bd. 567, H. 24: Die Berufstätigkeit der Bevölkerung in den Reichsteilen (Saarland), Berlin 1943; zur Berufsgliederung der Saarbevölkerung vor 1933 Paul: Die NSDAP des Saargebietes, S. 16; siehe Tabelle 6.

42 Innerhalb des SS-Oberabschnittes Südwest betrug der Anteil der „Gottgläubigen" 13,2 %. In der gesamten SS lag er bei 25,8 %, bei den SS-Totenkopfverbänden gar bei 69 %; zur „Gottgläubigkeit" als Indikator des NS-Glaubensbekenntnisses vgl. John M. Steiner: Über das Glaubensbekenntnis der SS, in: Karl Dietrich Bracher/Manfred Funke/Hans-Adolf Jacobsen (Hrsg.): Nationalsozialistische Diktatur. Eine Bilanz, Bonn 1983, S. 206—223.

43 Statistik des Deutschen Reiches, Bd. 552: Die Bevölkerung des Deutschen Reiches nach der Religionszugehörigkeit, Berlin 1943; Ebd., Bd. 470: Die Hauptergebnisse der Volks-, Berufs- und Betriebszählung im Deutschen Reich (einschl. Saarland), Berlin 1937; vgl. auch Paul: Die NSDAP des Saargebietes, S. 17 f. (Tabellen 3 und 4), siehe Tabelle 1.

44 Mommsen: Kriegserfahrungen, S. 9.

II. Wechselbäder
Ökonomisch-soziale Entwicklung zwischen Enttäuschung, Wirtschaftswunder und Krieg

Die dürren Jahre 1935—1937

1 Jürgen Kuczynski: Geschichte des Alltags des deutschen Volkes, Bd. 5: 1918—1945, Köln 1982; ähnlich auch Reinhard Kühnl: Der deutsche Faschismus in Quellen und Dokumenten, 4. Aufl. Köln 1979, S. 238, 260 ff.
2 Detlev Peukert: Zur Erforschung der Sozialpolitik im Dritten Reich, in: Hans-Uwe Otto/Heinz Sünker (Hrsg.): Soziale Arbeit und Faschismus. Volkspflege und Pädagogik im Nationalsozialismus, Frankfurt/M. 1989, S. 36.
3 Zu Bürckels Arbeitsbeschaffungsprogramm und den Notstandsarbeiten vgl. Reinhard Feld: Die Organisation der Arbeit und die Beseitigung der Arbeitslosigkeit, in: Zehn statt tausend Jahre, S. 101 ff.
4 Zum Reichsarbeitsdienst im Saarland nach 1935 ebd., S. 106 ff.
5 Monatsbericht des Reichstreuhänders der Arbeit für August/September 1937, BAK, R 43 II/528; zur überbezirklichen Vermittlung von saarländischen Arbeitslosen vgl. Bericht des Präsidenten des Landesarbeitsamtes Rheinland/Zweigstelle Saarbrücken für August 1936, LAS, Arbeitsamt Neunkirchen 4 sowie Krämer: Fremdarbeiter im Saarland, S. 12 f.
6 Bericht der Wehrwirtschaftsinspektion IX v. 19. 6. 1936, BA/MA, RW 19/14; Bericht der Wehrwirtschaftsinspektion XII v. 19. 11. 1936, ebd., RW 19/18.
7 Dto. v. 19. 10. 1937, ebd., RW 19/32.
8 Goebbels am 6. 5. 1934 am „Tag der Saar" in Zweibrücken, zit. nach *NSZ-Rheinfront* v. 6. 6. 1934.
9 Zu den Absatzproblemen der Saargruben nach der Rückgliederung vgl. Latz: Die saarländische Schwerindustrie und ihre Nachbarreviere, S. 225; Mallmann/Steffens: Lohn der Mühen, S. 215.
10 *Saarbrücker Zeitung* v. 20. 2. 1936.
11 *Deutsche Informationen* v. 3. 9. 1936.
12 Bericht des Präsidenten des Landesarbeitsamtes Rheinland/Zweigstelle Saarbrücken für März 1937, LAS, Arbeitsamt Neunkirchen 4.
13 Die französischen Staatsgruben des Saargebiets, in: Studien über die Beziehungen zwischen Arbeitgebern und Arbeitnehmern, hrsg. vom Internationalen Arbeitsamt, Genf 1930, S. 172 ff.
14 Ebd., S. 201.
15 Zur Rationalisierungsoffensive im Saarbergbau nach 1935 Mallmann/Steffens: Lohn der Mühen, S. 214 f.; IML-ZPA, St. 3/950; Der Wiederaufbau der Schachtanlage Heinitz, in: *Saarbrücker Bergmannskalender* 1939, S. 39—51; J. Mattheus: Drei Jahre Aufbau in Maybach, ebd., S. 52—67.
16 Bericht der Wehrwirtschaftsinspektion IX v. 16. 1. 1936, BA/MA, RW 19/10.
17 Dto. v. 19. 1. 1937, ebd., RW 19/21.
18 Dto. v. 19. 2. 1937, ebd., RW 19/23; Latz: Die saarländische Schwerindustrie und ihre Nachbarreviere, S. 226; grundlegend zur Hüttenindustrie im Dritten Reich Hisashi Yano: Hüttenarbeiter im „Dritten Reich", Wiesbaden 1986.
19 Bericht der Wehrwirtschaftsinspektion IX v. 19. 11. 1936, BA/MA, RW 19/19.
20 Dto. v. 19. 10. 1937, ebd., RW 19/32.
21 Zollitsch: Arbeiter zwischen Weltwirtschaftskrise und Nationalsozialismus, S. 102 ff.; Herbert: Arbeiterschaft im „Dritten Reich", S. 331.
22 *NSZ-Rheinfront* v. 8. 6. 1936.
23 *Rundschau* v. 26. 8. 1937.
24 Lagebericht der Stapo-Stelle/Saarbrücken für September 1935, BAK, R 58/534; dto. für Oktober 1935, ebd., R 58/566.
25 Lagebericht des Quierschieder Bürgermeisters v. 6. 10. 1936 sowie des Brebacher Bürgermeisters v. 7. 4. 1937, LAS, LRA Saarbrücken K-B/10; zur allgemeinen Desillusionierung 1935/36 auch Mallmann/Steffens: Lohn der Mühen, S. 209 ff.
26 Reichstreuhänder der Arbeit an Reichsarbeitsministerium v. 4. 6. 1935, DZA Potsdam, Reichsarbeitsministerium 32 945.
27 Wisotzky: Der Ruhrbergbau im Dritten Reich, S. 167 ff.
28 Zollitsch: Arbeiter zwischen Weltwirtschaftskrise und Nationalsozialismus, S. 98.
29 *Freiheit-Korrespondenz* v. 29. 12. 1938.
30 *Deutsche Volkszeitung* v. 27. 6. 1937.
31 Zollitsch: Arbeiter zwischen Weltwirtschaftskrise und Nationalsozialismus, S. 98; *Der Angriff* v. 3. 3. 1938.
32 *Freiheit-Korrespondenz* v. 2. 6. 1938.
33 Rüdiger Hachtmann: Lebenshaltungskosten und Reallöhne während des „Dritten Reiches", in: *Vierteljahresschrift für Sozial- und Wirtschaftsgeschichte* 75 (1988), S. 45.
34 IML-ZPA, St. 3/950.
35 Reichskuratorium für Wirtschaftlichkeit: Die Wirtschaft des Saarlandes, Berlin 1938, S. 24 f.; Latz: Die saarländische Schwerindustrie und ihre Nachbarreviere, S. 223.
36 Reichskuratorium für Wirtschaftlichkeit: Die Wirtschaft des Saarlandes, S. 26 ff.; Seibt: Die Rückgliederung der saarländischen Schwerindustrie nach 1935, S. 104 beziffert die allgemeine Steigerung der Lebenshaltungskosten auf 15 %, die der Ernährungskosten auf 20 %; der Landrat von Saarbrücken schätzte aufgrund der Bürgermeisterberichte

den Anstieg der Lebenshaltungskosten zwischen 1935 und 1937 auf 25 bis 30 %, Bericht des Saarbrücker Landrats v. 18. 1. 1937, LAS, LRA Saarbrücken K-B/10.

37 Lagebericht Stapo-Stelle/Saarbrücken für Oktober 1935, BAK, R 58/566; vgl. dto. für März 1935, BAK, R 58/432; dto. für Juli 1935, GStA Berlin-Dahlem, Rep. 90 P, Nr. 9, H. 10; dto. für August 1935, ebd.

38 Bericht Wehrwirtschaftsinspektion IX v. 19. 10. 1936, BA/MA, RW 19/18.

39 Bericht Reichstreuhänder der Arbeit für November/Dezember 1937, BAK, R 43 II/528.

40 Lagebericht Bürgermeister/Quierschied v. 6. 10. 1936, LAS, LRA Saarbrücken K-B/10.

41 Dto. v. 9. 7. 1937, ebd.; zum Rückgang des Bierkonsums im Saarland auch *Freiheit-Korrespondenz* v. 28. 10. 1936.

42 *Freiheit-Korrespondenz* v. 26. 8. 1936; ähnlich auch am 8. 12. 1938.

43 Ebd. v. 16. 12. 1936.

44 *Deutschland-Berichte* Nr. 2/Februar 1938, S. 141.

45 Bericht Wehrwirtschaftsinspektion XII v. 19. 2. 1937, BA/MA, RW 19/23.

46 *Deutsche Informationen* v. 5. 11. 1936; *Freiheit-Korrespondenz* v. 9. 12. 1935.

47 Lagebericht Stapo-Stelle/Saarbrücken für März 1935, BAK, R 58/432.

48 Zollitsch: Arbeiter zwischen Weltwirtschaftskrise und Nationalsozialismus, S. 102.

49 Seibt: Die Rückgliederung der saarländischen Schwerindustrie nach 1935, S. 107 ff.

50 So stiegen z. B. in der saarländischen Hüttenindustrie die Bruttostundenlöhne zwischen 1935 und 1938 insgesamt um 23 %, während das Monatseinkommen deutlich stärker um 28,5 % anstieg; ganz ähnlich sah es zur gleichen Zeit im Bergbau aus, Statistik des Saarlandes, H. 3, 1937/38, S. 62; Archiv der Saarbergwerke AG, Ringbuch 1944.

51 Vgl. Spohn: Betriebsgemeinschaft und innerbetriebliche Herrschaft, S. 140—208.

52 *Saarbrücker Zeitung* v. 27. 6. 1935.

53 Lagebericht Stapo-Stelle/Saarbrücken für Oktober 1935, BAK, R 58/566.

54 *Saarbrücker Zeitung* v. 12. 7. 1935.

55 z. B. *Nachrichten von der Saar* v. 26. 3. 1935; dto. v. 14. 7. 1935.

56 *Freiheit-Korrespondenz* v. 5. 8. 1936.

57 *Freiheit-Korrespondenz/Gewerkschaftsdienst*, Mitte Dezember 1936.

58 *Freiheit-Korrespondenz* v. 6. 1. 1936.

59 *Deutsche Informationen* v. 12. 9. 1936.

60 Dto. v. 21. 1. 1937; *Freiheit-Korrespondenz* v. Anfang Januar 1937.

61 *Freiheit-Korrespondenz* v. Anfang Dezember 1936.

62 Jacoby: Die nationalsozialistische Herrschaftsübernahme an der Saar, S. 186 f.

63 Paul: Verweigerung und Protest in der „Volksgemeinschaft", S. 147—158; zu den Grenzgängerdemonstrationen vgl. auch S. 370—378 in diesem Buch.

64 Mallmann/Steffens: Lohn der Mühen, S. 222.

65 Saargruben AG an Reichswirtschaftsministerium v. 24. 2. 1937, DZA Potsdam, Reichswirtschaftsministerium 11 898.

66 Aktenvermerk über Besprechung im Reichswirtschaftsministerium am 9. 4. 1937, ebd.

67 Vermerk des Reichs- und Preußischen Innenministers v. 10. 4. 1937, abgedruckt bei Jacoby: Die nationalsozialistische Herrschaftsübernahme an der Saar, S. 247 f.

68 Zeugenaussagen im Entnazifizierungsverfahren gegen den ehemaligen NSDAP-Gauleiter und späteren Sozialdirektor der Saargruben AG Karl Brück, LAS, OSR, II OSR 19/48.

69 Die Zahlen über die Entlassenen schwanken in der Exilpresse zwischen 1.500 im „Saarbericht" der Forbacher KPD-Abschnittsleitung v. 3. 5. 1937 (IML-ZPA, St. 3/950) und völlig unrealistisch 3.000 in den *Deutschen Informationen* v. 24. 6. 1937 bzw. 9.000 in der *Freiheit-Korrespondenz* v. 24. 6. 1937.

70 *Deutschland-Berichte* Nr. 10/Oktober 1937, S. 1465.

71 *Freiheit-Korrespondenz* v. 24. 6. 1937.

72 IML-ZPA, St. 3/950.

73 DZA Potsdam, Reichswirtschaftsministerium 11 898.

74 *Freiheit-Korrespondenz* v. 24. 6. 1937.

75 *Deutsche Informationen* v. 8. 5. 1937.

76 Stapo-Stelle/Düsseldorf an Stapo-Außendienststelle/Oberhausen v. 30. 3. 1938, HStAD, RW 58/1322.

77 *Deutsche Informationen* v. 6. 1. 1938; IML-ZPA, St. 3/950.

78 *Der Kumpel*, Mai 1938.

79 Lagebericht Bürgermeister/Dudweiler für Juni 1937, LAS, LRA Saarbrücken K-B/10.

Die fetten Jahre 1938—1941

1 Vgl. Hitlers Denkschrift zum Vierjahresplan 1936, in: *VZG* 3 (1955), S. 184—210; Dietmar Petzina: Autarkiepolitik im Dritten Reich. Der nationalsozialistische Vierjahresplan, Stuttgart 1968.

2 *Saarbrücker Zeitung* v. 10. 9. 1936.

3 Wisotzky: Der Ruhrbergbau im Dritten Reich, S. 117.

4 Vermerk des Reichs- und Preußischen Wirtschaftsministeriums (ohne Datum; vermutlich Juni 1939), BAK, R 41/174.

5 Seibt: Die Rückgliederung der saarländischen Schwerindustrie nach 1935, S. 23.

6 J. Mattheus: Drei Jahre Aufbau in Maybach, in: *Saarbrücker Bergmannskalender* 1939, S. 52 f.

7 Berichte des Präsidenten des Landesarbeitsamtes Rheinland/Zweigstelle Saarbrücken Juli 1936 bis Juli 1938, LAS, Arbeitsamt Neunkirchen 4.

8 BA/MA, RW 19/47.

9 *NSZ-Rheinfront* v. 15. 12. 1938.
10 Bericht des Reichstreuhänders der Arbeit für April 1937, BAK, R 43 II/528.
11 Bericht der Wehrwirtschaftsinspektion XII v. 19. 11. 1938, BA/MA, RW 19/47.
12 Bericht des Reichstreuhänders der Arbeit für März/April 1938, BAK, R 43 II/528.
13 Sozialbericht des Reichstreuhänders der Arbeit für das 3. Quartal 1938, ebd.; Bericht der Wehrwirtschaftsinspektion XII v. 19. 1. 1939, BA/MA, RW 19/62.
14 *Freiheit-Korrespondenz* v. 22. 12. 1938.
15 Bericht der Wehrwirtschaftsinspektion XII v. 19. 4. 1939, BA/MA, RW 19/62.
16 *NSZ-Rheinfront* v. 17. 4. 1939.
17 Dto. v. 16. 3. 1939, 11. 2. 1939; zur Beschränkung der Freizügigkeit der Arbeitskräfte vgl. Siegel: Lohnpolitik im nationalsozialistischen Deutschland, S. 84 ff.; Hachtmann: Industriearbeit im „Dritten Reich", S. 126.
18 *NSZ-Rheinfront* v. 25. 5. 1938.
19 Bericht des Präsidenten des Landesarbeitsamtes Rheinland/Zweigstelle Saarbrücken für August 1938, LAS, Arbeitsamt Neunkirchen 4.
20 *NSZ-Rheinfront* v. 14. 9. 1938, 19. 5. 1938, 9. 1. 1939.
21 *Freiheit-Korrespondenz* v. 17. 8. 1935.
22 *Saarbrücker Bergmannskalender* 1937, S. 24.
23 *Der Saarbergmann* v. 30. 12. 1937.
24 *NSZ-Rheinfront* v. 5. 2. 1936.
25 *Der Saarbergmann* v. 9. 9. 1938.
26 Zur Aktion „Arbeitsscheu" ausführlicher S. 282 f.
27 Vgl. Kahrs: Die ordnende Hand der Arbeitsämter, S. 51.
28 *Freiheit-Korrespondenz* v. 30. 3. 1939.
29 *Dto.* v. 27. 4. 1939.
30 Bericht der Wehrwirtschaftsinspektion XII v. 18. 8. 1939, BA/MA, RW 19/62.
31 *Freiheit-Korrespondenz* v. 18. 5. 1939.
32 *Dto.* v. 20. 4. 1939; Mason: Sozialpolitik im Dritten Reich, S. 314 interpretiert das Absinken der Arbeitsproduktivität ebenso wie Krankfeiern und Bummelantentum als eine „Art passiver, vorpolitischer Opposition"; ähnlich auch Tenfelde: Proletarische Provinz, S. 335, der zwar davor warnt, Leistungszurückhaltung und Arbeitsplatzwechsel zum antifaschistischen Kampf emporzustilisieren, sie aber gleichwohl für „individuelle Kampfstrategien" hält und ihnen damit bewußte Intentionen unterschiebt.
33 Karl Marx: Das Kapital, Bd. 1, Berlin (DDR) 1970, S. 280 f.
34 *Freiheit-Korrespondenz* v. 8. 6. 1939.
35 Oberstaatsanwalt/Saarbrücken an Reichsanwalt beim Volksgerichtshof v. 27. 8. 1937, LAS, Generalstaatsanwalt 218.
36 *Deutschland-Information* Nr. 5/6, Juni 1939, S. 22 f.
37 Sozialpolitischer Bericht des Reichstreuhänders der Arbeit für das erste Quartal 1939, BAK, R 43 II/528.
38 Bericht der Rüstungsinspektion XII über die Arbeitsbedingungen und den Arbeitsseinsatz im 1. Quartal 1940, BA/MA, RW 20-12/4.
39 Bericht Gendarmerie/Heusweiler v. 5. 4. 1937, LAS, LRA Saarbrücken K-B/10.
40 *Der Saararbeiter* Nr. 7/1937, IISG, Saar-Kollektie 17.
41 IML-ZPA, St. 3/949; vgl. Hachtmann: Industriearbeit im „Dritten Reich", S. 249 ff.
42 *Deutschland-Information* Mitte Oktober 1938, S. 22.
43 Archiv der Saarbergwerke AG, Ringbuch 1941—1945; siehe Tabelle 11.
44 *Freiheit-Korrespondenz* v. 8. 6. 1939.
45 Archiv der Saarbergwerke AG, Ringbuch 1941—1945; siehe Tabelle 12.
46 Helmuth Trischler: Arbeitsunfälle und Berufskrankheiten im Bergbau 1851 bis 1945. Bergbehördliche Sozialpolitik im Spannungsfeld von Sicherheit und Produktionsinteressen, in: *ASG* 28 (1988), S. 146; Mason: Sozialpolitik im Dritten Reich, S. 314.
47 Peukert/Bajohr: Spuren des Widerstandes, S. 186.
48 *Mitteilungsblatt* der Reichsbetriebsgemeinschaft „Eisen und Metall" der DAF, Januar 1939, S. 14.
49 Hachtmann: Industriearbeit im „Dritten Reich", S. 234 ff.
50 Vgl. Doris Seck: Unternehmen Westwall, Saarbrücken 1980.
51 *NSZ-Rheinfront* v. 17. 6. 1939.
52 *Deutschland-Berichte* Nr. 3/März 1939, S. 341; dto. Nr. 9/September 1938, S. 949, 995.
53 Lagebericht Marxismus Stapo-Stelle/Saarbrücken v. 31. 8. 1938, BAK, R 58/446.
54 Dto. v. 29. 11. 1938, ebd.
55 Vgl. Bucher: Das SS-Sonderlager Hinzert bei Trier; ausführlicher dazu hier S. 314—316.
56 Zur Lohnentwicklung während des Rüstungsbooms vgl. Hachtmann: Industriearbeit im „Dritten Reich", S. 124 ff.
57 Latz: Die saarländische Schwerindustrie und ihre Nachbarreviere, S. 221.
58 *Pariser Tageszeitung* v. 27. 1. 1937; Gewerkschaftsbeilage der *Deutschen Informationen* v. 26. 1. 1937; zur lohnpolitischen Segmentierung der Arbeitertschaft vgl. auch Siegel: Lohnpolitik im nationalsozialistischen Deutschland, S. 109 ff.
59 Bericht des Reichstreuhänders der Arbeit für August/September 1938, BAK, R 43 II/528.
60 Bericht des Statistischen Reichsamts über die Entwicklung der tatsächlichen Arbeitsverdienste im 4. Quartal 1937, BAK, R 43 II/542.
61 Bericht des Reichstreuhänders der Arbeit für Mai/Juni 1938, ebd., R 43 II/528.
62 Mason: Sozialpolitik im Dritten Reich, S. 231 f.

63 Zit. nach Thamer: Verführung und Gewalt, S. 711.
64 IML-ZPA, P.St. 3/81.

Die mageren Jahre 1941—1945

1 Mallmann/Steffens: Lohn der Mühen, S. 239 f.
2 Lagebericht der Rüstungsinspektion XII v. 14. 5. 1941, BA/MA, RW 20-12/22.
3 LAS, LEA MDI 7615.
4 *NSZ-Westmark* v. 20./21. 2. 1943; vgl. Boberach: Meldungen aus dem Reich, Bd. 13, S. 4976 f.
5 Archiv der Saarbergwerke AG, Ringbuch 1942—1944.
6 Aufruf der Betriebsführung des Neunkircher Eisenwerkes v. 28. 9. 1942, Stadtarchiv Neunkirchen Archiv Saarstahl Völklingen, Werk Neunkirchen, Mappe 174 067.
7 Werner: Belastungen der deutschen Arbeiterschaft in der zweiten Kriegshälfte, S. 34 f.
8 Lagebericht der Rüstungsinspektion XII v. 14. 10. 1941, BA/MA, RW 20-12/23.
9 Kriegswirtschaftlicher Lagebericht Nr. 23 v. Juli 1941, ebd., RW 19/100.
10 Lagebericht der Rüstungsinspektion XII v. 14. 1. 1942, ebd., RW 20-12/23.
11 Archiv der Saarbergwerke AG, Ringbuch 1942—1944; siehe Tabelle 9.
12 Arbeitskammer des Saarlandes: Jahresbericht 1952 über die Gestaltung des Arbeitsmarktes und der Arbeitsverhältnisse sowie die wirtschaftliche und soziale Lage der Arbeitnehmer im Saarland, Saarbrücken 1953.
13 Lagebericht der Rüstungsinspektion XII v. 14. 10. 1940, BA/MA, RW 20-12/20; ähnlich auch Bericht v. 14. 10. 1941, ebd., RW 20-12/23.
14 Ebd.
15 Bericht des Abwehrbeauftragten der Saargruben AG v. 29. 11. 1939, ebd., RH 14/44; zur mangelnden Arbeitsdisziplin dieser Gruppe auch Herbert: Arbeiterschaft im „Dritten Reich", S. 346.
16 Schreiben der Halberger Hütte v. 19. 7. 1939, in: Bericht der Wehrwirtschaftsinspektion XII v. 18. 8. 1939, ebd., RW 19/62.
17 Archiv der Saarbergwerke AG, Ringbuch 1942—1944; siehe Tabelle 12.
18 Lagebericht der Rüstungsinspektion XII v. 14. 11. 1941, BA/MA, RW 20-12/23.
19 Hachtmann: Industriearbeit im „Dritten Reich", S. 244; Herbert: Arbeiterschaft im „Dritten Reich", S. 341.
20 Archiv der Saarbergwerke AG, Ringbuch 1944.
21 Lagebericht der Rüstungsinspektion XII v. 14. 10. 1941, BA//MA, RW 20-12/23.
22 Ebd.
23 *NSZ-Westmark* v. 29./30. 4. 1944.
24 *Dto.* v. 7. 4. 1943.
25 LAS, Staatsanwaltschaft 753; ebd., LEA MDI 4775.
26 *Saarbrücker Zeitung* v. 26. 10. 1944.
27 Bericht der Rüstungsinspektion XII v. 27. 3. 1940, BA/MA, RW 20-12/18.
28 Zum Funktionswandel des Werkschutzes während des Krieges ausführlich S. 293—297.
29 Zum Betrieblichen Schnellgericht der Röchling-Werke und zum Arbeitserziehungslager Etzenhofen ausführlicher S. 308 f. sowie 316 f.
30 *Neue Saarbrücker Zeitung* v. 2. 3. 1946.
31 Appell Bürckels vom Mai 1940, als Faksimile in: Zehn statt tausend Jahre, S. 122.
32 *NSZ-Rheinfront* v. 14. 7. 1940.
33 Lagebericht der Rüstungsinspektion XII v. 13. 2. 1942, BA/MA, RW 20-12/23; dto. v. 14. 5. 1940, ebd., RW 20—12/19.
34 Göring an Chef der Reichskanzlei v. 4. 6. 1940, BAK, R 43 II/642; zur Beschäftigung von Frauen im Zweiten Weltkrieg Dörte Winkler: Frauenarbeit im Dritten Reich, Hamburg 1977.
35 Lander: Frauenbild, Frauenpolitik und Frauenarbeit im Nationalsozialismus, S. 123 f., 127.
36 Lagebericht Rüstungsinspektion XII v. 14. 10. 1941, BA/MA, RW 20-12/23; vgl. Jochen August: Die Entwicklung des Arbeitsmarktes in Deutschland in den 30er Jahren und der Masseneinsatz ausländischer Arbeitskräfte während des Zweiten Weltkrieges. Das Fallbeispiel der polnischen zivilen Arbeitskräfte und Kriegsgefangenen 1939/40, in: *ASG* 24 (1984), S. 305—354.
37 Zur quantitativen und sektoralen Entwicklung des Fremdarbeitereinsatzes im Saarland Krämer: Fremdarbeiter im Saarland, S. 25 ff.
38 Mallmann/Steffens: Lohn der Mühen, S. 242.
39 Allgemein dazu Herbert: Fremdarbeiter; Schminck-Gustavus: Hungern für Hitler; Johann Wendt: Ausländische Arbeitskräfte in Deutschland, Heilbronn 1987 sowie an regionaler Literatur Krämer: Fremdarbeiter im Saarland; Inge Plettenberg: „Freitod durch Sturz von einer Fichte". Vom Leben und Sterben ausländischer Zwangsarbeiter in der Kriegswirtschaft, in: Mallmann/Paul/Schock/Klimmt: Richtig daheim waren wir nie, S. 208—215; dies.: Ausländische Zwangsarbeiter im Saarland während des Zweiten Weltkrieges, S. 234—250.
40 Archiv Arbed Saarstahl/Luxemburg, Effectif ouvrier-Statistiques 1940—1950 70 112.
41 Archiv der Saarbergwerke AG, Beschäftigte Personen im Dezember 1943.
42 *Neue Saarbrücker Zeitung* v. 2. 3. 1946.
43 Herbert: Fremdarbeiter, S. 225.

44 Vgl. Hans Pfahlmann: Fremdarbeiter und Kriegsgefangene in der deutschen Kriegswirtschaft 1939—1945, Darmstadt 1968, S. 161.
45 Ebd., S. 180.
46 „Verhalten gegenüber Kriegsgefangenen", Reichsverfügungsblatt Nr. 15/40 v. 16. 7. 1940.
47 Stapo-Merkblatt „Deutscher Arbeiter!", LAS, NSDAP Gau Westmark 16.
48 *Neue Saarbrücker Zeitung* v. 2. 3. 1946.
49 AGK, Tribunal Général de Rastatt, Procès Roechling, Audience du 11. 3. 1948, S. 43; von einem französischen Militärgericht wurden 1947 auch 11 Angestellte, vornehmlich Mitarbeiter der Halberger Hütte, zu bis zu dreijährigen Gefängnisstrafen verurteilt, weil ihnen Mißhandlungen von russischen und französischen Kriegsgefangenen und Fremdarbeitern nachgewiesen werden konnten, *Volksstimme* v. 10. 12. 1947.
50 Archiv der Saarbergwerke AG, Ringbuch 1944.
51 Herbert: Fremdarbeiter, S. 232.
52 *Saarbrücker Zeitung* v. 26./27. 8. 1944.
53 BA/MA, RH 49/57.
54 Zum Strafsystem für Fremdarbeiter vgl. ausführlicher S. 261 ff.
55 Grubensicherheitsbericht 1942, S. 29, LAS, Oberbergamt Saarbrücken.
56 Dto. 1943, S. 3, ebd.
57 Bergbau-Archiv Bochum, 13/2037 (Anlage 2).
58 DAF-Kreisverwaltung Saarbrücken 2 an die Betriebsführer des Landkreises Saarbrücken v. 12. 5. 1941, Stadtarchiv Völklingen, Amt Ludweiler, Ortspolizeibehörde.
59 BA/MA, RW 6/v. 450—452, 483; zahlreiche Hinweise auf die Arbeits- und Lebensbedingungen der Kriegsgefangenen des Stalag XII F enthält das Aktenstück RH 49/55 des Freiburger Militärarchivs, das auch 78 Kriegsgefangenen-Arbeitskommandos im Bereich des Saarlandes erwähnt.
60 *Neue Saarbrücker Zeitung* v. 2. 3. 1946.
61 Lagebericht v. 15. 11. 1941, BA/MA, RW 20-12/23.
62 Kommandanturbefehl Nr. 27 v. 10. 5. 1943, ebd., RH 49/55.
63 Interview mit Michael Ceczak (Lodz) v. 6. 11. 1989.
64 Lagebericht des Brebacher Bürgermeisters v. 27. 3. 1942, Stadtarchiv Saarbrücken, Bürgermeisteramt Brebach 150.
65 Zur Lohnentwicklung während des Zweiten Weltkrieges Hachtmann: Industriearbeit im „Dritten Reich", S. 132 ff.; Petzina: Soziale Lage der deutschen Arbeiterschaft und Probleme des Arbeitseinsatzes während des Zweiten Weltkrieges, S. 73 ff.; Berechnung der Einkommen der Saarbergarbeiterschaft auf der Grundlage der Lohn- und Einkommensstatistiken der Saargruben AG, Archiv der Saarbergwerke AG, Ringbücher 1941—1944.
66 Grundlegend zum System der Rationierung Hubert Schmitz: Die Bewirtschaftung der Nahrungsmittel und Verbrauchsgüter 1939—1950, Essen 1956; Werner: „Bleib übrig!", S. 44 ff.; zum Vergleich der Lebenshaltungsstandards in den beiden Weltkriegen Lothar Burchardt: Die Auswirkungen der Kriegswirtschaft auf die deutsche Zivilbevölkerung im Ersten und im Zweiten Weltkrieg, in: *Militärgeschichtliche Mitteilungen* 15 (1974) S. 65—97.
67 Lagebericht des Saarbrücker Oberbürgermeisters für November 1941, Stadtarchiv Saarbrücken, Großstadt 5701.
68 *NSZ-Westmark* v. 4. 9. 1941.
69 Ludolf Herbst: Der Totale Krieg und die Ordnung der Wirtschaft, Stuttgart 1982, S. 189; zur Ernährungskrise nach dem ersten russischen Winter auch: Werner: „Bleib übrig!", S. 194 ff.
70 Boberach: Meldungen aus dem Reich, Bd. 9, S. 3504; ganz ähnlich heißt es auch im Lagebericht des Brebacher Bürgermeisters v. 27. 3. 1942, die Monate Februar und März 1942 seien die bislang kritischsten des Krieges gewesen. Stadtarchiv Saarbrücken, Bürgermeisteramt Brebach 150.
71 Notizen des Ernährungs- und Wirtschaftsamtes der Stadt Saarbrücken v. 22. 4. 1942 zum Lagebericht des Oberbürgermeisters für April 1942, Stadtarchiv Saarbrücken, Großstadt 5702.
72 Heckmann: „Noch heut' krieg' ich eine Gänsehaut", S. 301.
73 Monatsbericht der Saarbrücker Bauverwaltung für April 1942, Stadtarchiv Saarbrücken, Großstadt 5702.
74 Lagebericht des Saarbrücker Oberbürgermeisters für Januar 1943, ebd.
75 Werner: „Bleib übrig!", S. 300 ff.; für das Saarland Heckmann: „Noch heut' krieg' ich eine Gänsehaut", S. 301.
76 Notizen des Ernährungs- und Wirtschaftsamtes der Stadt Saarbrücken v. 26. 2. 1944 zum Lagebericht des Oberbürgermeisters für Februar 1944, Stadtarchiv Saarbrücken, Großstadt 5704.
77 Petzina: Soziale Lage der deutschen Arbeiter und Probleme des Arbeitseinsatzes während des Zweiten Weltkrieges, S. 79.
78 Marie-Luise Recker: Zwischen sozialer Befriedung und materieller Ausbeutung. Lohn- und Arbeitsbedingungen im Zweiten Weltkrieg, in: Michalka: Der Zweite Weltkrieg, S. 441.
79 Thamer: Verführung und Gewalt, S. 724.
80 Petzina: Soziale Lage der deutschen Arbeiter und Probleme des Arbeitseinsatzes während des Zweiten Weltkrieges, S. 83; Mallmann/Steffens: Lohn der Mühen, S. 240.
81 *Saarbrücker Zeitung* v. 27. 9. 1944.
82 Lageberichte des Saarbrücker Oberbürgermeisters für Mai bzw. Oktober 1944, Stadtarchiv Saarbrücken, Großstadt 5704 und 5705; zum Kriegsalltag an der Saar und zu den Folgen des Bombenkrieges auch Doris Seck: Saarländische Kriegsjahre, Saarbrücken 1979.
83 Die bergbauliche Entwicklung an der Saar von Anfang September 1944 bis Anfang Januar 1945, Bergbau-Archiv Bochum 33/1041.
84 Abschlußbericht der Abteilungen T und FB der Rüstungsinspektion XII b/Saarbrücken v. 3. 4. 1945, BA/MA, RW 20-12/37.

85 Werner: Belastungen der deutschen Arbeiterschaft in der zweiten Kriegshälfte, S. 37.
86 Mommsen: Kriegserfahrungen, S. 9.

III. Die regionale Parteiorganisation: Von Pfälzern, „Rucksackrevolutionären" und braunen Herren

1 Zu Bürckel siehe BDC, NSDAP-Mitgliederkartei, Akte Josef Bürckel; die bislang ausführlichsten Hinweise zur Lebensgeschichte Bürckels — allerdings unter weitgehender Ausklammerung von Bürckels Politikmodell und Selbstverständnis — finden sich bei Wolfanger: Die nationalsozialistische Politik in Lothringen, S. 15—35; vereinzelte, mitunter ungenaue Angaben zu Bürckel auch bei Hüttenberger: Die Gauleiter; vgl. zu Bürckels Politik- und Propagandakonzept demnächst auch Gerhard Paul: Josef Bürckel. Der rote Gauleiter, in: Ronald Smelser/Rainer Zitelmann (Hrsg.): Die braune Elite und ihre Helfer, Darmstadt 1992.

2 Neben Schwitzgebel und Schmelcher zählten zum engeren Kreis um Bürckel der stellvertretende NSDAP-Gauleiter Ernst Leyser, zu dem eine kleine biographische Skizze vorliegt von Dieter Wolfanger: Ernst Ludwig Leyser. Stellvertretender Gauleiter der NSDAP in der Saarpfalz, in: JWLG 14 (1988), S. 209—217; außerdem der Gründer der NSDAP-Ortsgruppe von Zweibrücken Richard Imbt, der von 1938 bis Kriegsende Oberbürgermeister in Kaiserslautern war; der NSBO-Leiter des Gaues und spätere stellvertretende Reichsobmann und DAF-Organisationsleiter Claus Selzner; Karl Kleemann, Kreisleiter von Ludwigshafen, 1938 Parteibeauftragter Bürckels für Wien und seit 1940 Oberbürgermeister von Metz und NSDAP-Kreisleiter von Metz-Land; der zeitweilige Oberbürgermeister und NSDAP-Kreisleiter von Saarbrücken-Stadt Ernst Dürrfeld; der Kreisleiter von Landstuhl und spätere Bürgermeister von Homburg Jakob Knissel; der erste NSDAP-Gauleiter der Pfalz und spätere Leiter der Schulabteilung des Reichskommissariats, der Lehrer Fritz Wambsganß; der Leiter der saarpfälzischen DAF Georg Stahl sowie der Wormser Rechtsanwalt Philipp Jung, seit 1935 Regierungspräsident in Saarbrücken und Vertreter Bürckels als Reichskommissar für das Saarland. Weitergehende Angaben zur pfälzischen Gauclique Bürckels bei Poschik: Die Entwicklung der NSDAP der Pfalz von 1926 bis 1932, S. 33 ff. sowie Fenske: Die pfälzische NSDAP 1921—1932, S. 357 ff.

3 Zur NSBO in der Pfalz vgl. Poschik: Die Entwicklung der NSDAP der Pfalz, S. 88 ff.; zur Geschichte der NSDAP in der Pfalz vgl. auch Hans Fenske: Keine verschworene Gemeinschaft. Die pfälzischen Nationalsozialisten in der Weimarer Zeit, in: *Zeitschrift für bayerische Landesgeschichte* 52 (1989), S. 593—608; Meinzer: Stationen und Strukturen der nationalsozialistischen Machtergreifung: Ludwigshafen am Rhein und die Pfalz, S. 52 ff. sowie Rothenberger: Die NSDAP in der Pfalz, S. 199—211.

4 Zit. nach Udo Kissenkoetter: Gregor Straßer und die NSDAP, Stuttgart 1978, S. 189 f.

5 Fenske: Die pfälzische NSDAP, S. 372.

6 Rothenberger: Die NSDAP in der Pfalz, S. 206.

7 Vgl. Fenske: Die pfälzische NSDAP, S. 374 ff.

8 Unter Hinweis auf R. Koehl hat auch Lothar Kettenacker: Sozialpsychologische Aspekte der Führerherrschaft, in: Karl Dietrich Bracher/Manfred Funke/Hans-Adolf Jacobsen (Hrsg.): Nationalsozialistische Diktatur 1933—1945. Eine Bilanz, Bonn o. J., S. 127 f. auf die „staatsauflösenden Tendenzen der nationalsozialistischen Herrschaft" hingewiesen, „die in der Tat verblüffende Ähnlichkeit mit Entwicklungen zu Beginn der Feudalgesellschaft" aufwiesen.

9 Zit. nach Helmut Prantl (Bearb.): Die kirchliche Lage in Bayern nach den Regierungspräsidentenberichten 1933—1943; Bd. 5, Mainz 1978, S. XXVIII f.; zu Bürckels Haltung gegenüber der staatlichen Administration vgl. auch Rödel: Partei und staatliche Verwaltung in Joseph Bürckels Machtbereich, S. 49—59.

10 Zu Bürckels Vorstellungen einer Reichsreform vgl. Fenske: Josef Bürckel und die Verwaltung der Pfalz, S. 153—172 sowie Herrmann: Pfalz und Saarland in den Plänen zur Neugliederung des Reichsgebietes, S. 321—361.

11 RGBl. 1935, Teil I, S. 66. Das Gesetz definierte den Reichskommissar als ständigen Vertreter der Reichsregierung im Saarland. Er war befugt, sich von sämtlichen Reichsbehörden und von den Dienststellen der unter Aufsicht des Reiches stehenden öffentlich-rechtlichen Körperschaften innerhalb des Saarlandes unterrichten zu lassen, sie auf die maßgebenden Gesichtspunkte und die danach erforderlichen Maßnahmen aufmerksam zu machen und bei Gefahr im Verzuge einstweilige Anordnungen zu treffen. Ihm unterstanden sämtliche Verwaltungsgebiete, für die nicht die Zuständigkeit der Reichszentralbehörden oder die Zuständigkeit anderer Behörden ausdrücklich begründet war. Auf den ihm zugewiesenen Verwaltungsgebieten hatte er die Aufgaben und Zuständigkeiten einer höheren Verwaltungsbehörde und war gleichzeitig Landespolizeibehörde. Bürckel hatte damit eine Stellung erlangt, die ihm mehr Kompetenzen als den meisten anderen Gauleitern gab, die nur Reichsstatthalter, Oberpräsidenten oder Regierungspräsidenten waren. Zum Aufgabenbereich des Reichskommissars vgl. auch Herrmann: Pfalz und Saarland in den Plänen der Neugliederung, S. 326 ff.

12 So Regierungspräsident Jung anläßlich einer Besprechung am 3. 5. 1935 mit Beamten des Reichsinnenministeriums, BAK, R 18/5410.

13 Vgl. zu Bürckels Plänen einer Zusammenlegung der Verwaltung von Pfalz und Saarland Fenske: Josef Bürckel und die Verwaltung der Pfalz, S. 165 f. sowie Herrmann: Pfalz und Saarland in den Plänen der Neugliederung, S. 330 ff.

14 BDC, NSDAP-Mitgliederkartei, Akte Philipp Wilhelm Jung; Handbuch für das Deutsche Reich 47 (1936), S. 320 f.

15 BDC, NSDAP-Mitgliederkartei: Akte Karl Barth; siehe auch Landesarchiv Speyer, Hans Jolas: Berufliche Erlebnisse eines Pfälz. Bayerischen Verwaltungsbeamten, unveröffentl. Ms., Bd. 2, o. O., o. J., S. 318 f.

16 BDC, NSDAP-Mitgliederkartei, Akte Heinrich Nietmann.

17 Am 6. 12. 1941 wurde Schmelcher zum SS- und Polizeiführer im sowjetischen Tschernigow bestellt, wo er u. a. für die Bekämpfung von Partisanengruppen zuständig war. Der Höhere SS- und Polizeiführer Rußland-Süd urteilte 1942 über Schmelcher: „Durch seine Tatkraft und persönliche Einsatzbereitschaft hat er durch erfolgreiche Bekämpfung des Bandenunwesens den Generalbezirk Tschernigow in fortschreitendem Maße befriedet." 1943 war Schmelcher für kurze Zeit SS- und Polizeiführer in Shitomir, seit 9. 11. 1943 Generalleutnant der Polizei im RSHA, seit 15. 5. 1944 Führer im Stab des RFSS in Berlin, der ihn am 7. 12. 1944 zum Höheren SS- und Polizeiführer im SS-Oberabschnitt Warthe ernannte; BDC, NSDAP-Mitgliederkartei, Akte Willy Schmelcher; vgl. LAS, OSR, V OSR 358/50.

18 Im Oktober avancierte Dürrfeld zum „Leiter der Umschulungslager für Nichtarier" in Österreich und damit zum obersten Chef der österreichischen Konzentrationslager. Seit 1. 8. 1940 war er Leiter des Finanzwesens in Warschau und seit Dezember 1942 Generalbevollmächtigter der städtischen Betriebe in Warschau. Dürrfeld starb am 24. 4. 1945 in Tübingen, BDC, NSDAP-Mitgliederkartei, Akte Ernst Dürrfeld; vgl. auch Hanns Klein: Kurzbiographien der Bürgermeister (Alt-)Saarbrückens, St. Johanns, Malstatt-Burbachs und der Großstadt Saarbrücken, in: ZGS 19 (1971), S. 528 f. sowie Paul: Die NSDAP des Saargebietes, S. 189 f.

19 BDC, NSDAP-Mitgliederkartei, Akte Fritz Schwitzgebel; vgl. Poschik: Die Entwicklung der NSDAP der Pfalz, S. 37 f.

20 Rödel: Die Behörde des Reichsstatthalters in der Westmark, S. 297; ähnlich ders.: Partei und staatliche Verwaltung in Joseph Bürckels Machtbereich, S. 53; damit hat Rödel die Sichtweise von Jacoby: Die nationalsozialistische Herrschaftsübernahme, S. 164 korrigiert, der auf den rein quantitativen Aspekt abhob und die schon von Zeitgenossen beklagte pfälzische „Überfremdung" als weniger bedeutsam abtat, als sie tatsächlich war.

21 *NSZ-Rheinfront* v. 3. 4. 1935 und 12. 4. 1935.

22 Zur Behörde des Reichsstatthalters in der Westmark vgl. ausführlich Rödel: Die Behörde des Reichsstatthalters in der Westmark.

23 Zum Fall Offenbächer vgl. Wolfanger: Die nationalsozialistische Politik in Lothringen, S. 246 ff., der bislang am deutlichsten Bürckels Konflikt mit der SS herausgearbeitet hat.

24 Bereits in seiner Wiener Zeit hatte Bürckel der SS gedroht, ihren Sicherheitsdienst aufzulösen. Nach dem Wunsche Bürckels soll 1938 dessen Sonderbeauftragter für Rechtsfragen, Heinrich Welsch, die Listen aller von der Gestapo in Schutzhaft genommenen Österreicher überprüft und „gegen teilweise großen Widerstand österreichischer Parteistellen und der Staatspolizei" die Freilassung von annähernd tausend Häftlingen aus Gefängnissen und Konzentrationslagern erwirkt haben, Schreiben Welschs an Hilde Bürckel v. 17. 6. 1950, LAS, Nl. Heinrich Welsch 19. Ein weiterer Fall, der SS und Gestapo provozierte, war 1941 die verhinderte KZ-„Verschubung" des späteren französischen Innenministers Robert Schumann durch Bürckel. In „scharfen Ausfällen gegen die Staatspolizei" habe er Welsch veranlaßt, diesen der Gestapo zu entziehen und unter seinen persönlichen Schutz zu stellen, was Schumann 1942 zur Flucht nutzen konnte, ebd. Schließlich bestätigte auch Anton Dunckern — SS-Brigadeführer und örtlicher Polizei- und SS-Führer von Metz — nach dem Kriege, daß sich Bürckel in seiner Funktion als Chef der Zivilverwaltung in Lothringen einer Anordnung des RSHA widersetzt habe, festgenommene lothringische Partisanen direkt ins KZ zu „verschuben" und Dunckern stattdessen angewiesen habe, „alle Maßnahmen zu treffen . . ., um ein Verfahren durch die Justiz mit öffentlicher Verhandlung und Verurteilung in Metz durchzuführen", so Dunckern laut Staatsanwaltschaft Mannheim 1 Js 10801/71.

25 Hüttenberger: Die Gauleiter, S. 210 f.

26 *Saarbrücker Zeitung* v. 30. 9./1. 10. 1944.

27 Hilde Bürckel an Heinrich Welsch v. 17. 6. 1950, LAS, Nl. Heinrich Welsch 19; zur Version Leysers vgl. Hüttenberger: Die Gauleiter, S. 211; während Hüttenberger die Selbstmordversion für die wahrscheinlichste hält, hat Rödel: Die Behörde des Reichsstatthalters in der Westmark, S. 312 auch einen Mord nicht völlig ausgeschlossen.

28 Paul: Die NSDAP des Saargebietes, S. 220 ff.

29 *Saarbrücker Zeitung* v. 21. 3. 1935.

30 Dienstvorschrift für den Aufbau der NSDAP und der von ihr betreuten Organisationen im Saargebiet, hrsg. vom Gauorganisationsamt der NSDAP-Gauleitung Pfalz-Saar, S. 7 f., BAK, Slg. Schumacher 310. Am 1. 1. 1939 kam es zur Neubildung des NSDAP-Kreises Homburg aus Gebieten des ehemaligen Bezirksamtes Landstuhl und des noch bestehenden Bezirksamtes Waldmohr sowie dem saarländischen Restkreis Homburg. Zu Kriegsbeginn wurden die Parteikreise Saarbrücken-Stadt und -Land zusammengelegt. Der Gau Westmark umfaßte so 11 pfälzische, nurmehr 6 saarländische, 6 lothringische Parteikreise und den die saarländisch-pfälzische Grenze übergreifenden Parteikreis Homburg; vgl. Rothenberger: Die Pfalz im Dritten Reich, S. 1645.

31 Dienstvorschrift für den Aufbau der NSDAP, S. 16, BAK, Slg. Schumacher 310.

32 BAK, NS 1/2126-1.

33 Ebd., Slg. Schumacher 376; Rothenberger: Die Pfalz im Dritten Reich, S. 1643.

34 Lagebericht Stapo-Stelle/Saarbrücken für März 1935, BAK, R 58/432; zur Verhaftung von Stahlhelm-Führern *Nachrichten von der Saar* v. 26. 3. 1935, 18. 4. 1935, 28. 5. 1935.

35 Lagebericht Stapo-Stelle/Saarbrücken für September 1935, BAK, R 58/534; *Nachrichten von der Saar* v. 18. 9. 1935; LAS, LEA 9444; zur „Schwarzen Front" vor 1935 Paul: Die NSDAP des Saargebietes, S. 133; generell dazu Patrick Moreau: Nationalsozialismus von links. Die „Kampfgemeinschaft Revolutionärer Nationalsozialisten" und die „Schwarze Front" Otto Strassers 1930—1935, München 1984.

36 Gliederungsplan der Gauleitung der NSDAP Pfalz-Saar, BAK, Slg. Schumacher 310.

37 BDC, NSDAP-Mitgliederkartei, Akte Jakob Knissel; 1938 ging er mit Bürckel nach Österreich, wo er u. a. beim Aufbau der dortigen Kommunalverwaltung tätig war; seit 1940 gilt Knissel als vermißt.

38 BDC, NSDAP-Mitgliederkartei, Akte Julius Weber; Weber fiel 1942 an der Ostfront.

39 LAS, NSDAP-Gau Westmark 59.

40 Ebd.; zur NSDAP-Mitgliederstruktur nach 1933 vgl. Kater: The Nazi Party.

41 Die Auswertung der Quierschieder NSDAP-Mitgliederkartei kontrastiert bezüglich der geschlechtsspezifischen Zusammensetzung deutlich zum Reichsdurchschnitt. Danach lag der Anteil von Frauen innerhalb der NSDAP-Mitgliedschaft vor 1930 reichsweit bei 10 % und erhöhte sich bis 1937 auf knapp 20 %. Vgl. Michael H. Kater: Frauen in der NS-Bewegung, in: VZG 31 (1983), S. 202—241 sowie Dorothea Klinksiek: Die Frau im NS-Staat, Stuttgart 1982.
42 Verzeichnis der Politischen Leiter der NSDAP-Ortsgruppe Landsweiler-Reden, Nl. Robert Bier; Fragebögen zur NSDAP-Mitgliedschaft in Sulzbach, LAS, Stadt Sulzbach 7.
43 Thamer: Verführung und Gewalt, S. 334 f.; Benz: Partei und Staat im Dritten Reich, S. 68 ff.
44 Organisationsbuch der NSDAP, S. 100 f.
45 Thamer: Verführung und Gewalt, S. 356.
46 *NSZ-Rheinfront* v. 6. 6. 1935; zur Tätigkeit und Funktion der DAF ausführlicher S. 99 ff. u. 139 ff.
47 Auskunft des ehemaligen Sekretärs des freigewerkschaftlichen Bergarbeiter-Verbandes Karl Berg/Homburg, der am 1. März 1935 seine Homburger Geschäftsstelle einem Beauftragten der DAF übergab.
48 Lagebericht Stapo-Stelle/Saarbrücken für Mai 1935, BAK, R 58/510.
49 *NSZ-Rheinfront* v. 12. 1. 1937; Rothenberger: Die NSDAP in der Pfalz, S. 1652 f.; eigene Berechnungen.
50 *NSZ-Rheinfront* v. 12. 1. 1937, 21. 10. 1937, 14. 6. 1938; zur Tätigkeit und Funktion der Werkscharen ausführlicher S. 291—293.
51 Thomas Balistier: Gewalt und Ordnung. Kalkül und Faszination der SA, Münster 1989; Paul: Aufstand der Bilder, S. 133 ff.
52 *NSZ-Rheinfront* v. 12. 10. 1935.
53 Paul: Die NSDAP des Saargebietes, S. 122.
54 Lagebericht Stapo-Stelle/Saarbrücken für September 1935, GStA Berlin-Dahlem, Rep. 90 P, Nr. 9, H. 10.
55 BAK, NS 23/321; nach Rothenberger: Die Pfalz im Dritten Reich, S. 1649 war die SA der Pfalz 1939 auf ein Drittel ihres Höchststandes abgesunken.
56 BDC, NSDAP-Mitgliederkartei, Akte Dr. Carl Caspary; LAS, OSR, III OSR 244/49; *Saarbrücker Zeitung* v. 31. 7. 1938.
57 BDC, NSDAP-Mitgliederkartei, Akte Wilhelm Weiskopf; *NSZ-Rheinfront* v. 1. 8. 1938.
58 Longerich: Die braunen Bataillone, S. 224.
59 *Freiheit-Korrespondenz* v. 21. 10. 1935, 12. 8. 1937, 19. 8. 1936, 17. 11. 1936, 17. 11. 1938.
60 Fritz Lorenz: Die junge Generation im Kampf um das Saargebiet, in: Kampf um die Saar, Stuttgart-Berlin 1934, S. 408; zur Geschichte der HJ im Saargebiet Paul: Die NSDAP des Saargebietes, S. 123 ff.; zum BdM einige Hinweise bei Lander: Frauenbild, Frauenpolitik und Frauenarbeit im Nationalsozialismus, S. 118 f.
61 Lagebericht Stapo-Stelle/Saarbrücken für Januar 1936, BAK, R 58/571.
62 Hermann Giesecke: Vom Wandervogel bis zur Hitlerjugend, München 1981, S. 195; generell zur HJ Hans-Christian Brandenburg: Die Geschichte der HJ. Wege und Irrwege einer Generation, Köln 1968 sowie Arno Klönne: Jugend im Dritten Reich. Die Hitler-Jugend und ihre Gegner, Düsseldorf 1982.
63 *Freiheit-Korrespondenz* v. 23. 12. 1936.
64 Buchheim: Die SS — das Herrschaftsinstrument, S. 31.
65 Zu Lonsdorfer vgl. Paul: Die NSDAP des Saargebietes, S. 186 f.
66 Zur Frühgeschichte der saarländischen SS, ebd., S. 121 ff.
67 Benz: Partei und Staat im Dritten Reich, S. 70; Bracher: Die deutsche Diktatur, S. 388.
68 Lagebericht Stapo-Stelle/Saarbrücken für Juni 1935, GStA Berlin-Dahlem, Rep. 90 P, Nr. 9, H. 10.
69 *NSZ-Rheinfront* v. 16. 11. 1935 und 18. 11. 1935.
70 BDC, NSDAP-Mitgliederkartei, Akte Willi Stemmler.
71 LAS, Staatsanwaltschaft 1531; ebd., Amt für Auswärtige und Europäische Angelegenheiten 369, 370.
72 Zu den Höheren SS- und Polizeiführern Buchheim: Die SS — das Herrschaftsinstrument, S. 113 ff.; Birn: Die Höheren SS- und Polizeiführer; zu den Aufgaben der HSSPF vgl. auch RFSS an den Reichskommissar für die Saarpfalz v. 26. 7. 1940, LAS, Polizeipräsident 288.
73 Birn: Die Höheren SS- und Polizeiführer, S. 68 f.
74 BDC, NSDAP-Mitgliederkartei, Akte Theodor Berkelmann.
75 Ebd., Akte Jürgen Stroop; vgl. Kazimierz Moczarski: Gespräche mit dem Henker, Berlin (DDR) 1980; die Gesprächsaufzeichnungen Moczarskis mit Stroop enthalten auch zahlreiche Hinweise auf Stroops Tätigkeit in der Westmark; vgl. die Kurzbiographie von Wistrich: Wer war wer im Dritten Reich, S. 267 f.
76 Heckmann: „Noch heut' krieg' ich eine Gänsehaut", S. 307.
77 LAS, Amt für Auswärtige und Europäische Angelegenheiten 369, 370.
78 *NSZ-Rheinfront* v. 11. 11. 1940; *Saarbrücker Zeitung* v. 25. 10. 1941.
79 *NSZ-Westmark* v. 25. 7. 1941; *Saarbrücker Zeitung* v. 7. 6. 1941; vgl. auch Elmar Stier: Die Niederlassung der Gesellschaft des Göttlichen Wortes in St. Wendel während der Zeit des Nationalsozialismus, in: Festschrift zum 75jährigen Bestehen des Missionshauses St. Wendel und zum 100jährigen Jubiläum der Steyler Missionsgesellschaft Societas Verbi Divini, St. Wendel 1975, S. 133 f.; zu den „Napolas" im Dritten Reich ausführlich Horst Ueberhorst (Hrsg.): Elite für die Diktatur. Die Nationalpolitischen Erziehungsanstalten 1933—1945, Düsseldorf 1969.
80 Vgl. Gunnar C. Boehnert: The Jurists in the SS-Führerkorps 1925—1939, in: Gerhard Hirschfeld/Lothar Kettenacker (Hrsg.): Der „Führerstaat": Mythos und Realität. Studien zur Struktur und Politik des Dritten Reiches, Stuttgart 1981, S. 361—374.
81 Walter Schellenberg: Aufzeichnungen. Die Memoiren des letzten Geheimdienstchefs unter Hitler, Wiesbaden—München 1956, S. 26 f.; BDC, NSDAP-Mitgliederkartei, Akte Walter Schellenberg; Wistrich: Wer war wer im Dritten Reich, S. 238 f.

82 Helmut Krausnick: Hitlers Einsatztruppen. Die Truppen des Weltanschauungskrieges 1938—1942, Frankfurt/M. 1985, S. 364, 156.
83 BDC, NSDAP-Mitgliederkartei, Akte Dr. Hermann Hubig; Krausnick/Wilhelm: Die Truppe des Weltanschauungskrieges, S. 640 f.
84 BDC, NSDAP-Mitgliederkartei, Akte Carl Zenner; Krausnick/Wilhelm: Die Truppe des Weltanschauungskrieges, S. 643; Justiz und Verbrechen, Bd. 13, Amsterdam 1977, S. 501 ff.
85 Vgl. Hans Buchheim: Befehl und Gehorsam, in: Anatomie des SS-Staates, Bd. 1, 4. Aufl. München 1984, S. 232.
86 BDC, NSDAP-Mitgliederkartei, Akte Gustav Willhaus; zu den Willhaus angelasteten Verbrechen vgl. IMG, Bd. 8, Nürnberg 1946, S. 494 ff.; *Sowjetunion heute* Nr. 5/Mai 1981, S. 38 ff.
87 BDC, NSDAP-Mitgliederkartei, Akte Ludwig Rehn; Todeslager Sachsenhausen. Ein Dokumentarbericht über den Sachsenhausenprozeß, Berlin 1948, S. 60, 88 ff., 182 f., 209.
88 BDC, NSDAP-Mitgliederkartei, Akte Fritz Schmoll; *Neue Saarbrücker Zeitung* v. 18. 5. 1946 bis zum 8. 6. 1946; Bernard/Renger: Neue Bremm, S. 118 ff., 131 ff.
89 Diller: Rundfunkpolitik im Dritten Reich, S. 227.
90 *NSZ-Rheinfront* v. 18. 3. 1938; *Freiheit-Korrespondenz* v. 24. 3. 1938.
91 Zu Bürckels Abstimmungskampf in Österreich Radomir Luza: Österreich und die großdeutsche Idee in der NS-Zeit, Graz 1977, S. 51 ff.
92 Gerhard Botz: Wien vom „Anschluß" zum Krieg. Nationalsozialistische Herrschaftsübernahme und politisch-soziale Umgestaltung am Beispiel der Stadt Wien 1938/39, Wien—München 1978, S. 438.

IV. Die inszenierte Volksgemeinschaft: Konsensbildung durch Propaganda und Sozialpolitik

Ziele und Konzeptionen der NS-Propaganda

Unmittelbar nach Fertigstellung dieses Manuskripts erschien die Studie von Peter Reichel: Der schöne Schein des Dritten Reiches. Faszination und Gewalt des Faschismus, München—Wien 1991, die zahlreiche Fragestellungen enthält, die auch in diesem Kapitel formuliert werden. Bei unserer Analyse der regionalen NS-Propaganda konnte sie nicht mehr berücksichtigt werden.

1 Theodor W. Adorno: Was bedeutet: Aufarbeitung der Vergangenheit 1959, in: ders.: Erziehung zur Mündigkeit, Frankfurt/M. 1971, S. 18.
2 So insbesondere die zahlreichen im Umkreis der VVN erschienenen und vom Frankfurter Röderberg-Verlag unter dem Reihentitel „Bibliothek des Widerstandes" herausgegebenen Lokal- und Regionalstudien über Hamburg, Stuttgart, Mannheim, Nürnberg, Frankfurt/M. usw.
3 Broszat: Zur Sozialgeschichte des deutschen Widerstandes, S. 295.
4 So z. B. bei Klaus Hildebrand: Das Dritte Reich, 3. Aufl. München 1987 und in dem Sammelband von Bracher/Funke/Jacobsen (Hrsg.): Nationalsozialistische Diktatur.
5 So beispielsweise Sywottek: Mobilmachung für den totalen Krieg; Herzstein: The War That Hitler Won; Schoenbaum: Die braune Revolution.
6 So beispielsweise Klaus Scheel: Meinungsmanipulierung im Faschismus. Die faschistische Propagandamaschinerie — Bestandteil des staatsmonopolitischen Herrschaftssystems in Nazideutschland, in: *Zeitschrift für Geschichtswissenschaft* 17 (1969), S. 1283—1303.
7 Exemplarisch hierfür Joachim Petzold: Die Demagogie des Hitlerfaschismus. Die politische Funktion der Naziideologie auf dem Wege zur faschistischen Diktatur, Frankfurt/M. 1983.
8 Ernst Bloch: Vorwort zur Erstausgabe von „Erbschaft dieser Zeit" (1935), in: ders.: Erbschaft dieser Zeit, Frankfurt/M. 1973, S. 18.
9 Denkschrift Hitlers zum Ausbau der NSDAP v. 22. 10. 1922, zit. nach Albrecht Tyrell: Führer befiehl . . . Selbstzeugnisse aus der „Kampfzeit" der NSDAP, Düsseldorf 1969, S. 51.
10 Eugen Hadamovsky: Propaganda und nationale Macht. Die Organisation der öffentlichen Meinung für die nationale Politik, Oldenburg i. O. 1933, S. 22.
11 Zit. nach Bramsted: Goebbels und die nationalsozialistische Propaganda, S. 585.
12 Goebbels-Reden, Bd. 1, hrsg. v. Helmut Heiber, Düsseldorf 1971, S. 90; zur Interpretation des Weltkrieges und ihrer Bedeutung für die NS-Propaganda vgl. Paul: Aufstand der Bilder, S. 26 ff.
13 Joseph Goebbels: Erkenntnis und Propaganda, in: ders.: Signale der neuen Zeit. 25 ausgewählte Reden, München 1934, S. 25.
14 Paul: Aufstand der Bilder, S. 39 ff., 117 ff.; grundlegend zur NS-Propaganda auch Bramsted: Goebbels und die NS-Propaganda; Z. A. B.: Nazi Propaganda, New York — Toronto 1964 sowie Ian Kershaw: Ideology, Propaganda and the Rise of the Nazi Party, in: Peter Stachura (Hrsg.): Hitlers Machtergreifung 1933, London 1983, S. 162—181; ders.: How effective was Nazi Propaganda?.

15 Die Untersuchung der konkreten Propaganda des Dritten Reiches stellt nach wie vor ein Desiderat der Forschung dar. Die bisher vorliegenden Studien haben sich wesentlich auf die Funktion der Propaganda bei der Kriegsvorbereitung konzentriert, so etwa als umfassende Studie von Sywottek: Mobilmachung für den totalen Krieg; Wette: Die schwierige Überredung zum Krieg sowie ders.: Zur psychologischen Mobilmachung der deutschen Bevölkerung 1933—1939, in: Michalka (Hrsg.): Der Zweite Weltkrieg. S. 205—223. In den regional-historischen Darstellungen zur Geschichte des Dritten Reiches wird das Thema Propaganda in der Regel nur peripher gestreift. Völlig im Schatten der Forschung geblieben ist die Untersuchung der sozialen Propaganda der NSDAP nach 1933.

16 Vgl. Gerald Kirwin: Allied Bombing and Nazi Domestic Propaganda, in: *European History Quarterly* 15 (1985), S. 341—362.

17 Zur NS-Propaganda während des Krieges vgl. Herzstein: The War That Hitler Won; Jörg Bohse: Inszenierte Kriegsbegeisterung und ohnmächtiger Friedenswille. Meinungslenkung und Propaganda im Nationalsozialismus, Stuttgart 1988 sowie zur Vergeltungspropaganda der letzten Kriegsphase Gerald Kirwin: Waiting for Retaliation — A Study in Nazi Propaganda Behaviour and German Civilian Morale, in: *Journal of Contemporary History* 16 (1981), S. 565—583.

18 *Saarbrücker Zeitung* v. 21. 3. 1935.

19 *NSZ-Rheinfront* v. 26. 8. 1935.

20 *Dto.* v. 14. 1. 1936.

21 Zu dieser Feststellung gelangt auch Kershaw: Der NS-Staat, S. 281: „In den Augen der Nazis mußte vor allem bei der Klasse der Industriearbeiter . . . das Klassen- durch ein Nationalbewußtsein verändert werden"; zur Re-Nationalisierung als oberstem Ziel der NS-Propaganda vgl. Paul: Aufstand der Bilder, S. 39 f.

22 *Deutschland-Information* Nr. 2/Februar 1936, S. 78; Bauer: Sprache und Sprachlosigkeit im „Dritten Reich", S. 67 hat das Propagandakonzept des „nationalen Sozialismus" völlig zu Recht als „Markenzeichen der neuen Bewegung" und als „wirkungsvollste propagandistische Erfindung" der Nationalsozialisten bezeichnet.

23 *Saarbrücker Zeitung* v. 21. 3. 1935.

24 *Völkischer Beobachter* v. 5. 2. 1939.

25 *NSZ-Westmark* v. 8. 5. 1944.

26 Willi Münzenberg: Propaganda als Waffe (1937), in: ders.; Propaganda als Waffe. Ausgewählte Schriften 1919—1940, hrsg. von Til Schulz, Jossa 1977, S. 244; vgl. hieran anknüpfend auch Bauer: Sprache und Sprachlosigkeit, S. 67 f.

27 *Saarbrücker Zeitung* v. 14. 1. 1937.

28 *Dto.* v. 29. 5. 1936.

29 *NSZ-Rheinfront* v. 4. 12. 1937.

30 *Wiener Zeitung* v. 25. 3. 1938; vgl. auch Robert Schwarz: Sozialismus als Propaganda. Das Werben des „Völkischen Beobachter" um die österreichische Arbeiterschaft 1938/39. Mit einer Einführung von Gerhard Botz, Wien 1975.

31 *Völkischer Beobachter* v. 5. 2. 1939.

32 *NSZ-Rheinfront* v. 29. 5. 1936, 26. 10. 1936, 7. 9. 1936.

33 *Dto.* v. 7. 12. 1935, 12. 5. 1941.

34 *Völkischer Beobachter* v. 28. 5. 1938; *Deutschland-Berichte* Nr. 9/September 1936, S. 1130 f.

35 Bürckel an Hitler v. 29. 9. 1934, BAK, NS 10/109.

36 Bürckel an Schlattmann v. 20. 5. 1937, DZA Potsdam, Reichswirtschaftsministerium 11 898.

37 „Der deutsche Sozialismus ist die Formel für die große antikapitalistische Sehnsucht, die heute vielleicht schon 95 % unseres Volkes bewußt und unbewußt erfaßt hat", zit. nach Iring Fetscher: Die Lüge vom „nationalen Sozialismus", in: Rainer Eisfeld/Ingo Müller (Hrsg.): Gegen Barbarei. Essays Robert M. W. Kempner zu Ehren, Frankfurt/M. 1989, S. 188; zu Strassers einprägsamer Formel von der „antikapitalistischen Sehnsucht" vgl. auch Stephen Raushenbush: Die Herausforderung der Demokratie, in: Ernst Nolte (Hrsg.): Theorien über den Faschismus, Köln 1967, S. 361.

38 *Saarbrücker Zeitung* v. 4. 12. 1937, 15. 10. 1937.

39 *Dto.* v. 21. 4. 1936.

40 *NSZ-Rheinfront* v. 26. 8. 1935.

41 *Völkischer Beobachter* v. 5. 2. 1939.

42 *Wiener Zeitung* v. 25. 3. 1938.

43 Anordnung NSDAP-Gauleitung Saarpfalz v. 20. 1. 1936, LAS, Polizeipräsident 274.

44 Die Tagebücher von Joseph Goebbels. Sämtliche Fragmente, hrsg. v. Elke Fröhlich, Bd. 3: 1. 1. 1937—31. 12. 1937, München—New York—London—Paris 1987, S. 138.

45 Ebd., S. 141.

46 *NSZ-Rheinfront* v. 28. 1. 1940.

Die Träger und Medien der regionalen NS-Propaganda

1 BAK, R 55/600.

2 Zur DAF vgl. an neueren Darstellungen besonders Mason: Sozialpolitik im Dritten Reich, S. 99 ff., 174 ff.; Mai: „Warum steht der deutsche Arbeiter zu Hitler?"; Siegel: Rationalisierung statt Klassenkampf; Ronald Smelser: Robert Ley. Hitlers Mann an der „Arbeitsfront". Eine Biographie, Paderborn 1989.

3 *NSZ-Rheinfront* v. 24. 9. 1935.

4 Ebd.; vgl. *Saarbrücker Zeitung* v. 23. 11. 1935; zur Funktion und Tätigkeit vgl. Chup Friemert: Produktionsästhetik im Faschismus. Das Amt „Schönheit der Arbeit" von 1933—1939, München 1980.

5 Zur NS-Presse vor 1933 generell Oron James Hale: Presse in der Zwangsjacke 1933—1945, Düsseldorf 1965; zur Gaupresse Peter Stein: Die NS-Gaupresse 1925—1933. Forschungsbericht — Quellenkritik — neue Bestandsaufnahme, München 1987 sowie Paul: Aufstand der Bilder, S. 180 ff.; zur NS-Presse an der Saar vor 1935 ders.: Die NSDAP des Saargebietes, S. 147 ff.

6 Jacoby: Die nationalsozialistische Herrschaftsübernahme an der Saar, S. 135; zur Gleichschaltung der NS-Presse im Saargebiet vor 1935 vgl. ebd., S. 128 ff.; Paul: „Deutsche Mutter — heim zu Dir!", S. 124 ff.; zur NS-Presselenkung allgemein vgl. Karl-Dietrich Abel: Presselenkung im NS-Staat. Eine Studie zur Geschichte der Publizistik in der nationalsozialistischen Zeit, Berlin 1968.

7 Ludwig Bruch: Weg und Schicksal einer deutschen Zeitung, in: 200 Jahre Saarbrücker Zeitung, Saarbrücken 1961, S. 181 ff.; Bruch war zur NS-Zeit selbst zeitweise stellvertretender Chefredakteur der Zeitung.

8 Zu Bürckels Presseimperium NSZ-Verlagsgesellschaft Rheinfront GmbH ausführlich Meinzer: Stationen und Strukturen nationalsozialistischer Machtergreifung, S. 67 ff.

9 Zur Bedeutung des Rundfunks im Saarabstimmungskampf vgl. vor allem Diller: Rundfunkpolitik im Dritten Reich, S. 230 ff.; Jacoby: Die nationalsozialistische Herrschaftsübernahme an der Saar, S. 140 ff. und Paul: „Deutsche Mutter — heim zu Dir!", S. 127 ff.

10 *Saarbrücker Zeitung* v. 4. 12. 1935.

11 Zur Geschichte des Reichssenders Saarbrücken Unser Sender an der Saar. 50 Jahre Rundfunk im Saarland, hrsg. v. Saarländischen Rundfunk, Saarbrücken 1985, S. 22 ff.; kritisch auch zur Tätigkeit des Senders eine Vielzahl von Hinweisen in den *Deutschland-Berichten* der Sopade und in den *Deutschen Informationen*, die in o. g. Broschüre unberücksichtigt geblieben sind.

12 *NSZ-Rheinfront* v. 8. 12. 1938; *Deutschland-Berichte* Nr. 12/Dezember 1938, S. 1350 f.

13 *Deutschland-Berichte* Nr. 5/Mai 1939, S. 594 ff., Nr. 6/Juni 1939, S. 703 f.

14 *NSZ-Rheinfront* v. 30. 5. 1938, 16. 3. 1939, 26. 11. 1938.

15 *Saarbrücker Zeitung* v. 15. 10. 1937.

16 Berechnet nach *Wirtschaft und Statistik* 19 (1939), S. 512—514; *NSZ-Rheinfront* v. 25. 7. 1939.

17 *Saarbrücker Zeitung* v. 2. 5. 1935.

18 Adolf Hitler: Mein Kampf, 32. Auflage, München 1934, S. 536.

19 *Saarbrücker Zeitung* v. 2. 5. 1935.

20 Vgl. Peukert: Volksgenossen und Gemeinschaftsfremde, S. 222.

21 Zu den Saarkundgebungen mit Hitler 1933/34 und zu der dort praktizierten Inszenierung Hitlers vgl. Paul: „Deutsche Mutter — heim zu Dir!", S. 114 ff.

22 *Saarbrücker Zeitung* v. 10. 10. 1938; vgl. Heinrich Foerster/Hugo Willems: Der Führer in der Saarpfalz. Ein Bildbericht, Saarbrücken 1939.

23 Vgl. Das Theater des Führers. Festschrift anläßlich der Weihe des Gautheaters Saarpfalz, Saarbrücken 1938; Susanne Heidemann: Das Theater zu Saarbrücken. Seine Planungs- und Baugeschichte (1906—1938), in: *Saarheimat* 32 (1988), S. 135—145.

24 Paul Ortwin Rave: Kunstdiktatur im Dritten Reich, Hamburg 1949, S. 91, 84.

25 *Saarbrücker Zeitung* v. 2. 12. 1936; *NSZ-Rheinfront* v. 26. 11. 1938; eine Geschichte der Arbeiterkunst an der Saar zur Zeit des Dritten Reiches steht noch aus.

26 Zit. nach Paul: Aufstand der Bilder, S. 242; vgl. Zitelmann: Hitler. Selbstverständnis eines Revolutionärs, S. 149 ff.

27 *NSZ-Rheinfront* v. 5. 5. 1936.

28 *Saarbrücker Zeitung* v. 30. 4. 1938.

29 *NSZ-Rheinfront* v. 2. 5. 1939.

30 *Saarbrücker Zeitung* v. 11. 10. 1936.

31 Ebd.

32 *Dto.* v. 29. 10. 1938.

33 Vgl. *Der Saarbergmann* v. 29. 7. 1938; *Saarbrücker Zeitung* v. 28. 2. 1937; zur Arbeiterplastik Koelles sowie zu seinen auf das Saarland bezogenen Plastiken Peter Schirmbeck: Adel der Arbeit. Der Arbeiter in der Kunst der NS-Zeit, Marburg 1984.

34 Zur Funktion der Fotografie innerhalb der NS-Propaganda vgl. Paul: Aufstand der Bilder, S. 143, 146 ff.

35 Zur „Antikomintern" ausführlich Sywottek: Mobilmachung für den totalen Krieg, S. 104 ff.

36 *Saarbrücker Zeitung* v. 21. 10. 1936.

37 *NSZ-Rheinfront* v. 23. 10. 1936.

38 *Saarbrücker Zeitung* v. 24. 10. 1936.

39 *Dto.* v. 27. 3. 1938, 24. 3. 1938; vgl. *Deutschland-Information* Nr. 3/April 1938, S. 16.

Die Inszenierung des „Sozialismus der Tat"

1 *Saarbrücker Zeitung* v. 26. 4. 1935.

2 *NSZ-Rheinfront* v. 14. 1. 1936, 7. 12. 1935.

3 *Saarbrücker Zeitung* v. 26. 2. 1936.

4 *NSZ-Rheinfront* v. 14. 1. 1936.

5 *Dto.* v. 3. 5. 1935.

6 *Dto.* v. 7. 5. 1935.

7 *Dto.* v. 21. 5. 1935.
8 *Dto.* v. 15. 8. 1935.
9 *Dto.* v. 11. 1. 1937.
10 *Dto.* v. 27. 8. 1935.
11 *Dto.* v. 5. 10. 1935.
12 *Dto.* v. 25. 6. 1938; vgl. auch 1. 8. 1935.
13 Vgl. den Überblick über die Siedlungstätigkeit im Saarland nach 1935 in *Saarbrücker Zeitung* v. 8. 7. 1937, 1. 3. 1936. Zur Bauaktivität der DAF im Siedlungswesen vgl. auch Roswitha Mattausch/Brigitte Wiederspahn: Das Bauprogramm der Deutschen Arbeitsfront — die Umwelt der Arbeiter, in: Kunst im 3. Reich. Dokumente der Unterwerfung, Frankfurt/M. 1979, S. 183—216.
14 *Saarbrücker Zeitung* v. 25. 11. 1936, 19. 8. 1936; *NSZ-Rheinfront* v. 11. 1. 1937, 15. 5. 1937, 8. 12. 1936.
15 *NSZ-Rheinfront* v. 3. 2. 1938.
16 *Dto.* v. 7. 12. 1935.
17 *Dto.* v. 4. 12. 1937; zur Rolle Bürckels bei der Einführung der Feiertagsbezahlung vgl. auch Mason: Arbeiterklasse und Volksgemeinschaft, S. 438.
18 DZA Potsdam, Reichswirtschaftsministerium 10 300; vgl. auch Siegel: Rationalisierung statt Klassenkampf, S. 105 f.
19 *Saarbrücker Zeitung* v. 8. 11. 1937.
20 *NSZ-Rheinfront* v. 7. 12. 1935.
21 *Dto.* v. 29. 5. 1936.
22 *Deutschland-Berichte* Nr. 9/September 1936, S. 1130; vgl. *Deutsche Informationen* (Sonderdienst) v. 13. 8. 1936; Hinweise auf Preisfestsetzungen und Warenkontrollen durch Bürckel in *NSZ-Rheinfront* v. 12. 7. 1939, 20. 7. 1939, 22. 7. 1939.
23 Mason: Arbeiterklasse und Volksgemeinschaft, S. 438
24 *NSZ-Westmark*, v. 8. 3. 1943.
25 So forderte Bürckel im Zusammenhang mit der Balkanoffensive im April 1941 die Bergarbeiter auf, auf die Feiertagsbezahlung zu Karfreitag zu verzichten: „Es geht einmal nicht anders. Der Entscheidungskampf muß durchgebissen werden," *NSZ-Westmark* v. 8. 4. 1941; auch zum 1. Mai 1941 appellierte Bürckel an die Arbeiter seines Gaues, auf den Feiertag zu verzichten, *dto.* v. 30. 4. 1941.
26 *NSZ-Rheinfront* v. 13. 5. 1936.
27 *Dto.* v. 13. 7. 1936, 20. 6. 1936.
28 *Dto.* v. 23. 10. 1936.
29 Vgl. den Aufruf Bürckels zum Reichsberufswettkampf 1938 in: *Der Saarbergmann* v. 30. 12. 1937; zum politisch-ideologischen Teil der Wettkämpfe vgl. den Bericht eines Teilnehmers aus Saarbrücken, in: *Deutschland-Information*, September 1937, S. 51.
30 *Der Saarbergmann* v. 20. 5. 1938; vgl. auch die Schilderung des Reichssiegers Wöffler 1938, der die Übergabe der Ehrenurkunde durch Ley und von Schirach als den „schönsten Augenblick" seines Lebens bezeichnete, *NSZ-Rheinfront* v. 21. 5. 1938; zum Reichsberufswettkampf 1937 auf der Grube Fürstenhausen vgl. *Der Saarbergmann* v. 19. 3. 1937.
31 *Deutschland-Berichte* Nr. 4/5/April/Mai 1938, S. 550.
32 Zum Leistungskampf der deutschen Betriebe ausführlicher Jürgen Reulecke: Die Fahne mit dem goldenen Zahnrad: Der „Leistungskampf der deutschen Betriebe" 1937—1939, in: Peukert/Reulecke: Die Reihen fast geschlossen, S. 245—269.
33 *NSZ-Rheinfront* v. 2. 5. 1937; *NSZ-Westmark* v. 5. 5. 1942.
34 *Saarbrücker Zeitung* v. 15. 12. 1936; *NSZ-Rheinfront* v. 30. 1. 1937.
35 Rechenschaftsbericht des DAF-Gauobmanns für 1936, *NSZ-Rheinfront* v. 12. 1. 1937.
36 *NSZ-Rheinfront* v. 24. 10. 1935, 15. 2. 1936, 23. 2. 1938, 19. 3. 1938.
37 *Dto.* v. 26. 11. 1935, 3. 2. 1936, 5. 2. 1936, 12. 1. 1937.
38 Statistik des Saarlandes 1937/38, H. 3, S. 83.
39 *NSZ-Westmark* v. 5. 12. 1940.
40 *Dto.* v. 22. 4. 1941.
41 Anordnung Reichsminister für Volksaufklärung und Propaganda v. 30. 1. 1941, LAS, Ministerium des Innern 669.
42 *Saarbrücker Zeitung* v. 8. 2. 1936.
43 *Dto.* v. 19. 6. 1935.
44 *Dto.* v. 22. 10. 1938.
45 *NSZ-Rheinfront* v. 8. 4. 1937.
46 *Dto.* v. 26. 11. 1938.
47 *Dto.* v. 16. 5. 1938.
48 *Dto.* v. 26. 11. 1938, 9. 11. 1938.
49 *Dto.* v. 2. 6. 1940.
50 *Saarbrücker Zeitung* v. 26. 2. 1940, 19. 8. 1942; *NSZ-Westmark* v. 19. 8. 1942.
51 Ronald Smelser: Eine „braune Revolution"? Robert Ley, Deutsche Arbeitsfront und sozialrevolutionäre Konzepte, in: Michalka (Hrsg.): Der Zweite Weltkrieg, S. 427.
52 Zur Tätigkeit von NSV und Winterhilfswerk vgl. Adelheid Gräfin zu Castell Rüdenhausen: „Nicht mitzuleiden, mitzukämpfen sind wir da!" Nationalsozialistische Volkswohlfahrt im Gau Westfalen-Nord, in: Peukert/Reulecke: Die Reihen fast geschlossen, S. 223—243; Herwart Vorländer: NS-Volkswohlfahrt und Winterhilfswerk, in: *VZG* 34 (1986), S. 341—380; Wieland Elfferding: Opferritual und Volksgemeinschaftsdiskurs am Beispiel des Winterhilfswerks, in: *Argument*-Sonderband 62, Berlin 1980, S. 199—226; Eckhard Hansen: Wohlfahrtspolitik im

NS-Staat. Motivationen, Konflikte und Machtstrukturen im „Sozialismus der Tat" des Dritten Reiches, Augsburg 1991.

53 *NSZ-Rheinfront* v. 31. 8. 1935.

54 *Dto.* v. 21. 5. 1935, 1. 6. 1935, 25. 11. 1935, 24. 3. 1936, 4. 12. 1936, 7. 12. 1936; *Saarbrücker Zeitung* v. 6. 4. 1938; *NSZ-Rheinfront* v. 7. 1. 1939; *Saarbrücker Zeitung* v. 11. 4. 1939; *NSZ-Rheinfront* v. 15. 6. 1939.

55 Vgl. Sywottek: Mobilmachung für den totalen Krieg, S. 162 ff.

56 *Saarbrücker Zeitung* v. 13. 11. 1938, 27. 10. 1938; *NSZ-Rheinfront* v. 2. 11. 1938, 20. 5. 1939, 22. 8. 1939, 3. 8. 1939; zur Westwallpropaganda vgl. auch Sywottek: Mobilmachung für den totalen Krieg, S. 173 ff.

Die janusköpfige Betriebsgemeinschaft

1 *Saarbrücker Bergmannskalender* 1938, S. 27.

2 *NSZ-Rheinfront* v. 14. 12. 1935.

3 *Der Saarbergmann* v. 20. 9. 1938.

4 Franz Seldte: Sozialpolitik im Dritten Reich 1933—1938, München/Berlin 1939, S. 17.

5 Zum Dinta und dem DAF-Programm der betrieblichen Sozialpolitik vgl. Zollitsch: Arbeiter zwischen Weltwirtschaftskrise und Nationalsozialismus, S. 137 ff.

6 Tenfelde: Proletarische Provinz, S. 305 f.

7 Wie sehr die Facharbeiterausbildung zur Völkerbundszeit an der Saar im argen lag, zeigte die Tatsache, daß ein Drittel aller schulentlassenen Jugendlichen infolge fehlender Ausbildungsplätze ihr Berufsleben als ungelernte Arbeitskräfte begannen, Latz: Die saarländische Schwerindustrie und ihre Nachbarreviere, S. 222.

8 *Der Saarbergmann* v. 10. 3. 1937.

9 Vgl. z. B. zur Eröffnung der Lehrwerkstätte der Grube Jägersfreude *NSZ-Rheinfront* v. 2. 8. 1937 sowie zur Eröffnung der Lehrwerkstätte in Heinitz *Saarbrücker Zeitung* v. 8. 2. 1938.

10 *Der Saarbergmann* v. 20. 7. 1938.

11 Zur Übergabe der neuen Lehrwerkstatt der Röchling-Werke *Saarbrücker Zeitung* v. 13. 12. 1936.

12 *NSZ-Rheinfront* v. 18. 7. 1937; zur Betriebssportgemeinschaft der Saargruben AG vgl. *Der Saarbergmann* v. 20. 5. 1938.

13 Hachtmann: Industriearbeit im „Dritten Reich", S. 241 f.

14 *Der Saarbergmann* v. 29. 7. 1938.

15 Ebd.; zur Einrichtung neuer Waschkauen auf Grube Heinitz und im Neunkircher Eisenwerk vgl. *Saarbrücker Zeitung* v. 8. 2. 1938 und *NSZ-Rheinfront* v. 15. 2. 1936.

16 *Der Saarbergmann* v. 9. 9. 1938.

17 *Deutsche Bergwerkszeitung* v. 26. 11. 1938.

18 Lagebericht des Quierschieder Bürgermeisters v. 9. 1. 1937, LAS, LRA Saarbrücken K-B/10; vgl. *Rundschau* v. 6. 2. 1936; IML-ZPA, St. 3/950 und 951.

19 Zit. nach *Der Saarbergmann* v. 20. 9. 1938.

20 Als Faksimile abgedruckt bei Ebenau: Freiheit für das Volk, S. 337.

21 *Der Saarbergmann* v. 20. 9. 1938.

22 *Dto.* v. 30. 9. 1938.

23 *Dto.* v. 30. 12. 1937.

24 Lagebericht v. 14. 10. 1941, BA/MA, RW 20—12/33.

25 Hitler zit. nach Wisotzky: Der Ruhrbergbau im Dritten Reich, S. 100.

26 Göring zit. nach Helmuth Trischler: „An der Spitze der deutschen Lohnarbeiterschaft". Der Bergmann im Spannungsfeld von nationalsozialistischer Arbeitsideologie und bergbaulicher Tradition, in: *Der Anschnitt* 41 (1989), S. 35.

27 Ebd., S. 29.

28 *NSZ-Westmark* v. 29./30. 4. 1944; vgl. *dto.* v. 10. 5. 1944.

Die publizistische Stigmatisierung und Ausgrenzung von „Volksfeinden" und „Gemeinschaftsfremden"

1 Peukert: Volksgenossen und Gemeinschaftsfremde, S. 247.

2 Zur Diffamierung und Stigmatisierung der Anti-Hitler-Koalition im Saarkampf vgl. Paul: „Deutsche Mutter — heim zu Dir!", S. 193 ff.

3 So z. B. *NSZ-Rheinfront* v. 2. 8. 1935.

4 *Saarbrücker Zeitung* v. 4. 12. 1936; prominentester Name auf dieser Ausbürgerungsliste war Thomas Mann.

5 *Dto.* v. 7. 4. 1935, 10. 5. 1936; *NSZ-Rheinfront* v. 26. 8. 1935, 18. 9. 1935, 9. 10. 1935; LAS, Ministerium des Innern 672.

6 *NSZ-Rheinfront* v. 20. 11. 1937.

7 *Dto.* v. 30. 10. 1935.

8 *Dto.* v. 8. 10. 1937, 23. 10. 1937, 25. 10. 1937.

9 *Saarbrücker Zeitung* v. 31. 10. 1940.

10 *NSZ-Westmark* v. 30. 8. 1944.

11 *Saarbrücker Zeitung* v. 24. 3. 1937.
12 *Dto.* v. 20. 3. 1937
13 *Dto.* v. 10. 4. 1937.
14 *Dto.* v. 1. 8. 1937; vgl. auch 31. 7. 1937.
15 *Dto.* v. 16. 8. 1937.
16 *NSZ-Rheinfront* v. 27. 11. 1936.
17 *Dto.* v. 8. 12. 1937.
18 „Merkblatt zur Erfassung der Gemeinschaftsunfähigen", Nl. Robert Bier; vgl. Peukert: Volksgenossen und Gemeinschaftsfremde, S. 246 ff.
19 Zur Verfolgung und Ermordung der Merziger Anstaltskranken vgl. Peter Luy/Thomas Gerber: Zwangssterilisierung und klinische Vernichtung, in: Zehn statt tausend Jahre, S. 218—226.
20 Lagebericht Stapo-Stelle/Saarbrücken für Oktober 1935, BAK, R 58/566.
21 Paul: Josef Bürckel. Der rote Gauleiter; vgl. Botz: Wien vom „Anschluß" zum Krieg, S. 245.
22 LAS, Ministerium des Innern 669.
23 *Freiheit-Korrespondenz* v. 25. 8. 1935.
24 *Saarbrücker Zeitung* v. 4. 12. 1935.
25 Vgl. *NSZ-Rheinfront* v. 10. 12. 1937, 15. 6. 1938, 21. 6. 1938, 24. 6. 1938, 6. 1. 1939.
26 *Saarbrücker Zeitung* v. 8. 11. 1938.
27 *Dto.* v. 13. 11. 1938.
28 Zur antibolschewistischen Propaganda der NSDAP nach 1933 vgl. Sywottek: Mobilmachung für den totalen Krieg, S. 104 ff.
29 *Saarbrücker Zeitung* v. 11. 9. 1936, 24. 10. 1938, 2. 10. 1937, 1. 9. 1936.
30 *Dto.* v. 21. 10. 1936.
31 Zum Antibolschewismus als lagerübergreifendem Einstellungsmuster vgl. *Deutschland-Berichte* Nr. 9/September 1936, S. 1109.
32 *Ebd.*, S. 1106.

Sozialpolitik und Propaganda zwischen Konsensbildung und Mythos

1 Mason: Die Bändigung der Arbeiterklasse im nationalsozialistischen Deutschland, S. 38 ff.; vgl. Kershaw: Der Hitler-Mythos.
2 Besprechung im Reichsarbeitsministerium am 5. 3. 1937, DZA Potsdam, Reichswirtschaftsministerium 10 532.
3 LAS, Generalstaatsanwalt 71.
4 Ebd., Ministerium des Innern 1291.
5 Ebd., Staatsanwaltschaft 200.
6 Ebd., Generalstaatsanwalt 218.
7 *Freiheit-Korrespondenz* v. 14. 4. 1938.
8 Lageberichte Landrat/Saarbrücken v. 18. 1. 1937, 14. 10. 1936, 30. 7. 1937, LAS, LRA Saarbrücken K-B/10.
9 *Deutschland-Information* Januar 1938, S. 4.
10 IML-ZPA, I 4/1/49.
11 Lagebericht Stapo-Stelle/Saarbrücken für April 1935, GStA Berlin-Dahlem, Rep. 90 P, Nr. 9, H. 10; dto. für Januar 1936, BAK, R 58/571.
12 *Deutschland-Berichte* Nr. 9/September 1937, S. 1295.
13 Wolfgang Buchholz: Die Nationalsozialistische Gemeinschaft „Kraft durch Freude". Freizeitgestaltung und Arbeiterschaft im Dritten Reich, Diss. München 1976, S. 170, 411, 397.
14 Siegel: Rationalisierung statt Klassenkampf, S. 131.
15 Mason: Die Bändigung der Arbeiterklasse im nationalsozialistischen Deutschland, S. 39.
16 Pier Paolo Pasolini: Freibeuterschriften. Die Zerstörung der Kultur des Einzelnen durch die Konsumgesellschaft, Berlin 1979, S. 49.
17 Kershaw: Der NS-Staat, S. 276, 284; vgl. auch Heinrich August Winkler: Vom Mythos der Volksgemeinschaft, in: *ASG* 17 (1977), S. 484—490.
18 Bracher: Die deutsche Diktatur, S. 367.
19 Lagebericht Stapo-Stelle/Saarbrücken für Oktober 1935, BAK, R 58/566.

V. Der improvisierte Ausnahmezustand: Institutionen und Strukturen des regionalen Maßnahmenstaates

Die unendliche Geschichte der Mythologisierung des Terrors: Denkfiguren, Forschungsdefizite und Fragestellungen

1 IMG, Bd. 21, Nürnberg 1948, S. 554; Originalzitat Heydrichs im *Völkischen Beobachter* v. 17. 2. 1941.
2 Schweder: Politische Polizei, S. 172.
3 William Sheridan Allen: The Nazi-Seizure of Power. The Experience of a Single German Town 1930—1935, Chicago 1965, S. 178 f., 324 f.
4 *Deutschland-Berichte* Nr. 7/Juli 1935, S. 815.
5 *Dto.* Nr. 1/Januar 1936, S. 42; ähnlich Nr. 11/November 1937, S. 1555.
6 *Dto.* Nr. 5/Mai 1937, S. 673, 679; Nr. 7/Juli 1937, S. 955.
7 *Dto.* Nr. 7/Juli 1938, S. 775; Nr. 8/August 1938, S. 864, 866.
8 LAS, LEA 8996; ähnlich ebd. 5880, 6786, 7301, 8670.
9 *Deutsche Informationen* v. 3. 10. 1936; *Bergarbeiter-Mitteilungen* Sondernr. Januar 1938; Tarnschrift „250 Millionen Mark für das Saargebiet seit der Rückgliederung", IML-ZPA, I 2/8/22 und IML-Bibliothek; *Informationen von Emigranten für Emigranten* Nr. 1/1937; vgl. Steinberg: Widerstand und Verfolgung in Essen, S. 63; Peukert: Die KPD im Widerstand, S. 121.
10 Inwieweit diese Mythologisierung auch zum analytischen Fundus der alliierten Geheimdienste und ihrer Berater aus den Kreisen der deutschen Emigration avancierte, die sich damit das Ausbleiben eines wirkungsvollen innerdeutschen Widerstandes zu erklären suchten, wäre eine eigene Recherche wert; Anhaltspunkte bei Alfons Söllner (Hrsg.): Zur Archäologie der Demokratie in Deutschland. Analysen politischer Emigranten im amerikanischen Geheimdienst, Bd. 1: 1943—1945, Frankfurt 1982, S. 43—59.
11 So bereits Timothy W. Mason: Der antifaschistische Widerstand im Spiegel der SED-Historiographie, in: *Das Argument* 43 (1967) S. 152, in seiner Kritik an der SED-offiziellen „Geschichte der deutschen Arbeiterbewegung".
12 Vgl. Paul: Aufstand der Bilder, S. 14 f.
13 Höhne: Der Orden unter dem Totenkopf, S. 10.
14 Lüdtke: Funktionseliten: Täter, Mit-Täter, Opfer?, S. 563 f.; eine Aufarbeitung der Schulddiskussion in den Nachkriegsjahren fehlt bislang; vgl. Anna J. Merritt/Richard L. Merritt (Hrsg.): Public Opinion in Occupied Germany. The OMGUS Surveys 1945—1949, Urbana 1970; Josef Foschepoth: Zur deutschen Reaktion auf Niederlage und Besatzung, in: Ludolf Herbst (Hrsg.): Westdeutschland 1945—1955. Unterwerfung, Kontrolle, Integration, München 1986, S. 151—165.
15 Edward Crankshaw: Gestapo, London 1957, S. 8.
16 Schulz: Die Anfänge des totalitären Maßnahmenstaates, S. 211.
17 Zipfel: Gestapo und Sicherheitsdienst, S. 18; ähnlich Diamant: Gestapo Frankfurt am Main, S. 23.
18 Delarue: Geschichte der Gestapo, S. 9, 89, 91.
19 Zit. bei Bracher: Die deutsche Diktatur, S. 386.
20 Bezeichnenderweise stellte Zipfel: Gestapo und SD in Berlin, S. 263, die Feststellung an den Anfang, daß „Deutschland als das erste besetzte Gebiet" zu bezeichnen sei.
21 Broszat: Plädoyer für eine Historisierung des Nationalsozialismus, S. 267.
22 Diamant: Gestapo Leipzig, S. 102, 197.
23 Broszat: Zur Sozialgeschichte des deutschen Widerstands, S. 295; trotz dieser Programmatik ging der Gestapo-Mythos stillschweigend auch in das „Bayern-Projekt" ein: Hartmut Mehringer: Die KPD in Bayern 1919—1945. Vorgeschichte, Verfolgung und Widerstand, in: Martin Broszat/Hartmut Mehringer (Hrsg.): Bayern in der NS-Zeit, Bd. 5, München—Wien 1983, S. 103, 130 und 142, schreibt etwa — ohne nähere Untersuchung und Beleg — von einer „wachsenden Effizienz des polizeilichen Überwachungs- und Verfolgungsapparates", dessen „Spitzeldienst in den Großstädten . . . ab Herbst 1933 annähernd perfekt" gewesen sei und bei BMW in München über ein „ganzes Heer interner Vertrauensleute" verfügt habe.
24 Ebenau: Freiheit für das Volk, S. 110, 118 f.; ähnlicher Unfug auch bei Hermann Volk: Heimatgeschichtlicher Wegweiser zu Stätten des Widerstandes und der Verfolgung 1933—1945, Bd. 4: Saarland, Köln 1990.
25 Jörg Kammler: Nationalsozialistische Machtergreifung und Gestapo — am Beispiel der Staatspolizeistelle für den Regierungsbezirk Kassel, in: Eike Hennig (Hrsg.): Hessen unterm Hakenkreuz. Studien zur Durchsetzung der NSDAP in Hessen, Frankfurt 1983, S. 506, 515.
26 Bei Walter Otto Weyrauch: Gestapo — V-Leute. Tatsachen und Theorie der Geheimdienste. Untersuchungen zur Geheimen Staatspolizei während der nationalsozialistischen Herrschaft, Frankfurt 1989, einer Sammlung spekulativer Einfälle ohne empirische Basis, handelt es sich schlicht um einen Etikettenschwindel zur Irreführung des Lesers.
27 Bein: Widerstand im Nationalsozialismus, S. 39.
28 Gellately: The Gestapo and German Society, S. 655.
29 Peukert: Die KPD im Widerstand, S. 116 f.
30 Marßolek/Ott: Bremen im Dritten Reich, S. 179; bereits Steinberg: Widerstand und Verfolgung in Essen, S. 62 f., stellte fest, daß die Gestapo im westlichen Ruhrgebiet „alles andere als eine schlagkräftige Gruppe erstklassiger Kriminalisten (war). Dazu trugen unter anderem der relativ niedrige Etat sowie der Mangel an geeignetem Personal bei."
31 Mann: Protest und Kontrolle im Dritten Reich, S. 287—305.

32 Gellately: The Gestapo and German Society, S. 664. Sein gleichnamiges Buch mit dem Untertitel Enforcing Racial Policy 1933—1945, Oxford 1990 wurde uns erst nach Abschluß unseres Manuskripts zugänglich. Gellately kommt darin — basierend auf den Akten der Stapo-Stelle Würzburg — zu durchaus ähnlichen Ergebnissen wie wir in dieser Untersuchung: Massenhafte Denunziation war die wesentliche Voraussetzung aller staatsterroristischen Aktivitäten; sie bildete einen zentralen Bestandteil der inneren Verfassung des Dritten Reiches. Denunziert wurde überwiegend am unteren Ende der sozialen Skala; die Gründe waren keineswegs vorrangig politischer Natur, sondern entsprangen häufig rein persönlichen Interessen. Allerdings beschränkt sich Gellately auf die Verfolgung der Juden und der polnischen Fremdarbeiter, spart also Widerstand und weite Bereiche des Dissens aus.

33 Broszat: Zur Sozialgeschichte des deutschen Widerstands, S. 295.

34 Die dialektische Umkehrung, aus den Milieustrukturen, der spezifischen politischen Kultur und dem sozialen Verhalten der oppositionellen Populationen Rückschlüsse auf ideologische und staatspolizeiliche Eingriffsmöglichkeiten des NS-Regimes zu ziehen, wird hingegen dominant erst im dritten und abschließenden Band erfolgen.

35 Kolb: Die Maschinerie des Terrors, S. 283.

36 Broszat: Plädoyer für eine Historisierung des Nationalsozialismus, S. 280.

37 Ders.: Was heißt Historisierung des Nationalsozialismus?, in: *HZ* 247 (1988), S. 2; vgl. ders./Saul Friedländer: Um die „Historisierung des Nationalsozialismus". Ein Briefwechsel, in: *VZG* 36 (1988), S. 339—372; Dan Diner (Hrsg.): Ist der Nationalsozialismus Geschichte? Zu Historisierung und Historikerstreit, Frankfurt 1987.

38 Backes/Jesse/Zitelmann: Was heißt „Historisierung" des Nationalsozialismus?, S. 27.

39 Mai: Arbeiterschaft zwischen Sozialismus, Nationalismus und Nationalsozialismus, S. 212.

Allmächtig, allwissend, allgegenwärtig? Die Staatspolizeistelle Saarbrücken

Der Blick über die Grenze: Die Vorgeschichte 1933—1935

1 Carl Schmitt: Politische Theologie, 2. Aufl. München 1934, S. 1.

2 RGBl. 1933, Teil I, S. 83.

3 Fraenkel: Der Doppelstaat, S. 26.

4 Vgl. Neumann: Behemoth, S. 542 f.

5 Zipfel: Gestapo und SD in Berlin, S. 266.

6 Buchheim: Die SS — das Herrschaftsinstrument, S. 22 f.

7 Zipfel: Gestapo und SD in Berlin, S. 265.

8 Vgl. Gruchmann: Justiz im Dritten Reich, S. 535—545; Majer: Das Verhältnis von Staatsanwaltschaft und Polizei im Nationalsozialismus, S. 132 f.

9 Grundlegend Graf: Politische Polizei zwischen Demokratie und Diktatur, S. 1—107.

10 Buchheim: Die SS — das Herrschaftsinstrument, S. 33.

11 Preußische Gesetzsammlung 1933, Nr. 29, S. 122.

12 Vgl. Tuchel/Schattenfroh: Zentrale des Terrors, S. 66—69.

13 Günter Plum: Staatspolizei und innere Verwaltung 1934—1936, in: *VZG* 13 (1965), S. 192.

14 Reinhard Rürup (Hrsg.): Topographie des Terrors. Gestapo, SS und Reichssicherheitshauptamt auf dem „Prinz-Albrecht-Gelände", Berlin 1987, S. 55.

15 Preußische Gesetzsammlung 1933, Nr. 74, S. 413; vgl. Buchheim: Die SS — das Herrschaftsinstrument, S. 36 f.; Tuchel/Schattenfroh: Zentrale des Terrors, S. 74—77.

16 MBliV 1934, S. 471.

17 Eine umfassende Biographie über Himmler fehlt bislang, vgl. immer noch Josef Ackermann: Himmler als Ideologe, Göttingen 1970; zentral zu Heydrich Günther Deschner: Reinhard Heydrich — Statthalter der totalen Macht, München 1978.

18 Vgl. Aronson: Heydrich und die Anfänge des SD und der Gestapo, S. 127—253; Buchheim: Die SS — das Herrschaftsinstrument, S. 37—42; Longerich: Die braunen Bataillone, S. 206—219; Browder: Foundations of the Nazi Police State, S. 63—147.

19 BAK, R 43 II/395, Bl. 49.

20 Buchheim: Die SS — das Herrschaftsinstrument, S. 43.

21 Vgl. Aronson: Heydrich und die Anfänge des SD und der Gestapo, S. 288—318; Tuchel/Schattenfroh: Zentrale des Terrors, S. 79—86; zu dem Himmler als RFSS unmittelbar unterstellten Inspekteur der Konzentrationslager vgl. Broszat: Nationalsozialistische Konzentrationslager, S. 49 f., 55—66 sowie Johannes Tuchel: Die „Inspektion der Konzentrationslager" 1934—1938. Vorgeschichte, Struktur und Funktion einer Organisation im nationalsozialistischen Herrschaftsapparat, Diss. Berlin 1989.

22 Vgl. Christian Kirchberg: Die Kontrolle der Maßnahmen der „politischen Polizei" durch die Verwaltungsgerichte, in: Dieter Rebentisch/Karl Teppe (Hrsg.): Verwaltung contra Menschenführung im Staat Hitlers. Studien zum politisch-administrativen System, Göttingen 1986, S. 141—152.

23 Vgl. Majer: Das Verhältnis von Staatsanwaltschaft und Polizei im Nationalsozialismus, S. 136—150, Zitat S. 144.

24 Preußische Gesetzsammlung 1936, Nr. 5, S. 21 f.

25 BAK, R 58/243, Bl. 113—115; vgl. Tuchel/Schattenfroh: Zentrale des Terrors, S. 90 f.

26 RGBl. 1936, Teil I, S. 487; vgl. Browder: Foundations of the Nazi Police State, S. 219—249.

27 MBliV 1936, S. 1906.

28 Vgl. Buchheim: Die SS — das Herrschaftsinstrument, S. 49—59; Höhne: Der Orden unter dem Totenkopf, S. 181 f., 185 f.; Majer: Das Verhältnis von Staatsanwaltschaft und Polizei im Nationalsozialismus, S. 128—130; Tuchel/Schattenfroh: Zentrale des Terrors, S. 91 f., 98—101.
29 Vgl. Mommsen: Ausnahmezustand als Herrschaftstechnik des NS-Regimes, S. 37—43.
30 Dieter Rebentisch: Führerstaat und Verwaltung im Zweiten Weltkrieg. Verfassungsentwicklung und Verwaltungspolitik 1939—1945, Stuttgart 1989, S. 287.
31 Vgl. PAAA, II/Saargebiet, Aktengruppen Parteien und Politische Angelegenheiten.
32 LAS, OSR, II Spr. 19/48; *Volksstimme* v. 7. 12. 1948; vgl. Lempert: „Das Saarland den Saarländern!", S. 146, 149, 443.
33 LHAK 403/16856.
34 Erlaß PrMdI v. 21. 6. 1919, ebd. 403/13362, S. 9.
35 Vgl. BAK, R 134 sowie für die KPD der Rheinprovinz im Jahre 1932 LHAK 403/16779—16781, 16783; Graf: Politische Polizei zwischen Demokratie und Diktatur, S. 29—36; Ernst Ritter (Hrsg.): Reichskommissar für Überwachung der öffentlichen Ordnung und Nachrichtensammelstelle im Reichsministerium des Innern: Lageberichte (1920—1929) und Meldungen (1929—1933), München—New York—London—Paris 1979; als Lokalstudie Bernd Klemm (Hrsg.): „. . . durch polizeiliches Einschreiten wurde dem Unfug ein Ende gemacht". Geheime Berichte der politischen Polizei Hessen über Linke und Rechte in Offenbach 1923—1930, Frankfurt—New York 1982.
36 Horst Romeyk: Verwaltungs- und Behördengeschichte der Rheinprovinz 1914—1945, Düsseldorf 1985, S. 268 f.
37 Landesarchiv Speyer, H 38/1135, 1142, 1399, 1400, 1427—1429, 1431; LAS, LRA St. Wendel 379; vgl. Jacoby: Die nationalsozialistische Herrschaftsübernahme an der Saar, S. 93 f.
38 Erlaß PrMdI v. 26. 4. 1933, MBliV 1933, S. 503—508; Regierungspräsident/Trier an Landräte v. 10. 5. 1933, LHAK 442/15464.
39 BDC, NSDAP-Mitgliederkartei, Akte Wilhelm Mäurer; vgl. Graf: Politische Polizei zwischen Demokratie und Diktatur, S. 366 f.
40 Geschäftsverteilungspläne Gestapa v. 19. 6. 1933 und 22. 1. 1934, BAK, R 58/840, Bl. 2 ff., 7 ff.; vgl. Tuchel/Schattenfroh: Zentrale des Terrors, S. 70 f., 78.
41 BDC, NSDAP-Mitgliederkartei, Akte Hans Thees; vgl. Graf: Politische Polizei zwischen Demokratie und Diktatur, S. 386 f.
42 Vgl. ebd., S. 291—293.
43 LAS, OSR, II Spr. 22/47; zur Tätigkeit in Trier vgl. seine Erklärung ebd., Nl. Heinrich Welsch 14.
44 Lagebericht Stapo-Stelle/Saarbrücken für April 1935, GStA Berlin-Dahlem, Rep. 90 P, Nr. 9, H. 10, Bl. 11.
45 Vermerk Generalstaatsanwalt/Hamm v. 18. 6. 1936 und Bericht Stapo-Stelle/Saarbrücken v. 13. 7. 1936, StAM, Generalstaatsanwaltschaft Hamm 2258; dto. v. 28. 4. 1939, LAS, Stapo-Stelle 39; ebd., OSR, I Spr. 166/48; Erklärung Heinrich Welsch v. 29. 9. 1949, ebd., Nl. Heinrich Welsch 6.
46 BDC, NSDAP-Mitgliederkartei, Akte Wilhelm Nickel; Graf: Politische Polizei zwischen Demokratie und Diktatur, S. 371, 423.
47 Preußischer Ministerpräsident an Auswärtiges Amt v. 30. 12. 1933, PAAA, II/Saargebiet, Parteien 6.
48 BDC, NSDAP-Mitgliederkartei, Akte Willi Dansauer; Auskunft Stadtarchiv Saarbrücken; vgl. Paul: Die NSDAP des Saargebietes, S. 187.
49 Zu dem Aktendiebstahl in der Direktion der Mines Domaniales und bei Ingenieur Rossenbeck vgl. LAS, LEA MDI 6459 und Kunkel: Die Sozialdemokratische Partei des Saargebietes im Abstimmungskampf, S. 55—57; die dabei erbeuteten Dokumente wurden in der *Deutschen Front* v. 6. 12. 1934 und 12. 1. 1935 veröffentlicht und bildeten den Grundstock einer NSDAP-Saarausstellung in Kaiserslautern, vgl. Karl Bartz: Weltgeschichte an der Saar, Neustadt 1935, S. 166 ff., 184 ff. Zum Einbruch in die Geschäftsstelle der Saarländischen Sozialistischen Partei vgl. Gestapa an Auswärtiges Amt v. 30. 11. 1933, PAAA, II/Saargebiet, Parteien 6.
50 Erklärung Friedrich Carl v. 24. 4. 1939, LAS, Stapo-Stelle 39; ebd., OSR, I Spr. 134/48.
51 Vermerk Bezirksamtsaußenstelle/Landstuhl v. 15. 3. 1933, Landesarchiv Speyer, H 38/1375, Bl. 1; LAS, OSR 40.
52 LAS, OSR, I Spr. 134/48 und LEA 5878.
53 Für St. Ingbert etwa Protokoll Alois S. v. 22. 7. 1931, LAS, LRA St. Ingbert 446, Bl. 120 f.; Bürgermeister/St. Ingbert an Bezirksamt v. 15. 2. 1934, ebd. 337.
54 Vgl. auch Bericht Stapo-Stelle/Trier v. 18. 5. 1933, BAK, R 58/745; Gestapa an Reichskanzlei v. 8. 1. 1934, ebd., R 43 I/254; Landesarchiv Speyer, H 38/1399 und 1428; umfangreiche Belege dafür nennt auch Jacoby: Die nationalsozialistische Herrschaftsübernahme an der Saar, S. 100, Fn. 76.
55 Lediglich in zwei Fällen gelangten nachweislich Berichte aus ihrer Provenienz ins Gestapa, PrMdI an Gestapa v. 25. 11. 1933, PAAA, II/Saargebiet, Emigranten 1; IML-ZPA, P. St. 3/94; zur Organisation der Politischen Polizei vgl. Westhoff: Recht und Verwaltung im Saargebiet, S. 129 f.
56 Mitteilungen Gestapa v. 31. 1. 1934, BAK, R 58/1068, Bl. 140—155; ausführlich dazu Tutas: Nationalsozialismus und Exil, S. 245—259.
57 Entsprechende Berichte und Verhörprotokolle IML-ZPA, P. St. 3/82 und 94, St. 3/946, NJ 3710, 6094, 11788; vgl. Herlemann: Die Emigration als Kampfposten, S. 53 f. sowie Gerhard Bungert/Klaus-Michael Mallmann: Exil an der Saar 1933—1935, in: *Saarheimat* 22 (1978), S. 134—138.
58 Ausführlich zu diesen und anderen Fällen Lempert: „Das Saarland den Saarländern!", S. 239 ff., 246 ff., 253, 340 f., 392 ff.; von zur Mühlen: „Schlagt Hitler an der Saar!", S. 110, 142, 150 f., 178.
59 Stapo-Stelle/Trier an Gestapa v. 13. 11. 1933, PAAA, II/Saargebiet, Parteien 6; vgl. Saarnachrichten Gestapa v. 24. 1. 1934 und Gestapa-Meldung v. 15. 2. 1934, BAK, R 43 I/260, Bl. 87—94, 116—125.
60 Ausführlich dazu Kunkel: Die Sozialdemokratische Partei des Saargebietes im Abstimmungskampf, S. 84—88; Jacoby: Die nationalsozialistische Herrschaftsübernahme an der Saar, S. 123 f.; von zur Mühlen: „Schlagt Hitler an der Saar!", S. 87—89.

61 Oberstaatsanwaltschaft/Saarbrücken an RMJ v. 22. 8. 1936, LAS, Generalstaatsanwalt 113, Bl. 133; ebd., LEA 9117.
62 Polizeidirektion/Kaiserslautern an Bayerische Politische Polizei/München v. 9. 8. 1933 sowie dto. an Regierungsrat Binder/Waldmohr v. 30. 8. 1933, Landesarchiv Speyer, H 38/1427, Bl. 179 f., 181—184; Bericht Gestapa v. 1. 3. 1934, BAK, R 58/1068, Bl. 182—186 und IML-ZPA, St. 3/948; IML-ZPA, P. St. 3/94; Bericht Gestapa v. 2. 10. 1934, BAK, R 58/460 und IML-ZPA, St. 3/233/I.
63 Etwa IML-ZPA, St. 3/946 und NJ 3717. Im November 1933 kam man überein, daß übertrittswillige Kommunisten formell im feindlichen Lager bleiben sollten, um dessen Front aufzuweichen, Bericht Gestapa v. 24. 11. 1933, PAAA, II/Saargebiet, Parteien 6.
64 Vgl. IML-ZPA, P. St. 3/94 und St. 3/224/II; Gestapa an Auswärtiges Amt v. 19. 2. 1934, PAAA, II/Saargebiet, Emigranten 1.
65 Vgl. die Broschüre „6 Wochen im Dienste der Gestapo", Exemplar LAS, LRA Saarbrücken 330; *Volksstimme* v. 2. 12. 1934; *Arbeiterzeitung* v. 4., 5. und 6. 12. 1934.
66 Saarnachrichten Gestapa v. 31. 1. 1934, BAK, R 43 I/260, Bl. 97—101.
67 IML-ZPA, P. St. 3/78 und St. 3/224/II; PAAA, II/Saargebiet, Parteien 10, 12—14; Landesarchiv Speyer, H 38/1427, Bl. 30—42.
68 IML-ZPA, I 3/24/29.
69 Ebd., St. 3/224/II; ähnlich Bericht Gestapa v. 10. 9. 1934, PAAA, II/Saargebiet, Parteien 12.
70 IML-ZPA, P. St. 3/78, 81 und 82; PAAA, II/Saargebiet, Parteien 14 und 15.
71 *Der Rufer im Warndt* v. 29. 12. 1934.
72 Etwa Jacoby: Die nationalsozialistische Herrschaftsübernahme an der Saar, S. 125 f.; von zur Mühlen: „Schlagt Hitler an der Saar!", S. 117 f.; Luitwin Bies: Klassenkampf an der Saar 1919—1935. Die KPD im Saargebiet im Ringen um die soziale und nationale Befreiung des Volkes, Frankfurt 1978, S. 104.
73 Vgl. Herlemann: Die Emigration als Kampfposten, S. 52—65.
74 IML-ZPA, P. St. 3/93 und St. 10/138/21; als Beispiel für den Diensteifer der regulären Polizei vgl. Gendarmeriestand-ort/Sötern an Staatspolizeiamt/Birkenfeld v. 30. 11. 1934, PAAA, II/Saargebiet, Politische Angelegenheiten 70.
75 StAM, Generalstaatsanwaltschaft Hamm o. J. 950/33 u. 2458; vgl. Mallmann/Paul: Das zersplitterte Nein, S. 218-220.
76 Bericht Stapo-Stelle/Trier v. 16. 8. 1934, ebd. 3807; Urteil Oberlandesgericht/Hamm v. 8. 12. 1934, ebd. 3808; LAS, LEA 2964.
77 IML-ZPA, P. St. 3/94.
78 Bericht Stapo-Stelle/Trier v. 5. 6. 1936, StAM, Generalstaatsanwaltschaft Hamm 2258; Vernehmungsprotokoll Friedrich Wolff v. 4. 9. 1940 und Urteil Oberlandesgericht/Hamm v. 15. 7. 1941, HStAD, RW 58/60536, Bl. 58, 87—90; IML-ZPA, NJ 3710; vgl. Herlemann: Die Emigration als Kampfposten, S. 55 f., 60 f.
79 IML-ZPA, P. St. 3/94.
80 Dto. und ebd., NJ 3710; StAM, Generalstaatsanwaltschaft Hamm 2258; BDC, Oberreichsanwalt beim Volksgerichtshof, Akten Paul Eisenschneider, Peter Koch, Wilhelm Reimers; vgl. Barbara Mausbach-Bromberger: Arbeiterwiderstand in Frankfurt am Main gegen den Faschismus 1933—1945, Frankfurt 1976, S. 49, 52, 97.
81 LAS, JVA 1936 und 1939; ebd., OSR, I Spr. 134/48; ebd., LEA MDI 4902; Urteil Oberlandesgericht/Hamm v. 18. 1. 1938, StAM, Generalstaatsanwaltschaft Hamm 10371 und IML-ZPA, NJ 5669; Stapo-Stelle/Saarbrücken an Stapo-Leitstelle/Düsseldorf v. 29. 8. 1940, HStAD, RW 58/60536, Bl. 51.
82 Erlaß PrMdI v. 11. 9. 1933, BAK, R 43 I/253, Bl. 211.
83 Vgl. Paul: „Deutsche Mutter — heim zu Dir!", S. 84—86.
84 ADAP, Serie C, Bd. II/2, S. 554—556, Zitate S. 555.
85 Vgl. Jacoby: Die nationalsozialistische Herrschaftsübernahme an der Saar, S. 98 f.
86 Gestapa an Auswärtiges Amt v. 19. 4. 1934, PAAA, II/Saargebiet, Emigranten 2.
87 Polizeidirektion/Ludwigshafen an den Bayerischen Ministerpräsidenten v. 8. 2. 1934, Landesarchiv Speyer, H 38/1427, Bl. 63; vgl. ebd., H 38/1367, 1377, 1379, 1398, 1399, 1420, 1423, 1426, 1428, 1429; zur Organisation der Bayerischen Politischen Polizei in der Pfalz vgl. Rothenberger: Die Pfalz im Dritten Reich, S. 1651.
88 Vernehmungsprotokoll Adolf Schleehauf v. 27. 11. 1939 und 22. 2. 1940, LAS, Stapo-Stelle 1.
89 Gestapa an PrMdI v. 7. 2. 1934, PAAA, II/Saargebiet, Politische Angelegenheiten 57; BDC, NSDAP-Mitgliederkartei, Akte Philipp Würtz; vgl. Paul: Die NSDAP des Saargebietes, S. 128—130.
90 Gendarmeriestation/Bruchhof an Bezirksamt/Zweibrücken v. 2. 7. 1933, Landesarchiv Speyer, H 38/1375, Bl. 29.
91 Peter Schmitt an Stapo-Stelle/Saarbrücken v. 8. 5. 1935, StAM, Generalstaatsanwaltschaft Hamm 6403.
92 Vernehmungsprotokoll Franz Alles v. Oktober 1935, ebd. 1180; dto. v. 8. 10. 1935 und Erklärung Karl Linn v. 9. 12. 1935, ebd. 6405. Dennoch wurde Alles, der 1935 zum DAF-Leiter von St. Wendel avancierte, wegen seiner Beteiligung am illegalen Materialtransport zu einem Jahr Gefängnis verurteilt, Urteil OLG/Hamm v. 27. 8. 1936, ebd. 6406.
93 Ebd. o. J. 926/33.
94 IML-ZPA, NJ 13327; BDC, Oberreichsanwalt beim Volksgerichtshof, Akte Albert Witzak; vgl. Matthias/Weber: Widerstand gegen den Nationalsozialismus in Mannheim, S. 288.
95 StAM, Generalstaatsanwaltschaft Hamm 401; Urteil Oberlandesgericht/Hamm v. 19. 9. 1934, BDC, Oberreichsanwalt beim Volksgerichtshof, Akte Wilhelm Land.
96 Kreisverwalter/Baumholder an Stapo-Stelle/Trier v. 26. 4. 1934, StAM, Generalstaatsanwaltschaft Hamm 1676; Aussage Peter Schmitt v. 29. 11. 1934, ebd. 1677.
97 IML-ZPA, St. 3/224/II.
98 Ebd., P. St. 3/94; Urteil Volksgerichtshof v. 24. 5. 1937, BDC, Oberreichsanwalt beim Volksgerichtshof, Akte Paul Eisenschneider; die Angaben zu Schaadt bei Herlemann: Die Emigration als Kampfposten, S. 60, die dieses Urteil paraphrasieren, sind falsch.
99 BAK, R 43 I/260.

1 Aufzeichnung von Neurath v. 3. 11. 1934, ADAP, Serie C, Bd. III/2, S. 549; bei Jacoby: Die nationalsozialistische Herrschaftsübernahme an der Saar, fehlt eine Behandlung der Stapo-Stelle Saarbrücken; erste knappe Monographien dazu bei Reinhard Klimmt: „Wenn du nicht artig bist, kommst du auf den Schloßplatz!" Die Gestapo an der Saar 1933—1945, in: Mallmann/Paul/Schock/Klimmt: Richtig daheim waren wir nie, S. 166—171; Gerhard Paul: Das nationalsozialistische Herrschaftssystem im Saarland, in: Zehn statt tausend Jahre, S. 37—48.

2 Max Hofmann/Forbach an Sopade v. 25. 2. 1935, AdsD, Emigration — Sopade 55; *Deutschland-Berichte* Nr. 2/Februar 1935, S. 157.

3 Kommandeur der Gendarmerie/Saarbrücken an Landräte v. 28. 2. 1935, LAS, LRA St. Ingbert 242, S. 4—6; Lagebericht Stapo-Stelle/Saarbrücken für März 1935, BAK, R 58/432.

4 Erlasse Gestapa v. 8. 3., 10. 4. und 9. 5. 1935 sowie Dienstanweisung v. 10. 4. 1935, BAK, R 58/241, Bl. 23, 26—30 und IfZ, MA 433; aufgrund der angespannten Personallage im Krieg wurde die Stapo-Stelle/Trier ab 1. November 1943 suspendiert, vgl. Erlaß Chef der Sicherheitspolizei und des SD v. 8. 10. 1943, LHAK 442/15797.

5 Erlaß Bürckels v. 30. 6. 1935, LAS, Polizeipräsident 183.

6 Vgl. ebd., OSR, IV OSR 135/50 und V OSR 6/50; ebd., LEA 10568; Nikolaus Schmitt: Chronik der Gemeinde Heiligenwald, Neunkirchen 1954, S. 263.

7 Vgl. RGBl. 1935, Teil I, S. 66—68, 223.

8 Ministerial-Blatt des Reichs- und Preußischen Ministeriums des Innern v. 23. 2. 1938, S. 286.

9 RGBl. 1935, Teil I, S. 224 f.

10 Vgl. BAK, R 58/243, S. 4 und RGBl. 1935, Teil II, S. 121 ff.; ausführlich dazu Jacoby: Die nationalsozialistische Herrschaftsübernahme an der Saar, S. 172—179, 184 f.; Tutas: Nationalsozialismus und Exil, S. 260—270.

11 Erlaßkonzept Gestapa v. 3. 4. 1935, PAAA, II/Saargebiet, Emigranten 4; dort auch die auf Intervention des Auswärtigen Amtes abgeschwächte Ausfertigung v. 27. 5. 1935.

12 Erlasse Reichskommissar für die Rückgliederung des Saarlandes und NSDAP-Gauleitung Pfalz-Saar, beide v. 20. 1. 1936, LAS, Polizeipräsident 274.

13 Vgl. ebd., LEA 1293, 6670, 6995, 7069, 10057.

14 Erlaß Reichskommissar für die Rückgliederung des Saarlandes v. 25. 3. 1935, ebd.., Ministerium des Innern 671.

15 Erlaß RMI v. 12./26. 4. 1934, BAK, R 58/264 und LAS, LRA St. Ingbert 296; vgl. Broszat: Nationalsozialistische Konzentrationslager, S. 32—35.

16 Etliche Schutzhaftbefehle Bürckels von 1935 in LAS, Ministerium des Innern 672; vgl. ebd., JVA 1935 und 1936 sowie Lageberichte Stapo-Stelle/Saarbrücken für April, Juni und Juli 1935, GStA Berlin-Dahlem, Rep. 90 P, Nr. 9, H. 10, S. 23, 29, 56.

17 Erlaß Gestapa v. 29. 10. 1936, LAS, Ministerium des Innern 671.

18 Erlaß RMI v. 25. 1. 1938, BAK, R 58/1027.

19 Redner-Information Gaupropagandaleitung Saarpfalz 3/1940, LAS, NSDAP Gau Westmark 17, Bl. 23—27; bei Delarue: Geschichte der Gestapo, S. 89, hingegen heißt es: „Die Gestapo unterstand der Kontrolle der Partei".

20 Erlaß Chef der Sicherheitspolizei und des SD v. 27. 8. 1941, BAK, R 58/1027; vgl. Broszat: Nationalsozialistische Konzentrationslager, S. 93 f.

21 *Völkischer Beobachter* v. 18. 6. 1936.

22 Schulungsmaterial für die Ausbildung von SS-Führer-Anwärtern (undatiert), BAK, R 58/844, Bl. 5.

23 Werner Best: Die Geheime Staatspolizei, in: *Deutsches Recht* v. 15. 4. 1936; ebenfalls BAK, R 58/243, Bl. 119—122.

24 Ausführlich dazu Buchheim: Die SS — das Herrschaftsinstrument, S. 102—113.

25 Delarue: Geschichte der Gestapo, S. 87.

26 Erlaß RFSS und Chef der Deutschen Polizei v. 27. 9. 1939, BAK, R 58/245; vgl. Geschäftsverteilungspläne v. 1. 3. 1941 und 1. 10. 1943, IMG, Bd. 38, Nürnberg 1949, S. 1—24, 60—85; Buchheim: Die SS — das Herrschaftsinstrument, S. 66—70; eine Organisations- und Strukturgeschichte des Reichssicherheitshauptamtes bildet nach wie vor ein dringendes Desiderat.

27 Vgl. Peter Black: Ernst Kaltenbrunner. Ideological Soldier of the Third Reich, Princeton 1984.

28 Vgl. Wolfgang Scheffler: Zur Praxis der SS- und Polizeigerichtsbarkeit im Dritten Reich, in: Günther Doeker/Winfried Steffani (Hrsg.): Klassenjustiz und Pluralismus. Festschrift für Ernst Fraenkel, Hamburg 1973, S. 224—236; Buchheim: Die SS — das Herrschaftsinstrument, S. 153—160; Birn: Die Höheren SS- und Polizeiführer, S. 131—157.

29 Erlaß RFSS und Chef der Deutschen Polizei v. 18. 12. 1939, BAK, R 58/243, Bl. 265 f. und LAS, Polizeipräsident 288; vgl. Hans Buchheim: Die Höheren SS- und Polizeiführer, in: *VZG* 11 (1963), S. 362—391; Birn: Die Höheren SS- und Polizeiführer, S. 79—105.

30 Dto. v. 20. 9. 1936, BAK, R 58/241, Bl. 67.

31 Erlaß Chef der Sicherheitspolizei und des Sicherheitshauptamtes v. 23. 9. 1939, ebd., Bl. 191—194; Erlaß RFSS und Chef der Deutschen Polizei v. 15. 10. 1939, ebd., Bl. 200—205.

32 Erlaß RSHA v. 3. 10. 1940, ebd., Bl. 270; BDC, NSDAP-Mitgliederkartei, Akte Anton Dunckern; vgl. Organisationsplan des Befehlshabers der Sicherheitspolizei und des SD v. 15. 12. 1943, BAK, R 70/2.

33 Vgl. Dienststellenverzeichnis Anfang 1944, BAK, R 58/415, Bl. 72; Buchheim: Die SS — das Herrschaftsinstrument, S. 75 f.; Wolfanger: Die nationalsozialistische Politik in Lothringen, S. 87 f.; Rödel: Die Behörde des Reichsstatthalters in der Westmark, S. 306 f.

34 BDC, NSDAP-Mitgliederkartei, Akte Dr. Hans Trummler.

35 Dienststellenverzeichnis Ende 1944, BAK, R 58/415, Bl. 57; vgl. Buchheim: Die SS — das Herrschaftsinstrument, S. 82f.
36 LAS, Befehlshaber der Sicherheitspolizei 2; Aussage Gustav Pitz v. 9. 10. 1948, ebd., Staatsanwaltschaft 1531; dto. P. M. v. 22. 5. 1964, Staatsanwaltschaft Mannheim 1 Js 10801/71; zu den Einsatzgruppen vgl. Krausnick/Wilhelm: Die Truppe des Weltanschauungskrieges; Alexander Dallin: Deutsche Herrschaft in Rußland 1941—1945. Eine Studie über Besatzungspolitik, Düsseldorf 1958; Robert M. W. Kempner: SS im Kreuzverhör. Die Elite, die Europa in Scherben schlug, Nördlingen 1987, S. 17—103.
37 Runderlaß Kaltenbrunner v. 6. 2. 1945, BAK, R 58/243, Bl. 370.
38 Vgl. die Geschäftsverteilungspläne der Stapo-Stellen Koblenz, Darmstadt und Bremen, BAK, R 58/1112; zu Düsseldorf Peukert: Die KPD im Widerstand, S. 280 und Mann: Protest und Kontrolle im Dritten Reich, S. 147—155; Marßolek/Ott: Bremen im Dritten Reich, S. 179—181; Diamant: Gestapo Frankfurt am Main, S. 19; ders.: Gestapo Leipzig, S. 19.
39 Stapo-Stelle/Saarbrücken an Polizeipräsident/Saarbrücken v. 15. 9. 1936, LAS, Polizeipräsident 294.
40 Vgl. ebd., Stapo-Stelle 7 und 20; ebd., OSR, St. 322/50.
41 Personalnachweis Abt. III v. 22. 1. 1938, ebd., Stapo-Stelle 21; vgl. ebd. 32, 35, 39; IMG, Bd. 42, Nürnberg 1949, S. 320 ff.
42 Vgl. Stapo-Leitstelle/Koblenz an Stapo-Stelle/Saarbrücken v. 28. 11. 1938, LAS, Stapo-Stelle 30.
43 Abwehrstelle WK IX/Kassel an Stapo-Stelle/Saarbrücken v. 30. 9. 1936, ebd. 38; vgl. ebd. 19, 21 und 37.
44 Personalnachweis Abt. II B v. 26. 10. 1937, ebd. 20; *Freiheit-Korrespondenz* v. 22. 4. 1937; *Deutsche Informationen* v. 22. 4. 1937; *Deutsche Volkszeitung* v. 25. 4. 1937; IML-ZPA St. 3/949 und 951.
45 Vgl. IML-ZPA, NJ 13627 und 15641.
46 Hinweise LAS, Stapo-Stelle 9 sowie Staatsanwaltschaft 1535 und 1537; vgl. Herbert: Fremdarbeiter, S. 156.
47 Ebd., Stapo-Stelle 9 und 31; vgl. Klotzbach: Gegen den Nationalsozialismus, S. 239 f.
48 Mlynek: Gestapo Hannover meldet . . ., S. 15.
49 Personalnachweis Stapo-Stelle/Saarbrücken 1935, Zentrale Stelle der Landesjustizverwaltungen Ludwigsburg, Verschiedenes 10, Bl. 2706—2710.
50 Thévoz/Branig/Lowenthal-Hensel: Pommern 1934/35 im Spiegel von Gestapo-Lageberichten und Sachakten, S. 24; Diamant: Gestapo Frankfurt am Main, S. 20; Bein: Widerstand im Nationalsozialismus, S. 38; Marßolek/Ott: Bremen im Dritten Reich, S. 179.
51 *Deutschland-Information* Nr. 2/Februar 1936, S. 89.
52 Stapo-Stelle/Saarbrücken an Stapo-Leitstelle/Koblenz v. 18. 6. 1938, LAS, Stapo-Stelle 7.
53 Berechnet nach Stapo-Personalstatistik v. 31. 3. 1937, BAK, R 58/610; vgl. Gellately: The Gestapo and German Society, S. 665.
54 Personalnachweis v. 29. 7. 1938, LAS, Stapo-Stelle 20.
55 Vgl. ebd. 7, 19, 20, 24 und 33.
56 Stellenplan v. 1. 9. 1941, BAK, R 58/856, Bl. 119.
57 Dienstzeugnis v. 27. 1. 1941, LAS, Stapo-Stelle 22; Stapo-Stelle/Saarbrücken an Polizeipräsident/Saarbrücken v. 24. 9. 1941, ebd., Polizeipräsident 185.
58 Rundbrief Stapo-Stelle/Saarbrücken v. 24. 5. 1943, LAS, LRA St. Ingbert 1337.
59 Ebd., Stapo-Stelle 29; die Iststärke der gesamten Gestapo — verteilt auf weite Teile Europas — wies am 1. Januar 1944 den vergleichsweise niedrigen Stand von 31.374 Mann auf, Vermerk RSHA Februar 1944, BAK, R 58/932, Bl. 14.
60 *Die Neue Saar* v. 11. 5. 1951. Die dort vom 22. März bis 1. Juni 1951 abgedruckte Serie „Stichwort ‚Hochofen' nicht ausgelöst. Eine Frau verhindert den Saarbrücker Ostarbeiteraufstand" verband Elemente des Kolportageromans mit einer überaus kenntnisreichen Schilderung der Strukturen an der „Heimatfront"; hinter dem Autorenpseudonym Carl Lejeune versteckte sich aller Wahrscheinlichkeit nach Biereth, der sich im Internierungslager seiner früheren Tätigkeit als Journalist besonnen und in der *Neuen Saar* bereits die Serie „Geheimagent Wb 13. Ein Tatsachenbericht über eine Gestapo-Aktion an der Saar" veröffentlicht hatte; Aufdeckung seiner Autorenschaft in *Die Neue Saar* v. 6. 4. 1951.
61 Erlaß Bürckels v. 30. 6. 1935, LAS, Polizeipräsident 183; Dienststellenverzeichnisse Januar 1938 und 1938/39, BAK, R 58/727, Bl. 6, 37.
62 Peukert: Die KPD im Widerstand, S. 118.
63 Erlaß Gestapa v. 20. 7. 1937, BAK, R 58/241, Bl. 102 f.; Stapo-Stelle/Saarbrücken an Reichskommissar für das Saarland v. 22. 2. 1939, Stadtarchiv Saarbrücken, Großstadt 3975; Dienststellenverzeichnis Juli 1939, BAK, R 58/727, Bl. 83.
64 Rödel: Die Behörde des Reichsstatthalters in der Westmark, S. 307.
65 BDC, NSDAP-Mitgliederkartei, Akte Anton Dunckern; Justiz und NS-Verbrechen, Bd. 17, Amsterdam 1977, S. 662.
66 Erlasse Chef der Sicherheitspolizei und des SD v. 30. 5. und 20. 6. 1941, BAK, R 58/241, Bl. 307 f., 312 f.
67 Vgl. Dienststellenverzeichnis 1944, BAK, R 58/415, Bl. 252; LAS, OSR, III OSR 479/49.
68 Vgl. Zeugenaussagen 1947, LAS, Staatsanwaltschaft 1531.
69 Zit. bei Buchheim: Die SS — das Herrschaftsinstrument, S. 146.
70 Dienststellenverzeichnis Januar 1938, BAK, R 58/727, Bl. 6; vgl. IMG, Bd. 42, Nürnberg 1949, S. 293—295.
71 Stapo-Stelle/Saarbrücken an Abwehrstelle WK XII/Wiesbaden v. 9. 2. 1939 sowie dto. an Inspekteur der Sicherheitspolizei/Wiesbaden v. 21. 3. 1939, LAS, Stapo-Stelle 19.
72 Dto. an Inspekteur der Sicherheitspolizei/Wiesbaden v. 26. 7. 1939, ebd.; Dienststellenverzeichnisse 1938/39 und Juli 1939, BAK, R 58/727, Bl. 37, 83.
73 Erlaß RFSS und Chef der Deutschen Polizei v. 27. 3. 1941, BAK, R 58/241, Bl. 285 f.
74 Vgl. LAS, LRA Saarlouis 2; Buchheim: Die SS — das Herrschaftsinstrument, S. 145—153.
75 Bericht Stapo-Stelle/Saarbrücken v. 1. 3. 1937, LAS, Generalstaatsanwalt 29, S. 177—181; ausführlich dazu in diesem Band S. 370—378.

76 Lagebericht Stapo-Stelle/Saarbrücken über die illegale marxistische und kommunistische Bewegung für das Jahr 1937, BAK, R 58/457, Bl. 218; ähnlich IML-ZPA, P. St. 3/81.
77 Mlynek: Gestapo Hannover meldet . . ., S. 15; ähnliches traf auch auf die Stapo-Stelle Kassel zu, vgl. Klein: Die Lageberichte der Geheimen Staatspolizei über die Provinz Hessen-Nassau, S. 16.
78 Personalnachweis Stapo-Stelle/Saarbrücken 1935, Zentrale Stelle der Landesjustizverwaltungen Ludwigsburg, Verschiedenes 10, Bl. 2706—2710; auf diese Aufstellung beziehen sich, soweit nicht anders belegt, alle weiteren Angaben für 1935.
79 Stapo-Stelle/Trier an Gestapa v. 3. 7. 1935, BDC, NSDAP-Mitgliederkartei, Akte Wilhelm Nickel; LAS, OSR, I Spr. 166/48.
80 Neumann: Behemoth, S. 578.
81 BDC, NSDAP-Mitgliederkartei, Akte Kurt Matschke; Justiz und NS-Verbrechen, Bd. 11, Amsterdam 1974, S. 176 f.; Krausnick/Wilhelm: Die Truppe des Weltanschauungskrieges, S. 645.
82 BDC, NSDAP-Mitgliederkartei, Akte Franz Biereth; Dienstleistungszeugnis v. 27. 1. 1941, LAS, Stapo-Stelle 22; Aussage Franz Biereth v. 9. 10. 1948, ebd., Staatsanwaltschaft 1531.
83 BDC, NSDAP-Mitgliederkartei, Akte Karl Harms; *Neue Saarbrücker Zeitung* v. 12. 6. 1948.
84 Etwa LAS, OSR 50; I OSR 226/49; III OSR 75/50; III OSR 412/49; IV OSR 70/50; V OSR 104/50; V OSR 260/50; V OSR 353/50.
85 Im Gegensatz zum Gestapa mit seiner frühen Unterwanderung durch die SS bieten auch die übrigen Stapo-Stellen in der Provinz dieses Bild; vgl. Zipfel: Gestapo und SD in Berlin, S. 284 f.; Thévoz/Branig/Lowenthal-Hensel: Pommern 1934/35 im Spiegel von Gestapo-Lageberichten und Sachakten, S. 20 ff.; für Würzburg Gellately: The Gestapo and German Society, S. 659; zu den Grundsätzen für die Einstellung und Entlassung von Gestapobeamten IMG, Bd. 42, Nürnberg 1949, S. 305 f.; Delarue: Geschichte der Gestapo, S. 89, hingegen behauptet: „Die neu Eintretenden mußten der Partei angehören."
86 BDC, NSDAP-Mitgliederkartei, Akte Eugen Schwitzgebel; Stapo-Stelle/Saarbrücken an Stapo-Leitstelle/Koblenz v. 20. 8. 1938, LAS, Stapo-Stelle 7.
87 Etwa LAS, OSR, I OSR 135/48; I OSR 226/49; I OSR 248/49; I OSR 325/49; III OSR 479/49; IV OSR 135/50; V OSR 360/49; vgl. Hans Wolfram von Hentig: Beiträge zu einer Sozialgeschichte des Dritten Reiches, in: *VZG* 16 (1968), S. 48—59.
88 Ebd., III OSR 365/49; Interview mit Richard Kirn/Sarreguemines am 21. 5. 1986.
89 Stapo-Stelle/Saarbrücken an Abwehrstelle WK IX/Kassel v. 3. 10. 1936, ebd., Stapo-Stelle 38; im Januar 1937 wurde er wegen depressiver Zustände in die Heil- und Pflegeanstalt Merzig gebracht, im Oktober 1937 entlassen und in ein Krankenhaus überführt, ebd., JVA 1937, Akte Arthur Saorski.
90 Geheimes Staatspolizeiamt/Karlsruhe an Gestapa v. 20. 7. 1936, ebd., Stapo-Stelle 38; ebd., JVA 1936, Akte Adolf Wenk.
91 Vgl. Aronson: Heydrich und die Anfänge des SD und der Gestapo, S. 303—306, Zitat S. 305.
92 Ebd., S. 321; zum Mythos der Schupo als „republikanische Schutztruppe" jetzt Peter Leßmann: Die preußische Schutzpolizei in der Weimarer Republik. Streifendienst und Straßenkampf, Düsseldorf 1989.
93 LAS, OSR, V OSR 360/49; ebd., LEA 10007.
94 Ebd., OSR, I OSR 226/49.
95 Ebd., OSR, St. 190/50; ebd., LEA 9908.
96 Ebd., OSR, I OSR 14/48; St. 24/51.
97 Vgl. ebd., I OSR 135/48; I OSR 248/49; I OSR 262/49; I OSR 325/49; III OSR 136/48; III OSR 479/49; St. 75/51; St. 157/51; LEA 8349. Obwohl diese Fälle fast durchgängig auf Behauptungen von Gestapobeamten in deren Entnazifizierungsverfahren beruhen und natürlich ihrer Entschuldung dienten, können sie nicht einfach als nachträgliche Weißwäscherei abgetan werden, da fast immer auch bestätigende Aussagen der jeweiligen Opfer vorliegen.
98 Ebd., LEA 8669.
99 Erlaß Chef der Sicherheitspolizei v. 17. 8. 1938, ebd., Stapo-Stelle 11.
100 Vermerk Stapo-Stelle/Saarbrücken v. 15. 1. 1940, ebd.
101 Verfügung dto. v. 1. 8. 1939, ebd. 23.
102 Schnellbrief RSHA v. 18. 7. 1940, ebd.
103 Beurteilungen v. 15. und 17. 8. 1940 sowie 21. 2. 1941, ebd. 22.
104 Ebd., OSR, V OSR 353/50; vgl. ebd., OSR 36; IV OSR 70/50; St. 157/51; IMG, Bd. 42, Nürnberg 1949, S. 307 f.
105 Vgl. ebd., I OSR 35/49; I OSR 262/49; I OSR 349/49; St. 322/49; ähnliches galt auch für Bremen, vgl. Marßolek/Ott: Bremen im Dritten Reich, S. 183.
106 Karl Paetel: Die SS. Ein Beitrag zur Soziologie des Nationalsozialismus, in: *VZG* 2 (1954), S. 1—33, Zitate S. 14, 19, 22, 24; vgl. Eitner: Hitlers Deutsche, S. 365 ff.
107 BDC, NSDAP-Mitgliederkartei, Akte Anton Dunckern; Staatsanwaltschaft Mannheim 1 Js 10801/71.
108 Justiz und NS-Verbrechen, Bd. 17, Amsterdam 1977, S. 661—706, Zitate S. 680; vgl. Krausnick/Wilhelm: Die Truppe des Weltanschauungskrieges, S. 181 f., 645; Christian Zentner/Friedemann Bedürftig (Hrsg.): Das Große Lexikon des Dritten Reiches, München 1985, S. 85.
109 BDC, NSDAP-Mitgliederkartei, Akte Dr. Hans-Ulrich Geschke; Auskunft Stadtarchiv Saarbrücken; vgl. Höhne: Der Orden unter dem Totenkopf, S. 370 f., 505.
110 Auskunft Stadtarchive Saarbrücken und Hannover; vgl. Herbert Obenaus: Die Erschießungen auf dem Seelhorster Friedhof in Hannover April 1945, Hannover 1982.
111 BDC, NSDAP-Mitgliederkartei, Akte Dr. Leopold Hubert Spann; LAS, OSR, V OSR 360/49; Auskunft Stadtarchiv Saarbrücken; vgl. Krausnick/Wilhelm: Die Truppe des Weltanschauungskrieges, S. 194.

112 BDC, NSDAP-Mitgliederkartei, Akte Dr. Egon Kulzer.
113 Kogon: Der SS-Staat, S. 370.
114 Zipfel: Gestapo und SD in Berlin, S. 290; vgl. Peter Loewenberg: The Psychological Origins of the Nazi Youth Cohort, in: *The American Historical Review* 76 (1971), S. 1457—1502.
115 Friedrich Zipfel: Gestapo and the SD: A Sociographic Profile of the Organizers of Terror, in: Stein U. Larsen/Bernt Hagtvet/Jan P. Myklebust (Hrsg.): Who were the Fascists. Social Roots of European Fascism, Bergen-Oslo-Tromso 1980, S. 308; vgl. Gunnar C. Boehnert: An Analysis of the Age and Education of the SS-Fuehrerkorps, 1925—1939, in: *Historical Social Research* 12 (1979), S. 4—17.
116 Vgl. Stapo-Stelle/Saarbrücken an Stapo-Leitstelle/Koblenz v. 19. 9. 1938, LAS, Stapo-Stelle 7.
117 Gruchmann: Justiz im Dritten Reich, S. 535.
118 Vgl. Zipfel: Gestapo und SD in Berlin, S. 266.
119 Peukert: Die KPD im Widerstand, S. 118.
120 Erlaß Politischer Polizeikommandeur der Länder v. 9. 7. 1934, BAK, R 58/248, Bl. 30 f.
121 Kommandeur der Gendarmerie/Saarbrücken an Landräte v. 28. 2. 1935, LAS, LRA St. Ingbert 242, S. 4.
122 Stapo-Stelle/Saarbrücken an Landräte v. 13. 3. 1935, ebd., LRA Saarbrücken 331; dto. v. 19. 8. 1935, ebd., LRA St. Ingbert 242, S. 166; Kandidatenlisten für Saarbrücken, Stadtarchiv Saarbrücken, Großstadt 2696; vgl. Aktenplan II A 1 Stapo-Stelle/Saarbrücken, IfZ, MA 437, S. 1061—1069.
123 Erlasse Gestapa v. 12. 12. 1935 und 5. 2. 1936, HStAD, RW 35/7, Bl. 1, 4 f.; vgl. Tuchel/Schattenfroh: Zentrale des Terrors, S. 126—130.
124 IML-ZPA, St. 3/946.
125 Erlaß Gestapa v. 8. 1. 1937, BAK, R 58/264, Bl. 275 f.
126 Dto. v. 7. 7. 1938, BAK, R 58/1027, Bl. 44 ff.; genaue Beschreibung bei Höhne: Der Orden unter dem Totenkopf, S. 173, der jedoch versäumt, nach der Realisierbarkeit zu fragen.
127 Beispielhaft IML-ZPA, NJ 11297, wo der Auswertungsbericht 122 Personen betrifft.
128 Ausführlich dazu Mallmann/Paul: Das zersplitterte Nein, S. 171—175.
129 So im Fall Wilhelm Herrmann, vgl. IML-ZPA, St. 3/951 und 953, NJ 1279; Meldungen wichtiger staatspolizeilicher Ereignisse v. 8. 6. 1942, BAK, R 58/205; im Fall Paul Hoffmann, vgl. IML-ZPA, St. 3/950, NJ 2440; Rechtsanwälte Lewy/Heinau an Amtsgericht/Neunkirchen v. 15. 5. 1952, Kopie im Besitz des Verfassers; im Fall Hermann Petri, vgl. Stapo-Stelle/Saarbrücken an Gestapa v. 6. 10. 1937, HStAD, RW 58/19540, Bl. 105; BDC, Oberreichsanwalt beim Volksgerichtshof, Akte Hermann Petri; im Fall Heinrich Wacker, vgl. Ida Wacker an Emil Schuler v. 20. 7. 1945, Stadtarchiv Saarbrücken, Nl. Schuler 8.
130 Beurteilung v. 21. 1. 1941, LAS, Stapo-Stelle 22.
131 Stapo-Stelle/Saarbrücken an Gestapa v. 11. 4. und 16. 10. 1935, ebd. 32.
132 Reichspostdirektion/Saarbrücken an Stapo-Stelle/Saarbrücken v. 28. 8. 1936, 5. 10. 1936 und 8. 2. 1937, ebd.
133 Stapo-Stelle/Saarbrücken an Gestapa v. 15. 7. 1938, ebd.
134 Dto. v. 16. 12. 1938, ebd.
135 Dto. v. 25. 1. 1939, ebd.; für Delarue: Geschichte der Gestapo, S. 96 f., hingegen steht außer Frage, daß das Abhören von Telephongesprächen zum allgemeinen Usus der Gestapo gehörte.
136 Erlaß Chef der Sicherheitspolizei v. 31. 8. 1939, BAK, R 58/243, Bl. 276 f.
137 Vermerk Stapo-Stelle/Saarbrücken v. 11. 1. 1943, LAS, Stapo-Stelle 37.
138 Dto. an Beauftragten des Chefs der Sicherheitspolizei und des SD für den Bereich des Militärbefehlshabers in Belgien und Nordfrankreich/Brüssel v. 20. 8. 1943, ebd.
139 Zum Aufbau des internen Berichtswesens vgl. Pikarski/Warning: Gestapo-Berichte über den antifaschistischen Widerstandskampf der KPD, Bd. 1, S. 29 f., 43, 68, Bd. 2, S. 7, 15 f.; Klein: Die Lageberichte der Geheimen Staatspolizei über die Provinz Hessen-Nassau, S. 27—35.
140 Etwa Stapo-Stelle/Saarbrücken an Gestapa v. 4. 3. 1936, BAK, R 58/498, Bl. 40—42; ähnlich Mlynek: Gestapo Hannover meldet . . ., S. 3 sowie Schadt: Verfolgung und Widerstand unter dem Nationalsozialismus in Baden, S. 38.
141 IML-ZPA, P. St. 3/81; ähnlich für Hamburg Werner Jochmann laut Klaus Bästlein: Regionalspezifische Aspekte des Widerstands gegen den Nationalsozialismus. Bericht über ein Forschungskolloquium in Berlin am 10. und 11. November 1986, in: *IWK* 22 (1986), S. 550 f.

Der volkstümliche Zugriff:
Polizeiliche Ermittlung und gesellschaftliche Akzeptanz

1 Diamant: Gestapo Frankfurt am Main, S. 23; auch Bein: Widerstand im Nationalsozialismus, S. 39 spricht von der „ungeheuren Zahl sogenannter V-Männer".
2 LAS, OSR, St. 24/51; vgl. ebd., I OSR 135/48 und 325/48.
3 Zusammenstellungen über unzuverlässige Vertrauenspersonen v. 3. 1. und 5. 5. 1939, BAK, R 58/517, S. 29, 31, 39 sowie IML-ZPA, P. St. 3/81; auch die Registratur der Stapo-Stelle Saarbrücken enthielt laut Aktenplan II A 1, IfZ, MA 437, S. 1062 einen Ordner „unzuverlässige Vertrauenspersonen".
4 IML-ZPA, P. St. 3/81.
5 Etwa Oberstaatsanwalt/Saarbrücken an Reichsanwalt beim Volksgerichtshof v. 26. 11. 1937, LAS, Generalstaatsanwalt 218, Bl. 357 f.
6 Zur zweiten Variante etwa dto. v. 28. 8. 1937, ebd., Bl. 316.

7 Hetzer: Die Industriestadt Augsburg, S. 171.
8 Erlaß RSHA v. 12. 5. 1941, IMG, Bd. 28, Nürnberg 1948, S. 439 ff.
9 Personalbogen v. 20. 10. 1941, LAS, Stapo-Stelle 5.
10 IML-ZPA, I 3/24/26 und EA 1262.
11 *Freiheit-Korrespondenz* v. 7. 10. 1935; vgl. IML-ZPA, I 3/24/38; *Nachrichten von der Saar* v. 10. 10. 1935; LAS, LEA 9475; ähnliches trifft für Albert P. zu, Mitglied der KJVD-Bezirksleitung seit 1933, IML-ZPA, NJ 3710 und 11788; HStAD, RW 58/60536, Bl. 57.
12 IML-ZPA, I 3/24/23, I 3/24/36, P. St. 3/94; LAS, LEA 7357.
13 Hartmut Mehringer: Die KPD in Bayern 1919—1945. Vorgeschichte, Verfolgung und Widerstand, in: Martin Broszat/Hartmut Mehringer (Hrsg.): Bayern in der NS-Zeit, Bd. 5, München—Wien 1983, S. 157.
14 Peukert: Die KPD im Widerstand, S. 124 f.
15 IML-ZPA, NJ 9847; BDC, Oberreichsanwalt beim Volksgerichtshof, Akte Käthe Fey; am 3. Oktober 1941 starb John als Häftling im Bezirkskrankenhaus Düsseldorf, LAS, LEA 7247.
16 IML-ZPA, NJ 6405, 8213 und 11297; Interview mit Richard Kirn/Sarreguemines am 26. 3. 1986.
17 LAS, LEA 6020 und 9534; OSR, V OSR 153/50 und St. 24/51; IML-ZPA, NJ 11297; am 23. 2. 1939 wies das Gestapa die Stapo-Stellen sogar zu entsprechenden Ermittlungen an, „um evtl. Gewährspersonen aus Emigrantenkreisen, die bereit sind, in die Heimat zurückzukehren, zu gewinnen", BAK, R 58/265.
18 Erlaß Gestapa v. 2. 5. 1939, BAK, R 58/243, Bl. 200; vgl. LAS, LEA 5480; Interview mit Richard Kirn/Sarreguemines am 26. 3. 1986.
19 Stapo-Stelle/Saarbrücken an RSHA v. 13. 9. 1941, BAK, R 58/856, Bl. 101 f.; vgl. IMG, Bd. 42, Nürnberg 1949, S. 316.
20 Schreiben v. 15. 6. 1941, LAS, Stapo-Stelle 40; vgl. ebd. 27 und LEA 10155.
21 Hannah Arendt: Elemente und Ursprünge totaler Herrschaft, Frankfurt 1955, S. 660; ähnliches traf auch auf G. R. zu, SAJ-Mitglied und 1934/35 Jugendreferent der sozialdemokratischen Freiheitsfront: Als er im März 1937 nach Deutschland zurückkehrte, wurde er festgenommen, nach Dachau überführt und im Januar 1938 mit dem Angebot konfrontiert, für das Gestapa in Paris als V-Mann in Emigrantenkreisen zu arbeiten; er ging darauf ein und war seit Juni 1939 dort tätig, vgl. LAS, OSR, V OSR 77/50.
22 IML-ZPA, NJ 10515 und 13627; P. St. 3/81; LAS, LEA MDI 6206; ansonsten finden sich von dem vom Gestapa am 19. Januar 1937 angeordneten Netz betrieblicher V-Leute keinerlei Spuren, IML-ZPA, St. 3/463, abgedruckt bei Gerhard Nitzsche: Deutsche Arbeiter im Kampf gegen faschistische Unterdrückung und Ausbeutung. Gestapomeldungen aus den Jahren 1935 bis 1937, in: *BzG* 1 (1959), S. 147 f.
23 IML-ZPA, NJ 11217 und 7314; LAS, LEA 7991 und MDI 7219.
24 IML-ZPA, I 1/1/37; I 3/24/21.
25 Ebd., NJ 2562; vgl. Urteil Sondergericht/Saarbrücken v. 31. 5. 1937, LAS, Staatsanwaltschaft 181.
26 Peukert: Die KPD im Widerstand, S. 123 ff., 282 ff. überschätzt u. E. in diesem Zusammenhang die Strukturen der Avantgarde und unterschätzt die Strukturen des Milieus.
27 Oberstaatsanwalt/Saarbrücken an Reichsanwalt beim Volksgerichtshof v. 24. 10. 1936, LAS, Generalstaatsanwalt 218, Bl. 96—112; IML-ZPA, P. St. 3/81; vgl. LAS, LEA 10713 und MDI 4619.
28 Lagebericht Stapo-Stelle/Saarbrücken für Februar 1936, BAK, R 58/656; zu Niebergall Mallmann/Paul: Das zersplitterte Nein, S. 197—207.
29 IML-ZPA, NJ 5669 und 11217; St. 3/949; Urteil Oberlandesgericht/Hamm v. 18. 1. 1938, StAM, Generalstaatsanwaltschaft Hamm 10371.
30 Anklageschrift Generalstaatsanwalt/Hamm v. 4. 11. 1937, LAS, JVA 1938, Akte Maria Wühler; ähnlich IML-ZPA, P. St. 3/81; I 3/24/38; NJ 7314, 11217, 11678 und 15641; EA 1262; LAS, LEA MDI 6206.
31 IML-ZPA, NJ 9557 und EA 1262; LAS, LEA 5880.
32 Anklageschrift Generalstaatsanwalt/Hamm v. 4. 11. 1937, LAS, JVA 1938, Akte Maria Wühler; IML-ZPA, NJ 11297.
33 IML-ZPA, P. St. 3/81; vgl. ebd., NJ 1016, 9557, 11678 und 13627.
34 Ebd., NJ 7314, 11217, 11678 und 13627; P. St. 3/81; LAS, LEA 7561.
35 IML-ZPA, NJ 5669.
36 Stapo-Stelle/Saarbrücken an Gestapa v. 4. 3. 1936, BAK, R 58/498, S. 41; zu Wilhelm Frisch Mallmann/Paul: Das zersplitterte Nein, S. 74—81.
37 IML-ZPA, EA 1262; St. 3/951; auch der Erlaß des Gestapa v. 31. 3. 1937, BAK, R 58/265, räumte ein, daß die Abwehrarbeit der KPD mittlerweile derart erfolgreich sei, daß als Emigranten getarnte Spitzel in absehbarer Zeit keine Chance hätten.
38 LAS, LEA MDI 2644; ebd., Staatsanwaltschaft 277; IML-ZPA, NJ 5669; gleichwohl wurde S. 1938 nach Buchenwald „verschubt" und blieb dort bis 1945 inhaftiert, vgl. LAS, JVA 1938, Akte Oswald S.
39 IML-ZPA, NJ 1686, 5028 und 5254; St. 3/1079; P. St. 3/81; Stapo-Stelle/Saarbrücken an Gestapa v. 21. 3. 1936, BAK, R 58/606.
40 LAS, JVA 1938, Akte Albert Conrad; Stadtarchiv Saarbrücken, Meldekartei Saarbrücken.
41 Emil Kirschmann an Sopade v. 13. 5. 1936, AdsD, Emigration-Sopade 62; LAS, LEA 6920; allgemein dazu Klaus-Michael Mallmann: „Lieber republikanisch sterben als faschistisch verderben." Zum Widerstand saarländischer Sozialdemokraten, in: Zehn statt tausend Jahre, S. 170—185.
42 IML-ZPA, St. 3/946.
43 Ebd., St. 3/394.
44 Ebd., P. St. 3/62.
45 Ebd., NJ 6405.
46 Ebd., NJ 8213.
47 Erklärungen Heinrich Hünnekens v. 25. 4. 1950 und Heinrich Becker (undatiert), LAS, OSR, V OSR 153/50.

48 Vgl. Mallmann/Paul: Das zersplitterte Nein, S. 79 f., 129 ff.
49 IML-ZPA, St. 3/953.
50 Ebd., P. St. 3/81 und St. 3/946.
51 Bericht Stapo-Stelle/Saarbrücken v. 6. 6. 1938, HStAD, RW 58/19540, Bl. 106; vgl. IML-ZPA, St. 3/392, 394 und 405.
52 IML-ZPA, St. 3/950; zu Hoffmann ebd., NJ 5028.
53 Ebd., St. 3/951; zum Arbeitsausschuß Mallmann/Steffens: Lohn der Mühen, S. 234 ff.; es gehört zu den Ironien der Entnazifizierung, daß die Spruchkammer des Obersten Säuberungsrates in ihrem Sühnebescheid vom 15. Mai 1950 feststellte, „daß die Mitarbeit des Betroffenen bei der Gestapo völlig belanglos war", LAS, OSR, V OSR 153/50.
54 IML-ZPA, NJ 11297; Interview mit Richard Kirn/Sarreguemines am 21. 5. 1986.
55 Ebd., NJ 6405; unzutreffende Angaben bei Axel Redmer: Wer draußen steht, sieht manches besser. Biographie des Reichstagsabgeordneten Emil Kirschmann, Birkenfeld 1987, S. 104.
56 Ebd., St. 3/951.
57 Ebd., NJ 5028; vgl. Urteil des Volksgerichtshofs v. 18. 7. 1942, BAK, R 60 II/77, Bl. 75; Urteil Oberlandesgericht/ Stuttgart v. 29. 7. 1942, HStAW 409/4/2383.
58 LAS, Stapo-Stelle 21; vgl. ebd. 17 und LEA 7334.
59 Vgl. Gruchmann: Justiz im Dritten Reich, S. 714 f.; IML-ZPA, NJ 9557.
60 Grundsätzlich zu diesem methodischen Problem Reinhard Mann: Was wissen wir vom Widerstand? Datenqualität, Dunkelfeld und Forschungsartefakte, in: Christoph Kleßmann/Falk Pingel (Hrsg.): Gegner des Nationalsozialismus. Wissenschaftler und Widerstandskämpfer auf der Suche nach historischer Wirklichkeit, Frankfurt—New York 1980, S. 35—54.
61 IML-ZPA, P. St. 3/81; NJ 5669 und 7314; Lagebericht Stapo-Stelle/Saarbrücken für September 1935, BAK, R 58/534; dto. für Januar 1936, ebd., R 58/571.
62 Etwa Stapo-Stelle/Saarbrücken an SD-Unterabschnitt Saar v. 29. 4. 1939, LAS, Stapo-Stelle 15.
63 Etwa Stapo-Stelle/Saarbrücken an Polizeipräsident/Saarbrücken v. 3. 8. 1935, ebd., Polizeipräsident 184; auch die Überwachung bestimmter Gottesdienste während des Krieges wurde an die Ortspolizeibehörden delegiert, vgl. Rundbrief Stapo-Stelle/Saarbrücken v. 23. 12. 1942, DAWF, AN 1147.
64 Vgl. LAS, LEA 7727.
65 IML-ZPA, P. St. 3/81.
66 Oberstaatsanwalt/Saarbrücken an Reichsanwalt beim Volksgerichtshof v. 7. 12. 1936 und 26. 1. 1937, LAS, Generalstaatsanwalt 218, Bl. 154 f., 209 f.; ebd., LEA 8131 und A 93.
67 IML-ZPA, NJ 17101; LAS, LEA 874.
68 IML-ZPA, NJ 9557.
69 Zu diesem in der Forschung immer noch stark vernachlässigten Bereich vgl. Kolb: Die Maschinerie des Terrors, S. 281 ff.
70 Tutas: Nationalsozialismus und Exil, S. 84; vgl. LAS, Staatsanwaltschaft 219.
71 Vgl. Gerhard Paul: Die jüdische Volksschule in Saarbrücken (1934—1939), in: *ZGS* 33 (1985), S. 157—183.
72 H. G. Adler: Der verwaltete Mensch. Studien zur Deportation der Juden aus Deutschland, Tübingen 1974, S. 372 f.
73 Vermerk Stapo-Stelle/Saarbrücken v. 14. 3. 1936, LAS, Stapo-Stelle 32; IML-ZPA, St. 3/951; vgl. *Deutschland-Berichte* Nr. 8/August 1936, S. 1031; Nr. 7/Juli 1938, S. 779.
74 Vgl. Urteil Strafkammer Landgericht/Saarbrücken v. 14. 10. 1935, LAS, Generalstaatsanwalt 174, Bl. 11 f.; *Deutschland-Berichte* Nr. 5/Mai 1937, S. 679.
75 BDC, Oberreichsanwalt beim Volksgerichtshof, Akte Hugo Heintz; zur Postkontrolle gegen Briefe aus dem Exil vgl. IML-ZPA, NJ 1004, 8984, 10955 und 15295; HStAW 409/4/1179, 5197 und 7311; LAS, Generalstaatsanwalt 218, Bl. 151 f., 271; ebd., JVA 1942, Akte Katharina Reinert.
76 Vgl. IML-ZPA, St. 3/953; LAS, Generalstaatsanwalt 265, Bl. 52 ff., 63—66; ebd., Staatsanwaltschaft 139, 203 und 214.
77 Lagebericht Stapo-Stelle/Saarbrücken über die illegale marxistische und kommunistische Bewegung für 1937, BAK, R 58/457, S. 218.
78 *Deutschland-Berichte* Nr. 8/August 1936, S. 1027; vgl. *dto.* Nr. 12/Dezember 1936, S. 1646; Nr. 5/Mai 1937, S. 680; Nr. 11/November 1937, S. 1553.
79 Bürgermeister/Ludweiler an Landrat v. 3. 7. 1937, LAS, LRA Saarbrücken K-B/10; vgl. IML-ZPA, St. 3/950; *Freiheit-Korrespondenz* v. 15. 9. 1937.
80 Vgl. IML-ZPA, NJ 15586; BDC, Oberreichsanwalt beim Volksgerichtshof, Akte Nikolaus Trenz; LAS, LEA 7406, 7830, 9186 und B 723.
81 IML-ZPA, P. St. 3/81; vgl. LAS, LEA 6920, 7357, 7467, B 952, D 386, D 593 und MDI 3883.
82 Erlaß Gestapa v. 26. 9. 1936, BAK, R 58/273; zur Rolle der Arbeitsämter jetzt Kahrs: Die ordnende Hand der Arbeitsämter, S. 9—61.
83 Vgl. LAS, LEA 7295, 8851, 10287 und D 386; HStAD, RW 58/71626.
84 Vgl. LAS, LEA 8971, MDI 2679, MDI 6063 und MDI 7615.
85 Ebd. MDI 979.
86 Mommsen: Ausnahmezustand als Herrschaftstechnik des NS-Regimes, S. 32.
87 Ein Exemplar findet sich im LAS, LEA 7334.
88 Rebentisch: Die „politische Beurteilung" als Herrschaftsinstrument der NSDAP, S. 109.
89 Organisationsbuch der NSDAP, S. 99—106, Zitate S. 101; vgl. *Deutschland-Berichte* Nr. 12/Dezember 1936, S. 1641 f., 1644 f.; zu den Leitungsfunktionen auf lokaler Ebene Peter Diehl-Thiele: Partei und Staat im Dritten Reich. Untersuchungen zum Verhältnis von NSDAP und allgemeiner innerer Selbstverwaltung 1933—1945, 2. Aufl. München 1971, S. 161 ff.
90 Zit. bei Zipfel: Gestapo und SD in Berlin, S. 279.

91 LAS, LEA B 1141; ähnlich Oberstaatsanwalt/Saarbrücken an Reichsanwalt beim Volksgerichtshof v. 18. 12. 1936, ebd., Generalstaatsanwalt 218, Bl. 159 f.; ebd., JVA 1942, Akte Alois Ritter; ebd., LEA 6834, 8349, 8864, B 282, MDI 2006; vgl. Rebentisch: Die „politische Beurteilung" als Herrschaftsinstrument der NSDAP, S. 121—125; Mann: Protest und Kontrolle im Dritten Reich, S. 163—172.

92 Etwa Kater: The Nazi Party, S. 208, 222; Eitner: Hitlers Deutsche, S. 164.

93 IML-ZPA, I 3/24/38; der im Nl. Robert Bier erhaltene Schriftwechsel der NSDAP-Zelle Landsweiler-Reden aus dem Jahr 1935 bestätigt diesen Eindruck nachdrücklich.

94 Urteil Sondergericht/Saarbrücken v. 2. 6. 1938, LAS, Staatsanwaltschaft 316.

95 Broszat: Politische Denunziationen in der NS-Zeit, S. 236.

96 LAS, JVA 1942, Akte Alois Biehl; vgl. IML-ZPA, NJ 2840 und 9299; LAS, Generalstaatsanwalt 218, Bl. 61 f., 154 f., 372—375; ebd. 265, Bl. 297 f.; ebd., Staatsanwaltschaft 134, 138, 143, 157, 189, 227, 305; ebd., LEA 1121, 8336, 9979, MDI 1291, MDI 2583, MDI 5485; vgl. Hetzer: Die Industriestadt Augsburg, S. 149.

97 IML-ZPA, NJ 8185 und 13212; *Volksstimme* v. 12. 4. 1949; vgl. BDC, Oberreichsanwalt beim Volksgerichtshof, Akte Wilhelm Reck; IML-ZPA, NJ 14215; LAS, Staatsanwaltschaft 94, 170 und 215; ebd., LEA 7597, 8291, 8332 und MDI 6837.

98 Urteile Sondergericht/Saarbrücken v. 16. 8. und 4. 11. 1937, LAS, Staatsanwaltschaft 200 und 271; ebd., LEA MDI 4073.

99 Vgl. IML-ZPA, NJ 13710; HStAD, RW 58/48470; LAS, Generalstaatsanwalt 163, Bl. 97; ebd. 173, S. 148—152; ebd. 218, Bl. 387; ebd., LEA 7355; vgl. Hetzer: Die Industriestadt Augsburg, S. 149.

100 Urteil Sondergericht/Saarbrücken v. 16. 7. 1936, LAS, Staatsanwaltschaft 148.

101 Delarue: Geschichte der Gestapo, S. 141.

102 Lagebericht Stapo-Stelle/Saarbrücken für März 1935, BAK, R 58/432; dto. für Juli und August 1935, GStA Berlin-Dahlem, Rep. 90 P, Nr. 9, H. 10, S. 47, 64.

103 Etwa IML-ZPA, NJ 2720, 11788 und 16388; HStAD, RW 58/43207; Oberstaatsanwalt/Saarbrücken an Reichsanwalt beim Volksgerichtshof v. 23. 2. 1937, LAS, Generalstaatsanwalt 218, Bl. 219; ebd., LEA 9839.

104 Lagebericht Stapo-Stelle/Saarbrücken über Marxismus für November 1938, BAK, R 58/446, Bl. 316; IML-ZPA, P. St. 3/81; St. 3/953; NJ 7314.

105 *Saarbrücker Zeitung* v. 18. 9. 1935.

106 *Dto.* v. 23. 10. 1935; Lagebericht Stapo-Stelle/Saarbrücken für November 1935, GStA Berlin-Dahlem, Rep. 90 P, Nr. 9, H. 10, S. 77 f.; ähnliche Klagen waren auch von der Stapo-Leitstelle Karlsruhe zu hören, vgl. Schadt: Verfolgung und Widerstand unter dem Nationalsozialismus in Baden, S. 304.

107 Erlasse Chef der Sicherheitspolizei v. 3. 9. 1939 und 16. 4. 1941, BAK, R 58/243, S. 202 ff., 317 f.; vgl. Mann: Protest und Kontrolle im Dritten Reich, S. 299 f.

108 Urteil Strafkammer Landgericht/Saarbrücken v. 16. 12. 1935, LAS, Generalstaatsanwalt 265, Bl. 347; vgl. ebd. 218, Bl. 205 ff., 221 f.; ebd., Staatsanwaltschaft 268; ebd., JVA 1937, Akte Johann Steinmetz; IML-ZPA, NJ 10718.

109 Etwa BDC, Oberreichsanwalt beim Volksgerichtshof, Akte Alois Bach; LAS, Generalstaatsanwalt 86, Bl. 71; ebd. 163, Bl. 193; ebd. 172, Bl. 110 f.; ebd. 174, Bl. 143 f.; ebd. 218, Bl. 52 f., 250, 319 f.; ebd., Staatsanwaltschaft 248, 533, 902; ebd., JVA 1941, Akte Franz Schön; Mallmann/Paul: Das zersplitterte Nein, S. 47 ff.; vgl. Hetzer: Die Industriestadt Augsburg, S. 149.

110 Urteil Sondergericht/Saarbrücken v. 16. 7. 1936, LAS, Staatsanwaltschaft 149; ähnlich *Volksstimme* v. 20. 1. 1949.

111 Broszat: Politische Denunziationen in der NS-Zeit, S. 231.

112 LAS, OSR, II Spr. 19/48; vgl. *Volksstimme* v. 24. 1. 1948; BDC, Oberreichsanwalt beim Volksgerichtshof, Akte Wilhelm Reck.

113 IML-ZPA, NJ 13074; vgl. LAS, LEA 9899.

114 LAS, Generalstaatsanwalt 86, Bl. 3 f., 172, 267; ebd., Staatsanwaltschaft 303 und 331.

115 Vgl. Hüttenberger: Heimtückefälle vor dem Sondergericht München, S. 511.

116 LAS, Generalstaatsanwalt 218, Bl. 141 f.; ebd., Staatsanwaltschaft 261 und 265; ebd., LEA 9159; im Gegensatz dazu Hetzer: Die Industriestadt Augsburg, S. 149 f.

117 Gendarmerie/Fraulautern an Stapo-Stelle v. 7. 10. 1935, LAS, Ministerium des Innern 672; ebd., LEA B 1016 und MDI 755.

118 IML-ZPA, I 3/24/38; *Freiheit-Korrespondenz* v. 1. 9. 1935.

119 Urteil Sondergericht/Saarbrücken v. 23. 2. 1937, LAS, Staatsanwaltschaft 1008; ebd. 96, 182 und 213; ebd., Generalstaatsanwalt 86, Bl. 179 f.; ebd. 218, Bl. 85 f., 135 f., 295 ff.; Gendarmerie/Beckingen an Stapo-Außendienststelle/Merzig v. 10. 1. 1938, ebd., Ministerium des Innern 669; ebd., JVA 1939, Akte Rudolf Lehmann; ebd., LEA MDI 669 und MDI 5474; BDC, Oberreichsanwalt beim Volksgerichtshof, Akte Erwin Reinhard; vgl. Mallmann/Paul: Das zersplitterte Nein, S. 96 ff.

120 Urteil Sondergericht/Saarbrücken v. 8. 7. 1937, LAS, Staatsanwaltschaft 194; vgl. ebd. 183, 184, 208, 220 und 260; ebd., Generalstaatsanwalt 163, Bl. 63 f., 73 f., 111, 122 f.; ebd. 172, Bl. 75; ebd. 218, Bl. 71 f., 74, 78, 117 f., 144, 178 f., 189, 306; ebd. 265, Bl. 228 f.; ebd., LEA 9313; vgl. Hetzer: Die Industriestadt Augsburg, S. 148 f.

121 Vgl. Detlev Peukert: Kolonie und Zeche: Arbeiterradikalismus, Widerständigkeit und Anpassung — Ruhrbergarbeiter zwischen Faschismus und Wirtschaftswunder, in: *Sozialwissenschaftliche Informationen für Unterricht und Studium* 9 (1980), S. 24—30.

122 Etwa LAS, Staatsanwaltschaft 100, 104, 122, 123, 137, 178, 209, 232, 283, 296; ebd., Generalstaatsanwalt 86, Bl. 33, 80 f., 96, 166, 329; ebd. 218, Bl. 66, 235, 338, 395; ebd., LEA 8549 und B 1201; IML-ZPA, NJ 13931; vgl. Mallmann/Paul: Das zersplitterte Nein, S. 108—111, 286—289.

123 Oberstaatsanwalt/Saarbrücken an RMJ v. 4. 2. 1936, LAS, Generalstaatsanwalt 163, Bl. 133; vgl. ebd., JVA 1938, Akte Friedrich Lessel; Die Toten von Dachau. Ein Gedenk- und Nachschlagewerk, 2. Aufl. München o. J. (1948), S. 54.

124 Vgl. IML-ZPA, NJ 10995; LAS, Generalstaatsanwalt 86, Bl. 90; ebd. 218, Bl. 45 f., 88, 122 f., 341 f., 363, 400; ebd. 172, Bl. 89 ff.; ebd., JVA 1936, Akte Hermann Simon; ebd., LEA 9752.
125 LAS, LEA 10145; vgl. ebd. 9500.
126 Etwa Peukert: Die KPD im Widerstand, S. 104.
127 Ähnlich Hetzer: Die Industriestadt Augsburg, S. 148.
128 Vgl. Mallmann/Steffens: Lohn der Mühen, S. 163—174.
129 Franz Vogt: Die Lage der deutschen Bergarbeiter (August 1936), abgedruckt bei Peukert/Bajohr: Spuren des Widerstands, S. 133—153, Zitat S. 152.
130 Etwa LAS, Generalstaatsanwalt 86, Bl. 147; ebd. 218, Bl. 14, 138 f., 390 f.; ebd., LEA MDI 2986, MDI 3019, MDI 6264; Antrag M. S. v. 1. 8. 1950 und Verhandlungsprotokoll v. 11. 10. 1950, Stadtarchiv Völklingen 410/2; Hetzer: Die Industriestadt Augsburg, S. 149 hingegen konstatiert, daß Denunziationen im engsten Familienbereich „selten" waren.
131 Etwa LAS, Generalstaatsanwalt 218, Bl. 132 f., 184, 200 f., 214 f.; ebd., LEA 7705, 8132, 8214, 10513, 10789, B 596, MDI 35, 2412, 2716, 4315, 5709; *Saarbrücker Zeitung* v. 1. 3. 1948.
132 Vgl. Hüttenberger: Heimtückefälle vor dem Sondergericht München, S. 515 f.; Mann: Protest und Kontrolle im Dritten Reich, S. 295—299.
133 Vgl. Schubert: Judasfrauen, aufschlußreich auch Eva Labouvie: Männer im Hexenprozeß. Zur Sozialanthropologie eines ‚männlichen' Verständnisses von Magie und Hexerei, in: GG 16 (1990), S. 56—78, die zeigt, daß Frauen in Hexenprozessen nicht nur die Opfer waren, sondern als Zeuginnen und Denunziantinnen auch zum Täterkreis zählten.
134 Claudia Koonz: Mothers in the Fatherland. Women, the Family and Nazi Politics, New York 1987, S. 419; kritisch dazu Gisela Bock: Die Frauen und der Nationalsozialismus, in: GG 15 (1989), S. 563—579; ausgewogen in der Täter-/Opferperspektive Ute Frevert: Frauen an der „Heimatfront", in: Christoph Kleßmann (Hrsg.): Nicht nur Hitlers Krieg. Der Zweite Weltkrieg und die Deutschen, Düsseldorf 1989, S. 51—69.
135 Interview mit Käthe Limbach/Saarbrücken am 7. 1. 1987; vgl. Mallmann/Paul: Das zersplitterte Nein, S. 281—285.
136 IML-ZPA, P. St. 3/81; NJ 5669 und 11217; Oberstaatsanwalt/Saarbrücken an RMJ v. 15. 8. 1935, LAS, Generalstaatsanwalt 45/1, Bl. 6—9.
137 *Nachrichten von der Saar* v. 26. 6. 1935.
138 Vgl. Inge Plettenberg: Die Wandinschriften in der Gestapo-Zelle, in: Zehn statt tausend Jahre, S. 253—265, sowie *Freiheit-Korrespondenz* v. 23. 9. 1935 und Sondernr. 7/Februar 1936; *Informationen aus Deutschland* v. 3. 3. 1936; *Deutsche Volkszeitung* v. 26. 4. 1936; LAS, LEA 10244 und MDI 7219.
139 Vgl. LAS, LEA 2146, 2428, 3094, 5480, 8601, 7042, 7329, 7525, 7629, 8050, 8179, 8660, 8998, 9323, 9375, 9429, 9661, 10489, 10545, 10986, B 228, B 369, MDI 2267, MDI 5709.
140 Ebd. 7467.
141 Vgl. Gruchmann: Justiz im Dritten Reich, S. 703; Angermund: Deutsche Richterschaft, S. 170.
142 Erlaß Gestapa v. 28. 5. 1936, BAK, R 58/243, Bl. 154 a.
143 LAS, LEA MDI 4082.
144 IML-ZPA, NJ 2562.
145 Vgl. LAS, LEA 68845.
146 Lagebericht Stapo-Stelle/Saarbrücken über die illegale marxistische und kommunistische Bewegung für das Jahr 1937, BAK, R 58/457, S. 221.
147 Anklageschrift Generalstaatsanwalt/Hamm v. 4. 11. 1937, LAS, JVA 1938, Akte Maria Wühler; Urteil Oberlandesgericht/Hamm v. 18. 1. 1938, StAM, Generalstaatsanwaltschaft Hamm 10371 und IML-ZPA, NJ 5669; vgl. Angermund: Deutsche Richterschaft, S. 176 f.
148 Erlasse Chef der Sicherheitspolizei und des SD v. 6. 10. 1941 und 12. 6. 1942, BAK, R 58/243, Bl. 326 ff., 337—340; IMG, Bd. 27, Nürnberg 1948, S. 326 f.; vgl. Gruchmann: Justiz im Dritten Reich, S. 715—719.
149 Etwa Deutsche Widerstandskämpfer 1933—1945. Biographien und Briefe, 2 Bde., Berlin (DDR) 1970.
150 IML-ZPA, P. St. 3/81.
151 Etwa ebd., NJ 185 und 1381; LAS, Generalstaatsanwalt 218, Bl. 150, 252 f., 257, 261 f., 289 f.; ebd., LEA 2784, 7069, 9341; Mallmann/Paul: Das zersplitterte Nein, S. 270 f.; vgl. Beatrix Herlemann: Auf verlorenem Posten. Kommunistischer Widerstand im Zweiten Weltkrieg. Die Knöchel-Organisation, Bonn 1986, S. 135—155.
152 Erlaß Chef der Sicherheitspolizei und des SD v. 30. 10. 1940, BAK, R 58/243, Bl. 301—308; zur Emigrantenerfassung bis 1939 und zur Rolle der deutschen Botschaften vgl. Tutas: Nationalsozialismus und Exil, S. 66 ff., 73—83, 87—105.
153 Ausführlich dazu Mallmann/Paul: Das zersplitterte Nein, S. 93 f., 106 f., 119 f., 202 ff.
154 Etwa IML-ZPA, NJ 1015, 2440 und 6405; BDC, Oberreichsanwalt beim Volksgerichtshof, Akte Hermann Petri; LAS, JVA 1941, Akte Heinrich Barth; ebd., LEA 6053.
155 LAS, JVA 1943, Akte Wilhelm Thielen; ähnlich IML-ZPA, NJ 1016, 5830, 14442, 15295, 17591; LAS, LEA 9842.
156 Zu Frisch IML-ZPA, NJ 2562 und 15586; zu Wagner ebd., NJ 1686.
157 Ebd., NJ 8700 und 9887; vgl. ebd., EA 1262; LAS, LEA 6252.
158 IML-ZPA, NJ 5028; vgl. ebd., NJ 5155 und 9518; LAS, LEA 8050; allzu hagiographisch Luitwin Bies: Heinrich Konrath, Elversberg. Portrait eines antifaschistischen Widerstandskämpfers, in: *Spiesen-Elversberger Heimatkalender* 1982, S. 64—71.
159 IML-ZPA, NJ 11297.
160 Ebd., NJ 8213; vgl. Urteil des Volksgerichtshofs v. 21. 4. 1944, BAK, R 60 I/191; zu ihrer Person oft unkritisch-heroisierend Max Oppenheimer: Das kämpferische Leben der Johanna Kirchner. Porträt einer antifaschistischen Widerstandskämpferin, Frankfurt 1974; Antje Dertinger/Jan von Trott: „... und lebe immer in Eurer Erinnerung."

Johanna Kirchner — Eine Frau im Widerstand, Berlin—Bonn 1985.
161 Aussage F. W. v. 7. 4. 1943, LAS, Staatsanwaltschaft 746; die übrigen Fälle ebd. 331, 332, 550 und 753.
162 Ebd., LEA 7446.
163 Ebd., Staatsanwaltschaft 608.
164 Ebd., LEA 5878; vgl. ebd., Staatsanwaltschaft 102.
165 BDC, Oberreichsanwalt beim Volksgerichtshof, Akte Ludwig Koltes.
166 IMG, Bd. 20, Nürnberg 1948, S. 145.
167 Vgl. zu Düsseldorf Mann: Protest und Kontrolle im Dritten Reich, S. 291—296; zu Würzburg Gellately: The Gestapo and German Society, S. 669 f.; Gellately, S. 663 ist zuzustimmen, wenn er Manns Daten als Minimalwerte charakterisiert und feststellt, daß „denunciations from the population constituted the single most important cause for the initiation of proceedings of all kinds".
168 Sie stammen aus den Beständen LAS, Staatsanwaltschaft, Generalstaatsanwalt, JVA und LEA sowie HStAW, 409/4. Falls sowohl Anklageschrift als auch Urteil vorlagen, wurden beide ausgewertet, jedoch als ein Fall verzeichnet; da es sich gelegentlich um mehrere Angeklagte bzw. Denunzianten handelte, stimmt die Zahl der Fälle nicht mit deren Zahl überein.
169 LAS, Generalstaatsanwalt 218.
170 Vgl. Mann: Protest und Kontrolle im Dritten Reich, S. 93—99.
171 Broszat: Politische Denunziationen in der NS-Zeit, S. 225.
172 HStAW, 409/4/2503; LAS, LEA 8549; BDC, Oberreichsanwalt beim Volksgerichtshof, Akte Alois Bach.
173 Steinberg: Widerstand und Verfolgung in Essen, S. 63 erklärt die „verblüffenden Erfolge der Gestapo" durch den V-Mann-Apparat und durch Gewalt bei Verhören und stellt resümierend fest: „Es läßt sich nachweisen, daß in über 90 % aller Fälle im Bereich von Essen die Erfolge der Gestapo auf diese Mittel zurückzuführen sind"; falls er — wie anzunehmen ist — unter diesen Fällen ausschließlich das Aufrollen konspirativer Gruppen versteht, so deckt sich dies in etwa mit den für das Saarland festgestellten Relationen.
174 IML-ZPA, P. St. 3/81; LAS, LEA 2448, 7817, 8130, 8834, 10305 und 10739; vgl. Mallmann/Paul: Das zersplitterte Nein, S. 161—164.
175 Gellately: The Gestapo and German Society, S. 667.
176 Ebd., S. 664.

Vom „Staatsfeind" zum „Volksschädling": Die fortschreitende Kriminalisierung

1 IML-ZPA, NJ 11678; vgl. ebd., NJ 2562 und 11217; LAS, LEA 2437, 2737 und 7849; auch im geschilderten Fall Koltes stellte der Oberreichsanwalt am 21. 10. 1939 das Ermittlungsverfahren ein, worauf die Stapo-Stelle Saarbrücken ihren Häftling ins KZ Sachsenhausen überstellte, BDC, Oberreichsanwalt beim Volksgerichtshof, Akte Ludwig Koltes; zur Institutionengeschichte des Volksgerichtshofs vgl. Walter Wagner: Der Volksgerichtshof im nationalsozialistischen Staat, Stuttgart 1974; Hansjoachim Koch: Volksgerichtshof. Politische Justiz im 3. Reich, München 1988.
2 Erlaß Chef der Sicherheitspolizei v. 26. 4. 1935, BAK, R 58/242 und HStAD, RW 18/37, Bl. 3 f.; vgl. Gruchmann: Justiz im Dritten Reich, S. 658—675.
3 Vgl. Steinberg: Widerstand und Verfolgung in Essen, S. 64; Angermund: Deutsche Richterschaft, S. 135, 176; zur Urteilspraxis der Oberlandesgerichte in Hoch- und Landesverratssachen liegen bislang kaum Untersuchungen vor.
4 Urteil Oberlandesgericht/Hamm v. 18. 1. 1938, StAM, Generalstaatsanwaltschaft Hamm 10371 und IML-ZPA, NJ 5669.
5 IML-ZPA, P. St. 3/81.
6 Erlaß Chef der Sicherheitspolizei v. 26. 4. 1935, BAK, R 58/242.
7 Erlaß Chef der Sicherheitspolizei und des SD v. 16. 5. 1940, ebd., R 58/1027, Bl. 131.
8 Vgl. Broszat: Nationalsozialistische Konzentrationslager, S. 120 ff.; Tuchel/Schattenfroh: Zentrale des Terrors, S. 120 f.
9 LAS, LEA MDI 5474.
10 Weisung Politischer Polizeikommandeur der Länder an Inspekteur der Konzentrationslager v. 23. 3. 1936, BAK, R 58/241, Bl. 59 f.; vgl. LAS, LEA 7167, 7983, 9265 und MDI 5066.
11 Etwa LAS, LEA 3587; vgl. Gruchmann: Justiz im Dritten Reich, S. 599—603.
12 Rundverfügung RMJ v. 18. 1. 1937, BAK, R 22/1337; vgl. Majer: Das Verhältnis von Staatsanwaltschaft und Polizei im Nationalsozialismus, S. 139 f.
13 IML-ZPA, NJ 9557; ähnlich LAS, LEA 3884.
14 Zusammenfassend Angermund: Deutsche Richterschaft, S. 201—219.
15 Verordnung über die Eingliederung des Landgerichtsbezirks Saarbrücken in den Oberlandesgerichtsbezirk Zweibrücken v. 21. 7. 1938, RGBl. 1938, Teil I, S. 912; vgl. Herrmann: Die Errichtung des Landgerichts Saarbrücken und die Ausdehnung seiner Zuständigkeit auf das Saarindustrierevier, S. 27.
16 Etwa IML-ZPA, NJ 8974, 8977, 15337 und 17618; allerdings wurden auch Urteile infolge Einspruchs durch den Oberreichsanwalt als zu milde aufgehoben, vgl. etwa LAS, LEA MDI 1409 und MDI 6443.

17 IML-ZPA, NJ 17675; vgl. Mallmann/Paul: Das zersplitterte Nein, S. 274—280.
18 Ebd., NJ 3660; vgl. Mallmann/Paul: Das zersplitterte Nein. S. 135 f.; ähnlich IML-ZPA, NJ 11997; vgl. BDC, Oberreichsanwalt beim Volksgerichtshof, Akte Fritz Schumacher; LAS, LEA 7611.
19 Ähnlich Klein: Die Lageberichte der Geheimen Staatspolizei über die Provinz Hessen-Nassau, S. 36 f.
20 Erlaß Gestapa v. 29. 7. 1935, BAK, R 58/264, Bl. 142; vgl. Tuchel/Schattenfroh: Zentrale des Terrors, S. 145 f.
21 Berechnet nach IML-ZPA, P. St. 3/81 und St. 3/573.
22 Erlaß RFSS und Chef der Deutschen Polizei v. 28. 12. 1936, BAK, R 58/243, Bl. 180 f.; vgl. Broszat: Politische Denunziationen in der NS-Zeit, S. 232 f.
23 Etwa LAS, LEA 7072, 8621 und 9446; ähnlich ebd. 7194, 7301, 7727, 7948, 8231, 9132, 9186, 9375, 9398, 9552, 9631, 9899, 10253, B 282, MDI 5066, MDI 5123.
24 Vgl. ebd., JVA 1935.
25 Für 1938 IML-ZPA, St. 3/72-75; für die dort fehlende Überlieferung wurden die Festnahmezahlen aus den Lageberichten Marxismus der Stapo-Stelle/Saarbrücken für April, Mai, Juni und August 1938 herangezogen, BAK, R 58/449, Bl. 344, 409, 477 sowie ebd., R 58/446, Bl. 313; für 1939 IML-ZPA, St. 3/77-86 sowie BAK, R 58/719, Bl. 77; für 1940 IML-ZPA, St. 3/87-94; für 1941 BAK, R 58/652, Bl. 243 ff. sowie IML-ZPA, St. 3/95-98; für 1942 ebd., St. 3/99 und 100.
26 So etwa Klaus Mammach: Widerstand 1939—1945. Geschichte der deutschen antifaschistischen Widerstandsbewegung im Inland und in der Emigration, Köln 1987, S. 115—170; vgl. die Monatsstatistik der im gesamten Reich 1941 festgenommenen Kommunisten und Sozialdemokraten bei Pikarski/Warning: Gestapo-Berichte über den antifaschistischen Widerstandskampf der KPD, Bd. 1, S. 62.
27 IML-ZPA, St. 3/67.
28 Ebd., St. 3/68.
29 Ebd., St. 3/70.
30 Erlaß Chef der Sicherheitspolizei und des SD v. 18. 6. 1941, BAK, R 58/265, S. 198; vgl. Gruchmann: Justiz im Dritten Reich, S. 631.
31 Lagebericht Stapo-Stelle/Saarbrücken für August 1935, GStA Berlin-Dahlem, Rep. 90 P, Nr. 9, H. 10, S. 68; ähnlich äußerten sich immer wieder auch die Stapo-Stellen Kassel, Frankfurt und Karlsruhe, vgl. Schadt: Verfolgung und Widerstand unter dem Nationalsozialismus in Baden, S. 34, 87, 305; Klein: Die Lageberichte der Geheimen Staatspolizei über die Provinz Hessen-Nassau, S. 33 f., 51.
32 Dto. für September 1935, BAK, R 58/534 und IMPL-ZPA, St. 3/99.
33 Vgl. *NSZ-Rheinfront* v. 11. 5. 1935; Ferdinand Pauly: Zur Kirchenpolitik des Gauleiters J. Bürckel im Saargebiet (März-August 1935), in: *Rheinische Vierteljahresblätter* 35 (1971), S. 414—453; Jacoby: Die nationalsozialistische Herrschaftsübernahme an der Saar, S. 189—199.
34 Etwa Stapo-Stelle/Saarbrücken an Polizeipräsident und Landräte v. 31. 5. 1935, LAS, LRA Saarbrücken 320; dto. v. 17. 7. 1935, ebd., LRA St. Ingbert 242, Bl. 93; dto. v. 10. 7. 1936 und 5. 2. 1937, ebd., LRA Saarbrücken 317; Lagebericht Stapo-Stelle/Saarbrücken für Oktober 1935, BAK, R 58/566; dto. für November 1935, GStA Berlin-Dahlem, Rep. 90 P, Nr. 9, H. 10, S. 81-84; dto. für Februar 1936, BAK, R 58/656.
35 RMJ an General- und Oberstaatsanwaltschaften v. 20. 7. 1935, LAS, Generalstaatsanwalt 45, Bl. 42.
36 Etwa Gendarmerie/Bliesransbach an Stapo-Stelle/Saarbrücken v. 14. 7. 1936, ebd., LRA Saarbrücken K-B/10; ebd., JVA 1937, Akte Ludwig Gehring; ebd., Staatsanwaltschaft 94, 143, 148, 256, 261; ebd., LEA 8683, B 60, B 381, B 729, B 824, B 1343, MDI 7119; vgl. Mallmann/Paul: Das zersplitterte Nein, S. 82-86.
37 Etwa ebd., JVA 1941, Akte Maria Thum; ebd., JVA 1943, Akten Albert Beckers, Katharina Katzenmaier, Alfons Patermann; ebd., LEA MDI 6346; vgl. Mallmann/Paul: Das zersplitterte Nein, S. 176—181.
38 Berechnet nach von Hehl: Priester unter Hitlers Terror, Sp. 1225—1413.
39 Etwa LAS, Staatsanwaltschaft 288, 294, 295 und 309; vgl. Hans-Walter Herrmann: Die beiden Saar-Synoden im Kirchenkampf, in: Günther van Norden (Hrsg.): Zwischen Bekenntnis und Anpassung. Aufsätze zum Kirchenkampf in den rheinischen Gemeinden, in Kirche und Gesellschaft, Köln 1985, S. 462—478; Mallmann/Paul: Das zersplitterte Nein, S. 25—31, 252—256.
40 Zit. im Urteil Sondergericht/Saarbrücken v. 21. 1. 1937, LAS, Generalstaatsanwalt 113, Bl. 298—311, Zitat Bl. 309; vgl. Richtlinien zur Bekämpfung des Sektenwesens des SD-Oberabschnitts Süd-West v. 15. 2. 1938, abgedruckt bei Boberach: Berichte des SD und der Gestapo über Kirchen und Kirchenvolk in Deutschland, S. 923 f.; Michael H. Kater: Die Ernsten Bibelforscher im Dritten Reich, in: *VZG* 17 (1969), S. 181—218.
41 *Saarbrücker Zeitung* v. 25. 11. 1936.
42 LAS, LEA 8036.
43 Stapo-Stelle/Saarbrücken an Reichskommissar für das Saarland v. 7. 12. 1936, ebd., Ministerium des Innern 83; laut ebd., JVA 1936, gab es bis Jahresende 110 Festnahmen.
44 Ebd., Staatsanwaltschaft 164, 173, 176, 180, 186, 221, 238—244, 246, 247, 249—251, 254, 284 sowie ebd., Generalstaatsanwalt 84; vgl. Steinberg: Widerstand und Verfolgung in Essen, S. 159—166; Gerhard Hetzer: Ernste Bibelforscher in Augsburg, in: Martin Broszat/Elke Fröhlich/Anton Grossmann (Hrsg.): Bayern in der NS-Zeit, Bd. 4, München-Wien 1981, S. 621—643; Matthias/Weber: Widerstand gegen den Nationalsozialismus in Mannheim, S. 415—434; Marßolek/Ott: Bremen im Dritten Reich, S. 303—308; Angermund: Deutsche Richterschaft, S. 151—156.
45 Erlaß Gestapa v. 5. 8. 1937, ebd., Ministerium des Innern 86; vgl. Angermund: Deutsche Richterschaft, S. 173 f.
46 Ebd., LEA 6874, 7087, 7514, 7621, 8036, 8340, 8857.
47 Ebd. 7513 und 9077; vgl. Mallmann/Paul: Das zersplitterte Nein, S. 15—18.
48 Vgl. Die Religion in Geschichte und Gegenwart, Bd. 4, 3. Aufl. Tübingen 1960, Sp. 449; seit 1949 nennt sie sich Lorber-Gesellschaft.

49 Vernehmungsprotokoll Michel Ames v. 30. 3. 1936, Kreisarchiv Saarlouis, X B 2; dort auch die Mitgliederverzeichnisse der 13 örtlichen Vereinigungen im Saarland.

50 Erlaß Gestapa v. 28. 5. 1937, ebd.; Stapo-Stelle/Saarbrücken an Polizeipräsident und Landräte v. 14. 6. 1937, LAS, LRA Saarbrücken 321; Oberstaatsanwalt/Saarbrücken an RMJ v. 15. 3. 1938, ebd., Generalstaatsanwalt 29, Bl. 240—245.

51 Ebd., Staatsanwaltschaft 314, 324, 326.

52 Ebd., LEA 7740; vgl. ebd. 6724, 6725, 6762, 6945, 7000, 7001, 7335, 7491, 7516, 7517, 7522, 7541, 7542, 7546, 7575, 7716, 7717, 7738, 9658.

53 Vgl. Herrmann: Das Schicksal der Juden im Saarland, S. 275—280, 401, 432; Adam: Judenpolitik im Dritten Reich, S. 145—203; Hans Mommsen: Der nationalsozialistische Polizeistaat und die Judenverfolgung vor 1938, in: *VZG* 10 (1962), S. 68—87.

54 Vermerk über Anruf SA-Brigade 151/Saarbrücken v. 10. 11. 1938, IMG, Bd. 27, Nürnberg 1949, S. 489; vgl. Hans-Georg Treib: „Jetz krien die Juden Schläh!". Die „Reichskristallnacht" 1938, in: Mallmann/Paul/Schock/Klimmt: Richtig daheim waren wir nie, S. 190—195; Hermann Graml: Reichskristallnacht. Antisemitismus und Judenverfolgung im Dritten Reich, München 1988; Walter H. Pehle (Hrsg.): Der Judenpogrom 1938. Von der „Reichskristallnacht" zum Völkermord, Frankfurt 1988.

55 Zit. bei Tuchel/Schattenfroh: Zentrale des Terrors, S. 157; zur Rolle der Gestapo in der „Reichskristallnacht" Höhne: Der Orden unter dem Totenkopf, S. 314 ff.; Adam: Judenpolitik im Dritten Reich,S. 206 f.

56 LAS, JVA 1938; Broszat: Nationalsozialistische Konzentrationslager, S. 79 ff., Zitat S. 80.

57 Eberhard Jäckel: Frankreich in Hitlers Europa. Die deutsche Frankreichpolitik im Zweiten Weltkrieg, Stuttgart 1966, S. 128 f.; vgl. Jacob Toury: Die Entstehungsgeschichte des Austreibungsbefehls gegen die Juden der Saarpfalz und Badens (22./23. Oktober 1940 — Camp de Gurs), in: *Tel Aviver Jahrbuch für deutsche Geschichte* 15 (1986), S. 431—464; Hans-Walter Herrmann: Die Deportation nach Gurs, in: Erhard R. Wiehn (Hrsg.): Oktoberdeportation 1940, Konstanz 1990, S. 493—510.

58 Heinrich Rudnick: Nachforschungen über das weitere Schicksal der am 22. Oktober 1940 aus dem Saarland nach Gurs verschickten Juden und der Träger des Judensterns im Saarland, in: *JWLG* 1 (1975), S. 337—372; Gerhard Paul: „Arbeit macht frei!". Saarländer in Auschwitz, in: Mallmann/Paul/Schock/Klimmt: Richtig daheim waren wir nie, S. 200—205; grundlegend zur Holocaust-Problematik Raul Hilberg: Die Vernichtung der europäischen Juden, 3 Bde., Frankfurt 1990; vgl. Gerald Reitlinger: Die Endlösung, Berlin 1961; Hans Mommsen: Die Realisierung des Utopischen: Die „Endlösung der Judenfrage" im „Dritten Reich", in: *GG* 9 (1983), S. 381—420.

59 Herrmann: Das Schicksal der Juden im Saarland, S. 288.

60 LAS, Staatsanwaltschaft 1531; ebd., LEA 6570.

61 Zit. bei Broszat: Nationalsozialistische Konzentrationslager, S. 71.

62 Stapo-Stelle/Saarbrücken an Polizeipräsident und Landräte v. 17. 6. 1938; LAS, LRA St. Ingbert 230, S. 37; ebd., JVA 1938; vgl. Ayaß: „Ein Gebot der nationalen Arbeitsdisziplin", S. 45—49.

63 Lagebericht Marxismus Stapo-Stelle/Saarbrücken v. 31. 8. 1938, BAK, R 58/446, Bl. 313.

64 Berechnet nach LAS, JVA 1938 und 1939; vgl. HStAD, RW 58/941, 21054 und 32483.

65 Vermerk RSHA/Amt IV v. 28. 10. 1939, BAK, R 58/312, Bl. 5.

66 Morsch: Streik im „Dritten Reich", S. 679.

67 RGBl. 1939, Teil I, S. 1685.

68 Vermerk RSHA/Amt IV v. 4. 10. 1939, BAK, R 58/312, Bl. 3.

69 Dto. v. 4. 11. 1939, ebd., Bl. 7 f.; abgedruckt bei Mason: Arbeiterklasse und Volksgemeinschaft, S. 1169—1171.

70 Etwa Werkschutzleiter Saargruben AG an Abwehrstelle WK XII/ Wiesbaden v. 30. 10. 1939, BA/MA, RH 14/44, Bl. 17; ähnlich Lagebericht Generalstaatsanwalt/Zweibrücken v. 1. 8. 1940, abgedruckt bei Oldenhage: Die Pfalz und das Saarland während des Krieges, Teil 1, S. 322 ff.

71 Werner: „Bleib übrig", S. 80.

72 Bericht Rüstungsinspektion XII v. 27. 3. 1940, BA/MA, RW 20-12/18; vgl. Werner: „Bleib übrig", S. 77—80, 172—177 sowie die bei Peukert: Die Edelweißpiraten, S. 85—92 abgedruckten Denunziationsschreiben von Firmen.

73 IML-ZPA, St. 3/70.

74 Berechnet nach LAS, JVA 1941—1944.

75 Erlaß Gestapa v. 28. 1. 1935, BAK, R 58/269; ausführlich dazu Tutas: Nationalsozialismus und Exil, S. 105—137.

76 Dto. v. 27. 5. 1935, PAAA, II/Saargebiet, Emigranten 4.

77 Lagebericht Stapo-Stelle/Saarbrücken für November 1935, GStA Berlin-Dahlem, Rep. 90 P, Nr. 9, H. 10, S. 81.

78 Bereits 1935 gab es Verstöße gegen das Schutzabkommen: Der Sozialdemokrat Hermann Kussler etwa wurde am 9. Dezember 1935 „wegen Rückkehr aus der Emigration" festgenommen und Ende Januar 1936 nach Dachau „verschubt", wo er bis Oktober 1938 blieb, LAS, LEA B 988.

79 „Bei Anmeldung verhaften 8. 4. 35", heißt es etwa auf der Meldekarte des Emigranten Karl Miedreich, Stadtarchiv Saarbrücken, Meldekartei Dudweiler; vgl. LAS, JVA 1935.

80 Herrmann: Das Schicksal der Juden im Saarland, S. 430 f.; Gestapa an Stapo-Stelle/Saarbrücken v. 24. 3. 1937, LAS, LRA St. Ingbert 230, Bl. 19.

81 Oldenhage: Die Pfalz und das Saarland während des Krieges, Teil 1, S. 335, 344; vgl. Bericht des Oberreichsanwalts beim Volksgerichtshof v. 29. 1. 1941, BAK, R 22/20019 sowie die bei Pikarski/Warning: Gestapo-Berichte über den antifaschistischen Widerstandskampf der KPD, Bd. 2 abgedruckten Meldungen wichtiger staatspolizeilicher Ereignisse des RSHA (S. 52, 55 f., 59, 63, 66, 89, 105, 234, 236, 239), die jedoch nur einen Bruchteil der festgenommenen Emigranten aufführen; zum hohen Anteil saarländischer Spanienkämpfer vgl. Klaus-Michael Mallmann/Ralph Schock: „Unsere Heimat ist heute vor Madrid . . ." Saarländer im Spanischen Bürgerkrieg, in: Mallmann/Paul/Schock/Klimmt: Richtig daheim waren wir nie, S. 178—183.

82 Berechnet nach LAS, JVA 1940—1944.
83 Ebd., LEA 8108; ähnlich ebd. 1956, 3295, 3297, 5716, 6505, 7226, 7333, 7582, 9108, B 1224, B 1225, B 1226, MDI 8107.
84 Kunkel: Zur Geschichte der Sozialdemokratischen Partei des Saarlandes, S. 23 f.
85 Erlaß Chef der Sicherheitspolizei und des SD v. 30. 10. 1940, BAK, R 58/269.
86 Reichsstatthalter in der Westmark an Polzeipräsident/Saarbrücken v. 31. 10. 1941, LAS, Ministerium des Innern 74.
87 Dto. an Befehlshaber der Sicherheitspolizei und des SD/Metz v. 5. 12. 1942; Befehlshaber der Sicherheitspolizei und des SD/Metz an Reichsstatthalter in der Westmark v. 23. 11. 1942, ebd. 75.
88 Bericht Kriminal-Abteilung/St. Ingbert v. 10. 8. 1942 und Bürgermeister/St. Ingbert an Landrat v. 22. 8. 1942, ebd., LRA St. Ingbert 163, S. 96, 99; ähnliche Reaktionen „von unten" ebd., Ministerium des Innern 74 und 75.
89 Erlaß Reichsstatthalter in der Westmark v. 27. 12. 1943, ebd., Ministerium des Innern 75.
90 Erlaß Chef der Sicherheitspolizei v. 3. 9. 1939, BAK, R 58/243, Bl. 202 ff.
91 Erstmals dto. v. 15. 9. 1939, ebd., Bl. 210; vgl. „Durchführungsbestimmungen für Exekutionen" des RFSS und Chef der Deutschen Polizei v. 6. 1. 1943, ebd., R 58/241, Bl. 355—360.
92 Vgl. Tuchel/Schattenfroh: Zentrale des Terrors, S. 130—134; Gruchmann: Justiz im Dritten Reich, S. 676—689.
93 LAS, Stapo-Stelle 8 und IfZ, MA 1259.
94 RGBl. 1939, Teil I, S. 1683; vgl. Conrad F. Latour: Goebbels' „Außerordentliche Rundfunkmaßnahmen" 1939—1942, in: *VZG* 11 (1963), S. 418—435.
95 RGBl. 1939, Teil I, S. 1609, 1679.
96 Ebd., S. 2319; zum Kriegsstrafrecht vgl. Gruchmann: Justiz im Dritten Reich, S. 901—909.
97 Erlaß RFSS und Chef der Deutschen Polizei v. 25. 7. 1940, LAS, Polizeipräsident 189.
98 Berechnet nach ebd., JVA 1940—1944.
99 Erlaß RFSS und Chef der Deutschen Polizei v. 7. 5. 1940, BAK, R 58/272, Bl. 15; vgl. Herbert: Fremdarbeiter, S. 79 ff., 125—129.
100 BAK, R 22/3387.
101 Berechnet nach LAS, JVA 1935—1944.
102 *NSZ-Westmark* v. 30. 8. und 12. 9. 1944; wie diese Sheriff-Befugnis für jedermann genutzt wurde, zeigt prototypisch LAS, Staatsanwaltschaft 812.
103 Etwa LAS, LEA 6441, 6881, 8383 und 8820; vgl. Mallmann/Paul: Das zersplitterte Nein, S. 47 ff.; laut Weisung des Leiters der Stapo-Stelle Saarbrücken vom 17. Oktober 1944 sollten „Defaitistenfälle nach Möglichkeit nicht an die Justiz abgegeben, sondern in eigener Zuständigkeit mit den hierfür vorhandenen staatspolizeilichen Mitteln erledigt werden", ebd., Stapo-Stelle 31.
104 Ebd., LEA 7003 und 9834; vgl. BAK, R 58/775.
105 Vernehmungsprotokoll Philipp M. v. 22. 5. 1964, Staatsanwaltschaft Mannheim 1 Js 10801/71; LAS, OSR, V OSR 360/49; vgl. Birn: Die Höheren SS- und Polizeiführer, S. 347.
106 Rundschreiben NSDAP/Leiter der Parteikanzlei v. 30. 5. 1944, BAK, R 58/397, Bl. 111.
107 Zeugenvernehmungen v. 15. 6., 20. 7. und 21. 7. 1945, LAS, Staatsanwaltschaft 1537.
108 Hans-Adolf Jacobsen: Kommissarbefehl und Massenexekutionen sowjetischer Kriegsgefangener, in: Anatomie des SS-Staates, Bd. 2, 4. Aufl. München 1984, S. 151.
109 Richtlinien für die in die Stalags abzustellenden Kommandos des Chefs der Sicherheitspolizei und des SD v. 17. 7. 1941 und Erlaß Chef der Sicherheitspolizei und des SD v. 21. 7. 1941, BAK, R 58/272, Bl. 68—72, 84.
110 Etwa dto. v. 27. 8. und 11. 10. 1941, ebd., Bl. 89—92, 129 f.; vgl. Streit: Keine Kameraden, S. 87—105.
111 Erlaß RFSS und Chef der Deutschen Polizei v. 8. 3. 1940, IfZ, MA 444/3; vgl. Herbert: Fremdarbeiter, S. 76—81; Gruchmann: Justiz im Dritten Reich, S. 689 f.
112 RGBl. 1941, Teil I, S. 759 f.; zur Entstehung BAK, R 22/849 und 850; zur Differenzierung nach rassischen Kriterien vgl. Stapo-Stelle/Saarbrücken an Polizeipräsident und Landräte v. 10. 3. 1941, LAS, Ministerium des Innern 695.
113 Grundlegend Diemut Majer: Fremdvölkische im Dritten Reich. Ein Beitrag zur nationalsozialistischen Rechtsetzung und Rechtspraxis in Verwaltung und Justiz unter besonderer Berücksichtigung der eingegliederten Ostgebiete und des Generalgouvernements, Boppard 1981, S. 307 ff.; vgl. Ulrich Herbert: Arbeit und Vernichtung. Ökonomisches Interesse und Primat der „Weltanschauung" im Nationalsozialismus, in: Dan Diner (Hrsg.): Ist der Nationalsozialismus Geschichte? Zu Historisierung und Historikerstreit, Frankfurt 1987, S. 198—236.
114 IMG, Bd. 26, Nürnberg 1947, S. 200—203, Zitat S. 203 sowie Aktennotiz v. 18. 9. 1942, BAK, R 22/4062.
115 Zit. bei Majer: Das Verhältnis von Staatsanwaltschaft und Polizei im Nationalsozialismus, S. 142; vgl. Angermund: Deutsche Richterschaft, S. 186—194.
116 BAK, R 58/243, Bl. 370.
117 Vgl. Entlassungsverfügung Stapo-Stelle/Saarbrücken v. 4. 9. 1944 und Stapo-Stelle/Saarbrücken an Werkschutz Burbacher Hütte v. 19. 8. 1944, LAS, Stapo-Stelle 9; dto. v. 26. 9. 1944, ebd. 31.
118 Runderlaß Stapo-Stelle/Saarbrücken v. 10. 8. 1944, ebd. 9; Berichte Stapo-Außendienststelle/Ludwigshafen v. 31. 8. 1944 und Protokoll Warnungsverhandlung v. 29. 8. 1944, ebd. 31.
119 Etwa ebd., JVA 1942, Akte Georg Bartenew; vgl. Krämer: Fremdarbeiter im Saarland, S. 115—119.
120 Interview mit Walter Bier/Landsweiler-Reden am 6. 2. 1988; vgl. LAS, Ministerium des Innern 543; Bernard/Renger: Neue Bremm, S. 108, 110, 112; Streit: Keine Kameraden, S. 253—260.
121 Diese Berechnungen basieren auf den Wiedergutmachungs- und Gefängnispersonalakten, der justiziellen Überlieferung sowie den Tagesberichten der Stapo-Stelle/Saarbrücken und den Meldungen wichtiger staatspolizeilicher Ereignisse des Reichssicherheitshauptamtes. Die in den Publikationen des Exils zu findenden Angaben, wonach allein bis Anfang Dezember 1936 5.000 Saarländer festgenommen und 365 von ihnen in KZ's deportiert wurden, erscheinen als deutlich überhöht, etwa Tarnschrift „Adolf Müller: Der Kampf um die Saar", S. 23, IML-Bibliothek; Hier spricht der Saarbergmann (Anfang 1937), IISG, Saar-Kollektie 19 und IML-ZPA, I 2/8/22. Die in der

Nachkriegspresse enthaltenen Verfolgungsumfänge sind hingegen als erheblich zu niedrig anzusehen, etwa *Saarbrücker Zeitung* v. 14. 4. 1948 oder *Volksstimme* v. 31. 7. und 9. 11. 1948. Vergleichsmöglichkeiten auf regionaler oder lokaler Basis sucht man in der Literatur nahezu vergebens, vorbildlich die Auswertung der Haftbücher des Polizeigefängnisses Dortmund bei Klotzbach: Gegen den Nationalsozialismus, S. 242 f.

122 Landrat/St. Ingbert an Regierungspräsidium v. 11. 11. 1946, LAS, LRA St. Ingbert 79; Aufstellung nach Bürgermeisterämtern und Wiedergutmachungskategorien ebd. 77 und 78; Stadtarchiv Völklingen 410/2.

123 So programmatisch Eberhard Jäckel: Hitlers Herrschaft. Vollzug einer Weltanschauung, Stuttgart 1986.

124 Schweder: Politische Polizei, S. 172; vgl. Browder: Foundations of the Nazi Police State, S. 219 ff.

125 Vgl. Buchheim: Die SS — das Herrschaftsinstrument, S. 83 ff., 97 ff.

126 Vgl. Hannah Arendt: Elemente totaler Herrschaft, Frankfurt 1958, S. 208 f., 214 f.

127 Timothy W. Mason: The Legacy of 1918 for National Socialism, in: Alden Nichols/Erich Matthias (Hrsg.): German Democracy and the Triumph of Hitler. Essays in Recent German History, London 1971, S. 215—239; zusammenfassend ders.: Sozialpolitik im Dritten Reich, S. 15—41; vgl. Ulrich Heinemann: Die verdrängte Niederlage. Politische Öffentlichkeit und Kriegsschuldfrage in der Weimarer Republik, Göttingen 1983.

128 Mommsen: Ausnahmezustand als Herrschaftstechnik des NS-Regimes, S. 40.

129 Werner: Die Arbeitserziehungslager als Mittel nationalsozialistischer „Sozialpolitik" gegen deutsche Arbeiter, S. 146.

130 Zygmunt Baumann: Modernity and the Holocaust, Ithaca-New York 1989, S. 66.

131 Vgl. Peukert: Volksgenossen und Gemeinschaftsfremde, S. 246—265; Aly/Heim: Vordenker der Vernichtung, S. 481—492.

132 Peukert: Arbeitslager und Jugend-KZ, S. 433.

133 Martin Broszat: Soziale Motivation und Führer-Bindung des Nationalsozialismus, in: *VZG* 18 (1970), S. 405.

134 Vgl. ders.: Nationalsozialistische Konzentrationslager, S. 77 f., 84 ff., 109 f.

135 Vgl. Aly/Heim: Vordenker der Vernichtung, S. 188—206; Biedermann und Schreibtischtäter. Materialien zur deutschen Täter-Biographie, 2. Aufl. Berlin 1989; Herrenmenschen und Arbeitsvölker. Ausländische Arbeiter und Deutsche 1939—1945, Berlin 1986; zur Erfahrungsgeschichte des Ausländereinsatzes Schminck-Gustavus: Hungern für Hitler; Herbert: Arbeiterschaft im „Dritten Reich", S. 350—353; ders.: Apartheid nebenan. Erinnerungen an die Fremdarbeiter im Ruhrgebiet, in: Lutz Niethammer (Hrsg.): „Die Jahre weiß man nicht, wo man die heute hinsetzen soll". Faschismuserfahrungen im Ruhrgebiet, 2. Aufl. Berlin—Bonn 1986, S. 233—266.

136 Zum Zusammenhang von Ostkrieg, Antibolschewismus und Rassenvernichtungspolitik vgl. Arno Mayer: Der Krieg als Kreuzzug. Das Deutsche Reich, Hitlers Wehrmacht und die „Endlösung", Hamburg 1989; Christian Streit: Ostkrieg, Antibolschewismus und „Endlösung", in: *GG* 17 (1991), S. 242—255.

137 Dazu zusammenfassend und mit ausführlichen Literaturangaben Enrico Syring: Intentionalisten und Strukturalisten. Von einem noch immer ausstehenden Dialog, in: Backes/Jesse/Zitelmann: Die Schatten der Vergangenheit, S. 169—194.

138 Aly/Heim: Vordenker der Vernichtung, S. 485.

139 Detlev J. K. Peukert: Die Genesis der „Endlösung" aus dem Geist der Wissenschaft, in: ders.: Max Webers Diagnose der Moderne, Göttingen 1989, S. 104.

Meinungsforscher wider Willen: Der Sicherheitsdienst des Reichsführers SS

1 Kogon: Der SS-Staat, S. 50, 45; ähnlich Zipfel: Gestapo und Sicherheitsdienst, S. 13.

2 Höhne: Der Orden unter dem Totenkopf, S. 12.

3 Buchheim: Die SS — das Herrschaftsinstrument, S. 66; Tuchel/Schattenfroh: Zentrale des Terrors, S. 106.

4 *Deutschland-Berichte* Nr. 12/Dezember 1936, S. 1636.

5 Zur Frühgeschichte des SD Aronson: Heydrich und die Anfänge des SD und der Gestapo, S. 59—94.

6 BDC, NSDAP-Mitgliederkartei, Akte Willi Dansauer.

7 Browder: Die Anfänge des SD, S. 302; Höhne: Der Orden unter dem Totenkopf, S. 195 f.; ähnlich Aronson: Heydrich und die Anfänge des SD und der Gestapo, S. 214, 223.

8 Alwin Ramme: Der Sicherheitsdienst der SS. Zu seiner Funktion im faschistischen Machtapparat und im Besatzungsregime des sogenannten Generalgouvernements, Berlin (DDR) 1970, S. 35; vgl. IMG, Bd. 20, Nürnberg 1948, S. 211; ausführlich dazu George C. Browder: The Numerical Strength of the Sicherheitsdienst des RFSS, in: *Historical Social Research* 28 (1983), S. 30—41.

9 IML-ZPA, P. St. 3/401 und 94; Delarue: Geschichte der Gestapo, S. 89 — ohnehin kein Freund des Aktenstudiums — schreibt forsch im Stil eines Kriminalromanciers: „In der Periode seiner verborgenen Existenz hatte der SD wichtiges Material zu Archiven angesammelt. Die Gegner der Partei waren sorgfältig verzeichnet worden. Viele dieser Dossiers waren bemerkenswert lückenlos." Speziell zum Abstimmungskampf im Saargebiet behauptet er auf S. 141, daß der SD „eine wesentliche Rolle gespielt" habe, da er „die Gegner einer Rückgliederung ausfindig" machte.

10 Vgl. Browder: Die Anfänge des SD, S. 302—304; Brommer: Die Partei hört mit, S. XI.

11 IML-ZPA, St. 3/946 und LAS, OSR 30; vgl. Aronson: Heydrich und die Anfänge des SD und der Gestapo, S. 209 f.

12 Verzeichnis der SD-Oberabschnitte und Abschnitte v. 5. 12. 1935, BAK, R 58/241, Bl. 45—48.

13 Erlaß Chef der Sicherheitspolizei und des Sicherheitshauptamtes v. 23. 9. 1939, ebd., Bl. 191—194 und IMG, Bd. 38, Nürnberg 1949, S. 107—110; vgl. Brommer: Die Partei hört mit, S. XI f.

14 Erlaß RFSS und Chef der Deutschen Polizei v. 15. 10. 1939, ebd., Bl. 200—205; Anschriftenverzeichnis der SD-(Leit)Abschnitte, Stand 1. 5. 1940, ebd., R 58/727, Bl. 97 f.

15 Erlaß Chef der Sicherheitspolizei und des SD v. 1. 6. 1944, ebd., R 58/241, Bl. 388—397.

16 SD-Abschnitt Saarbrücken an Oberbürgermeister v. 30. 7. 1941, Stadtarchiv Saarbrücken, Großstadt 3004; dto. an Polizeipräsident v. 31. 7. 1941, LAS, Polizeipräsident 294; Dienststellenverzeichnis SD-Abschnitt Saarbrücken (1944), BDC, NSDAP-Mitgliederkartei, Akte Adolf Ott; vgl. Rothenberger: Die Pfalz im Dritten Reich, S. 1652.

17 Erlaß RSHA v. 3. 10. 1940, BAK, R 58/241, Bl. 270; Dienststellenverzeichnis 1944, ebd., R 58/415, Bl. 57.

18 Anschriftenverzeichnis SD-Abschnitt Saarbrücken (1944/45), ebd., R 58/423, Bl. 270.

19 Vgl. Buchheim: Die SS — das Herrschaftsinstrument, S. 60; Boberach: Meldungen aus dem Reich, Bd. 1, S. 12.

20 Organisation der Geheimen Staatspolizei (undatiert), BAK, R 58/243, Bl. 14. Zipfel: Gestapo und SD in Berlin, S. 279 interpretiert dieses mühsame, fast haarspalterische Auseinanderdividieren identischer Felder so, daß Gestapo und SD seitdem „einander ergänzende Teile einer einheitlich geführten und nach gleichen Prinzipien ausgebildeten politischen Polizei" gebildet hätten; nicht erst seit der Entdeckung der Polykratie der Ressorts erscheint es jedoch sinnvoller, dort besonders hellhörig — und damit quellenkritisch — zu werden, wenn von „engster Zusammenarbeit" zwischen zwei NS-Apparaten auf demselben Terrain die Rede ist.

21 Vgl. IML-ZPA, P. St. 3/219 und 220; Denkschrift des Amtes Information der DAF über die Tätigkeit von KPD, SPD und SAP v. 17. 4. 1935, BAK, R 58/379; zur Eingliederung ins SD-Hauptamt 1938 ebd., R 58/578; lediglich in einem Fall lassen sich Recherchen des Amtes Information feststellen: Im April 1936 wandte es sich an den SD-Unterabschnitt Neustadt und teilte ihm mit, daß zwei arbeitslos gewordene Drucker der *Neunkircher Volkszeitung* die DAF in einem Brief als „Arbeitslosenfront" bezeichnet hätten, DZA Potsdam, DAF-Zentralbüro 62 DAF 1—73; zu den Versuchen zur Bildung eines eigenen SA-Nachrichtendienstes unter dem neuen Stabschef Lutze vgl. Browder: Foundations of the Nazi Police State, S. 205 f.

22 Typisch etwa die Schriftwechsel in LAS, Stapo-Stelle 1; zwischen der Stapo-Leitstelle Karlsruhe und dem zuständigen SD-Abschnitt beispielsweise war die Verbindung völlig eingefroren, vgl. Schadt: Verfolgung und Widerstand unter dem Nationalsozialismus in Baden, S. 40; von Lang: Die Gestapo, S. 20, 57 u. ö. wirft hingegen SD und Gestapo generell in einen Topf, wenn er etwa fabuliert, „daß manche Arbeitsgebiete hier wie dort von ein und demselben Mann geleitet wurden".

23 Erlaß Chef der Sicherheitspolizei und des SD v. 1. 7. 1937, BAK, R 58/239; der DDR-Historiker Botho Brachmann: Aktenbetreffe des Geheimen Staatspolizeiamts zur Widerstandsbewegung der deutschen Arbeiterklasse 1933—1939, in: *Archivmitteilungen* 11 (1961), S. 74—80, Zitate S. 77, hingegen munkelt davon, daß der SD bis Ende 1937 „beobachtete, verhaftete, Antifaschisten verhörte und sie der Gestapo ‚überstellte'", daß „aber auch danach zunächst eine gewisse Kontrollfunktion des SD gegenüber der Gestapo bestehen" blieb.

24 Abgedruckt bei Boberach: Berichte des SD und der Gestapo über Kirchen und Kirchenvolk, S. 931 f.

25 Anordnung NSDAP/Stellvertreter des Führers v. 14. 12. 1938, BAK, R 58/243, Bl. 191 a; vgl. ebd., R 58/990 und Slg. Schumacher 457; Buchheim: Die SS — das Herrschaftsinstrument, S. 65.

26 George C. Browder: The SD: The Significance of Organization and Image, in: George L. Mosse (Hrsg.): Police Forces in History, London-Beverly Hills 1975, S. 219.

27 Felix Kersten: Totenkopf und Treue. Heinrich Himmler ohne Uniform, Hamburg o. J., S. 253.

28 Vgl. Boberach: Meldungen aus dem Reich, Bd. 1, S. 18—38; Höhne: Der Orden unter dem Totenkopf, S. 217 ff., 238; Lawrence D. Stokes: Otto Ohlendorf, the Sicherheitsdienst and Public Opinion in Nazi Germany, in: George L. Mosse (Hrsg.): Police Forces in History, London-Beverly Hills 1975, S. 231—261; zum Aussagewert der SD-Berichte Steinert: Hitlers Krieg und die Deutschen, S. 40—48 sowie Franz Dröge: Der zerredete Widerstand. Zur Soziologie und Publizistik des Gerüchts im 2. Weltkrieg, Düsseldorf 1970, S. 49—60; vom SD-Abschnitt Saarbrücken sind lediglich einige Sonderberichte über die Wirkung der Luftangriffe 1942 sowie ein Stimmungsbericht über die Lage im Warndt v. 27. 2. 1945 erhalten, Stadtarchiv Saarbrücken, Großstadt 5692 und BAK, R 55/602.

29 Angaben über die personelle Besetzung von SD-Stellen auf regionaler Ebene sucht man in der Literatur nahezu vergebens. Lediglich der SD-Unterabschnitt Koblenz, der die beste Überlieferung zu besitzen scheint, bietet Anhaltspunkte für entsprechende Größenordnungen; laut Brommer: Die Partei hört mit, S. XIII, waren 1939 dort 15 hauptamtliche Mitarbeiter tätig.

30 Zum folgenden BDC, NSDAP-Mitgliederkartei, Akten Otto Lurker, Dr. Fritz Dietrich, Adolf Ott; Krausnick/Wilhelm: Die Truppe des Weltanschauungskrieges, S. 571—574, 600 f., 639 f., 645; Kazimierz Leszczyński (Hrsg.): Fall 9. Das Urteil im Einsatzgruppenprozeß, Berlin 1963, S. 135, 204—208, 251. Im Mai 1958 wurde Ott vorzeitig entlassen, vgl. Thomas Alan Schwartz: Die Begnadigung deutscher Kriegsverbrecher. John J. McCloy und die Häftlinge von Landsberg, in: *VZG* 38 (1990), S. 411.

31 Vgl. Zipfel: Gestapo und Sicherheitsdienst, S. 23—25.

32 Eine Ohlendorf-Biographie fehlt bislang; vgl. Hanno Sowade: Otto Ohlendorf — Nonkonformist, SS-Führer und Wirtschaftsfunktionär, in: Ronald Smelser/Rainer Zitelmann (Hrsg.): Die braune Elite, Darmstadt 1989, S. 188—200.

33 Zum folgenden LAS, OSR 43; I OSR 128/49; I OSR 328/49; III OSR 112/49; V OSR 200/49; I Spr. 134/48; I Spr. 180/48; St. 56/51; St. 119/50.

34 LAS, OSR, IV OSR 13/48.

35 Zum folgenden LAS, OSR 30; I OSR 285/49; II OSR 547/49; III OSR 170/49; IV OSR 13/48; IV OSR 209/49; V OSR 469/49; I Spr. 72/48; I Spr. 176/48; III Spr. 376/48; St. 46/51; LEA MDI 1684; Stapo-Stelle 1; Staatsanwaltschaft 1535, 1536 und 1537.

36 Zu ähnlichen Ergebnissen kommen Boberach: Meldungen aus dem Reich, Bd. 1, S. 17, für Koblenz und Martin

Broszat/Elke Fröhlich/Falk Wiesemann (Hrsg.): Bayern in der NS-Zeit, Bd. 1. Soziale Lage und politisches Verhalten der Bevölkerung im Spiegel vertraulicher Berichte, München—Wien 1977, S. 593 für die SD-Außenstelle Aschaffenburg, die über die exorbitant hohe Zahl von 154 V-Leuten verfügte; ansonsten fehlen Vergleichsangaben in der Literatur; für das Saarland existiert lediglich eine unvollständige Aufstellung der Kriminalabteilung der Sicherheitspolizei/Höcherberg von 1945, die etwa für Neunkirchen 14 Namen von SD-Informanten auflistet und damit einen ungefähren Einblick in die lokalen Größenordnungen vermittelt, LAS, Staatsanwaltschaft 1535.

37 LAS, OSR, III OSR 112/49.

38 Ebd., II OSR 547/49.

39 Ebd., V OSR 469/49.

40 Ebd., III OSR 170/49.

41 Delarue: Geschichte der Gestapo, S. 137; ähnlich von Lang: Die Gestapo, S. 88.

42 Abgedruckt bei Browder: Die Anfänge des SD, S. 319.

43 BAK, R 58/1538.

44 Vgl. Boberach: Berichte des SD und der Gestapo über Kirchen und Kirchenvolk, S. 909 f., 927.

45 BDC, Oberreichsanwalt beim Volksgerichtshof, Akte Mathias Schneider; vgl. IML-ZPA, St. 3/394; LAS, LEA 10031.

46 Oberstaatsanwaltschaft/Saarbrücken an Reichsanwalt beim Volksgerichtshof v. 3. 8. 1936, LAS, Generalstaatsanwalt 218, Bl. 10—12; LAS, LEA 5878 und MDI 2583.

47 SD-Unterabschnitt Saar an Stapo-Stelle/Saarbrücken v. 12. 6. 1939, LAS, Stapo-Stelle 15; vgl. Erlaß Chef der Sicherheitspolizei v. 3. 9. 1939, BAK, R 58/243, Bl. 203 sowie Buchheim: Die SS — das Herrschaftsinstrument, S. 62 f.

48 Vgl. etwa SD-Abschnitt Saarbrücken an Stapo-Stelle/Saarbrücken v. 19. 4. 1944, LAS, Stapo-Stelle 31.

„Allen Freund und Helfer"? Kripo, Schutzpolizei und Gendarmerie

1 *Saarbrücker Zeitung* v. 26. 2. 1939.

2 Detlev J. K. Peukert: Rassismus und „Endlösungs"-Utopie. Thesen zur Entwicklung und Struktur der nationalsozialistischen Vernichtungspolitik, in: Christoph Kleßmann (Hrsg.): Nicht nur Hitlers Krieg. Der Zweite Weltkrieg und die Deutschen, Düsseldorf 1989, S. 72.

3 Zur Organisation der saarländischen Polizei vor 1935 Westhoff: Recht und Verwaltung im Saargebiet, S. 116—165.

4 Verordnung v. 22. 3. 1935, RGBl. 1935, Teil I, S. 414; vgl. die Aufstellung über den Zuständigkeitsbereich v. 27. 8. 1937, LAS, Polizeipräsident 180.

5 Zur neuen Kompetenzabgrenzung vgl. *Amtsblatt des Reichskommissars für das Saarland* v. 12. 4. 1938.

6 Vgl. die Übersicht bei Englram/Kranz: Amts-Handbuch für den Gau Saarpfalz, S. 9—11.

7 Bekanntmachung Polizeipräsident/Saarbrücken v. 5. 4. 1935, LAS, Polizeipräsident 175.

8 Vgl. Gliederung und Geschäftsplan v. 1. 10. 1935, ebd.; die zwischenzeitliche Ausweitung auf 3 Inspektionen und 12 Kommissariate mußte 1941 „infolge des äußerst geringen Personalbestandes" wieder rückgängig gemacht werden, Kripo-Stelle/Saarbrücken an Polizeipräsident v. 10. 11. 1941, ebd.

9 Bürckel an RMI (undatiert), BAK, R 2/12256; BDC, NSDAP-Mitgliederkartei, Akte Willy Schmelcher; LAS, OSR, V OSR 358/50.

10 BDC, NSDAP-Mitgliederkartei, Akte Christoph Diehm.

11 Ebd., Akte Dr. Fritz Dietrich; *NSZ-Westmark* v. 31. 5. 1944.

12 Heinrich Himmler: Aufgaben und Aufbau der Polizei des 3. Reiches, in: Hans Pfundtner (Hrsg.): Dr. Wilhelm Frick und sein Ministerium. Aus Anlaß des 60. Geburtstages des RuPrMdI Frick, München 1937, S. 128.

13 Vgl. Buchheim: Die SS — das Herrschaftsinstrument, S. 49—59, 101—145, 153—160; Birn: Die Höheren SS- und Polizeiführer, S. 131—157.

14 HSSPF Lothringen-Saarpfalz an Befehlshaber der Ordnungspolizei/Saarbrücken v. 27. 11. 1940, LAS, Polizeipräsident 246, Bl. 39.

15 Vgl. Hans-Joachim Neufeldt: Entstehung und Organisation des Hauptamtes Ordnungspolizei, in: Zur Geschichte der Ordnungspolizei 1936—1945, o. O., o. J. (Koblenz 1957), S. 20—27.

16 Vgl. Georg Tessin: Die Stäbe und Truppeneinheiten der Ordnungspolizei, ebd., S. 19—23, 86; vgl. Geschäftsverteilungsplan beim Stab des Befehlshabers der Ordnungspolizei/Saarbrücken v. 10. 10. 1940, BAK, R 70/34 sowie dessen Lagebericht 1940/41, ebd., R 70/36—39.

17 Erlaß RMI v. 20. 9. 1936, ebd., R 58/241, Bl. 71—76.

18 Vgl. Buchheim: Die SS — das Herrschaftsinstrument, S. 79—82, 90—92; Terhorst: Polizeiliche planmäßige Überwachung und polizeiliche Vorbeugungshaft im Dritten Reich, S. 43—59.

19 RFSS und Chef der Deutschen Polizei an Reichskommissar des Saarlandes v. 4. 6. 1937, LAS, Polizeipräsident 242.

20 *Nachrichten aus dem Saargebiet* v. 24. 2. 1935.

21 Erlaß PrMdI v. 13. 11. 1933, LAS, Ministerium des Innern 669; grundlegend Terhorst: Polizeiliche planmäßige Überwachung und polizeiliche Vorbeugungshaft im Dritten Reich, S. 61—109; zur Haltung der Justiz Angermund: Deutsche Richterschaft, S. 160—167.

22 Schnellbrief Reichskriminalpolizeiamt v. 1. 6. 1938, LAS, Ministerium des Innern 671.

23 Broszat: Zur Perversion der Strafjustiz im Dritten Reich, S. 395; vgl. Marlis Dürkop: Zur Funktion der Kriminologie im Nationalsozialismus, in: Udo Reifner/Bernd-Rüdeger Sonnen (Hrsg.): Strafjustiz und Polizei im Dritten Reich, Frankfurt—New York 1984, S. 97—120; zur Traditionslinie derartiger Vorstellungen Detlev J.K. Peukert: Grenzen

der Sozialdisziplinierung. Aufstieg und Krise der deutschen Jugendfürsorge von 1878 bis 1932, Köln 1986, bes. S. 240 ff.

24 Erlaß RMI v. 14. 12. 1937, LAS, Ministerium des Innern 671; vgl. Terhorst: Polizeiliche planmäßige Überwachung und polizeiliche Vorbeugungshaft im Dritten Reich, S. 115—154; Gruchmann: Justiz im Dritten Reich, S. 719—727.

25 Arthur Nebe: Aufbau der deutschen Kriminalpolizei, in: *Kriminalistik* 12 (1938), S. 6.

26 Vgl. Broszat: Nationalsozialistische Konzentrationslager, S. 66—71; zur Kategorie der „Asozialen" Scherer: „Asozial" im Dritten Reich, S. 37—56; Wolfgang Ayaß: Wanderer und Nichtseßhafte — ‚Gemeinschaftsfremde' im Dritten Reich, in: Hans-Uwe Otto/Heinz Sünker (Hrsg.): Soziale Arbeit und Faschismus. Volkspflege und Pädagogik im Nationalsozialismus, Bielefeld 1986, S. 361—387.

27 Patrick Wagner: Das Gesetz über die Behandlung Gemeinschaftsfremder. Die Kriminalpolizei und die „Vernichtung des Verbrechertums", in: Feinderklärung und Prävention. Kriminalbiologie, Zigeunerforschung und Asozialenpolitik, Berlin 1988, S. 94.

28 Polizeipräsident/Saarbrücken an Reichskommissar für die Rückgliederung des Saarlandes v. 19. 6. 1935, LAS, Ministerium des Innern 671.

29 Erlaß Reichskommissar für die Rückgliederung des Saarlandes v. 19. 8. 1935, ebd.

30 Schnellbrief Reichskriminalpolizeiamt v. 1. 6. 1938, ebd.; vgl. Ayaß: „Ein Gebot der nationalen Arbeitsdisziplin", S. 53—60; Broszat: Nationalsozialistische Konzentrationslager, S. 76 f.; bereits am 9. März 1937 waren auf Anweisung Himmlers in einer reichsweiten Sonderaktion 2000 „nicht in Arbeit befindliche Berufs- und Gewohnheitsverbrecher" durch die Kripo festgenommen und in die Konzentrationslager eingeliefert worden, vgl. Terhorst: Polizeiliche planmäßige Überwachung und polizeiliche Vorbeugungshaft im Dritten Reich, S. 109—114.

31 Kripo-Stelle/Saarbrücken an Landräte, Bürgermeister und Gendarmerie v. 7. 6. 1938, LAS, Ministerium des Innern 671.

32 Dto. an Bürgermeister v. 10. 6. 1938, ebd.; die unvollständigen „Verschubungs"-Anweisungen der Kripo-Stelle/Saarbrücken, LAS, JVA 1938, lassen auf weit über 100 KZ-Einweisungen allein im Juni 1938 schließen.

33 Zum folgenden LAS, LEA 6894, 7117, 8060, MDI 2188, MDI 5099, MDI 6413.

34 Ebd. 9721.

35 Ebd. 1399, 9560 und 10965.

36 Vgl. Broszat: Nationalsozialistische Konzentrationslager, S. 77 f.; Ayaß: „Ein Gebot der nationalen Arbeitsdisziplin", S. 67—70; Toni Siegert: Das Konzentrationslager Flossenbürg. Ein Lager für sogenannte Asoziale und Kriminelle, in: Martin Broszat/Elke Fröhlich (Hrsg.): Bayern in der NS-Zeit, Bd. 2, München—Wien 1979, S. 429—492; zur Haltung der Justiz Angermund: Deutsche Richterschaft, S. 186—188.

37 LAS, LEA MDI 4103 und MDI 7884; vgl. Hans-Georg Stümke/Rudi Finkler (Hrsg.): Rosa Winkel, Rosa Listen. Homosexuelle und ‚Gesundes Volksempfinden' von Auschwitz bis heute, Reinbek 1981; Burkhard Jellonnek: Homosexuelle unter dem Hakenkreuz. Die Verfolgung der Homosexuellen im Dritten Reich, Paderborn 1990.

38 LAS, LEA 1329, 2162, 9712, 10330, MDI 4639, MDI 3980; vgl. Scherer: „Asozial" im Dritten Reich, S. 79 ff.

39 Grundlegend zum Thema Rassismus als Gesellschaftspolitik immer noch Peukert: Volksgenossen und Gemeinschaftsfremde, S. 246—265.

40 LAS, LEA 10965.

41 BDC, NSDAP-Mitgliederkartei, Akte Karl Dräger; vgl. Klein: Die Lageberichte der Geheimen Staatspolizei über die Provinz Hessen-Nassau, Bd. 1, S. 46 ff.

42 Erlaß Gestapa v. 27. 3. 1936, HStAD, RW 18/3; zur Zuständigkeitsabgrenzung Erlaß RFSS und Chef der Deutschen Polizei v. 25. 7. 1940, LAS, Polizeipräsident 189 und Geschäftsverteilungsplan RSHA/Amt V, BAK, R 58/1085, Bl. 30 ff.; vgl. Helmut Fangmann/Udo Reifner/Norbert Steinborn: „Parteisoldaten". Die Hamburger Polizei im „3. Reich", Hamburg 1987, S. 80 f.

43 Ob sich auch Beamte der Kripo-Stelle Saarbrücken zu den Einsatzgruppen meldeten bzw. kommandiert wurden, ließ sich zwar nicht ermitteln, muß jedoch als wahrscheinlich angesehen werden. Da die Kriminalpolizei nach 1945 so behandelt wurde, als habe sie sich im Dritten Reich nur um den Diebstahl von Damenhandtaschen gekümmert, fehlen hier in aller Regel die Entnazifizierungsakten; lediglich vom Osteinsatz einzelner Gendarmen und Schutzpolizisten finden sich Spuren in lokalen Ermittlungsberichten, etwa LAS, Staatsanwaltschaft 1536; zur Aktivität der Schutzpolizei im Rahmen der Einsatzgruppen vgl. Heiner Lichtenstein: Himmlers grüne Helfer. Die Schutz- und Ordnungspolizei im Dritten Reich, Köln 1990. Die Vorstellung von der „unschuldigen" regulären Polizei zieht sich bis in die jüngste Literatur; noch von Lang: Die Gestapo, S. 107 f. schiebt die „Asozialen"-Verfolgung umstandslos der Gestapo in die Schuhe.

44 Stapo-Stelle/Saarbrücken an Polizeipräsident/Saarbrücken v. 13. 8. 1942, LAS, Polizeipräsident 185.

45 Broszat: Der Staat Hitlers, S. 345.

46 Erlaß Bürckels v. 30. 6. 1935, LAS, Polizeipräsident 183.

47 BAK, R 58/243, Bl. 106—111.

48 Vgl. Hüttenberger: Nationalsozialistische Polykratie, S. 427—430.

49 Bericht Feldjägerbereitschaft/Saarbrücken v. 11. 7. 1935 und Stapo-Stelle/Saarbrücken an Polizeipräsident/Saarbrücken v. 27. 8. 1935, LAS, Polizeipräsident 184.

50 Vermerk Polizeipräsident/Saarbrücken v. 18. 11. 1935 und dto. an Stapo-Stelle/Saarbrücken v. 30. 11. 1935, ebd.

51 Stapo-Stelle/Saarbrücken an Polizeipräsident/Saarbrücken v. 6. 11. 1936, ebd.

52 Schutzpolizei-Abschnittskommando/Neunkirchen an Polizeipräsident/Saarbrücken v. 11. 11. 1935, ebd. 188.

53 Interne Expertise Polizeipräsidium v. 3. 2. 1938 und Polizeipräsident/Saarbrücken an Stapo-Stelle/Saarbrücken v. 11. 2. 1938, ebd. 181.

54 Vgl. Vermerk Polizeipräsidium/Saarbrücken v. 21. 3. 1938, ebd.

55 Stapo-Stelle/Saarbrücken an Polizeipräsident und Landräte v. 29. 4. 1940, ebd., LRA St. Ingbert 230, S. 78.

56 Polizeipräsident/Saarbrücken an Reichsstatthalter in der Westmark v. 4. 10. 1941 und dto. an Stapo-Stelle/Saarbrücken v. 3. 9. 1941, ebd., Polizeipräsident 185.
57 Stapo-Stelle/Saarbrücken an Polizeipräsident/Saarbrücken v. 24. 9. 1941 und 16. 4. 1942, ebd.
58 Vgl. Vermerk Polizeipräsidium/Saarbrücken v. 15. 4. 1942, ebd.
59 Wie Anm. 44 sowie Polizeirat Weiß/Saarbrücken an Polizeipräsident v. 22. 8. 1942, ebd.
60 Stapo-Stelle/Saarbrücken an Polizeipräsident/Saarbrücken v. 27. 10. 1942, ebd.
61 Reichsstatthalter in der Westmark an Polizeipräsident/Saarbrücken v. 26. 1. und 10. 5. 1943, ebd.
62 Polizeipräsident/Saarbrücken an Stapo-Stelle/Saarbrücken v. 13. 7. 1943, ebd.
63 Vgl. etwa die Schriftwechsel zwischen Stapo-Stelle/Saarbrücken und der Gendarmerie im Kreisarchiv Saarlouis, X B 2.
64 Vgl. Stapo-Stelle/Saarbrücken an Polizeipräsident/Saarbrücken v. 3. 8. 1935, LAS, Polizeipräsident 184; ebd., LEA 7727.
65 Bürgermeister/Höcherberg an Stapo-Stelle/Saarbrücken v. 9. 11. 1939, ebd., Staatsanwaltschaft 331.
66 Etwa IML-ZPA, NJ 13157; Gendarmerie/Bliesransbach an Stapo-Stelle/Saarbrücken v. 14. 7. 1936, LAS, LRA Saarbrücken K-B/10; ebd., Staatsanwaltschaft 550; ebd., LEA 5880, 10078, B 282.
67 IML-ZPA, NJ 9299, 10990 und 10995; LAS, Staatsanwaltschaft 267 und 332; ebd., LEA 9301.
68 IML-ZPA, P. St. 3/81; LAS, LEA 9592.
69 Interview mit Heinrich Brenner/Sulzbach am 21. 3. 1986; LAS, LEA 9527 und MDI 2894.
70 Vgl. Polizeipräsident/Saarbrücken an Reichsstatthalter in der Westmark v. 4. 10. 1941 sowie dto. an Stapo-Stelle/Saarbrücken v. 14. 8. 1942, ebd., Polizeipräsident 185.
71 Dto. an Stapo- und Kripo-Stelle/Saarbrücken v. 23. 2. 1944, ebd. 175 und 189.
72 Erlaß Chef der Ordnungspolizei v. 26. 11. 1941 und Erlaß Befehlshaber der Ordnungspolizei/Saarbrücken v. 7. 2. 1942, LAS, Ministerium des Innern 669.
73 Erlaß RFSS und Chef der Deutschen Polizei v. 17. 1. 1942 und Schnellbrief dto. v. 23. 3. 1942, ebd.
74 Trautes: Erinnerungen an Saarbrücken während des zweiten Weltkrieges, S. 71 f.
75 Vgl. die Berichte in LAS, LRA St. Ingbert 1337, Ministerium des Innern 82 und Staatsanwaltschaft 1535; Rudolf Saam: Unmittelbare Vorkriegszeit und Zweiter Weltkrieg in Dudweiler, in: *ZGS* 26 (1978), S. 174.
76 Etwa Verfügungen Kripo-Stelle/Saarbrücken v. 10. und 11. 7. 1944, ebd., Polizeipräsident 175; Fahndungspläne Stapo-Stelle/Saarbrücken von Juni 1941 und Juli 1942, ebd., Stapo-Stelle 2; Anweisungen zur tagespolitischen Schulung v. 8. 3. und 24. 6. 1943, LAS, LRA Merzig-Wadern 75; vgl. Herbert: Fremdarbeiter, S. 309—313.
77 Vgl. LAS, Ministerium des Innern 82; BAK, R 70/14, 17, 26, 27, 33, 53, 56; Wolfanger: Die nationalsozialistische Politik in Lothringen, S. 237—241.

Die verspätete Betriebspolizei: Abwehrbeauftragte und Werkschutz

1 IML-ZPA, St. 3/463.
2 DAF-Zentralbüro an I-Referenten v. 21. 11. 1936, BAK, R 58/605 und IML-ZPA, P. St. 3/219; vgl. Morsch: Streik im „Dritten Reich", S. 672—678.
3 *Amtliches Nachrichtenblatt der DAF* v. 5. 3. 1937; vgl. Erlaß „Aufbau und Aufgaben der Werkscharen der DAF" v. 15. 10. 1936, BAK, R 58/265; *Der Saarbergmann* v. 20. 9. 1938.
4 *Deutsche Informationen* v. 26. 11. 1936; *Arbeiterzeitung*/ Basel v. 4. 12. 1936.
5 Organisationsbuch der NSDAP, S. 196a; vgl. Robert Maier: Die Stachanov-Bewegung 1935—1938, Stuttgart 1990.
6 Alle Zitate IML-ZPA, P. St. 3/220; bezeichnenderweise enthielt der Aktenplan des für Kommunismus/Marxismus zuständigen Referats II A 1 der Stapo-Stelle/Saarbrücken, IfZ, MA 437, S. 1063 f. auch Akten über DAF und Werkscharen; zur befürchteten Unterwanderung der DAF vgl. BAK, R 58/447.
7 Dienstanweisung „Der Abwehrbeauftragte (Abwb) bei Rüstungsbetrieben" v. 20. 8. 1935, BAK, R 58/797, Bl. 10—14.
8 Erlaß RMI v. 14. 12. 1937, RGBl. 1937, Teil I, S. 1387.
9 Durchführungsverordnung RFSS und Chef der Deutschen Polizei v. 31. 3. 1939, ebd. 1939, S. 734; vgl. Drobisch: Der Werkschutz — betriebliches Terrororgan im faschistischen Deutschland, S. 220 f.
10 Richtlinien für die sicherheitspolizeiliche Tätigkeit der Abwehrbeauftragten (Abwb), hrsg. vom Geheimen Staatspolizeiamt 1939, BAK, R 58/797, Bl. 22—25; weitgehend abgedruckt bei Drobisch: Dokumente zur direkten Zusammenarbeit zwischen Flick-Konzern und Gestapo bei der Unterdrückung der Arbeiter, S. 213 f.
11 DZA Potsdam, Reichsministerium für Volksaufklärung und Propaganda 859, Bl. 3 ff.
12 IML-ZPA, St. 3/102; Erlaß Chef der Sicherheitspolizei und des SD v. 30. 6. 1944, IMG, Bd. 42, Nürnberg 1949, S. 295—298.
13 Vgl. etwa Stapo-Stelle/Saarbrücken an Werkschutz v. 10. und 19. 8. 1944, LAS, Stapo-Stelle 9; Werkschutzleiter Saargruben AG an Stapo-Stelle/Saarbrücken v. 25. und 28. 8. 1944, ebd. 31.
14 Drobisch: Der Werkschutz — betriebliches Terrororgan im faschistischen Deutschland, S. 221.
15 Birn: Die Höheren SS- und Polizeiführer, S. 138.
16 IML-ZPA, P. St. 3/155.
17 Vierteljahresbericht Rüstungskommando/Saarbrücken 1. 7.—30. 9. 1941, BA/MA, RW 21—54/5; Kriegstagebuch Nr. 10 dto. für 1. Quartal 1942, ebd., RW 21—54/7.
18 Kriegstagebuch Nr. 2 Rüstungsinspektion XII 1. 10.—31. 12. 1943, ebd., RW 20—12/30.

19 Drobisch: Der Werkschutz — betriebliches Terrororgan im faschistischen Deutschland, S. 221 f.; Herbert: Fremdarbeiter, S. 215.
20 IML-ZPA, St. 3/102.
21 So Elisabeth Behrens: Arbeiterkampf und kapitalistischer Gegenangriff unter dem Nationalsozialismus, in: Karl Heinz Roth: Die „andere" Arbeiterbewegung, 4. Aufl. München 1977, S. 150.
22 LAS, OSR, II Spr. 19/48; Englram/Kranz: Amts-Handbuch für den Gau Saarpfalz, S. 141 f.
23 BDC, NSDAP-Mitgliederkartei, Akte Paul Lonsdorfer; LAS, OSR, I OSR 16/48; vgl. Paul: Die NSDAP des Saargebietes, S. 186 f.
24 LAS, OSR, I OSR 285/49.
25 BDC, NSDAP-Mitgliederkartei, Akte Erich Rasner; AGK, Tribunal Général de Rastatt, Procès Röchling, Audience du 26. 4. 1948, S. 3.
26 LAS, OSR 8.
27 *Saarbrücker Zeitung* v. 16. 2. 1948.
28 LAS, LEA 6947, 9904, D 588.
29 Ebd. 6968; vgl. ebd. MDI 4694.
30 Vgl. Herbert: Fremdarbeiter, S. 217, 322—326.
31 Zu Röchling AGK, Tribunal Général G.M.Z.F.O.A., Exposé de Preuves du Ministère Public contre les Dirigeants de la Firme Röchling accusés de Crime contre la Paix-Crimes de Guerre et contre l'Humanité, S. 48 f.; vgl. Drobisch: Der Werkschutz — betriebliches Terrororgan im faschistischen Deutschland, S. 232 f.; Herbert: Fremdarbeiter, S. 214.
32 AGK, Tribunal Général de Rastatt, Procès Röchling, Audience du 11. 3. 1948, S. 28.
33 Ebd., S. 7; IML-ZPA, St. 3/102; vgl. Drobisch: Der Werkschutz — betriebliches Terrororgan im faschistischen Deutschland, S. 226—232.
34 LAS, LEA 5623 und MDI 4486.
35 Vermerk Stapo-Stelle/Saarbrücken v. 2. 9. 1944, ebd., Staatsanwaltschaft 902.
36 Zeugenaussagen v. 18. 8. 1944, Werkschutzleiter Neunkircher Eisenwerk an Stapo-Außendienststelle/Neunkirchen v. 19. 8. 1944, Vermerk Stapo-Stelle/Saarbrücken v. 28. 8. 1944, ebd., Stapo-Stelle 31.

„Im Namen des deutschen Volkes"
Die politische Justiz

1 Kurt Tucholsky: Deutschland, Deutschland über alles. Ein Bilderbuch, Berlin 1929, S. 164.
2 Michael H. Kater: Sozialer Wandel in der NSDAP im Zuge der nationalsozialistischen Machtergreifung, in: Wolfgang Schieder (Hrsg.): Faschismus als soziale Bewegung. Deutschland und Italien im Vergleich, 2. Aufl. Göttingen 1983, S. 48.
3 *Völkischer Beobachter* v. 27. 4. 1942; abgedruckt auch bei Max Domarus (Hrsg.): Hitler. Reden und Proklamationen, Bd. 2, Würzburg 1963, S. 1865—1877; ähnliche Äußerungen bei Henry Picker (Hrsg.): Hitlers Tischgespräche im Führerhauptquartier 1941 bis 1942, Bonn 1951, S. 211, 259 f.; vgl. Angermund: Die geprellten „Richterkönige", S. 327 ff., 332 f.; zu den Justizphobien im RSHA vgl. „Arbeitsanweisungen des Reichssicherheitshauptamtes für das Lebensgebiet Recht" vom November 1941, BAK, R 58/990 sowie die Dokumentation von Peter Schneider: Rechtssicherheit und richterliche Unabhängigkeit aus der Sicht des SD, in: *VZG* 4 (1956), S. 399—422.
4 Vgl. Majer: Grundlagen des nationalsozialistischen Rechtssystems, S. 77—116; zu Gürtner vgl. Eckehard Reitter: Franz Gürtner. Politische Biographie eines deutschen Juristen 1881—1941, Berlin 1976; Gruchmann: Justiz im Dritten Reich, S. 9—83.
5 Vgl. Heinrich Hannover/Elisabeth Hannover-Drück: Politische Justiz 1918—1933, Frankfurt 1966; Gotthard Jasper: Justiz und Politik in der Weimarer Republik, in: *VZG* 30 (1982), S. 167—205; Müller: Furchtbare Juristen, S. 13—34; Angermund: Deutsche Richterschaft, S. 19—44.
6 Vgl. Gerhard Paul: „Im Namen des deutschen Volkes"? Nationalsozialismus und Justiz im Saarland 1933—1945, Vortragsmanuskript anläßlich der Gedenkveranstaltung des Saarländischen Ministers der Justiz am 29. November 1988; zu Franks BNSDJ Schulz: Die Anfänge des totalitären Maßnahmenstaates, S. 185 ff.
7 Vgl. Hermann Weinkauff: Die deutsche Justiz und der Nationalsozialismus, Bd. 1, Stuttgart 1968, S. 109 ff.
8 BDC, NSDAP-Mitgliederkartei, Akte Karl Freudenberger; LAS, OSR, II Spr. 126/48; vgl. *NSZ-Rheinfront* v. 31. 12. 1936 und *Saarbrücker Zeitung* v. 25. 10. 1944; ähnlich BDC, NSDAP-Mitgliederkartei, Akten Dr. Wilhelm von Horstig und Albert Schmitt-Winter; LAS, OSR, I Spr. 7/48 und II Spr. 122/47.
9 *Saarbrücker Zeitung* v. 13. 5. 1937 und *NSZ-Rheinfront* v. 2. 6. 1937.
10 *Westland* v. 7. 7. 1934; vgl. Paul: „Deutsche Mutter — heim zu Dir!", S. 86 ff.
11 Die Urteilsverzeichnisse der Amtsanwaltschaften von 1933/34 im LAS, Generalstaatsanwalt 48 lesen sich wie Mitgliederlisten der KPD.
12 RGBl. 1933, Teil I, S. 175 f.
13 Gestapa an RMJ v. 16. 2. 1935, BAK, R 22/2873; ausführlich dazu Jacoby: Die nationalsozialistische Herrschaftsübernahme an der Saar, S. 165—171.
14 BDC, NSDAP-Mitgliederkartei, Akte Dr. Georg Beutner; LAS, OSR, I Spr. 72/48; *NSZ-Rheinfront* v. 11. 10. 1937; zu Beutners SD-Tätigkeit vgl. LAS, OSR, II Spr. 22/47 und St. 56/51.

15 *NSZ-Rheinfront* v. 13. 10. 1937 und 6. 2. 1939.
16 RGBl. 1935, Teil I, S. 248.
17 Ebd., S. 66, 246; vgl. *NSZ-Rheinfront* v. 2. 4. 1935; zusammenfassend zur Gerichtsverfassung nach 1935 Herrmann: Die Errichtung des Landgerichts Saarbrücken und die Ausdehnung seiner Zuständigkeit auf das Saarindustrierevier, S. 25—28.
18 RGBl. 1938, Teil I, S. 912.
19 Vgl. Michael Stolleis: Gemeinwohlformeln im nationalsozialistischen Recht, Berlin 1974; Klaus Marxen: Der Kampf gegen das liberale Strafrecht. Eine Studie zum Antiliberalismus in der Strafrechtswissenschaft der zwanziger und dreißiger Jahre, Berlin 1973.
20 Angermund: Die geprellten „Richterkönige", S. 321.
21 Protokoll v. 24. 10. 1939, BAK, R 22/4158; vgl. Angermund: Deutsche Richterschaft, S. 201.
22 Vgl. Heinz Boberach (Hrsg.): Richterbriefe. Dokumente zur Beeinflussung der deutschen Rechtsprechung 1942—1944, Boppard 1975; Klaus Oldenhage: Justizverwaltung und Lenkung der Rechtsprechung im Zweiten Weltkrieg. Die Lageberichte der Oberlandesgerichtspräsidenten und Generalstaatsanwälte (1940—1945), in: Dieter Rebentisch/Karl Teppe (Hrsg.): Verwaltung contra Menschenführung im Staat Hitlers. Studien zum politisch-administrativen System, Göttingen 1986, S. 100—120; Angermund: Deutsche Richterschaft, S. 220—245.
23 Vgl. Wolfanger: Die nationalsozialistische Politik in Lothringen, S. 222—229; Joachim Kermann: Das Oberlandesgericht Zweibrücken und der Aufbau einer deutschen Justizverwaltung in Lothringen (1940/41), in: Sven Paulsen (Hrsg.): 175 Jahre pfälzisches Oberlandesgericht, Neustadt 1990, S. 207—225, bes. S. 223 ff.
24 BDC, NSDAP-Mitgliederkartei, Akte Dr. Erwin Albrecht; vgl. Der große Tag. Die Briefe und Kassiber der „Volksfeindin" Marianne Golz-Goldlust, geschrieben 1943 in einem Prager Gefängnis, Stuttgart 1988; Koppel: Ungesühnte Justiz, S. 21.
25 Vgl. Robert H. Schmidt: Saarpolitik 1945—1957, Bd. 1, Berlin 1959, S. 284, 339, 342 f., 349—352.
26 BDC, NSDAP-Mitgliederkartei, Akte Dr. Karl Bömmels; LAS, OSR, I OSR 189/49; Koppel: Ungesühnte Justiz, S. 19, 23, 28, 51 ff.
27 *Deutsche Justiz* 1935, S. 1850; vgl. *Saarbrücker Zeitung* v. 29. 12. 1935; zu seiner Geschichte bisher — dürftig und mit Fehlern — Elmar Müller: Die Rechtsprechung des Sondergerichts nach der Saarrückgliederung von 1935, in: 150 Jahre Landgericht Saarbrücken, Berlin — Bonn — München 1985, S. 161—183 sowie Ball: Sondergerichte im Oberlandesgerichtsbezirk Zweibrücken, S. 239—250, der sich insbesondere der Spruchpraxis widmet, jedoch personelle Besetzung und innere Struktur weitgehend ausspart.
28 RGBl. 1933, Teil I, S. 136.
29 Vgl. Angermund: Deutsche Richterschaft, S. 137 f.; Bästlein: Sondergerichte in Norddeutschland als Verfolgungsinstanz, S. 3 f., 17 f.; zu ihren Wurzeln in den Bestrebungen zur Verrechtlichung des Ausnahmezustands vgl. Albrecht Funk: Polizei und Rechtsstaat. Die Entwicklung des staatlichen Gewaltmonopols in Preußen 1848—1914, Frankfurt — New York 1986, S. 141—156.
30 Vgl. Angermund: Die geprellten „Richterkönige", S. 314.
31 RGBl. 1933, Teil I, S. 135 und ebd. 1934, S. 1269; vgl. Gruchmann: Justiz im Dritten Reich, S. 946—950 sowie als populäre Kompilation Hans Wüllenweber: Sondergerichte im Dritten Reich. Vergessene Verbrechen der Justiz, Frankfurt 1990; spezielle Monographien zu den Sondergerichten sind — ebenso wie die über einzelne Stapo-Stellen — Mangelware und ebenfalls oft Nebenprodukte von Widerstandsstudien, vgl. Werner Johe: Die gleichgeschaltete Justiz. Organisation des Rechtswesens und Politisierung der Rechtsprechung 1933—1945 dargestellt am Beispiel des Oberlandesgerichtsbezirks Hamburg, Frankfurt 1967; Hüttenberger: Heimtückefälle vor dem Sondergericht München, S. 435—457; Bernd Schimmler: Recht ohne Gerechtigkeit. Zur Tätigkeit der Berliner Sondergerichte im Nationalsozialismus, Berlin 1984; Marßolek/Ott: Bremen im Dritten Reich, S. 183—202; Matthias/Weber: Widerstand gegen den Nationalsozialismus in Mannheim, S. 445—449; speziell zur Radikalisierung der Sondergerichte im Weltkrieg Christoph U. Schminck-Gustavus: Das Heimweh des Walerjan Wróbel. Ein Sondergerichtsverfahren 1941/42, Bonn — Berlin 1986; Bästlein: Sondergerichte in Norddeutschland als Verfolgungsinstanz, S. 9—16; Müller: Furchtbare Juristen, S. 158—164.
32 RGBl. 1937, Teil I, S. 1286.
33 Ball: Sondergerichte im Oberlandesgerichtsbezirk Zweibrücken, S. 234.
34 Gruchmann: Justiz im Dritten Reich, S. 948.
35 Dasselbe traf etwa für das Sondergericht Köln zu, vgl. Angermund: Deutsche Richterschaft, S. 139.
36 *Deutsche Justiz* 1938, S. 1334; vgl. *NSZ-Rheinfront* v. 3. 9. 1938.
37 Etwa Urteil Sondergericht/Kaiserslautern v. 9. 8. 1940, HStAW 409/4/2976.
38 *NSZ-Rheinfront* v. 19. 9. 1940.
39 Vgl. Ball: Sondergerichte im Oberlandesgerichtsbezirk Zweibrücken, S. 235 f., 250—253.
40 RGBl. 1938, Teil I, S. 1632.
41 Bästlein: Als Recht zu Unrecht wurde, S. 7; vgl. Gruchmann: Justiz im Dritten Reich, S. 951—956; Angermund: Deutsche Richterschaft, S. 201—206.
42 RGBl. 1944, Teil I, S. 115.
43 *Deutsche Justiz* 1939, S. 1753 f.; vgl. ebd. 1938, S. 1859 f. und 1939, S. 1849—1856.
44 Vgl. Angermund: Deutsche Richterschaft, S. 204 ff., Zitat S. 205.
45 Vgl. Friedrich Karl Kaul: Geschichte des Reichsgerichts, Bd. 4, Glashütten 1971, S. 218—239.
46 Der Bestand Staatsanwaltschaft im Landesarchiv Saarbrücken bietet zwar mit seinen 916 Verfahrensakten des Sondergerichts aus den Jahren 1936 bis 1945 eine ausreichende Basis zur qualitativen Analyse, gleichwohl ist er — wie insbesondere Datenabgleiche mit den Wiedergutmachungsakten zeigen — nur annähernd vollständig; quantifizierende Angaben im folgenden beziehen sich darum in der Regel auf die Presseberichterstattung.

47 Etwa LAS, Staatsanwaltschaft 360 und 374.
48 Oberstaatsanwalt/Saarbrücken an RMJ v. 18. 5. 1935 und Vertreter Generalstaatsanwalt/Saarlouis an RMJ v. 21. 5. 1935, LAS, Generalstaatsanwalt 45, Bl. 6 f., 8; ähnlich ebd. 163, Bl. 224 f., 226, 228; ebd. 265, Bl. 75 f.
49 Generalstaatsanwalt/Köln an Oberstaatsanwalt/Saarbrücken v. 24. 9. 1935, ebd. 265, Bl. 155.
50 Etwa ebd. 173, Bl. 30 f.; ebd. 265, Bl. 417—420.
51 Vgl. Angermund: Deutsche Richterschaft, S. 140—157.
52 *NSZ-Rheinfront* v. 6. und 27. 10. 1939.
53 Vgl. Ball: Sondergerichte im Oberlandesgerichtsbezirk Zweibrücken, S. 239—250.
54 Bästlein: Sondergerichte in Norddeutschland als Verfolgungsinstanz, S. 12.
55 Steinberg: Widerstand und Verfolgung in Essen, S. 66; Bästlein: Als Recht zu Unrecht wurde, S. 17.
56 LAS, Staatsanwaltschaft 608 und ebd., LEA MDI 2774; vgl. die Freisprüche ebd., Staatsanwaltschaft 806 und 812.
57 Ebd., Staatsanwaltschaft 443; *NSZ-Westmark* v. 26. 6. 1942.
58 Ball: Sondergerichte im Oberlandesgerichtsbezirk Zweibrücken, S. 233.
59 Erklärung Friedrich Elkar v. 4. 3. 1947, Staatsarchiv Nürnberg, KV-Anklage-Dokumente NG 911; vgl. Boberach: Meldungen aus dem Reich, Bd. 1, S. 30.
60 RGBl. 1934, Teil I, S. 45; vgl. Timothy W. Mason: Zur Entstehung des Gesetzes zur Ordnung der nationalen Arbeit vom 20. Januar 1934: Ein Versuch über das Verhältnis „archaischer" und „moderner" Momente in der neuesten deutschen Geschichte, in: Hans Mommsen/Dietmar Petzina/Bernd Weisbrod (Hrsg.): Industrielles System und politische Entwicklung in der Weimarer Republik, Düsseldorf 1974, S. 322—351.
61 *NSZ-Rheinfront* v. 29. 2. 1936. Es ist kennzeichnend für die immer noch unterbelichtete Erforschung von Sozialpolitik und Sozialpropaganda des Dritten Reiches, daß die Soziale Ehrengerichtsbarkeit bislang nicht untersucht worden ist; für Neumann: Behemoth, S. 492 ff., Zitat S. 493, war sie lediglich „Staffage"; Spohn: Betriebsgemeinschaft und innerbetriebliche Herrschaft, S. 194—208 widmet ihr zwar einige Seiten, beläßt es jedoch im wesentlichen bei einer Gesetzesinterpretation und übernimmt Neumanns Perspektive, ohne nach den praktischen und ideologischen Konsequenzen dieser Sondergerichtsbarkeit zu fragen.
62 *NSZ-Rheinfront* v. 7. 7. 1939.
63 Vgl. ausführlich dazu S. 151 ff.
64 *Saarbrücker Zeitung* v. 31. 7. 1940; vgl. *NSZ-Westmark* v. 9. 6. 1943.
65 Spohn: Betriebsgemeinschaft und innerbetriebliche Herrschaft, S. 204.
66 *NSZ-Rheinfront* v. 4. 12. 1935; Englram/Kranz: Amts-Handbuch für den Gau Saarpfalz 1937/38, S. 82 f.
67 RGBl. 1933, Teil I, S. 529 ff.; vgl. Gisela Bock: Zwangssterilisation im Nationalsozialismus. Studien zur Rassenpolitik und Frauenpolitik, Opladen 1986; Christian Ganssmüller: Die Erbgesundheitspolitik des Dritten Reiches, Köln — Wien 1987; regional bisher dazu Peter Luy/Thomas Gerber: Zwangssterilisierung und klinische Vernichtung, in: Zehn statt tausend Jahre, S. 219—226; Bernd Neumüller: Die Erbgesundheitssachen in der Zeit des Dritten Reiches, in: Sven Paulsen (Hrsg.): 175 Jahre pfälzisches Oberlandesgericht, Neustadt 1990, S. 257—265.
68 *NSZ-Rheinfront* v. 4. 12. 1935.
69 LAS, JVA 1938, Akte Otto Sch.; für eine genauere Untersuchung der Rechtsprechung wäre die umfangreiche Überlieferung LAS, Amtsgericht Saarbrücken heranzuziehen.
70 Vgl. Gisela Bock: Sterilisationspolitik im Nationalsozialismus: Die Planung einer heilen Gesellschaft durch Prävention, in: Klaus Dörner (Hrsg.): Fortschritte der Psychiatrie im Umgang mit Menschen. Wert und Verwertung des Menschen im 20. Jahrhundert, Rehberg-Loccum 1985, S. 88—104.
71 Vgl. Hans-Walter Schmuhl: Rassenhygiene, Nationalsozialismus, Euthanasie. Von der Verhütung zur Vernichtung „lebensunwerten Lebens", 1890—1945, Göttingen 1987; ders.: Die Selbstverständlichkeit des Tötens. Psychiater im Nationalsozialismus, in: *GG* 16 (1990), S. 411—439; Dirk Blasius: Das Ende der Humanität. Psychiatrie und Krankenmord in der NS-Zeit, in: Walter H. Pehle (Hrsg.): Der historische Ort des Nationalsozialismus. Annäherungen, Frankfurt 1990, S. 47—70.
72 Herbert: Fremdarbeiter, S. 301; vgl. Krämer: Fremdarbeiter im Saarland, S. 71 f.
73 Otto Kranzbühler: Plädoyer für Kommerzienrat Hermann Röchling, Ms. 1948, S. 170, Kopie im Besitz des Verfassers.
74 *Saarbrücker Zeitung* v. 2. 6. 1948.
75 Protokoll über die 13. Sitzung des Großen Ausschusses der Reichsvereinigung Eisen-Außenstelle Südwest am 12. 10. 1943, BAK, R 10 III/72, Bl. 265.
76 Ausführlicher dazu S. 314 ff.
77 AGK, Tribunal Général G.M.Z.F.O.A., Exposé de Preuves du Ministère Public contre les Dirigeants de la Firme Röchling accusés de Crime contre la Paix-Crimes de Guerre et contre l'Humanité, S. 11.
78 Ebd., Tribunal Général du Rastatt, Procès Röchling, Audience du 26. 4. 1948, S. 6; LAS, LEA MDI 4775; vgl. Mason: Arbeiterklasse und Volksgemeinschaft, S. 172.
79 Oldenhage: Die Pfalz und das Saarland während des Krieges, Teil 2, S. 388.
80 BDC, NSDAP-Mitgliederkartei, Akte Dr. Fritz Dietrich.
81 Trautes: Erinnerungen an Saarbrücken während des zweiten Weltkrieges, S. 63 f., 66, 73.
82 RGBl. 1945, Teil I, S. 30; vgl. Müller: Furchtbare Juristen, S. 193—197.
83 *Saarbrücker Zeitung* v. 22. 2. 1945.
84 Vgl. Trautes: Erinnerungen an Saarbrücken während des zweiten Weltkrieges, S. 63, 68 ff., 72.

Die Ausweitung der rechtsfreien Räume: Gefängnisse und Lager

1 Eine Vorstellung des maßnahmenstaatlichen Lageruniversums auf nationaler Ebene vermittelt die auf den Unterlagen des Internationalen Suchdienstes/Arolsen basierende Zusammenstellung von Martin Weinmann (Hrsg.): Das nationalsozialistische Lagersystem, Frankfurt 1990.

2 Strafanstalt/Saarbrücken an Generalstaatsanwalt/Köln v. 10. 8. 1935, LAS, Generalstaatsanwalt 179.

3 § 48 der Strafvollzugsverordnung v. 14. 5. 1934, zit. bei Müller: Furchtbare Juristen, S. 93 f.

4 François Goldschmitt: Elsässer und Lothringer in Dachau, o. O., o. J., S. 7, 9; vgl. LAS, LEA 2261, 3296, 8864, 8905, 9368, A 235, MDI 5343; ebd., JVA 1942, Akte Alois Rebold; StAM, Generalstaatsanwaltschaft Hamm 10429.

5 Vgl. LAS, JVA 1935—1944 und Belegungsnachweis v. 22. 5. 1942, ebd. Generalia 18; grundlegend zu den Haftbedingungen Falk Pingel: Häftlinge unter SS-Herrschaft. Widerstand, Selbstbehauptung und Vernichtung im Konzentrationslager, Hamburg 1978; Manuela L. Hrdlicka: Alltag im KZ. Das Lager Sachsenhausen bei Berlin, Opladen 1990; speziell zum KZ Natzweiler in den Nordvogesen Jürgen Ziegler: Mitten unter uns. Natzweiler-Struthof: Spuren eines Konzentrationslagers, Hamburg 1986.

6 Vgl. Werner Eckel: Saarbrücken im Luftkrieg 1939—1945, Saarbrücken 1985, S. 87; LAS, LEA 7084, 9431 und A 13.

7 Oldenhage: Die Pfalz und das Saarland während des Krieges, Teil 2, S. 397.

8 BA/MA, RH 49/55; Reproduktion des Lageplanes bei Dietmar Renger: Das KZ „Neue Bremm" in Saarbrücken, in: Zehn statt tausend Jahre, S. 228.

9 Vgl. Briefkopf etwa in LAS, LEA 7597; ähnliche „Erweiterte Polizeigefängnisse" wurden 1943 auch in Metz-Woippy und im Fort de Queuleu bei Metz als SS-Sonderlager Feste Göben eingerichtet, Wolfanger: Die nationalsozialistische Politik in Lothringen, S. 234.

10 So bereits im Titel Bernard/Renger: Neue Bremm. Ein KZ in Saarbrücken; zur Organisations- und Kommandostruktur der Konzentrationslager vgl. Broszat: Nationalsozialistische Konzentrationslager, S. 55—66, 83—86, 108—120.

11 Etwa LAS, LEA 2596, 6834, 8133, 8349, B 596, MDI 4775.

12 Vgl. DAWF, AN 1210; *Neue Saarbrücker Zeitung* v. 5. 3. 1946.

13 *Neue Saarbrücker Zeitung* v. 21. und 23. 5. 1946; vgl. die Schilderungen von Jakob Frank, dto. v. 4. 4. 1946, von Edmond Michelet: Die Freiheitsstraße. Dachau 1943—1945, Stuttgart o. J., S. 44 f., sowie von Max Weber in Bettina Wenke: Interviews mit Überlebenden. Verfolgung und Widerstand in Südwestdeutschland, Stuttgart 1980, S. 260—266.

14 Vgl. Bernard/Renger: Neue Bremm, S. 100—105; im Prozeß gegen das Wachpersonal wurden 82 Todesfälle nachgewiesen, *Neue Saarbrücker Zeitung* v. 18. 5. 1946.

15 Manfred Lang: Es war im Herbst 1944, in: *Saarbrücker Hefte* 39, 1974, S. 40.

16 *Volksstimme* v. 9. 12. 1948; ähnlich Retzlaw: Spartacus, S. 391.

17 Vgl. Zeugenaussagen von 1948, LAS, Staatsanwaltschaft 1531; ebd., LEA B 1008.

18 Ausführlich zum Prozeß Bernard/Renger: Neue Bremm, S. 116—138.

19 Vgl. BDC, NSDAP-Mitgliederkartei, Akten Fritz Schmoll und Jakob Quinten.

20 *Neue Saarbrücker Zeitung* v. 18. 5. 1946.

21 LAS, LEA MDI 5416.

22 Bucher: Das SS-Sonderlager Hinzert, S. 414; zu seiner Person Franz W. Seidler: Fritz Todt, München 1988.

23 Vgl. Herbert: Fremdarbeiter, S. 115—118.

24 Vorläufiges Verzeichnis der Konzentrationslager und deren Außenkommandos, S. XL f.

25 Vgl. Bucher: Das SS-Sonderlager Hinzert, S. 414 f., 418; Auszüge aus dem Diensttagebuch des Polizeihaftlagers Homburg-Nord von März/April 1940 ebd., S. 431—439.

26 Vgl. etwa HStAD, RW 58/51579; Anton Hoch: Das Attentat auf Hitler im Münchner Bürgerbräukeller 1939, in: *VZG* 17 (1969), S. 383—413.

27 Erlaß RFSS und Chef der Deutschen Polizei v. 28. 5. 1941, BAK, R 58/1027, Bl. 142—152; vgl. Werner: Die Arbeitserziehungslager als Mittel nationalsozialistischer „Sozialpolitik" gegen deutsche Arbeiter, S. 138—147.

28 Vgl. LAS, JVA 1941—1944; zu den Jugenderziehungslagern Heinrich Muth: Jugendopposition im Dritten Reich, in: *VZG* 30 (1982), S. 369—417, bes. S. 384 f.

29 Zit. in Vorläufiges Verzeichnis der Konzentrationslager und deren Außenkommandos, S. XXXV.

30 Bucher: Das SS-Sonderlager Hinzert, S. 428; einige Fälle beleuchten Engel/Hohengarten: Hinzert, S. 494.

31 LAS, LEA 10781; vgl. Engel/Hohengarten: Hinzert, S. 394.

32 Vgl. Peukert: Arbeitslager und Jugend-KZ, S. 431.

33 Zit. bei Herbert: Fremdarbeiter, S. 308.

34 Zit. bei Drobisch: Dokumente zur direkten Zusammenarbeit zwischen Flick-Konzern und Gestapo bei der Unterdrückung der Arbeiter, S. 212.

35 *Saarbrücker Zeitung* v. 10. 4. und 2. 6. 1948; *Volksstimme* v. 27. 3. und 10. 4. 1948.

36 Berechnet nach BAK, R 10 III/71, Bl. 68; falsche Angaben zum Lager Etzenhofen in dem vom Internationalen Suchdienst/Arolsen herausgegebenen Verzeichnis der Haftstätten unter dem Reichsführer SS (1939—1945), Arolsen 1979, S. 660.

37 AGK, Tribunal Général de Rastatt, Procès Röchling, Audience du 13. 3. 1948, S. 29.

38 Ebd., Tribunal Général G.M.Z.F.O.A., Exposé de Preuves du Ministère Public contre les Dirigeants de la Firme Röchling accusés de Crime contre la Paix-Crimes de Guerre et contre l'Humanité, S. 79.

39 Ebd., S. 86.
40 *Volksstimme* v. 18. 3. 1948.
41 Auflistung bei Krämer: Fremdarbeiter im Saarland, S. I—XXIX.
42 Vgl. Streit: Keine Kameraden, S. 67—190, 253—260, 289—295 sowie jetzt Gerhard Schreiber: Die italienischen Militärinternierten im deutschen Machtbereich 1943—1945. Verraten, verachtet, vergessen, München 1990.
43 Vgl. etwa Rundbrief Reichsstatthalter in der Westmark v. 12. 8. 1941, LAS, Polizeipräsident 292.
44 Ebd., OSR, V OSR 121/50.
45 Vgl. Peukert: Arbeitslager und Jugend-KZ, S. 415—425.

Zur Sozialgeschichte des Terrors — eine Bilanz

1 Delarue: Geschichte der Gestapo, S. 91.
2 Vgl. Broszat: Politische Denunziationen in der NS-Zeit, S. 224.
3 Diesen Eindruck erweckt — als prototypisches Beispiel für die ehemalige DDR-Historiographie — Drobisch: Dokumente zur direkten Zusammenarbeit zwischen Flick-Konzern und Gestapo bei der Unterdrückung der Arbeiter, S. 221; zur Kritik vgl. Timothy W. Mason: Der Primat der Politik — Politik und Wirtschaft im Nationalsozialismus, in: *Das Argument* 41 (1966), S. 193—209.
4 Hüttenberger: Heimtückefälle vor dem Sondergericht München, S. 511.
5 Vgl. Mai: Arbeiterschaft zwischen Sozialismus, Nationalismus und Nationalsozialismus, S. 211.
6 Aly/Heim: Vordenker der Vernichtung, S. 487.
7 Vgl. Mallmann/Steffens: Lohn der Mühen, S. 183.
8 Mit vielen Einsichten dazu Alf Lüdtke: Einleitung: Herrschaft als soziale Praxis, in: ders. (Hrsg.): Herrschaft als soziale Praxis. Historische und sozial-anthropologische Studien, Göttingen 1991, S. 9—63.
9 Vgl. Kolb: Die Maschinerie des Terrors, S. 283 f.; Tuchel/Schattenfroh: Zentrale des Terrors, S. 118, 124.
10 Lüdtke: Funktionseliten: Täter, Mit-Täter, Opfer?, S. 590; zum Normalfall bürokratischer Abläufe vgl. Michael Zimmermann: Eine Deportation nach Auschwitz. Zur Rolle des Banalen bei der Durchsetzung des Monströsen, in: Heide Gerstenberger/Dorothea Schmidt (Hrsg.): Normalität oder Normalisierung. Geschichtswerkstätten und Faschismusanalyse, Münster 1987, S. 84—96.
11 Vgl. Fraenkel: Der Doppelstaat, S. 13, 21—24, 96—101.
12 Angermund: Die geprellten „Richterkönige", S. 336; zur Kritik an Fraenkel vgl. auch Gert Schäfer: Franz Neumanns Behemoth und die heutige Faschismusdiskussion, in: Neumann: Behemoth, S. 663—776, bes. S. 682 ff.; Lüdtke: Funktionseliten: Täter, Mit-Täter, Opfer?, S. 579—582.
13 Allerdings hat Fraenkel seine Doppelstaats-Theorie in einem 1960 verfaßten Aufsatz dahingehend relativiert, daß er eine Entwicklung vom Doppel- zum ausschließlichen Maßnahmenstaat — zum „SS-Staat" Kogons, wenn man so will — einräumte: Das Nebeneinander eines rechtlich gebundenen und eines im rechtsfreien Raum operierenden Behördenapparates habe auf die Dauer „demoralisierend und desintegrierend" auf die Gerichte und Verwaltungen gewirkt; „der Maßnahmenstaat war ein Krebsgeschwür im Körper des deutschen Staatswesens während der nationalsozialistischen Zeit, von dem, je länger die Krankheit andauerte, desto mehr Metastasen sich ausbreiteten", Ernst Fraenkel: Auflösung und Verfall des Rechts im III. Reich, in: ders.: Reformismus und Pluralismus. Materialien zu einer ungeschriebenen politischen Autobiographie, Hamburg 1973, S. 199—213, Zitate S. 211.
14 Heinz Wagner: Die Polizei im Faschismus, in: Udo Reifner/Bernd-Rüdeger Sonnen (Hrsg.): Strafjustiz und Polizei im Dritten Reich, Frankfurt — New York 1984, S. 171.
15 Vor allem Hans Mommsen: Beamtentum im Dritten Reich, Stuttgart 1966; Broszat: Der Staat Hitlers, bes. S. 363—402; vgl. Reinhard Bollmus: Das Amt Rosenberg und seine Gegner. Zum Machtkampf im nationalsozialistischen Herrschaftssystem, Stuttgart 1970; Ludolf Herbst: Der Totale Krieg und die Ordnung der Wirtschaft. Die Kriegswirtschaft im Spannungsfeld von Politik, Ideologie und Propaganda 1939—1945, Stuttgart 1982.
16 Vgl. Hüttenberger: Nationalsozialistische Polykratie, S. 438—442.
17 Neumann: Behemoth, S. 16.
18 Hans Mommsen: Nationalsozialismus als vorgetäuschte Modernisierung, in: Walter H. Pehle (Hrsg.): Der historische Ort des Nationalsozialismus. Annäherungen, Frankfurt 1990, S. 46.

VI. Loyale Widerwilligkeit
Milieuunabhängige Formen von Dissens und Verweigerung

1 Peter Hüttenberger: Vorüberlegungen zum „Widerstandsbegriff", in: Jürgen Kocka (Hrsg.): Theorien in der Praxis des Historikers, Göttingen 1977, S. 126.
2 Martin Broszat: Resistenz und Widerstand. Eine Zwischenbilanz des Forschungsprojekts, in: ders./Elke Fröhlich/ Anton Grossmann (Hrsg.): Bayern in der NS-Zeit, Bd. 4, München — Wien 1981, S. 697.
3 Ebd., S. 698.
4 Inge Marßolek/René Ott/Hans-Josef Steinberg: Auch eine historische Verspätung. Zum Problem der Erforschung des Widerstandes gegen den Nationalsozialismus heute, in: Soziale Bewegungen. Jahrbuch 1, Frankfurt a. M. 1984, S. 34.
5 Kershaw: „Widerstand ohne Volk?", S. 783.
6 Richard Löwenthal: Widerstand im totalen Staat, in: ders./Patrik von zur Mühlen (Hrsg.): Widerstand und Verweigerung in Deutschland 1933 bis 1945, 2. Aufl. Berlin — Bonn 1984, S. 11—24.
7 Friedrich Zipfel: Die Bedeutung der Widerstandsforschung für die allgemeine zeitgeschichtliche Forschung, in: Stand und Problematik der Erforschung des Widerstandes gegen den Nationalsozialismus, Bad Godesberg 1965, S. 3 definierte Widerstand als jede Handlung, „die darauf gerichtet war, dem totalitären Staat in den Arm zu fallen, sei es, um die eigene oder die Gruppenexistenz zu behaupten oder um Unrecht im kleinen wie im großen zu verhüten, die sich darum bemühte, eine Staatsordnung zu erhalten oder vorzubereiten, die den Prinzipien des nationalsozialistischen Staates widersprach, oder die danach strebte, die bestehenden Machtverhältnisse durch Propaganda oder mit den Mitteln der Gewalt zu ändern".
8 Peukert: Volksgenossen und Gemeinschaftsfremde, S. 97.
9 Kershaw: „Widerstand ohne Volk?", S. 785; erstmals verwendete Kershaw den Dissens-Begriff in seiner Studie: Popular Opinion and Political Dissent in the Third Reich, S. 3 f., wo es heißt „The term ‚dissent' seems therefore better to cover the voicing of attitudes, frequently spontaneous and often unrelated to any intended action, which in any way whatsover ran counter to or were critical of Nazism. ‚Dissent' would besome ‚opposition', but did not necessarily do so."
10 Peukert: Volksgenossen und Gemeinschaftsfremde, S. 97.
11 Ebd., S. 94 f.

Der „Stuhlgang der Seele"

1 *NSZ-Rheinfront* v. 5. 11. 1937.
2 RGBl. 1934, Teil I, S. 1269 f.
3 Ebd. 1939, Teil I, S. 2319.
4 Hüttenberger: Heimtückefälle vor dem Sondergericht München, S. 444.
5 Ebd., S. 475.
6 Vgl. die Berichte des badischen Generalstaatsanwalts in Karlsruhe vom 3. 12. 1935, 30. 10. 1936 und 20. 12. 1936 in: Schadt: Verfolgung und Widerstand unter dem Nationalsozialismus in Baden, S. 223, 242, 246.
7 Bernhard Vollmer: Volksopposition im Polizeistaat. Gestapo- und Regierungsberichte 1934—1936, Stuttgart 1957.
8 Matthias/Weber (Hrsg.): Widerstand gegen den Nationalsozialismus in Mannheim, S. 435—462.
9 Marßolek/Ott: Bremen im Dritten Reich, S. 388.
10 Bauer: Sprache und Sprachlosigkeit im „Dritten Reich", S. 175.
11 LAS, Staatsanwaltschaft 117.
12 Ebd. 94.
13 Diverse Beispiele ebd., Generalstaatsanwalt 218.
14 Ebd., Staatsanwaltschaft 96 und 1007; ebd., LEA 8332.
15 Ebd., Staatsanwaltschaft 95.
16 Ebd., Generalstaatsanwalt 173 und 172; ebd., Staatsanwaltschaft 138; ebd., LEA 7397 und MDI 1291; ebd., Staatsanwaltschaft 256.
17 Ebd., Generalstaatsanwalt 163.
18 Ebd., Staatsanwaltschaft 96.
19 Ebd. 189; ähnlich auch 260.
20 Ebd. 263 und 215.
21 Ebd. 100; ebd., Generalstaatsanwalt 173; ebd., Staatsanwaltschaft 123 und 231.
22 Ebd., Staatsanwaltschaft 149.
23 Ebd., Generalstaatsanwalt 173; ebd., Staatsanwaltschaft 117, 178, 189, 264, 271 und 283; ebd., LEA 8336 und 8332; HStAW, 409/4/5787.
24 LAS, Staatsanwaltschaft 256; HStAW, 409/4/325.
25 LAS, LEA MDI 4315; ebd., Generalstaatsanwalt 173; ebd., Staatsanwaltschaft 134 und 217.

26 Ebd., LEA B 208.
27 Ebd., Staatsanwaltschaft 170; ähnlich auch ebd., LEA 7828.
28 Ebd., LEA 10253; ebd., Staatsanwaltschaft 118; ebd., Generalstaatsanwalt 173.
29 Ebd., Staatsanwaltschaft 227.
30 Ebd. 157 und 232; ebd., LEA MDI 4315.
31 Ebd., Staatsanwaltschaft 263; *NSZ-Rheinfront* v. 5. 11. 1937.
32 LAS, LEA 8683.
33 Ebd., JVA 1942, Akte Adolf Brunner; ebd., LEA 7083.
34 Ebd., LEA B 208, MDI 2716 und 6947.
35 Ebd., Generalstaatsanwalt 172.
36 Ebd., JVA 1943, Akte Wilhelm Zimmer; ebd., Staatsanwaltschaft 94.
37 Ebd., Staatsanwaltschaft 227 und 182.
38 Ebd. 198.
39 Ebd. 213.
40 Ebd. 115, 117, 248.
41 Ebd., LEA 8683; ähnlich auch ebd., Staatsanwaltschaft 214 und 217.
42 Ebd., Staatsanwaltschaft 149.
43 Ebd., Generalstaatsanwalt 173.
44 Ebd., Staatsanwaltschaft 117, 220 und 271; ebd., LEA 9891.
45 Ebd., LEA 10253.
46 Ebd., Staatsanwaltschaft 115.
47 Ebd. 170 und 232.
48 Ebd. 146.
49 Ebd. 308.
50 Ebd. 224.
51 Ebd., JVA 1942, Akte Alois Ritter.
52 IML-ZPA, NJ 6659.
53 LAS, LEA MDI 6837.
54 IML-ZPA, NJ 13710.
55 LAS, LEA 7446.
56 Ebd., Staatsanwaltschaft 139; ähnlich auch 227.
57 HStAW, 409/4/5787.
58 Vgl. Hüttenberger: Heimtückefälle vor dem Sondergericht München, S. 471.
59 *Saarbrücker Zeitung* v. 29. 1. 1937.
60 LAS, Staatsanwaltschaft 94, 96, 100, 123, 209, 256, 1007; ebd., Generalstaatsanwalt 163.
61 Ebd., Staatsanwaltschaft 200.
62 Ebd. 170.
63 Ebd. 231.
64 Ebd., LEA 10253; ebd., Staatsanwaltschaft 223 und 283.
65 Ebd., Staatsanwaltschaft 146 und 227.
66 Ebd., 149; ebd., Generalstaatsanwalt 172 und 173.
67 Ebd., LEA 8683; ebd., Staatsanwaltschaft 214 und 280.
68 Ebd., Staatsanwaltschaft 248.
69 Hüttenberger: Heimtückefälle vor dem Sondergericht München, S. 508.

Die „zweite öffentliche Meinung“

1 Peukert: Die KPD im Widerstand, S. 214.
2 *Freiheit-Korrespondenz* v. 17. 3. 1938, 18. 11. 1937; *Deutschland-Information* Nr. 9/November 1938, S. 42; *Freiheit-Korrespondenz* v. 17. 2. 1938; *Deutsche Informationen* v. 15. 10. 1936.
3 LAS, LRA Saarbrücken K-B/10.
4 Ebd.
5 *Deutschland-Information* Nr. 5/Juli 1938, S. 25.
6 *Freiheit-Korrespondenz* v. 20. 1. 1937, 20. 1. 1938.
7 *Deutschland-Information* Nr. 9/November 1938, S. 40 f.; ähnlich auch *Freiheit-Korrespondenz* v. 13. 10. 1938.
8 LAS, LRA Saarbrücken K-B/10.
9 Ebd.
10 Vgl. Paul: Aufstand der Bilder, S. 108, 120 ff.
11 *Deutschland-Information* Nr. 8/Oktober 1938, S. 39.
12 LAS, Staatsanwaltschaft 162. Wegen dieser Äußerungen wurde Oehrig vom Saarbrücker Sondergericht zu einem Jahr Gefängnis verurteilt. Anschließend kam er nach Dachau. Oehrigs Kritik erinnert stark an die der „Straßer-Gruppe“ zu Ende der 20er Jahre an der emotionalen Sensations- und Aufputschpropaganda Hitlers und Goebbels'; vgl. Paul: Aufstand der Bilder, S. 51 f.

13 Oberstaatsanwalt/Saarbrücken an Reichsanwalt beim Volksgerichtshof v. 23. 10. 1936, LAS, Generalstaatsanwalt 218.
14 LAS, Staatsanwaltschaft 149.
15 Ebd. 236.
16 IML-ZPA, P. St. 3/81.
17 Ebd., vgl. auch *Deutsche Mitteilungen* v. 28. 4. 1938.
18 Lagebericht Stapo-Stelle/Saarbrücken für April 1935, GStA Berlin-Dahlem, Rep. 90 P, Nr. 9, H. 10; dto. für August 1935, ebd.; dto. für Februar 1936, BAK, R 58/656.
19 *Deutsche Volkszeitung* v. 27. 11. 1938; *Deutschland-Information* Nr. 9/1938, S. 8; *Freiheit-Korrespondenz* v. 17. 11. 1938; *Deutschland-Berichte* Nr. 2/Februar 1939, S. 219; grundlegend zu den Reaktionsmustern der deutschen Bevölkerung auf die „Reichskristallnacht" William Sheridan Allen: Die deutsche Öffentlichkeit und die „Reichskristallnacht" — Konflikte zwischen Werthierarchie und Propaganda im Dritten Reich, in: Peukert/Reulecke: Die Reihen fast geschlossen, S. 397—411, der konstatiert, daß der antisemitische Pogrom trotz intensiver Propaganda und latenten Vorurteilen gegen „viele etablierte traditionelle deutsche Haltungen und Einstellungen" verstoßen und daher keine einhellige Zustimmung gefunden habe.
20 *Deutschland-Berichte* Nr. 11/November 1938, S. 1192; ebd., Nr. 2/Februar 1939, S. 219.
21 Bericht Oberbürgermeister/Saarbrücken v. 31. 7. 1941, Stadtarchiv Saarbrücken, Großstadt 5701; ähnlich auch Lagebericht Generalstaatsanwalt/Zweibrücken v. 2. 8. 1941, in: Oldenhage: Die Pfalz und das Saarland während des Krieges, Teil 1, S. 348.
22 *Deutschland-Information* Nr. 8/Oktober 1938, S. 13.
23 IML-ZPA, St. 3/950.
24 *Freiheit-Korrespondenz* v. 1. 9. 1938, 8. 9. 1938, 22. 9. 1938, 9. 2. 1939, 2. 2. 1939.
25 *Deutschland-Information* Nr. 9/November 1938, S. 42; ausführlich zur Haltung und Stimmung der deutschen Bevölkerung zum Krieg vgl. Steinert: Hitlers Krieg und die Deutschen.
26 Vgl. Wette: Die schwierige Überredung zum Krieg, S. 17.
27 *Deutschland-Berichte* Nr. 4/April 1940, S. 223.
28 IML-ZPA, P. St. 3/81.
29 *Deutschland-Berichte* Nr. 4/April 1940, S. 223; mit Blick auf die deutschen Waffenerfolge heißt es auch im Lagebericht des Zweibrücker Generalstaatsanwalts v. 2. 8. 1941: „Das Vertrauen auf den Führer ist deshalb unbegrenzt und der Glaube an den Endsieg unerschütterlich", in: Oldenhage: Die Pfalz und das Saarland während des Krieges, Teil 1, S. 347.
30 IML-ZPA, NJ 13710; Anklageschrift Oberlandesgericht/Stuttgart v. 10. 8. 1943, BDC, Oberreichsanwalt beim Volksgerichtshof, Akte Erwin Reinhard; Urteil Sondergericht/Saarbrücken v. 25. 6. 1943, LAS, JVA 1943, Akte Johann Streit; Urteil Sondergericht Metz v. 21. 11. 1941, ebd. 1942, Akte Wilhelm Schwehm; HStAW, 409/4/325; SD-Bericht v. 1. 6. 1944, in: Boberach: Meldungen aus dem Reich, Bd. 17, S. 6653.
31 Meldungen über die Entwicklung in der öffentlichen Meinungsbildung vom 13. Juli 1944, in: Boberach: Meldungen aus dem Reich, Bd. 17, S. 6636.
32 Notizen des Ernährungs- und Wirtschaftsamtes der Stadt Saarbrücken v. 22. 8. 1944 zum Lagebericht des Saarbrücker Oberbürgermeisters für August 1944, Stadtarchiv Saarbrücken, Großstadt 5705.
33 Boberach: Meldungen aus dem Reich, Bd. 16, S. 6304.
34 Martin Broszat: Zur Struktur der NS-Massenbewegung, in: *VZG* 31 (1983), S. 72 (Hervorhebung d. V.); zu den Grenzen der Propaganda vgl. ausführlich Kershaw: How Effective was Nazi Propaganda?
35 Bauer: Sprache und Sprachlosigkeit im „Dritten Reich", S. 182. Zur Bedeutung des Witzes vgl. grundlegend Hans-Joachim Gamm: Der Flüsterwitz im „Dritten Reich", München 1963.
36 Zit. nach Bauer: Sprache und Sprachlosigkeit im „Dritten Reich", S. 183.
37 LAS, Generalstaatsanwalt 1.
38 Ebd. 30.
39 Ebd. 1.
40 *Der Saarbergmann* v. 19. 3. 1938.
41 *Freiheit-Korrespondenz* v. 24. 3. 1938.
42 SD-Monatsbericht über die Linksbewegung Februar 1937, BAK, R 58/226.
43 LAS, LEA 9186 und MDI 2583; LAS, Staatsanwaltschaft 139.
44 Zur Exilpublizistik der Forbacher Grenzstellen von SPD und KPD sowie zum Einschmuggeln von Exilzeitungen an die Saar demnächst ausführlich Bd. 3 von „Widerstand und Verweigerung im Saarland 1935—1945". Einige Hinweise auch bei Gerhard Paul: „Saarvolk höre!" Publizistischer Exilwiderstand der Forbacher Grenzstellen von KPD und SPD und der Metzer „Saarvolksfront" (1935—1939), in: Michel Grunewald/Frithjof Trapp (Hrsg.): Autour du „Front populaire allemand"/Einheitsfront-Volksfront, Bern — Frankfurt a. M. — New York — Paris 1990, S. 220—234.
45 Meldungen über wichtige staatspolizeiliche Ereignisse v. 26. 2., 25. 6., 2. 7. und 19. 11. 1943, IfZ, MA 442/2 und BAK, R 58/210.
46 Peukert: Volksgenossen und Gemeinschaftsfremde, S. 61.
47 Zit. nach Bauer: Sprache und Sprachlosigkeit im „Dritten Reich", S. 166; ganz ähnlich auch *Freiheit-Korrespondenz* v. 6. 5. 1937.
48 *Deutschland-Berichte* Nr. 5/Mai 1939, S. 587.
49 IML-ZPA, St. 3/950; vgl. die Übersicht über die deutschsprachigen Nachrichtensendungen des Auslands vor 1939 bei Diller: Rundfunkpolitik im Dritten Reich, S. 280 f. sowie Conrad Pütter: Rundfunk gegen das „Dritte Reich", München — London — New York — Oxford — Paris 1986.

50 IML-ZPA, St. 3/951.
51 Lagebericht Stapo-Stelle/Saarbrücken über die marxistische und kommunistische Bewegung 1937, BAK, R 58/457.
52 Zum Straßburger Sender vgl. Diller: Rundfunkpolitik im Dritten Reich, S. 266 ff.
53 LAS, Staatsanwaltschaft 426.
54 Oberstaatsanwalt/Saarbrücken an Reichsanwalt beim Volksgerichtshof v. 28. 8. 1937, ebd., Generalstaatsanwalt 218.
55 Anklageschrift des Oberstaatsanwalts beim Sondergericht Saarbrücken v. 13. 9. 1937, LAS, LEA 596.
56 Wie Anm. 54
57 Oberstaatsanwalt/Saarbrücken an Oberreichsanwalt beim Volksgerichtshof v. 10. 2. 1938, LAS, Generalstaatsanwalt 218.
58 Urteil Oberlandesgericht/Hamm v. 24. 2. 1938, BDC, Oberreichsanwalt beim Volksgerichtshof, Akte Wilhelm Heinrich Reck.
59 *Freiheit-Korrespondenz* v. 6. 5. 1937.
60 BAK, R 58/457.
61 SD-Monatsbericht über die Linksbewegung März 1937, ebd., R 58/226.
62 *Deutschland-Information* Nr. 2/März 1938, S. 32.
63 Vierteljahresbericht Bürgermeister/Quierschied v. 9. 4. 1937, LAS, LRA Saarbrücken K-B/10.
64 Lagebericht Stapo-Stelle/Saarbrücken über die marxistische Bewegung v. 30. 3. 1938, BAK, R 58/449.
65 IML-ZPA, St. 3/951.
66 *Freiheit-Korrespondenz* v. 6. 5. 1937.
67 Urteil Oberlandesgericht/Stuttgart v. 12. 3. 1942, LAS, JVA 1942, Akte Katharina Reinert.
68 Urteil Oberlandesgericht/Hamm v. 1. 9. 1938, BDC, Oberreichsanwalt beim Volksgerichtshof, Akte Alois Bach.
69 *Deutsche Volkszeitung* v. 21. 11. 1937.
70 Dies legt auch nahe Elisabeth Kohlhaas: „Die Flamme des Weltbrandes an ihrem Ursprung austreten . . .“ Der kommunistische „Deutsche Freiheitssender 29,8“ (1937—1939), in: *Exilforschung* 8 (1990), S. 46—60.
71 RGBl. 1939, Teil I, S. 1683.
72 LAS, Staatsanwaltschaft 426.
73 Urteil Sondergericht/Saarbrücken v. 22. 5. 1940, ebd. 335.
74 Ebd. 331.
75 Ebd. 332.
76 Urteil Sondergericht/Saarbrücken v. 23. 5. 1940, ebd. 356.
77 Dto. v. 21. 3. 1941, ebd. 387.
78 Dto. v. 13. 6. 1941, ebd. 400; *NSZ-Westmark* v. 16. 6. 1941.
79 Urteil Sondergericht/Saarbrücken v. 3. 9. 1941, LAS, Staatsanwaltschaft 426; *NSZ-Westmark* v. 4. 9. 1941.
80 Urteil Sondergericht/Saarbrücken v. 4. 2. 1942, LAS, LEA 7379; Anklageschrift Sondergericht/Saarbrücken (ohne Datum), LAS, Staatsanwaltschaft 533.
81 Urteil Sondergericht/Saarbrücken v. 18. 1. 1944, ebd. 746.
82 Dto. v. 28. 5. 1943, ebd. 655; *NSZ-Westmark* v. 11. 6. 1943; LAS, LEA 9503.
83 Stadtarchiv Saarbrücken, Bürgermeisteramt Brebach 150.
84 Anklageschrift Sondergericht/Saarbrücken v. 15. 11. 1944, LAS, Staatsanwaltschaft 902; Urteil Sondergericht/ Saarbrücken v. 14. 1. 1944, ebd. 753.
85 Anklageschrift Sondergericht/Saarbrücken v. 20. 4. 1944, LAS, LEA MDI 3341; Urteil Sondergericht/Saarbrücken v. 14. 1. 1942, HStAW, 409/4/935; vgl. auch Meldungen wichtiger staatspolizeilicher Ereignisse v. 1. 12. 1941, BAK, R 58/199.
86 Urteil Oberlandesgericht/Stuttgart v. 20. 12. 1942, LAS, LEA 8132; ebd. 10513.
87 IML-ZPA, NJ 5000.
88 LAS, LEA MDI 5343.
89 *NSZ-Rheinfront* v. 19. 9. 1940.
90 LAS, LEA 10 770.
91 Ebd. B 166; HStAW, 409/4/1863.
92 *NSZ-Rheinfront* v. 3. 2. 1939.
93 Sebastian Haffner: Germany. Jekyll and Hyde, London 1941, S. 118.

Die widerspenstige Betriebsgemeinschaft

1 Günther Weisenborn: Der lautlose Aufstand. Bericht über die Widerstandsbewegung des deutschen Volkes 1933—1945 (1953), Frankfurt/M. 1974; Mausbach-Bromberger: Arbeiterwiderstand in Frankfurt am Main gegen den Faschismus 1933—1945.
2 Mammach: Widerstand 1933—1939, S. 188 ff.
3 Schmidt: Damit Deutschland lebe.
4 Mason: Arbeiteropposition im nationalsozialistischen Deutschland, S. 293 f.
5 Ebd., S. 312; auch in den im Kontext des Bayern-Projektes entstandenen Studien von Tenfelde: Proletarische Provinz, Hetzer: Die Industriestadt Augsburg sowie Ludwig Eiber: Arbeiter unter der NS-Herrschaft. Textil- und Porzellanindustrie im nordwestlichen Oberfranken 1933—1939, München 1979 findet sich eine starke Betonung von „Arbeiteropposition“ und „Resistenz“.

6 Voges: Klassenkampf in der „Betriebsgemeinschaft“, S. 352 f.
7 Ebd., S. 376.
8 Heinrich August Winkler: Vom Mythos der Volksgemeinschaft, in: *ASG* 17 (1977), S. 488.
9 Vgl. z. B. Jürgen W. Falter: Warum die deutschen Arbeiter während des „Dritten Reiches“ zu Hitler standen. Einige Anmerkungen zu Gunther Mais Beitrag über die Unterstützung des nationalsozialistischen Herrschaftssystems durch Arbeiter, in: GG 13 (1987), S. 217—231; Hans-Josef Steinberg: Die Haltung der Arbeiterschaft zum NS-Regime, in: Schmädeke/Steinbach: Der Widerstand gegen den Nationalsozialismus, S. 867—874; Eberhard Heuel: Der umworbene Stand. Die ideologische Integration der Arbeiter in den Nationalsozialismus, Frankfurt/M. — New York 1989.
10 Mason: Die Bändigung der Arbeiterklasse im nationalsozialistischen Deutschland; Schoenbaum: Die braune Revolution; vgl. auch den informativen Forschungsbericht von Herbert: Arbeiterschaft im „Dritten Reich“.
11 Mallmann/Steffens: Lohn der Mühen, S. 217 ff.
12 Detlev Peukert: Der deutsche Arbeiterwiderstand gegen das Dritte Reich, in: *Beiträge zum Widerstand* H. 13/1980, S. 20 f.; ders.: Volksgenossen und Gemeinschaftsfremde, S. 120 ff.; ders.: Die Lage der Arbeiter und der gewerkschaftliche Widerstand im Dritten Reich, S. 470 ff.
13 Stefan Karner: Arbeitsvertragsbrüche als Verletzung der Arbeitspflicht im „Dritten Reich“, in: *ASG* 21 (1981), S. 269.
14 BAK, R 58/211.
15 LAS, LEA 10965.
16 Ebd., JVA 1938, Akte Friedrich Schäfer.
17 Ebd., LEA 5885.
18 Ebd. MDI 7973.
19 Ebd. 2132.
20 Ebd. 6019.
21 *Deutsche Informationen* v. 1. 6. 1937.
22 *Freiheit-Korrespondenz* v. 26. 8. 1937.
23 *Deutsche Freiheit* v. 27. 5. 1938.
24 IML-ZPA, St. 3/952.
25 Ebd. und St. 3/950.
26 *NSZ-Rheinfront* v. 21. 4. 1939.
27 *Saarbrücker Zeitung* v. 2. 11. 1944.
28 AdsD, Nl. Ernst Kunkel, Akte Regina Borde.
29 LAS, LEA MDI 2949.
30 Ebd., JVA 1943, Akte Else Schappert.
31 Ebd. 1938, Akten Karl Friedrich Grambusch und Karl Jännicke; ebd. 1941, Akte Nikolaus Lorscheter.
32 Ebd., LEA 2552.
33 Ebd. MDI 2679.
34 Ebd. MDI 3084, MDI 7976, 2535, 10947; ebd., JVA 1942, Akten Georg Gries und Martin Wahl; ebd. 1944, Akte Willi Schäfer.
35 Ebd., JVA 1941, Akte Heinrich Braun.
36 Ebd., LEA MDI 7615 und 8971.
37 Ebd. MDI 4775.
38 Ebd. 10781.
39 Ebd. 2535, 10947, MDI 7976, MDI 6063.
40 Lagebericht Rüstungsinspektion XII v. 15. 8. 1940, BA/MA, RW 20-12/20.
41 LAS, JVA 1941, Akte Julius Ziehmer.
42 Ebd. 1943, Akte Erich Schaal.
43 Ebd. 1944, Akte Gertrud Hank.
44 Bericht des Abwehrbeauftragten der Saargruben AG v. 29. 11. 1939, BA/MA, RH 14/44.
45 LAS, JVA 1943, Akte Edmund Freyermuth.
46 Ebd., LEA 1436.
47 Flugblatt der KP Elsaß-Lothringen v. 1. 5. 1943, nach Meldungen wichtiger staatspolizeilicher Ereignisse v. 2. 7. 1943, IfZ, MA 442/2.
48 Dto. v. 1. 9. 1942 und 20. 10. 1942, BAK, R 58/207 und 208.
49 Dto v. 9. 10. 1942, ebd., R 58/208.
50 *NSZ-Westmark* v. 19. 2. und 26. 3. 1942.
51 LAS, LEA OVG SLS, PRL 23/55.
52 Ebd. MDI 3556.
53 Kriegstagebuch Nr. 15/1943, BA/MA, RW 21-54/12.
54 Meldungen wichtiger staatspolizeilicher Ereignisse v. 7. 8. 1942 und 1. 12. 1942, IfZ, MA 442/2.
55 LAS, LEA MDI 4122.
56 Morsch: Streik im „Dritten Reich“, S. 667.
57 Ebd., S. 681.
58 Zollitsch: Arbeiter zwischen Weltwirtschaftskrise und Nationalsozialismus, S. 176 f.; Mason: Arbeiteropposition im nationalsozialistischen Deutschland, S. 299 f.
59 *Deutschland-Information* Januar 1937, S. 27.
60 Morsch: Streik im „Dritten Reich“, S. 683; demgegenüber erwähnt Herbert: Arbeiterschaft im „Dritten Reich“,

S. 341 mit Verweis auf Gestapo-Quellen für 1936/37 sogar 356 Arbeitskämpfe.

61 So hat Morsch für das Saarland für 1936/37 lediglich 4 Arbeitskämpfe ermittelt, die Exilpresse demgegenüber aber bereits 13 erwähnt.

62 Tenfelde: Proletarische Provinz, S. 330 ff.; Hetzer: Die Industriestadt Augsburg, S. 131; Kershaw: Popular Opinion and Political Dissent in the Third Reich, S. 88 f., 103 f.

63 So z. B. Winzer: Zwölf Jahre Kampf gegen Faschismus und Krieg, S. 93 ff.

64 Morsch: Streik im „Dritten Reich", S. 683 ff.

65 Lutz Niethammer (Hrsg.): „Die Jahre weiß man nicht, wo man die heute hinsetzen soll". Faschismus-Erfahrungen im Ruhrgebiet, Berlin — Bonn 1983.

66 *Saararbeiter*, Nr. 5 (Mai/Juni 1936), IISG, Saar-Kollektie 17.

67 *Der Saarbergmann* (Anfang 1937), ebd. 19.

68 Zit. nach *Deutsche Volkszeitung* v. 27. 6. 1937.

69 IML-ZPA, St. 3/950; *Deutschland-Information*, Juni 1937, S. 58.

70 IML-ZPA, P. St. 3/81/1; *Deutschland-Information* Juni 1937, S. 61.

71 *Deutsche Volkszeitung* v. 17. 1. 1936; vgl. *Bergarbeiter-Mitteilungen* Nr. 4/Oktober 1936; *Deutschland-Information* Januar 1937, S. 34.

72 *Deutsche Informationen* v. 16. 7. 1936.

73 *Dto.* v. 8. 10. 1936.

74 *Deutsche Volkszeitung* v. 30. 7. 1939.

75 *Nachrichten von der Saar* v. 1. 3. 1936.

76 *Dto.* v. 23. 7. 1935; *Freiheit-Korrespondenz* v. 18. 8. 1935.

77 *Freiheit-Korrespondenz* v. 6. 5. 1937.

78 *Saarbrücker Zeitung* v. 20. 3. 1937.

79 *Nachrichten von der Saar* v. 29. 4. 1935; *Deutschland-Berichte* Nr. 5/Mai 1935, S. 558.

80 *Informations-Bulletin* Nr. 5/1935; Mammach: Widerstand 1933—1939, S. 90.

81 *Nachrichten von der Saar* v. 14. 7. 1935, 23. 7. 1935, 19. 7. 1935; *Rundschau* v. 1. 8. 1935; *Gegenangriff* v. 2. 8. 1935; Tarnschrift „Adolf Müller: Der Kampf um die Saar", S. 34 f., IML-Bibliothek.

82 *Deutsche Informationen* v. 30. 7. 1938.

83 *Deutsche Volkszeitung* v. 21. 2. 1937.

84 *Saarbrücker Zeitung* v. 19./20. 1. 1985.

85 *Die Internationale* Nr. 7/8/1938.

86 *Freiheit-Korrespondenz* v. 29. 7. 1936.

87 *Dto.* v. 30. 9. 1935; ähnlich auch für Neunkirchen 1936 *Deutschland-Information* Januar 1937, S. 46.

88 *Deutsche Informationen* v. 10. 9. 1936.

89 *Freiheit-Korrespondenz* v. 19. 8. 1936; *Deutsche Informationen* v. 22. 8. 1936; *Deutschland-Information* Januar 1937, S. 47.

90 *Freiheit-Korrespondenz* v. 18. 11. 1937; *Deutsche Informationen* v. 28. 12. 1937.

91 Lagebericht Marxismus der Stapo-Stelle/Saarbrücken v. 31. 8. 1938, BAK, R 58/449.

92 IML-ZPA, St. 3/954; vgl. HStAD, RW 58/21054, 32483, 58941.

93 *Deutsche Mitteilungen* v. 3. 9. 1938; *Deutsche Volkszeitung* v. 4. 9. 1938; *Die Internationale* Nr. 7/8/1938.

94 *Deutsche Volkszeitung* v. 18. 9. 1938; ähnlich auch *Deutsche Bauarbeiter-Information* Nr. 1/Januar 1939.

95 *Deutsche Informationen* v. 20. 6. 1939; *Deutsche Volkszeitung* v. 2. 7. 1939, 9. 7. 1939, 13. 8. 1939.

96 Flugblätter finden sich abgedruckt in *Deutsche Informationen* v. 29. 10. 1938, 27. 7. 1939, Schmidt: Damit Deutschland lebe, S. 679 f.; unveröffentlichte Flugblätter und Handzettel der Forbacher KPD-Abschnittsleitung an die Befestigungsarbeiter im IML-ZPA, St. 3/953.

97 Paul Merker: Das große Beispiel. Zur Bewegung der Befestigungsarbeiter, in: *Deutsche Volkszeitung* v. 16. 7. 1939.

98 Schreiben Bezirksgruppe Kohlenbergbau Saar v. 8. 7. 1941, Bergbau-Archiv Bochum 15/191. Auch der Sonntagsschicht am 6. September 1942 blieben 52 Püttlinger Bergleute ohne Entschuldigung fern. Sie handelten sich daher eine Belehrung der NSDAP-Ortsgruppenleitung ein; vgl. Heckmann: „Noch heut' krieg' ich eine Gänsehaut", S. 303.

99 Vgl. Timothy W. Mason: Arbeiter ohne Gewerkschaften. Massenwiderstand in NS-Deutschland und im faschistischen Italien, in: *Journal für Geschichte* 6 (1983), S. 28—36.

100 LAS, LEA MDI 2862, MDI 3040, MDI 8021.

101 *Deutsche Informationen* v. 8. 1. 1938; ähnlich auch die Baseler *Freiheit* v. 10. 1. 1938 sowie die *Freiheit-Korrespondenz*, die am 6. 1. 1938 als erste über die Aktionen berichtete. Demgegenüber spiegeln sich diese in den *Deutschland-Berichten* der Sopade merkwürdigerweise nicht wider.

102 *Deutsche Volkszeitung* v. 16. 1. 1938.

103 *Dto.* v. 23. 1. 1938.

104 *Deutsche Freiheit* v. 14. 1. 1938.

105 *Deutsche Volkszeitung* v. 23. 1. 1938.

106 Winzer: Zwölf Jahre Kampf gegen Faschismus und Krieg, S. 136 sowie Geschichte der deutschen Arbeiterbewegung, Bd. 5, Berlin (DDR) 1966, S. 231.

107 *Freiheit-Korrespondenz* v. 20. 1. 1937.

108 *Freiheit-Korrespondenz*/Gewerkschaftsdienst, Mitte Februar 1937. Wie der Dudweilerer Bürgermeister am 5. 4. 1937 berichtete, klagten die Bergarbeiter seiner Gemeinde darüber, daß für ausgefallene Schichten, die an Sonntagen nachgeholt werden, kein Sonntagszuschlag gezahlt werde. „Da die Bergleute für diese Sonntagsschichten keinen erhöhten Lohn erhalten, fahren sie an Sonntagen nur ungern ein", LAS, LRA Saarbrücken K-B/10.

109 IML-ZPA, St. 3/950.
110 Ebd.
111 *Saarbrücker Zeitung* v. 4. 12. 1937.
112 *NSZ-Rheinfront* v. 29. 5. 1936.
113 IML-ZPA, St. 3/950; vgl. auch die knappe Darstellung bei Mallmann/Steffens: Lohn der Mühen, S. 223.
114 IML-ZPA, St. 3/950 und 952.
115 Eine Reihe von Flugblättern der Forbacher KPD-Abschnittsleitung, die sich mit den Sonntagsschichten beschäftigen, befinden sich im IML-ZPA, St. 3/953.
116 Ebd., St. 3/950.
117 *Deutsche Volkszeitungg* v. 16. 1. 1938.
118 Dto. v. 30. 1. 1938.
119 Dto. v. 20. 2. 1938; *Bergarbeiter-Mitteilungen* Nr. 2/Februar 1938; IML-ZPA, St. 3/950.
120 *Deutsche Volkszeitung* v. 25. 12. 1938.
121 Dto. v. 16. 4. 1939 und 29. 4. 1939.
122 IML-ZPA, St. 3/953.
123 Mallmann/Steffens: Lohn der Mühen, S. 224.
124 *Deutsche Mitteilungen* v. 5. 5. 1939; *Die Zukunft* v. 5. 5. 1939.
125 *Deutsche Volkszeitung* v. 14. 5. 1939; Bruno Frei: Wachsender Widerstand in den Betrieben, in: *Rundschau* v. 25. 5. 1939; IML-ZPA, P. St. 3/81.
126 LAS, LEA MDI 5283.
127 Bericht Bürgermeister/Ludweiler v. 7. 1. 1937, LAS, LRA Saarbrücken K-B/10; eine erste knappe Schilderung des Konflikts findet sich bei Paul: Verweigerung und Protest in der „Volksgemeinschaft“, S. 150 ff.
128 IML-ZPA, St. 3/949.
129 Protokoll über die Zusammenkunft der in Frankreich lebenden deutschen Gewerkschafter im Pariser Gewerkschaftshaus am 20. 3. 1937, BAK, R 58/725.
130 IML-ZPA, St. 3/949.
131 Bericht Gendarmerie/Emmersweiler v. 3. 2. 1937, LAS, LRA Saarbrücken K-B/10; *Deutsche Volkszeitung* v. 21. 2. 1937.
132 IML-ZPA, P. St. 3/401.
133 Bednareck: Die Gewerkschaftspolitik der KPD, S. 177.
134 IML-ZPA, St. 3/949 und P. St. 3/82.
135 Ebd., St. 3/949.
136 *Deutsche Informationen* v. 20. 2. 1937; *Pariser Tageszeitung* v. 21. 2. 1937.
137 *Freiheit-Korrespondenz* v. 18. 2. 1937.
138 *Deutsche Informationen* v. 6. 3. 1937.
139 Dto. v. 9. 3. 1937.
140 Bericht Stapo-Stelle/Saarbrücken v. 1. 3. 1937, LAS, Generalstaatsanwalt 29.
141 *Deutsche Informationen* v. 6. 3. 1937; *Deutsche Volkszeitung* v. 7. 3. 1937; *Bergarbeiter-Mitteilungen* Nr. 3/März 1937.
142 Oberstaatsanwalt/Saarbrücken an RMJ v. 2. 3. 1937, LAS, Generalstaatsanwalt 29.
143 Bericht Gendarmerie/Ludweiler v. 4. 3. 1937, LAS, LRA Saarbrücken K-B/10.
144 Gespräch mit Heinrich Dreystadt/Lauterbach am 3. 9. 1986.
145 Oberstaatsanwalt/Saarbrücken an RMJ v. 2. 3. 1937, LAS, Generalstaatsanwalt 29.
146 Ebd.; *Deutsche Informationen* v. 16. 3. 1937.
147 *Deutsche Informationen* v. 23. 3. 1937.
148 *Deutsche Volkszeitung* v. 14. 3. 1937.
149 Oberstaatsanwalt/Saarbrücken an Generalstaatsanwalt/Köln v. 11. 3. 1937, LAS, Generalstaatsanwalt 29.
150 Urteil Schöffengericht/Saarbrücken v. 12. 3. 1937, ebd.
151 Urteil Amtsgericht/Völklingen v. 12. 3. 1937, ebd.
152 *Saarbrücker Zeitung* v. 6. 3. 1937.
153 *Dto.* v. 15. 3. 1937.
154 IML-ZPA, St. 3/949.
155 Ebd.
156 *Deutsche Volkszeitung* v. 14. 3. 1937; Gespräch mit Alfons Zieder jun./St. Nikolaus am 8. 10. 1985.
157 IML-ZPA, St. 3/949.
158 Original im Besitz d. Verf.; finanziert hatte die Tarnschrift, die in einer Auflage von 2.000 Exemplaren erschien, Walter Schevenels vom Internationalen Gewerkschaftsbund, der am 11. April 1937 zu einer Besprechung in Forbach weilte, AdsD, Emigration-Sopade 94.
159 *Deutsche Informationen* v. 22. 4. 1937; von Hehl: Priester unter Hitlers Terror, Sp. 1387.
160 Oberstaatsanwalt/Saarbrücken an RMJ v. 8. 6. 1937, LAS, Generalstaatsanwalt 29.
161 *NSZ-Rheinfront* v. 17. 3. 1937.
162 Gespräch mit Alfons Zieder jun./St. Nikolaus.
163 *NSZ-Rheinfront* v. 27. 3. 1937.
164 *Deutsche Informationen* v. 30. 3. 1937.
165 *Deutsche Volkszeitung* v. 4. 4. 1937.
166 Oberstaatsanwalt/Saarbrücken an RMJ v. 3. 8. 1937, LAS, Generalstaatsanwalt 29.
167 *Deutsche Informationen* v. 8. 5. 1937; *Deutsche Volkszeitung* v. 23. 5. 1937.
168 *Deutsche Volkszeitung* v. 23. 5. 1937.

169 *Deutsche Informationen* v. 22. 7. 1938 und 4. 8. 1939.
170 *Deutsche Volkszeitung* v. 8. 8. 1937.
171 *Dto.* v. 19. 6. 1938; Gespräch mit Heinrich Dreystadt/Lauterbach.
172 *Dto.* v. 19. 6. 1938.
173 *Deutschland-Berichte* Nr. 3/März 1937, S. 332.
174 *Sozialistische Aktion* März 1937.
175 *Deutsche Volkszeitung* v. 4. 4. 1937.
176 Bednareck: Die Gewerkschaftspolitik der KPD, S. 177.
177 Gespräch mit Alfons Zieder jun./St. Nikolaus; Gespräch mit Heinrich Dreystadt/Lauterbach.
178 Herlemann: Emigration als Kampfposten, S. 163.
179 Voges: Klassenkampf in der „Betriebsgemeinschaft", S. 349.
180 *Deutschland-Berichte* Nr. 3/März 1937, S. 332.
181 Gespräch mit Heinrich Dreystadt/Lauterbach.
182 Nach Peukert: Die KPD im Widerstand, S. 388 blieb die „Häufigkeit innerbetrieblichen Widerstandes und erst recht ihre reale Einwirkung auf das rüstungswirtschaftliche Potential des deutschen Reiches verschwindend gering".
183 LAS, LEA B 1044.
184 Peukert: Die Lage der Arbeiter und der gewerkschaftliche Widerstand in den Betrieben, S. 471.
185 Mai: „Warum steht der deutsche Arbeiter zu Hitler?", S. 225.
186 Tenfelde: Proletarische Provinz, S. 331.
187 Mai: „Warum steht der deutsche Arbeiter zu Hitler?", S. 234.
188 Vgl. *Deutschland-Berichte* Nr. 3/März 1937, S. 315 ff.

Die brüchige Wehrgemeinschaft

1 Zur wissenschaftlichen und politischen Rezeptionsgeschichte des Nationalkomitees Freies Deutschland vgl. Peter Steinbach: Nationalkomitee Freies Deutschland und der Widerstand gegen den Nationalsozialismus, in: *Exilforschung* 8 (1990), S. 61—91.
2 So bei Löwenthal/von zur Mühlen: Widerstand und Verweigerung in Deutschland und Schmädeke/Steinbach: Der Widerstand gegen den Nationalsozialismus; einzig die Wehrdienstverweigerer in der deutschen Wehrmacht fanden in einigen Darstellungen Berücksichtigung, so bei Georg Bergmann: Franz Jägerstätter. Ein Leben vom Gewissen entschieden, Stein a. Rh. 1980 oder Eberhard Röhm: Sterben für den Frieden. Spurensicherung: Hermann Stöhr (1898—1940) und die ökumenische Friedensbewegung, Stuttgart 1985.
3 Zuerst bei Kammler: Ich habe die Metzelei satt und laufe über . . . sowie neuerdings Günter Fahle: Verweigern — Weglaufen — Zersetzen. Deutsche Militärjustiz und ungehorsame Soldaten 1939—1945. Das Beispiel Ems-Jade, Bremen 1990; vgl. auch Messerschmidt/Wüllner: Die Wehrmachtsjustiz im Dienste des Nationalsozialismus.
4 RGBl. 1939, Teil I, S. 1456.
5 Messerschmidt/Wüllner: Die Wehrmachtsjustiz im Dienste des Nationalsozialismus, S. 132.
6 Kammler: Ich habe die Metzelei satt und laufe über . . ., S. 89.
7 LAS, LEA MDI 4232.
8 Ebd. 7835.
9 Ebd. 9824.
10 Ebd. 10145.
11 Ebd. MDI 6313.
12 Ebd. 1396.
13 Ebd. MDI 5267.
14 Ebd. 10752.
15 Ebd. MDI 2023.
16 Ebd. 6679.
17 Ebd. 5416.
18 Urteil Feldkriegsgericht/Division 412 v. 10. 5. 1940, HStAW, 409/4/6712.
19 Urteil Sondergericht/Saarbrücken v. 24. 1. 1941, LAS, Staatsanwaltschaft 368; *NSZ-Westmark* v. 25. 1. 1941.
20 Vgl. hierzu ausführlicher Mallmann/Paul: Das zersplitterte Nein, S. 15 ff.
21 LAS, LEA 10055.
22 Ebd. 9427.
23 Seidler: Die Fahnenflucht in der deutschen Wehrmacht während des Zweiten Weltkrieges, S. 25; zum Begriff und zur Geschichte der Desertion vgl. auch Scheurig: Desertion und Deserteure.
24 Scheurig: Desertion und Deserteure, S. 38.
25 Haase: Deutsche Deserteure, S. 105.
26 Fietje Ausländer (Hrsg.): Verräter oder Vorbilder? Deserteure und ungehorsame Soldaten im Nationalsozialismus, Bremen 1990; *Geschichtswerkstatt* 22 (1990): Deserteure. Eine notwendige Debatte; Sammelrezension von Volker Ullrich: Liebe zum Leben. Endlich widerfährt den Deserteuren des Zweiten Weltkrieges Gerechtigkeit, in: *Die Zeit* v. 18. 1. 1991.
27 Seidler: Die Fahnenflucht in der deutschen Wehrmacht während des Zweiten Weltkrieges, S. 30.
28 Messerschmidt/Wüllner: Die Wehrmachtsjustiz im Dienste des Nationalsozialismus, S. 131.

29 Ebd., S. 91.
30 Natürlich kam es auch vor, daß Motive nach 1945 nachträglich der ursprünglichen Entscheidung aufgesattelt wurden, so im Falle eines Deserteurs, der den frankreichfreundlichen Behörden weismachen wollte, er habe sich schon immer als Franzose gefühlt und sei daher nicht bereit gewesen, in der deutschen Wehrmacht Dienst zu tun, LAS, LEA MDI 2839.
31 Haase: Deutsche Deserteure, S. 25; nach Siedler: Die Fahnenflucht in der deutschen Wehrmacht des Zweiten Weltkrieges, S. 36 war die „Sehnsucht nach Frauen" das häufigste Motiv für Desertion überhaupt.
32 LAS, LEA MDI 6288.
33 Ebd., MDI 3306.
34 Ebd., MDI 3531.
35 Ebd., MDI 3306.
36 Ebd., MDI 3084; ähnlich ebd. 1010.
37 Ebd., MDI 1262.
38 Ebd., MDI 1849.
39 Ebd. 8365.
40 Ebd., MDI 3571.
41 Ebd., MDI 1852.
42 Ebd. 9761.
43 Ebd., MDI 6404.
44 Ebd., MDI 3070.
45 Ebd. 10800.
46 Ebd., MDI 3531.
47 Ebd., MDI 3084 und MDI 3571.
48 Ebd., MDI 4105.
49 Ebd., MDI 1849.
50 Scheurig: Desertion und Deserteure, S. 41.
51 LAS, LEA MDI 2856.
52 Ebd., MDI 6061.
53 Zum österreichischen Widerstand generell und zur Österreichischen Freiheitsbewegung im besonderen Radomír Luza: Der Widerstand in Österreich 1938—1945, Wien 1985, hier S. 190 f.
54 Zu Dr. Karl Gruber ebd., S. 197 f. sowie Karl Gruber: Ein politisches Leben. Österreichs Weg zwischen den Diktaturen, Wien 1977.
55 LAS, LEA B 594 und B 580.
56 Zum Nationalkomitee Freies Deutschland vgl. Bodo Scheurig (Hrsg.): Verrat hinter Stacheldraht? Das Nationalkomitee ‚Freies Deutschland' und der Bund deutscher Offiziere in der Sowjetunion 1943—1945, München 1965 (Neuauflage Köln 1984).
57 Alexander Fischer: Die Bewegung ‚Freies Deutschland' in der Sowjetunion. Widerstand hinter Stacheldraht, in: Schmädeke/Steinbach: Der Widerstand gegen den Nationalsozialismus, S. 964 f.
58 LAS, LEA MDI 5238.
59 Ebd., MDI 745.
60 Ebd., MDI 1263.
61 Ebd. 8133.
62 IML-ZPA, V 238/1/7.
63 LAS, LEA 6750.
64 Ebd. MDI 2766.
65 Ebd., MDI 5533.
66 Kogon: Der SS-Staat, S. 150, 346, 359, 361; vgl. auch Hermann Langbein: ... nicht wie die Schafe zur Schlachtbank. Widerstand in den nationalsozialistischen Konzentrationslagern, Frankfurt/M. 1980, S. 241.

Die unvollendete Volksgemeinschaft

1 RGBl. 1935, Teil I, S. 1146.
2 Zit. nach Martin Hirsch/Diemut Majer/Jürgen Meinck (Hrsg.): Recht, Verwaltung und Justiz im Nationalsozialismus, Köln 1984, S. 356.
3 LAS, Generalstaatsanwalt 134.
4 *NSZ-Rheinfront* v. 10. 12. 1937.
5 *Dto.* v. 15. 6. 1938.
6 *Dto.* v. 24. 6. 1938.
7 *Dto.* v. 6. 1. 1939.
8 LAS, LEA 10805.
9 Ebd. B 375.
10 Ebd. 2441.
11 Ebd. 10656.

12 Ebd. 7021.
13 RGBl. 1939, Teil I, S. 2319.
14 *NSZ-Rheinfront* v. 9. 10. 1940, 21. 8. 1940.
15 Merkblatt „Verhalten gegenüber Kriegsgefangenen im Arbeitseinsatz" (1943), BAK, R 58/397.
16 Merkblatt „Wie verhalten wir uns gegenüber Polen?" (1940), LAS, NSDAP Gau Westmark 17, Bl. 14 f.
17 Herbert: Fremdarbeiter, S. 122; nach Herbert erfolgte 1940/41 etwa ein Viertel aller gerichtlichen Verurteilungen wegen politischer Delikte wegen Verstoßes gegen das Verbot des Umgangs mit Kriegsgefangenen und Zivilarbeitern.
18 Während im Bereich der Stapo-Stelle Saarbrücken in den Monaten Juni und August 1943 15 bzw. 23 Festnahmen wegen politischer Opposition erfolgten, waren es beim „verbotenen Umgang" 19 bzw. 74 Festnahmen, BAK, R 58/211.
19 Plettenberg: Ausländische Zwangsarbeiter im Saarland während des Zweiten Weltkrieges, S. 246 ff.
20 LAS, LEA MDI 6325.
21 Urteil Amtsgericht/Merzig vom 14. 3. 1941, LAS, JVA 1941, Akte Josef Pf.
22 *NSZ-Rheinfront* v. 6. 12. 1940.
23 LAS, LEA B 858.
24 Ebd. MDI 7768.
25 *NSZ-Westmark* v. 5. 7. 1944.
26 LAS, LEA 2568; vgl. Luitwin Bies: „. . . freilich gibt es auch gute Menschen wie zum Beispiel Peter Loth", in: *Arbeitnehmer* 35 (1987), S. 185 f.
27 Herbert: Fremdarbeiter, S. 125.
28 Vgl. *NSZ-Westmark* v. 5. 7., 31. 7., 9. 8. 1941, 5. 2., 12. 2., 14./15. 2. 1942, 7. 5. 1943.
29 Urteil Strafkammer Landgericht/Saarbrücken v. 25. 10. 1943, LAS, JVA 1943, Akte Alwine P.
30 Urteil Sondergericht/Saarbrücken v. 11. 2. 1942, LAS, JVA 1941, Akte Margarethe E.; vgl. *NSZ-Westmark* v. 12. 2. 1942.
31 Strafbefehl Amtsgericht/Saarbrücken v. 6. 8. 1943, LAS, JVA 1943, Akte Rosel S.
32 Urteil Sondergericht/Saarbrücken v. 27. 8. 1941, LAS, LEA MDI 2255; vgl. *NSZ-Westmark* v. 28. 8. 1941.
33 LAS, LEA MDI 2260.
34 Ebd. 6398.
35 Ebd., Versorgungsakte Ludwig Rosport (ohne Nr.).
36 Vgl. ausführlicher Mallmann/Paul: Das zersplitterte Nein, S. 240 ff.
37 Marßolek/Ott: Bremen im Dritten Reich, S. 394.

Fremdarbeiter zwischen Überlebenskampf, Arbeitsverweigerung und organisiertem Widerstand

1 Vgl. Schminck-Gustavus: Hungern für Hitler; Herbert: Fremdarbeiter.
2 Nach Herbert: Fremdarbeiter, S. 271, Tab. 42 arbeiteten im August 1944 insgesamt 7,6 Millionen Fremdarbeiter in Deutschland, davon 5,7 Millionen Zivilarbeiter und 1,9 Millionen Kriegsgefangene. Etwa ein Drittel der Zivilarbeitskräfte waren Frauen. Nach Nationen gliederten sich die Fremdarbeiter in 2,1 Millionen Zivilarbeiter aus der Sowjetunion (27,6 %), 1,7 Millionen Zivilarbeiter aus Polen (22,3 %), 650.000 französische Zivilarbeiter (8,5 %), 630.000 sowjetische Kriegsgefangene (8,3 %), 600.000 französische Kriegsgefangene (7,9 %) und 430.000 italienische Militärinternierte (5,7 %).
3 Josef A. Brodski: Die Lebenden kämpfen. Die illegale Organisation Brüderliche Zusammenarbeit der Kriegsgefangenen (BSW), Berlin (DDR) 1968; ders.: Im Kampf gegen den Faschismus. Sowjetische Widerstandskämpfer in Hitlerdeutschland 1941—1945, Berlin (DDR) 1975.
4 So findet sich in dem umfangreichen Forschungsüberblick von Schmädeke/Steinbach (Hrsg.): Der Widerstand gegen den Nationalsozialismus, kein Hinweis auf das Widerstandsverhalten der ausländischen Arbeiter im Deutschland des Zweiten Weltkrieges.
5 Peukert: Die KPD im Widerstand, S. 395.
6 LAS, Stapo-Stelle 9.
7 Gendarmerie-Kreis/St. Wendel an Stapo-Stelle/Saarbrücken v. 9. 8. 1944, ebd.
8 LAS, Staatsanwaltschaft 987.
9 Ebd. 565.
10 Ebd. 544.
11 *NSZ-Westmark* v. 6. 8. 1942.
12 Trautes: Erinnerungen an Saarbrücken, S. 83.
13 Stapo-Stelle/Saarbrücken an Burbacher Hütte v. 27. 9. 1944, LAS, Stapo-Stelle 9.
14 Carl Lejeune: „Stichwort ‚Hochofen' nicht ausgelöst. Eine Frau verhindert den Saarbrücker Ostarbeiteraufstand", Artikelserie in der *Neuen Saar* vom 22. März bis zum 1. Juni 1951; siehe S. 456 Anm. 60.
15 Kommandanturbefehl Stalag-Kommandant/Forbach v. 19. 10. 1943, BA/MA, RH 49/55.
16 Vgl. *Neue Saarbrücker Zeitung* v. 2. 3. 1946; LAS, LEA 2568.
17 Lagebericht Rüstungsinspektion XII v. 15. 2. 1942, BA/MA, RW 20-12/33.

18 Gespräch von Inge Plettenberg (Saarbrücken) mit Michajl Rumjanow (Moskau). Rumjanow, geboren 1921, kam Ende 1942 als sowjetischer Kriegsgefangener ins Reichsbahnausbesserungswerk nach Saarbrücken. Als Mitglied einer Widerstandsgruppe wurde er am 24. August 1944 in Saarbrücken verhaftet und nach einem kurzen Zwischenaufenthalt im Lager Neue Bremm ins KZ Sachsenhausen „verschubt". Hier blieb er bis zum 21. März 1945, als die Sachsenhausen-Häftlinge zum Todesmarsch aufbrechen mußten. Mit einigen Kameraden gelang Rumjanow die Flucht. Er lebt heute als Rentner in Moskau.
Das Gespräch mit ihm findet sich ausführlich dokumentiert bei Hans-Henning Krämer/Inge Plettenberg: Fremdarbeiter im Saarland (Arbeitstitel), Ottweiler 1991. Dieses Buch stellt die bislang umfassendste regionalgeschichtliche Darstellung der Arbeits- und Lebensbedingungen der Fremdarbeiter dar.
19 Anklageschrift Sondergericht/Saarbrücken v. 3. 5. 1943, LAS, LEA 9503.
20 Gendarmerie/Aßweiler an Stapo-Stelle Saarbrücken v. 27. 4. 1944, ebd., LRA St. Ingbert 1337.
21 Ebd., Stapo-Stelle 31.
22 Grossmann: Fremd- und Zwangsarbeiter in Bayern, S. 495.
23 Plettenberg: Ausländische Zwangsarbeiter im Saarland während des Zweiten Weltkrieges, S. 250.
24 LAS, Staatsanwaltschaft 565.
25 Ebd., Ministerium des Innern 32; ebd., LEA 2568.
26 Ebd., Ministerium des Innern 82.
27 Kommandanturbefehle Nr. 42 und 43 Stalag-Kommandant/Forbach, BA/MA, RH 49/55.
28 Befehlshaber der Sicherheitspolizei und des SD/Metz an RSHA v. 2. 8. 1944, BAK, R 70/13.
29 Namentliche Liste der Ostarbeiter, die zum Wiedereinsatz auf Grube Göttelborn von der Schanzarbeit freigestellt wurden, Gemeinde Quierschied.
30 Vgl. Herbert: Fremdarbeiter, S. 309.
31 Kommandanturbefehl Stalag-Kommandant/Forbach v. 4. 1. 1943, BA/MA, RH 49/55.
32 *NSZ-Westmark* v. 14./15. 11. 1942.
33 *Dto.* v. 18. 12. 1942.
34 *Dto.* v. 19./20. 6. 1943.
35 Erlaß Reichsstatthalter in der Westmark v. 12. 8. 1941, LAS, Polizeipräsident 292.
36 Gespräch mit Michajl Rumjanow (Moskau).
37 LAS, LRA St. Ingbert 1337.
38 Gespräch von Inge Plettenberg (Saarbrücken) mit Josef Gerbracht (Völklingen) v. 15. 4. 1987.
39 *Die Neue Saar* v. 20. 4. 1951.
40 BA/MA, RH 49/55.
41 Grossmann: Fremd- und Zwangsarbeiter in Bayern, S. 481.
42 BAK, R 58/211.
43 Herbert: Fremdarbeiter, S. 305.
44 Grossmann: Fremd- und Zwangsarbeiter in Bayern, S. 511.
45 *Die Neue Saar* v. 27. 4. 1951.
46 Gespräch mit Michajl Rumjanow (Moskau).
47 Herbert: Fremdarbeiter, S. 314; Grossmann: Fremd- und Zwangsarbeiter in Bayern, S. 517 ff.
48 Gespräch mit Michajl Rumjanow (Moskau).
49 Gespräch von Inge Plettenberg (Saarbrücken) mit Sergej Sosnin (Moskau). Wie Rumjanow war auch Sosnin als sowjetischer Kriegsgefangener in Saarbrücken.
50 Gendarmerie/Ferschweiler an Gendarmerie/St. Avold v. 27. 6. 1944, BAK, R 70/53.
51 Meldungen wichtiger staatspolizeilicher Ereignisse v. 8. 9. 1944, ebd., R 58/213.
52 Gespräch mit Michajl Rumjanow (Moskau).
53 Meldungen wichtiger staatspolizeilicher Ereignisse v. 22. 11. 1944 (Schaubild), BAK, R 58/213.
54 Trautes: Erinnerungen an Saarbrücken, S. 87 f.
55 Hermann Röchling an Kriminalkommissar Kehl v. 29. 1. 1945, LAS, Nl. Heinrich Welsch 24; *Die Neue Saar* v. 25. 5. 1951.
56 *Saarbrücker Zeitung* v. 9. 2. 1945.
57 Gespräch mit Ellentrud von Gemmingen-Hornberg am 23. 10. 1989; LAS, LEA 6443.

Gleichgültigkeit, Kriminalität und Gehorsamsverweigerung

1 Steinert: Hitlers Krieg und die Deutschen, S. 325 ff.; Kershaw: Der Hitler-Mythos, S. 176 ff.; zum Disziplinverfall 1944/45 vgl. die Lokalstudien von Herfried Münkler: Machtverfall. Die letzten Tage des Dritten Reiches dargestellt am Beispiel der hessischen Kreisstadt Friedberg, Berlin 1985; Bernd-A. Rusinek: Gesellschaft in der Katastrophe. Terror, Illegalität, Widerstand — Köln 1944/45, Essen 1989.
2 Stadtarchiv Saarbrücken, Bürgermeisteramt Brebach 150.
3 Lagebericht v. 1. 3. 1943, ebd.
4 Dto. v. 30. 7. 1943, ebd.
5 Dto. v. 3. 1. und 1. 4. 1944, ebd. 151; vgl. Heinz Dieter Holsken: Die V-Waffen. Entstehung — Propaganda — Kriegseinsatz, Stuttgart 1984.

6 Lagebericht Bürgermeister/Brebach v. 1. 4. 1944, Stadtarchiv Saarbrücken, Bürgermeisteramt Brebach 150.
7 Dto. v. 2. 7. 1942, ebd. 150; dto. v. 3. 1. 1944, ebd. 151.
8 Dto. v. 2. 11. 1943 ebd.; ähnlich auch 27. 11. 1943, ebd.
9 Ebd. 150; ähnlich auch Lagebericht v. 3. 7. 1944, ebd. 151.
10 LAS, Staatsanwaltschaft 753.
11 Stadtarchiv Saarbrücken, Bürgermeisteramt Brebach 151.
12 Lagebericht v. 31. 12. 1944 und 29. 1. 1943, ebd. 150.
13 LAS, JVA 1943, Akte August L.
14 Vgl. hierzu besonders Peukert: Die Edelweißpiraten.
15 Meldungen wichtiger staatspolizeilicher Ereignisse v. 26. 1. 1943, IfZ, MA 442/2.
16 BAK, R 22/1177; Peukert: Die Edelweißpiraten, S. 217.
17 Lagebericht Bürgermeister/Brebach v. 31. 12. 1942, Stadtarchiv Saarbrücken, Bürgermeisteramt Brebach 150.
18 Ebd.
19 Dto. v. 25. 9. 1942, ebd.: „Die Feld- und Gartendiebstähle insbesondere von Obst sind erheblich."
20 *NSZ-Westmark* v. 13. 6. 1944.
21 *Dto.* v. 18. 11. 1943; zum Diebstahl von Lebensmittelkarten im Sulzbacher Ernährungsamt vgl. Heckmann: „Noch heut' krieg' ich eine Gänsehaut", S. 303.
22 *NSZ-Westmark* v. 20. 11. 1942, 20. 1. 1943, 17. 9. 1943, 10. 9. 1943.
23 *Dto.* v. 8. 6. 1944.
24 *Dto.* v. 8./9. 7. 1944, 11. 12. 1942, 9./10. 1. 1943, 4./5. 9. 1943, 8. 6. 1944.
25 *Dto.* v. 26. 2. 1943, 11. 1. 1944.
26 *Dto.* v. 23./24. 1. 1943.
27 *Dto.* v. 11. 5., 4. 6., 12./13. 6., 21. 9. 1943.
28 *Dto.* v. 17. 3., 23. 3., 22. 7., 25. 10. 1943.
29 *Dto.* v. 14./15. 3. 1942, 30. 3. 1942, 10. 9. 1943.
30 *Dto.* v. 23. 3. 1944.
31 Lagebericht Bürgermeister/Brebach v. 3. 10. 1944, Stadtarchiv Saarbrücken, Bürgermeisteramt Brebach 151.
32 Steinert: Hitlers Krieg und die Deutschen, S. 539.
33 BAK, R 55/603; vgl. Klaus Mammach: Der Volkssturm. Das letzte Aufgebot 1944/45, Köln 1981; Franz W. Seidler: Deutscher Volkssturm. Das letzte Aufgebot 1944/45, München 1989.
34 Zur Verweigerung von Schanzarbeiten und des Evakuierungsbefehls im Westen Deutschlands Werner: „Bleib übrig", S. 351, 363; Werner wertet die Verweigerung der Evakuierung der deutschen Bevölkerung 1944/45 als die „weitgefächertste Gehorsamsverweigerung" der deutschen Bevölkerung während des Zweiten Weltkrieges.
35 SD-Abschnitt Saarbrücken an RSHA v. 27. 2. 1945, BAK, R 55/602; ähnliche Berichte liegen auch aus dem Moselraum vor, vgl. Steinert: Hitlers Krieg und die Deutschen, S. 559.
36 Ebd.
37 Trautes: Erinnerungen an Saarbrücken, S. 75; vgl. LAS, LEA 10467, 10568 und MDI 6096; Doris Seck/Paul Peters: Die Stunde Null. Das Kriegsende an der Saar, Saarbrücken 1986.
38 Stefan Heym: Der bittere Lorbeer, München 1989; hierbei handelt es sich um eine neu bearbeitete Ausgabe der amerikanischen Originalausgabe von „Kreuzfahrer von heute".
39 Gerhard Heckmann: Leben unter amerikanischer Besatzung, in: Von der ‚Stunde 0' zum ‚Tag X'. Das Saarland 1945—1959, Saarbrücken 1990, S. 25.
40 Vgl. Lutz Niethammer/Ulrich Borsdorf/Peter Brandt (Hrsg.): Arbeiterinitiative 1945, Wuppertal 1976.

Quellen- und Literaturverzeichnis

Archivalische Quellen

Archiv ARBED Luxemburg
Archiv der sozialen Demokratie Bonn:
- Emigration-Sopade
- Nachlaß Ernst Kunkel

Archiv Saarbergwerke AG Saarbrücken
Archivum glownej Komisji badania zbrodni hitlerowskich w polsce Warschau:
- Tribunal Général de Rastatt, Procès Röchling
- Tribunal Général G.M.Z.F.O.A.

Bergbau-Archiv Bochum:
- Best. 13 Bergbau-Verein/Zechenverband/Bezirksverband Ruhr Essen
- Best. 15 Fachgruppe/Wirtschaftsgruppe Bergbau Berlin
- Best. 33 Rheinisch-Westfälisches Kohlen-Syndikat Essen

Berlin Document Center:
- NSDAP-Mitgliederkartei
- Oberreichsanwalt beim Volksgerichtshof

Bundesarchiv Koblenz:
- R 2 Reichsfinanzministerium
- R 10 III Reichsvereinigung Eisen
- R 18 Reichsministerium des Innern
- R 22 Reichsjustizministerium
- R 41 Reichsarbeitsministerium
- R 43 Reichskanzlei
- R 55 Reichsministerium für Volksaufklärung und Propaganda
- R 58 Reichssicherheitshauptamt
- R 60 Volksgerichtshof und Oberreichsanwalt beim Volksgerichtshof
- R 70 Polizei in Lothringen
- NS 1 Reichsschatzmeister der NSDAP
- NS 10 Persönliche Adjutantur des Führers und Reichskanzlers
- NS 23 Sturmabteilungen der NSDAP
- Sammlung Schumacher

Bundesarchiv/Militärarchiv Freiburg/B.:
- RW 6 OKW/Allgemeines Wehrmachtsamt
- RW 19 OKW/Wehrwirtschafts- und Rüstungsamt
- RW 20—12 Rüstungsinspektion Wiesbaden
- RW 21—54 Rüstungskommando Saarbrücken
- RH 14 Chef der Heeresrüstung und Befehlshaber des Ersatzheeres
- RH 19 Kriegsgefangenenlager

Deutsches Zentralarchiv Potsdam:
- Reichsministerium für Volksaufklärung und Propaganda
- Reichsarbeitsministerium
- Reichswirtschaftsministerium
- DAF-Zentralbüro

Dokumentationsarchiv des deutschen Widerstandes Frankfurt/M.

Geheimes Staatsarchiv Berlin-Dahlem:
- Rep. 90 P Geheimes Staatspolizeiamt

Hessisches Hauptstaatsarchiv Wiesbaden:
- Best. 409/4 Justizvollzugsanstalt Frankfurt-Preungesheim

Institut für Marxismus-Leninismus — Zentrales Parteiarchiv Berlin:
- I 1/1 KPD, Brüsseler Konferenz 1935
- I 2/8 KPD, ZK, Flugblattsammlung
- I 3/24 KPD, Bezirk Saargebiet
- I 4/1 KJVD

NJ Nazi-Justiz
P. St. 3 Reichssicherheitshauptamt
St. 3 Reichssicherheitshauptamt
St. 10 Reichsministerium des Innern
EA Erinnerungen, Aufzeichnungen

Institut für Zeitgeschichte München:
Microfilmarchiv

Internationaal Instituut voor Sociale Geschiedenis Amsterdam:
Nachlaß Paul Hertz
Saar-Kollektie

Kreisarchiv Saarlouis

Landesarchiv Saarbrücken:
Ministerium des Innern
Amt für Auswärtige und Europäische Angelegenheiten
Generalstaatsanwalt beim Obersten Gerichtshof Saarlouis
Staatsanwaltschaft Saarbrücken
Landesentschädigungsamt
Statistisches Amt des Saarlandes
Oberster Säuberungsrat
Landratsamt Merzig-Wadern
Landratsamt Saarbrücken
Landratsamt Saarlouis
Landratsamt St. Ingbert
Landratsamt St. Wendel
Staatspolizeistelle Saarbrücken
Polizeipräsident Saarbrücken
Befehlshaber der Sicherheitspolizei
Justizvollzugsanstalt Saarbrücken
Oberbergamt Saarbrücken
Arbeitsamt Neunkirchen
NSDAP Gau Westmark
Nachlaß Max Braun
Nachlaß Heinrich Welsch
Depositum Stadt Sulzbach

Landesarchiv Speyer:
H 38 Bezirksamt Kusel

Landeshauptarchiv Koblenz:
Best. 403 Oberpräsident der Rheinprovinz
Best. 442 Regierungspräsident Trier

Nordrhein-Westfälisches Hauptstaatsarchiv Düsseldorf:
RW 18 Stapo-Leitstelle Düsseldorf/Generalia
RW 58 Stapo-Leitstelle Düsseldorf/Personalakten

Nordrhein-Westfälisches Staatsarchiv Münster:
Generalstaatsanwaltschaft Hamm

Politisches Archiv des Auswärtigen Amtes Bonn:
Politische Abteilung II Besetzte Gebiete/Saargebiet

Staatsanwaltschaft Mannheim:
Ermittlungsverfahren 1 Js 10801/71

Staatsarchiv Nürnberg:
Best. KV — Anklage — Dokumente

Stadtarchiv Neunkirchen:
Archiv Saarstahl Völklingen, Werk Neunkirchen

Stadtarchiv Saarbrücken:
Großstadt
Bürgermeisteramt Brebach
Meldekartei Saarbrücken
Meldekartei Dudweiler
Nachlaß Emil Schuler

Stadtarchiv Völklingen

Zentrale Stelle der Landesjustizverwaltungen Ludwigsburg

Quellen in Privatbesitz

Nachlaß Robert Bier/Landsweiler-Reden

Zeitgenössisches Schrifttum, Dokumenteneditionen, Memoiren und Erinnerungen

Akten zur Deutschen Auswärtigen Politik 1918—1945, Serie C: 1933—1937, 6 Bde., Göttingen 1971—1981 (= ADAP).

Amtsblatt des Reichskommissars für das Saarland.

Boberach, Heinz (Hrsg.): Berichte des SD und der Gestapo über Kirchen und Kirchenvolk in Deutschland 1934—1944, Mainz 1971.

Ders. (Hrsg.): Meldungen aus dem Reich. Die geheimen Lageberichte des Sicherheitsdienstes der SS 1938—1945, 17 Bde., Herrsching 1984.

Brommer, Peter (Bearb.): Die Partei hört mit. Lageberichte und andere Meldungen des Sicherheitsdienstes der SS aus dem Großraum Koblenz 1937—1941, Koblenz 1988.

Browder, George C.: Die Anfänge des SD. Dokumente aus der Organisationsgeschichte des Sicherheitsdienstes des Reichsführers SS, in: VZG 27 (1979), S. 299—324.

Deutsche Justiz.

Ebenau, Michael: Freiheit für das Volk. Dokumente zur Geschichte der Arbeiterbewegung in Neunkirchen 1848—1961, hrsg. von der IG Metall-Verwaltungsstelle Neunkirchen, Ottweiler 1990.

Englram/Kranz: Amts-Handbuch für den Gau Saarpfalz 1937/1938, Neustadt o. J.

Herrmann, Hans-Walter: Das Schicksal der Juden im Saarland 1920 bis 1945, in: Dokumentation zur Geschichte der jüdischen Bevölkerung in Rheinland-Pfalz und dem Saarland von 1800 bis 1945, Bd. 6, Koblenz 1974, S. 257—491.

Justiz und NS-Verbrechen. Sammlung deutscher Strafurteile wegen nationalsozialistischer Tötungsverbrechen 1945—1966, 22 Bde., Amsterdam 1969 ff.

Klein, Thomas (Hrsg.): Die Lageberichte der Geheimen Staatspolizei über die Provinz Hessen-Nassau 1933—36, 2 Bde., Köln-Wien 1986.

Kunkel, Ernst: Zur Geschichte der Sozialdemokratischen Partei des Saarlandes 1933—1945. Dokumente, Erfahrungen und Bemerkungen, Ms. Dudweiler 1980.

Mason, Timothy W.: Arbeiterklasse und Volksgemeinschaft. Dokumente und Materialien zur deutschen Arbeiterpolitik 1936—1939, Opladen 1975.

Ministerialblatt der inneren Verwaltung.

Mlynek, Klaus: Gestapo Hannover meldet . . . Polizei- und Regierungsberichte für das mittlere und südliche Niedersachsen zwischen 1933 und 1937, Hildesheim 1986.

Oldenhage, Klaus: Die Pfalz und das Saarland während des Krieges (1940—1945). Aus den Lageberichten des Oberlandesgerichtspräsidenten und Generalstaatsanwaltes in Zweibrücken, in: JWLG 5 (1979), S. 303—356 und 6 (1980), S. 343—398.

Organisationsbuch der NSDAP, München 1943.

Peukert, Detlev J. K.: Die Edelweißpiraten. Protestbewegungen jugendlicher Arbeiter im Dritten Reich. Eine Dokumentation, 2. Aufl. Köln 1983.

Pikarski, Margot/Warning, Elke (Hrsg.): Gestapo-Berichte über den antifaschistischen Widerstandskampf der KPD 1933—1945, 2 Bde., Berlin (DDR) 1989.

Preußische Gesetzsammlung.

Der Prozeß gegen die Hauptkriegsverbrecher vor dem Internationalen Militärgerichtshof Nürnberg 14. November 1945—1. Oktober 1946, 42 Bde., Nürnberg 1947—1949 (= IMG).

Reichsgesetzblatt.

Retzlaw, Karl: Spartacus. Aufstieg und Niedergang. Erinnerungen eines Parteiarbeiters, Frankfurt/M. 1971.

Saarbrücker Bergmannskalender.

Schadt, Jörg (Hrsg.): Verfolgung und Widerstand unter dem Nationalsozialismus in Baden. Die Lageberichte der Gestapo und des Generalstaatsanwalts Karlsruhe 1933—1940, Stuttgart — Berlin — Köln — Mainz 1976.

Schmidt, Walter A.: Damit Deutschland lebe. Ein Quellenwerk über den deutschen antifaschistischen Widerstandskampf 1933—1945, Berlin (DDR) 1958.
Schminck-Gustavus, Christoph U. (Hrsg.): Hungern für Hitler. Erinnerungen polnischer Zwangsarbeiter im Deutschen Reich 1940—1945, Reinbek 1984.
Schweder, Alfred: Politische Polizei, Berlin 1937.
Statistik des Deutschen Reiches.

Thévoz, Robert/Branig, Hans/Lowenthal-Hensel, Cécile: Pommern 1934/35 im Spiegel von Gestapo-Lageberichten und Sachakten, 2 Bde., Köln — Berlin 1974.
Trautes, Hans: Erinnerungen an Saarbrücken während des zweiten Weltkrieges 1939—1945, Saarbrücken 1974.

Zeitungen und Zeitschriften

Der Angriff/Berlin
Arbeiterzeitung/Saarbrücken

Bergarbeiter-Mitteilungen/Amsterdam

Deutsche Freiheit/Paris
Deutsche Front/Saarbrücken
Deutsche Informationen/Paris
Deutsche Mitteilungen/Paris
Deutsche Volkszeitung/Paris
Deutschland-Berichte der Sozialdemokratischen Partei Deutschlands (Sopade)/Prag, Paris
Deutschland-Information des ZK der KPD/Paris

Freiheit-Korrespondenz/Mulhouse

Der Gegenangriff/Paris

Informationen aus Deutschland/Paris
Informationen von Emigranten für Emigranten/Paris
Die Internationale/Prag, Paris

Nachrichten aus dem Saargebiet, dann Nachrichten von der Saar/Forbach
Die Neue Saar/Saarbrücken
Neue Saarbrücker Zeitung/Saarbrücken
NSZ-Rheinfront, dann NSZ-Westmark/Neustadt, Saarbrücken

Pariser Tageszeitung/Paris

Rufer im Warndt/Ludweiler
Rundschau über Politik, Wirtschaft und Arbeiterbewegung/Basel

Der Saarbergmann/Saarbrücken
Saarbrücker Zeitung/Saarbrücken
Sozialistische Aktion/Prag

Völkischer Beobachter/Berlin
Volksstimme/Saarbrücken

Westland/Saarbrücken
Wiener Zeitung/Wien

Die Zukunft/Paris

Interviews

Karl Berg/Homburg
Walter Bier/Landsweiler-Reden
Heinrich Brenner/Sulzbach

Michael Ceczak/Lodz (Polen)

Heinrich Dreystadt/Lauterbach

Ellentrud von Gemmingen-Hornberg/Saarbrücken
Josef Gerbracht/Völklingen

Richard Kirn/Sarreguemines (Frankreich)

Käthe Limbach/Saarbrücken

Michajl Rumjanow/Moskau (UdSSR)

Sergej Sosnin/Moskau (UdSSR)

Alfons Zieder jun./St. Nikolaus

Mehrfach zitierte Literatur

Adam, Uwe Dietrich: Judenpolitik im Dritten Reich, Düsseldorf 1972.

Aly, Götz/Heim, Susanne: Vordenker der Vernichtung. Auschwitz und die deutschen Pläne für eine neue europäische Ordnung, Hamburg 1990.

Angermund, Ralph: Die geprellten „Richterkönige". Zum Niedergang der Justiz im NS-Staat, in: Mommsen/Willems: Herrschaftsalltag im Dritten Reich, S. 304—337.

Ders.: Deutsche Richterschaft 1919—1945. Krisenerfahrung, Illusion, politische Rechtsprechung, Frankfurt 1990.

Aronson, Shlomo: Reinhard Heydrich und die Frühgeschichte von Gestapo und SD, Stuttgart 1971.

Ayaß, Wolfgang: „Ein Gebot der nationalen Arbeitsdisziplin". Die Aktion „Arbeitsscheu Reich" 1938, in: Feinderklärung und Prävention. Kriminalbiologie, Zigeunerforschung und Asozialenpolitik, Berlin 1988, S. 43—74.

Backes, Uwe/Jesse, Eckhard/Zitelmann, Rainer: Was heißt „Historisierung" des Nationalsozialismus?, in: dies.: Die Schatten der Vergangenheit, S. 25—57.

Dies. (Hrsg.): Die Schatten der Vergangenheit. Impulse zur Historisierung des Nationalsozialismus, Frankfurt — Berlin 1990.

Bästlein, Klaus: Als Recht zu Unrecht wurde. Zur Entwicklung der Strafjustiz im Nationalsozialismus, in: *Aus Politik und Zeitgeschichte* B 13—14/1989, S. 3—18.

Ders.: Sondergerichte in Norddeutschland als Verfolgungsinstanz, Ms. Hamburg 1991.

Ball, Wolfgang: Sondergerichte im Oberlandesgerichtsbezirk Zweibrücken, in: Sven Paulsen (Hrsg.): 175 Jahre pfälzisches Oberlandesgericht, Neustadt 1990, S. 227—255.

Bauer, Gerhard: Sprache und Sprachlosigkeit im „Dritten Reich", Köln 1988.

Bednareck, Horst: Die Gewerkschaftspolitik der Kommunistischen Partei Deutschlands (1935 bis August 1939), Berlin (DDR) 1969.

Bein, Reinhard: Widerstand im Nationalsozialismus. Braunschweig 1930 bis 1945, Braunschweig 1985.

Benz, Wolfgang: Partei und Staat im Dritten Reich, in: Martin Broszat/Horst Möller (Hrsg.): Das Dritte Reich. Herrschaftsstruktur und Geschichte, 2. Aufl. München 1986, S. 64—82.

Bernard, Raja/Renger, Dietmar: Neue Bremm — Ein KZ in Saarbrücken, Frankfurt 1984.

Birn, Ruth Bettina: Die Höheren SS- und Polizeiführer. Himmlers Vertreter im Reich und in den besetzten Gebieten, Düsseldorf 1986.

Borsdorf, Ulrich/Jamin, Mathilde (Hrsg.): Über Leben im Krieg. Kriegserfahrungen in einer Industrieregion 1939—1945, Reinbek 1989.

Bracher, Karl Dietrich: Die deutsche Diktatur. Entstehung, Struktur, Folgen des Nationalsozialismus, Köln — Berlin 1969.

Bramsted, Ernest K.: Goebbels und die nationalsozialistische Propaganda, 1924—1945, Frankfurt 1971.

Broszat, Martin: Politische Denunziationen in der NS-Zeit. Aus Forschungserfahrungen im Staatsarchiv München, in: *Archivalische Zeitschrift* 73 (1977), S. 221—238.

Ders.: Was heißt Historisierung des Nationalsozialismus?, in: HZ 247 (1988), S. 1—14.

Ders.: Nationalsozialistische Konzentrationslager 1933—1945, in: Anatomie des SS-Staates, Bd. 2, 4. Aufl. München 1984, S. 9—133.
Ders.: Zur Perversion der Strafjustiz im Dritten Reich, in: VZG 6 (1958), S. 390—443.
Ders.: Plädoyer für eine Historisierung des Nationalsozialismus, in: ders.: Nach Hitler. Der schwierige Umgang mit unserer Geschichte, München 1988, S. 266—281.
Ders.: Zur Sozialgeschichte des deutschen Widerstands, in: VZG 34 (1986), S. 293—309.
Ders.: Der Staat Hitlers. Grundlegung und Entwicklung seiner inneren Verfassung, 12. Aufl. München 1989.
Browder, George C.: Foundations of the Nazi Police State. The Formation of Sipo and SD, Lexington 1989.
Bucher, Peter: Das SS-Sonderlager Hinzert bei Trier, in: JWLG 4 (1978), S. 413—439.
Buchheim, Hans: Die SS — das Herrschaftsinstrument, in: Anatomie des SS-Staates, Bd. 1, 4. Aufl. München 1984, S. 13—212.

Delarue, Jacques: Geschichte der Gestapo, Düsseldorf 1964.
Diamant, Adolf: Gestapo Frankfurt am Main. Zur Geschichte einer verbrecherischen Organisation in den Jahren 1933—1945, Frankfurt/M. 1988.
Ders.: Gestapo Leipzig. Zur Geschichte einer verbrecherischen Organisation in den Jahren 1933—1945, Frankfurt/M. 1990.
Diller, Ansgar: Rundfunkpolitik im Dritten Reich, München 1980.
Dlugoborski, Waclaw (Hrsg.): Zweiter Weltkrieg und sozialer Wandel. Achsenmächte und besetzte Länder, Göttingen 1981.
Drobisch, Klaus: Dokumente zur direkten Zusammenarbeit zwischen Flick-Konzern und Gestapo bei der Unterdrückung der Arbeiter, in: JWG 4 (1963), Bd. III, S. 211—225.
Ders.: Der Werkschutz — betriebliches Terrororgan im faschistischen Deutschland, in: JWG 6 (1965), Bd. IV, S. 217—247.

Eitner, Hans-Jürgen: Hitlers Deutsche. Das Ende eines Tabus, Gernsbach 1990.
Engel, Marcel/Hohengarten, André: Hinzert. Das SS-Sonderlager im Hunsrück 1939—1945, Luxemburg 1983.

Fenske, Hans: Josef Bürckel und die Verwaltung der Pfalz (1933—1940), in: Dieter Rebentisch/Karl Teppe (Hrsg.): Verwaltung contra Menschenführung im Staat Hitlers. Studien zum politisch-administrativen System, Göttingen 1986, S. 153—172.
Ders.: Die pfälzische NSDAP 1921—1932, in: *Mitteilungen des Historischen Vereins der Pfalz* 85 (1987), S. 347—381.
Fraenkel, Ernst: Der Doppelstaat, Frankfurt — Köln 1974.

Gellately, Robert: The Gestapo and German Society: Political Denunciation in the Gestapo Case Files, in: *Journal of Modern History* 60 (1988), S. 654—694.
Graf, Christoph: Politische Polizei zwischen Demokratie und Diktatur. Die Entwicklung der preußischen Politischen Polizei, Berlin 1983.
Grossmann, Anton J.: Fremd- und Zwangsarbeiter in Bayern 1939—1945, in: VZG 34 (1986), S. 481—521.
Gruchmann, Lothar: Justiz im Dritten Reich 1933—1940. Anpassung und Unterwerfung in der Ära Gürtner, München 1988.

Haase, Norbert: Deutsche Deserteure, Berlin 1987.
Hachtmann, Rüdiger: Industriearbeit im „Dritten Reich". Untersuchungen zu den Lohn- und Arbeitsbedingungen in Deutschland 1933—1945, Göttingen 1982.
Heckmann, Gerhard: „Noch heut' krieg' ich eine Gänsehaut." Kriegsjahre und Kriegsalltag, in: Zehn statt tausend Jahre, S. 293—309.
Hehl, Ulrich von: Priester unter Hitlers Terror. Eine biographische und statistische Erhebung, Mainz 1984.
Herbert, Ulrich: Arbeiterschaft im „Dritten Reich". Zwischenbilanz und offene Fragen, in: GG 15 (1989), S. 320—360.
Ders.: Fremdarbeiter. Politik und Praxis des Ausländer-Einsatzes in der Kriegswirtschaft des Dritten Reiches, Berlin — Bonn 1985.
Herlemann, Beatrix: Die Emigration als Kampfposten. Die Anleitung des kommunistischen Widerstandes in Deutschland aus Frankreich, Belgien und den Niederlanden, Königstein 1982.
Herrmann, Hans-Walter: Beiträge zur Geschichte der saarländischen Emigration 1935—1939, in: *JWLG* 4 (1978), S. 357—412.
Ders.: Die Errichtung des Landgerichts Saarbrücken und die Ausdehnung seiner Zuständigkeit auf das Saarindustrierevier, in: 150 Jahre Landgericht Saarbrücken, Berlin — Bonn — München 1985, S. 3—32.
Ders.: Pfalz und Saarland in den Plänen zur Neugliederung des Reichsgebietes 1933—1941, in: *Mitteilungen des Historischen Vereins der Pfalz* 83 (1985), S. 321—361.
Herzstein, Robert E.: The War that Hitler won, London 1979.
Hetzer, Gerhard: Die Industriestadt Augsburg. Eine Sozialgeschichte der Arbeiteropposition, in: Martin Broszat/Elke Fröhlich/Anton Grossmann (Hrsg.): Bayern in der NS-Zeit, Bd. 3, München — Wien 1981, S. 1—233.
Höhne, Heinz: Der Orden unter dem Totenkopf. Die Geschichte der SS, Gütersloh 1967.
Hüttenberger, Peter: Die Gauleiter. Studie zum Wandel des Machtgefüges in der NSDAP, Stuttgart 1969.
Ders.: Heimtückefälle vor dem Sondergericht München 1933—1939, in: Martin Broszat/Elke Fröhlich/Anton Grossmann (Hrsg.): Bayern in der NS-Zeit, Bd. 4, München — Wien 1981, S. 435—526.
Ders.: Nationalsozialistische Polykratie, in: GG 2 (1976), S. 417—442.

Jacoby, Fritz: Die nationalsozialistische Herrschaftsübernahme an der Saar. Die innenpolitischen Probleme der Rückgliederung des Saargebietes bis 1935, Saarbrücken 1973.

Kahrs, Horst: Die ordnende Hand der Arbeitsämter. Zur deutschen Arbeitsverwaltung 1933 bis 1939, in: Arbeitsmarkt und Sondererlaß. Menschenverwertung, Rassenpolitik und Arbeitsamt, Berlin 1990, S. 9—61.
Kammler, Jörg: Ich habe die Metzelei satt und laufe über . . . Eine Dokumentation, Fuldabrück 1985.
Kater, Michael H.: The Nazi Party: A social Profile of Members and Leaders 1919—1945, Oxford 1983.
Kershaw, Ian: Der Hitler-Mythos. Volksmeinung und Propaganda im Dritten Reich, Stuttgart 1980.
Ders.: Popular Opinion and Political Dissent in the Third Reich: Bavaria 1933—1945, Oxford 1983.
Ders.: How effective was Nazi Propaganda?, in: David Welch (Hrsg.): Nazi Propaganda. The Power and the Limitations, London — Canberra 1983, S. 180—205.
Ders.: Der NS-Staat. Geschichtsinterpretationen und Kontroversen im Überblick, Reinbek 1988.
Ders.: „Widerstand ohne Volk?" Dissens und Widerstand im Dritten Reich, in: Schmädeke/Steinbach: Der Widerstand gegen den Nationalsozialismus, S. 779—798.
Klotzbach, Kurt: Gegen den Nationalsozialismus. Widerstand und Verfolgung in Dortmund 1930—1945. Eine historisch-politische Studie, Hannover 1969.
Kogon, Eugen: Der SS-Staat. Das System der deutschen Konzentrationslager, München 1974.
Kolb, Eberhard: Die Maschinerie des Terrors. Zum Funktionieren des Unterdrückungs- und Verfolgungsapparates im NS-System, in: Karl Dietrich Bracher/Manfred Funke/Hans-Adolf Jacobsen (Hrsg.): Nationalsozialistische Diktatur 1933—1945. Eine Bilanz, Düsseldorf 1983, S. 270—284.
Koppel, Wolfgang (Hrsg.): Ungesühnte Justiz. 100 Urteile klagen ihre Richter an, Karlsruhe 1960.
Krämer, Hans-Henning: Fremdarbeiter im Saarland. Die Arbeits- und Lebensbedingungen ausländischer Arbeitskräfte während des Zweiten Weltkrieges, Diplomarbeit Ms. FU Berlin 1988.
Krausnick, Helmut/Wilhelm, Hans-Heinrich: Die Truppe des Weltanschauungskrieges. Die Einsatzgruppen der Sicherheitspolizei und des SD 1938—1942, Stuttgart 1981.
Kunkel, Ernst: Die Sozialdemokratische Partei des Saargebietes im Abstimmungskampf 1933/1935, Saarbrücken o. J. (1968).

Lander, Katja: Frauenbild, Frauenpolitik und Frauenarbeit im Nationalsozialismus, in: Zehn statt tausend Jahre, S. 114—128.
Lang, Jochen von: Die Gestapo. Instrument des Terrors, Hamburg 1990.
Latz, Rolf E.: Die saarländische Schwerindustrie und ihre Nachbarreviere (1878—1938). Technische Entwicklung, wirtschaftliche und soziale Bedeutung, Saarbrücken 1985.
Lempert, Peter: „Das Saarland den Saarländern!" Die frankophilen Bestrebungen im Saargebiet von 1918 bis 1935, Köln 1985.
Longerich, Peter: Die braunen Bataillone. Geschichte der SA, München 1989.
Lüdtke, Alf: Funktionseliten: Täter, Mit-Täter, Opfer? Zu den Bedingungen des deutschen Faschismus, in: ders. (Hrsg.): Herrschaft als soziale Praxis. Historische und sozial-anthropologische Studien, Göttingen 1991, S. 559—590.

Mai, Gunther: „Warum steht der deutsche Arbeiter zu Hitler?" Zur Rolle der Deutschen Arbeitsfront im Herrschaftssystem des Dritten Reiches, in: GG 12 (1986), S. 212—234.
Ders.: Arbeiterschaft zwischen Sozialismus, Nationalismus und Nationalsozialismus. Wider gängige Stereotype, in: Backes/Jesse/Zitelmann: Die Schatten der Vergangenheit, S. 195—217.
Majer, Diemut: Grundlagen des nationalsozialistischen Rechtssystems. Führerprinzip, Sonderrecht, Einheitspartei, Stuttgart — Berlin — Köln — Mainz 1987.
Dies.: Das Verhältnis von Staatsanwaltschaft und Polizei im Nationalsozialismus, in: Udo Reifner/Bernd-Rüdeger Sonnen (Hrsg.): Strafjustiz und Polizei im Dritten Reich, Frankfurt — New York 1984, S. 121—160.
Mallmann, Klaus-Michael/Paul, Gerhard: Das zersplitterte Nein. Saarländer gegen Hitler, Bonn 1989.
Ders./Paul, Gerhard/Schock, Ralph/Klimmt, Reinhard (Hrsg.): Richtig daheim waren wir nie. Entdeckungsreisen ins Saarrevier 1815—1955, 2. Aufl. Berlin — Bonn 1988.
Ders./Steffens, Horst: Lohn der Mühen. Geschichte der Bergarbeiter an der Saar, München 1989.
Mammach, Klaus: Widerstand 1933—1939. Geschichte der deutschen antifaschistischen Widerstandsbewegung im Inland und in der Emigration, Köln 1984.
Mann, Reinhard: Protest und Kontrolle im Dritten Reich. Nationalsozialistische Herrschaft im Alltag einer rheinischen Großstadt, Frankfurt — New York 1987.
Marßolek, Inge/Ott, René: Bremen im Dritten Reich. Anpassung — Widerstand — Verfolgung, Bremen 1986.
Mason, Timothy W.: Arbeiteropposition im nationalsozialistischen Deutschland, in: Peukert/Reulecke: Die Reihen fast geschlossen, S. 293—313.
Ders.: Die Bändigung der Arbeiterklasse im nationalsozialistischen Deutschland. Eine Einleitung, in: Sachse/Siegel/Spode/Spohn: Angst, Belohnung, Zucht und Ordnung, S. 11—53.
Ders.: Sozialpolitik im Dritten Reich. Arbeiterklasse und Volksgemeinschaft, Opladen 1977.
Matthias, Erich/Weber, Hermann (Hrsg.): Widerstand gegen den Nationalsozialismus in Mannheim, Mannheim 1984.
Meinzer, Lothar: Stationen und Strukturen der nationalsozialistischen Machtergreifung: Ludwigshafen am Rhein und die Pfalz in den ersten Jahren des Dritten Reiches, Ludwigshafen 1983.
Messerschmidt, Manfred/Wüllner, Fritz: Die Wehrmachtsjustiz im Dienste des Nationalsozialismus, Baden-Baden 1987.
Michalka, Wolfgang (Hrsg.): Der Zweite Weltkrieg, Analysen — Grundzüge — Forschungsbilanz, München—Zürich 1989.

Mommsen, Hans: Ausnahmezustand als Herrschaftstechnik des NS-Regimes, in: Manfred Funke (Hrsg.): Hitler, Deutschland und die Mächte. Materialien zur Außenpolitik des Dritten Reiches, Düsseldorf 1976, S. 30—45.
Ders./Willems, Susanne (Hrsg.): Herrschaftsalltag im Dritten Reich, Düsseldorf 1988.
Ders.: Kriegserfahrungen, in: Borsdorf/Jasmin: Über Leben im Krieg, S. 7—14.
Morsch, Günter: Streik im „Dritten Reich", in: VZG 36 (1988), S. 649—689.
Mühlen, Patrik von zur: „Schlagt Hitler an der Saar!" Abstimmungskampf, Emigration und Widerstand im Saargebiet 1933—1935, Bonn 1979.
Müller, Ingo: Furchtbare Juristen. Die unbewältigte Vergangenheit unserer Justiz, München 1987.

Neumann, Franz: Behemoth. Struktur und Praxis des Nationalsozialismus 1933—1944, Köln — Frankfurt 1977.

Paul, Gerhard: Aufstand der Bilder. Die NS-Propaganda vor 1933. Bonn 1990.
Ders.: „Deutsche Mutter — heim zu Dir!" Warum es mißlang, Hitler an der Saar zu schlagen. Der Saarkampf 1933—1935, Köln 1984.
Ders.: Die NSDAP des Saargebietes 1920—1935. Der verspätete Aufstieg der NSDAP in der katholisch-proletarischen Provinz, Saarbrücken 1987.
Ders.: Verweigerung und Protest in der „Volksgemeinschaft". Der Frankenholzer Schulstreik und die Grenzgängerdemonstrationen im Warndt 1937, in: Zehn statt tausend Jahre, S. 147—158.
Petzina, Dietmar: Soziale Lage der deutschen Arbeiter und Probleme des Arbeitseinsatzes während des Zweiten Weltkrieges, in: Dlugoborski: Zweiter Weltkrieg und sozialer Wandel, S. 65—86.
Peukert, Detlev J. K.: Arbeitslager und Jugend-KZ: die „Behandlung Gemeinschaftsfremder" im Dritten Reich, in: ders./Reulecke: Die Reihen fast geschlossen, S. 413—434.
Ders.: Die KPD im Widerstand. Verfolgung und Untergrundarbeit an Rhein und Ruhr 1933 bis 1945, Wuppertal 1980.
Ders.: Die Lage der Arbeiter und der gewerkschaftliche Widerstand im Dritten Reich, in: Ulrich Borsdorf (Hrsg.): Geschichte der deutschen Gewerkschaften von den Anfängen bis 1945, Köln 1987, S. 447—498.
Ders./Reulecke, Jürgen (Hrsg.): Die Reihen fast geschlossen. Beiträge zur Geschichte des Alltags unterm Nationalsozialismus, Wuppertal 1981.
Ders./Bajohr, Frank: Spuren des Widerstands. Die Bergarbeiterbewegung im Dritten Reich und im Exil, München 1987.
Ders.: Volksgenossen und Gemeinschaftsfremde. Anpassung, Ausmerze und Aufbegehren unter dem Nationalsozialismus, Köln 1982.
Plettenberg, Inge: Ausländische Zwangsarbeiter im Saarland während des Zweiten Weltkrieges, in: Zehn statt tausend Jahre, S. 234—250.
Poschik, Jürgen: Die Entwicklung der NSDAP der Pfalz von 1926 bis 1932, Diplomarbeit Ms. Mannheim 1985.

Rebentisch, Dieter: Die „politische Beurteilung" als Herrschaftsinstrument der NSDAP, in: Peukert/Reulecke: Die Reihen fast geschlossen, S. 107—125.
Rödel, Volker: Die Behörde des Reichsstatthalters der Westmark, in: JWLG 10 (1984), S. 287—318.
Ders.: Partei und staatliche Verwaltung in Joseph Bürckels Machtbereich, in: Zehn statt tausend Jahre, S. 49—59.
Rothenberger, Karl-Heinz: Die NSDAP der Pfalz. Sozialstruktur der Partei nach der Parteistatistik von 1935, in: JWLG 12 (1986), S. 199—211.
Ders.: Die Pfalz im Dritten Reich. II. Die NSDAP — Organisation und Herrschaft, in: Willi Alter (Hrsg.): Pfalzatlas, Textbd. III, Speyer 1961, S. 1640—1658.

Sachse, Carola/Siegel, Tilla/Spode, Hasso/Spohn, Wolfgang: Angst, Belohnung, Zucht und Ordnung. Herrschaftsmechanismen im Nationalsozialismus, Opladen 1982.
Scherer, Klaus: „Asozial" im Dritten Reich. Die vergessenen Verfolgten, Münster 1990.
Scheurig, Bodo: Desertion und Deserteure, in: *Frankfurter Hefte* 34 (1979), S. 38—43.
Schmädeke, Jürgen/Steinbach, Peter (Hrsg.): Der Widerstand gegen den Nationalsozialismus. Die deutsche Gesellschaft und der Widerstand gegen Hitler, München — Zürich 1985.
Schoenbaum, David: Die braune Revolution. Eine Sozialgeschichte des Dritten Reiches, Köln — Berlin 1968.
Schulz, Gerhard: Die Anfänge des totalitären Maßnahmenstaates, Köln — Opladen 1974.
Seibt, Bernhard: Die Rückgliederung der saarländischen Schwerindustrie nach 1935, Jena 1941.
Seidler, Franz W.: Die Fahnenflucht in der deutschen Wehrmacht während des Zweiten Weltkrieges, in: *Militärgeschichtliche Mitteilungen* 22 (1977), S. 23—42.
Siegel, Tilla: Lohnpolitik im nationalsozialistischen Deutschland, in: Sachse/Siegel/Spode/Spohn: Angst, Belohnung, Zucht und Ordnung, S. 54—139.
Dies.: Rationalisierung statt Klassenkampf. Zur Rolle der Deutschen Arbeitsfront in der nationalsozialistischen Ordnung der Arbeit, in: Mommsen/Willems: Herrschaftsalltag im Dritten Reich, S. 97—145.
Spohn, Wolfgang: Betriebsgemeinschaft und innerbetriebliche Herrschaft, in: Sachse/Siegel/Spode/Spohn: Angst, Belohnung, Zucht und Ordnung, S. 140—208.
Steinberg, Hans-Josef: Widerstand und Verfolgung in Essen 1933—1945, Hannover 1969.
Steinert, Marlis G.: Hitlers Krieg und die Deutschen. Stimmung und Haltung der deutschen Bevölkerung im Zweiten Weltkrieg, Düsseldorf 1970.
Streit, Christian: Keine Kameraden. Die Wehrmacht und die sowjetischen Kriegsgefangenen 1941—1945, Stuttgart 1978, Neuaufl. Bonn 1991.
Sywottek, Jutta: Mobilmachung für den totalen Krieg. Die propagandistische Vorbereitung der deutschen Bevölkerung auf den Zweiten Weltkrieg, Opladen 1976.

Tenfelde, Klaus: Proletarische Provinz. Radikalisierung und Widerstand in Penzberg/Oberbayern 1900—1945, München — Wien 1982.
Terhorst, Karl-Leo: Polizeiliche planmäßige Überwachung und polizeiliche Vorbeugungshaft im Dritten Reich. Ein Beitrag zur Rechtsgeschichte vorbeugender Verbrechensbekämpfung, Heidelberg 1985.
Thamer, Hans-Ulrich: Verführung und Gewalt. Deutschland 1933—1945, Berlin 1986.
Tuchel, Johannes/Schattenfroh, Reinold: Zentrale des Terrors. Prinz-Albrecht-Straße 8: Hauptquartier der Gestapo, Berlin 1987.
Tutas, Herbert E.: Nationalsozialismus und Exil. Die Politik des Dritten Reiches gegenüber der deutschen politischen Emigration 1933—1939, München — Wien 1975.

Vorläufiges Verzeichnis der Konzentrationslager und deren Außenkommandos sowie anderer Haftstätten unter dem Reichsführer-SS in Deutschland und deutsch besetzten Gebieten (1933—1945), Arolsen 1969.
Voges, Michael: Klassenkampf in der „Betriebsgemeinschaft". Die „Deutschland-Berichte" der Sopade (1934—1940) als Quelle zum Widerstand der Industriearbeiter im Dritten Reich, in: ASG 21 (1981), S. 329—383.

Werner, Wolfgang Franz: „Bleib übrig!" Deutsche Arbeiter in der nationalsozialistischen Kriegswirtschaft, Düsseldorf 1983.
Ders.: Die Arbeitserziehungslager als Mittel nationalsozialistischer „Sozialpolitik" gegen deutsche Arbeiter, in: Dlugoborski: Zweiter Weltkrieg und sozialer Wandel, S. 138—147.
Ders.: Belastungen der deutschen Arbeiterschaft in der zweiten Kriegshälfte, in: Borsdorf/Jamin: Über Leben im Krieg, S. 33—42.
Westhoff, Hans: Recht und Verwaltung im Saargebiet, Trier 1934.
Wette, Wolfram: Die schwierige Überredung zum Krieg. Zur psychologischen Mobilmachung der deutschen Bevölkerung 1933—1939, in: *Aus Politik und Zeitgeschehen* B 32-33/1989, S. 3—17.
Winzer, Otto: Zwölf Jahre Kampf gegen Faschismus und Krieg. Ein Beitrag zur Geschichte der KPD von 1933—1945, Berlin (DDR) 1955.
Wisotzky, Klaus: Der Ruhrbergbau im Dritten Reich. Studien zur Sozialpolitik im Ruhrbergbau und zum sozialen Verhalten der Bergleute in den Jahren 1933 bis 1939, Düsseldorf 1983.
Wistrich, Robert: Wer war wer im Dritten Reich, München 1983.
Wolfanger, Dieter: Die nationalsozialistische Politik in Lothringen (1940 bis 1945), Diss. Saarbrücken 1977.

Zehn statt tausend Jahre. Die Zeit des Nationalsozialismus an der Saar 1935—1945, Saarbrücken 1988.
Zenner, Maria: Parteien und Politik im Saargebiet unter dem Völkerbundsregime 1920—1935, Saarbrücken 1966.
Zipfel, Friedrich: Gestapo und Sicherheitsdienst, Berlin 1960.
Ders.: Gestapo und SD in Berlin, in: Jahrbuch für die Geschichte Mittel- und Ostdeutschlands 9/10 (1961), S. 263—292.
Zitelmann, Rainer: Hitler. Selbstverständnis eines Revolutionärs, Stuttgart 1987.
Zollitsch, Wolfgang: Arbeiter zwischen Weltwirtschaftskrise und Nationalsozialismus. Ein Beitrag zur Sozialgeschichte der Jahre 1928 bis 1936, Göttingen 1990.

Personenregister

Ortsregister

Die Autoren

Klaus-Michael Mallmann, geboren 1948, Historiker, Fernsehjournalist, seit 1988 wissenschaftlicher Mitarbeiter und Lehrbeauftragter an der Universität des Saarlandes; zahlreiche Veröffentlichungen, zuletzt (zusammen mit Horst Steffens): „Lohn der Mühen. Geschichte der Bergarbeiter an der Saar“ (1989).

Gerhard Paul, geboren 1951, Politikwissenschaftler, Privatdozent an der FU Berlin, seit 1989 wissenschaftlicher Mitarbeiter des Forschungsprojekts „Widerstand und Verweigerung im Saarland 1935—45“; zahlreiche Veröffentlichungen, zuletzt bei J.H.W. Dietz Nachf.: „Aufstand der Bilder. Die NS-Propaganda vor 1933“ (1990).